Christian Schäfer
Alfred Rahlfs (1865–1935) und die kritische Edition der Septuaginta

Beihefte zur Zeitschrift für die alttestamentliche Wissenschaft

Herausgegeben von
John Barton, Reinhard G. Kratz und Markus Witte

Band 489

Christian Schäfer

Alfred Rahlfs (1865–1935) und die kritische Edition der Septuaginta

Eine biographisch-wissenschaftsgeschichtliche Studie

DE GRUYTER

G

ISBN 978-3-11-045184-9
e-ISBN (PDF) 978-3-11-045479-6
e-ISBN (EPUB) 978-3-11-045440-6
ISSN 0934-2575

Library of Congress Cataloging-in-Publication Data
A CIP catalog record for this book has been applied for at the Library of Congress.

Bibliografische Information der Deutschen Nationalbibliothek
Die Deutsche Nationalbibliothek verzeichnet diese Publikation in der Deutschen National-
bibliografie; detaillierte bibliografische Daten sind im Internet über http://dnb.dnb.de abrufbar.

© 2016 Walter de Gruyter GmbH, Berlin/Boston
Satz: Jonas Rahn
Druck und Bindung: CPI books GmbH, Leck
♾ Gedruckt auf säurefreiem Papier
Printed in Germany

www.degruyter.com

Vorwort

Die vorliegende Abhandlung wurde im Sommersemester 2015 von der Theologischen Fakultät der Georg-August-Universität Göttingen als Dissertation angenommen und für den Druck geringfügig überarbeitet.

Dem Erstgutachter, Prof. Dr. Reinhard G. Kratz, gilt mein Dank für alle Freiheiten und die beständige Förderung meines Projektes. Ferner danke ich Prof. Dr. Dr. h.c. Hermann Spieckermann für die Anfertigung des Zweitgutachtens sowie apl. Prof. Dr. Karin Schöpflin für die Bereitschaft, als dritte Opponentin bei der Disputation (27. Mai 2015) aufzutreten. Den Herausgebern der BZAW gilt mein Dank für die Aufnahme der Abhandlung in diese Reihe, Dr. Sophie Wagenhofer und Johannes Parche für die Betreuung vonseiten des Verlags, meinem Kollegen Jonas Rahn für die Satzarbeiten.

Im Frühjahr 2004 kam ich als studentische Hilfskraft im Septuaginta-Unternehmen der Akademie der Wissenschaften zu Göttingen erstmals mit der „Göttinger Septuaginta" intensiv in Berührung. Udo Quast (1939–2005) war es, der mich im Rahmen meiner Tätigkeit in die ‚Geheimnisse' des Kollationierens griechischer Handschriften und die Notationsprinzipien der Göttinger *editio critica maior* einführte. Durch eine anlässlich des hundertjährigen Bestehens des Unternehmens im Jahre 2008 vorzubereitende Ausstellung entwickelte sich mein Interesse an Leben und Werk von Alfred Rahlfs. In den Jahren 2009 bis 2015 durfte ich mich dann – neben meiner Tätigkeit als wissenschaftlicher Mitarbeiter im Unternehmen – ausführlich auf dessen Spuren begeben. Dabei gewährte mir Prof. Dr. Dr. Dr. h.c. mult. Robert Hanhart in vielen Gesprächen Zugang zur mündlichen Überlieferungstradition der „Göttinger Septuaginta".

In all den Jahren habe ich große Unterstützung und persönliche Verbundenheit von Luciano Bossina, Reinhart Ceulemans und Bernhard Neuschäfer erfahren. Meine Frau Eva hat das Projekt stets mitgetragen und mir alle Freiräume geschaffen, die zu seiner Vollendung nötig waren. Ihnen allen danke ich von Herzen!

Melsungen im August 2016   Christian Schäfer

Inhalt

Einleitung —— 1

Teil A: Das Leben von Alfred Rahlfs (1865–1935)

I   Die Anfänge —— 5

1   Kindheit und Jugend in Linden und Hannover (1865–1883) —— 5
2   Erste Semester in Göttingen und Halle a.S. (1883–1885) —— 8

II   Prägung – Die Begegnung mit Paul Anton de Lagarde und ihre Folgen —— 11

1   Wieder zum Studium in Göttingen (1885/86) —— 11
2   Ausarbeitung der Dissertation, Promotion zum Doktor der Philosophie
        und Erstes Theologisches Examen (1886/87) —— 15
3   Inspektor des Theologischen Stifts in Göttingen (1888–1890) —— 21
4   Erste Publikationen (1889) —— 29
5   „עָנִי und עָנָו in den Psalmen": Die theologische Habilitation
        (1891/92) —— 35
6   Exkurs: Rahlfs und die sog. ‚Religionsgeschichtliche Schule' —— 45
7   Lagardes Tod und seine Auswirkungen auf Rahlfs' weitere
        Entwicklung —— 56

**III Rahlfs' Wirken an der Göttinger Universität und im Septuaginta-
       Unternehmen** —— 63

1   Bewährung an der Göttinger Universität als Privatdozent und
        Extraordinarius (1891–1907) —— 63
2   Die institutionellen Anfänge des Septuaginta-Unternehmens und
        Rahlfs' Tätigkeit als dessen Leiter (1907–1913) —— 75
3   Mühsamer Aufstieg: Rahlfs als ordentlicher Honorarprofessor,
        Mitglied der Göttinger Gesellschaft der Wissenschaften und
        persönlicher Ordinarius (1914–1930) —— 100
4   Rahlfs' Lehre an der Theologischen Fakultät in Göttingen —— 108
5   Letzte Jahre und Tod (1930–1935) —— 113

Teil B: **Die Septuaginta-Arbeit von Alfred Rahlfs – eine werkgeschichtliche Analyse**

I   Vororientierung über Rahlfs' Septuaginta-Arbeiten mit dem Versuch einer Periodisierung —— **121**

II   Rahlfs als 'Vorarbeiter' der Septuaginta-Edition (1898–1921) —— **123**

1   Frühe Untersuchungen, Studien und Editionspläne auf den Spuren Lagardes (1898–1910) —— **123**
1.1   Frühe Untersuchungen zu einzelnen Handschriften —— **123**
1.2   Die ersten beiden Hefte der Septuaginta-Studien —— **126**
1.3   Frühe Editionspläne —— **136**
2   Die Formation von Rahlfs' Neuansatz in Auseinandersetzung mit Lagardes Lukian-Ausgabe (1911) —— **143**
3   „Notwendige Vorarbeiten" im institutionellen Rahmen des Septuaginta-Unternehmens (1911/12–1921) —— **151**
3.1   Die Inventarisierung des handschriftlichen Materials —— **154**
3.2   Die Aufbereitung und Kollation der eigentlichen Bibelhandschriften und des hexaplarischen Materials —— **162**
3.3   Untersuchungen zu den Kirchenschriftstellerzitaten und Tochterübersetzungen —— **169**

III   Rahlfs als Editor der Septuaginta (1922–1935) —— **177**

1   Die 'Handausgaben' der Bücher Ruth (1922) und Genesis (1926) —— **177**
1.1   Die Entstehungsgeschichte der 'Handausgaben' von 1922 und 1926 —— **177**
1.2   Rahlfs' methodisches Vorgehen in der Rekonstruktion der Textgeschichte —— **183**
1.2.1   Die Auswahl und Behandlung des Quellenmaterials des Buches Ruth —— **183**
1.2.2   Die Identifizierung rezensioneller Überarbeitungen des Buches Ruth —— **187**
1.2.3   Zusammenfassung —— **206**
1.2.4   Die aus der Identifizierung rezensioneller Überarbeitungen des Buches Genesis resultierende Verfeinerung des methodischen Vorgehens in der Rekonstruktion der Septuaginta-Textgeschichte —— **209**

1.3 Exkurs: Das Berliner Papyrusfragment der Genesis (Ra 911) und Rahlfs' Genesis-Ausgabe von 1926 —— 213
1.3.1 Kritik an Rahlfs' Verwendung der Hs. 911 —— 214
1.3.2 Beurteilung der Rahlfs'schen Kollationen der Hs. 911 in Gen. 1–6 —— 216
1.3.3 Kollation und Edition einer Handschrift —— 218
1.4 Ertrag: Die epochale Bedeutung der Rahlfs'schen ‚Handausgaben' der Bücher Ruth und Genesis —— 220
2 Die Edition des Buches ‚Psalmi cum Odis' (1931) —— 222
2.1 Die Entstehungsgeschichte —— 222
2.2 Rahlfs' methodisches Vorgehen in der Rekonstruktion der Textgeschichte des Septuaginta-Psalters —— 224
2.2.1 Die Psalter-Studien von 1907 als Vorarbeit der Psalter-Edition von 1931 —— 224
2.2.2 Die Auswahl und Behandlung des Quellenmaterials —— 225
2.2.3 Die Identifizierung rezensioneller Überarbeitungen —— 228
2.2.4 Zusammenfassung —— 251
2.3 Die kritische Rezeption der Psalter-Edition durch A. Allgeier (1931), P. L. Hedley (1933), P. Kahle (1947) und A. Pietersma (2000) —— 251
2.3.1 A. Allgeiers Kritik im Jahre 1931 —— 252
2.3.2 P. L. Hedleys Kritik im Jahre 1933 —— 256
2.3.3 P. Kahles Polemik im Jahre 1947 —— 257
2.3.4 A. Pietersmas Kritik im Jahre 2000 —— 262
2.4 Ertrag: Rahlfs' Psalter-Edition von 1931 und die Notwendigkeit einer umfangreichen Neuedition der *editio critica maior* des Septuaginta-Psalters —— 264
3 Die ‚Handausgabe von 1935' —— 267
3.1 Die Entstehungsgeschichte —— 271
3.1.1 Vorbemerkung: Rahlfs' Plan einer „provisorischen Handausgabe" als Vorarbeit der großen „Göttinger Septuaginta" (1908) —— 271
3.1.2 Die ‚Handausgabe von 1935' als vorläufige *editio critica minor* der „Göttinger Septuaginta" —— 274
3.1.3 Exkurs: „Damit hat eine Angelegenheit ihr Ende gefunden, die […] im Verlagswesen überhaupt und in der Geschichte der Württ. Bibelanstalt einzig dasteht." – Die ‚Causa Rahlfs' —— 283
3.2 Die Auswahl und Behandlung des Quellenmaterials —— 298
3.3 Die Identifizierung rezensioneller Überarbeitungen —— 306
3.4 Ertrag: Der Mythos von der ‚Handausgabe von 1935' —— 320

Teil C: Der Beitrag von Alfred Rahlfs zur Textkritik und Editionstechnik der Septuaginta – eine problemorientierte Untersuchung

I   Rahlfs als ‚Textkritiker‘ der Septuaginta —— 329

1   Vorbemerkung —— 329
2   Rahlfs' Editionsziel: Die Rekonstruktion des ältesten erreichbaren Textes —— 330
3   Rahlfs' textkritische Methodik —— 332
3.1   Die Untersuchung der ‚Übersetzungstechnik' —— 332
3.2   Die Identifizierung rezensioneller Überarbeitungen und ihre überlieferungsgeschichtliche Verortung als Bedingung der Septuaginta-Textkritik —— 336
3.3   Die Eliminierung der Schreibfehler —— 340
3.4   Die Anwendung von Majoritätsprinzip und Alterskriterium —— 344
3.5   Der Umgang mit orthographisch und grammatikalisch uneinheitlichen Lesarten —— 349
3.6   Die Schreibweise der Eigennamen als besonderes Problem der Septuaginta-Textkritik —— 354
3.7   Die Konjekturalkritik (Konjektur und Emendation) —— 361
4   Fallbeispiel: Rahlfs' Kriterien für die Rekonstruktion des ältesten erreichbaren Septuaginta-Textes des Psalters —— 371

II   Rahlfs als ‚Editionstechniker‘ der Septuaginta —— 374

1   Vorbemerkung —— 374
2   Rahlfs' editionstechnische Grundsätze einer historisch-kritischen ‚Handausgabe' der Septuaginta am Beispiel der Ruth-Ausgabe von 1922 und der Genesis-Ausgabe von 1926 —— 375
2.1   Die Grundregeln der Apparatgestaltung —— 375
2.2   Die Notation der griechischen Handschriften —— 379
2.3   Die Notation der Tochterübersetzungen —— 386
2.4   Die Notation der indirekten Überlieferung —— 388
2.5   Die „Göttinger Septuaginta" der Bücher Ruth und Genesis im Vergleich mit den Rahlfs'schen ‚Handausgaben' von 1922 und 1926 – Zwei Ausblicke —— 390
2.5.1 Die *editio critica maior* des Buches Ruth von Udo Quast (2006), ihr Verhältnis zur Ruth-Ausgabe von 1922 und ein Ausblick —— 390

2.5.2   Die *editio critica maior* des Buches Genesis von John William Wevers
         (1974), ihr Verhältnis zur Genesis-Ausgabe von 1926
         und ein Ausblick —— **398**
2.6   Fazit —— **402**
3   Rahlfs' editionstechnische Grundsätze einer *editio critica maior*
         der Septuaginta am Beispiel der Psalter-Edition von 1931 mit einem
         Ausblick auf die Bände der „Göttinger Septuaginta" —— **403**
3.1   Die Notation der griechischen Handschriften, der
         Tochterübersetzungen und der indirekten Überlieferung —— **405**
3.2   Die Notation der Druckausgaben und der jüngeren griechischen
         Übersetzer —— **411**
3.3   Fazit —— **414**

Schluss —— **417**

Anhang

I   **Abkürzungen** —— **423**

II   **Literaturverzeichnis (alphabetisch)** —— **424**

III **Verzeichnis der Werke von Alfred Rahlfs (chronologisch)** —— **457**

IV   **Quellen** —— **467**

1   Verzeichnis der ausgewerteten Quellen (alphabetisch) —— **467**
2   Abbildungsverzeichnis —— **473**
3   Transkriptionen ausgewählter Dokumente —— **474**
3.1   Bericht über das Theologische Stift zu Göttingen
         (Studienjahr 1888/89) —— **474**
3.2   Bericht über das Theologische Stift zu Göttingen
         (Studienjahr 1889/90) —— **477**
3.3   Überblick über die von Paul Anton de Lagarde und Alfred Rahlfs
         angekündigten Lehrveranstaltungen in Göttingen (1885–1934) —— **481**
3.3.1   Sommer 1885 bis Winter 1891/92 (Paul Anton de Lagarde) —— **481**
3.3.2   Sommer 1892 bis Sommer 1934 (Alfred Rahlfs) —— **482**
3.4   Plan einer neuen Ausgabe der Septuaginta. Von A. Rahlfs.
         (19. August 1907) —— **496**

3.5   Antrag zur Aufnahme von Alfred Rahlfs als ordentliches Mitglied
        der Gesellschaft der Wissenschaften zu Göttingen
        (17. Oktober 1917) —— **499**

3.6   Schriftverkehr betreffs des Berliner Papyrusfragments der Genesis,
        Ra 911 (25. Juli bis 3. August 1926) —— **500**

3.6.1   Carl Schmidt an den Vorsitzenden Sekretär der Göttinger Gesellschaft
        der Wissenschaften (Scient 304,1, Nr. 197) —— **500**

3.6.2   Die Anmerkungen zu diesem Schreiben von Thiersch, Bertholet und
        Rahlfs (Scient 304,1, Nr. 197) —— **503**

3.6.3   Der Vorsitzende Sekretär der Göttinger Gesellschaft der Wissenschaften
        an Carl Schmidt (Scient 304,1, Nr. 198) —— **503**

3.7   Bitte der Theologischen Fakultät der Universität Göttingen an den
        Minister für Wissenschaft, Kunst und Volksbildung um Aufschub der
        Entpflichtung des Herrn Professor A. Rahlfs (13. Dezember 1929) —— **504**

3.8   Zusammenfassung der ‚Causa Rahlfs‘ (Entwurf eines Briefes von
        Werner Kappler an Hans Lietzmann vom 10. April 1934) —— **505**

3.9   Exzerpte aus den *Berichten über das Septuaginta-Unternehmen* —— **506**

3.9.1   Zur Mitarbeitersituation der Jahre 1914 bis 1920 —— **506**

3.9.2   Zur finanziellen Situation in den Jahren 1922 bis 1926 —— **507**

V   Anhänge zu den Rahlfs'schen Editionen —— **509**

1   Übersicht über die Handschriften und Handschriften-Gruppen
        in RUTH und RUTH-STUDIE —— **509**

2   Übersicht über die Handschriften und Handschriften-Gruppen
        in GENESIS —— **509**

3   Übersicht über die Handschriften und Handschriften-Gruppen
        in PSALMI CUM ODIS —— **510**

4   Übersicht über die im Apparat der HANDAUSGABE zitierten
        Handschriften —— **510**

VI   Register —— **513**

1   Personen —— **513**

2   Bibelstellen (in Auswahl) —— **520**

Einleitung

Als Alfred Rahlfs am 8. April 1935 in Göttingen starb, war sieben Tage zuvor seine über 2.000 Seiten starke HANDAUSGABE[1] der Septuaginta erschienen. Mit ihr lag erstmals eine historisch-kritische Edition des gesamten griechischen Alten Testaments vor.[2] Die religionsgeschichtliche Bedeutung dieses Textes steht außer Frage: Die Septuaginta, ursprünglich für die jüdisch-hellenistische Diaspora bestimmt und später von den Christen als Teil auch ihrer heiligen Schriften angenommen, dokumentiert auf einzigartige Weise die Verbundenheit zwischen Judentum und Christentum. Fraglos ist überdies ihre wissenschaftliche Bedeutung für die sprachgeschichtliche Analyse der sog. *Koine*, für die Text- und Literarkritik des hebräischen Alten Testaments, für die Hermeneutik und Exegese des Neuen Testaments sowie für die Erforschung der theologischen Diskussionen und liturgischen Traditionen der Alten Kirche.

Dass 1935 erstmals eine Gesamtedition dieses Textes erschien, die den Anspruch erheben konnte, seine von späteren Überarbeitungen gereinigte, möglichst authentische Gestalt darzubieten, sicherte ihr von vornherein eine wissenschaftshistorische Bedeutung sondergleichen zu.

Heute, 80 Jahre nach ihrem Erscheinen, ist die ‚Rahlfs'sche Handausgabe' noch immer die weltweit gebrauchte Standardausgabe der Septuaginta, nicht nur, wie ihr Herausgeber mutmaßte, „Studenten und Pfarrern [...] ein wichtiges Hilfsmittel",[3] sondern auch Wissenschaftlern, zumindest solange ihnen nicht die Bände der noch unvollendeten Göttinger *editio critica maior* zur Verfügung stehen.

Zwar sind die HANDAUSGABE und der Name ihres Editors längst zu Synonymen geworden – Ausdruck einer Anerkennung, wie sie nicht jedem verdienstvollen Gelehrten zuteilwird. Doch um den Preis erkauft, dass das Leben sowie das umfangreiche wissenschaftliche Gesamtœuvre von Alfred Rahlfs hinter dem ‚Rahlfs' verschwanden.

---

1 HANDAUSGABE 1 und 2 (1935). Die hier und im Folgenden verwendeten Abkürzungen und Kurztitel sind sämtlich im Anhang, S. 423 und S. 424–456, entschlüsselt. Die hebräischen Bibelzitate sind der BHS (⁵1997) entnommen.
2 Vgl. KITTEL, Rez. Rahlfs (1937), 1175.
3 HANDAUSGABE 1 (1935), IV (Vorwort des Bearbeiters).

Hervorzuholen und ins Licht zu stellen, was sein „Leben für die Septuaginta"[4] geprägt und bestimmt hat und welche bahnbrechenden Ergebnisse seine vielfältigen Arbeiten für die Erforschung und Edition des griechischen Alten Testaments erbracht haben, die ihn zu einem der wichtigsten Textkritiker des 20. Jh.s werden ließen, setzt sich die vorliegende Untersuchung zum Ziel.

Sie ist in drei Teile gegliedert: Im ersten Teil (A) wird erstmals der Versuch einer vollständigen Darstellung von Rahlfs' Biographie unternommen. In Ermangelung eines Nachlasses wurden als Quellengrundlage hierfür die wichtigsten in verschiedenen Bibliotheken und Archiven erhaltenen Dokumente und Akten herangezogen, darunter – allerdings nur stichprobenartig – auch die rund 400 Briefe und Postkarten, die zum größten Teil im Archiv des Septuaginta-Unternehmens der Akademie der Wissenschaften zu Göttingen aufbewahrt sind.[5] Der zweite Teil (B) umfasst eine detaillierte werkgeschichtliche Analyse seiner sämtlichen Veröffentlichungen, in der die Entstehung und Entwicklung seiner text- und überlieferungsgeschichtlichen Erkenntnisse, textkritischen Prinzipien und editorischen Grundsätze nachgezeichnet sowie die überraschende Wirkungsgeschichte einiger seiner inzwischen in Vergessenheit geratenen Studien und Teileditionen aufgezeigt wird. Im dritten Teil (C) ist, beruhend auf den beiden vorangehenden Teilen, eine nach zentralen Problemfeldern geordnete synthetische Rekonstruktion seiner textkritischen und editionsphilologischen Methodik auch unter der wirkungsgeschichtlichen Perspektive ihrer heutigen Gültigkeit innerhalb und außerhalb der „Göttinger Septuaginta" beabsichtigt.

---

4 Vgl. Smend d.J., Ein Leben für die Septuaginta (2013).

5 Zu Rahlfs' Korrespondenzpartnern zählten u.a. Adolf Deißmann, Paul Wendland, Hans Lietzmann, Casper René Gregory, Giovanni Mercati, Enno Littmann, Norman McLean, Eberhard Nestle, Adolf Jülicher, Eugène Tisserant, Carl Schmidt, Otto Stählin, Jacob Wackernagel, Arthur Allgeier, Eduard Schwartz, Karl Marti, Rudolf Otto, Ludwig Schemann sowie Paul Anton de Lagarde. Eine Edition des sowohl privaten als auch als Leiter des Septuaginta-Unternehmens geschäftlichen Briefwechsels von Alfred Rahlfs wäre ein dringendes Desiderat wissenschafts- und institutionengeschichtlicher Forschung.

Teil A: Das Leben von Alfred Rahlfs (1865–1935)

I. Die Anfänge

1. Kindheit und Jugend in Linden und Hannover (1865–1883)

Otto Gustav Alfred Rahlfs[1] wurde am 29. Mai 1865 in Linden bei Hannover als ältestes Kind des Lehrers und Kantors Georg Rahlfs[2] und dessen Ehefrau Ottilie (geb. Brüel)[3] geboren und empfing am 30. Juni 1865, ebenfalls in Linden, die Taufe.[4] Seine beiden 1867 und 1868 zur Welt gekommenen Geschwister Friederike

---

1 Die bisherige Literatur über die Biographie Alfred Rahlfs' ist überschaubar. Im Folgenden seien die wichtigsten vor allem wissenschaftsgeschichtlich orientierten Darstellungen und Würdigungen genannt: GLAUE, Rahlfs (1913); DERS., Rahlfs (1930); HEDLEY, Göttingen Investigation (1933): Überblick und Kurzzusammenfassung der wichtigsten Werke mit Schwerpunkt auf einer Darstellung der SEPT.-STUD. 2 (1907) und der PSALMI CUM ODIS (1931); BAUER, Alfred Rahlfs (1934/35): Nachruf; HEMPEL, Rahlfs (1935): Nachruf mit besonderer Hervorhebung der Rahlfs'schen Lebensleistung in der Nachfolge und Überbietung Lagardes; J. MEYER, Geschichte (1937), 79; KATZ, Septuagintal studies (1956), bes. 189–191: knappe Verortung der wesentlichen Werke; GROSSE-BRAUCKMANN, Rahlfs (1961); JELLICOE, Septuagint (1968), bes. 9–18: guter Überblick über die wesentlichen Werke und ihre Bedeutung; ZIEGLER, Rahlfs (1986); LÜDEMANN/SCHRÖDER, Dokumentation (1987), 79–80: sehr unvollständiger Überblick; WESSELING, Rahlfs (1994): sehr knappe und sachlich unzulängliche Darstellung; LÜDEMANN, Rahlfs (1995); SMEND d.J., Rahlfs (2001): konzise Würdigung; SCHAPER, Rahlfs (2004); JOBES/SILVA, Invitation (2005), 245–247: kurzer Abriss mit Schwerpunkt auf dem Editionswerk (vgl. auch die überarbeitete Neuauflage: DIES., Invitation [²2015], 272–273), orientiert sich an JELLICOE (s.o.); SMEND d.J., Ein Leben für die Septuaginta (2013); SCHÄFER, Briefwechsel Rahlfs-Lagarde (2013): mit einer Einleitung versehene Edition des Briefwechsels zwischen Lehrer und Schüler; DERS., Rahlfs (2014): knapper Überblick über akademischen Werdegang und Septuaginta-Arbeit; DERS., Historisch-kritische Edition (2015): biographischer Überblick und Würdigung des wissenschaftlichen Werkes.

2 Georg August Rahlfs, aus einer Lehrer- und Kantor-‚Dynastie' stammend, wurde am 26. April 1828 in Steimbke, Kr. Nienburg, geboren und war seit 1869 in der Posthornstraße 5, dann 10 und schließlich 8, später An der Martinskirche 14A in Linden bei Hannover gemeldet. Zu seiner Tätigkeit als Lehrer in Linden ist im Stadtarchiv Hannover eine Personalakte vorhanden (PA 551, 1856–1896). Georg Rahlfs starb am 11. Mai 1913 in Linden. Sämtliche Informationen basieren auf einer schriftlichen Auskunft des Stadtarchivs Hannover vom Mai 2011 aufgrund der Akten EMK I, K. 161, und StA 695-136/1913. Vgl. auch UA Göttingen, Theol. SA 0056.2.

3 Ottilie Rahlfs wurde am 10. März 1839 in Ronneberg (Region Hannover) als Tochter des Wegebauaufsehers Karl Theodor Brüel und dessen Frau Sophie Friederike Henriette (geb. Steding) geboren und verstarb am 28. Februar 1913, knapp drei Monate vor ihrem Mann, in Linden bei Hannover (schriftliche Auskunft des Stadtarchivs Hannover vom Mai 2011 aufgrund der Akten EMK I, K. 161, und StA 695-294/1913).

4 Vgl. Bundesarchiv, R 9361 V/104478 (Abstammungsnachweis seines Sohnes Georg).

Sophie und Carl Ludwig Erich starben noch im Kindesalter.[5] Im März 1873 wurde den Eltern eine weitere Tochter – nach der Mutter Ottilie genannt – geboren, mit der Rahlfs zeitlebens eng verbunden bleiben sollte.[6] Über sein Verhältnis zu Vater und Mutter lässt sich nur wenig sagen: Gelegentliche Erwähnungen in den Briefen an den Orientalisten Paul Anton de Lagarde[7] lassen auf eine innige Bindung des Sohnes an die Eltern schließen, die ihrerseits Interesse an seinem Werdegang bekundeten.[8] So hebt Rahlfs in einem von ihm verfassten Lebenslauf von 1888

---

5 Die Schwester starb mit sechs Jahren 1873, der Bruder beinahe einjährig 1869.

6 Ottilie Rahlfs wurde am 9. März 1873 in Linden bei Hannover geboren und heiratete 1915 den aus Düshorn stammenden Oberlehrer Martin Rahlfs, mit dem sie in Walsrode lebte (daher erklärt sich, dass sie auf der Todesanzeige ihres Bruders Alfred 1935 als „Otti Rahlfs, geb. Rahlfs" unterzeichnete). Einen Einblick in das frühe Verhältnis der Geschwister zueinander gewährt folgendes Briefzeugnis (A. Rahlfs an Anna de Lagarde, 16. September 1889): „In der vorletzten Woche war ich zweimal im Hoftheater, zu Emilia Galotti und Wilhelm Tell. Zu der letzteren Vorstellung nahm ich meine Schwester mit; es war das erste Mal, daß sie im Theater war, und sie war ganz überrascht und entzückt von all den Herrlichkeiten, die da zu sehen waren; obgleich die Vorstellung 3 ½ Stunde dauerte, hatte sie noch nicht genug, sondern meinte, wenn nur noch ein paar Aufzüge kämen. Morgen wollen wir wieder hingehn; es wird Minna von Barnhelm gegeben" (zitiert nach der Ausgabe von SCHÄFER, Briefwechsel Rahlfs-Lagarde [2013], 314 [vgl. auch Brief Nr. 8, a.a.O., 297, und Brief Nr. 31, a.a.O., 319]).

7 Paul Anton de Lagarde wurde am 2. November 1827 als Sohn des Gymnasiallehrers Wilhelm Boetticher in Berlin geboren. Das Studium der Theologie, Philosophie und der orientalischen Sprachen absolvierte er in Berlin und Halle a.S. 1849 wurde er an der Philosophischen Fakultät in Berlin promoviert. 1851 schloss sich die Habilitation in Halle an. Ein Stipendium ermöglichte ihm in den Jahren 1851–1854 Forschungsreisen nach London und Paris. Am 27. März 1854 heiratete er Anna Berger (1831–1918). In demselben Jahr wurde er von seiner Großtante Ernestine de Lagarde adoptiert und trug forthin ihren Namen. Nach einer zwölfjährigen Phase als Lehrer an verschiedenen höheren Lehranstalten in Berlin und einer knapp dreijährigen Forschungszeit in Schleusingen trat Lagarde schließlich 1869 die Nachfolge von Heinrich Ewald als ordentlicher Professor der Orientalistik in Göttingen an. Hier starb er am 22. Dezember 1891 im Alter von 64 Jahren. Vgl. zur Biographie vor allem: A. de LAGARDE, Erinnerungen (1894); WILAMOWITZ-MOELLENDORFF, Rede Lagarde (1892) = DERS., Reden und Vorträge (³1913), 91–97; WELLHAUSEN, Gedächtnisrede Lagarde (1895); Eb. NESTLE, Lagarde RE³ (1902); SCHEMANN, Lagarde (²1920); RAHLFS, Lebenswerk (1928): veranlasst durch die Verfügung in Lagardes Testament, dass zu seinem 100. Geburtstag die Göttinger Gesellschaft der Wissenschaften „alles von mir und an mich Geschriebene […] veröffentlichen [soll], das von Interesse für die Beurtheilung meines Charakters und meines Lebens ist" (GIERL, Geschichte [2004], 190); HANHART, Lagarde (1987); PAUL, Lagarde (1996), bes. 90–93; GIERL, Geschichte (2004), 32–43.121–141.183–198; SIEG, Lagarde (2007), mit der kritischen Besprechung von NEUSCHÄFER, Rez. Sieg (2009); außerdem DERS., Alteri saeculo (2013), 235–264, bes. Anm. 1.

8 Rahlfs' Briefe bezeugen die erstaunte Freude der Eltern über seine wissenschaftliche Förderung durch Lagarde sowie den wiederholt geäußerten Wunsch, von ihrem Sohn besucht zu werden, während dieser besorgte Anteilnahme an der gesundheitlichen Schwäche der Mutter und

ausdrücklich hervor, er habe sich – bevor er die ihm von Lagarde geratene akademische Karriere einschlug – zunächst mit seinem Vater darüber besprochen und dieser sei mit seinen Plänen einverstanden gewesen;[9] und einem von Rahlfs geführten Verzeichnis seiner Bücher und Aufsätze ist zu entnehmen, dass er dem Vater von jeder seiner Publikationen stets einen Sonderdruck zukommen ließ.[10]

Der Vater war es wohl auch, der dem Sohn den ersten Unterricht erteilt hatte,[11] bevor dieser zu Ostern 1873 in die 1. Vorklasse des Lyzeums II (des heutigen Goethe-Gymnasiums) in Hannover aufgenommen wurde. Und auch sein musikalisches Können, nachweislich das Klavierspielen, hatte ihm der Vater mit auf den Weg gegeben.[12] Ende Februar 1883 erhielt Rahlfs aus der Hand des Direktors Ernst Wiedasch sein Reifezeugnis. Darin heißt es hinsichtlich seines Betragens und Fleißes: „Sein sittliches Verhalten war stets lobenswert, höchst zuverlässig; durch stetige Aufmerksamkeit und gewissenhaften, gründlichen Fleiß hat er sich eine gediegene Gesamtbildung erworben. Auf Grund seiner Schulleistungen sowohl, wie namentlich wegen seiner tüchtigen Leistungen in der schriftlichen Prüfung ist Rahlfs von der mündlichen Prüfung dispensiert worden." Die Einzelnoten nehmen sich wie folgt aus: „Religionslehre: Sehr gut. Deutsch: Gut [...]. Latein: Gut; im Übersetzen der Schriftsteller Sehr gut. Griechisch: Sehr gut [...]. Französisch: Gut [...]. Hebräisch: Sehr gut. Englisch: Gut. Geschichte und Geographie: Gut. Mathematik: Gut; Schulleistungen teilweise Sehr gut. Physik: Gut. Turnen: Gut [...]. Gesang: Gut."[13] Viele dieser in der Abschlussbeurteilung genannten Eigenschaften, insbesondere der „gewissenhafte, gründliche Fleiß",

---

die Absicht bekundet, dem Vater finanziell nicht zur Last fallen zu wollen (vgl. dazu die Briefe Nr. 2, 13, 17, 19–20 und 29 in SCHÄFER, Briefwechsel Rahlfs-Lagarde [2013], 285–287.299–300.302–307.317).

9 Vgl. UA Göttingen, Theol. SA 0056.2 (als Beilage zur Bewerbung auf die Stelle des Inspektors des Göttinger Theologischen Stifts).

10 Archiv des Septuaginta-Unternehmens der Akademie der Wissenschaften zu Göttingen, *Verzeichnis der Bücher und Aufsätze von Alfred Rahlfs*, geführt von 1887 bis 1921.

11 Vgl. SMEND d.J., Ein Leben für die Septuaginta (2013), 265.

12 Vgl. eine bei LÜDEMANN/SCHRÖDER, Dokumentation (1987), 52, abgebildete Fotografie aus dem Jahr 1893, die Heinrich Hackmann beim Geigenspiel, begleitet von Rahlfs am Klavier, zeigt; s. außerdem Wellhausens Schreiben vom 19. Oktober 1894 an seine Schwiegermutter, in dem er vom vierhändigen Klavierspiel seiner Frau Marie mit Rahlfs berichtet (abgedruckt bei SMEND d.J., Wellhausen Briefe [2013], 322, Nr. 455, vgl. a.a.O., 326–327, Nr. 464, Abs. 4, sowie a.a.O., 330–331, Nr. 469, Abs. 2), vgl. auch unten, S. 73, Rahlfs' Brief an seinen Freund Rudolf Otto, in dem er die musikalischen Fähigkeiten seiner Kinder schildert und dabei die Absicht äußert, selber noch das Bratsche-Spielen lernen zu wollen.

13 Beide Zitate: UA Göttingen, Theol. SA 0056.2 (Auszüge aus der beglaubigten Abschrift des Reifezeugnisses, die Rahlfs seiner Bewerbung als Stiftsinspektor beifügte).

sollten ihm später von den Rezensenten seiner Werke noch oft bescheinigt werden.[14]

2. Erste Semester in Göttingen und Halle a.S. (1883–1885)

Kurz nach Erhalt des Reifezeugnisses zog Rahlfs am 21. April 1883 von Linden nach Göttingen und schrieb sich zwei Tage später als Student der Theologie an der Georg-August-Universität[15] mit dem Ziel ein, Pfarrer in der hannoverschen Landeskirche zu werden.[16] Während der nun folgenden drei Semester widmete er sich besonders dem Studium des Alten Testaments und der Kirchengeschichte:[17] Im Sommer 1883 hörte er bei Bernhard Duhm[18] „Erklärung der Psalmen" und „Biblische Eschatologie" sowie bei Hermann Reuter[19] „Neuere Kirchengeschichte seit der Reformation", ferner bei Hans Hinrich Wendt[20] „Erklärung des Evangeliums Johannis", bei Karl Goedeke[21] „Literaturgeschichte des 17. Jahrhunderts"

---

14 So bereits in der von Ludwig Horst verfassten Rezension zu Rahlfs' Erstlingswerk (HORST, Rez. Rahlfs [1888]) und noch zuletzt in der Besprechung der HANDAUSGABE (1935) von KATZ, Rez. Handausgabe (1936).

15 Vgl. UA Göttingen, Matrikel XV, 23.4.1883, Nr. 128. Rahlfs' Erstmeldung in Göttingen (unter der Anschrift Hainholzweg 10) ist laut schriftlicher Auskunft des Stadtarchivs Göttingen vom Mai 2010 allerdings erst auf den 25. April 1884 datiert.

16 Vgl. Rahlfs' Angaben in seinem 1888 anlässlich der Bewerbung zum Stiftsinspektor verfassten Lebenslauf in UA Göttingen, Theol. SA 0056.2, die vermutlich auch den Angaben von SMEND d.J., Ein Leben für die Septuaginta (2013), 266, zugrunde liegen.

17 So UA Göttingen, Theol. SA 0056.2 (Lebenslauf).

18 Bernhard Duhm (1847–1928), Alttestamentler, 1873 Privatdozent und 1877 außerordentlicher Professor in Göttingen, 1889 ordentlicher Professor in Basel. Vgl. RABENAU, Duhm (1959); SMEND d.J., Duhm (1989).

19 Hermann Reuter (1817–1889), Kirchenhistoriker, 1843 Privatdozent in Berlin, 1855 ordentlicher Professor in Greifswald, 1866 in Breslau, 1876 in Göttingen, 1881 evangelischer Abt von Bursfelde (zum Kloster Bursfelde vgl. PERLITT, Bursfelde [⁷1999]). Vgl. MIRBT, Reuter (1907); PERLITT, Professoren (1984 und 1985); MÜHLENBERG, Göttinger Kirchenhistoriker (1987), 251–255.

20 Hans Hinrich Wendt (1853–1928), 1877 Privatdozent und 1881 außerordentlicher Professor für Systematik und neutestamentliche Theologie in Göttingen, 1883 ordentlicher Professor in Kiel, 1885 in Heidelberg und 1893 in Jena. Vgl. WESSELING, Wendt (1998).

21 Karl Goedeke (1814–1887), Schriftsteller und Literaturhistoriker, 1873 außerordentlicher Professor in Göttingen. Bekannt wurde Goedeke insbesondere mit seinem *Grundriss zur Geschichte der deutschen Dichtung*, heute als *Deutsches Schriftsteller-Lexikon. 1830–1880* von der Berlin-Brandenburgischen Akademie der Wissenschaften fortgeführt. Vgl. JACOB, Goedeke (1964).

und „Mittelhochdeutsche Uebungen" bei Edward Schröder[22]. Im Wintersemester 1883/84 standen „Kirchengeschichte der ersten acht Jahrhunderte" bei Reuter, „Einleitung in das Alte Testament" bei Duhm und „Erklärung des Propheten Jesaia" bei Hermann Schultz[23] auf dem Programm, außerdem „Erklärung des Epheser und Kolosserbriefes" bei August Wiesinger[24] sowie eine Vorlesung zur „Allgemeinen Geschichte der Philosophie" bei Julius Baumann[25]. Im Sommer 1884 belegte er „Kirchengeschichte des Mittelalters seit Karl dem Grossen" und „Geschichte der Kirche und Theologie seit der Mitte des XVIII. Jahrh. vornemlich im XIX. Jahrhundert" bei Reuter, dazu „Biblische Theologie des Neuen Testaments" bei Albrecht Ritschl[26] und „Ueber Goethes Leben und Schriften" bei Goedeke.[27]

Am Ende des Sommersemesters 1884 beschloss Rahlfs den Wechsel des Studienortes und immatrikulierte sich im Alter von 19 Jahren am 22. Oktober 1884[28] an der Universität zu Halle an der Saale, wo er für die Dauer des Wintersemesters eine Privatunterkunft in der Fleischergasse bezog.[29] Aus seiner Exmatrikel erfährt man, dass er nun zwar einen Schwerpunkt auf das Neue Testament legte, dem

---

22 Edward Schröder (1858–1942), Germanist, 1883 Privatdozent in Göttingen, 1886 in Berlin, 1887 dort als außerordentlicher Professor, 1889 ordentlicher Professor für deutsche Philologie in Marburg, 1902 in Göttingen. Vgl. Ruprecht, Schröder (2007).

23 Hermann Schultz (1836–1903), 1861 Privatdozent in Göttingen, 1864 ordentlicher Professor für alttestamentliche Theologie in Basel, 1872 in Straßburg, 1874 ordentlicher Professor für biblische Fächer und Praktische Theologie in Heidelberg, 1876 ordentlicher Professor in Göttingen. „Er bekleidete das Amt des ersten Universitätspredigers und Leiters des Seminars für praktische Theologie, las jedoch zugleich von Anfang an regelmäßig über das AT und sämtliche systematische Fächer" (Vischer, Schultz [1906], 800). Vgl. Wolfes, Schultz (2000).

24 August Wiesinger (1818–1908), 1860 ordentlicher Professor für Neues Testament in Göttingen. Vgl. Kayser, Universität Göttingen (1910), 1508.

25 Julius Baumann (1837–1916), 1869 ordentlicher Professor für Philosophie in Göttingen. Vgl. Eisler, Baumann (1912).

26 Albrecht Ritschl (1822–1889), 1846 Privatdozent in Bonn, 1852 ordentlicher Professor für Systematische Theologie in Bonn, ab 1864 dann bis zu seinem Tod in Göttingen. Als Ritschls Hauptwerk gilt neben seiner *Geschichte des Pietismus* (Bonn 1880–1886 [drei Bände]) *Die christliche Lehre von der Rechtfertigung und Versöhnung* (Bonn 1870–1874 [drei Bände]). Vgl. Ritschl, Ritschl (1889); Kienzler, Ritschl (1995); R. Schäfer, Ritschl (1998); Graf, Ritschl (2003).

27 Vgl. zu den Veranstaltungen die Angaben in den entsprechenden *Verzeichnissen der Vorlesungen auf der Georg-Augusts-Universität zu Göttingen* (Göttingen 1883ff.).

28 Vgl. UA Halle, Rep. 39, Nr. 70. Die Exmatrikulation in Göttingen ist auf den 9. August 1884 datiert (UA Göttingen, Abgangszeugnisse 1884, Nr. 384).

29 Vgl. UA Halle, Matrikellisten 1884/1885.

Alten Testament und der Kirchengeschichte aber weiter treu blieb:[30] So hörte er „Erklärung des Römerbriefs", „Erklärung der Apostelgeschichte" und „Altchristliche Kunstgeschichte" bei Willibald Beyschlag[31] und besuchte Vorlesungen über „Biblische Theologie des Alten Testaments" und „Prophetismus und messianische Weissagungen" bei Eduard Riehm[32], „Evangelische Dogmatik (zweiter Theil der dogmatischen Theologie) nach dem ‚Abriß'" bei Martin Kähler[33] und „Geschichte der Secten" bei Karl Müller[34], außerdem „Logik" bei Rudolf Haym[35].

Diese Übersicht zeigt zur Genüge, dass unter den akademischen Lehrern, die Rahlfs in Göttingen und Halle unterrichteten, erstrangige Repräsentanten ihres jeweiligen Faches zu finden sind. Zu ihnen gehören der Alttestamentler Bernhard Duhm, der ‚Entdecker' des sog. Trito-Jesaja (Is. 56–66),[36] der Kirchenhistoriker Hermann Reuter, einer der profiliertesten protestantischen Augustin-Deuter des 19. Jh.s,[37] der epochale schulbildende Systematiker Albrecht Ritschl ebenso wie der Begründer des umfangreichsten bibliographischen Quellenwerks zur deutschsprachigen Literaturgeschichte, Karl Goedecke, und der vielseitige Literaturwissenschaftler und bahnbrechende Herder- und Schopenhauerbiograph Rudolf Haym.[38]

Mitte April 1885 wechselte Rahlfs zum Sommersemester zurück nach Göttingen und zog dort in den Düstere-Eichen-Weg 2a.[39]

---

30 Vgl. UA Halle, Rep. 39, Nr. 70, und außerdem das *Verzeichniß der auf der Königlichen vereinigten Friedrichs=Universität Halle=Wittenberg im Winter=Halbjahr vom 15. October 1884 bis 14. März 1885 zu haltenden Vorlesungen und der daselbst vorhandenen öffentlichen Institute und Sammlungen* (Halle 1884).

31 Willibald Beyschlag (1823–1900), 1860 außerordentlicher Professor für Praktische Theologie und Neues Testament in Halle a.S. Vgl. MEINHOLD, Beyschlag (1955).

32 Eduard Riehm (1830–1888), 1861 außerordentlicher Professor in Heidelberg, 1862 in Halle a.S., 1866 ordentlicher Professor für Altes Testament daselbst. Vgl. KAUTZSCH, Riehm (1890).

33 Martin Kähler (1835–1912), 1864 außerordentlicher Professor in Bonn, 1867 in Halle a.S., dort seit 1879 ordentlicher Professor für Systematische Theologie und Neues Testament. Vgl. KÄHLER, Kähler (1974); KRAUS, Kähler (1988).

34 Karl Müller (1852–1940), 1882 Professor für Kirchengeschichte in Berlin, 1884 in Halle a.S., 1886 in Gießen, 1891 in Breslau und 1903 in Tübingen. Vgl. WERBECK, Müller (1997).

35 Rudolf Haym (1821–1901), Philosoph und Publizist, 1868 ordentlicher Professor für deutsche Literatur in Halle a.S. Vgl. HOWALD, Haym (1969).

36 Vgl. *Das Buch Jesaia* (Göttingen 1892).

37 Vgl. *Augustinische Studien* (Gotha 1887). Vgl. OHST, Augustinus-Deutungen (2009), bes. 154–161.

38 Vgl. *Arthur Schopenhauer* (PrJ 14, Berlin 1864), *Die romantische Schule. Ein Beitrag zur Geschichte des deutschen Geistes* (Berlin 1870), *Herder nach seinem Leben und seinen Werken dargestellt* (Berlin 1880–1885 [zwei Bände]).

39 Am 18. April 1885 exmatrikulierte sich Rahlfs in Halle (vgl. UA Halle, Matrikellisten 1884/85) und immatrikulierte sich am 23. April 1885 in Göttingen (vgl. UA Göttingen, Matrikel XV, 23.4.1885,

II. Prägung –
Die Begegnung mit Paul Anton de Lagarde
und ihre Folgen

1. Wieder zum Studium in Göttingen (1885/86)

Das Sommersemester 1885 markiert einen Wendepunkt in der Biographie von
Alfred Rahlfs. Er selber war sich dessen schon frühzeitig bewusst. Bereits im
Frühsommer 1888 schrieb er in einem Lebenslauf, den er seiner Bewerbung auf
die Inspektorenstelle des Göttinger Theologischen Stifts beifügte:

> „Doch blieb ich nur ein Semester in Halle und kehrte Ostern 1885 nach Göttingen zurück.
> Hier hörte ich Syrisch bei Herrn Prof. de Lagarde, und *die Berührung mit diesem führte einen*
> *für mich sehr wichtigen Umschwung in meinem Lebensplane herbei.* Während ich bisher nur
> daran gedacht hatte, in das praktische Amt zu gehen, riet mir Herr Prof. de Lagarde, mich
> der akademischen Laufbahn zuzuwenden und zwar zunächst das philosophische Doktor-
> examen zu machen."[40]

Welche Folgen sich aus diesem durch das Zusammentreffen mit Paul Anton de
Lagarde bewirkten „wichtigen Umschwung" ergeben sollten, konnte der gerade
23jährige Rahlfs damals freilich noch nicht vollständig ermessen. Dass Lagarde
seinen „besten" Göttinger Schüler „ganz nachdrücklich für das akademische
Lehramt ausgebildet" hatte,[41] um dessen Eintritt in die akademische Welt her-
beizuführen, war zwar deutlich. Doch dass es dem fürsorglichen Lehrer vor allem
darum ging, seine eigene „Lebensarbeit"[42] an der Septuaginta dem Meisterschü-
ler als Lebensaufgabe zu vererben, blieb dem jungen Rahlfs zu diesem Zeitpunkt
noch völlig verborgen. Vierzig Jahre später blickte er erneut auf dieses erste
Zusammentreffen zurück:

Nr. P). Der Eintrag in der Einwohnermeldekartei ist auf den 28. April 1885 datiert (schriftliche
Auskunft des Stadtarchivs Göttingen vom Mai 2010).

40 UA Göttingen, Theol. SA 0056.2 (Kursivsetzung CS). Vgl. auch BAUER, Alfred Rahlfs (1934/35),
60.

41 SUB Göttingen, Cod. Ms. Lagarde 149 (Lagardes Beurteilung seines Schülers vom 13. November 1889).

42 Vgl. dazu unten, S. 128–132.

„Ich habe bei Lagarde zuerst im Sommer 1885 in meinem fünften Semester gehört, und zwar Syrisch. Lagarde hatte diese Vorlesung für Hermann Gunkel[43] angekündigt und erwartete, nur ihn in dem minimalen Hörsaal, in welchem er solche Vorlesungen hielt, vorzufinden. Beim Eintreten sah er auch mich da sitzen, schoß auf mich zu und fragte: ‚Was wollen Sie denn hier?' Bestürzt erwiderte ich, ich wolle Syrisch hören. Darauf Lagarde: ‚Was wollen Sie denn damit?' Nun sagte ich, ich hätte gehört, daß Kenntnis des Syrischen für die Erklärung der Bibel und für die alte Kirchengeschichte nützlich sei, und da ich mich als Theologe für beides sehr interessiere, hätte ich es für zweckmäßig gehalten, auch Syrisch zu lernen. Darauf gestattete mir Lagarde, vorläufig dazubleiben, bestellte mich aber in sein Haus, wo er mit mir noch weiter darüber sprechen wolle. Nicht ohne Herzklopfen meldete ich mich dort; er sprach mit mir eingehender über meine Arbeiten und meine Absichten und gab mir dann, durch diese Aussprache offenbar befriedigt, endgültig die Erlaubnis, an der Vorlesung teilzunehmen.

Lagardes Unterricht fesselte mich dann sehr, und auch er fand Gefallen an mir. Er sagte mir später einmal, er hätte es mir immer an den Augen angesehen, wenn mir etwas, was er auseinandersetzte, eingegangen sei. Einmal allerdings wurde er auch sehr ungehalten. Ich hatte den zu übersetzenden syrischen Text schon eine Woche vorher präpariert und nun nicht wieder angesehen; infolgedessen hatte ich einiges vergessen und blieb beim Übersetzen mehrmals stecken. Darüber wurde Lagarde sehr böse, ließ mich aufhören und strafte mich während des Restes der Stunde mit vollständiger Nichtbeachtung. Dies kränkte mich so, daß ich mich seitdem immer sehr sorgfältig präparierte. Am Ende des Semesters besuchte mich Lagarde, als ich krankheitshalber sein Kolleg nicht besuchen konnte, auf meiner Studentenbude, um sich nach meinem Ergehen zu erkundigen, und schickte mir dann am folgenden Tage elf Bände seiner Werke zu meiner weiteren Ausbildung.

Als ich am Anfang des folgenden Semesters wieder nach Göttingen kam, hatte Lagarde einen ganzen *Zukunftsplan* für mich entworfen, der darauf hinauslief, ich sollte das Doktorexamen, dessen Thema er schon bereit hielt, machen und später suchen, Inspektor des Göttinger Theologischen Stifts zu werden, was dann auch alles so geschehen ist.

Lagarde hat sich dann meiner stets auf das liebevollste angenommen und mir meinen Weg, soweit er konnte, geebnet."[44]

Lagarde, der bereits 1868 in der zweiten Vorrede seiner Genesis-Ausgabe die Hoffnung geäußert hatte, zur Unterstützung seiner Arbeit an der Septuaginta akademischen Nachwuchs gewinnen zu können,[45] sich darin aber immer wieder getäuscht sah,[46] entdeckte in jenem Semester 1885 in Rahlfs einen ersehnten

---

43 Zu Gunkel s. unten, S. 46, Anm. 211.

44 RAHLFS, Lebenswerk (1928), 91–92 (Kursivsetzung CS).

45 Vgl. LAGARDE, Genesis graece (1868), 24 („mea autem Genesis editione conabor uti ad instituendos iuuenes, qui integri ueteris testamenti graeci editionem parantem me possint adiuuare."), außerdem DERS., Ankündigung (1882), 24.

46 So LAGARDE, Vorbemerkungen (1880), 142: „meine für vorlesungen bestimmte ausgabe der griechischen Genesis erwies sich als unnütz: ein zweimal angestellter versuch, an ihr mitarbeiter für mein schweres werk zu erziehen, scheiterte völlig."

Abb. 1: Paul Anton de Lagarde im Herbst 1885

Schüler.[47] Fortan kümmerte er sich nicht nur um dessen persönliche Angelegenheiten, vielmehr sorgte er rigoros dafür,[48] dass sein *Zukunftsplan* Erfolg haben werde. Rahlfs selbst erkannte alsbald die Besonderheit dieses Meister-Schüler-Verhältnisses,[49] obgleich er bis zu Lagardes Tod nicht begriff, wie weitreichend dessen Pläne für ihn gewesen waren. Die glühende Verehrung, die der Schüler dem Meister noch 1928[50] trotz in der Sache durchaus abweichender Auffassungen[51] zollt, tritt bereits in dem zwischen 1886 bis 1891 geführten Briefwechsel eindrücklich zutage.[52] Dabei lag Lagardes besondere Anziehungskraft als Lehrer auf der einen Seite in seiner philologischen Strenge und Ordnungsliebe begründet, auf der anderen in dem, was ihn offenbar schon als Berliner Gymnasiallehrer auszeichnete, nämlich seine Schüler „als Freund und väterlicher Berater" zu begleiten.[53]

---

47 In einem Empfehlungsbrief erklärt Lagarde im Jahr 1889: „Rahlfs ist seit Ostern 1885 mein Schüler." Und fährt fort: „Er ist der beste Schüler, den ich hier in Göttingen unterwiesen habe" (SUB Göttingen, Cod. Ms. Lagarde 149). Vgl. außerdem das Schreiben von Rahlfs an Lagarde vom 26. März 1886: „Zunächst sage ich Ihnen meinen besten Dank für die Übersendung der Nummer der Göttinger Gelehrten Anzeigen, in welcher Sie mich zuerst an das Licht der gelehrten Welt befördert haben" (SUB Göttingen, Cod. Ms. Lagarde 150:949, 3). Rahlfs spielt dabei auf seine Erwähnung in einem Beitrag von Lagarde an, der allerdings nicht in den GGA, sondern in den NGWG vom 17. März 1886 erschienen war (wieder abgedruckt bei LAGARDE, Mittheilungen 2 [1887], 1–48): „Ich freue mich, durch meinen Schüler Alfred Rahlfs auf eine schwer zu entschuldigende Unterlassungssünde aufmerksam gemacht worden zu sein [...]" (a.a.O., 28).
48 Vgl. RAHLFS, Lebenswerk (1928), 93 (Lagarde „bewahrte" seinen Schüler – so Rahlfs' retrospektives Urteil – vor „schädlicher Zersplitterung"). Vgl. auch SCHÄFER, Briefwechsel Rahlfs-Lagarde (2013), 275, außerdem a.a.O., Brief 17.
49 Nachweisen lässt sich dies freilich erst mit dem frühesten erhaltenen Schreiben von Rahlfs an Lagarde vom 8. März 1886, das mit „Ihr dankbarer Schüler Alfred Rahlfs" unterzeichnet ist (SUB Göttingen, Cod. Ms. Lagarde 150:949, 2). Vgl. dazu Lagardes grundsätzliche Ausführungen zum Lehrer-Schüler-Verhältnis in LAGARDE, Ueber die gegenwärtige Lage (1875/⁵1920), 173–180, bes. 175 („Bei längerer Dauer des Verhältnisses zwischen Lehrer und Schüler wird eine Gemeinschaft hergestellt, welche dem Lehrer oft Rechte weit über Vaterrechte hinaus gibt, und diese Gemeinschaft, das Bewußtsein zusammen zu gehören, bewirkt die Förderung der jungen Seelen, welche an ihr Theil haben: ich darf hinzufügen, auch die Förderung des Lehrers, welcher ihr Mittelpunkt ist."), sowie DERS., Zum Unterrichtsgesetze (1878/⁵1920), 206–209, außerdem unten, S. 56–62.
50 Vgl. RAHLFS, Lebenswerk (1928).
51 Vgl. dazu unten, S. 143–151.
52 Vollständig ediert und kommentiert bei SCHÄFER, Briefwechsel Rahlfs-Lagarde (2013).
53 RAHLFS, Lebenswerk (1928), 89, vgl. insgesamt a.a.O., 88–91; zum Schüler-Lehrer Verhältnis zwischen Rahlfs und Lagarde vgl. die Ausführungen bei SCHÄFER, Briefwechsel Rahlfs-Lagarde (2013), 275–282; HACKMANN, Lagardes akademische Lehrmethode (²1920); HANHART, Lagarde (1987), 273; SMEND d.J., Ein Leben für die Septuaginta (2013).

Neben Syrisch hörte Rahlfs im Sommer 1885 bei Lagarde noch die „Erklärung der Makamen des Harizi",[54] außerdem bei Schultz „Apologie des Christenthums", „Dogmatik II. Theil" bei Ritschl, „Patrologie oder altchristliche Literaturgeschichte" bei Wilhelm Bornemann[55], „Erklärung der chaldäischen Abschnitte des Buches Daniel" bei Ernst Bertheau[56] und „Paulinische Eschatologie" bei Duhm.[57] Im Wintersemester 1885/86 standen mehrere syrische Lektüreübungen bei Lagarde im Mittelpunkt, flankiert von einer Vorlesung über „Theologische Ethik" bei Ritschl, ferner einem für das Erste Theologische Examen obligatorischen Kolleg in „Psychologie" bei Georg Elias Müller[58] sowie einer Veranstaltung „Ueber Macaulay's essay on Oliver Goldsmith" am literaturhistorischen Seminar.[59] Diese Angaben bezeugen, wie die ersten Semester in Göttingen und Halle,[60] ein breit angelegtes und über die theologischen Fachgrenzen hinausweisendes Studium, das aber gegenüber den Semestern vor 1885 nun deutlich von Lagarde beeinflusst war.

2. Ausarbeitung der Dissertation, Promotion zum Doktor der Philosophie und Erstes Theologisches Examen (1886/87)

Der erste Teil des Lagarde'schen *Zukunftsplans* sah – noch vor Abschluss des Ersten Theologischen Examens – „das philosophische Doktorexamen"[61] des

---

54 Die Vorlesung galt der ‚Erklärung' des von dem im 12./13. Jh. n. Chr. wirkenden spanisch-jüdischen Gelehrten Jehuda Al-Ḥarizi auf Hebräisch verfassten *Sefer Tachkemoni* (50 Makamen, d.h. prosaische Reime in Dialogform). Die Textgrundlage bildete wohl Lagardes Edition: *Iudae Harizii Macamae Pauli de Lagarde studio et sumptibus editae*, Gottingae 1883.

55 Wilhelm Bornemann (1858–1946), 1884 Privatdozent in Göttingen, 1898 ordentlicher Professor für Kirchengeschichte und Praktische Theologie in Basel, 1902 Pfarrer in Frankfurt a.M. (St.-Nikolai-Kirche), 1906 Senior des ev.-luth. Predigerministeriums in Frankfurt a.M., 1922 Professor für Praktische Theologie ebenfalls in Frankfurt a.M. Vgl. LÜDEMANN/SCHRÖDER, Dokumentation (1987), 54.

56 Ernst Bertheau (1812–1888), Orientalist und Alttestamentler, 1843 ordentlicher Professor in Göttingen. Vgl. BERTHEAU, Bertheau (1902).

57 Vgl. dazu das *Verzeichnis der Vorlesungen auf der Georg-Augusts-Universität während des Sommerhalbjahrs 1885* (Göttingen 1885).

58 Georg Elias Müller (1850–1934), Psychologe, 1881 Nachfolger Hermann Lotzes als Professor für Philosophie in Göttingen. Vgl. ZIMMERMANN, Müller (1997), sowie REBENICH/FRANKE, Briefwechsel Mommsen-Althoff (2012), 303–304, Anm. 825.

59 Vgl. UA Göttingen, Abgangszeugnisse 1886, Nr. 143.

60 Vgl. dazu oben, S. 8–10.

61 UA Göttingen, Theol. SA 0056.2. Vgl. dazu oben, S. 12.

Schülers vor. Anfang März 1886 zog sich Rahlfs zu seinen Eltern nach Linden zurück,[62] um dort die Dissertationsschrift zu verfassen und sich anschließend auf das Rigorosum vorzubereiten. Als Thema der Arbeit hatte Lagarde die Edition von Barhebräus'[63] Kommentar zu den salomonischen Schriften vorgegeben.[64] Die Themenwahl schien naheliegend: Syrisch war die Sprache, die Rahlfs bei Lagarde intensiv und hauptsächlich gelernt hatte; Lagarde wiederum hatte bereits 1878 seinen Schüler Martin Klamroth die Kommentare des Barhebräus zur Apostelgeschichte und den katholischen Briefen edieren lassen,[65] bevor er selbst

---

62 Schriftliche Auskunft des Stadtarchivs Hannover vom Mai 2011. Laut Abgangszeugnis exmatrikulierte sich Rahlfs am 10. März 1886 (UA Göttingen, Abgangszeugnisse 1886, Nr. 143). So auch RAHLFS, Barhebräus (1887), X: „Nach Ablauf des Trienniums kehrte ich Ostern 1886 zu meinen Eltern nach Linden zurück, um hier meine Dissertation auszuarbeiten und meine übrigen Studien fortzusetzen."

63 Gregorius Abulfarag (1225/26–1286), auch Bar Ebhroyo oder Barhebräus genannt, wirkte im 13. Jh. n. Chr. in der syrisch-jakobitischen Kirche als „‚Maphrian von Tagrit und dem Osten‘, d.h. [als] Oberbischof über die östliche Hälfte der jakobitischen Kirche, mit Residenz im Kloster Mār Mattai (nördlich von Mossul)" (HAGE, Barhebräus [1985], 159). In seinem umfangreichen (syrisch verfassten) literarischen Werk erweist sich Barhebräus „als Theologe, Philosoph, Historiker, Grammatiker, Naturkundler, Mediziner und Poet" (ebd.). Das Schrifttum dieses Polyhistors gehört zu den grundlegenden Quellen für die Erforschung der syrisch-jakobitischen Kirche. Vgl. a.a.O.

64 Der erste Satz des Vorworts der Dissertation lautet: „Zu der Herausgabe der Anmerkungen des Gregorius zu den salomonischen Schriften bin ich veranlasst worden durch meinen verehrten Lehrer, Herrn Prof. Dr. P. de Lagarde" (RAHLFS, Barhebräus [1887], III).

65 Vgl. KLAMROTH, Barhebräus (1878), dort 30: „[...] auctor mihi fuit Paulus de Lagarde, praeceptor carissimus." – Martin Klamroth (1855–1890), in seinem 35. Lebensjahr an den Folgen eines Reitunfalls verstorben, war seit 1877, wenn auch nur für kurze Zeit, Lagardes Schüler gewesen. Der im Nachlass Lagardes aufbewahrte Schriftverkehr, der auf Seiten Klamroths anfangs sehr persönlich gehalten und durch häufige Bitten um Ratschläge gekennzeichnet ist, umfasst 18 Stücke aus der Zeit von 1878 bis zum Eintreffen der Todesanzeige Klamroths 1890 (= SUB Göttingen, Cod. Ms. Lagarde 150:629). Aus den ersten beiden Briefen geht hervor, dass Lagarde Klamroths Dissertation, nachdem dieser zum Militärdienst eingezogen worden war, in einen druckreifen Zustand gebracht hatte (Klamroth an Lagarde, 12. April 1878): „Sie können Sich denken, dass es mir etwas peinlich ist, meine Arbeit one Möglichkeit und Fähigkeit, selber die lezte Hand anzulegen, muss entstehn sehn, zumal ich nicht einmal die sichere Aussicht habe, Ihnen einmal anders als mit blossen Worten dankbar zu sein. Sie werden an der Arbeit so viel tun, dass ich sie, wenn sie fertig ist, gar nicht werde für die meinige halten können" (SUB Göttingen, Cod. Ms. Lagarde 150:629, 1). Auf Klamroths Arbeit, die er rezensiert hatte (LZD [1878], 1013–1014), spielt Theodor Nöldeke in seiner Besprechung der Rahlfs'schen Dissertation an: „Wiederum erhalten wir hier von einem Schüler Lagarde's ein Stück von des Barhebräus Scholien" (LZD [1887], 850–851, hier 850).

ein Jahr später dessen Psalmenkommentierung herausgab.[66] Dass Rahlfs nun seinerseits den Kommentar zu einem alttestamentlichen Text edieren sollte, erklärt sich wohl vor allem daraus, dass Barhebräus mit der Kommentierung auch die „kritische Prüfung und Verbesserung"[67] des seiner Auslegung zugrunde gelegten Peschitta-Textes verbunden hatte, indem er zur „Befestigung [*dieses*] gebrechlichen Fundamentes"[68] die Syrohexapla[69] beizog, d.h. die um das Jahr 615 n. Chr. durch Paul von Tella angefertigte syrische Übersetzung des hexaplarischen Septuaginta-Textes mit am Rande notierten Lesarten des Aquila, Symmachus und Theodotion.[70]

Dass also die Septuaginta resp. deren hexaplarische Rezension[71] – wenn auch zunächst noch ohne Belang – in Rahlfs' erstem Werk bereits im Hintergrund gestanden hatte, war sicherlich kein Zufall. Der von Lagarde beabsichtigte Hauptzweck der Dissertation könnte indessen vor allem darin gelegen haben, Rahlfs zur Anfertigung eines editionsphilologischen ‚Gesellenstücks' zu veranlassen.

Für die Ausgabe wertete Rahlfs drei Handschriften aus, nämlich zwei Berliner Codices des 17. Jh.s (Sachau 134 und Petermann I 10) – mit den Sigeln „s" und „p" bezeichnet – sowie einen Göttinger Codex von 1738 (Orient. 18ᵃ) – als „g" notiert. Nach Untersuchung des Textes konstatierte Rahlfs, dass alle drei Handschriften einer Familie angehörten, in welcher Hs. p und Hs. g näher miteinander verwandt seien als mit Hs. s,[72] und entwarf aufgrund der festgestellten Abhängigkeiten ein Stemma, welches er der Rekonstruktion des Textes zugrunde legte.[73] Nachdem die Verhältnisse der Handschriften zueinander somit geklärt waren, nannte Rahlfs grundsätzliche Regeln, die er bei der Ausgabe des Textes anwandte und die orthographische sowie grammatikalische Eigenheiten der Überlieferungsträger betrafen.[74]

---

66 Lagarde, Praetermissorum Lbri duo (1879): II. Gregorii Abulfarag in librum Psalmorum adnotationes.

67 Fuchs, Scholien (1871), 6. Vgl. dazu unten, S. 29–33.

68 Göttsberger, Heilige Schrift (1900), 120.

69 Vgl. zur Syrohexapla grundsätzlich Fernández Marcos, Septuagint in Context (2000), 204–222.

70 Vgl. dazu auch Fuchs, Scholien (1871), 6–8, und Rahlfs, Beiträge (1889), 172. Rahlfs selbst bezeichnete Lagardes Herausgabe der Psalmenkommentierung des Barhebräus „in gewisser Weise" als Hilfsarbeit für die eigentliche Septuaginta-Arbeit, „da dieser Kommentar viele Angaben über Lesarten der Septuaginta und anderer Übersetzungen enthält" (Rahlfs, Lebenswerk [1928], 74). Vgl. zur Frage des von Barhebräus verwendeten Bibeltextes die Abhandlung von Göttsberger, Heilige Schrift (1900).

71 Vgl. dazu ausführlich unten, S. 188–193.

72 Vgl. Rahlfs, Barhebräus (1887), IV.

73 Vgl. Rahlfs, Barhebräus (1887), IV. Rahlfs wandte hier die sog. ‚Lachmannsche Methode' an, die ihm Lagarde vermittelt hatte. Vgl. dazu ausführlich unten, S. 128–132.

74 Vgl. Rahlfs, Barhebräus (1887), IV–VII. Im deutlichen Unterschied zu Rahlfs legten Klamroth und Lagarde in ihren Ausgaben auf eine Erläuterung der Abhängigkeitsverhältnisse unter

Was Art und Umfang der Apparatnotationen angeht, so lautete das ins Schwarze treffende Urteil Theodor Nöldekes: „Herr Rahlfs hat den Text aus drei Hdschrr. sehr sorgfältig herausgegeben. Bei dem geringen Umfang des Textes konnte er sich den Luxus erlauben, alle Varianten anzuführen, auch gleichgültige orthographische Abweichungen und ganz nichtsnutzige Schreibfehler. Für einen größeren Text wäre ein solches Verfahren Papierverschwendung; dazu verwirrt es den Leser. Obwohl keine der Hdschrr. vorzüglich war, so ließ sich der Text doch fast überall mit ziemlicher Sicherheit herstellen."[75] Ins Schwarze traf diese Rezension deshalb, weil sie die wissenschaftlich-pädagogische Absicht erfasste, die der Doktorvater durch die Erarbeitung dieses ‚Gesellenstücks' realisiert sehen wollte: Lagarde ließ seinen Schüler in seiner Dissertation vor allem üben, einen Text auf der Basis einer überschaubaren Anzahl von Handschriften kritisch herauszugeben, d.h. die Abhängigkeiten von Handschriften zu bestimmen und ein Stemma derselben zu erstellen. Dazu kam die Notation eines lückenlosen textkritischen Apparates, der für eine spätere Ausgabe größeren (Material-) Umfangs viel zu breit angelegt war. Rahlfs lernte aber auf diese Weise das Beschaffen und Kollationieren von Handschriften (*Heuristik* und *collatio*), die Auswertung, d.h. das Vergleichen ihrer Texte und die Bestimmung der Abhängigkeitsverhältnisse der Zeugen untereinander (*recensio*), schließlich die hieraus resultierende mechanische *examinatio* sowie das Schreiben eines Apparates: Für die Herstellung einer kritischen Septuaginta-Ausgabe waren dies alles unabdingbare Übungen.[76] Der Anspruch, das gesamte Material vollständig zu durchdringen, wird mustergültig erfüllt in Rahlfs' *Studie über den griechischen Text des Buches Ruth*,[77] wobei sich der Ertrag dieser Untersuchung, die Probeausgabe des Buches Ruth,[78] durch eine strikte Beschränkung auf die wichtigsten Varianten im Apparat auszeichnet.[79]

Bereits während der Abfassung seiner Dissertation wandte sich Rahlfs der Vorbereitung auf das Rigorosum zu, wobei die intensive und anfangs zähe Auseinandersetzung mit der Philosophie zu einer Verzögerung führte.[80] Am 1. Dezember

---

den Handschriften kein Gewicht und verzichteten überhaupt auf eine editorische Praefatio.

75 NÖLDEKE, Rez. Rahlfs (1887), 851. Vgl. auch HORST, Rez. Rahlfs (1888), 137, der urteilte, dass der Druck „sehr correct" sei, die Herausgabe „sehr sorgfältig, fast möchte man sagen allzu sorgfältig. [...] Es ist allerdings nothwendig, daß man die Zucht der peinlichsten Genauigkeit durchmache – dabei verdient Herr Rahlfs alles Lob –, aber mit Unwichtigem darf man den Leser doch verschonen."

76 Vgl. zur Bedeutung dieser textkritischen und editionstechnischen Fachtermini die Erläuterungen vor allem unten, S. 128–132.

77 RUTH-STUDIE (1922). Vgl. unten, S. 177.

78 RUTH (1922).

79 Vgl. dazu auch SEPT.-STUD. 3 (1911), 28 (unten, S. 146, Anm. 115, zitiert).

80 Vgl. SCHÄFER, Briefwechsel Rahlfs-Lagarde (2013), 291–296 (Briefe 5 und 6). In einem Brief an Lagarde vom 26. Juli 1886 (SUB Göttingen, Cod. Ms. Lagarde 150:949, 9–12, hier 10 [Brief 5]) gibt Rahlfs unumwunden zu: „Mit meinen philosophischen Studien sieht es noch sehr klatrig aus. Bis vor 3 Monaten hatte ich kaum eine Ahnung von Philosophie. Ich hatte wohl etwas gehört, aber wenig verstanden. Herr Prof. Müller hatte mir gesagt, ich brauche nur Kants 3 Kritiken studiert zu haben. Aber Kant zu lesen war ich außer Stande; bei jedem Satze stolperte ich. Da ich nun durch Einpauken von Kompendien nichts ordentlich verstehe, nichts lerne und behalte,

1886 konnte er schließlich, nicht ohne energisches Drängen vonseiten seines Doktorvaters,[81] diesem berichten: „Meine Dissertation ist heute Nachmittag abgeschickt. [...] Dadurch [...] bin ich ordentlich erleichtert und mache mich nun für Februar auf die mündliche Prüfung gefaßt."[82]

Am 2. Dezember 1886 legte der Dekan der Philosophischen Fakultät, Hermann Wagner[83], Rahlfs' Promotionsakte an. In dem darin enthaltenen Gutachten vom 16. Januar 1887 stellte Lagarde nach einer offensichtlich kritischen Prüfung der Arbeit fest, dass Rahlfs „seine Sache <u>sehr gut</u> gemacht"[84] habe. Am 8. Februar 1887 fand abends um sechs Uhr vor der Prüfungskommission das Rigorosum statt. Hauptprüfer war Lagarde, der Rahlfs eine Stunde lang zu alttestamentlichen Themen befragte.[85] Die dreißigminütige philosophische Prüfung, die „sich auf die Hauptpunkte in der Entwicklung der antiken Philosophie, auf einige Lehren der Philosophie von Descartes, Malebranche, Berkeley, Hume, Bacon, und einige Punkte der induktiven Logik" erstreckte, nahm Georg Elias Müller ab,[86] der dem Kandidaten „gutes Verständnis und sehr lobenswerthe Kenntnisse" bescheinigte.[87] In der Gesamtbewertung wurde Rahlfs das Prädikat *summa cum laude* zuerkannt.

Nach Abschluss der Drucklegung, der eine geringfügige Umarbeitung des Dissertation voran ging,[88] kehrte Rahlfs Ende April 1887 wieder nach Göttingen

---

so habe ich mich entschlossen die hauptsächlichsten Werke <auch> der älteren Philosophen in deutscher Übersetzung zu lesen. Am liebsten studierte ich freilich alles in der Ursprache, habe aber dazu absolut keine Zeit. Obgleich mir meine jetzige Methode also nicht ganz gefällt, komme ich so doch eher vorwärts, da die Älteren weit leichter für den Anfänger sind als Kant. Freilich wird es nun auch länger dauern, sodaß ich schwerlich bis Weihnachten mit den Arbeiten zum mündlichen Doktorexamen fertig sein werde."

81 Vgl. SCHÄFER, Briefwechsel Rahlfs-Lagarde (2013), 297–298.302–304 (Briefe 9 und 17).

82 SUB Göttingen, Cod. Ms. Lagarde 150:949, 20 (Rahlfs an Lagarde, 1. Dezember 1886).

83 Hermann Wagner (1840–1929), Geograph und Kartograph, 1876 ordentlicher Professor für Geographie in Königsberg/Ostpr., 1880 in Göttingen. Vgl. HAGEDORN, Wagner (2001).

84 UA Göttingen, Phil. Fak. Dekanat Wagner 1886/87 II Promotionen Bd. I Nr. 24, 42a.

85 Lagarde gab am Ende der Prüfung die Fragen zu Protokoll: „Der Kandidat wurde zuerst nach dem Unterschiede des Kanons der Juden und des alten Testaments gefragt [...]. Danach nach den Theilen des ATs, und den Gründen [...] für diese Eintheilung. Dann nach dem Zustande des Texts – Archetypus der Juden, Mittel ihn zu kontrolliren, Emendation. Nach den ältesten und jüngsten Theilen der einzelnen Theile des ATs. [...] Schließlich nach dem Stande der Pentateuch Kritik" (UA Göttingen, Phil. Fak. Dekanat Wagner 1886/87 II Promotionen Bd. I Nr. 24, 42f).

86 Vgl. schon oben, S. 15 mit Anm. 58.

87 Beide Zitate: UA Göttingen, Phil. Fak. Dekanat Wagner 1886/87 II Promotionen Bd. I Nr. 24, 42f (von Müller nach der Prüfung zu Protokoll gegeben).

88 Vgl. SCHÄFER, Briefwechsel Rahlfs-Lagarde (2013), 299–301, Briefe 13 (vom 12. Februar 1887) und 14 (vom 9. April 1887).

zurück und meldete sich am 2. Mai unter der Adresse Herzberger Chaussee 6, nur eine Straße vom Lagarde'schen Haus im Friedländer Weg 11 entfernt.[89] Einen Tag später schrieb er sich erneut als Student der Theologie für das Sommersemester an der Georgia Augusta ein, um die für das Erste Theologische Examen noch ausstehenden Vorlesungen zu besuchen, aber auch erneut bei Lagarde zu hören.[90] Von seinen Studienplänen berichtete er dem Lehrer schriftlich bereits Anfang April: „Aus dem Göttinger Vorlesungsverzeichnisse ersehe ich, daß Sie sowohl als Herr Prof. Wiesinger um 10 lesen. Da ich letzteren hören muß (zum Examen erforderliches Colleg!), so muss ich leider auf Ihre Psalmenvorlesung verzichten, falls Sie dieselbe nicht umlegen sollten, was Sie natürlich nur thun werden, wenn es Ihren übrigen Herren Zuhörern zu anderer Zeit ebenso gut oder besser paßt."[91]

Vom 18. bis 21. Oktober 1887 legte Rahlfs in Hannover die Erste Theologische Prüfung (*pro venia concionandi*)[92] bei der Evangelisch-lutherischen Kirche Hannovers ab und erhielt dafür die bestmögliche Note „ausgezeichnet".[93] Gleich am 22. Oktober teilte er dieses Ergebnis Lagarde mit, der seine umgehenden Glückwünsche mit der Erkundigung nach Rahlfs' weiteren Studienplänen für die Vorbereitung auf das theologische Licentiatenexamen verband.[94] Eine Woche später antwortete Rahlfs:

„Heute vor einem Jahre saß ich bei Ihnen zu Tische, und Sie machten mir klar, daß ich im Februar das Doktorexamen absolvieren und Michaelis das 1. theol[ogische] Examen machen müsse. Sie stellten mir vor, daß, wenn ich noch länger zögere, ich gar nicht damit fertig werden würde. Jetzt ist beides abgemacht, und ich bin Ihnen von Herzen dankbar dafür,

---

89 Schriftliche Auskunft des Stadtarchivs Göttingen vom Mai 2010.

90 So UA Göttingen, Matrikel XVI, 3.5.1887, Nr. Bb. Vgl. auch den für die Bewerbung zum Stiftsinspektor verfassten Lebenslauf in UA Göttingen, Theol. SA 0056.2. Ein Abgangszeugnis und darin enthaltene Informationen über die von Rahlfs belegten Lehrveranstaltungen liegen für dieses Semester nicht vor (laut UA Göttingen, Abgangszeugnisse 1887, Nr. 292, ist ein solches Zeugnis nie ausgestellt worden). Auskunft über seinen Studienplan erteilt Rahlfs im Briefwechsel mit Lagarde. Vgl. dazu das Folgende.

91 SUB Göttingen, Cod. Ms. Lagarde 150:949, 27–28 (Rahlfs an Lagarde, 9. April 1887). Dem *Verzeichnis der Vorlesungen auf der Georg-Augusts-Universität während des Sommerhalbjahrs 1887* (Göttingen 1887) lässt sich entnehmen (S. 2), dass Wiesinger um 10 Uhr „Praktische Theologie" las.

92 Den Prüfungsumfang eines solchen Examens beschreibt DAHMS, Stationen (1987), 141.

93 Vgl. UA Göttingen, Theol. SA 0056.2. Vgl. zur Prüfungsordnung der hannoverschen Landeskirche LÜDEMANN/SCHRÖDER, Dokumentation (1987), 36, und DAHMS, Stationen (1987), 137–141.

94 Vgl. SUB Göttingen, Cod. Ms. Lagarde 150:949, 29 (Rahlfs an Lagarde, 22. Oktober 1887), und Archiv des Septuaginta-Unternehmens der Akademie der Wissenschaften zu Göttingen, ohne Signatur (Lagarde an Rahlfs, 22. Oktober 1887). Beide Schreiben sind abgedruckt in SCHÄFER, Briefwechsel Rahlfs-Lagarde (2013), 301–302.

daß Sie mich damals tüchtig angefaßt und mich halb wider meinen Willen dazu getrieben haben, diese Sachen möglichst schnell abzumachen. Und alles ist ja auch so gut abgelaufen, daß es besser gar nicht möglich wäre. Daß ich die Nummer ‚1' beide Male mit meinen Leistungen nicht verdient habe, weiß ich recht gut. Ich thue mir auch nichts auf diese Auszeichnungen zu gute, sondern vielmehr beschleicht mich, wenn ich daran denke, oft das Gefühl der Scham darüber, daß meine Leistungen dem mir erteilten Prädicate nicht entsprochen haben. Andrerseits liegt freilich für mich auch etwas anderes darin. Wenn mir diese Auszeichnungen zu Teil geworden sind, so sind sie es, weil man erwartete, daß ich in Zukunft etwas dem Entsprechendes leisten werde. Das ist eine schwere Verpflichtung für mich, die mir oft sehr drückend erscheint, sodaß ich fast lieber wünschte, nicht so glänzende Prädicate erhalten zu haben. Aber zugleich treibt es mich auch wieder an, immer weiter zu arbeiten, um die auf mich gesetzten Erwartungen nicht ganz zu täuschen, wenn ich auch fürchte, nicht so viel leisten zu können, wie Sie vielleicht von mir erwarten.

Wie ich nun weiter zu arbeiten gedenke, will ich Ihnen kurz darlegen. [...] Um im Hebräischen besser beschlagen zu werden, fange ich an, den Harizi von vorn an durchzuarbeiten und zwar so, daß ich alles genau vocalisiere und am Rande die benutzten Bibelstellen anmerke. Diese Arbeit geht zwar sehr langsam vor sich, aber sie hat den Vorteil, daß man alles sich ganz klar machen muß. Harizi will studiert sein; mit cursorischem Lesen kann man ihm nicht zu Leibe gehen, da man so die vielen Anspielungen nicht versteht. Neben Harizi möchte ich nun gern einen unpunktierten, leichten Text zu cursorischer Lectüre haben. Was würden Sie mir dazu empfehlen? Im Syrischen lese ich Hoffmanns Julianos. Ich lerne die Anfangsgründe des Arabischen nach Socin. Die Lectüre des ganzen alten Testamentes werde ich in nächster Zeit beginnen. Das N[eue] T[estament] betreffend, studierte ich die ‚Introduction' von Westcott-Hort. Zu der Kirchengeschichte beabsichtige ich mich dadurch heimischer zu machen, daß ich eingehendere Bücher lese. Ich habe damit angefangen, Tholucks Bücher über das akademische u[nd] kirchliche Leben des 17. Jahrh[underts] zu lesen. Dogmengeschichte, Dogmatik und Philosophie habe ich fürs erste liegen lassen. Dies ist mein Arbeitsplan, über den ich gern ihr Urteil hören möchte."[95]

3. Inspektor des Theologischen Stifts in Göttingen (1888–1890)

Diesen Brief verfasste Rahlfs am 30. Oktober 1887 im Lindener Elternhaus, wohin er nach Abschluss des Ersten Examens auch in der Absicht gezogen war, mit Privatunterricht etwas Geld zu verdienen.[96] Vor allem aber wollte er sich dort auf

---

95 SUB Göttingen, Cod. Ms. Lagarde 150:949, 30–33 (Rahlfs an Lagarde, 30. Oktober 1887). Vgl. zu den Transkriptionsregeln unten, S. 467.
96 Vgl. SUB Göttingen, Cod. Ms. Lagarde 150:949, 33 (Rahlfs an Lagarde, 30. Oktober 1887: „Ich bleibe vorläufig bei meinen Eltern und werde versuchen, mir durch Privatstunden etwas zu verdienen, um meinem Vater nicht mehr so beschwerlich zu fallen wie bisher"). „Rahlfs war von Dez. 1887 bis August 1888 in Linden, Posthornstraße 8 gemeldet und meldete sich danach wieder

das theologische Licentiatenexamen vorbereiten.[97] Lagarde antwortete bereits am 31. Oktober 1887:

> „Mit Ihrem Studienplane bin ich einverstanden [...]. Aber an Ihre Licenciatenarbeit müssen Sie schon denken, und für sie sammeln. Auch das abmachen! Es ist alles nur der Ballanzug, nicht der Ball. Ehe Sie anfangen zu lesen, müßten Sie ein Heft fertig haben, sonst gibt es nichts. Das Privatdocentenstipendium kann Ihnen der Minister auch schon vor der Habilitation verleihen, aber niemals länger als auf vier Jahre. Also warten Sie noch damit, etwa ein Jahr, bis Sie den Licenciaten gemacht haben werden."[98]

Seinem Schreiben fügte er einen Zeitungshinweis auf das Evangelische Säkularstipendium der Stadt Berlin bei, um das Rahlfs sich bewerben und das ihm zunächst ein Jahr lang unabhängiges Forschen ermöglichen sollte.[99] Rahlfs war hinsichtlich der Erfolgsaussichten skeptisch, reichte aber dennoch im Dezember 1887 die entsprechenden Unterlagen in Berlin ein.[100] Vier Monate später, Mitte April 1888, erfuhr er von dem negativen Bescheid:

> „Wie es mit meiner nächsten Zukunft werden soll, darüber bin ich noch sehr im Unklaren. Wie ich durch Herrn Prof. Reuter erfahre, habe ich das Berliner Stipendium nicht bekommen; es ist an Dr. Schwarzlose[101] aus Berlin verliehen worden. Herr Abt Reuter schlägt mir vor, mich um die Göttinger Inspectorstelle, welche Michaelis frei wird, zu bewerben. Außer Wohnung und Feuerung giebt es jährlich 1200 M[ark]. Vielleicht wäre es ganz gut, dort docendo zu lernen; auch hätte ich die Göttinger Bibliothek zur Hand, und vor allen Dingen

---

nach Göttingen ab (EMK I, Kasten 161)" (schriftliche Auskunft des Stadtarchivs Hannover vom Mai 2011).

97 Vgl. dazu den für die Bewerbung zum Stiftsinspektor verfassten Lebenslauf in UA Göttingen, Theol. SA 0056.2.

98 Archiv des Septuaginta-Unternehmens der Akademie der Wissenschaften zu Göttingen (Lagarde an Rahlfs, 31. Oktober 1887).

99 Der Vorteil dieses Stipendiums, den auch Rahlfs erkannte (vgl. sein Schreiben an Lagarde vom 3. November 1887 [SUB Göttingen, Cod. Ms. Lagarde 150:949, 34–35]), bestand insbesondere darin, dass es keine besonderen Verpflichtungen nach sich zog: „man darf leben, wo man will, nur keine Stellung im Auslande annehmen und keine Pfarrstelle im Betrage von 300 Reichstalern und darüber bekleiden" (SUB Göttingen, Cod. Ms. Lagarde 150:949, 37 [Rahlfs an Lagarde, 9. November 1887]). Lagarde selbst hatte dieses Stipendium im Anschluss an seine Promotion in den Jahren 1849–1851 bezogen (vgl. RAHLFS, Lebenswerk [1928], 31.38).

100 Auch in der Göttinger Theologischen Fakultät dachte man über Rahlfs' weitere Alimentierung nach: „Vor einigen Tagen machte mich Herr Prof. Reuter auf das Luther-Worms-Stipendium aufmerksam. Da ich aber bei der Bewerbung um dieses noch weniger Aussicht zu haben glaube [*als bei der Bewerbung in Berlin; CS*] – es ist für solche bestimmt, welche das 1. theol[ogische] Examen mit Auszeichnung bestanden haben –, so werde ich mich um dieses vorläufig nicht bewerben" (SUB Göttingen, Cod. Ms. Lagarde 150:949, 36 [Rahlfs an Lagarde, 9. November 1887]).

101 Gemeint ist Karl Schwarzlose, geb. 1866, Lic. theol., Dr. jur. et phil.

wäre ich wieder in Ihrer Nähe und könnte von Ihnen lernen. Aber es ist mir zweifelhaft, was die Herren Theologen, die dann meine Vorgesetzten wären, dazu sagen würden, daß ich bei Ihnen in die Schule gehe, zumal sie schon bisher ein einigermaßen zweifelhaftes Gesicht machten, wenn einmal auf Sie die Rede kam, und einer von ihnen mich bekehren wollte, lieber mit Prof. Schultz über meine Dissertationsangelegenheiten Rücksprache zu nehmen. Dies übrigens ganz unter uns gesagt! Wenn ich mich nun nicht um diese Stelle bewerbe, so kann ich doch auch hier nicht lange mehr mich erhalten. Ich habe daher daran gedacht, wenn ich mit meinen Militärsachen fertig bin – dies wird hoffentlich im Juni der Fall sein –, mich nach einer Hauslehrerstelle im Auslande, am liebsten Frankreich oder England, umzusehen.[102] Dies hat aber auch seine Schattenseiten, besonders werde ich nicht sehr viele Zeit für eigenes Arbeiten übrig haben. Ich weiß nicht recht, was ich thun soll, und würde mich sehr freuen, wenn Sie mir Ihren Rat in dieser Angelegenheit zu teil werden ließen."[103]

Rahlfs' tiefe Ratlosigkeit ist dem Schreiben deutlich anzumerken und schien den Lehrer durchaus berührt zu haben. In seinem Brief vom 18. April 1888 nahm Lagarde die Bedenken und Überlegungen seines Schülers auf:

„Sich um das Inspectorat des hiesigen theologischen Stifts zu bewerben, rathe ich Ihnen sehr, wenn Reuter[104] es Ihnen räth. Die Theologen protestantischer Observanz können mir nicht gewogen sein, da ich den Protestantismus für abgelebt erklärt habe und erkläre Schultz ist so schreiender Dilettant in Allem was er thut und treibt, daß gegen ihn ich allerdings auch andere Bedenken habe. Einige Nullen sind nicht fett genug, als daß ich sie beengen sollte. Ritschl hat beim Jubiläum sich mir in liebenswürdiger Weise genähert, und ich habe natürlich seitdem Alles gethan, das Verhältnis auf einem leidlichen Fuße zu erhalten. Ich hasse den Unfrieden, der verzehrt.

Hauslehrer im Auslande zu werden ist für den Schliff des Menschen gut. Aber eine gute Stelle wird schwer zu erhalten sein, und Ihnen Zeit zum Arbeiten gewis nicht lassen."[105]

Die entscheidenden Sätze seines Briefes hob Lagarde am Schluss besonders hervor:

„Ich rathe Ihnen: Werden Sie hier Inspector:

---

102 Zu dieser Idee wurde Rahlfs vermutlich durch seinen Bekannten Wilhelm Bode (1860–1927) angeregt, der nach seinem Ersten Theologischen Examen im Jahre 1883 für ein Jahr Hauslehrer in Lettland gewesen war. Vgl. dazu SCHÄFER, Briefwechsel Rahlfs-Lagarde (2013), 290, Anm. 70.
103 SUB Göttingen, Cod. Ms. Lagarde 150:949, 39–40 (Rahlfs an Lagarde, 13. April 1888).
104 Vgl. auch Lagardes briefliche Äußerung gegenüber Althoff vom 27. November 1887, Hermann Reuter habe in einem unlängst mit ihm geführten Gespräch eine „Parallele zwischen meinen Schülern Rahlfs und Gunkel gezogen, die sehr wenig zu Gunsten des Letzteren ausfiel" (zitiert nach: HAMMANN, Gunkel [2014], 32).
105 SUB Göttingen, Cod. Ms. Lagarde 150:949, 41 (Lagarde an Rahlfs, 18. April 1888; vgl. zum Kontext SCHÄFER, Briefwechsel Rahlfs-Lagarde [2013], 308–309).

schreiben Sie als solcher die zwei Bogen starke lateinische Dissertation über anaw zu einem deutschen Buche um, das bis auf die Mönchszeit herwärts greift: habilitieren Sie sich danach wo es dann passen wird, und bitten um ein Dozentenstipendium, das Sie vier Jahre beziehen können."[106]

Rahlfs nahm den Ratschlag umgehend an und bewarb sich auf die Inspektorenstelle. Drei Monate später, am 28. Juni 1888, konnte er Lagarde von Linden aus über seine Wahl in Kenntnis setzen, aufgrund deren er am 1. Juli eine Probepredigt in der Göttinger Universitätskirche zu halten hatte.[107] Am 12. Juli erhielt er schließlich durch den Dekan der Theologischen Fakultät die (bereits am 6. Juli erlassene) Zusage, zum 1. Oktober 1888 als Nachfolger Carl Mirbts[108] die Stelle des Inspektors des Theologischen Stifts in Göttingen antreten zu dürfen, und bestätigte diese seinerseits mit dem Versprechen, darum bemüht zu sein, „die Pflichten, welche diese Stellung mir auferlegt, jederzeit, so gut ich vermag, zu erfüllen".[109]

Die Pflichten des Stiftsinspektors, der – wie die 16 Stipendiaten – eine Wohnung im Theologischen Stift zu beziehen hatte,[110] formuliert das *Reglement für das Theologische Stift bei der Königl. Universität zu Göttingen* von 1878:

---

106 SUB Göttingen, Cod. Ms. Lagarde 150:949, 41 (Lagarde an Rahlfs, 18. April 1888).
107 Vgl. SUB Göttingen, Cod. Ms. Lagarde 150:949, 42 (Rahlfs an Lagarde, 28. Juni 1888). Die Gründe dafür, dass Rahlfs eine Predigt abverlangt wurde, schildert Smend: „[...] die Fakultät hatte keine Zweifel an seiner [sc. *Rahlfs*] Qualifikation und beschloss lediglich, auf Antrag von Schultz, den Kandidaten noch eine Predigt in der Nikolaikirche halten zu lassen. Aber darüber hinaus beantragte Ritschl schriftlich, ‚die vorliegende Sache in einer Sitzung zu verhandeln', und Schultz sekundierte mit der Begründung: ‚Da derjenige der Herren Collegen, welcher H. Rahlfs entscheidend beeinflußt hat, noch jetzt wieder eine Schrift voll Schmähungen gegen den Stand der Theologen herausgegeben hat, so möchte ich wenigstens persönlich überzeugt sein, daß sein Schüler einen ev. Einfluß auf unsre Studenten nicht im Geiste seines Meisters ausüben wird.' Die Sitzung scheint auch in Ritschls und Schultz' Augen die Harmlosigkeit zwar nicht des Meisters, aber doch des Schülers ergeben zu haben, so dass diesem zum 1. Oktober 1888 für zwei Jahre das Stift anvertraut wurde (Univ. Archiv Göttingen Theol. SA 0056.2)" (SMEND d.J., Ein Leben für die Septuaginta [2013], 268–269 mit Anm. 13 in runden Klammern).
108 Carl Mirbt (1860–1929), Kirchenhistoriker, 1889 außerordentlicher Professor in Marburg, 1890 dort ordentlicher Professor, seit 1912 in Göttingen. Vgl. WOLF-DAHM, Mirbt (1993); LUDWIG, Mirbt (2015).
109 UA Göttingen, Theol. SA 0056.2.
110 Am 8. Oktober 1888 zog Rahlfs im Stift ein. Das Theologische Stift befand sich seit 1857 unter der Adresse Stumpfebiel 2 in dem ehemaligen Gebäude des Akademischen Hospitals (1809–1850). Über den schlechten baulichen Zustand des Gebäudes geben Rahlfs' Jahresberichte eindeutige Aufschlüsse (vgl. unten, ab S. 474), und auch in einem Schreiben vom 16. September 1889 an Anna de Lagarde äußert er sich kritisch über seine zukünftige Wohnsituation als Inspektor: „Andrerseits ist es mir auch angenehm, daß ich noch hier [d.h. *in Linden bei den*

„[§ 3:] Seine Aufgabe ist es, Anstand und Ordnung im Hause zu wahren und die sittliche Haltung der einzelnen im Stift befindlichen Studirenden durch seinen Einfluß auf den Geist des Instituts und wo es nöthig erscheint auch durch Ermahnungen zu fördern. Er hat außerdem die wissenschaftlichen Studien der sämmtlichen Mitglieder des Stifts durch Repetirübungen über deren Umfang und Themata der Dekan der theologischen Fakultät im Einvernehmen mit der letzteren nähere Bestimmung trifft, zu beleben und zu unterstützen, auch den Universitätsprediger in einzelnen Behinderungsfällen zu vertreten. [§ 4:] Der Inspektor hat die Aufsicht über die im Stift befindliche Bibliothek zu führen [...].“[111]

Die beiden von ihm verfassten Jahresberichte belegen, dass Rahlfs seinen Aufgaben gewissenhaft nachkam.[112] Über das Sozialverhalten der Studierenden beschwerte er sich, von einer Ausnahme abgesehen, nicht, wohl aber kritisierte er neben dem desaströsen Zustand des Gebäudes *Stumpfebiel 2* vor allem das Aufnahmeverfahren der Stipendiaten: Ein nicht geringer Anteil der Stiftsbewohner stehe nämlich bereits vor dem Abschluss des Ersten Theologischen Examens, was sich in verschiedener Hinsicht auf die Arbeit des Inspektors negativ auswirke. So führe die Examensvorbereitung dazu, dass den Studierenden nur wenig Zeit blieb, sich für die Stiftsübungen ausreichend zu präparieren, und das Interesse an diesen sei „oft merklich‘ gesunken.[113] Der Examensdruck behindere aber auch die im Reglement vom Stiftsinspektor geforderte beratende Begleitung der Stipendiaten. Bereits nach dem ersten Jahr klagte Rahlfs:

„Überhaupt ist die Rücksicht auf das bevorstehende Examen ein Factor, welcher das Arbeiten fast aller Stipendiaten zu sehr bestimmt. Ich bin öfter um Rat gefragt worden und habe

---

Eltern] bin, da meine Wohnung noch nicht in Ordnung ist. Ich selbst befürchtete es schon, u[nd] Herr Schäfers [*d.i. der Hausverwalter des Stifts; CS*] bestätigt meine Befürchtung; auch hat, wie ich aus Ihrem Briefe sehe, Herr Geheimrath die Güte gehabt, sich selbst die Sachlage anzusehen, und hat sie ebenso befunden. Ich werde daher noch eine Woche hier bleiben und mich hier beschäftigen, so gut es geht. Übrigens habe ich, Ihrem Rate folgend, Herrn Schäfers beauftragt, mir über die Fertigstellung der Arbeiten in meinen Zimmern Nachricht zu geben" (SUB Göttingen, Cod. Ms. Lagarde 150:949, 45–46). Diese Erfahrungen waren nachhaltig. Noch 1908 erinnert sich Rahlfs an die Unzumutbarkeit der Wohnverhältnisse in diesem Gebäude: „Herr R. lehnt die Zimmer im Theol. Stift [*dem Septuaginta-Unternehmen vom Universitätskurator nach Verhandlungen mit Eduard Schwartz als Arbeitsräume zur Verfügung gestellt; CS*], die ihm von früher her bekannt sind, als gesundheitsschädlich ab [...]" (Archiv des Septuaginta-Unternehmens der Akademie der Wissenschaften zu Göttingen, Protokollbuch der engeren Septuaginta-Kommission [Eintrag vom 2. April 1908], 3–4). Vgl. HÜBNER, Gebäude (2015).
111 Zitiert nach dem Original, das als Abb. abgedruckt ist bei LÜDEMANN/SCHRÖDER, Dokumentation (1987), 46.
112 Die Berichte sind vollständig unten im Anhang, S. 474–480, wiedergegeben.
113 UA Göttingen, Theol. SA 128a.1 (Bericht über das Theologische Stift zu Göttingen [Studienjahr 1888/89]).

den Fragenden regelmäßig geraten, sich in dieses oder jenes Gebiet des theologischen Wissens durch das Studium der Quellen und eingehenderer Werke einzuarbeiten. Aber die Rücksicht auf das Examen hindert fast stets den Erfolg solcher Ratschläge. Es wird fast nur nach Handbüchern gearbeitet. Um diesen Übelstand zu beseitigen, wäre freilich eine durchgreifende Änderung der für die Aufnahme in das theologische Stift maßgebenden Principien erforderlich; die Stipendiaten müßten etwa in ihrem 3. Semester aufgenommen werden und nach beendigtem 5. Semester das Stift verlassen."[114]

In den zweistündigen wissenschaftlichen Übungen nahm Rahlfs im Wintersemester 1888/89 ausgewählte Stücke aus dem alttestamentlichen Jeremiabuch durch und las mit seinen Studenten im Sommer 1889 auszugsweise Augustins *Confessiones*. Soweit der Stiftsbericht erkennen lässt, legte er nicht nur auf das

---

114 UA Göttingen, Theol. SA 128a.1. Die Missstände wurden offenbar nicht beseitigt, denn in seinem zweiten Bericht insistiert Rahlfs mit Nachdruck auf seinen Verbesserungsvorschlägen: „Dagegen muß ich auf einen anderen Übelstand, den ich schon im vorigen Berichte dargelegt habe, wiederum und zwar in verstärktem Maße hinweisen. Ich hatte das letzte Mal darauf aufmerksam gemacht, daß es wünschenswert sei, daß möglichst wenige der Stipendiaten unmittelbar vor dem Examen stehn, und hatte deshalb gebeten, möglichst Studenten in niederen Semestern zur Aufnahme ins Stift zu bestimmen. Statt diese Bitte zu berücksichtigen, hat hochwürdige theol. Fakultät zu Ostern d[es] J[ahres] gerade fast lauter ‚Examenskandidaten' in das Stift gesetzt [...]. Hiermit sind mancherlei Übelstände verknüpft: 1) Die rasche Veränderung (zu Mich[aelis] 1890 sind 11 Stellen frei geworden, zu Ostern 1891 werden es voraussichtlich ebenso viele oder noch mehrere werden) hat zur Folge, daß die Bewohner des Stiftes sich nur ganz flüchtig kennen lernen; ein engeres Zusammenschließen läßt sich unter diesen Umständen nicht anbahnen. 2) Dies hat weiter zur Folge, daß das theologische Stift in der Achtung der Studenten sinkt und, da der persönliche Verkehr zwischen den Mitgliedern desselben fast ganz fortfällt, mehr und mehr als eine Kaserne betrachtet wird, in der man ein oder zwei Semester umsonst wohnen kann. 3) Wenn zwei Drittel der Stipendiaten vor dem Examen steht, so kann die Beteiligung an den wissenschaftlichen Übungen naturgemäß nur sehr gering sein. 4) Während der kurzen Zeit eines Semesters kann der Inspektor die Stipendiaten nur eben kennen lernen. Anfangs, wo er sie noch nicht kennt, kann er ihnen wenig förderlich und behilflich sein. Gerade dann, wenn er sie etwas genauer kennen gelernt hat, werden sie seiner Einwirkung schon wieder entzogen. 5) Auch in anderer Hinsicht ergibt sich ein großer Übelstand. Die Stipendiaten, welche sich zum Examen gemeldet haben, pflegen bis zu demselben, also während eines großen Teiles der Ferien, im Stifte zu bleiben. In den Ferien soll aber der Hausverwalter den Statuten gemäß eine gründliche Reinigung des Hauses vornehmen. [...] Wenn nun, wie es voraussichtlich Ostern der Fall sein wird, ca. ¾ der Stiftsbewohner während eines großen Teiles der Ferien im Stifte bleibt, so ist es für den Hausverwalter äußerst schwierig, diese Reinigung ordentlich vorzunehmen, zumal wenn noch dazu, wie es in den letzten Ferien der Fall war, die baulichen Reparaturen im Hause erst gegen Ende der Ferien begonnen werden. Aus diesen Gründen ersuche ich die hochwürdige theol. Fakultät, sie wolle bei ihrer Besetzung der Stellen des theologischen Stiftes es zum Prinzip machen, auf keinen Fall Studenten aufzunehmen, welche weniger als 2 Semester vom Examen entfernt sind" (UA Göttingen, Kuratorialakte XVI.I.C.4; Bericht über das Theologische Stift zu Göttingen [Studienjahr 1889/90]).

Studium der Quellen, wie er es selbst betrieb und betrieben hatte, großen Wert, sondern achtete auch auf eine durchaus ‚historisch-kritische' Bearbeitung der Texte:

> „Durchgenommen wurde etwa die Hälfte des Buches [*Jeremia*], zuerst sämtliche geschicht-
> lichen Stücke in chronologischer Reihenfolge, darauf einige der wichtigsten prophetischen
> Reden. Es wurde versucht, ein möglichst anschauliches Bild von dem Leben und Wirken
> des Propheten zu gewinnen. Die geschichtlichen Stücke gaben zugleich Anlaß, die ganze
> Geschichte des Unterganges des jüdischen Staates, für welche das Buch des Jeremias eine
> Hauptquelle bildet, im Zusammenhange darzustellen. [...] Außer dem Anfange des 1. Buches
> [*der* Confessiones; CS] wurden Stücke aus dem 6.–9. Buche durchgenommen, insbesondere
> diejenigen Kapitel, welche die in Mailand vor sich gehende, innere Umwandlung Augus-
> tins darstellen. Neben der Lektüre von Augustins Confessionen giengen kleine Vorträge her,
> teils speciell über Augustin (z. B. Was lehren uns Augustins Confessionen über Schulen und
> Universitäten, was über christliche Sitte und Leben in der damaligen Zeit? Was erfahren wir
> aus den Confessionen über Augustins Stellung zum Manichäismus, zur Philosophie?), teils
> über andere Themata der altchristlichen Literaturgeschichte (z. B. Clemens von Rom, Lehre
> der 12 Apostel, Julius Africanus, Cyprian de unitate ecclesiae u.a.)."[115]

Sein Konzept behielt Rahlfs auch im zweiten Jahr des Inspektorats bei:

> „In den Conversatorien des theologischen Stiftes habe ich im W.S. 1889/90 die Apostelge-
> schichte durchgenommen, speciell deren zweiten Teil (Leben des Paulus) mit Vergleichung
> der paulinischen Briefe. Im S.S. 1890 wurde die Chronik mit den Büchern Samuels und
> der Könige verglichen. In beiden Fällen wurde darauf ausgegangen, ein Urteil über den
> Wert des geschichtlichen Berichtes, einerseits in der Apostelgeschichte, andrerseits in der
> Chronik, zu gewinnen."[116]

---

115 UA Göttingen, Theol. SA 128a.1 (Bericht über das Theologische Stift zu Göttingen [Studien-
jahr 1888/89]).

116 UA Göttingen, Kuratorialakte XVI.I.C.4 (Bericht über das Theologische Stift zu Göttingen
[Studienjahr 1889/90]). Die Gesuche zur Durchführung der Übungen finden sich im UA Göttingen, Theol. SA 128a.1. Rahlfs' erstem Gesuch (Lektüre des Galaterbriefes) wurde allerdings nicht
entsprochen, da ein Buch behandelt werden sollte, „welches nicht Gegenstand einer Vorlesung
sei" (ebd.). Nicht Konkurrenzangst der Professorenschaft, wie LÜDEMANN/SCHRÖDER, Dokumentation (1987), 47, vermuten, sondern wohl eher der Wunsch der Fakultät, den Studierenden ein
möglichst breites Lehrangebot zu bieten, dürfte der Grund hierfür gewesen sein, so dass Rahlfs
im WS 1889/90 die Apostelgeschichte durchnahm (vgl. UA Göttingen, Kuratorialakte XVI.I.C.4;
im *Verzeichnis der Vorlesungen auf der Georg-Augusts-Universität zu Göttingen während des
Winterhalbjahrs 1889/90* werden für das Neue Testament folgende Veranstaltungen angekündigt: „Erklärung der paulinischen Briefe [mit Ausnahme des Römerbriefs und der Pastoralbrie-
fe]" bei Prof. Wiesinger, „Erklärung der Briefe Pauli an die Korinther" bei Prof. Lünemann, „Erklärung des Briefes Pauli an die Römer" bei Lic. Weiss und „Erklärung der Briefe des Johannes"
bei Prof. Häring).

Neben der Betreuung der Studenten und der baulichen Organisation bildete die völlige Neuordnung der (ca. 4.500 Bände umfassenden) Stifts-Bibliothek Rahlfs' besonderen Arbeitsschwerpunkt, was der Dekan der Theologischen Fakultät, Karl Knoke[117], als ein „großes Verdienst" würdigte.[118] In seinem *Bericht über das Theologische Stift zu Göttingen* von 1888/89 beschreibt Rahlfs detailliert „die vorhandenen Mißstände" und nennt als notwendige Maßnahme für deren Beseitigung die (mit Unterstützung mehrerer Stiftsbewohner) anhand neu anzufertigender Zettel- und Realkataloge vorzunehmende umfangreiche Neusortierung der Bibliothek, die „indessen nicht durchzuführen sein [*würde*], wenn nicht die alten unbrauchbaren Repositorien durch neue ersetzt und außerdem noch mehrere neue Repositorien angeschafft werden, sodaß die Bücher nach Sachordnung aufgestellt und für neu anzuschaffende Bücher freier Platz gelassen werden kann."[119] Über den guten Fortschritt der aufwendigen Arbeiten konnte Rahlfs dem Dekan im darauffolgenden Jahr ausgiebig berichten,[120] so dass allein die Fertigstellung des alphabetischen und nach Sachen geordneten (doppelten) Zettelkatalogs Rahlfs' Nachfolger als Stiftsinspektor zufiel: seinem Freund Heinrich Hackmann[121], ebenfalls einem Lagarde-Schüler,[122] der dieses Amt dann von Oktober 1890 bis März 1893 bekleiden sollte.[123]

---

117 Karl Knoke (1841–1920), Praktischer Theologe, 1881 ordentlicher Professor in Göttingen. Vgl. HERRLITZ, Göttinger Pädagogik (1987), 86.

118 Vgl. UA Göttingen, Kuratorialakte XVI.I.C.4.

119 UA Göttingen, Theol. SA 128a.1 (Bericht über das Theologische Stift zu Göttingen [Studienjahr 1888/89]).

120 Vgl. unten im Anhang, S. 477, den *Bericht über das Theologische Stift zu Göttingen (Studienjahr 1889/90)*.

121 Heinrich Hackmann (1864–1935), 1893 Privatdozent in Göttingen, 1894 bis 1901 Pfarrer der deutschen Gemeinde in Shanghai, anschließend Reisetätigkeit in Asien, 1904 bis 1910 Auslandspfarrer in London, erneut Asienreisen, seit 1913 dann ordentlicher Professor für Allgemeine Religionsgeschichte in Amsterdam, Emeritierung 1930. Vgl. T. GRIMM, Hackmann (1966); STRACHOTTA, Religiöses Ahnen (1997).

122 Vgl. STRACHOTTA, Religiöses Ahnen (1997), bes. 51–52.105. Auf die Fotografie des gemeinsamen Klavier- (Rahlfs) und Geigenspiels (Hackmann) aus dem Jahr 1893 wurde bereits verwiesen (vgl. oben, S. 7, Anm. 12); ein weiteres Bilddokument, datiert ca. 1890, zeigt Hackmann, Rahlfs, Ernst Troeltsch und Wilhelm Bousset beim Zusammensein in einem Göttinger Gartenlokal, vgl. LÜDEMANN/SCHRÖDER, Dokumentation (1987), 14. Vgl. auch HACKMANN, Lagardes akademische Lehrmethode (²1920). Rahlfs erwähnt Hackmann unter anderem in seinem Brief an Eberhard Nestle vom 10. Januar 1892 (SUB Göttingen, Cod. Ms. Lagarde 146:35; abgedruckt bei SCHÄFER, Briefwechsel Rahlfs-Lagarde [2013], 279–281).

123 Vgl. dazu LÜDEMANN/SCHRÖDER, Dokumentation (1987), 45–51, und STRACHOTTA, Religiöses Ahnen (1997), 87–89. Rahlfs übernahm auch über die Inspektorenzeit hinaus Verantwortung für die von ihm begonnenen Aufgaben: „Mit meinem Nachfolger habe ich bereits über die Kata-

4. Erste Publikationen (1889)

Während seiner Zeit als Stiftsinspektor hatte sich Rahlfs' Kontakt zu Lagarde intensiviert: So durfte er mit Beginn seiner Amtszeit den Lehrer unangemeldet und sooft er wollte zum Abendessen besuchen, was regelmäßig im Dreiwochen-rhythmus geschah.[124] Neben der Arbeit im Stift lernte Rahlfs bei Lagarde intensiv Arabisch[125] und veröffentlichte 1889 zwei Publikationen, die ihm – zusätzlich zur Licentiatenarbeit – für den weiteren akademischen Werdegang von Nutzen sein sollten.

Die Anfänge der Recherchen zur ersten dieser beiden Veröffentlichungen, den knapp 50 Seiten starken und in der *Zeitschrift für die Alttestamentliche Wissenschaft* erschienenen *Beiträgen zur Textgeschichte der Peschita*,[126] reichten bis in das Jahr 1886 zurück und sind in dem zu jener Zeit mit Lagarde geführten Briefwechsel ausführlich belegt.[127] Ein 1889 in den *Mitteilungen des Akademisch-Orientalistischen Vereins* erschienener Aufsatz von Richard Gottheil „Zur Textkritik der Pᵉšiṭṭâ" wurde von Rahlfs nun zum Anlass genommen, nicht nur „Nachträge und Berichtigungen" zu Gottheils Darstellung zu liefern, für die er auf Vorarbeiten zu seiner Dissertation zurückgreifen konnte, sondern insbesondere, „einige andere Untersuchungen zur Textkritik der Peschita wieder aufzunehmen, welche ich schon 1886 in Linden bei Hannover begonnen hatte, damals aber, da mir die nötigen Bücher nicht zu Hand waren, liegen lassen mußte".[128]

---

logisierung gesprochen. Auch werde ich selbst, um ihn erst einzuführen, während der ersten Zeit bei derselben persönlich helfen. Ich hoffe, daß im nächsten Jahre die Bibliothek in dem Zustande sein wird, in welchem sie, um ordentlich benutzt werden zu können, sein muß" (UA Göttingen, Kuratorialakte XVI.I.C.4; Bericht über das Theologische Stift zu Göttingen [Studienjahr 1889/90]).

124 Vgl. Rahlfs' Schreiben an Eberhard Nestle vom 10. Januar 1892 (SUB Göttingen, Cod. Ms. Lagarde 146:35).

125 Vgl. RAHLFS, Gedächtnisrede (1928), 88. Lagarde lehrte im Wintersemester 1888/89 „Die Anfangsgründe der arabischen Sprache" und las „Mit Anfängern [...] leichte arabische Texte". Im Sommersemester 1889 erklärte er „Ausgewählte Stücke des Koran" und ließ außerdem „Den ersten Band der zu Beirut erschienenen arabischen Chrestomathie [...] übersetzen und erklären" (vgl. *Verzeichnis der Vorlesungen auf der Georg-Augusts-Universität* [Göttingen 1888 und 1889]). Schließlich las er auch im Wintersemester 1891/92 bis zu seinem Tod Arabisch (vgl. Rahlfs an Schemann, 22. Januar 1892 [Universitätsbibliothek Freiburg i.B., Schemann NL 12/2597, 1], sowie unten, S. 56–59).

126 RAHLFS, Beiträge (1889).

127 Vgl. SCHÄFER, Briefwechsel Rahlfs-Lagarde (2013), 284–295.312.

128 Beide Zitate: RAHLFS, Beiträge (1889), 161. Dass es sich bei den ‚Beiträgen' um ein „durch Gottheils Abhandlung veranlaßtes πάρεργον" handelte, erwähnte Rahlfs auch in einem Brief an Eberhard Nestle vom 17. August 1889 (Universitätsbibliothek Johann Christian Senckenberg Frankfurt a.M., Nachl. E. Nestle Nr. 1314).

Rahlfs stellte in seinen Beiträgen – ausgehend von einer grundsätzlichen Kritik an Gottheils methodischem Vorgehen – die These auf, dass sich die handschriftliche Überlieferung der Peschitta aufgrund des Schismas, durch das die syrische Kirche im 5. Jh. in „Nestorianer" (östlich) und „Jakobiten" (westlich) gespalten worden war, anhand konfessioneller Kriterien in zwei eindeutig voneinander abgrenzbaren Handschriftenfamilien vollzogen habe.[129] Als Indiz für die Richtigkeit seiner Behauptung betrachtete Rahlfs den Kommentar des Barhebräus, in dem einige Lesarten, die sich vor allem in der Bibel von Urumia finden, als „specifisch nestorianisch"[130] ausgewiesen sind. Aus diesem Befund ergaben sich für Rahlfs drei (zwar maßgebliche, wenn auch nicht „ganz sichere"[131]) Regeln für die Textkritik der Peschitta: Wo die westsyrischen und ostsyrischen Handschriften miteinander übereinstimmen, liege „ein bis in das letzte Viertel des 5. Jahrhunderts zurückreichender Text vor". In Fällen, in denen die westsyrischen Zeugen den ostsyrischen gegenüberstehen, sei gesondert festzustellen, „auf welcher Seite ein bloßer Fehler oder eine absichtliche Correctur vorliegt". Und schließlich gelte, „daß die von einem östlichen und einem westlichen Zeugen beglaubigte Lesart älter ist, als die bloß von einem (evtl. auch mehreren) westlichen beglaubigte".[132] Das Verhältnis der westsyrischen Textfamilien untereinander – neben der jakobitischen nahm Rahlfs aufgrund konfessionell bedingter Divergenzen auch eine melchitische und eine maronitische Texttradition an – ist seiner Auffassung zufolge nach den gleichen Prinzipien zu bestimmen: Wo alle drei der westsyrischen Handschriftenfamilien übereinstimmen, liege altwestsyrischer Text vor, wo zwei gegen die dritte zeugen, müsse eruiert werden, auf welcher Seite Fehler resp. Korrekturen vorkommen.[133] „Wenn dann [...] der so festgestellte altwestsyrische Text sich mit dem ostsyrischen [...] deckt, so beweist dies, daß jene Lesarten [...] der Zeit angehören, in welcher die syrische Kirche noch eine gemeinsame Geschichte durchlebte."[134] Aufgrund dieser These gelangt Rahlfs zu einer methodischen Richtungsangabe,

> „welchen Weg der Herausgeber einer kritischen Peschitaausgabe einzuschlagen hat. Er muß zunächst aus den jakobitischen, melchitischen und maronitischen Handschriften den altwestsyrischen Text, aus den nestorianischen Handschriften den altostsyrischen Text herstellen. Er muß dann die Texte dieser beiden Gruppen vergleichen und daraus rückwärts

---

129 Vgl. RAHLFS, Beiträge (1889), 164–165.
130 RAHLFS, Beiträge (1889), 165.
131 RAHLFS, Beiträge (1889), 165.
132 Alle drei Zitate: RAHLFS, Beiträge (1889), 165.
133 Vgl. RAHLFS, Beiträge (1889), 197.
134 RAHLFS, Beiträge (1889), 198.

auf den gemeinsyrischen Text schließen. Er darf endlich nicht außer Acht lassen, daß wir in der Handschrift des British Museum add. 14425 [= *die älteste bekannte Peschitta-Handschrift der kanonischen Bücher; CS*] und in den Citaten bei Aphraates, Ephraim u. a. Zeugnisse aus der Zeit der ungetrennten syrischen Kirche haben. Auf diesem Wege wird sich mit großer Sicherheit ein Text der Peschita gewinnen lassen, wie er im 5. Jahrhundert in Syrien umlief. Ein älterer Text wird im Ganzen nicht hergestellt werden können. Daß die Unterschiede zwischen den verschiedenen Handschriftengruppen sehr groß sind, glaube ich allerdings nach den bisherigen Untersuchungen nicht; die Hauptveränderungen werden auch hier, wie überall, in den dunklen Zeiten der ersten Jahrhunderte liegen. Jedenfalls wäre es aber sehr wichtig, wenn auf dem angegebenen Wege ein möglichst alter Text hergestellt würde. Erst dann wäre die Peschita für die biblische Textkritik recht verwendbar."[135]

Diese These samt dem aus ihr resultierenden Regelwerk bildete nicht weniger als einhundert Jahre lang die Grundlage für die textkritische Erschließung der Peschitta.[136] An ihr hielt Rahlfs, wenngleich in etwas differenzierter Form, auch

---

135 RAHLFS, Beiträge (1889), 198. Rahlfs' Argumentation nahm ihren Ausgangspunkt also bei der Kritik an Gottheil. Dieser hatte behauptet, „daß Bar Ebhraya [*in seinem Kommentar der salomonischen Schriften; CS*] einen Bibeltext benutzte, welcher an einer Anzahl von Stellen nach der ‚syrischen Hexapla' geändert war" (a.a.O., 166–167). Diese Entdeckung beweise, dass die Peschitta tatsächlich von der Septuaginta beeinflusst worden sei. Rahlfs kontrollierte die von Gottheil angeführten Stellen und kam zu dem Ergebnis, dass die Unterschiede zwischen den Barhebräus-Lesarten und der Peschitta in fast allen Fällen aus dem jeweiligen Kontext zu erklären oder auf Schreibversehen, nicht aber auf eine bewusste Angleichung der Peschitta an das Griechische zurückzuführen seien (vgl. das Fazit a.a.O., 170–171). Für den Barhebräus-Kommentar des Psalters konnte Rahlfs jedoch Abhängigkeiten nachweisen. Allerdings war ihm zufolge nicht der dem Barhebräus *vorliegende* Bibeltext nach der Syrohexapla korrigiert worden, „sondern erst Bar Ebhrayas Psalmencommentar hat den Anlaß zu einer Revision des syrischen Psalters gegeben" (a.a.O., 171–172). Denn weil Barhebräus – so Rahlfs – den Peschittatext nur gering schätzte, habe er in seinem Kommentar Lesarten der Septuaginta und der drei jüngeren griechischen Übersetzungen angeführt und manchen von ihnen den Vorzug gegeben. Besonders für den Psalter lasse sich diese Rezensionstätigkeit des Barhebräus nachweisen „und dies ist der Hauptgrund, weshalb P. de Lagarde diesen Teil [...] herausgegeben hat. Gerade hier finden sich auch manche Stellen, an welchen Bar Ebhraya den Text der Peschita für falsch erklärt und eine andere Lesart vorschlägt" (a.a.O., 172). Vgl. auch GÖTTSBERGER, Heilige Schrift (1900), 150–155 („Die Textkritik bei Barhebräus").
136 Vgl. JELLICOE, Septuagint (1968), 9–10: „His article on the Peshitta [...] attracted wide attention and has been held to constitute the foundation on which the textual criticism of that version must be laid."; ferner HEDLEY, Göttingen Investigation (1933), 57, sowie die Beschreibung bei DIRKSEN, East and West (1985), 468–471.
Es ist, wenn auch nicht beweisbar, so doch unübersehbar, dass das von Rahlfs auf die Peschitta angewandte textkritische Verfahren bereits *in nuce* auf seine spätere Arbeit am Septuaginta-Text vorausweist: Auch diese nimmt ihren Ausgangspunkt beim Ende der Transmissionsgeschichte und rekonstruiert von dort aus den ältesten erreichbaren Text durch die Eliminierung identifizierter rezensioneller (hier konfessioneller) Elemente. Vgl. dazu z.B. auch unten, ab S. 183.

in seiner 1905 veröffentlichten Rezension der von W. E. Barnes herausgegebenen kritischen Ausgabe des Peschitta-Psalters fest.[137]

Im Jahr 1985 bestritt Piet B. Dirksen, dass das handschriftliche Material zur Peschitta – im Gegensatz zu Rahlfs' These, die Dirksen nur für den Psalter bestätigt sah, – irgendwelche Rückschlüsse auf differierende westliche und östliche Text-traditionen zulasse.[138] Somit dürfe aber auch ihre Entwicklung in verschiedenen Textfamilien nicht erst auf konfessionelle Unterschiede zurückgeführt werden, sondern auf vor-schismatische Verschiedenheiten, wie der Vergleich des älteren mit dem jüngeren Material beweise.[139] Dirksen konstatiert daher hinsichtlich der Rahlfs'schen *Beiträge*: „These rules are in accordance with the stemma system as it was worked out, for example, by Paul Maas [...], and methodologically there is nothing to find fault with. Actually, Rahlfs's argument looks so self-evident that many scholars after him have accepted his conclusions without checking them against the facts."[140] Nicht eine west- und eine ostsyrische Familie, sondern eine alte und eine junge Tradition (die nicht automatisch schon die textkritische Ent-scheidung vorgebe) machte er in den Handschriften des 6.–8. Jh.s bzw. ab dem 9. Jh. aus.[141] Dirksens These fand schließlich 2008 ihre Erweiterung durch Ignacio Carbajosa, der sie nun auch auf den Psalter anwandte und das Rahlfs'sche „Dogma", wie er es nennt, damit völlig aufgab.[142]

Nicht zuletzt wegen ihrer stringenten Methodik vermochten die *Beiträge zur Textkritik der Peschita* eine solche enorme Wirkungsgeschichte zu entfalten. Damit tritt bereits in dieser frühen Abhandlung über die Peschitta zutage, was Rahlfs' spätere Studien zum Text und zur Textgeschichte der Septuaginta aus-zeichnen sollte: eine methodisch begründete und systematisch betriebene Aus-

---

137 In der Einleitung seiner Edition bekämpft Barnes die Rahlfs'sche These, „daß der ost- und westsyrische Text voneinander unabhängig seien [...], vielmehr [*meint er*]: ‚The history of the Peshitta is a history of never ceasing admixture of texts' [...] und führt Beispiele für die Mischung östlicher und westlicher Texte an [...]. Ich [sc. *Rahlfs*] gebe gern zu, daß ich mit meiner scharfen Formulierung der These über das Ziel hinausgeschossen habe, doch erscheint mir auch Barnes mit seiner entgegengesetzten These zu weit zu gehen. Die nestorianischen Handschriften haben doch einen ziemlich ausgeprägten Sondertypus, wie Barnes selbst in seiner Liste nestorianischer Lesarten [...] zeigt, und schließlich nähert sich mir Barnes doch wieder, wenn er den Grundsatz aufstellt, daß eine Lesart, die von den nestorianischen und zugleich von einer oder mehreren älteren jakobitischen Handschriften gestützt wird, in der Regel als ursprünglich zu gelten hat [...]" (RAHLFS, Rez. Barnes [1905], 196–197).
138 Vgl. DIRKSEN, East and West (1985), 475–476.
139 Vgl. DIRKSEN, East and West (1985), 477.
140 DIRKSEN, East and West (1985), 470.
141 Vgl. DIRKSEN, East and West (1985), 478–484.
142 CARBAJOSA, Division (2008), 174. Vgl. a.a.O., 145.

wertung des handschriftlichen Materials unter Berücksichtigung historischer Gegebenheiten.

Als zweite Veröffentlichung des Jahres 1889 erschien Rahlfs' erste Rezension, die er „völlig selbstständig angefertigt"[143] hatte und die Lagarde deshalb einem an das Universitätskuratorium gerichteten Empfehlungsschreiben im November desselben Jahres beifügte. Auf 31 Seiten besprach Rahlfs in den *Göttingischen Gelehrten Anzeigen* Konrad Keßlers *Forschungen über die manichäische Religion. 1. Bd.*[144] und deckte dabei zahlreiche Mängel auf.[145]

Mit einem auf zwei Bände angelegten Werk hatte Keßler beabsichtigt, nicht nur eine Darstellung des manichäischen Systems vorzulegen, sondern insbesondere einen „genetischen Zusammenhang des Manithums mit der babylonischen Religion aller Stufen" nachzuweisen.[146] Diese Ausführungen waren jedoch, wie „überhaupt alles, was specifisch religionsgeschichtlich ist",[147] erst für den zweiten Band vorgesehen, der nie erscheinen sollte. In seiner Rezension des ersten Bandes, der „Voruntersuchungen und Quellen" gewidmet war, konnte sich Rahlfs auf die Überprüfung sprachlicher Erörterungen Keßlers beschränken.

---

143 SUB Göttingen, Cod. Ms. Lagarde 149 (Lagardes Empfehlungsschreiben vom 13. November 1889).

144 KESSLER, Mani (1889).

145 RAHLFS, Rez. Keßler (1889) = GGA, Nr. 23 vom 15. November 1889 (unter dieser Nummer ist ausschließlich Rahlfs' Rezension erschienen). Dass Rahlfs gerade dieses Buch besprechen sollte, ist mit Sicherheit auf Lagardes Anregung resp. Vermittlung zurückzuführen, der seinerseits ein halbes Jahr später das Buch *Die mandäische Religion, ihre Entwicklung und geschichtliche Bedeutung* von Wilhelm Brandt (Leipzig 1889) rezensierte und seine Besprechung folgendermaßen einleitete: „Nachdem der Herr Director der göttingischen gelehrten Anzeigen entschieden hatte, daß des Herrn Keßler Buch über Mani in diesen Anzeigen besprochen werden solle, durfte des Herrn Pfarrer Brandt Arbeit über die mandäische Religion, von welcher, wie von dem Werke Keßlers, ein Recensionsexemplar eingegangen war, in ihnen nicht unberücksichtigt bleiben. Da Niemand sich an die Besprechung wagte, bin ich in die Lücke gesprungen, nicht als Sachverständiger, sondern nur als Gelehrter, der, über den Mandaismus sich zu orientieren verbunden, den Eindruck wiedergeben will, den Brandts Arbeit in Rücksicht auf die Glaubwürdigkeit ihrer Ergebnisse auf ihn gemacht hat" (LAGARDE, Rez. Brandt [1890], 385). Im Unterschied zu Lagardes Rezension, die grundsätzliche Hinweise auf die methodischen Voraussetzungen religionsgeschichtlicher Untersuchungen enthält (vgl. dazu unten, S. 53), bleibt Rahlfs' Besprechung auf die philologische Auseinandersetzung mit den von Keßler dargebotenen Quellen beschränkt.

146 RAHLFS, Rez. Keßler (1889), 905. – Zur Einordnung von Keßlers Werk in die Geschichte der Manichäismusforschung vgl. RIES, Les études manichéennes (1988), 81–89.

147 RAHLFS, Rez. Keßler (1889), 906.

Die seines Erachtens insgesamt zu weitschweifigen, in sich häufig widersprüchlichen und oft eindeutig fehlerhaften und ungenauen Untersuchungen führte Rahlfs mehrfach durchaus polemisch *ad absurdum*, wobei seine Argumentation nie ohne schlagende Belege und von bestechender Logik war.[148] Es ging ihm somit einerseits um fachliche und sachliche Richtigstellung falscher sprachlicher Behauptungen Keßlers, anderseits, gleichsam als deren Bedingung, um den Erweis einer gründlichen und methodisch (d.h. auch systematisch) transparenten Quellenforschung. Mit dieser Rezension stellte Rahlfs vor allem aber auch seine wissenschaftliche Prägung durch Lagarde unter Beweis, von dem er eben gelernt hatte, dass „der Gang der Wissenschaft verlangt, daß man mit dem anhebe, was der Anfang ist"[149] (d.h. also bei der Textsicherung und Übersetzung der Quellen und nicht bei deren Interpretation[150]) und „daß, falls die Theologie eine Wissenschaft ist, sie nur die Methode der Wissenschaft anwenden darf, und keine themata probanda duldet, daß, falls es einen Glauben gibt, sein erster Artikel die Ueberzeugung sein muß, daß ehrliches und genügend geschultes Forschen am letzten Ende immer zu seinem Ziele kommt".[151] Zugleich deutete Rahlfs in dieser Rezension den Maßstab an, den er an seine eigenen wissenschaftlichen Arbeiten legte und an dem er sich auch in späteren Jahren messen lassen wollte.[152]

---

148 Ein gutes Beispiel für die Rahlfs'sche Argumentationsweise bietet seine scharfe Analyse von Keßlers Ausführungen über die Herkunft der Namen Manis und seiner Eltern, vgl. RAHLFS, Rez. Keßler (1889), 908–911. Auch der Versuch, Keßlers Erörterungen zu „Scythianus" und „Saracenus" zu verstehen, endete ergebnislos und erweckte bei Rahlfs Zweifel darüber, „ob man überhaupt Keßlers Buch ernst nehmen soll" (a.a.O., 914). Das Fazit lautete am Ende: „Das zusammenfassende Urteil muß leider dahin abgegeben werden, daß der 1. Band des »Mani« die Wissenschaft nicht gefördert hat. Ja, er hätte sogar durch den Schein von Gelehrsamkeit, welcher auf ihm liegt, und durch die Zuversichtlichkeit, mit welcher die unhaltbarsten Behauptungen aufgestellt werden, leicht irreführend wirken können, da die meisten, welche sich für den Manichäismus interessieren und über ihn zu lehren haben, nicht die zur Beurteilung des Werkes erforderlichen Sprachkenntnisse besitzen. Es war daher nötig, die Mängel desselben in einer ausführlichen Recension darzulegen" (a.a.O., 936).
149 LAGARDE, Rez. Brandt (1890), 403–404.
150 Vgl. LAGARDE, Rez. Brandt (1890), 387.
151 SUB Göttingen, Cod. Ms. Lagarde 149 (Lagardes Empfehlungsschreiben vom 13. November 1889). Vgl. auch LAGARDE, Anmerkungen (1863), 2: Das Wesen der Wissenschaft sei mehr als „einfälle und beiläufige bemerkungen; ihr wesen ist die methode".
152 Ein weiteres Beispiel hierfür ist RAHLFS, Rez. Duval (1893): Rahlfs kritisiert darin einerseits die Textrekonstruktion Duvals, der seines Erachtens keine adäquate Textanalyse vorgelegt und deswegen (eindeutig sekundäre) rezensionelle Elemente für ursprünglichen Text gehalten habe. Anderseits verdeutlicht er an zahlreichen Beispielen, dass es dem Werk sehr an Sorgfalt und Zuverlässigkeit mangele. Das Fazit bleibt entsprechend ambivalent: „Ich nehme von Duvals Ausgabe mit gemischten Gefühlen Abschied. Wir haben in ihr den lang ersehnten Bar Bahlul

5. „עָנִי und עָנָו in den Psalmen": Die theologische Habilitation (1891/92)

Lagardes *Zukunftsplan*[153] sah schließlich vor, dass Rahlfs während seiner Zeit als Stiftsinspektor die zur Erlangung der Licentiatenwürde (Lic. theol.) notwendige Abhandlung verfassen, sich mit dieser nach Ende des Inspektorats habilitieren und schließlich auf vier Jahre ein Privatdozentenstipendium beziehen sollte.[154]

---

und haben ihn doch wieder auch nicht. Wir können uns aus Duvals Ausgabe mit Hülfe des Apparats den alten Bar Bahlul einigermaßen herstellen, aber auch nur einigermaßen, denn Eine Handschrift [*die Duval dort im Wesentlichen nur bietet; CS*] ist eine zu unsichere Grundlage für die Reconstruction. So ist Duvals Bar Bahlul für uns schließlich auch nur ein Notbehelf, und wir müssen auf eine neue Ausgabe hoffen" (a.a.O., 1010). Vgl. außerdem DERS., Rez. Procksch (1910): „Ich begrüße in Procksch einen neuen Arbeiter auf dem schwierigen Gebiete der Septuagintaforschung und freue mich über seine große Lust und Liebe zur Sache, muß ihm aber für künftige Weiterarbeit peinlichste Sorgfalt und stete Nachprüfung der gewonnenen Resultate, mögen sie auch noch so bestechend sein, dringend empfehlen" (a.a.O., 705), sowie DERS., Rez. Budge (1913): „Vor allem läßt sie [*die Ausgabe; CS*] in jeder Hinsicht die für eine Textausgabe nötige Sorgfalt vermissen. [...] Es ist wirklich ein Jammer, daß einem Manne wie Budge, der mit der größten Nonchalance arbeitet und nur ganz minimale Kenntnisse des Koptischen besitzt, immer wieder die wichtigsten Handschriften in die Hände fallen" (a.a.O., 4–5), oder die – teilweise sehr sarkastischen – Totalverrisse in DERS., Rez. Girdlestone (1895) und DERS., Rez. Smith (1896): Smith sei „Dilettantin vom reinsten Wasser" (a.a.O., 615), wobei Rahlfs nach Untermauerung seiner schonungslosen Kritik ausdrücklich bedauert, dass er „so hart habe urtheilen müssen, um so mehr, als das Urtheil eine Dame trifft, die offenbar den besten Willen hat, etwas Gutes zu liefern und der Wissenschaft zu dienen. Aber Recht muß Recht bleiben [...]" (a.a.O., 617), und DERS., Rez. Munro (1912).
Schließlich sind auch Beispiele für äußerst positive Bewertungen zu nennen: DERS., Rez. Remnants (1912): „Das vorliegende Buch, an welchem der Verf. offenbar viele Jahre mit der größten Liebe und Sorgfalt gearbeitet hat, zeichnet sich durch die von Lagarde gerühmte Sachkenntnis ebenso vorteilhaft aus, wie durch die musterhafte Klarheit und Uebersichtlichkeit, welche die Benutzung desselben zu einem wahren Vergnügen macht. So darf der Kritiker hier einmal uneingeschränkt loben und kann sich, wie seinerzeit auch Lagarde getan hat, auf eine kurze Angabe des Inhalts beschränken" (a.a.O., 766), sowie DERS., Rez. Coptic Version (1913): „Wir wünschen dem vortrefflichen Werke den besten Fortgang und würden uns ganz besonders freuen, wenn der hochverdiente Verfasser nach Vollendung des Neuen Testaments auch das Alte Testament in derselben mustergültigen Weise bearbeiten würde" (a.a.O., 427).
153 Vgl. dazu oben, S. 12.
154 Vgl. SUB Göttingen, Cod. Ms. Lagarde 150:949, 41 (Lagarde an Rahlfs, 18. April 1888). Die Promotions- und Habilitationsordnung der Theologischen Fakultät zu Göttingen „sah die Promotion zum Doktor der Theologie nur ehrenhalber vor, der übliche Grad war der des Licentiaten. Dabei konnte man zwei Wege beschreiten, nämlich einerseits nur die Promotion zum Licentiaten verfolgen und andererseits gleichzeitig die Habilitation beantragen" (DAHMS, Stationen [1987], 141).

Wie alle Arbeiten der Jahre 1887 bis 1892 galt auch Rahlfs' Licentiaten-Dissertation über עָנָו *und* עָנִי *in den Psalmen*,[155] einem Thema, das auf Lagardes Anregung zurückging.[156] Als erster überhaupt[157] untersuchte er die Bedeutung der beiden Wörter unter Einbeziehung sprachgeschichtlicher Aspekte,[158] wobei er zunächst von Lagardes 1881 aufgestellter Behauptung ausging, עָנִי und עָנָו seien dem Aramäischen entlehnt.[159] Doch schrieb er im Frühjahr 1888 an den Lehrer:

> „Mit den עֲנוים habe ich mich jetzt einigermaßen beschäftigt, kann aber mit ihnen nicht ins Reine kommen. Die Hauptsache ist, daß mir Ihre Ableitung des Wortes aus dem Aramäischen sehr zweifelhaft geworden ist. Meine Bedenken will ich Ihnen kurz mitteilen."[160]

Nach ausführlicher Begründung seiner These, dass עָנִי und עָנָו keine aramäischen Lehnwörter, vielmehr auf die semitische Wurzel ענה II („die niedrige Stellung, welche der Knecht seinem Herrn gegenüber einnimmt"[161]) zurückzuführen seien, äußerte Rahlfs folgende Befürchtungen, die sich aus seiner Abweichung von Lagardes Meinung ergeben könnten:

> „Hier haben Sie meine Überlegungen, die mir leider Ihre Ansicht unwahrscheinlich machen. Wenn aber diese Überlegungen richtig sein sollten, so wird der Arbeit ein großer Teil ihres Reizes genommen. Auch möchte ich nicht gern in meiner Licentiaten-Dissertation gegen meinen Meister ankämpfen, und bitte Sie daher, mir einige andere Themata vorzuschlagen."[162]

Lagardes prompte Antwort fiel eindeutig aus:

> „Ihren Angriff auf meine Ableitung des Anaw wünsche ich öffentlich vorgelegt zu sehen [...]. Mich kränkt solcher Angriff im Mindesten nicht. Sie wissen selbst, daß ich als erste Pflicht fast ansehe, meine Schüler selbstständig zu machen. Also nur immer heraus damit. Wie diese Ablehnung meiner Etymologie Sie hindern soll, die theologische Arbeit über den Begriff anaw zu machen, verstehe ich nicht. Wo das Wort herkommt, ist recht wenig bedeutend im Vergleich mit dem Wissen darüber, was es bedeutet, zu welcher Zeit es das und das

---

155 RAHLFS, עָנִי und עָנָו (1892).

156 „[...] schon im Sommer 1887 wies er mich auf das Thema hin, und ich habe es seitdem nicht mehr aus den Augen gelassen" (RAHLFS, עָנִי und עָנָו [1892], 100).

157 Vgl. BIRKELAND, ʿĀnî und ʿĀnāw (1932), 23.

158 Vgl. BAUER, Alfred Rahlfs (1934/35), 61.

159 Vgl. LAGARDE, עני (1881); wieder abgedruckt bei DERS., Mittheilungen 1 (1884), 80–81.

160 SUB Göttingen, Cod. Ms. Lagarde 150:949, 38–40 (Rahlfs an Lagarde, 13. April 1888).

161 RAHLFS, עָנִי und עָנָו (1892), 70. Vgl. entsprechend GERSTENBERGER, עָנָה II (1989), 248–250, und GESENIUS, Handwörterbuch (¹⁸2013), 988.

162 SUB Göttingen, Cod. Ms. Lagarde 150:949, 38–40 (Rahlfs an Lagarde, 13. April 1888). Vgl. auch RAHLFS, עָנִי und עָנָו (1892), 66–67.

bedeutet, wie es auf die Anschauungen der Kirche, zunächst der neutestamentlichen, dann der Mönchszeit, gewirkt hat. Sie sehen, ich verlange viel, aber darum weil ich das Thema für sehr geeignet halte, Sie zu empfehlen, schlage ich Ihnen kein anderes vor."[163]

So ermutigt, setzte Rahlfs seine Untersuchung der beiden Begriffe fort und arbeitete eine 100 Seiten starke Abhandlung aus: Als Ausgangspunkt wählte er den wortstatistischen Befund, dass עָנִי und עָנָו am häufigsten in den Psalmen begegnen,[164] und zwar vor allem in den Psalmen 21(22), 24(25), 30(31), 33(34), 34(35), 37(38), 39(40), 68(69), 70(71), 101(102) und 108(109).[155] Dementsprechend nimmt vor allem die sprachliche, aber auch inhaltliche, kompositionelle und stilistische Analyse dieser Psalmen knapp neun Zehntel der Dissertation ein.

Aufgrund der auffälligen Übereinstimmung ihres Wortschatzes und ihres Aufbaus kam Rahlfs zu dem Schluss, dass diese als Gruppe identifizierten Psalmen von einem einzigen Verfasser stammen müssen. In dieser einheitlichen Autorschaft sah er die *conditio sine qua non* seiner weiteren historischen und exegetischen Ausführungen.[166] Als Abfassungszeit ermittelte Rahlfs, aufgrund seiner

---

163 SUB Göttingen, Cod. Ms. Lagarde 150:949, 41 (Lagarde an Rahlfs, 18. April 1888). Diese von einer souveränen Kritikfähigkeit zeugende Einstellung, zu der er durchaus in der Lage war, vertrat Lagarde zwei Jahre später auch öffentlich: „Alfred Rahlfs, der auf meine Veranlassung über die Bedeutung des Wortes עני arbeitet, wird vermuthlich auch seinerseits die Unhaltbarkeit jenes meines Einfalls darlegen. Ich freue mich, wie jeder ordentliche Fechtmeister, wenn meine Schüler die Klinge, die sie von mir führen gelernt haben, ordentlich führen, geschähe es auch gegen mich selbst" (LAGARDE, Register und Nachträge [1891], 68). Zur Erklärung, warum Lagarde Rahlfs gerade dieses Thema (auch im Hinblick auf dessen weitere Karriere) stellte, können die folgenden Ausführungen Norbert Lohfinks beitragen: „Im Psalter finden sich Aussagen über die ‚Armen' häufiger als im Rest der Bibel. [...] Könnte der Psalter also in besonderer Weise ‚Literatur von Armen' sein? Was würde das historisch, soziologisch und speziell frömmigkeitsgeschichtlich bedeuten? Eine Frage, die in der zweiten Hälfte des vorigen [sc. *19.*] Jahrhunderts fast urplötzlich in Deutschland und in Frankreich in der alttestamentlichen Wissenschaft aufkam und dann eine gewisse Zeit lang die Gemüter beunruhigte" (LOHFINK, „Anawim-Partei" [1986], 153).
164 Vgl. RAHLFS, עָנִי und עָנָו (1892), 3, sowie die Übersicht bei GERSTENBERGER, עָנָה II (1989), 249–250.
165 Grundsätzlich wird hier und im Folgenden zunächst die Psalmenzählung der Septuaginta, sodann (in Klammern) die des masoretischen Textes angegeben.
166 Um den Nachweis ihrer Zusammengehörigkeit zu erbringen, untersuchte Rahlfs zunächst den Wortschatz dieser elf Psalmen und stellte anschließend gleiche Wörter und Phrasen sowie gleiche inhaltliche Parallelen („Wiederkehr derselben Gedanken in ähnlicher Form" [RAHLFS, עָנִי und עָנָו (1892), 18]) zusammen. Der zweite Paragraph des ersten Hauptteils handelt von den Übereinstimmungen in „Inhalt, Composition und Styl" (a.a.O., 23). Zur Erklärung solcher sprachlichen und inhaltlichen Gemeinsamkeiten zog er die Alternative in Betracht, dass diese Psalmengruppe entweder von verschiedenen Verfassern stamme, die sich eines zugrunde liegenden „Musters" bedient hätten, oder auf einen einzigen Autor zurückzuführen sei. Die hö-

Analyse von Ps. 21(22)₄, „die – spätere – Zeit des Exils und die Zeit – bald – nach dem Exil".[167] Die sprachgeschichtliche, morphologische, etymologische und semantische Untersuchung von עָנִי und עָנָו führte ihn zu dem Ergebnis, dass beide Wörter zwar auf die eine Wurzel ענה II und deren Grundbedeutung zurückgingen, sich jedoch hinsichtlich ihrer konkreten Einzelbedeutungen innerhalb der untersuchten Psalmen deutlich voneinander unterschieden: עָנִי habe einen ganz allgemeinen, nichtreligiösen Sinn, meine von seiner Grundbedeutung her „in Knechtsstellung befindlich"[168] in den zugrunde gelegten Psalmen „den von Not Niedergedrückten, den in elender Lage Befindlichen überhaupt"[169] und lasse sich „wohl am besten durch unser *elend* wiedergeben".[170] עָנָו habe hingegen religiösen Sinn und bedeute grundsätzlich „sich [*Gott gegenüber*] in Knechtsstellung versetzend",[171] bezeichne in den einschlägigen Psalmen speziell denjenigen, „welcher sich in jeder Beziehung dem Willen Jahwes unterordnet", und müsse mit „sich [*gerne*] unter den Willen Jahwes beugend" übersetzt werden.[172] Schließlich unternahm Rahlfs den Versuch, die sog. Anawim, unter denen er den oder die Verfasser der von ihm behandelten Psalmengruppe vermutete, als eine religiöse Gruppierung innerhalb des exilischen bzw. frühnachexilischen Judentums zu identifizieren. Ein wesentliches Element dieser Identifizierung bildete seine These, dass die Anawim in den Psalmen mit dem *Ebed Jhwh* bei Deuterojesaja gleichzusetzen seien.[173] Rahlfs folgte dabei einerseits der

---

here Wahrscheinlichkeit der zweiten Annahme begründete Rahlfs mit der These, dass Psalmen als „Ausdrücke einer tiefen Empfindung" (a.a.O., 29) kaum im Sinne von Nachahmungen eines Musters verstanden werden könnten. Die bei Zuweisung an einen einzigen Verfasser erklärungsbedürftigen Übereinstimmungen und Wiederholungen deutete er als Ausdruck einer mit den *Klageliedern Ieremiae* zu vergleichenden Monotonie, der dieser Dichter erlegen sei, weil er „in einer Zeit drückendster Not gelebt hat" (ebd.).

167 RAHLFS, עָנִי und עָנָו (1892), 50.

168 RAHLFS, עָנִי und עָנָו (1892), 73.

169 RAHLFS, עָנִי und עָנָו (1892), 75.

170 RAHLFS, עָנִי und עָנָו (1892), 77.

171 RAHLFS, עָנִי und עָנָו (1892), 73.

172 Beide Zitate: RAHLFS, עָנִי und עָנָו (1892), 80. Im Gegensatz zu anderen Positionen vertrat Rahlfs die Auffassung, dass im masoretischen Text ein bewusster Unterschied zwischen עָנִי und עָנָו vorausgesetzt sei, insofern der erste Begriff eine nicht-religiöse, der zweite eine dezidiert religiöse Bedeutung habe (vgl. a.a.O., 54). Diesen Bedeutungsunterschied fand er in der Septuaginta, in den Targumim, in der Vulgata sowie in den „von Juden herrührenden arabischen Übersetzungen des Mittelalters" (a.a.O., 61), nicht aber in der Peschitta bestätigt.

173 Vgl. RAHLFS, עָנִי und עָנָו (1892), 87: Rahlfs postulierte, „dass die Partei der Anawim mit dem Knechte Jahwes des Deutero-Isaias identisch ist" und sah in ihnen daher die geistigen Nachfolger der Propheten während des Exils, von deren Anschauungen das nachexilische Judentum geprägt sei (vgl. a.a.O., 88). Die Propheten und die von ihnen abhängige Literatur hatten – so

Anawim-Theorie, die Heinrich Graetz in seinem 1882 erschienenen Psalmenkommentar entwickelt hatte,[174] doch grenzte er sich anderseits von dieser in einem entscheidenden Punkt ab: „Die Anawim = Knechte Jahwes"[175] seien – anders als von Graetz behauptet, der sie mit den Leviten in Verbindung bringt[176] – „eine Partei innerhalb des [jüdischen] Volkes, aber nichts führt darauf, sie als Leviten oder überhaupt als Angehörige eines bestimmten Standes zu fassen", sondern als „die Frommen, die entschlossenen Anhänger Jahwes im Exil überhaupt",[177] die durch das Exil geläutert[178] worden und nun – quasi missionarisch – „auch das

---

Rahlfs – gegenüber der semitischen allgemeinen Verwendung des Wortes für die Verehrer Gottes deutlich die notwendige fromme Gesinnung des als *Knecht Jhwhs* Bezeichneten betont und diesen Titel zwangsläufig nur „einzelnen Gott nahe stehenden Männern" beigegeben (a.a.O., 87). In deren Tradition sahen sich nun die Anawim und konstatierten durch die Selbstbezeichnung als עבדי יהוה, „dass sie Knechte Jahwes im Sinne der Propheten sein, dass sie sich mit ganzem Herzen in den Dienst Jahwes stellen wollen" (ebd.).

174 Vgl. Graetz, Kritischer Commentar Bd. 1 (1882), 17(20)–37, hier 27: „Ein passender Name für diese Klasse [...] wäre Anawim, Anawiten, weil Demuth, Sanftmuth und Ergebung der hervorstehende Zug ihres Charakters war. Die aus diesem Kreise hervorgegangene Literatur, ein grosser Theil der Psalmen, ein Theil der Sprüche und wahrscheinlich auch das Buch Hiob, könnte man als anawitisch bezeichnen. Die Geschichte dieser Anawiten [...] – und sie haben eine Geschichte – eröffnet einen Einblick in die innere Geschichte des israelitischen Volkes, von welcher die Königsbücher schweigen, und erleichtert um Vieles das Verständnis der Psalmen." Auch den Bezug zu Deuterojesaja hatte Graetz bereits konstatiert (vgl. a.a.O., 27–37). – Graetz' Anawim-Theorie war zunächst (innerjüdisch) in Frankreich von Isidore Loeb und gleichzeitig von Ernest Renan rezipiert worden. Parallel zu diesen „führte in Deutschland Alfred Rahlfs die Ansätze von Graetz [...] weiter. Loeb und Renan waren ihm unbekannt. Er folgte Graetz insofern enger, als er eine Untersuchung zu den Psalmen vorlegte. Er ging, im Anschluß an Aufstellungen Ewalds, von einer eingegrenzten Gruppe von Psalmen aus, deren Zusammengehörigkeit er zunächst sehr breit nachzuweisen versuchte" (Lohfink, „Anawim-Partei" [1986], 159–160; vgl. zum Voranstehenden a.a.O., 156–158).

175 Rahlfs, עני und ענו (1892), 83.

176 So Graetz, Kritischer Commentar Bd. 1 (1882), 25: „Mit einem Worte, die Psalmisten waren Leviten, und diese waren ihrer Lage nach arm oder in Armuth versetzt und ihrer Gesinnung nach sanftmüthig, duldend, harmlos ‚die Sanftmüthigen und Ruhigen des Landes'." Vgl. dagegen Rahlfs, עני und ענו (1892), 80–81; entsprechend Lohfink, „Anawim-Partei" (1986), 160: „Die Levitentheorie von Graetz lehnte er [sc. *Rahlfs*] mit ähnlichen Gründen wie Loeb ab." Trotz dieser Differenz hebt Rahlfs ausdrücklich hervor: „Ist aber Graetz' Abhandlung auch in der Hauptsache verfehlt, so enthält sie doch im Einzelnen manche guten Beobachtungen. Speciell die Sätze, dass die Anawim eine Partei, ein Kreis innerhalb des Volkes sind, und dass der Name ענוים der diese Partei am besten charakterisierende ist, treffen bei unserer Psalmengruppe zu" (Rahlfs, עני und ענו [1892], 81) Vgl. Rahlfs' Fazit a.a.O., 87: „So ist der Name Anawim der die Eigentümlichkeit der Frommen des Exils am besten bezeichnende."

177 Beide Zitate: Rahlfs, עני und ענו (1892), 83.

178 Vgl. Rahlfs, עני und ענו (1892), 84–85.

ganze Volk umzuwandeln bestrebt" gewesen seien.[179] Rahlfs' Resultat lautete: „Unsere Psalmengruppe lehrt uns die Frömmigkeit der exilischen und der ersten nachexilischen Zeit kennen. Sie zeigt uns, wie gerade durch die Not des Exils ein ganz neues religiöses Leben in Israel erweckt ist. Darin hauptsächlich liegt ihre Bedeutung für die Erkenntnis der Geschichte der Religion Israels."[180] Auf den letzten Seiten seiner Dissertation ging er noch knapp auf die Bedeutung von עָנִי und עָנָו in den übrigen Psalmen ein (mit dem Ergebnis, dass eine eindeutige Bedeutungsverschiedenheit nicht mehr auszumachen sei, da עָנִי dort nun eine religiöse Färbung annehme)[181] und schloss seine Abhandlung mit drei Exkursen ab, die nach der etwas boshaften Vermutung des Rezensenten Karl Budde „in Lagarde'scher Weise ‚in fugam vacui' hinzugefügt scheinen"[182] und ausführliche Ergänzungen zu drei Anmerkungen des Hauptteils darstellen.

In ihrer Beurteilung der Arbeit waren sich sowohl Gutachter als auch Rezensenten im Wesentlichen einig: Die Fakultät beurteilte Rahlfs' Dissertation „als ein tüchtiges, nach der philologischen Seite ausgezeichnetes, nach der biblisch-theologischen voll genügendes specimen editionis".[183] Budde befand in der *Theologischen Literaturzeitung*: „Der eigenthümliche Reiz, mit dem diese [...] Abhandlung gewiß nicht bloß den Berichterstatter anzieht, beruht weniger auf ihren Ergebnissen als auf der Sicherheit, Ruhe, Abrundung des Verfahrens, auf der durch und durch wissenschaftlichen Methode. [...] Die Stärke der Abhandlung liegt trotz aller sonstigen feinen Bemerkungen auf dem philologischen Gebiet. Während die Ausführungen über עָנִי und עָנָו sicher bleibenden Gewinn bringen und auch sonst viele äußerst werthvolle Beobachtungen eingestreut sind, dürften die geschichtlichen Ergebnisse, so geistreich sie gewonnen werden, so viel Bestechendes sie an sich haben, doch über den Werth geistreich begründeter Vermuthungen sich nicht erheben und den Raum für andere Erklärung der Erscheinungen neben sich

---

179 RAHLFS, עָנִי und עָנָו (1892), 85. Vgl. auch a.a.O., 81. Dass es sich bei ‚Anawim' um eine Selbstbezeichnung dieser ‚Partei' handelte, hielt Rahlfs für möglich. Sicher belegen konnte er dies allerdings nicht (vgl. a.a.O., 83).

180 RAHLFS, עָנִי und עָנָו (1892), 88. Vgl. zur Rezeption der Rahlfs'schen Ausführungen unten, S. 41, Anm. 185.

181 Vgl. RAHLFS, עָנִי und עָנָו (1892), 90.

182 BUDDE, Rez. Rahlfs (1892), 637. Vgl. zu Lagardes Angewohnheit, Leerseiten mit Mitteilungen von völlig heterogenen Forschungsergebnissen zu füllen, RAHLFS, Lebenswerk (1928), 28, und SCHÄFER, Briefwechsel Rahlfs-Lagarde (2013), 301.

183 UA Göttingen, Kuratoriakalte XVI.I.A.a, 12. Vgl. auch SMEND d.J., Ein Leben für die Septuaginta (2013), 269, demzufolge Hermann Schultz und Rudolf Smend d.Ä. die Gutachter der Theologischen resp. Philosophischen Fakultät waren.

freilassen."[184] Und auch Karl Marti hob den Wert der Arbeit hervor, obwohl er weder der These von der einheitlichen Verfasserschaft noch der spätexilischen Datierung der untersuchten Psalmen zustimmen mochte und daher besonders Rahlfs' historische Verortung der ‚Anawim' verwarf: „Diese Divergenz hindert den Ref. nun nicht, über die den Glanzpunct der Dissertation bildende verdienstvolle Abhandlung über עֲנִי und עָנָו seine hohe Freude auszusprechen. Die umsichtige und genaue Darlegung der Ueberlieferung, wobei die alten Uebersetzungen und selbst die von Juden herrührenden arabischen Uebersetzungen des Mittelalters überall verglichen werden, zeigt deutlich, wie die beiden Wörter durchaus zu unterscheiden sind."[185]

---

184 BUDDE, Rez. Rahlfs (1892), 636–637.
185 MARTI, Rez. Rahlfs (1892). Es ist nicht unwahrscheinlich, dass Rahlfs die Beurteilungen seiner eigenen Dissertation vor Augen hatte, als er 1896 in einer Rezension abschließend urteilte: „Kann ich mir aber auch Diehl's Auffassung der von ihm besprochenen Erscheinungen, so weit sie neu ist, nicht aneignen, so muß ich seine Arbeit doch als fleißige und gut geordnete Materialsammlung dringend empfehlen. Ueberhaupt scheinen mir Themata wie das von Diehl behandelte [*s. dazu am Ende dieser Anm.; CS*] gerade für Dissertationen besonders geeignet; denn vorausgesetzt, daß nur das Material sorgfältig gesammelt und mitgetheilt wird, schadet es nicht zu viel, wenn der Doctorandus sich durch den Entdeckungseifer des Anfängers zu einer Beurtheilung des Materials hinreißen läßt, die er in späteren Jahren wohl selbst als übereilt erkennt, die Arbeit behält darum doch ihren Werth" (RAHLFS, Rez. Diehl [1896], 590).
Dass die Rahlfs'sche Analyse von bleibendem Wert blieb, belegt ihre Rezeption in der 17. Auflage von Gesenius' *Hebräischem und aramäischem Handwörterbuch über das Alte Testament* (Berlin et al. 1915, 605) sowie im ThWAT (Bd. 6, Stuttgart et al. 1989). Vgl. außerdem DELEKAT, Wörterbuch (1964), bes. 35–49, mit den dort auf S. 35, Anm. 2, gegebenen Verweisen. Einen Überblick über die Wirkungsgeschichte der Rahlfs'schen Abhandlung und der weiteren Forschungsgeschichte bietet zuerst BIRKELAND, ‘Ānî und ‘Ānāw (1932), 25–32 („[...] die Psalmenforschung der ganzen folgenden Zeit steht unter ihrem Einfluß" [a.a.O., 24]; so auch SCHOEPS, Theologie [1949], 354, Anm. 1, und LOHFINK, „Anawim-Partei" [1986], 160 [„(...) die Theorie (*wurde*) vor allem in der deutschen Exegese von vielen Kommentaren und Monographien übernommen"]; vgl. schon ROY, Gemeinde der Frommen [1896/97], bes. 16–19). Dagegen setzt sich Birkeland (‘Ānî und ‘Ānāw [1932], 23–25) durchaus kritisch mit Rahlfs' Thesen auseinander, deren Hauptschwäche er darin erblickt, dass sie an „einer gänzlich modernen Begriffsauffassung" orientiert seien, die „mit logischen statt mit organischen Zusammenhängen" rechne (a.a.O., 17), während die beiden Begriffe עֲנִי und עָנָו „für den Hebräer ein organisches Ganzes" gebildet hätten (a.a.O., 25). Vgl. auch die knappe Erwähnung bei CLEMENTS, Century (1976), 79. In einem im Jahre 1993 erschienenen Aufsatz urteilt LEVIN, Gebetbuch (1993/2003), Rahlfs habe zwar „den Rahmen der Anawim-Psalmen zu eng gesteckt" (a.a.O., 390, Anm. 61), auch seine „Datierung [*greife*] viel zu hoch, und die missionarische Absicht der Anawim ist wohl falsch eingeschätzt; doch das Phänomen ist zutreffend erfaßt" (a.a.O., 308), weshalb er dann 2001 die Rahlfs'schen Ausführungen sogar als „fundamental" bezeichnen konnte (LEVIN, The Poor [2001/2003], 332, Anm. 34). Einen forschungsgeschichtlichen Überblick über die Rezeption der Rahlfs'schen Ausführungen zur „Partei" der Anawim bieten MICHEL, Armut (1979), 73, und LOHFINK, „Ana-

Eine rasche Vollendung der Arbeit hatte sich als unmöglich erwiesen, da Rahlfs nicht nur seinen Verpflichtungen als Stiftsinspektor, sondern auch der Vorbereitung auf das Licentiatenexamen sowie der übernommenen Ausarbeitung weiterer Schriften nachkommen musste.[186] Nachdem er am 20. Dezember 1889 sein Gesuch um Zulassung zur Bewerbung um die Würde eines Licentiaten der Theologie und zur Habilitation auf den Weg gebracht hatte,[187] sollte es noch eineinhalb Jahre dauern, bis er am 4. August 1891 Lagarde „die freudige Mitteilung" machen konnte, „daß das Opus endlich fertig gestellt und heute der theologischen Fakultät übergeben ist".[188] Lagardes anerkennende Reaktion traf zwei Tage später ein: „Wir freuen uns sehr, lieber Rahlfs, daß Sie so weit sind wie Sie sind."[189] Mit diesem Glückwunsch betrachtete Lagarde die Ausbildung seines Schülers für das akademische Lehramt als abgeschlossen, nachdem er ihm das

---

wim-Partei" (1986), 159–161. Zuletzt stellt Ro, „Armenfrömmigkeit" (2002), 113–126, die Forschungsgeschichte der Anawim-Psalmen dar und gewinnt dabei folgenden Eindruck: „1. In den älteren Arbeiten z.B. von Graetz, Rahlfs, Baudissin, Causse, Kittel, Gelin und Gunkel meinte man, daß die fraglichen Psalmen eine Art Armenfrömmigkeit widerspiegelten, für die auch eine entsprechende Trägergruppe [z.B. ‚Partei' oder ‚Richtung'; CS] zu veranschlagen sei. Demgegenüber behaupteten z.b. Mowinckel, Birkeland, Kuschke und Kraus, daß die fraglichen Armentermini nichts mit einer Gruppenbezeichnung zu tun hätten, sondern sich auf die aktuell im Existenzkampf Benachteiligten und Hilflosen bezögen" (a.a.O., 124). „2. Es fällt auf, daß auch diejenigen, die übereinstimmend die Armentermini als Gruppenbezeichnung auffassen, sich dennoch darin uneinig sind, wie die Frage einer soziologischen Verortung einer solchen Gruppe, Partei oder Richtung zu beantworten ist" (a.a.O., 125). „So sind z.B. bei Graetz und Kittel die soziale und die geistliche Armut untrennbar miteinander verknüpft. Während wiederum andere Forscher explizit oder implizit davon ausgehen, daß die materielle Armut in den Armenpsalmen zum Ideal erhoben und als eine religiös besonders fromme Lebensweise verklärt worden ist […], neigen z.b. Rahlfs, Gelin, Lohfink und Herrmann zu der Annahme, daß man sich hauptsächlich aus religiösen Gründen als ‚Arme' bezeichnet habe, daß also das Frömmigkeitsideal in den fraglichen Armenpsalmen nicht auf materieller Armut basiert" (a.a.O., 125, Anm. 419).
186 Vgl. dazu oben, ab S. 21. Daneben zeichnete Rahlfs verantwortlich für das Register in LAGARDE, Register und Nachträge (1891). Vgl. a.a.O., 4: „Mehr als ein Gelehrter hat sich erboten, Register über mein Buch zu machen, ein Benedictiner der Abtei Admont, Placidus Steininger, hat mir freundlichst ein Register eingesandt. Ich würde es gedruckt haben, nachdem ich es revidiert hätte, wenn nicht mein Schüler Alfred Rahlfs sehr bald nach Steininger ebenfalls ein Register zur Verfügung gestellt hätte. Ich glaubte, das Letztere vorziehen zu müssen, schon allein darum, weil ich meinen Schüler sich empfehlen zu lassen mich verpflichtet glaube" (vgl. auch SCHÄFER, Briefwechsel Rahlfs-Lagarde [2013], 314–315.317–319).
187 Vgl. UA Göttingen, Theol. Prom. 0204.
188 SUB Göttingen, Cod. Ms. Lagarde 150:949, 59 (Rahlfs an Lagarde, 4. August 1891).
189 Archiv des Septuaginta-Unternehmens der Akademie der Wissenschaften zu Göttingen (Lagarde an Rahlfs, 6. August 1891; Abbildung des Autographs bei SCHÄFER, Briefwechsel Rahlfs-Lagarde [2013], 323).

nötige Handwerkszeug, nämlich die Befähigung zu einem methodisch geschulten und gewissenhaften Forschen auf den Weg gegeben hatte und nunmehr das ‚Meisterstück' von 1891/92[190] als Pendant zum 1887 gefertigten ‚Gesellenstück' vorlag: „Das Reiten wird sich von selbst machen, nachdem Sie die Füße im Bügel und die Hand am Zügel haben."[191]

Mit Abgabe der Licentiatenarbeit stellte Rahlfs den Antrag zur mündlichen Licentiaten-Promotion, d.h. dem Rigorosum, dem er sich am 31. Oktober 1891 unterzog.[192] In den Disziplinen Altes und Neues Testament (bei Hermann Schultz und August Wiesinger) erhielt er *magna cum laude*, in Dogmatik (bei Theodor Häring[193]) *rite*, in Kirchengeschichte (bei Nathanael Bonwetsch[194]) *magna cum*

---

190 Rahlfs konnte seine Arbeit erst im Frühjahr 1892 veröffentlichen, da einerseits Ende Oktober 1891 die deutschen Setzer in einen Streik getreten waren, der erst einen Monat später beigelegt werden sollte (vgl. dazu UA Göttingen, Theol. PA 0027, 21, sowie LAGARDE, SeptuagintaStudien I [1891], 92), anderseits aber wohl vor allem wegen Lagardes überraschenden Todes am 22. Dezember 1891 (vgl. dazu unten, S. 56). Rahlfs unterzeichnete das Nachwort erst am 14. Februar 1892, bedauernd, dass Lagarde „nun die vollendete Arbeit nicht mehr lesen und mir nicht mehr sein Urteil über sie sagen" konnte, jedoch hoffend, sie möge „hinter den Anforderungen, die er [sc. *Lagarde*] stellte, nicht allzu weit zurückgeblieben sein" (beide Zitate: RAHLFS, עֲנִי und עָנָו [1892], 100). Die Rezension Karl Buddes sah jene Hoffnung schließlich als erfüllt an: „Indem wir ihn [sc. *Rahlfs*] als Mitarbeiter auf unserem besonderen Gebiete willkommen heißen, dürfen wir zugleich der Freude Ausdruck geben, daß mit dem zu frühen Tode des Meisters doch die echte Ueberlieferung seiner Weise zu arbeiten uns nicht verloren gegangen ist" (BUDDE, Rez. Rahlfs [1892], 636).
191 Archiv des Septuaginta-Unternehmens der Akademie der Wissenschaften zu Göttingen (Lagarde an Rahlfs, 6. August 1891; Abbildung des Autographs bei SCHÄFER, Briefwechsel Rahlfs-Lagarde [2013], 323).
192 Vgl. UA Göttingen, Theol. Prom. 0204.
193 Theodor Häring (1848–1928), seit 1905 von Häring, Neutestamentler und Systematischer Theologe, 1886 Professor in Zürich, 1889 ordentlicher Professor in Göttingen, seit 1894 in Tübingen. Vgl. HAERING, Lebensbild (1963); RABERG, Biographisches Handbuch (2001), 309.
194 Nathanael Bonwetsch (1848–1925), zuerst außerordentlicher, dann 1883 ordentlicher Professor für Kirchengeschichte an der Universität Dorpat (heute: Universität Tartu, Estland), seit 1891 in Göttingen. Neben der Dogmengeschichte der Alten Kirche (*Grundriss der Dogmengeschichte*, München 1909, ²1919) bildete vor allem die Erforschung und Edition altslavischer Übersetzungen alttestamentlicher Pseudepigraphen (*Das slavische Henochbuch*, Berlin 1896, *Die Apokalypse des Abraham*, Leipzig 1897) sowie von Werken der griechischen Patristik, besonders in seinen Ausgaben des Hippolyt (GCS 1, Leipzig 1897) und des Methodius von Olympus (GCS 27, Leipzig 1917) einen Schwerpunkt seiner Arbeit. Vgl. WOLF, Bonwetsch (1955); MÜHLENBERG, Bonwetsch (2001).

laude und zuletzt in Praktischer Theologie (bei Karl Knoke[195]) *cum laude*.[196] Am 14. November 1891, einem Samstag, fand um vier Uhr nachmittags als dritter Teil des Promotionsverfahrens die öffentliche Disputation gegen die Opponenten Wilhelm Bousset[197] und Heinrich Hackmann[198] statt.[199] Als Gesamtnote erscheint auf der vom damaligen Dekan der Theologischen Fakultät, Th. Häring, unterzeichneten Urkunde ein *cum laude*.

Für die Habilitation musste Rahlfs schließlich, nachdem seine Licentiatenarbeit, wie zu dieser Zeit üblich, als Habilitationsschrift anerkannt worden war,[200] eine Probevorlesung halten, als deren Thema die Theologische Fakultät

---

195 Zu Knoke s. oben, S. 28, Anm. 117.

196 Vgl. UA Göttingen, Theol. Prom. 0204. Hieraus zitiert auch SMEND d.J., Ein Leben für die Septuaginta (2013), 269.

197 Wilhelm Bousset (1865–1920), 1890 Privatdozent für neutestamentliche Theologie in Göttingen, 1896 außerordentlicher Professor ebd., seit 1916 ordentlicher Professor in Gießen. Bousset „wollte die Wahrheit des christlichen Glaubens mit den Mitteln religionshistorischer Forschung untermauern. Sein wissenschaftliches Werk gruppierte sich daher um die zentrale Aufgabe, die Gestalt des historischen Jesus aus den religiösen Milieus ihrer zeitgeschichtlichen Verhältnisse transparent zu machen, wozu es sich als nötig erwies, die Themen Judentum, Gnosis und Geschichte des Christusglaubens der ersten beiden Jahrhunderte zu bearbeiten" (ALWAST/ALWAST, Bousset [2006], 40–41). Als sein Hauptwerk gilt *Kyrios Christos. Geschichte des Christusglaubens von den Anfängen des Christentums bis Irenaeus* (FRLANT 21, Göttingen 1913). Vgl. GUNKEL, Gedächtnisrede Bousset (1920); VERHEULE, Bousset (1973); ALWAST/ALWAST, Bousset (2006).

198 Zu Hackmann s. oben, S. 28, Anm. 121.

199 Die von Rahlfs mit Bousset und Hackmann disputierten Thesen lauteten: „[1] Alle hebräischen Handschriften des Alten Testamentes gehn auf Einen, relativ jungen Archetypus zurück, zählen daher bei der Feststellung des Textes nur als Ein Zeuge. [2] Ps 22₂ ist מִשַׁוְעָתִי statt מִישׁוּעָתִי zu lesen. [3] Gen 1 ist antiparsistisch. [4] Die Versuche, aus Exod 23₁₀/₁₁ das Sabbatjahr wegzudeuten, sind verfehlt. [5] Isa 1 ist aus mehreren, nicht zusammenhangenden Stücken zusammengesetzt. [6] Die Anordnung der Reden über fremde Völker im Buche Jeremias ist in der LXX ursprünglicher, als im masoretischen Texte. [7] Eine hebräische Metrik lässt sich nicht schreiben. [8] Die Aussagen über den υἱὸς τοῦ ἀνθρώπου zerfallen in zwei Klassen, in deren einer ὁ υἱὸς τοῦ ἀνθρώπου = *der Mensch*, in deren anderer es = *der Messias* ist. [9] Marc 2₂₃–₂₈ und 12₂₉/₃₀ sind ursprünglicher, als die Parallelen bei Matthäus und Lukas. [10] Die s. g. Gegenreformation ist die Fortsetzung einer Bewegung, welche schon vor der Reformation begonnen hat. [11] Der Semipelagianismus ist die falsche Aeusserung eines an sich richtigen Strebens. [12] Die Behauptung, dass auch die hebräische Punktation inspiriert sei, ist die unabweisbare Consequenz der alten Inspirationslehre. [13] Da die alte Inspirationslehre unhaltbar ist, darf sie auch der Gemeinde nicht mehr vorgetragen werden. [14] Die Gemeinde ist auf Grund der Ergebnisse der historischen Bibelforschung in ein besseres Verständnis der Bibel einzuführen." Zitiert nach: UA Göttingen, Theol. Prom 0204 (z.T. nicht korrekt abgedruckt in: RENZ, Thesen [1982], 303). Vgl. dazu auch unten, S. 55 mit Anm. 262.

200 Vgl. BAUER, Alfred Rahlfs (1934/35), 61, und DAHMS, Stationen (1987), 143.

„Die Idee des Buches Jona" bestimmt hatte.[201] Über den Inhalt dieser Vorlesung ist nichts bekannt, wohl aber, dass Rahlfs sie am 21. November 1891 „vor versammelter Fakultät und in Gegenwart zahlreicher Studenten [...] zu Befriedigung der Fakultät"[202] hielt, woraufhin ihm schließlich der Universitätskurator am 23. November 1891, zunächst auf zwei Jahre befristet, die *venia legendi* für alttestamentliche Exegese verlieh.[203]

6. Exkurs: Rahlfs und die sog. ‚Religionsgeschichtliche Schule'

Seit dem Jahre 1884 begann sich in Göttingen eine zunächst von Impulsen Albert Eichhorns[204] ausgehende Interessensgemeinschaft junger Forscher zu konstituieren,[205] deren „radikal historische[r] Ansatz im wissenschaftlichen Umgang mit den Quellen des christlichen Glaubens"[206] vor allem in der Zeit vor dem Ersten Weltkrieg immer mehr Beachtung und Anhänger fand.[207] Als Selbstbezeichnung setzte sich unter ihren ‚Mitgliedern' – hervorzuheben sind insbesondere Ernst Troeltsch[208],

---

201 Die beiden anderen zur Wahl stehenden Themen waren „Spinoza als Alttestamentler" und „Psalm 37" (vgl. SMEND d.J., Ein Leben für die Septuaginta [2013], 269, dessen Quelle UA Göttingen, Theol. Prom. 0204 ist).
202 UA Göttingen, Kuratorialakte XVI.I.A.a, 11–13.
203 Vgl. UA Göttingen, Theol. PA 0027, 21, und UA Göttingen, Kuratorialakte XVI.I.A.a, 14.
204 Albert Eichhorn (1856–1926), 1888 außerordentlicher Professor in Halle a.S., seit 1901 in Kiel. Vgl. GRESSMANN, Religionsgeschichtliche Schule (1914), 1–25; LÜDEMANN/SCHRÖDER, Dokumentation (1987), 63–66; KORSCHAN-KUHLE, Eichhorn (1996).
205 Vgl. KRAUS, Geschichte (³1982), §§ 77–78 (= 327–340), hier 328; LÜDEMANN, RGS (1987), 360–361; LÜDEMANN/ÖZEN, Religionsgeschichtliche Schule (1997), 618–619; HARTENSTEIN, Religionsgeschichtliche Schule. I (2004), 321–322; HAMMANN, Gunkel (2014), 39.
206 LÜDEMANN/SCHRÖDER, Dokumentation (1987), 7. In LÜDEMANN/ÖZEN, Religionsgeschichtliche Schule (1997), 618, heißt es: „Ihre [sc. *der ‚Religionsgeschichtlichen Schule'*] Hauptüberzeugung war, daß Religion nichts Feststehendes, sondern etwas sich Entwickelndes, der menschlichen Geschichte Unterworfenes sei." Vgl. außerdem a.a.O., 622–623, sowie LÜDEMANN, RGS und NT (1996), 9–13 („Vier Prinzipien der Arbeitsweise der ‚Religionsgeschichtlichen Schule' [...]").
207 Vgl. LÜDEMANN/ÖZEN, Religionsgeschichtliche Schule (1997), 621–622.
208 Ernst Troeltsch (1865–1923), 1391 Privatdozent in Göttingen, 1892 ordentlicher Professor für Systematische Theologie in Bonn, 1894 in Heidelberg, seit 1915 ordentlicher Professor für Philosophie in Berlin. „Troeltsch ist ein klassischer Diagnostiker der modernen Kultur. Sein weit gespanntes Werk umfaßt Schriften zur Theologie und Philosophie, Kulturgeschichte und Politik. Als Theologe in Heidelberg und als Philosoph in Berlin überschritt Troeltsch Grenzen überkommener Disziplinen. Er wollte die Fundamente einer historischen Kulturwissenschaft legen, die aus der Analyse der modernen Gesellschaft

Wilhelm Bousset[209], Rudolf Otto[210], Hermann Gunkel[211] und schließlich auch Rudolf Bultmann[212] – wohl spätestens ab 1903[213] ein programmatisch wirkender Begriff durch, der eine Homogenität suggerieren sollte, die freilich in Wahrheit nie vorhanden war: ‚Religionsgeschichtliche Schule'.[214] Waren sich

normative Orientierungen für das aktuelle Handeln gewinnen sollte" (zitiert nach: http:// www.st.evtheol.uni-muenchen.de/troeltsch/index.html, vom 15.01.2015 [aus: *Eine Einführung in das Werk von Ernst Troeltsch* auf der Homepage der Ernst-Troeltsch-Forschungsgruppe am Lehrstuhl für Systematische Theologie der Ludwig-Maximilians-Universität München]). Vgl. DRESCHER, Troeltsch (1991). Die „Kritische Ausgabe sämtlicher Schriften Ernst Troeltschs" wird im Auftrag der Bayerischen Akademie der Wissenschaften von Friedrich Wilhelm Graf u.a. herausgegeben.

209 Zu Bousset s. oben, S. 44, Anm. 197.

210 Rudolf Otto (1869–1937), 1906 außerordentlicher Professor in Göttingen, 1915 ordentlicher Professor für Systematische Theologie und Religionsphilosophie in Breslau, seit 1917 in Marburg. 1913 bis 1918 Abgeordneter im Preußischen Landtag. Seine Reisen nach Indien, China, Japan und Nordafrika (1911/12) sowie nach Sri Lanka, Indien und in den Nahen Osten (1927/28) weckten sein Interesse an der Erforschung der Weltreligionen, insbesondere des Hinduismus. Als Ottos *opus magnum* gilt sein in über zehn Sprachen übersetztes Werk *Das Heilige. Über das Irrationale in der Idee des Göttlichen und sein Verhältnis zum Rationalen* (Breslau 1917). Vgl. KRAATZ, Otto (1999), und v.a. ALLES, Otto (³2010).

211 Hermann Gunkel (1862–1932), 1888 Privatdozent für neutestamentliche Theologie in Göttingen, 1889 Umhabilitation als Dozent für alttestamentliche Exegese nach Halle a.s., 1895 außerordentlicher Professor in Berlin, 1907 ordentlicher Professor in Gießen, seit 1920 in Halle a.S. Eine besonders in methodischer Hinsicht („Sitz im Leben") wegweisende Bedeutung erlangten seine Monographie *Schöpfung und Chaos in Urzeit und Endzeit. Eine religionsgeschichtliche Untersuchung über Gen 1 und Ap Joh 12* (Göttingen 1895), sein Kommentar über die *Genesis* (HK 1,1, Göttingen 1901) sowie seine verschiedenen Veröffentlichungen zu den Psalmen (insb. *Die Psalmen* [HK 2,2, Göttingen 1926] und *Einleitung in die Psalmen. Die Gattungen der religiösen Lyrik Israels* [HK 2 Erg.-Bd., Göttingen 1933; posthum erschienen]). Daneben trat Gunkel als Mitarbeiter an der RGG¹ (Tübingen 1909–1913) hervor und gestaltete als Mitherausgeber maßgeblich die RGG² (Tübingen 1927–1931). Vgl. KLATT, Gunkel (1969); HAMMANN, Gunkel (2014).

212 Eine differenzierte Aufstellung der ‚Mitglieder' ist bislang ein Desiderat. Vgl. nur die verschiedenen RGG-Artikel zur ‚Religionsgeschichtlichen Schule'; außerdem u.a. LÜDEMANN/ SCHRÖDER, Dokumentation (1987), 13–14, oder CONRAD, Lexikonpolitik (2006), 205–206. Es versteht sich von selbst, dass im Zentrum der folgenden Untersuchung Rahlfs und seine Stellung innerhalb der ‚Religionsgeschichtlichen Schule' steht.

213 Vgl. LÜDEMANN/SCHRÖDER, Dokumentation (1987), 15–17. Ob es sich bei dem Begriff ‚Religionsgeschichtliche Schule' ursprünglich um eine Fremd- oder Eigenbezeichnung handelte, ist bislang nicht eindeutig geklärt (so LÜDEMANN/ÖZEN, Religionsgeschichtliche Schule [1997], 618). Vgl. zum Forschungsstand CONRAD, Lexikonpolitik (2006), 203, Anm. 82.

214 Dazu GRESSMANN, Religionsgeschichtliche Schule (1914), 25: „‚Religionsgeschichtliche Schule' ist ein Schlagwort, das wie alle Schlagwörter cum grano salis verstanden werden muß und nur halb richtig ist. Zunächst kann man einwenden, daß eine solche ‚Schule' im strengen Sinne überhaupt nicht existiert, weil der Meister fehlt, der sie gegründet hätte, und weil überdie einzelnen Vertreter schon hinsichtlich der Genese ihres Gruppennamens und ihrer personellen Zusammensetzung nicht ganz einig gewesen, so erst recht nicht in der Frage, welche Gelehrten sie als ihre ‚Ahnherren' anerkennen wollten: Das Spektrum reicht von Albrecht Ritschl[215], Bernhard Duhm[216] und Paul Anton de Lagarde[217], bis zu Hermann Schultz[218], Hermann Reuter[219], „in einem weiteren Sinne" sogar bis zu Ulrich von Wilamowitz-Moellendorff[220] und Hermann Lotze,[221] und umfasst schließlich auch Julius Wellhausen[222].

---

dies unter ihren Anhängern weder ein straffer noch ein loser Zusammenschluß besteht. [...] Das Wort ‚Schule' ist daher, wenn es überhaupt einen Sinn haben soll, allgemeiner zu verstehen als Bezeichnung eines Kreises von wesentlich gleichgesinnten Forschern, die in demselben Geiste schaffen, mit verwandten Fragestellungen arbeiten und im Großen und Ganzen dieselben Grundanschauungen vertreten." Vgl. auch CONRAD, Lexikonpolitik (2006), 204, Anm. 83.

215 Zu Ritschl s. oben, S. 9, Anm. 26.

216 Zu Duhm s. oben, S. 8, Anm. 18.

217 Zu Lagarde s. oben, S. 6, Anm. 7.

218 Zu Schultz s. oben, S. 9, Anm. 23.

219 Zu Reuter s. oben, S. 8, Anm. 19.

220 Ulrich von Wilamowitz-Moellendorff (1848–1931), Gräzist, 1867–1869 Studium der klassischen Philologie in Bonn bei Otto Jahn und Hermann Usener, 1876 ordentlicher Professor für klassische Philologie in Greifswald, 1883 in Göttingen, seit 1897 in Berlin. Ziel der Philologie sei, „der eigenen Zeit die vergangene Realität antiken Lebens aufgrund einer möglichst vollständigen Sammlung aller Zeugnisse und deren intensiver Interpretation zu vermitteln. [...] Seine Konzeption der Altertumswissenschaft verwirklicht[e] [Wilamowitz] in Editionen und Interpretationen von herausragenden Autoren wie Homer, Hesiod, den griechischen Lyrikern, Aischylos, Euripides, Aristophanes, Platon, Aristoteles, Kallimachos und anderen hellenistischen Dichtern, aber auch von Inschriften und Papyri, in Untersuchungen zu ihrer Textgeschichte, zur Metrik, zu Institutionen der Griechen und zu deren Religion sowie zur Philosophiegeschichte und in Übersetzungen und Vorträgen, die die Ergebnisse seiner Forschungen einer breiteren Öffentlichkeit zugänglich machen, und durch Gutachten, die den Schulunterricht verbessern sollen" (CLASSEN, Wilamowitz-Moellendorff [2001], 266). Vgl. SCHWARTZ, Wilamowitz-Moellendorff (1938); CALDER III, Wilamowitz-Moellendorf (2012). Eine umfassende Gelehrtenbiographie über Wilamowitz steht bislang aus. Um so größere Bedeutung kommt den von William Calder III und anderen kommentiert herausgegebenen Briefwechseln mit Theodor Mommsen, Eduard Norden, Hermann Diels, Eduard Schwartz und Friedrich Althoff sowie den zahlreichen biographischen Beiträgen von William Calder III zu.

221 LÜDEMANN/SCHRÖDER, Dokumentation (1987), 25. Ebd. wird „mit Einschränkungen" ebenfalls Wellhausen genannt. Vgl. auch LÜDEMANN/ÖZEN, Religionsgeschichtliche Schule (1997), 619.

222 Julius Wellhausen (1844–1918), protestantischer Theologe und Orientalist, gehört zu den bedeutendsten deutschen Gelehrten des 19. und 20. Jh.s. Als Sohn eines Pfarrers 1844 in Hameln geboren, studierte er seit 1862 Theologie und semitische Philologie in Göttingen. In dieser Zeit wurde Wellhausen besonders von seinem Lehrer Heinrich Ewald (1803–1875) beeinflusst. Nachdem er 1870 Privatdozent an der Theologischen Fakultät in Göttingen geworden war, erfolgte

Adolf Harnack[223] und Emil Schürer.[224] Während sich ein Teil der ‚Mitglieder' mit einigen dieser Lehrer verbunden fühlte, leugnete ein anderer ausdrücklich jegliche Beeinflussung durch diesen oder jenen Gelehrten.[225]

1872 die Berufung zum ordentlichen Professor für Altes Testament in Greifswald. Doch waren „Kirche und Wissenschaft [...] für den kompromißlosen Individualisten unüberwindliche Gegensätze" (KRATZ, Wellhausen [2003], 527), weshalb Wellhausen 1882 seine theologische Professur niederlegte und als Extraordinarius der Orientalistik nach Halle a.S. ging, von wo er 1885 als Ordinarius nach Marburg wechselte (vgl. SMEND d.J., Ein Fakultätswechsel [2009]). Als Nachfolger Paul Anton de Lagardes auf dem Lehrstuhl für Orientalistik kehrte er 1892 als ordentlicher Professor nach Göttingen zurück und lehrte hier bis zu seiner Emeritierung im Jahre 1913. Wellhausens Werk strahlte auf drei Forschungsgebiete aus: auf das Alte Testament, die Arabistik resp. den Islam und schließlich auf das Neue Testament, dem er sich erst im Alter von 60 Jahren intensiv zuwandte. – Anlässlich seines 70. Geburtstages stellte Rahlfs ein vollständiges Verzeichnis der Schriften Wellhausens zusammen: RAHLFS, Verzeichnis Wellhausen (1914). Vgl. KRATZ, Wellhausen (2003); DERS., Wellhausen (2015); außerdem den einzigartigen Nachruf von Eduard Schwartz (SCHWARTZ, Wellhausen [1938]) sowie die auf Vollständigkeit angelegte Ausgabe der Wellhausen-Briefe von Rudolf Smend (SMEND d.J., Wellhausen Briefe [2013]).
223 Adolf Harnack (1851–1930), seit 1914 (nach seiner Erhebung in den erblichen Adelsstand durch Kaiser Wilhelm II.) von Harnack, Kirchenhistoriker, 1876 außerordentlicher Professor in Leipzig, 1879 ordentlicher Professor in Gießen, 1886 in Marburg und schließlich seit 1888 in Berlin. Harnack wurde Vorsitzender der von ihm geschaffenen Kirchenväterkommission und war seit 1911 bis zu seinem Tode 1930 der erste Präsident der von ihm angestoßenen Kaiser-Wilhelm-Gesellschaft (heute: Max-Planck-Gesellschaft). „Er erhielt Zugang zum Hofe und zur Hofgesellschaft. Friedrich Althoff zog ihn zur Mitarbeit an hochschul- und schulpolitischen Aufgaben heran. Den vielen neuen Anforderungen folgten hohe Ehrungen: die Erhebung in den erblichen Adelsstand, zahlreiche Ehrenpromotionen, Ehrenpräsidentschaften und -mitgliedschaften. Harnack war als erster und einziger Theologe Ritter, Vizekanzler und Kanzler des Ordens pour le mérite für Wissenschaften und Künste" (LIEBING, Harnack [1966], 689). Zu seinen wichtigen Werken gehört an erster Stelle das dreibändige *Lehrbuch der Dogmengeschichte* (Tübingen 1886–1890), ferner die ebenfalls dreibändige *Geschichte der altchristlichen Literatur bis Eusebius* (Leipzig 1893–1904), die mehrfach aufgelegte und in mehr als ein Dutzend Sprachen übersetzte Abhandlung über *Das Wesen des Christentums* (Leipzig, 1. Aufl. 1900), die dreibändige *Geschichte der Königlich Preußischen Akademie der Wissenschaften zu Berlin* (Berlin 1900) die siebenbändigen *Reden und Aufsätze* (Gießen 1904–1930) sowie insbesondere seine letzte große Monographie *Marcion. Das Evangelium vom fremden Gott* (Leipzig 1921, ²1924). Vgl. HARNACK, Protokollbuch (2000); NOWAK/OEXLE, Harnack (2001).
224 Ritschl, Duhm und Lagarde nennt Troeltsch (TROELTSCH, Die „kleine Göttinger Fakultät" [1920], 282), Wellhausen und Harnack führt Greßmann an (GRESSMANN, Religionsgeschichtliche Schule [1914], 26). Die übrigen Angaben entstammen der Forschungsliteratur: LÜDEMANN/ SCHRÖDER, Dokumentation (1987), 25, und LÜDEMANN/ÖZEN, Religionsgeschichtliche Schule (1997), 619. Vgl. auch CONRAD, Lexikonpolitik (2006), 206, und HAMMANN, Gunkel (2014), 39.
225 So bereits GRAF, Der „Systematiker" (1982), 240: „[...] schon seit den Tagen der ‚Religionsgeschichtlichen Schule' gibt es keinen Konsens darüber, durch welche älteren Theologen die jüngeren positiv angeregt wurden; so ist, um nur ein Beispiel zu nennen, immer noch umstritten,

Dass Alfred Rahlfs in neueren Forschungsbeiträgen[226] immer wieder dieser ‚Religionsgeschichtlichen Schule‘ zugeordnet wird, dürfte vermutlich auf Ernst Troeltsch zurückzuführen sein. In einem Gedenkartikel für seinen verstorbenen Freund Wilhelm Bousset,[227] den er 1920, knapp drei Jahre vor seinem eigenen Tod, veröffentlicht hatte, erinnerte Troeltsch an die akademischen Anfangsjahre Boussets und ihren gemeinsamen Werdegang in Göttingen:

> „Wir wollten uns habilitieren. Da fanden wir nun aber neben dem inzwischen habilitierten Johannes Weiß noch zwei weitere Bewerber vor: William Wrede und Alfred Rahlfs, den intimen Schüler Lagardes. Daß die Fakultät von diesem Ansturm wenig entzückt war und einer der alten Herren von einer drohenden ‚kleinen Fakultät‘ sprach, begriffen wir damals in unserer Naivität nicht.“[228]

Nach dem derzeitigen Forschungsstand markiert die wissenschaftliche Aktivität dieser ‚kleinen Göttinger Fakultät‘, zu der neben den genannten auch Heinrich Hackmann gezählt wird, die Anfänge der sog. ‚Religionsgeschichtlichen Schule‘, deren Kerngruppe damals aus Eichhorn, Gunkel, Bousset, Wrede, Weiß und Troeltsch bestand.[229] Dabei wird allerdings oft nicht präzise zwischen persönlich-biographischen und programmatisch-wissenschaftlichen Gemeinsamkeiten zwischen diesen jungen Forschern unterschieden, die sich alle um das Jahr 1890 in Göttingen habilitierten und zueinander in meist freundschaftlichem Kontakt standen. So wertet z.B. A. Özen drei der Habilitationsthesen Albert Eichhorns „geradezu als Programm für den Theologenkreis, der 1890 die ‚kleine Göttinger Fakultät‘ und ab 1898/1903 die ‚Religionsgeschichtliche Schule‘ bilden sollte“,[230] und ordnet Rahlfs in diesem Zusammenhang dezidiert dem Eichhorn-Kreis zu.[231] Demgegenüber betont G. Lüdemann, dass der Versuch, gemeinsame theologische

---

inwieweit der seit 1869 in Göttingen lehrende Paul de Lagarde, der selbst die Aufhebung der Theologie in Religionsgeschichte vertreten hatte, die Jüngeren zu beeinflussen vermochte.“ M.W. entspricht diese Einschätzung auch dem heutigen Stand.

226 Zuletzt erschien der Verweis der Zugehörigkeit von Rahlfs bei HAMMANN, Gunkel (2014), z.B. 14 mit Anm. 5.

227 TROELTSCH, Die „kleine Göttinger Fakultät“ (1920).

228 TROELTSCH, Die „kleine Göttinger Fakultät“ (1920), 282. Vgl. zur Bewerbersituation in der damaligen Theologischen Fakultät GRAF, Licentiatus (1982), 81, der festhält: „Daß die Göttinger ‚Fakultät von diesem Ansturm wenig entzückt war‘, hing vor irgendwelchen theologischen oder persönlichen Motiven zunächst damit zusammen, daß es der bisherigen Tradition der Fakultät widersprach, so vielen Bewerbern gleichzeitig die Chance der Habilitation zu eröffnen.“

229 Vgl. LÜDEMANN/SCHRÖDER, Dokumentation (1987), 15.

230 ÖZEN, Die Göttinger Wurzeln (1996), 40. Die Thesen nennt Özen a.a.O., 39–40 (= ÖZEN, „Wenn ihr aber schweigt“ [2001], 46–47).

231 Vgl. ÖZEN, „Wenn ihr aber schweigt“ (2001), 46, und bes. 43.

Grundpositionen für alle Angehörigen der ‚kleinen Göttinger Fakultät' resp. der ‚Religionsgeschichtlichen Schule' auszumachen, auf erhebliche Schwierigkeiten stößt.[232] Allerdings weist er dann aber darauf hin, dass auch die „oft übersehenen Heinrich Hackmann und Alfred Rahlfs"[233] wohl innerhalb der ersten Generation der ‚Religionsgeschichtlichen Schule' irgendwie verankert gewesen seien. Doch habe Rahlfs „schon bald nach 1890 nicht mehr der Schule"[234] angehört und „scheint bald als Septuaginta-Spezialist angesehen worden zu sein, der sich fast außerhalb des Forschungsinteresses der RGS [*Religionsgeschichtlichen Schule; CS*] bewegte".[235] Der bislang nicht abschließend geklärten Frage, ob Alfred Rahlfs überhaupt in irgendeiner Form im Zusammenhang mit der ‚Religionsgeschichtlichen Schule' stand oder gar als „ein Mann der ersten Stunde"[236] bezeichnet werden kann, ist daher noch einmal nachzugehen.

Zunächst fällt auf, dass sowohl Martin Rade[237] als auch Hugo Greßmann[238] sowie Otto Eißfeldt[239], trotz unterschiedlicher Nuancen in der Positionsbestimmung der einzelnen Repräsentanten der ‚Religionsgeschichtlichen Schule' gewissermaßen als Zeitzeugen zumindest darin übereinstimmen, dass sie Rahlfs nie in irgendeine Verbindung mit dieser bringen. Und auch Julius Wellhausen, Lagardes Nachfolger in Göttingen seit 1892, hatte den ihm gut bekannten Rahlfs

---

232 Vgl. LÜDEMANN/SCHRÖDER, Dokumentation (1987), 19–21.

233 LÜDEMANN, RGS (1987), 325. Vgl. auch LÜDEMANN/SCHRÖDER, Dokumentation (1987), 13.

234 LÜDEMANN, RGS (1987), 325. So auch ÖZEN, Die Göttinger Wurzeln (1996), 45: „[...] bestand diese Gruppe aus fünf jungen stürmischen Theologen, die mit Ausnahme von Rahlfs auch später zur ‚Religionsgeschichtlichen Schule' zu zählen sind" (= DERS., „Wenn ihr aber schweigt" [2001], 48).

235 LÜDEMANN, RGS (1987), 330.

236 So LÜDEMANN/SCHRÖDER, Dokumentation (1987), 13, und LÜDEMANN, Rahlfs (1995), 1240.

237 RADE, Religionsgeschichte (1913).

238 GRESSMANN, Religionsgeschichtliche Schule (1914).

239 EISSFELDT, Religionsgeschichtliche Schule (1930). Im Unterschied zu den Erstgenannten hatte Eißfeldt Troeltschs Erinnerung an *Die „kleine Göttinger Fakultät"* (1920) zur Kenntnis nehmen können. In RGG³ führt Eißfeldt Rahlfs allerdings als Mitglied der 2. Generation der sog. ‚Literarkritischen Schule' auf, ohne diese Zuordnung näher zu erläutern (vgl. DERS., Literarkritische Schule [1960]). Im Mittelpunkt jener ‚Literarkritischen Schule', deren innerer Zusammenhang wesentlich loser war als der der ‚Religionsgeschichtlichen Schule', stand die literarkritische Analyse des Alten und Neuen Testaments, die beide „sowohl als literarische Größen wie auch als Religionsurkunden" (a.a.O., 388) behandelt wurden. Eißfeldt positionierte die ‚Literarkritische Schule' zwischen Biblizismus auf der einen und ‚Religionsgeschichtlicher Schule' auf der anderen Seite. Dass diese Einordnung auf Rahlfs kaum zutreffen dürfte, scheint mir – e silentio – aus Rudolf Smends Artikel über die ‚Literarkritische Schule' in RGG⁴ hervorzugehen, der Rahlfs (sowie zahlreiche weitere der von Eißfeldt aufgeführten ‚Mitglieder') nicht erwähnt (vgl. SMEND d.J., Literarkritische Schule [2002]).

in einem 1915 verfassten Brief an Enno Littmann[240] offensichtlich nicht im entferntesten zu den Mitgliedern resp. Vorläufern jener ‚Schule' gezählt.[241]

Unter expliziter Bezugnahme auf das Zeugnis von Ernst Troeltsch scheint die These von Rahlfs' (freilich sehr eingeschränkter) Zugehörigkeit in neuerer Zeit vor allem von G. Lüdemann vertreten worden zu sein,[242] der insbesondere biographische Gemeinsamkeiten (Studienzeit in Göttingen, Stiftsinspektorat, gegenseitiges Opponieren bei den Licentiaten-Disputationen,[243] mitunter jahrelange Freundschaft[244]) geltend macht, die Rahlfs mit denen teilte, die noch weit ins 20. Jh. hinein zu dieser ‚Schule' gerechnet werden. Eine Verortung von Rahlfs muss also bei diesen biographischen Gemeinsamkeiten ansetzen, deren differenzierte Betrachtung jedoch trotz aller Ähnlichkeit einige markante Unterschiede zutage fördert:[245] Dass Rahlfs Ostern 1883 sein Studium in Göttingen aufnahm, liegt wohl

---

240 Enno Littmann (1875–1958), Orientalist, 1901 zunächst Lecturer, dann Assistant Professor an der Princeton University, 1905/06 Direktor der deutschen Aksum-Expedition in Nord-Äthiopien, 1906 als Nachfolger Nöldekes ordentlicher Professor für Semitistik in Straßburg, 1914 Nachfolger Wellhausens in Göttingen, 1916–1918 im Stellvertretenden Generalstab in Berlin, 1918 ordentlicher Professor für Orientalistik in Bonn, seit 1921 in Tübingen. Vgl. PARET, Littmann (1985).
241 Wellhausen an Enno Littmann, 21. Januar 1915 (Original: Nachlass Littmann, Nöldeke. Stiftung Preußischer Kulturbesitz Berlin), zitiert nach SMEND d.J., Wellhausen Briefe (2013), 630, Nr. 1029: „Der Ahnherr ist Duhm; Eichhorn, Bousset, Gunkel, Heitmüller gehören zu dem selben Göttinger Klüngel. Duhm hat sich aber zurückgezogen, und Eichhorn ist zum mythischen Heros der Gesellschaft geworden, der Alte vom Berge, von dem ich nicht weiß, wo er sich aufhält. Der derbe Greßmann nimmt sich possirlich unter den Rittern vom Geist aus, macht aber die Bocksprünge unter lautem Gemecker mit. Heitmüller geht verständigere Wege. Der mir gleichfalls sympathischere Otto verblüfft dadurch, daß er auf einer verhältnismäß[ig] kurzen Reise, ohne Kenntnis der Literatur und Sprachen, zum umfassenden Religionsforscher geworden ist. Die Herren gehn mit Vorliebe aufs Ganze. Man muß sie austoben lassen, die Blase wird wohl mal platzen" (= LÜDEMANN/SCHRÖDER, Dokumentation [1987], 33).
242 LÜDEMANN/SCHRÖDER, Dokumentation (1987), passim. Auf diesen Beitrag wird seitdem meist verwiesen, vgl. z.B. FAUTH, Reitzenstein (1989), 186.
243 Vgl. dazu RENZ, Thesen (1982).
244 Z.B. mit Rudolf Otto (vgl. das Schreiben von Rahlfs an Otto vom 15. Juni 1930; Universitätsbibliothek Marburg, Hs. Otto, R. 797:923a; s. unten, S. 73), Heinrich Hackmann (vgl. SCHEMANN, Lagarde [²1920], 403) oder Wilhelm Bousset (vgl. SUB Göttingen, Cod. Ms. Bousset 96, Schreiben von Rahlfs vom 10. Dezember 1919 anlässlich seiner Berufung zum ordentlichen Professor; s. unten, S. 106; vgl. auch RAHLFS, Notiz Matth. 1₁₆ [1895]: „[...] my friend Lic. Bousset [...]").
245 Schon Renz warnt davor, die Mitglieder der ‚kleinen Fakultät' mit dem Theologen-Kreis gleichzusetzen, „der später als die Schule der Religionsgeschichtler Epoche machen sollte" (RENZ, Thesen [1982], 293). Die ‚kleine Göttinger Fakultät' scheint vornehmlich also durch persönlichen Kontakt und freundschaftliche Bande zusammengehalten worden zu sein, was den theologischen Meinungsaustausch, die gegenseitige Bereicherung sowie die punktuelle Übereinstimmung in wissenschaftlichen Fragen durchaus einschließen konnte. Bousset, Troeltsch,

am Ehesten daran, dass Göttingen die nächstgelegene Fakultät zu seinem Hei-
matort Linden war.[246] Im Gegensatz zu Bousset und Troeltsch im Jahre 1886 war
also nicht Albrecht Ritschl der Grund für die Wahl dieses Studienortes gewesen:
Rahlfs selbst erwähnt Ritschl nirgends,[247] während Troeltsch eine gemeinsame
Begeisterung für Ritschl nur für sich und Bousset, nicht aber für Weiß, Wrede und
Rahlfs reklamiert.[248] Auch Eichhorn wird von Rahlfs an keiner Stelle genannt,
weder in seinen Publikationen noch in den von ihm erhaltenen Akten und
Briefen. Und schließlich müssen sowohl die Entscheidung, sich als Inspektor des
Theologischen Stifts zu bewerben, als auch sich zu habilitieren (und – übrigens
als einziges Mitglied jener ‚kleinen Göttinger Fakultät‘ – auch zum Dr. phil. pro-
moviert zu werden) auf den Plan Lagardes zurückgeführt werden.

In der Person Lagardes verdichtet sich allerdings eine mögliche Verbindung
mit der späteren ‚Religionsgeschichtlichen Schule‘: „L.s leitende Idee bei einem
großen Teile seiner sehr umfangreichen wissenschaftlichen Tätigkeit war der
Gedanke, die *Theologie*, in der er das urkundenmäßige Wissen um die Tatsachen
des äußeren und inneren Lebens der Christenheit sah, *als Geschichtswissenschaft*
zu erweisen und zu fördern; die Religionsgeschichtliche Schule erhielt daher von
ihm manche Förderungen und Anregungen, die aber durch seine vielfach unhis-
torische Einstellung eingeschränkt wurden."[249]

Wrede und Rahlfs habilitierten sich nacheinander zwischen November 1890 und November
1891, Weiß bereits 1888, Hackmann erst 1893. Die zusammenhängende Veröffentlichung ihrer
Licentiaten-Thesen begründet Horst Renz mit dem Argument, dass „die Autoren in einem
freundschaftlichen Verhältnis zueinander standen und sich in ihren Verfahren gegenseitig als
‚Opponenten‘ unterstützten oder – wie Troeltsch aus Bonn rückblickend [*am 16.6.1893 an Bousset*] schreibt – ‚alle Habilitationsleiden und -freuden miteinander trugen‘" (DERS., Thesen [1982],
293). Auch das folgende Zitat aus Troeltschs Brief an Bousset im Jahre 1892 akzentuiert m.E. deutlich den überwiegend persönlich-biographischen Charakter der Verbindung, die zwischen diesen fünf resp. sechs Nachwuchswissenschaftlern bestand: „Freilich war unsere Kleine Fakultät
oder wie Grafe [*gemeint ist der Neutestamentler Eduard Grafe (1855–1922); CS*] sie nennt, die
Göttinger Clique, doch noch viel schöner [als der jetzige neue Umgang in Bonn; Horst Renz] und
ich sehne mich oft nach unserem Mittagstische zurück" (DERS., Thesen [1982], 293, Anm. 5). Vgl.
auch DERS., Preisarbeit (1982), 40, Anm. 19.
246 Vgl. dazu auch DAHMS, Stationen (1987), 137.
247 Dabei hatte auch Rahlfs bei Ritschl gehört (vgl. dazu oben, S. 9 und S. 15]). Doch liegt
kein einziges Selbstzeugnis vor, dass er von Ritschl einen – wie auch immer gearteten – Impuls
empfangen hätte. Dies unterscheidet Rahlfs grundlegend von Troeltsch und Bousset.
248 So TROELTSCH, Die „kleine Göttinger Fakultät" (1920), 282: „Für die Theologie hat uns
[sc. *Bousset und Troeltsch*] eigentlich erst Ritschl gewonnen, dessen mächtige Persönlichkeit
uns nach Göttingen zog."
249 LITTMANN, Lagarde (1929), 1452 (Kursivsetzung CS, im Original gesperrt).

Obgleich sich Gunkel immer wieder davon distanzierte,[250] Lagarde als ‚Ahnherrn‘ der ‚Religionsgeschichtlichen Schule‘ anzuerkennen, sah vor allem Troeltsch in Lagarde den „[a]us dem Hintergrunde"[251] wirkenden Lehrer,[252] der, gemeinsam mit Duhm, einen Gegenpol zum Bibelverständnis Ritschls schuf.[253] Lagardes Einfluss auf die einzelnen Mitglieder der ‚Religionsgeschichtlichen Schule‘ bedürfte somit einer umfassenden Untersuchung, die im Rahmen dieser Abhandlung nicht geleistet werden kann.[254] Vorderhand lässt sich nur mit einiger Plausibilität vermuten, dass sein Einfluss weniger theologischer[255] als vielmehr methodologischer Natur war.

Lagardes Postulate einer strikten, philologisch verantworteten Orientierung an den Quellen und deren kritischer Rekonstruktion scheinen als Prinzipien rezipiert worden zu sein, die religionsgeschichtliche Forschungen erst ermöglichen. In der 1890 erschienenen Besprechung von Wilhelm Brandts *Die mandäische*

---

250 Dies ist besonders daraus ersichtlich, dass er aus dem für die RGG¹ verfassten Artikel Martin Rades über die ‚Religionsgeschichtliche Schule‘ den folgenden Abschnitt strich, um dadurch Lagardes „Bedeutung für die Religionsgeschichtliche Schule erheblich zu relativieren" (HAMMANN, Gunkel [2014], 214; vgl. ebd. Anm. 70): „Die Philologie war ihm [sc. *Lagarde*] das Hilfs- und Heilmittel für die Theologie [...]; durch Beobachtung aller Religionen hat der Theologe die Gesetze aufzuweisen, nach denen die Religion sich darlebt [sic]. Religion ist überall, wo übermenschliche Mächte auf den Menschen einwirken, ihn zu Gedanken und Handlungen veranlassen, die er ohne diese Einwirkung nicht gedacht und nicht getan hätte. Indem Theologie diese Religion überall aufsucht und belauscht, ist sie überall zu Hause, findet überall Gott" (Manuskript Rade, 15–16 [= Universitätsbibliothek Halle a.S., Nachlass Hermann Gunkel, Yi 33 IX 9]; zitiert nach: CONRAD, Lexikonpolitik [2006], 313, Anm. 476). Diesem Passus geht folgendes Urteil Rades voran: „Als Vater der rg. Sch. gilt *vielerwärts* Lagarde, mehr Philologe als Theologe, voll leidenschaftlichen Widerspruchs gegen den zünftigen Betrieb der Theologie und voll heißer Sehnsucht nach einer wirklichen R.swissenschaft [...]. Den romantischen Einfluß in Ehren, der von Lagarde her spät auf ein viel jüngeres Geschlecht ausgeübt wurde: einschneidender und dauernder war doch der Anstoß, der von Wellhausen ausging" (RADE, Religionsgeschichte [1913], 2190 [Kursivsetzung CS]). Vgl. auch Greßmanns relativierende Darstellung: GRESSMANN, Lagarde (1912), 1921, und DERS., Religionsgeschichtliche Schule (1914), 28.
251 TROELTSCH, Die „kleine Göttinger Fakultät" (1920), 282.
252 So in der Widmung des zweiten Bandes seiner *Gesammelten Schriften* (Tübingen 1913). Vgl. insgesamt DRESCHER, Troeltsch und Lagarde (1984).
253 Vgl. TROELTSCH, Die „kleine Göttinger Fakultät" (1920), 282.
254 Vgl. zu diesem Desiderat die skizzierenden Hinweise bei GRAF, Der „Systematiker" (1982), 284 mit Anm. 156.
255 Vgl. HANHART, Lagarde (1987), 300–305, außerdem bereits DRESCHER, Troeltsch und Lagarde (1984), 104: „Die methodologische Grundabsicht Lagardes scheint Troeltsch akzeptabel, nicht aber das von Lagarde dann selbst praktizierte Verfahren, bei dem offenkundig eine bestimmte Quellenauswahl und eine Bewertung der theologischen Tradition in höchst subjektiver Tendenz erfolgt." Vgl. auch a.a.O., 100–107.

Religion, ihre Entwickelung und geschichtliche Bedeutung (Leipzig 1889) finden sich diese Forderungen nochmals in pointierter Zuspitzung:[256] Die Untersuchung von Religionsgeschichte setze bei ihren Textquellen an. Diese seien zunächst in ihrer Urform zu rekonstruieren, sodann – von der so geschaffenen, gesicherten Basis ausgehend – zu übersetzen, und erst aufgrund dieser Übersetzung zu interpretieren.[257]

Indem Troeltsch Rahlfs als „den intimen Schüler Lagardes" charakterisierte, deutete er bereits dessen Sonderstellung innerhalb der ‚kleinen Göttinger Fakultät' an. Nahezu zwangsläufig mündete diese Andeutung in die Feststellung, dass „Rahlfs [...] als völliger Spezialist über Lagardes Septuaginta-Erbe"[258] brüte. Für Troeltsch, der hier vielleicht auch stellvertretend für die übrigen Mitglieder der ‚kleinen Göttinger Fakultät' spricht, war Rahlfs als Schüler Lagardes in erster Linie Vermittler von dessen philologisch-quellenkritischer Methodik,[259] was die folgende Äußerung aus seinem Brief an Bousset vom 27. Mai 1896 bezeugt:

> „Nun ist von der kleinen Fakultät noch Rahlfs übrig.[260] Ich denke nur ungern daran. Er ist wohl überhaupt mit der Theologie auf einem toten Geleise. Er produziert nichts u[nd] hat wohl überhaupt zunächst wenig Aussicht. Ich hätte es seiner Zeit, als mir seine Gelehrsamkeit so imponierte u[nd] ich mir gegen ihn ganz lumpig und unfähig vorkam, nicht gedacht, daß er der letzte sein würde. Ich vergesse doch nie, wie viel ich ihm u[nd] dem durch ihn an mich gekommenen Einflusse Lagardes in Bezug auf Strenge und Sauberkeit, Methode und Gesinnung der Arbeit verdanke. Überhaupt war unser Zusammensein für mich die beste

---

256 Vgl. dazu schon oben, S. 33.

257 Vgl. Lagarde, Rez. Brandt (1890), 403–404.

258 Troeltsch, Die „kleine Göttinger Fakultät" (1920), 283. Vgl. zum Folgenden Drescher, Troeltsch und Lagarde (1984).

259 So auch Drescher, Troeltsch und Lagarde (1984), 96–97: „Eine direkte Schülerschaft Troeltschs zu Paul de Lagarde kommt also nicht in Frage, und von einer persönlichen Bekanntschaft mit Lagarde, der Ende 1891 starb, ist auch nichts bekannt. Zugang zu Lagarde gewann Troeltsch vielmehr durch den intensiven Gedankenaustausch mit den anderen jungen Göttinger Theologen, mit Bousset, Wrede und Rahlfs. Hier hatte sich eine Gemeinschaft zusammengefunden, die sich, die kritisch gemeinte Bemerkung eines Göttinger Theologieprofessors aufnehmend, als ‚kleine Fakultät' bezeichnet hat. Alfred Rahlfs, der Schüler Lagardes war und ihm auch persönlich nahe stand, spielte die Rolle des Vermittlers zur Person und zum Werk Lagardes." Und a.a.O., 97, Anm. 2 (= S. 110–111, hier 111): „Wenn man sich Rahlfs als Vermittler Lagardescher Gedanken vorstellt, dann kann es nicht verwundern, wenn der Akzent auf Arbeitsgesinnung und Methodenbewußtsein lag. Die hier in Frage kommende Methode heißt auf Lagarde bezogen zweierlei: Untersuchung der christlichen Tradition mit philologischen Mitteln und vergleichendes Einbeziehen der außerchristlichen Tradition." Vgl. auch Merk, Lagarde (2007), 29–35.

260 Troeltsch meint damit, dass nur Rahlfs noch in Göttingen geblieben war und bis dahin keinen Ruf an eine andere Universität erhalten hatte.

Schule, die ich hatte u[nd] hat mir außerordentlich viel genützt. Ich habe diese Einwirkungen u[nd] Anregungen seither immer sehr vermißt, wenn ich auch nach u[nd] nach mir meine wissenschaftlichen Grundsätze energisch weiter ausgebaut habe.“[261]

Diese Beschreibung belegt, dass Rahlfs unbestritten als Mitglied der ‚kleinen Göttinger Fakultät‘ von 1890 angesehen wurde. Ob er sich in diesem Kreis über die Vermittlung von Lagardes quellenkritischer Methodik hinaus dezidiert religionsgeschichtlich profiliert hat, lässt sich nur mit Zurückhaltung vermuten.[262] Nicht zu übersehen ist dabei, dass in Troeltschs Brief neben aller Anerkennung auch eine deutliche Enttäuschung darüber zum Ausdruck kommt, dass Rahlfs die

---

261 Zitiert nach: DRESCHER, Troeltsch und Lagarde (1984), 110.

262 Als Quellen für Rahlfs' Aufnahme ‚religionsgeschichtlicher‘ Fragestellungen kommen lediglich (a) seine Licentiaten-Dissertation über עָנִי und עָנָו in den Psalmen sowie (b) seine Licentiaten-Thesen in Betracht.

(a) Bezüglich der Dissertation stellt GRAF, Licentiatus (1982), 96, einen Zusammenhang mit den frühen Arbeiten von Bousset und Troeltsch in einer sämtlichen Autoren gemeinsamen ‚traditionsgeschichtlich‘ orientierten Herangehensweise her: „[H]ier wie dort geht es um die Rekonstruktion eines Überlieferungsprozesses im Ausgang von der historischen Gestalt, die als durch die Rezeption des Überlieferten konstituiert zu verstehen ist.“ (Eine genaue Darstellung der Kriterien traditionsgeschichtlicher Analyse bietet PAULSEN, Methode [1978], 24–25.) Allerdings nimmt der traditionsgeschichtliche Teil in Rahlfs' Arbeit nur einen Bruchteil des Ganzen ein, da er das von Lagarde ursprünglich religionsgeschichtlich ausgerichtete Thema über die Bedeutung der Anawim vom Alten über das Neue Testament bis zum Mönchtum (vgl. oben, S. 24, den Brief von Lagarde an Rahlfs vom 18. April 1888 [SUB Göttingen, Cod. Ms. Lagarde 150:949, 41]) auf eine vor allem sprachgeschichtliche Untersuchung der Begriffe עָנִי und עָנָו in den Psalmen sowie auf eine nur ansatzweise vorgenommene religionsgeschichtliche Verortung der Anawim im Alten Testament beschränkt hat (vgl. dazu oben, ab S. 35). So gesehen, kann Rahlfs' Dissertation schwerlich als eine dezidiert ‚religionsgeschichtlich‘ resp. traditionsgeschichtlich angelegte Abhandlung gewertet werden.

(b) Deutlicher als die Licentiaten-Dissertation spiegeln die Licentiaten-Thesen, hinter denen nach dem Urteil Greßmanns häufig „versteckte Anspielungen sachlicher und oft auch persönlicher Art“ (GRESSMANN, Religionsgeschichtliche Schule [1914], 8; vgl. auch GRAF, Der „Systematiker“ [1982], 243) stehen, Rahlfs' ‚religionsgeschichtliches‘ Denken mit einer naheliegenden Ausrichtung auf seinen alttestamentlichen Arbeitsschwerpunkt wider: Die Hälfte seiner 14 Licentiaten-Thesen (vollständig abgedruckt oben, S. 44, Anm. 199) nehmen auf das Alte Testament Bezug (These 1–7), zwei Thesen gelten dem Neuen Testament (These 8 und 9), weitere zwei der Kirchengeschichte (These 10 und 11), lediglich eine der Systematik (These 12) und die beiden letzten der Praktischen Theologie (These 13 und 14). Eine ins Auge fallende Berührung mit den systematisch-theologischen Perspektiven Troeltschs oder Boussets lässt sich dabei nicht konstatieren (vgl. GRAF, Der „Systematiker“ [1982], 279). Allerdings weisen fast alle Thesen einen historisch-kritischen resp. traditionsgeschichtlichen Ansatz auf und bestätigen somit eine vor allem in methodischer Hinsicht erkennbare Nähe zu den übrigen ‚Mitgliedern‘ der ‚kleinen Göttinger Fakultät‘.

an ihn gerichteten Erwartungen der ‚kleinen Göttinger Fakultät' insofern nicht erfüllt hatte, als er sich statt der Interpretation von Texten schon bald ausschließlich auf die erste Arbeitsstufe des Lagarde'schen Ansatzes beschränkte: auf die historisch-kritische Rekonstruktion eines Urtextes.[263]

7. Lagardes Tod und seine Auswirkungen auf Rahlfs' weitere Entwicklung

Nachdem Rahlfs Ende November 1891 die *venia legendi* für alttestamentliche Exegese verliehen worden war, widerfuhr ihm keine vier Wochen später ein einschneidendes Ereignis: Am 22. Dezember 1891 starb Paul Anton de Lagarde – für Rahlfs völlig überraschend, wie sein bald danach verfasster Bericht an Eberhard Nestle[264] zeigt:

> „Über den Zustand von H[errn] de L[agarde] wußte hier niemand etwas. Erst an seinem Todestage erhielt ich die Nachricht, daß es sehr schlimm mit ihm stehe, u[nd] zwar erst am Nachmittag um ½ 6 Uhr. Nachher um 8 Uhr erfuhr ich von L[agarde]s Frau, daß der Tod bereits (etwas nach 7) eingetreten sei. L[agarde] klagte zwar in der letzten Zeit zuweilen etwas über Übelbefinden, aber niemand sah ihm etwas an. Er war auch noch ganz rüstig und hat bis zur letzten Stunde gearbeitet. [...] Am Donnerstag Morgen von 11–12 hatten Herr cand. min. Hackmann, mein Nachfolger als Inspector des theol. Stifts hierselbst, und ich bei ihm noch Colleg (Arabisch). Am Schlusse der Stunde gab er uns beiden die Hand und sagte, wann er im neuen Jahre wieder anfangen werde, wolle er noch nicht festsetzen; das werde sich schon finden, wir sollten ihn nur einmal besuchen, wenn wir aus den Ferien zurückkämen. Dann gieng ich, da ich mit ihm noch eine Geschäftssache zu besprechen hatte, mit ihm noch eine Strecke die Straße entlang, bis er in die Buchhandlung abbog; da sah ich ihn zum letzten Mal."[265]

---

263 Vgl. dazu den folgenden Abschnitt sowie bes. unten, ab S. 123. Bereits seine Rezension des Keßler'schen Mani-Buches (vgl. dazu oben, S. 33) und die verhältnismäßig knapp gehaltene religionsgeschichtliche Analyse der ‚Anawim' zeigen deutlich, wie frühzeitig sich Rahlfs für eine philologische Ausrichtung seiner Forschungsarbeit entschieden hatte (vgl. dazu oben, S. 35).

264 Eberhard Nestle (1851–1913), Theologe und Orientalist, 1883–1898 Professor für Religion und Hebräisch am Obergymnasium in Ulm, 1890–1893 Inhaber einer Vertretungsprofessur für Orientalistik in Tübingen, 1898 Professor am Seminar Maulbronn (Gymnasium und Internat). Als Wissenschaftler und Textforscher erlangte Nestle insbesondere mit seiner Handausgabe des *Novum Testamentum Graece* internationales Ansehen. Vgl. Erw. NESTLE, Eb. Nestle (1998).

265 SUB Göttingen, Cod. Ms. Lagarde 146:35 (Rahlfs an Eberhard Nestle, 10. Januar 1892). Vgl. zum Folgenden SCHÄFER, Briefwechsel Rahlfs-Lagarde (2013), 281–282.

Erst Anfang Dezember hatte Lagarde selbst von seiner Darmkrebserkrankung erfahren und von da an alles für den Fall seines Ablebens im Stillen vorbereitet.[266]

---

266 Hierüber berichtet A. de LAGARDE, Erinnerungen (1894), 116–118: „Von dieser letzten Reise kehrte er [sc. *Lagarde*] am 17. Oktober [*1891*] zurück: überglücklich, wieder zu Hause zu sein, befriedigt von den Ergebnissen der Arbeit, nahm er seine Thätigkeit nun hier wieder mit dem gewohnten Eifer auf. Er sah – obwohl schmal und etwas abgemagert, wie jedesmal nach einem Aufenthalte in Rom – sehr gut aus und mußte Allen, die ihn nur vorübergehend sahen, völlig als der Alte erscheinen: angeregt und für alles interessiert, für alles voll Theilnahme, ganz wie sonst. Nur ich selbst und unser treues Mädchen [sc. *Amanda Mittendorf*], das schon über zehn Jahre mit uns gelebt hatte und seine Art ganz gut kannte, wir bemerkten hier und da eine Veränderung, ohne uns aber zunächst irgend eine Sorge darüber zu machen. Während seinen Augen und Ohren sonst nichts zu entgehn pflegte, war er jetzt achtlos und gieng vielfach still vor sich hin: doch lebte und webte er so in den mannigfachsten Arbeitsplänen, daß ich mir jene Achtlosigkeit und gelegentliche Versunkenheit leicht dadurch erklärte. Ab und zu klagte er wohl: fühlte sich zwar keineswegs krank, aber unbehaglich, und blieb, trotz allen unseren Bemühungen, appetitlos. Ich glaube, in fast allen meinen Briefen an Verwandte und Freunde aus jener Zeit wird sich eine Klage finden, daß er nicht so frisch sei wie sonst: doch schien mir eine Abspannung nach dem anhaltenden und hastigen Arbeiten nur zu begreiflich, und ich hoffte auf seine kräftige Natur, wenn er nur erst wieder in seine gewohnte Ordnung eingelebt sein würde. Und so sah auch er die Sache an, bis er sich dann doch, am 30. November, entschloß, wegen bestimmter Beschwerden den Arzt zu Rathe zu ziehen. Auf etwas Ernstliches waren wir in keiner Weise vorbereitet. Professor Rosenbach selbst, der uns seit vielen Jahren treulich berathen hatte, war wohl gleich nach der ersten Untersuchung im Klaren, doch hat er den Kranken erst allmählich mit allem vertraut gemacht. Nur ich erfuhr schon am 2. Dezember, wie die Sache stände: Darmkrebs, mit der Aussicht auf qualvollstes Leiden und Sterben, falls nicht eine (Dr. Rosenbachs geschickter Hand in mehreren Fällen geglückte) Operation gewagt würde. Da blieb keine Wahl. Am 7. Dezember ward zwischen den beiden Männern das Nähere verabredet und die Operation auf den Anfang der Weihnachtsferien festgesetzt. Die ungewöhnlich kraftvolle Konstitution meines Mannes gab Hoffnung auf guten Ausgang: der Arzt sorgte unermüdlich für die nothwendigen Vorbereitungen wie für die Erhaltung des Kräftezustandes. Zugleich ermuthigte er den Kranken in der geschickten Weise, die aus wahrer Empfindung erwächst: und so glückte es, ihn selbst mit Hoffnung zu erfüllen, wenn diese Hoffnung auch oft genug in der Stille nicht vorgehalten haben wird. Wir beide wußten, daß es jetzt galt zu beweisen, daß wir in Wahrheit zu beten gewohnt waren ‚Dein Wille geschehe': und daß wir einander das Schwere nicht erschweren, sondern nach Kräften zu erleichtern suchen sollten. Viel Trost und Stärkung ist uns zu Theil geworden, indem, schon seit dem Oktober, mehr denn je freundliche Sendungen und Zuschriften an ihn einliefen, Beweise von Verständnis und Liebe: gleich als ob Gottes Gnade die Herzen noch recht lenkte, ihnen selbst unbewußt dem, den sie liebten, Ermuthigung – zum Leben wie zum Sterben – zu bringen, und unsere Seelen ganz mit Dank zu erfüllen. Die viele Arbeit, die noch zu erledigen war, half mit, die Gedanken abzuziehen und zu fesseln. Mein Mann brauchte die wenigen noch sicher vor ihm liegenden Wochen dringend, um seine Druckarbeiten so weit zu fördern und ausreichend mit Anweisungen zu versehen, daß nöthigenfalls ein Anderer im Stande wäre, sie zum Abschlusse zu bringen, wie es bekanntlich sein Schüler Dr. Rahlfs aufs Beste gethan hat. Ich hatte das Namen- und Bibelstellenregister für die Septuagintastudien zu machen. So saß er in

Weder über seine lebensbedrohliche Erkrankung, noch über die bevorstehende Operation, deren ungewisser Ausgang ihm völlig bewusst war, ließ er gegenüber seinem engsten Schüler ein Wort verlauten, wie aus Rahlfs' Beschreibung des letzten gemeinsamen Abendessens bei Lagardes hervorgeht:

> „Am Mittwoch vor dem Sonnabend, an welchem die Operation stattfand, war ich noch des Abends bei ihm. Er war so, wie sonst immer, wenn ich ihn zum Abendessen besuchte [...]. Er zeigte mir seine Bibliotheca syriaca[267] und seine Septuaginta-Studien[268] und sagte mir, in welcher Weise dieselben weiter geführt werden sollten; dies that er, wie ich nachher erfuhr, um mich für den Fall seines Todes zu orientieren, ich merkte aber diese Absicht nicht, und *es fiel mir auch nicht auf*, da er mir auch früher öfter das gezeigt hatte, was er gerade in Druck hatte."[269]

Diesen Bericht verfasste Rahlfs nur drei Wochen nach dem Tod des Lehrers. Knapp vierzig Jahre später beschrieb er das letzte Zusammensein mit Lagarde noch einmal:

> „Mehrere Jahre lang habe ich das Glück genossen, im Lagardeschen Hause uneingeladen und ohne vorherige Anmeldung zum Abendessen mit ihm und seiner Frau kommen zu dürfen. Diese Stunden waren immer höchst anregend und genußreich. Hier gab er sich

---

seinen Zimmern oben, ich unten, Jedes an seiner Arbeit, und wir waren weniger beisammen, als sonst. Wann es der Fall war, so ordnete er mündlich noch dies oder jenes an und berieth mich über die Einrichtung meines Lebens. Im Großen hatte er sein Haus längst bestellt." Über Lagardes Tod gibt Rahlfs in seinem Brief an Nestle Auskunft (ausführlich beschrieben bei A. de LAGARDE, Erinnerungen [1894], 118–121): „Am Sonnabend Mittag um 1 hat die Operation begonnen und, obwohl sie auf 2 Stunden berechnet gewesen ist, doch mehr als 4 Stunden in Anspruch genommen. Am Sonntag u[nd] Montag hat er sich ganz wohl befunden, aber in der Nacht zum Dienstag ist der Umschlag eingetreten. Am Dienstag hat er fast immer besinnungslos gelegen und am Abend bald nach 7 ist er entschlafen. Die Leiche habe ich selbst nicht gesehen, es wurde mit aber gesagt, er habe so schön still und lächelnd dagelegen und habe ausgesehen, als wolle er gerade zu reden beginnen" (SUB Göttingen, Cod. Ms. Lagarde 146:35 [Rahlfs an Eberhard Nestle, 10. Januar 1892]). Lagardes Beerdigung fand am 25. Dezember 1891 auf dem Göttinger Stadtfriedhof statt. Die Rede am Grab hielt (in seiner Funktion als Prorektor der Universität 1891/92) Ulrich von Wilamowitz-Moellendorff (= WILAMOWITZ-MOELLENDORFF, Rede Lagarde [1892]). Vgl. dazu auch CALDER III/KIRSTEIN, «Aus dem Freund ein Sohn» (2003), 583–591 (= Briefe 357–359).

267 RAHLFS, Lagarde: Bibliotheca syriaca (1892). Die wiederholt begegnende Entstellung des korrekten Kurztitels *Bibliotheca syriaca* in ‚Bibliothecae syriacae' beanstandet Rahlfs verärgert 1896: „es sollte eigentlich nicht nöthig sein zu bemerken, daß hier [*im Volltitel; CS*] *bibliothecae* Genitiv Singularis und *quae* Neutrum Pluralis ist, also abgekürzt *Bibliotheca syriaca* citirt werden muß" (RAHLFS, Rez. Anecdota [1896], 344, Anm. 1).

268 LAGARDE, SeptuagintaStudien II (1892).

269 SUB Göttingen, Cod. Ms. Lagarde 146:35 (Rahlfs an Eberhard Nestle, 10. Januar 1892). Kursivsetzung CS.

völlig ungezwungen, plauderte von allem möglichen und besprach mit mir auch alles, was sich auf meine persönlichen Verhältnisse bezog. So war ich bei ihm noch kurz vor dem Ende. Es war ihm wegen der bevorstehenden Darmkrebs-Operation eine besondere Diät verordnet, und *es fiel mir auf, daß er, der sonst einen guten Appetit hatte, nur wenig aß.* Ich fragte nach dem Grunde, erhielt aber eine ausweichende Antwort. Nach dem Essen ließ uns Frau Lagarde allein, und Lagarde zeigt mir seine im Druck befindlichen Werke und setzte mir auseinander, wie er sich die Fortsetzung derselben dachte. *Das fiel mir auf*, weil er derartiges sonst nie getan hatte. Aber ich ahnte nichts von der tödlichen Krankheit, und so dachte ich nicht weiter über jene auffällige Auseinandersetzung nach, die ich übrigens bei der Fülle des mir zum Teil noch fremden Stoffs auch nur teilweise verstanden hatte; erst nachher erfuhr ich, daß er mir die Aufgabe zugedacht hatte, diese Werke abzuschließen und herauszugeben."[270]

Erst im Nachhinein – das zeigen die beiden Berichte trotz unerheblicher Abweichungen[271] deutlich – begriff Rahlfs, dass sein Meister ihn am Abend des 16. Dezember 1891 mit der Fertigstellung und Publikation von zwei seiner nicht abgeschlossenen Werke beauftragt hatte. Ob Lagarde bei dieser Beauftragung insgeheim auch die Einsetzung des akademischen Ziehsohns zum „Fortführer seines Haupt-Lebenswerkes", der Edition der Septuaginta, im Blick hatte? Als solchen verstand sich Rahlfs zumindest selber, wenn auch zweifellos erst Jahre später.[272]

---

270 RAHLFS, Lebenswerk (1928), 93–94 (Kursivsetzung CS). Vgl. dazu A. de LAGARDE, Erinnerungen (1894), 118.

271 In der späteren Darstellung von 1928 erwähnt Rahlfs zwei Besonderheiten, die ihm am 16. Dezember 1891 aufgefallen seien: Lagardes Appetitlosigkeit und die ausführliche Erläuterung, mit der er den Schüler in den aktuellen Druckprozess einführte (beides ist in den Zitaten kursiv gesetzt). Von diesen retrospektiv als solche gedeuteten ‚Zeichen' für den bevorstehenden Tod Lagardes ist in dem Bericht vom 10. Januar 1892 keine Rede.

272 Explizit als „Fortführer seines [sc. *Lagardes*] Haupt-Lebenswerkes" bezeichnete sich Rahlfs erst im Jahre 1928 (RAHLFS, Lebenswerk [1928], 3), doch schon 1904 knüpfte er im Vorwort des ersten Bandes seiner Septuaginta-Studien auf bezeichnende Weise an Lagarde an (die Studien versuchten, „die Arbeit [...] in den Bahnen des Meisters, dessen Andenken sie gewidmet sind, fortzuführen"; SEPT.-STUD. 1 [1904], 3) und auch in der im Sommer 1907 im Hinblick auf die Gründung des Göttinger Septuaginta-Unternehmens verfassten Denkschrift präsentiert sich Rahlfs, wenn auch differenzierter, als Lagardes Nachfolger („Ich schlage dabei einen Weg ein, den Paul de Lagarde vorgezeichnet hat, und auf den ich bei langjähriger Beschäftigung mit der Septuaginta, obwohl ich mich keineswegs sklavisch an Lagarde binde, sondern mich möglichst selbständig gemacht und auch andere Wege einzuschlagen versucht habe, doch immer wieder zurückgekommen bin"; Archiv des Septuaginta-Unternehmens der Akademie der Wissenschaften zu Göttingen, Plan einer neuen Ausgabe der Septuaginta [s. unten, S. 496–498]). Vgl. hierzu auch unten, ab S. 75.

Lagarde selbst hatte die Anforderungen an einen zukünftigen Herausgeber der Septuaginta bereits 1882 folgendermaßen skizziert: „es gehört zu dieser arbeit die beherrschung von acht sprachen, die kenntnis der litteratur der griechischen und lateinischen kirche, mühseliger sam-

Vielsagend erscheint aber bereits eine Andeutung in den Zeilen, die Lagardes Biograph, Ludwig Schemann, einen Monat nach dessen Tod von Rahlfs erhielt:

> „Wie schmerzlich auch mich dieser Todesfall berührt hat, und wie viel mir durch ihn genommen ist, brauche ich Ihnen nicht zu sagen. Ich muß jetzt ohne seinen Rat u[nd] ohne seine Hilfe den Weg allein machen. Hoffentlich habe ich in den 6 ¾ Jahren, in denen ich mit ihm verkehrt habe, so viel gelernt, daß ich ihn allein machen kann."[273]

Einen Tag, bevor er Rahlfs seine Pläne für die Fertigstellung der *Bibliotheca syriaca*, der Teiledition *Psalterii graeci quinquagena prima* und des zweiten Teils der *SeptuagintaStudien* darlegen wollte, hatte Lagarde am 15. Dezember 1891 sein Testament um folgenden Passus ergänzt: „A. Rahlfs soll für seine Mühewaltung das Honorar für die zwei Abhandlungen erhalten, die er fertig zu stellen haben wird, also 264 Mark aus der Universitäts-Kasse, außerdem meinen durchschossenen Freitag[274] und mein aufgeklebtes hebräisches altes Testament."[275] Was genau fertigzustellen war, beschrieb Rahlfs einen knappen Monat später in seinem Brief an Eberhard Nestle:

> „Herausgegeben werden sollen 3 Werke: 1) Bibliothecae syriacae a Paulo de Lagarde collectae quae ad philologiam sacram pertinent. 2) Psalterii graeci quinquagena prima a Paulo de Lagarde in usum scholarum edita. 3) Septuaginta Studien.
> Von der Bibl[iotheca] syr[iaca] wurde gerade am Antonius Rhetor gedruckt, welcher den Anfang der nicht-biblischen Stücke bilden sollte. Dies bleibt nun liegen, u[nd] es erscheinen nur die ‚Veteris T[estament]i graeci in sermonem syriacum versi fragmenta octo' und das ‚Evangeliarium Hierosolymitanum'.[276] Es ist alles fertig bis auf die Vorrede, welche Lag[arde] angefangen hat, u[nd] welche ich nach seinen mündlichen und nach hinterlassenen schriftlichen Anweisungen zu Ende zu führen habe. Psalm 1–48₁₈ griechischer Zählung ist schon 1887 gedruckt. Ich soll es bis Ps[alm] 50 hebr[äischer] Zählung <weiter>führen u[nd] mit einem die Sigeln erklärenden Vorworte herausgeben. Von den Septuaginta-Studien liegen Heft 1 und 2 gedruckt vor. Heft 1 enthält Iudic[es] 1–5 in zwei Paralleltexten, Heft 2 die Nachweisung des Restes der ältesten lateinischen Apologie u[nd] die Chronologie des Clemens Alex[andrinus] (in letzterer ist jedoch bald nach dem Anfange infolge des Drucker-

---

melfleiß, sichere handhabung der kritischen grundsätze, geschick für die es dem leser erleichternde anordnung weitschichtiger referate, die fähigkeit und geduld, druckbogen zu corrigieren" (LAGARDE, Ankündigung [1882], 18).

273 Universitätsbibliothek Freiburg i.B., Schemann NL 12/2597, 1 (Rahlfs an Schemann, 22. Januar 1892).

274 Gemeint ist: FREYTAG, Lexicon (1830–1837).

275 SUB Göttingen, Cod. Ms. Lagarde 187:1, 20.

276 Als Rahlfs den Auftrag zum Abschluss der *Bibliotheca syriaca* erhielt, lag das „Evangeliarium Hierosolymitanum" bereits gedruckt vor. Dies stellte er in einer Kurzanzeige von 1915 noch einmal ausdrücklich klar (vgl. RAHLFS, Referat Tisserant [1915]).

strikes abgebrochen). Heft 1 + 2 machen den ‚Ersten Theil' aus. Der ‚Zweite Theil' sollte 3 Abhandlungen enthalten; von diesen werden jetzt jedoch nur zwei erscheinen. Das erste Heft liegt bis auf die letzten vier Seiten und die Register, welche Frau Geh. Rath de Lagarde ausgearbeitet hat u[nd] noch ausarbeitet, gedruckt vor. Das 4. Heft ist noch nicht gedruckt, aber Lag[arde]s Manuscript liegt vor. Heft 3 enthält alte latein[ische] Chronologien <(Itala-Text)>, Heft 4 eine Σύνοψις ἐν ἐπιτόμῳ τῆς παλαιᾶς διαθήκης (aus einer Neapeler H[and] s[chrift]). Wie dies alles für die Kritik der Septuaginta zu verwerten ist, hat Lag[arde] leider nicht mehr ausführlicher darlegen können. Doch hat er kurze Andeutungen gegeben, welche den Weg weisen können."[277]

Die fertiggestellten Werke, für die sich Rahlfs in eine Fülle ihm teilweise noch fremden Stoffes einzuarbeiten hatte,[278] erschienen schließlich alle im Laufe des Jahres 1892: Den zweiten Teil der *SeptuagintaStudien* führte er im Druck zu Ende, zur *Bibliotheca syriaca* steuerte er die Seiten 19–32[i] und 403 bei, zu der Teiledition *Psalterii graeci quinquagena prima*[279] die Seiten III–IV sowie 65–66.[280]

Die folgenden Jahre waren nun von den Anforderungen des Dozentenberufs geprägt,[281] da sich Rahlfs in jener Zeit als Privatdozent bewähren musste, bevor er für eine Professur in Frage kommen konnte: Es galt also, Vorlesungen und Übungen und ab 1895/96 auch den Hebräischunterricht vorzubereiten,[282] so dass zunächst nur wenig Zeit für größere Publikationen blieb.[283] Rahlfs nutzte

---

277 SUB Göttingen, Cod. Ms. Lagarde 146:35 (Rahlfs an Eberhard Nestle, 10. Januar 1892).

278 Vgl. RAHLFS, Lebenswerk (1928), 94.

279 RAHLFS, Psalterii graeci quinquagena prima a Paulo de Lagarde in usum scholarum edita (1892).

280 Vgl. SCHÄFER, Briefwechsel Rahlfs-Lagarde (2013), 281.

281 Vgl. auch BAUER, Alfred Rahlfs (1934/35), 61.

282 Vgl. dazu ausführlich unten, ab S. 108.

283 Rahlfs' zahlreiche Rezensionen und kurzen Beiträge aus diesen Jahren zeigen, dass sprachlich gesehen zunächst Syrisch und Hebräisch den Arbeitsschwerpunkt bildeten (sämtliche Rezensionen und Notizen sind unten im Anhang, Kap. III [ab S. 457], chronologisch aufgeführt): So besprach er verschiedene (palästinisch-) syrische Textausgaben und Lexika und fertigte 1894 eine ausführliche kodikologische und paläographische sowie inhaltliche Beschreibung der in Göttingen liegenden syrischen Handschriften an (RAHLFS, Beschreibung syrische Handschriften [1894]). Daneben rezensierte er Abhandlungen über die hebräische Synonymie und Paronomasie, über Grammatiken des biblischen Aramäisch und Hebräisch sowie Textausgaben, wie Kittels *Biblia Hebraica* (1905/1906), außerdem solche über textgeschichtliche Untersuchungen zum Alten Testament, auch aus dem Bereich der Tochterübersetzungen, wobei er dabei des Öfteren die Notwendigkeit sorgfältigen und systematischen Arbeitens, gerade in sprachlichen Untersuchungen, hervorhob (so z.B. besonders deutlich RAHLFS, Rez. Levin [1894], oder DERS., Rez. Lewis [1899], an deren Ende der Wunsch steht, dass die Herausgeber des Textes sich zukünftig „bemühen wollten, [...] auch in scheinbaren Kleinigkeiten recht genau zu sein" [a.a.O., 663]; vgl. auch unten, S. 110).

diese Periode, um seine Sprach- und Paläographie-Kenntnisse – ganz im Sinne der von Lagarde 1882 skizzierten Anforderungen an einen Herausgeber der Septuaginta[284] – zu intensivieren bzw. zu erweitern: So trat neben das bereits bei Lagarde erlernte Syrische, Arabische und vermutlich auch Äthiopische noch die koptische Sprache, in der er von Richard Pietschmann[285] unterrichtet wurde.[286]

---

284 Vgl. oben, S. 59, Anm. 272.

285 Richard Pietschmann (1851–1923), 1889 außerordentlicher Professor für Ägyptologie und altorientalische Geschichte in Göttingen, 1894 Oberbibliothekar an der Universitätsbibliothek Göttingen, 1899 Direktor der Universitätsbibliothek Greifswald, 1902 Abteilungsdirektor an der Königlichen Bibliothek zu Berlin, seit 1903 Direktor der Universitätsbibliothek Göttingen und ordentlicher Professor für Bibliotheks-Hilfswissenschaften. Vgl. WESTENDORF, Pietschmann (2001).

286 Dazu RAHLFS, Berliner Handschrift (1901), 4: „[...] und vor allem meinem verehrten Lehrer und Freunde, Herrn Prof. R. Pietschmann, dem ich die Einweihung in die Geheimnisse der koptischen Sprache verdanke, sei auch an dieser Stelle mein herzlicher Dank gesagt."

III. Rahlfs' Wirken an der Göttinger Universität und im Septuaginta-Unternehmen

1. Bewährung an der Göttinger Universität als Privatdozent und Extraordinarius (1891–1907)

Bereits im Frühjahr 1890 hatte sich Rahlfs, da seine Zeit als Stiftsinspektor im Oktober desselben Jahres enden würde, auf Empfehlung Lagardes um ein Privatdozentenstipendium beworben, das ihm im Juni 1890 vom Preußischen Ministerium der Geistlichen, Unterrichts- und Medicinalangelegenheiten bewilligt wurde,[287] versehen mit dem üblichen Zusatz, dass „die weitere Genehmigung nach Ablauf der Bewilligungsperiode [...] nicht bloß von der Fortdauer des Bedürfnisses, sondern vor Allem von Ihrer [sc. *Rahlfs'*] Bewährung als Dozent und in literarischer Hinsicht" abhinge.[288] Nach Ablauf des Stiftsinspektorats war Rahlfs' Finanzierung somit zunächst einmal gesichert. Am 8. Oktober 1890 zog er vom Stift in die Burgstraße 16 (resp. St. Annengang 2) in Göttingen, wo er bis 1898 wohnte.[289] Nachdem er schließlich mit Verleihung der *venia legendi* im

---

287 Ministerialerlass vom 12. Juni 1890: Der Minister bewilligte Rahlfs vom 1. Oktober 1890 bis zum 30. September 1891 ein Stipendium von jährlich 1.200 Mark, vierteljährlich *praenumerando* zu zahlen (UA Göttingen, Kuratorialakte XVI.I.A.a , 3; vgl. UA Göttingen, Theol. PA 0027, 22 [Mitteilung des Universitätskurators vom 21. Juni 1890]). Das Gesuch um Verleihung des Privatdozentenstipendiums stellte Rahlfs am 19. Mai 1890 (vgl. UA Göttingen, Kuratorialakte XVI.I.A.a, 1).
288 UA Göttingen, Theol. PA 0027, 22. Vgl. zur Vergabepraxis von Stipendien in jener Zeit DAHMS, Stationen (1987), 143.
Die folgenden Ausführungen basieren auf den Originalakten des Göttinger Universitätsarchivs und *nicht* auf der Darstellung von G. Lüdemann (LÜDEMANN/SCHRÖDER, Dokumentation [1987], 79–80), der teilweise dieselben Quellen ausgewertet hat. Lüdemanns Darstellung ist weder vollständig noch fehlerfrei und wirft an manchen Stellen durch die Art und Weise ihrer Präsentation sogar ein falsches Licht auf die eigentliche Sachlage (so z.B. hinsichtlich der Frage nach Rahlfs' Finanzierung in den Jahren als Privatdozent, für die Lüdemann wesentliche Daten der von ihm herangezogenen Kuratorialakte verschweigt und somit suggeriert, Rahlfs sei nicht ausreichend finanziert gewesen, was nicht den Tatsachen entspricht).
289 Schriftliche Auskunft des Stadtarchivs Göttingen vom Mai 2010 unter Bezugnahme auf die Göttinger Adressbücher, verbunden mit dem Hinweis, dass der Teil mit den Hausnummern Burgstraße 14–16a zwischen 1893 und 1898 St. Annengang hieß. Damit war der Durchbruch vom Theaterplatz nach der Burgstraße hin gemeint. Seinen Namen verdankte der St. Annengang dem zuvor an der Stelle des Aula-Gebäudes gelegenen St. Annenkloster. Rahlfs wohnte in dieser Zeit unter der Anschrift St. Annengang 2. Im Jahre 1899 wurde der St. Annengang dann in die Fried-

November 1891 den Status eines *Privatdozenten* erlangt hatte, sollte es bis zur weiteren Beförderung allerdings noch zehn Jahre dauern. Während dieser Zeit musste er sich (notgedrungen) vor allem durch befristete Stipendien finanzieren. Bis Sommer 1892 betrug sein Privatdozentenstipendium jährlich 1.200 Mark.[290] Von Sommer 1892 bis Frühjahr 1896 erhielt er aus weiteren, immer wieder erneut mit Unterstützung der Fakultät und des Universitätskurators beantragten Stipendien jährlich 1.500 Mark.[291] Auch im Februar 1896 erging ein solches Gesuch um

---

richstraße umbenannt und übernahm die Hausnummern 1–4. Am 4. April 1898 zog Rahlfs in die Herzberger Chaussee 19 (heute: Herzberger Landstraße) in Göttingen und wohnte dort bis zu seiner Hochzeit im Jahre 1902 (schriftliche Auskunft des Stadtarchivs Göttingen vom Mai 2010).

290 Am 4. August 1891 stellte Rahlfs ein Gesuch um Verlängerung des Privatdozentenstipendiums (UA Göttingen, Kuratorialakte XVI.I.A.a, 5) und erhielt am 27. September 1891 per Ministerialerlass die Zusage einer Verlängerung bis 31. März 1892, d.h. für 600 Mark (a.a.O., 7). Am 8. Januar 1892 bat er erneut um ein Privatdozentenstipendium (a.a.O., 16), woraufhin das am 27. September des Vorjahres bewilligte Stipendium aufgehoben und Rahlfs gleichzeitig eine außerordentliche Remuneration von 600 Mark bewilligt wurde (Ministerialerlass vom 26. Februar 1892: a.a.O., 23).

Eine Vorstellung von der materiellen Dürftigkeit einer Privatdozentenexistenz im deutschen Kaiserreich vor 1900 vermittelt Friedrich Wilhelm Graf: Die jährlichen 1.200 Mark lagen „unter den damaligen Durchschnittsgehältern von verheirateten Handlungsgehilfen, die selbst ‚nicht immer auskömmlich‘ waren. Bedenkt man, daß ein Hilfslehrer ein Anfangsgehalt von 1.800,– bekam und der Erwerb eines akademischen Grades hohe Kosten verursachte – der Erwerb des Licentiatus theologiae kostete in Göttingen 225,–; hinzu kamen 22,50 für Habilitationsgebühren –, wird verständlich, warum W. H. Riehl in seiner Analyse der bürgerlichen Gesellschaft die Privatdozenten unter die ‚Proletarier der Geistesarbeit‘ zählte [...]“ (GRAF, Licentiatus [1982], 79–80). „Daß ein Privatdozent von 1200.– Stipendium nicht leben konnte, belegt auch die Biographie über den damaligen Leiter des Universitätsreferats im preußischen Kultusministerium [*das folgende Zitat steht im Original bei* SACHSE, Althoff (1928), 212; CS]: ‚Althoff fand im Staatshaushaltsetat einen Fonds vor zu Stipendien für Privatdozenten und andere jüngere, für die Universitätslaufbahn geeignete Gelehrte, bei dem aber der Jahresbetrag für den einzelnen Empfänger auf 1500 Mark beschränkt war. Der Höchstbetrag erschien ihm zu gering, um einem jungen Gelehrten wirksame Hilfe zu leisten [...]. Der Privatdozentenfonds litt an chronischer Erschöpfung‘“ (GRAF, Licentiatus [1982], 79, Anm. 8).

291 Am 14. Juli 1892 gewährte der Minister Rahlfs einen außerordentlichen Zuschuss i.H.v. 1.500 Mark, auszahlbar in zwei gleichen Beträgen Anfang Juli 1892 und Anfang Januar 1893 (UA Göttingen, Kuratorialakte XVI.I.A.a, 25). Am 21. Dezember 1892 stellte Rahlfs erneut ein Stipendiengesuch (vgl. UA Göttingen, Theol. PA 0027, 19), wobei er die Unterstützung der Fakultät fand: „Rahlfs hat nicht nur in seinen Vorlesungen gute Erfolge aufzuweisen, sondern verdient auch durch die mühevolle Herausgabe der [...] de Lagarde'schen Werke lebhafte Anerkennung vonseiten seiner Fachgenossen. Außerdem berichten wir noch mit besonderer Freude, daß sich der g. Rahlfs derjenigen Studierenden, welche als Immaturi im Hebräischen hierher kommen, annimmt, sie privatim auf das Maturitäts-Examen vorbereitet [...]“ (a.a.O., 20). Man bewilligte ihm daraufhin „eine Remuneration von 1500 M., welche in zwei gleichen Beträgen Anfang Juli [*1893*]

Bewilligung eines Stipendiums für das Rechnungsjahr 1896/97, das der Minister allerdings diesmal ablehnte, jedoch eine außerordentliche Remuneration in Aussicht stellte.[292] Als Reaktion hierauf beantragte der Universitätskurator beim Ministerium, Rahlfs einen Lehrauftrag „bezüglich der hebräischen Sprache" i.S. eines fest angestellten Hebräischlektors zu erteilen, da aufgrund des unterschiedlichen Niveaus des Hebräischunterrichts an den deutschen Gymnasien sowie der Tatsache, dass sich viele Studenten dem Theologiestudium ohne jegliche Hebräischkenntnisse zuwenden würden, eine Schulung an der Universität unerlässlich sei, um annähernd gleiche Voraussetzungen unter den Studierenden zu schaffen.[293] Doch auch dieses Gesuch beschied der Minister negativ,[294] ernannte Rahlfs im Gegenzug jedoch am 11. Juni 1896 zum *Titular-Professor*, was zwar dessen Karrierechancen erhöhte, allerdings keine finanziellen Verbesserungen zur Folge hatte.[295] Diese wollte der Universitätskurator nun im Januar 1897 erwirken und

---

und Anfang Januar [*1894*]" auszuzahlen sei (Abschrift des Ministerialerlasses vom 25. Januar 1893: a.a.O., 18). Auch im Januar 1894 stellte Rahlfs wiederum ein Stipendiengesuch (Schreiben vom 10. Januar 1894: a.a.O., 25) und erhielt fünf Tage später per Ministerialerlass die Zusage für eine außerordentliche Remuneration von 1.500 Mark innerhalb des Rechnungsjahres 1894/95 (UA Göttingen, Kuratorialakte XVI.I.A.a, 32), deren Auszahlung i.H.v. je 750 Mark am 9. Mai 1894 (vgl. a.a.O, 34, und UA Göttingen, Theol. PA 0027, 27) und am 8. Oktober 1894 (UA Göttingen, Kuratorialakte XVI.I.A.a, 37) für die Zeit von Herbst 1894 bis Frühjahr 1895 erfolgte. Am 28. Januar 1895 bat Rahlfs abermals um ein Stipendium (UA Göttingen, Theol. PA 0027, 30), erhielt diesmal allerdings nur eine außerordentliche Remuneration (i.H.v. 750 Mark) für die Zeit von Frühjahr bis Herbst 1895 (UA Göttingen, Kuratorialakte XVI.I.A.a, 40) und musste am 22. Juli erneut ein Gesuch stellen (UA Göttingen, Theol. PA 0027, 32), das ihm schließlich eine weitere außerordentliche Remuneration i.H.v. 750 Mark für die Zeit von Herbst 1895 bis Frühjahr 1896 eintrug (UA Göttingen, Kuratorialakte XVI.I.A.a, 43).

292 Vgl. UA Göttingen, Kuratorialakte XVI.I.A.a, 44 (Schreiben vom 6. Februar 1896) und 47 (Schreiben vom 4. April 1896).

293 Vgl. UA Göttingen, Kuratorialakte XVI.I.A.a, 46 (Schreiben vom 7. April 1896).

294 Am 11. Mai 1896 lehnte der Minister den Antrag vom 7. April 1896 ab: Rahlfs solle dennoch den Hebräischunterricht erteilen, habe nämlich schon bisher jährlich 1.500 Mark erhalten, weshalb „für ihn aller Anlaß vorliege, sich auch ohne die Zusicherung von weiteren Remunerationen nützlich zu machen" (UA Göttingen, Kuratorialakte XVI.I.A.a, 49; Abschrift: UA Göttingen, Theol. PA 0027, 33).

295 Am 11. Juni 1896 schrieb Ministerialdirektor Friedrich Althoff (s. unten, S. 67, Anm. 301) an den Universitätskurator, dass der Minister „dem Privatdocenten in der theologischen Fakultät [...] Alfred Rahlfs [...] das Prädikat ‚Professor'" verleihe (UA Göttingen, Kuratorialakte XVI.I.A.a, 51; eine am 16. Juni 1896 angefertigte Abschrift des Erlasses liegt UA Göttingen, Theol. PA 0027, 34). Nachdem der Universitätskurator am 21. Juli 1896 noch einmal in Sachen *Rahlfs'scher Remuneration* in Berlin angefragt hatte, bewilligte der Minister am 24. August 1896 schließlich eine außerordentliche Zahlung i.H.v. 750 Mark (UA Göttingen, Kuratorialakte XVI.I.A.a, 55; vgl. UA Göttingen, Theol. PA 0027, 35).

forderte für Rahlfs eine Vergütung, wie sie Extraordinarien gezahlt wurde (jährlich 2.000 Mark). Doch das Berliner Ministerium lehnte mit dem Hinweis ab, dass Rahlfs „jetzt schon 300 Mark jährlich mehr erhalten [*habe*], als sonst an Privatdocenten an Remunerationen oder Stipendien bewilligt zu werden pflegt".[296] Wie unsicher und angespannt Rahlfs' finanzielle Lage in diesen Jahren blieb, wird hieran besonders deutlich. Dies veranlasste schließlich die beiden Inhaber der Lehrstühle für Orientalistik und Biblische Wissenschaften, Julius Wellhausen[297] und Rudolf Smend d.Ä.[298], sich für Rahlfs einzusetzen, wie aus einem Schreiben des Universitätskurators an den Minister vom 11. März 1897 hervorgeht:

> „Das Ziel dieser ausgezeichneten Männer ist dabei, durch pflichtmäßige Hervorhebung der großen Fachgelehrsamkeit des Dr. Rahlfs denselben auf der für ihn schwierigen akademischen Laufbahn zu fördern, zugleich aber auch auf eine weitere Ausdehnung der alttestamentlichen Studien [...] hier in Göttingen hinzuwirken. Zur Begründung [...] hat Smend [...] mich [...] darauf aufmerksam gemacht, daß beispielsweise in der hiesigen theologischen Fakultät sich kein Ordinarius befinde, der des Aramäischen kundig und mittels der Kenntnis dieser, von Jesus Christus u[*nd*] seiner Zeitgenossen gesprochenen Sprache befähigt sei, in das Griechische des Neuen Testamentes einzudringen."[299]

Diese Angaben werden in dem Schreiben mit dem Hinweis verknüpft, dass Rahlfs wegen seiner Herkunft als „Sohn eines Elementarlehrers" zwar stets nur sehr bescheidene Mittel zur Verfügung gestanden hätten, dass aber dennoch die in den Jahren nach der Habilitation jährlich an ihn geleisteten Zahlungen, „den jetzt 32 Jahre alten Mann doch nicht seiner verhältnismäßig ärmlichen Lebens-

---

296 UA Göttingen, Kuratorialakte XVI.I.A.a, 56–57; vgl. UA Göttingen, Theol. PA 0027, 36.

297 Zu Wellhausen s. oben, S. 47, Anm. 222.

298 Der in Lengerich/Westf. geborene Rudolf Smend d.Ä. (1851–1913) entstammte einer Juristen- und Theologenfamilie: Sein Bruder war der Theologe Julius Smend (1857–1930), sein gleichnamiger Sohn Rudolf (1882–1975) wurde ein angesehener Staats- und Kirchenrechtler, sein Enkelsohn, Rudolf Smend d.J., ist Alttestamentler in Göttingen. Von 1869 an studierte Smend Theologie und semitische Sprachen an den Universitäten Göttingen, Berlin und Bonn, wo er im Jahre 1874 in der Philosophischen Fakultät mit einer Dissertation zur arabischen Dichtung promoviert wurde. Stark geprägt war der 1875 in Halle habilitierte Smend von seinen Lehrern Julius Wellhausen und Johann Gildemeister. 1880 trat er als außerordentlicher Professor für Altes Testament an der Universität Basel die Nachfolge Emil Kautzschs an und erhielt dort bereits ein Jahr später die ordentliche Professur. 1889 folgte Smend als Ordinarius für biblische Wissenschaften und semitische Sprachen dem Ruf an die Universität Göttingen. Hier kam er mit seinem Lehrer Wellhausen zusammen, dessen Quellenscheidungsmethodik er aufnahm und weiterentwickelte. Zu seinen herausragenden Werken gehört neben dem *Lehrbuch der alttestamentlichen Religionsgeschichte* (1. Aufl. 1893) vor allem seine mehrbändige Kommentierung der Weisheit Jesus Sirachs (Berlin 1906/07).

299 UA Göttingen, Kuratorialakte XVI.I.A.a, 60–61.

lage" entheben würden.[300] Ausdrücklich bat der Kurator daher, letztlich natürlich zur Förderung der biblischen Wissenschaften in Göttingen, um finanzielle Unterstützung des Rahlfs'schen Werdegangs – und hatte schließlich Erfolg: Die gemeinsamen Anstrengungen erbrachten in der Zeit von Frühjahr 1897 bis 1901 vier weitere Privatdozentenstipendien von jährlich 1.200 Mark, die Ministerialdirektor Friedrich Althoff [301] jeweils mit außerordentlichen Remunerationen (von durchschnittlich 400 Mark) aufstockte.[302]

---

300 UA Göttingen, Kuratorialakte XVI.I.A.a, 61.

301 Friedrich Althoff (1839–1908) war der maßgebliche preußische Kultur- und Wissenschaftspolitiker seiner Zeit, der „mit seiner modernen Kultur- und Bildungspolitik den Grundstein für die internationale Führungsrolle der deutschen Wissenschaft am Beginn des 20. Jahrhunderts" legte. 1856–1861 Jurastudium in Bonn, 1869 Assessorenexamen, 1871 Justiziar und Referent für Kirchen- und Schulangelegenheiten im Zivilkommissariat der Reichslande Elsaß-Lothringen, dort für seinen weiteren Werdegang entscheidend geprägt durch Eduard von Möller (1814–1880) und Franz von Roggenbach (1825–1907). 1882 wurde er Universitätsreferent des preußischen Kultusministeriums in Berlin und war seit 1897 Ministerialdirektor für Universitäten und Höhere Schulen. „Ein weit verzweigtes Netz von Kontakten zu einflussreichen Persönlichkeiten in Parlamenten, Behörden und in der Wirtschaft sicherte Althoffs Macht- und Sonderstellung. Der Historiker Bernhard vom Brocke beschrieb dieses ‚System Althoff' als ‚das kunstvoll ausgebaute Geflecht offizieller und offiziöser persönlicher Beziehungen, mittels derer Althoff seinen ‚Wissenschaftsstaat' aufbaute, durchorganisierte und verwaltete'" (THOMANN, Althoff [2013], mit Verweis auf BROCKE, Hochschulpolitik [1980], 69). Ziel seiner (durchaus nicht unumstrittenen) Kulturpolitik war es gewesen, „die Qualität des deutschen Universitätswesens zu verbessern und den veränderten Anforderungen des Industriezeitalters anzupassen. Dies bedeutete vor allem eine verstärkte Förderung der Naturwissenschaften und der Medizin. In der Frage der Lehrstuhlbesetzung wich er von der bislang gängigen Praxis ab, nach der die jeweiligen Fakultäten über die Berufung eines Professors entschieden. Er hingegen machte seine Berufungspolitik nicht vom Urteil der Fakultäten abhängig, sondern entschied eigenständig. Nach sorgfältiger Prüfung berief er den Kandidaten, den er aufgrund seiner fachlichen und charakterlichen Eignung für besonders geeignet hielt. Bei seinen Entscheidungen vertraute er [...] dem Fachurteil eines Beraterkreis[es]" (THOMANN, Althoff [2013]), zu dem unter anderem Theodor Mommsen (vgl. dazu REBENICH/FRANKE, Briefwechsel Mommsen-Althoff [2012]), Adolf von Harnack (vgl. oben, S. 48, Anm. 223) und Ulrich von Wilamowitz-Moellendorff (vgl. dazu CALDER III/KOŠENINA, Berufungspolitik [1989]) gehörten. „Das ‚System Althoff' bewährte sich auch beim Ausbau und der Finanzierung wissenschaftlicher Institute und Forschungseinrichtungen. Bei der Verwirklichung seiner ehrgeizigen Projekte erwies sich Althoff als geschickter Organisator und in der Auseinandersetzung um die Bewilligung finanzieller Mittel als gewiefter Stratege" (THOMANN, Althoff [2013]). Vgl. auch SCHNABEL, Althoff (1953), sowie insb. die Ausführungen bei REBENICH/FRANKE, Briefwechsel Mommsen-Althoff (2012), 4, Anm. 15.

302 Am 7. April 1897 informierte Althoff den Universitätskurator darüber, dass Rahlfs für die Zeit vom 1. April 1897 bis 31. März 1898 ein Stipendium i.H.v. 1.200 Mark erhalten werde und er, Althoff, sich darüber hinaus vorbehalte, im Laufe des Rechnungsjahres eine weitere Remuneration zu bewilligen (UA Göttingen, Kuratorialakte XVI.I.A.a, 62; vgl. UA Göttingen, Theol. PA 0027, 37).

Bereits am 1. Februar 1895 hatte die Fakultät – erfolglos – beim Minister den Antrag auf Verleihung einer außerordentlichen Professur für Rahlfs gestellt[303] und erneuerte diesen nun vier Jahre später anlässlich der Berufung des außerordentlichen Professors Erich Schaeder[304] nach Kiel: Es „[...] beehrt sich die theologische Fakultät ihre Gesuche vom 1. Februar 1895 und 18. Juli 1897 um Beförderung der Privatdozenten Professor Lic. Dr. Rahlfs und Professor Lic. Dr. Achelis zu außerordentlichen Professoren gehorsamst in Erinnerung zu bringen. Da jedoch nur ein Extraordinariat bei der hiesigen theologischen Fakultät erledigt ist, so glaubt dieselbe den in der Anciennität älteren Professor Rahlfs in erster Stelle vorschlagen zu sollen, welcher mit weit aussehenden und höchst wichtigen Arbeiten am Text der Septuaginta beschäftigt ist und sich anderseits durch sorgfältigen und erfolgreichen Unterricht unserer Theologen im Hebräischen um die theologische Fakultät besonders verdient gemacht hat".[305] Es vergingen zwei weitere Jahre, bevor dieses erneute Gesuch schließlich angenommen und Rahlfs

---

Diese außerordentliche Remuneration i.H.v. 400 Mark erhielt Rahlfs dann am 30. Oktober 1897 (UA Göttingen, Kuratorialakte XVI.I.A.a, 64). Am 29. März 1898 stellte der Universitätskurator den Antrag auf Verlängerung des Stipendiums für Rahlfs (a.a.O., 65), wobei die Fakultät dieses Gesuch „durch ihre warme Empfehlung [unterstützte], da der pp. Rahlfs sowohl als Gelehrter wie als akademischer Lehrer durch seine Studien und Erfolge sich fortgesetzt ausgezeichneter Achtung erfreut" (UA Göttingen, Theol. PA 0027, 39). Rahlfs erhielt daraufhin zunächst am 18. April 1898 eine außerordentliche Zahlung i.H.v. 150 Mark (UA Göttingen, Kuratorialakte XVI.I.A.a, 66) und am 29. April i.H.v. 300 Mark (a.a.O., 67), bevor ihm am 11. Mai 1898 per Ministerialerlass ein Stipendium i.H.v. 1.200 Mark für die Zeit vom 1. April 1898 bis 31. März 1899 (a.a.O., 68; vgl. UA Göttingen, Theol. PA 0027, 40) zugesagt wurde. Am 25. April 1899 ordnete Althoff für Rahlfs nicht nur eine außerordentliche Zahlung i.H.v. 300 Mark an (UA Göttingen, Kuratorialakte XVI.I.A.a, 73), sondern übermittelte ihm auch den Ministerialerlass über ein weiteres Stipendium i.H.v. 1.200 Mark für die Zeit vom 1. April 1899 bis 31. März 1900 (a.a.O., 74; vgl. UA Göttingen, Theol. PA 0027, 42). Und schließlich erhielt Rahlfs per Ministerialerlass vom 10. April 1900 noch einmal ein solches Stipendium für die Zeit vom 1. April 1900 bis 31. März 1901 (UA Göttingen, Kuratorialakte XVI.I.A.a, 68; vgl. UA Göttingen, Theol. PA 0027, 43). Am 14. September 1900 wurde ihm dann eine außerordentliche Remuneration i.H.v. 600 Mark zuteil (UA Göttingen, Kuratorialakte XVI.I.A.a, 79; vgl. UA Göttingen, Theol. PA 0027, 44), nachdem zuvor am 14. Juli 1900 der Universitätskurator ein Gesuch an den Minister gerichtet hatte, in dem er um eine Sonderzahlung für Rahlfs bat, da dieser aufgrund seiner für die Fakultät wichtigen Arbeit (und weil es auch schon früher so gewesen sei) ein Jahresgehalt von insgesamt 1.500 Mark erhalten solle (UA Göttingen, Kuratorialakte XVI.I.A.a, 77).

303 Vgl. UA Göttingen, Theol. PA 0027, 41.

304 Erich Schaeder (1861–1936), Systematischer Theologe, 1894 außerordentlicher Professor in Königsberg, 1895 in Göttingen, 1899 ordentlicher Professor in Kiel, 1918 in Breslau. Vgl. Führer, Schaeder (1995).

305 Schreiben der Theologischen Fakultät an den Universitätskurator vom 16. Februar 1899 (UA Göttingen, Kuratorialakte XVI.I.A.a, 70; vgl. UA Göttingen, Theol. PA 0027, 41).

per Ministerialerlass vom 10. April 1901 „zum *außerordentlichen Professor* in der theologischen Fakultät der Universität Göttingen" mit der Verpflichtung ernannt wurde, „in der genannten Fakultät die alttestamentlichen Disziplinen in Ergänzung der Lehrtätigkeit der für dieses Fach bestellten Ordinarien in Vorlesungen und Uebungen zu vertreten und auch in jedem Semester Uebungen in der hebräischen Sprache für Anfänger und für Geübtere zu halten".[306] Mit der Vereidigung am 25. April hatte eine zähe Periode endlich ihren Abschluss gefunden:[307] Denn obgleich Rahlfs aufgrund der verschiedenen Stipendien zwar stets ein jährliches Einkommen von rund 1.600 Mark bezogen hatte, dürfte dieser Zustand der finanziellen Ungewissheit zweifelsohne nicht nur unbefriedigend, sondern auch psychisch belastend gewesen sein.[308]

---

306 Beide Zitate: UA Göttingen, Kuratorialakte XVI.I.A.a, 80–81; vgl. UA Göttingen, Theol. PA 0027, 45. Die Gehaltsentwicklung vor. Rahlfs als *außerordentlichem* Professor stellt sich insgesamt folgendermaßen dar: Er bezog nun zunächst eine jährliche Besoldung i.H.v. 2.000 Mark zuzüglich des „tarifmäßigen Wohnungsgeldzuschusses von jährlich 540 Mark" (UA Göttingen, Kuratorialakte XVI.I.A.a, 80–81). Am 23. April 1901 erhielt er zudem eine außerordentliche Remuneration i.H.v. 600 Mark (a.a.O., 84). Ab 1. April 1905 erhöhte sich sein Grundgehalt altersbedingt auf 2.400 Mark (a.a.O., 88). Schließlich gewährte man ihm ab 1. Juli 1907 eine Gehaltszulage von jährlich 1.200 Mark. Daraus ergab sich (inkl. Wohnungsgeld und weiterer Zulagen für Kinder u. dgl.) ein jährliches Gesamteinkommen i.H.v. 4.989 Mark (a.a.O., 90). Ab 1. April 1908 hatte Rahlfs zusätzlich die Leitung des Septuaginta-Unternehmens inne und erhielt hierfür eine weitere Gehaltszulage, dank der er ein Grundeinkommen von 4.400 Mark plus Wohnungsgeld von 720 Mark, also ein jährliches Einkommen von 5.120 Mark bezog (vgl. a.a.O., 94). Hierzu trat ein einmaliger (gehaltsergänzender) Zuschuss von 730 Mark am 28. Juli 1909 (a.a.O., 95). Vom Sommersemester 1910 an bis zum Wintersemester 1913/14 bezog Rahlfs jährlich weitere 1.000 Mark für die Wahrnehmung eines Lehrauftrags zur Unterstützung Wellhausens bei den syrischen und arabischen Vorlesungen für Anfänger (vgl. a.a.O., 96.100.107; vgl. dazu unten, S. 110). Mit Erlass vom 22. Juni 1914 erhielt Rahlfs schließlich eine erneute Gehaltszulage von jährlich 600 Mark.
307 Einen Tag zuvor, am 24. April 1901, legte Rahlfs bereits folgende (obligatorische) Dienstverpflichtungserklärung ab: „Gemäß dem Ministerial-Erlaß vom 27. Februar 1878 hat der zum außerordentlichen Professor in der hiesigen theologischen Fakultät ernannte Professor Lic. theol. Dr. phil. Alfred Rahlfs durch Handschlag und Erklärung zu Protokoll die Verpflichtung zu übernehmen, die theologischen Wissenschaften in Übereinstimmung mit den Grundsätzen der evangelisch=lutherischen Kirche aufrichtig, deutlich und gründlich vorzutragen" (UA Göttingen, Kuratorialakte XVI.I.A.a, 85).
308 Vgl. ein Schreiben Wellhausens an Paul Wendland vom 15. Mai 1898, worin Rahlfs „als aussichtsloser theolog. Privatdozent" und seine Situation als „sehr prekär" beschrieben wird, obgleich er „ein sehr gewissenhafter und kundiger Mann" sei (vgl. Smend d.J., Wellhausen Briefe [2013], 356–357 [hier 357], Nr. 517; das Original befindet sich laut a.a.O., 848 mit Anm. 2, in der SUB Göttingen, 8 Cod. Ms. philos. 206:118). Rahlfs' Durchschnittseinkommen hatte in dieser Zeit noch immer unter dem Anfangsgehalt eines Hilfslehrers gelegen (vgl. in diesem Abschnitt oben, S. 64, Anm. 290).

Abb. 2: Alfred Rahlfs im Jahre 1902

Mit Beförderung zum Extraordinarius verfügte Rahlfs nun über ein regelmäßiges Einkommen und war dadurch auch finanziell in den Stand gesetzt, eine Familie zu gründen: Am 1. Oktober 1902 heiratete er,[309] 37 Jahre alt, die aus Colnrade bei Hannover stammende, zehn Jahre jüngere Julie Erythropel[310] und zog mit ihr im selben Monat zunächst in die Göttinger Prinz Albrecht-straße 5 (heute: Keplerstraße), 1907 dann in die Lotzestraße 31.[311] Dem Paar wurden im Laufe der folgenden Jahre sechs Kinder geboren: am 14. Juni 1906 Tochter Gertrud,[312] am 14. September 1908 Sohn Otto, der jedoch bereits am 17. November desselben Jahres verstarb.[313] Sohn Paul[314]

---

309 So die Angabe auf dem Abstammungsnachweis seines Sohnes Georg (Bundesarchiv, R 9361 V/104478). Vgl. auch SMEND d.J., Ein Leben für die Septuaginta (2013), 271. Im Besitz des Septuaginta-Unternehmens befindet sich ein Separatabdruck von „A. E. BROOKE/N. M^cLEAN, The forthcoming Cambridge Septuagint, JThS os-III 12 (1902), 601–621", den Rahlfs von Eberhard Nestle mit der Widmung „Mit besten Wünschen zur Hochzeit" erhalten hatte.

310 Julie Rahlfs, geb. Erythropel, wurde am 19. September 1875 in Colnrade (ca. 115 km nordwestlich von Hannover) geboren und starb am 19. März 1966 in Göttingen, wo sie seit dem 8. Oktober 1935 unter der Adresse Friedländer Weg 17^I gemeldet war (schriftliche Auskunft des Stadtarchivs Göttingen vom Mai 2010). Zuvor hatte sie bis zum März 1935 im Friedländer Weg 10 gewohnt und war dann kurz vor dem Tode ihres Mannes noch für wenige Monate in die Prinz Albrechtstraße 17 gezogen. In seiner Begrüßungsansprache anlässlich eines im Jahre 1997 in Göttingen stattgefundenen Symposiums erinnert sich Robert Hanhart: „Sehen konnte ich ihn [sc. *Alfred Rahlfs*] nicht mehr [...], wohl aber seine Frau, die ihn dreißig Jahre überlebte, ein leicht verhutzeltes, freundliches Wesen, von der die Legende erzählt, sie sei ein einziges Mal in ihrem Leben außerhalb Göttingens gewesen, in Mecklenburg, und hätte dann geäußert: ‚in Mecklenburg is nich schön, weil in Mecklenburg gibt's keinen Butterkuchen'" (HANHART, Begrüßungsworte [2000], 9–10).
Vgl. zu Julie Rahlfs außerdem die folgende schriftliche Auskunft des Stadtarchivs Hannover vom Mai 2011: „Zu Rahlfs' Ehefrau Julie geb. Erythropel ist bereits ohne weitere Recherche zu sagen, dass sie offenbar aus einer der ältesten hannoverschen Gelehrten- und Pastorenfamilien stammt oder mit dieser verwandt ist. Diese ist hier seit dem späten 16. Jahrhundert nachweisbar; ihre Mitglieder wirkten u.a. als Pastoren der Marktkirche, d.h. der wichtigsten hannoverschen Kirche."

311 Schriftliche Auskunft des Stadtarchivs Göttingen vom Mai 2010.

312 Laut schriftlicher Auskunft des Stadtarchivs Göttingen vom Mai 2010 war Gertrud Rahlfs („Haustochter, Praktikantin, Haushaltslehrerin") am 14. April 1925 nach Hannover verzogen, am 30. März 1928 in Göttingen (Friedländer Weg 10, bei den Eltern) gemeldet, am 5. August 1929 nach Kassel umgemeldet, am 3. März 1930 wieder in Göttingen (Friedländer Weg 10), am 2. Januar 1931 in Celle, am 2. März 1931 erneut in Göttingen (Friedländer Weg 10), am 3. Oktober 1931 in Hildesheim und am 25. Juli 1932 erneut in Göttingen (Friedländer Weg 10) gemeldet. Vom 1. Mai 1933 bis 1. April 1934 war sie als Schulamtsbewerberin Mitglied im Nationalsozialistischen Lehrerbund (vgl. Bundesarchiv, NSLB). Am 16. Juni 1934 erfolgte in Bonn die Eheschließung mit Gerichtsassessor Dr. jur. Paul Brenner, bei dem Gertrud einen Tag später offiziell gemeldet war.

313 Der Hinweis auf diesen Sohn findet sich lediglich auf der Einwohnermeldekarte von Alfred Rahlfs im Stadtarchiv Göttingen (nachrichtlich vom Mai 2010).

314 Laut schriftlicher Auskunft des Stadtarchivs Göttingen vom Mai 2010 war Paul Rahlfs („Physiker"), bei seiner Geburt in der Lotzestraße 31 gemeldet, seit 14. Dezember 1912 im Friedländer Weg 10, am 25. April 1929 nach Bonn verzogen und seit 8. August 1929 wieder in Göttingen

– wohl nach dem Lehrer des Vaters benannt – wurde am 26. Oktober 1909 geboren (Rahlfs war zu diesem Zeitpunkt 44 Jahre alt) und arbeitete, ebenso wie sein am 16. Januar 1911 geborener Bruder Georg,[315] später zeitweise als studentische Hilfskraft im Septuaginta-Unternehmen mit.[316] Nachdem die Familie im Oktober 1912 ein von Rahlfs gekauftes Haus im Friedländer Weg 10 in Sichtweite des Lagarde-Hauses (und – noch heute – mit einer identischen Pyramiden-Eiche im Vorgarten) bezogen hatte,[317] kam am 29. August 1913 Sohn Hans zur Welt,[318]

(Friedländer Weg 10, bei den Eltern) gemeldet. Am 22. April 1930 erfolgte die Ummeldung nach Innsbruck, seit 28. Juli 1930 war er wieder in Göttingen (Friedländer Weg 10, bei den Eltern) gemeldet, seit 16. März 1935 in der Prinz Albrechtstraße 17 (bei den Eltern). Am 4. Februar 1936 wurde er von der Mathematisch-Naturwissenschaftlichen Fakultät der Universität Göttingen zum Dr. phil. promoviert. Am 5. Mai 1937 verzog er nach Kiel. Seit 29. Juli 1938 war er verheiratet mit Ortrud, geb. Moeller. Im Juni 1941 trat er in die NSDAP ein, nachdem er bereits seit November 1933 Mitglied der SA gewesen war (vgl. Bundesarchiv, SA 4000003142 und NSDAP-Zentralkartei). Seit Anfang Dezember 1941 wohnte seine Frau im Friedländer Weg 17 bei Julie Rahlfs (Hauptwohnsitz blieb Kiel). Ende Dezember 1941 wurde sein Sohn geboren. Frau und Kind wohnten seit Mitte Mai 1942 wieder in Kiel. Seit 18. Juni 1946 lebte Vater Paul, aus dem Gefangenenlager Dänemark zurückgekehrt, wieder in Göttingen bei Julie Rahlfs (Frau und Kind folgten Mitte September 1948 aus Dänisch-Nienhof, Kreis Eckernförde). Ende September 1949 zog die Familie nach Braunschweig-Lehndorf.

315 Über Hans Gottfried Dietrich Georg Rahlfs („Diplom-Ingenieur" und „Architekt") erteilte das Stadtarchiv Göttingen im Mai 2010 die schriftliche Auskunft, dass dessen Eheschließung mit Gisela, geb. Höpker am 17. Oktober 1940 in Berlin-Schöneberg stattfand, die Familie im September 1955 nach Bad Kreuznach zog, 1957 nach Göttingen zurückkehrte und sich 1967 schließlich in Meppen niederließ. Wie seine Brüder Paul und Hans (s.u.) war auch Georg Rahlfs Mitglied der SA und während des Zweiten Weltkrieges bei der Bauleitung der Luftwaffe beschäftigt (vgl. Bundesarchiv, VBS1 1140000334 und R 9361 V/104478).

316 Vgl. KOMMISSION, Bericht (1928), 30, und DIES., Bericht (1929), 26. Paul Rahlfs begleitete von August bis November 1929 August Möhle auf einer Reise auf den Athos, nach Athen, Patmos und Konstantinopel, „um die dortigen Septuaginta-Handschriften zu photographieren" (KOMMISSION, Bericht [1929], 26).

317 Dem Göttinger Adressbuch von 1913 ist zu entnehmen, dass das Haus im Friedländer Weg 10 in Rahlfs' Besitz war. Vgl. auch eine Postkarte von Rahlfs an Ernst Ehlers, in der es heißt: „In Anknüpfung an unsere letzte Besprechung möchte ich Ihnen noch mitteilen, daß ich persönlich nicht mehr auf Mieten einer Wohnung im Lagardeschen Hause reflektiere, da ich mir selbst ein Haus gekauft habe. Dagegen denkt die Septuaginta-Kommission noch stark daran, mehrere Räume der oberen Etage zu mieten, falls der Herr Kurator geneigt ist, die übrigen Räume dieser Etage für das orientalische Seminar zu mieten" (SUB Göttingen, Nachlass E. Ehlers, 1497:2 [Rahlfs an Ehlers, 29. Februar 1912]).

318 Laut schriftlicher Auskunft des Stadtarchivs Göttingen vom Mai 2010 war Karl Gustav Wilhelm Hans Rahlfs „Elektriker" (so auf der Einwohnermeldekarte von Alfred Rahlfs vermerkt) und „technischer Zeichner" (so auf der eigenen Karte vermerkt). Hans Rahlfs arbeitete im technischen Zeichen- und Konstruktions-Büro König & Rahlfs, das sich im Friedländer Weg 17 befand. Seit 1937 war er Mitglied der NSDAP, zuvor bereits der SA (vgl. Bundesarchiv, NSDAP-Zentralkartei und SA 4000003142). Am 6. September 1947 kam er aus russischer Kriegsgefangenschaft,

und schließlich – Rahlfs war mittlerweile bereits 51 Jahre alt – am 12. Oktober 1916 der jüngste Sohn Wilhelm.[319]

Von Rahlfs selbst erfährt man Familiäres in einem Brief vom 15. Juni 1930 an seinen Freund Rudolf Otto:

„[...] Aber Du willst ja vor allen Dingen von mir und meiner Familie wissen. Mir selbst geht es zur Zeit, Gott sei Dank, noch recht gut; nur die Augen sind mit der Zeit so kurzsichtig geworden, daß ich z. B. das Geigenspiel habe aufgeben müssen, weil ich die Noten nicht mehr erkennen kann. Ich hatte früher gedacht, ich würde in der Familie einmal Quartett spielen können, und, da mein Ältester[320] Cello und die beiden Jüngsten[321] Geige spielen, mich auf das Erlernen der Bratschen-Noten geworfen. Aber nun geht es seit gut 2 Jahren nicht mehr, und aus dem Quartett wird nichts. Das tat mir anfangs recht leid, aber mit der Zeit habe ich mich damit abgefunden. Wenn man älter wird, muß man verzichten lernen. Meiner Frau geht es leidlich. Sie ist nicht die Stärkste und muß sich schonen. Aber im Ganzen müssen wir dankbar sein, daß es noch relativ gut geht. Von meinen 5 Kindern ist die Älteste eine Tochter, die jetzt 24 Jahre alt ist und sich auf die Laufbahn als Gewerbelehrerin vorbereitet. Das ist mit allerhand Schwierigkeiten verbunden, besonders weil sie im vorigen Jahre um Ostern eine langwierige Rippenfell-Entzündung bekam, durch welche sie sehr zurückgekommen ist. Doch hoffen wir, daß sie in etwa 3 Jahren ihr Ziel erreichen wird. Von den 4 Jungens sind die beiden Ältesten Studenten im 3., resp. 1. Semester. Beide studieren Physik, der Ältere in diesem Semester in Innsbruck, der Jüngere in Rostock. Die beiden anderen Söhne besuchen noch die Schule. Allen geht es, nachdem sie die vielen Kinderkrankheiten, an denen sie litten, verwachsen haben, recht gut."[322]

Lager 7371/2, in Isdrewsk (Ural), frei, war anschließend wohnhaft im Friedländer Weg 17 bei der Mutter und seit 20. August 1957 dann in München gemeldet.

319 Laut schriftlicher Auskunft des Stadtarchivs Göttingen vom Mai 2010 war Wilhelm Rahlfs („Baupraktikant, dann Ingenieur") am 14. März 1937 von Göttingen, Friedländer Weg 17, nach Holzminden verzogen und am 30. bzw. 31. Juli 1939 wieder in Göttingen (Friedländer Weg 17, bei der Mutter) gemeldet. Sein Sterbetag wurde per Beschluss des Amtsgerichts Göttingen vom 12. April 1950 auf den 12. November 1942 datiert. Laut Auskunft des Bundesarchivs vom Oktober 2014 finden sich keine Hinweise auf parteipolitische Aktivitäten von Wilhelm Rahlfs während der NS-Diktatur.

320 Gemeint ist Paul Rahlfs.

321 Gemeint sind Hans und Wilhelm Rahlfs.

322 Universitätsbibliothek Marburg, Hs. Otto, R. 797:923a. Vergleichbare detaillierte Einblicke in Rahlfs' Familienverhältnisse finden sich ansonsten nirgendwo. Lediglich in einem Aufsatz nennt er das Sprechverhalten seiner Kinder als Beispiel für die Beobachtung, dass überall dort, „wo man einen vokalischen Ausgang mit Nachdruck spricht, [...] hinter ihm leicht ein Hauchlaut entstehen" kann: „Ebenso hörte ich von meinen Kindern und Dienstboten bei nachdrücklicher Beteuerung deutlich ‚jaha' statt ‚ja'" (beide Zitate aus Rahlfs, Lesemütter [1916], 330 mit Anm. 2).

Anfang 1907 veröffentlichte Rahlfs als zweites Heft seiner Septuaginta-Studien eine detaillierte Analyse des *Textes des Septuaginta-Psalters*,[323] die für seine weitere akademische Laufbahn von ausschlaggebender Bedeutung sein sollte: Da ihm im Frühjahr 1907 trotz der Fürsprache Adolf Harnacks[324] ein Ruf an die Berliner Fakultät zugunsten Hermann Gunkels versagt geblieben war,[325] ergriff wieder einmal Rudolf Smend d.Ä. die Initiative, indem er sich beim Dekan der Theologischen Fakultät nachdrücklich für Rahlfs einsetzte: Dieser habe in den SEPT.-STUD. 2 (1907) „in mustergültiger Weise die Textgeschichte des griechischen Psalters, soweit sie aus den Handschriften, der altlateinischen Überlieferung u[nd] den koptischen Übersetzungen sowie aus den Citaten der Kirchenväter für uns faßbar ist, dargestellt. Er hat dabei eine Sprachkenntnis, eine Kenntnis der in Betracht kommenden Väter, eine Kenntnis des vorhandenen handschriftlichen Materials, eine Urteilsfähigkeit u[nd] eine Dispositionsgabe bewiesen, wie das alles nur sehr selten in einem Gelehrten vereinigt ist. Zu alledem kommt eine Hingabe an diese dornige Arbeit u[nd] eine Zuverlässigkeit, die über jedes Lob erhaben sind. Hiermit hat Rahlfs die wichtigste Vorarbeit für die Edition des Septuaginta-Psalters geliefert, die selbst freilich nun noch kommen muß. Wir besitzen aber für kein Alttestamentliches Buch irgend etwas dieser Leistung Vergleichbares."[326] Einen Monat nach Eingang dieses Gutachtens verlieh die Göttinger Fakultät Rahlfs am 30. Juni 1907 den *Doktor honoris causa* der Theologie mit der Begründung: „Qui juventutis praeceptor strenuus diligens non solum grammaticis sed etiam exegeticis et historicis scholis audentium scientiam firmare et augere opera indefessa studet. Sacrarum Veteris Testamenti litterarum subtilis scrutator quum aliis scriptis tum nuper quaestionibus de versione Alexandrina editis doctrinam et sagacitatem luculenter probavit."[327] Unmittelbare Auswirkungen hatte diese Auszeichnung nun zwar nicht, doch bildete sie, indem Rahlfs' hervorragende Eignung für die Arbeit an der *Septuaginta* auf diese Weise auch

---

323 SEPT.-STUD. 2 (1907). Über den Inhalt dieser Studie handelt ausführlich Abschnitt B.III.1 (unten, ab S. 177).

324 Vgl. dazu unten, S. 81, das Zitat aus: Archiv der Berlin-Brandenburgischen Akademie der Wissenschaften, PAW (1812–1945), II-VIII-228, 2. Zu Harnack s. oben, S. 48, Anm. 223.

325 Vgl. die im UA Göttingen, Kuratorialakte XVI.I.A.a, 91–93, aufbewahrte Reisekostenabrechnung, laut der Rahlfs für die vom 22. bis 24. Mai 1907 in Berlin geführten „Verhandlungen im Kultusministerium in Berufungsangelegenheiten" seine Bahnfahrtkosten erstattet bekam. Vgl. die knappe Darstellung von Gunkels Berufung nach Berlin bei KLATT, Gunkel (1969), 43–45, sowie die Ausführungen bei HAMMANN, Gunkel (2014), 92–105.

326 UA Göttingen, Theol. PA 0027, 47 (Schreiben vom 28. Mai 1907).

327 UA Göttingen, Theol. Prom. 0640. Als Dekan unterzeichnete Paul Althaus; Prorektor der Göttinger Universität war zu dieser Zeit Edward Schröder.

offiziell betont worden war, einen Baustein für den weiteren Werdegang: Denn bereits seit Frühjahr 1907 waren die Gespräche über die institutionelle Gründung eines Projektes in vollem Gange, das die Vollendung des Lagarde'schen Erbes, nämlich die Herstellung des ältesten erreichbaren Textes der Septuaginta, zum Ziel haben sollte.

2. Die institutionellen Anfänge des Septuaginta-Unternehmens und Rahlfs' Tätigkeit als dessen Leiter (1907–1913)

In der Rede, die Ulrich von Wilamowitz-Moellendorff [328] am 25. Dezember 1891 beim Begräbnis Lagardes hielt,[329] stellte er hinsichtlich des von dem Verstorbenen zwar klar erkannten, indes nie verwirklichten Ziels einer kritischen Edition der Septuaginta fest, dass dieses nur zu erreichen sei, „indem an die Stelle der übermenschlichen Einzelleistung die organisierte Arbeitsgenossenschaft tritt. [...] und ich spreche es mit Bedacht, nicht ohne das Gefühl eigener Verpflichtung, aus: uns, der wissenschaftlichen Gemeinschaft, der er angehörte, deren Ruhm es war, daß der Mann der gigantischen Pläne auf dem Stuhle der Michaelis und Ewald saß, uns zunächst ist das Vermächtnis zugefallen, einzustehen für die Fortführung des Lebenswerkes unseres Kollegen, nur umsomehr, wenn er vielleicht dies Zutrauen zu uns nicht gehabt hat."[330] Wilamowitz selbst nahm sich dieses – alles andere als einfachen – Vermächtnisses jedoch nicht an, sondern sein Kollege Rudolf Smend d.Ä.,[331]

---

328 Zu Wilamowitz-Moellendorff s. oben, S. 47, Anm. 220.

329 Vgl. dazu oben, S. 57, Anm. 266.

330 WILAMOWITZ-MOELLENDORFF, Reden und Vorträge (³1913), 95. Vgl. zum Folgenden NEUSCHÄFER/SCHÄFER, Dokumentation (2013), bes. 363–386.

331 Smend d.Ä. hatte die liturgische Gestaltung der Trauerfeier am 25. Dezember 1891 übernommen, vgl. dazu ein Schreiben vom 23. April 1918, in dem Rahlfs eine Anfrage Ludwig Schemanns („Das Vaterunser am Grab [*Lagardes; CS*] hat doch Smend gesprochen, nicht der Superintendent Steinmetz, wie ich kürzlich irgendwo fand?" [Universitätsbibliothek Freiburg i.B., Schemann NL 12/2597, 6; Schreiben von Schemann an Rahlfs vom 2. April 1918]) beantwortete: „Sup. Steinmetz hat bei der Trauerfeier nicht mitgewirkt, auch kein anderer Stadtgeistlicher, sondern nur Smend. Smend war als Ordinierter im Ornat zugegen. Er sprach nicht nur das Vaterunser, sondern auch eine Reihe von Bibelstellen" (Universitätsbibliothek Freiburg i.B., Schemann NL 12/2597, 7). Lagardes Testament (vgl. UA Göttingen Cod. Ms. Lagarde 187:1) enthält keine entsprechende Verfügung. Vgl. dazu auch SIEG, Lagarde (2007), 11, Anm. 4 (= S. 362–363): „Fritz Stern, Kulturpessimismus [...], behauptet irrtümlich, daß Lagarde aus der Kirche ausgetreten sei und deshalb ‚kein Geistlicher ihn bestatten durfte'. Tatsächlich belegt das ‚Verzeichnis der Begrabenen in der Parochie St. Albani zu Göttingen' lediglich die Abwesenheit des Superintendem Rahlfs später den Ehrentitel des „geistigen Vaters des Septuaginta-Unternehmens" verleihen sollte:[332]

> „Rudolf Smend hat im Frühjahr 1907 durch ein Schreiben an den damaligen Ministerialdirektor Friedrich Althoff die erste Anregung zum Septuaginta-Unternehmen gegeben und mit der ihm eigenen zähen Energie alles aufgeboten, um das Unternehmen ins Leben zu rufen und ihm über die schwierigen ersten Zeiten hinwegzuhelfen."[333]

Voraussetzung für Smends Schreiben an Althoff[334] war die einhellige Überzeugung, dass in Alfred Rahlfs die Person zur Verfügung stand, die sämtliche wissenschaftlichen und organisatorischen Fähigkeiten für die Leitung eines solchen gigantischen Projektes in sich vereinigte.[335] Zu diesem Schluss war Smend, dem

---

ten und des Kollaborators. Ein Kirchenaustritt Lagardes ist dort ebensowenig verzeichnet wie auf seiner Einwohnermeldekarte. Der am 9. Juni 1870 ausgestellte Göttinger Bürgerschein führt ihn als ‚von evangelischer Confession' auf. Die Befunde liegen auf einer Linie mit Lagardes genereller Haltung, der bei aller Reserve gegenüber der Amtskirche und ihren Vertretern den offenen Bruch mit dem Herkommen vermeiden wollte."

332 So die Widmung im Handschriftenverzeichnis von 1914: „Dem Andenken Rudolf Smends († 27. 12. 1913), des geistigen Vaters des Septuaginta-Unternehmens, sei dieses Werk, dessen Vollendung er sehnlich herbeiwünschte, aber leider nicht mehr erleben sollte, gewidmet" (RAHLFS, Hss.-Vz. [1914], III). Vgl. dazu insgesamt SMEND d.J., Der geistige Vater (2000), der auch einige der nachstehend ausgewerteten Akten aus dem Archiv der Akademie der Wissenschaften zu Göttingen in Transkription bietet; KRATZ, 100 Jahre (2013); DERS., Septuaginta-Unternehmen (2005); BAUER, Alfred Rahlfs (1934/35), 62–63.

333 KOMMISSION, Bericht (1913ⁱ), 22.

334 Laut Auskunft der Staatsbibliothek und des Geheimen Staatsarchivs zu Berlin vom Oktober 2012 blieb die Recherche nach einem entsprechenden Brief im Berliner Nachlass Althoffs ergebnislos.

335 So auch Kurt Sethe in seinem Antrag zur Aufnahme von Alfred Rahlfs als ordentlichem Mitglied der Gesellschaft der Wissenschaften zu Göttingen vom 17. Oktober 1917 (Archiv der Akademie der Wissenschaften zu Göttingen, Pers 16, Nr. 252; vollständig abgedruckt unten, S. 499–500): „Als die Gesellschaft dieses große Unternehmen damals auf die Anregung von Rudolf Smend ins Leben rief, geschah es gerade im Hinblick auf die Thatsache, daß wir hier in Göttingen in Rahlfs die Person besaßen, die allein durch ihre Vorbildung und durch die Richtung ihrer Studien dazu geeignet schien. Nur Jemand, der wie er aufs Innigste mit den in der Sache liegenden Problemen vertraut war, der mit gründlichster Beherrschung des Hebräischen und des hellenistischen Griechisch eine umfassende und solide Kenntnis der andern für die Aufgabe in Betracht kommenden Sprachen des Orients (Arabisch, Syrisch, Aethiopisch, Koptisch, Armenisch) vereinigte, der zugleich mit allen Fragen der Paläographie und Handschriftenkunde vertraut war und über eine streng philologische Arbeitsmethode verfügte, konnte für die Durchführung einer solchen Aufgabe in Frage kommen. In Rahlfs finden sich alle diese Erfordernisse in seltener Weise vereinigt. Dazu tritt, was der ferner Stehende in dem scheinbar so weltfremden Gelehrten kaum vermuten würde, ein eminent praktischer Sinn, der es Rahlfs ermöglicht hat, die Arbeit in glücklichster

vor allem eine philologisch verantwortete Methodik als unabdingbare Voraussetzung für die Arbeit am Alten Testament galt,[336] durch die Lektüre der Sept.-Stud. 2 (1907) gekommen, durch die sich Rahlfs der gelehrten Welt als herausragender Septuaginta-Experte empfohlen hatte und die Smend nun zum Anlass dafür nahm, den Stein ins Rollen zu bringen: „Im Übrigen muß ich auf das Buch selbst verweisen, das in der Septuaginta-Literatur einzigartig dasteht. Mit ermüdlichem Fleiß und umfassender Sprach- und Sachkenntnis, die zur Bewältigung des weitschichtigen Materials aufgeboten sind, vereinigt sich hier die größte Vorsicht und Umsicht des Urteils und eine ebenso klare wie planvolle Disposition, in der das Buch im Kleinen und Einzelnen wie im Großen und Ganzen überall angelegt ist. Rahlfs hat damit bewiesen, daß er wie kein Zweiter den Beruf hat, die von Lagarde verlangte methodische Erforschung der Septuaginta in die Hand zu nehmen."[337] Und auch Wellhausen pflichtete dieser Einschätzung seines Kollegen bei, indem er sein Zutrauen zu Rahlfs' Person mit den Worten hervorhob: „wenn er es nicht macht, macht es niemand".[338]

Weise zu organisieren, und eine unermüdliche Energie, die ihn die überaus ausgedehnten Vorarbeiten in verhältnismäßig kurzer Zeit ihrem Abschluß entgegenführen und zugleich eine Reihe schöner Ergebnisse, die dabei herausgesprungen sind (wie z.B. die Aquilas-Varianten aus einem Codex Sinaiticus), hat veröffentlichen lassen."

336 So J. Meyer, Geschichte (1937), 79. Vgl. auch die Einschätzung bei Smend d.J., Der geistige Vater (2000), 333.

337 Smend d.Ä., Rez. Sept.-Stud. 2 (1908), 132. Laut Rahlfs' Notizbuch hatten u.a. auch Smend und Wellhausen am 16. Februar 1907 ein Exemplar der Sept.-Stud. 2 (1907) erhalten. Vgl. außerdem Rahlfs in seinem Vorwort zu Psalmi cum Odis (1931): „Durch meine im Februar 1907 erschienene Studie über den Text des Septuaginta-Psalters (Sept.-Studien 2) überzeugt, daß ich ,den Beruf habe, die von Lagarde verlangte methodische Erforschung der Septuaginta in die Hand zu nehmen' […], veranlaßte Rudolf Smend im Verein mit seinem Freunde Julius Wellhausen und dem Ministerialdirektor Friedrich Althoff die am 4. März 1908 in einer gemeinsamen Sitzung der Berliner und Göttinger Gelehrten im Preußischen Kultusministerium erfolgte *Gründung des Septuaginta-Unternehmens, das anfangs nur von den Akademien zu Berlin und Göttingen* getragen, dann aber zu einer Unternehmung des Kartells der deutschen Akademien erhoben und seit 1911/12 vom Deutschen Reiche, Preußen, Bayern und Sachsen finanziert wurde" (a.a.O., 3). Die hier gegebenen knappen Andeutungen über den weiteren Verlauf der Gründung des Unternehmens werden auf den folgenden Seiten dieses Kapitels ausführlich dargelegt und dokumentiert; vgl. zu den Fragen der Finanzierung ab 1914 unten, S. 153, Anm. 152. Vgl. auch einen Brief Smends d.Ä. an Adolf Jülicher (1857–1938) vom 31. Mai 1908 (zitiert nach: Smend d.J., Der geistige Vater [2000], 332, Anm. 2): „Für die nächsten 20 Jahre wird es sich um Materialsammlung und -gruppirung handeln, und dafür ist Rahlfs der rechte Mann."

338 Wellhausen an Althoff, 19. August 1907 (Abschrift im Archiv des Septuaginta-Unternehmens der Akademie der Wissenschaften zu Göttingen; vollständig abgedruckt bei Neuschäfer/ Schäfer, Dokumentation [2013], 369 = Smend d.J., Wellhausen Briefe [2013], 521, Nr. 813).

Nachdem Althoff wohlwollende Zustimmung für weitere Schritte signalisiert hatte und so zum „ersten Förderer des Septuaginta-Unternehmens"[339] geworden war, entwarf Rahlfs seinen „Plan einer neuen Ausgabe der Septuaginta", den er, begleitet von einem Empfehlungsschreiben Wellhausens,[340] am 19. August 1907 an das Preußische Ministerium der Geistlichen, Unterrichts- und Medicinalangelegenheiten richtete.[341]

Die Denkschrift wird mit einer pointierten Gewichtung ihres Gegenstandes eröffnet:

> „Es ist allgemein anerkannt und bedarf keiner weiteren Ausführung, daß die noch aus vorchristlicher Zeit stammende griechische Übersetzung des Alten Testaments, die s[o] g[enannte] Septuaginta, sowohl für die alttestamentliche Wissenschaft, als für die Geschichte der griechischen Sprache, für das Neue Testament und die Kirchenväter u[nd] d[er]gl[eichen] m[ehr] von der höchsten Bedeutung ist."[342]

Es folgt eine Bestandsaufnahme der bis dahin erschienenen Druckausgaben der Septuaginta und eine Darstellung ihres hinter der Rahlfs'schen Zielsetzung zurückbleibenden Anspruchs, nur die diplomatische Wiedergabe des Textes einer bestimmten Handschrift zu bieten, d.h. nicht den ursprünglichen Text der Septuaginta wiederherstellen zu wollen.[343] Demgegenüber entwickelt Rahlfs den an Lagardes Konzeption anknüpfenden Plan, zunächst die im Laufe der Jahrhunderte entstandenen jüdischen Überarbeitungen (z.B. Aquila, Symmachus und Theodotion) und christlichen Rezensionen (z.B. Origenes und Lukian)[344] des ursprünglichen Septuaginta-Textes innerhalb der griechischen Handschriftenüberlieferung (unter Heranziehung der sog. ‚Tochterübersetzungen' und der Septuaginta-Zitate bei den griechischen Kirchenschriftstellern) zu identifizieren und sodann von ihnen aus auf den ursprünglichen Septuaginta-Text zurück zu schließen.[345] Das hierbei zugrunde zu legende Material wird folgendermaßen beschrieben: „1) Griechische Handschriften. Es sollen nicht alle Hss. herangezogen werden, sondern nur diejenigen, welche für die Herstellung der alten Rezensionen und des Urtextes wichtig sind [...]. Dafür sollen die wirklich wichtigen Hss. aber auch möglichst genau neu verglichen werden und zwar auf Grund von Photographien, die von den noch nicht photographierten Hss. nach dem

---

339 So die Widmung des ersten Bandes der *Mitteilungen des Septuaginta-Unternehmens*: „Dem Andenken Friedrich Althoffs († 20. 10. 1908), des ersten Förderers des Septuaginta-Unternehmens, gewidmet" (MSU 1, Berlin 1909–1915, III). Zu Althoff s. oben, S. 67, Anm. 301.

340 Abgedruckt bei NEUSCHÄFER/SCHÄFER, Dokumentation (2013), 369 = SMEND d.J., Wellhausen Briefe (2013), 521, Nr. 813.

341 Die Denkschrift ist vollständig abgedruckt unten, S. 496–498. Vgl. auch NEUSCHÄFER/SCHÄFER, Dokumentation (2013), 364–369.

342 NEUSCHÄFER/SCHÄFER, Dokumentation (2013), 364 (Quelle: Archiv des Septuaginta-Unternehmens der Akademie der Wissenschaften zu Göttingen).

343 Als einzige Ausnahme verweist Rahlfs auf die 1707–1720 erschienene Septuaginta-Ausgabe von Johannes Ernst Grabe.

344 Vgl. dazu unten, ab S. 126.

345 Vgl. dazu genauer unten, S. 136.

neuen, billigen Weiß-auf-Schwarz-Verfahren herzustellen sind [...]. – Zur Sichtung des Materials und zur Erlangung der Photographien, namentlich aus Rußland und dem Orient, werden wissenschaftliche Reisen nötig sein. 2) Alte Übersetzungen der Sept[*uaginta*]. Von diesen sind außer der altlateinischen, deren Herausgabe die Münchener Akademie in die Hand genommen hat, besonders die koptischen, die äthiopische, syrische und armenische wichtig. Leider sind sie mit Ausnahme der syrischen erst sehr mangelhaft und unvollständig herausgegeben. Ich werde daher versuchen, sprachkundige Gelehrte zu finden, die die hier vorhandenen Lücken ausfüllen können. Hierfür ist erforderlich: a) eine systematische Durchforschung der Bibliotheken einschließlich derjenigen in Armenien selbst, wo vermutlich noch die besten Hss. liegen, b) Photographie der wichtigsten Hss., c) Herausgabe der noch nicht oder mangelhaft publizierten Stücke. 3) Kirchenväter. [...] Auch erfordert jeder Kirchenvater eine besondere Untersuchung auf die Art seines Zitierens, die Zuverlässigkeit seines Textes u[nd] d[er]gl[eichen]. Daher beabsichtige ich, für die besonders wichtigen Kirchenväter vollständige Indices ihrer Zitate in der Weise herzustellen, daß alle Zitate jedes einzelnen Kirchenvaters aus der besten Ausgabe ausgeschnitten, auf Zettel geklebt und nach der Reihenfolge der biblischen Bücher geordnet werden, sodaß man für eine Untersuchung derselben stets das vollständige Material beisammen hat. – Für einige besonders wichtige Kirchenväter des 4./5. Jahrh., von denen noch keine genügenden Ausgaben erschienen sind, werden handschriftliche Studien nötig sein."[346] – Bereits das Ausmaß der Vorarbeiten durch die Beschaffung und Auswertung dieses gigantischen Quellenmaterials lässt die Dimensionen des Rahlfs'schen Planes erahnen.

Neben diesen fachlichen Erörterungen ging es in der Denkschrift gleichermaßen auch um die sächliche und personelle Ausstattung des zu gründenden Vorhabens, das unter Rahlfs' Leitung stehen sollte: „Die Dauer des Unternehmens schätze ich auf 30 Jahre", schrieb er und umriss damit auch hinsichtlich der zeitlichen Perspektive die riesigen Ausmaße seines Planes. Weiter heißt es: „Dabei setze ich voraus dauernde Unterstützung durch zwei wissenschaftlich geschulte Mitarbeiter (Theologen oder Philologen nach bestandenem Examen) und zwei nicht wissenschaftlich geschulte Hülfskräfte, die beim Kollationieren den gedruckten Text vorzulesen, die Kirchenväterzitate auszuschneiden, aufzukleben und zu ordnen und derartige mechanische Arbeiten auszuführen hätten. Ferner nehme ich an, dass ich geeignete Gelehrte finde, welche die Ausgaben der koptischen, äthiopischen und armenischen Übersetzungen selbständig unter meiner Oberaufsicht herstellen, und andere, welche mir bei der Arbeit an den Kirchenvätern helfen."[347] Als Kosten veranschlagte Rahlfs schließlich pro Jahr eine Summe von 15.000 Mark, von denen neben dem Gehalt des Leiters und der vier ständigen Hilfsarbeiter die Ausgaben für zwei Arbeitsräume, Forschungsreisen, Handschriftenfotografien, Bücher und Drucke gedeckt werden sollten.

Eine Woche nach Erhalt der Denkschrift, am 27. August 1907, bat der in Berlin für die Sache zuständige Geheimrat Schmidt im Namen des Ministers in zwei Schreiben gleichen Wortlauts und unter Beifügung des Rahlfs'schen Plans sowie Wellhausens Begleitbriefs sowohl die Königliche Gesellschaft der Wissenschaften zu

---

346 Neuschäfer/Schäfer, Dokumentation (2013), 367–368 (Quelle: Archiv des Septuaginta-Unternehmens der Akademie der Wissenschaften zu Göttingen).
347 Beide Zitate: Neuschäfer/Schäfer, Dokumentation (2013), 368 (Quelle: Archiv des Septuaginta-Unternehmens der Akademie der Wissenschaften zu Göttingen).

Göttingen als auch die Königlich-Preußische Akademie der Wissenschaften zu Berlin um eine „möglichst umgehende Äußerung" zur Sache.[348]

In Göttingen unterrichtete daraufhin Friedrich Leo,[349] seit 1897 Sekretär der philologisch-historischen Klasse der Gesellschaft, am 1. September den Vorsitzenden Sekretär, Ernst Ehlers,[350] über die Angelegenheit. Da die Sache „sehr wichtig" sei, müsse man nun behutsam vorgehen und daher am besten zuerst Eduard Schwartz[351] um seinen Rat in Form eines Fachgutachtens ersuchen.[352] Auf Ehlers' Bitte hin antwortete Schwartz am 3. September mit einem Gutachten, in dem er sich mit dem Plan grundsätzlich einverstanden erklärte, ihn allerdings u.a. dahingehend ergänzte, dass dem Leiter, also Rahlfs, ein Beirat zur Seite gestellt werden solle, in dem die Arbeitsschritte zu beraten und auch die Vorschläge des Leiters zur Anstellung von Mitarbeitern zu bestätigen seien.[353] Hinsichtlich der zu erwartenden Dauer des Unternehmens war Schwartz allerdings sehr skeptisch:

---

348 Vgl. UA Göttingen, Kuratorialakte 4 Ve 1 Nr. 51, und Archiv der Berlin-Brandenburgischen Akademie der Wissenschaften, PAW (1812–1945), II-VII-228, 1.

349 Friedrich Leo (1851–1914), Latinist, Studium in Göttingen, dann in Bonn bei Franz Bücheler und Hermann Usener. Nach der Promotion im Jahre 1873 bereiste Leo längere Zeit Italien und Griechenland und habilitierte sich schließlich 1877 in Bonn. 1881 außerordentlicher Professor in Kiel, 1883 ordentlicher Professor in Rostock, 1888 in Straßburg. Auf Wunsch seines Freundes Ulrich von Wilamowitz-Moellendorff erging 1889 an Leo der Ruf auf den latinistischen Lehrstuhl nach Göttingen, den er bis zu seinem Tod innehatte. Vgl. E. FRAENKEL, Leo (1914/1964); CLASSEN, Leo (2001).

350 Ernst Heinrich Ehlers (1835–1925), Medizinstudium in Göttingen, Promotion 1861, 1869 ordentlicher Professor für Zoologie, Vergleichende Anatomie und Veterinärmedizin in Erlangen, 1874 Direktor des Zoologisch-zootomischen Instituts in Göttingen, seit 1874 ordentliches Mitglied der Göttinger Gesellschaft der Wissenschaften, deren Vorsitzender Sekretär von 1893 bis 1917. Vgl. ELSNER, Ehlers (2001).

351 Eduard Schwartz (1858–1940) begann sein Studium der Altertumswissenschaften 1875 zunächst bei Hermann Sauppe und Curt Wachsmuth in Göttingen. 1876 wechselte er nach Bonn zu Hermann Usener und Franz Bücheler, 1878 studierte er in Berlin bei Theodor Mommsen und schließlich, 1879, in Greifswald bei Ulrich von Wilamowitz-Moellendorff. Mit letzterem verband ihn zeitlebens eine enge Freundschaft. Nachdem er 1880 in Bonn promoviert worden war, ging Schwartz als Reisestipendiat des Deutschen Archäologischen Instituts nach Italien. 1884 habilitierte er sich (ebenfalls in Bonn) und setzte seine akademische Laufbahn 1887 als ordentlicher Professor der klassischen Philologie in Rostock fort. 1893 ging er nach Gießen, 1897 nach Straßburg und kam 1902 nach Göttingen. 1909 erfolgte der Wechsel nach Freiburg i.B., 1913 erneut nach Straßburg und schließlich erhielt er, nach einem erneuten kurzen Aufenthalt in Freiburg, im Jahre 1919 einen Ruf nach München. Vgl. REHM, Schwartz (1942); DÖPP, Schwartz (2001), außerdem UNTE, Schwartz (2007).

352 Vgl. Archiv der Akademie der Wissenschaften zu Göttingen, Scient 304,1, Nr. 1.

353 Vgl. Archiv der Akademie der Wissenschaften zu Göttingen, Scient 304,1, Nr. 3. Das Gutachten ist vollständig abgedruckt bei NEUSCHÄFER/SCHÄFER, Dokumentation (2013), 370–373.

„M. E. hat Prof. Rahlfs die Zeit erheblich unterschätzt, in der an die Publication der Ausgabe des griechischen Textes gegangen werden darf & kann. Es ist durchaus nicht rathsam diese zu überstürzen; das Fundament ist noch sorgfältig zu legen."[354]

Zusätzlich zu dem Gutachten erhielt Ehlers einen Brief, in dem Schwartz sein Bedauern darüber kundtat, „daß Rahlfs sich nicht direct an uns [sc. *die Göttinger Gesellschaft der Wissenschaften*] gewandt hat; dann hätten wirs leichter gehabt".[355] Den wesentlichen Grund für das von Rahlfs gewählte Vorgehen erblickt Rudolf Smend d.J.[356] in dem bevorstehenden Ruhestand des Ministerialdirektors Althoff am 1. Oktober 1907, der seinerseits die Göttinger Interessen stets ausdrücklich protegiert hatte. Als weiteren Grund vermutet er die Absicht der beiden Nicht-Akademiemitglieder Rahlfs und Smend d.Ä., die Gesellschaft auf diese Weise in Zugzwang zu bringen.

Nicht nur in Göttingen musste eine endgültige Stellungnahme noch verabschiedet werden. Auch die Berliner Akademie erteilte dem Ministerium zunächst nur eine vorläufige Antwort: „Das Unternehmen ist von so außerordentlich großem Umfange, daß eine gründliche Prüfung der Angelegenheit durch die zuständige Klasse unbedingt erforderlich ist. Diese Prüfung kann erst nach dem Wiederbeginn der Sitzungen im Oktober stattfinden [...]."[357] Zur Vorbereitung dieser Sitzung äußerte sich Adolf Harnack, im Jahre 1891 gemeinsam mit Theodor Mommsen Begründer des bedeutenden Akademievorhabens „Die griechischen christlichen Schriftsteller der ersten drei Jahrhunderte" (GCS),[358] in einer ersten knappen Stellungnahme, in welcher er – wie zuvor schon Smend d.Ä., Wellhausen und Schwartz – Rahlfs' Eignung als eine wesentliche Voraussetzung für die Realisierung des Vorhabens unterstrich: „Rahlfs ist z.Z. der einzige Gelehrte in Deutschland, der das Unternehmen in die Hand nehmen kann. Seine Septuaginta-Studien Bd. II ('der Text des LXX-Psalters') habe ich durchgearbeitet, teils weil sie mich an sich interessierten, teils weil ich den Verfasser an Gunkel's Stelle hier vorgeschlagen habe. Die Arbeit ist des höchsten Lobes, ja der Bewunderung würdig in Ansehung des Fleißes, der Kenntnisse und der Akribie. Rahlfs wird die Arbeit nicht nur so gut wie Lagarde machen, sondern er wird sie besser machen."[359]

---

354 Archiv der Akademie der Wissenschaften zu Göttingen, Scient 304,1, Nr. 3 (= NEUSCHÄFER/ SCHÄFER, Dokumentation [2013], 372).
355 Archiv der Akademie der Wissenschaften zu Göttingen, Scient 304,1, Nr. 2.
356 Vgl. SMEND d.J., Der geistige Vater (2000), 334–335.
357 Archiv der Berlin-Brandenburgischen Akademie der Wissenschaften, PAW (1812–1945), II-VII-228, 1 (Schreiben vom 3. September 1907).
358 Vgl. dazu HARNACK, Protokollbuch (2000).
359 Archiv der Berlin-Brandenburgischen Akademie der Wissenschaften, PAW (1812–1945), II-VIII-228, 2. Zu Gunkels Berufung vgl. oben, S. 74.

Nachdem vonseiten des Ministeriums wiederholt in Göttingen nachgefragt werden musste, schickten Leo und Ehlers endlich am 1. November 1907 im Namen der Gesellschaft eine von Smend d.Ä., Wellhausen und Schwartz in Anlehnung an das Schwartz'sche Gutachten entworfene Denkschrift (die erste von insgesamt Dreien in den folgenden Jahren) an das Unterrichtsministerium nach Berlin.[360]

Hierin brachte die Gesellschaft ihre Freude über eine mögliche Förderung des Rahlfs'schen Plans zum Ausdruck und wies deutlich auf die Notwendigkeit ausladender Vorarbeiten hin, die die Geldgeber jedoch nicht abschrecken dürften, da diese durchaus selbstständigen Wert hätten und somit auf jeden Fall wichtige Ergebnisse liefern würden. Weiter hieß es: „Mit dem Plan des Professors Rahlfs erklärt die Gesellschaft sich im Prinzip einverstanden. Sie wünscht ihn aber in einem sofort zu nennenden Punkte, den Professor Rahlfs, wie ihr bekannt geworden ist, nur im Interesse der Einschränkung der Arbeit bei Seite gelassen hat, *erweitert* zu sehen. In anderer Hinsicht möchte die Gesellschaft die Darlegung des Professors Rahlfs teils näher *präzisieren* teils auch ein wenig *modifizieren*, wobei sie im Wesentlichen ebenfalls seiner Zustimmung gewiß ist."[361] Die *Erweiterung* betraf die Rekonstruktion der Hexapla des Origenes als Vorarbeit für die Rekonstruktion des hexaplarischen Septuaginta-Textes.[362] Hierfür sei die Durcharbeitung

---

360 Vgl. zur Entstehung dieser Denkschrift SMEND d.J., Der geistige Vater (2000), 335.

361 Archiv der Berlin-Brandenburgischen Akademie der Wissenschaften, PAW (1812–1945), II-VIII-228, 19–22 (Kursivsetzung CS). Der Entwurf des Schreibens liegt im Archiv der Akademie der Wissenschaften zu Göttingen, Scient 304,1, Nr. 8; eine Transkription dieses Entwurfs vom 26. Oktober 1907 bietet SMEND d.J., Der geistige Vater (2000), 335–337.

362 „Um die Mitte des 3. Jh. n. Chr. stellte Origenes in der Hexapla den ihm vorliegenden hebräischen Text des Alten Testament (1. Kolumne), dessen griechische Transkription (2. Kol.) sowie die jüngeren Revisionen des Aquila (3. Kol.), Symmachus (4. Kol.) und Theodotion (6. Kol.) in Parallelkolumnen nebeneinander. Als fünfte Kolumne enthielt die Hexapla den Septuaginta-Text, den Origenes unter Verwendung aristarchischer Zeichen (benannt nach dem alexandrinischen Philologen Aristarch von Samothrake) seiner hebräischen Vorlage zum wissenschaftlichen Gebrauch anglich: mit dem Asteriskus (※) am Anfang und dem Metobelus (↙) am Ende versah er Auslassungen der Septuaginta gegenüber dem hebräischen Text, die er aus einer der drei jüngeren Übersetzungen ergänzte, mit dem Obelus (÷) markierte er Septuaginta-Überschüsse gegenüber dem hebräischen Text. Erst seit Anfang des 4. Jh. n. Chr. erfuhr die separat überlieferte fünfte Kolumne der Hexapla eine große Verbreitung [*wie Rahlfs vermutet, als Reaktion auf den Erfolg der lukianischen Rezension; vgl.* RUTH (1922), 13; GENESIS (1926), 15; HANDAUSGABE *1 (1935), XIV; CS*] und avancierte zumindest nach dem Zeugnis des Hieronymus zum offiziellen Bibeltext in Palästina. Diese weitläufige Nutzung der origenischen Rezension, wegen ihres Ursprungs später auch ‚hexaplarische Rezension' genannt, führte nun allerdings dazu, dass die aristarchischen Zeichen in der griechischen Handschriftenüberlieferung fast vollständig verloren gingen, da ihr Wert ohne den hexaplarischen Kontext für Kopisten kaum mehr verständlich war" (SCHÄFER, Benutzerhandbuch I [2012], 101). Vgl. zur Hexapla FIELD, Hexapla 1 (1875), li–lxiii, bes. lii–lvii (über die aristarchischen Zeichen), und insbesondere die Beschreibung von NEUSCHÄFER, Kritische Edition (2004), 134–135.

sämtlicher Catenen[363] zum Alten Testament notwendig – ein Unterfangen von solchem Umfang, dass „sich das Septuaginta-Unternehmen [*dabei*] mit der Kirchenväter-Commission der Berliner Akademie" zu verständigen habe.[364] Die *Präzision* betraf zum einen die Feststellung, dass der von Lagarde gewiesene Weg nicht unbedingt der richtige sein müsse, obgleich er zweifelsohne als Anhaltspunkt für die Klassifizierung der vielen griechischen Handschriften von Bedeutung bliebe. Zum andern dürfe nicht außer Acht gelassen werden, dass „jedes einzelne Buch der Septuaginta auf seine Eigenart studiert werden [*müsse*]. Wortschatz, Sprachgebrauch und Übersetzungsweise der verschiedenen Übersetzer verlangen überall die sorgfältigste Untersuchung. Von hier aus ist die vielgestaltige Textüberlieferung zu prüfen und eklektisch zu sichten. Voraussetzung ist dabei ein intimes Studium des Urtextes."[365] Schließlich sei Rahlfs' Plan hinsichtlich seines Zieles dahingehend zu *modifizieren*, dass der Zeitpunkt für eine von Rahlfs vorgeschlagene Handausgabe, in welcher der ursprüngliche Septuaginta-Text unter Beifügung der wichtigsten rezensionellen Varianten dargeboten werden sollte, unbestimmt bleiben müsse: Aufgrund ihrer Überlieferungsgeschichte könne ein völlig einheitlicher Text der Septuaginta nie geschaffen werden, da sie „schon von den Juden fortgehend nach dem hebräischen Text korrigiert [*worden sei*] und [...] ganze Bücher des Alten Testaments mehr als Eine [sic] Übersetzung erfahren" hätten.[366] Nicht in einer vorläufigen Edition mit ausgewählten Varianten sah man daher den Hauptzweck des Unternehmens. Vielmehr sei die Bearbeitung der Septuaginta vor allem an den Erfordernissen für die Textkritik des Hebräischen ausgerichtet, weswegen zuerst diejenigen Septuaginta-Varianten zu sammeln seien, die Rückschlüsse auf eine abweichende hebräische Vorlage erlaubten.[367]

Mit Wiederbeginn der Sitzungen wurde Rahlfs' Plan nun auch in der Berliner Akademie diskutiert: Am 7. November 1907 erörterte die philosophisch-historische (philos.-hist.) Klasse das weitere Vorgehen und sprach die Empfehlung aus, das Septuaginta-Unternehmen nicht einer Akademie allein, sondern der Leitung der im Oktober 1899 gegründeten Internationalen Assoziation der Akademien[368]

---

363 Unter einer Catene versteht man die sich seit dem 6. Jh. n. Chr. entwickelnde Form des Bibelkommentars, in welcher der biblische Text von hintereinander gereihten (resp. geketteten) Exzerpten aus Kommentaren von (in der Regel namentlich genannten) Kirchenschriftstellern entweder gerahmt (Rand- resp. Rahmencatene) oder unterbrochen (Text- resp. Breitcatene) ist. Vgl. dazu DORIVAL, Commentaires (1984); MÜHLENBERG, Katenen (1989); NEUSCHÄFER, Katene (³2002).

364 Archiv der Berlin-Brandenburgischen Akademie der Wissenschaften, PAW (1812–1945), II-VIII-228, 19–22.

365 Archiv der Berlin-Brandenburgischen Akademie der Wissenschaften, PAW (1812–1945), II-VIII-228, 19–22.

366 Archiv der Berlin-Brandenburgischen Akademie der Wissenschaften, PAW (1812–1945), II-VIII-228, 19–22.

367 Vgl. zum Voranstehenden: Archiv der Berlin-Brandenburgischen Akademie der Wissenschaften, PAW (1812–1945), II-VIII-228, 19–22.

368 Von den fünf Akademien in London, Göttingen, Leipzig, München und Wien „ging 1898 der Gedanke aus, eine umfassende Organisation zu schaffen, insbesondere durch die Einbeziehung der Akademien in Berlin, Paris, Petersburg und Rom. Bereits im März 1899 konnte die

unter Wahrung der Oberaufsicht der Göttinger Gesellschaft zu unterstellen, um auf diese Weise nicht nur die wissenschaftliche Beratung durch möglichst viele Gelehrte, sondern vor allem auch eine langfristige stabile Finanzierung des Vorhabens sicherstellen zu können.[369] Diese Empfehlung wurde in der Stellungnahme der Berliner Akademie mit dem klugen Vorschlag verbunden: „Bis die Assoziation der Akademien den Beschluß faßt, das Unternehmen zu dem ihrigen zu machen und die Modalitäten festgestellt hat, werden aber im besten Fall zwei Jahre vergehen; denn die Assoziation arbeitet langsam. Diese zwei Jahre dürfen nicht ungenutzt verstreichen, d.h. die vorzügliche Kraft des Hrn. Rahlfs sollte schon in dieser Zeit ganz der Vorbereitung des Unternehmens zu gut kommen. Auch als Einzelner vermag er viel zu tun, und zugleich wird er diese zwei Jahre benutzen können, um sich darüber Gewissheit zu verschaffen, ob er überhaupt die nötigen Mitarbeiter für das große Werk findet. In seiner Eingabe sagt er nichts darüber, und doch ist neben den nötigen Geldmitteln und dem befähigten Führer ein Stab von ausführenden Gelehrten die dritte Vorbedingung [...] Die K[önigliche] Akad[emie] würde es mit besonderem Dank begrüßen, wenn Hrn. Rahlfs auf 2 Jahre je 5000 M. gewährt werden könnten. Diese Summe würde selbst dann nicht

---

Royal Society als Ergebnis ihrer Erkundungen nach Wien melden, daß Paris, Petersburg und Rom den Vorschlag zur Bildung einer Assoziation billigten und Washington Interesse zeigte. [...] Die Akademie in Berlin verhielt sich zunächst ähnlich wie bei der Gründung des «Kartells» [vgl. *dazu in diesem Abschnitt unten, S. 86, Anm. 376; CS*] zurückhaltend, und zwar ganz im Gegensatz zu den anderen Akademien in Deutschland und im Ausland [...]. Die Gründung der Internationalen Assoziation der Akademien erfolgte im Oktober 1899 durch die zehn Akademien in Berlin, Göttingen, Leipzig, London (Royal Society), München, Paris (Académie des Sciences), Petersburg, Rom, Washington und Wien. Neun weitere Akademien wurden von der Gründungsversammlung zur Teilnahme an den Arbeiten der Assoziation eingeladen. Diese traten der Assoziation ebenfalls bei. [...] Weiterhin wurden in der Folgezeit noch fünf Akademien aufgenommen, wofür jeweils eine Zweidrittelmehrheit der Mitglieder der Assoziation erforderlich war. [...] Damit hatte sich die Zahl der Mitglieder der Assoziation unmittelbar vor dem ersten Weltkrieg auf 24 erhöht. [...] Das leitende Gremium der Internationalen Assoziation der Akademien war die alle drei Jahre tagende Generalversammlung. Die Geschäfte führte diejenige Akademie, an deren Sitz die nächstfolgende Generalversammlung stattfand. Die von allen beteiligten Akademien benannten Vertreter trafen sich 1901 in Paris, 1904 in London, 1907 in Wien, 1910 in Rom und 1913 in Petersburg. Die für 1916 bereits geplante Generalversammlung in Berlin fand wegen des ersten Weltkrieges nicht mehr statt. Zwischen den Generalversammlungen tagten nach Bedarf Beratungen von Vertretern interessierter Akademien, die auch regelmäßigen schriftlichen Kontakt untereinander über die Angelegenheiten der Assoziation hielten" (GRAU, Berühmte Wissenschaftsakademien [1988], 278–280). Zur Organisation der Internationalen Assoziation der Akademien vgl. die ausführliche Darstellung von GIERL, Geschichte (2004), 321–562.

369 Vgl. Archiv der Berlin-Brandenburgischen Akademie der Wissenschaften, PAW (1812–1945), II-V-163, 34, außerdem a.a.O., II-VIII-228, 2 und 15.

nutzlos sein, vielmehr reiche Früchte bringen, wenn – was wir nicht hoffen – das große Unternehmen nicht zu Stande käme."[370]

Als Reaktion auf diese Stellungnahme erging am 8. Januar 1908 das folgende, von Geheimrat Schmidt verfasste Ministerialschreiben an die Berliner Akademie: „Vor weiterem erscheint es mir zweckmäßig, daß die Königliche Akademie der Wissenschaften mit der Gesellschaft der Wissenschaften in Göttingen über die Organisation des Unternehmens in direkten Gedankenaustauch eintritt und mir nach Abschluß der Verhandlungen einen von beiden Körperschaften gut geheißenen Plan vorlegt. Sollte eine mündliche Verhandlung sich als notwendig herausstellen, würde ich gern bereit sein, zu einer Sitzung in dem mir unterstellten Ministerium einen Kommissar zu entsenden." Auch griff er den Vorschlag einer finanziellen Verankerung des Septuaginta-Unternehmens innerhalb der Assoziation der Akademien auf und unterstrich seine Notwendigkeit: Preußen werde auf Dauer nicht die alleinige finanzielle Verantwortung für ein Projekt tragen, dessen „Ergebnisse allen christlichen Nationen zu Gute" komme. Eine Anschubfinanzierung bis zur nächsten Tagung der assoziierten Akademien müsse ebenfalls von der Berliner Akademie und der Göttinger Gesellschaft zunächst alleine geleistet werden, einen etwaigen Fehlbetrag könne Preußen unter Umständen beisteuern.[371]

Am 4. März 1908 wurde daraufhin in Berlin eine „Konferenz von Vertretern beider Akademien unter dem Vorsitz des Herrn Geheimrats Schmidt als Vertreters des vorgesetzten Ministeriums abgehalten".[372] Aus Göttingen nahmen daran teil: Friedrich Leo und Eduard Schwartz als ordentliche Mitglieder der Gesellschaft, außerdem „nach dem besonderen Antrage der Königlich Preußischen Akademie Herr Professor Rahlfs"[373] als sachverständiges Mitglied ohne Stimmrecht[374] sowie Rudolf Smend d.Ä. anstelle des krankheitsbedingt verhinderten Julius Wellhau-

---

370 Archiv der Berlin-Brandenburgischen Akademie der Wissenschaften, PAW (1812–1945), II-VIII-228, 16–17 (ein von Harnack am 16. November 1907 verfasster Entwurf eines Antwortschreibens der philos.-hist. Klasse der Akademie der Wissenschaften zu Berlin an das Unterrichtsministerium; in Auszügen abgedruckt bei NEUSCHÄFER/SCHÄFER, Dokumentation [2013], 377–379).

371 Alle Zitate: Archiv der Berlin-Brandenburgischen Akademie der Wissenschaften, PAW (1812–1945), II-VIII-228, 18. Vgl. auch NEUSCHÄFER/SCHÄFER, Dokumentation (2013), 379.

372 KOMMISSION, Bericht (1908), 17.

373 Archiv der Berlin-Brandenburgischen Akademie der Wissenschaften, PAW (1812–1945), II-V-163, 49; Abschrift: a.a.O., II-VIII-228, 24 (Sitzung der philos.-hist. Klasse am 6. Februar 1908, Schreiben vom 14. Februar 1908).

374 Vgl. das Schreiben von Ehlers an die Berliner vom 22. Februar 1908 im Archiv der Berlin-Brandenburgischen Akademie der Wissenschaften, PAW (1812–1945), II-VIII-228, 26; Archiv der Akademie der Wissenschaften zu Göttingen, Scient 304,1, Nr. (16).

sen. Die Berliner Akademie war durch Adolf Harnack und Ulrich von Wilamowitz-Moellendorff auf der Konferenz vertreten. Es wurde „beschlossen, das [*gemeinsame*] Unternehmen der Leitung [*der Göttinger*] Gesellschaft zu unterstellen und die vorerst auf M. 7500 jährlich veranschlagten Kosten für die ersten zwei Jahre durch Jahresbeiträge [*der Göttinger*] Gesellschaft, der Kgl. Preußischen Akademie und des Kgl. Ministeriums von je M. 2500 zu decken".[375] Ferner war man sich einig, bei nächster Gelegenheit die Sache dem ‚Kartell'[376] vorzulegen und unter dessen Dach anzusiedeln, um auf diese Weise nicht von einer langwierigen Entscheidung der Assoziation abhängig sein zu müssen.[377]

Nachdem die Anschubfinanzierung somit fürs erste gesichert war, konnte das Septuaginta-Unternehmen am 1. April 1908 mit Rahlfs als Leiter offiziell seine Arbeit in zwei als Büro eingerichteten und mit einer kleinen Handbibliothek versehenen Zimmern in der Kurze Geißmarstraße 40 in Göttingen aufnehmen.[378] Der

---

375 Kᴏᴍᴍɪssɪᴏɴ, Bericht (1908), 17.

376 „Die erste organisierte Form der Zusammenarbeit zwischen Akademien entstand 1893 in Deutschland mit dem «Verband der wissenschaftlichen Körperschaften», dem sich die Akademien in Göttingen, Leipzig, München und – als außerdeutsche Akademie – Wien anschlossen. Berlin [*obgleich neben Wien Initiatorin dieses Verbandes; CS*] trat erst 1906 bei [...]. Die Vereinigung ist in der Wissenschaftsgeschichte unter dem Namen «Kartell» bekannt. Der eigentliche Anlaß für die Gründung des «Kartells» war die Durchführung von Arbeiten, die über das Vermögen einer Akademie hinausgingen" (Gʀᴀᴜ, Berühmte Wissenschaftsakademien [1988], 277; vgl. auch Dᴇʀs., Kartell [1995], sowie die ausführliche Darstellung von Gɪᴇʀʟ, Geschichte [2004], 213–320).

377 Vgl. dazu das Schreiben von Ehlers an die Berliner Akademie vom 7. März 1908 (Archiv der Berlin-Brandenburgischen Akademie der Wissenschaften, PAW [1812–1945], II-XII-2, 15), außerdem Harnacks Ansicht, „daß eine einhellige Erklärung der kartellierten Akademien dem Unternehmen auch nach der finanziellen Seite von Nutzen sein werde" (a.a.O., II-XII-2, 169). Vgl. auch die im Juni 1908 im Anschluss an den Kartelltag in Berlin von Rahlfs angefertigte Aktennotiz im Archiv des Septuaginta-Unternehmens der Akademie der Wissenschaften zu Göttingen (ohne Signatur): „Es bleibt vorbehalten, das Unternehmen vor die Assoziation der Akademien zu bringen, wenn der Stand der Arbeiten es wünschenswert u[*nd*] möglich macht, außerdeutsche Kräfte u[*nd*] Mittel heranzuziehen." Dass nicht nur organisatorische, sondern auch deutsch-nationale Motive bei der Vermeidung der Einbeziehung außerdeutscher Wissenschaftsorganisationen eine Rolle spielten, klingt hier bereits an und wird dann in der zweiten Denkschrift (s. dazu in diesem Abschnitt unten, S. 91) offensichtlich. Vgl. zur Frage, inwieweit solche Motive ggf. auch ansonsten bei Rahlfs zu finden sind, unten, S. 102–105.

378 Vgl. Kᴏᴍᴍɪssɪᴏɴ, Bericht (1908), 17. Die Räumlichkeiten des Septuaginta-Unternehmens sollten während Rahlfs' Zeit als Leiter (1908–1934) noch zweimal wechseln. Dazu heißt es in den entsprechenden Jahresberichten: „Das Bureau des Septuaginta-Unternehmens war seit Beginn desselben (April 1908) in zwei einfenstrigen Zimmern der früheren Frauenklinik untergebracht, die uns vom Kgl. Universitäts-Kuratorium unentgeltlich zur Verfügung gestellt waren. Da die Räume bei der wachsenden Zahl der Hülfsarbeiter nicht mehr ausreichten, und andere genügende Räume vom Kgl. Kuratorium nicht zur Verfügung gestellt werden konnten, haben wir

in den Denkschriften geforderte ‚Beirat' bestand aus einer weiteren und einer engeren Kommission, die sich beide ebenfalls im April erstmals konstituierten:[379]

> „Die weitere Kommission, der von der Gesellschaft die allgemeine Leitung übertragen ist, setzt sich zusammen aus den beiden Sekretären der Gesellschaft, deren einer jeweils in den Kommissionssitzungen den Vorsitz führt, und aus den Herren Bonwetsch[380], Rahlfs, Smend, Wackernagel,[381] Wellhausen und Wendland[382]. Die engere Kommission besteht aus

---

zu Ostern 1912 die für unsere Zwecke sehr geeignete zweite Etage des Privathauses Düsterer Eichenweg 19 gemietet und sind am 20. April 1912 dorthin übergesiedelt" (DIES., Bericht [1912], 23). – „Das Bureau des Septuaginta-Unternehmens, das sich seit Ostern 1912 im Hause des Herrn Dr. Lindemann Düsterer Eichenweg 19[II] befunden hatte, ist Ende Dezember 1919 in das Gartenhaus des Herrn Prof. Rahlfs Friedländerweg 10 überführt worden" (DIES., Bericht [1919], 39). – „Die Bibliothek und die wissenschaftlichen Sammlungen des Unternehmens wurden aus dem Hause des Herrn Rahlfs in die Universitätsbibliothek überführt" (DIES., Bericht [1934], 32); vgl. schließlich auch DIES., Bericht (1936), 37: „Durch das Entgegenkommen des Herrn Universitätskurators wurde dem Unternehmen zum 1. II. 37 die seit dem Tode des Herrn Rahlfs dringend benötigte Anzahl von Arbeitsräumen zur Verfügung gestellt, sodaß es dem Unternehmen jetzt möglich ist, wie früher ungehindert seine wissenschaftlichen Aufgaben durchzuführen und wieder auswärtigen Gelehrten seine Sammlungen in Göttingen zugänglich zu machen."

379 Vgl. NEUSCHÄFER/SCHÄFER, Dokumentation (2013), 379.

380 Zu Bonwetsch s. oben, S. 43, Anm. 194.

381 Jacob Wackernagel (1853–1938), Indogermanist und Sprachwissenschaftler, 1881 ordentlicher Professor für klassische Philologie in Basel, 1902 Ordinarius für vergleichende Sprachwissenschaft in Göttingen, seit 1915 in Basel. Wackernagel war 1912/13 Prorektor der Göttinger Universität und 1914/15 Sekretär der Gesellschaft der Wissenschaften. Zu seinen bedeutenden Werken gehören die vierbändige, von Albert Debrunner (Band 2,2) vollendete *Altindische Grammatik* (Göttingen 1896–1954), seine *Vorlesungen über Syntax mit besonderer Berücksichtigung von Griechisch, Lateinisch, und Deutsch* (zwei Reihen, Göttingen 1920–1924), sowie die von der Göttinger Akademie der Wissenschaften herausgegebenen drei Bände *Kleine Schriften* (Göttingen 1953–1979). Vgl. HAEBLER, Wackernagel (2001). Von Wackernagels bleibender, geradezu herzlicher Verbundenheit mit Rahlfs und dem Septuaginta-Unternehmen (auch nach seinem Fortgang nach Basel) vermitteln die über 20 Postkarten und Briefe (verfasst zwischen 6. September 1915 und 15. Juli 1932) im Archiv des Septuaginta-Unternehmens einen umfassenden Eindruck.

382 Paul Wendland (1864–1915), klassischer Philologe, 1883 bis 1885 Studium bei Hermann Diels und Hermann Usener in Bonn, 1902 ordentlicher Professor für klassische Philologie in Kiel, 1906 in Breslau, 1909 in Göttingen. Wendlands Hauptinteresse galt der hellenistischen (Kultur-) Welt zur Zeit des Neuen Testaments. Hier war es insbesondere Philo von Alexandrien, dem er sich intensiv widmete. Gemeinsam mit Leopold Cohn gab er zwischen 1896 und 1915 Philos Werke heraus (*Philonis opera quae supersunt*). Wendlands Philo-Ausgabe gilt, ebenso wie seine Edition des Aristeasbriefes (*Bibliotheca Scriptorum Graecorum et Romanorum Teubneriana*, Leipzig 1900), noch heute als Standardausgabe. Neben diesen Editionen zeigte Wendland in verschiedenen Beiträgen zahlreiche Bezüge zwischen dem Neuen Testament und seiner hellenistischen Umwelt auf und veröffentlichte mit dem Werk *Die hellenistisch-römische Kultur*

den Herren Rahlfs, Smend, Wackernagel (Vorsitzendem) und Wendland. Sie hat die Kontrolle über alle Veröffentlichungen des Septuaginta-Unternehmens. Auch sind alle Mitglieder derselben jederzeit nach Maßgabe der ihnen zur Verfügung stehenden freien Zeit zu positiver Mitarbeit erbötig. Bis zu seinem Fortgang nach Freiburg i. B. im Frühjahr 1909 war auch Herr Eduard Schwartz als Mitglied der weiteren und Vorsitzender der engeren Kommission an dem Unternehmen beteiligt."[383]

---

in ihren Beziehungen zu Judentum und Christentum (1. Aufl. 1907) eine Gesamtdarstellung der jüdisch-hellenistischen Literatur. Vgl. POHLENZ, Wendland (1916).

383 KOMMISSION, Bericht (1909), 137; vgl. auch DIES., Bericht (1913[II]), 5. Über die Zusammensetzung der Kommissionen bis zu Rahlfs' Rücktritt von der Leitung des Septuaginta-Unternehmens zu Ostern 1934, der infolge seines Augenleidens unumgänglich geworden war (vgl. UA Göttingen, Kuratorialakte XVI.I.A.a, 153, sowie UA Göttingen, Theol. PA 0027, 11), erteilen die entsprechenden Jahresberichte folgende Auskünfte: Wendland war im September 1915 verstorben. „Auch sonst sind in der engeren Septuaginta-Kommission mehrere Änderungen zu verzeichnen. Herr Prof. Jacob Wackernagel, der seit Ostern 1909 den Vorsitz geführt hatte, legte denselben infolge seines Fortgangs nach Basel im August 1915 nieder, blieb aber auf seinen Wunsch auch als Auswärtiger in der Kommission und fuhr auch von Basel aus fort, Herrn Rahlfs, wie er bereits seit Herbst 1914 getan hatte, bei der Druckkorrektur der ,Mitteilungen des Septuaginta-Unternehmens' zu unterstützen. – Als neue Mitglieder traten in die Kommission ein die Herren Alfred Bertholet, Enno Littmann und Richard Reitzenstein. Herr Bertholet übernahm nach Herrn Wackernagels Fortgang den Vorsitz. Die engere Septuaginta-Kommission besteht also nunmehr aus den ortsansässigen Herren Bertholet (Vorsitzender), Littmann, Pohlenz, Rahlfs, Reitzenstein und dem auswärtigen Mitgliede Herrn Wackernagel" (KOMMISSION, Bericht [1915], 15–16). – „Aus der Septuaginta-Kommission schied [*im Jahre 1917*] Herr Enno Littmann infolge seiner Berufung nach Bonn aus. Sie besteht seitdem noch aus den ortsansässigen Herren Bertholet (Vorsitzender), Pohlenz, Rahlfs, Reitzenstein, und dem auswärtigen Mitgliede Herrn Wackernagel in Basel" (DIES., Bericht [1917], 35). – „Die engere Septuaginta-Kommission hat sich [*im Jahre 1922*] durch Hinzuwahl des Herrn Prof. Walter Bauer vervollständigt" (DIES., Bericht [1922], 22). – „Herr Prof. Alfred Bertholet, der seit 1915 den Vorsitz in der Septuaginta-Kommission geführt hatte, schied infolge seiner Berufung nach Berlin mit dem Sommersemester 1928 aus, und Herr Prof. Walter Bauer übernahm an seiner Stelle den Vorsitz" (DIES., Bericht [1928], 30). – „Aus der engeren Septuaginta-Kommission schied [*im Jahre 1929*] Herr Prof. Richard Reitzenstein auf eigenen Wunsch aus. Sie besteht nunmehr aus den Herren Bauer (Vorsitzender), Pohlenz, Rahlfs und dem auswärtigen Mitglied Prof. Jacob Wackernagel in Basel" (DIES., Bericht [1929], 25). – „Neben dem bisher alleinigen Leiter des Septuaginta-Unternehmens, Herrn Rahlfs, wurde [*im Jahre 1931*] von der Gesellschaft der Wissenschaften Herr Dr. Werner Kappler, der schon seit dem Wintersemester 1922/23 bei dem Unternehmen mitgearbeitet hatte, als zweiter Leiter desselben angestellt und trat diese Stellung am 1. August 1931 an" (DIES., Bericht [1931], 29). – „Die engere Septuaginta-Kommission hat sich [*im Jahre 1932*] durch Hinzuwahl von Herrn Prof. Kurt Latte vervollständigt; sie besteht nunmehr aus den Herren W. Bauer (Vorsitzender), Latte, Pohlenz, Rahlfs. In der weiteren Septuaginta-Kommission kommen hinzu die beiden Sekretäre der Gesellschaft der Wissenschaften, sowie auch als auswärtiges Mitglied Herr Prof. Jacob Wackernagel in Basel" (DIES., Bericht [1932], 32). – „In der Septuaginta-Kommission und in der Arbeitsleitung ist im Berichtsjahr 1933 keine Änderung eingetreten. Herr Rahlfs war, wie bisher, der erste Leiter des Unternehmens, legte aber am Schluß des Geschäftsjahres [= *Ostern 1934; CS*] die Leitung

Auf Antrag der Göttinger Gesellschaft der Wissenschaften, sekundiert von der Berliner Akademie, wurden die Pläne des Septuaginta-Unternehmens am 13. Juni 1908 auf der Versammlung der kartellierten Akademien in Berlin dem Kartell vorgelegt, und zudem eine Kommission eingesetzt, die den nötigen institutionellen Rahmen des Vorhabens gewährleisten sollte. Der folgenden Erklärung erteilten die Akademien in Berlin, Göttingen, Leipzig und München im Januar 1909,[384] sodann im Mai auch die Kaiserliche Akademie der Wissenschaften in Wien,[385] ihre Zustimmung und nahmen das Septuaginta-Unternehmen somit unter ihre Schirmherrschaft:

> „1. Die vereinigten Akademien erklären die Ausgabe der Septuaginta und ihrer Töchterversionen für eine eminent wichtige Aufgabe, die sie nach ihren Kräften zu fördern und deren Lösung sie insbesondere durch Aufbringung von Mitteln zu ermöglichen bestrebt sein werden.
> 2. Nach dem Antrage der Göttinger Gesellschaft der Wissenschaften überlassen sie die ersten Arbeiten innerhalb der nächsten Jahre eben dieser Gesellschaft.
> 3. Die vereinigten Akademien werden auf Antrag der Göttinger Gesellschaft der Wissenschaften stets bereit sein, sich an der Leitung und Durchführung der Arbeiten zu beteiligen. Auch behalten sie sich vor, von sich aus den Antrag auf direkte Mitwirkung zu stellen, sobald sie finanziell an dem Unternehmen beteiligt sind, oder sonst Momente eintreten, die ihnen die Mitwirkung erwünscht sein lassen."[386]

Ein knappes Jahr später, auf dem am 28. Mai 1909 in Wien veranstalteten Kartelltag, wurden die Beschlüsse während der Sitzung der vom Kartell eingesetzten Septuaginta-Kommission schließlich noch einmal bekräftigt. Darüber hinaus ist im Protokoll verzeichnet: „Die Kommission nimmt von dem finanziellen und Arbeitsbericht der Göttinger Gesellschaft Kenntnis. Indem sie sich vorbehält, in den nächsten Jahren auf die Geldfrage zurückzukommen, empfiehlt sie schon jetzt, daß einzelne Akademiker privat und vertraulich interessierten Männern

nieder. Diese ist einstweilen an den zweiten Leiter des Unternehmens, Herr Dr. Werner Kappler, übergegangen" (DIES., Bericht [1953], 30; vgl. auch unten, ab S. 283).

384 Vgl. Archiv der Berlin-Brandenburgischen Akademie der Wissenschaften, PAW (1812–1945), II-XII-2, 203 (Aktennotiz vom 4. Januar 1909).

385 Vgl. Archiv der Berlin-Brandenburgischen Akademie der Wissenschaften, PAW (1812–1945), II-VIII-228, 37; Archiv der Akademie der Wissenschaften zu Göttingen, Scient 304,1, Nr. 28 (Schreiben vom 5. Mai 1909).

386 Protokolle der Kartellversammlung (1908), 4–6; als Druck im Archiv der Berlin-Brandenburgischen Akademie der Wissenschaften unter der Signatur PAW (1812–1945), II-XII-2, 169, vgl. PAW (1812–1945), II-XII-2, 122.126.136.

den Plan vorlegen und ihre finanzielle Beihilfe zu gewinnen suchen."[387] Finanzielle Beihilfen dieser Art blieben allerdings fast vollständig aus, so dass das Unternehmen nach Ablauf der zweijährigen Anschubfinanzierung im Jahr 1909 auf staatliche Unterstützung angewiesen war. Infolgedessen bedurfte es großer Mühen, den ursprünglich veranschlagten Gesamtetat i.H.v. 15.000 Mark schließlich annähernd zu erwirken:[388]

Am 12. Juli 1909 teilte der Vorsitzende Sekretär Ernst Ehlers den „Mitgliedern der Septuaginta-Kommission [...] mit, dass GR Schmidt kürzlich bei seiner Anwesenheit hier gesagt hat, es müsse jetzt für den Etat 1910 der Antrag auf Bewilligung der Mittel für das Septuaginta-Unternehmen, mit ausführlicher Denkschrift, gestellt werden".[389] Für den Entwurf dieser zweiten Göttinger Denkschrift zeichnete Rudolf Smend d.Ä. verantwortlich und stellte seinen Textvorschlag der engeren Kommission am 2. August 1909 vor.[390] Darin hieß es:

> „[...] Interessirt ist an der Aufgabe [*der Wiederherstellung der ursprünglichen Septuaginta; CS*] die gesamte christliche Welt und die philologische und historische Wissenschaft in weitem Umfang, aber gelöst werden kann sie nur von der deutschen Philologie und auch nur auf protestantischem Boden. Denn hierfür kommt nicht nur die Sprachkenntnis, die Sprachwissenschaft und die strenge philologische Methode in Betracht, in denen Deutschland für absehbare Zukunft die Führung hat, sondern ebenso sehr das intime und unbefangen geschichtliche Verständnis des hebräischen Urtextes, das im Deutschen Protestantismus wurzelt. In besonderer Weise ist sodann die Universität Göttingen durch ihre eigentümliche Tradition zur Arbeit an dieser Aufgabe berufen."[391]

---

387 Verhandlungen Kartell (1909), 19–20. Das Protokoll der Sitzung vom 28. Mai 1909 ist abgedruckt bei Neuschäfer/Schäfer, Dokumentation (2013), 382.384.

388 Zu den Zahlungen der Berliner Akademie der Wissenschaften, der Göttinger Gesellschaft der Wissenschaften und der Preußischen Regierung in den Jahren 1908–1909 vgl. Archiv der Berlin-Brandenburgischen Akademie der Wissenschaften, PAW (1812–1945), II-VIII-228, 3.29–32. 34–36.

389 Archiv der Akademie der Wissenschaften zu Göttingen, Scient 304,1, Nr. 37.

390 Im Protokollbuch der Septuaginta-Kommission findet sich dazu lediglich folgender Eintrag: „Herr Smend teilt den Entwurf zu einem Bericht an das Ministerium mit, den er im Auftrag der von Herrn Ehlers präsidierten grösseren LXX-Kommission abgefasst hat" (Archiv des Septuaginta-Unternehmens der Akademie der Wissenschaften zu Göttingen, Protokollbuch der engeren Septuaginta-Kommission [Eintrag vom 2. August 1909], 16).

391 Archiv der Akademie der Wissenschaften zu Göttingen, Scient 304,1, Nr. 38–39; hier zitiert nach: Archiv der Berlin-Brandenburgischen Akademie der Wissenschaften, PAW (1812–1945), II-VIII-228, 42–48 (endgültiges Schreiben). Die Denkschrift ist vollständig abgedruckt bei Smend d.J., Der geistige Vater (2000), 338–340, vgl. auch Neuschäfer/Schäfer, Dokumentation (2013), 384–385.

Unter den Kommissionsmitgliedern stieß Smends emphatische Berufung auf den Protestantismus auf ein geteiltes Echo: Während Ehlers vorsichtig anfragte, ob „die starke Betonung des Protestantismus nöthig und förderlich" sei, wollte Wellhausen den Passus ersatzlos gestrichen sehen, weil dieser sich „unter den gegebenen Verhältnissen von selber" verstehe, „ja auch allerdings mit der Wissenschaft nichts zu thun" habe. Darauf Smend: „Ich überlasse es den übrigen Herren, ob sie den Passus über den Protestantismus stehen lassen wollen. Das Urteil des Kollegen Wellhausen, daß die Wissenschaft mit dem Protestantismus nichts zu tun habe, ist ihm als geborenem Lutheraner nachzusehn." Mit diplomatischer Zurückhaltung schlug sich Rahlfs auf die Seite von Wellhausen: „Der Passus von der deutschen Philologie u[nd] dem Protestantismus scheint mir, obwohl im ganzen zutreffend, die Sache doch etwas zu sehr auf die Spitze zu stellen. Er hat den Zweck, die sofortige Überweisung des Unternehmens an das Kartell und die Assoziation auszuschließen."[392] Schließlich erhielt der Minister der Geistlichen-, Unterrichts- und Medicinal-Angelegenheiten am 13. August 1909 die Denkschrift *unter Einschluss* des strittigen Passus[393] – und lehnte nur zehn Tage später, am 23. August 1909, eine weitere Finanzierung ab: Preußen wolle nicht hauptverantwortlich ein Vorhaben finanzieren, das „so sehr ein alle christlichen Nationen angehendes" sei.[394] Durch eine engere Vernetzung innerhalb des Kartells der Akademien (in Form eines Beirats) solle man zunächst die Voraussetzung für eine zusätzliche Einbeziehung des Reiches schaffen, da sich Preußen nur unter dieser Voraussetzung dazu bereit erklären werde, eine pekuniäre Unterstützung zu gewähren. Am 14. September 1909 unterrichtete Ehlers die Berliner Kollegen:

„Inzwischen ist uns aus dem Ministerium kundgegeben worden, dass von preussischer Seite eine planmässige finanzielle Mitwirkung nur zu erreichen sein werde, wenn eine über Preussen hinausgehende Beteiligung an den Kosten des Unternehmens gewärleistet sei; besonders wird, um die Heranziehung des Reichs ins Werk zu setzen, auf den früher bereits erwogenen Gedanken zurückgegriffen, einen Beirat aus dem Kartell der deutschen Akademien zu bilden. Wir waren bisher der Ansicht, dass die in den Sitzungen der Septuaginta-Commission vom 13. Juni 1908 und 28. Mai 1909 ausgesprochene und in den folgenden Gesamtsitzungen des Kartells bestätigte Billigung des Unternehmens diesem die vom Kartell zu erwartende Stütze vorläufig in ausreichendem Mass gewähre. Bei der

---

392 Alle Zitate: Archiv der Akademie der Wissenschaften zu Göttingen, Scient 304,1, Nr. 38.
393 Eine Abschrift der mit einem kurzen Einführungstext versehenen Denkschrift befindet sich im Archiv der Berlin-Brandenburgischen Akademie der Wissenschaften, PAW (1812–1945), II-VIII-228, 41.
394 Archiv der Akademie der Wissenschaften zu Göttingen, Scient 304,1, Nr. 40. Vgl. auch SMEND d.J., Der geistige Vater (2000), 341–342, sowie NEUSCHÄFER/SCHÄFER, Dokumentation (2013), 385.

Stellung aber, die die preussische Regierung diesem Punkte gegenüber einnimmt, wird es unerlässlich sein, die Frage nach einem vom Kartell zu bildenden Beirat des Unternehmens von neuem zu erwägen. Wir bitten die Akademie um eine Äusserung darüber, ob sie die Einsetzung eines solchen Beirats für wünschenswert hält. In diesem Falle könnte die Angelegenheit auf dem nächsten Kartelltage verhandelt werden. Mit Rücksicht auf diesen und auf andere Fragepunkte, soweit sich solche etwa aus der formalen Behandlung oder aus der Führung der Arbeit ergeben möchten, stellen wir ferner die Frage, ob der Akademie eine Konferenzberatung, an der ausser der Akademie und der Gesellschaft der Wissenschaften auch die Königliche Staatsregierung zu beteiligen wäre, erwünscht erscheint oder ob, wie wir geneigt sind anzunehmen, die schriftliche Behandlung dieser Dinge auch im vorliegenden Falle genügt. Endlich gestatten wir uns darauf hinzuweisen, dass bei der gegenwärtigen Sachlage, da durch den nächstjährigen Etat eine finanzielle Grundlage des Unternehmens zu schaffen nicht mehr möglich ist, zunächst vom 1. April 1910 ab keine Mittel für die weitere Arbeit vorhanden sind. Wir hoffen die durch zwei Jahre geleistete Summe wieder zur Verfügung stellen zu können und richten hierdurch an die Königliche Akademie die Bitte, auch ihrerseits die Bewilligung von 2500M wie für 1908 und 1909 auch für das Jahr 1910 in Aussicht nehmen zu wollen."[395]

Die Anregung, eine Konferenz über die weitere Finanzierung des Septuaginta-Unternehmens abzuhalten, griff die philos.-hist. Klasse der Königlich-Preußischen Akademie auf und unterbreitete den Vorschlag, sich mit Geheimrat Schmidt in Berlin zu treffen.[396] An der am 19. Dezember 1909 stattfindenden Sitzung nahmen aus Göttingen Leo, Wackernagel und Rahlfs,[397] aus Berlin Hermann Diels[398] und Wilamowitz teil. Noch von Berlin aus wurde Ehlers von Friedrich Leo über den

---

395 Archiv der Berlin-Brandenburgischen Akademie der Wissenschaften, PAW (1812–1945), II-VIII-228, 39.

396 Vgl. Archiv der Berlin-Brandenburgischen Akademie der Wissenschaften, PAW (1812–1945), II-VIII-228, 52–54 (Schreiben vom 13. November 1909).

397 Vgl. das Schreiben von Ehlers nach Berlin vom 29. November 1909 im Archiv der Berlin-Brandenburgischen Akademie der Wissenschaften, PAW (1812–1945), II-VIII-228, 57; vgl. außerdem Archiv der Akademie der Wissenschaften zu Göttingen, Scient 304,1, Nr. 48. Den entsprechenden Beschluss dokumentiert das Protokollbuch der engeren Septuaginta-Kommission (Archiv des Septuaginta-Unternehmens der Akademie der Wissenschaften zu Göttingen, Protokollbuch der engeren Septuaginta-Kommission [Eintrag vom 26. November 1909], 27). Von der Finanzierungsproblematik des Unternehmens setzte Wellhausen in einem Schreiben vom 1. Dezember 1909 auch Eduard Schwartz knapp in Kenntnis (vgl. SMEND d.J., Wellhausen Briefe [2013], 548, Nr. 861; Original laut a.a.O., 846 mit Anm. 12, in der Bayrischen Staatsbibliothek München, Schwartziana II.A. Wellhausen, Julius).

398 Hermann Diels (1848–1922), 1867 bis 1871 Studium der klassischen Philologie in Berlin und Bonn (u.a. bei Hermann Usener), 1870 Promotion bei Hermann Usener, zunächst Gymnasiallehrerlaufbahn in Hamburg und Berlin, dann 1882 Extraordinarius für klassische Philologie in Berlin, seit 1886 ordentlicher Professor ebenda. Vgl. URL: http://www.hu-berlin.de/ueberblick/geschichte/rektoren/diels, vom 15.01.2015, außerdem WILAMOWITZ-MOELLENDORFF, Gedächtnisrede Diels (1922/1972), 71–74.

insgesamt zufriedenstellenden Ausgang der Verhandlungen unterrichtet: Das Kartell solle aufgefordert werden, dem Reichskanzler eine Eingabe zu überreichen und darin um die langfristige Finanzierung des Septuaginta-Unternehmens durch das Reich zu bitten. Hierzu habe Göttingen für die Mitglieder des Kartells eine weitere Denkschrift auszuarbeiten und einen Bericht über die bisherigen Arbeiten und anstehenden Pläne anzufertigen.[399]

So verfasste Rudolf Smend d.Ä. Ende Dezember 1909 eine dritte Denkschrift,[400] die ebenso wie der von Rahlfs zur gleichen Zeit für die kartellierten Akademien verfasste ausführliche Arbeitsbericht über das Geschäftsjahr 1909 für einen erweiterten Adressatenkreis bestimmt war.[401] Als erste Reaktion hierauf erklärte sich die Berliner Schwesterakademie bereit, für 1910 noch einmal 2.500 Mark zur Verfügung zu stellen, und gab darüber hinaus die Anregung, den Umfang der noch zu bewältigenden Arbeiten, insbesondere die geplante Auswertung der recht jungen slawischen und arabischen ‚Tochterübersetzungen‘ der Septuaginta, deutlich zu reduzieren, um so „die Geneigtheit der Reichs- und Staatsbehörden, das Nötige zu bewilligen, günstig [zu] beeinflussen".[402]

Dass die 1908/09 erfolgte nachdrückliche Billigung des Septuaginta-Unternehmens durch das Kartell nicht als bloße Floskel, sondern durchaus ernst gemeint war, belegen die nun folgenden Maßnahmen, durch die das Unternehmen zu einer festen Einrichtung der kartellierten Akademien werden sollte: Am 22. Januar 1910 wandte sich die Göttinger Gesellschaft „auf Grund besonderer uns von maßgebender Seite zugegangener Information" an die Königlich Sächsische Gesellschaft der Wissenschaften zu Leipzig als den ‚Vorort‘[403] des Kartells, um dieser vorzuschlagen, „daß die Ueberreichung der Eingabe an den Herrn Reichskanzler durch eine aus je einem Mitgliede der vier Körperschaften bestehende Deputation überreicht werde" und dass „diese Deputation nach den Vorschlägen

---

399 Vgl. Archiv der Akademie der Wissenschaften zu Göttingen, Scient 304,1, Nr. 52.

400 Aus dem Archiv der Akademie der Wissenschaften zu Göttingen, Scient 304,1, Nr. 54, vollständig transkribiert bei SMEND d.J., Der geistige Vater (2000), 342–343.

401 Vgl. NEUSCHÄFER/SCHÄFER, Dokumentation (2013), 385. Vgl. dazu auch die Einträge vom 22. Dezember 1909 und 5. Januar 1910 im Protokollbuch der engeren Septuaginta-Kommission (Archiv des Septuaginta-Unternehmens der Akademie der Wissenschaften zu Göttingen, Protokollbuch der engeren Septuaginta-Kommission, 28–29), die sich auf beide Schriftstücke beziehen. Im Jahresbericht 1910 heißt es: „Im Vorjahre ist kein eigentlicher Jahresbericht über das Septuaginta-Unternehmen erstattet, da kurz vor Schluß des Berichtsjahres der für das Kartell der deutschen Akademien bestimmte ausführliche Bericht erschienen war, der bereits das ganze Kalenderjahr 1909 umfaßte" (KOMMISSION, Bericht [1910], 21).

402 Archiv der Akademie der Wissenschaften zu Göttingen, Scient 304,1, Nr. 60; vgl. Archiv der Berlin-Brandenburgischen Akademie der Wissenschaften, PAW (1812–1945), II-VIII-228, 62–65.

403 Mit ‚Vorort‘ ist die (alternierende) geschäftsführende Akademie des Kartells bezeichnet.

der Körperschaften zu bilden und s. Z. zu berufen" sei.[404] Ein von Göttingen vorgelegter Entwurf der Eingabe wurde vier Tage später innerhalb des Kartells verteilt: Hierin erläuterte man zunächst, dass sowohl das wissenschaftliche Vorhaben als auch der finanzielle Rahmen des Septuaginta-Unternehmens zwar „ungewöhnlich" seien, die Ergebnisse des Projektes allerdings auch das „gegenwärtige Leben der Kulturwelt" berührten. Den ursprünglichen Text der Septuaginta wiederherzustellen bilde das letzte Ziel des Unternehmens, das nur erreicht werden könne, wenn sämtliche dazu notwendigen Arbeiten zentral koordiniert würden. Die Anschubfinanzierung hätten die Berliner Akademie, die Göttinger Gesellschaft sowie Preußen bereits geleistet, „aber für die finanzielle Sicherstellung des Unternehmens reichen die Mittel der Akademien nicht aus". Daher erbitte man die Hilfe des Reiches zur langfristigen Sicherung einer Aufgabe, die – so endet das Gesuch – „zu stützen des Reiches würdig ist und deren Ausführung auch dem deutschen Namen zur Ehre gereichen wird".[405] Am 18. April 1910 um zwölf Uhr mittags wurde die Deputation, angeführt von Ernst Windisch[406], dem Sekretär der phil.-hist. Klasse der Königlich Sächsischen Gesellschaft der Wissenschaften zu Leipzig und somit Vorsitzendem des ‚Vororts' des Kartells, zu einer Audienz bei dem Reichskanzler Theobald von Bethmann Hollweg[407] empfangen.[408]

Doch der Erfolg dieses Treffens blieb aus: Bereits Mitte Oktober wurde den Mitgliedern der engeren Septuaginta-Kommission bekannt, dass das Reichsschatzamt den erbetenen Reichszuschuss abgelehnt hatte.[409] Daraufhin nutzte Friedrich Leo eine sich ihm bietende Gelegenheit, am Rande eines Empfangs

---

404 Alle drei Zitate aus einer Abschrift im Archiv der Berlin-Brandenburgischen Akademie der Wissenschaften, PAW (1812–1945), II-VIII-228, 69.

405 Alle Zitate: Archiv der Berlin-Brandenburgischen Akademie der Wissenschaften, PAW (1812–1945), II-VIII-228, 67–68 (Entwurf einer Eingabe an den Reichskanzler vom 26. Januar 1910).

406 Ernst Windisch (1844–1918), Sprachwissenschaftler, Sanskritist, 1863 bis 1867 Studium der klassischen Philologie in Leipzig, Promotion ebenda 1867, anschließend Hilfslehrer, 1869 Habilitation für Sanskrit und vergleichende Sprachwissenschaft in Leipzig, 1872 ordentlicher Professor der vergleichenden Sprachwissenschaft in Heidelberg, 1875 in Straßburg, seit 1877 ordentlicher Professor für Sanskrit in Leipzig, zugleich einer der führenden Keltologen. 1899–1914 Sekretär der phil.-hist. Klasse der Königlich Sächsischen Gesellschaft der Wissenschaften zu Leipzig. Vgl. HERTEL, Nekrolog Windisch (1922).

407 Theobald von Bethmann Hollweg (1856–1921), Reichskanzler von 1909 bis 1917. Vgl. FRAUENDIENST, von Bethmann Hollweg (1955), außerdem ULLRICH, Großmacht (2013), passim.

408 Vgl. Archiv der Akademie der Wissenschaften zu Göttingen, Scient 304,1, Nr. 80–81.84a; außerdem Archiv der Berlin-Brandenburgischen Akademie der Wissenschaften, PAW (1812–1945), II-VIII-228, 73–74.

409 Vgl. Archiv des Septuaginta-Unternehmens der Akademie der Wissenschaften zu Göttingen, Protokollbuch der engeren Septuaginta-Kommission (Eintrag vom 25. Oktober 1910), 41.

noch einmal beim Reichskanzler zu intervenieren, der immerhin eine erneute Prüfung zusicherte.[410] Im offiziellen Schreiben aus dem Kultusministerium vom 13. November 1910 hieß es daher:

> „Als einziges Mittel, möglicherweise noch eine günstigere Wendung herbeizuführen, würde uns ein nochmaliger Appel [sic] der deutschen Akademien an den Herrn Reichskanzler erscheinen, der ja doch jetzt der Angelegenheit grosses Interesse entgegengebracht und tunlichste Förderung versprochen hat. Wir möchten Sie [sc. *Friedrich Leo*] nun bitten, uns freundlichst Ihre Meinung darüber zu sagen, ob Ihnen die Möglichkeit gegeben scheint, die Akademien für eine nochmalige Befürwortung des Unternehmens beim Herrn Reichskanzler zu gewinnen; Allerdings müsste ein solcher Schritt innerhalb der nächsten 10 bis 14 Tage unternommen werden, falls er auf die Gestaltung des Etats für 1911 noch von möglicher Wirkung sein soll. Falls Sie diesen Weg für gangbar halten, müssten wir uns zunächst in der Reichskanzlei darüber informieren, ob ein solches Vorgehen dort genehm sein sollte."[411]

Leo handelte umgehend und ließ den zuständigen ,Hilfsarbeiter im Ministerium', Hugo Krüß, bereits einen Tag später wissen:

> „[...] es ist mir kein Zweifel, dass die deutschen Akademien bereit sein werden, den Schritt beim Herrn Reichskanzler zu unternehmen, den Sie als letztes Mittel, zu einem günstigen Resultat der LXX angelegenheit zu gelangen, empfehlen. Der Beschleunigung wegen halte ich für das richtige, dass wir den Entwurf einer Eingabe der Berliner Akademie zuschicken und diese ihn an den Vorort des Kartells (K[öniglich] Sächsische G[esellschaft] d[er] W[issenschaften]) weitergibt Die K[öniglich] S[ächsische] G[esellschaft] ist alsdann durch das ihr s. Z. auch von München aus erteilte Mandat in der Lage, die Eingabe sofort an den Herrn R[eichs]K[anzler] im Namen der deutschen Akademien gelangen zu lassen. Ich glaube mich in Uebereinstimmung mit Ihnen in der Voraussetzung, dass es jetzt angezeigter ist, schriftlich vorzugehn, nachdem in der damaligen Audienz beim Herrn R[eichs]K[anzler] die Sache mündlich erörtert worden ist. Sollte ich mich in dieser Voraussetzung irren und dort eine nochmalige mündliche Vertretung der Angelegenheit beim Herrn R[eichs]K[anzler] erwünscht erscheinen, so wäre ich für umgehende Mitteilung dankbar."[412]

Nachdem Krüß ein schriftliches Vorgehen befürwortet hatte, übermittelte Leo am 16. November diesen Bescheid sowie den Entwurf einer neuen Eingabe Hermann

---

410 Vgl. Archiv des Septuaginta-Unternehmens der Akademie der Wissenschaften zu Göttingen, Protokollbuch der engeren Septuaginta-Kommission (Eintrag vom 25. Oktober 1910), 41.
411 Archiv der Berlin-Brandenburgischen Akademie der Wissenschaften, PAW (1812–1945), II-VIII-228, 76; vgl. Archiv der Akademie der Wissenschaften zu Göttingen, Scient 304,1, Nr. 88.
412 Archiv der Berlin-Brandenburgischen Akademie der Wissenschaften, PAW (1812–1945), II-VIII-228, 76 (Leo an Krüß, 14. November 1910).

Diels,[413] der ihn der philos.-hist. Klasse der Berliner Akademie am 17. November vorlegte. Der wissenschaftspolitisch erfahrene Wilamowitz hielt ein weiteres Gesuch beim Reichskanzler „für wenig aussichtsvoll", doch Harnack insistierte, „man solle dem Rat des Cultusministeriums folgen, da er nicht gegeben sei, wenn alle Hoffnung verschwunden sei"; diesem Votum schloss sich die Klasse an.[414] Am 18. November tagte die engere Septuaginta-Kommission in Göttingen und erörterte die Finanzlage: „Die Aussicht auf eine dauernde Reichsunterstützung ist minimal geworden. Der preuss. Finanzminister lehnt lt. einer Herrn Leo zugekommenen Mitteilung jede Beteiligung ab. Es sind nun Verhandlungen eingeleitet wegen e[ines] nochmaligen Versuches die Reichsregierung zu gewinnen. Sollte dieser fehlschlagen, wird man eine Besprechung mit Geh. Rat Schmidt veranstalten müssen, um ihm klar zu machen, dass die Regierung das Unternehmen nicht fallen lassen kann; der Vorsitzende [sc. *Jacob Wackernagel*] erhält einen dahinzielenden Auftrag. Zugleich wird die Hilfe der kartellierten Akademien angerufen werden müssen."[415] Am 19. November 1910 erfolgte schließlich die erneute Eingabe an den Reichskanzler. Es sollte allerdings noch über zwei Monate dauern,[416] bis Krüß am 1. Februar 1911 verlauten ließ, dass die für 1911 nötigen 15.000 Mark zwar nicht mehr in den Etat aufgenommen werden könnten, das Reich aber bereit sei, 7.500 Mark aus dem Dispositionsfonds des Reichskanzlers zu bewilligen, falls Preußen den gleichen Betrag zur Verfügung stelle.[417] Diese Bewilligung wurde mit der Aussicht verbunden, dass „bei den Etatsverhandlungen im Frühjahr und Sommer [...] dann nach dem Wunsche des Herrn

---

413 Vgl. Archiv der Berlin-Brandenburgischen Akademie der Wissenschaften, PAW (1812–1945), II-VIII-228, 75.

414 Beide Zitate: Archiv der Berlin-Brandenburgischen Akademie der Wissenschaften, PAW (1812–1945), II-VIII-228, 77.

415 Archiv des Septuaginta-Unternehmens der Akademie der Wissenschaften zu Göttingen, Protokollbuch der engeren Septuaginta-Kommission (Eintrag vom 18. November 1910), 43–44.

416 Über die in dieser Zeit herrschende Unsicherheit berichtet das Protokollbuch der engeren Septuaginta-Kommission in einem Eintrag vom 9. Januar 1911: „Man tritt in Besprechung der Finanzlage ein. Da der Reichsetat für 1911 noch nicht veröffentlicht ist, weiss man nicht, ob die nach der letzten Sitzung erfolgte neue Eingabe der kartellierten Akademien beim Reichskanzler irgend welchen Erfolg gehabt hat. Es wird beschlossen, an Geheimrat Schmidt zu schreiben und ihn zu bitten, falls keine Reichsunterstützung zu erwarten ist, den persönl[ichen] Besuch e[ines] Mitgliedes der LXX-Kommission zum Zweck der Darlegung unserer Notlage entgegenzunehmen" (Archiv des Septuaginta-Unternehmens der Akademie der Wissenschaften zu Göttingen, Protokollbuch der engeren Septuaginta-Kommission [Eintrag vom 9. Januar 1911], 48).

417 Vgl. Archiv der Akademie der Wissenschaften zu Göttingen, Scient 304,1, Nr. 93.

Reichskanzlers angestrebt werden [*solle*], die dauernde Sicherstellung der für das ganze Unternehmen erforderlichen Mittel zu erreichen".[418]

Zwar war damit nun ein wichtiger Schritt getan, doch: die definitive und dauerhafte Finanzierung stand nach wie vor aus. Daher wollte man den am 2. und 3. Juni 1911 in Göttingen stattfindenden Kartelltag nutzen, die kartellierten Akademien noch einmal zu einer ideellen, aber vor allem auch finanziellen Unterstützung des Septuaginta-Unternehmens zu veranlassen, denn es galt, für das Rechnungsjahr 1911 rund 7.000 Mark ohne die Hilfe des Ministeriums einzuwerben.[419] Auf der Sitzung der Kartell-Kommission für das Septuaginta-Unternehmen am 2. Juni 1911 berichtete Rahlfs über den Fortgang der Arbeiten, Wackernagel über die Finanzen. Diels gab – wie es die Berliner bereits im Januar 1910 als notwendig erachtet hatten – zu bedenken, dass der Umfang des Unternehmens nach wie vor zu ausladend sei[420] und es sich außerdem empfehle, „behufs Gewinnung fernerer Unterstützung die baldtunlichste Drucklegung einer größeren Arbeit"[421] zu forcieren – eine Anregung, die von der engeren Septuaginta-Kommission in Göt-

---

[418] Archiv der Berlin-Brandenburgischen Akademie der Wissenschaften, PAW (1812–1945), II-VIII-228, 82.

[419] Vgl. den Eintrag vom 9. Mai 1911 im Protokollbuch der engeren Septuaginta-Kommission: „In Rücksicht auf den Kartelltag, der am 2. und 3. Juni in Göttingen stattfinden und dazu benutzt werden soll die kartellierten Akademien zu einer Unterstützung des LXX-Unternehmens zu veranlassen, wird in eine Beratung über die Finanzlage eingetreten. Als Ausgabe des laufenden Jahres ist ein Mindestbetrag von M. 10.250.- vorgesehen, wovon nach Abzug des gegenwärtigen Guthabens bei der Sparkasse ca. M. 5000.- zu decken bleiben. Da sich nun während des Jahres ausserordentliche Ausgaben als notwendig herausstellen können, wir auch auf den 1. April 1912 nicht ganz ohne Mittel dastehen können, werden notwendig M. 7000.- beschafft werden müssen. Ein Beitrag des Ministeriums ist für das laufende Jahr nicht mehr zu erwarten" (Archiv des Septuaginta-Unternehmens der Akademie der Wissenschaften zu Göttingen, Protokollbuch der engeren Septuaginta-Kommission [Eintrag vom 9. Mai 1911], 56–57).

[420] Am 3. Juli 1911, im Anschluss an die Kartellsitzung in Göttingen, schrieb Diels aus Marburg an Wilamowitz: „Dies Unternehmen ist von Ralfs [sic] organisatorisch brillant, aber öfter nutzlos kostspielig und äußerlich angelegt. Ich habe in der Sitzung mir erlaubt stark zu bremsen und namentlich die Sammlung des indirecten Materials (nach Migne!), das ein wahres Riesenstapelwerk vulgärer Textcitate abgeben würde, auf die loci zu beschränken geraten, die der Detailbearbeiter ja doch kritisch sichten muß. Die Gregor pp ausgaben werden dafür sehr wichtig werden. Im Ganzen hatten die Göttinger die Tagung des Cartells ernsthaft vorbereitet und gründlich geleitet. [...]" (BRAUN et al., „Lieber Prinz" [1995], 266).

[421] Protokolle der Kartellversammlung (1911), 7. Das gedruckte Protokoll liegt im Archiv der Berlin-Brandenburgischen Akademie der Wissenschaften, PAW (1812–1945), II-XII-2, 283 (auf dem Titelblatt findet sich fälschlich „4. Juni" [statt richtig „2. Juni"] als Sitzungsdatum der Septuaginta-Kommission; leider unkritisch übernommen von NEUSCHÄFER/SCHÄFER, Dokumentation [2013], 386, Anm. 28).

tingen aufgenommen, allerdings erst 1914/15 mit der Fertigstellung des *Verzeichnisses der griechischen Handschriften des Alten Testaments* als zweitem Band der *Mitteilungen des Septuaginta-Unternehmens* verwirklicht wurde.[422]

Nachdem das Kartell als Schirmherrin des Unternehmens sich wiederum zu dessen Zielen positiv bekannt hatte, erhielt Windisch schließlich am 25. Juni 1911 aus Berlin die Nachricht, dass das Reich und Preußen die notwendigen 15.000 Mark für das laufende Jahr bewilligt hätten.[423] Der offizielle Erlass des Reichskanzlers erging am 28. August 1911:

> „Es gereicht mir zur besonderen Freude, dem Kartell der 5 Akademien deutscher Zunge auf die Eingaben vom 26. Januar und 19. November 1910 sowie auf den mündlichen Vortrag mitteilen zu können, daß den Akademien zur Herausgabe des Septuagintaunternehmens im Rechnungsjahr 1911 der Betrag von 15.000 M. zur Verfügung gestellt werden wird. Darüber, ob und in welcher Weise auch in den folgenden Jahren der gleiche Betrag angewiesen werden kann, sind die Verhandlungen noch nicht zum Abschluss gelangt. Ich behalte mir eine Mitteilung hierüber ergebenst vor."[424]

Damit hatte die von Göttingen und Berlin im Verein mit den kartellierten Akademien initiierte zweite wissenschaftsorganisatorische Offensive zu dem Erfolg geführt, den der Jahresbericht über das Septuaginta-Unternehmen für 1911 in der knappen Notiz festhielt, „daß durch das Zusammenwirken der Reichsregierung und des preußischen Ministeriums die finanzielle Grundlage des Unternehmens nunmehr gesichert ist."[425]

Trotz der Zusage des Reichskanzlers musste für 1912 jedoch nachverhandelt werden: „Herr Rahlfs berichtet über die Konferenz, die er am 7. Februar [*1912*] im Unterrichtsministerium gehabt hat. Es ergiebt sich daraus, [...] dass für das Rechnungsjahr 1912 ein Beitrag von bloss M. 12,000.- statt M. 15,000.- in Aussicht steht. – Es werden die Entwürfe zu einem Schreiben der Kgl. Gesellschaft an das Ministerium und zu eben einem solchen an das Reichsamt des Innern durch-

---

422 Vgl. dazu unten, ab S. 154.

423 Vgl. Archiv der Akademie der Wissenschaften zu Göttingen, Scient 304,1, Nr. 107–108. Im Protokollbuch der engeren Septuaginta-Kommission heißt es dazu: „Es wird zu Protokoll genommen, dass lt. einem Schreiben des Herrn Albert, vortrag. Rats im Reichsamt des Innern, das Herr Windisch Herrn Leo zugesandt hat, das Reich gemeinsam mit Preussen dem LXX-Unternehmen einen Beitrag von M. 15,000.- für das laufende Jahr bewilligt hat" (Archiv des Septuaginta-Unternehmens der Akademie der Wissenschaften zu Göttingen, Protokollbuch der engeren Septuaginta-Kommission [Eintrag vom 6. Juli 1911], 58).

424 Archiv der Akademie der Wissenschaften zu Göttingen, Scient 304,1, Nr. 102; vgl. Archiv der Berlin-Brandenburgischen Akademie der Wissenschaften, PAW (1812–1945), II-VIII-228, 83–84.

425 KOMMISSION, Bericht (1911), 20.

beraten, worin um volle Auszahlung der in Aussicht gestellten Beträge gebeten werden soll."[426] Dieses Schreiben blieb jedoch ohne Wirkung,[427] obgleich nun auch die Internationale Assoziation der Akademien auf ihrer vom 11. bis 18. Mai 1913 in St. Petersburg stattfindenden Generalversammlung die herausragende Bedeutung und Notwendigkeit der Arbeit des Septuaginta-Unternehmens offiziell bestätigte.[428] Doch der am 1. August 1914 beginnende Erste Weltkrieg und die mit seinem Fort- und Ausgang verbundenen Konsequenzen auch für die europäische Wissenschaft hatten zur Folge, dass die zugesicherten 12.000 Mark zwar jährlich bewilligt, allerdings erst 1922 *en bloc* ausgezahlt werden sollten.[429]

---

426 Archiv des Septuaginta-Unternehmens der Akademie der Wissenschaften zu Göttingen, Protokollbuch der engeren Septuaginta-Kommission (Eintrag vom 9. Februar 1912), 66.

427 Vgl. ein Schreiben des Ministeriums an die Göttinger Gesellschaft der Wissenschaften vom 22. April 1922: „[...] mit dem Bemerken ergebenst übersandt, dass in den Reichshaushalts-Etat für 1912 ein Zuschuss von je 4.500 M. eingestellt ist. Mit Einschluss der von Bayern und Sachsen zugesagten Beiträge von je 1.500 M stehen demnach für das Etatsjahr 1912 insgesamt 12.000 M. zur Verfügung. Es kann daher für 1912 nur mit diesem Beitrage gerechnet werden. Die Verhandlungen wegen etwaiger Erhöhung der Zuschüsse auf den Gesamtbetrag von jährlich 15.000 M. vom Etatsjahre 1913 ab sind noch nicht abgeschlossen" (Archiv der Akademie der Wissenschaften zu Göttingen, Scient 304,1, Nr. 109).

428 Vgl. Actes (1914), 51–58.117–118.125–126, außerdem GIERL, Geschichte (2004), 546–547. Über die Finanzierung des Unternehmens in den Jahren 1908 bis 1912 informiert zusammenfassend der 1913 zur Generalversammlung verfasste Sonderbericht: „In den ersten beiden Jahren, den Rechnungsjahren 1908 und 1909, standen dem Septuaginta-Unternehmen je 7500 M. zur Verfügung, nämlich je 2500 vom Kgl. Preußischen Ministerium der geistlichen und Unterrichtsangelegenheiten und von der Kgl. Preußischen Akademie zu Berlin und aus den eigenen Mitteln der Kgl. Gesellschaft der Wissenschaften zu Göttingen. Im Rechnungsjahr 1910 erhöhte das Ministerium seinen Beitrag auf 5000 M., während die beiden Akademien wiederum je 2500 M. beisteuerten. In diesem Jahre nahm das Kartell der deutschen Akademien das Unternehmen unter seinen Schutz, und auf seine Fürsprache stellte der Herr Reichskanzler eine Reichsunterstützung für das Unternehmen in Aussicht. Infolgedessen erhielt das Unternehmen im Rechnungsjahr 1911 aus Reichsmitteln einen Zuschuß von 7500 M., woneben das Ministerium seinen Beitrag gleichfalls auf 7500 M. erhöhte. Die Beiträge der beiden Akademien fielen von da an fort. Vom Rechnungsjahr 1912 an steht uns eine Summe von jährlich 12000 M. zur Verfügung, an der das Reich und Preußen mit je 4500 M., Bayern und Sachsen mit je 1500 M. beteiligt sind. Außerdem hat uns das Kgl. Preußische Ministerium der geistlichen und Unterrichtsangelegenheiten seit Beginn des Unternehmens einen außerordentlichen Beitrag von jährlich 1500 M. für die Besoldung eines Hülfsarbeiters bewilligt" (KOMMISSION, Bericht [1913ᴵᴵ], 8).

429 Vgl. zur Finanzierung ab 1914 unten, S. 153, Anm. 152. Zur Chronik des Ersten Weltkrieges vgl. die knappe Übersicht bei CABANES/DUMÉNIL, Der Erste Weltkrieg (2013), 468–475, außerdem die Darstellung bei ULLRICH, Großmacht (2013), 250–269, und für weiterführende Literatur das ausführliche Verzeichnis bei LEONHARD, Geschichte (⁴2014), 1075–1142.

Die Gründung des Göttinger Septuaginta-Unternehmens verdankt sich dem hingebungsvollen und produktiven Zusammenwirken zahlreicher, höchst unterschiedlicher Personen und verschiedener wissenschaftspolitischer Institutionen. Versucht man abschließend den jeweiligen Anteil der maßgeblichen Akteure zu bestimmen, wird man Folgendes festhalten dürfen: Es war Rudolf Smend d.Ä., dessen Schreiben an Friedrich Althoff im Frühjahr 1907 den eigentlichen Anstoß gab, dem Rahlfs durch seine Denkschrift vom August 1907 das wissenschaftliche Fundament verlieh, das durch Eduard Schwartz in Göttingen und Adolf Harnack in Berlin modifizierend weiterentwickelt wurde. Friedrich Leo kam das Verdienst zu, „als Sekretär der Kgl. Gesellschaft der Wissenschaften und Mitglied der weiteren Septuaginta-Kommission vor allem die geschäftlichen Verhandlungen mit den anderen deutschen Akademien und den amtlichen Stellen zu einem glücklichen Ende geführt" zu haben.[430] Leos Verhandlungsgeschick entsprach in Berlin das unermüdliche und kluge Engagement Adolf Harnacks, der sogar gegen die Einschätzung eines Wilamowitz keine Möglichkeit ungenutzt ließ, die anfangs prekäre Finanzlage des Unternehmens zu stabilisieren. In Alfred Rahlfs stand eine Gelehrtenpersönlichkeit zur Verfügung, die wie keine andere dazu befähigt war, die wissenschaftliche Planung und Durchführung dieses editorischen Jahrhundertprojekts fachlich und organisatorisch zu leiten.[431]

3. Mühsamer Aufstieg: Rahlfs als ordentlicher Honorarprofessor, Mitglied der Göttinger Gesellschaft der Wissenschaften und persönlicher Ordinarius (1914–1930)

Als Ende des Jahres 1913 die beiden bis dahin zur Philosophischen Fakultät gehörenden Lehrstühle für Orientalistik und Biblische Wissenschaften durch die Emeritierung Julius Wellhausens und den tragischen Tod Rudolf Smends d.Ä.[432] vakant geworden waren, veranlasste die Universitätsleitung eine Umstrukturierung, aufgrund deren ein Lehrstuhl für orientalische Sprachen bei der Philosophischen Fakultät verblieb, während der zweite als Lehrstuhl für Altes Testament

---

430 Kommission, Bericht (1913ᴵ), 22.
431 Hierüber gibt das Protokollbuch der engeren Septuaginta-Kommission detaillierte Auskunft (Archiv des Septuaginta-Unternehmens der Akademie der Wissenschaften zu Göttingen).
432 Vgl. dazu Wellhausens Anmerkung auf der Todesanzeige Rudolf Smends d.Ä., die er Adolf Jülicher geschickt hatte: „Er [sc. *Smend d.Ä.*] hat sich im Sanatorium zu Ballenstedt das Leben genommen. Er hatte zuletzt Wahnvorstellungen, war also nicht mehr zurechnungsfähig. Für seine Frau ist das eine Beruhigung [...]" (zitiert nach: Smend d.J., Wellhausen Briefe [2013], 612, Nr. 984).

in die Theologische Fakultät verlegt wurde, so dass die Besetzung dieser Lehrstühle fortan der jeweiligen Fakultät oblag.[433] Da auf Wellhausen zunächst Enno Littmann[434] und auf diesen Mark Lidzbarski[435] folgten, trat Smends Nachfolge als Alttestamentler nicht etwa Rahlfs an, wie dies aufgrund seiner Position als Extraordinarius hätte erwartet werden können, sondern statt seiner der um drei Jahre jüngere Alfred Bertholet:[436] „Herrn Professor Rahlfs haben wir nicht mit genannt, als unsere Fakultät beauftragt war, Euerer Exzellenz für die Wiederbesetzung des Ordinariats für alttestamentliche Wissenschaft Vorschläge zu machen", schrieb die Theologische Fakultät am 22. August 1914 dem Universitätskurator und fuhr fort: „Es ist jedoch in den Vorverhandlungen im Schoße unserer Fakultät von allen Seiten die wissenschaftliche Tüchtigkeit des Genannten anerkannt. Wenn er gleichwohl für das Ordinariat von uns nicht in Vorschlag gebracht wurde, so lag dies darin begründet, daß das besondere Forschungsgebiet desselben in der Durcharbeitung des philologischen Problems des Alten Testaments, insbesondere der Probleme des Septuagintatextes zu erblicken ist. Euere Exzellenz haben die gediegene Forscherarbeit des genannten Gelehrten auf diesem seinem Spezi-

---

433 Vgl. dazu Smend d.J., Theologie (2000), 154. Vgl. außerdem die beiden Schreiben Wellhausens an Theodor Nöldeke vom 5. und 24. Januar 1914, in denen er von der Umwidmung des Smend'schen Lehrstuhls berichtet (abgedruckt bei Smend d.J., Wellhausen Briefe [2013], 613, Nr. 986, und 615, Nr. 990; Originale laut a.a.O., 845, in der Universitätsbibliothek Tübingen).
434 Zu Littmann s. oben, S. 51, Anm. 240.
435 Mark Lidzbarski (1868–1928), Orientalist, 1907 ordentlicher Professor in Greifswald, seit 1917 in Göttingen. Lidzbarskis Leben war geprägt vom Gegensatz zwischen der geistigen Enge seiner chassidisch-jüdischen Ghettoherkunft und der deutsch-bürgerlich-christlichen Gesellschaft, in der er schon bald lebte. Beide Seiten hinterlassen ihre Spuren in Lidzbarskis bahnbrechenden und hochgeachteten Werken auf den Gebieten der semitischen Epigraphik (*Handbuch der nordsemitischen Epigraphik*, 1898; *Ephemeris für semitische Epigraphik*, 3 Bände, 1902–1915) und der mandäischen Philologie (*Das Johannesbuch der Mandäer*, Edition 1905, Einleitung, Übersetzung und Kommentar 1915; *Mandäische Liturgien*, 1920; *Ginza der Schatz*, 1925). Vgl. Dietrich, Lidzbarski (1985).
436 Alfred Bertholet (1868–1951), Alttestamentler und Religionshistoriker, 1899 außerordentlicher, 1905 ordentlicher Professor in Basel, 1913 in Tübingen, 1914 in Göttingen als Nachfolger Smends, 1928 in Berlin, Entpflichtung 1936. Nach Ende des Zweiten Weltkriegs Rückkehr in seine Heimatstadt Basel, wo er die letzten drei Lebensjahre als Gastdozent lehrte. Vgl. Ph. Meyer, Bertholet (1955). Im Herbst 1919 wird Bertholet zum ordentlichen Mitglied der philologisch-historischen Klasse der Göttinger Gesellschaft der Wissenschaften gewählt. Den Antrag hierfür hatten am 6. Juni 1919 Rahlfs und der mit ihm befreundete Iranist Friedrich Carl Andreas gestellt (vgl. Archiv der Akademie der Wissenschaften zu Göttingen, Pers 16, Nr. 258–259). Vgl. auch Rahlfs' Brief vom 11. Juni 1925 an den Direktor der Stuttgarter Bibelgesellschaft, Emil Diehl, aus dem die Freundschaft zwischen Rahlfs und Bertholet hervorgeht (Deutsche Bibelgesellschaft Stuttgart, Briefkonvolut Septuaginta [Korrespondenz 1909–1938], Bl. 66).

algebiete selbst dadurch anerkannt, daß ihm die Leitung des Septuaginta-Unternehmens übertragen ist; es erübrigt sich also für uns seine wissenschaftlichen Verdienste noch besonders darzulegen. Es scheint uns für das Septuaginta-Unternehmen wichtig, daß ihm die bewährte Kraft des Professor Rahlfs erhalten bleibt. Damit nun aber auch nach außen die verdienstvolle Tüchtigkeit dieses Gelehrten bekundet wird, scheint uns der Weg empfehlenswert, daß ihm zu demselben Zeitpunkte, zu welchem ein an Alter jüngerer alttestamentlicher Fachgenoße neben ihm das Ordinariat in unserer Fakultät erhält, eine ordentliche Honorarprofeßur verliehen wird."[437] So kam es, dass Rahlfs am 21. Dezember 1914 per Ministerialerlass zum *ordentlichen Honorarprofessor* ernannt wurde.[438]

Ob diese Beförderung mit Rahlfs' Unterschrift unter die am 23. Oktober 1914 veröffentlichte „Erklärung der Hochschullehrer des Deutschen Reiches"[439] in irgendeinem Zusammenhang steht, ist nicht zwingend und lässt sich erst recht nicht belegen. Dieses auf Initiative von Wilamowitz zustande gekommene Dokument, das die Einheit von deutschem „Militarismus" und „dem Geiste der deutschen Wissenschaft" beschwor,[440] unterzeichneten nicht weniger als

---

437 UA Göttingen, Theol. PA 0027, 50 (Antrag der Theologischen Fakultät beim Universitätskurator vom 22. August 1914 auf Verleihung einer ordentlichen Honorarprofessur an Professor Dr. D. Rahlfs).

438 Ministerialerlass vom 21. Dezember 1914 an „den Königlichen außerordentlichen Professor Herrn D. Dr. Alfred Rahlfs, Hochwürden" (UA Göttingen, Kuratorialakte XVI.I.A.a, 111; vgl. UA Göttingen, Theol. PA 0027, 4). Darin heißt es: „Auf Grund Allerhöchster Ermächtigung Seiner Majestät des Kaisers und Königs vom 16. Dezember d. Js. ernenne ich Ew. Hochwürden unter Bezugnahme auf die mit Ihnen geführten Verhandlungen hierdurch zum ordentlichen Honorarprofessor in der Theologischen Fakultät der Universität zu Göttingen."

439 Die „Erklärung der Hochschullehrer des Deutschen Reiches" hat den folgenden Wortlaut: „Wir Lehrer an Deutschlands Universitäten und Hochschulen dienen der Wissenschaft und treiben ein Werk des Friedens. Aber es erfüllt uns mit Entrüstung, daß die Feinde Deutschlands, England an der Spitze, angeblich zu unsern Gunsten einen Gegensatz machen wollen zwischen dem Geiste der deutschen Wissenschaft und dem, was sie den preußischen Militarismus nennen. In dem deutschen Heere ist kein anderer Geist als in dem deutschen Volke, denn beide sind eins, und wir gehören auch dazu. Unser Heer pflegt auch die Wissenschaft und dankt ihr nicht zum wenigsten seine Leistungen. Der Dienst im Heere macht unsere Jugend tüchtig auch für alle Werke des Friedens, auch für die Wissenschaft. Denn er erzieht sie zu selbstentsagender Pflichttreue und verleiht ihr das Selbstbewußtsein und das Ehrgefühl des wahrhaft freien Mannes, der sich willig dem Ganzen unterordnet. Dieser Geist lebt nicht nur in Preußen, sondern ist derselbe in allen Landen des Deutschen Reiches. Er ist der gleiche in Krieg und Frieden. Jetzt steht unser Heer im Kampfe für Deutschlands Freiheit und damit für alle Güter des Friedens und der Gesittung nicht nur in Deutschland. Unser Glaube ist, daß für die ganze Kultur Europas das Heil an dem Siege hängt, den der deutsche ‚Militarismus' erkämpfen wird, die Manneszucht, die Treue, der Opfermut des einträchtigen freien deutschen Volkes."

440 Beide Zitate: Erklärung der Hochschullehrer des Deutschen Reiches. Darin heißt es weiter: „In dem deutschen Heere ist kein anderer Geist als in dem deutschen Volke, denn beide sind

„etwa 80 Prozent des gesamten [*deutschen; CS*] Lehrkörpers":[441] Es war Teil der „kulturelle[n] Mobilisierung"[442] Deutschlands (die sich auch in anderen Ländern Europas beobachten lässt)[443], in deren Gefolge „jene Intellektuellen [...], die in den Jahrzehnten vor 1914 vielfach von der Internationalisierung der Universitäten, des Kunst- und Literaturbetriebs profitiert hatten, nun [...] die Loyalität zu ihrer Nation über dieses transnationale Selbstverständnis stellten. [...] Wissenschaftler, Publizisten, Journalisten, Künstler – sie alle schienen ihren Beitrag zum Krieg leisten zu wollen."[444] Als einer unter der großen Masse derer, die dieses nationalistische und militaristische Dokument unterzeichneten, dürfte sich Rahlfs dadurch keine unmittelbaren Vorteile verschafft, aber ganz gewiss auch keine Nachteile eingehandelt haben. Seine Unterschrift ist deswegen von Belang, weil sie zu den wenigen Indizien gehört, die auf seine politische Gesinnung verweisen. Diese war im Geiste jener Zeit sicherlich deutsch-nationalistisch ausgerichtet.[445] Von den Mitgliedern der Göttinger Theologischen Fakultät hatte neben den beiden Privatdozenten Ernst Kohlmeyer und Traugott Schmidt nur der mit Rahlfs bis ins hohe Alter eng befreundete Rudolf Otto nicht unterschrieben. Alle übrigen Namen des Göttinger Personalverzeichnisses für das Wintersemester 1914/15 finden sich auf der Liste, ebenso wie die der meisten Mitglieder der anderen Fakultäten.

Dass der mit der „Erklärung" einhergegangene Boykott der internationalen Gelehrtenwelt auch von Rahlfs mitgetragen wurde, ist nicht erwiesen. Allerdings liegen auch keine Anhaltspunkte vor, die dagegen sprechen. Einzig eine auf den 3. März 1917 zu datierende Postkarte von

---

eins, und wir gehören auch dazu."

441 Piper, Nacht über Europa (2013), 222. Vgl. auch a.a.O., 221–226.

442 Leonhard, Geschichte (⁴2014), 246.

443 Vgl. Leonhard, Geschichte (⁴2014), 221–236.246–250.

444 Leonhard, Geschichte (⁴2014), 237. Vgl. a.a.O., 23–24.

445 Hierfür spricht auch, dass Rahlfs, der selbst zu keinem Zeitpunkt Mitglied der NSDAP oder einer ihrer Unterverbände gewesen war, es für selbstverständlich erklärte, dass seine Söhne nicht nur der ‚Hitlerjugend' (HJ) angehörten, sondern – bis auf Wilhelm – auch Mitglieder der ‚Sturmabteilung' (SA) waren. So formulierte er im September 1934 im Zusammenhang eines offiziellen Gesuchs um finanzielle Unterstützung durch das Unterrichtsministerium: „Von meinen fünf Kindern hat das älteste, ein Mädchen, im Juni d. Js. geheiratet, und ich habe, um sie aussteuern zu können, eine Hypothek auf mein Haus aufnehmen müssen. Die übrigen vier Kinder, sämtlich Jungen, sind noch in der Ausbildung begriffen und müssen ganz von mir erhalten werden, auch als Mitglieder der SA und Hitlerjugend [...]" (UA Göttingen, Kuratorialakte XVI.I.A.a, 156; vgl. auch Campbell Bartoletti, Jugend im Nationalsozialismus [²2008], 50: „Für einige Eltern war es eine finanzielle Belastung, die erforderliche Uniform [*der HJ; CS*] zu kaufen und zehn Pfennig als Monatsbeitrag zu zahlen."). Wie oben bereits erwähnt (vgl. oben, S. 71, Anm. 314, sowie S. 72, Anm. 315 und 318) gehörten Rahlfs' Söhne Paul, Georg und Hans laut Auskunft des Bundesarchivs später nicht nur der SA, sondern auch der NSDAP an. Es liegt nahe, dass sie die von ihren Eltern (Julie Rahlfs habe „stets gern und reichlich bei Sammlungen gegeben" wusste 1939 der NSDAP-Ortsgruppenleiter seinem Vorgesetzten im Zusammenhang einer politischen Unbedenklichkeitsbescheinigung über Paul Rahlfs zu berichten [vgl. Bundesarchiv, SA 4000003142]) vermittelten nationalistischen Ideen in der Ideologie der NSDAP fortgeführt gesehen zu haben. Allerdings bieten auch diese Indizien aus dem Bundesarchiv lediglich Hinweise auf Alfred Rahlfs' politische Ansichten.

Leopold Fonck[446] belegt, dass Rahlfs während der Kriegsjahre an Giovanni Mercati[447] nach Rom geschrieben und ihm Bände der *Mitteilungen des Septuaginta-Unternehmens* als Geschenk übermittelt hatte:

> „Von D. Giov. Mercati erhalte ich soeben eine Karte mit der Meldung, dass Ihre ‚Mitteilungen' glücklich eingetroffen sind. Er bittet mich, Ihnen seinen verbindlichsten Dank aussprechen zu wollen und hofft, Ihnen persönlich schreiben zu können, sobald die Verhältnisse es gestatten. Die Bücher kommen ihm selbst und anderen sehr zustatten, die sich schon wiederholt darnach erkundigt hatten."[448]

Politisch äußerte sich Rahlfs nie. Vielmehr setzte er bezeichnenderweise die internationalen Kontakte des Unternehmens nach Ende des Krieges unvermindert fort, wie der im Archiv des Septuaginta-Unternehmens aufbewahrte Schriftverkehr, u.a. mit Norman McLean aus Cambridge, belegt.

Auch als Mitherausgeber der fünften Auflage der *Deutschen Schriften* Lagardes, gemeinsam mit dem konservativ-national gesinnten Altgermanisten Edward Schröder[449], der im Unterschied zu Rahlfs im November 1933 zu den Unterzeichnern des „Bekenntnisses der Professoren an den deutschen Universitäten und Hochschulen zu Adolf Hitler und dem nationalsozialistischen Staat" gehören sollte,[450] vermied Rahlfs in einem rein sachlich gehaltenen editorischen Nachwort jede explizite politische Stellungnahme, obgleich er natürlich durch seine Mitherausgeberschaft Anteil an der Verbreitung der *Deutschen Schriften* nahm.[451] In das ‚Verzeichnis seiner Bücher und Aufsätze' hat er diese Ausgabe aber nicht aufgenommen, während er dort sehr gewissenhaft auch die Fertigstellung der drei Lagarde'schen Arbeiten von 1891 ebenso notierte, wie die Tatsache, dass er die 1916 erschienene Festschrift für Friedrich Carl Andreas redigiert habe, „nachdem der ursprüngliche Redakteur [...] im Januar 1916 einberufen war".[452] Bis zu welchem Grade sich Rahlfs mit der politischen und weltanschaulichen Gesinnung Lagardes, wie sie in den

---

446 Leopold Fonck (1865–1930), 1908 Professor für Neues Testament an der Gregoriana in Rom, während des Ersten Weltkriegs im Schweizer Exil, seit 1919 erneut Rom. Vgl. BAUTZ, Fonck (1990).
447 Giovanni Mercati (1866–1957), 1893 Mitarbeiter in der Biblioteca Ambrosiana, 1898 in der Biblioteca Apostolica Vaticana, seit 1919 deren Präfekt, seit 1936 Kurienkardinal. Im Jahre 1895 hatte Mercati in der Mailänder Bibliothek eine Palimpsest-Handschrift entdeckt, deren untere Schrift umfangreiche Psalmenabschnitte aus der Hexapla enthielt – ein Sensationsfund, der erst nach Mercatis Tod veröffentlicht wurde (MERCATI, Palimpsest II [1958] und Palimpsest I [1965]). Vgl. VIAN, Mercati (2009).
448 Fonck an Rahlfs, Postkarte vom 3. März 1917 (Archiv des Septuaginta-Unternehmens der Akademie der Wissenschaften zu Göttingen).
449 Zu Schröder s. oben, S. 9, Anm. 22, außerdem STACKMANN, Schröder (2001), sowie GIERL, Geschichte (2004), 195, und WEGELER, Nationalsozialismus (1996), 67.
450 Die „Zustimmungserklärung" Schröders findet sich in dem besagten (vom Nationalsozialistischen Lehrerbund Sachsen überreichten) ‚Bekenntnis' auf S. 129.
451 Vgl. zur Wirkungsgeschichte der *Deutschen Schriften* (insbesondere der Lehmann'schen Neuauflage von 1934) SIEG, Lagarde (2007), 292–353.
452 Das Verzeichnis befindet sich im Archiv des Septuaginta-Unternehmens der Akademie der Wissenschaften zu Göttingen. Der vorletzte Eintrag stammt von 1918, der letzte von 1921. Die übrigen Einträge dieser Art sind unten im Anhang, Kap. III (ab S. 457), transkribiert.

Deutschen Schriften zutage tritt, identifiziert hat, wird man in Ermangelung direkter Äußerungen aus dem *brutum factum* seiner Mitherausgeberschaft nicht erschließen können, zumal wenn man berücksichtigt, dass der Göttinger Gesellschaft der Wissenschaften, deren Mitglied er seit 1918 war,[453] als Teil des Testaments Lagardes[454] „mit den Urheberrechten die Verantwortlichkeit für die Schriften Lagardes in die Hände gelegt worden war und sie dieser nachkam, indem sie Sorge trug, dass die Texte jederzeit auf dem Markt erhältlich blieben".[455] Nicht zu übersehen ist indessen, dass Rahlfs auch dort, wo eine Äußerung oder gar sein Bekenntnis zu Lagardes ‚radikal-konservativer' Einstellung nahegelegen hätte, eisern geschwiegen hat. Denn auch in seiner Abhandlung *Paul de Lagardes wissenschaftliches Lebenswerk im Rahmen einer Geschichte seines Lebens dargestellt*, die 1928 zu einer Zeit erschien, als Lagardes *Deutsche Schriften* sich in nationalistischen und völkischen Kreisen zunehmender Beliebtheit erfreuten, hielt er konsequent an seiner stets bewiesenen politischen Neutralität fest, indem er eine Darlegung der „politischen, kirchenpolitischen u.a. Gedanken" seines einstigen Lehrers ausdrücklich ausschloss.[456] Wie sich in der näheren Beschäftigung mit Rahlfs' Œuvre noch zeigen wird, war seine Wissenschaft zu keinem Zeitpunkt von irgendeiner Art von Gesinnung geleitet, sondern blieb, anders als Lagardes weltanschaulich-religiöse Motivation, vollkommen sachbezogen.

Der Argumentation der Fakultät in Sachen Beförderung zum ordentlichen Honorarprofessor schloss sich drei Jahre später Kurt Sethe[457] an, als er die philologisch-historische Klasse um Rahlfs' Aufnahme in die Königliche Gesellschaft der Wissenschaften zu Göttingen ersuchte:

> „Durch Wilhelm Bousset's Berufung nach Gießen ist der der biblischen Wissenschaft eingeräumte Sitz in der König[l][ichen] Gesellschaft der Wissenschaften frei geworden. Es bietet sich damit die Gelegenheit, nunmehr einem Gelehrten, der unserer Gesellschaft seit fast zwei Jahrzehnten durch seine Arbeiten verbunden ist und gegenwärtig eines ihrer großartigsten, ihr sicherlich dermal einst zur hohen Ehre gereichenden Unternehmen leitet, den Eintritt in ihren Kreis zu gewähren. Professor Dr. Alfred Rahlfs, der als ordentlicher Honorarprofessor in der hiesigen theologischen Fakultät das Fach der alttestamentlichen Wissenschaft vertritt, ist ein Gelehrter von anerkannten Verdiensten, von dessen ausgebreiteter Gelehrsamkeit, besonnenem und sicherem Urteil, und eindringendem Scharfsinn nicht nur seine Schriften Zeugnis ablegen, sondern auch Mancher unter uns persönlich sich zu überzeugen Gelegenheit gehabt hat. [...] In einer Reihe von ebenso scharfsinnigen wie sauber gearbeiteten und eindringlichen Untersuchungen hat er versucht, jene Lebensaufgabe der Septuaginta-Erforschung selbst, die er von Lagarde übernommen hatte, ihrer Lösung zuzuführen. [...] Durch die Einstellung seiner ganzen Lebensarbeit auf die Septuaginta-Forschung und durch den Eintritt in die Dienste unserer Gesellschaft hat sich Rahlfs die Möglichkeit, an andere Universitäten berufen zu werden, versperrt, da einerseits die theo-

---

453 Vgl. dazu das auf diesen Petitabsatz Folgende.

454 Vgl. dazu GIERL, Geschichte (2004), 183–198.

455 GIERL, Geschichte (2004), 196–197.

456 Erw. NESTLE, Rez. Lagarde (1928), 604.

457 Kurt Sethe (1869–1934), Ägyptologe, 1900 außerordentlicher, 1907 ordentlicher Professor für Ägyptologie in Göttingen, ab 1923 in Berlin. Vgl. A. GRIMM, Sethe (2010).

logischen Fakultäten für den normalen Lehrbetrieb anders geartete und gerichtete Leute brauchen, anderseits Rahlfs hier beim Septuaginta-Unternehmen nicht zu ersetzen wäre. Es erscheint daher doppelt gerecht, wenn ihm die Gesellschaft jetzt die Ehre gewährt, ihn unter ihre ordentlichen Mitglieder aufzunehmen."[458]

Sethes Antrag wurde angenommen und Rahlfs am 10. November 1917 zum *ordentlichen Mitglied der Göttinger Gesellschaft der Wissenschaften* gewählt, was der Minister am 11. Februar 1918 per Erlass bestätigte.[459]

Den zumindest äußerlichen Höhepunkt seiner akademischen Karriere erreichte Rahlfs schließlich – 54-jährig – im Oktober 1919: „Namens der Preußischen Staatsregierung sind Sie zum *ordentlichen Professor in der Theologischen Fakultät der Universität zu Göttingen* ernannt worden. Indem ich Ihnen die darüber angefertigte Bestallung übersende, bemerke ich, daß, da es sich hier nur um die Übertragung eines persönlichen Ordinariats handelt, in bezug auf Ihr Diensteinkommen und die sonstigen finanziellen Verhältnisse nach wie vor die für etatsmäßige Extraordinarien geltenden Bestimmungen auf Sie Anwendung finden."[460] Welche geringe Bedeutung Rahlfs dieser Beförderung bemaß, geht aus einem Brief an Wilhelm Bousset hervor:

> „Vielen Dank für Deinen freundlichen Glückwunsch. Beförderungen zu persönlichen Ordinarien gibt es jetzt hier massenhaft; die kosten ja nichts."[461]

In dieser Äußerung drückt sich nicht nur eine für Rahlfs typische Nüchternheit, sondern auch ein bitter klingender Hinweis auf die prekäre finanzielle Situation aus, in welcher sich der Ernährer einer siebenköpfigen Familie zu jener Zeit befand und die ihn sein Leben lang begleitete.[462] Immerhin erhielt er ab August 1921 bis zu seiner Emeritierung eine persönliche Zulage, die seine Bezüge dem Höchstge-

---

458 Aus: Antrag zur Aufnahme von Alfred Rahlfs als ordentliches Mitglied der Gesellschaft der Wissenschaften zu Göttingen (17. Oktober 1917), in: Archiv der Akademie der Wissenschaften zu Göttingen, Pers 16, Nr. 252 (vollständig abgedruckt unten, S. 499–500).

459 Vgl. Archiv der Akademie der Wissenschaften zu Göttingen, Pers 16, Nr. 253 (Mitteilung an Rahlfs vom 9. März 1918).

460 UA Göttingen, Kuratorialakte XVI.I.A.a, 115 (Ministerialerlass vom 29. Oktober 1919; Kursivsetzung CS); vgl. UA Göttingen, Theol. PA 0027, 3. Die Vereidigung fand laut UA Göttingen, Kuratorialakte XVI.I.A.a, 118, am 12. Februar 1920 statt.

461 SUB Göttingen, Cod. Ms. Bousset 96 (Rahlfs an Bousset, 10. Dezember 1919).

462 Mit maßvoller Untertreibung bemerkt SMEND d.J., Ein Leben für die Septuaginta (2013), 271, dass Rahlfs „immer knapp bei Kasse" gewesen sei.

Abb. 3: Alfred Rahlfs um 1930 (?)

halt eines Ordinariats anglich und ihm vom Minister „ausnahmsweise"[463] bewilligt worden war.[464]

Während seiner Zeit als ordentlicher Professor übernahm Rahlfs verschiedene Aufgaben innerhalb der universitären Verwaltung: So war er über zehn Jahre lang Mitglied des Gebührenausschusses der Universität, bis zu seiner Emeritierung Kurator der Universitätskirchenkasse, ferner seit 1930 „Kirchenältester [*der Universitätskirche; CS*], mit der Aufsicht über das Gebäude"[465] und auch dem Vorstand der „Professoren-Witwen- und Waisen-Versorgungsanstalt" gehörte er einige Zeit an. Vom 16. Oktober 1923 an bekleidete Rahlfs ein Jahr lang das Amt des Dekans der Theologischen Fakultät[466] und war in dieser Funktion Mitglied des Senats der Georg-August-Universität, welchem er dann von 1930 bis 1932 noch einmal als Wahlsenator angehörte.

4. Rahlfs' Lehre an der Theologischen Fakultät in Göttingen

Seinen Lebensunterhalt verdiente Rahlfs, wenngleich seit 1908 durch die Übernahme der Leitung des Septuaginta-Unternehmens nicht mehr ausschließlich, mit seiner Tätigkeit als Dozent an der Göttinger Universität, die er seit 1891 zunächst befristet, seit Oktober 1893 dann unbefristet bis zu seiner Emeritierung 1933 ausübte.[467] Als Privatdozent, Extraordinarius und später als persönlicher Ordinarius las Rahlfs neben der ‚Einleitung' ins Alte Testament und in die alttestamentlichen Apokryphen auch ‚Geschichte Israels' resp. ‚Hebräische Archäologie' und ‚Geschichte des alttestamentlichen Kanons und Textes' sowie über ausgewählte historische Stücke des Alten Testaments, die aramäischen Stücke (d.h.

---

463 UA Göttingen, Kuratorialakte XVI.I.A.a, 123 (Ministerialerlass vom 20. August 1921). Vgl. auch a.a.O., 134 (= UA Göttingen, Theol. PA 0027, 53).

464 Zur Gehaltsentwicklung Rahlfs' als *ordentlichen* Professors: Ab 3. September 1920 bezog er ein Grundgehalt von jährlich 13.500 Mark „nach der neuen Besoldungsordnung" (UA Göttingen, Kuratorialakte XVI.I.A.a, 121), ab 1. Juli 1921 dann 16.000 Mark (Höchstgehalt eines Professors).

465 UNI GÖTTINGEN, Namenverzeichnis (1930/31), 4.

466 Von den in seiner Funktion als Dekan verfassten Schreiben haben sich u.a. erhalten: ein Brief an Rudolf Bultmann vom 22. Dezember 1923 (abgedruckt in: JASPERT, Barth-Bultmann Briefwechsel [1971], 210–215) und die Absage einer Stiftswohnung an Wolfgang Trillhaas (SUB Göttingen, Cod. Ms. W. Trillhaas B 59).

467 Auf Rahlfs' Antrag vom 18. Oktober 1893 (UA Göttingen, Theol. PA 0027, 23) ersuchte die Theologische Fakultät den Universitätskurator am 27. Oktober 1893 um Verlängerung der 1891 zunächst auf zwei Jahre befristet erteilten *venia legendi* (UA Göttingen, Kuratorialakte XVI.I.A.a, 29), woraufhin diese per Erlass vom 28. Oktober 1893 ohne Zeitbeschränkung verlängert wurde (a.a.O., 30; vgl. UA Göttingen, Theol. PA 0027, 24).

Gen. 31₄₇ Ier. 10₁₁ Dan. 2₄b – 7₂₈ Esr. 4₈ – 6₁₈.7₁₂₋₂₆), verschiedene Mischna-Traktate, die Memoiren Esras und Nehemias, außerdem über die Bücher Genesis, Jesaja, Jeremia, Amos, Esra, Nehemia sowie die Psalmen.[468] Hierzu kamen bibelkundliche Übungen und seit 1920 auch das alttestamentliche Proseminar.[469] Es fällt ins Auge, dass Rahlfs nie eine Vorlesung ‚Theologie des Alten Testaments' angeboten hat. Über die Gründe hierfür lässt sich nur spekulieren: entweder wollte er von sich aus nicht, weil er sich dazu nicht berufen fühlte, oder er ‚durfte' nicht, weil eine solche Vorlesung nach der internen Absprache der Fakultät dem ordentlichen Professor für Altes Testament vorbehalten blieb. Auch wenn die zweite Möglichkeit nicht auszuschließen ist, belegen seine Publikationen hinlänglich, dass seine Forscherinteressen nicht auf dem eigentlichen Gebiet der Theologie gelegen haben.[470]

Vom Wintersemester 1910/11 an nahm Rahlfs drei Jahre lang einen Lehrauftrag zur Abhaltung syrischer und arabischer Vorlesungen für Anfänger wahr, um auf diese Weise den gesundheitlich angeschlagenen Julius Wellhausen zu unterstützen.[471]

---

468 Sämtliche von Rahlfs angebotene Lehrveranstaltungen sind unten im Anhang chronologisch aufgeführt (S. 482–495). Oft lassen sich dabei Zusammenhänge zwischen diesen und Rezensionen entdecken, die Rahlfs in den entsprechenden Jahren verfasste, so z.B. in den beiden Rezensionen von 1903, von denen die eine (RAHLFS, Rez. Kahle [1903]) sich im Veranstaltungstext (vom SS 1906: ‚Lektüre poetischer Stücke des Alten Testaments mit babylonischer Punktation nach der Ausgabe von Paul Kahle') widerspiegelt, während die andere (DERS., Rez. Giesebrecht [1903]) mit der im selben Jahr gehaltenen Jesaja-Vorlesung zusammenhängt. Weitere Rezensionen und ‚Referate', aber auch einige längere Abhandlungen weisen einen Bezug zu Rahlfs' Tätigkeit als Hebräischlektor auf (vgl. dazu im Haupttext das Folgende).
469 Themen waren: Historische Texte, Bundesbuch und andere gesetzliche Stücke des Pentateuchs, Exodus und Deuteronomium, das Richterbuch, die Samuelis- und die Königsbücher, 2. Chronik, Esra und Nehemia, Jeremia und Ezechiel 33ff.
470 Vgl. dazu u.a. die Rezensenten-Bewertung der theologischen Teile von RAHLFS, עֲנִי und עָנָו (1892), oben, S. 40, oder auch Rahlfs' – theologisch eher allgemein gehaltene – Darstellung der christlichen Überarbeitung einer Inschrift des äthiopischen Königs ʿĒzānā (in RAHLFS, Königsinschriften [1916], 288–305).
471 Vgl. dazu UA Göttingen, Kuratorialakte XVI.I.A.a, 96 und 100, außerdem a.a.O., 107, und UA Göttingen, Theol. PA 0027, 49, sowie Archiv der Akademie der Wissenschaften zu Göttingen, Scient 304,1, Nr. 14. In einem Schreiben an den Universitätskurator vom 16. Juni 1910 berichtet Wellhausen: „Aus der augenblicklichen Verlegenheit sind wir durch das Zuvorkommen von Professor Rahlfs befreit. Er treibt in diesem Semester Syrisch mit Anfängern und hat für das kommende Wintersemester arabische Elemente angekündigt. Er ist für den Unterricht (nicht grade für Vorlesungen) wie geschaffen, er betreibt ihn mit Liebe und sehr gründlich. Jedoch kann man ihm nicht zumuthen, daß er ihn dauernd übernimmt. Wenn er überhaupt dazu geneigt ist, so müßte die Sache formell geregelt werden. Er ist schon als eine Art Lector für Hebräisch angestellt;

Seine Passion fand er allerdings in seiner Rolle als Hebräischlektor an der Göttinger Theologischen Fakultät:[472] fast vierzig Jahre lang unterrichte er ‚Hebräische Grammatik' und ‚Hebräische Übungen' für Anfänger oder auch ‚Hebräische Übungen für Fortgeschrittene' – die Anfängerkurse zunächst fünfstündig im Sommer (morgens von 7–8 Uhr) und vierstündig im Winter (morgens von 8–9 Uhr), die letzten vierzehn Jahre lang durchgängig sechsstündig, stets flankiert von Lektüreübungen unter Zugrundelegung z.B. leichter prophetischer und historischer Stücke, der aramäischen Teile des Alten Testaments, Auszügen aus Jeremia und Kohelet oder mitunter auch ausgewählter unpunktierter Texte.

Über Rahlfs' sprachdidaktische Ansätze im Hebräischunterricht erfährt man etwas in seiner 1895 erschienenen Rezension zu Carl Brockelmanns *Lexicon Syriacum* (Berlin 1895):[473] Brockelmann habe sich „in der Sprachvergleichung [...] die äußerste Beschränkung auferlegt"[474] und daher meistens darauf verzichtet, die mit dem Syrischen verwandten Sprachen auch in solchen Fällen heranzuziehen, in denen sie für die Erklärung eines syrischen Wortes nützlich gewesen wären. Rahlfs hingegen betonte den für das Erlernen einer Sprache äußerst wichtigen Aspekt des Sprachvergleichs, denn nur Lernende, die eine Vokabel in ihrer Bedeutung und Herkunft wirklich verstehen, würden über gedankenloses Memorieren und damit über ein rein mechanisches Anwenden des Erlernten hinauskommen: „Selbst 10–20 Bedeutungen desselben Wortes sind für den Lernenden verdaulich, wenn er sieht, wie sie sich aus der Grundbedeutung und aus einander entwickelt haben; andernfalls sind sie für ihn eine wüste Masse, die ihn nur verwirrt macht, und aus der er sich lediglich mechanisch und ohne wirkliches Verständnis und daher natürlich auch stets in der Gefahr zu irren eine Bedeutung heraussucht, die ihm in den vorliegenden Zusammenhang ungefähr zu passen scheint."[475] Und deshalb konnte Rahlfs es auch „nur mit Freuden begrüßen", als z.B. Karl Marti in seiner *Kurzgefassten Grammatik der biblisch-aramäischen Sprache* (Berlin 1896) „sich nicht auf eine bloße Aufzählung der Formen und Constructionen beschränkt, sondern auch ihre Entstehung darzulegen versucht hat, [...] da ich stets die Erfahrung gemacht habe, daß durch eine solche Behandlung

---

dieser sein Auftrag könnte (widerruflich, bis zur Ernennung eines nicht tauben Ordinarius an meiner statt) auf Syrisch und Arabisch erweitert werden. Die philosophische Fakultät würde vermuthlich nichts dagegen einzuwenden haben" (zitiert nach: Smend d.J., Wellhausen Briefe [2013], 561–562, Nr. 883; Original laut a.a.O., 847, im UA Göttingen).

472 Vgl. auch Smend d.J., Ein Leben für die Septuaginta (2013), 271.

473 Rahlfs, Rez. Brockelmann (1895).

474 Rahlfs, Rez. Brockelmann (1895), 761.

475 Rahlfs, Rez. Brockelmann (1895), 762.

der Grammatik Lust und Liebe zur Sache geweckt und das Erlernen und Behalten wesentlich erleichtert wird".[476]

Zu den bisher genannten Lehrveranstaltungen traten schließlich noch einige wenige Übungen, die Rahlfs' persönliche Forschungsinteressen widerspiegeln und deshalb eigens genannt zu werden verdienen: ,Textkritische Übungen zur Septuaginta' im Sommersemester 1904, ,Alttestamentliche Handschriften- und Bücherkunde mit praktischen Übungen' im Wintersemester 1905/06, ,Septuaginta-Übungen' im Winter 1908/09 und im darauffolgenden Jahr ,Übungen im Kollationieren von Septuaginta-Handschriften'. Im Sommersemester 1915 bot Rahlfs ,Übungen über altsemitische Inschriften (Mesainschrift u. a.) nach der Ausgabe Lidzbarskis' an, zehn Jahre später, im Wintersemester 1925/26, die ,Lektüre der griechischen Übersetzung der Sprüche Salomos', im Winter 1926/27 ,Übungen über die griechische Übersetzung des Psalters' und schließlich 1930/31 ,Übungen zur Einführung in die Probleme der Septuaginta'.

Ausführliche Berichte über den Dozenten Rahlfs sind m.W. nicht überliefert. Von seinen beiden Förderern Wellhausen[477] und Smend d.Ä.[478] haben sich indes zwei knappe Urteile erhalten, die am Vorabend der Gründung des Septuaginta-Unternehmens und aus Anlass von Verhandlungen über die Neubesetzung des Berliner Lehrstuhls für Altes Testament formuliert worden waren. In beiden wird Rahlfs' Lehrbefähigung gegenüber seiner aufs Höchste anerkannten Forscherbegabung deutlich herabgestuft. Im Februar 1907 schrieb Wellhausen an Harnack:

> „Ich schicke Ihnen das 2. Heft der LXXstudien von Rahlfs, mit der Bitte es zu behalten. Ich möchte Sie für das Buch und den V[er]f[asser] interessieren. Seinen Fleiß, Zuverlässigkeit, Sachlichkeit, fehlende Eitelkeit brauche ich nicht hervorzuheben. Aber bewundernswerth ist es, wie er es verstanden hat, das sperrige, spröde, unendlich zersplitterte Material zu ordnen. Ich habe das kaum je in solchem Maße empfunden; am wenigsten bei Lagarde, dessen LXXstudien sich überhaupt nicht von ferne mit denen seines Schülers messen können. [...] Mir scheint, daß der Mann in die Lage gesetzt werden muß, eine Ausgabe der LXX zu machen, trotz der Concurrenz der Engländer. Zum Dozenten ist er nicht geboren (wenngleich wohl zum Unterrichte). Aber für einen solchen wissenschaftlichen Arbeiter sollte doch in Preußen auch Platz und Geld vorhanden sein, zumal wenn der Gegenstand der Arbeit so wichtig ist."[479]

---

476 RAHLFS, Rez. Marti (1896), 586.
477 Zu Wellhausen s. oben, S. 47, Anm. 222.
478 Zu Smend d.Ä. s. oben, S. 65, Anm. 298.
479 Staatsbibliothek zu Berlin – Preußischer Kulturbesitz, Nachlass Harnack: Wellhausen, Bl. 39–40 (Schreiben vom 18. Februar 1907).

Mitte April desselben Jahres erhielt der Göttinger Universitätskurator folgende Anfrage aus dem Kultusministerium:

> „Streng vertraulich! Hochverehrter Herr Geheimrat! Sie würden mich zu besonderem Dank verpflichten, wenn Sie mir so bald wie möglich mitteilen wollten, wie sich Professor Rahlfs daselbst als Dozent bewährt hat, ob er als guter und wirklich anregender Lehrer gilt oder ob seine Lehrerfolge weniger befriedigen. Ich nehme an, dass Sie bei den dortigen Professoren der Theologischen Fakultät, vor allem aber auch bei Smend und Wellhausen leicht Näheres erfahren werden."[480]

Nachdem der Kurator daraufhin die von diesen erbetenen Erkundigungen eingeholt hatte, lautete seine Antwort:

> „R. ist ein außerordentlich tüchtiger, hervorragender Gelehrter, wie ihn das Jahrhundert nur einmal hervorbringt, hat auf seinem eigentlichen Forschungsgebiete (Septuaginta) Einzigartiges geleistet, ist auch ein tüchtiger Einpauker im Hebräischen für die jungen Theologen, – aber als Dozent nicht hervorragend, ‚langweilig'."[481]

Wenngleich Rahlfs also, übrigens ähnlich wie Lagarde, anscheinend keine nennenswert große Schülerschaft um sich versammelte oder gar eine nach ihm benannte Schule gegründet hat, so übte er dennoch dank seiner stets auf die Sache bezogenen Persönlichkeit sowie seiner strengen Methodik auf Einzelne einen bleibenden Eindruck[482] und nachhaltigen Einfluss[483] aus und prägte durch seinen Hebräischunterricht Generationen von Göttinger Theologiestudierenden.

---

480 UA Göttingen, Kuratorialakte XVI.I.A.a, 89.

481 UA Göttingen, Kuratorialakte XVI.I.A.a, 89.

482 So etwa berichtete mir im Frühjahr 2012 Hilde Willerding, die Tochter Emil Große-Brauckmanns, des langjährigen verdienstvollen Mitarbeiters und späteren Leiters des Göttinger Septuaginta-Unternehmens, dass sich Rahlfs persönlich für ihren Vater eingesetzt habe, als er dessen zunächst nicht bewilligte Versetzung von Hannover zurück nach Göttingen schließlich doch durchzusetzen vermochte. Große-Brauckmanns vielfach schriftlich und mündlich charakterisierte Art gründlichen und präzisen Arbeitens erinnert überdies stark an die Rahlfs'sche Prägung. Vgl. zu Emil Große-Brauckmann (1887–1961): UA Göttingen, Theol. PA 0109 (Personalakte der Theologischen Fakultät); Archiv des Septuaginta-Unternehmens der Akademie der Wissenschaften zu Göttingen, Protokollbuch der engeren Septuaginta-Kommission (Einträge vom 14. Januar und 8. März 1922), 127–128; Archiv der Akademie der Wissenschaften zu Göttingen, Scient 6300, Nr. 104a–104b (Pressemitteilung vom 19. Februar 1960 anlässlich Große-Brauckmanns 50. Dienstjubiläum); Jeremias, Nachruf Große-Brauckmann (1963); Schäfer, Große-Brauckmann (2014).

483 Vgl. z.B. die Widmung, die August Möhle im Jahre 1960 seinem Spätwerk über „Israel und Juda. Sage und Geschichte, Weisheit und Hoffnung eines Volkes in Selbstzeugnissen" voranstellte: „Meinen Lehrern Hermann Gunkel und Alfred Rahlfs in dankbarer Erinnerung" (URL: http://

5. Letzte Jahre und Tod (1930–1935)

Im Mai 1930 hätte Rahlfs, nachdem er das 65. Lebensjahr erreicht hatte, eigentlich emeritiert werden müssen, doch veranlassten zwei Gründe die Fakultät dazu, im Dezember 1929 beim Minister für Wissenschaft, Kunst und Volksbildung um „Aufschub der Entpflichtung" zu bitten: Zum einen hatte man erfahren, dass Rahlfs' Stelle nach dessen Eintritt in den Ruhestand ersatzlos gestrichen werden sollte, so dass der von ihm jahrzehntelang erteilte Hebräischunterricht sowie die von ihm gehaltenen Vorlesungen von den Kollegen hätten kompensiert werden müssen. „Eine Übernahme dieses Unterrichts durch den anderen Fachordinarius oder durch den nichtbeamteten Extraordinarius ließe sich nur durch Einschränkung der bisher von diesen Herren geleisteten anderweitigen Lehrtätigkeit erreichen", was der Fakultät in Anbetracht von deren ohnehin schon erhöhter Lehrbelastung ausgeschlossen erschien.[484] Zum andern waren es aber auch Rahlfs selbst betreffende, d.h. vor allem finanzielle Gründe, die die Fakultät in ihrem Gesuch anführte: „Herr Rahlfs käme durch die Entpflichtung insofern in eine besonders missliche Lage, als im Augenblick seiner Entpflichtung eine ihm von der hohen Staatsregierung gewährte persönliche Zulage, die seine Stellenbezüge (Extraordinariat) an die Einkünfte eines Ordinariats angleicht, wegfallen würde, alle seine (5) Kinder aber noch in der Ausbildung begriffen sind."[485] Berlin gab dieser Bitte der Fakultät vorderhand statt und entband Rahlfs, nachdem ihm 1932 noch einmal Aufschub gewährt worden war, erst Ende September 1933 von seinen amtlichen Pflichten.[486]

Als er ein halbes Jahr später, Ostern 1934, schließlich auch als erster Leiter des Septuaginta-Unternehmens zurücktrat,[487] holten Rahlfs die 1929 bereits befürchteten finanziellen Folgen seiner späten Vaterschaft ein und nötigten ihn,

---

www.literaturkritik.de/public/artikel.php?art_id=10&ausgabe=6, vom 15.01.2015; nur online erschienen).

484 UA Göttingen, Kuratorialakte XVI.I.A.a, 134. Das Gesuch ist vollständig abgedruckt unten, S. 504–505.

485 UA Göttingen, Kuratorialakte XVI.I.A.a, 134.

486 Am 15. November 1931 stellte Rahlfs den Antrag auf Entpflichtung zum 1. April 1932. Zugleich wies Walter Bauer als Dekan die Fakultät jedoch darauf hin, dass Rahlfs auch länger im Amt bleiben würde, wenn die Neubesetzung der Stelle zu einem späteren Zeitpunkt im Jahr günstiger wäre. Dies war offensichtlich der Fall, denn erst per Ministerialerlass vom 29. Juni 1933 wurde Rahlfs „mit Ende September 1933" von seinen amtlichen Pflichten entbunden (UA Göttingen, Kuratorialakte XVI.I.A.a, 146; vgl. UA Göttingen, Theol. PA 0027, 2).

487 Vgl. KOMMISSION, Bericht (1933), 30, sowie unten, S. 297.

im September 1934 beim Minister einen Beihilfeantrag mit der Bitte um eine Einmalzahlung von 600 Reichsmark zu stellen:

> „Da ich seit vorigem Jahre im Ruhestande bin, sind meine früheren Nebeneinnahmen aus Kolleggeld und auch aus dem Septuagintaunternehmen, das ich bis Ostern d. Js. leitete, fortgefallen. Von meinen fünf Kindern hat das älteste, ein Mädchen, im Juni d. Js. geheiratet, und ich habe, um sie aussteuern zu können, eine Hypothek auf mein Haus aufnehmen müssen. Die übrigen vier Kinder, sämtlich Jungen, sind noch in der Ausbildung begriffen und müssen ganz von mir erhalten werden [...]. Die Hauptschwierigkeit entsteht durch die auf meinem Hausgrundstück lastenden hohen Steuern (monatlich im Durchschnitt etwa zweihundert RM); ich habe daher auch daran gedacht, mein Hausgrundstück zu verkaufen, aber die Preise sind gegenwärtig so gesunken, daß ein Verkauf zu nachteilig wäre, und ich versuchen möchte, ohne ihn durchzukommen."[488]

Obwohl die Fakultät durch den Universitätskurator diesen „leider nur allzu begründeten" Antrag unterstützte und geltend machte, dass Rahlfs aufgrund seines „schweren Augenleidens" und der „schnell fortschreitenden Abnahme seiner Sehkraft" nicht in der Lage sei, „sich einen Ersatz für die ausgefallenen Nebeneinnahmen zu beschaffen",[489] traf am 27. September 1934 der negative Bescheid aus Berlin ein, der als Grund für die Ablehnung die Höhe der Emeritenbezüge nannte.[490] Dadurch erwies sich der Verkauf des Hauses im Friedländer Weg 10 als unausweichlich, und die Familie zog am 16. März 1935 in die vom Friedländer Weg abzweigende Prinz Albrechtstraße (heute: Keplerstraße) 17.

---

488 UA Göttingen, Kuratorialakte XVI.I.A.a, 156. Bereits im März 1931 hatte Rahlfs dem Universitätskurator die damalige Situation beschrieben: Sohn Paul studiere in Göttingen Physik und komme im April 1931 ins 5. Semester. Seine beiden Brüder Hans und Wilhelm besuchten zu dem Zeitpunkt noch die Schule. Tochter Gertrud müsse noch etwa eineinhalb Jahre finanziell unterstützt werden, „da sie durch eine Rippenfellentzündung und deren langdauernde Folgen so in ihrer Ausbildung zurückgekommen ist, daß sie nicht vor der 2. Hälfte des nächsten Jahres selbst etwas verdienen kann [...]. Von meinen 4 Söhnen, die sämtlich in der Ausbildung begriffen sind, ist am kostspieligsten mein 2. Sohn (Georg), da er sich jetzt endgültig entschlossen hat, Bauingenieur zu werden, und daher an einer technischen Hochschule, also auswärts studieren muß" (a.a.O., 138). Über die Beantragung und Bewilligung resp. Ablehnung des Kindergeldes erteilen a.a.O., 119.126–129.131.133.136–138.141.143–145.147–150.158–160 Auskunft. Die finanzielle Situation der Familie war im September 1934 zudem bereits durch Strafzahlungen verschärft, die Rahlfs seit Mai 1934 an das Septuaginta-Unternehmen zu überweisen hatte. Vgl. dazu unten, S. 286.
489 UA Göttingen, Kuratorialakte XVI.I.A.a, 153; vgl. UA Göttingen, Theol. PA 0027, 11.
490 Vgl. UA Göttingen, Theol. PA 0027, 12. Rahlfs bezog zu diesem Zeitpunkt monatlich 898,38 Reichsmark. Dass diese Summe (abzüglich der genannten 200 Reichsmark Steuer) die Kosten für sechs Personen nicht decken konnte, liegt auf der Hand.

Abb. 4: Rahlfs' Grabstätte auf dem Göttinger Stadtfriedhof im Jahre 1975

Abb. 5: Rahlfs' Grabstätte auf dem Göttinger Stadtfriedhof im Jahre 1975, Detailansicht

Nur drei Wochen später starb Alfred Rahlfs am 8. April 1935 um 22 Uhr „sanft nach kurzer Krankheit",[491] zermürbt von persönlichen Anfeindungen,[492] an „den Folgen eines Schlaganfalls".[493] Sein Tod kam für alle Beteiligten völlig unerwartet:[494] Noch am 18. März hatte Rahlfs vom Dekan der Theologischen Fakultät ein Schreiben mit der Bitte erhalten, „dass Sie sich doch entschließen möchten, in dem am 1. April beginnenden und am 30. Juni endenden Sommersemester den hebräischen Unterricht zu übernehmen",[495] worauf er zwei Tage später mit der Zusage antwortete, „den hebr. Unterricht des Herrn Kollegen Duhm zu übernehmen".[496] Die Trauerfeier fand am Freitag, den 12. April 1935, um 15 Uhr in der Göttinger Universitätskirche statt. Die Trauerrede hielt Johannes Hempel.[497] Sein Grab fand Rahlfs auf dem Göttinger Stadtfriedhof.[498] In den 1980er Jahren wurde der Grabstein abgeräumt. An seiner Stelle wurde im Jahr 2014 eine von Robert Hanhart gestiftete Gedenkstele errichtet.

---

491 So der Text in der von der Witwe Julie Rahlfs, den Kindern, dem Schwiegersohn und der Schwester unterzeichneten Todesanzeige vom 9. April 1935.

492 Vgl. dazu unten, S. 298.

493 HEMPEL, Rahlfs (1935), 192. Laut KITTEL, Rez. Rahlfs (1937), 1175, war Rahlfs jedoch an einem „Herzschlag", d.h. an einem Herzinfarkt, gestorben.

494 So auch KAPPLER, Mac. I (1936), 5: „Am 8. April des vergangenen Jahres starb unerwartet der langjährige Leiter des Septuaginta-Unternehmens, Herr Alfred Rahlfs. Er hat im Auftrage der Göttinger Gesellschaft der Wissenschaften das Septuaginta-Unternehmen aufgebaut und die notwendigen Vorarbeiten soweit in die Wege geleitet, daß 1931 von ihm selbst der Psalter als erster Band der großen Ausgabe erscheinen konnte. Seine wissenschaftliche Arbeit wird die Septuaginta-Forschung dankbar anerkennen."

495 UA Göttingen, Theol. PA 0027, 10.

496 UA Göttingen, Theol. PA 0027, 9.

497 Vgl. UA Göttingen, Kuratorialakte XVI.I.A.a, 163, außerdem ein Schreiben von Hermann Thiersch an Emil Diehl in Stuttgart vom 15. April 1935. Darin bedankt sich Thiersch für die HANDAUSGABE (1935) und fährt fort: „[...] stand neben der Freude über den Abschluss des nach so viel Mühen und schwerem Ringen nun vollendeten Werkes ebenso gross die Wehmut über das über A. Rahlfs damit gekommene Leid. Und wie hat sich dies Schmerzgefühl alsbald danach noch vertieft! Es hat mich neu bewegt, als ich an der Bahre nach der ausgezeichneten Trauerrede von Collegen Hempel noch ein kurzes Wort zu sprechen hatte. [...] Es [*das Exemplar der Handausgabe; CS*] wird mich immer erinnern an die angestrengten Bemühungen der Karwoche [*des Jahres 1934 (vgl. unten, ab S. 283); CS*], deren nun ausgereiftes Ergebnis doch noch die letzte stille Freude für den armen, sterbenden Bearbeiter hat werden dürfen [...]" (Deutsche Bibelgesellschaft Stuttgart, Briefkonvolut Septuaginta [Korrespondenz 1909–1938], Bl. 12). Hempels Nachruf liegt in gedruckter Form vor, vgl. HEMPEL, Rahlfs (1935). – In seinem Nachruf in der NZZ schrieb Köhler: „Göttingen, Deutschland, die gelehrte Welt verliert mit ihm einen, der an Wissen, Hingabe und Bescheidenheit gleich groß war und kaum zu ersetzen ist" (NZZ 156 [14. April 1935], Nr. 656).

498 Grabstelle E 67, Nr. 36/37.

Abb. 6: Die Gedenkstele für Alfred Rahlfs auf dem Göttinger Stadtfriedhof im Jahre 2014

Teil B: **Die Septuaginta-Arbeit von Alfred Rahlfs –
eine werkgeschichtliche Analyse**

I. Vororientierung über Rahlfs' Septuaginta-Arbeiten mit dem Versuch einer Periodisierung

Die Arbeiten zur Septuaginta von Alfred Rahlfs sind in einem Zeitraum von mehr als 35 Jahren entstanden und gehören ganz unterschiedlichen Gattungen an: So finden sich unter ihnen *Einzeluntersuchungen* zu Handschriften, Druckausgaben und einzelnen Tochterübersetzungen der Septuaginta,[1] *diplomatische Editionen* einzelner Handschriften resp. -fragmente,[2] *textgeschichtliche Studien* zu biblischen Büchern,[3] *sprachwissenschaftliche Abhandlungen*,[4] außerdem *Grundlagenwerke*, die im institutionellen Rahmen des Septuaginta-Unternehmens entstanden waren,[5] und schließlich *verschiedene Arten kritischer Editionen* der gesamten und einzelner Teile der Septuaginta.[6]

Der folgende Teil B hat zur Aufgabe, dieses vielfältig verzweigte Forschungswerk unter Zugrundelegung einer periodischen Strukturierung im Einzelnen zu analysieren. Hierbei sollen die überlieferungsgeschichtlichen Konstruktionen, textkritischen Prinzipien und editionstechnischen Methoden von Alfred Rahlfs zunächst in ihrer schrittweisen Entwicklung zutage gefördert und sodann in einer problemorientierten Darstellung (Teil C) vertieft werden.

Überblickt man Rahlfs' wissenschaftliches Œuvre, so lassen sich drei Perioden voneinander abgrenzen:[7]

---

1 So z.B. RAHLFS, Tischendorf-Handschrift (1898); DERS., Alter und Heimat (1899); DERS., Fehlen der Makkabäerbücher (1903); DERS., Abhängigkeit (1913); DERS., Äthiopische Handschriften (1918); außerdem LÜTKEMANN/RAHLFS, Hexaplarische Randnoten (1915).

2 So z.B. RAHLFS, Berliner Handschrift (1901); oder auch GLAUE/RAHLFS, Fragmente (1911); GERHÄUSSER/RAHLFS, Fragmente (1913).

3 So z.B. SEPT.-STUD. 1 (1904); SEPT.-STUD. 2 (1907); SEPT.-STUD. 3 (1911); RUTH-STUDIE (1922).

4 So z.B. über ΘΑΛΑΣΣΑ im Koptischen (1900), „Nein" im Koptischen (1906) oder *Griechische Wörter im Koptischen* (1912).

5 So z.B. RAHLFS, Hss.-Vz. (1914).

6 Vgl. RUTH (1922); PSALMI CUM ODIS (1931); HANDAUSGABE 1 und 2 (1935).

7 Diesem Periodisierungsvorschlag liegen dabei natürlich die jeweiligen Publikationsdaten zugrunde. Wann Rahlfs sich gedanklich mit welchen Fragestellungen auseinandergesetzt hat, d.h. in welchen konkreten Zeitraum die Erarbeitungsphasen seiner Publikationen fallen, lässt sich nicht mit Sicherheit feststellen. Aufgrund der Publikationsfrequenz darf als relativ sicher gelten, dass er die SEPT.-STUD. 1 (1904) in den Jahren 1901 bis 1903 angefertigt hat, die SEPT.-STUD. 2 (1907) zwischen 1904 und 1906, die SEPT.-STUD. 3 (1911) zwischen 1907 und 1910, die RUTH-STUDIE (1922) zwischen 1918 und 1921. Seinen umfangreichen Veröffentlichungen, übrigens auch

Die erste Periode – *Rahlfs als Schüler Lagardes* – umfasst den Zeitraum von 1887 bis 1897 und ist bereits in Teil A behandelt worden. Die Veröffentlichungen dieser Jahre bilden Rahlfs' qualifizierende Frühwerke, die einerseits im Auftrage Lagardes oder durch seine Vermittlung, anderseits – nach dessen Tod – im Horizont der wissenschaftlichen Arbeiten des Lehrers entstanden waren. Eine selbständige Septuaginta-Arbeit legte Rahlfs in dieser Zeit noch nicht vor.[8]

Für die zweite Periode (1898–1921) bietet sich die Überschrift *Rahlfs als ,Vorarbeiter' der Septuaginta-Edition* an. In ihr arbeitet sich Rahlfs auf den Spuren Lagardes zunächst in die Septuaginta-Probleme ein und veröffentlicht daraufhin 1898/99 seine ersten beiden Abhandlungen auf diesem Gebiet. Die letzte dieser ,Vorarbeiten' erschien 1921.[9] Im Jahre 1922 legt er dann als deren Ertrag die erste Teiledition eines Septuaginta-Textes vor.[10] Geprägt ist diese zweite Periode von Rahlfs' Auseinandersetzung mit dem Erbe der Lagarde'schen Septuaginta-Arbeit. Hielt er sich in seinen frühen Untersuchungen, Studien und Editionsplänen noch sehr eng an dessen überlieferungsgeschichtliche Thesen und Editionszielbestimmungen, so spiegelt sich spätestens in dem dritten Heft der Septuaginta-Studien (1911) eine immer stärkere Ablösung von prägenden Elementen dieser Konzeption wider, und Rahlfs entwickelt von da an sukzessive seinen eigenen Neuansatz. Gleichzeitig behält er aber insbesondere hinsichtlich des zu berücksichtigenden Materialumfangs die wesentlichen Postulate Lagardes bei, verwirklicht sie aber nun im institutionellen Rahmen des Septuaginta-Unternehmens, dessen Leiter und Organisator er ab 1908 war, und führt sie als Grundlagenarbeit für eine *editio critica maior* der Septuaginta zum Ziel.

Die dritte und letzte Periode (1922–1935) – *Rahlfs als Editor der Septuaginta* – setzt mit der Ruth-Ausgabe von 1922 ein, in deren korrelierender *Studie über den griechischen Text des Buches Ruth* (1922) ihm der endgültige Durchbruch zu der bis heute gültigen Konzeption der Septuaginta-Textkritik gelingt. Auf ihr bauen die nunmehr im Abstand von ca. vier Jahren erscheinenden, editionstechnisch deutlich unterschiedlich angelegten historisch-kritischen Editionen des Buches Genesis (1926), des Psalters (1931) und schließlich der gesamten Septuaginta (1935) auf.

---

den Editionen der Jahre 1922, 1926, 1931 und 1935, gingen somit im Schnitt jeweils dreijährige intensive Erarbeitungsphasen voraus.

8 Auf dem Septuaginta-Gebiet findet sich lediglich die unselbstständige Vollendung der Psalter-Ausgabe Lagardes nach dessen mündlichen Anweisungen (erschienen als RAHLFS, Psalterii graeci quinquagena prima a Paulo de Lagarde in usum scholarum edita [1892]).

9 Vgl. dazu die Übersicht im Anhang, S. 464.

10 RUTH (1922).

II. Rahlfs als ‚Vorarbeiter' der Septuaginta-Edition (1898–1921)

1. Frühe Untersuchungen, Studien und Editionspläne auf den Spuren Lagardes (1898–1910)

1.1 Frühe Untersuchungen zu einzelnen Handschriften

Nachdem Rahlfs sich als Dozent an der Göttinger Theologischen Fakultät eingearbeitet hatte, wurde seit Mitte der 1890er Jahre die Septuaginta zum Schwerpunkt seiner Forschungen. Als Einstieg wählte er solche Fragen, die ihm in den
späten Septuaginta-Arbeiten Lagardes nicht ausreichend beantwortet oder lediglich angerissen erschienen, und die er einer genauen Prüfung unterzog. Schnell
wurde ihm dabei auch die Komplexität des Gegenstands bewusst, wie er in einem
Brief an Eberhard Nestle vom 4. August 1899 festhielt:

> „Die Arbeit an der Septuaginta ist so schwierig, daß ich leider immer viel langsamer, als ich
> gehofft hatte, vorwärts komme."[11]

Zum Zeitpunkt dieser Feststellung hatte Rahlfs bereits zwei kürzere Untersuchungen zu den Septuaginta-Handschriften 509 und B verfasst:

In seinem der Gesellschaft der Wissenschaften am 19. Februar 1898 von Julius Wellhausen vorgelegten Aufsatz *Über eine von Tischendorf aus dem Orient mitgebrachte, in Oxford, Cambridge,
London und Petersburg liegende Handschrift der Septuaginta*[12] untersuchte er, ausgehend von
entsprechenden Behauptungen Lagardes in dessen *SeptuagintaStudien. Erster Theil*,[13] eine auf
die Bibliotheken in London, Oxford, St. Petersburg und Cambridge verteilte, in vier Etappen,
zwischen 1853 und 1859 durch Konstantin von Tischendorf[14] nach Europa gebrachte Septuaginta-Handschrift (später mit der Rahlfs-Sigel 509 bezeichnet),[15] um schließlich ihre Geschichte

---

11 Rahlfs an Eberhard Nestle, 4. August 1899 (Universitätsbibliothek Johann Christian Senckenberg Frankfurt a.M., Nachl. E. Nestle Nr. 1320).
12 Erschienen in: NGWG.PH (1898), 98–112.
13 Vgl. LAGARDE, SeptuagintaStudien I (1891), 9–11.
14 Konstantin von Tischendorf (1815–1874), 1845 außerordentlicher, 1860 ordentlicher Professor für Theologie und biblische Paläographie in Leipzig. Über Tischendorfs editorische Leistung auf neutestamentlichem Gebiet informieren ALAND/ALAND, Der Text des Neuen Testaments (²1989), 21–24. Vgl. BÖTTRICH, Tischendorf (2002); SCHICK/BEHREND, Tischendorf (²2015).
15 Vgl. zu den Rahlfs-Sigeln unten, ab S. 157.

zu präsentieren und die Zusammengehörigkeit ihrer einzelnen Teile nachzuweisen. Dass die beiden in Minuskelschrift geschriebenen Londoner und St. Petersburger Teile dieser Handschrift mit dem in Oxford aufbewahrten, allerdings in Unziale geschriebenen Teil zusammengehörten, war bereits seit Tischendorf bekannt gewesen.[16] Dass aber der vierte, in Cambridge liegende Teil, dessen Vorderseite eine Unzial- und dessen Rückseite eine Minuskelschrift enthielt, das Scharnier zwischen den drei anderen bilden musste, dafür lieferte Rahlfs nun die schlagenden Argumente, die ihn als kodikologischen und paläographischen Fachmann auswiesen.[17]

Für die eigene Weiterarbeit an der Septuaginta, aber auch wissenschaftsgeschichtlich[18] nachhaltiger war indes Rahlfs' Aufsatz über *Alter und Heimat der vaticanischen Bibelhandschrift*.[19] In dieser Untersuchung, die das Ziel hatte, den textgeschichtlich bedeutsamen Codex Vaticanus (B) räumlich und zeitlich zu lokalisieren, argumentierte Rahlfs für eine deutliche (wenn auch nicht hundertprozentige) Abhängigkeit der Hs. B von dem 367 n. Chr. im 39. Osterfestbrief des Athanasius autorisierten biblischen Kanon. Aufgrund dieser signifikanten Verbindung müsse Hs. B auf die Zeit nach 367 n. Chr. datiert und im Wirkungsradius des Athanasius, d.h. in Ägypten, lokalisiert werden.[20] „Hiermit wäre die von Alters her mit Recht berühmte, wenn auch oft überschätzte, vaticanische Bibelhandschrift zeitlich und örtlich festgelegt."[21] Aufgrund ihres Alters und ihrer Heimat zog Rahlfs – später schnell revidierte – Rückschlüsse auf die Geschichte der Septuaginta, indem er in dem Text dieses Codex, wegen seiner ägyptischen Herkunft, einen Zeugen der sog. hesychianischen Rezension vermutete.[22] Für seine Septuaginta-Arbeit war diese Abhandlung vor allem deshalb von Bedeutung, weil er darin Hs. B als die älteste vollständige Septuaginta-Handschrift identifizieren und darüber hinaus geographisch lokalisieren konnte. Dies hatte unmittelbare Auswirkungen auf ihre textkritische Inanspruchnahme und führte, trotz mitunter kritischer Bewertung ihres Textes zu einer tendenziellen Bevorzugung ihrer Varianten in Zweifelsfällen.[23]

---

16 Vgl. RAHLFS, Tischendorf-Handschrift (1898), 99–101.

17 Vgl. die Argumentation sowie eine Erstanalyse des Texttyps der Handschrift bei RAHLFS, Tischendorf-Handschrift (1898), 102–110. In der großen „Cambridger Septuaginta" erhielt die Handschrift übrigens noch zwei Sigeln: die Unzialschrift Sigel „E", die Minuskel – in „continuation of E" – „a₂" (BROOKE-MᶜLEAN, Genesis [1906], vi). In der großen „Göttinger Septuaginta" gebrauchte Wevers jedoch, entsprechend der Angaben in RAHLFS, Hss.-Vz. (1914), 41.105.166–167.223, die Gesamt-Sigel 509. Vgl. dazu auch GENESIS (1926), 20, sowie RAHLFS, Hss.-Vz. (1914), XXIV.

18 So greift z.B. Pierre-Maurice Bogaert Rahlfs' (gleich noch vorzustellende) These in einem 1999/2009 erschienenen Aufsatz auf, um sie anschließend aufgrund weiterer Argumente zu bestätigen (vgl. BOGAERT, *Vaticanus graecus* 1209 [2009] = leicht veränderter Nachdruck von DERS., Prolegomena [1999]).

19 Erschienen in: NGWG.PH (1899), 72–79. Vorgelegt von R. Pietschmann am 25. Februar 1899.

20 Letzteres war schon von Wilhelm Bousset u.a. behauptet worden (vgl. die Hinweise bei BOUSSET, Rez. C. R. Gregory [1901], 547). Widerspruch zu Rahlfs' These meldete lediglich Oscar von Gebhardt an (vgl. GEBHARDT, Rez. Rahlfs [1899]).

21 RAHLFS, Alter und Heimat (1899), 79.

22 Dass Hs. B nicht Hesychs Rezension wiedergab, sondern von anderen (z.B. der hexaplarischen Rezension des Origenes) beeinflusst ist, erwiesen Rahlfs' spätere Untersuchungen: vgl. dazu unten, S. 200 und S. 231.

23 Vgl. dazu unten, ab S. 344.

Eine weitere Untersuchung legte Rahlfs im Jahre 1901 mit seiner Edition der *Berliner Handschrift des sahidischen Psalters* vor. Den Anlass ihrer Abfassung beschrieb er selbst im Vorwort der Ausgabe: „Bei einer Vergleichung [*der sahidischen*] Uebersetzung [*des Psalters*] mit dem griechischen Urtexte entdeckte ich, dass sie einen recht eigentümlichen Septuagintatext wiedergiebt, der über die den bekannten Recensionen der Septuaginta vorangehende dunkle Zeit einiges Licht zu verbreiten vermag, und nun liess mich der sahidische Psalter nicht mehr los. Ich unterbrach meine bisher auf die Königsbücher concentrierten Septuagintastudien – wie ich hoffte, nur auf kurze Zeit. Aber diese Hoffnung sollte getäuscht werden, denn die einmal begonnene Untersuchung zog immer weitere Kreise.“[24] Rahlfs stellte in seiner Abhandlung dem von ihm herausgegebenen Text des Berliner Psalters eine ausführliche, 46 Seiten umfassende, paläographische Beschreibung der Handschrift sowie umfangreiche orthographische und grammatikalische Untersuchungen voran und kollationierte ihn schließlich mit sämtlichen ihm bekannten Textveröffentlichungen des sahidischen und bohairischen Psalters.[25] Dabei war das Ziel seiner Edition nicht, „einen möglichst correcten Text des sahidischen Psalters zu liefern, sondern nur die Hs. genau wiederzugeben“.[26] Dieser diplomatischen Wiedergabe widmete Rahlfs äußerste Sorgfalt.[27] Zur Förderung der Les- und Benutzbarkeit der Handschrift ergänzte er schließlich auch deren lückenhafte Überlieferung, betonte aber gleichzeitig, dass derartige Ergänzungen wegen ihrer nicht zu vermeidenden Unsicherheit im Falle einer etwaigen Verwendung der Handschrift als Textzeugen unberücksichtigt bleiben müssten.[28] Mit dieser Ausgabe hatte er einen wichtigen Zeugen für die Rekonstruktion der Textgeschichte des Septuaginta-Psalters zugänglich gemacht, auf den er dann wenige Jahre später zurückgreifen konnte.[29]

---

24 RAHLFS, Berliner Handschrift (1901), 3.

25 Die „große Leistung“ dieser Ausgabe bestand laut Jürgen Horn vor allem darin, dass Rahlfs hier „hunderten von Fragm. der Hs. einen sachlich bestens fundierten Text abgewonnen hat; kein einziger Vers außer Ps 83,1 ist vollständig erhalten!“ (HORN, Koptischer Psalter [2000], 98, Anm. 6).

26 RAHLFS, Berliner Handschrift (1901), 21.

27 Rahlfs übte später immer wieder scharfe Kritik an solchen Editionen, die ihr Hauptaugenmerk gerade nicht auf Sorgfalt gelegt hatten (vgl. RAHLFS, Rez. Budge [1913] sowie sachlich hieran anschließend DERS., Rez. Budge [1914]).

28 So RAHLFS, Berliner Handschrift (1901), 26: „[...] auf Unfehlbarkeit macht ja auch diese ganze Ergänzungsarbeit keinerlei Anspruch.“ Die Ergänzungsarbeit an sich war für Rahlfs nicht der ideale Weg, erschien ihm jedoch aus praktischen Gründen, die er a.a.O., 23–24, erläutert, als der gangbarste.

29 Vgl. dazu den folgenden Abschnitt.

1.2 Die ersten beiden Hefte der Septuaginta-Studien

Ganz ausdrücklich auf Lagardes Spuren begab sich Rahlfs mit der Veröffentlichung der ersten Ergebnisse seiner jahrelangen, „auf die Königsbücher concentrierten Septuagintastudien"[30] im Jahre 1904. In diesen wollte er „die Arbeit an der ältesten und für die Wissenschaft bei weitem wichtigsten Übersetzung des Alten Testaments in den Bahnen des Meisters, dessen Andenken sie gewidmet sind, fortzuführen versuchen".[31] Hier und in der 1907 erschienenen Studie über den Septuaginta-Psalter[32] erwies Rahlfs mithilfe eines konsequent systematischen Vorgehens[33] die Lagarde'sche Behauptung als richtig, dass den Septuaginta-Zitaten bei den Kirchenschriftstellern und den Tochterübersetzungen der Septuaginta für die Bewertung der griechischen Primärzeugen fundamentale Bedeutung zuzumessen ist.[34]

In der zweiten der drei im ersten Heft der Septuaginta-Studien[35] vorgelegten Einzeluntersuchungen[36] verglich Rahlfs *Theodorets Zitate aus den Königsbüchern*

---

30 RAHLFS, Berliner Handschrift (1901), 3.

31 SEPT.-STUD. 1 (1904), 3.

32 SEPT.-STUD. 2 (1907).

33 Vgl. dazu SEPT.-STUD. 1 (1904), 4: Den SEPT.-STUD. 1 (1904) liege „eine genaue Durcharbeitung des gesamten handschriftlichen Apparats, die mich [sc. *Rahlfs*] Jahre lang beschäftigt hat, zu Grunde" (a.a.O., 4).

34 Vgl. dazu das Folgende.

35 SEPT.-STUD. 1 (1904).

36 In der *ersten Untersuchung* (vgl. SEPT.-STUD. 1 [1904], 5–15) analysierte Rahlfs Hs. 82 im Hinblick auf ihre Zeugenschaft für den Text der Königsbücher und kam zu dem Ergebnis, dass in ihr ein (kontaminierter) Mischtext aus alter Septuaginta und lukianischer Rezension vorliege, der seinen endgültigen Charakter erst durch die Ergänzung fehlender Seiten im defekten lukianischen Archetypus der Handschrift aus einem Septuaginta-Text erhalten habe. Schon Lagarde war dies bei der Erarbeitung seiner Lukian-Ausgabe (1883), für die er Hs. 82 mit herangezogen hatte, zwar bekannt gewesen. Allerdings hatte er diese Tatsache nicht ausreichend berücksichtigt, so dass Rahlfs nun einige von Lagarde zu Unrecht aus Hs. 82 in den Text der Ausgabe aufgenommene Septuaginta-Lesarten verbessern konnte. Die *dritte Untersuchung* (vgl. a.a.O., 47–87) galt den von Origenes zitierten Passagen aus den Königsbüchern. Deren Auswertung schickte Rahlfs zunächst eine Reihe von ‚Vorsichtsmaßregeln' voraus, die in ihren Grundzügen für jegliche Inanspruchnahme der Kirchenschriftstellerzitate bei der Rekonstruktion des ältesten erreichbaren Septuaginta-Textes Gültigkeit behielten (vgl. unten, S. 134, Anm. 68). Aufgrund des Vergleichs der als hexaplarisch und der als nichthexaplarisch identifizierten Zitate datierte Rahlfs die Entstehung der Hexapla zu den Königsbüchern in die Zeit zwischen 235–240 n. Chr. (vgl. a.a.O., 71) und war zudem in der Lage, zu zeigen, dass die rezensionelle Tätigkeit des Origenes von diesem nicht immer – z.B. durch Asterisken und Obelen – säuberlich dokumentiert worden war, sondern durchaus auch stillschweigend vorgenommene Textänderungen umfasste (vgl. a.a.O., 73–75). Die nichthexaplarischen Zitate des Origenes konnte er schließlich als besonders eng verwandt mit

und dem 2. Buche der Chronik[37] mit dem in Lagardes Lukian-Ausgabe[38] vorgelegten Text der lukianischen Rezension[39] (basierend auf den Hss. 19 82 93 108), um
so zu ermitteln, welche Bedeutung dem Kirchenschriftsteller bei der Rekonstruktion des lukianischen Archetypus tatsächlich zukam. Die Lukian-Ausgabe Lagardes legte Rahlfs deshalb als Ausgangspunkt seiner Studie zugrunde, weil sie den
zentralen Baustein in dessen Konzeption einer Rekonstruktion des ‚Urtextes‘ der
Septuaginta bildete.[40] Diese Konzeption und ihre Entwicklung lassen sich folgendermaßen beschreiben:[41]

---

dem Text des Codex Vaticanus und der äthiopischen Übersetzung identifizieren, was im Umkehrschluss zu einer Bestimmung dieser beiden Zeugen als – in den Königsbüchern – wesentlich
vororigenisch führte (vgl. a.a.O., 77–87).

37 Vgl. Sept.-Stud. 1 (1904), 16–46.

38 Lagarde, Lukian (1883). Als Höhepunkt seiner Septuaginta-Arbeit hatte Lagarde im Jahre
1883 eine Ausgabe desjenigen Textes der Bücher Genesis bis Esther vorgelegt, den er als die Rezension Lukians zu identifizieren meinte. Hierin bot er dem Leser einen reinen Lesetext ohne
Angabe von variierenden Lesarten. Dies tat er als Konsequenz aus den Erfahrungen seiner in
der *Ankündigung einer neuen ausgabe der griechischen übersezung des alten testaments* (1882)
vorgelegten Probeedition der ‚lukianischen Rezension‘ von Gen. 1, der er einen textkritischen
Apparat solchen Ausmaßes angefügt hatte, dass er von einer weiteren Ausarbeitung dieser Art
schnell wieder Abstand nahm. Vgl. dazu die Beschreibung von Rahlfs, Lebenswerk (1928), 78.

39 Unter der *lukianischen Rezension* ist eine dem 312 gestorbenen Märtyrer Lukian von
Antiochien zugeschriebene systematische Bearbeitung des Septuaginta-Textes zu verstehen, die
wegen ihrer Lokalisierung im syrischen Gebiet heute meist als *Antiochenischer Text* bezeichnet
wird.

40 Außer der Ausgabe Lukians hatte Lagarde im Bereich der Septuaginta-Edition „keine auch
nur einigermaßen abschließende Arbeit zustande gebracht“ (Rahlfs, Lebenswerk [1928], 84;
ähnlich noch einmal a.a.O., 86). Rahlfs begründet dieses Resümee zum einen mit dem für eine
kritische Ausgabe der Septuaginta notwendigen Arbeitsumfang, zum andern mit der Arbeitsweise Lagardes, die eine Beschränkung auf eine einzige Sache nicht zugelassen hatte, weshalb
letztlich nur „eine riesige Trümmerlandschaft“ (Neuschäfer, *Alteri saeculo* [2013], 253) übrigbleiben konnte. Vgl. hierzu auch die von Wellhausen gegenüber Adolf Harnack am 25. April 1892
schriftlich geäußerte, polemisch übertreibende Einschätzung: „[...] Er [sc. *Lagarde*] konnte ja
nichts Großes und Ganzes machen, er konnte auch nicht bei der Stange bleiben und namentlich nichts arbeiten, was er nicht gleich am folgenden Tage drucken lassen konnte“ (zitiert aus
Smend d.J., Wellhausen Briefe [2013], 284, Nr. 397; Original laut a.a.O., 842 mit Anm. 4, in der
Staatsbibliothek zu Berlin – Preußischer Kulturbesitz, Nachlass Harnack). Vgl. insgesamt Eb.
Nestle, Zur Rekonstruktion (1899).

41 Vgl. zum folgenden Petitteil insgesamt Rahlfs, Lebenswerk (1928), 17–86, bes. 58–62 und
66–86; zudem die Beiträge von Hanhart, Lagarde (1987); Neuschäfer, Rez. Sieg (2009); sowie
insbesondere Neuschäfer, *Alteri saeculo* (2013), mit ihren je verschiedenen Schwerpunkten
in der Darstellung des Lagarde'schen Werkes. Vgl. auch Eb. Nestle, Art. „Bibelübersetzungen,
griechische“ (1897), 9–10 [= 69–70].

Lagardes editionsphilologische Wurzeln liegen bei Karl Lachmann (1793–1851)[42] und der nach diesem benannten sog. ‚Lachmann'schen Methode':[43] Darunter sind „allgemein eine Reihe von Kriterien für die Recensio"[44], d.h. für die Feststellung dessen, „was als überliefert gelten muß oder darf"[45] zu verstehen. Die *recensio* – so die spätere ‚klassische' Definition von Paul Maas – führt in der Regel „entweder zu einem erhaltenen codex unicus, oder zu einem durchweg sicher rekonstruierbaren Archetypus, oder zu zwei Variantenträgern, die entweder erhalten oder rekonstruierbar sind, und die nur wenn sie übereinstimmen, den Text des Archetypus gewährleisten, nicht aber wenn sie variieren".[46] Die beiden wesentlichen Merkmale der ‚Lachmann'schen Methode' sind (1) die auf (eigener) Kollation aller bekannten Codices basierende „Rekonstruktion der Textüberlieferung und ganz besonders der genealogischen Zusammenhänge, die zwischen auf uns gekommenen Handschriften bestehen",[47] d.h. die Rekonstruktion eines sog. *Stemmas,*

---

42 Vgl. zu Lachmann die Kurzbiographie bei BEIN, Textkritik ([2]2011), 76–77.

43 So LAGARDE, Vorbemerkungen (1880), 138: „der jugend ist es gestattet ire kraft zu überschätzen. und doch darf ich es nicht jugendtorheit schelten, daß ich 1845 und in den nächst folgenden jaren davon träumte, die bibel beider testamente mit einem apparate vorzulegen, der so knapp und klar wäre, wie mich Lachmanns apparat zum Wolfram zu sein däuchte." So auch Wilamowitz in seiner Grabrede: „[...] die entschiedene philologische Richtung, das Streben nach objektivster Urkundlichkeit, das geflissentlich zur Schau getragen ward, neben dem aber immer wieder die stärkste Subjektivität hervorbrach, insbesondere das Unternehmen, die philologische Methode der Textkritik für die Urkunden des Christentums in Dienst zu stellen: das stammt von Karl Lachmann. Hatte Lachmann unternommen, den Text des Neuen Testamentes festzustellen, eine Aufgabe, die bis heute nicht genügend gelöst ist und schwerlich von einem einzelnen gelöst werden kann, so hat sich Lagarde an die ungleich größere gewagt, dasselbe für das Alte Testament zu tun. Ich übersehe die Dinge so weit, um sagen zu können, daß es eine schwerere und deshalb schönere Aufgabe der Textkritik überhaupt nicht gibt" (WILAMOWITZ-MOELLENDORFF, Reden und Vorträge [[3]1913], 94). Bibliographische Angaben zum Schlagwort ‚Lachmann'sche Methode' bietet SAHLE, Digitale Editionsformen Teil 1 (2013), 23, Anm. 40. Vgl. auch BEIN, Textkritik ([2]2011), 77–84, bes. die knappe Zusammenfassung der ‚Lachmann'schen Methode' a.a.O., 77, sowie DELZ, Textkritik (1997), 55.

44 TIMPANARO, Entstehung ([2]1971), 69. Das Original dieser deutschen Übersetzung wurde 1963 unter dem Titel *La genesi del metodo del Lachmann* veröffentlicht.

45 MAAS, Textkritik (1927), 1.

46 MAAS, Textkritik (1927), 6.

47 TIMPANARO, Entstehung ([2]1971), 69. Sebastiano Timpanaros Analyse der ‚Lachmann'schen Methode' kommt zu dem Ergebnis, dass „gerade hier Lachmanns eigener Beitrag sehr gering gewesen ist", die „wahren Begründer der genealogischen Einteilung" hingegen andere gewesen seien (beide Zitate: DERS., Entstehung [[2]1971], 69). Vgl. auch NEUSCHÄFER, *Alteri saeculo* (2013), 255, sowie WELLHAUSEN, Gedächtnisrede Lagarde (1895), 52, der auf Albrecht Bengel (1687–1752) als einen der Begründer verweist, und in der Tat war es vor Lachmann bereits Bengel gewesen, der aufgrund der genealogischen Verortung der Handschriften in einem Stemma die Methode entwickelt hatte, „die Varianten nach mechanischen Grundsätzen auszuwählen" (TIMPANARO, Entstehung [[2]1971], 36; vgl. a.a.O., 16). Auch ALAND/ALAND, Der Text des Neuen Testaments ([2]1989), 21, konstatieren: „Die entscheidenden – und bis heute geltenden – Grundsätze der Textkritik sind bereits von Bengel formuliert worden", fahren jedoch fort: „Aber die entscheidende Schlacht gegen den Textus receptus und für eine Rückkehr zur frühen Textform wurde erst im

also eines Stammbaums der Überlieferungszweige, und daran unmittelbar anschließend (2) „die Aufstellung von Kriterien, die es erlauben, mechanisch zu entscheiden […], welche von verschiedenen Lesarten auf den Archetypus zurückgeht",[48] d.h. auf denjenigen rekonstruierten Text, gegenüber dem im Hinblick auf das eine Original kein älterer Text feststellbar ist und der „die Vorlage [*darstellt; CS*], bei der die erste Spaltung [*der Handschriftenüberlieferung; CS*] begann".[49]

Schon früh war Lagarde zu der Einsicht gelangt, dass die durchweg kontaminierten und als solche eigentlich nicht stemmatisierbaren Handschriften der Septuaginta aufgrund identifizierbarer Eigenheiten in Handschriftenfamilien zusammenzufassen sind, deren Archetypi sich innerhalb der Transmissionsgeschichte verorten lassen. Bereits 1868 hielt er es für möglich, unter Berücksichtigung der Tochterübersetzungen und Kirchenschriftstellerzitate – diese erweiterte Materialbasis war in der ursprünglichen ‚Lachmann'schen Methode' natürlich nicht vorgesehen – eine auf gemeinsamen Varianten und Fehlern basierende Zusammengehörigkeit der griechischen Handschriften in „kleineren und größeren Gruppen" feststellen zu können.[50] Dieser Arbeitsschritt des Handschriften*gruppierens* stellt(e) – neben der Tatsache, dass es sich bei der Septuaginta um Übersetzungsliteratur handelt, wodurch die Analyse und textkritische Berücksichtigung der hebräischen ‚Vorlage' zum notwendigen Prinzip wird – den wesentlichen Unterschied zur Lachmann'schen *recensio* eines von einer überschaubaren Handschriftenanzahl überlieferten, nicht-übersetzten Textes dar.

Zwei Jahre später, 1870, konkretisierte Lagarde dann seine Idee der Einteilung der Handschriften in „kleinere und größere Gruppen", wobei er nun die Zusammenstellung der Zeugen nach ihrer Verbreitung in den verschiedenen Kirchenprovinzen des römischen Reiches, namentlich „Aegyptens, NordAfrikas, Galliens, Italiens, KleinAsiens [*und*] Syriens", als wichtigstes Ziel ansah.[51] 1876 modifizierte er diese Absicht jedoch und erklärte, „die Septuagintarecensionen des Lucianus und Hesychius in nebeneinanderstehenden columnen zum abdrucke […] bringen"[52]

---

19. Jahrhundert geschlagen, und zwar durch den Berliner Professor der klassischen Philologie Karl Lachmann […]" (ebd.). Als weitere Gründungsväter der ‚Lachmann'schen Methode' nennt Timpanaro (vgl. a.a.O., 54.69) außerdem vor allem Friedrich Ritschl (1806–1876), Johan Nicolai Madvig (1804–1886) und Hermann Sauppe (1809–1893).

48 Timpanaro, Entstehung (²1971), 70.

49 Maas, Textkritik (⁴1960), 6.

50 So Rahlfs, Lebenswerk (1928), 69, mit Bezug auf Lagardes *Genesis graece* (1868). Vgl. auch Wellhausen, Gedächtnisrede Lagarde (1895), 52, und Neuschäfer, *Alteri saeculo* (2013), 257.

51 So Lagarde, Noch einmal (1889), 232–233: „Dies [*die Einteilung der Handschriften in Gruppen; CS*] kann für die Septuaginta wie für das neue Testament (und nicht einmal bei diesem ist es gethan!) nur nach der großen Gliederung des kirchlich-nationalen Lebens im römischen Kaiserreiche geschehen. Es wird sich darum handeln, wenn irgend möglich, den Text Aegyptens, NordAfrikas, Galliens, Italiens, KleinAsiens, Syriens zu finden, nicht in der Meinung, daß jene Provinzen bewußt eine sogenannte Recension der Septuaginta einer anderen vorgezogen, sondern weil die Gewöhnung der kirchlichen Lesung und der Zwang, aus den zur Hand befindlichen Exemplaren die nöthigen neuen Abschriften zu machen, den Text der einzelnen Provinzen leidlich konstant erhielt. Ich werde zu diesen Gruppen die ältere der hellenischen Synagogen fügen, so weit diese aus Iosephus, Philo und einer Anzahl kleinerer, meist fragmentarischer Texte erkennbar ist. Von wesentlichem Nutzen für diesen Theil werden mir die Citatenregister zu Kirchenvätern sein […]."

52 Lagarde, Vorbemerkungen (1880), 142.

zu wollen. Dabei bezog er sich erstmals auf die Vorrede des Hieronymus zu den Chronikbüchern in der Vulgata, wozu er allem Anschein nach durch die 1874/75 publizierten Analysen Frederick Fields[53] veranlasst worden war:

> „Alexandria et Aegyptus in Septuaginta suis Hesychium laudat auctorem, Constantinopolis usque Antiochiam Luciani martyris exemplaria probat, mediae inter has provinciae palestinos codices legunt, quos ab Origene elaboratos Eusebius et Pamphilius vulgaverunt, totusque orbis hac inter se trifaria varietate conpugnat."[54]

Die hierin (für die Zeit um 400 n. Chr.) beschriebene *trifaria varietas* wurde für Lagardes weitere Septuaginta-Arbeit bestimmend: „Während er 1870 noch die Meinung abgelehnt hatte, daß ‚jene Provinzen bewußt eine sogenannte Rezension der Septuaginta einer anderen vorgezogen' hätten, postulierte er später für die einzelnen Provinzen offizielle Texte",[55] deren jeweilige Archetypi er herzustellen und von denen ausgehend er dann den ‚Urtext' der Septuaginta zu rekonstruieren gedachte. Den Ausgangspunkt für die rekonstruktive Arbeit am Text bildete für ihn somit der Endpunkt der Überlieferungsgeschichte, d.h. die Rezensionen des Origenes, Lukian und Hesych.

---

53 FIELD, Hexapla (1874), und DERS., Hexapla 1 und 2 (1875).
Rahlfs zeigt in SEPT.-STUD. 3 (1911), 80, Anm. 1, dass Fields Ausführungen an die Erkenntnisse A. M. Cerianis anknüpften: „Das Verdienst, die Rezension Lucians zuerst aufgespürt zu haben, erkennt Wellhausen in Bleeks Einleitung des A.T. § 255 (6. Aufl., S. 550) mit Recht Ceriani zu. Ceriani hat [...] schon 1861 und 1863 von der Lucian-Rezension der prophetischen und der historischen Bücher gesprochen [...]. Field ist nicht, wie Wellhausen meint, unabhängig von Ceriani zu demselben Resultat gekommen, sondern hängt von Ceriani ab; das folgt zwar nicht aus den von Wellhausen zitierten Prolegomena zur Hexapla, wohl aber aus dem ‚Monitum' zu Jesaia in Bd. II, S. 429, wo Field die Zurückführung jener eigentümlichen Rezension auf Lucian noch nicht als seine eigene Meinung, sondern als die Cerianis darstellt [...]. Diese Äußerung Fields ist aber viel älter, als die 1874 abgeschlossenen Prolegomena; sie ist nach Ceriani [...] schon 1867 geschrieben und 1868 veröffentlicht, und dies wird dadurch bestätigt, daß einerseits Field a. a. O. die 1868 in den Monumenta sacra et profana V, fasc. 1 erfolgte Herausgabe der philoxenianischen Jesaia-Übersetzung durch Ceriani in ebendiesen Monumenta V 1, syr. Teil, S. 2 bereits ‚Field, Origenis Hexapl. in librum Jesaiae Monitum, p. 428-9' zitiert. [...] Lagarde ist, wie er öfters [...] betont hat, durch ein 1867 angelegtes Register der Bibelzitate bei Chrysostomus selbständig auf die richtige Spur gekommen, kann aber natürlich nicht die Priorität beanspruchen."
Lagarde selbst hielt zeitlebens jedoch an dieser Priorität fest (vgl. LAGARDE, Ankündigung [1882], 25, sowie die entsprechenden Literaturangaben bei NEUSCHÄFER, *Alteri saeculo* [2013], 258, Anm. 90). Dagegen legt Bernhard Neuschäfer überzeugend dar, dass sich Lagarde vor 1876 – obgleich er mehrfach die Gelegenheit dazu gehabt hätte (z.B. 1868 in *Genesis graece* oder 1870 im Schreiben an von Mühler [LAGARDE, Noch einmal (1889)]) – in keiner Form auf Hieronymus bezog und „seine Arbeit an der Septuaginta erst nach dem Erscheinen von Fields *Prolegomena* unter der Grundannahme der *trifaria varietas* stand und die Richtung nahm, als erste von den drei christlichen Rezensionen die lukianische zu edieren" (NEUSCHÄFER, *Alteri saeculo* [2013], 259, Anm. 91; vgl. a.a.O., 257–258 mit Anm. 90 und 91, sowie WELLHAUSEN, Gedächtnisrede Lagarde [1895], 54).
54 Hier. praef. Vulg. Paralip. (WEBER/GRYSON, Vulgata [⁵2007], 546, 9–12).
55 RAHLFS, Lebenswerk (1928), 76.

Neben diesen sollten die übrigen Entwicklungsstufen des Textes mithilfe eines (materialinten-
siven) Klassifikationsverfahrens[55] identifiziert und der so vermessene Überlieferungsweg unter
Aussonderung der rezensionellen Elemente sozusagen ‚rückläufig‘ abgeschritten werden, um
am Ende der Arbeit an den Anfang der Überlieferungsgeschichte zu gelangen: den ‚Urtext‘ der
Septuaginta.

Da die Auswertung des umfangreichen Materials kaum von einem Einzelnen hätte bewältigt
werden können, wandte sich Lagarde zunächst ausschließlich dem Archetypus der Rezension
Lukians zu:

> „So bleibt nichts übrig als [...] den archetypus einer handschriftengruppe herzustellen. ich
> wäle unter den verschiedenen, welche vorhanden sind, den der manuscripte, welche nach
> ausweis der bei Chrysostomus und Theodoret stehenden citate im großen und ganzen den
> von diesen vätern gelesenen text wiedergeben, weil man diesen als den amtlichen text der
> sprengel von Antiochia und Constantinopel, das heißt, als den aus dem lezten jarzehnte des
> dritten jarhunderts unsrer zeitrechnung herrürenden text des märtyrers Lucian anzusehen
> nach dem zeugnisse des Hieronymus alle ursache hat. [...] Dadurch wird zum ersten male
> ein fester punkt gewonnen.“[57]

Die drei von Hieronymus bezeugten christlichen Rezensionen suchte Lagarde also durch Vergleich des Textes der Handschriften mit den Bibelzitaten der lokalisierbaren Kirchenschriftsteller
zu identifizieren:[58] „ist einmal durch eine induction der bei Chrysostomus vorkommenden citate
ausgemacht, daß gewisse handschriften zur antiochenischen recension gehören, so werden
überall da, wo citate antiochenischer väter nicht zu gebote stehn, jene handschriften gleichwol
als maßgebend anzusehen sein.“[59] Auf diese Weise festigte er die bereits unabhängig von ihm
verfochtene These, dass die Hss. 19 82 93 108 den lukianischen Texttyp überliefern müssten.[60]

---

56 Vgl. dazu unten, ab S. 136.
57 LAGARDE, Ankündigung (1882), 31.
58 Vgl. dazu auch unten, ab S. 169.
59 LAGARDE, Ankündigung (1882), 26. Auch Rahlfs geht auf diese Weise vor, überträgt im Gegensatz zu Lagarde allerdings die in einem einzelnen biblischen Buch vorgenommenen Zuord-
nungen nicht auf die gesamte Septuaginta (vgl. dazu unten, ab S. 143 und ab S. 177).
60 Bereits Julius Wellhausen hatte in seiner 1871 erschienenen Monographie *Der Text der Bücher Samuelis* die Notwendigkeit hervorgehoben, dass der vollständige Text dieser von ihm nur
an einigen Stellen verglichenen Handschriften herausgegeben werden müsse (vgl. WELLHAUSEN,
Bücher Samuelis [1871], 221–224, bes. 223), um aufgrund einer solchen Ausgabe nicht nur den
(Hyp-) Archetypus der vier Handschriften, sondern – in Verbindung mit weiteren rekonstruierten Texttypen – schließlich den ‚wahren Text der Septuaginta‘ (vgl. a.a.O., 224) ermitteln zu können. Vgl. auch ein Schreiben Wellhausens an Paul Wendland vom 15. Mai 1898, in dem es heißt:
„Nun bleibt noch die Frage, wie sich Lucian an den Kanones bewährt, die Lagarde für die echte
Septuaginta aufgestellt hat. In den historischen Büchern bewährt er sich einigermaßen, wie ich
a. 1871 im Text der Bücher Samuelis (am Schluß) dargelegt habe – wodurch, beiläufig bemerkt,
Lagarde überhaupt erst auf die den Lucian enthaltenden Codices gestoßen ist. Aber es ist nicht
überall so; sehr vielfach sind echt hebräische werthvolle Lesarten, die nicht mit dem uns überlieferten hebr. Texte stimmen, auf sehr tückische Weise in anderen Codices zerstreut. Lagarde hat
seine Ausgabe leider da abgebrochen, wo sie anfängt schwieriger zu werden, d.h. wo der Con-

In der unerschütterlichen Überzeugung, dass „jede Kirchenprovinz [...] nur einen einzigen offiziellen Text gehabt [*habe*], nahm [*er*] als sicher an, daß die Handschriften 19 108, welche von den
Samuelisbüchern an deutlich die Rezension Lukians bieten, ebendieselbe Rezension auch in
den vorhergehenden Büchern bieten müssen, und kollationierte daher diese Handschriften, um
sie seiner Ausgabe der Lukian-Rezension von Gen. – Ruth zugrunde zu legen“.[61] Der Ertrag dieser
Kollationsarbeiten und vorangegangenen Probeeditionen floss in seine 1883 ohne beigefügten
textkritischen Apparat erschienene Ausgabe des Lukiantextes der historischen Bücher des Alten
Testaments (*Librorum Veteris Testamenti Canonicorum pars prior graece*) ein.

Als Rahlfs das erste Heft der Septuaginta-Studien abfasste, war ihm lediglich die
letzte Ausformung des Lagarde'schen Planes bekannt gewesen, aufgrund deren
er konsequent zunächst die drei Rezensionen des Origenes, Lukian und Hesych
innerhalb der Handschriften identifizieren wollte. Denn allein in der „Erforschung [*dieser*] reichen Geschichte des Septuaginta-Textes“ sah er die „zuverlässige Grundlage für die Herstellung der ursprünglichsten Form der Septuaginta“.[62]
Die zweite Untersuchung der SEPT.-STUD. 1 (1904) hatte nun zum Ziel, exemplarisch festzustellen, wie groß die Bedeutung der Septuaginta-Zitate bei den
griechischen Kirchenschriftstellern für die Rekonstruktion der Rezensionen tatsächlich sei: Der Vergleich ließ zunächst eine große Übereinstimmung zwischen
den Septuaginta-Zitaten des Theodoret von Kyrrhos und der von den Hss. 19 82
93 108 überlieferten lukianischen Textgestalt der Septuaginta erkennen. Doch im
Detail wies Theodoret viele kleine Abweichungen auf, die Rahlfs zu folgenden
Fragen veranlassten: „Wie sind diese Abweichungen zu erklären? Repräsentieren
etwa Theodorets Zitate einen älteren, die ja recht jungen Bibelhandschriften 19
82 93 108 einen jüngeren $\mathfrak{L}$-Text? Oder zitiert Theodoret nicht den reinen $\mathfrak{L}$-Text,
oder zitiert er ihn manchmal ungenau, oder sind seine Zitate in den Ausgaben
verderbt?“[63]

---

sensus der *Codd. Holmes* 19.82.93.108 aufhört“ (zitiert aus SMEND d.J., Wellhausen Briefe [2013],
356–367 [hier 357], Nr. 517; Original laut a.a.O., 848 mit Anm. 2, in der SUB Göttingen, 8 Cod. Ms.
philos. 206:118). Dass Lagarde tatsächlich durch Wellhausens Anmerkung auf die Bedeutung der
Hss. 19 82 93 108 gestoßen worden sein soll, erscheint mir allerdings sehr zweifelhaft, da schon
Ceriani diesen Hinweis zehn Jahre vor Wellhausen gegeben hatte, und Lagarde, wie bereits oben
S. 130, in Anm. 53 erwähnt, hierin wohl unmittelbar von Field beeinflusst war.

61 RAHLFS, Lebenswerk (1928), 77. Vgl. zur Beschränkung Lagardes auf diese beiden Hss. a.a.O.,
77–78, sowie LAGARDE, Lukian (1883), V–VI.

62 SEPT.-STUD. 1 (1904), 3.

63 SEPT.-STUD. 1 (1904), 18. Die Sigel $\mathfrak{L}$ steht im Folgenden für den „Lucian-Text der Septuaginta“; die Sigel $\mathfrak{G}$ „bezeichnet den nichtlucianischen Septuaginta-Text“ (beide Zitate: SEPT.-STUD.
3 [1911], 6–7).

Um die zuletzt genannte Möglichkeit ausschließen zu können, verbesserte Rahlfs den Text der ihm zur Verfügung stehenden Theodoret-Ausgabe[64] durch Vergleich mit handschriftlichem Material[65] und setzte die Zitate anschließend in Beziehung zum Text der Lagarde'schen Lukian-Ausgabe, den er damals noch für gesichert hielt.[66] Nach Abzug von Abweichungen, die auch in einzelnen lukianischen Handschriften überliefert waren, blieb eine Liste wirklicher, d.h. aussagekräftiger Unterschiede zwischen den Zitaten des Kirchenschriftstellers und dem lukianischen Text übrig, die Rahlfs nun unter Heranziehung der weiteren ihm zur Verfügung stehenden Septuaginta-Überlieferung (diverse Handschriften, Druckausgaben und Tochterübersetzungen) im Hinblick auf seine Fragestellung auswertete. Diese Untersuchung ergab, dass Theodoret häufig einen nicht-lukianischen Text zitierte, der auch in griechischen (nicht lukianisch beeinflussten) Septuaginta-Handschriften bezeugt war. Dies verstand Rahlfs allerdings nicht als Beleg für eine frühe Übereinstimmung 𝔏's mit 𝔊, d.h. nicht als Indiz für eine Vorstufe des späteren 𝔏-Textes, sondern vielmehr als Folge der Art und Weise, wie Theodoret seine Kommentare verfasst hatte: Dessen exegetische Ausführungen berücksichtigten manchmal nicht-lukianische Lesarten sowie Lesarten der jüngeren griechischen Übersetzer. Statt nun den mit seinen Ausführungen nicht korrelierenden lukianischen Texttyp zu zitieren, hatte der Kirchenschriftsteller auch die Bibelzitate dem Wortlaut seiner Kommentierung angeglichen. Darüber hinaus zitierte Theodoret nach Rahlfs' Feststellung an manchen Stellen ungenau und bot zudem auch viele unbedeutende Fehler gegenüber dem lukianischen Text. Einen älteren als von den griechischen Handschriften überlieferten Text, so Rahlfs' Resümee, habe der Kirchenschriftsteller allem Anschein nach nicht zitiert, sondern sei für die meisten Änderungen selbst verantwortlich gewesen.

---

64 SCHULZE, Theodoret (1769): Quaestiones in libros Regnorum et Paralipomenon (a.a.O., Tom. I,1, 353–600).

65 Rahlfs benutzte neben den Hss. 158 243 auch die nach ihrem Herausgeber benannte, 1772–1773 veröffentlichte sog. *Catena Nicephori* (oder auch nach ihrem Erscheinungsort *Catena Lipsiensis*). Dabei handelt es sich um eine zweibändige Ausgabe eines Catenen-Textes zum Oktateuch und zu den vier Büchern Regnorum (ΝΙΚΗΦΟΡΟΣ ΘΕΟΤΟΚΗΣ [1772–1773]), deren Zeugengrundlage – nach eigener Aussage des Nicephorus – drei Handschriften gewesen seien: zwei später als verschollen angenommene Catenenhandschriften sowie eine Augsburger Handschrift mit dem Text der Epitome des Prokop von Gaza (München, Staatsbibliothek, Graecus 358). Im Jahre 1913 konnte Rahlfs (in: ThLZ 38 [1913], 476–477, Mitteilung 25) Hs. 313 als Hauptquelle dieser Edition identifizieren, im Jahre 1914 (in: ThLZ 39 [1914], 92, Mitteilung 4) schließlich als dritte von Nicephorus herangezogene Zeugin Hs. 417. Diese beiden Arbeiten entstanden im Kontext von RAHLFS, Hss.-Vz. (1914) (vgl. die entsprechenden Hinweise a.a.O., 6.102).

66 Vgl. dazu unten, ab S. 143.

Vor allem wegen der Theodoret'schen Zitierweise kam Rahlfs zu dem Schluss, „daß Theodorets Zitate *zur Herstellung eines ursprünglicheren &-Textes*, als er uns in den Hss. vorliegt, nicht benutzt werden können. *Sie sind wertvoll für die Nachweisung der lucianischen Rezension in unsern Bibelhandschriften*, aber wo sie von den Hss. abweichen, haben diese trotz ihrer Jugend doch das erste Wort zu sprechen".[67]

Die hier gewonnene, von Lagarde zwar bereits geäußerte, jedoch nie methodisch begründete Einsicht vom Nutzen der Kirchenschriftstellerzitate für die Verifizierung von Handschriftenfamilien innerhalb der Septuaginta-Überlieferung ist die entscheidende Erkenntnis der SEPT.-STUD. 1 (1904). Rahlfs systematisierte diese grundlegende Erkenntnis schließlich anhand der von ihm für die Königsbücher untersuchten Zitate des Origenes in Form von „Vorsichtsmaßregeln",[68] deren

---

67 SEPT.-STUD. 1 (1904), 43 (Kursivsetzung CS).
68 SEPT.-STUD. 1 (1904), 48. Vgl. zum Folgenden a.a.O., 48–54:
(1) Die Septuaginta-Zitate des Origenes sind – häufig bei Stellen, die sich sprach- und inhaltlich ähneln – manchmal ungenau, „ist er doch [...] dem gemeinmenschlichen Los des Irrens [*nicht*] entgangen" (a.a.O., 49). (2) Die Kontrolle der teilweise korrupten handschriftlichen Überlieferung mache evident, dass die Verwendung der Texte zuverlässige, d.h. kritische und wissenschaftlich exakt aufgearbeitete Editionen der Kirchenschriftstellerwerke voraussetzt. (3) Die Analyse der Parallelzitate, d.h. derjenigen Bibelstellen, die Origenes in seinen Schriften – sozusagen als eine Art „Lieblingszitat" (a.a.O., 51) – mehrfach anführt, hilft bei der Verifizierung des Textes: Wird eine oft zitierte Stelle immer identisch wiedergegeben, dann darf sie als gesichert gelten. Weist sie indes Unterschiede auf, sind diese zu erklären, wobei Rahlfs damit rechnete, dass meist „eins der Parallelzitate ungenau oder durch die Abschreiber entstellt ist" (a.a.O., 52). (4) Bei der Beurteilung der Zuverlässigkeit eines Zitates ist unbedingt die Gattung der Quelle zu berücksichtigen: Origenes zitiert nämlich sowohl in den Exodus-Homilien als auch den Lukas-Homilien den Text von Reg. IV 6₁₆₋₁₇ auf ganz ähnliche Weise, vertauscht dabei aber die Reihenfolge des Bibeltextes, die er im Kommentar zum Hohenlied jedoch korrekt wiedergibt. Nun könne man, so Rahlfs, grundsätzlich argumentieren, dass den beiden nahezu identischen Zitaten gegenüber dem einzelnen (möglicherweise an den Bibeltext angeglichenen) größeres Gewicht zukommen müsse. Entscheidend sei aber die Gattung: „Bei der Ausarbeitung des Kommentars, auf die er [sc. *Origenes*] naturgemäß größere Sorgfalt verwendete, wird er den Text nachgeschlagen haben; in den Homilien zitiert er ihn aus dem Kopfe in einer Form, die sich ihm wohl unwillkürlich im Laufe der Zeit bei häufigerem Zitieren der Stelle gebildet hatte" (a.a.O., 53). (5) Besonders kritisch müssen die Zitate in denjenigen Schriften des Origenes beurteilt werden, die von Rufin ins Lateinische übersetzt und nur noch in dieser Form überliefert sind, können diese doch bereits von Rufin in anderer Form übernommen, aber auch zu einem späteren Zeitpunkt aufgrund der Vulgata korrigiert worden sein. (6) Noch genauer sind die in den Catenen überlieferten Origenes-Fragmente zu verifizieren, da diese teilweise – auch wenn Origenes als Verfasser angegeben wird – nicht von diesem stammen (,Echtheitsfrage') und darüber hinaus in dem (sekundären) Kontext der Catene verschiedenen Bearbeitungen unterworfen gewesen sein können. (7) Schließlich stellte Rahlfs den allgemeinen Grundsatz auf, dass „nur diejenigen Lesarten, welche sich auch in

Gültigkeit er großenteils auch für andere Kirchenschriftsteller unter der Maßgabe postulieren wollte, dass sie im Detail „je nach der Eigenart der Schriftsteller und nach der Überlieferungsweise ihrer Schriften mehr oder weniger verschieden"[69] auszugestalten seien. Hinsichtlich der *Kirchenschriftstellerzitate* hatte Rahlfs somit einen sicheren Ausgangspunkt für seine weitere Arbeit gewinnen können.

Drei Jahre später knüpfte er im zweiten Heft der Septuaginta-Studien über den *Text des Septuaginta-Psalters* erneut an ein Buch an, dem schon Lagarde einen großen Teil seiner Forschungsarbeit gewidmet hatte.[70] Hier gelangte Rahlfs durch die umfassende Auswertung des Textmaterials, insbesondere der Tochterübersetzungen, nicht nur zu bedeutenden Erkenntnissen hinsichtlich der Überlieferungsgeschichte des Septuaginta-Psalters selbst,[71] sondern bewies auch die hohe Relevanz der *Tochterübersetzungen* für eine Klassifizierung der Septuaginta-Handschriften:

𝕲-Hss. finden, Zutrauen und Beachtung verdienen. Es kann ja Ausnahmen geben, aber zahlreich sind sie nicht, und da Abweichungen von den handschriftlich überlieferten Bibeltexten aus so mancherlei Ursachen entstanden sein können, so müssen wir jedenfalls besonders triftige Gründe haben, um eine von der sonstigen Überlieferung abweichende Lesart als wirkliche 𝕲-Lesart anzusehen" (a.a.O., 54).

69 SEPT.-STUD. 1 (1904), 49.

70 In den Jahren von 1884 bis 1887 trat der Septuaginta-Psalter, der einst den Studenten Lagarde beschäftigt hatte (vgl. RAHLFS, Lebenswerk [1928], 42–44.58–60, sowie WELLHAUSEN, Gedächtnisrede Lagarde [1895], 51–53, und NEUSCHÄFER, *Alteri saeculo* [2013], 245–246 mit Anm. 35), ins Zentrum von dessen Arbeit: Die *Probe einer neuen ausgabe der lateinischen übersezungen des alten testaments* (Göttingen 1885), in welcher Lagarde den Text der Psalmen 1–17 nach der Vulgata, d.h. den von Hieronymus aufgrund der Hexapla revidierten Text des *Vetus Latina*-Psalters, abdruckte, bildete erneut den Auftakt für den Plan „einer Ausgabe des griechischen Psalters in allergrößtem Stil" (RAHLFS, Lebenswerk [1928], 80; vgl. ebd. zu LAGARDE, Probe lateinische Übersetzungen [1885]), von der Ende 1886 (vgl. RAHLFS, Lebenswerk [1928], 80, Anm. 8) allerdings nur die ersten fünf Psalmen erschienen (= LAGARDE, Specimen [1887]; vgl. dazu NEUSCHÄFER, *Alteri saeculo* [2013], 250–252 mit Anm. 60). Von Mai bis Juli 1887 ließ Lagarde schließlich den von ihm rekonstruierten ältesten Text der Ps. 1–48(49)18 drucken, wobei er in dieser – gegenüber den ursprünglichen Plänen deutlich verkleinerten – Ausgabe zur Textherstellung neben neun Unzialhandschriften lediglich die Druckausgaben Aldina, Sixtina und Complutensis sowie fünf Tochterübersetzungen (die armenische, äthiopische, sahidische, syrohexaplarische und koptische) heranzog. Da er den Druck – angeblich „aus Mangel an Mitteln" (LAGARDE, Agathangelus [1887], 157, Anm.) – nicht weiterführen konnte, sollte es bis Mitte 1892 dauern, dass Rahlfs diese Edition – nach den testamentarischen Vorgaben Lagardes mit einer Erklärung versehen und bis Ps. 49(50) weitergeführt – posthum herausgab (= RAHLFS, Psalterii graeci quinquagena prima a Paulo de Lagarde in usum scholarum edita [1892]; die Angabe der zur Textherstellung herangezogenen Zeugen findet sich auf den Seiten III und IV).

71 Vgl. dazu unten, ab S. 224.

Diese rühre daher, dass die Tochterübersetzungen „zum Teil älter sind, als unsere ältesten griechischen Hss., und sich örtlich meist sicher festlegen lassen",[72] somit also durchaus frühe Texttypen der Septuaginta tradieren können. Dabei zeigte Rahlfs, ähnlich wie in seinen ‚Vorsichtsmaßregeln' für den Umgang mit den Septuaginta-Zitaten bei den Kirchenschriftstellern, auch die Grenzen des textkritischen Potentials der Tochterübersetzungen auf: „manche Einzelheiten werden immer unsicher bleiben, da der Charakter der fremden Sprache eine wörtliche Wiedergabe oft unmöglich macht, und da auch sehr genaue Übersetzer sich manchmal kleine Freiheiten zu gestatten pflegen."[73] Der textkritische Wert der Tochterübersetzungen könne also nur dann adäquat ermittelt werden, so Rahlfs, wenn man diese umfassend analysiere und charakterisiere, ihre zielsprachlichen Eigenheiten herausstelle und diesen entsprechend Rechnung trage. Unter solchen Bedingungen seien die Übersetzungen dann tatsächlich als Referenztexte bei der Ermittlung der Handschriften-Gruppen von größtem Gewicht. Mit den SEPT.-STUD. 2 (1907) legte Rahlfs genau diese von ihm selbst geforderte systematische Auswertung am Beispiel des Septuaginta-Psalters erstmals vor.

1.3 Frühe Editionspläne

Nicht nur die ersten beiden Hefte seiner Septuaginta-Studien hatte Rahlfs deutlich „in den Bahnen des Meisters"[74] gestaltet. Auch den im August 1907 entworfenen „Plan einer neuen Ausgabe der Septuaginta" unterstellte er noch weitgehend der Konzeption Lagardes, wobei er durch die einschränkende Formulierung „soweit möglich" eine erste vorsichtige, aber noch nicht folgenreiche Relativierung des Editionsziels andeutete:

> „Mein Plan ist es, den ursprünglichen Text der Septuaginta, *soweit möglich*, wiederherzustellen. Ich schlage dabei einen Weg ein, den Paul de Lagarde vorgezeichnet hat, und auf den ich bei langjähriger Beschäftigung mit der Septuaginta, obwohl ich mich keineswegs sklavisch an Lagarde binde, sondern mich möglichst selbständig gemacht und auch andere Wege einzuschlagen versucht habe, doch immer wieder zurückgekommen bin."[75]

---

72 SEPT.-STUD. 2 (1907), 25. Vgl. auch PIETERSMA, Present State (2000), bes. 26.
73 SEPT.-STUD. 2 (1907), 25. Vgl. zu den Bedingungen, unter denen die Tochterübersetzungen für die Rekonstruktion des Textes und im Apparat Verwendung finden können, Rahlfs' spätere Ausführungen in PSALMI CUM ODIS (1931), 22–26.
74 SEPT.-STUD. 1 (1904), 3.
75 Plan einer neuen Ausgabe der Septuaginta, 19. August 1907 (Archiv des Septuaginta-Unternehmens der Akademie der Wissenschaften zu Göttingen). Kursivsetzung CS.

Lagarde hatte bereits 1863 in den *Anmerkungen zur griechischen Übersetzung der Proverbien* das Gesamtziel seiner Arbeit an einer kritischen Ausgabe der Septuaginta klar bestimmt:

> „es versteht sich selbst heutzutage leider noch nicht von selbst, dass die LXX nur in ihrer ursprünglichen gestalt zur kritik unsrer masoretischen diaskeuase angewandt werden darf. wollen wir über den hebräischen text ins klare kommen, so gilt es zunächst die urform der griechischen übersetzung zu finden."[76]

Lagardes Absicht war es also gewesen, im Interesse einer Rückgewinnung der ursprünglichen hebräischen Textgestalt den ,Urtext' der Septuaginta zu rekonstruieren, der infolge späterer Bearbeitungsstufen von den handschriftlichen Zeugen nur in verderbter Form überliefert worden war.[77] Dabei rechnete er im Jahr 1863 zunächst mit zwei Überarbeitungen des ,Urtextes': „die griechische übersetzung des alten testaments ist zuerst von den Judenchristen geändert worden, welche ihre ideen in dieselben hineintrugen; später wurde sie durch die vergleichung mit den jüngeren versionen [*das sind die des Aquila, Symmachus und Theodotion; CS*] verdorben."[78] Diese Einschätzung der überlieferungsgeschichtlichen Verhältnisse sollte sich zwar im Laufe der Zeit noch ändern, veranlasste

---

76 LAGARDE, Anmerkungen (1863), 2.
77 Bezüglich Lagardes (zweifelhafter) Motivation bei diesem Unterfangen vermutet B. Neuschäfer: „In Lagardes Konzeption der Theologie als Wissenschaft, die er einerseits als historisch-philologische Disziplin und anderseits als ,Pfadfinderin', d.h. als Leitwissenschaft, für seine nationale Zukunftsreligion definierte [*vgl. dazu genauer* NEUSCHÄFER, *Rez. Sieg (2009)*, 110–112; *CS*], verbindet sich die Verpflichtung zur kritischen Edition jüdischer und christlicher Quellen mit der Aufgabe, die ihnen voraus gehende Urgestalt und Urkraft des Religiösen aufzuspüren und als erweckendes Moment in die Religion der Zukunft zu integrieren. Zu dieser Konzeption gehört, dass Lagarde die altisraelitisch-prophetische Religion von der späteren jüdischen, d.h. pharisäischen Gesetzesreligion trennt. Den masoretischen Text des Alten Testaments hielt er für ein völlig verderbtes, z.T. sogar antichristlich interpoliertes Erzeugnis des pharisäischen Judentums. Unter Voraussetzung dieser Perspektive wäre seine Hoffnung vorstellbar, er werde mit dem ursprünglichen Text der Septuaginta auf jene Urschichten der altisraelitisch-prophetischen Religion stoßen, die im masoretischen Text bewusst entstellt oder unterdrückt worden seien. Was Lagarde als Lebensschmerz bei seiner Lebensarbeit an der Septuaginta empfand: dass sich das eigentliche Ziel einer kritischen Edition der Urform immer mehr zu einem unerreichbaren Fernziel verschob, könnte sich als wahres Glück erweisen: denn dadurch, dass er den vermeintlich ursprünglichen Text der Septuaginta nicht rekonstruieren konnte, wurde ihm vielleicht das mögliche Ansinnen aus der Hand geschlagen, den Juden seiner Zeit mit Hilfe der Septuaginta nicht nur die textliche, sondern auch die aus seiner Sicht religiöse Depraviertheit des hebräischen Alten Testaments vor Augen zu führen" (NEUSCHÄFER, *Alteri saeculo* [2013], 260). Vgl. auch HANHART, Lagarde (1987), 274.285–305.
78 LAGARDE, Anmerkungen (1863), 2.

Lagarde aber bereits 1863 zu seinem „zukunftsweisenden" Vorgehen, „mithilfe des hebräischen Textes des Alten Testaments als des Referenztextes die grundlegenden Tendenzen des ursprünglichen Septuaginta-Textes und dieser späteren Bearbeitungen zu bestimmen und dadurch Kriterien für ihre Unterscheidung zu gewinnen".[79] Auf diese Weise gelangte er zu den folgenden drei – wegen ihrer (wenngleich in modifizierter Form) bis heute anhaltenden Gültigkeit[80] berühmt gewordenen – ‚Axiomen‘, die nach dem berühmten Urteil von Rahlfs (1928) „eine neue Epoche der Septuagintaforschung" einleiteten:[81]

> „I. die manuscripte der griechischen übersetzung des alten testaments sind alle entweder unmittelbar oder mittelbar das resultat eines eklektischen verfahrens: darum muß, wer den echten text wiederfinden will, ebenfalls eklektiker sein. sein maaßstab kann nur die kenntniss des styles der einzelnen übersetzer, sein haupthilfsmittel muß die fähigkeit sein, die ihm vorkommenden lesarten auf ihr semitisches original zurückzuführen oder aber als original-griechische verderbnisse zu erkennen.
> II. wenn ein vers oder verstheil in einer freien und in einer sklavisch treuen übertragung vorliegt, gilt die erstere als die echte.
> III. wenn sich zwei lesarten nebeneinander finden, von denen die eine den masoretischen text ausdrückt, die andre nur aus einer von ihm abweichenden urschrift erklärt werden kann, so ist die letztere für ursprünglich zu halten."[82]

Mit anderen Worten: Erst nach dem genauen Studium der ‚Übersetzungstechnik‘[83] eines biblischen Septuaginta-Buches ist es möglich, Rückschlüsse auf eine vom masoretischen Text unter Umständen abweichende hebräische ‚Vorlage‘ dieser Übersetzung zu ziehen (zweiter Teil des ersten ‚Axioms‘). Da die Rezensionen und jüngeren Übersetzer in der Regel dazu tendieren, den ihren Überarbeitungen zugrundeliegenden griechischen Text einem ihnen zur Verfügung stehenden hebräischen Referenztext anzugleichen, gilt grundsätzlich Lagardes zweites ‚Axiom‘. Und weil der hebräische Text selbst eine bewegte Geschichte durchlaufen hat, von der Lagarde selber keine umfassende Kenntnis haben konnte, weil ihm die Texte vom Toten Meer (u.a. aus Qumran) noch unbekannt waren, kommt das dritte ‚Axiom‘ zur Anwendung.

Der erste Satz des ersten ‚Axioms‘ ist indes für Lagardes Idee einer kritischen Septuaginta-Ausgabe der entscheidende: Da ausnahmslos alle Handschriften

---

79 Neuschäfer, *Alteri saeculo* (2013), 254.
80 Vgl. Jellicoe, Septuagint (1968), 5–9, bes. 6, oder in jüngster Zeit z.B. Schenker, Bibeltext (2013), 178.
81 Rahlfs, Lebenswerk (1928), 60.
82 Lagarde, Anmerkungen (1863), 3.
83 Vgl. hierzu unten, S. 332–336.

einen in irgendeiner Weise verderbten Text bieten,[84] kann der ‚Urtext' auch nur durch ein auf der gesamten Textüberlieferung basierendes eklektisches Verfahren gewonnen werden.[85] Das von Lagarde erst später vorgeschlagene Editionsverfahren sah schließlich vor, nach einer grundsätzlichen (Fehler- resp. Varianten-) Analyse der Textzeugen[86] die Archetypi der drei von Hieronymus genannten Rezensionen des Origenes, Lukian und Hesych zu rekonstruieren, aus denen mithilfe der Konjekturalkritik der ‚Urtext' erschlossen werden könne.[87]

Die Rahlfs'schen Pläne von 1907 weisen eine eindeutige Nähe zu Lagardes Konzeption auf und lesen sich geradezu als deren Zusammenfassung:

> „Der ursprüngliche Text der Septuaginta ist im Laufe der Zeit entartet und hat dann im 3. Jahrh. n. Chr. drei Überarbeitungen, s.g. ‚Rezensionen', erfahren. Diese ‚Rezensionen' sind älter, als unsere ältesten Handschriften, und alle unsere Handschriften sind von ihnen abhängig. Daher kommt es zunächst darauf an, diese alten Rezensionen wiederherzustellen; erst aus ihnen kann man dann auf den ursprünglichsten Text rückwärts zu schließen versuchen. Die wichtigste Rezension, deren Herstellung ich zuerst in Angriff zu nehmen gedenke, ist die hexaplarische des Origenes,[88] die besonders deshalb so wertvoll ist, weil Origenes seine Änderungen meistens gekennzeichnet hat, sodaß man deutlich sieht, was schon aus älterer Zeit überliefert, und was erst von Origenes hergestellt ist. Allerdings wird man diese Rezension infolge der Lückenhaftigkeit der Quellen nur unvollständig rekonstruieren können, aber auch so wird es gewiß lohnen, alles, was von ihr erhalten ist, bequem zugänglich zu machen.[89] [...] Sodann soll die sich charakteristisch heraushebende

---

84 Vgl. Lagarde, Anmerkungen (1863), 3, Anm. 1.

85 Vgl. auch Lagarde, SeptuagintaStudien I (1891), 72.

86 Für das „Zeugenverhör" seien die griechischen Handschriften, die Zitate bei den Kirchenschriftstellern sowie die „kirchlichen Uebersetzungen des höheren christlichen Alterthums" (Lagarde, Noch einmal [1889], 231) – also die altlateinische, die äthiopische, die syrische, die armenische und die koptischen Tochterübersetzungen – heranzuziehen.

87 „Es ist klar, daß ein Gelehrter, welcher einen aus dem Alterthume überkommenen Text herausgeben will, zunächst alle, und, falls dies nicht angeht, möglichst viele, Zeugen über die Gestalt des Schriftstückes abzuhören hat, welches er kritisch zu edieren gedenkt: daß er danach die Aussagen seiner Zeugen nach Gruppen ordnen wird: daß er drittens alle die Punkte, in welchen die ältesten Zeugengruppen unabhängig von einander übereinstimmen, für dem ältesten uns erreichbaren Texte seines Autors angehörig halten muß: daß er viertens Jedem, der es sich zutraut, dann überlassen darf, ob er den so gewonnenen Text für den ursprünglichen des Verfassers ansehen, oder aus wissenschaftlichen Gründen, welche er darzulegen haben wird, an einzelnen oder vielen Stellen ändern will" (Lagarde, Noch einmal [1889], 230). Vgl. auch Ders., SeptuagintaStudien I (1891), 3: „Es ist Jahre hindurch meine Absicht gewesen, die drei durch Hieronymus uns bezeugten amtlichen Recensionen der Septuaginta herzustellen, sie in ParallelColumnen drucken zu heißen, und aus der Vergleichung dieser drei Texte Weiteres zu erschließen."

88 Vgl. dazu oben, S. 82, Anm. 362.

89 Auch dieser Plan geht auf Lagarde zurück: „Bisher habe ich nur die allgemein geltende philologische Methode auf die Septuaginta angewandt, jetzt komme ich zu einem Punkte, der

Rezension Lucians an die Reihe kommen, deren Herausgabe Lagarde schon begonnen, aber nicht zu Ende geführt und, wie er selbst sagt, im einzelnen noch nicht genau genug geliefert hat. Endlich soll die Rezension Hesychs unter Vergleichung der übrigen ihr verwandten ägyptischen Textformen folgen. Damit bekommen wir <u>drei getrennte Septuaginta-Ausgaben</u>, welche noch nicht den ursprünglichen Text, sondern erst die alten Rezensionen enthalten. Aus diesen soll dann auf den Urtext der Septuaginta rückwärts geschlossen und das Resultat in <u>einer für den allgemeinen Gebrauch bestimmten</u> Handausgabe niedergelegt werden, welche den vermutlich ursprünglichsten Text mit den wichtigsten Varianten jener Rezensionen enthält.“[90]

Der letzte Satz zeigt, dass Rahlfs es zu diesem Zeitpunkt in Aufnahme Lagarde'scher Impulse[91] ebenfalls für möglich gehalten hatte, lediglich *eine* vollständige *editio critica* als Ergebnis des Unternehmens herstellen zu können:[92] Von der ‚Göttinger' *editio critica maior* war in dieser Skizze keine Rede, vielmehr sollten die Ausgaben der drei Rezensionen den Ausgangspunkt für die Herstel-

---

sich nicht aus der allgemeinen Methode, sondern nur aus den konkreten Verhältnissen gerade der Septuaginta beurtheilen läßt. Die Varianten nämlich, welche sich in den christlichen Handschriften der Septuaginta finden, sind von ganz eigenthümlicher Beschaffenheit. Neun Zehntel derselben sind gar nicht durch die Nachlässigkeit und Dummheit von Abschreibern hervorgerufene Entstellungen des ursprünglichen Wortgefüges, sondern absichtliche Korrekturen der Septuaginta nach einer unserem jetzigen masoretischen Texte ziemlich nahe stehenden Recension des hebräischen Textes. Es liegt die Vermuthung nicht ferne, daß diese sogenannten Varianten alle in den späteren griechischen Uebersetzungen des alten Testamentes ihren Ursprung haben, welche uns leider ja nur sehr bruchstückweise bekannt sind: von einer nicht geringen Anzahl dieser Varianten läßt sich ein solcher Ursprung urkundlich nachweisen. [...] Daraus ergibt sich die Nothwendigkeit, alle Ueberreste der späteren griechischen Uebersetzungen, natürlich in möglichst berichtigter Gestalt und unter sorgfältiger Angabe des Fundorts, in den Apparat zur Septuaginta aufzunehmen. [...] Eine Ausgabe der Septuaginta ohne vollständige Aufnahme des sogenannten hexaplarischen Materials halte ich für unwissenschaftlich. Ich kann meine Ueberzeugung nur dahin aussprechen, daß wir gar nicht verschiedene Recensionen des Septuagintatextes haben, sondern daß uns nur Eine allerdings ziemlich verderbte Gestalt dieser wichtigen Version erhalten ist, welche nur nach den in verschiedenen Gegenden verschieden vorgenommenen Korrekturen aus dem pharisäischen, übrigens selbst erst nach Hieronymus in die heutige Gestalt gebrachten Urtexte ein verändertes Ansehen erhalten hat“ (Lagarde, Noch einmal [1889], 233–234).

90 Plan einer neuen Ausgabe der Septuaginta, 19. August 1907 (Archiv des Septuaginta-Unternehmens der Akademie der Wissenschaften zu Göttingen).

91 Schon Lagarde hatte eine Handausgabe geplant, die nach Abschluss der großen Edition den dort hergestellten und mit kritischem Apparat versehenen Text „allein ohne jeden Kommentar geben würde“ (Lagarde, Noch einmal [1889], 235).

92 Und dies nicht nur hinsichtlich der Rekonstruktion jener drei bezeugten Texttypen.

lung einer „für den allgemeinen Gebrauch bestimmten Handausgabe" bilden.[93] Doch schon Eduard Schwartz zog im September 1907 in seiner Stellungnahme zu Rahlfs' Ausführungen das so geplante Vorgehen in Zweifel, womit er schließlich Recht behalten sollte:

> „Ob sich bei eingehender Durchforschung der Hss. der Plan die drei Recensionen zu reconstruieren aufrecht erhalten läßt, ist mir sehr zweifelhaft. Die Einteilung der Hss. & die Ordnung des Apparats wird sich vermuthlich mannigfaltiger gestalten [...]. Von der ‚Handausgabe' braucht man noch nicht zu reden."[94]

Schwartz' Bedenken waren in der ersten, am 26. Oktober 1907 von ihm, Smend d.Ä. und Wellhausen entworfenen Denkschrift über den Plan des Septuaginta-Unternehmens noch einmal aufgegriffen,[95] in der zweiten Denkschrift vom August 1909 jedoch wieder zugunsten der ursprünglichen Idee von der Edition der drei Rezensionen und einer darauf aufbauenden Handausgabe außer Acht gelassen worden.[96] Allerdings griff auch Rahlfs den Plan später in seiner anfänglichen Form nicht wieder auf.

Nachdem das Septuaginta-Unternehmen am 1. April 1908 unter Rahlfs' Leitung seine institutionelle Arbeit aufgenommen hatte, galt es zuerst, den 1909 in den „Geschäftlichen Mitteilungen" der Göttinger Akademie abgedruckten Arbeitsplan zu verwirklichen. Dieser – von Wilamowitz-Moellendorff wegen seines Umfangs drastisch kritisiert[97] – umfasste folgende Teile:

---

93 Plan einer neuen Ausgabe der Septuaginta, 19. August 1907 (Archiv des Septuaginta-Unternehmens der Akademie der Wissenschaften zu Göttingen).

94 Archiv der Akademie der Wissenschaften zu Göttingen, Scient 304,1, Nr. 3 (Gutachten vom 3. September 1907; vollständig abgedruckt bei NEUSCHÄFER/SCHÄFER, Dokumentation [2013], 370–373). Vgl. auch Archiv der Akademie der Wissenschaften zu Göttingen, Scient 304,1, Nr. 8 (= NEUSCHÄFER/SCHÄFER, Dokumentation [2013], 373–376, bes. 376).

95 Vgl. Archiv der Akademie der Wissenschaften zu Göttingen, Scient 304,1, Nr. 8 (darin heißt es: „[...] Eine andere Frage ist es ob es sich lohnt eine Sonderausgabe dieser Textform [*gemeint ist die Rezension Lukians; CS*] zu veranstalten oder ob es nicht besser sein wird in ihr eines von vielen Hilfsmitteln zu sehen, nach denen sich die ungeheuren Variantenmassen disponieren lassen [...]."), außerdem RUTH-STUDIE (1922), 50, sowie oben, ab S. 75.

96 Vgl. Archiv der Akademie der Wissenschaften zu Göttingen, Scient 304,1, Nr. 38–39. Auch in einem Schreiben an Adolf Jülicher vom 2. April 1908 stellte Rahlfs sein geplantes Vorgehen wie gehabt dar: „[...] Dann sollen die Rezensionen des Origenes, Lucian und, wenn möglich, auch die des Hesych (oder überhaupt die ägyptischen Texte) gesondert herausgegeben und schließlich eine Handausgabe mit den wichtigsten Varianten der verschiedenen Überlieferungsklassen hergestellt werden [...]" (Universitätsbibliothek Marburg, Hs. Jülicher, A. 695:967).

97 Mündliche Mitteilung von Robert Hanhart (2011), wonach ihm Karl Deichgräber in den 1950er Jahren einmal gesagt habe, dass Wilamowitz, als er vom Umfang des ursprünglichen Plans er-

„Wir beschränken uns [...] nicht auf eine Rekonstruktion des ursprünglichen Septuaginta-textes, sondern wollen auch alle Reste von Aquila, Symmachus und Theodotion systematisch sammeln (die Ausgabe dieser Fragmente von Field genügt nicht) und die Septuagin-tatexte des Origenes, Hesych und Lukian und eventuell auch noch andere ‚Rezensionen', soweit möglich, wiederherstellen. Auch wollen wir die alten Uebersetzungen der Septuaginta in andere Sprachen [*i.e. koptisch, äthiopisch, syrisch, arabisch, armenisch, georgisch und slawisch; vgl. KOMMISSION, Bericht (1908), 18; CS*], sofern sie nicht schon in genügenden Ausgaben vorliegen oder von anderer Seite bearbeitet werden [*damit war die Vetus Latina gemeint; vgl. ebd.; CS*], auf Grund einer umfassenden Untersuchung der für sie in Betracht kommenden Handschriften herausgeben. Zu einer so weiten Ausdehnung unsers Unternehmens führt uns die Ueberzeugung, daß alle diese Arbeiten aufs innigste miteinander zusammenhängen, und daß eine sicher basierte Rekonstruktion der ursprünglichen Septuaginta nur bei gründlicher Kenntnis aller dieser Faktoren möglich ist."[98]

Die Ursprünge dieses gigantischen Plans einer „großen, auf selbständiger Durchforschung des gesamten handschriftlichen Materials beruhenden und wirklich kritischen Ausgabe der Septuaginta"[99] (*editio critica maior*) fußten, wie Rahlfs 1928 selbst festhielt insbesondere auf Lagardes *Ankündigung einer neuen Ausgabe der griechischen Übersetzung des Alten Testaments* (1882), worin dieser sein neues Septuaginta-Programm angekündigt und darin zugleich die Bedingungen für dessen Verwirklichung skizziert hatte:

„die kritik der Septuaginta hat ihren ausgang nicht am anfange, sondern am ende der entwickelung dieser übersezung zu nemen. sie hat [...] zuerst zu fragen, welches die gestalt der Septuaginta in den einzelnen verwaltungsbezirken der kirche gewesen ist: einzelne handschriften, seien dieselben noch so alt, haben wert nur, soferne sie sich als die wiedergabe kirchlich gültiger texte erweisen: gehen sie one genossen, so muß man sie – bis auf weiteres – ungeschätzt lassen, und nur ire lesarten verzeichnen. [...] was Alexandria, Antiochia und der westen miteinander gemein haben [...] reicht, wo nicht ausdrücklich das gegenteil nachzuweisen ist, in den *anfang des zweiten jahrhunderts* zurück: was die drei nicht gemein haben, ist in den einzelnen fällen, aber mit der absicht und dem vermögen, die einzelheiten zu einem ganzen zusammenzusehen, [...] zu prüfen und nach dem ergebnisse der prüfung zu beurteilen. die controle der über das aus dem studium der kirchenschriftsteller und der versionen sich ergebende resultat muß mittelst der liturgien ausgeübt

---

fuhr, die Meinung vertrat, die Göttinger seien „verrückt" geworden. Vgl. bzgl. der Sperrigkeit des Ursprungsplanes schon das oben, S. 97, Anm. 420, zitierte Schreiben von Wilamowitz an Diels.
98 KOMMISSION, Bericht (1909), 132–133.
99 KOMMISSION, Bericht (1918), 36. So auch KAPPLER, Ankündigung (1932), 15: „Ziel und Zweck des Unternehmens ist es, ähnlich wie Lagarde es wollte, unter Heranziehung aller Zeugen, auch der alten Übersetzungen, den bestmöglichen Septuaginta-Text herauszugeben und die Überlieferung mit ihren mannigfachen Formen und Entwicklungen in einem kritischen Apparat getreu und diplomatisch korrekt aufzuführen, so daß die Ausgabe allen Anforderungen moderner wissenschaftlicher Forschung gerecht wird."

werden, von denen auf den ältesten erhaltenen urkunden ruhende ausgaben herzustellen sind [...]. die controlle ist weiter durch die neu [...] vorzulegenden akten der oekumenischen concilien vorzunemen. [...] auf das dringendste zu wünschen ist, daß die parallela sacra und änliche werke aus den handschriften vollständig neu bearbeitet werden [...]. Sind wir auf dem bezeichneten wege *bis zum jare 100 unsrer aera* vorgedrungen, so wird das studium des selbst freilich noch in einem höchst problematischen zustande der textkritik befindlichen neuen testaments, das studium einer zu erwartenden neuen ausgabe des Iosephus, [...] so wird endlich das studium der [...] dringend nötigen neuen ausgabe des Philo und der allerdings vielfach verfälschten bruchstücke älterer Hellenisten uns *ein wenig weiter füren.* Am schlusse der untersuchung wird aus inneren gründen die echte gestalt der Septuaginta zu bestimmen, und das endliche ergebnis so vieler arbeiten eine ausgabe sein, welche die Septuaginta in derjenigen reihenfolge der bücher vorfürt, in welcher die bücher übertragen worden sind [...], welche am rande nicht die varianten einzelner handschriften, sondern ganzer handschriftenfamilien oder recensionen trägt, welche die vielfach in die handschriften-archetypi aufgenommenen fragmente der spätern übersezer und emendatoren in berechtigter gestalt mitteilt."[100]

Lagarde hatte den von ihm aufgestellten Plan, neben sämtlichen griechischen Handschriften auch die Kirchenschriftsteller und Tochterübersetzungen, die Liturgien, Konzilsakten und Sacra Parallela des Johannes Damascenus, das Neue Testament, Josephus und Philo auszuwerten und ihre Transmissionsgeschichte vollständig in einem Apparat zu dokumentieren, selber nie in Angriff genommen. Dies blieb – dann allerdings methodisch strukturiert und im Rahmen des Septuaginta-Unternehmens realisiert[101] – erst Rahlfs vorbehalten, nachdem er sich allerdings zuvor von markanten Punkten der Lagarde'schen Konzeption losgesagt hatte.

2. Die Formation von Rahlfs' Neuansatz in Auseinandersetzung mit Lagardes Lukian-Ausgabe (1911)

Aus Anlass der 1928 erschienenen Würdigung des wissenschaftlichen Lebenswerkes Paul Anton de Lagardes hatte sich Rahlfs intensiv mit der gesamten Septuaginta-Arbeit seines Lehrers auseinandergesetzt[102] und dabei festgestellt,

---

100 Lagarde, Ankündigung (1882), 29–30 (Kursivsetzung CS). Vgl. auch Ders., Selbstanzeige (1882/1884), 123.
101 Vgl. dazu unten, ab S. 151.
102 Vgl. dazu eine Postkarte von Rahlfs an den Dresdner Oberstudiendirektor Peter Thomsen, in der es heißt: „Für die freundliche Zusendung der Anzeige meines Aufsatzes über Lagardes wissenschaftliches Lebenswerk sage ich Ihnen meinen besten Dank. Es freut mich sehr, daß der Aufsatz, der mich fast ein halbes Jahr angestrengter Arbeit gekostet hat, von Ihnen in so freundlicher

„daß sich mir [...] ein ganz neues Bild von Lagardes Septuaginta-Plänen ergeben hat. Ich kannte diese bisher eigentlich nur in ihrer letzten Ausgestaltung und ahnte nicht, daß seine Pläne im Laufe der Zeit eine so starke Umgestaltung erfahren haben, wie sie sich jetzt ergeben hat. Dabei war es mir eine besondere Freude zu sehen, daß meine eigenen Septuaginta-Pläne, zu denen ich mich allmählich unter Aufgabe charakteristischer Eigenheiten des späteren Lagardeschen Planes hindurchgearbeitet habe, sich eng mit dem ursprünglichen Plane Lagardes berühren."[103]

Zu einer deutlichen Abgrenzung gegenüber Lagardes Arbeitsweise war Rahlfs erstmals 1911 im dritten Heft seiner Septuaginta-Studien über *Lucians Rezension der Königsbücher*[104] gelangt, in der er die Lukian-Ausgabe von 1883 als dessen „größte[n] Fehlschlag"[105] bezeichnete. Diese Studien markieren daher einen Wendepunkt. Seither verfolgte Rahlfs einen behutsam *modifizierten* Weg, auf dem er sich von Lagardes später ‚Rezensionen-Konzeption' erst in der RUTH-STUDIE (1922) und GENESIS (1926) emanzipieren sollte.[106]

Methodische Unterschiede zwischen Rahlfs und Lagarde hatten sich bereits 1904, im ersten Heft der Septuaginta-Studien abgezeichnet: ohne das gesamte bekannte handschriftliche Material vollständig (!) durchgearbeitet zu haben, konnten aus Rahlfs' Sicht keine repräsentativen Ergebnisse auf dem Gebiet der

---

Weise angezeigt worden ist" (Sächsische Landesbibliothek – Staats- und Universitätsbibliothek Dresden, Mscr. Dresd. App. 1046,3342 [Rahlfs an Thomsen, 8. Februar 1929]).

103 RAHLFS, Lebenswerk (1928), 4. Vgl. auch KOMMISSION, Bericht (1927), 34.

104 SEPT.-STUD. 3 (1911).

105 RAHLFS, Lebenswerk (1928), 78–79. Schon am 12. August 1919 hatte Rahlfs an Ludwig Schemann geschrieben: „In meinen ‚Septuaginta-Studien' Heft 3 (Göttingen 1911), S. 23–30 habe ich eine Kritik von Lagardes Librorum V. T. canon. pars prior Graece gegeben, die bei aller dem Meister geschuldeten Ehrfurcht doch zeigt, daß dieses Werk letzten Endes doch ein völliger Fehlschlag war" (Universitätsbibliothek Freiburg i.B., Schemann NL 12/2597, 10). Im „Lebenswerk" von 1928 begründete Rahlfs dann diese Einschätzung („diese Ausgabe des Lukiantextes ist überhaupt wohl der größte Fehlschlag Lagardes" [RAHLFS, Lebenswerk (1928), 78–79]) noch einmal: „Das kommt vor allem daher, daß er, der meistens Texte auf Grund einer einzigen Handschrift herausgab und mit einer fast beispiellosen Genauigkeit herausgab, bei dieser weitschichtigeren Arbeit sich nicht die Zeit genommen hat, das Material erst einmal gründlich durchzuarbeiten, um sich ein sicheres Urteil über das Verhältnis der Handschriften zueinander zu bilden, sondern mit der oberflächlichen Kenntnis derselben ausgerüstet, die ihm beim Abschreiben und Kollationieren sozusagen von selbst angeflogen war, sofort mit dem Druck seiner Ausgabe begonnen hat. Hat er doch nicht einmal erst ein fertiges Druckmanuskript hergestellt, sondern dem Setzer einfach seine Abschrift einer der in Betracht kommenden Handschriften in die Hand gegeben und, wie an manchen Stellen aus der Art des Satzes deutlich zu ersehen ist, erst bei der Korrektur de Druckbogen andere Lesarten, wenn sie ihm als besser erschienen, in den Text hineinkorrigiert" (RAHLFS, Lebenswerk [1928], 79).

106 Vgl. dazu unten, ab S. 177.

Septuaginta-Forschung erzielt werden.[107] Dieses Prinzip stellte dann im dritten Heft der Septuaginta-Studien (1911), das sich als „(selbständige) Ergänzung"[108] des ersten Heftes (1904) verstand, den wichtigsten Kritikpunkt[109] an Lagardes Lukian-Ausgabe und der ihr zugrundeliegenden Theorie dar, dass „jede Kirchenprovinz [...] nur einen einzigen offiziellen Text gehabt"[110] habe und infolgedessen eine Handschrift, deren Texttyp in einem bestimmten Buch identifiziert werden konnte, diesen Texttyp zwangsläufig auch in allen anderen Büchern bezeugen müsse, da die entsprechende Handschrift sonst wohl kaum von der jeweiligen Kirchenleitung autorisiert worden wäre.[111]

Lagarde hatte sich – so Rahlfs – durch diese These „irreführen"[112] lassen und auf eine genaue, d.h. für jedes einzelne biblische Buch vorzunehmende Untersuchung der Textzeugen verzichtet. Daher fehlte in seinen Ausführungen eine *für jedes Buch der Septuaginta notwendigerweise gesondert vorzunehmende* Gruppierung des handschriftlichen Materials und die einer solchen Gruppierung vorangehende Analyse der in den Handschriften bezeugten Textüberlieferung.[113] Dies hatte außerdem zur Folge gehabt, dass Lagarde keinerlei buchspezifische textkritische Kriterien für die Rekonstruktion des lukianischen Textes aufgestellt, sondern mehr oder weniger wahllos, z.T. unter einer aus Rahlfs' Sicht ausufern-

---

107 Vgl. z.B. SEPT.-STUD. 1 (1904), 4, und auch die erste der dort versammelten drei Studien, in der Rahlfs zeigte, dass der Texttyp von Hs. 82 innerhalb der Königsbücher von lukianischem zu Septuaginta-Text wechselt – eine Feststellung, die Lagarde ignoriert hatte; diese Erkenntnis ist rezipiert von MOORE, Antiochian Recension (1912/13), 50–51. Vgl. außerdem RAHLFS, Fehlen der Makkabäerbücher (1908), 63.

108 Eb. NESTLE, Rez. SEPT.-STUD. 3 (1912), 245. Vgl. die zahlreichen Verweise auf SEPT.-STUD. 1 (1904) und die explizite Ankündigung einer Vertiefung der Studien a.a.O., 46.

109 Vgl. SMEND d.J., Ein Leben für die Septuaginta (2013), 270.

110 RAHLFS, Lebenswerk (1928), 76–77.

111 Dazu RAHLFS, Lebenswerk (1928), 76: Lagarde postulierte „für die einzelnen Provinzen offizielle Texte, die, wie er selbst sagt, ‚unter der Kontrolle der Bischöfe' standen, wobei er offenbar Anschauungen, die erst durch den Protestantismus aufgekommen und von ihm dann auch in die katholische Kirche übergegangen sind, unwillkürlich auf die alte Kirche übertrug." Rahlfs vermutete, Lagarde habe aus dieser These heraus den genannten Schluss für die Texte der griechischen Handschriften gezogen. Vgl. dazu schon DERS., Rez. Evangelion (1905/1906), 322: „We are not at liberty to postulate an absolutely strict division of texts according to provinces, but must be content if we are able to establish in the main the various types of text, the Western, the Alexandrian, and the Old Antiochian, without, however, excluding the possibility of all sorts of coincidences between them, even in matters of accident and error."

112 RAHLFS, Lebenswerk (1928), 77.

113 Vgl. SEPT.-STUD. 3 (1911), 18, Anm. 1.

den Anwendung der Konjekturalkritik, Lesarten der verschiedenen Lukian-Handschriften in seinen Text aufgenommen hatte.[114]

Darüber hinaus kritisierte Rahlfs unumwunden die wegen der unterbliebenen Beifügung eines textkritischen Apparats fehlende Transparenz in Lagardes Herstellung des Lukiantextes[115] und suchte diese gravierenden Mängel in den SEPT.-STUD. 3 – im Grunde als eine Art Auf- und Abarbeitung des Lagarde'schen Erbes[116] – zumindest für die Königsbücher zu beheben:

---

114 So SEPT.-STUD. 3 (1911), 24–25: „Der Hauptfehler ist, daß Lagarde sich offenbar nicht die Zeit genommen hat, sein Material erst einmal gründlich durchzuarbeiten und sich ein klares Urteil über den Wert der einzelnen Zeugen und ihr Verhältnis zueinander zu bilden, sondern mit der oberflächlichen Kenntnis der Zeugen ausgerüstet, die ihm beim Kollationieren von selbst gekommen war, sofort den Druck des Textes begonnen und über die einzelnen Lesarten von Fall zu Fall je nach dem Eindruck, den sie ihm machten, entschieden hat. Infolgedessen schwankt er prinziplos zwischen den verschiedenen 𝔏-Zeugen hin und her und nimmt oft genug Lesarten in seinen Text auf, die sich aufs deutlichste als sekundär erweisen […]. Ja er übernimmt, wie ich in meinen Sept.-Stud. I 14 gezeigt habe, aus 82 sogar eine Reihe gewöhnlicher 𝔊-Lesarten, obwohl er gemerkt hatte, daß 82 in einzelnen Abschnitten gewöhnlichen 𝔊-Text statt 𝔏-Text bietet, hier also besondere Vorsicht geboten war.“

115 So SEPT.-STUD. 3 (1911), 28–29: „Alles dies [sc. *die genannten Kritikpunkte*] wäre aber erträglich, wenn Lagarde seine Ausgabe nur mit einem textkritischen Apparat versehen und dadurch die Möglichkeit der Kontrolle gegeben hätte. Die Weglassung des Apparats hat Lagarde in seiner ‚Ankündigung […]‘ (Gött. 1882) zu rechtfertigen gesucht. Er gibt dort […] die ersten vierzehn Kapitel der Genesis mit […] Varianten […]. Aus dieser Probe, sagt er S. 32, wird man lernen können, ‚Daß es das Geld vergeuden hieße, derartigen … jedem Kenner als Fehler erscheinenden Unrat aufzuspeichern‘. Nun ist es ja richtig, daß in dieser Probe, in der Lagarde jeden Itazismus und sonstigen Schreibfehler gebucht hat, der ‚Unrat‘ stark überwiegt. Aber einmal ist die Probe sehr schlecht gewählt, da in der Genesis nur zwei, überdies aufs engste verwandte Hss. zur Verfügung stehen, und dann heißt es doch das Kind mit dem Bade ausschütten, wenn man mit dem ‚Unrat‘ zusammen auch die wirklichen Varianten fortläßt […]. Das hat Lagarde bald darauf eingesehen […].“ Obgleich er den festen Vorsatz hatte, einen Apparat mit wirklichen Varianten nachzureichen, führte Lagarde diesen nie aus. „Hätte er sich gezwungen, aus seinem Material das wirklich Bemerkenswerte auszulesen, so hätte er es viel sorgfältiger durcharbeiten müssen und würde dann gewiß auch manche Fehler vermieden haben, in die er durch zu hastige Erledigung der Arbeit gefallen ist“ (SEPT.-STUD. 3 [1911], 29). Weder einen Apparat, der alle Abweichungen vom Lemma bietet, noch gar keinen Apparat zu bieten, konnte für Rahlfs somit der richtige Weg sein (vgl. RAHLFS, Lebenswerk [1928], 78). So schon Eb. NESTLE, Zur Rekonstruktion (1899), 128.

116 Dies wird m.E. aus SEPT.-STUD. 3 (1911), 29, evident, wo Rahlfs den von Lagarde angedeuteten Weg referiert: Jener habe ausdrücklich betont, „daß er ‚zunächst nicht imstande sein konnte, mehr als eine im Groben treue Ausgabe dieser Rezension [sc. 𝔏] zu liefern‘, und im Vorwort der Ausgabe selbst S. XV bezeichnet er es als die nächste Aufgabe der Wissenschaft, die Rezension Lucians, von der er nur eine ‚[editio] … in gravioribus omnibus satis [*fida*]‘ gegeben habe, nun auch ‚in minutioribus adcurate‘ herzustellen.“

„Lagarde hat seinen 𝕷-Text ohne Varianten gedruckt, und sich auch nirgends über die Grundsätze geäußert, nach welchen er ihn hergestellt hat. Somit fehlt uns ein Einblick in den Wert der einzelnen 𝕷-Hss. und ihr Verhältnis zueinander, und es wird unsere nächste Aufgabe sein, uns hierüber ein gegründetes Urteil zu bilden."[117]

Die von Lagarde gewissermaßen zur Kompensation der fehlenden Textrekonstruktionskriterien höchst spekulativ angewandte Konjekturalkritik stellte aus Rahlfs' Sicht das Hauptproblem nicht nur der Lukian-Ausgabe, sondern sogar des gesamten Lagarde'schen Editionsziels dar. Denn allem Anschein nach hat sich Rahlfs' Vorstellung von dem Editionsziel einer kritischen Ausgabe der Septuaginta bereits seit diesem Zeitpunkt vom ‚Urtext' zu einem ältesten erreichbaren Septuaginta-Text hin verschoben. Endgültig vollzogen wurde diese tiefgreifende Abgrenzung gegenüber Lagarde jedoch erst mit der 1922 erschienenen RUTH-Ausgabe und der sie begleitenden RUTH-STUDIE.[118]

Um einen „Einblick in der Wert der einzelnen 𝕷-Hss. und ihr Verhältnis zueinander" zu erhalten, stellte Rahlfs in den SEPT.-STUD. 3 (1911) aufgrund einer umfangreichen Analyse (und Gruppierung) der als lukianisch angenommenen Handschriften textkritische Prinzipien für die Rekonstruktion des lukianischen Textes auf, mit denen Lagardes Text im Ergebnis zwar oft, jedoch nicht immer übereinstimmte, da Lagarde „das Richtige wohl mehr instinktiv, als mit bewußter Absicht getroffen und daher manchmal anders entschieden [hat], als jene Grundsätze fordern":[119]

Den Anlass zur Abfassung der SEPT.-STUD. 3 (1911) bot die im Frühjahr 1907 von Rudolf Smend d.Ä. (zugunsten seines Engagements für Rahlfs und das Septuaginta-Unternehmen sicherlich gezielt)[120] gestellte Preisaufgabe der Beneke-Stiftung: „Das Verhältnis des sogenannten Luciantextes der Septuaginta zu der ihm zu Grunde liegenden Überlieferung soll untersucht werden".[121] Im August 1909 konnte Rahlfs sein Manuskript, das er unter das Motto „ἐκ μέρους γινώσκομεν" (Cor. I 13₉) gestellt hatte,[122] einreichen und erhielt hierfür im März 1910 den ersten Preis.[123] Im

---

117 SEPT.-STUD. 3 (1911), 51.

118 Vgl. dazu unten, ab S. 183 und S. 330–332.

119 SEPT.-STUD. 3 (1911), 80. Vgl. zur Auflösung der im Folgenden gebrauchten Sigeln 𝕲 und 𝕷 oben, S. 132, Anm. 63.

120 Vgl. BAUER, Alfred Rahlfs (1934/35), 62.

121 WACKERNAGEL, Gutachten (1911), 35.

122 Auf dem Titelblatt des einzureichenden Manuskriptes ein Motto anzubringen, war Teil der Formalitäten (vgl. WACKERNAGEL, Gutachten [1911], 40).

123 Das Gesamturteil der Jury über die SEPT.-STUD. 3 fiel dabei äußerst positiv aus: „Mit einer auf diesem Gebiete einzigartigen Gelehrsamkeit, mit bewundernswerter Energie und nie versagender Präzision und Sauberkeit hat der Verfasser die zahllosen Einzelheiten, um die es sich hier handelt, untersucht und klassifiziert. Damit hat er eines der wichtigsten und schwierigsten Probleme der Septuagintaforschung in höchst fruchtbarer Weise behandelt und zu seiner

November desselben Jahres wurden die Sept.-Stud. 3 schließlich – aufgrund der Anregungen der Gutachter, Smend d.Ä. und Wackernagel, in leicht überarbeiteter Form – publiziert.[124]

Darin analysierte Rahlfs den Text der in den Büchern Reg. III und IV als lukianisch charakterisierten Hss. 19 82 93 108 127 700 Z^{II+III}.[125] Hierbei relativierte er nicht nur den Wert der Textausgabe Lagardes, von dessen methodischem Vorgehen er sich abgrenzte, sondern legte vor allem für die beiden Königsbücher die erste umfassende Untersuchung des lukianischen Texttyps und damit erneut ein analytisches Modell für die Textkritik der Septuaginta vor.

Schon auf den ersten Blick waren Unterschiede zwischen den Lesarten der Hss. 19 108 und der Hss. 82 93 127 erkennbar, deren am Text des 1. Kapitels von Reg. III bis ins kleinste Detail[126] (auf beinahe 150 Seiten) vorgenommene Untersuchung zu textkritischen Erkenntnissen führte, die Rahlfs dann anhand charakteristischer Stellen in Reg. III 2 bis Reg. IV verifizieren und schließlich als allgemeine Kriterien für die Ermittlung des lukianischen Textes der beiden Königsbücher formulieren konnte: „1) Die Gruppe 82 93 ist der Gruppe 19 108 sowohl nach der inneren Wahrscheinlichkeit ihrer Lesarten, wie nach der äußeren Bezeugung durch den Palimpsest, Theodoret, [...] und die Lektionare weit überlegen. Daher dürfen wir ihr auch in zweifelhaften Fällen den Vorzug geben, obwohl die Gruppe 19 108 zuweilen das Richtige bewahrt hat. 2) Sonderlesarten einzelner Hss. innerhalb dieser Gruppen können nur in ganz seltenen Ausnahmefällen [...] Anspruch auf Berücksichtigung finden."[127]

Lösung den Weg gebahnt. Die Fakultät steht daher nicht an, der Arbeit den in doppelter Höhe ausgesetzten Preis zuzuerkennen" (Wackernagel, Gutachten [1911], 39). Eberhard Nestle (Rez. Sept.-Stud. 3 [1912]), der die Arbeit insgesamt für „vorbildlich" und wie „alles, was von Rahlfs kommt", für „musterhaft sorgfältig" befand, kritisierte, dass Rahlfs die Frage nach Peschitta und Targumim als mögliche Quellen für Lukians Rezensorentätigkeit nicht ausdrücklich behandelt habe (vgl. BPhWS [1913], 102–103).

Rahlfs hatte in den Sept.-Stud. 3 (1911) in § 52 übrigens zugleich die „Probe eines textkritischen Kommentars" für den Abschnitt Reg. III 4₇–₁₉ gegeben, wie er seines Erachtens „mit der Zeit einmal für die ganze Septuaginta wird hergestellt werden müssen" (Sept.-Stud. 3 [1911], 225). Darin bot er zunächst neben dem Hebräischen eine Übersicht über die verschiedenen Lesarten (in diesem Fall der Namen der Statthalter Salomos) innerhalb der gesamten relevanten Überlieferung und lieferte im Anschluss daran deren ausführliche textkritische Diskussion. Diese Probe ist in der Tat mustergültig und wurde m.E. bisher (in den Ausführungen allerdings deutlich knapper) vor allem von J. W. Wevers in den „Notes on the Greek Text of ..." zum Septuaginta-Pentateuch aufgegriffen, in Ansätzen aber auch in den entsprechenden MSU-Bänden zur „Göttinger Septuaginta".

124 Vgl. dazu Sept.-Stud. 3 (1911), 5. Die Fertigstellung im November ist auch der Grund für die Datierung in das Jahr 1911, da (auch heute) üblicherweise alle Publikationen ab November eines Jahres als Erscheinungsjahr das Datum des Folgejahres tragen. Der Inhalt ist knapp zusammengefasst bei Wackernagel, Gutachten (1911).

125 Rahlfs' Textgrundlage bildeten die Kollationen Lagardes, ergänzt um die bei Holmes-Parsons gedruckten Lesarten (vgl. Sept.-Stud. 3 [1911], 12–14). Vgl. zu Z^{II+III} auch Rahlfs, Rez. Codex Zuqninensis rescriptus (1911).

126 Vgl. Sept.-Stud. 3 (1911), 191.

127 Sept.-Stud. 3 (1911), 79–80. Dass sich die lukianische Rezension in den Königsbüchern in zwei Klassen – nämlich Hss. 82 93 (127) und Hss. 19 108 – aufteilt, hatte Rahlfs schon in den Sept.-Stud. 1 (1904), 44, festgestellt.

Nachdem Rahlfs so den ursprünglichen 𝕷-Text methodisch exakt ermittelt hatte,[128] wandte er sich dessen Entstehungsgeschichte zu. Aufgrund der Behauptung des Hieronymus, im Gebiet von Konstantinopel bis Antiochia stehe ein auf den Märtyrer Lukian zurückgehender Bibeltext in Gebrauch, könne zwar behauptet werden, „daß Lucian in irgend einem Urheberverhältnis zu diesem Texttypus steht, aber nicht, daß alle und jede Eigentümlichkeit dieses Texttypus erst von Lucian geschaffen ist".[129] Unter dieser Voraussetzung machte sich Rahlfs daran, den lukianischen Text der Königsbücher auf seinen Ursprung hin zu untersuchen, und berührte damit bereits die in der neueren Septuaginta-Forschung vielfach diskutierte Frage nach einem protolukianischen Text.[130] Zur Entwicklung eines ersten Lösungsvorschlags dieses Problems untersuchte Rahlfs zunächst die Septuaginta-Zitate bei denjenigen jüdischen und christlichen Schriftstellern, die in die Zeit vor Lukian gehören,[131] und prüfte anschließend, „ob es wahrscheinlich ist, daß Lucian einen mit 𝕲 wesentlich identischen Text vorgefunden und alle spezifisch lucianischen Eigentümlichkeiten durch Abwandlung dieses 𝕲-Textes erst selbst geschaffen hat, oder ob wir anzunehmen haben, daß schon der von Lucian zugrunde gelegte Text von unseren 𝕲-Texten charakteristisch verschieden war".[132]

Als Ergebnis hielt er für Reg. III und IV (vorläufig)[133] fest: „1. 𝕷's Grundlage ist ein alter, vorhexaplarischer 𝕲-Text, der mit BAeth [*d.h. Hs. B und der äthiopischen Septuaginta-Übersetzung; CS*] aufs engste verwandt ist. [...] 2. Trotz der engen Verwandtschaft kann indessen 𝕷's Grundlage mit BAeth nicht einfach identisch gewesen sein. Können wir uns auch viele Abweichungen 𝕷's von 𝕲 als Abänderungen des 𝕲-Textes aus verschiedenen Gründen erklären [...], so bleibt doch ein unerklärlicher Rest [...], der uns [...] zu dem Schlusse nötigt, daß gewisse Eigentümlichkeiten des 𝕷-Textes nicht erst von Lucian geschaffen sind, sondern bereits seiner Vorlage angehört haben."[134] Obgleich er diesen Unterschied zwischen lukianischen und vorlukianischen Bestandteilen in 𝕷 konstatieren konnte, vermochte es Rahlfs auf Grundlage der von ihm untersuchten Texte jedoch nicht, ein eindeutiges Kriterium aufzustellen, aufgrund dessen eine Unterscheidung dieser beiden Bearbeitungsstufen systematisch vorgenommen werden konnte. Hierfür hätten eindeutige und konstant angewandte Charakteristika der Rezensionstätigkeit Lukians ermittelt werden müssen, was sich etwa hinsichtlich der Angleichungen an das Hebräische für

---

128 Vgl. SEPT.-STUD. 3 (1911), 80.

129 SEPT.-STUD. 3 (1911), 81–82.

130 HANHART, Est. (1966), 95, Anm. 1, hält hierzu fest: „Die These des ‚Urlukian' ist an Hand der geschichtlichen Bücher des AT aufgestellt worden. Über ihre konkrete Bedeutung wird erst dann entschieden sein, wenn diese Überlieferung in gleicher Weise gesichtet sein wird, wie dies seither bei den Prophetenbüchern geschehen ist. Seit die Propheten- und auch die Makkabäerüberlieferung gesichtet vorliegt, steht aber bereits fest, 1. daß eine nachhexaplarische Bearbeitung dieser Bücher existiert, die in den antiochenischen Bereich lokalisiert werden muß, und die darum lukianisch genannt werden darf, 2. daß diese Rezension, vornehmlich dann, wenn sie mit der altlat. Übersetzung oder mit Josephus zusammengeht, entweder selbständig oder über das Mittelglied der hexaplarischen Rezension, Träger älterer, vorhexaplarischer Überlieferung ist, 3. daß der vorhexaplarische Charakter dieses Gutes kein Kriterium seiner Ursprünglichkeit ist, da es bereits in starkem Maß auf älterer Rezensionsarbeit beruht."

131 Vgl. SEPT.-STUD. 3 (1911), §§ 16–21 und 22–38.

132 SEPT.-STUD. 3 (1911), 82 (vgl. a.a.O., 161).

133 Vgl. SEPT.-STUD. 3 (1911), 294–295.

134 SEPT.-STUD. 3 (1911), 290–291.

Rahlfs aber als ein unlösbares Problem darstellte, da Lukians „Hauptcharakterzug" in Reg. III und IV gerade „das Fehlen eines klaren Prinzips" sei.[135] Dass die Eigentümlichkeiten der lukianischen Rezension in den einzelnen Büchern des Alten Testaments durchaus verschieden sein konnten, war Rahlfs bereits aufgrund der SEPT.-STUD. 2 (1907) bekannt gewesen. Seine eher mit einer grundsätzlichen Rezensionstätigkeit des historischen Lukian rechnende und weniger von einer vorlukianischen Bearbeitung ausgehende Schlussthese der SEPT.-STUD. 3 (1911) lautete daher: „Wir müssen also mit der Möglichkeit rechnen, daß der 𝔏-Text des Alten Testaments keine einheitliche Größe im strengen Sinne ist, vielmehr Lucian bei den verschiedenen Büchern nach verschiedenen Grundsätzen gearbeitet oder Mitarbeiter gehabt hat, die sich seine Grundsätze wohl im großen und ganzen aneigneten, aber in manchen Einzelheiten von ihm abwichen."[136]

Diese Erkenntnis legte Rahlfs später auch der überlieferungsgeschichtlichen Analyse der ab 1922 herausgegebenen Texte RUTH (1922), GENESIS (1926), PSALMI CUM ODIS (1931) und schließlich auch der HANDAUSGABE (1935) zugrunde und modifizierte sie dort anhand der jeweiligen Quellenlage.[137]

Der Septuaginta-Text der Bücher Reg. I–IV und insbesondere die Frage nach verlässlichen Kriterien für eine Unterscheidung von lukianischem und protolukianischem Text beschäftigte (und beschäftigt) auch die Forschung nach Rahlfs. In ihr werden zwar dessen Schlussthese und seine grundsätzliche Annahme einer protolukianischen Textform bestätigt und die übrigen Analysen der SEPT.-STUD. 3 als „the most thorough study of the Lucianic recension in Kgdms that has been made to date" anerkannt,[138] doch wird zugleich Rahlfs' Vernachlässigung der protolukianischen Indizien kritisiert.[139] Deshalb gilt Rahlfs' Studie in der Forschungsgeschichte lediglich als Vorarbeit für die Frage der innerlukianischen Textentwicklung. Dies liegt natürlich insbesondere daran, dass in den SEPT.-STUD. 3 die erst viele Jahre nach Rahlfs' Tod entdeckten Texte von Qumran/Naḥal Ḥever und deren bis heute nicht abschließend beurteilte Relevanz für die Rekonstruktion des protolukianischen Textes noch keine Berücksichtigung finden konnten.[140] Wirkungsgeschichtlich am bedeutendsten bleibt somit Rahlfs' Differenzierung der Handschrif-

---

135 SEPT.-STUD. 3 (1911), 293.

136 SEPT.-STUD. 3 (1911), 295.

137 Vgl. dazu unten, ab S. 177.

138 FERNÁNDEZ MARCOS, Lucianic Text (1984), 164. Vgl. z.B. auch schon G. F. Moores positive Resonanz hinsichtlich der Rahlfs'schen Thesen: „Let it be said in conclusion that Rahlfs has brought to his task a knowledge of the problems and the resources of criticism which only years of occupation with the subject can give; the questions are clearly defined, the material thoroughly digested, and the possible interpretations judicially weighed, the inferences cautiously limited to the scope of the evidence; critical tact—developed by training and experience—is everywhere apparent; the presentation is orderly and lucid that it is a real pleasure to follow the author through it" (MOORE, Antiochian Recension [1912/13], 62).

139 Vgl. FERNÁNDEZ MARCOS, Lucianic Text (1984), 162.166–167; TOV, Lucian and Proto-Lucian (1972/1999), 477; sowie KAUHANEN, Proto-Lucianic Problem (2012), 13–14 und 16, Anm. 20.

140 Vgl. dazu FERNÁNDEZ MARCOS, Lucianic Text (1984), 166. Einen Überblick über Forschungsstand und -perspektive hinsichtlich des sog. *protolukianischen* Textes bieten DERS., Septuagint in Context (2000), 232–236(238); SALEY, Proto-Lucian (2008), 34, Anm. 2. Hinweise auf Qumran bietet TOV, Lucian and Proto-Lucian (1972/1999). Neuere Darstellungen finden sich im Abschnitt „History of Research on the Lucianic Text" bei KAUHANEN, Proto-Lucianic Problem (2012), 13–23, sowie bei FERNÁNDEZ MARCOS, Antiochene Edition (2013).

tenpaare 82 93 und 19 108, die von N. Fernández Marcos und J. R. Busto Saiz in den Einleitungen des von ihnen kritisch edierten lukianischen Textes der Bücher Reg. I–IV und Par. I–II übernommen wurde, was sich besonders eindrücklich an den dort jeweils gebotenen Stemmata erkennen lässt.[141]

In den SEPT.-STUD. 3 (1911) war Rahlfs somit in Auseinandersetzung mit Lagardes Lukian-Ausgabe und in bewusster Abkehr von dessen Editionsprinzipien zu seinem methodischen Neuansatz der *buchweise* vorzunehmenden Textanalyse und Handschriftengruppierung gelangt. Dieser erste eigenständige Schritt setzte eine Entwicklung in Gang, in der ein wissenschaftlich begründetes kritisches Edieren der Septuaginta überhaupt erst möglich wurde.

3. „Notwendige Vorarbeiten" im institutionellen Rahmen des Septuaginta-Unternehmens (1911/12–1921)

Unter dem Begriff „notwendige Vorarbeiten"[142] fasste Werner Kappler im Vorwort der von ihm 1936 besorgten großen Ausgabe des ersten Makkabäerbuches diejenigen Arbeitsfelder zusammen, die Rahlfs im Rahmen des Septuaginta-Unternehmens in die Wege geleitet hatte. Was fast beiläufig klingt, umspannt einen Zeitraum von vielen Jahren, in welchem sich Rahlfs in paläographischen Studien, Handschrifteneditionen, Arbeiten zu den Tochterübersetzungen der Septuaginta sowie textgeschichtlichen Untersuchungen unermüdlich zu Wort meldete. Dabei orientierte er sich hinsichtlich des Materials an den in Lagardes *Ankündigung einer neuen Ausgabe der griechischen Übersetzung des Alten Testaments* (1882) zuerst entworfenen und von dort in den Arbeitsplan des Unternehmens (1907/1909) übernommenen Angaben.[143] Anders als Lagarde, der sich in erster Linie nur programmatisch geäußert, selbst aber keine abgeschlossenen Ergebnisse vorgelegt hatte, führte Rahlfs den von ihm aufgestellten Plan unter Berücksichtigung der in den Septuaginta-Studien gewonnenen Einsichten in methodisch strukturier-

---

141 FERNÁNDEZ MARCOS/BUSTO SAIZ, El texto antioqueno (1989); DIES., El texto antioqueno (1992); DIES., El texto antioqueno (1996). Vgl. auch FERNÁNDEZ MARCOS et al., Índice (2005).
142 KAPPLER, Mac. I (1936), 5.
143 Vgl. oben, S. 136–143, und zum Folgenden NEUSCHÄFER/SCHÄFER, Dokumentation (2013), 387. Dass vor Beginn der Drucklegung einer Edition zunächst sämtliche Vorarbeiten, d.h. neben der Kollation vor allem die gesamte Analyse und Rekonstruktion der Textgeschichte eines Buches, zu erledigen wären, hatte Rahlfs bereits 1905 in seiner Rezension zur Ausgabe des Peschitta-Psalters durch W. E. Barnes konstatiert: „Barnes hat zu früh mit dem Druck begonnen, ehe er die Vorarbeiten beendigt hatte. Daher gibt er auf S. LIV–LXI mehr als 500 Nachträge zu seinem textkritischen Apparat" (RAHLFS, Rez. Barnes [1905], 195).

ter Folgerichtigkeit aus und erschloss so eine breit gefächerte Bestandsaufnahme des zu verarbeitenden Stoffs.

An erster Stelle stand dabei die Inventarisierung des für die Septuaginta-Edition auszuwertenden handschriftlichen Materials, die ihren Abschluss im *Verzeichnis der griechischen Handschriften des Alten Testaments* (1914)[144] fand, das nur durch eine intensive, von Rahlfs koordinierte internationale Zusammenarbeit zahlreicher Gelehrter zustande kommen konnte.[145] Parallel hatte Rahlfs damit begonnen, anhand des 1. Makkabäerbuches ein Verfahren für die Kollation der Textzeugen zu entwickeln, das nach ersten Versuchen in das noch heute angewandte Schema der Kollationshefte mündete.[146] Mit den Kollationen unmittelbar zusammen hingen auch die Herausgabe solcher Handschriften, die von größerer Bedeutung für die Textforschung zu sein schienen, sowie die Sichtung und Sicherung des für die Rekonstruktion der origenischen Rezension wichtigen hexaplarischen Materials, die jedoch aufgrund der finanziellen Lage des Unternehmens hinter dem weitläufigen Vorhaben, einen neuen ,Field' zu schaffen, zurückbleiben mussten.[147]

Neben den Kernaufgaben – der Inventarisierung einerseits, der Kollation und Aufbereitung der Handschriften und des hexaplarischen Materials anderseits – wurde im Hinblick auf die komplexe Editionsaufgabe ebenfalls begonnen, sich der Einzelprobleme zuzuwenden, die eine methodisch exakte Auswertung der Zitate bei den Kirchenschriftstellern und der Tochterübersetzungen der Septuaginta mit sich brachten.[148]

Einen Einschnitt innerhalb der Frühgeschichte des Septuaginta-Unternehmens markiert in dieser Phase das Jahr 1914: im Juli verschickte Rahlfs an die damals führenden Editionsphilologen einen ersten Probedruck der *editio critica maior* sowie detaillierte Angaben zur Gestaltung des textkritischen Apparates,[149] wodurch die Vorarbeiten einen Stand erreicht hatten, von dem aus die eigentliche Editionsarbeit ihren Anfang hätte nehmen können. Doch der zu Beginn des

---

144 Vgl. dazu unten, S. 154–162. Dass von der Fertigstellung des Verzeichnisses, d.h. also von einer wichtigen Publikation des Septuaginta-Unternehmens, auch dessen weitere Finanzierung abhing, geht aus den Aktenstücken Scient 304,1, Nr. 135–136, im Archiv der Akademie der Wissenschaften zu Göttingen hervor. Vgl. dazu oben, ab S. 75.

145 Vgl. die Danksagung in RAHLFS, Hss.-Vz. (1914), V.

146 Vgl. dazu und zum Folgenden unten, ab S. 162.

147 Vgl. zu diesem Plan z.B. Rahlfs' Briefe an Hans Lietzmann vom 26. Mai, 6. Juni und 8. Juli 1908 (in: ALAND, Glanz und Niedergang [1979], 263–265).

148 Vgl. dazu unten, S. 169–176.

149 Vgl. dazu unten, S. 375 mit Anm. 211. Die Probeseiten sowie die von Rahlfs mitverschickten editionstechnischen Hinweise sind vollständig abgedruckt in: NEUSCHÄFER/SCHÄFER, Dokumentation (2013), 394–400. Vgl. zu ihrer Datierung in den Monat Juli KOMMISSION, Bericht

folgenden Monats ausbrechende Erste Weltkrieg und die mit seinem Fort- und Ausgang verbundenen dramatischen Umständen und tiefgreifenden Folgen führten dazu, dass die umfangreichen Anfangsplanungen (vor allem die Herausgabe sämtlicher unedierter Tochterübersetzungen und noch nicht kritisch edierter Kirchenschriftstellerwerke) im Laufe der Zeit immer weiter reduziert werden mussten: die wenigen Mitarbeiter des Unternehmens fielen im Krieg oder wurden andernorts, z.b. als Lehrer eingesetzt,[150] innereuropäische Kooperationen waren erschwert oder – was die Bibliotheken betraf – auf Jahre sogar ganz abgebrochen.[151] Schließlich taten noch bis zum Frühjahr 1926 die wirtschaftlichen Auswirkungen des Krieges in Form von Mittelknappheit und Inflation ein Übriges,[152] so dass Rahlfs von Ende Dezember 1919 bis Ostern 1934 in seinem

---

(1914), 19, und Archiv des Septuaginta-Unternehmens, Protokollbuch der engeren Septuaginta-Kommission (Einträge vom 12. Juni und 7. Juli 1914), 114–116.

150 Vgl. hierzu die *Berichte über das Septuaginta-Unternehmen* der Jahre 1914 bis 1920 (KOMMISSION, Bericht [1914], 19; DIES., Bericht [1915], 16; DIES., Bericht [1916], 16–17; DIES., Bericht [1918], 36; DIES., Bericht [1919], 39; die Angaben von 1919 gelten auch für das Berichtsjahr 1920). Die entsprechenden Exzerpte finden sich unten im Anhang, S. 506–507.

151 Vgl. KOMMISSION, Bericht (1915), 17, und DIES., Bericht (1918), 36–37, sowie LEONHARD, Geschichte (⁴2014), 243.

152 Vgl. zur Erlangung eines Eindrucks der wirtschaftlichen Verhältnisse in Deutschland (insbes. hinsichtlich der Auswirkungen auf die ‚Mittelschicht') die Überblicksdarstellung von TAYLOR, Inflation (2013). Den im Archiv der Göttinger Akademie der Wissenschaften aufbewahrten Akten ist hinsichtlich der finanziellen Situation des Septuaginta-Unternehmens Folgendes zu entnehmen: Am 6. April 1915 bewilligte das Ministerium eine vierte Rate i.H.v. 6.000 Mark. Am 25. Juni 1915 schrieb Jacob Wackernagel in seiner Funktion als Kommissionsvorsitzender an die Kgl. Gesellschaft der Wissenschaften zu Göttingen: „An die Königliche Gesellschaft der Wissenschaften richtet die Kommission für das Septuaginta-Unternehmen das Gesuch um Bewilligung eines ausserordentlichen Zuschuss von mindestens M. 3000.- an die Kosten des Unternehmens. Der s[einer] Z[eit] zugesicherte Beitrag des Reiches von M. 6000 ist im vergangenen Rechnungsjahr nicht ausbezahlt worden, und auch im laufenden Jahre wird nicht darauf zu rechnen sein. Dadurch ist das ökonomische Gleichgewicht des Unternehmens gefährdet. Obwol seit dem letzten Herbst keine Mitarbeiter mehr zu besolden sind, haben doch die Ausgaben des J[ahres] 1914/5 die Einnahmen um mehr als 2000 M. überstiegen. Dieser Fehlbetrag konnte noch aus den Ersparnissen früherer Jahre gedeckt werden. Aber mit Eintritt des Friedens sollen sofort grössere Arbeiten in Angriff genommen werden, und dazu reichen die vorhandenen und für die nächsten Jahre in Aussicht stehenden Mittel nicht aus. So ist das Unternehmen auf die Hilfe der Gesellschaft angewiesen" (Archiv der Akademie der Wissenschaften zu Göttingen, Scient 304,1, Nr. 138). Am 7. August 1915 erhielt das Unternehmen dann von der Gesellschaft einen Zuschuss i.H.v. 4.000 Mark (vgl. Archiv der Akademie der Wissenschaften zu Göttingen, Scient 304,1, Nr. 141). Daneben zahlte Bayern noch einen Zuschuss von 1.500 Mark und ab 1917 steuerte auch Sachsen diese Summe bei (vgl. Archiv der Akademie der Wissenschaften zu Göttingen, Scient 304,1, Nr. 142.147–148.173). Auch in allen folgenden Jahren bewilligte das Reich in seinem Etat zwar jedes Jahr eine Rate von 6.000 Mark, zahlte diese jedoch erst 1922 aus (vgl. dazu Archiv der Akademie der Wissenschaften zu Göttingen, Scient 304,1, Nr. 149.162.170.174.177–179). Wie angespannt die wirtschaftliche Lage des Unternehmens nicht nur während, sondern auch nach dem Ersten Weltkrieg war, wird auch daran sehr deutlich, dass Rahlfs im Juli 1923 anbot, sein Amt als Leiter des Septuaginta-Unternehmens „bis auf weiteres als Ehrenamt weiterzuführen", um auf diese Weise

Gartenhaus im Friedländer Weg 10 nahezu als Einziger die Arbeit im Septuaginta-Unternehmen aufrecht erhielt.[153] Damit blieb der ursprüngliche Anspruch an die geplante *editio critica maior* der Septuaginta bezüglich des auszuwertenden Materials zwar bestehen, wurde aber von Rahlfs *de facto* bis auf Weiteres auf die den Gegebenheiten angepasste Formel beschränkt, statt dem gesamten *bekannten* lediglich das „gesamte jeweils zur Verfügung stehende Material"[154] bei der Herstellung des kritischen Textes zu berücksichtigen.

3.1 Die Inventarisierung des handschriftlichen Materials

Seinem Auftrag gemäß, alles bekannte Material für die Herstellung der kritischen Ausgabe der Septuaginta auszuwerten, bestand die wichtigste Vorarbeit

---

zur Entlastung des Instituts beizutragen (Archiv der Akademie der Wissenschaften zu Göttingen, Scient 304,1, Nr. 182b; vgl. auch a.a.O., Scient 304,1, Nr. 184–187). Am 12. Februar 1926 berichtete Rahlfs dann: „Da das Septuaginta-Unternehmen gegen Schluss des vorigen Rechnungsjahres M 1000.- von Bayern und M 2000.- von der Göttinger Gesellschaft der Wissenschaften erhalten hatte, trat es in das Rechnungsjahr mit einem Kassenbestand von M 3234,93 ein. Hierzu ist seitdem nichts hinzugekommen, und infolgedessen war die Kasse des Unternehmens so erschöpft, dass das am i. Januar 1926 fällige Gehalt des Leiters nur noch zum Teil ausgezahlt werden konnte. Erst durch die am heutigen Tage beim Unternehmen eingegangenen M 2000.- von Preussen ist seine Bilanz wieder aktiv geworden" (Archiv der Akademie der Wissenschaften zu Göttingen, Scient 304,1, Nr. 188). Mit dem Rechnungsjahr 1926 entspannte sich die finanzielle Lage des Unternehmens schließlich wieder deutlich: Die Gesellschaft und auch das Reich nahmen ihre Zahlungen i.H.v. je 6.000 RM auf und auch Bayern und Sachsen überwiesen jährlich je 1.500 RM (vgl. Archiv der Akademie der Wissenschaften zu Göttingen, Scient 304,1, Nr. 193–194.199–200.207–208). Über die Finanzierung informieren zudem die *Berichte über das Septuaginta-Unternehmen* der Jahre 1922 bis 1926 (KOMMISSION, Bericht [1922], 22; DIES., Bericht [1923], 21; DIES., Bericht [1924], 27; DIES., Bericht [1925], 26; DIES., Bericht [1926], 33). Die entsprechenden Exzerpte finden sich unten im Anhang, S. 507–508.
Ab 1927 bis 1933 gestaltete sich die Finanzierung des Unternehmens in etwa wie folgt (vgl. Archiv der Akademie der Wissenschaften zu Göttingen, Scient 304,1, Nr. 211–226.237–248): Der Gesamtetat von 15.000 RM wurde mit 6.000 RM von der Göttinger Gesellschaft der Wissenschaften, mit je 1.500 RM von Bayern und Sachsen, mit 5.000 RM von der Notgemeinschaft der Deutschen Wissenschaft und mit 1.000 RM vom Reich gestemmt. Als Beispiel sei hier die Abrechnung für das Rechnungsjahr 1928 aufgeführt (Archiv der Akademie der Wissenschaften zu Göttingen, Scient 304,1, Nr. 127): „Gehalt des Leiters des Septuaginta-Unternehmens: 3.000 RM; Gehalt zweier festbesoldeter Mitarbeiter (je 2.400 RM): 4.800 RM; Vergütung für zwei stundenweise bezahlte Mitarbeiter, Arbeitsstunde M. 1,50: 3.000 RM; Vergütung für zwei Hilfsarbeiter, Arbeitsstunde M. 1,-: 500 RM; Photographien von Handschriften: 3.000 RM; Büro: 500 RM; Insgemein: 200 RM."
153 So in KOMMISSION, Bericht (1914), 19; DIES., Bericht (1915), 16; DIES., Bericht (1916), 16; DIES., Bericht (1917), 35; DIES., Bericht (1921), 52; DIES., Bericht (1923), 21; DIES., Bericht (1924), 27.
154 KOMMISSION, Bericht (1918), 37.

des Septuaginta-Unternehmens und seines Leiters in der Inventarisierung des handschriftlichen Materials „in griechischer, koptischer, äthiopischer, syrischer, arabischer, armenischer, georgischer und slavischer Sprache bis zum Schluß des 16. Jahrhunderts (des äthiopischen bis zum Schluß des 18. Jahrhunderts). Anfangs war auch die Inventarisierung des lateinischen Materials bis zum Schluß des 12. Jahrhunderts geplant und damit bereits begonnen, aber diese Arbeit ist sistiert und nunmehr endgültig aufgegeben, da die [...] Kommission zur Revision der Vulgata [...] auch die aus der Septuaginta geflossenen altlateinischen Stücke [...] bearbeiten wird."[155]

Die *Berichte über das Septuaginta-Unternehmen* der Jahre 1908 bis 1916 informieren genau über die Art und Weise[156] sowie den Fortgang dieser heuristischen Arbeiten,[157] deren vorläufiges Ergebnis in dem zur Generalversammlung der Internationalen Assoziation der Akademien 1913 erschienenen *Bericht über das Septuaginta-Unternehmen der Königl. Gesellschaft der Wissenschaften zu Göttingen* dokumentiert ist:

---

155 KOMMISSION, Bericht (1908), 18. Die altlateinischen Handschriften sind sämtlich verzeichnet bei GRYSON, VL 1/2A (1999) und 1/2B (2004).

156 „Handschriften, welche das ganze Alte Testament oder einen größeren Teil desselben umfassen, sind auf 3 Quartzetteln gebucht, von denen der erste die Angaben über Zeit, Schreibstoff, Umfang, Format und Provenienz der Handschrift enthält, der zweite ihren Inhalt beschreibt und der dritte die Werke verzeichnet, in welchen die betreffende Handschrift beschrieben, beurteilt oder verwertet ist. Bei den die weitaus überwiegende Mehrzahl bildenden Handschriften dagegen, welche nur ein einziges oder einige Bücher des Alten Testaments enthalten, sind alle diese Angaben auf einem einzigen Quartzettel vereinigt. [...] Hierzu sind dann Oktavzettel geschrieben, auf welchen die auf den Quartzetteln vorkommenden biblischen Bücher oder Buchgruppen einzeln verzeichnet sind. [...] Die Quartzettel sind nach Städten und Bibliotheken geordnet; sie geben also eine Uebersicht über das in jeder Bibliothek in Betracht kommende handschriftliche Material. Die Oktavzettel dagegen sind nach biblischen Büchern geordnet; sie geben eine Uebersicht über das Material, welches für jedes biblische Buch zur Verfügung steht" (KOMMISSION, Bericht [1909], 133–134).

157 Vgl. KOMMISSION, Bericht (1908), 18–19; DIES., Bericht (1909), 133–134.138; DIES., Bericht (1910), 22–23; DIES., Bericht (1911), 18–19; DIES., Bericht (1912), 24; DIES., Bericht (1913¹), 23; DIES., Bericht (1914), 20; DIES., Bericht (1915), 17; außerdem NEUSCHÄFER/SCHÄFER, Dokumentation (2013), 387–390. In KOMMISSION, Bericht (1916), heißt es, da Rahlfs im Geschäftsjahr 1916 allein arbeiten musste und die Beschaffung von Handschriftenmaterial stagnierte, dass dieser „im Anschluss an das früher herausgegebene Verzeichnis der griechischen Handschriften des Alten Testaments nunmehr auch mit der Herstellung von Verzeichnissen der Handschriften und gedruckten Ausgaben der orientalischen Übersetzungen der Septuaginta begonnen [habe]. Dabei hat er den Anfang mit der äthiopischen Übersetzung gemacht und hofft, dieses Verzeichnis [...] im Laufe des nächsten Berichtsjahres abschließen zu können" (a.a.O., 16). Die Fertigstellung ist dann in KOMMISSION, Bericht (1917), 35, dokumentiert.

„Die Inventarisierung der griechischen Handschriften ist jetzt so gut wie vollendet; Herr Rahlfs ist mit der Ausarbeitung des Druckmanuskripts beschäftigt, nach Vollendung desselben soll der Druck unverzüglich beginnen. Die slavischen Handschriften wurden von Herrn Prof. J. Evseev in St.-Petersburg inventarisiert. Das sehr umfangreiche Verzeichnis wird in Göttingen aufbewahrt. Eine spätere Veröffentlichung behalten wir uns vor.[158] Die Inventarisierung der armenischen Handschriften hatte Herr Prof. Franz Nikolaus Finck in Berlin übernommen. Er hatte eine Reihe von Armeniern mit der Aufsuchung und Beschreibung der im Orient befindlichen Handschriften beauftragt, indessen haben sich der Durchführung dieses Unternehmens unvorhergesehene Schwierigkeiten in den Weg gestellt, z.b. war aus Edschmiatzin, wo sich die größte Sammlung solcher Handschriften befindet, besonderer Umstände halber keine Beschreibung zu bekommen. Dazu kam der vorzeitige Tod Fincks, der auch für unser Septuaginta-Unternehmen einen schmerzlichen Verlust bedeutete. Mit Dank müssen wir aber hervorheben, daß Fincks Schwester, Frau Dr. Agnes Gjandschezian, nach ihres Bruders Tode alles Erreichbare zusammengestellt und so eine Grundlage für die spätere Fortführung der Arbeit geschaffen hat. Auch dieses Verzeichnis der armenischen Handschriften wird in Göttingen aufbewahrt.[159] Für die Inventare der koptischen, äthiopischen, syrischen und arabischen Handschriften hat Herr Rahlfs reichhaltige Sammlungen gemacht, doch steht der Abschluß hier nicht so bald zu erwarten, da noch manche Nachforschungen in den Bibliotheken vorzunehmen sind."[160]

Das im Mai 1915 fertiggestellte,[161] 470 Seiten starke *Verzeichnis der griechischen Handschriften des Alten Testaments* umfasst, nach Orten und Bibliotheken angeordnet, alle Rahlfs bekannt gewordenen Septuaginta-Handschriften bis einschließlich des 16. Jh.,[162] die durch ihn und seine Mitarbeiter zunächst anhand bereits vorhandener Kataloge, dann auch aufgrund eigener Nachforschungen in den Bibliotheken und Klöstern vor Ort[163] zusammengestellt und beschrieben

---

158 Dazu heißt es im Kommissionsbericht für dasselbe Jahr: „Das Inventar der slavischen Handschriften von Herrn Prof. Evseev (St.-Petersburg) wurde dem Autor zur Veröffentlichung in russischer Sprache zurückgegeben. Die russische Abteilung der Kaiserl. Akademie der Wissenschaften zu St.-Petersburg hat sich in dankenswerter Weise bereit erklärt, das Inventar in ihre Druckschriften aufzunehmen" (KOMMISSION, Bericht [1913ᴵ], 22).
159 Die entsprechenden Postkarten und Briefe befinden sich im Archiv des Septuaginta-Unternehmens der Akademie der Wissenschaften zu Göttingen.
160 KOMMISSION, Bericht (1913ᴵᴵ), 5–6.
161 Über diese Datierung erteilen die *Berichte über das Septuaginta-Unternehmen* der Jahre 1914 und 1915 sowie Rahlfs selbst in seinem Notizbuch (Archiv des Septuaginta-Unternehmens der Akademie der Wissenschaften zu Göttingen) genaue Auskunft.
162 Vgl. RAHLFS, Hss.-Vz. (1914), XI.
163 So wurden z.B. einige Handschriften des Athos-Klosters Vatopedi „von Karl Dieterich bei einem kurzen Aufenthalt an Ort und Stelle aufgenommen" (RAHLFS, Hss.-Vz. [1914], 8), oder die Codices Vaticani graeci und Barberiniani graeci im März und April 1909 von Rahlfs selbst in Rom katalogisiert (vgl. RAHLFS, Hss.-Vz. [1914], 236.247; KOMMISSION, Bericht [1908], 18–19; DIES., Bericht [1909], 134; sowie RAHLFS, Rez. Biblia sacra [1927], 148).

worden waren.[164] Neben den einfachen Bibeltexten fanden vor allem die Catenen-Handschriften sowie die Kommentare der Kirchenschriftsteller (ab dem
5. Jh.) und die Lektionarhandschriften Eingang in das Verzeichnis.[165] Die Präsentation der (grundsätzlich alphabetisch nach den Namen der Orte und innerhalb
dieser numerisch nach den dort jeweils vergebenen Signaturen sortierten)[166]
Handschriften enthält neben Angaben zur äußeren Beschreibung einschließlich
der Geschichte der jeweiligen Handschrift[167] ebensolche zum Inhalt,[168] Literaturhinweise[169] sowie die von Rahlfs, im Hinblick auf ihre Verwendung im Apparat
der „Göttinger Septuaginta",[170] vergebenen Sigeln.

Bei der Auswahl dieser – zum internationalen Standard gewordenen und
vom Göttinger Septuaginta-Unternehmen bis heute fortgeführten[171] – Sigeln legte
Rahlfs, in deutlicher Abgrenzung zu den bis dahin für die Septuaginta-Hand-

---

164 Vgl. RAHLFS, Hss.-Vz. (1914), XV.
165 Zur Begründung der Auswahl vgl. RAHLFS, Hss.-Vz. (1914), XI–XIV. Die Beschränkung der
Kommentarhandschriften auf die Zeit ab dem 5. Jh. hatte ihren Grund in zwei zur gleichen Zeit
laufenden Forschungsvorhaben: Adolf Harnack hatte in der *Geschichte der altchristlichen Litteratur bis Eusebius. Theil 1: Die Überlieferung und der Bestand* (Leipzig 1893) das handschriftliche
Material für die wichtigsten Kirchenschriftsteller der ersten drei Jahrhunderte zusammengestellt und die in dem entsprechenden Berliner Akademieprojekt „Die griechischen christlichen
Schriftsteller der ersten drei Jahrhunderte" (GCS) geplanten Bände sollten „den Septuagintaforscher der Notwendigkeit eines Zurückgehens auf die Hss. selbst überheben" (RAHLFS, Hss.-Vz.
[1914], XII). Für das 4. Jh. bereitete indes „die Krakauer Akademie eine Ausgabe der Kirchenvä-
terwerke desselben" (ebd.) vor.
166 Vgl. zur Anordnung des Verzeichnisses RAHLFS, Hss.-Vz. (1914), XIV–XV.
167 Vgl. RAHLFS, Hss.-Vz. (1914), XVI–XVIII (Entstehungszeit, Schreibstoff, Blattanzahl, Format, Zustand der Handschrift, Hinweise auf Illuminationen, Informationen über den Schreiber,
den Auftraggeber und die Historie inkl. Besitzerangabe der Handschrift).
168 Vgl. RAHLFS, Hss.-Vz. (1914), XVIII–XX (in der Regel nicht der gesamte, sondern nur der für
die Septuaginta-Forscher relevante; über die von einer Handschrift bezeugten Texttypen äußert
sich Rahlfs allerdings meist nicht).
169 Vgl. RAHLFS, Hss.-Vz. (1914), XX–XXI.
170 Die erste unter Berücksichtigung dieses neuen Sigel-Systems erstellte Septuaginta-Edition
war RUTH (1922).
171 Bereits seit 1927 wurden die Rahlfs-Sigeln auch in die Einleitungen der „Cambridger Septuaginta" von Brooke-McLean aufgenommen (vgl. BROOKE-McLEAN, I/II Samuel [1927], v). Hand-
schriftenfunde, Forschungsreisen sowie neue Handschriftenkataloge der Bibliotheken und
Klöster hatten die Fortsetzung und Aktualisierung des Verzeichnisses seit seinem Erscheinen
stets notwendig gemacht (vgl. z.B. JELLICOE, Septuagint [1968], 221), deren Ergebnisse konnten
jedoch, da die Arbeit des Septuaginta-Unternehmens auf die Fertigstellung der ‚Göttinger' Editionen (insbesondere des Pentateuchs, vgl. dazu QUAST, Einführung [2000], 387) fokussiert war,
erst im Jahr 2004 in einem ersten Supplementband der Öffentlichkeit zugänglich gemacht werden (= RAHLFS, Hss.-Vz. [2004]).

schriften üblichen Vergabesystemen von Lagarde und Brooke-McLean,[172] Wert darauf, dass „jede Handschrift [...] ihre besondere, stets gleichbleibende und möglichst einfache Sigel"[173] bekommen sollte. Aus diesem Grund bezeichnete er – mit Ausnahme der bereits etablierten lateinischen Großbuchstaben für die sehr alten und wichtigen Unzialen – sämtliche Handschriften mit arabischen Ziffern.[174] Unter (allerdings differenzierter)[175] Berücksichtigung der in der Ausgabe von Holmes und Parsons (HoP) bereits vergebenen Nummern legte Rahlfs verschiedene Sigel-Bereiche an:

> „[...] ich brauche lateinische Buchstaben für ausgewählte Majuskelhss., arabische Ziffern für alle übrigen Hss. und zwar zunächst bis 311 nur für HoP'sche Hss., sodann von 312 an für die neu hinzukommenden Hss. nebst einigen neu benannten HoP'schen Hss., wobei ich folgende Unterabteilungen mache: 1) 312–769 Hss. des A. T. außer dem Psalter, 2) 901–951 kleine Fragmente des A. T. außer dem Psalter bis zum VIII. Jahrh., 3) 1001–1229 Psalterien bis zum XII. Jahrh., 4) 1401–1916 jüngere Psalterien nebst einigen, deren Zeit unsicher ist, 5) 2001–2048 kleine Psalterfragmente bis zum VIII. Jahrhundert."[176]

---

172 Schwierig an dem System Lagardes, der für die Majuskelhandschriften in einer ersten Aufstellung sämtliche lateinischen Großbuchstaben verwendet hatte, war, dass er, nachdem ihm weitere Majuskeln bekannt geworden waren, die Buchstaben z.T. doppelt vergeben hatte, woraufhin ein und derselbe Buchstabe in den unterschiedlichen Ausgaben Lagardes ganz verschiedene Handschriften bezeichnete. Für die Minuskeln hatte er ebenfalls Buchstaben verwendet (entsprechend den Großbuchstaben für Majuskeln wählte er lateinische Kleinbuchstaben). Hierin waren ihm zuerst Swete und, in Abhängigkeit von diesem, dann auch Brooke-McLean in der großen „Cambridger Septuaginta" gefolgt und setzten die – naturgemäß rasch verbrauchten – Buchstaben durch weitere Reihen (a_2, b_2, c_2 usw.) fort. Beiden Systemen mangelte es also vor allem an Einfachheit und dann, da sie – wie schon Holmes-Parsons – gelegentlich Sammelsigel z.B. zur Bezeichnung kleinerer Fragmente verwendet hatten, auch an Eindeutigkeit. Hieraus ergab sich der von Rahlfs für die eigene Sigelvergabe aufgestellte Grundsatz. Vgl. RAHLFS, Hss.-Vz. (1914), XXII–XXIII.
173 RAHLFS, Hss.-Vz. (1914), XXIII.
174 Vgl. zu den Einzelheiten des Vergabesystems RAHLFS, Hss.-Vz. (1914), XXIII–XXVI.
175 RAHLFS, Hss.-Vz. (1914), 335–337, sind diejenigen Sigeln von Holmes-Parsons angeführt, die „aus irgendeinem Grunde in der Liste meiner eigenen Sigeln fehlen oder eine besondere Bemerkung erfordern" (a.a.O., 335): Hierzu gehörten neben Sammelsigeln (unter der einen Sigel 70 subsummierten Holmes-Parsons z.B. sämtliche damaligen Augsburger Handschriften, die Rahlfs der gewünschten Eindeutigkeit halber in ihre sechzehn Einzelsignaturen zerlegte; vgl. RAHLFS, Hss.-Vz. [1914], XXV) auch Kommentar- und Lektionarhandschriften, die nun, ebenso wie verschollene Handschriften, keine Sigel mehr erhielten.
176 RAHLFS, Hss.-Vz. (1914), 338–339. Diese einst von Rahlfs festgelegten Bereiche hat das Septuaginta-Unternehmen aufgrund der Kenntnis vieler weiterer Handschriften stark erweitern müssen: auf die unverändert gebliebenen Sigelbereiche der ausgewählten Majuskeln und HoP'schen Hss. bis Nr. 311 folgen „1) 312–800 Handschriften des Alten Testaments außer dem Psalter, 2) 801–1000 kleine Fragmente des Alten Testaments außer dem Psalter, 3) 1001–‹1400›

Den Kommentaren wies Rahlfs keine Sigel zu, da diese, anders als die einfachen Bibeltexte und die Catenen[177], aufgrund der in ihnen vorliegenden besonderen Verschränkung von Text und Auslegung nicht als direkte Zeugen des Septuaginta-Textes gewertet werden können.[178] Den Lektionaren hingegen hätte Rahlfs grundsätzlich eine Nummer gegeben, doch „da ihre Erforschung kaum begonnen hat, und ich [sc. *Rahlfs*] daher nicht aufs Geratewohl Sigeln einführen mochte, die sich später vielleicht als unpraktisch erweisen [...] spare [*ich*] mir also ihre Bezeichnung für später auf".[179]

In seiner im selben Jahr wie das Handschriftenverzeichnis erschienenen Abhandlung über *die alttestamentlichen Lektionen der griechischen Kirche*[180] beschäftigte er sich dann ausführlich mit der Anlage derjenigen alttestamentlichen Lesestücke, die in der byzantinischen Kirche an den Vorabenden der Feste und an den Wochentagen der Fastenzeit gelesen wurden.[181] Hier führte er aus, dass die Lektionare für die Rekonstruktion des ursprünglichen Septuaginta-Textes deshalb von gewisser Bedeutung sind, weil sie alttestamentliche Stücke

---

Psalterien bis zum XII. Jh., 4) 1401-‹2000› jüngere Psalterien nebst einigen mit unsicherer Datierung, 5) 2001-‹3000› kleine Psalterfragmente bis zum VIII. Jh., 6) 3001-‹5000› Handschriften des Alten Testaments außer dem Psalter, 7) 5001-‹7000› kleine Fragmente des Alten Testaments außer dem Psalter, 8) 7001ff. Psalterien" (Offizielles Verzeichnis der Rahlfs-Sigeln [2012]).

177 „[...] sie sind im Grunde doch nur Bibelhss. mit hinzugefügten Erklärungen der Kirchenväter" (RAHLFS, Hss.-Vz. [1914], XI), bei denen Text und Kommentar prinzipiell gar nicht zusammengehören und teilweise auch nicht miteinander korrelieren.

178 Vgl. RAHLFS, Hss.-Vz. (1914), XII.XXVI.

179 RAHLFS, Hss.-Vz. (1914), XXVI. Vgl. a.a.O., XIII. In seiner Rezension des Verzeichnisses monierte Procksch dieses Verfahren, da er den Kommentaren und Lektionaren eine „recht bedeutende" Stellung innerhalb der Textgeschichte der Septuaginta beimaß und somit ihre Notation im Apparat durch Vergabe von Sigeln gerne erleichtert gesehen hätte (vgl. PROCKSCH, Rez. Rahlfs [1915], 606).

180 RAHLFS, Alttestamentliche Lektionen (1915). DERS., Hss.-Vz. (1914), XIII und 443, verweist selbst auf diese Studie, in welcher ebenfalls explizit auf das Verzeichnis rekurriert wird (vgl. DERS., Alttestamentliche Lektionen [1915], 28), und auch KOMMISSION, Bericht (1914), 20, gibt entsprechend Auskunft: „In dem ‚Verzeichnis' [*der griech. Hss. des AT; CS*] sind unter anderen auch diejenigen Handschriften aufgeführt, welche alttestamentliche Lektionare enthalten. Da diese bisher ein völlig unerforschtes Gebiet sind, waren, wie schon früher berichtet [*vgl. z.B. KOMMISSION, Bericht (1913¹¹), 7; CS*], einige derselben, sowie auch die gedruckten liturgischen Bücher der griechischen Kirche auf ihren Inhalt an alttestamentlichen Lektionen untersucht worden. Herr Rahlfs stellte nunmehr, nachdem das ‚Verzeichnis' im Manuskript abgeschlossen war, die Resultate jener Untersuchungen zusammen, fügte noch anderes Material hinzu und schloß eine umfangreichere Abhandlung über das alttestamentliche Lektionswesen der griechischen Kirche an."

181 Vgl. RAHLFS, Alttestamentliche Lektionen (1915), 30–31.

enthalten, die wegen ihrer langen, traditionellen Verwendung im liturgischen Kontext in ihrem Kern durchaus alte resp. rezensionelle Texttypen tradieren können. Schon Lagarde hatte vorgeschlagen, „das aus dem studium der kirchenschriftsteller und der versionen sich ergebende resultat [...] mittelst der liturgien" zu prüfen,[182] und Rahlfs nahm sich nun dieses bis dahin vernachlässigten Textbestands an.[183]

Die Abhandlung basierte auf der Auswertung von fünf Lektionarhandschriften,[184] den Druckausgaben des Triodion, des Pentekostarion[185], der Menäen[186] und des Anthologion[187] sowie der Lektionssysteme Jerusalems und der Kopten.[188] Rahlfs' vornehmliches Ziel war dabei zunächst die im Anhang seiner Abhandlung gedruckte, nach biblischen Büchern sortierte Zusammenstellung der alttestamentlichen Lektionen gewesen, in welcher er einen Überblick über den vorhandenen Textumfang lieferte. „Doch hat sich damit im Laufe der Zeit immer mehr das Bestreben verbunden, das in diesen Werken vorliegende Lektionssystem auch wissenschaftlich zu verstehen."[189] Hinsichtlich der sich aus dem vorhandenen Material ergebenden Fragen musste Rahlfs – neben einigen sicheren Ergebnissen – jedoch feststellen, dass abschließende Antworten zu geben ihm wegen des noch zu leistenden Forschungsaufwandes vorerst nicht möglich sei.[190]

---

182 Lagarde, Ankündigung (1882), 29.

183 Vgl. dazu auch eine im Archiv des Septuaginta-Unternehmens der Akademie der Wissenschaften zu Göttingen befindliche Karte von Hans Lietzmann, in der es heißt: „Ihre Untersuchung der Lektionen [...] ist ja überhaupt das erste, was über dies Thema ernstlich gesagt ist. Mit besonderer Freude habe ich Kap. V gelesen, in dem Sie entschlossen an die historische Verwertung herangehn, die ja überhaupt durch Ihre Arbeit erst möglich geworden ist" (Lietzmann an Rahlfs, 18. Juli 1915).

184 Es waren dies der Trierer Codex S. Simeonis (Trier, Domschatz, 143. F. [10./11. Jh.]) sowie vier Pariser Handschriften des 12. und 13. Jh. (Paris, Bibl. Nat., Grec 272.273.308, und Suppl. grec 805). Vgl. zu ihrer Auswertung Rahlfs, Alttestamentliche Lektionen (1915), 30–52.

185 Über die Verwendung der liturgischen Bücher im orthodoxen Gottesdienst berichtet Rahlfs, Alttestamentliche Lektionen (1915), 52–53. Triodion und Pentekostarion enthalten die liturgischen Texte des orthodoxen Osterfestkreises als Teil des beweglichen Kirchenjahres: „das Triodion für die Vorfastenzeit, Fastenzeit und die Karwoche [...], das Pentkostarion [...] für die Osterzeit bis zum Sonntag nach Pfingsten, deren Hymnen mit denen des fixen Kalenders zu kombinieren sind" (Petzold, Liturgische Bücher [2002], 463).

186 Bei den Menäen handelt es sich um zwölf, nach Monaten geordnete Bücher, in denen die liturgischen Texte für die feststehenden, d.h. unbeweglichen Fest- und Gedenktage (z.B. der Apostel und Märtyrer) des Kirchenjahres der orthodoxen Kirche enthalten sind. Die alttestamentlichen Lektionen werden stets am Vorabend des eigentlichen Festtages gelesen (vgl. Rahlfs, Alttestamentliche Lektionen [1915], 32, und Petzold, Liturgische Bücher [2002], 463).

187 Das Anthologion ist ein Auszug aus den Menäen.

188 Vgl. Rahlfs, Alttestamentliche Lektionen (1915), 59–69.

189 Rahlfs, Alttestamentliche Lektionen (1915), 29.

190 Vgl. Rahlfs, Alttestamentliche Lektionen (1915), 29.

Seine *Beiträge zum Verständnis der griechischen Lektionssysteme* brachten folgende Erkenntnisse:[191] Als Heimat des in den fünf Lektionarhandschriften und in den gedruckten Ausgaben tradierten alttestamentlichen Lektionssystems konnte Rahlfs Konstantinopel identifizieren[192] und datierte die Anfänge von dessen *Gebrauch* (nicht jedoch seiner durchaus älteren Textüberlieferung)[193] in das Jahr 630 n. Chr.[194] Ursprung der drei Lektionssysteme in Konstantinopel, Jerusalem und Ägypten (koptisch) sei die Ostervigil,[195] da sie die liturgische Vorbereitung auf das höchste christliche Fest und somit die älteste Form der nächtlichen Feier regulierte. Rahlfs wies nach, dass die alttestamentlichen Lektionen in der liturgischen Osterfeier (wie auch innerhalb des normalen Gottesdienstsystems)[196] nur in den Fastenzeiten vorgesehen waren, da ja nach christlichem Verständnis im Alten Testament lediglich die Hoffnung auf Christi Kommen zum Ausdruck gebracht werde: ein Zustand, den das Fasten – als Ausdruck von Trauer – an den Kartagen aufgreife und der erst mit dem Beginn des Ostertages durch die neutestamentlichen Lektionen aufgehoben würde.[197] Die Einzelanalyse und der sich anschließende Vergleich der drei Lektionssysteme förderten schließlich diverse Unterschiede zutage, z.B. hinsichtlich ihrer fastenzeitlichen Strukturierung und – damit verbunden – auch der alttestamentlichen Lektionen.[198] Aufgrund der von ihnen bezeugten Auswahl der biblischen Bücher und des gemeinsamen Prinzips der *lectio continua* sei zwischen dem (in seinen Grundzügen älteren) jerusalemischen und dem (jüngeren) koptischen Lektionssystem „ein alter Zusammenhang" erkennbar.[199] Besonders deutlich ließe sich aber eine Abhängigkeit des koptischen vom konstantinopolitanischen System behaupten.[200]

Auf dem Gebiet der Liturgiewissenschaft bildete Rahlfs' ursprünglich rein textgeschichtlich motivierte Abhandlung nicht nur den Auftakt zu der bis heute anhaltenden Forschung über die alttestamentliche Textgrundlage des byzantinischen resp. orthodoxen Christentums, sondern erfuhr auch eine bis in die Gegenwart reichende Wirkungsgeschichte.

So nahm z.B. Anton Baumstark die Rahlfs'sche Abhandlung zum Ausgangspunkt eines Teils seiner Ausführungen zu den „Nichtevangelischen syrischen Perikopenordnungen des ersten Jahrtausends"[201] und Günther Zuntz, der gemeinsam mit Carsten Höeg für die 1939 bis 1952

---

191 Vgl. RAHLFS, Alttestamentliche Lektionen (1915), 70–126.

192 Vgl. die von sämtlichen Rezensenten (Übersicht unten im Anhang, S. 463) als zutreffend bestätigten Indizien in RAHLFS, Alttestamentliche Lektionen (1915), 70–71.

193 Vgl. RAHLFS, Alttestamentliche Lektionen (1915), § 9.

194 Vgl. zur Frage der Datierung RAHLFS, Alttestamentliche Lektionen (1915), § 8. Die Rahlfs'sche Lösung erschien einigen der Rezensenten, wie z.B. Eger (in: ThLZ 41 [1916], 221–222, hier 221) oder Baumstark (in: ThRv 15 [1916], 127–133, hier 129), etwas weitgehend.

195 In RAHLFS, Alttestamentliche Lektionen (1915), 74–77, sind weitere Vigilien genannt.

196 Vgl. RAHLFS, Alttestamentliche Lektionen (1915), 78.

197 Vgl. RAHLFS, Alttestamentliche Lektionen (1915), 71–74.123–125.

198 Vgl. RAHLFS, Alttestamentliche Lektionen (1915), 87–95.

199 Vgl. RAHLFS, Alttestamentliche Lektionen (1915), 91.

200 Vgl. RAHLFS, Alttestamentliche Lektionen (1915), 91–92.

201 Erschienen als LF 3 (Münster i. W. 1921); rezensiert von Rahlfs in: DLZ 43 (1923), 508–510.

erschienene Ausgabe des ‚Prophetologions' (d.i. der Fachausdruck für die vom 9.–16. Jh. über-lieferte Form des konstantinopolitanischen Lektionssystems) verantwortlich war, bezeichnete Rahlfs' „Alttestamentliche Lektionen" in einem 1956 veröffentlichten Aufsatz als nach wie vor „grundlegend".[202] James Miller folgte in einem 2010 erschienenen Beitrag über die Frage, ob neben den Schriften des Neuen Testaments allein die alttestamentlichen Lektionen des ‚Prophe-tologion' anstelle des ganzen Alten Testaments das spirituelle Leben der Christen, des ‚common man', der byzantinischen Epoche prägten, der von Rahlfs herausgearbeiteten Korrelation von Fastenzeiten/-praxis und alttestamentlichen Lesungen, der von ihm herausgehobenen Bedeu-tung der Ostervigil für die Entwicklung des Prophetologion sowie seinen Analysen des konstan-tinopolitanischen Lektionssystems.[203]

3.2 Die Aufbereitung und Kollation der eigentlichen Bibelhandschriften und des hexaplarischen Materials

Schon bei seiner 1908 erfolgten Gründung gehörte zu den Aufgaben des Septua-ginta-Unternehmens die Akquise wichtiger Handschriften,[204] deren Fotografien die Mitarbeiter bereits seit dem Jahr 1909 inhaltlich auszuwerten begannen. Als Arbeitsschwerpunkt wählte man zuerst die Apokryphen, da diese zum einen „für das Verständnis der historischen und religiösen Situation zur Zeit Jesu Christi außerordentlich wichtig"[205] und daher nicht nur für die Erforschung des Juden-tums, sondern auch des Hellenismus „von hervorragender Bedeutung"[206] seien, zum andern aber auch wegen ihrer – im Verhältnis zu anderen Büchern des Alten Testaments – relativ überschaubaren Materialmenge,[207] und nicht zuletzt deswe-gen, weil ihre Herausgabe aufgrund der selten resp. gar nicht zu stellenden Frage nach dem Verhältnis des Griechischen zu seiner hebräischen Übersetzungs-vorlage schnellere Erfolge erwarten ließ. Darüber hinaus war man in Göttingen darauf bedacht, zunächst solche Felder zu bearbeiten, auf denen sich das zur selben Zeit in Cambridge laufende Vorhaben einer diplomatischen Ausgabe der

---

202 Vgl. ZUNTZ, Prophetologion (1956), bes. 191.

203 Vgl. MILLER, Prophetologion (2010).

204 Vgl. zur Handschriftenakquisition des Septuaginta-Unternehmens die bei ALBRECHT, Handschriftenakquisitionen (2013), 329–332 (Die Handschriftenreisen vor dem 1. Weltkrieg) und 356–359 (Die Handschriftenreisen zwischen den Weltkriegen) genannten Verweise auf die Kom-missionsberichte. Vgl. außerdem LÜTKEMANN/RAHLFS, Hexaplarische Randnoten (1915), 233 mit Anm. 1.

205 KOMMISSION, Bericht (1909), 134–135.

206 KOMMISSION, Bericht (1909), 135.

207 Vgl. dazu die Ausführungen oben, ab S. 143, zu Rahlfs' Anspruch an eine *editio critica maior*, das handschriftliche Material eines Buches vollständig auszuwerten.

Septuaginta nicht betätigte.[208] um am Ende – durch gegenseitigen Austausch der Kollationen – für beide Projekte einen größtmöglichen Nutzen zu erzielen.[209]

Nach der Erprobung verschiedener Methoden[210] konnte Rahlfs in den Jahren 1909 und 1910 anhand des 1. Makkabäerbuches folgendes Kollationsverfahren entwickeln, das dann seit dem Jahre 1911 (bis heute) zur Anwendung kam:[211]

---

208 Über das Verhältnis des Göttinger zum Cambridger Septuaginta-Unternehmen (seine Laufzeit dauerte von 1906 bis 1940) unterrichtet die Anlage zum ersten gedruckten Bericht über das Septuaginta-Unternehmen (Archiv der Berlin-Brandenburgischen Akademie der Wissenschaften, PAW [1812–1945], II-VIII-228, 50–51): „Eine Hauptfrage für unser Unternehmen war: Wie haben wir uns zu dem Cambridger Septuaginta-Unternehmen der Herren Brooke und Mc Lean zu stellen? Jenes Cambridger Unternehmen verfolgt ganz andere Zwecke, als das unsrige. Brooke und Mc Lean verzichten absichtlich auf jeden Versuch, den ursprünglichen Text der Septuaginta zu rekonstruieren und geben lediglich eine Materialsammlung. Aber gerade dadurch liefern sie eine wichtige Vorarbeit für unser Unternehmen und ersparen uns einen guten Teil der Arbeit, freilich nur unter der Bedingung, dass ihre Kollationen so zuverlässig sind, dass man die von ihnen kollationierten Handschriften nicht abermals zu vergleichen braucht. Diese Bedingung ist nun glücklicherweise erfüllt, wie durch eine von Herrn Dr. Hautsch vorgenommene Nachprüfung ausgewählter Handschriften-Proben nachgewiesen ist, vgl. seine Rezension der bisher erschienenen Teile der Cambridger Septuaginta in den Göttingischen Gelehrten Anzeigen 1909, Nr. 7, Seite 563–580. Es hat sich gezeigt, dass wenigstens in den Kollationen des eigentlichen Textes der Septuaginta-Handschriften bei Brooke und Mc Lean so verschwindend wenige Fehler vorkommen, dass eine abermalige Kollation unnötig ist. Dieses günstige Resultat berechtigte uns, ja machte es uns behufs Verhütung doppelter Arbeit geradezu zur Pflicht, mit dem Cambridger Unternehmen ein freundschaftliches Verhältnis zu suchen, und ein solches ist auch Dank dem liebenswürdigen Entgegenkommen der Cambridger Herren bereits angebahnt. Jene haben sich bereit erklärt ihre unpublizierten Vorarbeiten für den Oktateuch uns zur Benutzung und eventuellen Publikation zu überlassen, und wir haben ihnen angeboten, die von uns aufzunehmenden Photographien und Kollationen ihnen später für ihre Zwecke zu überlassen. Auch wird Prof. Rahlfs voraussichtlich im nächsten Frühjahr einer Einladung des Herr Mc Lean Folge leisten und sich mit ihm und den übrigen Herren des Cambridger Septuagint Committee in persönliche Verbindung setzen. So besteht gegründete Aussicht, dass die beiden Unternehmungen nicht etwa einander in Konkurrenzneid feindlich gegenübertreten, sondern einander in jeder Beziehung fördern und sich friedlich in die Arbeit teilen werden." Einen knappen inhaltlichen Vergleich der beiden Ausgaben bietet Jellicoe, Septuagint (1968), 24–25.
209 Vgl. Kommission, Bericht (1909), 134–136 (wieder abgedruckt bei Neuschäfer/Schäfer, Dokumentation [2013], 391–392), sowie Walters (Katz), Text of the Septuagint (1973), 3.
210 Die Entwicklung dieses Verfahrens war begleitet von einer lebhaften Diskussion innerhalb der engeren Septuaginta-Kommission, die auch im Protokollbuch (Archiv des Septuaginta-Unternehmens der Akademie der Wissenschaften zu Göttingen) ihren Niederschlag gefunden hat. Vgl. zur Frage des Kollationsverfahrens auch die 1909 erschienenen Ausführungen von Stählin, Editionstechnik (1909), § 6, bes. Abs. 6.
211 Vgl. zum Fortgang der Kollationsarbeiten u.a. Kommission, Bericht (1911), 19, sowie Dies., Bericht (1912), 23–24 (dort heißt es: „Die Arbeit konzentrierte sich im Berichtsjahre [*1912*] vor

„Da die Menge der zu kollationierenden Handschriften die Unterbringung der Varianten auf den Rändern eines gedruckten Septuagintatextes oder in einem durchschossenen Exemplar unmöglich machte, sind handschriftlich besondere Kollationsexemplare nach folgendem Verfahren hergestellt: 1) Die Worte des Textes werden in eine schmale Kolumne auf der linken Seite eines liniierten Groß-Quart-Heftes so untereinander geschrieben, daß jedes Wort eine Zeile für sich einnimmt. Der Rest der linken Seite und die ganze rechte Seite bleiben für die Varianten frei; wo mehr Varianten zu erwarten sind, wird noch eine zweite Zeile oder mehrere Zeilen freigelassen. Die Linien sind numeriert; wo eine Variante sich auf mehrere Wörter bezieht, brauchen also nicht die Wörter selbst, sondern nur die Nummern der Linien notiert zu werden. Hierdurch vereinfacht sich die Notierung nicht nur außerordentlich, sondern sie wird auch viel sicherer und unzweideutiger. 2) Zugrunde gelegt wird ein auf Grund des bisher bekannten Variantenmaterials konstruierter künstlicher Vulgär-text, in welchen prinzipiell immer die am weitesten verbreiteten Lesarten aufgenommen werden ohne Rücksicht darauf, ob sie für ursprünglich oder sekundär zu halten sind. Hier-durch vereinfacht sich naturgemäß wiederum die Kollationsarbeit außerordentlich. Auch bietet dies Verfahren den Vorteil, daß die Zeugen für die selteneren Lesarten ausdrücklich genannt werden müssen."[212]

Außer der Beschaffung und Sammlung von Fotografien biblischer Handschriften, die lediglich zu Kollationszwecken gebraucht wurden, mühten sich Rahlfs und seine Mitarbeiter auch um solche meist fragmentarisch überlieferte Hand-schriften, deren Erschließung ganz dem Zweck der seit 1909 erschienenen

---

allem auf die Kollation der griechischen Handschriften. Wird besitzen jetzt Photographien aus ungefähr 70 Handschriften, die einzelne oder mehrere Bücher des Alten Testaments enthalten, und haben viele derselben bereits kollationiert. Zum ersten Makkabäerbuche und zu Jesus Si-rach, deren Kollation schon im Vorjahre begonnen war, sind jetzt im ganzen etwa je 25 Hand-schriften verglichen, zum zweiten und dritten Makkabäerbuche, zur Weisheit Salomos und den Büchern Esther, Judith und Tobit, deren Kollation im Berichtsjahre begonnen wurde, durch-schnittlich je 20 Handschriften. Auch wurden die Kollationsexemplare für diese Bücher teilwei-se erst im Laufe des Berichtsjahres hergestellt und Vorarbeiten für weitere Kollationsexemplare gemacht"). Über den vorläufigen Abschluss dieser Kollationen berichten KOMMISSION, Bericht (1913[I]), 23, und DIES., Bericht (1915), 16.

212 KOMMISSION, Bericht (1913[II]), 6–7 (= NEUSCHÄFER/SCHÄFER, Dokumentation [2013], 392). Ein diesem endgültigen Schema vorangehender, im Februar 1910 fertiggestellter Versuch eines Kollationsheftes für Mac. I bot den Bibeltext (bei dem Rahlfs zunächst den Versuch unternom-men hatte, den ursprünglichen Text vorläufig wiederherzustellen, dann aber nach kurzer Zeit diejenige Lesart zugrunde legte, welche nach seinem Kenntnisstand der Überlieferung am wei-testen verbreitet schien) noch in einer mittleren Kolumne am rechten Rand der linken Doppel-blatthälfte. Neben diesen wurden auf der rechten Seite des Doppelblattes die Varianten „von Swete und HoP, jedoch aus HoP nur die Varianten der griechischen Bibelhandschriften [*einge-tragen*]. Varianten, die mir [sc. *Rahlfs*] gar zu fragwürdig schienen, habe ich ausgeschieden. In den schmäleren Kol. links vom Texte stehen Itazismen" (so Rahlfs 1910 in den Vorbemerkungen zum Mac. I-Kollationsheft, das heute im Göttinger Septuaginta-Unternehmen aufbewahrt wird).

Mitteilungen des Septuaginta-Unternehmens entsprach, „bisher unbekannte Texte bekannt zu machen".[213]

In der 1911 erschienenen Abhandlung *Fragmente einer griechischen Übersetzung des samaritanischen Pentateuchs*[214] lieferten Paul Glaue und Rahlfs die kodikologische und paläographische Beschreibung, Edition und ausführliche Kommentierung von zwölf in der Gießener Universitäts-Bibliothek befindlichen Fragmenten einer Handschrift des 5./6. Jh.s, die einzelne Stücke von Deut. 24–29 in der selbstständig neben der Septuaginta-Übersetzung stehenden,[215] von dieser aber durchaus beeinflussten[216] griechischen Übersetzung des *samaritanischen* Pentateuchs enthielten.[217] Da die Gießener Fragmente ebenso wie das sog. Σαμαρειτικόν[218] allem Anschein nach eine vollständige griechische Übersetzung des samaritanischen Pentateuchs zur Grundlage hatten, identifizierten Rahlfs und Glaue sie miteinander.[219] Emanuel Tov, der 1971 die Gie-

---

213 KOMMISSION, Bericht (1913¹), 8.

214 GLAUE/RAHLFS, Fragmente (1911). In einem Nachtrag gibt Rahlfs nach demselben Schema wie in der Hauptabhandlung ein in Genf liegendes Pergamentfragment mit drei Versen aus Gen. 37 heraus und identifiziert dessen Text (a.a.O., 265) ebenfalls mit der griechischen Übersetzung des samaritanischen Pentateuchs.

215 Vgl. GLAUE/RAHLFS, Fragmente (1911), 179.191–192.196.

216 Vgl. GLAUE/RAHLFS, Fragmente (1911), 192–193.196.

217 Unter dem *samaritanischen Pentateuch* versteht man den „in einer besonderen Form der althebräischen Schrift" verfassten Pentateuch-Text der sog. Samaritaner, die, im Gegensatz zu den Juden, nicht die Propheten (Nebiim) und Schriften (Ketubim) anerkannten und statt des Tempels in Jerusalem „den Garizim als die heilige Stätte betrachteten, die Jahwe erwählt hat" (beide Zitate: FISCHER, Text [2009], 96). Der Text des samaritanischen Pentateuchs weicht an ca. 6.000 Stellen vom masoretischen Text ab, wobei er ca. ein Drittel von diesen Abweichungen mit der Septuaginta teilt. Neben Orthographica, die die Hauptmasse der Abweichungen vom masoretischen Text bilden, ist die Textgestalt des samaritanischen Pentateuchs gekennzeichnet durch Harmonisierungen (z.B. durch Wiederholung verschiedener Parallelstellen innerhalb der Tora i.S. einer Stärkung ihrer inneren Konsistenz), Vereinfachungen resp. Modernisierungen (z.B. altertümlicher Schreibweisen oder komplizierter Satzkonstruktionen) sowie inhaltliche Änderungen, zu denen „eine relativ dünne Schicht dogmatischer Änderungen [*gehört*], die im kultischen Interesse der Samaritaner vorgenommen wurden. Sie zeigen einen typisch samaritanischen Standpunkt und setzen damit eine bereits zunehmende Entfernung von der Jerusalemer Kultgemeinde voraus" (FISCHER, Text [2009], 100; vgl. zum Voranstehenden insgesamt a.a.O., 99–101; außerdem Tov, Textual Criticism [³2012], bes. 74–93).

218 Unter dem nur äußerst fragmentarisch vorliegenden sog. Σαμαρειτικόν versteht man die recht genaue Übersetzung des samaritanischen Pentateuchs ins Griechische. Bekannt sind die Lesarten dieser Alternativübersetzung zur Septuaginta (ähnlich der Übersetzungen des Aquila, Symmachus und Theodotion) aufgrund ihrer Überlieferung in Form von Randscholien in der Hexapla des Origenes (vgl. FERNÁNDEZ MARCOS, Septuagint in Context [2000], 167–169; DINES, Septuagint [2004], 91). JOOSTEN, Samareitikon (2014), hält diese These jedoch für „imaginative but difficult to sustain" (a.a.O., 358) und skizziert die für eine Neucharakterisierung notwendig zu leistende Forschungsarbeit.

219 Vgl. GLAUE/RAHLFS, Fragmente (1911), 196–200.

ßener Fragmente mit einer fragmentarischen Inschrift aus Thessaloniki neu verglichen hatte, bestritt diese Identifikation und stufte den Text der Gießener Fragmente als Zeugen für eine eigene samaritanische Revision/Rezension des Septuaginta-Textes ein.[220] Wevers schloss sich dieser Meinung in der ‚Göttinger' Deut.-Ausgabe an und erachtete die Gießener Fragmente als Primärzeugen für den Septuaginta-Text.[221]

Im Jahre 1913 erschien eine von Rahlfs und Wilhelm Gerhäußer erarbeitete Ausgabe dreier auf Pergament in Unziale geschriebener *Münchener Septuaginta-Fragmente*[222] aus dem 4., 5. und 7. Jh., zu der Rahlfs die Bemerkungen über den Textcharakter der einzelnen Fragmente beigetragen und das von Gerhäußer 1912 eingereichte Manuskript vollständig revidiert hatte.[223] Den Anlass auch für diese paläographisch und kodikologisch äußerst detaillierte Herausgabe bildete nicht nur das hohe Alter der Fragmente, sondern insbesondere die Erwartung, dass „sich zudem vielleicht anderswo zugehörige Stücke finden mögen", deren Zuordnung so erleichtert werden würde.[224] Für Rahlfs' Bild von der Septuaginta-Textgeschichte am aufschlussreichsten sind die Ausführungen zum dritten Fragment, das knapp fünf Verse des Deboraliedes in Iud. 5$_{8b-12a}$ bietet. Um diesen Text transmissionsgeschichtlich einordnen zu können, verglich Rahlfs ihn mit der übrigen ihm zugänglichen Septuaginta-Überlieferung,[225] den Zitaten bei Theodoret von Kyrrhos sowie der Syrohexapla.[226] Dabei stellte er fest, dass der Text des Fragments nicht mehr die *ursprüngliche* Form des A-Texttyps bezeuge, sondern eine jüngere, vom B-Typ beeinflusste Form.[227] Die aus diesem Befund resultierende Schlussfolgerung für die Textgeschichte der Septuaginta bestätigte die bereits in Rahlfs' Septuaginta-Studien von 1907 und 1911 gewonnene

---

220 Vgl. Tov, Pap. Giessen (1971/1999), bes. 427–474.

221 Diese sind in der Edition mit der Sigel „Gie" bezeichnet und tragen in RAHLFS, Hss.-Vz. (2004), 131–133, die Sigel 884.

222 GERHÄUSSER/RAHLFS, Fragmente (1913). Die drei, unter den Signaturen Cod. gr. 610 Nr. 1–3 in der Bayerischen Staatsbibliothek aufbewahrten Fragmente tragen heute die Rahlfs-Sigeln 935, 936 und 937 (vgl. RAHLFS, Hss.-Vz. [2004], 249–251).

223 Vgl. KOMMISSION, Bericht (1912), 24, sowie Rahlfs' entsprechenden Vermerk in seinem Notizbuch (Archiv des Septuaginta-Unternehmens der Akademie der Wissenschaften zu Göttingen) und den folgenden Eintrag im Protokollbuch der engeren Septuaginta-Kommission: „Herr Rahlfs hat das Ganze [sc. *Manuskript*] überarbeitet und Untersuchungen über das Verhältnis des Münchner Textes zu den sonst bekannten Textformen beigefügt. In Rücksicht hierauf beschliesst die Kommission, dass Herr R. auf dem Titel als Mit-Verfasser genannt werden soll" (Archiv des Septuaginta-Unternehmens der Akademie der Wissenschaften zu Göttingen, Protokollbuch der engeren Septuaginta-Kommission [Eintrag vom 8. Februar 1913], 90).

224 GERHÄUSSER/RAHLFS, Fragmente (1913), 72.

225 Vgl. die Aufstellung der Zeugen in GERHÄUSSER/RAHLFS, Fragmente (1913), 81.

226 In Iud. begegnen zwei Haupttexttypen, von denen bisher keiner als der ursprüngliche identifiziert werden konnte. Dabei handelt es sich auf der einen Seite um den sog. A-Texttyp, d.i. die auf dem Text des Codex Alexandrinus basierende Textform (ohne dessen Fehler und orthographische Eigentümlichkeiten), auf der anderen Seite um den sog. B-Texttyp, also (ebenfalls im Großen und Ganzen) den Text des Codex Vaticanus. Für beide Texttypen lässt sich innerhalb der handschriftlichen Überlieferung eine eigene textgeschichtliche Entwicklung nachweisen.

227 Jünger sei die Form wegen eines – wohl durch Hs. B vermittelten – hexaplarischen Zusatzes in Iud. 5$_8$, der im Alexandrinus selbst fehle (so GERHÄUSSER/RAHLFS, Fragmente [1913], 83).

Erkenntnis, dass – obgleich das Fragment aufgrund seiner Schrift und seines Ankaufortes in Ägypten zu lokalisieren sei – „wir die bekannte Verteilung der Septuaginta-Rezensionen auf die Kirchenprovinzen, welche Hieronymus für die Zeit um 400 bezeugt, nicht ohne weiteres auf die spätere Zeit übertragen dürfen".[228] Denn dann hätte das Fragment ein Zeuge der hesychianischen Rezension sein müssen, wofür jedoch seine Textgestalt keinerlei Anhaltspunkte lieferte. Schon zu diesem Zeitpunkt wurde Rahlfs somit immer bewusster, dass jede Handschrift einer unvoreingenommenen und von der Feststellung ihrer Provenienz unabhängigen Untersuchung ihres Textwertes bedurfte. In der RUTH-STUDIE (1922) sollte ihm in dieser Hinsicht schließlich der endgültige Durchbruch gelingen.[229]

Im Jahre 1916 veröffentlichte Rahlfs gemeinsam mit Leonhard Lütkemann[230] eine kritische Edition sämtlicher von der Sinai-Hs. 710[231] überlieferter *hexaplarischer Randnoten zu Isaias 1–16*[232], um so „unsere Kenntnis der Übersetzungen des Alten Testamentes von Aquila, Symmachus und Theodotion in höchst erwünschter Weise" zu ergänzen.[233] Diese Ergänzung erschien ihm deshalb so „wünschenswert", weil das nirgendwo umfassend edierte hexaplarische Material für die Identifizierung der hexaplarischen Rezension in den Septuaginta-Handschriften unerlässlich war (und ist). Diese Randnoten ‚kritisch' zu edieren bedeutete dabei, deren Text nicht rein diplomatisch in genau der Form abzudrucken, welche die Handschrift bot, sondern u.a. die Lese- und Schreibfehler, Grammatica, Orthographica und falsch gesetzten Indices[234] zu korrigieren, wobei der von der Handschrift tatsächlich bezeugte Text allerdings in den Anmerkungen notiert wurde.[235] Fehler innerhalb der Überlieferung selbst (z.B. dort, wo bei den Autorennamen statt ‚Symmachus' das ähnliche Zeichen für die ‚Quinta' gesetzt war) wurden beibehalten, Kommentare und Korrekturvorschläge der Herausgeber ebenfalls in den fast sechshundert Anmerkungen dargelegt.[236] Um die über Frederick Fields Sammlung des hexaplarischen Materials[237] hinausgehenden Neuentdeckungen hervorzuheben, wurden diese unterstrichen, so dass bereits auf den ersten Blick die große Menge der bis dahin unbekannten Lesarten ersichtlich war.[238] Darüber hinaus führte Rahlfs deutlich vor Augen, dass die überlieferten Fragmente der jüngeren griechischen Übersetzer nicht nur in Hs. 710 verbesserungswürdig sind, sondern grundsätzlich einer kritischen Prüfung bedürfen, die in Fields Ausgabe (besonders bezüglich der Zuordnung von Autorennamen zu den jeweiligen Lesarten) unterblieben war.[239] Durch ein hebräisch-grie-

---

228 GERHÄUSSER/RAHLFS, Fragmente (1913), 87.

229 Vgl. dazu unten, ab S. 177.

230 In seinem Notizbuch vermerkt Rahlfs dazu: „[...] im April 1916 fertig geworden; der jetzige Text stammt ganz von mir [...]" (Archiv des Septuaginta-Unternehmens der Akademie der Wissenschaften zu Göttingen). Vgl. auch KOMMISSION, Bericht (1914), 20, und DIES., Bericht (1915), 16.

231 Vgl. RAHLFS, Hss.-Vz. (1914), 285.

232 LÜTKEMANN/RAHLFS, Hexaplarische Randnoten (1915).

233 KOMMISSION, Bericht (1914), 20.

234 Vgl. hierzu besonders LÜTKEMANN/RAHLFS, Hexaplarische Randnoten (1915), 234–235.

235 Vgl. LÜTKEMANN/RAHLFS, Hexaplarische Randnoten (1915), 234–236.238–240.

236 Vgl. LÜTKEMANN/RAHLFS, Hexaplarische Randnoten (1915), 236.

237 Vgl. oben, S. 130, Anm. 53.

238 Vgl. LÜTKEMANN/RAHLFS, Hexaplarische Randnoten (1915), 236–237.

239 Vgl. LÜTKEMANN/RAHLFS, Hexaplarische Randnoten (1915), 240–245.

chisches und griechisch-hebräisches Wörterverzeichnis inklusive „der Partikeln, Präpositionen und anderer Wörtchen, die in den Konkordanzen in der Regel [...] ganz ausgelassen werden",[240] ermöglichten Rahlfs und Lütkemann eine bequeme Verwendung der Ausgabe und schufen damit zugleich ein Muster resp. einen Anforderungskatalog für künftige Autoren/Revisoren einer Konkordanz der jüngeren griechischen Übersetzer.[241]

Die Aufbereitung handschriftlichen Materials im Sinne der *Mitteilungen des Septuaginta-Unternehmens* fand ihren Abschluss in den *Kleine[n] Mitteilungen aus dem Septuaginta-Unternehmen*.[242] Rahlfs legte hierin die Edition zweier im Februar 1914 von Martin Flashar[243] in der Jerusalemer Patriarchal-Bibliothek kollationierter und transkribierter Palimpsest-Fragmente der Bücher Jesus Sirach (Ra 929) und Hiob (Ra 406) vor,[244] deren Text er anschließend charakterisierte und in die ihm bekannte Septuaginta-Überlieferung einordnete. Dabei konnte er feststellen, dass der aus dem 5./6. Jh. stammende Sirach-Text auffällig mit der aus dem 10./11. Jh. stammenden Hs. 260 übereinstimmte, der ins 8. Jh. datierende Hiob-Text meistens mit dem Text des Codex Alexandrinus zusammenging, von diesem allerdings nicht direkt abhing, da er „eine Reihe von Fehlern A's nicht teilt und auch an manchen anderen Stellen von A abweicht".[245]

Im zweiten Teil[246] der *kleinen Mitteilungen* ging Rahlfs schließlich der durch die Überlieferung der Hexapla aufgeworfenen und von Field noch nicht abschließend beantworteten Frage „Quis sit ὁ Σύρος" nach: Gemeint ist damit, welche Quelle sich hinter jenen (zumeist) Randlesarten verbirgt, denen in den Handschriften „ὁ συρ'" als Verfasserangabe voransteht. Hierbei galt es zu ermitteln, ob ,der Syrer' etwa „nichts anderes sei als die alte syrische Übersetzung des A. T., die Peschita",[247] oder ob mit dieser Bezeichnung – wie Field in grundsätzlicher Übereinstimmung mit Bernard de Montfaucon,[248] aber entgegen der Meinung anderer Forscher aufgrund der zahlreichen Abweichungen ,des Syrers' von eben jener Peschitta behauptet hatte, – „eine von einem Syrer verfaßte griechische Übersetzung" gemeint sei.[249] Anhand der Erklärung Theodorets von Kyrrhos zu Iud. 12₆ („wo Jephthas Leute die Ephraimiten das Wort ,Schobboleth' spre-

---

240 LÜTKEMANN/RAHLFS, Hexaplarische Randnoten (1915), 340.

241 So u.a. ZIEGLER, Aquila-Index (1958/1971), 274: „Nur Lütkemann-Rahlfs haben [*im Gegensatz zu Hatch-Redpath; CS*] für die Isaias-Hs. 710 ein mustergültiges ,Hebräisch-griechisches und griechisch-hebräisches Wörterverzeichnis' geliefert; es kann vielfach als Vorbild dienen." Schon 1939 hatte Ziegler die textkritischen Notizen in LÜTKEMANN/RAHLFS, Hexaplarische Randnoten (1915), als „besonders lehrreich" gelobt (ZIEGLER, Textkritische Notizen [1939/1971], 76).

242 RAHLFS, Kleine Mitteilungen (1915).

243 Vgl. zu Flashar (1885–1914): ALBRECHT, Flashar (2012).

244 Über die Umstände des Zustandekommens dieser Entzifferung Flashars berichtet RAHLFS, Kleine Mitteilungen (1915), 404–406. Vgl. dazu auch KOMMISSION, Bericht (1913ᶦ), 23–24. Der Reisebericht Flashars ist transkribiert bei ALBRECHT, Handschriftenakquisitionen (2013), 340–352 (zusätzliche Informationen bietet: Archiv der Akademie der Wissenschaften zu Göttingen, Scient 304,1, Nr. 128.130–131).

245 RAHLFS, Kleine Mitteilungen (1915), 420.

246 Teil III sind Berichtigungen und Nachträge zu den MSU-Bänden 1,1 bis 1,6.

247 RAHLFS, Kleine Mitteilungen (1915), 421.

248 Vgl. MONTFAUCON, Hexapla 1 (1713), 20–21.

249 RAHLFS, Kleine Mitteilungen (1915), 422.

chen lassen, diese aber statt dessen ‚Sibboleth' sagen")[250] konnte Rahlfs nun den Beweis für die Field'sche These liefern, dass es sich bei ‚dem Syrer' um eine direkte griechische Übersetzung des hebräischen Alten Testaments unter Berücksichtigung der Peschitta handelte, die von einem der Herkunft nach syrischstämmigen Gelehrten angefertigt worden war: denn laut Theodoret ersetzte dieser den im Griechischen nicht imitierbaren Dialektunterschied bei Aussprache der hebräischen Wörter שבלת und סבלת durch einen auch im Griechischen verständlichen syrischen Dialektunterschied, bei welchem zwei mögliche Aussprachen des syrischen Wortes für שבלת durch die Wörter σεμβλά und σενβελώ ausgedrückt werden.[251]

3.3 Untersuchungen zu den Kirchenschriftstellerzitaten und Tochter-übersetzungen

Die bereits von Lagarde hervorgehobene[252] Bedeutung der Tochterübersetzungen und der Septuaginta-Zitate bei den griechischen Kirchenschriftstellern für die Identifizierung von überlieferungsgeschichtlich lokalisierbaren Texttypen der Septuaginta hatte Rahlfs in den SEPT.-STUD. 1 (1904) und 2 (1907) detailliert nachgewiesen. Somit bildete ihre systematische Auswertung folgerichtig auch einen wichtigen Teil der Vorarbeiten des Septuaginta-Unternehmens.

Da die Auswertung der Kirchenschriftstellerzitate gegenüber der Aufbereitung der griechischen Primärzeugen nachrangig zu behandeln war und auch die

---

250 RAHLFS, Kleine Mitteilungen (1915), 424.

251 Vgl. die ausführliche Argumentation bei RAHLFS, Kleine Mitteilungen (1915), 424–426. Auf eine besondere Art der „Rezeption" von Rahlfs' ‚Kleiner Mitteilung' über ὁ Σύρος weist Bas ter Haar Romeny hin: „An English translation of Rahlfs's article was published under the name of J. Bloch, 'Ο ΣΥΡΟΣ and the Peschitta' [= BLOCH, Ο ΣΥΡΟΣ (1927); CS]. Bloch only added two sentences as an introduction, some references to literature and a concluding paragraph, in which he stressed the Semitic origin of ὁ Σύρος" (ROMENY, Revisited [1998], 365, Anm. 31). Der Vergleich von Rahlfs' Aufsatz mit diesem, von Joshua Bloch für eine Festschrift verfassten Beitrag zeigt indes eindeutig, dass es sich nicht nur um „an English translation" handelt, sondern um ein Plagiat. Bloch erwähnt Rahlfs' Aufsatz mit keiner Silbe, verweist lediglich sehr beiläufig am Rande einer Anmerkung auf dessen Existenz: „Cf. also A. Rahlfs, in *Nachr. d. k. Ges. d. Wiss. zu Göttingen*, Philol.-hist. Kl., 1915, p. 423ff., who points out the bearing of the passage in question to the problem presently discussed" (BLOCH, Ο ΣΥΡΟΣ [1927], 70, Anm. 24). Gerade diese Anmerkung überführt Bloch als dreisten Plagiator. Und auch andere deutschsprachige Schriften wurden von ihm plagiiert: So konnte Reinhart Ceulemans nachweisen, dass Blochs Aufsatz „A Critical Examination of the Text of the Syriac Version of the Song of Songs" (in: AJSL 38 [1921/22], 103–139) ein Plagiat der von J. M. Salkind verfassten Dissertation über „Die Peschitta zu Schir-Haschirim textkritisch und in ihrem Verhältnisse zu MT. und LXX untersucht" (Diss. Bern, Leiden 1905) ist (so CEULEMANS, Critical Edition [2009], 324, Anm. 321, und 368, Anm. 931).

252 Vgl. LAGARDE, Ankündigung (1882), 26, außerdem oben, S. 129.

personellen Kapazitäten des Unternehmens ihre Grenzen hatten,[253] beschränkte man sich hier zunächst auf die *Sammlung* von Zitaten bei den antiochenischen Kirchenschriftstellern Diodor von Tarsus (4. Jh.), Theodor von Mopsuestia (ca. 350–428), Johannes Chrysostomus (ca. 349–407) und vor allem Theodoret von Kyrrhos (ca. 393–466).[254] Rahlfs selbst trat auf diesem Gebiet mit keiner eigenen Veröffentlichung hervor, wohl aber seine Mitarbeiter Ernst Hautsch und Emil Große-Brauckmann.[255]

Um einen festen Punkt für den Vergleich der altlateinischen, koptischen, äthiopischen, armenischen, georgischen, gotischen, slawischen, arabischen und syrischen Tochterübersetzungen der Septuaginta mit den Texten der griechischen Handschriften gewinnen zu können, bestand ein Ziel des Septuaginta-Unternehmens darin, zunächst von jeder der Tochterübersetzungen kritische Editionen, d.h. Editionen von deren Archetypus, herauszugeben. Spezielle Einzelstudien zu Tochterübersetzungen legte Rahlfs – außer in den SEPT.-STUD. 2 (1907) und dann in seinen ab 1922 erschienenen Ausgaben, in denen er die Übersetzungen textkritisch auswertete – insbesondere in drei zwischen 1916 und 1918 veröffentlichten Untersuchungen aus dem Bereich der äthiopischen Bibelübersetzung vor,[256] die anlässlich der Inventarisierung des äthiopischen Handschriftenmaterials entstanden waren:[257] 1916 *Zu den altabessinischen Königsinschriften*,[258] 1917 über *Nissel und Petraeus, ihre äthiopischen Textausgaben und Typen*[259] und schließlich,

---

253 Diese Umstände führten schließlich sogar dazu, dass aufgrund des umfangreichen Materials bei den Kirchenschriftstellern die systematische Sammlung der Zitate „nach mehreren nicht recht befriedigenden Versuchen vorläufig eingestellt" werden musste (KOMMISSION, Bericht [1911], 19). Vgl. auch DIES., Bericht (1913[II]), 7, sowie das Diels-Zitat oben, S. 97 mit Anm. 420.

254 Vgl. für einen ersten Einblick in Leben und Werk dieser Kirchenschriftsteller die folgenden Artikel in DÖPP/GEERLINGS, Lexikon der antiken christlichen Literatur (³2002): FUHRER, Art. „Diodor von Tarsus", 199–200; BRUNS, Art. „Theodor von Mopsuestia", 678–680; DÜNZL/KACZYNSKI, Art. „Johannes Chrysostomus", 378–385; BRUNS, Art. „Theodoret von Cyrus", 683–685.

255 Im Jahre 1909 erschien eine von Ernst Hautsch verfasste Abhandlung über den *Lukiantext des Oktateuch* (HAUTSCH, Lukiantext [1909]; vgl. dazu KOMMISSION, Bericht [1909], 136, und DIES., Bericht [1910], 23, außerdem unten, ab S. 194). 1911 legte dann Emil Große-Brauckmann eine Analyse des *Psaltertextes bei Theodoret* vor (GROSSE-BRAUCKMANN, Psaltertext [1911]; vgl. dazu insbesondere unten, ab S. 245). Beide Arbeiten führten zu einer genaueren Identifizierung der lukianischen Rezension innerhalb der handschriftlichen Überlieferung.

256 Bereits 1908 war ein kurzer Aufsatz erschienen, in dem Rahlfs der Frage nach dem Fehlen der Makkabäerbücher in der äthiopischen Bibel (der Abessinier) nachgegangen war (= RAHLFS, Fehlen der Makkabäerbücher [1908]).

257 Vgl. KOMMISSION, Bericht (1916), 16, außerdem RAHLFS, Nissel und Petraeus (1917), 268.

258 RAHLFS, Königsinschriften (1916). Obgleich ins Jahr 1916 datiert, ist diese Abhandlung erst 1917 erschienen.

259 RAHLFS, Nissel und Petraeus (1917).

1918, *Über einige alttestamentliche Handschriften des Abessinierklosters S. Stefano zu Rom.*[260]

Über den Inhalt der ersten beiden Abhandlungen referiert Rahlfs selber im *Zehnten Bericht über das Septuaginta-Unternehmen*: „Nissel und Petraeus haben in den Jahren 1660 und 1661, nachdem bis dahin von der äthiopischen Bibel nur der Psalter mit den ‚Oden', zu denen bei den Abessiniern auch das Hohelied zählt, und das Neue Testament gedruckt waren, zum erstenmal andere Stücke des äthiopischen Alten Testaments herausgegeben, nämlich Gen. 1–4, das Buch Ruth und die Bücher der kleinen Propheten Ioel, Ionas, Sophonias und Malachias. Diese Ausgaben sind [*ebenso wie die der Jahre 1654 und 1656; CS*][261] in dem angeführten Aufsatze genau beschrieben, und es sind die Handschriften nachgewiesen, aus welchen die Texte entnommen sind.[262] Dabei ist zugleich das Leben jener beiden Gelehrten genauer, als es bisher bekannt war, beschrieben[263] und die Geschichte der von ihnen benutzten äthiopischen Typen,[264] welche ursprünglich für den großen Leidener Orientalisten Thomas Erpenius[265] geschnitten waren[266] und schließlich nach mancherlei Schicksalen in die Universitäts-Buchdruckerei [*in Oxford; CS*] gekommen sind, eingehend dargelegt. [...]

Die zweite Nebenarbeit [...] trägt den Titel ‚Zu den altabessinischen Königsinschriften' und handelt in erster Linie über die Inschriften des Königs ‘Ēzānā, der um die Mitte des IV. Jahrh. das Christentum in Abessinien zur Staatsreligion erhoben hat. Diese Inschriften waren zum Teil schon früher bekannt, aber nur mangelhaft. Erst Enno Littmann hat als Leiter der deutschen Aksum-Expedition (1906) genaue Kopien von ihnen aufgenommen und sie 1913 in dem großen Werke über diese Expedition mustergültig herausgegeben.[267] Sie sind vor allem dadurch interes-

---

260 Rahlfs, Äthiopische Handschriften (1918).

261 Vgl. Rahlfs, Nissel und Petraeus (1917), 270–284.

262 In diesem Zusammenhang verwies Rahlfs mehrfach auf seinen 1918 erschienenen Aufsatz *Über einige alttestamentliche Handschriften des Abessinierklosters S. Stefano zu Rom*, in dem er u.a. zeigte, auf welchen Handschriften jenes Kosters bestimmte – von ihren Herausgebern indes als solche *nicht* gekennzeichnete – Teile der Nissel-Petraeus'schen Ausgaben basieren (vgl. Rahlfs, Nissel und Petraeus [1917], 277.279.283.293).

263 In Rahlfs, Nissel und Petraeus (1917), 285–323, rekonstruierte Rahlfs zunächst die Lebensläufe des Johann Georg Nissel (geb. zwischen 1621 und 1624, gest. 1662) und – aufgrund „allerlei ganz neue[n] oder unbenutze[n] Material[s]" (a.a.O., 291) – des Theodor Petraeus (geb. zwischen 1624 und 1630, gest. 1672), und schloss hieran eine Würdigung ihrer wissenschaftlichen Arbeiten an (a.a.O., 318–323). Die Rahlfs'schen Erörterungen sind rezipiert in den beiden Artikeln über Nissel und Petraeus in der *Encyclopaedia Aethiopica* (Uhlig, Nissel [2007], und Hegenbarth, Petraeus [2010]).

264 Vgl. Rahlfs, Nissel und Petraeus (1917), 323–347. Da die Darstellung der äthiopischen Typographie bis dato nur mangelhaft analysiert war, ging Rahlfs auch hierauf ein.

265 Thomas Erpenius (1584–1624), Schüler Josef Scaligers, seit 1613 Professor der orientalischen Sprachen in Leiden. Vgl. Gosche/Socin, Erpenius (1898).

266 Vgl. Rahlfs, Nissel und Petraeus (1917), 329–331.

267 Gemeint ist der letzte jener vier von der *Generalverwaltung der Königlichen Museen zu Berlin* 1913 herausgegebenen Bände über die *Deutsche Aksum-Expedition*: Littmann, Inschriften (1913).

sant, daß sie teils aus der heidnischen, teils aus der christlichen Zeit jenes Königs stammen, und daß sich hier beobachten läßt, wie derselbe als Christ das aus der heidnischen Zeit überlieferte Formular seiner Inschriften durch meist kleine Änderungen so umgestaltet hat, daß es nunmehr seinen neuen Glauben zum Ausdruck bringt, dabei aber doch an mehreren Stellen noch deutlich seine Herkunft aus dem Heidentum verrät.[268] Für die Septuagintaforschung kommen diese Inschriften aus folgendem Grunde in Betracht. In älterer Zeit nahm man nach dem Berichte Rufins an, daß das Christentum in Abessinien bereits im IV. Jahrh. infolge der Wirksamkeit des Frumentius zur Staatsreligion erhoben worden sei. Dann aber schloß Dillmann (1878 und 1880)[269] aus jenen abessinischen Inschriften, die damals erst mangelhaft bekannt waren, daß sie von einem Könige Tāzēnā aus der Zeit um 500 n. Chr. stammten; und da dieser König laut den Inschriften anfangs noch Heide war und erst später zum Christentum übertrat, so schloß er weiter, daß das Christentum auch noch nicht im IV. Jahrh., sondern erst um 500 n. Chr. offiziell als Staatsreligion eingeführt sein könne. Jetzt aber beweisen, wie Littmann erkannt hat, die richtig gelesenen Inschriften, daß jene ältere Annahme doch richtig ist und Dillmann sich in einem allerdings durch die Mangelhaftigkeit seiner Quellen erklärbaren Irrtume befand. Sie stammen nämlich nicht erst von Tāzēnā, sondern schon von ʿEzānā aus der Mitte des IV. Jahrh., und schon dieser hat das Christentum zur abessinischen Staatsreligion erhoben. Damit wird es aber wahrscheinlich, daß auch die äthiopische Bibelübersetzung um dieselbe Zeit begonnen worden ist, also mindestens in ihren Grundlagen bereits dem IV. Jahrh. n. Chr. angehört.“[270] Diese Ergebnisse sind für die textkritische Beurteilung der äthiopischen Tochterübersetzung deshalb von hoher Relevanz, weil das Äthiopische zeitlich mit den wichtigsten Unzialcodices der Septuaginta zusammenfällt und daher, wie beim Umgang mit den Zitaten der Kirchenschriftsteller, unter Berücksichtigung gewisser ‚Vorsichtsmaßregeln' die Vorlage der Übersetzung mindestens in diese Zeit datiert werden kann.

In den wenigen Akten, die Rahlfs dem Septuaginta-Unternehmen hinterlassen hatte, fand sich ein von ihm selbst nie veröffentlichtes Manuskript[271] über die frühe Sprach- und Schriftentwicklung des Äthiopischen aus dem Südarabischen, die Geschichte der frühen äthiopischen Kirche, die Anlage der Übersetzung des griechischen Alten Testaments ins Äthiopische sowie deren Datierung: „Da die Frage nach der Datierung der äthiopischen Bibelübersetzung nirgendwo in solcher Ausführlichkeit und sorgfältiger Abwägung der Quellennachrichten behandelt worden ist, schien der Aufsatz einer posthumen Veröffentlichung würdig. Obwohl er Fragment

---

268 Vgl. insb. RAHLFS, Königsinschriften (1916), 288–300. Diese Beobachtung hatten grundsätzlich schon Dillmann und Littmann gemacht. „Doch treten, wenn man die Inschriften einmal eigens hierauf untersucht, gewisse Punkte in ein noch helleres Licht. Insonderheit läßt sich [...] nachweisen, daß ʿEzānā, oder wer in seinem Auftrage die christliche Inschrift Nr. 11 verfaßte, mindestens für ihren Schlußteil geradezu die heidnische Inschrift Nr. 10, vermutlich die letzte, die ʿEzānā vorher gesetzt hatte, als Vorlage genommen und christlich überarbeitet hat. Auch kann man aus der christlichen Inschrift einige Schlüsse ziehen auf die Art und Weise, wie die Missionare, oder sagen wir geradezu: wie Frumentius dem Könige das Christentum nahegebracht hat. Ich [sc. *Rahlfs*] nehme daher die Untersuchung noch einmal auf und lege hier eine Art Quellenscheidung vor, die ich auch äußerlich dadurch zur Anschauung bringe, daß ich alle christlichen Zusätze und Umgestaltungen durch Kursivdruck hervorhebe“ (a.a.O., 285–286).

269 Gemeint sind DILLMANN, Anfänge (1878), und DERS., Geschichte (1880).

270 KOMMISSION, Bericht (1917), 35–37.

271 Gemeint ist (posthum veröffentlicht): RAHLFS, Äthiopische Bibel (1965).

geblieben ist – einige Notizen und Vorarbeiten zeigen, daß ein vierter Paragraph das Thema ‚Die Herkunft der äthiopischen Übersetzung des Alten Testaments aus der Septuaginta' zum Inhalt gehabt hätte –, erscheint er in sich abgeschlossen und endet mit einem wichtigen Ergebnis: in der Ansetzung der äthiopischen Bibelübersetzung in die Mitte des IV. Jahrh.s. n.Chr. und in ihrer Zurückführung auf Frumentius. Wann die Arbeit geschrieben wurde, läßt sich nicht genau ermitteln. Vermutlich ist sie im Zusammenhang mit seiner Studie ‚Zu den altabessinischen Königsinschriften' [...] entstanden, sicher nicht später, da dieser Aufsatz und der von H. Duensing ‚Die Abessinier in Jerusalem' [...] die späteste Literatur sind, auf die noch verwiesen wird und diese Verweise im Manuskript wie spätere Eintragungen anmuten [...]."[272] Diese aus der Feder Joachim Jeremias' stammende Feststellung ist so zwar völlig korrekt, ignoriert aber die unübersehbare Ähnlichkeit insbesondere des ersten Paragraphen jenes posthum veröffentlichten Textes mit Teilen der soeben erwähnten Abhandlung *Zu den altabessinischen Königsinschriften*. M.E. ist das Manuskript über die äthiopische Bibelübersetzung nämlich nicht nur „im Zusammenhang" mit dieser anderen Studie entstanden, sondern stellt vielmehr deren ausführlich recherchierte (und als solche natürlich nie veröffentlichte) Vorarbeit dar, was einerseits aus zahlreichen charakteristischen und z.T. wortwörtlichen Übereinstimmungen der beiden Texte,[273] anderseits auch

---

272 JEREMIAS, Vorwort (1965), 9.
273 Besonders deutlich wird dies anhand der folgenden drei Beispiele:
(1a) „Das *Christentum* ist in Abessinien nach der Erzählung Rufins [*Anm. 1:* Hist. eccl. X 9–10 (nach anderer Zählung I 9).] von *Frumentius* eingeführt. Obwohl diese Erzählung in mehreren Einzelheiten [...] als unzuverlässig erscheint, so ist es doch über allen Zweifel erhaben, daß Frumentius wirklich um die Mitte des IV. Jahrh.s Bischof in Aksum gewesen ist. Denn Athanasius teilt in seiner 357 veröffentlichten Apologia ad Constantium imperatorem § 31 (ed. Maur. I 1 [Paris 1698] 315f.) einen Brief mit, welchen der Kaiser Konstantius im Jahre 356 oder 357 ‚Αἰζανα καὶ Σαζανα', den Herrschern von Aksum, geschickt [...] hatte [...]" (RAHLFS, Äthiopische Bibel [1965], 662).
(1b) „Der bekannte Bericht Rufins (*Hist. eccl.* X 9–10, nach anderer Zählung I 9) über die Einführung des Christentums durch Frumentius ist in mehreren Einzelheiten unzuverlässig. Trotzdem läßt sich nicht bezweifeln, daß Frumentius um die Mitte des 4. Jahr. n. Chr. Bischof in Aksum war, da diese Tatsache durch einen von Athansius in seiner *Apologia ad Constantium imperatorem* (§ 31; ed. Maur. I 1 [Paris 1698], S. 315f.) mitgeteilten Brief des Kaisers Konstantius an die aksumitischen Herrscher Aizanas und Sazanas vom Jahre 356 [oder 357] aufs sicherste bezeugt ist" (RAHLFS, Königsinschriften [1916], 282).
(2a) „[...] jetzt aber [*hat*] Littmann [...] festgestellt, daß dieselben [*zwei Inschriften; CS*] [...] so gut wie sicher von 'Ēzānā herstammen, daß also 'Ēzānā, der in seinen ersten Inschriften [...] noch als Heide erscheint, später selbst zum Christentum übergetreten ist [...]. Und hierfür hat Littmann nachträglich noch einen ganz sicheren Beweis gefunden in zwei Goldmünzen 'Ēzānās im K. Münzkabinett zu Berlin, über die er in einem Nachtrag Bd. I, S. 60 berichtet: [*Es folgt das entsprechende Zitat; CS*]" (RAHLFS, Äthiopische Bibel [1965], 663).
(2b) „Weitere Anzeichen dafür, daß schon 'Ēzānā das Christentum angenommen hat, kamen hinzu, und so schrieb Littmann beide Inschriften unbedenklich dem 'Ēzānā zu. Und diese Annahme hat nachträglich noch eine ungeahnte, wahrhaft glänzende Bestätigung gefunden durch zwei Goldmünzen 'Ēzānās, welche Littmann im September 1912 im Kgl. Münzkabinett zu Berlin sah. Er hat beide Münzen abgebildet in einem Nachtrage zum ersten Bande der *Deutschen Aksum-Expedition* S. 60, Abb. 43 und 44. Die eine stellt 'Ēzānā als

deutlich aus den in §§ 2–3 gebotenen Zusammenfassungen der Sekundärliteratur zur Frage nach Abfassungsort und -zeit der äthiopischen Bibelübersetzung hervorgeht.[274] Daher scheint mir der besondere Wert dieses posthum veröffentlichten Textes nicht in seiner sorgfältig recherchierten Darstellungsweise und auch nicht in den aus den *Königsinschriften* bereits bekannten Ergebnissen zu liegen, sondern vielmehr darin, dass aus ihm auf beispielhafte Weise Rahlfs' Art, einen Aufsatz vorzubereiten und auszuarbeiten, ersichtlich wird. Das Dokument zeigt nämlich, wie

---

Heiden, die andere ebendenselben als Christen dar. [*Es folgt das entsprechende Zitat; CS*]“ (RAHLFS, Königsinschriften [1916], 284–285).

(3a) „Da die äthiopische Schrift [...] in der zweisprachigen Inschrift ʿĒzānās [...] noch unvokalisiert ist, dagegen in den übrigen Inschriften desselben Königs [...] schon *Vokalzeichen* hat, ist die Einführung dieser Vokalzeichen mit der Einführung des Christentums ungefähr gleichzeitig und hängt höchst wahrscheinlich mit ihr zusammen. Demnach wird man *Frumentius* für den Erfinder der Vokalbezeichnung halten dürfen, und ihm als griechisch gebildetem Manne lag ja auch eine solche Erfindung besonders nahe. Allerdings ist nicht erst die christliche Inschrift ʿĒzānās [...] vokalisiert, sondern auch schon zwei heidnische [...]; aber dies kann man mit Littm. IV, S. 79 daraus erklären, daß der König die Überlegenheit der vokalisierten Schrift über die unvokalisierte rasch erkannte und sie in der Kanzlei und auf den Inschriften schon vor seinem Übertritt zum Christentum einführte“ (RAHLFS, Äthiopische Bibel [1965], 663–664).

(3b) „Aus diesem Auftreten der Vokalzeichen in den späteren Inschriften ʿĒzānās hat Littmann Bd. IV, S. 79 mit Recht den Schluß gezogen, daß die Vokalbezeichnung ungefähr gleichzeitig mit dem Christentum und im Zusammenhange mit ihm eingeführt, also eine Erfindung der christlichen Missionare, speziell wohl des Frumentius, ist. Allerdings erscheinen die Vokalzeichen nicht erst in der christlichen Inschrift [...], sondern auch schon in den beiden heidnischen Inschriften [...]. Aber dies spricht nicht gegen jene Annahme; man kann es mit Littmann sehr wohl daraus erklären, daß der König die Überlegenheit der vokalisierten Schrift über die unvokalisierte rasch erkannte und sie in der Kanzlei und auf den Inschriften schon vor seinem Übertritt zum Christentum einführte“ (RAHLFS, Königsinschriften [1916], 286–287).

274 Bereits die Überschriften dieser beiden Paragraphen – „Nachrichten über Zeit und Verfasser der äthiopischen Bibelübersetzung“ und „Einwände gegen die Ansetzung der äthiopischen Bibelübersetzung im IV. Jahrh. n.Chr.“ – haben den Charakter von Vorarbeiten, denn Rahlfs nennt dort nicht etwa *eigene* „Nachrichten“ oder „Einwände“, sondern referiert (und diskutiert) fast ausschließlich diejenigen Dritter, was insofern für ihn unüblich ist als er in sämtlichen seiner Publikationen in der Regel direkt mit Quellen arbeitet und diese selbstständig wiedergibt. Der zusammenfassende Charakter wird darüber hinaus besonders an der Art und Weise deutlich, in der Rahlfs – ebenfalls entgegen seiner sonstigen Praxis – z.B. auf S. 674–677 den Standpunkt Johannes Gildemeisters in Form langer Zitate der Reihe nach aus dessen Werk wiedergibt und dabei sogar explizit sagt: „den folgenden Absatz [*aus Gildemeisters Text; CS*] lasse ich fort, da Gildem. in ihm gleichfalls mit der jetzt überwundenen Annahme operiert, daß [...]“ (RAHLFS, Äthiopische Bibel [1965], 674, Anm. 2). Eine solche Information wäre aber, ebenso wie die langen Zitate aus der Sekundärliteratur, in einer gedruckten Abhandlung nicht denkbar, da Rahlfs dort natürlich nur diejenigen Thesen anderer berücksichtigt hätte, die für seine Argumentation in Betracht kommen und auch in keiner einzigen seiner übrigen Publikationen derart hochfrequentiert Zitate anderer anführt.

umfangreich und gewissenhaft Rahlfs seine Vorstudien anlegte, in welchem Ausmaß er in ihnen schon ‚ins Reine' vorformulierte und in welcher Form sie in die spätere Publikation eingingen.

Den Abschluss der Rahlfs'schen *Aethiopica* bildet schließlich seine Abhandlung *Über einige alttestamentliche Handschriften des Abessinierklosters S. Stefano zu Rom*, in welcher er die wechselvolle Geschichte von vier ursprünglich in Jerusalem beheimateten, im 17. Jh. als Vorlagen für eine Druckausgabe des Alten Testaments oder der ganzen Bibel nach Rom überführten äthiopischen Bibelhandschriften nachzeichnete und so die wesentliche Vorarbeit für deren textgeschichtliche Verortung leistete.[275]

---

275 Durch den Ende des 17. Jh.s verfassten Bericht Hiob Ludolfs (1624–1704) war bekannt, dass das Abessinierkloster in Rom über drei äthiopische Handschriften verfügte, die den Oktateuch, die Königsbücher sowie das Buch Jesaja enthielten. „Von diesen [...] hat man den Oktateuch und die Bücher Regum mehr oder weniger sicher wiedergefunden: jenen in der Bibliothek der British and Foreign Bible Society in London, diese in dem seit 1902 der Biblioteca Vaticana einverleibten Museo Borgiano [...]. Der Isaias aber ist noch nicht gefunden, und auch die Fragen, die sich an die beiden anderen Handschriften knüpfen, sind noch nicht sämtlich beantwortet. Daher nehme ich [sc. *Rahlfs*] das Thema noch einmal auf und hoffe, nunmehr über alles völlige Klarheit schaffen zu können. Dabei wird zugleich noch eine weitere Handschrift von S. Stefano wieder ans Licht kommen, die gleichfalls schon im XVII. Jahrh. eine erhebliche Rolle gespielt hat und die Grundlage mehrerer Textausgaben geworden ist" (RAHLFS, Äthiopische Handschriften [1918], 164). Als Standort der Isaias-Handschrift konnte Rahlfs Oxford nachweisen (Bodleian Library, Aeth. 7), und darüber hinaus als vierte ursprünglich in S. Stefano beheimatete Handschrift einen unter der Signatur Aeth. 8 ebenfalls in der Bodleian Library liegenden Codex verifizieren, der Teile des Dodekapropheton enthielt und aus dem bereits Nissel und Petraeus 1660/61 den Text von Ioel, Ion., Soph. und Mal. ediert hatten (RAHLFS, Äthiopische Handschriften [1918], 193–196.201). Daneben identifizierte Rahlfs die Dillmanns Ausgabe des Oktateuch (= DILLMANN, Veteris Testamenti Aethiopici Tomus Primus [1853]) zugrunde liegende Hs. F (d.i. jene von der British and Foreign Bible Society in London aufbewahrte Handschrift) eindeutig als Archetypus der ebenfalls von Dillmann benutzten Hs. H, die 1731/32 in Halle a.S. von einer Abschrift der bereits 1666 durch Hiob Ludolfs Schüler Johann Michael Wansleben (1635–1679) in S. Stefano vorgenommenen Abschrift der Oktateuch-Handschrift abgeschrieben worden war. Dass Wanslebens Vorlage Hs. F war, hatte Dillmann zwar vermutet, aber im Gegensatz zu Rahlfs nicht beweisen können. Indem Hs. H nun als Apographon von Hs. F identifiziert werden konnte, „ergibt sich dann aber als praktische Konsequenz, daß die ja auch an sich ganz sekundäre Hs. H in Zukunft aus dem textkritischen Apparat, in welchem sie noch Boyd (BOYD, Octateuch Ethiopic [1909–1911]) sonderbarerweise beibehalten hat, obwohl er sie für einen direkten Abkömmling F's hält, endgültig zu verschwinden hat. Wo sie von F abweicht, haben wir es bestenfalls mit Korrekturen Ludolfs, in der Regel aber mit Versehen Wanslebens oder der späteren Abschreiber zu tun" (RAHLFS, Äthiopische Handschriften [1918], 181–182). John William Wevers zieht diese von Rahlfs proklamierte Konsequenz in seiner Pentateuch-Edition der „Göttinger Septuaginta" indes nicht, da er Hs. H – seine Quellen waren Dillmann und Boyd – im Apparat deshalb zitiert, um ihre Abhängigkeit von Hs. F zu demonstrieren. Selbstständige Bedeutung hatte Hs. H hingegen auch für Wevers nicht (vgl. WEVERS, Gen. [1974], 43–44; WEVERS [ad. QUAST], Exod. [1991], 33–34; DIES., Leu. [1986], 21; DIES., Num. [1982], 25; DIES., Deut. [²2006], 31; zusammengestellt bei SCHÄFER, Benutzerhandbuch I [2012], 174–176). Der Grund für das von Wevers eingeschlagene Procedere erschließt sich nicht.

Die vielfältigen sog. ‚Vorarbeiten', denen sich Rahlfs in Wahrnehmung seiner Verantwortung als Leiter des Septuaginta-Unternehmens unterzog, bilden – das dürfte die vorangegangene Analyse gezeigt haben – aufgrund ihres wissenschaftlichen Gehalts und ihrer methodischen Exaktheit, aufs Ganze gesehen und aus heutiger Sicht beurteilt, einen Meilenstein in der Geschichte der Erforschung des Septuaginta-Textes.

III. Rahlfs als Editor der Septuaginta (1922–1935)

1. Die ‚Handausgaben‘ der Bücher Ruth (1922) und Genesis (1926)

Die Verwendung des Begriffs ‚Handausgabe‘ innerhalb der *Jahresberichte über das Septuaginta-Unternehmen*, auf den Titelblättern der Rahlfs'schen Werke und in zahlreichen Archivalien bedarf einer genauen Klärung.[276] Drei verschiedene Typen einer ‚Handausgabe‘ lassen sich hier nämlich bestimmen: (1) Die ‚Handausgabe‘ als *editio* der Septuaginta, wie schon Lagarde und, von diesem abhängig, auch Rahlfs sie ins Auge gefasst hatten;[277] (2) die ‚Handausgaben‘ der Bücher Ruth (1922) und Genesis (1926), wie sie Rahlfs im Auftrag der Septuaginta-Kommission für die Stuttgarter Bibelgesellschaft angefertigt hatte; und schließlich (3) die ‚Handausgabe von 1935‘ als vorläufige *editio critica minor* der „Göttinger Septuaginta“.[278]

1.1 Die Entstehungsgeschichte der ‚Handausgaben‘ von 1922 und 1926

Ende des Jahres 1917 wandte sich die Privilegierte Württembergische Bibelanstalt (nachfolgend nur Bibelanstalt) mit dem bereits zu Beginn des 20. Jh.s von Eberhard Nestle angestoßenen Plan an Rahlfs, „eine Handausgabe der alexandrinischen griechischen Übersetzung des Alten Testaments zu billigem Preis" herauszugeben,[279] und zwar im Unterschied zu den bis dahin „einigermaßen brauchbaren Handausgaben" von Tischendorf-Nestle[280] und Swete[281] mit dem Anspruch, darin „den ursprünglichen Text, soweit dies denkbar ist, wieder herzustellen".[282] Die Septuaginta-Kommission, zu deren Sitzung Rahlfs das Schreiben aus Stuttgart mitgebracht hatte, nahm den Vorschlag positiv auf:

---

276 Vgl. den knappen Überblick bei KRATZ, 100 Jahre (2013), 3–4.
277 Vgl. dazu oben, S. 136–143
278 Vgl. dazu unten, ab S. 271.
279 Vgl. dazu den Petitteil am Ende dieses Abschnitts (S. 180–181).
280 TISCHENDORF, Septuaginta (1887). Vgl. zu dieser Edition JELLICOE, Septuagint (1968), 3–5.
281 Vgl. dazu unten, S. 271–272.
282 Alle drei Zitate: Evangelisches Kirchenblatt für Württemberg, Nr. 14, vom 6. April 1918 (= Deutsche Bibelgesellschaft Stuttgart, Briefkonvolut Septuaginta [Korrespondenz 1909–1938], Bl. 83).

„Einer Absicht des H[errn] Rahlfs, diese Herausgabe selber zu übernehmen, steht die Kommission freundlich gegenüber, indem sie darin eine Förderung der eigenen Interessen sieht. Gegebenenfalls wäre sie bereit, die Ueberlassung des bisher gesammelten textkritischen Materiales, deren H[err] Rahlfs zu diesem Zweck bedürfe, bei der Gesellschaft der Wissenschaften zu befürworten. Sie nimmt Kenntnis von einer Erklärung des H[errn] Rahlfs, sie über den Fortgang der Verhandlungen auf dem Laufenden halten zu wollen."[283]

Nachdem Rahlfs den Entwurf eines zwischen ihm und der Bibelanstalt abzuschließenden Verlags-Vertrages erhalten[284] und auf einer Kommissionssitzung Ende April 1918 zur Diskussion gestellt hatte, beschloss man – „in Übereinstimmung mit einer brieflich geäußerten Ansicht des H[errn] Ed[uard] Schwartz" – einstimmig, „für die kritische Handausgabe der LXX, zu deren Bearbeitung die Privil. Württembergische Bibelanstalt Herrn Rahlfs gewonnen hat, die K[önigliche] Gesellschaft der Wissenschaften zu bitten, als Kontrahentin des Verlagsvertrages einzutreten [...]. Es wird dann Sache der Gesellschaft sein, sich ihrerseits mit H[errn] Rahlfs vertraglich zu verständigen, wobei die LXX Kommission von der Voraussetzung ausgeht, dass die von der Bibelanstalt H[errn] Rahlfs in einem bereits vorliegenden Vertragsentwurf zugebilligten Honorarrechte nicht zu seinen Ungunsten verändert werden."[285]

Stuttgart war über diese Entwicklung hocherfreut, wurde die Handausgabe dadurch doch zur „offizielle[n] Ausgabe des Septuaginta-Unternehmens erklärt",[286] und übermittelte Rahlfs einen neuen Vertragsentwurf,[287] der am 11. bzw. 15. Juni 1918 von den Vertretern der Bibelanstalt bzw. der Göttinger Gesellschaft der Wissenschaften unterzeichnet wurde:[288] Hierin verpflichtete sich die Kgl. Gesellschaft der Wissenschaften zu Göttingen „zur Herstellung einer Handausgabe der Septuaginta", für die sie „als Honorar nach Fertigstellung jeder Auflage zehn Prozent des Verkaufspreises" sowie „25 Freiexemplare" erhalten

---

283 Archiv des Septuaginta-Unternehmens der Akademie der Wissenschaften zu Göttingen, Protokollbuch der engeren Septuaginta-Kommission (Eintrag vom 12. November 1917), 124.

284 Vgl. Archiv der Akademie der Wissenschaften zu Göttingen, Scient 304,1, Nr. 156.

285 Beide Zitate: Archiv des Septuaginta-Unternehmens der Akademie der Wissenschaften zu Göttingen, Protokollbuch der engeren Septuaginta-Kommission (Eintrag vom 8. Mai 1918), 125–126.

286 Schreiben der Bibelanstalt an Rahlfs vom 16. Mai 1918 (Archiv der Akademie der Wissenschaften zu Göttingen, Scient 304,1, Nr. 157).

287 Vgl. Archiv der Akademie der Wissenschaften zu Göttingen, Scient 304,1, Nr. 155.

288 Für die Bibelanstalt unterzeichneten Prälat Christian Römer und der stellvertretende Vorsitzende Reinhold Beringer, für die Kgl. Gesellschaft der Wissenschaften die beiden Sekretäre Edward Schröder und Carl Runge.

sollte.[289] Über die Gründe und Motive dieses Vertragsabschlusses informierte abschließend der Bericht des Septuaginta-Unternehmens über das Geschäftsjahr 1918:

„Der hauptsächlichste Endzweck des Septuaginta-Unternehmens ist eine große, auf selbständiger Durchforschung des gesamten handschriftlichen Materials beruhende und wirklich kritische Ausgabe der Septuaginta. Die Vorarbeiten hierfür waren vor dem Kriege so weit gediehen, daß man gerade daran gehen wollte, mit der probeweisen Bearbeitung einiger Apokryphen zu beginnen.[290] Aber infolge des Krieges mußte [...] die Arbeit an dieser großen Ausgabe vorläufig eingestellt werden, und auch jetzt läßt sich noch nicht übersehen, wann sie mit gegründeter Aussicht auf Erfolg wird wiederaufgenommen werden können, da die politische Lage noch so ungeklärt ist, daß wir nicht wissen, mit welchen pekuniären Mitteln wir in Zukunft werden zu rechnen haben, und da auch der Zugang zu dem in den Bibliotheken der verschiedensten Länder zerstreuten handschriftlichen Material kaum schon in nächster Zeit so unbehindert sein wird, wie es für unsere Zwecke erforderlich ist. Unter diesen Umständen dürfen wir es als eine besonders glückliche Fügung betrachten, daß wir jetzt wenigstens in der Lage sind, mit der Bearbeitung einer kleineren Ausgabe zu beginnen, wie sie von den verschiedensten Seiten schon oft und dringend gewünscht ist, und wie sie auch das Septuaginta-Unternehmen von jeher, allerdings eigentlich erst nach der großen Ausgabe und als eine Art Auszug aus ihr, geplant hatte. Diese kleinere Ausgabe wird im Verlage der Privilegierten Württembergischen Bibelanstalt zu Stuttgart, welche auch ihrerseits schon seit längerer Zeit eine Handausgabe der Septuaginta geplant hatte, erscheinen und von ihr zu einem möglichst billigen Preise verkauft werden, so daß ihre Anschaffung allen für die Septuaginta Interessierten möglich sein wird. Der Verlagsvertrag darüber ist zwischen der Gesellschaft der Wissenschaften zu Göttingen und der Privilegierten Württembergischen Bibelanstalt zu Stuttgart im Juni 1918 geschlossen. Über die Anlage dieser Handausgabe läßt sich vorläufig nur mitteilen, daß sie im Unterschiede von der einzigen zur Zeit brauchbaren Handausgabe von Swete, welche bloß ein nur in Kleinigkeiten verbesserter Abdruck des Codex Vaticanus (resp. Sinaiticus oder Alexandrinus) mit den Varianten einiger anderen Handschriften ist, durchaus kritisch sein und sich auf eine Durcharbeitung des gesamten jeweils zur Verfügung stehenden Materials gründen soll. Die hierauf verwendete Arbeit wird also zugleich eine Vorarbeit für die einstweilen zurückgestellte große Ausgabe sein."[291]

---

289 Alle drei Zitate: Archiv der Akademie der Wissenschaften zu Göttingen, Scient 304,1, Nr. 158 = Deutsche Bibelgesellschaft Stuttgart, Briefkonvolut Septuaginta (Korrespondenz 1909–1938), Bl. 76. Das hier vereinbarte Honorar erhielt, entsprechend dem Eintrag im Protokollbuch der engeren Septuaginta-Kommission vom 8. Mai 1918, Rahlfs (vgl. dazu das Schreiben von Rahlfs an den Direktor der Bibelanstalt, Hermann Löchner, vom 4. Dezember 1922 über die Zahlungsmodalitäten, in: Deutsche Bibelgesellschaft Stuttgart, Briefkonvolut Septuaginta [Korrespondenz 1909–1938], Bl. 77).

290 Vgl. dazu oben, S. 162.

291 KOMMISSION, Bericht (1918), 36–37. Vgl. dazu den ähnlichen resp. teilweise identischen Wortlaut in RUTH (1922), 3–4, sowie RUTH-STUDIE (1922), 51.

Aufgrund der im Bericht skizzierten unsicheren Zukunft des Septuaginta-Unternehmens übernahm Rahlfs im Auftrag der Gesellschaft der Wissenschaften „die Verpflichtung zur Bearbeitung"[292] dieser als *editio critica minor* geplanten Handausgabe, deren Materialauswahl sich „notgedrungen auf das uns zur Zeit Erreichbare beschränken" musste.[293] Nachdem er, um die textkritischen und editionstechnischen Erfordernisse einer solchen Ausgabe zunächst einmal auszuloten, anfänglich einzelne Abschnitte des Oktateuch genauer untersucht hatte, wandte er sich schließlich dem Buch Ruth als dem letzten und kürzesten Buch dieses Korpus zu, weil er „das Bedürfnis empfand, wenigstens an einem Punkte ganz gründliche Arbeit zu tun und dadurch einen festen Standpunkt zu gewinnen, von dem aus dann auch die textkritischen Probleme anderer Bücher leichter würden bewältigt werden können".[294] In der aus diesem Bedürfnis entstandenen *Studie über den griechischen Text des Buches Ruth* (Berlin 1922) lieferte er dann „zum erstenmal eine Durcharbeitung des gesamten Materials",[295] aus der sich „Vorschläge für die Gestaltung einer kritischen Ausgabe der LXX, speziell einer kritischen Handausgabe" ergaben.[296]

Zu Beginn des Jahres 1922 hatte Stuttgart, in Anlehnung an die einst von Eberhard Nestle begonnene, zu diesem Zeitpunkt im Erscheinen begriffene hebräisch-griechische Ausgabe des Jeremia-Buches[297] und wegen der ein Jahr zuvor erworbenen Rechte an der von Rudolf Kittel herausgegebenen *Biblia Hebraica* (diese war im Jahre 1906 zweibändig in erster Auflage bei der Verlagsbuchhandlung J. C. Hinrichs in Leipzig erschienen) Rahlfs darum gebeten, in Erwägung zu ziehen, statt der ursprünglich geplanten reinen Septuaginta-Ausgabe nun eine Parallelausgabe zu veranstalten, die auf der einen Seite den Text der Kittel'schen *Hebraica* (BHK), auf der anderen den der ‚Göttinger' Handausgabe bieten sollte. „Nach langen und ernstlichen Bemühungen" kam Rahlfs jedoch „zu der Überzeugung", dass dieser, ihm „an sich durchaus sympathische Gedanke unausführbar" sei, und nannte zur Begründung fünf wesentliche Punkte,[298]

---

292 Handausgabe 1 (1935), IV.

293 Ruth (1922), 3. Vgl. auch Psalmi cum Odis (1931), 4.

294 Ruth-Studie (1922), 51.

295 Ruth-Studie (1922), 51.

296 Ruth-Studie (1922), Kap. 8. Vgl. dazu unten, ab S. 375.

297 Eb. Nestle, Jeremia (1924). Die Erläuterungen Eberhard Nestles zu der von ihm konzipierten Ausgabe des griechisch-hebräischen Alten Testaments stehen a.a.O., V–VIII.

298 Diese fünf Hauptgründe lauteten: „1.) Der griechische Text zählt etwa dreimal so viele Buchstaben als der hebräische. Daher muß man den griechischen Text so eng setzen oder so kleine Typen wählen, dass ein unschönes und die Augen strapazierendes Bild entsteht. 2.) Ganz in die Brüche kommt man bei den poetischen Stücken. Zwei Stichen, wie bei Kittel, gehen im Griechischen nicht in eine Zeile. Nimmt man aber für jeden Stichos eine besondere Zeile, so kommen viel mehr Zeilen heraus, als eine Seite faßt. 3.) Die Reihenfolge der Bücher und auch der einzelnen Teile eines Buches sind im Hebr[äischen] und Griech[ischen] oft verschieden. [...]

die ihn zu dem Schluss veranlasst hatten, „dass es nicht geraten ist, die Septuaginta-Ausgabe an Kittels Biblia hebraica zu ketten. Diese Kette würde für sie eine unerträgliche Fessel sein."[299] Als Kompromiss einigte man sich schließlich darauf, die ‚Göttinger' Handausgabe wenigstens im Seitenformat der BHK zu drucken, „damit [...] die Möglichkeit gegeben sei, verschiedene Einzelteile griechisch-hebräisch zusammen zu binden".[300]

Anfang November 1922 erschien daraufhin im Sinne eines Prototyps[301] *Das Buch Ruth griechisch, als Probe einer kritischen Handausgabe der Septuaginta.*[302] Obgleich diese „Probe" gegenüber der großen Septuaginta-Ausgabe „bis zu einem gewissen Grade nur ein Provisorium" sein konnte, sah Rahlfs mit ihrem Erscheinen dennoch „eine neue Epoche in der LXX-Forschung begründe[t]",

---

In solchen Fällen ist ein Paralleldruck ganz ausgeschlossen, wenn man nicht die Septuaginta vergewaltigen will. 4.) Die Septuaginta hat viele längere und kürzere Stücke, die im Hebräischen ganz fehlen, z.B. die ‚Stücke in Esther'. Wollte man diese [...] herausnehmen und in einen Anfang verweisen, so würde man die LXX entstellen. Auf andere Weise kann man aber auch nicht helfen, da die Stücke von sehr ungleicher Länge sind und sich auf eingeschobenen Extrablättern nur sehr schlecht unterbringen ließen. 5.) In manchen Fällen haben wir zwei verschiedene Septuagintatexte, die man untereinander drucken muß, z.B. beim Buche Daniel, wo auch bei Swete die beiden Texte parallel gedruckt sind. Hier würde natürlich der zur Verfügung stehende Raum absolut unzureichend sein. Wollte man aber nur einen Text parallel mit dem hebr[äischen] geben und den anderen in einen Anhang verweisen, so wäre das für den Benutzer der Septuaginta höchst unzweckmäßig" (Deutsche Bibelgesellschaft Stuttgart, Briefkonvolut Septuaginta [Korrespondenz 1909–1938], Bl. 80; vgl. a.a.O., Bl. 79).

299 Alle Zitate: Schreiben von Rahlfs an den Direktor der Privilegierten Württembergischen Bibelanstalt zu Stuttgart, Hermann Löchner, vom 26. September 1922 (Deutsche Bibelgesellschaft Stuttgart, Briefkonvolut Septuaginta [Korrespondenz 1909–1938], Bl. 80).

300 Deutsche Bibelgesellschaft Stuttgart, Briefkonvolut Septuaginta (Korrespondenz 1909–1938), Bl. 79 (Abschrift aus dem Protokoll des Verwaltungsrats vom 11. Oktober 1922, § 2).

301 Vgl. dazu das Schreiben von Rahlfs an Hermann Löchner vom 4. Dezember 1922, in dem es heißt: „Ich bin so froh, dass wir nun so weit sind. Der Anfang ist doch nun gemacht, und ich hoffe sehr, dass diese Probeausgabe uns den weiteren Weg wesentlich erleichtern wird" (Deutsche Bibelgesellschaft Stuttgart, Briefkonvolut Septuaginta [Korrespondenz 1909–1938], Bl. 77).

302 Über das Erscheinen informieren KOMMISSION, Bericht (1921), 52, und DIES., Bericht (1922), 22. Am 31. Oktober 1922 hatte Rahlfs die letzten Korrekturfahnen endgültig in der Göttinger Druckerei Hubert & Co. abgegeben (vgl. dazu das Schreiben von Rahlfs an Hermann Löchner vom 1. November 1922 [Deutsche Bibelgesellschaft Stuttgart, Briefkonvolut Septuaginta (Korrespondenz 1909–1938), Bl. 78]). Rahlfs bat die Bibelanstalt, einen Teil der Belegexemplare an folgende Adressaten zu versenden (vgl. ebd.): Karl Holl (Berlin-Charlottenburg), Adolf Jülicher (Marburg), Hans Lietzmann (Jena), D. theol Mumm, MdR (Berlin-Charlottenburg), Hugo Duensing (Dassensen bei Markoldendorf), Norman McLean (Cambridge/England), Donatien De Bruyne (Maredsous/Belgien), Giovanni Mercati (Rom/Italien), Max L. Margolis (The Dropsie College, Philadelphia/USA), Joh. Lindblom (Uppsala/Schweden), Jacob Wackernagel (Basel/Schweiz), Julius A. Bewer (New York/USA) und George Foot Moore (Harvard, Cambridge, Mass./USA).

stellte sie doch den „erste[n] ernstliche[n] Versuch [dar], durch kritische Verarbeitung des aufgespeicherten Materials zu dem ältesten erreichbaren LXX-Texte vorzudringen".[303]

Bereits ein Jahr zuvor waren im Septuaginta-Unternehmen die Vorarbeiten für die *Handausgabe der Genesis*[304] als erstem von insgesamt sechzehn zu publizierenden Einzelteilen der Stuttgarter ‚Handausgabe' begonnen worden,[305] verzögerten sich aber aufgrund personeller Engpässe.[306] Erst am 17. April 1925 konnte Rahlfs daher das fertige Manuskript der Post übergeben,[307] woraufhin die Genesis im Juli 1926 in einer Auflage von 5.000 Exemplaren erschien.[308] Gegenüber der Handausgabe des Buches Ruth nahm die Genesis-Ausgabe nun jedoch „eine Mittelstellung ein zwischen der früher geplanten großen Ausgabe und einer Handausgabe",[309] da ihr ein umfangreicheres Handschriftenmaterial zugrunde lag, was dazu führte, dass „auch der textkritische Apparat weitläufiger"[310] als 1922 ausfiel. Dem Anspruch einer *editio critica maior*, „alles irgendwie erreichbare Material zu verarbeiten",[311] genügte aber auch die Genesis noch nicht, da Rahlfs hier z.B. auf eine Analyse der Kirchenschriftstellerzitate vollständig verzichtet hatte.[312]

---

303 Alle drei Zitate: Ruth (1922), 3. Vgl. dazu die Analyse unten, S. 183–213.

304 Vgl. Genesis (1926), 16.

305 Vgl. Kommission, Bericht (1926), 33, sowie Dies., Berichte (1921–1922). Der auf den Angaben vom Vorblatt der Genesis (1926), und Psalmi cum Odis (1931), 5, Anm. 1, basierende, heute auch für die „Göttinger Septuaginta" gültige Editionsplan ist wieder abgedruckt bei Schäfer, Benutzerhandbuch I (2012), 15.

306 Vgl. dazu oben, S. 153, Anm. 150.

307 Vgl. Kommission, Bericht (1924), 27, sowie Rahlfs' entsprechende Mitteilung in einem Schreiben an den Nachfolger Hermann Löchners als Direktor der Bibelanstalt, Emil Diehl, vom 17. April 1925 (Deutsche Bibelgesellschaft Stuttgart, Briefkonvolut Septuaginta [Korrespondenz 1909–1938], Bl. 71).

308 Die im Zusammenhang von deren Herstellung notwendigen Verhandlungen über Satz, Drucktypen und Druckzuschüsse vonseiten der Notgemeinschaft der Deutschen Wissenschaft sind in dem vom 7. Juni 1925 bis 19. Juni 1926 geführten Briefwechsel zwischen Rahlfs und Emil Diehl eindrücklich belegt (die Briefe befinden sich bei der Deutschen Bibelgesellschaft in Stuttgart, Briefkonvolut Septuaginta [Korrespondenz 1909–1938], Bl. 45–71).

309 Handausgabe 1 (1935), IV. Vgl. dazu auch unten, S. 209–213.

310 Handausgabe 1 (1935), IV.

311 Handausgabe 1 (1935), IV.

312 Vgl. dazu unten, S. 209 mit Anm. 431.

1.2 Rahlfs' methodisches Vorgehen in der Rekonstruktion der Textgeschichte

Rahlfs' eigener Aussage zufolge begründeten die Ruth-Studie (1922) und die auf ihr aufbauende Ausgabe des Buches Ruth „eine neue Epoche in der LXX-Forschung".[313] Dieser Selbstanspruch ist höchst beachtenswert: Nur an einer einzigen weiteren Stelle in seinem Œuvre hatte Rahlfs ein ähnliches Urteil gefällt, und zwar im Blick auf Lagardes 1863 aufgestellte textkritische ‚Axiome', die „eine neue Epoche der Septuagintaforschung" einleiteten.[314] Im Vordergrund der folgenden Abschnitte steht daher die Beantwortung der Frage, inwieweit Rahlfs' Selbstanspruch als berechtigt gelten darf.

1.2.1 Die Auswahl und Behandlung des Quellenmaterials des Buches Ruth

Die Entstehung der Ruth-Studie muss vor ihrem historischen Hintergrund verstanden werden.[315] Nachkriegs- und Inflationszeit hatten zur Folge gehabt, dass im Septuaginta-Unternehmen und somit für die Ausarbeitung der Studie weder ausreichend bezahlte Arbeitszeit und Sachmittel noch einwandfrei funktionierende Kontakte zu ausländischen Bibliotheken und wissenschaftlichen Einrichtungen zur Verfügung standen. Diese äußeren Umstände schlugen vor allem in der Materialauswahl zu Buche. Statt das gesamte ihm bekannte Handschriftenmaterial für die textgeschichtliche Analyse des Buches Ruth auszuwerten, wie es seinem Anspruch eigentlich entsprochen hätte, musste sich Rahlfs „notgedrungen auf das uns zur Zeit Erreichbare beschränken"[316] und berücksichtigte deshalb lediglich das gesamte *ihm zur Verfügung stehende* Material.

Wegen fehlender Mitarbeiter im Septuaginta-Unternehmen konnte Rahlfs auch nicht auf ‚Göttinger' Kollationen zurückgreifen (und hätte diese in einem einigermaßen überschaubaren Zeitrahmen auch nicht selbst anfertigen können). Vielmehr benutzte er die reichhaltigen Materialsammlungen[317] in den Ausga-

---

313 Ruth (1922), 3.
314 Rahlfs, Lebenswerk (1928), 60. Vgl. dazu oben, S. 138.
315 Vgl. dazu oben, S. 152–154.
316 Ruth (1922), 3. Vgl. auch Psalmi cum Odis (1931), 4.
317 Insgesamt 50 Handschriften, davon vier Unzialen und ein Papyrusfragment, sind in den genannten Ausgaben kollationiert. Von diesen ließ Rahlfs lediglich ein Apographon unberücksichtigt und verzichtete daneben auf einige andere, ihm zwar bekannte, zum Zeitpunkt der Bearbeitung aber nicht zugängliche Handschriften. In Rahlfs, Hss.-Vz. (1914), 374–382, sind sämtliche Zeugen für den Ruth-Text aufgeführt, die Rahlfs zu diesem Zeitpunkt bekannt waren. Zum

ben von Holmes-Parsons,[318] Brooke-McLean[319] sowie in der Handausgabe von Swete.[320]

Septuaginta-Zitate des Buches Ruth bei den griechischen Kirchenschriftstellern, waren ihm lediglich aus den *Quaestiones in Ruth* des Theodoret von Kyrrhos bekannt, die er zur Identifizierung der lukianischen Rezension mithilfe der entsprechenden Migne-Ausgabe auswertete.[321]

Für den Text der Tochterübersetzungen bediente sich Rahlfs ebenfalls bei Brooke-McLean und berücksichtigte die äthiopische, armenische, altlateinische, sahidische und syrohexaplarische Version. Bei deren Analyse konnte er an sein in den SEPT.-STUD. 2 (1907) etabliertes Verfahren anknüpfen: Zunächst charakterisierte er jede einzelne Übersetzung aus eigensprachlicher Perspektive, dann im Hinblick auf ihre Vorlage, um davon ausgehend ‚Vorsichtsmaßregeln' für ihre textkritische Verwendung aufzustellen.

Dabei sah er die Abhängigkeit (der Vorlage) einer Tochterübersetzung von griechischen Überlieferungssträngen dann als erwiesen an, wenn charakteristische Lesarten der Rezensionen auch in der Tochterübersetzung zu finden waren

---

Vergleich: Quast berücksichtigte in seiner Ruth-Ausgabe von 2006 gegenüber Rahlfs insgesamt 39 weitere Minuskeln.

318 HOLMES/PARSONS, Septuaginta (1798–1827). Buch Ruth erschien in Bd. 2, ed. J. PARSONS, Oxonii 1818.

319 Vgl. oben, S. 163, Anm. 208. Widersprachen sich die Kollationen von Brooke-McLean und Holmes-Parsons, folgte Rahlfs in der Regel den sehr zuverlässigen Kollationen der ersteren. Vgl. zur Unzuverlässigkeit der Oxforder Ausgabe von Holmes und Parsons schon LAGARDE, Ankündigung (1882), 20, sowie SEPT.-STUD. 3 (1911), 12–13, und RAHLFS, Rez. Cambridger LXX (1910), 778. Zum Selbstanspruch, Materialsammlungen zu sein, äußerten sich Brooke-McLean im Vorwort zum Oktateuch der Cambridger Septuaginta-Ausgabe: „It may however be well to draw attention once more to the fact that no attempt has been made to provide a reconstructed or ‘true' Septuagint text. As Dr Deissmann said at the Oriental Congress at Hamburg in 1902 when the plan of our edition was discussed, ‘In the present state of LXX. studies an edition of the LXX. in the strict sense of the word is not yet possible. What however is possible and absolutely necessary is a trustworthy collection of the textual material'" (BROOKE-M^cLEAN, Octateuch [1906–1917], vi–vii). So auch SCHÜRER, Rez. Brooke-McLean Gen. (1906), 545–546: „Es muß für Uneingeweihte betont werden, daß hier nur Roh-Material vorgelegt wird. Nicht eine Herstellung des ursprünglichen oder des erreichbar ältesten Septuaginta-Textes ist das Ziel, sondern nur die Vorlegung des Materials, mit Hülfe dessen man diesem Ziele allmählich näher kommen kann. [...] Das große neue Werk wird seinen Wert hauptsächlich durch die größere Zuverlässigkeit der Kollationen zu erweisen haben [...]."

320 SWETE, Septuagint 1–3 (1887/1891/1894).

321 Ein einziges weiteres Kirchenschriftstellerzitat – gefunden bei Origenes – nannte Rahlfs zwar in RUTH-STUDIE (1922), 54, Anm. 1, relativierte es dort aber hinsichtlich seines Nutzens für den kritischen Text.

und diese Übereinstimmung weder aus anderen Abhängigkeiten (wie der vom Hebräischen oder im Falle der altlateinischen Übersetzung von der Vulgata) noch aus der jeweiligen Übersetzungsweise erklärt werden konnte. Ohne diese von Rahlfs vorgenommene Ausdifferenzierung wären sämtliche Angaben von Lesarten der Tochterübersetzungen im textkritischen Apparat für die Benutzer relativ wertlos geblieben und hätten einem rein dokumentarischen (in einer kritischen Ausgabe der Septuaginta durchaus fragwürdigen) Zweck gedient.

Anhand des Beispiels der Analyse der *Vetus Latina* Version (Lat)[322] des Buches Ruth lässt sich das eben umrissene Rahlfs'sche Untersuchungsprocedere verdeutlichen: Hinsichtlich ihrer ‚Übersetzungstechnik' erwies sich diese als, so Rahlfs, „im großen und ganzen mechanisch und ohne Rücksicht auf den Geist der lateinischen Sprache gemacht".[323] Trotzdem könne man aus ihrem Text den Text ihrer griechischen Vorlage nicht genau rekonstruieren, da die Wiedergabe nicht (wie bei der Syrohexapla) konsequent, d.h. „aus Prinzip" wörtlich sei, wörtlich vielmehr nur „aus Ungeschick, daher nicht überall, sondern nur manchmal",[324] an anderer Stelle hingegen frei. Diese (von Rahlfs anhand zahlreicher Beispiele begründete) Feststellung hatte nun natürlich Konsequenzen für die textkritische Beurteilung der altlateinischen Übersetzung, deren Verwendung noch weiter durch die Tatsache erschwert wurde, dass ihr Überlieferungsträger, eine Handschrift aus dem 9. Jh. n. Chr., Beeinträchtigungen aufwies (Schreibfehler, Lücken und Wortwiederholungen), und gelegentlich durch den Text der jüngeren Vulgata beeinflusst war, und zwar vor allem an den von einem Restaurator ausgebesserten Stellen, aber auch an den von einem aus dem 9. Jh. stammenden Suppletor (Ergänzer) vorgenommenen Einfügungen.[325] Dieser von Rahlfs erstellte Katalog an ‚Vorsichtsmaßregeln' ließ den Wert Lat's für die Rekonstruktion des ältesten erreichbaren Septuaginta-Textes erheblich sinken.

Ein sich der Charakterisierung anschließender Vergleich Lat's mit der griechischen Überlieferung führte Rahlfs zu dem Schluss, dass die altlateinische Übersetzung als Vorlage einen Mischtext gehabt haben müsse, in dem deutlich Einflüsse der hexaplarischen und der *R*-Rezension nachweisbar seien.[326] Eine Datierung Lat's könne wegen der Nähe zu Hs. B somit nicht vor das 4. Jh. n. Chr. führen, wozu Rahlfs konsequenterweise bemerkte: „Hiermit ist nicht gesagt, daß es vor dem IV. Jahrh. keine lateinische Übersetzung des B. Ruth gegeben habe, sondern nur, daß die einzige uns erhaltene Form dieser Übersetzung nicht vor dem IV. Jahrh. entstanden ist."[327] Sich den gegebenen Überlieferungsverhältnissen anpassen hieß dabei, hinsichtlich der Tochterübersetzungen zwar keine endgültigen, wohl aber letztgültige Aussagen treffen zu können.

---

322 Vgl. Ruth-Studie (1922), 125–130, sowie Quast, Ruth (2006), 12, Anm. 3.
323 Ruth-Studie (1922), 125.
324 Beide Zitate: Ruth-Studie (1922), 125.
325 Vgl. Ruth-Studie (1922), 129.
326 Vgl. dazu die folgenden Abschnitte (a) und (d), S. 188 und 200.
327 Ruth-Studie (1922), 134, Anm. 1.

Rahlfs hatte – wie schon beim Psalter (1907), so auch für das Buch Ruth – zeigen
können, dass der Wert einer Tochterübersetzung mit dem in ihr vorliegenden
Ausmaß rezensioneller Abhängigkeit abnimmt, mit dem in ihr vorhandenen
Potential zur Rekonstruktion ihrer griechischen Vorlage hingegen steigt.[328]
Es ging ihm bei der Untersuchung der Tochterübersetzungen somit vor allem
darum, Tendenzen zu ermitteln, die von Fall zu Fall textkritische Entscheidungen im ‚feinfühligen' Ermessen des Herausgebers beeinflussen können.[329] Anders
als beim Psalter kam den Tochterübersetzungen des Buches Ruth jedoch keine
exponierte Stellung bezüglich der Gruppenbildung zu. Dies zeigt, dass Rahlfs die
Tochterübersetzungen nicht *per se* als konstituierend für die Überlieferungsgeschichte der ganzen Septuaginta einstufte, sondern der Materiallage jedes einzelnen Buches gesondert Rechnung trug. Damit bestätigte sich seine Abgrenzung
gegenüber Lagardes buchübergreifender Fehlkonzeption auch für den Bereich
der Tochterübersetzungen.[330]

Von ihrem jeweiligen Materialgehalt war nicht nur die Bedeutung der Tochterübersetzungen im Hinblick auf die Gruppierung der griechischen Handschriften
abhängig, sondern auch ihr textkritischer Wert an sich. Anhand des Vergleichs
von Fällen, in denen das Zeugnis mehrerer Übersetzungen miteinander übereinstimmte, konnte Rahlfs feststellen, dass den Lesarten der Tochterübersetzungen
nur eine sehr nuancierte textkritische Relevanz zukam:[331] Ohne Anhaltspunkte
in der griechischen Überlieferung seien sie für die Rekonstruktion des ältesten
erreichbaren Septuaginta-Textes kaum von Belang. Bestätigten sie hingegen vorhandene Varianten resp. den kritischen Text, so sei der griechischen Textüberlie-

---

328 Vgl. dazu auch unten, ab S. 386.
329 Vgl. RUTH-STUDIE (1922), 147.159.
330 Vgl. dazu oben, S. 143–151.
331 Überlieferten also z.B. alle griechischen Handschrift in Ruth 3₁₃ τὴν νύκτα, Aeth, Arm, Lat,
Sah und sogar Syh stattdessen allerdings *hanc noctem* resp. *hac nocte* (vgl. RUTH-STUDIE [1922],
145), so könne dieser Umstand allein noch kein hinreichendes Indiz für eine von den bekannten
griechischen Zeugen abweichende Vorlage der Übersetzungen sein (also weder für eine neue
Variante zum Lemmatext und noch weniger für eine Änderung desselben), sondern zeige vielmehr zunächst die Freiheit der Übersetzer an. „Das Zusammentreffen mehrerer Übersetzungen
in der gleichen Abweichung vom griechischen Original beweist in solchen Fällen nur, wie nahe
diese Abweichung lag" (RUTH-STUDIE [1922], 145). Selbst wenn mehrere Übersetzungen Lesarten
bezeugten, die nur von vereinzelten griechischen Handschriften überliefert waren, spräche auch
dieses Zusammentreffen noch nicht zwangsläufig für eine (gemeinsame) Vorlage der Übersetzungen, die mit dem Text jener wenigen Handschriften übereinstimmte, denn „sonst müßten
schon die jetzt ganz seltenen Lesarten in älterer Zeit weit verbreitet gewesen sein, was nicht
anzunehmen ist, oder mehrere Übersetzer müßten durch einen sonderbaren Zufall gerade Exemplare mit diesen seltenen Lesarten erwischt haben" (RUTH-STUDIE [1922], 146).

ferung auf diese Weise vor allem ein mehr oder weniger großer Bekanntheitsgrad attestiert.

Die von Rahlfs auf dem Gebiet der Tochterübersetzungen erstmals in der RUTH-STUDIE angewandten methodischen Grundsätze sind von den Herausgebern der späteren „Göttinger Septuaginta" übernommen worden.

1.2.2 Die Identifizierung rezensioneller Überarbeitungen des Buches Ruth

Die mithilfe der Tochterübersetzungen und Kirchenschriftstellerzitate vorgenommene Identifizierung rezensioneller Überarbeitungen des Buches Ruth bildete die Voraussetzung dafür, dass Rahlfs vier verschiedene Texttypen ermitteln konnte,[332] die er jeweils in Haupt- sowie verschiedene Neben- und Untergruppen differenzierte und die ihm so zu verlässlichen Orientierungshilfen für die kritische Rekonstruktion des „ältesten erreichbaren Text[es] der LXX"[333] wurden. Diese von Rahlfs erstmals in der RUTH-STUDIE gewählte Formulierung für die Definition des Editionsziels präzisiert den 1907 verlautbarten Anspruch, möglichst den ‚Urtext' resp. den ‚ursprünglichsten' Text der Septuaginta herstellen zu wollen.[334]

Im Folgenden soll nun geklärt werden, auf welchem Wege Rahlfs zur Gruppierung von Handschriften gelangte, d.h. wie er rezensionelle Charakteristika und überhaupt Kriterien für die Identifizierung von Texttypen und für die Verhältnisbestimmung innerhalb der einzelnen Handschriftengruppierungen bestimmte. Diesen Klärungen werden schematische Schaubilder beigegeben, denen die Rahlfs'schen Analysen der RUTH-STUDIE zugrunde liegen und die den von Rahlfs selbst nie gewagten Versuch unternehmen, die Überlieferungsgeschichte des Buches Ruth zu visualisieren. Zum einen sind solche Schaubilder für den Herausgeber einer Edition zur Darstellung der Variantenstruktur (also der Abhängigkeit der Textvarianten voneinander) hilfreich und veranschaulichen zugleich, welche Handschriften als vorrezensionell, d.h. als zuverlässig im Hinblick auf die Rekonstruktion des ältesten erreichbaren Textes zu gelten haben. Zum andern nützen sie dem Benutzer zur Entschlüsselung und Verortung der textgeschichtlichen Angaben des kritischen Apparates. Ausdrücklich sei jedoch betont, dass es sich

---

332 Auf die von Rahlfs im Buch Ruth gebrauchte Schreibweise der Gruppenabkürzungen in Frakturbuchstaben (z.B. 𝔏 bzw. 𝔩 für die lukianische Haupt- bzw. Nebengruppe) wurde verzichtet, stattdessen um der einfachen Vergleichbarkeit willen die Gruppensigel kursiv gesetzt (z.B. *L* bzw. *l*). Entsprechend auch bei *R O* usw. – Rahlfs selbst führte diese Schreibung dann 1926 in seiner Genesis-Ausgabe ein (vgl. GENESIS [1926], 24, Anm. 1).
333 RUTH-STUDIE (1922), 49. Vgl. auch BAUER, Alfred Rahlfs (1934/35), 62.
334 Vgl. dazu auch unten, S. 330–332.

dabei in Anbetracht der besonderen Überlieferungssituation der Septuaginta keinesfalls um ein *Stemma* im klassisch-philologischen Sinn, sondern tatsächlich nur um ein *Transmissionsgeschichtliches (Gruppierungs-) Schema des Buches Ruth* handeln kann.[335]

(a) Die hexaplarische Rezension ($O' = O + o$)

Von den drei bei Hieronymus genannten Rezensionen nahm die sog. *hexaplarische Rezension*,[336] d.h. die als kirchlicher Bibeltext in Palästina verbreitete 5. Kolumne der von Origenes im 3. Jh. n. Chr. geschaffenen Hexapla,[337] für Rahlfs innerhalb der Transmissionsgeschichte der Septuaginta eine Schlüsselstellung ein: Einerseits, weil sie dank eigenen Aussagen des Origenes über seine textkritische Arbeitsweise relativ sicher identifizierbar war,[338] andererseits aber vor allem deswegen, weil von ihr fast alle übrigen rezensionellen Überarbeitungen der Septuaginta mehr oder minder stark beeinflusst schienen.[339]

Die textkritischen Zeichen, die Origenes zur Markierung seiner Überarbeitungen verwendet hatte, waren, spätestens seitdem die 5. Kolumne als selbstständiger Bibeltext unabhängig von den übrigen Kolumnen der Hexapla zirkulierte, immer seltener tradiert worden. Dies lag vor allem daran, dass den Schreibern die Bedeutung dieser Zeichen kaum mehr bekannt gewesen war, wohl aber auch daran, dass diese Zeichen keine Bedeutung für die gottesdienstliche Praxis besaßen.[340] Dadurch stellt sich die Überlieferungslage dieser eminent wichtigen Indikatoren äußerst prekär dar: nur in wenigen griechischen Handschriften sind – meist am Rande – hexaplarische Lesarten oder aristarchische Zeichen[341] überliefert.

---

335 Um den Unterschied zur Aufgabe und Funktion eines ‚Stemmas' im Bereich der Klassischen Philologie (nämlich im günstigsten Fall zur Herstellung mechanischer textkritischer Kriterien; vgl. MAAS, Textkritik [⁴1960], §§ 7–11) deutlich zu markieren, wird der Begriff ‚Stemma' hier bewusst vermieden und durch den allgemeineren Ausdruck ‚Schema' resp. ‚Schaubild' ersetzt. Das Schema der Textfamilien ist weniger für die textkritische Entscheidung relevant, als vielmehr zur *Illustration* der Transmissionsgeschichte. Die Ähnlichkeit zur Anlage eines Stemmas z.B. bei MAAS, Textkritik (⁴1960), 7, ist aufgrund praktischer Erwägungen jedoch bewusst gewählt.
336 Abgekürzt wird diese mit der Sigel *O* von ihrem Urheber Origenes resp. von ihrer Bezeichnung innerhalb der Hexapla mit *o'* für οἱ ἑβδομήκοντα.
337 Vgl. die genaue Erklärung des Begriffs oben, S. 82, Anm. 362.
338 Vgl. dazu oben, S. 139–140.
339 Vgl. dazu unten, S. 206–207.
340 Vgl. RUTH-STUDIE (1922), 55.
341 Vgl. dazu oben, S. 82, Anm. 362.

Lediglich in der Syrohexapla (Syh), d.h. der durch Paul von Tella im 6. Jh. angefertigten Übersetzung der Hexapla ins Syrische,[342] finden sich überdurchschnittlich viele der aristarchischen Zeichen. Deshalb und aufgrund ihrer „äußerste[n]
Worttreue"[343] gegenüber ihrer Vorlage, die sie nur ganz selten zugunsten einer
größeren Übersetzungsfreiheit aufgabe, erhob Rahlfs Syh nahezu in den Rang
eines direkten Zeugen.[344] Somit liegt mit Syh der Schlüssel zur Identifizierung
der hexaplarischen Rezension des Buches Ruth vor und dadurch zugleich „das
wichtigste Dokument für den LXX-Text des Buches Ruth, welches allein den
festen Punkt bildet, von dem aus man die Geschichte dieses Textes rekonstruieren kann".[345]

Die charakteristischen Eigenheiten der hexaplarischen Rezension ließen
sich innerhalb der griechischen Handschriftenüberlieferung somit durch den
Vergleich der in Syh asterisierten und obelisierten Abschnitte mit dem Text der
Primärzeugen eruieren:

Beim Vergleich der 19 in Syh bezeugten Asterisken mit der griechischen Überlieferung konnte
Rahlfs im Buch Ruth insgesamt drei verschiedene Fälle unterscheiden: (1) Nur wenige Handschriften überliefern 13 in Syh asterisierte Zusätze, (2) viele Handschriften bieten acht in Syh
asterisierte Zusätze, und (3) bestimmte Handschriften weisen sechs in Syh bezeugte Asterisken
auf, die der sonst bei Origenes üblichen Verwendungsweise widersprechen.[346]

Diejenigen Handschriften, die unter die erste Kategorie fallen, dürften, so Rahlfs, den Text
der griechischen Vorlage von Syh am besten gekannt haben und seien daher mit dem Text der
hexaplarischen Rezension am engsten verwandt.[347] Dementsprechend gilt, dass die im zweiten
Fall genannten Handschriften eine im Verhältnis zur ersten Gruppe minderenge Verwandtschaft
mit der hexaplarischen Rezension aufweisen. Darüber hinaus gab die methodische Untersuchung der asterisierten Zusätze umgekehrt Aufschluss darüber, welche Handschriften am
wenigsten von der hexaplarischen Rezension beeinflusst waren und somit auf keinen Fall zur
O-Rezension gehören konnten: diejenigen nämlich, die auch dort, wo viele Zeugen Asterisken
überlieferten, dieser Masse nicht folgten.[348] Für den dritten Fall ergibt sich, dass die dort überlieferten Asterisken nicht als Indizien für die Beeinflussung der hexaplarischen Rezension in
Betracht kommen können.[349]

Entsprechend zu dem hier skizzierten Vorgehen untersuchte Rahlfs auch die in Syh überlieferten Obelen.

---

342 Vgl. dazu oben, S. 17.
343 Ruth-Studie (1922), 55.
344 Vgl. Ruth-Studie (1922), 55.
345 Ruth-Studie (1922), 54.
346 D.h. um ein Minus der Septuaginta gegenüber dem Hebräischen zu markieren.
347 Vgl. Ruth-Studie (1922), 59.
348 Vgl. Ruth-Studie (1922), 60–61.
349 Vgl. Ruth-Studie (1922), 62.

Schon in den Sᴇᴘᴛ.-Sᴛᴜᴅ. 2 (1907) hatte Rahlfs die in Syh überlieferten aristarchischen Zeichen für seine transmissionsgeschichtliche Analyse berücksichtigt, war dabei allerdings zu anderen Ergebnissen als in der Rᴜᴛʜ-Sᴛᴜᴅɪᴇ gelangt.[350] Das lag zum einen daran, dass die Vorlage der Syh im Psalter allem Anschein nach nicht hexaplarisch, sondern vom sog. Vulgärtext beeinflusst gewesen war, was das Gewicht der überlieferten Asterisken und Obelen relativieren musste. Zum andern standen Rahlfs im Psalter nur wenige Handschriftenfragmente zur Verfügung, die sich überhaupt als hexaplarisch identifizieren ließen. Eine systematische Untersuchung war bei einer solchen Quellenlage nicht möglich gewesen, so dass die Rᴜᴛʜ-Sᴛᴜᴅɪᴇ in dieser Hinsicht eine Pionierleistung darstellt.

Die aus der Analyse der aristarchischen Zeichen gewonnenen (Vorgruppierungs-) Ergebnisse hatte Rahlfs nun noch in weiteren Schritten ebenfalls methodisch nachvollziehbar zu verfeinern: „Es fragt sich nun, ob dies Resultat durch den Befund an anderen Stellen bestätigt wird. Zu diesem Zwecke müssen wir zusehen, ob jene Zeugen [*die sich aus den ersten Untersuchungen als hexaplarische ‚Vorabgruppe‘ zusammenfassen ließen; CS*] auch sonst in charakteristischen, nur oder hauptsächlich bei ihnen vorkommenden Lesarten zusammengehen, und ob diese Lesarten so beschaffen sind, daß sie zu der uns bekannten Eigenart der origenianischen Rezension passen."[351] Es war also zu klären, ob die Lesarten derjenigen Handschriften, deren Nähe zum hexaplarischen Text bereits festgestellt werden konnte, nur rein zufällig von diesen geteilt wurden oder ob dahinter ein System zu vermuten war.

Auf diese Weise konnte Rahlfs die im Buch Ruth als hexaplarisch identifizierten Handschriften in Haupt-, Neben- und Unterzeugengruppe(n) dieses Texttypus unterteilen: Die Hauptgruppe (Rahlfs spricht hier auch von der „Kerngruppe") umfasste solche Handschriften, die nicht nur die Mehrheit der hexaplarischen Lesarten überlieferten, sondern auch selbst asterisiertes Material dort boten, wo kaum ein anderer Zeuge dieses aufwies. Unter- und Nebengruppen zeichneten sich zwar durch eine Verwandtschaft mit dem hexaplarischen Text aus (z.B. in Form von Sonderlesarten), jedoch durch keine so enge wie die Zeugen der Hauptgruppe, und wurden aus diesem Grund hierarchisch abgestuft.[352] Dabei stellte

---

350 Vgl. dazu und zum Folgenden unten, S. 242–245.

351 Rᴜᴛʜ-Sᴛᴜᴅɪᴇ (1922), 67.

352 Für Ruth konnte Rahlfs eine hexaplarische Hauptgruppe, O (= Hss. 19 108 [beide nur bis Ruth 4₁₀] 376 426), ausmachen und eine mit dieser oft zusammengehende Nebengruppe, o (= Hss. 15 18 64 128 488 [aufgrund gemeinsamer Sonderlesarten in zwei Untergruppen unterteilbar: Hss. 15 64 und Hss. 18 128 488]), die jedoch „kein rein hexaplarischer, sondern ein Mischtext" und von der R-Rezension beeinflusst sei (Rᴜᴛʜ-Sᴛᴜᴅɪᴇ [1922], 114; vgl. zu R unten, S. 200). Die verkürzte Schreibweise O' für $O + o$ gebrauchte Rahlfs lediglich in der Rᴜᴛʜ-Sᴛᴜᴅɪᴇ (1922),

diese Hierarchisierung bereits eine Vorentscheidung für die Rekonstruktion des Archetypus der hexaplarischen Rezension dar – ganz im Stile der Lagarde'schen Konzeption, allerdings differenzierter und vor allem nachvollziehbar.

Die Notwendigkeit einer solchen Rekonstruktion war durch die Analyse eindeutig erwiesen. Kein Zeuge – auch Syh nicht – überlieferte den von Origenes erstellten Text völlig rein, keine Handschrift enthielt also das Original, d.h. das Autographon dieser Rezension. Die von Rahlfs definierte Größe *O* repräsentierte somit den rekonstruierten Archetypus des hexaplarischen Textes.[353]

Schließlich folgte der letzte Schritt zur Verifizierung des hexaplarischen Texttypus innerhalb der Handschriftenüberlieferung: „Origenes hat sich ganz besonders für die Eigennamen des A.T. interessiert [...] und ihre griechischen Formen, wenn auch mit einiger Schonung, nach dem hebräischen korrigiert. Wir wollen daher prüfen, ob die Formen der Eigennamen in [*der bisher identifizierten hexaplarischen Haupt- und Untergruppe; CS*] der Art des Origenes entsprechen."[354]

Dabei spielte Syh keine Rolle, da ihre Namensformen von der Peschitta und nicht von der Septuaginta-Überlieferung beeinflusst waren. Den Vergleichspunkt bildete der hebräische Text, so dass bei zwei divergierenden Namensformen innerhalb der Zeugen der hexaplarischen Rezension in der Regel diejenige Form der ältesten erreichbaren Septuaginta-Überlieferung zuzuordnen war, die nicht der hebräischen Lesart entsprach (auch wenn die Masse der Überlieferung dagegen zeugte).

Sucht man Rahlfs' methodisches Vorgehen präzise zu bestimmen und konzentriert zusammenzufassen, so lässt sich sagen: (1) Der erste wesentliche Schritt zur Ermittlung der *hexaplarischen Rezension* (inkl. möglicher Neben- und auch Untergruppen) besteht in der genauen Analyse aller Handschriften hinsichtlich der von ihnen überlieferten aristarchischen Zeichen (der ‚verbrieften' Spur origenischer Rezensionstätigkeit), ausgehend von ihrer Überlieferung in der Syrohexapla. Jeder Asteriskus, der nicht die von Origenes beabsichtigte Funktion hatte, muss (z.B. durch Schreiberversehen) erklärt werden und kann Hinweise auf weitere Rezensionen resp. Gruppierungen geben, in denen die aristarchischen Zeichen ihrem ursprünglichen Zweck bereits entfremdet sind. Das Ergebnis dieser

---

da er in RUTH (1922) aus Platzgründen auf die Nennung sämtlicher Neben- und Untergruppen verzichtete (vgl. dazu auch unten, ab S. 375).

353 So RUTH-STUDIE (1922), 71: „Völlig reine Zeugen haben wir hier also überhaupt nicht. Trotzdem genügen sie, da die Art der Rezension des Origenes bekannt ist, in der Regel zur Rekonstruktion derselben."

354 RUTH-STUDIE (1922), 71.

Analyse weist Zusammengehörigkeiten innerhalb der griechischen Überlieferung nach, die anhand des zweiten und dritten Schritts – der Untersuchung der als hexaplarisch charakterisierten Sonderlesarten (2) sowie der Schreibweise der Eigennamen (3) – dann zu verifizieren sind. (4) Schließlich führt die Gesamtauswertung zu einer Charakterisierung der hexaplarisch beeinflussten Handschriften und ihrer Hierarchisierung. Diese ermöglicht das Aufstellen von Kriterien für die Beurteilung der Lesarten einer Familie im Blick auf ihre Ursprünglichkeit (grundsätzlich i.S. der Lagarde'schen Idee der Hyparchetypi der einzelnen Rezensionen).[355]

Es ergibt sich aufgrund der Rahlfs'schen Ausführungen in der RUTH-STUDIE (1922) das folgende überlieferungsgeschichtliche Schema der hexaplarischen Rezension des Buches Ruth:

---

[355] Vgl. dazu oben, ab S. 128.

saec.

{III}

[O']
(vgl. Ruth-Studie, § 5₇)

[O]
(vgl. Ruth-Studie, Kap. 2)

{IV}

[L]

(ab Ruth 4₁₁)

(bis Ruth 4₁₀)

[α]

[R]

[o]
(vgl. Ruth-Studie, §§ 5₄ 18₂)

{V}

{VI}

VII

(Syh)

[β]   [γ]

VIII

IX

X

XI

426

15   64

18   128   488

XII

19

XIII

108

XIV

XV

376

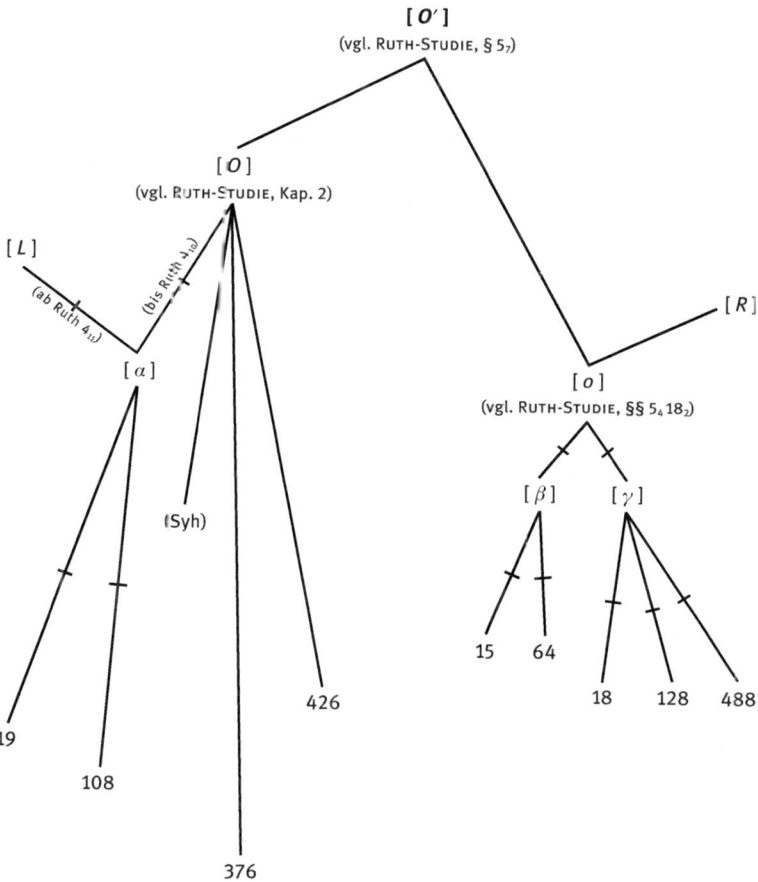

Abb. 7: Die hexaplarische Rezension des Buches Ruth (vgl. Ruth-Studie [1922], § 31₁)[356]

---

356 *Erläuterungen:* Die Hss. 376 426 und Syh (in runden Klammern, da keine Primärzeugin) gelten als „die reinsten Vertreter des hexaplarischen LXX-Textes" (Ruth-Studie [1922], 59); α ist die hypothetische Vorlage (d.h. der Hyparchetypus) der Hss. 19 108, deren Texttyp ab Ruth 4₁₁ nicht mehr hexaplarisch, sondern lukianisch ist; die Nebengruppe ‚o' ist „kein hexaplarischer, sondern ein Mischtext" (Ruth-Studie [1922], 114); β ist die hypothetische Vorlage der Untergruppe 15-64, γ der Untergruppe 18-128-488 (vgl. Ruth-Studie [1922], 115); die kleinen Querstriche (—) symbolisieren nicht rekonstruierbare Überlieferungsstufen zwischen den Spaltungen; die geschwungenen Klammern { } deuten an, dass hier eine genaue Datierung nicht möglich ist.

(b) Die lukianische Rezension ($L' = L + l$)[357]

Da Hieronymus die Verbreitung der lukianischen Rezension in dem Gebiet zwischen Konstantinopel und Antiochia lokalisiert hatte, kommt den Stellen des Buches Ruth, die als Zitate in den *Quaestiones in Ruth* des antiochenischen Kirchenschriftstellers Theodoret von Kyrrhos belegt sind, herausragende Bedeutung bei der Identifizierung dieser Rezension innerhalb der griechischen Handschriftenzeugen zu.[358] Bereits Ceriani, Field und – von diesen abhängig – auch Lagarde hatten anhand des Vergleichs der Zitate bei Chrysostomus und Theodoret für die Bücher Reg. I–IV die Hss. 19 82 93 108 als lukianisch erweisen können.[359] Für den Oktateuch legte Ernst Hautsch 1909 eine entsprechende Untersuchung im ersten Teilband der *Mitteilungen des Septuaginta-Unternehmens* vor.[360] An diese knüpfte Rahlfs in der RUTH-STUDIE an und konnte sie schließlich aufgrund einer sehr detaillierten Neuüberprüfung des Materials präzisieren.

Hautschs Analyse hatte ergeben, dass die Hss. 19 108, die den lukianischen Texttyp in den Königsbüchern überliefern, im Oktateuch nicht mit den Zitaten der antiochenischen Kirchenschriftsteller signifikant übereinstimmen, mithin auch nicht für lukianisch gehalten werden können. Im Buch Ruth identifizierte er aufgrund ihrer Nähe zu Theodorets Zitaten die Hss. 54 75 82 93 sowie, etwas weniger deutlich, die Hss. 74 106 134 als Zeugen der lukianischen Rezension.[361]

Dieser Gruppierungsvorschlag entsprach weitgehend der von Rahlfs im Zuge seiner Auswertung des asterisierten Materials entdeckten Gruppe derjenigen Handschriften, in denen Asterisken entgegen dem origenischen System gebraucht worden waren.[362] Der erneute Vergleich der Zitate Theodorets mit den griechischen Handschriften bestätigte das bereits gewonnene Bild und vervollständigte es. War schon in den SEPT.-STUD. 3 (1911) für die Königsbücher nachgewiesen geworden, dass die Hss. 82 93 und die Hss. 19 108 zwei eigenständige Untergruppen bilden, so konnte dies für das Buch Ruth ebenfalls bestätigt werden: Dabei bezeugen die Hss. 82 93 wegen ihrer eindeutigen Nähe zu Theodoret den lukianischen Texttyp, die Hss. 19 108 hingegen den hexaplarischen. Dieser Befund veranlasste Rahlfs noch einmal zu einer schonungslosen Kritik an

---

357 Vgl. zum Folgenden RUTH-STUDIE (1922), Kap. 3.

358 Vgl. FERNÁNDEZ MARCOS, Septuagint in Context (2000), 227. Dieses Identifizierungsverfahren hat sich bis heute als das deutlichste bewährt (vgl. a.a.O., 228).

359 Vgl. dazu oben, S. 130, Anm. 53.

360 HAUTSCH, Lukiantext (1909).

361 Vgl. HAUTSCH, Lukiantext (1909), 28.

362 Vgl. oben, S. 189.

Lagardes Konzeption[363] und erbrachte die definitive Bestätigung seiner eigenen Methode einer buchweise vorzunehmenden Gruppierung von Septuaginta-Handschriften. Durch genaue Prüfung des Materials erwies sich die Sachlage jedoch als noch komplexer: Dass die Hss. 19 108 im Buch Ruth, anders als von Lagarde behauptet, nicht lukianisch waren, hatte auch Hautsch schon gesehen. Rahlfs entdeckte, zu seiner eigenen Überraschung[364] jedoch noch mehr, als er den Text der beiden Handschriften bis ins kleinste Detail hinein untersuchte:

„Nicht nur 82 93 127 gehören zu [...] Hss.-Familie, die ich jetzt einfach ‚L' nennen will, sondern von 4₁₁ an, also in den letzten zwölf Versen unsers Büchleins, auch 19 108. Der Übergang dieser Hss. von O [...] zu L erfolgt nicht etwa am Anfange eines Abschnittes, sondern mitten im Zusammenhang der Erzählung, ist aber trotzdem mit voller Sicherheit zu konstatieren. In 4₉ haben 19 108 noch Χελεών vor Μααλών, nicht wie L dahinter; gegen Ende von 4₁₀ haben sie noch λαοῦ was L ausläßt. Aber in 4₁₁ ersetzen sie dann nicht mehr οἱ 1° durch ὅσοι, wie O' tut [...], und von 4₁₂ an haben sie eine Reihe spezifischer L-Lesarten, zuerst καὶ ἐκ τοῦ σπέρματός σου δῴη σοι Κύριος [...]. Überhaupt stimmen sie von 4₁₁ an ganz mit L überein mit Ausnahme des Namens Noomi, welchen sie erklärlicherweise auch in 4₁₄ ₁₆f. noch ebenso schreiben wie vorher [...]. Somit finden sich alle Hss., die in Reg. unsere Hauptzeugen für den L-Text sind, schon in den letzten zwölf Versen des Buches Ruth zusammen und gehören hier sämtlich derjenigen Hss.-Familie an, deren Text mit dem Bibeltexte Theodorets übereinstimmt."[365]

---

363 „Ich vermag es nur als einen unentschuldbaren Fehler Lagardes zu beurteilen, daß er weder in seiner Ankünd. [*gemeint ist* LAGARDE, *Ankündigung (1882)*] noch im V.T. [*gemeint ist* LAGARDE, *Lukian (1883)*] auch nur die leiseste Andeutung über den Unterschied der Texte von 19 108 und 82 93 gegeben hat. Lagarde hatte zwar nicht 82, wohl aber 93 zu Ruth kollationiert [...]. Er hat also fraglos gewußt, was man übrigens auch schon aus H.-P. ersehen konnte, daß 93 im Buche Ruth einen ganz anderen Text bietet als die Hss. 19 108, die er seiner L-Ausgabe zugrunde legte. Trotzdem hat er den Unterschied nicht erwähnt, geschweige denn die Varianten notiert. Das läßt sich hier natürlich noch viel weniger als anderswo mit der Ausrede motivieren, daß die meisten Varianten doch nur ‚Unrat' seien [...]. Selbst wenn Lagarde fest überzeugt war, daß 19 108, nicht 93 den wahren L-Text bieten, mußte er den Unterschied wenigstens erwähnen und jene Überzeugung irgendwie zu begründen versuchen. Wenn er sich statt dessen völlig ausschweigt, so kann ich mir dies eigentlich nur daraus erklären, daß er mit der hier vorliegenden eigentümlichen Erscheinung nicht ins reine zu kommen wußte und möglicherweise auch das dunkle Gefühl hatte, daß hier eine Klippe verborgen liege, an der seine ganze Rekonstruktion des L-Textes scheitern könne" (RUTH-STUDIE [1922], 77, Anm. 1).
364 Vgl. RUTH-STUDIE (1922), 77 („[...] etwas [...], woran ich anfangs auch nicht mit der leisesten Ahnung gedacht habe, und was mich selbst, als ich es entdeckte, aufs höchste überrascht hat").
365 RUTH-STUDIE (1922), 77–78. Den Hergang des recht unvermittelten Wechsels rekonstruierte Rahlfs dann so: „Der Schreiber des Archetypus von 19 108 hat also Vorlagen mit verschiedenartigen Texten benutzt. Die Vorlage, der er den Hauptteil des Buches Ruth entnahm, wird am Schlusse unvollständig gewesen sein; wahrscheinlich endigte sie mit diesem Buche, das ja den Schluß des Oktateuchs bildet, und es war, wie das bei Codices öfters passiert ist, das letzte Blatt

Rahlfs hatte mit der Entdeckung, dass Handschriften innerhalb eines Buches keineswegs selbstverständlich einem einzigen Texttyp zugewiesen werden können,[366] erneut vor Augen geführt, wie kompliziert die Handschriftengruppierung war und wie subtil sie vorgenommen werden musste, um verlässliche Ergebnisse zu erzielen. Zugleich war dies aber auch der abschließende Beleg dafür, wie undifferenziert und pauschal sich demgegenüber Lagardes Arbeitsweise ausnahm.[367]

Aufgrund der detaillierten Auswertung des Handschriftenmaterials konnte Rahlfs unter den Zeugen des Buches Ruth eine lukianische Haupt- und eine Nebengruppe ausmachen, die er mit den Sigeln *L* (für die Hauptgruppe, bestehend aus den Hss. 54 59 75 82 93 127 314, ab Ruth 4₁₁ auch Hss. 19 108) und *l* (für die Nebengruppe, bestehend aus den Hss. 74 76 106 125 134 344) versah. Im Hinblick auf den Archetypus der Rezension differenzierte er diese beiden Gruppen noch weiter aus, und zwar auf folgende Weise:

Innerhalb der Hauptgruppe *L* ermittelte er drei Untergruppen: Neben der von Ruth 4₁₁ an bestehenden Gruppe der Hss. 19 108 314 bildete er eine zweite Untergruppe aus den Hss. 82 93, die „zunächst eine größere Zahl offenbarer Fehler gemeinsam [*haben*], die sich großenteils nur in ihnen, zum Teil aber auch – gewiß in zufälligem Zusammentreffen – in einzelnen nichtlukianischen Hss. finden".[368] Aufgrund einer spezifischen Randlesart in Hs. 93, die in Hs. 82 als Textlesart überliefert ist, ging Rahlfs davon aus, „daß 82 von einem Vorfahren unserer Hs. 93 abhängt"[369]. Direkte Abhängigkeit von Hs. 93 konnte Rahlfs ausschließen, da Hs. 82 bereits ein Jahrhundert vor Hs. 93 geschrieben worden war. Als dritte Untergruppe fasste er schließlich die Hss. 54 75 zusammen, die – wie die Handschriften der beiden ersten Untergruppen – „einige handgreifliche Schreibfehler"[370] und Sonderlesarten miteinander teilten.

Wie schon bei der hexaplarischen Rezension verifizierte Rahlfs diese Gruppierungsergebnisse in einem nächsten Arbeitsschritt anhand der lukianischen Sonderlesarten, d.h. der Lesarten, die „sich entweder in *L* [, l; *CS*] resp. *L'* oder bloß noch in einzelnen anderen Hss. finden",[371] und analysierte im Anschluss daran die von den Handschriften der lukianischen Rezension überlieferten Eigennamen.

---

verloren gegangen. So mußte er die letzten zwölf Verse aus einer anderen Vorlage ergänzen; diese bot aber auch einen anderen, nämlich den lukianischen Text" (a.a.O., 78).

366 Gemeint war damit jedoch keine kaum mehr zu trennende Mischung von Texttypen, wie sie in den sog. *codices mixti* vorliegt (vgl. dazu unten, S. 205–206).

367 Vgl. unten, S. 220–222.

368 RUTH-STUDIE (1922), 92.

369 RUTH-STUDIE (1922), 93.

370 RUTH-STUDIE (1922), 93.

371 RUTH-STUDIE (1922), 79.

Bei den Sonderlesarten handelte es sich in erster Linie um „Korrekturen nach $\mathfrak{M}$ oder der Hexapla [...], wie sie in anderen Büchern _wie z.B._ dem Psalter oder den Königsbüchern; CS] als Charakteristikum L's nachgewiesen sind".[372] Rahlfs stufte die Septuaginta-Übersetzung des Buches Ruth als eine recht wörtliche ein, weshalb keine größeren Korrekturen nach dem Hebräischen nötig gewesen seien. Die rezensionelle Tätigkeit Lukians habe daher der „Verbesserung der griechischen Diktion"[373] gegolten:

Dies zeige sich „vor allem in den attizistischen Korrekturen",[374] bei denen eine gewisse „Ungleichmäßigkeit" jedoch nicht ungewöhnlich sei.[375] Aufgrund seiner Beobachtungen im Buch Ruth sowie den Königsbüchern formulierte Rahlfs daher folgende Regel „für die Ermittelung L's in anderen Büchern [...]: Attizistische Korrekturen sprechen dafür, daß die betreffenden Hss. die Rezension Lukians enthalten; daneben vorkommende hellenistische Formen sprechen nicht dagegen".[376] Des Weiteren belegten die lukianischen Handschriften Korrekturen an den Partikeln, die sich vor allem in Zusätzen, wenige Male auch in Streichungen äußerten. So gleiche L z.B. Ruth 1₁ (καὶ ἐγένετο ἐν τῷ κρίνειν τοὺς κριτὰς καὶ ἐγένετο λιμὸς ἐν τῇ γῇ) durch Auslassung des (dem Hebräischen entsprechenden) zweiten καί dem Sprachgebrauch des Neuen Testaments (vgl. u.a. Luc. 1₅₉) an.[377] Ferner fänden sich Wortumstellungen, durch welche der Stil des ursprünglichen Textes „gefälliger" würde,[378] und zudem die Setzung des Artikels vor Eigennamen im Nominativ, was ebenso wie die Vermeidung von Wortwiederholungen als Hinweis auf ein gegenüber dem Septuaginta-Text besseres Griechisch zu werten sei. Schließlich bestätigte sich auch im Buch Ruth (wie schon in den Königsbüchern) das lukianische Merkmal der Erweiterung des Septuaginta-Textes um Explikationen wie Eigennamen oder Pronomina, „um [diesen] leichter verständlich zu machen",[379] sowie, wenn auch seltener, dessen Verkürzung.

Die Analyse der Sonderlesarten der Nebengruppe ergab ein ähnliches Bild wie bei L. Allerdings konstatierte Rahlfs bei _l_ „ein nur recht mangelhaftes Sprachgefühl"[380] des Bearbeiters, was sich wiederum aus dem Vergleich mit Theodoret ergab, und kam somit zu dem Schluss, dass „_l_'s Sonderlesarten nicht auf Lukian zurückgehn"[381] können. Hingegen weise die Nebengruppe zahlreiche charakteristische Übereinstimmungen mit der _R_-Rezension auf, so dass von einer starken Abhängigkeit _l_'s von _R_ auszugehen sei.[382]

---

372 RUTH-STUDIE (1922), 83. Vgl. ebd. mit Anm. 2.

373 RUTH-STUDIE (1922), 84.

374 RUTH-STUDIE (1922), 84.

375 Rahlfs diagnostizierte: „[...] Lukian ist [...] kein strenger Attizist und ersetzt gelegentlich auch wohl einmal alte Formen durch jüngere, wie überhaupt Konsequenz nicht seine starke Seite ist" (RUTH-STUDIE [1922], 8⁷).

376 RUTH-STUDIE (1922), 85, Anm. 2.

377 Genau beschrieben in RUTH-STUDIE (1922), 86.

378 RUTH-STUDIE (1922), 87.

379 RUTH-STUDIE (1922), 87.

380 RUTH-STUDIE (1922), 98. „Mit _l_'s mangelhaftem Sprachgefühl hängt es auch zusammen, daß er die für L so charakteristischen attizistischen Korrekturen [...] ohne jede Konsequenz aufnimmt" (ebd.).

381 RUTH-STUDIE (1922), 98.

382 Vgl. RUTH-STUDIE (1922), 114: „Ob sich auch noch die spezielle Form des _R_-Textes bestimmen läßt, von der _l_ abhängt, wage ich nicht zu entscheiden." Vgl. zur _R_-Rezension unten, S. 200.

Zusammengefasst bestand also laut Rahlfs das Hauptmerkmal der lukianischen Rezension in der Überarbeitung des Septuaginta-Textes aufgrund der genannten Kriterien: attizistischer Angleichungen, stilistischer Verfeinerungen und inhaltlicher Verdeutlichungen. Eine auffällige Abhängigkeit der lukianischen Rezension von O konnte er indes nicht ausmachen,[383] ebenso wenig wie eine einheitliche Umsetzung der identifizierten Rezensionsprinzipien. Als Bearbeitungsgrundlage vermutete er einen Text, „der mit dem vorhexaplarischen Texte, wie wir ihn nach unseren besten Zeugen [d.h. im Buch Ruth vor allem Hs. B; CS] rekonstruieren können, wesentlich identisch war".[384] Durch die fehlende Konsequenz in Lukians Rezensionstätigkeit gewann darum der bei Theodoret überlieferte Bibeltext noch einmal an Gewicht, da er durch seine örtliche und zeitliche Lokalisierbarkeit zum einzig verlässlichen Indikator des laut Hieronymus rund eineinhalb Jahrhunderte zuvor ebenfalls im antiochenischen Raum in Geltung stehenden lukianischen Textes wurde.[385]

Rahlfs' Vorgehen bei der Rekonstruktion der lukianischen Rezension des Buches Ruth zeigte dieselbe methodische Stringenz, die sich schon in den SEPT.-STUD. 3 (1911) nachweisen lässt. Ausgangpunkt war der Vergleich der griechischen Handschriften mit den Zitaten des antiochenischen Kirchenschriftstellers Theodoret von Kyrrhos. Dieser Vergleich ermöglichte eine Erstgruppierung,[386] die – bereits in Haupt- (L) und Nebengruppe (l) unterscheidbar – in weiteren Arbeitsschritten (Untersuchung aller lukianischen Sonderlesarten, der Eigennamen und des Einflusses der lukianischen Rezension auf andere Handschriften, sodann die Gewichtung der einzelnen Handschriften innerhalb der jeweiligen Gruppe hinsichtlich ihrer Bezeugung ursprünglicher lukianischer Lesarten)[387] ausdifferenziert und verifiziert wurde.

Hieraus ergibt sich das nachstehende überlieferungsgeschichtliche Schema der lukianischen Rezension des Buches Ruth:

---

383 Vgl. RUTH-STUDIE (1922), 90.
384 RUTH-STUDIE (1922), 89–90.
385 Vgl. RUTH-STUDIE (1922), 96.
386 Vgl. zur Zitationsweise bei Theodoret die Zusammenfassung von SEPT.-STUD. 1 (1904), 16–46, oben, ab S. 126.
387 Vgl. RUTH-STUDIE (1922), §§ 9–10.

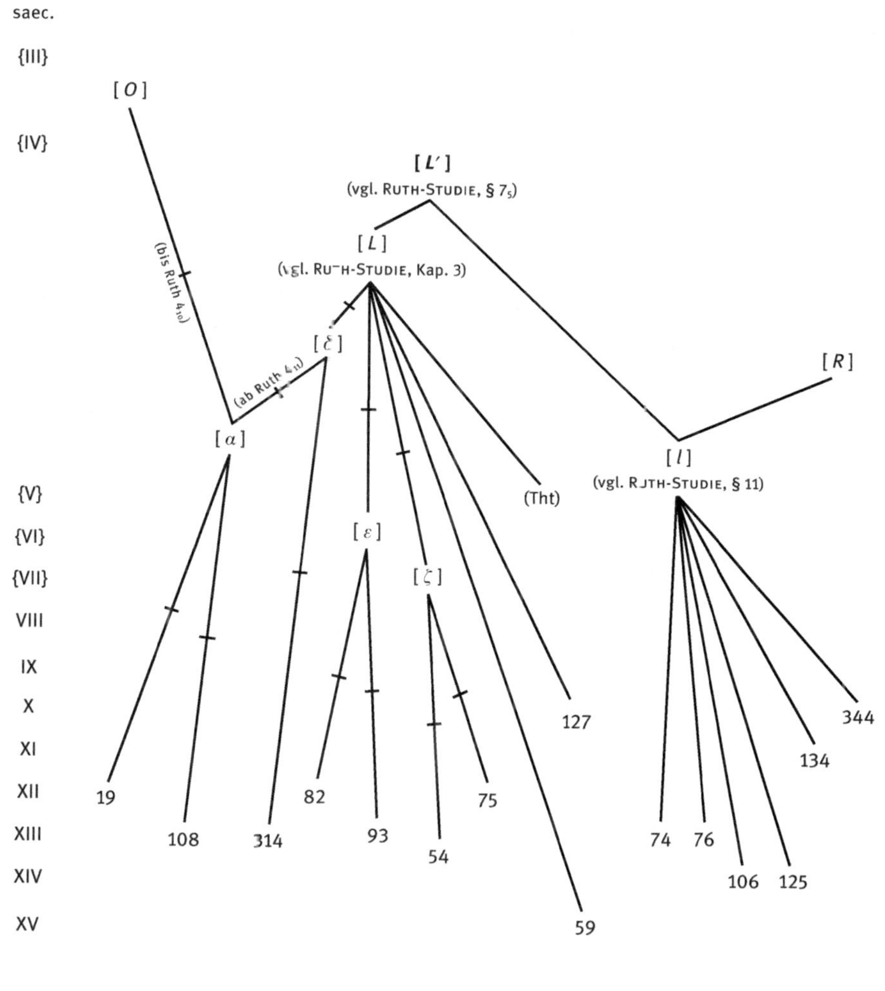

saec.

{III}

[O]

{IV}

[L']
(vgl. Ruth-Studie, § 7₅)

[L]
(vgl. Ruth-Studie, Kap. 3)

(bis Ruth 4₁₀)

[δ]

[R]

(ab Ruth 4₁₁)

[α]

[l]
(vgl. Ruth-Studie, § 11)

{V}

(Tht)

{VI}

[ε]

{VII}

[ζ]

VIII

IX

X

127

344

XI

134

XII

19

82

75

XIII

108   314   93   74   76

54

XIV

106   125

XV

59

Abb. 8: Die lukianische Rezension des Buches Ruth (vgl. Ruth-Studie [1922], § 31₂)[388]

---

388 *Erläuterungen:* α ist die hypothetische Vorlage (d.h. der Hyparchetypus) der Hss. 19 und 108, deren Texttyp ab Ruth 4₁₁ nicht mehr hexaplarisch, sondern lukianisch ist; δ ist die hypothetische Vorlage von α und Hs. 314, die ab Ruth 4₁₁ eine Untergruppe bilden; ε ist die hypothetische Vorlage der Hss.-Untergruppe 82-93; ζ ist die hypothetische Vorlage einer aus den Hss. 75 und 54 bestehenden Untergruppe (vgl. zu den drei Untergruppen Ruth-Studie [1922], § 10); die kleinen Querstriche (—) symbolisieren nicht rekonstruierbare Überlieferungsstufen zwischen den Spaltungen; die geschwungenen Klammern { } deuten an, dass hier eine genaue Datierung nicht möglich ist.

(c) Die hesychianische Rezension

Da Rahlfs die von Hieronymus als ‚historisch' verbürgte Existenz der *trifaria varietas* grundsätzlich nie in Zweifel zog, rechnete er auch im Buch Ruth – wie schon zuvor in den SEPT.-STUD. 2 (1907) – mit Indizien für die rezensionelle Bearbeitung des Hesych innerhalb der griechischen Handschriftenüberlieferung.[389]

Dabei blieb er in seinen Formulierungen ziemlich vage und erwähnte die Rezension lediglich in seiner abschließenden Ergebniszusammenfassung, ohne ihr ein eigenes Kapitel zu widmen. Mag man Spuren Hesychs in Codex Vaticanus vermuten, so können diese laut Rahlfs nur in dessen „höchst unbedeutend[en] und [...] von [*keiner*] systematische[n] Überarbeitung"[390] zeugenden Sonderlesarten zu finden sein. Wirklich greifbar werde eine etwaige Rezension so jedenfalls nicht, was allerdings auch unerheblich sei: „Denn wenn B's Ruth-Text wirklich hesychianisch ist, so muß man konstatieren, daß Hesych [...] ‚denselben vorhexaplarischen Text wie Origenes zugrunde gelegt und diesen nur wenig geändert hat'."[391]

Rahlfs schloss die Möglichkeit einer hesychianischen Rezension also nicht prinzipiell aus. Im Buch Ruth konnte er sie aber nicht nachweisen. Daran wird deutlich, dass er zwar noch an herkömmlichen Vorstellungen resp. Erwartungen festhielt, sie aber schon zu diesem Zeitpunkt nicht mehr zum Maßstab seiner Textanalysen machte.[392]

(d) Die *R*-Rezension

Statt der hesychianischen Rezension konnte Rahlfs im Buch Ruth allerdings „zwei andere weitverbreitete Rezensionen" innerhalb der Textzeugen ausmachen:[393] eine „Rezension unbekannter Herkunft"[394] (*R*) und den Bibeltext der Oktateuch-

---

389 Vgl. RUTH-STUDIE (1922), 148.

390 RUTH-STUDIE (1922), 148.

391 RUTH-STUDIE (1922), 148. Das Zitat in einfachen Anführungszeichen stammt aus SEPT.-STUD. 2 (1907), 227. Vgl. hierzu unten, S. 231–234.

392 Vgl. dazu unten, S. 231–234 und S. 316–318.

393 So RUTH-STUDIE (1922), 148: „Neben den in der alten Überlieferung ausdrücklich bezeugten Rezensionen des Origenes, Lukian und Hesych, mit denen man bisher fast ausschließlich gerechnet hat, haben sich noch zwei andere weitverbreitete Rezensionen ergeben [...]."

394 RUTH-STUDIE (1922), 104 („Über die Herkunft des Textes dieser Familie vermag ich bisher nichts zu sagen, bezeichne ihn daher als Rezension unbekannter Herkunft"). Unter der Sigel *R*

Catene (*C*).[395] Damit gab er die starre Beschränkung auf die Ermittlung der *trifaria varietas* vollends auf und zeichnete auf diese Weise erstmals ein völlig flexibles Bild der Textgeschichte des Septuaginta-Textes. Hatte er 1907 die ältesten Psaltertexttypen nicht mit den von Hieronymus genannten Rezensionen in Zusammenhang gebracht, sondern sie vielmehr als frühe, vorrezensionelle Textformen identifiziert,[396] so stufte er die neu entdeckten Rezensionen des Buches Ruth als systematische Überarbeitungen des Septuaginta-Textes jüngeren Alters ein.[397]

Als wesentliches Charakteristikum der *R*-Rezension nannte Rahlfs „ihre häufige Übereinstimmung mit 𝔐",[398] wobei *R*[399] hier oft über die in *O* überlieferten Angleichungen an den hebräischen Text hinausgehe, zudem auch (vor allem glättende)[400] Abweichungen vom Hebräischen gegen den Septuaginta-Text biete, was Rahlfs zu der Vermutung veranlasste, „daß der Urheber von *R C* außer *O*, d.h. dem hexaplarischen LXX-Texte, auch die übrigen Kolumnen der Hexapla oder den hebräischen Urtext selbst benutzt hat".[401] Die partielle Abhängigkeit des *R*-Textes von der hexaplarischen Rezension sah Rahlfs daneben auch in Streichungen von Wörtern belegt, die in *O* noch obelisiert waren, was ihm als Indiz für das jüngere Alter von *R* galt.

Die Analyse der Sonderlesarten der *R*-Rezension bestätigte schließlich auch eine andere Beobachtung aus dem Vergleich der *R* und *C* gemeinsamen Lesarten: „*R* stimmt durchaus nicht immer mit *O* überein, sondern korrigiert oft in anderer Weise und an anderen Stellen als *O* nach dem Urtexte und ändert auch öfters gegen den Urtext."[402] Zudem ermöglichte diese Analyse die Charakterisierung der einzelnen Handschriften.[403] Im letzten Arbeitsschritt konnte Rahlfs – wie bereits bei der hexaplarischen und der lukianischen Rezension – die Gruppenzusammenstellung von *R* mit der bei ihren Zeugen üblichen Schreibweise der Eigennamen belegen und

---

fasste Rahlfs die Hss. M V 29 30 55 56 58 71 72 120 (ab Ruth 2₁₆) 121 129 407 932 zusammen. Vgl. a.a.O., 52–53.

395 Vgl. zu *C* unten, S. 203–204.

396 Ähnlich hatte die Sache – zumindest in der Theorie – schon Lagarde gesehen. Vgl. dazu oben, ab S. 128.

397 Das wichtigste Indiz dafür, dass es sich bei *R* und *C* um eine gegenüber *O* und Codex Vaticanus (B) jüngere Bearbeitungsstufe handele, entdeckte Rahlfs in Ruth 2₁₆, wo *R* und *C* zwei Lesarten miteinander verknüpften, von denen die eine in Hs. B, die andere in *O* bezeugt war.

398 Ruth-Studie (1922), 107. Vgl. a.a.O., 111.

399 Und als von *R* abhängig auch *C* (vgl. dazu unten, S. 203).

400 Vgl. Ruth-Studie (1922), 108.

401 Ruth-Studie (1922), 108.

402 Ruth-Studie (1922), 112.

403 Vgl. Ruth-Studie (1922), 117.149. Im Ergebnis seien die Hss. M V 29 120 (ab Ruth 2₁₆) 121, da sie sämtliche Sonderlesarten der Rezension bieten und ihre Zusammengehörigkeit auch durch ihre gemeinsamen Varianten erwiesen ist, die „reinsten Vertreter des *R*-Textes" (a.a.O., 111). Darüber hinaus bestimmte Rahlfs aufgrund der Varianten innerhalb der *R*-Gruppe folgende beiden Untergruppen: Zum einen die Hss. 30 56 129, die in spezifischen Sonderlesarten zusammengehen, zum andern die Hss. 58 72, die wegen des deutlichen „Mischcharakters" von Hs. 58 jedoch nicht so eng wie die erste Untergruppe miteinander verbunden sind.

zugleich den Nachweis führen, inwieweit Abhängigkeiten vom hexaplarischen Text bestehen und wo die Rezension eigene Wege geht.[404]

Aufgrund von Rahlfs' Analyse ergibt sich somit das nachstehende überlieferungsgeschichtliche Schema der R-Rezension des Buches Ruth:

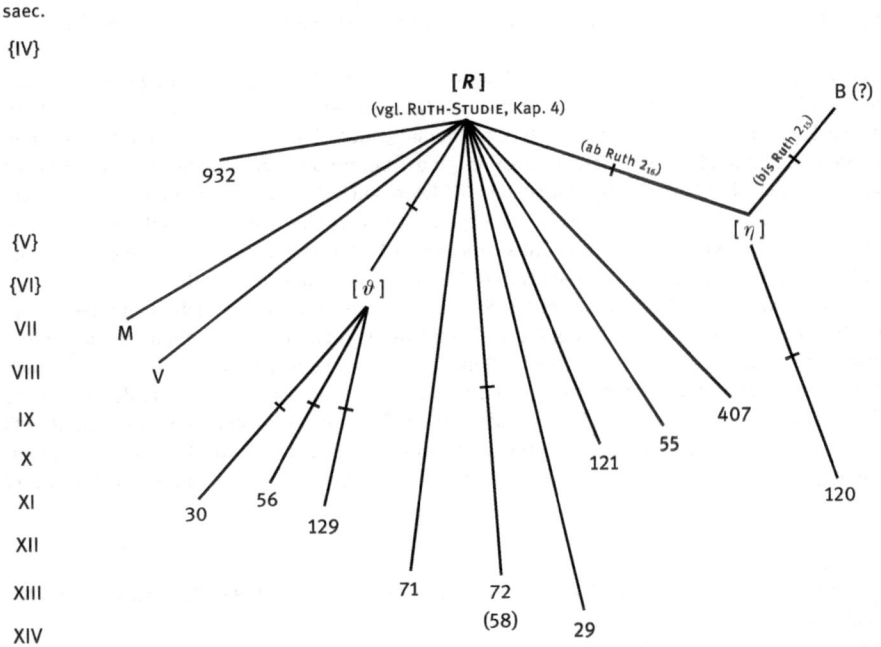

Abb. 9: Die R-Rezension des Buches Ruth (vgl. RUTH-STUDIE [1922], § 32)[405]

---

404 Vgl. RUTH-STUDIE (1922), 118–119.

405 *Erläuterungen:* η ist die hypothetische Vorlage (d.h. der Hyparchetypus) der Hs. 120, deren Texttyp spät. ab Ruth 2₁₆ der R-Rezension angehört (vgl. RUTH-STUDIE [1922], 123), wohingegen er im ersten Teil des Buches mit Codex B verwandt ist; ϑ ist die hypothetische Vorlage einer aus den Hss. 30 56 129 bestehenden Untergruppe, außerdem hängt von dieser Vorlage wohl auch die C-Rezension ab (vgl. RUTH-STUDIE [1922], 113.117.119); die kleinen Querstriche (–) symbolisieren nicht rekonstruierbare Überlieferungsstufen zwischen den Spaltungen; die in runden Klammern gesetzte Hs. 58 stimmt zwar „a parte potiore" (RUTH-STUDIE [1922], 149) mit R überein, bietet aber auch viele Lesarten anderer Rezensionen („notorischer Mischtext"; RUTH-STUDIE [1922], 69.91.110), so dass die Bindung mit Hs. 72 nur recht lose ist (vgl. RUTH-STUDIE [1922], 117); die geschwungenen Klammern { } deuten an, dass hier eine genaue Datierung nicht möglich ist.

(e) Die Catenen-Rezension (*C*)

Mit dem Begriff ‚Catenen-Rezension'[406] bezeichnete Rahlfs eine in der Oktateuch-Catene tradierte systematische Überarbeitung des Septuaginta-Textes, die auffallende Gemeinsamkeiten mit der *R*-Rezension teilt, wie u.a. die enge Übereinstimmung mit dem Hebräischen oder die Nähe nicht nur zu *O*, sondern vermutlich auch zu den übrigen Kolumnen der Hexapla.[407] Dabei wies er diesen Texttyp in Handschriften nach, deren Text vor allem, *aber nicht ausschließlich* in Catenenform[408] überliefert worden war.[409]

Wie bei den drei vorangehenden Rezensionen wurden auch im Falle von *C* sämtliche Sonderlesarten analysiert, um die Zeugen der Hauptgruppe ermitteln zu können, die dem ursprünglichen Catenentext am nächsten kommen. Für das Buch Ruth stellten sich die Hss. 44 52 57 als besonders gute Zeugen des *C*-Textes heraus, denen Rahlfs die Hss. 53 130 als „eine Art Nebengruppe" (‚*c*') beifügte.[410] Die Untersuchung führte auch zu dem Schluss, dass die Catenen-Rezension von der *R*-Rezension (wegen charakteristischer Übereinstimmung mit den Hss. 30 56 129) abhängen müsse, da unter ihren Sonderlesarten keine zu finden seien, die „genauer als die gewöhnliche Septuaginta-Lesart mit 𝔐"[411] übereinstimmten. Vergleiche man aber die gemeinsamen Lesarten von *R* und *C*, so falle dabei eine besondere Nähe zum hebräischen Text auf, die den Schluss nahelege, dass der Schreiber des *C*-Textes diese Angleichungen aus der *R*-Rezension übernommen habe. An den Stellen, an denen *R* und *C* hinsichtlich ihrer Übereinstimmung mit 𝔐 auseinanderliefen, habe *C* hingegen „auch andere Textformen benutzt" und zudem „an einer Reihe von Stellen selbständig den Text zu verschönern unternommen".[412]

---

406 So RUTH-STUDIE (1922), 104. Da Rahlfs entgegen seiner üblichen Praxis keine Vorgänger benennt, an die seine Entdeckung der Catenen-Rezension anknüpft, ist davon auszugehen, dass ihm keine Hypothesen anderer vorlagen resp. überhaupt existierten.

407 Obgleich er von ‚Gruppe' spricht, bestätigt Quast in *seiner* Beschreibung des ‚*C*-Textes' *Rahlfs'* Beschreibung der Catenen-Rezension. Vgl. QUAST, Ruth (2006), 104–108. Vgl. außerdem die Zusammenfassung bei SCHÄFER, Benutzerhandbuch II (2013), 75–76.

408 Die von Rahlfs untersuchten Catenen-Handschriften im Buch Ruth gehören der von Karo-Lietzmann als Typ III definierten Form an (vgl. KARO/LIETZMANN, Catalogus [1902], 7–17). Vgl. insgesamt PETIT, Théodoret (2003).

409 Vgl. RUTH-STUDIE (1922), 104. Die *C*-Rezension des Buches Ruth ist belegt in den Hss. 16 (Typ III) 44 (keine Catene) 52 (Typ III) 53 (Typ III) 57 (Typ III) 73 (Typ III) 77 (Typ III) 130 (Typ III) 131 (Typ III) 209 (vermutlich Typ III) 236 (Typ III). Außerdem die Hss. 313 (Typ III) und 417 (Typ III), die beide Quelle der sog. *Catena Nicephori* waren (vgl. hierzu oben, S. 133, Anm. 65).

410 RUTH-STUDIE (1922), 118 (vgl. RUTH [1922], 17). Die Hss. 53 130 stimmen in ihren Abweichungen von *C* zwar oft überein, haben aber keine ausschließlich bei ihnen belegten Sonderlesarten und sind daher nur eine Art Nebengruppe.

411 RUTH-STUDIE (1922), 113.

412 Beide Zitate: RUTH-STUDIE (1922), 113.

Die in der RUTH-STUDIE präsentierte Detailanalyse ermöglicht die folgende graphische Darstellung der Catenen-Rezension:

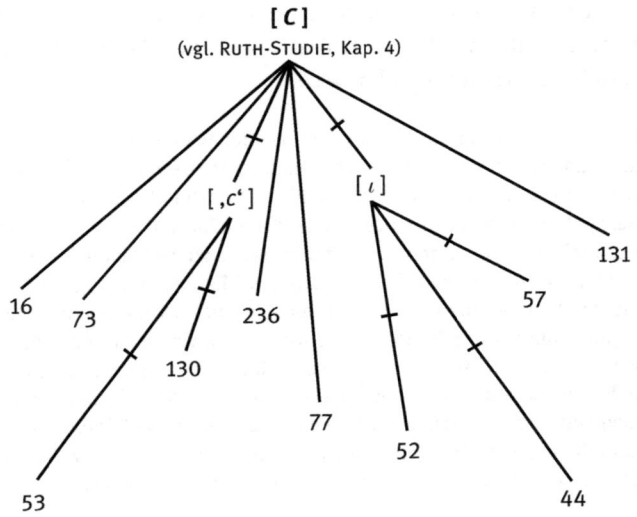

Abb. 10: Die Catenen-Rezension des Buches Ruth (vgl. RUTH-STUDIE [1922], § 32)[413]

---

413 *Erläuterungen:* ‚c‘ ist die hypothetische Vorlage (der Hyparchetypus) der, aufgrund ihrer engen Verwandtschaft auch durchaus als „eine Art Nebengruppe" (RUTH-STUDIE [1922], 118) zusammenfassbaren Hss. 53 und 130; ι ist die hypothetische Vorlage der Hss.-Untergruppe 44-52-57; die kleinen Querstriche (—) symbolisieren nicht rekonstruierbare Überlieferungsstufen zwischen den Spaltungen; die geschwungenen Klammern { } deuten an, dass hier eine genaue Datierung nicht möglich ist.

(f) Die Untersuchung und textkritische Bewertung der nicht rubrizierten griechischen Handschriften

Eine weitere wirkungsgeschichtlich nachhaltige ‚Neuentdeckung' gelang Rahlfs mit der Feststellung, dass sich nicht alle Handschriften, die den Text des Buches Ruth überlieferten, einem der vier (resp. mit Hesych fünf) beschriebenen Texttypen zuordnen ließen und auch ansonsten auf keine Weise rubriziert werden konnten.[414] Es waren dies die Codices Vaticanus (B) und Alexandrinus (A) sowie die Hss. 120 509, deren Text entweder Spuren mehrerer Traditionen aufwies (sog. *codices mixti*) oder aber als vorrezensionell und d.h. als vorhexaplarisch gelten konnte (sofern die Bearbeitung des Septuaginta-Textes durch Origenes im Buch Ruth als die älteste der oben genannten Rezensionen anzusetzen ist).

Da Hs. B im Buch Ruth keinen der von Origenes asterisierten Zusätze und auch keine Auslassungen und rezensionsspezifischen Namensschreibungen überlieferte, stufte Rahlfs sie als grundsätzlich vorrezensionell ein. Zwingende positive Beweise für ihre Ursprünglichkeit ergaben sich zwar nicht, doch stieß die Annahme auf keine Schwierigkeiten: „und das schon ist Beweis genug für ihre Richtigkeit".[415] Rahlfs räumte Hs. B somit Priorität gegenüber der restlichen Überlieferung ein und legte im Wesentlichen deren Text seiner kritischen Ausgabe zugrunde, wobei er eindeutig sekundäre Lesarten Hs. E's eliminierte.[416]

Obgleich Hs. A im Gegensatz zu Hs. B fast alle der von Origenes asterisierten Zusätze enthielt,[417] stufte Rahlfs ihren Ursprung dennoch als vorhexaplarisch resp. vorrezensionell ein. Vor allem ein an falscher Stelle eingeschobener Zusatz und das Fehlen spezifischer Sonderlesarten der hexaplarischen Rezension sowie die inkonsistente Schreibung der Eigennamen begründeten seine Annahme, dass Hs. A eine nach dem hexaplarischen Septuaginta-Text lediglich korrigierte Form überliefere. Hs. A sei insgesamt ein gutes Beispiel dafür, dass der Text einer Handschrift je nach Buch resp. in ein und demselben Buch verschiedenen Einflüssen ausgesetzt gewesen sein konnte: „Während er [*der in Hs. A vorliegende alt- (und neu-) testamentliche Text; CS nach AR*] z.B. in den Königsbüchern rein hexaplarisch ist [...], ist er im Richterbuche vorhexaplarisch [...]; im Psalter aber ist er in eigentümlicher Weise aus einem B-ähnlichen Texte und dem Vulgärtexte, d.h. *L*, gemischt [...]".[418]

Auch die Hss. 120 509 ließen sich keiner der genannten Rezensionen eindeutig zuordnen, weshalb Rahlfs sie gesondert besprach. So charakterisierte er den Text von Hs. 120 aufgrund charakteristischer Übereinstimmungen im ersten Teil des Buches Ruth als „B-ähnlich" und ordnete ihn im zweiten Teil vollständig der *R*-Rezension zu.[419] Als *codex mixtus*, der wegen seines gemischten Textcharakters als Einzelzeuge für sich stehen muss, war auch Hs. 509, allerdings im

---

414 Vgl. Ruth-Studie (1922), 149.
415 Ruth-Studie (1922), 120.
416 Vgl. Ruth-Studie (1922), 121. Vgl. dazu unten, S. 346–348.
417 Vgl. Ruth-Studie (1922), 121.
418 Ruth-Studie (1922), 122.
419 Vgl. Ruth-Studie (1922), 115 und § 24.

gesamten Buch Ruth, zu bewerten: Mal gehe die Handschrift mit Hs. B, an anderer Stelle hingegen z.B. mit *R* oder *C* zusammen. Eine ausschließliche oder auch nur vornehmliche Zuweisung zu einer Gruppe war Rahlfs deshalb unmöglich.[420]

Die Isolierung alleinstehender, d.h. nicht rubrizierbarer Textzeugen zeigt, dass Rahlfs beim Gruppieren der Ruth-Handschriften an Grenzen stieß, die er bewusst nicht überschritt. Damit blieb er strikt an dem zur Verfügung stehenden Material orientiert und schlug einen – richtungsweisenden – Mittelweg ein zwischen der mehr oder weniger deutlichen Zuordnung der Handschriften zu verschiedenen Textfamilien einerseits und der Markierung ihrer Sonderstellung als textkritisch gewichtige vorrezensionelle Zeugen resp. textkritisch unerhebliche Mischtexte anderseits.

1.2.3 Zusammenfassung

Das nachstehende Schaubild skizziert aufgrund der Ergebnisse der RUTH-STUDIE die gesamte Überlieferungsgeschichte des Buches Ruth.[421] Dabei steht Ω für den zu rekonstruierenden Archetypus resp. ältesten erreichbaren Septuaginta-Text des Buches Ruth. Σ bezeichnet die hypothetische vorrezensionelle Vorlage (d.h. den Hyparchetypus) sowohl des B-Textes als auch der lukianischen Rezension L'. Diese ist ebenfalls, allerdings kaum bemerkenswert, vom hexaplarischen Texttyp O beeinflusst und unterteilt sich in eine Hauptgruppe L und eine Nebengruppe l sowie in verschiedene Untergruppen.[422] Die Nebengruppe l weist überdies Einflüsse des R-Textes auf. Ψ bedeutet den Text der sechskolumnigen Hexapla, in die neben dem Hebräischen und dessen Transkription ein vorrezensioneller Texttyp und die Übersetzungen resp. Revisionen der ‚Drei' ($oi\ \lambda'$) – Aquila, Symmachus und Theodotion – integriert sind. Seine textkritischen Arbeiten führte Origenes in der fünften Kolumne von Ψ aus, die ihrerseits später zum offiziellen Bibeltext im palästinischen Gebiet wurde (= O'). Sie unterteilt sich in eine Hauptgruppe O und eine Nebengruppe o, wobei letztere sich mehr als Mischtext denn als hexaplarisch beeinflusst erweist und stark von R abhängt.[423] Δ meint die hypothetische Vorlage von R, da diese Rezension „nicht direkt auf Origenes zurückgeht",[424] sondern auch die übrigen Kolumnen der Hexapla resp. den hebräischen Text zur

---

420 Vgl. RUTH-STUDIE (1922), § 25.
421 Vgl. RUTH-STUDIE (1922), 147–149.
422 Vgl. dazu das Schaubild zur lukianischen Rezension oben, S. 199.
423 Vgl. dazu das Schaubild zur hexaplarischen Rezension oben, S. 193.
424 RUTH-STUDIE (1922), 108.

Grundlage hatte;[425] ϑ bezeichnet eine hypothetische Vorlage der Catenen-Rezension (C), da diese von der R-Untergruppe 30-56-129 abhängt, deren Vorlage wiederum ϑ ist.[426] Daneben ist C von weiteren, nicht näher bestimmbaren Textformen abhängig (O? L? B?). Die geschwungenen Klammern { } deuten an, dass hier eine genaue Datierung nicht möglich ist. Die kleinen Querstriche (—) symbolisieren die nicht rekonstruierbaren Überlieferungsstufen zwischen den jeweiligen Spaltungen. Wegen seines deutlich vorrezensionellen Charakters ist Hs. B als Einzelzeuge in das Schaubild aufgenommen.[427]

Die kritische Handausgabe des Buches Ruth und die RUTH-STUDIE bildeten den Grundstein nicht nur aller weiteren von Rahlfs edierten Bücher der Septuaginta, sondern bleiben bis in die Gegenwart hinein das Fundament auf dem die editionsphilologische Methodik des Göttinger Septuaginta-Unternehmens beruht.[428]

---

[425] Vgl. RUTH-STUDIE (1922), 108. Vgl. dazu das Schaubild zur R-Rezension oben, S. 202.
[426] Vgl. RUTH-STUDIE (1922), 113. Vgl. dazu das Schaubild zur Catenen-Rezension oben, S. 204.
[427] Vgl. zum Text der hier nicht aufgenommenen Hss. A 120 509 oben, S. 205–206.
[428] Vgl. dazu unten, ab S. 327.

saec.

{IvC}

{I}

{II}

{III}

{IV}

{V}

{VI}

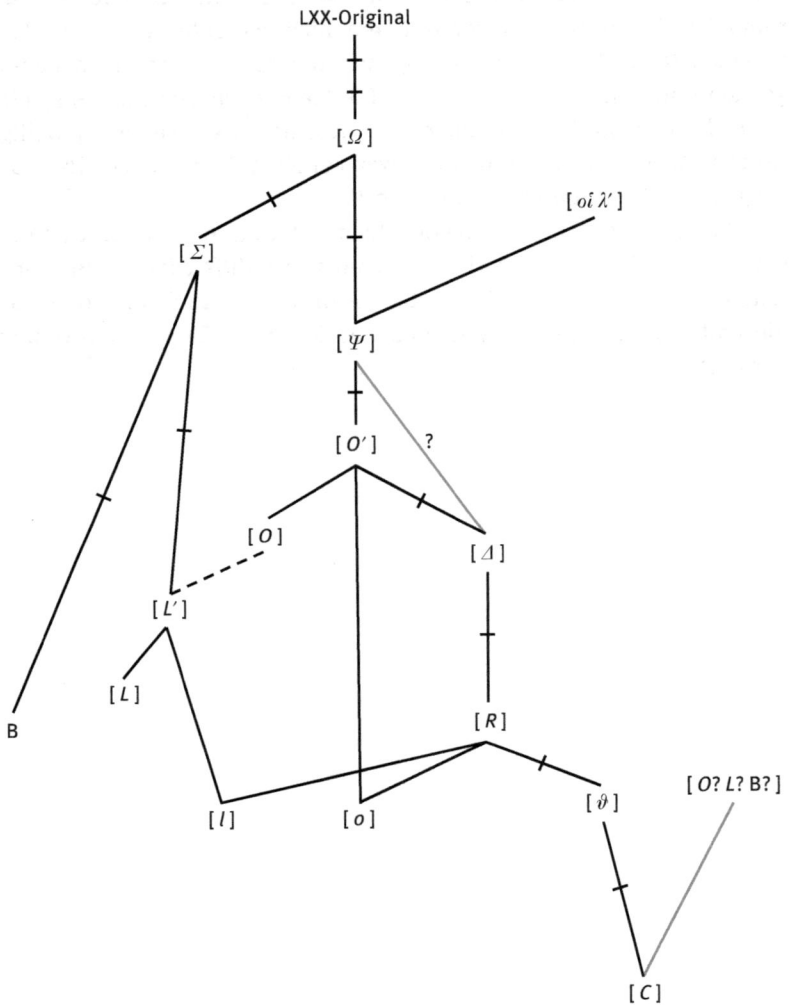

LXX-Original

[Ω]

[$oi \lambda'$]

[Σ]

[Ψ]

[O']   ?

[O]

[Δ]

[L']

[L]

B

[R]

[l]

[o]

[ϑ]

[$O? L? B?$]

[C]

Abb. 11: Die Septuaginta-Überlieferung des Buches Ruth (vgl. Ruth-Studie [1922], § 31)[429]

---

429 Die Erläuterungen finden sich in der voranstehenden Zusammenfassung.

1.2.4 Die aus der Identifizierung rezensioneller Überarbeitungen des Buches Genesis resultierende Verfeinerung des methodischen Vorgehens in der Rekonstruktion der Septuaginta-Textgeschichte

Im Vorwort seiner Handausgabe des Buches Genesis schrieb Rahlfs:

> „Als ich mit der Bearbeitung der Genesis begann, versuchte ich zunächst, auch hier die Notierung wie im Buch Ruth auf wenige Gruppen zu beschränken; aber bei der ganz anderen Gruppierung der Handschriften in der Genesis erwies sich dies bald als unmöglich, und ich fügte dann eine Gruppe nach der anderen hinzu [...]."[430]

Bei der Erschließung der überlieferungsgeschichtlichen Verhältnisse[431] bestätigte sich für ihn, was er schon in den SEPT.-STUD. 3 (1911) behauptet hatte: „Man muß

---

430 GENESIS (1926), 3.

431 Da ihm die diplomatische „Cambridger Septuaginta" von Brooke-McLean als Material-sammlung zur Verfügung stand, musste Rahlfs nicht mehr sämtliche Handschriften – insgesamt acht Unzialen und 29 Minuskeln –, die er für die Rekonstruktion des Genesis-Textes heranzog, neu kollationieren (vgl., auch zum Folgenden, GENESIS [1926], 16–23; lediglich das Papyrus-fragment 911 kollationierte Rahlfs selbst). Obwohl er Kenntnis weiterer alter Papyrus- resp. Per-gamentfragmente hatte (vgl. RAHLFS, Hss.-Vz. [1914], 374–375), ließ er diese bei der Textrekon-struktion außer Acht, „da ihr Umfang gar zu gering ist und sie bei ihrer lückenhaften Erhal-tung so gut wie nichts für die Textkritik abwerfen" (GENESIS [1926], 23). Daneben zog er das bei Field gesammelte Material aus der Hexapla mit heran, außerdem die Druckausgaben von Grabe (Tomus I [Octateuchus], Oxonii 1707), Holmes-Parsons (ed. R. HOLMES, Oxonii 1798), Lagarde (Genesis graece [1868]) sowie die Editio Sixtina.
Von den Tochterübersetzungen wurde die Syrohexapla nach der Ausgabe Lagardes (Bibliotheca syriaca [1982]) bzw. wo diese fehlte die Übersetzung des syrohexaplarischen Textes ins Ara-bische (Arab) vollständig eingearbeitet. Aufgrund der Genauigkeit ihrer Überlieferung sei der textkritische Wert von Syh, so Rahlfs, auch im Buch Genesis recht hoch, denn ihre Vorlage lasse sich meistens sicher rekonstruieren. Arab hingegen sei frei übersetzt, so dass der ihr zugrun-deliegende Text nur bei sehr deutlichen Varianten mit einiger Sicherheit rekonstruiert werden könne. Die hexaplarisch beeinflusste armenische Übersetzung zitierte Rahlfs ebenfalls häufiger, nur gelegentlich hingegen die sahidische, bohairische und äthiopische (vgl. GENESIS [1926], 23–24[25]). Diese Rezeption der Tochterübersetzungen zeigt, wie schon beim Buch Ruth, dass deren Wert bei der Rekonstruktion des ältesten erreichbaren Septuaginta-Textes insgesamt zwar nicht unterschätzt werden sollte, anderseits aber auch nie höher als das Zeugnis der griechi-schen Handschriften zu veranschlagen war, grundsätzlich vom jeweils vorhandenen Quellen-material abhing und somit keiner pauschalen Beurteilung unterlag.
Die Zitate bei den griechischen und lateinischen Kirchenschriftstellern sowie bei Philo und Josephus ließ Rahlfs für die GENESIS bewusst unberücksichtigt (vgl. GENESIS [1926], 24). Von textkritischem Wert seien diese Zeugen nämlich nur aufgrund eines *vollständigen* Bildes ihrer Überlieferung. Einzelangaben von Abweichungen ließen hingegen noch keine Schlüsse auf den Gesamtcharakter der Zitierweise eines Kirchenschriftstellers und die Verortung der Zitate inner-

den Texttypus jedes Buches für sich untersuchen, da oft in derselben Hs. verschiedene Texttypen gemischt sind."[432] Statt der im Buch Ruth identifizierten Texttypen *O*, *L*, *R* und *C* ermittelte Rahlfs nämlich für die Genesis lediglich die hexaplarische[433] und die Catenen-Rezension[434] mit jeweils einer Nebengruppe *o* und *c*,[435] darüber hinaus aber auch vier kleine Gruppen (*b*, *l*, *q* und *r*),[436] deren transmissionsgeschichtliche Einordnung durch den am Anfang der Ausgabe platzierten Geschichtsabriss zur Septuaginta verdeutlicht wurde.

Das methodische Vorgehen für die Verifizierung einer Gruppe entsprach dabei grundsätzlich dem Verfahren in der RUTH-STUDIE, führte allerdings zu anderen Ergebnissen. Die Unterschiede zwischen den Handschriftengruppierungen in den Büchern Ruth und Genesis fanden ihre Bestätigung später im Pentateuch, was anhand der folgenden Gruppierungsbeispiele, die den ‚Göttinger‘ Editionen der Ruth und des Pentateuch entnommen sind, ersichtlich wird:[437]

---

halb der handschriftlichen Überlieferung zu. Neben den Abweichungen hätte dafür nämlich auch der jeweilige Umfang der zitierten Bibelstellen angegeben werden müssen, was zu einer Ausdehnung des Apparates geführt hätte, die Rahlfs für eine Handausgabe unangemessen erschien (vgl. RUTH-STUDIE [1922], 157–158).

432 SEPT.-STUD. 3 (1911), 18, Anm. 1. Vgl. GENESIS (1926), 3.

433 Vgl. GENESIS (1926), § 2.

434 Vgl. zu den Details der Catenen-Rezension GENESIS (1926), 29–30, außerdem insgesamt PETIT, La chaîne (1991).

435 Die *Rezension Lukians* liege erst „am Schluß des Oktateuchs, im Buche Ruth" eindeutig vor (GENESIS [1926], 28; vgl. ebd. auch zum Folgenden). Die Hss. 19 82 93 108, die z.B. in den Königsbüchern den lukianischen Texttyp überliefern, gehören in der Genesis ganz unterschiedlichen Textfamilien an. Lediglich im Text von Hs. 75 konnte Rahlfs lukianische Charakteristika ausmachen – allerdings nicht in reiner Form, was insbesondere an diversen, lukian-untypischen Auslassungen lag. Aus diesem Grund gebrauchte er im Apparat der Genesis-Ausgabe auch nicht die Sigel *L*, sondern setzte Hs. 75 kursiv, um anzuzeigen, dass diese Handschrift Vertreterin einer Gruppe sei. Bei Sonderlesarten, die eindeutig nicht Lukian zuzuordnen waren, nannte Rahlfs „75" hingegen nicht. Daneben konnte er eine nicht immer konsistente Nebengruppe *l* (= Hss. 44 106) ausmachen, deren Mitglieder einen Text bezeugen, der eine enge Verwandtschaft mit lukianischen Lesarten aufwies. Vgl. GENESIS (1926), 29. J. W. Wevers hat Rahlfs' Aussagen an dieser Stelle ein zu hohes Gewicht beigemessen, wenn er behauptet, jener habe in Hs. 75 eine Vertreterin der lukianischen Rezension gesehen (so in WEVERS, THGG [1974], 105). Die Aussagen in der GENESIS (1926) sind deutlich zurückhaltender und keineswegs definitiv formuliert.

436 Vgl. GENESIS (1926), 31–32, und zur Auflösung der Gruppensigeln unten, S. 509–510.

437 Weitere Beispiele bietet das „Alphabetische bzw. arithmetische Verzeichnis der Handschriften mit Angabe der Gruppen, zu denen sie gehören" in SCHÄFER, Benutzerhandbuch I (2012), 147–163.

	Gen	Ex	Lev	Num	Dtn	Ruth
Hs. 18	*cII* *b* [438] [439]	cod mixt [440]	cod mixt	*z*	*z*	*oII*
Hs. 108	*b*	*b*	*b*	*b*	*b*	*O* [441] *L* [442]
Hs. 509	cod mixt	cod mixt	*x*	*x*	cod mixt	cod mixt
Hs. 799	*t* [443] *oI* [444]	cod mixt	cod mixt	*t*	*t*

Die Diskrepanz zwischen Rahlfs' Editionsmodell und dem Lagarde'schen „Ideal eines Aufbaus nach den berühmten Rezensionen des Origenes, Lukian und Hesych"[445] spiegelt sich in der Einleitung zur Genesis-Ausgabe am markantesten in seiner Warnung wider,[446] die für die Herstellung einer kritischen Ausgabe der

---

438 Gen. 1Inscr – 47₁₅.

439 Gen. 47₁₅ – fin libri.

440 cod mixt = *codex mixtus*, d.h. keiner spezifischen Gruppe zuordenbar.

441 Ruth 1Inscr – 4₁₀.

442 Ruth 4₁₁ – fin libri und in den Königsbüchern.

443 Gen. 1Inscr – 36₇.

444 Gen. 36₈ – fin libri.

445 GENESIS (1926), 3.

446 Bei aller Schonungslosigkeit blieb Rahlfs' Kritik allerdings stets rein sachlich und darf keinesfalls mit einer irgendwie gearteten persönlichen Ablehnung von Lagarde selbst oder von dessen Septuaginta-Arbeit an sich verwechselt werden. Der Verehrung für seinen Lehrer tat diese Sachkritik an keiner Stelle einen Abbruch, so dass Rahlfs selbst die Fehler, die Lagarde bei der Erstellung der Lukian-Ausgabe unterlaufen waren, zu relativieren suchte: „Dies Werk [sc. LAGAR-DE, *Lukian* (1883)] ist ebenso, wie Lagardes *L*-Kollationen [...], ein Zeugnis seiner schier unglaub-lichen Arbeitskraft. [*Es folgt eine ausführliche Auflistung der von Lagarde in den Jahren 1881 bis 1883 unternommenen Arbeiten; CS.*] Erfüllt uns diese gewaltige Arbeitsleistung auf den verschie-densten Gebieten mit lebhaftem Staunen, so können wir uns andrerseits doch nicht verhehlen, daß Lagarde bei solch fieberhafter Tätigkeit und solcher Zersplitterung seiner Kräfte unmöglich die Ruhe und Sammlung gefunden haben kann, die für ein Ausreifen seines Hauptwerkes unbe-dingt erforderlich waren. So zeigt sich denn seine *L*-Ausgabe in der Tat arg überhastet und leistet bei weitem nicht das, was mit dem von Lagarde mühsam gesammelten Material hätte geleistet werden können" (SEPT.-STUD. 3 [1911], 23–24). „Lagardes *L*-Ausgabe hat [...] nur einen beschränk-ten Wert. [...] für die genauere Forschung reicht sie nicht aus. Dies hat aber – und das darf man für die Beurteilung Lagardes nicht vergessen – dieser selbst auch nie behauptet" (SEPT.-STUD. 3 [1911], 29). Und in der RUTH-STUDIE (1922) schloss Rahlfs seine Analyse des Wechsels der Grup-penzugehörigkeit der Hss. 19 108 in Ruth 4₁₁ (von *O* zu *L*) mit den Worten: „[...] so wird auch Lagardes Ausgabe des Lukiantextes des Oktateuchs in den letzten zwölf Versen noch wirklich

Septuaginta von fundamentaler Bedeutung ist: „jede Gruppenbildung nach vorgefaßten Meinungen wäre verfehlt".[447] Die Vorarbeiten zur Genesis hatten also gezeigt, dass man – da die Textform, d.h. die Gruppenzugehörigkeit einer Handschrift von Buch zu Buch und sogar innerhalb eines Buches (wie Rahlfs schon 1904 in den SEPT.-STUD. 1 für Hs. 82 nachgewiesen hatte)[448] wechseln kann[449] – „in jedem Buche [...] jede einzelne Handschrift neu auf ihre Textform untersuchen [muss] und [...] nur die deutlich zusammengehörigen Handschriften zu Gruppen zusammenfassen"[450] darf. Alle diesem grundlegenden Postulat zuwiderlaufenden Verfahrensweisen waren und bleiben mithin unzulässig – wie beispielsweise eben auch Lagardes buchübergreifender Rekonstruktionsversuch des lukianischen Textes[451] oder die Herstellung seiner späten Edition *Psalterii graeci quinquagena prima* (1892).[452]

Als Otto Eißfeldt Rahlfs dafür dankte, „daß [*dieser*] das Schema des Probeheftes [*der Ruth; CS*] entschlossen hat fallen lassen, als er sah, daß es für die in der

---

lukianisch, nachdem sie bis dahin einen Pseudo-Lukiantext geboten hat" (RUTH-STUDIE [1922], 78), und ging dann im *Lebenswerk* schließlich soweit, zu behaupten, dass „Lagarde, wenn er nur das ihm zur Verfügung stehende Material ohne vorgefaßte Meinung durchdacht hätte, selbst von seiner Kirchenprovinzen-These in der scharfen Formulierung, die er ihr zuletzt gegeben hat, [*hätte*] zurückkommen müssen" (RAHLFS, Lebenswerk [1928], 77).

447 GENESIS (1926), 33; vgl. a.a.O., 3.

448 Vgl. SEPT.-STUD. 1 (1904), 5–15.

449 Gründe für einen solchen Wechsel der Textform sah Rahlfs einerseits in einem Wechsel des Schreibers, der allerdings auch schon „in einem verloren gegangenen Archetypus eingetreten und in der [...] vorliegenden Abschrift nicht mehr äußerlich erkennbar sein" konnte, andererseits in der Möglichkeit, dass auch ein und derselbe Schreiber „verschiedene Textformen abgeschrieben" haben konnte, beispielsweise „wenn seine Vorlage unvollständig war und er das Fehlende aus einer anderen Vorlage ergänzte" (alle Zitate: GENESIS [1926], 32–33). Vgl. zur Notwendigkeit einer buchweisen Analyse der Septuaginta, die aus der materiellen Überlieferung der biblischen Bücher in Form von Rollen und der ab dem 2. Jh. n. Chr. langsam etablierten Buchform resultiert, Eb. NESTLE, Art. „Bibelübersetzungen, griechische" (1897), 18 (= 78), sowie die bei NEUSCHÄFER/SCHÄFER, Dokumentation (2013), 373–376, abgedruckte Denkschrift vom Oktober 1907, bes. a.a.O., 375.

450 GENESIS (1926), 33. Vgl. ebd.

451 Vgl. dazu oben, ab S. 143.

452 Dazu RAHLFS, Lebenswerk (1928), 81–82: „Mir erscheint aber eine solche Ausgabe des griechischen Psalters, wie sie Lagarde hier unternommen hat, als ebenso grotesk-gigantisch wie sein erster Versuch einer Ausgabe der lukianischen Rezension. [*Es folgt eine positive Bewertung der Kollationen Lagardes; CS.*] Aber die Herstellung des Textes zeigt hier dieselben Mängel wie bei der Ausgabe der Lukian-Rezension der erzählenden Bücher: Lagarde hat das Material nicht vorher durchgearbeitet, sondern gleich mit dem Druck begonnen und bei der Herstellung des Textes sich nur durch den Eindruck bestimmen lassen, den ihm die einzelnen Lesarten machten."

Genesis vorliegende Gruppierung der Handschriften nicht zutraf",[453] beschrieb er geradewegs den Kern dessen, was die Edition des Buches Genesis von allen vorhergehenden Septuaginta-Ausgaben (einschließlich des Buches Ruth) unterschied. Rahlfs hatte darin seine Editionsmethodik noch einmal entscheidend weiterentwickeln können und war so zu seinem endgültigen Gruppierungsprinzip gelangt, das bis heute der „Göttinger Septuaginta" zugrunde liegt: Keine vorgefasste Annahme (z.B. von den drei bei Hieronymus genannten Rezensionen), sondern ausschließlich der Text des jeweils vorhandenen Materials selbst bildet die Grundvoraussetzung für die Konstitution verschiedener Zeugengruppen.

1.3 Exkurs: Das Berliner Papyrusfragment der Genesis (Ra 911) und Rahlfs' Genesis-Ausgabe von 1926

Für die Rekonstruktion des ältesten erreichbaren Textes der Genesis hatte sich Rahlfs die Möglichkeit geboten, ein ins 3. Jh. n. Chr. datierendes Berliner Papyrusfragment[454] auszuwerten. Weder zum Zeitpunkt der Fertigstellung des Druckmanuskriptes der Genesis am 17. April 1925[455] noch zum Zeitpunkt des Erscheinens der fertigen Ausgabe im Jahr 1926 war dieses Fragment von seinen beiden späteren Herausgebern, Henry Sanders und Carl Schmidt, eigenständig ediert worden, so dass Rahlfs auf Fotografien der Handschrift zurückgreifen musste, die ihm Sanders „freundlichst"[456] zur Verfügung gestellt hatte. Dadurch war er im Stande gewesen, wichtige Lesarten jener alten Septuaginta-Handschrift textkritisch zu verwerten, und verband diese Präsentation mit einer im Verhältnis zu den anderen Textzeugen der Genesis relativ ausführlichen, insgesamt drei Seiten umfassenden Beschreibung des Fragments, um „gewisse Eigentümlichkeiten" desselben vorzustellen, da er davon ausging, dass bis zu einer Herausgabe des Papyrus „noch einige Zeit vergehen" würde.[457]

---

453 EISSFELDT, Rez. GENESIS (1927), 452.
454 Staatsbibliothek Berlin, Graec. Fol. 66 I. II, enthält Gen. 1–35₈ βαιθήλ. Die Handschrift liegt heute in der Universität Warschau, Institut für Archäologie, Abteilung Papyrologie, P. Berlin G. 2a–17b und 46–61, Rahlfs-Sigel: 911. Vgl. RAHLFS, Hss.-Vz. (2004), 376–382.
455 Vgl. KOMMISSION, Bericht (1924), 27.
456 GENESIS (1926), 21 (vgl. ebd.).
457 GENESIS (1926), 21.

1.3.1 Kritik an Rahlfs' Verwendung der Hs. 911

Sanders und Schmidt verstanden dieses Vorgehen von Rahlfs jedoch als eine Art Erstveröffentlichung des Materials samt Beschreibung und stellten, hierüber schwer verärgert, der von ihnen besorgten Edition des Papyrusfragments im Jahre 1927 eine zweiseitige Erklärung voran. In dieser legten sie ausführlich die Umstände dar, unter denen Rahlfs das Fragment überhaupt benutzen konnte, und verbanden dies mit einer kritisch-abschätzigen Bewertung der Rahlfs'schen Behandlung des Papyrus:[458]

Im Jahre 1923 habe Carl Schmidt, der das Fragment 1906 in Achmim gekauft hatte, für Henry Sanders (auf dessen Kosten) Fotografien anfertigen lassen, von denen Sanders – ohne Schmidt im Vorfeld zu informieren – Rahlfs auf seine Anfrage hin im Sommer 1924 eine Kopie übergeben habe. Es sei ein Gefallen gewesen, den Sanders Rahlfs für dessen Entgegenkommen erwiesen hatte, ihm den Septuaginta-Apparat des Unternehmens für die Ausgabe des Papyrus „Washington MS V",[459] der den Text der kleinen Propheten enthält, zur Verfügung zu stellen.

Dass Rahlfs die Lesarten dieses Fragments möglicherweise im Apparat der Genesis präsentieren, d.h. die Handschrift kollationieren könnte, hatte Sanders wohl nicht im Sinn gehabt: Weder lag ihm eine Anfrage von Rahlfs für eine ‚Erstveröffentlichung' der Hs. 911 vor noch erschien ihm eine zeitlich absehbare Herausgabe der Genesis in Deutschland, d.h. als Veröffentlichung der Göttinger Gesellschaft der Wissenschaften, infolge des Ersten Weltkrieges resp. der Inflation aus finanzieller Sicht wahrscheinlich. Zusätzliches Gewicht verlieh Sanders seiner Empörung durch die Versicherung, er habe geglaubt, sich hinsichtlich des Umgangs mit den Fotografien auf Rahlfs' „Fairness" verlassen zu können. Zunächst aufgrund des Krieges, dann wegen diverser anderweitiger Verpflichtungen sowie „through the union with the Minor Prophets, to which study extensive additions were made on the Coptic side"[460] hatte sich die Herausgabe des Papyrusfragments von Sanders und Schmidt gegenüber ihrem Ursprungsplan erheblich verzögert und erschien schließlich erst im Jahre 1927.

Neben diesen eher persönlichen Vorwürfen erklärten Sanders und Schmidt giftig, Rahlfs' Verwendung der Fotografien habe glücklicherweise ans Licht gebracht, dass dieser „should in his own interest have awaited the complete publication", da sein Text „very hastily and incompletely reproduced" sei.[461]

---

458 SANDERS/SCHMIDT, Minor Prophets and Genesis (1927). Die ‚Explanation' steht auf S. IX–X (vgl. zum Folgenden dort). Vgl. außerdem die Dokumente unten im Anhang, S. 500–503.

459 Smithsonian Institution Libraries in Washington, Freer Gallery of Art, ohne Inventar-Nummer, Rahlfs-Sigel: W. Vgl. RAHLFS, Hss.-Vz. (2004), 387–389.

460 SANDERS/SCHMIDT, Minor Prophets and Genesis (1927), IX.

461 Beide Zitate: SANDERS/SCHMIDT, Minor Prophets and Genesis (1927), X.IX. Auch in diesem Abschnitt wird Rahlfs vorgeworfen, falsche Angaben über eine geplante Herausgabe des Fragments gemacht zu haben. Allerdings muss hierzu festgehalten werden, dass Rahlfs bereits zehn Jahre vor Erscheinen der Genesis in seinem Handschriftenverzeichnis von 1914 in der Beschreibung von Hs. 911 bemerkte: „Die Beschreibung dieser Hs. verdanke ich C. Schmidt, der sie

Wie ist die persönliche und sachliche Kritik von Sanders und Schmidt an Rahlfs aus heutiger Sicht zu beurteilen? Dem Gescholtenen ist sicherlich zunächst einmal zuzubilligen, dass er 1925 mit Recht von der Annahme ausging, dass bis zur „Herausgabe [*der Hs. 911; CS*] noch einige Zeit vergehen wird".[462] Dass die unangekündigte und ungenehmigte Publikation von 911-Lesarten in der 1926 erschienenen Genesis-Ausgabe Sanders und Schmidt derart in Erstaunen versetzte, wirft die Frage auf, was aus Sicht der beiden Forscher wohl der Grund für Rahlfs' Interesse an den Fotografien resp. dem Text der Hs. 911 gewesen sein könnte, wenn nicht deren Kollation und Auswertung für den textkritischen Apparat.

Das Hauptproblem der hier zum Ausdruck kommenden, offensichtlich auf unterschiedlichen editionsphilologischen Voraussetzungen beruhenden Kontroverse liegt darin, dass Sanders und Schmidt zwischen *Edition* und *Kollation* der Hs. 911, d.h. der vollständigen diplomatischen Wiedergabe einer Handschrift und ihrer Nutzbarmachung für die kritische Textrekonstruktion, einschließlich ihrer knappen Charakterisierung nicht zu unterscheiden verstanden. Diese wichtige bis heute aktuelle Unterscheidung gilt es jedoch im Folgenden im Auge zu behalten, nachdem zuvor Rahlfs' paläographische Sachkenntnis überprüft worden ist.

Auch wenn die persönliche Verärgerung der beiden Herausgeber ihre Berechtigung hatte – Sanders und Schmidt mussten sich beim Erscheinen der Genesis-Ausgabe düpiert gefühlt haben –: Sachlich sind ihre Argumente (schlechte Kollation, Edition der Hs. 911 im Apparat der Genesis etc.) nicht haltbar, wie im Folgenden gezeigt werden soll.[463]

---

herauszugeben beabsichtigt" (RAHLFS, Hss.-Vz. [1914], 28). Vgl. zur Publikationsgeschichte der Hs. 911 ausführlich auch SANDERS/SCHMIDT, Minor Prophets and Genesis (1927), 233–235. Der zwischen dem 25. Juli und dem 3. August 1926 entstandene Schriftverkehr zur Sache ist aufbewahrt im Archiv der Akademie der Wissenschaften zu Göttingen unter den Signaturen Scient 304,1, Nr. 197–198, und vollständig unten, S. 500–503, abgedruckt.

462 GENESIS (1926), 21. So die Formulierung im abgeschlossenen Druckmanuskript der Genesis-Ausgabe vom 17. April 1925, das dann unverändert im Jahre 1926 gedruckt erschien (vgl. KOMMISSION, Bericht [1924], 27).

463 Bereits Georg Bertram stellte in seiner Rezension der GENESIS fest: „Rahlfs weicht in seinen Lesungen gelegentlich von dem endgültigen Text von Sanders und Schmidt ab. Doch sind die Abweichungen, soweit ich in Gen. 1–10 feststellen konnte, unbedeutend, beziehen sich mehrfach überhaupt nur auf Konjekturen. Hs. 911 wird wegen seines fragmentarischen Charakters von Rahlfs auch zitiert, wo er mit seinem Text zusammengeht; doch wird man ein deutliches Bild dieses umfangreichen und wichtigen Papyrustextes natürlich erst durch die selbständige Publikation erhalten" (BERTRAM, Göttinger LXX [1928], 452).

1.3.2 Beurteilung der Rahlfs'schen Kollationen der Hs. 911 in Gen. 1–6

Rahlfs' Kollationen waren entgegen der Behauptung von Sanders und Schmidt von guter Qualität.[464] Der detaillierte Vergleich der Edition des Papyrusfragments mit der Notierung von Hs. 911 in der GENESIS bringt für die Kapitel 1–6 folgende Ergebnisse:

Insgesamt 179 Mal berührt sich in diesen Kapiteln die Edition der Hs. 911 mit Apparat und Text der GENESIS. 63 Mal stimmen Rahlfs' Notierungen mit denen von Sanders/Schmidt überein. Sieben Mal weichen die Lesarten unwesentlich voneinander ab:

In Gen. 2₉ erschien es Rahlfs, als habe Hs. 911 statt dem Lemma, τῷ παραδείσῳ, den Genitiv τοῦ παραδείσου bezeugt.[465] Begründung für die Nennung der Hs. 911 in Gen. 2₉ ist die Ähnlichkeit der Stelle mit Gen. 3₃, wo die Handschrift τοῦ παραδείσου liest. Sanders/Schmidt hingegen führen den Lemmatext (τῷ παραδείσῳ) lediglich als Ergänzung auf, da der Papyrus an dieser Stelle nicht mehr erhalten ist. Die Rahlfs zur Verfügung stehenden und noch heute im Besitz des Septuaginta-Unternehmens befindlichen Fotografien bestätigen diese Auslassung. Insofern galt Rahlfs wohl das Indiz aus Gen. 3₃ als gewichtig genug, Hs. 911 im textkritischen Apparat – wenn auch mit Einschränkung – zu nennen.[466] Die zweite Abweichung betrifft eine Ergänzung: In Gen. 2₁₂ notierte Rahlfs zum Lemma ἐκεῖ ἐστιν die von Hs. 911 und der bohairischen Übersetzung überlieferte Variante ἐκεῖ ἦν. Sanders/Schmidt lesen hier [ε]κει[θ]εν und bemerken dass diese Lesart „is practically certain though it has no other MS support".[467] Die Buchstaben ‚εκει' sind eindeutig, und ein Theta passt – vergleicht man die Fotografie – gut in die Papyruslücke, so dass Sanders/Schmidt hier Recht zu geben ist. Die dritte Differenz betrifft die Rahlfs'sche Aussage, dass Hs. 911 das letzte αὐτοῦ in Gen. 2₂₄ überliefert habe. Auch hier weist die Handschrift eine Materiallücke auf und ist überdies schlecht lesbar. Sanders/Schmidt ergänzten αὐτοῦ daher nicht. In Gen. 5₃₁ vermerkte Rahlfs zum Lemma Λάμεχ, dass die Hss. 911 und 426 hinter diesem ἃς ἔζησεν ergänzen. In Wirklichkeit steht im Papyrus allerdings αζ εσησεν, von Rahlfs als Buch-

---

464 Dass Rahlfs nicht alle Lesarten der Hs. 911 in den Apparat der GENESIS (1926) aufnahm, hatte seinen Grund deshalb auch nicht in mangelnder paläographischer Fähigkeit, wie Sanders/ Schmidt behaupteten. Dagegen sprechen im Übrigen allein schon die verderbten Stellen des Papyrus, in denen Rahlfs' Lesung mit der von Sanders/Schmidt übereinstimmt. So z.B. in Gen. 9₂₉ (Rahlfs notiert für Hs. 911 „ἔτη ἐννακόσια πεντήκοντα, sed τ vocis ἔτη ex ν corr."; Sanders/ Schmidt notieren „ετη εν[νακοσια] πεντευτηκοντα, ετη: τ corr ex ν man I" [Da πεντεν Dittographie ist, wird dieser Fehler von Rahlfs nicht im Apparat genannt.]) oder Gen. 34₁₈ (Rahlfs notiert für Hs. 911 „ἤρεσαν δέ, δο pro δε"; Sanders/Schmidt notieren „ηρεσαν δο").
465 Rahlfs' Apparat zu Gen. 2₉: „τω παραδεισω A M 120 4] του -σου 911(vid.) rel.: cf. 3₃. „Vid." setzte Rahlfs dort, „wo eine Hs. nicht sicher zu lesen ist, auch bei ausradierten Lesarten, die man nur noch aus der Länge der Rasur oder anderen Anzeichen erschließen kann" (GENESIS [1926], 5).
466 Vgl. ähnlich im Apparat zu Gen. 5₄.
467 SANDERS/SCHMIDT, Minor Prophets and Genesis (1927), 361.

stabenvertauschung (ζ-σ) eingestuft und deshalb nicht gesondert notiert.[468] Und auch bei den drei folgenden Abweichungen von Sanders/Schmidt handelt es sich – neben einem Itazismus in Gen. 614 ($\varepsilon\iota$-ι) – um paläographische Besonderheiten der Handschrift, die Rahlfs absichtlich nicht eigens verzeichnet hatte: um eine Buchstabenvertauschung (o-ω) ebenfalls in Gen. 614, und einen Abschreibfehler in Gen. 620 ($\dot{\varepsilon}\varrho\pi\dot{o}\tau\omega\nu$ statt $\dot{\varepsilon}\varrho\pi\dot{o}\nu\tau\omega\nu$), den auch Sanders/Schmidt in ihrer Edition vermerkten: „$\varepsilon\varrho\pi o\tau\omega\nu$: the abbreviation stroke for ν in parent MS was overlooked."[469]

50 Mal geht der kritische Text von Rahlfs nicht mit Ergänzungen – oder, wie Bertram schreibt, „Konjekturen" – von Sanders/Schmidt einher. Da Hs. 911 an diesen Stellen durch Materialschaden entstandene Lücken aufweist, sind diese Fälle vollständig außer Acht zu lassen.

Interessanter sind hingegen die 59 Lesarten der Hs. 911 in Gen. 1–6, die Rahlfs, anders als Sanders/Schmidt, *nicht* in seine Ausgabe aufnahm:

Dabei handelte es sich teilweise um Orthographica (z.B. Gen. 122 28.20 3.4.18.23.24 419.21 529 621), Korrekturen erster Hand (z.B. Gen. 27 311.22 46.13–14 58), Schreibfehler, z.B. in Form von Ditto- oder Haplographien aufgrund von Homoioteleuta o.ä. (z.B. Gen. 220 310–11 422 512 67.20–21), allzu verderbte Stellen (z.B. Gen. 36 416 67), Sonderlesarten, d.h. grammatikalische Einzelfälle oder Formen der Hs. 911, die im jeweiligen Kontext fehlerhaft sind, und in denen die restliche Überlieferung völlig eindeutig ist (z.B. Gen. 213.19 32C–21 62.21).

Die meisten der nicht aufgeführten 911-Lesarten erklären sich aus der ausführlichen Beschreibung der Handschrift resp. aus anderen Stellen der Einleitung, in denen Rahlfs seine Notationskriterien aufstellte. So musste er einzelne Besonderheiten, die dort exemplarisch besprochen sind – wie z.B. in Gen. 2921 die Verwendung des waagerechten Striches als Abkürzung für σ im Wort $\pi\varrho\dot{o}\varsigma$ (bei Sanders/Schmidt steht [$\pi\varrho$]$\bar{o}$) – ebenso wie gleichgültige Schreibfehler im Apparat selbst nicht mehr notieren.[470] Führte Rahlfs sie dennoch ausnahmsweise an, verwies er in der Regel auf die Einleitung der Edition (so in Gen. 149 152 3041 3114).[471]

Das Ergebnis dieser Analyse der Rahlfs'schen Kollationen weist einen strukturierten Umgang mit dem handschriftlichen Material auf, bei dem es Rahlfs in erster Linie um die qualitative Nutzbarmachung resp. Verarbeitung und nicht

---

468 Vgl. GENESIS (1926), 22. WEVERS, Gen. (1974), gab übrigens $\alpha\zeta$ $\varepsilon\sigma$]$\sigma\varepsilon\nu$ als Ergänzung der Hs. 911 zu $\Lambda\alpha\mu\varepsilon\chi$ gesondert an – einer von vielen Fällen, in denen Wevers im textkritischen Apparat ‚diplomatisch' notierte. Vgl. dazu unten, S. 399–402.
469 SANDERS/SCHMIDT, Minor Prophets and Genesis (1927), 368. Vgl. schon GENESIS (1926), 21–22.
470 Vgl. dazu unten, ab S. 379.
471 Vgl. zu den Besonderheiten GENESIS (1926), 21–23 (bes. 22 mit Anm. 1), außerdem a.a.O., 45 („[...] aus dem [...] Fragment 911 werden mehr Sonderlesarten angeführt [*als aus den anderen Einzelhandschriften mit Ausnahme von B und A; CS*], jedoch unter Ausschluß gleichgültiger Schreibfehler"). In Gen. 355 („$\varepsilon\xi\alpha\lambda\alpha\varsigma$... 911" statt richtig $\varepsilon\xi\alpha\varrho\alpha\varsigma$, bei Wevers: $\dot{\varepsilon}\xi\tilde{\eta}\varrho\varepsilon\nu$] $\varepsilon\xi\alpha\varrho\alpha\varsigma$ 56ᶜ-129-246 Sa; $\varepsilon\xi\alpha\lambda\alpha\varsigma$ 911) fehlt im Apparat der entsprechende Hinweis auf die Einleitung.

um eine quantitative, für die Textkritik oft nutzlose Dokumentation ging. In der GENESIS führte er Hs. 911 aufgrund ihres fragmentarischen Erhaltungszustandes und ihres hohen textkritischen Wertes in dem von ihr belegten Abschnitt Gen. 1–35₈ βαιθήλ insgesamt 1.035 Mal und somit deutlich häufiger als andere Handschriften im Apparat positiv (d.h. als Lemmazeuge) auf. Dass er, was die Selektion der Lesarten betraf, je nach zu edierendem Werk unterschiedlich vorging, zeigt auch der Vergleich des Apparats der GENESIS mit dem der HANDAUSGABE (1935) hinsichtlich der Erwähnung von 911-Lesarten.[472]

1.3.3 Kollation und Edition einer Handschrift

Die Analyse von Hs. 911 im Apparat der GENESIS hat erwiesen, dass bei Rahlfs die Verarbeitung einer Handschrift im Rahmen einer kritischen Edition vor allem bedeutete, den Text eines jeden Zeugen nach bestimmten Kriterien zu selektieren und nur solche Varianten aufzuführen, die für die Textherstellung und die Textgeschichte aufschlussreich waren. Dabei setzte er selbstverständlich (und deshalb stillschweigend) folgendes Verständnis von ‚Kollation‘ und ‚Edition‘ einer Handschrift und den mit beiden Begriffen verbundenen Unterschied voraus:

Für die Analyse einer Handschrift als Zeugin eines kritisch herzustellenden Textes ist es unerlässlich, diese insgesamt zu charakterisieren, da ihr Charakter in textkritischen Zweifelsfällen eine Entscheidung durchaus beeinflussen kann und muss. Der hierfür notwendige Arbeitsschritt resp. die notwenige Vorarbeit ist die *Kollation*. ‚Kollation‘ bedeutet dabei ganz allgemein das Sammeln aller Informationen, die für die Charakterisierung einer Handschrift unerlässlich sind: dazu gehören insbesondere spezifische Schreibfehler sowie orthographische und grammatikalische Eigenheiten. Der auf Grundlage der Kollation vorgenommenen Charakterisierung und Bewertung einer Handschrift schließt sich ihre Verarbeitung in einem textkritischen Apparat an. Aufgabe eines solchen kritischen Apparates ist nicht, die Ergebnisse der Kollation minutiös zu dokumentieren, vielmehr erschöpft sich seine Funktion in der Präsentation der für die Konstitution des kritischen Textes und seiner Geschichte relevanten Lesarten.[473]

---

472 Vgl. dazu SCHÄFER, Beobachtungen (2017).
473 Vgl. hierzu auch PSALMI CUM ODIS (1931), 13 (Beschreibung der Hs. 1093 und Feststellung, diese nicht in ihrer „gänzlich verwilderte[n]“ Orthographie, sondern in der „gewöhnlichen“ anzuführen). Auf welche Weise Rahlfs das kollationierte Handschriftenmaterial – auch im Unterschied zu neueren Ausgaben der „Göttinger Septuaginta“ – in Apparat und Lemmatext präsentierte, wird unten, ab S. 374, dargestellt.

Die *Edition* einer Handschrift, d.h. die diplomatische Aufbereitung *einer* einzelnen Handschrift, ist vor ihrer Kollation und ihrer Verarbeitung in einem kritischen Apparat daher strikt zu unterscheiden. Sie würde einen solchen Apparat völlig überfordern, da dessen Anlage keine 1:1-Wiedergabe einer Handschrift vorsehen kann und darf.[474] Was es bedeutet, eine Handschrift diplomatisch zu *edieren*, hatte Rahlfs bereits im Jahr 1901 anhand der Berliner Handschrift des sahidischen Psalters mustergültig vorgeführt.[475] Sein Ziel war es dabei gewesen, die Handschrift selbst exakt wiederzugeben, und gerade nicht, einen möglichst fehlerfreien Text des Psalters herzustellen.[476]

Somit stehen die Ausgaben der Berliner Psalterhandschrift oder auch die der 1913 gemeinsam mit Wilhelm Gerhäußer edierten *Münchener Septuaginta-Fragmente*[477] stellvertretend für Rahlfs' Anspruch an eine Handschriftenedition. Allein schon deshalb konnte der Apparat der GENESIS nie zum Ziel gehabt haben, Hs. 911 in Gänze zu dokumentieren.

Eine Handschrift zu kollationieren und mit deren Kollationen zu arbeiten bedeutete für Rahlfs also nicht im Ansatz, dieselbe auch zu edieren.[478] Sanders/Schmidt waren sich einer solchen Unterscheidung offensichtlich nicht bewusst. Sonst hätten sie kaum den Vorwurf erheben können, Hs. 911 sei in Einleitung und Apparat der GENESIS eine ‚Erstveröffentlichung‘ zuteil geworden. Dass die von Rahlfs vorausgesetzte editionsphilologische Unterscheidung zwischen ‚Kollation‘ und ‚Edition‘ demgegenüber fachlich begründet war, bezeugt nicht zuletzt deren Erörterung in damaligen[479] sowie späteren Abhandlungen zur Editionstechnik.[480]

---

474 Dass Rahlfs zwischen Abdruck und Kollation einer Handschrift eindeutig differenzierte, wird nicht nur aus RAHLFS, Berliner Handschrift (1901), 4, völlig evident, sondern z.B. auch in DERS., Rez. Crum (1906), 580.

475 Vgl. dazu oben, S. 125. Es war übrigens Carl Schmidt selbst, der in seiner Rezension der Ausgabe von einer „Musterpublikation" (DLZ 1901, 2958–2961, hier 2959) gesprochen und die Edition aufs Höchste gelobt hatte.

476 Vgl. RAHLFS, Berliner Handschrift (1901), 21.

477 Vgl. dazu oben, S. 166–167.

478 Vgl. RAHLFS, Berliner Handschrift (1901), 4.

479 Vgl. STÄHLIN, Editionstechnik (²1914), 33.

480 Vgl. z.B. WEST, Textual Criticism (1973), 50.

1.4 Ertrag: Die epochale Bedeutung der Rahlfs'schen ‚Handausgaben' der Bücher Ruth und Genesis

Die epochale Bedeutung der ‚Handausgaben' der Bücher Ruth (1922) und Genesis (1926) sowie vor allem der RUTH-STUDIE (1922) wird unter drei Gesichtspunkten augenfällig:

(1) Was bereits in den SEPT.-STUD. 1 (1904) und dem Editionsplan von 1907 angedeutet war, wurde in der RUTH-STUDIE an einem konkreten Einzelfall durchgeführt: Nicht mehr der von Lagarde postulierte ‚Urtext' resp. das Original war das Editionsziel, sondern lediglich der älteste erreichbare Text resp. Archetypus der Septuaginta.[481]

(2) Das an den Aussagen des Hieronymus orientierte Lagarde'sche ‚Rezensionen-Modell' wurde in der RUTH-STUDIE geradezu revolutioniert. Rahlfs gab hierfür „das starre Nebeneinander der drei Rezensionen für die drei Kirchenprovinzen auf und greift zu einem elastischeren, der lebendigen Wirklichkeit in höherem Maße entsprechenden Verfahren. [...] Und was von dem alten Schema übrig bleibt, verliert seine scharfen Kanten durch Anerkennung von Übergangsformen und Zwischenstufen sowie durch die Einsicht, daß auch das Abendland eine bedeutsame Rolle spielt."[482] Dabei hielt er zunächst am konventionellen Schema fest und versuchte die drei Rezensionen des Origenes, Lukian und Hesych zu ermitteln, was ihm im Hinblick auf die beiden ersten auch gelang. Statt der hesychianischen Rezension entdeckte Rahlfs jedoch zwei jüngere systematisch angelegte Bearbeitungen des Septuaginta-Textes des Buches Ruth: die „Rezension unbekannter Herkunft" und die „Catenen-Rezension". Daneben wies er *codices mixti* und vorrezensionelle Texte nach. Das auf den neuen Erkenntnissen beruhende Gruppierungsverfahren sollte seine ‚Elastizität' im Rahmen der Vorarbeiten zur GENESIS bewähren. Doch bereits in der Ruth-Ausgabe hatte Rahlfs der ‚Drei-Rezensionen-Konzeption' Lagardes mit folgenden Worten eine endgültige Absage erteilt:

„Wir dürfen uns nie darauf versteifen, *eine Handschrift durchaus einer der drei von Hieronymus genannten Rezensionen zuweisen zu wollen, sondern müssen stets mit der Möglichkeit rechnen, daß es auch noch andere Rezensionen gegeben hat.* Denn die Geschichte des

---

481 Vgl. RUTH-STUDIE (1922), 49 („Denn keine von ihnen [*den diplomatischen Septuaginta-Ausgaben; CS*] versucht, den ursprünglichen oder, *besser gesagt*, den ältesten erreichbaren Text der LXX herzustellen [...]"; Kursivsetzung CS). Vgl. dazu auch unten, S. 330–332.
482 BAUER, Alfred Rahlfs (1934/35), 64.

LXX-Textes ist mit jenen drei Rezensionen nicht abgeschlossen. Auch spätere Geschlechter haben noch an ihm gearbeitet, und es ist eben die Hauptaufgabe einer methodischen Forschung, die gesamte Geschichte dieses Textes zu erforschen und jeder Textform ihre richtige historische Stellung anzuweisen."[483]

(3) Schließlich hatte Rahlfs in seiner RUTH-STUDIE – das zeigt auch ihre Rezeption[484] – in der Tat erstmals vorgeführt, auf welche Weise das umfangreiche Handschriftenmaterial detailliert durchgearbeitet und methodisch aufbereitet werden muss, um „einen festen Standpunkt" zu gewinnen, „von dem aus dann auch die textkritischen Probleme anderer Bücher leichter würden bewältigt werden können".[485] Dass diese kleinteilige analytische Arbeit so notwendig wie

---

483 RUTH (1922), 14 (Kursivsetzung CS). Vgl. dazu schon die von Julius Wellhausen, Rudolf Smend d.Ä. und Eduard Schwartz im Oktober 1907 verfasste Denkschrift, in der es heißt: „Sodann hat Lagarde die Tragweite seines Vorschlags überschätzt, sofern er aus den drei Rezensionen die ursprüngliche Septuaginta gewinnen zu können meinte. In Wahrheit würde durch die drei Rezensionen zunächst nur eine gewisse Phase der Textgeschichte aufgehellt; auf den ursprünglichen Text erlauben sie unmittelbar keinen Rückschluß. Denn die drei Rezensionen gingen nicht von derselben Textgestalt aus, und keiner von ihnen lag der ursprüngliche Text zu Grunde. Ferner sind vielleicht alle unsere Handschriften von den drei Rezensionen beeinflußt, aber sie gehen nicht einfach in die drei Rezensionen auf. Die Textverwirrung, die vor Origenes bestand, ist durch die drei Rezensionen nicht beseitigt. Vielmehr haben sich die älteren Texte mit ihren guten und schlechten Lesarten großenteils in unseren Handschriften behauptet. Der Beweis dafür ist die Übereinstimmung der vorhieronymianischen lateinischen Bibelübersetzung und anderer Afterübersetzungen mit schlechten und guten Lesarten, die sich in Abweichung von den drei Rezensionen in unseren Handschriften finden. [...] Außerdem ist den 3 Rezensionen eine ältere christliche Diorthose des Textes voraufgegangen, die in allen Handschriften ihre Nachwirkung verrät. Trotz aller dieser Vorbehalte muß eine Klassifikation der Handschriften nach den drei Rezensionen versucht werden. Wie weit sie möglich ist und wie weit sich dabei die Möglichkeit einer Rekonstruktion der Rezensionen und die Notwendigkeit ihrer Edition ergibt, kann nur der Erfolg lehren. Vielleicht werden sich dabei noch andere Gesichtspunkte ergeben, nach denen die verschiedenen Handschriften-Familien zu gruppieren sind" (Archiv der Akademie der Wissenschaften zu Göttingen, Scient 304,1, Nr. 8; die endgültige Fassung der Denkschrift ist vollständig abgedruckt bei NEUSCHÄFER/SCHÄFER, Dokumentation [2013], 373–376, ein Entwurf derselben bei SMEND d.J., Der geistige Vater [2000], 335–337).

484 In der RUTH-STUDIE (1922) hatte Rahlfs eine Durcharbeitung und Präsentation des handschriftlichen Materials vorgelegt, die Hans Lietzmann in einer Notiz als ein „Muster methodischer Arbeit" bezeichnete, das „in vorbildlicher Weise zeigt, wie man textkritische Probleme der LXX in Angriff nehmen und zu einer wirklichen Lösung führen kann" (LIETZMANN, Notiz [1922]). Und Jacob Wackernagel rühmte sie als „ein Muster von Akribie und ingenioser Knappheit" (Jacob Wackernagel an Rahlfs, 4. Januar 1923 [Archiv des Septuaginta-Unternehmens der Akademie der Wissenschaften zu Göttingen]).

485 Beide Zitate: RUTH-STUDIE (1922), 51.

hochkomplex war (und ist), belegt dabei das Beispiel der wechselnden Gruppenzugehörigkeit der Hss. 19 108 am Ende von Buch Ruth.

2. Die Edition des Buches ‚Psalmi cum Odis‘ (1931)

2.1 Die Entstehungsgeschichte

Fünf Jahre nach Herausgabe des Buches Genesis erschien Ende September 1931[486] mit den PSALMI CUM ODIS[487] der erste Band der „Göttinger Septuaginta". Dieser war im Gegensatz zu den Bänden GENESIS und RUTH zwar keine ‚Handausgabe‘ mehr, kann aber aufgrund der von Rahlfs in Kauf genommenen Materialbeschränkung noch nicht als *editio critica maior* im Sinne der *späteren* Bände der „Göttinger Septuaginta" gelten.

Wie kam es dazu, dass Band 10 als erster Band der „Göttinger Septuaginta" erschien? Zwei Gründe sind dafür in Betracht zu ziehen: Zum einen hatte Rahlfs schon Mitte der 1920er Jahre begonnen, für die Stuttgarter Bibelanstalt eine kleine Edition des Psalters anzufertigen, die er für eine Publikation im Rahmen der großen Ausgabe nur noch erweitern musste.[488] Zum andern war er nun vertraglich an die Erarbeitung der HANDAUSGABE (1935) gebunden und hatte daher nicht

---

486 Vgl. KOMMISSION, Bericht (1931), 29. Vgl. auch das Glückwunschschreiben des Verlages an Rahlfs „zur Vollendung [*des*] Psalmen-Bandes" vom 2. Oktober 1931 (Staatsbibliothek zu Berlin – Preußischer Kulturbesitz, Nachlass 494 [Archiv Vandenhoeck & Ruprecht], G 1931, Nr. 170, Bl. 101).

487 Die Rahlfs'sche Edition der *Oden*, einer seit dem 5. Jh. n. Chr. in Handschriften belegten, den Psalmen angehängten, vor allem aus dem Alten, z.T. auch aus dem Neuen Testament sowie jüdischer und frühchristlicher Gebetstradition stammenden Sammlung von ‚Liedern‘, ist derart vorläufig, dass im Folgenden nicht weiter darauf eingegangen ist. Da ihm bei der Herstellung des Textes nur die Hss. A R T 55 zur Verfügung gestanden hatten, konnte Rahlfs keine Handschriftengruppen feststellen, sondern führte die Handschriften in ihrer chronologischen Reihenfolge im Apparat – der besseren Übersichtlichkeit halber sowohl für das Lemma als auch für die Varianten – vollständig auf, teilweise noch ergänzt um Varianten aus denjenigen Septuaginta-Abschnitten, denen die Oden jeweils entnommen waren. Es verwundert also nicht, dass ein sicheres Kriterium hinsichtlich der Textrekonstruktion kaum zu gewinnen war (vgl. PSALMI CUM ODIS [1931], 80). Vgl. zu den Oden insgesamt folgende Publikationen: PSALMI CUM ODIS (1931), 78–80; SCHNEIDER, Oden I–IV (1949); ENGEL/LATTKE, Oden (2012); DOGNIEZ, Les Odes du Psautier grec (2012).

488 Vgl. unten, ab S. 274, sowie HANDAUSGABE 1 (1935), IV; KOMMISSION, Bericht (1926), 33; und DIES., Bericht (1928), 31 („Auch ist der Plan der großen Ausgabe jetzt gegenüber der Genesis erheblich erweitert, sodaß sie nunmehr den ursprünglichen Plänen des Septuaginta-Unternehmens annähernd entspricht. Das hat naturgemäß auch die Anlage der Psalter-Ausgabe beeinflußt; besonders sind die Übersetzungen jetzt in viel weiterem Umfange herangezogen als in der

die zeitlichen Möglichkeiten, eine *editio critica maior* samt einer ausführlichen Textgeschichte von Grund auf neu und umfassend zu erarbeiten. Mit den Septuaginta-Studien von 1907 existierte für den Psalter jedoch bereits eine eindringende textgeschichtliche Analyse, weshalb der Gedanke nahe lag, an diese Arbeit, die ja einst den Anstoß für die Gründung des Septuaginta-Unternehmens gegeben hatte,[489] anzuknüpfen.[490] Darüber hinaus blieb Rahlfs so in dem ihm vorgegebenen Editionsbereich, der außerhalb der von Brooke-McLean vorbereiteten Bände liegen musste, und konnte nebenbei den Bogen bis zurück zu den ursprünglichen Plänen Lagardes spannen.[491] Der Rechenschaftsbericht, den Hermann Thiersch, Sekretär der Göttinger Gesellschaft der Wissenschaften, auf der Sitzung der kartellierten Akademien vom 5. Juni 1931 vorlegte, bestätigt diese Erklärung: „Wenn die endgültige Ausgabe der Septuaginta gerade mit den Psalmen begonnen hat, so geschah dies einmal deshalb, weil die Psalmen geradezu der Ausgangspunkt des Septuaginta-Unternehmens gewesen sind und sein Leiter mit eben diesem wichtigen Buche des alten Testaments seit langem (1901)[492] am vertrautesten ist. Das Verlangen gerade nach einer solchen Ausgabe der Psalmen war auch von Seiten des Auslandes am stärksten.“[493]

Genesis, und es ist zu der kleineren Zahl von Textzeugen, auf die man sich anfangs beschränkt hatte, nachträglich eine große Zahl anderer hinzuverglichen“).

489 Vgl. dazu oben, S. 76–77.

490 „Es ist damit [*mit der Ausgabe der Ps. und Od. 1931; CS*] das wiederaufgenommen und zu Ende geführt, was Herr Rahlfs 1907 im 2. Hefte seiner ‚Septuaginta-Studien‘ dargelegt hatte, wodurch der Anstoß zu der im März erfolgten Gründung des Septuaginta-Unternehmens gegeben war“ (KOMMISSION, Bericht [1930], 34).

491 Vgl. dazu oben, ab S. 128. Schon 1848 hatte Lagarde den Plan einer Ausgabe des griechischen Psalters gefasst, ihn dann allerdings doch nicht weiterverfolgt, um sich stattdessen auf Anraten Konstantin von Tischendorfs zunächst dem Neuen Testament zu widmen. Ausführlich beschreiben diese Vorgänge WELLHAUSEN, Gedächtnisrede Lagarde (1895), 51–53; RAHLFS, Lebenswerk (1928), 42–44.58–50; NEUSCHÄFER, *Alteri saeculo* (2013), 245–246 mit Anm. 35.

492 Thiersch rekurrierte hier auf RAHLFS, Berliner Handschrift (1901).

493 Archiv der Berlin-Brandenburgischen Akademie der Wissenschaften, PAW (1812–1945), II-VIII-228, 100.

2.2 Rahlfs' methodisches Vorgehen in der Rekonstruktion der Textgeschichte des Septuaginta-Psalters

2.2.1 Die Psalter-Studien von 1907 als Vorarbeit der Psalter-Edition von 1931

In seinen im Februar 1907 erschienenen SEPT.-STUD. 2 hatte Rahlfs eine detaillierte Textgeschichte des Septuaginta-Psalters angefertigt. Dabei ermittelte er die Verwandtschaftsstruktur der ihm bekannten Überlieferungsträger und konnte so verschiedene Texttypen des Psaltertextes ausmachen.[494] Seine zum damaligen Zeitpunkt deutliche Abhängigkeit von Lagardes Septuaginta-Konzeption, nach der man die von Hieronymus bezeugten Rezensionen des Origenes, Lukian und Hesych innerhalb der Handschriftenüberlieferung zu identifizieren habe,[495] kommt darin so zum Ausdruck, dass Rahlfs die von ihm entdeckten Texttypen Oberägyptens und des lateinischen Westens unter dem allgemeinen Begriff „älteste Texttypen" subsummierte, ohne dabei eine Abweichung von Lagardes Konzeption ausdrücklich hervorzuheben.[496] Ebenso wenig wie die in der GENESIS (1926) voll ausgeprägte These der Texttypenvielfalt hatte Rahlfs 1907 schon die Idee seines Editionsziels einer Rekonstruktion des ältesten erreichbaren Textes entwickelt. Die SEPT.-STUD. 2 enthielten daher auch keinerlei Kriterien für die kritische Textrekonstruktion des Psalters – deren Notwendigkeit war von Rahlfs erstmals 1911 proklamiert worden –,[497] sondern verstehen sich als rein analytische Vorarbeiten für die eigentliche Editionsarbeit.[498]

Der Entwicklung textkritischer Kriterien ging Rahlfs erst in der Einleitung seiner 1931 erschienenen Edition des Psalters auf den Grund. Dabei bildeten die überlieferungsgeschichtlichen Ergebnisse der SEPT.-STUD. 2 den Ausgangspunkt seiner Textrekonstruktion. Außerdem konnte Rahlfs auf die zwischen 1907 und 1931 gewonnenen forschungsgeschichtlichen Erkenntnisse anderer zurückgreifen, was der Edition manche Fortschritte gegenüber den Septuaginta-Studien bescherte: So versorgte z.B. Giovanni Mercati Rahlfs mit Abschriften wichtiger alter Handschriften,[499] Emil Große-Brauckmanns Untersuchung der Psalmen-Zitate bei Theodoret von Kyrrhos[500] erbrachte aufschlussreiche Erkenntnisse

---

494 Vgl. dazu unten, ab S. 228, außerdem SMEND d.Ä., Rez. SEPT.-STUD. 2 (1908), 129.

495 Vgl. dazu oben, ab S. 129.

496 Vgl. SEPT.-STUD. 2 (1907), 232–237 („Hauptdaten aus der Geschichte des Septuaginta-Psalters").

497 Vgl. dazu oben, ab S. 143.

498 Vgl. SMEND d.Ä., Rez. SEPT.-STUD. 2 (1908), 131.

499 Vgl. PSALMI CUM ODIS (1931), 11–12.

500 GROSSE-BRAUCKMANN, Psaltertext (1911). Vgl. PSALMI CUM ODIS (1931), 63–66.

hinsichtlich der Bedeutung des Kirchenvaters für die Rekonstruktion der lukianischen Rezension und Donatien De Bruynes Analyse und Neuverortung des *Psalterium Romanum* beeinflusste Rahlfs' Bewertung des hexaplarischen sowie des abendländischen Textes.[501]

Angesichts dieser Umstände liegt es auf der Hand, dass die Psalter-Ausgabe von 1931 nicht ohne die Psalter-Studie von 1907 zu erschließen ist. Erst von den Sept.-Stud. 2 her kann man die in den Prolegomena zur Psalter-Ausgabe ausgeführten Theorien tatsächlich begreifen. Aus diesem Grund ist in der folgenden Beurteilung von Rahlfs' Edition des Psalters die sachliche Einheit beider Werke grundsätzlich vorausgesetzt. Wesentliche Unterschiede und Entwicklungen sind dabei explizit herausgestellt.

2.2.2 Die Auswahl und Behandlung des Quellenmaterials

„Der Psalter ist das am meisten gebrauchte und daher am häufigsten abgeschriebene Buch des Alten Testaments."[502] Mehr als 1.300 griechische Zeugen, angefangen bei den frühen Papyrusfragmenten über die älteren Unzialen bis hin zu den zahlreichen jüngeren Minuskeln (seit dem 9. Jh.) inklusive der Catenen-Handschriften überliefern seinen Text – dabei liegen die frühen Codices überwiegend fragmentarisch vor, die jüngeren Handschriften hingegen ungleich vollständiger.[503] Von den sog. ‚Vollbibeln' (z.B. den Codices Vaticanus, Sinaiticus oder Alexandrinus) enthalten nur wenige den Psalter. Am häufigsten ist dieser als eigenständiger Text überliefert, außerdem noch in Verbindung mit dem Neuen Testament.[504] Diese beiden letztgenannten Überlieferungsformen legen sich aus seinem liturgischen Gebrauch im Gottesdienst nahe und stellen auch heute noch eine gebräuchliche Verbindung z.B. in Ausgaben der Deutschen Bibelgesellschaft dar.[505]

Neben die Masse der griechischen Handschriften treten als zweite Zeugengruppe die Übersetzungen des Psalters ins Äthiopische, Christlich-Palästinisch-

---

501 De Bruyne, Psautier romain (1930). Vgl. Psalmi cum Odis (1931), 53–54.

502 Sept.-Stud. 2 (1907), 3. Vgl. dort auch zum Folgenden.

503 Vgl. für einen ersten Eindruck der umfangreichen Quellenlage im Offiziellen Verzeichnis der Rahlfs-Sigeln (2012) die Aufstellung der den Psalter enthaltenden Handschriften sowie Rahlfs, Hss.-Vz. (1914), 390.

504 Vgl. Rahlfs' Auflistung in Sept.-Stud. 2 (1907), 4.

505 Vgl. Sept.-Stud. 2 (1907), 3.

Aramäische, Arabische, Armenische, Georgische, Gotische, Kirchenslawische, Bohairische, Sahidische, Syrische sowie Lateinische.[506]

Die dritte Zeugengruppe für den Text des Septuaginta-Psalters bilden die zahlreichen Psalmen-Zitate bei den griechischen und lateinischen Kirchenschriftstellern.

Es versteht sich von selbst, dass die vollständige Auswertung des gesamten umfangreichen Materials, also aller griechischen Handschriften, Tochterübersetzungen und Kirchenschriftstellerzitate, in einem überschaubaren Zeitraum nicht hätte geleistet werden können. Dessen war sich auch Rahlfs bewusst und beschränkte seine Ausgabe deshalb auf eine repräsentative Materialauswahl. Damit glaubte er – wie die Rezeption seiner Edition beweist: ganz zu Recht – „der Wissenschaft einen größeren Dienst geleistet zu haben, als wenn ich gar zu ängstlich erst viele Jahre auf die Sammlung und Sichtung des gesamten Materials verwendet hätte".[507]

Insgesamt kollationierte Rahlfs 61 Handschriften bzw. Handschriften-Fragmente neu. Dabei handelte es sich vor allem um alte Zeugen, denen zunächst einmal ein höherer textkritischer Wert als den jüngeren zugute zu halten ist. Dass die Berechtigung dieses ‚Vertrauensvorschusses‘ dann an jeder Handschrift eigens zu überprüfen ist, galt auch Rahlfs als selbstverständlich.[508] Doch hatten die SEPT.-STUD. 2 (1907) bereits einige Hinweise erbracht, die eine schwerpunktmäßige Auswertung des Handschriftenmaterials bis ca. zum 9. Jh. sachlich begründet erscheinen ließen.[509] Neben den alten Zeugen griff Rahlfs für die jüngere Überlieferung auf die Kollationen von fast 100 Minuskeln in der Septuaginta-Ausgabe von Holmes-Parsons[510] zurück. Die Beschränkung auf diese teilweise nur unzureichenden Kollationen hatte für Rahlfs zur Folge, zwar kein endgültiges, wohl aber ein „hinreichend deutliches Bild"[511] des in den Minuskeln überlieferten Texttyps gewinnen zu können. Um mehr als einen groben Eindruck zu erhalten,

---

506 Vgl. SEPT.-STUD. 2 (1907), 25, sowie unten, S. 231–234.

507 PSALMI CUM ODIS (1931), 5. Vgl. unten, S. 264–266.

508 Vgl. dazu unten, S. 344–349.

509 Vgl. dazu unten, ab S. 228.

510 HOLMES/PARSONS, Septuaginta (1798–1827). Die Psalmen erschienen in Bd. 3, ed. J. PARSONS, Oxonii 1823.

511 PSALMI CUM ODIS (1931), 61. Vgl. auch a.a.O., 5. Hermann Thiersch verteidigte dieses Vorgehen (vermutlich in Rahlfs' Worten, da Thiersch ja fachfremd war) auf der Versammlung der kartellierten Akademien am 5. Juni 1931 (Archiv der Berlin-Brandenburgischen Akademie der Wissenschaften, PAW [1812–1945], II-VIII-228, 100): „Eine Heranziehung der massenhaften spät (nach 1000 n. Chr.) entstandenen Handschriften schien, nachdem Holmes und Parsons schon eine Auswahl der wichtigsten berücksichtigt hatten, um so eher entbehrlich, als dem aus ihrer Verarbeitung noch zu erwartenden wissenschaftlichen Ertrage ein unverhältnismäßig großer dazu erforderlicher Zeitaufwand von 5–8 Jahren gegenüber gestanden hätte, der eine kaum zu verantwortende Verschleppung und Verzögerung des ganzen Unternehmens unweigerlich zur Folge gehabt hätte."

ging es ihm hier also nicht. Dabei hielt er den Umstand, dass eine feingliedrige Ausdifferenzierung des Typs auf dieser Basis nicht möglich war, „sogar für einen Gewinn", da so der „Blick nicht durch fast immer belanglose kleine Differenzen von der großen Einheitlichkeit dieser riesigen Hss.-Schar abgelenkt wird".[512] Angesichts der gigantischen Masse des Materials, das für eine intensive Untersuchung hätte ausgewertet werden müssen, erscheint dieses Argument in der Tat völlig plausibel und erweist Rahlfs als einen am Machbaren orientierten Editor.

Von den Tochterübersetzungen berücksichtigte Rahlfs das Bohairische, Sahidische, Altlateinische, Syrische sowie das scg. *Psalterium Gallicanum* des Hieronymus und dessen Überlieferung in der Vulgata. Bereits 1907 hatte er das Armenische unberücksichtigt gelassen[513] und konnte sich 1931 auch im Blick auf die übrigen Tochterübersetzungen Beschränkung walten lassen: „Die anderen in S[ept].-St[ud]. 2 herangezogenen Übersetzungen (Aeth., Pal., Arab., auch Arm.) habe ich beiseite gelassen, weil sie minder wichtig und zum Teil noch nicht genügend herausgegeben sind, also den Apparat zwecklos belasten würden. Aus demselben Grunde habe ich mich auch bei den verglichenen Übersetzungen auf die wichtigsten Zeugen beschränkt."[514] Auch hierbei zeigt sich deutlich die nüchterne Besonnenheit in Rahlfs' Konzeption der Psalter-Ausgabe: Von einer sporadischen Berücksichtigung des nur unzureichend erschlossenen Materials nahm er Abstand, da er diesem womöglich zu viel oder zu wenig Gewicht gegeben hätte. Zudem begründet der geringere textkritische Wert dieses Überlieferungszweigs, dass er bei den besagten übrigen Tochterübersetzungen größere Abstriche als bei den griechischen Handschriften machte.

Von den Kirchenschriftstellern untersuchte Rahlfs 1931 wegen ihrer textkritischen Bedeutung neu nur Augustin, Hesych von Jerusalem, Hieronymus sowie Theodoret und konzentrierte sich bei den anderen, immerhin sechzehn an der Zahl, vor allem auf die Ergebnisse seiner Septuaginta-Studien und die von Emil Große-Brauckmann vorgelegte Untersuchung über den *Psaltertext bei Theodoret*.[515] Schon 1907 hatte Rahlfs die kaum zu bewältigende Anzahl der Zitate auf diejenigen Kirchenschriftsteller reduziert, die aus seiner Sicht für die Überlieferungsgeschichte der Septuaginta relevant waren, „also Theodoret und Chrysostomus, bei denen wir die Rezension Lucians, und Cyrill von Alexandria, bei dem wir die Rezension Hesychs erwarten müssen, sowie die ältesten Schriftsteller, die einen noch unrezensierten Text bieten sollten".[516]

---

512 Beide Zitate: PSALMI CUM ODIS (1931), 61.

513 „[...] aus Mangel an Sprachkenntnis [...]" (SEPT.-STUD. 2 [1907], 34). Diesen Mangel beseitigte Rahlfs dann allerdings seit Sommer 1912 unter der Anleitung von Friedrich Carl Andreas und traf sich mit diesem jahrelang zu armenischen Übersetzungsübungen (vgl. dazu zwei Postkarten von Rahlfs an Andreas vom 9. Dezember 1911 und 24. April 1913 [SUB Göttingen, Cod. Ms. F. C. Andreas 1:344, 4–5]).

514 PSALMI CUM ODIS (1931), 16, Anm. 3. So beschränkte Rahlfs z.B. das Altlateinische auf die beiden ältesten Hss. La^R und La^G (beide 6. Jh.).

515 Vgl. unten, S. 248, und PSALMI CUM ODIS (1931), 19, sowie a.a.O., 19–21, die entsprechende Auflistung der Kirchenschriftsteller. Zu Rahlfs' Arbeitsweise vgl. SEPT.-STUD. 2 (1907), 31.

516 SEPT.-STUD. 2 (1907), 169. Er fährt a.a.O., 169–170, fort: „Ich habe die Werke der besprochenen Kirchenväter nicht selbständig durchgelesen, sondern, wo es sich nicht um Kommentare zum Psalter handelte, mit den mir zu Gebote stehenden Bibelstellenregistern gearbeitet oder, wo solche nicht vorhanden waren, die an den Rändern der Kirchenväterausgaben notierten Bibelstellen durchgesehen. Es werden also gewiß manche Stellen fehlen, da die Register oft unvollständig und die Randnotizen oft falsch oder lückenhaft sind. Trotzdem glaubte ich, nicht auf die

2.2.3 Die Identifizierung rezensioneller Überarbeitungen[517]

Erster Anhaltspunkt für die Gruppierung des handschriftlichen Materials waren – wie schon in den Büchern Ruth und Genesis – auch beim Psalter die historischen Hinweise auf rezensionelle Überarbeitungen des Septuaginta-Textes und die damit verbundene Lokalisierung der Rezensionen, die insbesondere Hieronymus geliefert hatte.[518] Diese Lokalisierung ist deshalb von Bedeutung, weil in der Regel in den jeweiligen Regionen diejenigen Texte kopiert wurden, die vor Ort in Gebrauch standen. Daher kann z.b. angenommen werden, dass Theodoret in seinen Werken für gewöhnlich den Bibeltext der syrischen Kirchenprovinz verwendet hatte, in welcher er auch wirkte.

Die Lokalisierung der Textzeugen ist für die Textgeschichte der Septuaginta also „von hervorragender Bedeutung",[519] weshalb Rahlfs in den SEPT.-STUD. 2 zunächst das ihm vorliegende Material, sofern dies überhaupt möglich war, nach seiner Heimat zusammenstellte. Die koptischen und lateinischen Tochterübersetzungen spielten dabei eine besondere Rolle, da sie sich aufgrund ihrer lokalen Dialekte (z.B. des Sahidischen oder Bohairischen im Koptischen, z.B. des europäischen, italischen oder afrikanischen Typus im Lateinischen) mit relativ hoher Wahrscheinlichkeit geographisch zuordnen ließen.[520] Aufgrund dieser zunächst rein äußerlichen Zusammenstellung, die im Übrigen nur einen Bruchteil des Materials berücksichtigte,[521] konnte natürlich noch keine Gruppierung vorgenommen werden. Wie bereits anhand der Ruth- und Genesis-Edition gezeigt, waren vor allem charakteristische Lesarten dafür ausschlaggebend, dass und ob Rahlfs Handschriften als Textfamilie zusammenfassen konnte oder nicht[522] – wobei der Begriff ‚Zusammenfassen‘, dies sei nochmals betont, so zu verstehen ist, dass die betreffenden Handschriften „oft, aber nicht, daß sie immer übereinstimmen".[523]

Untersuchung der Kirchenväter verzichten zu sollen, da sich auch mit diesem unvollkommenen Material, wenn ich nicht irre, hinreichend sichere Ergebnisse gewinnen lassen."

517 Vgl. hierzu auch unten, S. 510.

518 Vgl. dazu oben, ab S. 126.

519 SEPT.-STUD. 2 (1907), 36.

520 Vgl. dazu oben, ab S. 126, sowie PSALMI CUM ODIS (1931), 21.

521 Vgl. SEPT.-STUD. 2 (1907), 36–39.

522 Vgl. dazu oben, ab S. 187.

523 PSALMI CUM ODIS (1931), 30. Bereits SEPT.-STUD. 2 (1907), 163, wies Rahlfs nach, dass – wie es schon in den Editionen der Ruth und der Genesis sowie in jeder anderen Edition der „Göttinger Septuaginta" der Fall ist – die verschiedenen Handschriftenfamilien nie völlig einheitlich von ihren Vertretern bezeugt sind. Einzelne Handschriften werden immer in Einzelfällen von ihrer Gruppe abweichen, bewusst oder zufällig (vgl. a.a.O., 164). Vgl. als Beispiel in der Psalter-Edition die Zuordnung der Hss. Z und T zur lukianischen Rezension/zum Vulgärtext (L/Vg): diese

Der Ausgangspunkt für Rahlfs' Rekonstruktion der Geschichte des griechischen Psaltertextes (in den Sept.-Stud. 2 von 1907) war ein Aufsatz von Friedrich Baethgen mit dem Titel „Der textkritische Werth der alten Uebersetzungen zu den Psalmen" gewesen.[524] Darin hatte Baethgen die Übersetzungen des hebräischen Psalters ins Griechische, Syrische, das *Psalterium iuxta Hebraeos* des Hieronymus[525] sowie das Targum auf ihren textkritischen Wert für die Herstellung einer kritischen Ausgabe des hebräischen Textes untersucht. Hierbei war zunächst die Septuaginta in den Fokus seiner Analyse geraten. Um sich einen Eindruck von deren Überlieferungssituation zu verschaffen, konsultierte Baethgen die diplomatische Ausgabe von Holmes-Parsons mit ihrem recht umfangreichen Apparat und stellte dabei auf den ersten Blick[526] fest, dass „eine grosse Anzahl von Handschriften – oft gegen hundert – in Verbindung mit alten Editionen und einzelnen Vätern, unter denen Theodoret an erster Stelle zu nennen ist, ausserordentlich häufig zusammen gegen den rezipirten Text [*also den im Wesentlichen auf Hs. B beruhenden Text der 1587 in Rom erschienenen Editio Sixtina*[527]; CS] stimmen."[528] Baethgen bezeichnete den Lemmatext der Holmes-Parsons'schen Ausgabe als „O", die große abweichende Handschriftengruppe, die Rahlfs dann später „Vulgärtext" nannte, als „O¹". Der knappe Vergleich der beiden Texttypen

---

beiden Handschriften „bieten zwar nicht überall den späteren Vulgärtext, sondern weichen gelegentlich von ihm ab; aber ihre Übereinstimmung mit *L* ist doch so groß, daß man beide fraglos zu *L* rechnen muß" (Psalmi cum Odis [1931], 63).

524 Baethgen, Der textkritische Werth (1882), bes. 407–412.

525 Vgl. dazu unten, S. 240, Anm. 591.

526 Selbst ein ‚Fachfremder' kann beim Blick in Parsons' Edition diese Entdeckung nachvollziehen, da die umfangreichen Blöcke mit Handschriften-Sigeln sofort ins Auge springen.

527 Nachdem die im Jahre 1569 begonnene offizielle Vulgata-Revision unter Papst Gregor XIII. (1572–1585) ins Stocken geraten war, trat sie 1578 vollständig hinter die von Kardinal Montalto, dem späteren Papst Sixtus V., angeregte Revision der Septuaginta zurück. Zu deren Herstellung wurde 1579 eine Septuaginta-Kommission eingesetzt, die ihr Werk unter Sixtus V. im Jahre 1586 in Rom, dem Erscheinungsort dieser sog. *Editio Sixtina*, vollendete. „Die sixtinische Ausgabe der Septuaginta erschien allerdings erst im folgenden Jahre, weshalb bekanntlich zu der Jahreszahl M. D. LXXXVI auf ihrem Titel nachträglich mit der Feder noch ein »I« hinzugefügt wurde" (Rahlfs, Rez. Baumgarten [1915], 298; vgl. ebd. auch zum Voranstehenden). Der Text der *Sixtina* beruht in der Regel auf einer nach dem Codex Vaticanus (B) korrigierten Fassung der 1518 in Venedig erschienenen *Editio Aldina*. In den Büchern, die von Hs. B nicht überliefert sind, wurde indes nach anderen Handschriften verbessert. Diese auf Lagarde zurückgehende These ist ausdifferenziert und bewiesen bei Rahlfs, Abhängigkeit (1913). Rahlfs konnte zeigen, „daß die Abhängigkeit von der Aldina so weit geht, daß die Sixtina sogar Druckfehler von der Aldina übernimmt" (Ziegler, Iob [1982], 59). Vgl. zur *Sixtina* auch Eb. Nestle, Art. „Bibelübersetzungen, griechische" (1897), 5–8 (= 65–68).

528 Baethgen, Der textkritische Werth (1882), 407.

miteinander und mit dem Hebräischen führte Baethgen zu dem Ergebnis, dass einerseits oft „die freiere Uebersetzung der Recension O¹ die ursprüngliche ist, und die unbedingte Bevorzugung des Vaticanus ist somit sehr ungerechtfertigt, vielmehr weist er deutliche Spuren einer Korrektur nach dem hebräischen Text auf".[529] Zu dieser Erkenntnis trat die zweite, dass „auch O¹ an vielen Stellen nach dem Hebräer korrigirt ist, was man daraus erkennt, dass an diesen Stellen nun umgekehrt O den freieren und somit ursprünglichen Text aufweist".[530] O und O¹ könnten, so Baethgen, also durchaus beide ursprünglichen Septuaginta-Text überliefern, je nachdem welche Form dem Hebräischen entspreche und welche von diesem abweiche, denn tendenziell hielt er die freiere Übersetzung für die ältere.[531] Die genaue Herkunft der beiden Rezensionen zu ermitteln, hatte Baethgen „jedoch als über den Rahmen seiner ‚bloß präliminarischen Arbeiten' hinausgehend abgelehnt".[532]

Dieser ‚Ermittlung' nahm sich Rahlfs nun in den SEPT.-STUD. 2 an. Zunächst stellte er 129 charakteristische Lesarten im Psalter zusammen, für die er alles ihm zur Verfügung stehende resp. von ihm herangezogene Material verglich. Auf der einen Seite stand dabei der ‚Vulgärtext', auf der anderen der B-Text, den Rahlfs anstelle der Editio Sixtina dem Vergleich zugrunde legte. Alle anderen Handschriften wurden diesen zwei einander diametral entgegenstehenden Texttypen zugeordnet. Indem er die übrige Überlieferung auf diese Weise in Beziehung zu B setzte, konnte Rahlfs bestimmte Abhängigkeitsverhältnisse sichtbar machen.[533] Es zeigte sich, dass von den ihm zu Gebote stehenden knapp 170 Textzeugen (d.h. den griechischen Handschriften und den Tochterübersetzungen) in der Summe rund 80% „einen Vulgärtext mit geringerer oder gar keiner Beimischung von B-Lesarten"[534] boten. Der aus Holmes-Parsons gewonnene erste Eindruck schien sich also grundsätzlich zu bestätigen. Anschließend ordnete Rahlfs dieses Ergebnis chronologisch an und zeigte damit, dass vor allem die gesamte ältere Überlieferung bis zum 6. Jh. n. Chr. einen B-artigen Text habe, wohingegen die

---

529 BAETHGEN, Der textkritische Werth (1882), 410.
530 BAETHGEN, Der textkritische Werth (1882), 411.
531 Vgl. BAETHGEN, Der textkritische Werth (1882), 409–411.422. Rahlfs bewertete Baethgens textkritische Annahme, der freiere Text sei stets der ursprüngliche, in SEPT.-STUD. 2 (1907), 231–232, aufgrund der Tatsache, dass „O" älter, „O¹" hingegen jünger ist, anders und sah in den freieren Übersetzungen des O^L-Textes „ein Werk der Rezensorentätigkeit Lucians" (a.a.O., 231). Vgl. dazu unten, ab S. 245.
532 SEPT.-STUD. 2 (1907), 40. Vgl. die entsprechende Angabe bei BAETHGEN, Der textkritische Werth (1882), 408.
533 Vgl. SEPT.-STUD. 2 (1907), 106–109.
534 SEPT.-STUD. 2 (1907), 107.

jüngere Überlieferung ab dem 7. Jh. fast vollständig den Vulgärtext überliefere. Erste Belege eines im 7. Jh. n. Chr. wohl endgültig vollzogenen Textwechsels des Septuaginta-Psalters, im Zuge dessen der alte B-artige Text vom späteren Vulgärtext verdrängt worden sei, fänden sich schon im 5. Jh. in Codex Alexandrinus, der einen Mischtext biete.[535] Das starke quantitative Ungleichgewicht zwischen B-artigen und Vulgärtext-Handschriften werde genau in diesem Wechsel seine Ursache haben.[536]

Diese recht simple Zweiteilung der Überlieferung in ‚B-artig' und ‚Vulgärtext', die ihm „praktisch" erschien, „weil sonst die Untersuchung von vornherein zu verzwickt geworden wäre"[537], löste Rahlfs jedoch schnell auf. Durch gegenseitige Zuordnung von (lokalisierbaren) Tochterübersetzungen und griechischen Handschriften innerhalb dieser anfänglich als Einheit behandelten, an charakteristischen Stellen jedoch voneinander abweichenden B-artigen Texte konnte er nämlich drei alte Texttypen voneinander abgrenzen und bezeichnete sie nach ihrer Herkunft als unterägyptischen (Uä), oberägyptischen (Oä) und abendländischen Texttyp (Ab). Hinzu traten die von Anfang an gesondert zu betrachtende hexaplarische Rezension (O) sowie der Vulgärtext resp. die in diesem zu identifizierende lukianische Rezension (Vg/L).[538]

(a) Der unterägyptische Text (Uä) – die hesychianische Rezension?

Die Bezeichnung dieses Texttyps als ‚unterägyptisch' leitete Rahlfs von dessen Bezeugung durch die Übersetzung der Septuaginta ins Bohairische (Bo) ab. Diese sei allem Anschein nach jünger als die sahidische (die Hauptzeugin für den gleich noch genauer vorzustellenden ‚oberägyptischen' Texttyp), wobei der Übersetzer, als er seine griechische Vorlage übersetzte, auch das Sahidische vor Augen gehabt habe: denn obwohl das Bohairische im Kern eine andere Textform wiedergebe, stimme es doch auffällig mit dem Sahidischen überein.[539] Ein offensichtlicher Beleg für solcherlei Beeinflussung des Bohairischen sei ein christlicher

---

535 Vgl. unten, S. 250.
536 Vgl. SEPT.-STUD. 2 (1907), 107–108.236–237, und PSALMI CUM ODIS (1931), 60–61.
537 SEPT.-STUD. 2 (1907), 108, Anm. 1.
538 So SEPT.-STUD. 2 (1907), 109: „Diese Typen werden wir künftig trennen und als Uä (unterägyptischer Text), Oä (oberägyptischer Text), Ab (abendländischer Text) bezeichnen und dementsprechend den Vulgärtext einfach Vg nennen. [...] Den hexaplarischen Text haben wir bisher beiseite gelassen, da er sich von vornherein als besonderer Texttypus heraushebt."
539 Vgl. zur Abhängigkeit der bohairischen von der sahidischen Version SEPT.-STUD. 2 (1907), 165.

Zusatz in Ps. 95(96)10, den sowohl der oberägyptische und der abendländische Texttyp als auch die bohairische Übersetzung bieten, nicht allerdings die beiden griechischen Hauptzeugen des unterägyptischen Texttyps, die Codices Vaticanus (B) und Sinaiticus (S).[540] Dass das Bohairische indes nicht gänzlich dem Sahidischen entspricht, beweise hingegen das Fehlen anderer im oberägyptischen Text überlieferter christlicher Zusätze.

Mit Hs. B liege für den unterägyptischen Text ein sehr alter und auch innerhalb der übrigen Septuaginta-Überlieferung textkritisch durchaus gewichtiger Zeuge vor. Hs. B's hohes Alter sowie ihre nachweisliche textliche und räumliche Nähe zum Bohairischen bildeten Rahlfs' Grundlage für die Ermittlung des unterägyptischen Texttyps. Hs. S stimme im Psalter mit Hs. B „sehr oft überein",[541] weise insgesamt aber doch mehr Besonderheiten auf, so dass Rahlfs festhielt: „Weder B noch S sind besonders sorgfältig geschrieben. [...] Im allgemeinen aber ist B entschieden viel richtiger geschrieben als S."[542]

Die Heimat nicht nur der Hs. B,[543] sondern auch des Kirchenschriftstellers Cyrill war Alexandria. Daher verglich Rahlfs in SEPT.-STUD. 2 die Psalter-Zitate in den Werken des Kirchenvaters mit dem unterägyptischen Text. Es stellte sich heraus, „daß Cyrill mehr mit Uä, als mit Vg zusammengeht, und daß er vermutlich noch mehr mit Uä zusammengehen würde, wenn sein Text nicht nach Vg korrigiert wäre".[544] Die Untersuchung der Cyrill-Zitate in den Catenenfragmenten verstärkte diesen Eindruck, denn der Gebrauch des alten Uä-Textes überwiege hier noch deutlicher gegenüber dem des späteren, ab dem 7. Jh. weithin verbreiteten Vulgärtextes (Vg).[545] Cyrill könne also durchaus als Zeuge des unterägyptischen Texttyps gewertet werden.

Diese Feststellung nahm Rahlfs 1907 zum Anlass, den unterägyptischen Text als Rezension des Hesych zu identifizieren, da Hieronymus diese ja einst in Alexandria lokalisiert hatte. Uä zeige sich vom hebräischen Text und der Hexapla unbeeinflusst, weise sogar – das machten unter anderem die allen drei alten Textformen eigentümlichen christlichen Ergänzungen offensichtlich, die Origenes als Zusätze in der Septuaginta markiert hatte – eher eine nahe Verwandtschaft mit der Vorlage des Origenes auf[546] und biete insgesamt nur „wenig besonders

---

540 Vgl. dazu unten, S. 237.

541 PSALMI CUM ODIS (1931), 26.

542 PSALMI CUM ODIS (1931), 27.

543 Vgl. RAHLFS, Alter und Heimat (1899), 72–79 (zusammengefasst oben, S. 124).

544 SEPT.-STUD. 2 (1907), 189.

545 Vgl. SEPT.-STUD. 2 (1907), 193. Vgl. zu „Vg" unten, ab S. 245.

546 Vgl. SEPT.-STUD. 2 (1907), 141.

Charakteristisches".[547] Eine Rezensionstätigkeit lasse sich somit fast gar nicht feststellen, was wiederum Rahlfs' These, in Uä die Arbeit des Hesych verifizieren zu können, in Frage stellen musste: „So ist das einzige, was wir von der Rezensorentätigkeit Hesychs mit großer Wahrscheinlichkeit sagen können, daß sie sehr gering gewesen ist."[548]

Obgleich er also in SEPT.-STUD. 2 (1907), § 61, selbst erhebliche Zweifel daran äußerte, in Uä eine rezensionelle Überarbeitung Hesychs überhaupt ausmachen zu können, hielt Rahlfs dort bei seiner knappen Präsentation der Geschichte des Septuaginta-Psalters noch an der Existenz dieser Rezension fest.[549] Die ältesten Texttypen waren seines Erachtens im oberägyptischen und abendländischen Text auszumachen, der unterägyptische Texttyp sei zwar wie die beiden anderen ebenfalls vorhexaplarisch und daher alt, aber dennoch als Rezension Hesychs zu identifizieren, die ihre alte Textgrundlage eben kaum verändert habe. „Dieser Widerspruch scheint auf den ersten Blick unlösbar. Aber er ist es nur, solange man die Vorstellung hegt, jede Rezension müsse ein funkelnagelneues, noch nie dagewesenes Textbild schaffen. Bedenkt man jedoch, daß jede Rezension an einen gegebenen Text anknüpft, und daß es durchaus im Belieben des Rezensors steht, wie weit er mit seinen Änderungen gehen will, so wird man auch jenen Widerspruch durch die Annahme zu heben vermögen, daß Hesych denselben vorhexaplarischen Text, wie Origenes, zugrunde gelegt und diesen nur wenig geändert hat."[550] Rahlfs' Fazit lautete im Jahre 1907 also noch, dass die hesychianische Rezension „zur Zeit des Hieronymus in ‚Alexandria und Ägypten' in kirchlichem Gebrauch [stand] und [...] sich darin längere Zeit, bei den Kopten sogar bis auf die Gegenwart erhalten" habe.[551]

In der Einleitung seiner 1931 erschienenen Edition unterzog er diese Einschätzung von 1907 allerdings einer radikalen Revision: Von Hesych wird hierin mit keiner Silbe mehr gesprochen,[552] der unterägyptische Texttyp nun sogar als erster der fünf ausdifferenzierten Typen (Uä, Oä, Ab, O, Vg/L) erläutert. Auch textkritisch nahm Uä jetzt eine exponierte Stellung ein, indem sein Zusammengehn mit den beiden anderen vorhexaplarischen Typen (Oä und Ab) in der Regel als Indiz für den ältesten erreichbaren Septuaginta-Text galt, außerdem, indem der

---

547 SEPT.-STUD. 2 (1907), 228.
548 SEPT.-STUD. 2 (1907), 229.
549 Vgl. SEPT.-STUD. 2 (1907), § 65.
550 SEPT.-STUD. 2 (1907), 227.
551 SEPT.-STUD. 2 (1907), 235.
552 Vgl. schon HEDLEY, Göttingen Investigation (1933), 63, Anm. 6.

Text seines griechischen Hauptzeugen, also der Hs. B, in Zweifelsfällen als kritischer Text bevorzugt wurde.[553]

Diese nachweisliche Entwicklung bei Rahlfs ist bemerkenswert und soll im Zusammenhang der HANDAUSGABE (1935) noch einmal abschließend erörtert werden.[554]

(b) Der oberägyptische Text (Oä)

Der Lokalisierung in jenem Gebiet, in welchem die sahidische Übersetzung des Septuaginta-Psalters, der einzige vollständige Zeuge Oä's, gebräuchlich war, verdankt dieser Texttyp seine Bezeichnung als ‚oberägyptisch'. Die sahidische Übersetzung (Sah) sei deshalb besonders wichtig, „weil sie uns den ganzen oberäg. Text in recht genauer Wiedergabe erhalten hat [...]. Aus ihr erkennen wir noch deutlicher als aus den griechisch erhaltenen Stücken, wie altertümlich dieser Text war".[555] ‚Recht genau' ist hier – entsprechend der von Rahlfs schon in der RUTH-STUDIE entworfenen ‚Vorsichtsmaßregeln' im Umgang mit Tochterübersetzungen – einschränkend zu verstehen, denn trotz ihrer relativ wortgetreuen Wiedergabe biete Sah besonders aufgrund sprachlicher Differenzen zwischen Griechischem und Koptischem „natürlich nicht überall ein völlig getreues Spiegelbild des griechischen Originals".[556]

Somit wurde Sah zum ersten wichtigen Anhaltspunkt für die Identifizierung des Oä-Textes in den griechischen Handschriften.[557] Dass der sahidische Text „einen recht eigentümlichen Septuagintatext wiedergiebt, der über die den

---

553 Vgl. dazu ausführlich unten, S. 344–349.

554 Vgl. dazu unten, S. 316–318

555 PSALMI CUM ODIS (1931), 30. Vgl. zur Charakterisierung von Sah auch SEPT.-STUD. 2 (1907), 143–144. Dort lieferte Rahlfs die bereits 1901 angekündigte „Untersuchung über die Bedeutung der sahidischen Uebersetzung des Psalters für die Geschichte der Septuaginta" (RAHLFS, Berliner Handschrift [1901], 4) nach.

556 SEPT.-STUD. 2 (1907), 144. Vgl. auch oben, ab S. 136, sowie SEPT.-STUD. 2 (1907), 144–146, wo Rahlfs genauer ausführt, inwiefern und aus welchen Gründen das Sahidische von seiner griechischen Vorlage abweichen kann. Vgl. außerdem RAHLFS, Rez. Wessely (1911), 645: „Wessely bietet viel wertvolles Material, aber vollständig ist es nicht. [...] All dies vermißt man ungern, denn gerade diese Fälle, in welchen die Übersetzer griech. Wörter verwenden, die im griech. Originale selbst gar nicht stehen, sind besonders lehrreich, da sie beweisen, daß die Kopten sich diese Lehnwörter ganz angeeignet haben (dies zugleich zur Warnung für diejenigen, welche kopt. Texte zur Wiederherstellung der griech. Originale benutzen wollen, damit sie nicht glauben, wo im Kopt. ein griech. Wort vorkommt, müsse dasselbe stets auch im Original gestanden haben)."

557 Vgl. zum Folgenden ausführlicher Rahlfs' Beschreibung in PSALMI CUM ODIS (1931), 28–29.

bekannten Recensionen der Septuaginta vorangehende Zeit einiges Licht zu verbreiten vermag",[558] konnte Rahlfs bereits 1901 feststellen, nachdem er zuvor den
Text einer von E. A. W. Budge edierten Handschrift des sahidischen Psalters[559] mit
dem Griechischen verglichen hatte. Für die Rekonstruktion der Textgeschichte
des Psalters wertete er die beiden ältesten sahidischen Handschriften aus, eine
Berliner und eine Londoner Handschrift,[560] und hatte auch Kenntnis weiterer
sahidischer Psalterfragmente, was z.B. eindeutig aus seiner 1906 erschienenen Rezension des von W. E. Crum herausgegebenen Kataloges der im British
Museum aufbewahrten koptischen Handschriften hervorgeht, in welchem Crum
auch Abschriften und Kollationen einzelner Fragmente bot.[551] Die Tatsache, dass
der oberägyptische Texttyp auf griechischer Seite nur fragmentarisch bezeugt
ist,[562] macht die Bedeutung von Sah für die Verifizierung dieses Texttyps noch
einmal besonders augenfällig.

Die von Rahlfs in SEPT.-STUD. 2 (1907), § 31, aufgeführten Sonderlesarten Oä's
erwiesen dessen Eigenständigkeit gegenüber den anderen Texttypen. Da mehrere
dieser Lesarten nun zwar bei den ältesten Kirchenschriftstellern belegt sind,[563]
Origenes aber nicht mehr bekannt gewesen zu sein schienen, sah Rahlfs in
diesem Texttypus „ein Exemplar des sehnlich erwünschten vororigenianischen,
‚unrezensierten' 𝔊-Textes".[564] Den ‚Urtext' der Septuaginta habe man mit Oä
nun freilich nicht vorliegen, denn die ihn überliefernden Handschriften hatten
bereits selbst eine Geschichte durchlaufen, die ihre Spuren hinterlassen hat: „Oä
ist, wenn auch nicht durch Rezensoren verschlimmbessert, doch stark verwildert
und von dem ursprünglichen Texte der Septuaginta oft genug weiter entfernt, als
die übelberufenen Rezensionen."[565] Deshalb sei Oä – wolle man ihn textkritisch

---

558 RAHLFS, Berliner Handschrift (1901), 3.

559 BUDGE, Earliest Known Coptic Psalter (1898). Rahlfs benutzte laut eigener Angabe eines der
ersten Exemplare dieser Ausgabe mit der Jahresangabe 1897.

560 Vgl. PSALMI CUM ODIS (1931), 18, und SEPT.-STUD. 2 (1907), 142.

561 Vgl. RAHLFS, Rez. Crum (1906), und die darin enthaltene Ergänzung der in DERS., Berliner
Handschrift (1901), 5–8, zusammengestellten Handschriften um mehr als 20 Fragmente. Darüber hinaus kannte Rahlfs auch andere Kataloge Crums, worauf z.B. DERS., Rez. Crum (1910),
hinweist. Die von Crum 1905 beschriebenen Psalterfragmente 1093 2015 2018 befinden sich als
Abschrift im Anhang der SEPT.-STUD. 2 (1907).

562 Griechische Hauptzeugen des oberägyptischen Texttyps sind die (gemeinsam knapp ein
Drittel des Psaltertextes umfassenden) Hss. U 2013. Hinzu kommen die Hss.-Fragmente 1221 2009
2015 2017 2018 2033 2034 2035 2038 2046 2050 2052, außerdem die Exzerpte in den Hss. 1093 1119
2032, teilweise auch in 1220. Vgl. die ausführliche Beschreibung in SEPT.-STUD. 2 (1907), 146–152.

563 Vgl. SEPT.-STUD. 2 (1907), 210.

564 SEPT.-STUD. 2 (1907), 219. Vgl. zur Begründung auch oben, ab S. 228.

565 SEPT.-STUD. 2 (1907), 220.

verwenden – von den zufällig entstandenen und bewusst vorgenommenen Änderungen zu befreien, d.h. vor allem von Lese- und Hörfehlern sowie von Beeinflussungen durch andere, meist ähnliche Bibelstellen.[566]

Als besonders charakteristisch für Oä und somit für seine Verifizierung ausschlaggebend erwiesen sich die im Verhältnis zu den übrigen Texttypen zahlreichen, teilweise sehr frühen christlichen Ergänzungen zu verschiedenen Psalmen, so etwa zu Ps. 13(14)₁₋₃ oder Ps. 95(96)₁₀:

> Neben dem oberägyptischen bieten auch der unterägyptische und der abendländische Texttyp einen umfangreichen Zusatz zu Ps. 13(14)₃, der dem Römerbrief entstammt. Paulus zitiert in Rom. 3₁₀₋₁₈ zunächst recht frei, dann wörtlich Ps. 13(14)₁₋₃ und schließt daran weitere Stellen ähnlichen Inhalts aus dem Alten Testament an. Aus diesen Ausführungen des Paulus im Römerbrief haben „dann die alten Christen ihren Psalter bereichert und alles, was Paulus zu Ps. 13[*14*]₁₋₃ hinzufügt, auch im Psalter zu Ps. 13[*14*]₁₋₃ (aber nicht zu den wesentlich gleichlautenden Versen Ps. 52[*53*]₂₋₄) hinzugefügt":[567]

Rom. 3₁₀₋₁₈	Ps. 13(14)₁₋₃	
καθὼς γέγραπται ὅτι *οὐκ ἔστιν δίκαιος οὐδὲ εἷς,*	*Εἶπεν ἄφρων ἐν καρδίᾳ αὐτοῦ* *Οὐκ ἔστιν θεός·* *διέφθειραν καὶ ἐβδελύχθησαν ἐν ἐπιτηδεύμασιν,* *οὐκ ἔστιν ποιῶν χρηστότητα, οὐκ ἔστιν ἕως ἑνός.*	
οὐκ ἔστιν ὁ συνίων, *οὐκ ἔστιν ὁ ἐκζητῶν τὸν θεόν.*	*κύριος ἐκ τοῦ οὐρανοῦ διέκυψεν ἐπὶ τοὺς υἱοὺς τῶν ἀνθρώπων* *τοῦ ἰδεῖν εἰ ἔστιν συνίων* *ἢ ἐκζητῶν τὸν θεόν.*	
πάντες ἐξέκλιναν ἅμα ἠχρεώθησαν *οὐκ ἔστιν ὁ ποιῶν χρηστότητα,* *[οὐκ ἔστιν] ἕως ἑνός.*	*πάντες ἐξέκλιναν, ἅμα ἠχρεώθησαν,* *οὐκ ἔστιν ποιῶν χρηστότητα,* *οὐκ ἔστιν ἕως ἑνός.*	
τάφος ἀνεῳγμένος ὁ λάρυγξ αὐτῶν, *ταῖς γλώσσαις αὐτῶν ἐδολιοῦσαν,* *ἰὸς ἀσπίδων ὑπὸ τὰ χείλη αὐτῶν·*	*τάφος ἀνεῳγμένος ὁ λάρυγξ αὐτῶν,* *ταῖς γλώσσαις αὐτῶν ἐδολιοῦσαν·* *ἰὸς ἀσπίδων ὑπὸ τὰ χείλη αὐτῶν,*	Ps. 5₁₀ " Ps. 139₄ (140₄)
ὧν τὸ στόμα ἀρᾶς καὶ πικρίας γέμει,	*ὧν τὸ στόμα ἀρᾶς καὶ πικρίας γέμει·*	Ps. 9₂₈ (10₇)
ὀξεῖς οἱ πόδες αὐτῶν ἐκχέαι αἷμα,	*ὀξεῖς οἱ πόδες αὐτῶν ἐκχέαι αἷμα·*	Is. 59₇
σύντριμμα καὶ ταλαιπωρία ἐν ταῖς ὁδοῖς αὐτῶν,	*σύντριμμα καὶ ταλαιπωρία ἐν ταῖς ὁδοῖς αὐτῶν,*	Is. 59₇
καὶ ὁδὸν εἰρήνης οὐκ ἔγνωσαν.	*καὶ ὁδὸν εἰρήνης οὐκ ἔγνωσαν·*	Is. 59₈
οὐκ ἔστιν φόβος θεοῦ ἀπέναντι τῶν ὀφθαλμῶν αὐτῶν.	*οὐκ ἔστιν φόβος θεοῦ ἀπέναντι τῶν ὀφθαλμῶν αὐτῶν.*	Ps. 35(36)₂

---

566 Rahlfs listet die Fälle in Sept.-Stud. 2 (1907), 220–223, auf.
567 Psalmi cum Odis (1931), 31. Vgl. zum Vorangehenden ebd.

Vgl. Ps. 52(53)2–4: Εἶπεν ἄφρων ἐν καρδίᾳ αὐτοῦ Οὐκ ἔστιν θεός. διεφθάρησαν καὶ ἐβδελύχθησαν ἐν ἀνομίαις, οὐκ ἔστιν ποιῶν ἀγαθόν. ὁ θεὸς ἐκ τοῦ οὐρανοῦ διέκυψεν ἐπὶ τοὺς υἱοὺς τῶν ἀνθρώπων τοῦ ἰδεῖν εἰ ἔστιν συνίων ἢ ἐκζητῶν τὸν θεόν. πάντες ἐξέκλιναν, ἅμα ἠχρεώθησαν, οὐκ ἔστιν ποιῶν ἀγαθόν, οὐκ ἔστιν ἕως ἑνός.

Nicht in den griechischen Zeugen des unterägyptischen Textes, wohl aber im oberägyptischen und abendländischen Typus findet sich als weiteres Beispiel der bereits bei Tertullian (2.–3. Jh. n. Chr.) und Justin (2. Jh. n. Chr.) überlieferte Zusatz in Ps. 95(96)10, wo es nach ὁ κύριος ἐβασίλευσεν (*der Herr ist König geworden*) heißt: ἀπὸ τοῦ ξύλου (*vom Holz*). Von dessen Ursprünglichkeit war Justin derart überzeugt, dass er sogar behauptete, der Zusatz sei wegen seiner christlichen Konnotation absichtlich von den Juden im hebräischen Text getilgt worden.[568]

Viele solcher Zusätze waren, so Rahlfs, bereits früh in den Text eingedrungen, da sie schon bei den ältesten Kirchenschriftstellern überliefert sind. Dies sei zugleich ein Argument für das hohe Alter des oberägyptischen Textes. Und doch machte der in solchen Zusätzen sichtbar gewordene willkürliche Umgang der „ältesten Christenheit mit dem Septuagintatexte"[569] für Rahlfs die Hauptbedeutung des oberägyptischen Texttyps aus und rückte diesen zugleich in größere Entfernung vom ‚Urtext': Denn die deutlich nach Entstehung der Übersetzungen in den Text eingedrungenen neutestamentlichen Ergänzungen gaben Grund zu der Annahme, dass auch andere Eigenheiten resp. Sonderlesarten in Oä von späterer Hand stammten und nicht schon in der hebräischen Übersetzungsvorlage oder dem ‚Urtext' des Septuaginta-Psalters vorgelegen hätten.[570] Rahlfs' Fazit lautete daher: „Oä ist nicht der ursprüngliche, sondern ein christlicher 𝔊-Text mit spezifisch christlichen Änderungen und Zusätzen. [...] Dies schließt jedoch nicht aus, daß [er] an einzelnen Stellen den ursprünglichen 𝔊-Text bewahrt hat."[571]

Diese grundsätzliche Einschätzung erleichterte Rahlfs' Entscheidung, den oberägyptischen Texttyp schließlich 1931, parallel zur oben bereits beschriebenen textkritischen Aufwertung des unterägyptischen Typs, erst an zweiter Stelle der drei alten Textformen zu nennen.

---

568 Vgl. Sept.-Stud. 2 (1907), 205.224, sowie Psalmi cum Odis (1931), 31.

569 Sept.-Stud. 2 (1907), 225.

570 Vgl. zum Verhältnis von Cä zu seiner hebräischen Vorlage die Angaben in Sept.-Stud. 2 (1907), 220.233.

571 Sept.-Stud. 2 (1907), 224.

(c) Der abendländische Text (Ab) – die *Vetus Latina*-Tradition

Da die altlateinische Übersetzung des Psalters, die 1931 wesentlich in den altlateinischen Handschriften La^R und La^G sowie in einzelnen Kirchenschriftstellerzitaten zugänglich gewesen war,[572] Hauptzeugin dieses Texttyps ist, bezeichnete Rahlfs ihn als ‚abendländisch'. Dass es sich bei Ab um einen vorrezensionellen, also vororigenischen Text handeln müsse, machten insbesondere die auch für Uä und Oä charakteristischen alten christlichen Zusätze (z.B. in Ps. 95[96]10) evident, die in den späteren Rezensionen bereits fehlten.[573] Hinsichtlich dieser christlichen Zusätze entspreche Ab besonders dem oberägyptischen Text. Allerdings wichen beide an anderer Stelle so stark voneinander ab, dass sie als zwei Texttypen aufzufassen seien: Sonderlesarten des oberägyptischen Textes, die Rahlfs in Sept.-Stud. 2 (1907), § 31, zusammenstellte, biete die altlateinische Übersetzung nur sehr gelegentlich, so dass in Ab „ein anderer Typus des vororigenianischen Textes" vorliege, der daher „besonders wertvoll" sei.[574] Man könne sogar – so Rahlfs – damit rechnen, dass die altlateinische Übersetzung, die ihre Wurzel im 2. Jh. n. Chr. habe,[575] dem ursprünglichen Septuaginta-Text oft näher stehe als Oä,[576] manchmal sogar der einzige Zeuge für die ursprüngliche Septuaginta-Lesart sei, was an bestimmten Stellen auch für ihre Zitate bei Cyprian und Tertullian gelte. Neben den beiden altlateinischen Hauptzeugen für den abendländischen Text habe sich darüber hinaus eine griechisch-lateinische[577] Überlieferung für Ab erhalten:[578]

In Sept.-Stud. 2 führte Rahlfs einige auf abendländischem Terrain geschriebene, in der Regel bilinguale (lat.-gr.) Psalterien auf, von welchen er die vier ihm in Kollationen Lagardes und Holmes-Parsons zugänglichen sog. „codices latinizantes" (Hss. 27 156 188 1037) genauer unter-

---

572 Insbesondere in Zitaten bei Tertullian, Cyprian und Augustin. Vgl. dazu in diesem Abschnitt weiter unten, S. 240.

573 Vgl. oben, ab S. 228.

574 Beide Zitate: Sept.-Stud. 2 (1907), 225–226. Vgl. zum Vorangehenden ebd.

575 Vgl. Sept.-Stud. 2 (1907), 37.

576 Vgl. Sept.-Stud. 2 (1907), 226.

577 Das Vorkommen griechischer Texte im lateinisch-sprachigen Westen erklärt Rahlfs in Sept.-Stud. 2 (1907), 37–38: „Griechisch war in den ersten Jahrhunderten bei den lateinischen Gemeinden, namentlich in Rom, sehr bekannt, und auch später ist seine Kenntnis im Abendlande nicht ganz ausgestorben, speziell in der Liturgie hat sich hie und da Griechisches erhalten. So finden wir gerade von dem beim Gottesdienste besonders intensiv gebrauchten Psalter viele griechischen Texte auf lateinischem Boden."

578 Vgl. zum Folgenden Psalmi cum Odis (1931), § 5.

suchte.[579] Dabei stellte er fest, dass diese Handschriften im Kern zwar durchaus einen alten griechischen Text bezeugen konnten, dessen Herausarbeitung wegen der mehr oder minder stark ausgeprägten Beeinflussung durch den in ihnen ebenfalls überlieferten lateinischen Text jedoch „eine sehr schwierige Aufgabe" sei, „die ohne Vergleichung aller Formen des lat. Psalters gar nicht zu lösen wäre".[580] Die hierfür notwendige kritische Ausgabe der *Vetus Latina* lag Rahlfs jedoch noch nicht vor (und ist bis heute ein Desiderat).[581] Da eine Auswertung des griechischen Textes jener *codices latinizantes* aufgrund des hohen Arbeitsaufwandes also in keinem Verhältnis mehr zum textkritischen Wert der zu erwartenden Untersuchungsergebnisse stand, beschränkte sich Rahlfs in den PSALMI CUM ODIS auf die älteste griechisch-lateinische Handschrift mit abendländischem Texttyp, Hs. R (6. Jh.);[582] Diese zweisprachige Handschrift war ihm erst im Jahre 1928 in Fotografie zugänglich geworden, so dass er sie – im Gegensatz zur Untersuchung von 1907, für welche ihm lediglich eine sehr ungenaue Edition dieses Textes zur Verfügung gestanden hatte[583] – für die Ausgabe von 1931 neu kollationieren und auswerten konnte. Aus diesem Grund lieferte er eine (für ihre textkritische Verwertung und die Art ihrer Notation im Apparat notwendige) Beschreibung und Charakterisierung der Handschrift, die an Ausführlichkeit derjenigen zur Hs. 911 in der Genesis-Ausgabe von 1926 gleich kam.[584] Diese Beschreibung benannte die Voraussetzungen unter denen Hs. R, der älteste griechische Zeuge für Ab, für die Textrekonstruktion verwendet werden konnte.

Deutlich gewichtigere Zeugen des abendländischen Textes als Hs. R waren jedoch die bereits genannten *Vetus Latina*-Handschriften La[R] und La[G]. Die Texte dieser beiden Codices konnte Rahlfs anhand von Fotografien bzw. des Originals verifizieren (lassen).[585]

---

579 Wellhausen empfahl der Abschnitt über die *codices latinizantes* in seinem Schreiben an Harnack im Februar 1907 übrigens „zu besonderer Beachtung" (Staatsbibliothek zu Berlin – Preußischer Kulturbesitz, Nachlass Harnack: Wellhausen, Bl. 39r). Vgl. auch BOGAERT, Le Psautier latin (2000), 74–78.

580 Beide Zitate: PSALMI CUM ODIS (1931), 33. Vgl. außerdem SEPT.-STUD. 2 (1907), § 18,8. Ein sehr pointiertes Beispiel für jene Latinisierung führte Rahlfs in PSALMI CUM ODIS (1931), 32–33, aus Hs. 156 vor: „Diese Hs. hat in Ps. 48[49]16 61[62]5.6.10 statt $\pi\lambda\eta\nu$ sonderbarerweise $\pi\lambda\eta\nu\tau\alpha\sigma\nu\mu$ (61[62]5 -$\sigma\nu\nu$) entsprechend lateinischem *verumtamen*. Daß hier $\tau\alpha\sigma\nu\mu$ irgendwie mit *tamen* zusammenhängen müsse, hatte ich schon S.-St. 2, 97 bemerkt; aber ich konnte mir nicht erklären, wie der Schreiber auf $\tau\alpha\sigma\nu\mu$ für *tamen* verfallen war. Die Erklärung dafür hat mein früherer Mitarbeiter Dr. Emil Große-Brauckmann gefunden. In Ps. 38[39]6 entspricht *verumtamen universa* griechischem $\pi\lambda\eta\nu$ $\tau\alpha$ $\sigma\nu\mu\pi\alpha\nu\tau\alpha$. Hier sagten sich die abendländischen Adepten: $\pi\alpha\nu\tau\alpha$ ist = *universa*, also $\pi\lambda\eta\nu$ $\tau\alpha$ $\sigma\nu\mu$ = *verumtamen*, und von hier übertrugen sie das famose $\pi\lambda\eta\nu\tau\alpha\sigma\nu\mu$ auch auf andere Stellen, wo in der lat. Interlinearversion *verumtamen* stand."

581 Vgl. dazu unten, S. 265.

582 Einzige Ausnahme bildete die Nennung jener vier *codices latinizantes* im Apparat zu Ps. 47(48)10 58(59)12 61(62)9 und 103(104)1, vgl. PSALMI CUM ODIS (1931), 32.

583 Vgl. PSALMI CUM ODIS (1931), 10.

584 Vgl. PSALMI CUM ODIS (1931), 33–37.

585 Vgl. PSALMI CUM ODIS (1931), 18, und zur Beschreibung der Handschriften a.a.O., 40–41 sowie § 5,14.

Um die *Vetus Latina*-Tradition textkritisch angemessen auswerten zu können, war es – wie schon oben beim Buch Ruth gezeigt – unerlässlich, die Art ihrer Übersetzung zu analysieren.[586] Jene sei, so Rahlfs, „durchweg sehr wörtlich",[587] sogar bis hin zu gelegentlicher lexikalischer Einheitlichkeit. Damit wurde in bestimmten Fällen die Übersetzungstechnik zum textkritischen Kriterium, zumal bei Abweichungen zwischen in der Regel stets identisch übersetzten Wörtern.[588] Der hohe textkritische Wert der altlateinischen Überlieferung trat besonders deutlich in Ps. 48 hervor: ihre Wörtlichkeit in Kombination mit zwei durchaus wahrscheinlichen innergriechischen Verlesungen (die Rahlfs in SEPT.-STUD. 2 [1907], 226, ausführte) ließ La dort zum einzigen Zeugen für das Lemma gegen die gesamte übrige Überlieferung werden.[589]

Als dritte wichtige Zeugengruppe für Ab gerieten schließlich noch die lateinischen Kirchenschriftsteller in den Fokus der Rahlfs'schen Untersuchungen. Wegen ihres hohen Alters wurden Tertullian und Cyprian herangezogen, vor allem aber Augustins Psalmenzitate ausführlich analysiert:

Die Psalmenzitate bei Augustin wurden von Rahlfs relativ ausführlich behandelt, obwohl er zu den späteren lateinischen Kirchenschriftstellern zu rechnen ist. Dies lag vor allem daran, dass Augustin „in seiner früheren Zeit, wo seine meisten Psalmen-Auslegungen entstanden sind, einen Text zugrunde legt [*hatte*], welcher dem von La^R sehr ähnlich ist".[590] Je später Augustins Auslegungen jedoch entstanden waren, desto stärker sei in ihnen der Einfluss des sich langsam im Westen durchsetzenden *Psalterium Gallicanum*[591] erkennbar und desto häufiger

---

586 Vgl. auch oben, S. 136.
587 PSALMI CUM ODIS (1931), 44.
588 Vgl. PSALMI CUM ODIS (1931), 44–45. In Hs. La^G überlieferte Dubletten hielt Rahlfs für das Resultat innerlateinischer Rezensionsarbeit (vgl. PSALMI CUM ODIS [1931], 43).
589 Ps. 48 (Lemma): ἔδωκας εὐφροσύνην εἰς τὴν καρδίαν μου· ἀπὸ καιροῦ σίτου καὶ οἴνου καὶ ἐλαίου αὐτῶν ἐπληθύνθησαν. Apparat: καιρου La = 𝔐 (מֵעֵת)] καρπου rel. (das Altlateinische liest *a tempore*: ΚΑΙΡΟΥ → ΚΑΡΠΟΥ).
Vgl. auch Ps. 30(31)16^1 (Lemma): ἐν ταῖς χερσίν σου οἱ καιροί μου. Apparat: καιροι La = 𝔐 (עִתֹּתָי): sic etiam α′ σ′ teste Sy] κλῆροι rel. (das Altlateinische liest *tempora mea*: ΚΑΙΡΟΙ → ΚΛΗΡΟΙ).
590 PSALMI CUM ODIS (1931), 46.
591 Das *Psalterium Gallicanum* war nach einer ersten verlorengegangenen die zweite von insgesamt drei Bearbeitungen des Psalters durch den Kirchenvater Hieronymus, genauer: die „Revision des altlat. Psalters nach dem hexaplar. Septuaginta-Texte" (PSALMI CUM ODIS [1931], 53). Seine Bezeichnung rühre – so Rahlfs – daher, „daß er zuerst in Gallien in kirchlichen Gebrauch kam und sich von da aus weiter verbreitete, bis er den Sieg über alle sonstigen Textformen davontrug und in die offizielle Bibel der röm.-kathol. Kirche aufgenommen wurde" (PSALMI CUM ODIS [1931], 53). Vgl. die Beschreibung bei GRYSON, VL 1/2B (2004), 14.
Bis zu DE BRUYNE, Psautier romain (1930), galt das sog. *Psalterium Romanum* als erste Bearbeitung des Psalters durch Hieronymus. Dabei handelt es sich um eine seit dem 9. Jh. n. Chr. zunächst „in einem großen Teile Italiens sowie in England und Deutschland" verbreitete alt-

stelle der Kirchenvater in seinen Texten verschiedene Übersetzungen einander gegenüber und wäge sie gegeneinander ab.[592] Der Text des Kirchenvaters musste also, obwohl er mehrheitlich La[R] gleiche, für die Rekonstruktion des abendländischen Texttyps entsprechend differenzierte Verwendung finden.

Zusammengefasst ergab sich durch die Auswertung der wichtigsten Zeugen für Rahlfs folgendes Bild des abendländischen Textes: Hauptvertreter seien die altlateinischen Hss. La[R] und La[C], griechisch bezeugt finde sich der Texttyp besonders in der alten Hs. R, etwas weniger offensichtlich in den oft zweisprachigen *codices latinizantes*. Aber auch von den lateinischen Kirchenschriftstellern sei der abendländische Texttyp teilweise bezeugt, einerseits von den älteren wie Tertullian und Cyprian, anderseits in den frühen Psalmenzitaten Augustins. Um deutlich zu machen, dass eine nur schwach bezeugte Lesart dieser Vertreter des abendländischen Texttyps „nicht etwa eine Sonderlesart oder ein Sonderfehler einer einzigen Hs., sondern auf lat. Boden weiter verbreitet ist",[593] zog Rahlfs auch die weitere lateinische Überlieferung heran (insbesondere das sog. *Psalterium Romanum*) und verzeichnete diese im Apparat als „alii bzw. complures Latini".[594]

---

lateinische Psalterübersetzung, die in den nachfolgenden Jahrhunderten jedoch „immer mehr aus dem Kultus verschwand" (beide Zitate: PSALMI CUM ODIS [1931], 53). Erst 1930 konnte De Bruyne nachweisen, dass es „den von Hieron[ymus] befolgten Grundsätzen so widerspricht, daß es auf keinen Fall von ihm herstammen kann" (PSALMI CUM ODIS [1931], 53), was bis dahin allgemein als Forschungskonsens galt. Vgl. auch BOGAERT, Le Psautier latin (2000), 60–61, und SEPT.-STUD. 2 (1907), 26.30.
Rahlfs ging 1907 aufgrund gewisser Parallelen zwischen den Texten des *Romanum* und des *Gallicanum* davon aus, in jenem die Grundlage dieses zweiten erkennen zu können. In der Einleitung zur Ausgabe von 1931 revidierte Rahlfs jedoch seine vormalige Ansicht und erklärte die erste Psalter-Bearbeitung des Hieronymus für verlorengegangen (vgl. PSALMI CUM ODIS [1931], 53). Vgl. auch BOGAERT, Le Psautier latin (2000), 58.
Die dritte, da nicht in gottesdienstlichen Gebrauch geraten, nur schwach überlieferte Bearbeitung des Psalters durch Hieronymus liegt im sog. *Psalterium iuxta Hebraeos* vor, der Übersetzung des Psalters auf Grundlage des hebräischen Textes und – was Rahlfs noch nicht wissen konnte, da die von H. de Sainte-Marie besorgte Edition erst 1954 erscheinen sollte – unter Zuhilfenahme der Texte des Aquila, vor allem aber des Symmachus (vgl. BOGAERT, Le Psautier latin [2000], 59–60 mit Anm. 33). Rahlfs vermutete eine Verwendung des *Psalterium iuxta Hebraeos* „für gelehrte Studien" (PSALMI CUM ODIS [1931], 54). Vgl. auch SCHULZ-FLÜGEL, Hieronymus (2000), sowie GRYSON, VL 1/2B (2004), 15, außerdem ALLGEIER, Prolegomena (1928), sowie DERS., Psalmen (1940).
592 Vgl. PSALMI CUM ODIS (1931), 46. A.a.O., 46–47, illustrierte Rahlfs den Textwechsel eindrücklich am Beispiel von Ps. 118.
593 PSALMI CUM ODIS (1931), 52.
594 Vgl. PSALMI CUM ODIS (1931), 51–52.

Es sei hier bereits erwähnt, dass einige Rezipienten der Rahlfs'schen Psalter-Edition besonders diese Beschränkung auf wenige griechische und lateinische Zeugen bei der Auswertung des abendländischen und dadurch des Septuaginta-Textes kritisierten. So bemängelte z.b. Arthur Allgeier in seiner Rezension der Psalmen-Edition eben jene Vernachlässigung der übrigen abendländischen griechischen Psalterien, wohingegen z.b. Joseph Ziegler betonte, dass Rahlfs den „altlat. Text ausführlich besprochen und seine Bedeutung für die Textgeschichte richtig hervorgehoben" habe,[595] was einer gerechten Würdigung von Rahlfs' bewusster und kaum anders möglicher Beschränkung auf ausgewähltes Material entspricht.[596]

(d) Die hexaplarische Rezension (*O*)

Aufgrund expliziter Äußerungen des Origenes zu seiner textkritischen Methode liegt in der hexaplarischen Rezension die erste *eindeutig* rezensionelle, d.h. systematisch durchgeführte Überarbeitung des Psaltertextes vor. Dass sie später als die drei zuvor genannten alten Textformen UäOäAb sein musste, folgerte Rahlfs daraus,[597] dass alle drei zwar durchaus häufig mit dem hexaplarischen Text übereinstimmten (weshalb man zunächst auf eine Abhängigkeit der drei von *O* schließen könne), zugleich aber „dieselben Lücken und Überschüsse" aufwiesen, „welche Origenes in seiner Vorlage vorgefunden hat" und daher – besonders der unterägyptische Texttyp – „Anspruch auf nahe Verwandtschaft mit der Vorlage des Origenes erheben"[598] dürften.

Quellen für die Rekonstruktion des hexaplarischen Septuaginta-Textes waren einerseits zwei griechische Fragmente der Hexapla aus Cambridge und Mailand, die ins 8. und 10. Jh. datieren, „andrerseits die lat. Übersetzung der LXX-Kolumne der Hex[apla] durch Hieronymus[599] und der Brief des Hieronymus an Sunnia und Fretela".[600]

---

595 Ziegler, Lateinische Psalmenübersetzungen (1960), 5.

596 Vgl. hierzu ausführlich unten, ab S. 252.

597 Vgl. Sept.-Stud. 2 (1907), 137–141.

598 Sept.-Stud. 2 (1907), 141.

599 Gemeint ist das in der Vulgata überlieferte *Psalterium Gallicanum*, d.h. die von Hieronymus anhand der 5. Kolumne der Hexapla revidierte lateinische Fassung einer älteren lateinischen Vorlage.

600 Psalmi cum Odis (1931), 52. Einen Überblick über das gesamte ihm bekannte, für die (alt-) lateinische Überlieferung des Psalters auszuwertende Material bietet Rahlfs in Sept.-Stud. 2 (1907), 25–31. Vgl. auch oben, ab S. 238.

Waren die syrische Übersetzung der Hexapla (Syh) und die in ihr überlieferten aristarchischen Zeichen in den meisten andern Büchern der Septuaginta – wie z.B. Ruth und Genesis – für gewöhnlich Ausgangspunkt für die Rekonstruktion des hexaplarischen Textes innerhalb der griechischen Textzeugen,[601] so traf dies für den Psalter nicht zu. Der Vergleich des Textes von Syh mit den hexaplarischen Lesarten, die in den zwei eben genannten hexaplarischen Fragmenten überliefert sind,[602] ergab nämlich, dass der Psaltertext von Syh der lukianischen Rezension resp. dem Vulgärtext nahesteht.[603] Der Wert der in Syh überlieferten aristarchischen Zeichen erwies sich für die Analyse der hexaplarischen Rezension im Psalter dennoch als recht hoch, weil in den griechischen Zeugen des hexaplarischen Textes deutlich weniger zuverlässige Asterisken und Obelen als in Syh ausgemacht werden konnten, was sich darauf zurückführen lies, dass die meisten der dort vorhandenen Zeichen von späteren Korrektoren nach falschen Prinzipien eingefügt worden waren.[604]

Die beiden von Rahlfs zur Verifizierung der hexaplarischen Rezension herangezogenen griechischen Fragmente hatten aufgrund ihres sehr geringen Umfangs nur eine untergeordnete textkritische Bedeutung. Das Cambridger Fragment, Hs. 2005, war bereits 1907 in einer Edition zugänglich gemacht worden, auf die Mailänder Hs. 1098 hatte Rahlfs bei Abfassung der SEPT.-STUD. 2 noch keinen Zugriff gehabt. Erst für PSALMI CUM ODIS konnte er eine von Giovanni Mercati, dem späteren Herausgeber der Fragmente,[605] zur Verfügung gestellte Abschrift des Textes verwenden, die zwar keine neuen textkritischen Erkenntnisse lieferte, aber zumindest sicherstellte, dass für die Edition bezüglich der Berücksichtigung jener griechischen Zeugen Vollständigkeit beansprucht werden konnte.

---

601 Vgl. oben, S. 188–193.

602 Ausführlich durchgeführt ist dieser Vergleich auf Grundlage der von Rahlfs zusammengestellten hexaplarischen Lesarten der Fragmente in SEPT.-STUD. 2 (1907), § 25, mit dem Ergebnis, dass der Text der Syrohexapla im Psalter „weder mit den Hexaplahss., noch mit Gall, noch mit den ausdrücklichen Angaben des Hieronymus über den Wortlaut der ‚Septuaginta' [übereinstimmte]. Also kann er als Zeuge für den hexaplarischen 𝔊-Text nicht in Frage kommen" (SEPT.-STUD. 2 [1907], 124).

603 Vgl. PSALMI CUM ODIS (1931), 52, sowie folgende neuere Publikationen von Robert Hiebert, in denen behauptet wird, Syh sei eine vom lukianischen Texttyp abhängige Revision der syrischen Revision des Philoxenus: HIEBERT, "Syrohexaplaric" Psalter (1989), wieder aufgenommen in: DERS., "Syrohexaplaric" Psalter (2000), und DERS., Syriac Biblical Textual History (2001), sowie zuletzt: DERS., Place of the Syriac Versions (2005). Da Rahlfs Syh einen höheren textkritischen Stellenwert beimaß, steht eine abschließende Beurteilung auch heute noch aus (vgl. dazu auch den folgenden Abschnitt ,e', S. 245–250).

604 Vgl. SEPT.-STUD. 2 (1907), 133.234–235, sowie PSALMI CUM ODIS (1931), 59.

605 MERCATI, Palimpsest II (1958) und Palimpsest I (1965).

Hinsichtlich ihres Textcharakters resümierte Rahlfs bereits 1907, dass die beiden Fragmente insgesamt den gewöhnlichen Septuaginta-Text bezeugten, tendenziell eher mit dem unterägyptischen Texttyp übereinstimmten (was aufgrund dessen enger Verwandtschaft mit der Vorlage des Origenes nicht überrascht), daneben aber gelegentlich die für die Rezension des Origenes so charakteristischen Angleichungen an den hebräischen Text aufwiesen.[606]

Aufgrund der fragmentarischen Überlieferung der griechischen Zeugen bildete wie bereits im Falle des abendländischen Texttyps eine Tochterübersetzung die Hauptquelle für die hexaplarische Rezension, nämlich das sog. *Psalterium Gallicanum* (Ga bzw. Gall) sowie daneben der (fiktive?)[607] Brief des Hieronymus an zwei gotische Schriftforscher mit Namen Sunnia und Fretela (Hi), in welchem der Kirchenvater einzelne Teile des *Gallicanum* textkritisch kommentiert hatte.

Zusammenfassend konnte Rahlfs feststellen, dass der Charakter der hexaplarischen Rezension im Psalter dem innerhalb der übrigen Septuaginta nachgewiesenen durchaus entsprach, d.h. dass Origenes hauptsächlich mit Asterisken und Obelen,[608] gelegentlich auch ohne ausdrückliche Kennzeichnung, den ihm vorliegenden Septuaginta-Text anhand eines Vergleichs mit dem hebräischen Text überarbeitet hatte.[609] Dabei hielt es Rahlfs durchaus für möglich, dass die der origenischen Rezension zugrunde liegende griechische Textform in enger Verwandtschaft mit dem unterägyptischen Text stehe, wofür auch spräche, dass Origenes selbst in seinen übrigen Werken – sofern er nicht die Hexapla zitierte – auf einen Psaltertext zurückgriff, der völlig mit Uä übereinstimmte.[610]

---

[606] Vgl. SEPT.-STUD. 2 (1907), 111.

[607] Donatien De Bruyne hatte 1929 gezeigt, dass es sich bei dem Schreiben um eine schriftstellerische Fiktion des Hieronymus handelte, und Rahlfs folgte dieser Darstellung (vgl. PSALMI CUM ODIS [1931], 58). Andere vertraten eine abweichende Einschätzung: So hielt Arthur Allgeier die von De Bruyne angeführten Gründe für nicht schlagkräftig genug (vgl. ALLGEIER, Psalmen [1940], 23) und auch Christoph Markschies rechnete 1994 grundsätzlich damit, dass dieser Brief des Hieronymus echt sei (MARKSCHIES, Hieronymus [1994], 175 mit Anm. 229). Sollte es sich um eine literarische Fiktion des Hieronymus handeln, würde dies den textkritischen Wert des Schreibens gegenüber der Annahme, es mit einem echten Brief zu tun zu haben, natürlich etwas erhöhen. Tiefergehende Auswirkungen auf Rahlfs' Argumentation ergäben sich daraus allerdings nicht.

[608] Quelle für Asterisken und Obelen können dabei auch außerhalb der hexaplarischen Zeugen vorkommen. Vgl. PSALMI CUM ODIS (1931), 59–60.

[609] SEPT.-STUD. 2 (1907), 228.

[610] Vgl. SEPT.-STUD. 2 (1907), 214.141. Hingegen liegt keinerlei Verwandtschaft mit dem lukianischen Text vor. In SEPT.-STUD. 1 (1904), 47–87, und SEPT.-STUD. 3 (1911), 138, hatte Rahlfs auch für die Königsbücher eine starke Übereinstimmung des von Origenes zitierten Textes mit Hs. B konstatieren können.

Als Hauptzeuge der Rezension diente, wie bereits gesagt, das *Psalterium Gallicanum*. Nachdem der Text dieses Zeugen für die Edition 1931 vollständig als Fotografie vorgelegen hatte, war die Bewertung seiner textkritischen Relevanz für den hexaplarischen Text deutlich höher ausgefallen als noch 1907. So stellte Rahlfs fest, dass „der hexaplarische Text [...] zweifellos manchmal der ursprünglichen Septuaginta näher [*komme*], als die übrigen Texttypen".[611] Diese Annäherung erklärte Rahlfs mit der Tendenz des Origenes, frühe Schreibfehler und falsche Zusätze in seiner Septuaginta-Vorlage verbessert zu haben. Indem der alexandrinische Bibelphilologe aber den in Teilen wiederhergestellten alten Septuaginta-Text der hebräischen Vorlage anglich, beraubte er ihn wiederum seiner ursprünglichen Gestalt. Die Berücksichtigung der so entstandenen Spannung war für Rahlfs' textkritische Verarbeitung der hexaplarischen Rezension von großer Wichtigkeit.

(e) Die lukianische Rezension (*L*) als Vulgärtext (Vg)

Baethgens Aufsatz war nicht nur Ausgangspunkt für Rahlfs' Ausdifferenzierung der drei alten Textformen Uä, Oä und Ab gewesen, sondern stand auch am Anfang seiner Analyse der lukianischen Rezension resp. des sog. ‚Vulgärtextes' (bei Baethgen „O¹"). Bevor die Ergebnisse von Rahlfs' Untersuchungen im Folgenden genauer dargestellt werden, ist allerdings zunächst eine terminologische Klärung der Begriffe ‚lukianische/r Rezension/Text' und ‚Vulgärtext' erforderlich: Der Vorläufigkeit der anfänglichen Bezeichnung der drei alten Textformen als ‚B-artige' Texte entspricht es, dass Rahlfs im ersten Teil der Septuaginta-Studien von 1907 den von der großen Anzahl jüngerer Psalterhandschriften überlieferten Texttyp, eben wegen seiner weiten Verbreitung, ‚Vulgärtext' (Vg) nannte.[612] Nach genauem Vergleich Vg's mit den drei alten Formen und dem Text der hexaplarischen Rezension vermutete er jedoch, dass dieser mit der Rezension Lukians zu identifizieren sei, da er diese als einzige in den anderen Texten noch nicht ausgemacht hatte.[613] Der Anfangsverdacht erhärtete sich durch die wesentliche Übereinstimmung Vg's mit dem bei Theodoret und Chrysostomus zitierten Psalmentext und mit der griechischen Vorlage von Syh, konnten diese doch eindeutig im syrisch-antiochenischen Gebiet lokalisiert werden.[614] Für Rahlfs stand damit

---

611 Sᴇᴘᴛ.-Sᴛᴜᴅ. 2 (1907), 228.
612 Vgl. Sᴇᴘᴛ.-Sᴛᴜᴅ. 2 (1907), 109.
613 Vgl. Sᴇᴘᴛ.-Sᴛᴜᴅ. 2 (1907), 141.
614 Vgl. Sᴇᴘᴛ.-Sᴛᴜᴅ. 2 (1907), 169–183, und Psᴀʟᴍɪ ᴄᴜᴍ Oᴅɪs (1931), 63.

fest, dass sich hinter dem zunächst allgemein als ‚Vulgärtext' bezeichneten Typ
definitiv die Rezension Lukians verbergen musste, so dass er bereits im Fazit der
Sept.-Stud. 2 (§ 66) nur noch ausschließlich von dieser sprach.[615] Der Begriff
‚Vulgärtext' wurde also schon innerhalb der Sept.-Stud. 2 durch die Bezeichnung
‚lukianische Rezension' ersetzt und als solche in der Edition von 1931 dann – auf
erweiterter Materialbasis – genauer ausdifferenziert.

Rahlfs' Charakterisierung und Verifizierung der Rezension Lukians basierte
im Wesentlichen auf drei Quellen, die deren Überlieferungs-„Grundstock"[616] bildeten: (1) den mehreren hundert jüngeren Minuskeln, (2) den Psalmenzitaten bei
Theodoret von Kyrrhos und (3) der Übersetzung des Psalters in der Syrohexapla.
Hinzu traten weitere Textzeugen, wie die Zitate im Psalmenkommentar Hesychs
von Jerusalem oder die in den Codices B, S und R nachweisbaren lukianischen
Korrekturen, ferner Zitate bei anderen antiochenischen Kirchenschriftstellern
sowie zwei Handschriftenfragmente aus dem 5.–9. Jh.[617]

Seine Analyse der lukianischen Rezension begann Rahlfs nun mit der ersten
umfangreichen Quelle: dem von den Minuskeln überlieferten Psaltertext. Diesen
entnahm er den Kollationen von über 100 Handschriften bei Holmes-Parsons, da
die Neu-Kollation des ganzen, sich auf mehrere hundert Handschriften belau-
fenden Materials, wenn „sie alles oder auch nur das Wichtigste umfassen sollte,
allein schon eine Reihe von Jahren erfordern und gewaltige Geldmittel verschlin-
gen würde. Dazu kommt, daß der Ertrag einer solchen Arbeit aller Wahrscheinlichkeit nach sehr gering sein würde, da nach allem, was wir wissen, Unterschiede zwischen den jüngeren Hss. recht gering sind."[618]

Die gegenüber den vier anderen Texttypen quantitativ deutlich höhere Zeugenzahl für die lukianische Rezension, d.h. ihre weite Verbreitung spätestens seit dem 7. Jh.[619] – sogar bis in den
lateinischen Sprachraum hinein[620] –, sah Rahlfs historisch begründet: Die gegenüber anderen
Büchern der Septuaginta auffällige Dominanz des lukianischen Textes innerhalb der Überlieferung des Psalters, ähnele sehr stark der neutestamentlichen Textüberlieferung, wo er „(der
‚Syrian text' bei Westcott und Hort,[621] wesentlich identisch mit dem ‚textus receptus') im Lauf der

---

615 Man kann „sagen, daß Theodoret sowohl im Kommentar, als in seinen übrigen Anführun-
gen der Hauptsache nach dem Vg-Texte folgt und dadurch diesen als lucianisch erweist" (Sept.-
Stud. 2 [1907], 177).

616 Psalmi cum Odis (1931), 69.

617 Vgl. die genaue Auflistung Psalmi cum Odis (1931), § 7, Abs. 7–9, und für die Kirchenschriftsteller auch Sept.-Stud. 2 (1907), Kap. 8.

618 Psalmi cum Odis (1931), 61.

619 Vgl. oben, S. 230–231.

620 Vgl. Sept.-Stud. 2 (1907), 236.

621 Vgl. Westcott/Hort, NT Introduction (1882), 132–143.

Jahrhunderte gleichfalls die Alleinherrschaft errungen hat".[622] Dieser Aufstieg des lukianischen Textes zum „offiziellen Texte der griechischen Kirche"[623] resultiere „vor allem aus der großen Rolle, welche der Psalter im Gottesdienste spielte. Bei einem Buche, das vom Klerus auswendig gelernt wurde und den Laien bekannter war als irgendein anderes Buch des A.T., war die Benutzung verschiedener Textformen besonders störend. Daß aber gerade der Text der Hauptstadt Konstantinopel mit der Zeit für das ganze oströmische Reich maßgebend wurde, kann uns um so weniger wundernehmen, als Ägypten und Palästina, die Sitze der anderen alten Textformen, im VII. Jahr. an die Muhammedaner verloren gingen und bald sogar die ihnen von Haus aus fremde griechische Sprache ganz verlernten."[624]

Die Analyse der Minuskeln und der Vergleich ihres Textes mit den drei alten Textformen und der hexaplarischen Rezension zeigten, dass der lukianische Text, ähnlich wie die origenische Rezension, aber *unabhängig* von dieser, die Auslassungen der alten Textformen des Septuaginta-Textes (UäOäAb) gegenüber dem hebräischen Text auffülle, „also eine jüngere, nichthexaplarische Rezension des 𝔊-Textes"[625] repräsentiere. *Unabhängig* von der hexaplarischen Rezension deshalb, weil – wie Rahlfs SEPT.-STUD. 2 (1907), § 27, ausführt – L nur äußerst selten mit O einhergehe, mit diesem also nicht verwandt sein könne und noch nicht einmal besonders auffallende Berührungen mit der Vorlage des Origenes (Uä) aufweise.[626]

Welcher Text lag Lukian zugrunde, und wie hatte er ihn umgestaltet, und war damit zu rechnen, dass seine ursprüngliche Rezension später in nochmals überarbeiteter Form verbreitet wurde? Diesen Fragen ging Rahlfs nach und musste für ihre Beantwortung nun auch die Bezeugung der Kirchenschriftsteller, insbesondere des Theodoret, sowie der Syrohexapla in seine Untersuchung einbeziehen. Doch sichere Aussagen zu treffen fiel ihm schwer, da seine Quellen weder 1907 noch – trotz einigen, gleich noch genauer zu zeigenden Fortschritten – 1931 nicht ausreichend erschlossen waren. Die Vorlage Lukians ließ sich ohne den minutiösen Vergleich mit einem ebenfalls aus dem syrischen Raum stammenden Text wie etwa Theodorets nicht befriedigend ermitteln.[627] Und so konnte Rahlfs 1907 nur Weniges als gesichert ansehen, nämlich vor allem dies, dass der lukianischen Rezension eine nichthexaplarische Vorlage zugrunde liege, die nach MT korrigiert und manchmal frei bearbeitet worden sei.

---

622 SEPT.-STUD. 2 (1907), 237

623 SEPT.-STUD. 2 (1907), 236.

624 PSALMI CUM ODIS (1931), 60–61. Vgl. auch SEPT.-STUD. 2 (1907), 237.

625 SEPT.-STUD. 2 (1907), 141.

626 Vgl. SEPT.-STUD. 2 (1907), 141.

627 Vgl. dazu Rahlfs' Ausführungen in SEPT.-STUD. 2 (1907), 230–231.

Der Vergleich, den Rahlfs anhand von 50 charakteristischen lukianischen Lesarten mit dem von Theodoret in seinem Psalmenkommentar zitierten Text auf Basis der Schulze'schen Edition dieses Textes durchgeführt hatte,[628] ließ ihn 1907 zu dem Ergebnis kommen, dass der lukianische Text der jüngeren Minuskeln, d.h. der Vulgärtext der Kirche, zwar oft mit dem Text Theodorets übereinstimme, aber an charakteristischen Stellen von Theodorets Zitaten abweiche. An diesen Stellen überliefere Theodoret den Text der drei alten Typen UäOäAb, habe also vorrezensionelle Textformen bewahrt. Dieses Ergebnis bestätigte auch die Analyse des Kommentars selbst, was Rahlfs am Beispiel von Ps. 26(27)₆ demonstrierte, in welchem Theodoret eine *L*-Lesart zwar als Variante anführte (sie also durchaus kannte), im Text selbst zunächst jedoch die alte Textform ohne lukianischen Zusatz zitiert hatte.[629] Beides deute darauf hin, dass die ursprüngliche lukianische Rezension nicht dem späteren Vulgärtext entsprochen habe.[630]

Da für eine genauere Überprüfung dieser Vermutung der Text Theodorets 1907 noch nicht gründlich und umfassend genug erschlossen vorgelegen hatte (Schulzes Ausgabe wies zu viele Mängel auf)[631] setzte Rahlfs seine Arbeit an diesem Punkt erst 1931 fort und konnte sich nun auf die Ergebnisse einer von ihm angeregten Untersuchung von Theodorets Psalterkommentar durch Emil Große-Brauckmann stützen: Dieser bestätigte zunächst Rahlfs' 1907 getroffene Feststellung, dass der von Theodoret zitierte Text „in der weit überwiegenden Mehrzahl der Fälle mit dem Vulgärtext"[632] zusammengehe, und ergänzte Rahlfs' identifizierte Belegstellen um diejenigen, in denen die Textausgaben des Theodoret-Kommentars durch editorische Mängel dem Zeugnis der ältesten Handschriften entgegenstanden.[633] Wich Theodorets Text von der lukianischen Rezension ab, so konnte Große-Brauckmann feststellen, dass dieser dann entweder mit einer der drei alten Textformen übereinstimmte (also ‚B-artig' war) oder Sonderlesarten überlieferte und sich in beiden Fällen recht oft mit dem Text der Syrohexapla deckte.[634]

Grundsätzlich stimmte Rahlfs diesen Ergebnissen zu und verwendete sie für die Psalter-Ausgabe. Bei der Frage, welcher Text – sofern sich in den Theodoret-Handschriften mehrere Möglichkeiten gegenüberstanden – nun der ursprünglich vom Kirchenvater gebrauchte war, blieb er gegenüber Große-Brauckmanns Vorgehen jedoch deutlich vorsichtiger: „[...] darin bin ich von Große-Brauckmann abgewichen, daß ich öfters keine so sichere Entscheidung getrof-

---

628 SCHULZE, Theodoret (1769): Commentarii in Psalmos (a.a.O., Tom. I,2, 601–1586).

629 Vgl. SEPT.-STUD. 2 (1907), 172.

630 Rahlfs vermutete deshalb, dass „der alte Luciantext von dem späteren Vulgärtexte noch abgewichen" war (SEPT.-STUD. 2 [1907], 182).

631 So Rahlfs SEPT.-STUD. 2 (1907), 175: „Aus dem in Abs. 4 und 5 Dargelegten ergibt sich, wie dringend gerade Theodoret einer neuen Bearbeitung bedarf." Vgl. auch GROSSE-BRAUCKMANN, Psaltertext (1911), 337 (= 72).

632 GROSSE-BRAUCKMANN, Psaltertext (1911), 343 (= 78).

633 Vgl. PSALMI CUM ODIS (1931), 64.

634 Rahlfs fasste Große-Brauckmanns Ergebnisse in PSALMI CUM ODIS (1931), 64, knapp zusammen.

fen habe wie er, sondern in allen mir irgendwie zweifelhaften Fällen lieber die verschiedenen Lesarten der Tht-Hss. angeführt habe. Das hat ja den Nachteil, daß der Benutzer nun oft nicht weiß, was Tht selbst geschrieben hat. Dafür bietet es aber den Vorteil, daß jedenfalls nicht zu viel behauptet und nachdrücklich auf *die hier noch verbleibenden Unsicherheiten* hingewiesen wird."[635] Rahlfs betonte also trotz gewissen Erkenntnisfortschritten, dass noch ein großer Forschungsbedarf hinsichtlich des Psalterkommentars Theodorets bestehe.[636]

Wenn Theodorets Text aber einmal nachweislich von der gewöhnlichen lukianischen Form (also vom Vulgärtext der Minuskeln) abweiche, müsse, so Rahlfs, die Frage gestellt werden, welche in einem solchen Fall die *ursprüngliche* lukianische Lesart sei: Die bei Theodoret überlieferte oder die von der Masse der Minuskeln bezeugte? Hierauf könne man auf zweierlei Weise antworten: entweder sei dem Text Theodorets als „besonders altem Zeugen [...] Vorzug" zu geben, oder „man kann annehmen, daß der Lukiantext [d.h. *also der spätere Vulgärtext*; CS] anfangs nicht gleich in seiner völligen Reinheit durchgedrungen ist, sondern zunächst mit Lesarten aus anderen, bisher üblichen Textformen infiziert worden ist und erst im Laufe der Zeit die Fremdkörper ausgestoßen hat. Welche dieser beiden Möglichkeiten zutrifft, läßt sich kaum sicher feststellen."[637] Dennoch schien Rahlfs, obgleich er es explizit nirgends sagt, die erste Möglichkeit bevorzugt zu haben, indem er deutlich auf die auffälligen Übereinstimmungen Theodorets mit der im Psalter normalerweise lukianischen Text überliefernden, öfters aber von diesem abweichenden Syrohexapla[638] gerade an den charakteristischen Stellen hinwies und so das Zeugnis des Kirchenvaters textkritisch stärkte. Zudem konkretisierte Rahlfs die 1907 schon ausgesprochene Vermutung, „daß Theodoret zuweilen absichtlich den Luciantext verlassen und eine andere, ihm besser scheinende Lesart vorgezogen hat",[639] im Jahre 1931 aufgrund seiner neuen Erkenntnisse hinsichtlich der Abweichungen Theodorets von den Minuskeln: „Der ursprüngliche antiochenische Text wird also noch nicht überall so gelautet haben wie der spätere offizielle Text der griech. Kirche."[640] Das Gesamtfazit seiner Analyse der von ihm berücksichtigten lukianischen Zeugen lautete deshalb: „Diese lehren, daß auch der Lukiantext im Laufe der Zeit Veränderungen erlitten hat, und daß wir den später üblichen Text nicht ohne weiteres für den ursprünglichen Lukiantext halten dürfen."[641]

Die Herstellung des ursprünglichen Lukian-Textes resp. proto-lukianischen Textes hielt Rahlfs von seinem Standpunkt aus – wie schon bei seiner Untersu-

---

635 Psalmi cum Odis (1931), 65 (Kursivsetzung CS).

636 Vgl. dazu ausführlich unten, S. 264–266.

637 Beide Zitate: Psalmi cum Odis (1931), 66.

638 Ihren textkritischen Stellenwert beschrieb Rahlfs Psalmi cum Odis (1931), 66–67. Vgl. auch Grosse-Brauckmann, Psaltertext (1911), 364 (= 99).

639 Sept.-Stud. 2 (1907), 177.

640 Psalmi cum Odis (1931), 66.

641 Psalmi cum Odis (1931), 69. Der Psaltertext bei Theodoret hatte seine textkritische Bedeutung für Rahlfs also insbesondere innerhalb der Überlieferung der lukianischen Rezension, wohingegen Große-Brauckmann ihn noch innerhalb der gesamten griechischen Überlieferung des Psalters verortete: „Theodorets Text jedenfalls zeigt, wie sich die Entwicklung vom B-Text zum Vg-Text allmählich vollzogen hat" (Grosse-Brauckmann, Psaltertext [1911], 365 [= 100]).

chung der Königsbücher[642] – insgesamt jedoch für (noch) nicht erreichbar. Dass er in dessen genaue Analyse nicht eintrat, hatte seinen Grund somit insbesondere in zwei Desideraten: zum einen der nicht geleisteten Kollation aller (beinahe 1.000) Handschriften mit Vulgärtext, zum andern einer fehlenden kritischen Edition des Psalmenkommentars Theodorets von Kyrrhos, der Hauptquelle für die Psalterzitate des Kirchenvaters. Die notgedrungen unzulängliche Ermittlung des lukianischen Texttyps wird also zu einer zukünftigen Forschungsaufgabe, steht doch die von Rahlfs gebrauchte Sigel *L* für zu viele, wenig ausdifferenzierte Stadien des als Vulgärtext überlieferten Typs.[643]

(f) Die Untersuchung und textkritische Bewertung der nicht rubrizierten griechischen Handschriften

Auch im Psalter konnte Rahlfs – wie in allen von ihm edierten Septuaginta-Büchern – bestimmte Handschriften *keinem* Texttyp fest zuordnen, da diese einen von verschiedenen Typen beeinflussten Psaltertext boten.[644]

Eine solche Handschrift ist Codex Alexandrinus, dessen Mischcharakter besonders eindrücklich in Ps. 138(139)24 hervortritt. Der Lemmatext der Psalter-Edition lautet: καὶ ἰδὲ εἰ ὁδὸς ἀνομίας ἐν ἐμοί, καὶ ὁδήγησόν με ἐν ὁδῷ αἰωνίᾳ.[645] Anstelle des von der sahidischen Übersetzung, dem abendländischen Text, dem *Gallicanum*, der lukianischen Rezension und der Hs. 1219 bezeugten Lemma ὁδός, bieten der unterägyptische Texttyp, d.h. also vor allem Codex B, und Hs. 2009 εἶδες.[646] Im Alexandrinus werden die beiden Lesarten zu εἶδες ὁδόν kombiniert.[647] Hs. A überliefert auch im übrigen Psalter einen Mischtext aus *L* und Hs. B.

---

642 Vgl. dazu oben, S. 147–151.

643 Vgl. dazu genauer unten, S. 266.

644 Vgl. hierzu SEPT.-STUD. 2 (1907), 57–59. Ebenfalls keiner Gruppe zuordnen konnte Rahlfs eine ganze Reihe kleinerer Fragmente, da der Textumfang dieser Zeugen für eine Rubrizierung zu gering war (vgl. PSALMI CUM ODIS [1931], 70–71).

645 „Und sieh, ob ein Weg der Gesetzlosigkeit in mir (ist), und führe mich auf ewigem Weg."

646 „Und sieh, ob du Gesetzlosigkeit in mir gesehen hast, [...]."

647 „Und sieh, ob du einen Weg der Gesetzlosigkeit in mir gesehen hast, [...]."

2.2.4 Zusammenfassung

Rahlfs' Rekonstruktion der Textgeschichte des griechischen Psalters, für die er sich auf eine ihm zugängliche und repräsentative Materialauswahl beschränkte,[648] hatte ihren Ausgangspunkt in einer 1882 erschienenen Untersuchung Friedrich Baethgens, in welcher dieser im Psalter zwei einander gegenüberstehende Texttypen ausmachen konnte: den Text der Editio Sixtina auf der einen und den Text der großen Anzahl der Minuskeln auf der anderen Seite. Rahlfs legte seiner Untersuchung anstelle der Sixtina deren Vorlage, den Codex Vaticanus, zugrunde und konnte in einem ersten Arbeitsschritt den wenigen ‚B-artigen‘ Textzeugen die Masse der Handschriften gegenüberstellen, die mit spätestens ab dem 7. Jh. den allgemein gebräuchlichen ‚Vulgärtext‘ bezeugen. In einem weiteren Arbeitsschritt differenzierte er die ‚B-artigen‘ Textzeugen in drei alte Texttypen aus: den unterägyptischen, den oberägyptischen sowie den abendländischen Typus. Hierbei kam den Tochterübersetzungen wegen ihres hohen Alters und ihrer Lokalisierbarkeit bei der Identifizierung der drei Texttypen *die* entscheidende Rolle zu. Die Möglichkeit, innerhalb der drei ältesten Texttypen die Rezension des Hesych zu identifizieren, verwarf Rahlfs 1931 in der Edition des Psalters völlig, obgleich er sie 1907 noch in Betracht gezogen hatte. Allerdings gelang es ihm, als weitere Textfamilien die Handschriften der Rezensionen des Origenes und des Lukian zu gruppieren, wobei der lukianische Text vor allem in den jüngeren Minuskeln in Form des in der griechisch-sprachigen Kirche etablierten Vulgärtextes vorlag. Eine genauere Untersuchung der textgeschichtlichen Verhältnisse vor allem innerhalb des Vulgärtextes/der lukianischen Rezension ließ Rahlfs dezidiert als Desiderat offen.[649]

2.3 Die kritische Rezeption der Psalter-Edition durch A. Allgeier (1931), P. L. Hedley (1933), P. Kahle (1947) und A. Pietersma (2000)

Die internationale Septuaginta-Forschung hat seit den 1990er Jahren einen immensen Aufschwung erlebt: Papyruseditionen, Textausgaben, Kommentare zu einzelnen Büchern der Septuaginta, Übersetzungen der Septuaginta ins Französische, Englische, Spanische, Italienische, Rumänische und Deutsche, im Entstehen begriffene Handbücher, Forschungsberichte und eine kaum mehr zu überblickende Fülle von Sammelbänden, Monographien und Einzelbeiträgen belegen

---

648 Vgl. dazu ausführlich oben, S. 225–227.
649 Vgl. dazu unten, S. 264–266.

dies zur Genüge. Auch die Untersuchungen des Septuaginta-Psalters haben in beträchtlichem Maße zugenommen. Die neueren Beiträge konzentrieren sich vor allem auf die Erforschung seiner Herkunft, Datierung, Sprachgestalt, Übersetzungstechnik und theologischen Eigenart auch und gerade im Verhältnis zum masoretischen Text sowie zu den Qumran-Psalmen.[650]

Dabei ist allen Untersuchungen gemeinsam, dass ihnen in der Regel nicht der Text irgendeiner bestimmten Handschrift, sondern die Rahlfs'sche Ausgabe der *Psalmi cum Odis* zugrunde liegt. Zur Rezeption des dort rekonstruierten Textes gehört die kritische Auseinandersetzung mit Rahlfs' Edition, wie die folgenden vier Beispiele zeigen.

2.3.1 A. Allgeiers Kritik im Jahre 1931

In seiner im Jahre 1931 erschienenen Rezension[651] von PSALMI CUM ODIS lobte Arthur Allgeier zunächst den „doppelten Fortschritt" der Rahlfs'schen Ausgabe gegenüber den Editionen von Holmes-Parsons und Brooke-McLean: Nirgends sonst sei die Textüberlieferung des Psalters derart „durchgearbeitet und geordnet" verfügbar, so dass „die Edition [...] materiell und formell einen großen Fortschritt [*bedeute*] und [...] insbesondere technisch durch ihre Fülle und die übersichtliche Geschlossenheit des Apparates ein Meisterwerk" sei.[652]

Seine sich an dieses Lob anschließende scharfe Kritik betraf nun vor allem zwei Punkte: zum einen stellte er grundsätzlich das Konzept der „Göttinger Septuaginta" wie Rahlfs es angewandt hatte, nämlich einen kritischen Text des Psalters herstellen zu wollen, in Frage. Sodann betonte er die „ungenügende"[653] Behandlung der altlateinischen Überlieferung:

Bereits 1928 hatte Allgeier die Ausführungen der SEPT.-STUD. 2 insbesondere zum altlateinischen Psaltertext analysiert und als „charakteristisch für die Methode Rahlfs' [...] die durchgängige

---

650 Vgl. dazu die Auswahlbibliographie in: BONS et al., Psalmoi (2011), 1485–1498. Weitere Literaturhinweise finden sich außerdem u.a. bei SMITH, Translated Hallelujahs (2011), 287–296; CORDES, Asafpsalmen (2004), 241–261; AUSTERMANN, Tora zum Nomos (2003); ZENGER, LXX-Psalter (2001); HIEBERT et al., Old Greek Psalter (2001); AEJMELAEUS/QUAST, Septuaginta-Psalter (2000); DOGNIEZ, Bibliography (1995), 195–210; SCHAPER, Eschatology (1995); HENGEL/SCHWEMER, Septuaginta (1994).

651 Erschienen in zwei Teilen: ALLGEIER, Rez. PsOd 1. Hälfte (1931), und DERS., Rez. PsOd 2. Hälfte (1932). Die dritte von Allgeier angefertigte Rezension der Ausgabe erschien im selben Jahr: DERS., Rez. PsOd, ThR (1931).

652 Beide Zitate: ALLGEIER, Rez. PsOd 1. Hälfte (1931), 1637.

653 ALLGEIER, Rez. PsOd 1. Hälfte (1931), 1639.

Orientierung an der LXX-Überlieferung", im Gegensatz zu einer Beurteilung auch der inner-lateinischen Überlieferung, festgestellt.[654] Diese Methode kritisierte er nun erneut, indem er bedauerte, „daß R[ahlfs] darauf verzichtet hat, die Eigenart der okzidentalen LXX-Überlieferung herauszustellen",[655] trotzdem aber die altlateinischen Psalmenübersetzungen bei der Texther-stellung berücksichtigt habe. In seiner Rezension in der Theologischen Revue schrieb Allgeier im Hinblick auf Rahlfs' Materialbeschränkung bei der Untersuchung der altlateinischen Tochter-übersetzung (z.B. hinsichtlich der *codices latinizantes*): „Das ist methodisch schwer verständ-lich, und die Begründung: Die anderen Hss habe er bis auf vier Stellen ganz beiseite gelassen, ‚da ich mir von ihrer Benutzung einen die Mühe lohnenden Nutzen nicht versprechen kann',[656] kann doch für eine große kritische Edition, deren Prolegomena die wissenschaftlichen Probleme so scharf herausgestellt hat, nicht gelten. Jetzt weiß man von der Gestalt des abendländischen LXX gerade soviel wie vorher, und, wer sich über die griechische Vorlage der Lateiner orientieren will, findet in dem ‚Göttinger' Psalter das nicht, was er billig erwarten dürfte. Das muß man offen bedauern. Denn es ist nicht bloß ‚interessant', wie man sich auch im Abendland um den grie-chischen Psalter bemüht hat, sondern die Textgeschichte der lateinischen Psalmenübersetzung ruht auf diesem Fundament [...]."[657]

Hinsichtlich seines entscheidenden Kritikpunktes, der grundsätzlichen Infrage-stellung einer *kritischen* Psalter-Edition, stellte Allgeier fest, dass der Septuaginta-Psalter, im Gegensatz zu klassischen oder Kirchenschriftsteller-Texten, erstens die Übersetzung einer hebräischen Vorlage darstelle und zweitens als Text selbst „zu keiner Zeit als persönlich gebunden erachtet worden, sondern [...] immer und überall wechselnden praktischen, insbesondere liturgischen Gesetzen"[658] unter-worfen gewesen sei. Ein ursprünglicher Text könne mithin nicht auf Grundlage transmissionsgeschichtlich begründeter textkritischer Kriterien ermittelt werden.

---

654 Vgl. ALLGEIER, Prolegomena (1928), 46–47.

655 ALLGEIER, Rez. PsOd 1. Hälfte (1931), 1639.

656 Das Rahlfs'sche Zitat stammt aus PSALMI CUM ODIS (1931), 32, und geht ebd. folgenderma-ßen weiter: „Denn sie sind nicht nur recht inkorrekt geschrieben, sondern oft ist auch ihr griech. Text durch den dabei stehenden lateinischen beeinflußt, zuweilen in höchst sonderbarer Weise. Darüber habe ich S[ept].-St[ud]. 2, § 18 ausführlicher gehandelt [...]."

657 ALLGEIER, Rez. PsOd, ThR (1931), 245. Vgl. ALLGEIER, Rez. PsOd 1. Hälfte (1931), 1639, und DERS., Rez. PsOd 2. Hälfte (1932), 343, sowie DERS., Rez. ThR 30 (1931), bes. 243–246, wo er seine scharfe Kritik an Rahlfs' Auswertung der altlateinischen Überlieferung (u.a. dessen Übernahme De Bruyne'scher Thesen über das *Psalterium Romanum, Gallicanum* und *iuxta Hebraeos* sowie die s.E. fehlerhafte textgeschichtliche Verortung der altlateinischen Zeugen R und G) ausformu-lierte. Dabei war er insbesondere darüber verärgert, dass Rahlfs seine – Allgeiers – 1928 veröf-fentlichte Untersuchung zur altlateinischen Psalmenüberlieferung nur „ein einziges Mal [...] und dies in ganz belanglosem Zusammenhang" zitiert hatte (a.a.O., 244). Die in DERS., Rez. PsOd, ThR (1931), vorgebrachten Kritikpunkte auf ihre Richtigkeit zu prüfen, kann nicht Gegenstand der vorliegenden Abhandlung sein, sondern muss im Zuge einer Neuedition des Septuaginta-Psalters vorgenommen werden.

658 ALLGEIER, Rez. PsOd 1. Hälfte (1931), 1639.

Hieraus resultiere, dass der hebräischen Vorlage der griechischen Übersetzung geradezu als einer Art direkter Zeugin immense Bedeutung zukommen müsse, da nur diese und nicht etwa das Zusammengehen der drei ältesten Texttypen als „sicheres Alterskriterium"[659] in Frage komme, daher eine textkritische Auswertung der Handschriften, insbesondere auf die Weise, wie Rahlfs es bei den Zeugen des ‚Vulgärtextes' getan hatte, ohne den Fixpunkt im Hebräischen kaum möglich sei. Darüber hinaus müssten die einzelnen Texttypen unter genauer Beurteilung jedes einzelnen handschriftlichen Zeugen ermittelt und dürften keinesfalls summarisch oder nur grob ausgewertet werden.[660]

Damit kritisierte Allgeier das vom Septuaginta-Unternehmen praktizierte Vorgehen grundsätzlich und hielt es für äußerst zweifelhaft, ob so „die ideale LXX-Ausgabe"[661] des Psalters überhaupt gewonnen werden könne, sei die Überlieferung doch zu gespalten, „als daß die Brüche auf einen Nenner gebracht werden könnten".[662] Der an der ursprünglichen Form gewisser Textstücke interessierte Theologe z.B. stehe somit vor dem Problem, in Rahlfs' Edition lediglich einen „künstlich zugerichteten Mischtext" vor sich liegen zu haben, „der rein historisch gesehen, Schritt auf Schritt viel schwerere Bedenken erweckt, als der Abdruck einer an sich mangelhaften Hs. des 6. Jh.s, weil dieser Text an einem bestimmten Ort und zu einer bestimmten Zeit wenigstens so, wie er lautet, existiert hat, jener aber höchstens Wahrscheinlichkeitswert besitzt.[663] [...] Für die Edition eines

---

659 ALLGEIER, Rez. PsOd 2. Hälfte (1932), 342.

660 Diesen Kritikpunkt nahm Allgeier 1938 erneut in der Einleitung seiner Untersuchung über den textkritischen Wert der Chester Beatty-Papyri auf (vgl. ALLGEIER, Chester Beatty-Papyri [1938]). Darin heißt es, nachdem er Lagardes Einschätzung in den Anmerkungen zu den Proverbien zitiert hatte, nach welcher jede einzelne Handschrift der Septuaginta durchaus von gewissem Wert sei: „An dieser Umsicht und Vorsicht mangelt es in wesentlichen Punkten bei der Rekonstruktion und Ausscheidung des sog. Vulgärtextes im neuen Göttinger Septuaginta-Psalter" (a.a.O., 13).

661 ALLGEIER, Rez. PsOd 1. Hälfte (1931), 1640.

662 ALLGEIER, Rez. PsOd 1. Hälfte (1931), 1640.

663 Der an einem verbürgten ‚Urtext' interessierte Theologe steht natürlich nicht nur bei der Septuaginta vor dem Problem, dass kein Autograph eines Buches erhalten ist, sondern auch beim Text des Neuen sowie des hebräischen Alten Testaments. Daher mag auch die Übersetzungsvorlage der Septuaginta zwar als wichtig einzustufen sein. Will man im hebräischen Original jedoch den wichtigsten Zeugen für die Rekonstruktion der ursprünglichen Septuaginta sehen, so ist zwangsläufig zuerst der ‚Urtext' dieses Originals herzustellen. Rahlfs verlieh dem Hebräischen, wie schon Lagarde in seiner ersten Faustregel, im Bereich der inneren Textkritik durchaus eine exponierte Position – allerdings nicht als „erstem Zeugen", sondern als Werkzeug für die Ermittlung der ‚Übersetzungstechnik' des Psalters und daraus folgend als textkritischem Kriterium, aufgrund dessen die dem Hebräischen gegenüber freiere Lesart als ursprünglichere (d.h. als die nicht später ans Hebräische angeglichene) in den kritischen Text aufgenommen wer-

im liturgischen Leben so bevorzugten Textes wie des LXX-Psalters kann es sich m. E. nur noch darum handeln, verschiedene Typen herauszustellen. Und auch innerhalb der Typen hätte ich bei der reichen Verzweigung der jetzt erhaltenen Zeugen und dem augenblicklichen Stand der Erforschung nicht den Mut, eine kritische Edition zu wagen. Aber der Forschung wäre auch mit einer Ausgabe, welche einen führenden Zeugen der vermutlich ältesten Gruppe [...] an die Spitze stellt und ihn diplomatisch getreu wiedergibt, im Apparat dagegen das Spiel der Überlieferung nach Typen unter Nennung einer Auswahl von Vertretern deutlich macht, ein erheblicher Dienst erwiesen. [...] Unbedingt gefordert werden muß jedoch, daß zum mindesten der älteste Texttypus [...] zu rekonstruieren versucht wird, und daß die übrige Überlieferung dann diplomatisch korrekt im Apparat erscheint. Dann kann der wissenschaftliche Benutzer selber versuchen, aus den einzelnen Texttypen jeweils den »Urtext« zu gewinnen.“[664]

Allgeiers Bekenntnis, „nicht den Mut“ zu einer kritischen Edition des Psalters gehabt zu haben, markiert den entscheidenden Unterschied zu Rahlfs' Arbeit: Denn dieser resp. das Septuaginta-Unternehmen hatte sich die Aufgabe gestellt, mit einer gewissen Wahrscheinlichkeit und je aufgrund der Überlieferungsgeschichte eines Buches neu zu entwickelnder, für den Benutzer nachvollziehbarer Kriterien den ältesten erreichbaren Text der Septuaginta zu rekonstruieren, der – das liegt in der Sache selbst begründet – in solcher Gestalt nie existiert hat und für dessen Rekonstruktion der „älteste Texttypus“ auch nur einen Baustein bildet. Demgegenüber stellt Allgeiers Position einen Kompromiss zwischen diplomatischer und kritischer Edition eines Textes dar, welcher der letzteren jedoch nicht gerecht wird, sondern vornehmlich für die diplomatische Ausgabe von Vorteil wäre, da dem Benutzer so nicht mehr nur Rohmaterial, sondern bereits vorsortierte Informationen zugänglich gemacht würden. Warum ein Herausgeber, der sich genau dieser mühevollen Arbeit bereits unterzogen hat, dann nicht auch die aus solchen Vorarbeiten resultierenden textkritischen und editionstechnischen Regeln zur Anwendung bringen sollte, ist kaum nachvollziehbar, zumal wenn die Transparenz des Edierens gewährleistet ist.

---

den konnte (vgl. dazu unten, ab S. 332). Denn, das hatte Allgeier, jedoch mit anderen Absichten ja selbst betont: die Septuaginta ist eben eine Übersetzung und keine Originalliteratur.
664 ALLGEIER, Rez. PsOd 1. Hälfte (1931), 1639–1640. Dies sah Allgeier später bestätigt, vgl. ALLGEIER, Rez. PsOd 2. Hälfte (1932), 341–343.

2.3.2 P. L. Hedleys Kritik im Jahre 1933

Im Jahre 1933 veröffentlichte P. L. Hedley einen Aufsatz über *The Göttingen Investigation and Edition of the Septuagint*,[665] in dem er die *Psalmi cum Odis*-Ausgabe zum Anlass nahm, zunächst einen knappen Überblick über Rahlfs' sämtliche bis dahin erschienene Publikationen sowie des Septuaginta-Unternehmens (MSU) zu präsentieren – „since [*these*] works are not so well-known as they should be"[666] –, an die er eine ausführliche Besprechung der Psalter-Ausgabe anschloss. Hedley erkannte den Fortschritt der Rahlfs'schen *editio critica* gegenüber den diplomatischen Ausgaben von Swete oder Brooke-McLean insbesondere in der dort herausgearbeiteten Textgeschichte sowie in den Textemendationen. Neben einigen einzelnen Verbesserungsvorschlägen nahm er in seiner Darstellung zunächst die Schwierigkeit in den Blick, aufgrund der korrupten Überlieferungslage textkritisch kaum vor das 3. Jh. n. Chr. gelangen zu können, was insofern unbefriedigend sei, als der Psalter ja bereits knapp zweihundert Jahre vor Christi Geburt übersetzt worden war. Dabei bemängelte Hedley Rahlfs' textkritische Beurteilung der lukianischen Rezension, der er im Verhältnis zu den drei ältesten Texttypen, OäUäAb, eine zu geringe Bedeutung beigemessen habe. Denn obgleich der lukianische Texttyp in seiner Vulgärform natürlich jünger als jene drei älteren sei und darüber hinaus deutliche Angleichungen ans Hebräische aufweise, gelte es als sicher „that in his text we have an ancient element which often is not preserved elsewhere".[667] Lukian habe nämlich seine in anderen Büchern durchaus tiefergreifende Rezensionstätigkeit wohl kaum in einem liturgisch derart häufig gebrauchten Buch wie dem Psalter voll zur Anwendung gebracht, sondern dieses eher behutsam überarbeitet und so alte, dem Ohr bekannte und vertraute Passagen sogar bewusst bewahrt, was die Übereinstimmung von *L*-Text mit dem Zeugnis alter, eindeutig vor Lukians Rezensionstätigkeit geschriebener Papyri beweise (und zwar im Gegenüber zur gesamten übrigen Überlieferung). Zwar nehme Rahlfs die Lesart der lukianischen Rezension gelegentlich auch dann als kritischen Text auf, wenn ihr die gesamte übrige Überlieferung entgegenstehe,[668] grundsätzlich halte er sich aber an seine Kriterien, den drei alten Texttypen, gerade wenn sie zusammengehen, stärkeres Gewicht zu verleihen.[669] Hedley

---

665 HEDLEY, Göttingen Investigation (1933).
666 HEDLEY, Göttingen Investigation (1933), 57.
667 HEDLEY, Göttingen Investigation (1933), 69.
668 Beispiele bei HEDLEY, Göttingen Investigation (1933), 70–71 (Punkt ‚d').
669 Die von Rahlfs für den Psalter ermittelten textkritischen Kriterien sind unten, S. 371–373, dargestellt.

behauptete demgegenüber: „It appears to me that a witness that is faithful in small things is worthy of greater credence in greater things than Rahlfs is willing to bestow."[670] Und so nannte er – bei aller Bewunderung für die *Psalmi cum Odis*-Ausgabe insgesamt[671] – als wichtigste zukünftige Aufgabe „the disentanglement of the ancient element in the Lucianic text and the estimation of its value".[672]

Hedleys Kritik an Rahlfs' Beurteilung lukianischer Lesarten innerhalb der Psalter-Edition erweist sich als vollkommen berechtigt: Dieser hatte auf eine genauere Analyse des lukianischen Texttyps wohl vor allem deswegen verzichtet, weil ihm das für eine solche Untersuchung nötige Quellenmaterial nicht zur Verfügung stand.[673]

2.3.3 P. Kahles Polemik im Jahre 1947

Dass Paul Kahles sog. ‚Targumhypothese', der zufolge verschiedene griechische Übersetzungen der hebräischen Bibel parallel und unabhängig voneinander entstanden seien, von denen jeweils eine (im Laufe der Zeit immer wieder verbesserte) zu einem bestimmten Zeitpunkt autorisiert und in dieser Form tradiert worden war,[674] diametral der Lagarde'schen ‚Urtexthypothese' – und damit auch

---

670 HEDLEY, Göttingen Investigation (1933), 71.

671 Vgl. HEDLEY, Göttingen Investigation (1933), 72.

672 HEDLEY, Göttingen Investigation (1933), 71. Vgl. dazu unten, S. 266.

673 Vgl. dazu unten, S. 264–266.

674 Seine (u.a. durch das Zeugnis des Ps.-Aristeasbriefes untermauerte) These beschrieb Kahle selbst anhand des Buches Iud. folgendermaßen: „Wer auch immer mit den Verhältnissen vertraut ist, wie sie bei älteren Targumen zu der Zeit bestanden, als noch kein autoritativer Text vorherrschte, wird in den beiden griechischen Texten des Richterbuches Beispiele für zwei Formen eines alten Targums finden. Der erste Versuch der Übersetzung eines schwierigen hebräischen Textes in eine andere Sprache hatte im allgemeinen keinen hohen Wert. Revisionen wurden mit mehr oder weniger Geschicklichkeit von verschiedenen Leuten und unter verschiedenen Prinzipien durchgeführt. Diese Targume boten keinen autoritativen Text; so konnte jeder Abschreiber versuchen, den Text zugleich zu verbessern. Gelegentlich wurde eine bessere Version auf Grund eines besseren Verständnisses des hebräischen Originals erzielt; manchmal wurde die Übersetzung auch einer divergierenden hebräischen Vorlage angeglichen; zuweilen verbesserte man das Übersetzungsgriechisch; mitunter aber haben wir auch mit Origenes in dem neuen Text bloße Verschlechterungen infolge ‚der Nachlässigkeit und Gleichgültigkeit der Abschreiber zu sehen'. Auf diese Weise sind eine ganze Anzahl von verschiedenen Formen entstanden; sie wurden von griechisch sprechenden Juden verwendet, gerade so wie die Samaritaner verschiedene Formen ihres samaritanischen Targums und die palästinischen Juden verschiedene Formen ihres palästinischen Pentateuchtargums gebrauchten. Die Juden sind von dem Standardtext der griechischen Bibel, der gegen Ende des 2. vorchristlichen Jahrhunderts in Alexandria geschaf-

den theoretischen Voraussetzungen der Arbeit des Göttinger Septuaginta-Unternehmens – entgegensteht, bedarf keiner näheren Ausführung. Die ‚Targumhypothese' hat sich gegenüber der Annahme eines ‚Urtextes' der Septuaginta nicht durchsetzen können.[675] Da jedoch Kahle in seinem Werk zur *Kairoer Genisa*[676] äußerst kritisch gegen Rahlfs' PSALMI CUM ODIS Stellung bezieht, sei darauf kurz eingegangen:

> „A. Rahlfs verweist in: Psalmi cum Odis [...] auf die letzte Kolumne des Mailänder Palimpsestes irrtümlicherweise als zu Theodotion gehörig, während sie in Wahrheit zur Quinta (mit Varianten der Sexta) gehört. G. Mercati hatte ihm eine Abschrift des ganzen Palimpsestes zur Verfügung gestellt, welches A. Rahlfs ziemlich selten zitiert. Wir können ihn leicht kontrollieren, da das gesamte Material auf Grund derselben Abschrift G. Mercatis in: E. Hatch-H. A. Redpath, Concordance [...], sorgfältig und richtig registriert worden ist. Ebenso hat A. Rahlfs auch von dem durch F. Field veröffentlichten hexaplarischen Material, welches gerade für den Psalter besonders reichhaltig ist, wenig Gebrauch gemacht, da er die Bedeutung dieses Materials nicht verstanden hat. In der „Cambridger Septuaginta" und in J. Zieglers Ausgaben der „Göttinger Septuaginta" [...] ist das hexaplarische Material sorgfältig verzeichnet. P. de Lagarde unterstreicht nach einer langen Besprechung die Wichtigkeit des hexaplarischen Materials: ‚Eine Ausgabe der Septuaginta ohne vollständige Aufnahme des sogenannten hexaplarischen Materials halte ich für unwissenschaftlich' [...]. – A. Rahlfs' Hauptinteresse ist den verschiedenen Formen der griechischen Bibel gewidmet, die in den einzelnen Gegenden der christlichen Kirche in Gebrauch waren, d. h.

---

fen worden war, bald abgekommen. Sie hatten sich mehr und mehr daran gewöhnt, griechische Texte zu verwenden, die dem hebräischen Original angeglichen waren. Der hebräische Text war immer mehr zu normativer Geltung gelangt, und nur neben ihm wurden verschiedene griechische Texte benutzt. Die Christen benötigten einen kanonischen griechischen Text und übernahmen gewöhnlich einen der jüdisch-griechischen Texte. Wir wissen nicht, wie es dazu gekommen ist, daß im Richterbuch zwei solcher Übersetzungen übernommen wurden. P. de Lagarde hatte wenig Erfahrung mit den in den älteren Targumen vorherrschenden Bedingungen. Er erklärte die beiden Formen des griechischen Textes für verschiedene Übersetzungen und erkannte nicht, daß es sich dabei um Überreste verschiedener Formen eines griechischen Targums handelt, die von griechisch sprechenden Juden gebraucht worden waren." (KAHLE, Kairoer Genisa [1962], 249–250.) „Die Aufgabe, die die Septuaginta den Gelehrten stellt, ist nicht die Entdeckung oder Wiederherstellung eines imaginären ‚Urtextes', sondern eine sorgfältige Sammlung und Untersuchung aller Reste und Spuren älterer griechischer Bibeln, die von dem christlichen Standardtext abweichen" (KAHLE, Kairoer Genisa [1962], 279).

675 Vgl. JELLICOE, Septuagint (1968), 59–63; PIETERSMA, Septuagint Research (1985), 298; HANHART, Jüdische Tradition (1999), 243–245; FERNÁNDEZ MARCOS, Septuagint in Context (2000), 53–57 („However, although Kahle's theory is so rich in ideas, the textual links required to make it true, or at least likely, are missing." [a.a.O., 55]), sowie TOV, Textual Criticism (³2012), 172–174. Vgl. schon EISSFELDT, Rez. PSALMI CUM ODIS (1932), der Rahlfs' Arbeitsweise für die einzig richtige hielt (diese sei „nicht zu erschüttern"; a.a.O., 155).

676 KAHLE, Kairoer Genisa (1962); Originalausgabe: DERS., Cairo Geniza (1947/²1959).

den sogenannten ‚Rezensionen‘, auf die bereits Hieronymus hingewiesen hat. Ein genaueres Studium derselben ist von einem gewissen Interesse für die Geschichte der griechischen Bibel in der christlichen Kirche, und ihre Bedeutung ist besonders von P. de Lagarde betont worden. Mit Hilfe des ihm zur Verfügung stehenden Materials hätte A. Rahlfs hier etwas weiter kommen können. A. Allgeier hat jedoch gezeigt, daß seine Behandlung einiger dieser Quellen, besonders der Vetus Latina, ganz unbefriedigend ist [...]. A. Rahlfs konstruiert unter Übergehung des sonstigen uns zur Verfügung stehenden Materials, das ihn nicht interessierte, auf Grund der in der christlichen Kirche gebrauchten Rezensionen einen Text, der in der Form wie er ihn darbietet, nie existiert hat, kleidet ihn in die Orthographie des 3. vorchristlichen Jahrhunderts und meint, auf diese Weise um dreihundert Jahre und zu einem Text zurückgelangt zu sein, der eng mit dem angeblichen ‚Urtext‘ der Übersetzung zusammenhängt. Ich habe bereits darauf hingewiesen, daß P. de Lagarde klar erkannt hat, daß wir mit Hilfe der in der Kirche verbreiteten Rezensionen nicht weiter zurückkommen als bis zu einem Text aus den Anfängen der christlichen Kirche [...].“[677]

Kahle unterstellt Rahlfs hier einerseits einen mangelnden Umgang mit dem hexaplarischen Material und zwar aufgrund von Unwissen sowie anderseits ein persönliches Desinteresse an dem „sonstigen uns zur Verfügung stehenden Material“, woraus die Beschränkung auf die von ihm verarbeiteten Zeugen resultiere. Dass Kahle hier eindeutig polemisch argumentiert, ist evident und gründet allem Anschein nach in seiner grundsätzlichen Ablehnung des ‚Göttinger‘ Editionsverfahrens.[678] Denn seine Behauptungen halten einer sachlichen Prüfung kaum stand:

Zur Entkräftung des Vorwurfs, Rahlfs sei am Material nicht interessiert gewesen, genügt der Hinweis auf die bereits erläuterte Beschränkung der Textzeugen in der *Psalmi cum Odis*-Ausgabe.[679]

---

677 Kahle, Kairoer Genisa (1962), 256–257, Anm. 145. Das Zitat steht in der Originalausgabe (Ders., Cairo Geniza [1947]) auf S. 163, Anm. 1 (entspricht Ders., Cairo Geniza [²1959], 243, Anm. 1).

678 Vgl. dazu schon Kahle, Kairoer Genisa (1962), 244–246, wo dieser scharfe Kritik an der von Rahlfs (z.B. in Sept.-Stud. 3 [1911]) angewandten Theorie äußerte („A. Rahlfs hat das Verdienst, umfangreiches Material für das Studium der Septuaginta gesammelt zu haben. [*Es folgt die Anm.*: Vgl. A. Rahlfs, Verzeichnis der griechischen Handschriften des Alten Testaments, Göttingen 1914.] Aber seine Voreingenommenheit in bezug auf den Ursprung der Septuaginta und viele andere Unzulänglichkeiten haben ihn daran gehindert, von diesem Material den rechten Gebrauch zu machen“ [a.a.O., 245]. Vgl. auch a.a.O., 275 (hier unterschlägt Kahle – sicherlich bewusst – vollständig die Rahlfs'sche Ruth-Studie [1922] und behauptet: „Vielleicht die sorgfältigste Arbeit nach den von P. de Lagarde dargelegten Prinzipien liegt in der Ausgabe des Josuabuches durch M. L. Margolis vor“). Kahles Polemik gegen resp. Kritik an Rahlfs hatte also durchaus System.

679 Vgl. dazu oben, S. 225–227.

Für die von Kahle zutreffend dargestellte Zuordnung der fünften Kolumne des ‚Mercati-Palimpsestes' (Hs. 1098) zu Theodotion (ϑ') statt zur Quinta (ε') lieferte Mercati in seiner Veröffentlichung des Fragments eine mögliche Begründung. Hier wies er zunächst darauf hin, dass in der Handschrift die erste der sechs Kolumnen der Hexapla, nämlich diejenige mit dem hebräischen Text in hebräischer Schrift, fehle. In seiner Abschrift des Fragments, die er u.a. auch Rahlfs zur Verfügung stellte,[680] habe er die Lesarten der letzten Kolumne mit „Quint." gekennzeichnet, damit aber keine Kolumnenzählung, sondern vielmehr die Identifizierung dieser Textspalte mit der sog. ‚Quinta' intendiert. Rahlfs hatte jedoch „Quint." entgegen Mercatis Intention als Zahlwort verstanden, den Text dieser letzten (eigentlich sechsten) Kolumne also ganz regulär mit Theodotion identifiziert und dessen Lesarten seiner Systematik entsprechend unter der Sigel ϑ' notiert.[681]

Entgegen Kahles Behauptung, Rahlfs zitiere das Fragment „ziemlich selten", ist festzustellen, dass Hs. 1098 durchaus häufig, nämlich fast an jeder von ihm bezeugten Stelle im Apparat angeführt wird, was schon allein aufgrund seines fragmentarischen Charakters das von Rahlfs üblicherweise praktizierte Verfahren ist. Warum Rahlfs die Bedeutung des hexaplarischen Materials nicht verstanden haben soll, begründet Kahle nicht und verzichtet überdies darauf, den Kontext des Lagarde'schen Zitates anzuführen, aus dem hervorgeht, dass Lagarde deshalb auf der vollständigen Sammlung dieses Materials beharrte, weil er darin den Ursprung aller rezensionellen Elemente innerhalb der Septuaginta-Überlieferung vermutete[682] – eine Theorie, die sich, wie Rahlfs selbst im Laufe

---

680 Vgl. Psalmi cum Odis (1931), 12.

681 Vgl. Mercati, Palimpsest II (1958), XX, Anm. 3: „Alla sua [sc. *Henry Redpath*] domanda di prestargli l'apografo dei frammenti esaplari de palinsesto in servigio del fasc. II del Supplemento della *Concordance* [...] di E. Hatch e lui, uscito nel 1906, gli avevo comunicato gl'indici miei delle parole ebraiche e greche. Perciò appena che mi sembrarono forti i motivi di credere che nell'ultima colonna stesse la versione Vᵃ, l'avvertii esponendogliene in 2 o 3 lettere alcuni, che dovettero persuaderlo perché ne indicò le parole come della «Quint.» e quelle di fianco come della «Sext.». Indi il pericolo che la stessissima parola si citi come di *E'* dalla Concordanza e di *Θ'* col Rahlfs, che n'è rimasto vittima anch'egli una volta almeno." Obgleich auch in der Forschung gelegentlich dafür argumentiert worden ist, die fünfte Kolumne des Palimpsestes mit Theodotion zu identifizieren (so z.B. bei Altheim/Stiehl, Quinta oder Theodotion [1964]), erscheint es am wahrscheinlichsten, dass sich Rahlfs die Frage, ob Quinta oder Theodotion, erst gar nicht als Problem gestellt hatte (dieser Ansicht ist auch Venetz, Quinta [1974], 3, Anm. 12). Vgl. insgesamt Fernández Marcos, Septuagint in Context (2000), 155–158, bes. 157–158. Mittlerweile ist längst Forschungskonsens, dass es sich bei der fünften Kolumne des ‚Mercati-Palimpsestes' um die Quinta handelt.

682 Vgl. Lagarde, Noch einmal (1889), 233–234.

der Vorarbeiten nachweisen konnte, in dieser ausgeprägten Form nicht bestätigt
hat. Und schließlich hatte bereits Lagarde selbst – hierauf weist Kahle ebenfalls
nicht hin – seinen rigorosen Anspruch relativiert:

> „Am schlusse der untersuchung wird aus inneren gründen die echte gestalt der Septuaginta
> zu bestimmen, und das endliche ergebnis so vieler arbeiten eine ausgabe sein, welche die
> Septuaginta in derjenigen reihenfolge der bücher vorfürt, in welcher die bücher übertragen
> worden sind [...], welche am rande nicht die varianten einzelner handschriften, sondern
> ganzer handschriftenfamilien oder recensionen trägt, welche die vielfach in die hand-
> schriften-archetypi aufgenommenen *fragmente der spätern übersezer* und emendatoren *in
> berechtigter gestalt* mitteilt.'*[683]

Eine Präzisierung der Lagarde'schen Formulierung „in berechtigter Gestalt" bot
Joseph Ziegler im Jahre 1939 in der Einleitung seiner Isaias-Edition, indem er
betonte, dass sich die vollständige Aufnahme des hexaplarischen Materials in
den sog. zweiten, Hexapla-Apparat aus doppeltem Grund als notwendig erwiesen habe: einerseits, weil sich durch diesen nicht nur rezensionelle Elemente
innerhalb der griechischen Handschriften identifizieren, sondern zudem auch
textgeschichtliche Entwicklungen des Septuaginta-Textes besser nachvollziehen
ließen, anderseits, weil das Fehlen einer „zuverlässigen Ausgabe der Hex.-Frag-
mente" dies erforderte.[684] Bedeutet im Umkehrschluss: Hätte eine „zuverlässige
Ausgabe" der hexaplarischen Fragmente vorgelegen (bis heute ein Desiderat), so
wäre in dem Apparat der ‚Göttinger' Edition keine vollständige Dokumentation,
sondern lediglich eine Zusammenstellung der textkritisch wichtigsten Belege
geboten worden.

Für die Textherstellung ist das hexaplarische Material also insofern wichtig,
als sich hierdurch gewisse Varianten in den griechischen Handschriften erklären
lassen, die u.U. Schlüsse auf das Hebräische zulassen – es geht hier also um die
Frage nach dem Verhältnis von *Vorlage* und *Übersetzungstechnik*. Dass Rahlfs das
ihm bekannte hexaplarische Material bei der Textrekonstruktion berücksichtigt
hat, steht außer Frage, zumal er im textkritischen Apparat der Psalmi cum Odis
durchaus häufig darauf hinweist.[685]

---

683 Lagarde, Ankündigung (1882), 30 (Kursivsetzung CS).
684 Ziegler, Is. (1939), 107. Vgl. ausführlich a.a.O., 106–108, sowie Kommission, Bericht (1938),
101.
685 Vgl. zu Rahlfs' textkritischen Kriterien unten, ab S. 329.

2.3.4 A. Pietersmas Kritik im Jahre 2000

Nachdem Albert Pietersma bereits verschiedentlich – teilweise an Hedleys Ausführungen anknüpfend[686] – auf das Desiderat einer umfänglichen Analyse des
von Rahlfs nur in Umrissen skizzierten lukianischen Texttyps hingewiesen
und einige Anregungen sowie praktische Beispiele zur Weiterarbeit an Rahlfs'
textkritischem Kriterienkatalog geliefert hatte,[687] äußerte er in seinem im Jahre
2000 veröffentlichten Aufsatz über *The Present State of the Critical Text of the
Greek Psalter*[688] grundsätzliche Kritik an dem von Rahlfs befolgten Verfahren
zur Rekonstruktion des ältesten erreichbaren Septuaginta-Textes des Psalters: In
seinen Septuaginta-Studien und auch in seiner Edition des Psalters gehe Rahlfs
in Aufnahme der Vorarbeit Baethgens von einem „bi-polaren Modell" aus.[689]
Dadurch entwerfe er ein irreführendes Bild des B- und des Vulgärtextes, die innerhalb der Überlieferung scheinbar um die Vorherrschaft stritten und aus deren
Kampf der Vulgärtext als Sieger hervorgegangen sei. Doch sei dieser Kampf der
zwei Pole nicht der richtige Weg zur Rekonstruktion des ‚Urtextes', bleibe Rahlfs
doch zu undifferenziert in seiner Darstellung und unterschlage die komplizierten
und verästelten Textentwicklungen der Jahrhunderte. Daher forderte Pietersma
die Erarbeitung und Entwicklung eines neuen Modells, das die Geschichte des
Septuaginta-Textes von seinen Ursprüngen an bis hin zum Vulgärtext adäqua-
ter erfassen könne. Er schlug vor, sich statt des bi-polaren Modells einer Art von
chronologischem ‚Baum-Modell' zu bedienen, das von einem Stamm ausgehend
nicht nur eine reich verzweigte Krone entfalten, sondern auch, besonders im

---

686 Vgl. PIETERSMA, Ra 2110 (1990), 262, sowie DERS., Present State (2000), 21.

687 Vgl. z.B. PIETERSMA, Septuagint Research (1985), 300. In DERS., Ra 2110 (1990), setzt sich
Pietersma mit den von Rahlfs angewandten textkritischen Regeln auseinander (vgl. dazu unten,
ab S. 329) und bietet einige Verbesserungsvorschläge des kritischen Textes aufgrund des alten
Zeugen Ra 2110 (2.–4. Jh. n. Chr.). In DERS., Present State (2000), kritisiert Pietersma u.a. Rahlfs'
„monolithische" Darstellung der lukianischen Rezension. Dessen Analyse des Vulgärtextes ba-
siere ausschließlich auf einer quantitativen Argumentation: nicht welche, sondern wie viele
Handschriften eine Lesart bezeugen, sei für Rahlfs entscheidend gewesen (vgl. a.a.O., 20). Doch
dagegen spricht: Neben der stark beschränkten griechischen Handschriftenüberlieferung waren
die Syrohexapla und vor allem die Zitate bei Theodoret die textkritisch relevanten Größen bei
der Rekonstruktion des lukianischen Textes, die Rahlfs zu der Annahme führten, dass es einen
ursprünglichen lukianischen Text gegeben haben müsse, der sich von dem späteren Vulgärtext
unterscheide (vgl. dazu PSALMI CUM ODIS [1931], 66.69; außerdem oben, S. 245–250). Von einer
‚monolithischen' Behandlung der lukianischen Rezension, wie Pietersma meint, kann somit
– trotz aller Materialbeschränkung – in PSALMI CUM ODIS (1931) keine Rede sein.

688 PIETERSMA, Present State (2000).

689 So PIETERSMA, Present State (2000), 15 u.ö.

unteren Teil des Stammes, verkümmerte Triebe aufweisen müsse, um auf diese Weise die Textgeschichte des Septuaginta-Psalters sachgerecht abzubilden.[690]

Pietersmas grundsätzliche Kritik beruhte allerdings auf völlig falschen Schlüssen und einer ungenauen Lektüre von Rahlfs' Untersuchungen:

Was Pietersma richtig erkannt hatte, waren die beiden Ausgangspunkte für Rahlfs' textgeschichtliche Rekonstruktion: der Vulgärtext und Codex Vaticanus (B).[691] An verschiedenen Stellen mag man in SEPT.-STUD. 2 tatsächlich den Eindruck gewinnen, dass es sich dabei um zwei einander widerstreitende Extreme resp. Pole handele,[692] von denen der Vulgärtext am Ende die „Alleinherrschaft"[693] erlangt habe, weshalb alle Gefolgstexte von Hs. B nur noch mehr oder weniger fragmentarisch überleben konnten. Allerdings waren diese Formulierungen bereits nur im Sinne einer bewussten vorläufigen Vereinfachung gemeint.

Eine Fußnote in denselben Septuaginta-Studien hatte Pietersma bei seiner Kritik bezeichnenderweise ignoriert. In dieser schrieb Rahlfs nämlich:

> „In dem Ausgang von B und der Beurteilung aller Zeugen nach ihrem Verhältnis zu B [d.h. *also in der Behandlung aller B-artigen Texte als Einheit; CS*] liegt natürlich eine gewisse Einseitigkeit, aber diese Vereinfachung schien mir praktisch, weil sonst die Untersuchung von vornherein zu verzwickt geworden wäre."[694]

Und dann, direkt im Anschluss an diese Bemerkung, differenzierte Rahlfs die fünf oben beschriebenen Texttypen aus.[695] Sein Ausgangspunkt, aber *nicht mehr als dieser*, lag in der schon von Baethgen bemerkten Bi-Polarität: Am Ende der

---

690 Vgl. PIETERSMA, Present State (2000), 16. Pietersmas Darstellung wurde verschiedentlich rezipiert und ausgebaut, so z.B. von Cameron Boyd-Taylor (BOYD-TAYLOR et al., Assessment [2001]) oder Ariane Cordes (CORDES, LXX-Psalter [2001]), wobei es scheint, als habe Boyd-Taylor Rahlfs noch gröber und zusätzlich auch an anderer Stelle falsch resp. überhaupt nicht verstanden, und auch Cordes hat weder SEPT.-STUD. 2 (1907), noch PSALMI CUM ODIS (1931) gründlich untersucht, was die z.T. verkürzte, manchmal sogar falsche Darstellung der Texttypen in CORDES, LXX-Psalter (2001), Abschnitte 2.2 bis 2.5, evident macht.
691 Dazu SEPT.-STUD. 2 (1907), 141: „Wir sind von dem Gegensatze zwischen B, d.h. Uä, und Vg ausgegangen und haben dabei die Typen Oä und Ab gewonnen […]."
692 Besonders SEPT.-STUD. 2 (1907), 53–57.61 (Stichwort „Machtbereich").
693 SEPT.-STUD. 2 (1907), 103.
694 SEPT.-STUD. 2 (1907), 108, Anm. 1.
695 Vgl. oben, S. 231, Anm. 538. Übrigens hatte Pietersma Rahlfs eindeutig missverstanden, als er behauptete, dieser habe die hexaplarische Rezension, O, „a special text-type" genannt (PIETERSMA, Present State [2000], 19). Denn natürlich meinte Rahlfs mit der Aussage, O hebe sich „von vornherein als besonderer Texttypus" heraus (SEPT.-STUD. 2 [1907], 109), dass er O als Texttyp auch im Psalter bereits erwartet hatte und dieser somit von vornherein gesondert zu untersuchen gewesen war.

Rahlfs'schen Ausführungen von 1907 stand jedoch bereits das von Pietersma geforderte, chronologische ,Baum-Modell', das dann entsprechend auch der Psalter-Edition von 1931 zugrunde lag.[696]

2.4 Ertrag: Rahlfs' Psalter-Edition von 1931 und die Notwendigkeit einer umfangreichen Neuedition der *editio critica maior* des Septuaginta-Psalters

Die Textgrundlage aller Untersuchungen des griechischen Psalters, die in den vergangenen siebzig Jahren entstanden sind, war und ist bis heute die Rahlfs'sche Edition innerhalb der „Göttinger Septuaginta" in Verbindung mit der Psalter-Studie von 1907. Die Vorläufigkeit seiner Ausgabe hatte Rahlfs bereits 1931 herausgestellt:

> „Daher habe ich absichtlich [...] nur das Alte, dessen beim Psalter nicht wenig ist, möglichst vollständig neu verglichen, alles Jüngere aber nur nach den früheren Kollationen benutzt oder ganz weggelassen. Und damit glaube ich der Wissenschaft einen größeren Dienst geleistet zu haben, als wenn ich gar zu ängstlich erst viele Jahre auf die Sammlung und Sichtung des gesamten Materials verwendet hätte."[697]

Um der Psalter-Forschung eine einigermaßen solide Textbasis zur Verfügung zu stellen, und auch, weil es die Zeitumstände erzwangen,[698] konnte Rahlfs eine Ausgabe der *Psalmi cum Odis* veröffentlichen, die er von vornherein zwar als letztgültig, in keiner Weise aber als endgültig betrachtet hatte. Auf diesen Umstand haben die Rezensenten der Edition aus ihren unterschiedlichen Blickwinkeln sehr treffend hingewiesen. Und somit ist auch Pietersma zuzustimmen, der konstatierte:

> „A full-fledged critical edition of the Greek Psalter has yet to be produced for the Göttingen Septuaginta and thus remains a desideratum of the highest order."[699]

---

696 Schwierigkeiten, Rahlfs' Gruppierung im Psalter nachzuvollziehen, hatte nicht nur Pietersma, sondern z.B. auch Carl Holzhey (in: ThRv 6 [1907], 579–580), wohingegen u.a. Rudolf Smend, d.Ä. (in: ThLZ 33 [1908], 129–132, z.B. 129) oder auch Norman McLean (in: RTP 3 [1908], 209–212, hier 210) die Anordnung der fünf Handschriftengruppen, d.h. der fünf Texttypen des Septuaginta-Psalters korrekt wiedergaben.
697 PSALMI CUM ODIS (1931), 5.
698 Vgl. dazu oben, S. 222–223 und S. 225–227.
699 PIETERSMA, Present State (2000), 32; vgl. auch a.a.O., 22.

Ausgehend von der Psaltertext-Forschung der letzten Jahrzehnte ergeben sich für eine ‚endgültige' *editio critica maior* des Septuaginta-Psalters[700] auf der Basis von Rahlfs' Edition und Untersuchungen vier zentrale, hier nur knapp zu skizzierende Aufgabenbereiche:

(1) Grundsätzlich wird, um dem Anspruch einer *editio maior* zu genügen alles erreichbare Handschriftmaterial (neu) auszuwerten sein, angefangen bei den zahlreichen neu entdeckten und vor allem seit den 1960er Jahren publizierten Papyrusfragmenten[701] bis hin zu den von Rahlfs in enger Auswahl herangezogenen hunderten Minuskeln bis ins 16. Jh.

(2) Wegen ihrer Bedeutung für die Bestimmung der verschiedenen Texttypen des griechischen Psalters sind die Tochterübersetzungen einer erneuten, umfangreichen Analyse zu unterziehen. Hierbei sind nicht nur die neuesten Editionen des koptischen, d.h. insbesondere des sahidischen und bohairischen Psalters zu berücksichtigen,[702] sondern auch diejenigen Versionen einzubeziehen, die Rahlfs nur peripher herangezogen[703] oder – wie z.B. das Armenische – sogar völlig außer Acht gelassen hatte.[704] Einen Schwerpunkt wird die Untersuchung der altlateinischen Überlieferung (in den altlateinischen Psalterhandschriften, aber auch in den Zitaten der lateinischen Kirchenschriftsteller von Tertullian bis mindestens Cassiodor, ebenso wie eine Auswahl der bi- und trilingualen Psalterien) bilden müssen, mit dem schon von Allgeier geforderten Ziel, „die Eigenart der okzidentalen LXX-Überlieferung herauszustellen".[705]

---

700 Hierzu gehört natürlich auch eine Neuausgabe der *Oden* unter Berücksichtigung des gesamten Materials. Vgl. dazu die umfangreiche Liste mehrerer hundert Oden-Handschriften bei RAHLFS, Hss.-Vz. (1914), 390–410, resp. deren aktualisierte Fassung (Offizielles Verzeichnis der Rahlfs-Sigeln [2012]), sowie ENGEL/LATTKE, Oden (2012), Abschnitt Textüberlieferung.

701 Vgl. dazu RAHLFS, Hss.-Vz. (2004), 456–463, und die seit 2004 erschienenen Ausgaben, z.B. von P.Oxy. LXXIII 4931–4933 (im Jahr 2009), P.Oxy LXXV 5021 (im Jahr 2010), P.Oxy. LXXVII 5101 (im Jahr 2011) oder P.Oxy. LXXVIII 5127 (im Jahr 2012).

702 Einen ersten Eindruck des neu zu untersuchenden Materials vermittelt NAGEL, Sahidischer Psalter (2000), bes. 85–94.

703 Dies wird besonders beim Altlateinischen deutlich: Bereits 1907 hatte Rahlfs festgehalten, dass er die *Vetus Latina*-Tradition selbst nicht näher verifizieren wolle, „da dies eine Durcharbeitung des gesamten Materials und vor allem auch erst eine genauere Kenntnis dieses Materials voraussetzt" (SEPT.-STUD. 2 [1907], 74). In PSALMI CUM ODIS (1931) erkläre er dann, dass er z.B. auch die sog. *codices latinizantes* unberücksichtigt gelassen hatte, obgleich sie bei aller Latinisierung durchaus einen alten Kern enthalten könnten, die Herausarbeitung dieses Kernes jedoch ein umfangreiches und schwieriges Unterfangen sei, das „ohne Vergleichung aller Formen des lat. Psalters gar nicht zu lösen wäre" (PSALMI CUM ODIS [1931], 33).

704 Erste Vorschläge und konkrete Beiträge zur Aufarbeitung dieses Feldes finden sich in AEJMELAEUS/QUAST, Septuaginta-Psalter (z.B. ein von Claude Cox verfasster Beitrag über „The Armenian Version and the Text of the Old Greek Psalter", a.a.O., 174–247).

705 ALLGEIER, Rez. PsOd 1. Hälfte (1931), 1639. Vgl. hierfür die ausführliche Zusammenstellung des lateinischen Handschriftenmaterials und insb. auch die Einleitung (S. 11–25) in GRYSON, VL 1/2B (2004). Weitere Einblicke in die Geschichte des (alt-) lateinischen Psalters und weiterführende Literaturhinweise bieten: BOGAERT, Le Psautier latin (2000); ZIEGLER, Altlateinische Psal-

(3) Auch die hexaplarische Rezension ist – auf der Basis neuer Editionen – einer kritischen Prüfung zu unterziehen: Nicht nur die Psalmenkommentierung des Origenes, von der nur ein Bruchteil in Auszügen der sog. ,Philokalie' sowie in Zitaten und Bezugnahmen späterer griechischer und lateinischer Autoren erhalten ist, sondern auch die große Anzahl von Fragmenten mit (kritisch zu überprüfender) Zuschreibung an Origenes, überliefert in den Psalmencatenen, sind auszuwerten. Daneben müssen die Zitate bei Euseb von Cäsarea und besonders, da von Rahlfs völlig außer Acht gelassen, die Belege bei den alexandrinischen Kirchenschriftstellern Didymus und Athanasius berücksichtigt werden, ebenso wie die Psalmenkommentierung des Hesych von Jerusalem.

(4) Schließlich wird der ,Vulgärtext' resp. die lukianische Rezension auszudifferenzieren sein.[706] Um innerhalb der Vulgärtextes mögliche (proto-) lukianische Elemente identifizieren, d.h. die Entwicklungs- und Überlieferungsgeschichte des Vulgärtextes freilegen zu können, muss zunächst der wichtigste Vergleichspunkt hierfür,[707] nämlich der umfangreiche Psalmenkommentar des Theodoret von Kyrrhos aufgrund einer breiten handschriftlichen Grundlage ausgewertet werden.[708] Darüber hinaus ist vor allem die von Rahlfs in ihrer Eigenart unberücksichtigt gelassene Catenen-Tradition genau zu untersuchen, und die Psalmenkommentierung weiterer antiochenischer Kirchenschriftsteller (wie etwa des Diodor von Tarsus, Theodors von Mopsuestia und Johannes Chrysostomus) auszuwerten.[709]

Wie schon für Lagarde und Rahlfs, so gilt auch hinsichtlich der hier skizzierten Gesamtaufgabe, dass sie die Arbeitsleistung eines einzelnen Forschers übersteigt und nur von einem Forscherteam erfüllt werden kann.

---

terien (1961/1971); DERS., Lateinische Psalmenübersetzungen (1960); ALLGEIER, Prolegomena (1928).

706 Vgl. schon PIETERSMA, Present State (2000), 21.

707 Vgl. dazu oben, S. 169–170.

708 Die bis heute benutzte Ausgabe von Schulze (SCHULZE, Theodoret [1769], Commentarii in Psalmos [a.a.O., Tom. I,2, 601–1586]) ist völlig unzulänglich. Auf die (durch Schulzes Ausgabe nicht kompensierte) „mangelhafte Kenntnis der Überlieferung" (PSALMI CUM ODIS [1931], 66) sowie „verbleibende Unsicherheiten" (PSALMI CUM ODIS [1931], 65) wies Rahlfs selbst hin, notierte deshalb in allen „irgendwie zweifelhaften Fällen lieber die verschiedenen Lesarten der Tht-Hss." (ebd.), als sich vorschnell auf einen ursprünglichen Text des Kirchenschriftstellers festzulegen. Es steht völlig außer Frage, dass sowohl für die Rekonstruktion des ältesten erreichbaren Psaltertextes der Septuaginta als auch für eine exakte Neueinschätzung seiner Textgeschichte die Neuauswertung Theodorets notwendig ist, und zwar idealerweise im Rahmen einer kritischen Ausgabe seines Psalmenkommentars.

709 Schon 1907 wies Rahlfs darauf hin, dass die Catenen-Überlieferung eigenständig zu behandeln sei: „Ich unterscheide diese [für die Untersuchung herangezogenen Catenenhss. des 9. und 10. Jh.s; CS] nach alter Weise nicht von den übrigen Hss., obgleich es eigentlich richtiger wäre, sie für sich zu nehmen" (SEPT.-STUD. 2 [1907], 9, Anm. 4). Rahlfs begründete sein Vorgehen somit aus praktischer Perspektive, da für die differenzierte Auswertung der Catenen-Überlieferung kritische Ausgaben vonnöten gewesen wären. Vgl. auch RAHLFS, Hss.-Vz. (1914), XI–XII.

3. Die ‚Handausgabe von 1935‘

Als vorläufige *editio critica minor* der „Göttinger Septuaginta" erschien am 1. April 1935 in Stuttgart die sog. ‚Handausgabe von 1935‘, die – obgleich ebenfalls eine kritische Ausgabe und mit den der ‚Göttinger‘ *editio critica maior* zugrundeliegenden Prinzipien übereinstimmend[710] – sich in ihrer Anlage deutlich von den bis dahin von Rahlfs edierten Ausgaben der Bücher Ruth, Genesis und Psalmi cum Odis unterschied: einerseits nämlich umfasste die HANDAUSGABE (1935) *sämtliche* Bücher der Septuaginta, was sich zwangsläufig auf ihre textkritischen und editionstechnischen Regularien auswirken musste,[711] andererseits war Rahlfs hinsichtlich des heranzuziehenden Materials vertraglich auf die vollständige Aufnahme allein der „Varianten der ältesten Handschriften (besonders BSA)"[712] beschränkt worden, was ihn freilich nicht davon abhielt, auch „die sonstige Überlieferung"[713] auszuwerten und – ohne Anspruch auf Vollständigkeit[714] – deren Lesarten entweder in den Apparat oder sogar im kritischen Text aufzunehmen.

Im Vorwort der HANDAUSGABE hielt Rahlfs als Zweck seiner Edition fest, „vor allem Studenten und Pfarrern die Septuaginta in zuverlässiger Bearbeitung zu erschwinglichem Preis zugänglich [...] machen" zu wollen.[715] Nicht die Septuaginta-Forscher resp. „akademischen Lehrer"[716] waren als primäre Zielgruppe vorgesehen, vielmehr sollte vor allem den am praktischen Gebrauch der Septuaginta als „Hilfsmittel" bei der Arbeit mit dem hebräischen Alten und griechischen

---

710 So HANHART, Die Editio altera (2008), 6: „Wir dürfen den gegenwärtigen Stand der LXX-Forschung, auch was ihre Grundlage, ihre Textgeschichte und ihre Edition anbelangt, nur als Übergangsstadium verstehen, dessen vorgegebene und unveräußerliche Ausgangsstufe in der Textrekonstruktion von Alfred Rahlfs in ihrer ursprünglichen Gestalt besteht und dessen eigenes Ziel die Vollendung der auf dem gleichen Prinzip beruhenden Editio maior ist."

711 Vgl. dazu ausführlich unten, ab S. 327.

712 Aus § 3 des am 8./15. Juni 1929 zwischen Rahlfs und der Bibelanstalt geschlossenen Verlags-Vertrags (Landeskirchliches Archiv Stuttgart, Bestand „Historische Verträge").

713 Archiv der Berlin-Brandenburgischen Akademie der Wissenschaften, PAW (1812–1945), II-VIII-228, 103 (Rahlfs' Bericht über seine Handausgabe der Septuaginta, unterzeichnet am 1. Juli 1931).

714 Übersichtlich illustriert sind die von Rahlfs in Kauf genommenen Beschränkungen und Inkonsistenzen bei KATZ, Rez. Handausgabe (1936), bes. 268–270 (Katz nennt Lücken resp. verkürzte Notationen im Apparat, falsche Urhebernamen bei Konjekturen, Abstriche bei der Notation der Tochterübersetzungen, Inkonsequenzen, vereinfachte Verszählung).

715 HANDAUSGABE 1 (1935), IV.

716 HANDAUSGABE 1 (1935), V.

Neuen Testament Interessierten *ein* kritisch rekonstruierter Text geboten werden, dessen Anspruch es indes keinesfalls war, *der* älteste erreichbare Text zu sein.[717]

Diesen Zweck seiner Edition vor Augen (und in der Gewissheit, dass eine den wissenschaftlichen Standards genügende ‚große' Ausgabe der Septuaginta in Göttingen in langen Jahren erarbeitet werden würde) konnte (und musste) Rahlfs nun Abstriche bei der Variantendokumentation im Apparat, aber auch bei der Transparenz seiner textkritischen Entscheidungen machen und so einige „unumgängliche Vereinfachungen des [*in der* editio critica maior; CS] erstrebten Gesamtbildes in Kauf" nehmen:[718]

(1) Im Gegensatz zu den Teileditionen der Bücher Ruth und Genesis sowie des Psalters, deren Textrekonstruktionen jeweils klar definierte und dadurch überprüfbare textkritische Regeln zugrunde lagen,[719] waren allgemeingültige Aussagen im Rahmen der HANDAUSGABE wegen der unterschiedlichen Überlieferungslage jedes einzelnen Buches von vornherein nicht möglich und wurden daher von Rahlfs auch nicht getroffen: So entspricht der kritische Text des Psalters in der HANDAUSGABE z.B. dem der *editio critica maior* von 1931 und somit auch deren Regelwerk,[720] wohingegen Rahlfs den Text der Psalmen Salomos im Wesentlichen der Edition O. von Gebhardts entnommen hatte.[721] Auch seinen Handschriften-Gruppierungen und textkritischen Entscheidungen u.a. im Pro-

---

717 Vgl. HANDAUSGABE 1 (1935), IV, außerdem Rahlfs' Schreiben an Diehl vom 21. Dezember 1929 (Landeskirchliches Archiv Stuttgart, Bestand „Historische Verträge"), in dem es heißt: „die Sept[*uaginta*]-Ausgabe soll lediglich praktischen Zwecken dienen" (vgl. dazu ausführlich unten, S. 278–279). So auch bei HANHART, Die Editio altera (2008), 7 („[...] die Gegenwart des Erreichten, in der die Bewahrung der vorläufigen Editio minor als Grundlage einer jeden textgeschichtlichen Arbeit für das Studium der Theologie das unentbehrliche Hilfsmittel bleiben darf, in dem Alfred Rahlfs bescheiden den einzigen Zweck seiner Handausgabe sah [...]"). Schon Ludwig Köhler benannte mit Blick auf die fertiggestellte HANDAUSGABE (1935) den Bedarf: „Sie [*die Ausgabe von Brooke-McLean*; CS] bietet sozusagen allen Stoff und ist unentbehrlich für den Meister der Septuagintaforschung. Für den Anfänger und auch für den Gesellen ist sie schlechthin ein brüllendes Mehr [sic] von Varianten, in dem er umkommt. Was wir seit Jahrzehnten brauchen, ist eine Handausgabe, in der ein Meister den Text der Septuaginta so bietet, wie er sich aus der Sammlung und Sichtung aller Handschriften Wort für Wort ergibt" (KÖHLER, Septuaginta [1935]).
718 HANHART, Rechenschaftsbericht (2005), 453.
719 Vgl. dazu die ausführliche Darstellung unten, ab S. 332.
720 Die Kollation des Psaltertextes der HANDAUSGABE (1935) mit dem der PSALMI CUM ODIS (1931) ergibt, dass sich die beiden Texte lediglich an acht Stellen unwesentlich voneinander unterscheiden (Ps. 18[19]$_{14}$ 24[25]$_3$ 37[38]$_{21}{}^3$ 57[58]$_{10}$ 58[59]$_{14}$ 67[68]$_{13}$ 91[92]$_{10}$ 118[119]$_{28}$). Dieses Vorgehen, den Text der *editio maior* als kritischen Text der Handausgabe aufzunehmen, war und ist auch in anderen Bereichen üblich, wie z.B. in der 28. Aufl. des *Novum Testamentum Graece* beim Text der Katholischen Briefe (so NTG[28], 5*). Vgl. auch unten, ab S. 298.
721 Vgl. HANDAUSGABE 2 (1935), 471.

phetenkorpus und vor allem in den Makkabäerbüchern legte er die Vorarbeiten anderer Gelehrter zugrunde, so dass sich auch hierfür kein einheitliches Reglement eruieren lässt.[722]

(2) Der Vorläufigkeit der HANDAUSGABE geschuldet war außerdem die fehlende Nachvollziehbarkeit bestimmter Varianten und Lemmata:[723] So lässt sich die Zeugenlage (für Lemma und Varianten) bei summarischen Handschriftenangaben wie „pau[ci]", „mu[lti]" etc.[724] oder bei der Notierung von Gruppensigeln, die in der Vorbemerkung nicht entschlüsselt sind, nur erahnen,[725] und der Benutzer muss sich auf Rahlfs' Einschätzung der Überlieferungslage verlassen, weil er diese selber allenfalls durch aufwendige Heranziehung und Vergleich der Quellen, wie z.B. Brooke-McLean oder Holmes-Parsons, verifizieren kann. Immer wieder finden sich Angaben, in denen völlig unklar bleibt, auf welchen handschriftlichen Zeugen das Lemma beruht: laut Vorbemerkung liegt z.B. der Genesis in mehr als zwei Dritteln ihres Umfangs in der HANDAUSGABE ausschließlich Codex Alexandrinus zugrunde,[726] doch verweist Rahlfs Dutzende Lesarten von Hs. A in den Apparat und verzichtet dabei häufig auf die Angabe der Zeugen für das von Hs. A abweichende Lemma.[727] In solchen Fällen fehlender Lemmabezeugung wird die textkritische Argumentation für die Bevorzugung der jeweiligen Lesart in der Regel zwar durch die Beschaffenheit der ihr korrespondierenden Variante evident (die ihre Ursache u.a. in bewusster oder unbewusster Angleichung ans Hebräische oder den griechischen Kontext, Lese- oder Schreibfehlern

---

722 Vgl. dazu unten, ab S. 306.

723 Vgl. dazu SCHÄFER, Beobachtungen (2017).

724 Vgl. die Aufstellung dieser Abkürzungen in HANDAUSGABE 1 (1935), XVII, sowie unten, S. 301, Anm. 853.

725 Beispiele hierfür finden sich allenthalben, u.a. in Exod. 3₂₂ (als Zeugen sind in der Vorbemerkung zu Exod. nur die Hss. B A angegeben, der Eintrag im Apparat lautet: „σκυλευσετε pau.] -σατε B†, συσκευασεται(pro -τε) A†)'; Dan. ϑ′ 2₃₁ („προσοψις] προσ > AC†": die Gruppensigel C ist in der Vorbemerkung nicht entschlüsselt; vgl. dazu unten, S. 318–320); Reg. I 7₈ („fin.] + και ειπεν σαμουηλ μη μοι γενοιτο αποστηναι απο κυριου θεου μου του μη βοαν περι υμων προσευχομενον compl."); Mac. I 6₂₄ („εξ unus codex passim codici S cognatus et La] αφ rel.": welche Handschrift mit „unus codex" gemeint ist, erschließt sich dem Benutzer ebenso wenig wie die Vergleichsgrundlage der Notation „rel." für ‚die übrigen Handschriften'); Sap. 12₂₄ („αισχρων pau.] εσχρων unus cod., εχθρων BSA†); Ez. 32₂₇ (‚γη ζωης Ra. (cf. 23.24.26.32)] τη ζωη αυτων mss. (unus cod. γη ζωης αυτων)": um welche Handschriften es sich bei den mit den Einträgen „mss." und „unus cod." bezeichneten handelt, ist nicht ersichtlich).

726 Hs. B liegt erst ab Gen. 46₂₈ πόλιν, Hs. S (nur fragmentarisch) in Gen. 23₁₉ – 24₄₆ vor.

727 Oft nennt Rahlfs für die Lemmalesart aber auch eine andere, selten mehrere Handschriften außer den Hss. B S A, oder identifiziert sie – bei entsprechender Angabe ihres Urhebers – als Konjektur. Vgl. dazu ausführlich unten, ab S. 374.

etc. haben konnte),[728] tatsächliche Transparenz bringt jedoch nur die Kontrolle der Stelle in einer der ‚großen' Editionen. Ein Beispiel hierfür findet sich im Apparat der HANDAUSGABE zu Gen. 9₇:

Dort heißt es: „επ αυτης] επι της γης A⁺". Die Entstehung der von Hs. A gebotenen *Variante* lässt sich hier zwar als Übernahme des vorangehenden Kontextes (Gen. 9₇ lautet: „ὑμεῖς δὲ αὐξάνεσθε καὶ πληθύνεσθε καὶ πληρώσατε τὴν γῆν καὶ πληθύνεσθε ἐπ᾽ αὐτῆς.") im Sinne einer Angleichung resp. Verdeutlichung durchaus nachvollziehen, die Überlieferungssituation des *Lemmas* wird indes nur durch Vergleich mit der Rahlfs'schen Genesis-Ausgabe von 1926 transparent, wo es im Apparat heißt: „καὶ πληθύνεσθε επ αυτης Dᴳʳ M 911(vid.) 135-Sy 82 *120* 1] κ. πλ. επι της γης A'; και κατακυριευσατε αυτης 376 *C* b c *l⁻* o⁰ r 1, + και κατακυριευσατε αυτης 1, pr. και κατακυριευσατε (αυτην) o⁰: cf. 128 9₁; > *75* 1".[729]

Es ist somit ein Trugschluss, zu glauben, man habe in der HANDAUSGABE tatsächlich überall einen im Wesentlichen aus den drei in der Einleitung genannten Handschriften B S A rekonstruierten Text vorliegen. Und auch hinsichtlich der ihm begegnenden textkritischen Probleme ging es Rahlfs nicht um eine endgültige Lösung, lautete seine, in den Vorbemerkungen zu Eccl. formulierte, gleichsam für die gesamte Ausgabe geltende „Maxime"[730] doch: „multa in hoc libro restitui, sed non omnia sanari possunt, nisi quis uim adhibere uult."[731] Schon 1905 hatte er in einer Rezension der Kittel'schen *Biblia Hebraica* im Blick auf deren Apparatnotationen bemerkt: „Für ein tieferes Eindringen in die textkritischen Probleme genügen die Anmerkungen [*des BHK-Apparates; CS*] natürlich nicht, doch geben sie wenigstens einen Begriff von den Unterschieden der Ueberlieferung und machen manches bequem zugänglich, was man sich bisher mühsam zusammensuchen mußte. So werden sie auch zu weiterem Forschen anregen […]."[732]

Diese Aussage scheint angesichts der von Rahlfs selbst definierten Zielgruppe auch für die HANDAUSGABE in Anspruch genommen werden zu dürfen, und verdeutlicht noch einmal, woran Benutzerinnen und Benutzer ihre durchaus

---

728 Vgl. dazu die Auflistung möglicher Textveränderungen und innerer Kriterien für eine Lesart/Variante bei FISCHER, Text (2009), 205–218.226–229.

729 Vgl. zur Gruppenzugehörigkeit der einzelnen Handschriften resp. zur Aufschlüsselung der Gruppen unten im Anhang, S. 509–510.

730 HANHART, Die Editio altera (2008), 4. Dort findet sich ebenfalls der Verweis auf die Eccl.-Vorbemerkung.

731 HANDAUSGABE 2 (1935), 238.

732 RAHLFS, Rez. Biblia hebraica (1905), 860.

unterschiedlichen Erwartungen an diese vorläufige *editio critica minor* notwendig orientieren müssen.[733]

3.1 Die Entstehungsgeschichte

3.1.1 Vorbemerkung: Rahlfs' Plan einer „provisorischen Handausgabe" als Vorarbeit der großen „Göttinger Septuaginta" (1908)

Unter dem Datum des 23. Mai 1908 findet sich im Protokollbuch der engeren Septuaginta-Kommission der folgende Eintrag:

> „Herr R[ahlfs] entwirft den Plan einer provisorischen Handausgabe der Septuaginta, deren Verlag die Firma Vandenhoeck & Ruprecht unter Zahlung eines angemessenen Honorars zu übernehmen bereit ist. Herr W[ackernagel] äußert Bedenken gegen den Plan."[734]

Und in einer Fußnote dazu der Nachtrag:

> „Der Plan wurde bald nachher von Herrn R[ahlfs] selbst zurückgezogen."[735]

Rahlfs war mittlerweile von seinem ursprünglichen, stark an Lagarde anknüpfenden Plan, die Publikation einer Handausgabe als Ziel des ganzen Septuaginta-Unternehmens zu verfolgen,[736] abgekommen, und zwar zugunsten einer der großen „Göttinger Septuaginta" *vorangehenden* „provisorischen Handausgabe". Dabei diente ihm die Anlage des Cambridger Septuaginta-Unternehmens als Vorbild:

Im Jahre 1875 hatte Frederick Henry Scrivener[737] den Verantwortlichen der Cambridge University Press das Konzept für eine diplomatische Ausgabe der Septuaginta vorgelegt, dessen

---

733 Vgl. dazu auch unten, S. 320–325, sowie die Ausführungen von CEULEMANS, Le texte (2014), 94 mit Anm. 11.

734 Archiv des Septuaginta-Unternehmens der Akademie der Wissenschaften zu Göttingen, Protokollbuch der engeren Septuaginta-Kommission (Eintrag vom 23. Mai 1908), 5.

735 Archiv des Septuaginta-Unternehmens der Akademie der Wissenschaften zu Göttingen, Protokollbuch der engeren Septuaginta-Kommission (Eintrag vom 23. Mai 1908), 5.

736 Vgl. dazu oben, S. 136–143.

737 Frederick Henry Ambrose Scrivener (1813–1891) erlangte vor allem durch seine zahlreichen Arbeiten über den Text des griechischen Neuen Testaments Bedeutung (darunter einige Editionen [u.a. des Codex Bezae Cantabrigiensis] und zahlreiche Kollationen griechischer Handschrif-

Ausführung selbst jedoch nicht in Angriff genommen. Seit 1883 trug Henry Barclay Swete[738] die Verantwortung für das Projekt, der es sich nun zur Aufgabe gemacht hatte, zwei Editionen der Septuaginta zu schaffen: In diesen blieb der Lemmatext zwar derselbe, den textkritischen Apparaten lag jedoch hinsichtlich ihres Umfangs eine unterschiedliche Konzeption zugrunde, denn die zweite, größere Edition sollte „the variations of all the Greek uncial MSS., of select Greek cursive MSS., of the more important versions, and of the quotations made by Philo and the earlier and more important ecclesiastical writers"[739] verzeichnen. Mit seiner in verschiedenen, teilweise verbesserten Auflagen erschienenen Handausgabe[740] hatte Swete ab 1887 die erste der beiden Editionen geliefert.[741] Die zweite erschien zwischen 1906 und 1940 als sog. „Cambridger Septuaginta", wurde allerdings nie vollständig abgeschlossen.[742]

Aufgabe jener dreibändigen Handausgabe war es gewesen, eine Handschrift der Septuaginta diplomatisch korrekt abzudrucken, um auf diese Weise einen Text bereitzustellen „which may serve as a satisfactory standard of comparison, accompanied by textual notes which will enable the student at a glance to compare with his text the results to be gleaned from sources of information already securely within our reach".[743] Als Grundlage wählte man die älteste bekannte vollständige Bibelhandschrift, den Codex Vaticanus, und „where the Vatican MS. is defective, its defects are supplied from the Alexandrine MS., or in the very few instances where both these MSS. fail us, from the uncial MS. which occupies the next place in point of age or importance".[744]

Bei *seinem* Plan richtete Rahlfs das Hauptaugenmerk nicht so sehr auf die Unterschiede der textkritischen Apparate, sondern sah seine herzustellende Handausgabe mehr als Mittel zum Zweck einer für die Arbeitsorganisation des Septuaginta-Unternehmens ohnehin notwendigen Materialsichtung. Über die Hintergründe des Protokollbucheintrags gibt eine Aktennotiz des Verlegers Gustav Ruprecht betreffs der zwischen dem 20. und 24. Mai 1908 mit Rahlfs geführten Verhandlungen Aufschluss:

> „Am 20. Mai 1908 besuchte mich Professor Rahlfs und bot uns einen Septuagintatext eigener Rezension in drei Bänden zum Verlag an, den er auszuarbeiten beabsichtigte, und bat um Preiskalkulation und Verlagsbedingungen bis 22. Mai abends. Sofortige Honorarzahl[un]g

---

ten [u.a. des Codex Sinaiticus] sowie verschiedene Abhandlungen zur Textkritik). Vgl. zu Scrivener insgesamt den biographischen Abriss von MARCHANT, Scrivener (2004).

738 Henry Barclay Swete (1835–1917), 1890 Regius Professor of Divinity in Cambridge. Vgl. HAWKE, Swete (2004).

739 SWETE, Septuagint 1 (1887), xii. Vgl. SWETE, Introduction (²1914), 188–190.

740 Vgl. KATZ, Septuagintal studies (1956), bes. 179–180.

741 In erster Auflage erschienen: SWETE, Septuagint 1 (1887), 2 (1891), 3 (1894).

742 Vgl. zu dem im Jahre 1940, noch vor seiner Vollendung eingestellten Cambridger Septuaginta-Unternehmen oben, S. 163, Anm. 208, außerdem JELLICOE, Septuagint (1968), 21–24, und zu den verschiedenen Editionen insgesamt SWETE, Introduction (²1914), 171–194.

743 SWETE, Septuagint 1 (1887), xi.

744 SWETE, Septuagint 1 (1887), xii.

beanspruchte er nicht, wenn wir dafür nur den Preis niedrig ansetzten. [...] da Herr Rahlfs [...] Wert darauf legte, dass jeder der drei Bände gebunden zu einem Einzelpreise von 6 Mark herausgebracht werde, um gegen Swetes Textausgabe desto sicherer das Feld zu behaupten, sagte ich ihm zu, dass wir voraussichtlich diesen Preis würden innehalten [sic] können [...]. Hiermit war Herr Professor Rahlfs einverstanden und erklärte, dass er das Manuskript des ersten Bandes in etwa zwei Jahren werde liefern können [...]. Schon am nächsten Abend kam Herr Professor Rahlfs mit der Nachricht, dass weitere Berechnungen vorläufig entbehrlich geworden wären, da er über die Sache nicht mehr frei verfügen könne. Er sei seit 1. April 1908 als Leiter eines gemeinsamen Unternehmens der Kgl. Gesellschaft der Wissenschaften zu Göttingen und der Berliner Akademie zur Herausgabe eines monumentalen Septuagintawerkes fest angestellt worden und habe sich daher für verpflichtet gehalten (!), seinen Plan der für dieses Unternehmen von den Gesellschaften eingesetzten Überwachungskommission vorzulegen. Die Sitzung sei an diesem Tage gewesen, und die Herren hätten bis auf einen gemeint, dass die Herausgabe der von ihm geplanten Textrezension zu dem Unternehmen der Akademie gehöre und dass die Akademie andere Verleger [...] zur Konkurrenz heranziehen müsse. Ich habe Herrn Professor Rahlfs darauf sofort erwidert, dass diese Anschauung mir völlig unhaltbar erscheine und zu einem Eingriff in seine Rechte führen müsse, der, wenn ein Unternehmer etwas derartiges sich seinen Angestellten gegenüber herausnehmen würde, sicherlich aufs schärfste verurteilt werden würde [...]. Herr Professor Rahlfs blieb aber dabei, dass er nichts machen könne, da er für unbeschränkte Zeiten von der Akademie fest angestellt sei. Er hatte allerdings den Herren die Sache damit mundgerecht zu machen versucht, dass er darauf hingewiesen hatte, wie diese Ausgabe einer eigenen Textrezension auch den Vorarbeiten für die monumentale Ausgabe förderlich sein würde, da sie eine genaue Vergleichung der verschiedenen Handschriften erfordere, welche als Grundlage für ein planvolles Vorgehen wünschenswert sei. Da nun die Akademien vom Minister kostenfrei einen Hilfsarbeiter für ihr Unternehmen gestellt bekommen haben und [...] Herr Professor Rahlfs auch die Arbeit dieses Hilfsarbeiters für seine eigene Textausgabe mit zu verwerten gedachte, mögen wohl die Herren eine Verzögerung der Arbeiten an ihrem Unternehmen befürchtet haben, während anderseits Rahlfs den Standpunkt vertrat, dass eine solche Verzögerung durch den Vorteil des Drucks einer eigenen Textrezension und der dazu nötigen Stoffsichtung mindestens wieder ausgeglichen werden würde. Jedenfalls war in diesem Stadium der Angelegenheit garnichts weiter zu machen. [...] Am dritten Tage kam Herr Professor Rahlfs wiederum, diesmal um alle weiteren Berechnungen [...] als vorläufig unnötig zu ersparen. Er habe nochmals mit einem der Kommissionsmitglieder eingehend über den Plan verhandelt, und sie seien zu der Überzeugung gelangt, dass die Ausgabe eines vollständigen Textes doch nicht der kürzeste Weg für Gewinnung eines Überblicks und förderliche Einrichtung der Arbeiten des Bureaus sein würde. Es genüge, wenn von den charakteristischsten und schwierigsten Partien der einzelnen Handschriften Probedrucke als Manuskript hergestellt würden und danach die Vergleichung geschähe. Daher habe er von der Herausgabe einer eigenen Textrezension abgesehen, und man würde sich in dieser Weise helfen. Ein Jahr lang werde er seine ganze für literarische Arbeiten zur Verfügung stehende Zeit nur daran wenden müssen, seine Hilfsarbeiter [...] einzuarbeiten. Ich sprach mein Bedauern über diesen Verlauf der Sache aus und die Erwartung, dass er nach Jahresfrist sich stillschweigend an die eigene Textausarbeitung machen und dann die Kommission mit der Sache überhaupt nicht wieder behelligen werde. Herr Professor Rahlfs lachte verständnisvoll dazu und ließ durchblicken, dass er schon denselben Plan sich gemacht habe."[745]

Inwieweit Ruprecht mit seiner Schlussbemerkung über Rahlfs' „stillschweigen-den" Plan richtig lag, lässt sich nicht mehr feststellen. Nach „Jahresfrist" mit der Ausarbeitung einer solchen „provisorischen Handausgabe" begonnen hatte Rahlfs jedenfalls nicht: Die im – finanziell zu diesem Zeitpunkt noch längst nicht gesicherten[746] – Göttinger Septuaginta-Unternehmen zu erledigenden Aufgaben, insbesondere die Erarbeitung des Handschriftenverzeichnisses,[747] werden ihn davon abgehalten haben, sofern er das Vorhaben überhaupt jemals ernsthaft in Erwägung gezogen hatte und nicht nur dem Verlag gegenüber seine eigentliche Übereinstimmung mit den Ansichten der Kommission relativieren wollte.[748]

Die Pläne einer provisorischen Ausgabe der Septuaginta nahm Rahlfs noch einmal, allerdings unter völlig anderen Voraussetzungen, im Jahre 1929 auf.

3.1.2 Die ‚Handausgabe von 1935' als vorläufige *editio critica minor* der „Göttinger Septuaginta"

Die Verzögerungen bei der Ausarbeitung der Genesis und die Ausdehnung ihres textkritischen Apparates[749] hatten zur Folge gehabt, dass die Stuttgarter Bibel-gesellschaft bereits Ende April 1925 – entsprechend dem 1918 geschlossenen Vertrag – den Schwerpunkt der Göttinger Arbeiten wieder auf eine „schneller erscheinende provisorische Ausgabe der Septuaginta" richten wollte.[750] Anfang Juli 1925 bezog Rahlfs hierzu Stellung:

---

745 Staatsbibliothek zu Berlin – Preußischer Kulturbesitz, Nachlass 494 (Archiv Vandenhoeck & Ruprecht), G 1908, Nr. 52, Bl. 582–583.

746 Vgl. dazu oben, ab S. 75.

747 Vgl. dazu oben, ab S. 154.

748 Dass er „über die Sache nicht mehr frei verfügen könne" (s. die zuvor zitierte Aktenno-tiz Gustav Ruprechts) wird Rahlfs nicht erst auf der Kommissionssitzung am 23. Mai 1908 klar geworden sein, denn sonst hätte er Ruprecht wohl kaum darum gebeten, Preiskalkulation und Verlagsbedingungen bis zum Abend des 22. Mai 1908 ausgearbeitet vorzulegen. M.E. wollte er die Sache von vornherein mit den übrigen Kommissionsmitgliedern erörtern, vermutlich aber auch nicht seine Geschäftsbeziehungen mit V&R, die seinerzeit die Septuaginta-Studien veröf-fentlicht hatten, belasten.

749 Vgl. dazu oben, S. 209.

750 Vgl. das Schreiben von Rahlfs an Diehl vom 2. Juli 1925 (Deutsche Bibelgesellschaft Stutt-gart, Briefkonvolut Septuaginta [Korrespondenz 1909–1938], Bl. 68).

„[...] glaubte ich zunächst, diese nicht machen zu können. Auch jetzt würde ich mich gegen einen Abdruck Swete's oder etwas derartiges sträuben. Da ich aber die Berechtigung Ihres Wunsches anerkannte, habe ich sofort versucht, ob ich jenen Wunsch nicht doch auf andere Weise erfüllen könnte durch eine Handausgabe mit ganz knappem Apparat, die doch schon den Text, soweit sich das zur Zeit machen läßt, wirklich herstellte. Ich habe im April das M[anu]skr[ipt] einer solchen Ausgabe für das erste Fünftel des Psalters fertiggestellt, kann also hoffen bis Oktober den ganzen Psalter zu vollenden, der dann gleich gedruckt werden könnte. Ich habe auch mit unserer Septuaginta-Kommission darüber verhandelt, und diese ist damit einverstanden, daß ich die Bearbeitung der größeren Ausgabe vorläufig einstelle und zuerst eine kleine Ausgabe mache.[751] Somit wäre die Sache in Ordnung. Nun kommt aber der Punkt, der für meine endgültige Entscheidung ausschlaggebend ist. Ich werde eine solche kleine Ausgabe nur dann machen, wenn es möglich sein wird [...] die ganze Septuaginta gebunden für 6 M[ark] zu verkaufen [...]. Denn nur dann ist auf eine Verbreitung dieser Handausgabe, wie ich sie wünsche, zu rechnen. [...] Meiner Meinung nach sollten wir zwar den Psalter im Herbst sofort drucken und separat edieren, dann aber keine weiteren Einzelausgaben veranstalten, sondern nur den ganzen 2. Band (poet[ische] u[nd] proph[etische] Bücher), den ich zuerst bearbeiten würde, edieren und dann den ganzen 1. Band, später aber nur die Septuag[inta] als Ganzes verkaufen."[752]

Keine zwei Wochen später musste er von diesem Vorschlag jedoch wieder vollständig Abstand nehmen und schrieb nach Stuttgart:

„Mit der griechischen kleinen Septuag[inta]-Ausgabe ist es mir jetzt eigen gegangen. Der Plan ist – ganz gegen mein eigenes Erwarten – erledigt. Als ich mir nämlich in diesen Tagen meine Ausarbeitung des Psalters einmal objektiv ansah und mich fragte, was die größere Ausgabe, wenn ich sie jetzt machte, mehr enthalten würde, entdeckte ich zu meiner eigenen Überraschung, dass der Unterschied so minimal war, dass sich eine Unterscheidung einer kleineren und größeren Ausgabe nicht rechtfertigen ließ. Daher habe ich jetzt im Einverständnis mit meinem Freunde Geh. Rat Bertholet, mit dem ich die Sache gestern abend besprochen habe, beschlossen, das Wenige, was an der größeren Ausgabe noch fehlt, zu meiner Ausarbeitung hinzuzufügen und die Fortsetzung gleich im Hinblick auf die größere Ausgabe auszuarbeiten. Ich hoffe auch so, wenn es auch etwas länger dauern wird, das M[anu]skr[ipt] noch im Laufe dieses Jahres zu vollenden, so dass der Psalter der Genesis im nächsten Jahre wird folgen können. Weiterhin gedenke ich, Exodus und die folgenden

---

751 Vgl. dazu das Protokollbuch der engeren Septuaginta-Kommission (Archiv des Septuaginta-Unternehmens der Akademie der Wissenschaften zu Göttingen [Eintrag vom 19. Mai 1925], 131): „Herr Rahlfs berichtet über den Plan einer von ihm zu bearbeitenden kleinen Handausgabe der LXX und Beschränkung auf die wichtigsten Varianten und legt eine Probe einer derartigen Psalmenbearbeitung vor. Die Württbg. Bibelgesellschaft wünscht diese Ausgabe zu veröffentlichen; es soll ihr im Interesse der Verbilligung des Kaufpreises ein Zuschuß seitens des Unternehmens in Aussicht gestellt werden. Der vorgelegte Plan findet allseitige lebhafte Zustimmung."
752 Schreiben von Rahlfs an Diehl vom 2. Juli 1925 (Deutsche Bibelgesellschaft Stuttgart, Briefkonvolut Septuaginta [Korrespondenz 1909–1938], Bl. 68).

Bücher zunächst zurückzustellen und vorher die übrigen poetischen Bücher und die Propheten, an deren Erscheinen ja auch Ihnen vor allem liegt, zu bearbeiten."[753]

Diesen sachlichen Argumenten hatte die Bibelanstalt nichts entgegenzusetzen, und so machte sich Rahlfs an die weitere Ausarbeitung des Psaltermanuskriptes.

Die Dinge änderten sich gut drei Jahre später, als der Absatz der GENESIS im September 1928, nachdem knapp 1.200 Exemplare verkauft worden waren, trotz des günstigen Verkaufspreises ins Stocken geraten war.[754] Den Grund hierfür sah Rahlfs vor allem in der Konkurrenz der ‚Cambridger' Edition und machte den Stuttgartern deshalb Hoffnung auf besseren Umsatz beim Psalter, da dieser ja noch nirgendwo sonst in großer Ausgabe erschienen sei. Der Direktor der Bibelanstalt, Emil Diehl, erblickte für das Festhalten des Verlags an der Edition allerdings nur noch eine Chance im schnelleren Erscheinen der *gesamten* Septuaginta-Ausgabe. Dieses Ansinnen beschied Rahlfs jedoch negativ: Bis zur Vollendung würden kaum weniger als 18 Jahre vergehen – „günstigenfalls".[755] Nicht ohne Grund war daher die Skepsis einer verlegerischen Fortführung in Stuttgart groß: Die Bibelanstalt habe 1918 die Verpflichtung zur Herausgabe einer *Handausgabe* übernommen und sei der Göttinger Gesellschaft der Wissenschaften schon mit der – gegenüber dem Büchlein Ruth erweiterten – Genesis-Ausgabe von 1926 deutlich entgegengekommen. Der ursprünglich ja auch vertraglich so festgelegte Plan einer vollständigen Handausgabe der Septuaginta sei daher unbedingt zu erfüllen.[756]

Obgleich Rahlfs den Standpunkt Stuttgarts durchaus nachvollziehen konnte, erschien ihm eine Rückkehr zu den alten Plänen schwierig:

„Als Sie vor 10 Jahren mich zur Übernahme einer Sept[uaginta]-Ausgabe anregten, lag die Sache ganz anders als jetzt. Damals dachten Sie an eine kürzere Handausgabe, und auch ich hatte mich mit diesem Plane befreundet. Aber mit der Zeit ist daraus ganz von selbst

---

753 Schreiben von Rahlfs an Diehl vom 11. Juli 1925 (Deutsche Bibelgesellschaft Stuttgart, Briefkonvolut Septuaginta [Korrespondenz 1909–1938], Bl. 66).

754 Vgl. Deutsche Bibelgesellschaft Stuttgart, Briefkonvolut Septuaginta (Korrespondenz 1909–1938), Bl. 32–33 (Schreiben von Rahlfs an Diehl vom 31. Oktober 1928; Rahlfs macht darin den Vorschlag, die Bände nun doch teurer zu verkaufen, da der günstigere Preis schließlich auch nicht genug Käufer gebracht habe). Eine knappe Zusammenfassung der Ereignisse findet sich in PSALMI CUM ODIS (1931), 4, sowie HANDAUSGABE 1 (1935), IV.

755 Vgl. das Schreiben von Rahlfs an Diehl vom 21. November 1928 (Deutsche Bibelgesellschaft Stuttgart, Briefkonvolut Septuaginta [Korrespondenz 1909–1938], Bl. 30).

756 Vgl. die vom Vorstand der Bibelanstalt, Prälat Gustav Groß, am 14. Dezember 1928 vorgenommene, den Stand der Dinge zusammenfassende Aktennotiz über die Frage des Vorgehens hinsichtlich der ‚Göttinger' Septuaginta-Handausgabe (Deutsche Bibelgesellschaft Stuttgart, Briefkonvolut Septuaginta [Korrespondenz 1909–1938], Bl. 29).

doch wieder eine große Ausgabe geworden, ähnlich, wie sie vor 20 Jahren bei Beginn unsers Unternehmens geplant war. Und dadurch, dass die Arbeit jetzt wieder wie vor dem Kriege von den Ländern unterstützt wird, bin ich auch moralisch verpflichtet, sie so gründlich wie irgend möglich zu machen."[757]

Eine kleine Handausgabe im Sinne einer *editio critica minor* vor Vollendung der großen herzustellen, sei „vollkommen zwecklos" und könne von ihm, Rahlfs, nicht übernommen werden – „und wenn ein anderer sie machen wollte, so würde das vor Abschluß meiner grundlegenden Arbeit ein totgeborenes Kind sein".[758] Dem sich geradezu aufdrängenden Gedanken einer Auflösung des zwischen der Bibelanstalt und der Göttinger Gesellschaft der Wissenschaften bestehenden Vertrags stand jedoch zweierlei entgegen: zum einen wäre so ein der Bibelanstalt durch die Herausgabe des Buches Genesis entstandener Verlust in Höhe von rund 6.000,- Reichsmark nicht nivelliert worden,[759] zum andern wollte man in Stuttgart den nunmehr seit fast dreißig Jahren bestehenden Plan einer günstig anzubietenden Septuaginta-Ausgabe auch nicht einfach fallen lassen.

Daher setzten sich Vertreter von Göttinger Gesellschaft und Bibelanstalt Mitte Januar 1929 zu Verhandlungen zusammen und kamen zu folgendem Ergebnis: Da das Septuaginta-Unternehmen aufgrund der verbesserten Forschungs- und Finanzlage seinen ursprünglichen Plan einer *editio critica maior* der Septuaginta wieder aufzunehmen hatte, die Göttinger Gesellschaft der Wissenschaften daher nicht mehr in der Lage war, ihren Teil des im Jahre 1918 unterzeichneten Kontrakts zu erfüllen (wollte sie nicht das gesamte Göttinger Projekt gefährden), bestand die Bibelanstalt nun zwar nicht auf die unbedingte Erfüllung jenes Vertrags, bot sogar dessen Auflösung an, allerdings nur dann, wenn Rahlfs sich dazu bereit erklären würde (gegen Bezahlung einer Summe von 7.500,- Reichsmark für die 1. Auflage und einer zehnprozentigen Beteiligung am Verkaufserlös aller wei-

---

757 Deutsche Bibelgesellschaft Stuttgart, Briefkonvolut Septuaginta (Korrespondenz 1909–1938), Bl. 31 (Abschnitt eines Schreibens von Rahlfs an Diehl, dessen erster Teil – und damit das konkrete Datum – fehlt; aufgrund der Stuttgarter Aktenordnung vermutlich Anfang/Mitte November 1928 entstanden).
758 So Rahlfs in seinem Schreiben an Diehl vom 21. November 1928 (Deutsche Bibelgesellschaft Stuttgart, Briefkonvolut Septuaginta [Korrespondenz 1909–1938], Bl. 30). Bereits diese Stellungnahme belegt, dass Rahlfs an der angeblichen Erfüllung seines „Lebenstraum[s], die ganze LXX ediert zu sehen" offenbar nicht viel gelegen war (gegen FRAENKEL et al., Geleitwort [1990], 10–11). In etwas pathetischer Stilisierung formuliert HANHART, Die Editio altera (2008), 6: „Man wird aber, was die Arbeit dieses unermüdlichen Forschers [sc. *Rahlfs*] anbelangt, berücksichtigen müssen, dass er, um sein Lebenswerk in dieser Edition vollenden zu können, sich eine ihn selbst schmerzende Beschränkung auferlegen musste [...]."
759 Vgl. dazu KOMMISSION, Bericht (1928), 30–31.

teren, gegebenenfalls überarbeiteten Auflagen), als Pendant zu dem von Erwin Nestle bearbeiteten *Novum Testamentum Graece* eine kritische Handausgabe der Septuaginta herzustellen, in deren textkritischen Apparat „nur die Varianten der ältesten Handschriften (besonders BSA) aufzunehmen" seien.[760] Der entsprechende, die Göttinger Gesellschaft der Wissenschaften aus der Pflicht nehmende Vertrag wurde schließlich am 8. und 15. Juni 1929 von Vorstand sowie Direktor der Bibelanstalt und Rahlfs unterzeichnet,[761] „die Handausgabe und die große Ausgabe, welche eine Zeitlang kombiniert gewesen waren, [...] also nun wieder getrennt [...]."[762] Die zähe Suche nach einem neuen Verleger für die große Edition fand schließlich nach langen Verhandlungen ihren Abschluss in dem am 10. Februar 1930 geschlossenen Verlagsvertrag zwischen der Gesellschaft der Wissenschaften zu Göttingen und dem ebenfalls dort ansässigen Verlag von Vandenhoeck & Ruprecht.[763]

Kurz nach Abschluss des Verlags-Vertrages hatte die Bibelanstalt Rahlfs – wie schon 1922[764] – um Erwägung der Möglichkeit gebeten, die von ihm nun vorzubereitende Septuaginta-Ausgabe für einen Paralleldruck mit dem von Paul Kahle aufgrund der ältesten masoretischen Handschriften völlig überarbeiteten Text der BHK einzurichten.[765] Anders als 1922 fiel Rahlfs' Reaktion dieses Mal jedoch positiv aus: „[...] bin zu einem Resultat gekommen, das Sie vielleicht überraschen wird. Als ich früher den Paralleldruck ablehnte, war das Format von Kittels Biblia Hebraica kleiner als jetzt, und die Septuaginta-Ausgabe war die einzige ihres Zeichens und sollte eine wissenschaftliche Ausgabe sein. Jetzt aber ist das Format des neuen Kittel größer, und die Sept[*uaginta*]-Ausgabe soll lediglich praktischen Zwecken dienen. Unter diesen veränderten Umständen scheint mir ein Paralleldruck möglich [...]. In diesem Falle müssen wir aber den ganzen bisherigen Plan ändern, wogegen ich nichts haben würde. Ich würde dann folgendes vorschlagen: 1) Die Sept[*uaginta*] erscheint nicht als Ganzes in zwei Bänden, sondern ebenso

---

760 Aus § 3 des am 8./15. Juni 1929 zwischen Rahlfs und der Bibelanstalt geschlossenen Verlags-Vertrags (Landeskirchliches Archiv Stuttgart, Bestand „Historische Verträge").

761 Das Exemplar der Bibelanstalt befindet sich im Landeskirchlichen Archiv Stuttgart, Bestand „Historische Verträge". Der zwölfte Paragraph lautet: „Mit Abschluss dieses Vertrags wird der frühere Vertrag mit der Gesellschaft der Wissenschaften vom 11./15. Juni 1918 aufgehoben."

762 HANDAUSGABE 1 (1935), IV.

763 Vgl. KOMMISSION, Bericht (1929), 25–26, außerdem die entsprechenden Akten im Verlagsarchiv von Vandenhoeck & Ruprecht (Staatsbibliothek zu Berlin – Preußischer Kulturbesitz, Nachlass 494 [Archiv Vandenhoeck & Ruprecht], G 1929, Nr. 161, Bl. 547–563, und G 1930, Nr. 165, Bl. 442–462) sowie die Protokolle der engeren Septuaginta-Kommission vom 24. Oktober und 17. November 1929 (Archiv des Septuaginta-Unternehmens der Akademie der Wissenschaften zu Göttingen), und abschließend KOMMISSION, Bericht (1930), 34.

764 Vgl. dazu oben, S. 180–181.

765 Vgl. Rahlfs' Beschreibung des Ganzen bei einem Treffen im Verlag von Vandenhoeck & Ruprecht am 3. Januar 1930 (Staatsbibliothek zu Berlin – Preußischer Kulturbesitz, Nachlass 494 [Archiv Vandenhoeck & Ruprecht], G 1930, Nr. 165, Bl. 456).

wie die hebräische Bibel zunächst nur in 15 Heften, und zwar nicht für sich allein, sondern nur in hebräisch-griechischen Heften [...]. 2) Auf eine Ausgabe der Septuaginta für sich allein muss die Bibelanstalt dann verzichten. Denn wenn man so die hebr[äisch]-griech[ische] Bibel herausgibt, muss in der Sept[uaginta], die in der Ordnung öfters vom Hebr[äischen] abweicht, mehreres umgestellt werden; auch muss sich die Sept[uaginta] in der Verteilung des Textes auf die Seiten nach der hebr[äischen] Bibel richten. Das alles kann man verantworten, wenn man eine hebr[äisch]-griech[ische] Bibel herausgibt, aber nicht, wenn man die Sept[uaginta] für sich nimmt. Auch wird, denke ich, das Bedürfnis der Studenten, Pfarrer etc. durch eine solche Doppelausgabe völlig gedeckt werden. Eine bloße Sept[uaginta] Ausgabe wird daneben nicht verlangt werden. 3) Die Apokryphen fallen bei einer solchen Doppelausgabe natürlich aus. Will man sie doch haben, so müsste man sie nach Vollendung der hebr[äisch]-griech[ischen] Bibel in einem besonderen Bande zusammenfassen. Aber das ist eine Sache für sich und hat m.E. keine Eile [...]."[766]

Rahlfs' Vorschlag, auf die Handausgabe als Ganze zu verzichten und sich stattdessen „auf die Paralleltexte zur Kittel/Kahle'schen hebr[äischen] Bibel zu beschränken", wurde diesmal allerdings vonseiten der Bibelanstalt abgelehnt, und man einigte sich zuletzt (wie schon 1922) darauf, die nun herzustellende vollständige und selbstständig erscheinende Handausgabe der Septuaginta aus praktischen Gründen nicht im Format des Nestle'schen *Novum Testamentum Graece*, sondern der neuen Auflage der *Biblia Hebraica* drucken zu lassen.

Diese ‚letzte' der von Rahlfs edierten ‚Handausgaben' war von ihrem Verfasser somit von vornherein lediglich als vorläufige *editio critica minor* der „Göttinger Septuaginta" i.S. einer Art ‚Interims-Ausgabe'[767] verstanden und konzipiert worden – ähnlich dem schon 1908 entworfenen Plan einer ‚provisorischen Handausgabe':[768] „Es [ging] um eine editio minor, die nicht als Ertrag und Auszug

---

766 Schreiben von Rahlfs an Diehl vom 21. Dezember 1929 (Landeskirchliches Archiv Stuttgart, Bestand „Historische Verträge").

767 Vgl. PLACHTA, Editionswissenschaft (³2013), 17.

768 In dieser Hinsicht bezeichnete Peter Katz die ‚Handausgabe von 1935' daher auch zu Recht als „an intermediary between a critical edition, based upon the research done by the Göttingen *Septuaginta-Unternehmen*, and a 'German Swete'" (WALTERS [Katz], Text of the Septuagint [1973], 11; vgl. KATZ, Septuagintal studies [1956], 190), verstand doch auch Swete seine Ausgabe als Vorläuferin der „Cambridger Septuaginta". Anders als bei Rahlfs bildete diese große Ausgabe allerdings den Schlusspunkt des Projektes, wohingegen am Ende der „Göttinger Septuaginta" eine auf den Ergebnissen der *editio maior* beruhende *editio minor* stehen wird. Auf die grundsätzliche Vergleichbarkeit seiner Ausgabe mit der Swetes wies Rahlfs am 1. Juli 1931 selbst hin: „Als die englischen Gelehrten in Cambridge eine Neuausgabe der Septuaginta beschlossen hatten, veranstalteten sie zuerst eine kleine Ausgabe [...] und bauten darauf erst ihre große Ausgabe auf [...]. Eine gewisse Parallele dazu ist es, wenn ich jetzt vor unserer großen Ausgabe gleichfalls eine Handausgabe veröffentliche. Auch diese wird die Bearbeitung unserer großen Ausgabe vorbereiten und erleichtern" (Archiv der Berlin-Brandenburgischen Akademie der Wissenschaften, PAW [1812-1945], II-VIII-228, 103). Vgl. zu den weiteren Umständen des Erscheinens der ‚Handausgabe von 1935' den folgenden Exkurs, ab S. 283.

aus dem vollendeten Gesamtwerk der editio maior gewonnen werden konnte [...], sondern um eine Edition [als Rekonstruktion der ältesten Textform[769]], die auf der damals erreichten Kenntnis von Entstehung und Geschichte der Septuaginta und auf der Beiziehung der wichtigsten sie bezeugenden Überlieferung beruhte."[770]

Noch vor ihrem Erscheinen stand Rahlfs' vorläufige *editio critica minor* im Zentrum scharfer Kritik, und zwar vor allem vonseiten des dem Septuaginta-Unternehmen nahestehenden Hans Lietzmann[771] im Verein mit Eduard Schwartz[772]:

> Die Frage nach dem Verhältnis der als Rahlfs'sche ,Privatarbeit' verstandenen *editio critica minor* zur großen „Göttinger Septuaginta" und die sich hieraus ableitenden Konsequenzen für den Fortbestand des Septuaginta-Unternehmens schienen Lietzmann und Schwartz bereits eine ganze Weile beschäftigt zu haben,[773] bevor es auf der Kartellsitzung am 5. Juni 1931 zur Debatte hierüber kam und der von Schwartz beantragte Beschluss gefasst wurde, der Göttinger Gesellschaft der Wissenschaften gegenüber als Kartell den Wunsch zu verdeutlichen, „dass der Text der Septuaginta, der mit dem auf Kosten des Kartells gesammelten Material hergestellt ist, nur der großen von der Göttinger Gesellschaft der Wissenschaften herausgegebenen Ausgabe zugute kommt".[774]

---

769 HANHART, Rechenschaftsbericht (2005), 451.

770 HANHART, Rechenschaftsbericht (2005), 451. Vgl. auch DERS., Die Editio altera (2008), 6, sowie die ersten Sätze von KATZ, Rez. Handausgabe (1936), 265: „Als vor Jahresfrist die Stuttgarter Septuaginta erschien, hat sie kein Wissender ohne tiefe Bewegung aufgeschlagen. Was er in den Händen hielt, war, trotz Grabe, die erste editio der LXX [...]." Und zum vorläufigen Charakter schreibt Katz a.a.O., 268: „Der Mann [sc. *Rahlfs; CS*], der sich zu philologischer Beobachtung und Einzelarbeit hingezogen fühlte wie wenige [...], wußte: jetzt muß erst einmal das Grobe geschafft werden, und er hat es geschafft."

771 Hans Lietzmann (1875–1942), 1905 außerordentlicher Professor für Kirchengeschichte in Jena, 1923 als Nachfolger Adolf von Harnacks ordentlicher Professor für Kirchengeschichte, Neues Testament und Christliche Archäologie in Berlin. Zu Beginn des Septuaginta-Unternehmens, aber auch in seinem weiteren Verlauf hatte Rahlfs Lietzmann insbesondere um seine Meinung und Mithilfe hinsichtlich der Bearbeitung der Catenen-Handschriften gebeten. Vgl. zu Lietzmanns Biographie ALAND, Glanz und Niedergang (1979), 1–155 (Einleitung), sowie ANDRESEN, Lietzmann (1985).

772 Vgl. zu Schwartz oben, S. 80, Anm. 351.

773 Vgl. z.B. das Schreiben Lietzmanns an den Vorsitzenden der Septuaginta-Kommission, Walter Bauer, vom 9. April 1931, in dem es heißt: „[...] Es liegt mir daran, der Göttinger Gesellschaft gegenüber nicht nur vollkommen loyal zu sein, sondern auch nach meinen Kräften das LXX-Unternehmen zu fördern, wenn und soweit das möglich ist. [...] Bei all diesen Erwägungen liegt wie ein verhängnisvoller Felsblock über dem Unternehmen die Editio minor, mit der Rahlfs den buchhändlerischen Erfolg der großen Ausgabe bedroht. Und das kann sich eines Tages der ganzen Sache tödlich erweisen. Aber wir werden ja sehen" (ALAND, Glanz und Niedergang [1979], 652–653). Vgl. zu Schwartz' Bedenken unten, S. 283, Anm. 787.

774 Archiv der Berlin-Brandenburgischen Akademie der Wissenschaften, PAW (1812–1945), II-VIII-228, 101 (Auszug aus dem Protokoll der Kartellsitzung vom 5. Juni 1931).

Da das Kartell – wie schon seit den frühesten Jahren des Septuaginta-Unternehmens – an dessen Finanzierung beteiligt gewesen war, hatten seine Beschlüsse für Göttingen im Grunde rechtlich bindenden Charakter. Daher sollte die Ausführung dieses Beschlusses hinsichtlich der Handausgabe anhand eines von Rahlfs für die kartellierten Akademien verfassten Berichtes geprüft werden. Hierin erklärte Rahlfs, die Handausgabe biete einen „vorläufig hergestellten Text, an den die Bearbeiter der großen Ausgabe des Septuaginta-Unternehmens in keiner Weise gebunden sind. Meine Anmerkungen notieren vollständig nur die drei großen alten Handschriften BSA, und zwar auf Grund der Ausgaben von Swete und Tischendorf-Nestle, wozu im Notfall die im Druck erschienenen photographischen Ausgaben jener Handschriften herangezogen werden. Doch suche ich mir auch einen Überblick über die sonstige Überlieferung zu verschaffen und nenne manchmal auch andere Handschriften, ja nehme ihre Lesarten unter Umständen in meinen Text auf, ohne irgendwelche Vollständigkeit zu erstreben. [...] Soweit ich andere Handschriften heranziehe, betrachte ich es als selbstverständliche Pflicht des Herausgebers, die Angaben der alten großen Septuaginta-Ausgabe von Holmes und Parsons [...] an dem Material des Septuaginta-Unternehmens zu kontrollieren, wie ich auch anderen Gelehrten daraus Mitteilungen gemacht habe und jederzeit machen würde. Die große Ausgabe wird – abgesehen davon, daß sie das Material des Septuaginta-Unternehmens voll auswertet – schon deshalb von meiner Handausgabe abweichen, weil die Bearbeitung großer Teile nicht von mir, sondern von meinen selbständigen Mitarbeitern vorgenommen wird."[775]

In dieser Darstellung der Sachlage erkannte Lietzmann – unabhängig von der Frage des verwendeten Materials – ein viel schwerer wiegendes Problem: „Sie haben aus Göttingen den Bericht von Rahlfs über die kleine Ausgabe der LXX erhalten," schrieb er am 11. Juli 1931 an Schwartz und fuhr fort: „Daraus ergiebt sich, daß es eine wirkliche Recensio wird, und eben das ist es doch, was wir in der Kartellsitzung der Akademien bekämpft haben. Ob der Text schließlich identisch ist mit dem definitiven Text der großen Ausgabe, ist ziemlich belanglos. Was der Göttinger LXX auch jetzt noch den Markt verschaffen kann, ist die Tatsache, daß sie den einzigen rezensierten Text bietet. Diesen Vorzug nimmt die kleine Ausgabe ihr weg und schöpft für sich den Rahm ab. Und tatsächlich verwendet Rahlfs doch seine mit den Mitteln der Gesellschaft erworbenen Kenntnisse für diese Ausgabe, was ihm der Beschluß der Versammlung verbot. Ich verstehe nicht, wie die Göttinger LXX-Kommission diesen Bericht hat billigen können. Der Hinweis auf die kleine Ausgabe von Swete zieht nicht, denn das ist eben weder in der kleinen noch in der großen Ausgabe eine Recensi! Dr. Kappler rief mich eben an – er fährt morgen nach Göttingen – und ist sehr unglücklich über diese Haltung von Rahlfs: er betrachtet auch diese kleine Ausgabe als tödlich für jeden Erfolg des großen Unternehmens und will versuchen, sie noch in letzter Stunde zu verhindern, d.h. als recension! Als Abdruck eines Einzeltextes, z.B. B, wie bei Swete, steht nichts im Wege: aber es muß eben ein mechanisch hergestellter Text sein. Ich [...] wäre Ihnen dankbar, wenn Sie mir umgehend Ihre Meinung zukommen ließen. Wenn Sie mit mir übereinstimmen, was ich vermute, könnte man noch rechtzeitig warnen und Kappler unterstützen: d.h. der Sache den besten Dienst leisten."[776]

---

775 Archiv der Berlin-Brandenburgischen Akademie der Wissenschaften, PAW (1812–1945), II-VIII-228, 103 (Rahlfs' Bericht über seine Handausgabe der Septuaginta, unterzeichnet am 1. Juli 1931).

776 Archiv der Berlin-Brandenburgischen Akademie der Wissenschaften, PAW (1812–1945), II-VIII-228, 105 (Abschrift eines Schreibens von Lietzmann an Schwartz vom 11. Juli 1931).

Schwartz pflichtete Lietzmann darin bei, dass es hier nicht mehr um die Frage des von Rahlfs zu Unrecht herangezogenen Materials, sondern um die prinzipielle Tatsache gehe, dass mit dieser Handausgabe zum ersten Mal ein kritisch rekonstruierter Text der gesamten Septuaginta vorliege – und das zu einem Preis, der einen hohen Absatz des (sicherlich vor Abschluss der großen Edition erscheinenden) Werkes erwarten lassen musste.[777]

Die einzige Möglichkeit für die Anfechtung einer solchen – nach Meinung der beiden Gelehrten in dieser Form nun unbedingt zu verhindernden – Veröffentlichung bestand jedoch nur hinsichtlich eines zu prüfenden Tatbestands des Rechtsbruchs entweder von Rahlfs gegenüber der Göttinger Gesellschaft oder – sofern diese das Vorgehen zu verantworten hatte – von der Gesellschaft gegenüber dem Kartell der Akademien. Die Berliner Akademie setzte daher ein Schreiben an die Göttinger Gesellschaft auf und bat um Aufklärung der Angelegenheit.[778] Anfang November ließ die Gesellschaft ihre Berliner Schwesterakademie wissen, dass sie dem Kartell gegenüber einwandfrei gehandelt habe: Die Zustimmung zu Rahlfs' „kleiner Schulausgabe"[779] sei bereits „vor längerer Zeit unter Gestattung der Hinzuziehung einigen Materials aus den Sammlungen der Septuaginta erteilt worden [...], um der Stuttgarter Bibelgesellschaft für ihre Bereitwilligkeit in schwierigen Zeiten die Erkenntlichkeit zu erweisen".[780] Davon abgesehen werde die kleine der großen Ausgabe rein buchhändlerisch wohl kaum Konkurrenz machen, sei bei ersterer doch mit einem Preis von 12,- bis 15,- Reichsmark zu rechnen, bei letzterer hingegen von rund 300,- Reichsmark.[781] Man könne Rahlfs zwar „nachträglich jede Benutzung des Materials [...] verbieten", doch würden die damit verbundenen „rechtliche[n] [...] und moralische[n] Schwierigkeiten" nahezu unlösbar sein.[782] Letztendlich stehe in diesem Falle doch „das Interesse der wissenschaftlichen Welt dem Interesse an den Sammlungen des Kartells, die ja keineswegs ganz ausgeschöpft werden, als überwiegend gegenüber".[783] Durch diese Darstellung der Sach-

---

777 Vgl. Archiv der Berlin-Brandenburgischen Akademie der Wissenschaften, PAW (1812–1945), II-VIII-228, 104 (Schreiben von Schwartz an die Berliner Akademie vom 13. Juli 1931).

778 Vgl. Archiv der Berlin-Brandenburgischen Akademie der Wissenschaften, PAW (1812–1945), II-VIII-228, 109, sowie a.a.O., II-V-170, 159–160 (beide Archivalien: Protokoll der Sitzung der philos.-hist. Klasse vom 23. Juli 1931), außerdem a.a.O., II-VIII-228, 108 (Schreiben der Berliner Akademie an die Göttinger Gesellschaft der Wissenschaften vom 10. August 1931).

779 Archiv der Berlin-Brandenburgischen Akademie der Wissenschaften, PAW (1812–1945), II-VIII-228, 112.115–116 (Abschrift eines Briefes vom 19. November 1931 [Bl. 112], in dem der Vorsitzende Sekretär der Berliner philos.-hist. Klasse, Ernst Heymann, an Hermann Thiersch [vgl. unten, S. 288, Anm. 811] nach Göttingen schreibt; außerdem [Bl. 115–116] Schreiben von Heymann an Schwartz vom 17. Dezember 1931).

780 Archiv der Berlin-Brandenburgischen Akademie der Wissenschaften, PAW (1812–1945), II-VIII-228, 112. Vgl. auch a.a.O., II-VIII-228, 111.115–116, sowie a.a.O., II-V-170, 163–166 (Protokoll der Sitzung der philos.-hist. Klasse vom 5. November 1931 [auch a.a.O., II-VIII-228, 111]).

781 Vgl. die Angaben in der vorangehenden Anmerkung.

782 Archiv der Berlin-Brandenburgischen Akademie der Wissenschaften, PAW (1812–1945), II-VIII-228, 115–116.

783 Archiv der Berlin-Brandenburgischen Akademie der Wissenschaften, PAW (1812–1945), II-VIII-228, 112.

lage befriedigt, konnte nun nicht nur die Berliner Akademie Schwartz und Lietzmann ‚beruhigen', sondern „die Sache auch im Schoße des Kartells [...] als erledigt betrachtet werden".[784]

Die Angelegenheit fand darin ihren Abschluss, nachdem sich die Göttinger Gesellschaft der Wissenschaften, keinesfalls ohne Eigennutz,[785] vor Rahlfs gestellt hatte. Dass Lietzmann und Schwartz mit ihrem Vorgehen jedoch (wie die Wirkungsgeschichte der ‚Handausgabe von 1935' zeigt, mit durchaus ernstzunehmenden Befürchtungen)[786] nicht nur die im Entstehen begriffene *editio critica minor*, sondern die von Rahlfs verantwortete Führung des Septuaginta-Unternehmens kritisiert hatten, geht aus einem abschließenden Schreiben von Schwartz hervor, lässt sich aber – etwa aus anderen Archivalien – nicht genauer verifizieren.[787]

3.1.3 Exkurs: „Damit hat eine Angelegenheit ihr Ende gefunden, die [...] im Verlagswesen überhaupt und in der Geschichte der Württ. Bibelanstalt einzig dasteht." – Die ‚Causa Rahlfs'

Noch vor ihrem Erscheinen war es Anfang des Jahres 1934 in Göttingen im Zusammenhang der Rahlfs'schen HANDAUSGABE zu einem Konflikt größeren Ausmaßes gekommen:

Anlass dieser ‚Causa Rahlfs' war eine (zufällige?) Einsichtnahme in Rahlfs' Manuskript des ersten Makkabäerbuches[788] durch den ‚Göttinger' Herausgeber dieses Buches, den zweiten Leiter des Septuaginta-Unternehmens, Werner

---

784 Archiv der Berlin-Brandenburgischen Akademie der Wissenschaften, PAW (1812–1945), II-VIII-228, 116 (Schreiben von Heymann an Schwartz vom 17. Dezember 1931).

785 Den Verantwortlichen in Göttingen war natürlich vollkommen bewusst, dass es sich bei der Herstellung der Handausgabe kaum um eine von Rahlfs initiierte Privatangelegenheit handelte, sondern die Gesellschaft resp. die Septuaginta-Kommission selbst wohl den größten Nutzen davon hatte, indem sie auf diese Weise aus dem Verlags-Vertrag von 1918 entlassen worden war (vgl. dazu oben, S. 177–182).

786 Vgl. dazu unten, S. 321.

787 In diesem, am 18. Dezember 1931 von Schwartz an Heymann adressierten Schreiben heißt es: „Freilich betrafen die Bedenken, die ich in der Kartellsitzung [...] über die Leitung des LXX-Unternehmens vorbrachte nicht nur die Konkurrenz die die Handausgabe der großen Ausgabe macht, aber ich muß mich damit begnügen diesen Bedenken in Gegenwart der Göttinger Vertreter Ausdruck gegeben zu haben. Denn sie sind nicht der Art dass sie dem Kartell zum Einschreiten Anstoß geben könnten; es muß der Göttinger Akademie überlassen werden hier nach dem Rechten zu sehen. Wir können nur hoffen dass der zum zweiten Leiter bestellte Dr. Kappler das verfahrene Unternehmen allmählich ins Lot bringt" (Archiv der Berlin-Brandenburgischen Akademie der Wissenschaften, PAW [1812–1945], II-VIII-228, 118).

788 Vgl. das Protokoll über den Besuch von Hermann Thiersch, dem Sekretär der Göttinger Gesellschaft der Wissenschaften, und Werner Kappler bei Vandenhoeck & Ruprecht am 19. März 1934 (Staatsbibliothek zu Berlin – Preußischer Kulturbesitz, Nachlass 494 [Archiv Vandenhoeck & Ruprecht], G 1934, Nr. 182, Bl. 939).

Kappler.[789] Dabei war Kappler Anfang Februar 1934 aufgefallen, dass Rahlfs

---

789 Werner Kappler (1902–1944), seit dem Sommersemester 1922 Studium in Göttingen, Heidelberg, Berlin und wieder Göttingen. Hierüber berichtet Kappler selbst: „In Göttingen besuchte ich hauptsächlich Vorlesungen und Übungen der klass. Philologen Baehrens, Pohlenz und Reitzenstein, der Historiker Brandi und Kahrstedt, des Sprachwissenschaftlers Hermann, des Archäologen Thiersch, der Theologen Bauer, Bertholet, Hirsch und Rahlfs, der Philosophen Ach, Geiger, Misch und Nohl. In Heidelberg besuchte ich Vorlesungen und Übungen der klass. Philologen Boll und Meister, der Semitisten Bergsträßer und Götze, des Theologen Baer und des Philosophen Jaspers. In Berlin endlich nahm ich teil an Vorlesungen und Übungen der Philologen Jaeger, Maas, Norden, Strecker, Wilamowitz, des Sprachwissenschaftlers Wilh. Schulze und der Theologen Lietzmann, Greßmann und v. Harnack" (Bundesarchiv R4901 / 23383 [1936 verfasster Lebenslauf]).
In einem von Pohlenz am 4. November 1922 verfassten Gutachten zwecks Beantragung eines Stipendiums für Kappler heißt es: „[...] Schon auf dem Gymnasium hatte er ein ganz ungewöhnliches Interesse für die alten Sprachen gezeigt, einen beträchtlichen Teil der nicht zur Schullektüre gehörenden Schriftsteller privatim gelesen und moderne philologische Werke mit Verständnis durchgearbeitet. Die dadurch erweckten Erwartungen hat er in seinem ersten Semester voll erfüllt und namentlich im philologischen Proseminar sich so gut bewährt, daß wir ihm ganz gegen unsre Gewohnheit schon jetzt die Teilnahme an den Übungen des Oberseminars gestattet haben. Herr Kappler hat ein für seine Jugend erstaunlich gutes Verhältnis zur antiken Sprache und Litteratur, denkt sehr selbständig und sieht schon jetzt selber die Probleme. Er ist ein Mensch von außerordentlicher philologischer Begabung, von dem wir bei seiner Energie und seiner Arbeitsfreudigkeit ganz Vorzügliches erwarten dürfen [...]" (SUB Göttingen, Cod. Ms. Schröder 1237:76).
Im Jahre 1928 wurde Kappler mit einer Untersuchung *De memoria alterius libri Maccabaeorum* (erschienen in Göttingen 1929) zum Dr. phil. promoviert, im Juni 1929 legte er die Prüfung für das Lehramt an höheren Schulen in den Hauptfächern Griechisch, Latein und evangelische Religionslehre ab. Über die anschließende Zeit berichtet er selbst: „Zum 1. V. 1930 wurde ich von Prof. Lietzmann nach Berlin gerufen und organisierte dort die Ausgabe der Werke des Athanasios bei der Kirchenväterkommission der Preußischen Akademie der Wissenschaften. In dieser Zeit erhielt ich die meisten wissenschaftlichen Anregungen in der Graeca bei Wilamowitz und in den Papyrusabenden bei Schubart. Zum 1. VIII. 1931 kehrte ich nach Göttingen zurück infolge der Ernennung zum zweiten Leiter des Septuaginta-Unternehmens der Göttinger Gesellschaft der Wissenschaften. Seit SS 1934 bin ich beauftragt worden, die beiden Lateinkurse für Realabiturienten und seit SS 1936 auch noch die Lateinkurse für Juristen an der Universität Göttingen abzuhalten. Am 17. V. 1934 wurde ich von der Göttinger Gesellschaft der Wissenschaften zum Leiter des Septuaginta-Unternehmens ernannt und als Mitglied in die Septuaginta-Kommission der Gesellschaft der Wissenschaften aufgenommen" (Bundesarchiv R4901 / 23383 [1936 verfasster Lebenslauf]).
Im Juli 1936 erfolgte die Habilitation in hellenistischer Philologie an der Philosophischen Fakultät der Georg-August-Universität Göttingen mit der Ausgabe des ersten Makkabäerbuches (Band IV,1 der „Göttinger Septuaginta"), 1937 erhielt Kappler einen Lehrauftrag für hellenistische Literatur und 1938 verlieh ihm der Reichsminister für Wissenschaft, Erziehung und Volksbildung die Dozentur für das gesamte Gebiet der klassischen Philologie. 1939 wurde er – mittler-

entgegen § 3 des im Juni 1929 abgeschlossenen Vertrags, nämlich „nur die Varianten der ältesten Handschriften (besonders BSA) aufzunehmen",[790] deutlich mehr Material in seinem textkritischen Apparat notiert hatte, darunter die „wichtigen Handschriften Lucians und des Origenes".[791]

Auf ihrer Sitzung am 21. Februar 1934 verhandelten daher die Mitglieder der engeren Septuaginta-Kommission – Max Pohlenz, Kurt Latte, Walter Bauer, Kappler und Rahlfs – „über das Verhältnis der kleinen Ausgabe zu der großen des Unternehmens" und erhoben (mit Ausnahme von Rahlfs) „Einspruch gegen die zu reiche u[nd] den Abmachungen nicht entsprechende Gestaltung des Apparates der kl[einen] Ausgabe".[792]

Aufgrund von Kapplers Entdeckung wurde Rahlfs eines systematisch betriebenen, schweren Vertragsbruchs beschuldigt und zugleich für dessen mögliche Folgen verantwortlich gemacht: so war nämlich z.B. nicht auszuschließen, dass Vandenhoeck & Ruprecht[793] von ihrem Verlagsvertrag mit der Gesellschaft der Wissenschaften[794] (über die „Göttinger Septuaginta") zurücktreten würden, da der buchhändlerische Erfolg durch die Konkurrenz dieser erweiterten Form der Stuttgarter Handausgabe stark gefährdet sei. Die mit einem solchen Abspringen verbundenen Probleme hinsichtlich der Findung eines neuen Verlages wären – nach den Erfahrungen der Verlagssuche in den Jahren 1929/30[795] – für die Göttinger Gesellschaft nahezu unlösbar, zumindest aber mit größeren finanziellen

---

weile zum beamteten und somit festbezahlten Dozenten berufen – zum Kriegsdienst während des Polenfeldzugs eingezogen, im Dezember 1940 als Gefreiter wieder nach Göttingen entlassen. Am 24. September 1944 starb Kappler, nachdem er drei Jahre zuvor erneut zum Militär einberufen worden war, wohl bei einem Dienstunfall in der Nähe seiner Heimatstadt Düren (rund 35 km von Aachen entfernt gelegen) und hinterließ Frau und zwei Kinder. Vgl. WEGELER, Nationalsozialismus (1996), 236–237 mit Anm. 387, außerdem KAPPLER, De memoria (1929), 68 („Vita"), ZIEGLER, Ez. (³2006), 5 (Vorwort zur ersten Auflage [1952]), sowie den von Kappler zwecks Erlangung eines Stipendiums selbst verfassten „Lebenslauf" inkl. einer Offenlegung seiner Vermögensverhältnisse als Student in: SUB Göttingen, Cod. Ms. Schröder 1237:78. Zu Kappler existieren im Bundesarchiv außerdem folgende umfangreiche Aktenbestände: NSLB; REM; R4901 / 13267; R4901 / 23383.

790 Aus § 3 des am 8./15. Juni 1929 zwischen Rahlfs und der Bibelanstalt geschlossenen Verlags-Vertrags (Landeskirchliches Archiv Stuttgart, Bestand „Historische Verträge").

791 Staatsbibliothek zu Berlin – Preußischer Kulturbesitz, Nachlass 494 (Archiv Vandenhoeck & Ruprecht), G 1934, Nr. 182, Bl. 939.

792 Beide Zitate: Archiv des Septuaginta-Unternehmens der Akademie der Wissenschaften zu Göttingen, Protokollbuch der engeren Septuaginta-Kommission (Eintrag vom 21. Februar 1934), 147–148.

793 Nachfolgend mit ‚V&R' abgekürzt.

794 Im Folgenden mit ‚Gesellschaft' abgekürzt.

795 Vgl. dazu oben, S. 278.

Einbußen (Druckzuschüsse etc.) verbunden gewesen. Hierzu trat der alte, schon 1931 von Lietzmann und Schwartz erhobene Vorwurf, Rahlfs habe sich für eine Privatarbeit der von den kartellierten Akademien mitfinanzierten Handschriftenbestände des Septuaginta-Unternehmens reichlich und zu Unrecht bedient und daher „seine Stellung als Leiter des Septuaginta-Unternehmens allzu sehr zu seinem persönlichen pekuniären Vorteil ausgenützt".[796]

Die Konsequenzen aus diesem letzten Kritikpunkt trafen Rahlfs am schwersten. In seinem Protokoll der Ereignisse notierte der Direktor der Privilegierten Württembergischen Bibelanstalt, Emil Diehl, als Folge jener, Rahlfs unterstellten Eigennützigkeit: „Die G[esellschaft] d[er] W[issenschaften] besteht deshalb auch darauf, dass ihr Rahlfs für die Typen, die der G[esellschaft] d[er] W[issenschaften] und nicht Rahlfs gestiftet wurden und die er ja bekanntlich an uns weiter verschenkt hat, aufkommt, und sie hat ihm eine Verrechnung in Höhe von rd. Mk. 3500.- gemacht."[797] Bei den hier genannten „Typen" handelte es sich um die von Rahlfs bereits im Oktober 1922 angekündigten[798] und für den Druck der Stuttgarter Handausgabe[799] (als deren erster und letzter Band 1926 die Genesis erschienen war) besorgten,[800] von einem Fabrikanten

---

796 Landeskirchliches Archiv Stuttgart, Bestand „Historische Verträge" = Deutsche Bibelgesellschaft Stuttgart, Briefkonvolut Septuaginta (Korrespondenz 1909–1938), Bl. 23 (Aktennotiz des Direktors der Württembergischen Bibelanstalt, Emil Diehl, vom 7. April 1934).

797 Landeskirchliches Archiv Stuttgart, Bestand „Historische Verträge" = Deutsche Bibelgesellschaft Stuttgart, Briefkonvolut Septuaginta (Korrespondenz 1909–1938), Bl. 23 (Aktennotiz von Emil Diehl vom 7. April 1934).

798 Im Vorwort zu RUTH (1922) heißt es dazu: „In dem vorliegenden Drucke sind nicht alle Zeichen so ausgefallen, wie man wünschen möchte. Vor allem sind die Buchstaben [a b d] in der Petit gar zu klein und umgekehrt die Zeichen + > * gar zu groß. Aber man mußte sich vorläufig mit dem in der Druckerei vorhandenen Typenmaterial behelfen. In der Handausgabe selbst werden diese kleinen Schönheitsfehler abgestellt werden" (a.a.O., 5).

799 Vgl. dazu oben, S. 182.

800 Die Frage nach der Anschaffung der Typen taucht zuerst in einem Schreiben von Rahlfs an Diehl vom 30. Juni 1923 auf (= Deutsche Bibelgesellschaft Stuttgart, Briefkonvolut Septuaginta [Korrespondenz 1909–1938], Bl. 75). Erst knapp eineinhalb Jahre später konnte Rahlfs dann am 19. November 1924 Diehl „mitteilen, dass es mir [sc. Rahlfs] jetzt gelungen ist, das nötige Geld zur Anschaffung der griechischen Typen zu bekommen. So können wir sie nun bestellen, und ich bitte Sie, die nötigen Verhandlungen zu führen, die Typen nach Stuttgart kommen zu lassen und der von Ihnen mit der Herstellung des Druckes betrauten Druckerei gegen Leihschein zu übergeben. Die Kostenrechnung lassen Sie dann wohl mir zugehen; ich werde sie sofort direkt bezahlen. Oder Sie können auch, wenn es besser paßt, die Rechnung selbst bezahlen und sich Ihre Auslagen von mir ersetzen lassen" (Deutsche Bibelgesellschaft Stuttgart, Briefkonvolut Septuaginta [Korrespondenz 1909–1938], Bl. 73; vgl. auch ein Schreiben von Rahlfs an Diehl vom 18. Dezember 1924 [a.a.O., Bl. 72], in dem es um die Frage eines möglichen Preisnachlasses bei sofortiger Zahlung geht). Die Herstellung der vollständigen Griechischtypen zieht sich schließlich noch bis Ende des Jahres 1925 hin (vgl. Deutsche Bibelgesellschaft Stuttgart, Briefkonvolut Septuaginta [Korrespondenz 1909–1938], Bl. 62–63).

gestifteten griechischen Drucktypen,[801] die er in seiner Funktion als Leiter des Septuaginta-Unternehmens der Stuttgarter Bibelanstalt Anfang 1930 für den Druck der Handausgabe gänzlich überlassen hatte.[802] Dabei war sein Handeln in der Tat rechtswidrig gewesen, weshalb er der Gesellschaft auch am 18. Mai 1934 einen Schuldschein unterzeichnete und sich verpflichtete „die Summe (3 479.50 RM) in Raten an die Gesellschaft der Wissenschaften zu Göttingen zurückzuzahlen, und zwar so, dass bis Ende des Jahres 1937 die ganze Schuldsumme abgetragen ist, d.h. also 7 mal 435 Mark halbjährlich, zuletzt 434,50 RM., d.i. jeweils zum 30. Juni und 31. Dezember bei der Universitätskasse für das Septuaginta-Unternehmen einzuzahlen".[803]

Mag juristisch gesehen die Angelegenheit vollkommen korrekt verlaufen sein, so scheint – zumindest aufgrund der Aktenlage – die Einschätzung der Mitglieder der Septuaginta-Kommission, Rahlfs habe seine Leitungsposition zu seinem eigenen finanziellen Vorteil missbraucht, nicht angemessen gewesen zu sein. Ein solches Verhalten würde Rahlfs' seit 1908 sowohl gegenüber der Bibelanstalt als auch gegenüber V&R geäußerter Bereitschaft, auf das Honorar der ersten Auflagen seiner jeweiligen Septuaginta-Editionen zugunsten eines günstigen Verkaufspreises verzichten zu wollen,[804] ebenso gänzlich widersprechen wie z.B. der Tatsache, dass er im Juli 1923 aufgrund der verfahrenen finanziellen Lage des Septuaginta-Unternehmens angeboten hatte, sein Amt als Leiter „bis auf weiteres als Ehrenamt weiterzuführen".[805]

Ein Versuch, die Strafzahlungen durch eine etwaige Rückgabe der Typen doch noch abzuwenden, scheiterte, so dass Rahlfs am 8. Februar 1935 die erste Rate zahlte.[806] Die zweite bis siebte Rate ließ die Witwe später in halbjährlichen Raten überweisen. Die Schlussrate wurde

---

801 Hierüber erteilt Auskunft Kᴏᴍᴍɪssɪᴏɴ, Bericht (1925), 26: „Die Drucklegung der im April 1925 im Manuskript fertiggestellten Ausgabe der Genesis erfuhr durch die Beschaffung neuer griechischer Typen, für die Herr Fabrikant Leo Schoeller (Düren) die nötigen Mittel zur Verfügung stellte, und durch einen langwierigen Schriftgießerstreik eine unliebsame Verzögerung, naht aber jetzt ihrem Ende." Vgl. auch Gᴇɴᴇsɪs (1926), 3.

802 Im Februar 1929, als in Stuttgart der Plan diskutiert wurde, die Rahlfs'sche Handausgabe als Pendant zu Nestles *Novum Testamentum Graece* im Taschenformat erscheinen zu lassen, ging Rahlfs zunächst noch davon aus, dass die griechischen Schrifttypen nach Göttingen überführt und V&R für den Druck der *editio critica maior* zur Verfügung gestellt werden könnten (vgl. das Protokoll über eine Unterredung zwischen Rahlfs und Gustav Ruprecht am 1. Februar 1929 [Staatsbibliothek zu Berlin – Preußischer Kulturbesitz, Nachlass 494 (Archiv Vandenhoeck & Ruprecht), G 1929, Nr. 161, Bl. 460]). Dieses Vorhaben hatte sich im Laufe des Jahres dann allerdings zerschlagen, so dass Rahlfs am 3. Januar 1930 V&R eine Absage erteilen musste (vgl. a.a.O., Bl. 456).

803 Landeskirchliches Archiv Stuttgart, Bestand „Historische Verträge" (Abschrift des am 18. Mai 1934 unterzeichneten Schuldscheins).

804 Vgl. u.a. Deutsche Bibelgesellschaft Stuttgart, Briefkonvolut Septuaginta (Korrespondenz 1909–1938), Bl. 66.68, oder Staatsbibliothek zu Berlin – Preußischer Kulturbesitz, Nachlass 494 (Archiv Vandenhoeck & Ruprecht), G 1908, Nr. 52, Bl. 583, sowie oben, S. 272–274.

805 Archiv der Akademie der Wissenschaften zu Göttingen, Scient 304,1, Nr. 182b.

806 Vgl. hierzu und zu den folgenden Raten das Kassenbuch des Septuaginta-Unternehmens (geführt vom 11. April 1934 bis 31. Dezember 1964): die folgenden Überweisungen von Frau Rahlfs wurden am 4. Juli und 30. Dezember 1935, am 30. Juni 1936, am 5. Januar und 30. Juni 1937 sowie am 3. Januar 1938 gebucht (das Kassenbuch befindet sich im Archiv des Septuaginta-Unternehmens der Akademie der Wissenschaften zu Göttingen).

ihr seitens der Septuaginta-Kommission infolge eines Versehens erlassen, nachdem Kappler die Verpflichtungen des Schuldscheins irrtümlich mit der Begleichung der siebten Rate als erfüllt angesehen hatte. Hermann Thiersch, der als Sekretär der Göttinger Gesellschaft der Wissenschaften mit Rahlfs' Witwe und Kappler in dieser Sache korrespondiert hatte, konnte abschließend notieren: Ich war „gestern sogleich bei Frau Professor Rahlfs, um ihr Mitteilung von der Entscheidung der LXX-Kommission zu machen. Sie war sehr erleichtert und hoch erfreut. Auch mir ist es sehr lieb, daß diese peinliche Angelegenheit endlich einen so versöhnlichen und vornehmen Abschluss gefunden hat [...].“[807]

Sachlich und moralisch hielt Rahlfs die gegen ihn erhobenen Vorwürfe allesamt für ungerechtfertigt. Der Bibelanstalt gegenüber beteuerte er:

> „Ich habe mich eigentlich nicht verfehlt. Nie habe ich den Vertrag so wörtlich genommen, dass ich nur die Handschriften BSA solle verwenden dürfen. Ich bedaure es heute, dass ich überhaupt die Handausgabe übernommen habe.“[808]

Und auch in einem Brief an Hans Lietzmann betonte Rahlfs seine Gewissenhaftigkeit, „überall da, wo es die kritischen Bedürfnisse verlangten, den Kreis der Zeugen erweitert und sein aus den Handschriften der Akademie geschöpftes Wissen verwertet“ zu haben.[809] Bezogen auf die rechtlichen Aspekte – besonders den Verstoß gegen § 3 seines Verlagsvertrages mit Stuttgart – konnte er (außer gegen den bereits 1931 entkräfteten Vorwurf, das auf Kosten der kartellierten Akademien gesammelte Material unrechtmäßig verwendet zu haben) jedoch keine entlastenden Argumente vorbringen.[810]

Nachdem die Septuaginta-Kommission im Februar 1934 von Kapplers Entdeckung Kenntnis erhalten hatte, reagierte sie resp. der von ihr beauftragte Sekretär der Gesellschaft, Hermann Thiersch,[811] umgehend, galt es doch, etwaige Folgeschäden für die *editio critica maior* und durch mögliche finanzielle Verluste auch

---

807 Archiv der Akademie der Wissenschaften zu Göttingen, Scient 304,1, Nr. 261.

808 In der Wiedergabe Emil Diehls (Landeskirchliches Archiv Stuttgart, Bestand „Historische Verträge“ = Deutsche Bibelgesellschaft Stuttgart, Briefkonvolut Septuaginta [Korrespondenz 1909–1938], Bl. 23).

809 Abschrift eines von Hans Lietzmann an den Prälat der Bibelanstalt, Gustav Groß, gerichteten Schreibens vom 8. März 1934 (Archiv des Septuaginta-Unternehmens der Akademie der Wissenschaften zu Göttingen).

810 Dies wird evident aus der Zusammenstellung des verwendeten Materials unten, ab S. 298.

811 Hermann Thiersch (1874–1939), im Jahre 1905 zunächst außerordentlicher, 1909 bis 1918 dann ordentlicher Professor für klassische Archäologie in Freiburg i.B., seit 1918 in Göttingen. Ordentliches Mitglied der Göttinger Akademie der Wissenschaften seit 1919, deren Sekretär von 1924 bis 1936. In dieser Funktion agierte Thiersch auch im Zusammenhang mit dem Septuaginta-Unternehmen und den verschiedenen Konflikten um Rahlfs' HANDAUSGABE. Vgl. FITTSCHEN, Thiersch (1988).

für die Gesellschaft selbst zu verhindern. Dabei hatte die Gesellschaft alle Vorteile auf ihrer Seite, weil sie als erste das Problem entdeckt hatte:

Zuerst sicherte sie sich hinsichtlich eines möglichen Verlagsausfalls ab, indem sie am 23. Februar 1934 bei der Stuttgarter Bibelanstalt schriftlich Einspruch gegen eine Veröffentlichung der Handausgabe in der von Rahlfs angefertigten Form erhob. Die Bibelanstalt schaltete daraufhin Lietzmann in Berlin als Vermittler ein, da dieser sowohl zur Göttinger Gesellschaft (insbesondere zu Kappler) als auch zu ihr (als Mitglied der Bibelkommission) in einem guten Verhältnis stand. Lietzmann betonte in seinem Antwortschreiben zwar die Schwierigkeit der Angelegenheit, hob aber zugleich die Verantwortung der Bibelanstalt hervor:

> „Ich habe allerdings ein großes Interesse, daß unsere Studenten billige Bücher bekommen
> – und nun gar die Septuaginta! Aber ich habe den heiligen Krispin nie für einen vorbildlichen Heiligen gehalten, der den armen Leuten aus gestohlenem Leder Schuhe machte. Und
> ich möchte Sie auch vor diesem Heiligenschein bewahren – das Gleichnis trifft ziemlich
> nahe an die Sache! Ich meine, zwischen ernsthaften Menschen müßte es da ein Mittel der
> Verständigung geben, und ich würde gern mit Ihnen mündlich darüber verhandeln. Nur
> geht es jetzt gleich nicht. Sonntag fahre ich zu Vorträgen nach Schweden und komme etwa
> am 25. März zurück. Wenn wir uns dann treffen könnten, bin ich bereit. Sie müßten nur einwilligen, die Eröffnung der Subskription bis nachher zu verschieben – was ja wirklich nicht
> gefährlich ist – weil sonst die Verständigung sehr erschwert würde und die Gesellschaft zur
> Wahrung ihrer Rechte eine einstweilige Verfügung anstreben müßte – da hat sie m.E. Recht.
> Das wäre aber ein uns allen sehr unerwünscht juristischer Zug in dieser Sache, die ich gern
> mit beiderseitigem guten Willen erledigt sähe.“[812]

Noch vor Lietzmanns Rückkehr aus Schweden hatten sich Göttingen und Stuttgart allerdings bereits auf einen ‚Eventual-Vertrag' geeinigt und diesen am 15. (Stuttgart) resp. 20. (Göttingen) März 1934 unterzeichnet.[813] In der Präambel des Vertrags, der in acht Paragraphen eine mögliche Übernahme des Verlags der „Göttinger Septuaginta" durch die Bibelanstalt regeln sollte, heißt es:

---

812 Abschrift eines von Hans Lietzmann an den Prälat der Bibelanstalt, Gustav Groß, gerichteten Schreibens vom 8. März 1934 (Archiv des Septuaginta-Unternehmens der Akademie der Wissenschaften zu Göttingen).

813 Lietzmann war in den weiteren Verlauf der Verhandlungen nicht mehr eingebunden. Eine Zusammenfassung der gesamten Angelegenheit lieferte ihm Werner Kappler in einem vom 10. April 1934 datierenden Schreiben (der Entwurf dieses Schreibens befindet sich im Archiv des Septuaginta-Unternehmens der Akademie der Wissenschaften zu Göttingen und ist vollständig unten im Anhang, S. 505–506, abgedruckt).

„Unter Bezugnahme auf den zwischen der Privileg. Württ. Bibelanstalt in Stuttgart und Herrn Professor D. Dr. Alfred Rahlfs in Göttingen am 8./15. Juni 1929 abgeschlossenen Verlags-Vertrag wird hiermit festgestellt, dass Herr Professor Rahlfs bei der Bearbeitung der Handausgabe der Septuaginta ohne Wissen der Bibelanstalt und der Gesellschaft der Wissenschaften gegen § 3 verstoßen und dadurch sowohl das Erscheinen der kleinen Ausgabe, wie auch das der großen wissenschaftlichen Septuagintaausgabe ernstlich gefährdet hat.

Damit nun sowohl die Handausgabe der Privileg. Württ. Bibelanstalt in ihrer nunmehrigen Gestalt jetzt herausgegeben werden kann, als auch die Herausgabe der großen wissenschaftlichen Ausgabe für die Gesellschaft der Wissenschaften trotz der eventuellen Konkurrenz durch die Stuttgarter Ausgabe gesichert ist, verpflichtet sich die Privileg. Württ. Bibelanstalt für den Fall dass der seitherige Verleger der großen wissenschaftlichen Ausgabe, die Firma Vandenhoeck & Ruprecht in Göttingen, jetzt oder später nicht in der Lage ist, die Herausgabe des Werkes fortzusetzen, an seine Stelle zu treten."[814]

Erst nachdem die Gesellschaft sich auf diese Weise von Stuttgart hatte absichern lassen – mit einem tatsächlichen Inkrafttreten des ‚Eventual-Vertrags' rechneten die Göttinger zu diesem Zeitpunkt allerdings kaum[815] – kamen am 19. März Thiersch und Kappler zu einem Gespräch mit V&R zusammen, um über Rahlfs' Vertragsverletzung zu berichten und vor den möglichen negativen Konsequenzen für den Verkaufserfolg der großen Septuaginta-Ausgabe zu warnen.[816] Aufgrund dieser Information erhob der Verlag gegenüber Rahlfs am 21. März schriftlich „Einspruch gegen die Veröffentlichung" der Handausgabe und forderte ihn auf, da er „die Verantwortung für mögliche Abwendung des Schadens" von V&R allein trage, der Bibelanstalt durch „geeignete Vorschläge" zu ermöglichen, „das Erscheinen der Handausgabe [...] bis ein Jahr nach Erscheinen der Makkabäer-Bücher in unserer großen Septuagintaausgabe" zu vertagen.[817] Knapp eine Woche später, nachdem auch juristisch eindeutig geklärt worden war, dass allein Rahlfs für etwaige Schäden haftbar gemacht werden konnte, folgte am

---

814 Landeskirchliches Archiv Stuttgart, Bestand „Historische Verträge".

815 Vgl. ein Schreiben von Thiersch an Diehl vom 31. März 1934, in dem Thiersch mitteilt, dass man in Göttingen letztlich davon ausgehe, V&R als Verlag nicht zu verlieren, der Eventualvertrag somit kaum in Kraft treten werde. Festhalten müsse die Gesellschaft dennoch daran, allein schon deshalb, um sich im Zweifelsfalle vor dem Kartell der Akademien rechtfertigen zu können (Deutsche Bibelgesellschaft Stuttgart, Briefkonvolut Septuaginta [Korrespondenz 1909–1938], Bl. 25–26).

816 Vgl. das entsprechende Sitzungsprotokoll des Verlags vom 19. März 1934 (Staatsbibliothek zu Berlin – Preußischer Kulturbesitz, Nachlass 494 [Archiv Vandenhoeck & Ruprecht], G 1934, Nr. 182, Bl. 939).

817 Alle Zitate: Kopie des Schreibens von V&R an Rahlfs vom 21. März 1934 (Staatsbibliothek zu Berlin – Preußischer Kulturbesitz, Nachlass 494 [Archiv Vandenhoeck & Ruprecht], G 1934, Nr. 182, Bl. 938).

29. März 1934 die schriftliche Schadensersatzforderung des Verlages V&R. Zuvor
hatte die Bibelanstalt auf Rahlfs' Anfrage hin mitgeteilt, dass sie unter Verzicht
auf eine ursprünglich geplante Lieferungsausgabe das Erscheinen der Handausgabe bis zum 1. April 1935 hinauszögern und auch Werbemaßnahmen außerhalb
des Bibelkataloges aussetzen,[818] dieses festgelegte Datum aber keinesfalls von
einem etwaigen Erscheinen des zweiten Bandes der großen Septuaginta-Ausgabe abhängig machen wolle. Das Erscheinen dieses Bandes, der von Kappler
zu besorgenden Edition des ersten Makkabäerbuches, war zu diesem Zeitpunkt
nämlich mehrfach verschoben worden und auch Ende März 1934 noch nicht endgültig absehbar. In seiner Schadensersatzforderung erklärte der Verlag V&R, es
sei sehr gut möglich, dass man nicht nur einige aktuelle Subskribenten verlieren würde, sondern auch – angesichts der wegen eines fehlenden Publikations-
datums der Makkabäerbücher vor dem Frühjahr 1935 kaum in Gang zu setzenden
Werbung – für die Fortsetzung einige potenzielle Käufer erst gar nicht erreichen
könne. Da sich die letztere Gruppe jedoch nicht beziffern lasse, müsse der Verlag
umso mehr auf finanziellen Ausgleich für die erstere bestehen und zwar für
alle diejenigen Subskribenten, die mit dem Hinweis auf Rahlfs' HANDAUSGABE
kündigen. „Ein Teil solcher Abbestellungen würde wohl auch dann zu erwarten
gewesen sein, wenn die Handausgabe sich im vertraglichen Rahmen gehalten
hätte. Aber die Hälfte solcher Abbestellungen müssen wir [...] als Umsatz-Verlust
an der Fortsetzung des Unternehmens der großen Septuaginta-Ausgabe in Rechnung stellen, der durch das vorzeitige Dazwischentreten der unerwartet vervoll-
kommneten Handausgabe herbeigeführt ist."[819] Davon ausgehend, dass bei 254
Beziehern innerhalb eines Jahres nach Erscheinen der erweiterten Handausgabe
mit voraussichtlich einhundert Abbestellungen zu rechnen sei, ermittelten V&R
anhand genauer Kalkulationen schließlich für die von Rahlfs zu übernehmenden
fünfzig Ausfälle eine Summe von 7.945 Reichsmark, die der Verlag bei geeigneter
Sicherstellung zugleich als Entschädigungs-Höchstsumme anerkennen würde.
Am selben Abend fand im Verlagshaus eine Sitzung statt, an der außer Gustav
Ruprecht und Rahlfs auch Pohlenz, Kappler und Thiersch teilnahmen und bei
der Rahlfs erklärte, „dass er [...] grundsätzlich mit der brieflich vorgeschlagenen
Regelung einverstanden [sei], und die Einzelheiten in einem abzuschließenden

---

818 Auf diese Einschränkung hinsichtlich einer offensiven Werbung ließ sich Stuttgart im April
1934 ein. Vgl. das Schreiben von Diehl an Rahlfs vom 17. April 1934 (Staatsbibliothek zu Berlin
– Preußischer Kulturbesitz, Nachlass 494 [Archiv Vandenhoeck & Ruprecht], G 1934, Nr. 182,
Bl. 929).
819 Schreiben von V&R an Rahlfs vom 29. März 1934 (Staatsbibliothek zu Berlin – Preußischer
Kulturbesitz, Nachlass 494 [Archiv Vandenhoeck & Ruprecht], G 1934, Nr. 182, Bl. 935–937, hier
Bl. 936). Vgl. zum Vorangehenden und zum Folgenden ebd.

Vertrag zwischen [*ihm*] und dem Verlag geregelt werden sollen".[820] Zwei Tage später, am 31. März 1934, lieferte Rahlfs ein Schreiben nach, in dem er in Aufnahme der mündlichen Unterredung noch einmal betonte, dass auch er lange Zeit mit dem Erscheinen der Makkabäerbücher vor der HANDAUSGABE gerechnet, „daher mit der Fertigstellung der Handausgabe gar nicht geeilt, sondern diese Fertigstellung länger hinausgezogen" habe,[821] als es seinem Vertrag mit der Bibelanstalt eigentlich entsprach, der doch – was Gesellschaft und Septuaginta-Kommission natürlich bekannt war – das Erscheinen bereits für Ende 1932 vorgesehen hatte:[822]

> „Daß nun doch die Makkabäerbücher in der großen Ausgabe immer noch nicht fertig sind, während die Handausgabe vor dem Abschlusse steht, ist nicht meine Schuld, sondern Schuld des Herrn Dr. Kappler, welcher den Termin für das Erscheinen der Makkabäerbücher immer weiter hinausgeschoben hat, so daß sie auch jetzt noch nicht fertig sind. [...] Dies möchte ich doch zur Steuer der Wahrheit betonen. Nicht ich, sondern das Septuaginta-Unternehmen trägt die Schuld für die Umkehrung der Reihenfolge."[823]

Der Verlag V&R unterbreitete Rahlfs am 27. April 1934 den Vorschlag, ins Grundbuch seines Hauses im Friedländer Weg 10 eine Sicherungshypothek in Höhe von 7.945 Goldmark eintragen zu lassen „und zwar wegen aller Entschädigungsforderungen, die für die Gläubigerin [*d.h. die Firma Vandenhoeck & Ruprecht; CS*] wegen Überschreitung des vereinbarten Rahmens der Handausgabe der Septuaginta des Schuldners zum Nachteil der im Verlage der Gläubigerin erscheinenden Ausgabe der Septuaginta [...] entstanden sind oder entstehen werden".[824] Rahlfs erwiderte daraufhin mit einem Gegenvorschlag, in dem er sich bereiterklärte, den Verlag „am 1. April 1936 mit 100 Mk. Barauszahlung für jeden anerkannt abge-

---

820 Landeskirchliches Archiv Stuttgart, Bestand „Historische Verträge" = Deutsche Bibelgesellschaft Stuttgart, Briefkonvolut Septuaginta (Korrespondenz 1909–1938), Bl. 23 (Aktennotiz von Diehl vom 7. April 1934).
821 Schreiben von Rahlfs an Gustav Ruprecht vom 31. März 1934 (Staatsbibliothek zu Berlin – Preußischer Kulturbesitz, Nachlass 494 [Archiv Vandenhoeck & Ruprecht], G 1934, Nr. 182, Bl. 932).
822 Vgl. das Schreiben von Rahlfs an Gustav Ruprecht vom 31. März 1934 (Staatsbibliothek zu Berlin – Preußischer Kulturbesitz, Nachlass 494 [Archiv Vandenhoeck & Ruprecht], G 1934, Nr. 182, Bl. 932).
823 Rahlfs an Gustav Ruprecht, 31. März 1934 (Staatsbibliothek zu Berlin – Preußischer Kulturbesitz, Nachlass 494 [Archiv Vandenhoeck & Ruprecht], G 1934, Nr. 182, Bl. 932).
824 Schreiben von V&R an Rahlfs vom 27. April 1934 (Staatsbibliothek zu Berlin – Preußischer Kulturbesitz, Nachlass 494 [Archiv Vandenhoeck & Ruprecht], G 1934, Nr. 182, Bl. 925).

sprungenen Bezieher, aber im Höchstfalle für 50 Bezieher, zu entschädigen."[825] V&R ließen sich hierauf ein und schlossen Anfang Juli 1934 mit Rahlfs einen entsprechenden Vertrag, in dem zusätzlich neun Monate nach Erscheinen der zum damaligen Zeitpunkt für Ende 1935 erwarteten großen Isaias-Ausgabe (zu deren Herausgabe sich V&R noch verpflichtet hatten)[826] als spätester Abrechnungstermin vereinbart wurden. Dass dem Verlag tatsächlich ein Verlust entstanden war, für den Rahlfs haften musste, lässt sich anhand der Akten nicht nachweisen. Dies ist selbst in Anbetracht der Tatsache recht unwahrscheinlich, dass die von V&R übernommenen Ausgaben erst sehr viel später als geplant erscheinen sollten.[827] Denn die HANDAUSGABE stellt vor allem wegen ihrer Konzeption und ihres deutlich geringeren Preises[828] bis heute keine verlegerische Konkurrenz zur großen Septuaginta-Edition dar.

Für die Bibelanstalt war die Angelegenheit bereits eine Woche nach Ostern endgültig geklärt, nachdem deren Direktor Emil Diehl am 6. und 7. April 1934 zu

---

825 Schreiben von Gustav Ruprecht an Rahlfs vom 25. Mai 1934 (Staatsbibliothek zu Berlin – Preußischer Kulturbesitz, Nachlass 494 [Archiv Vandenhoeck & Ruprecht], G 1934, Nr. 182, Bl. 923). Vgl. zum Anerkennungsverfahren den zwischen Rahlfs und V&R geschlossenen Vertrag in § 2: „Die Belege [*über die abgesprungenen Subskribenten; CS*] sind Herrn Prof. Rahlfs zur Prüfung vorzulegen und von ihm sofort zu prüfen. Über dabei etwa auftretende Meinungsverschiedenheiten entscheidet der Herr Vorsitzende der Septuagintakommission bei der Gesellschaft der Wissenschaften und ein nötigenfalls vom Verlag zu bestimmender Sachverständiger" (Staatsbibliothek zu Berlin – Preußischer Kulturbesitz, Nachlass 494 [Archiv Vandenhoeck & Ruprecht], G 1934, Nr. 182, Bl. 917–919).
826 Vgl. zu den Umständen und Bedingungen die Aufzeichnungen von Emil Diehl im Landeskirchlichen Archiv Stuttgart, Bestand „Historische Verträge" = Deutsche Bibelgesellschaft Stuttgart, Briefkonvolut Septuaginta (Korrespondenz 1909–1938), Bl. 23. Darin heißt es: „Bei meiner unverbindlichen Vorbesprechung mit Dr. Werner Kappler, [...] die am Freitag (6. April [*1934*]) von ½ bis ½ 10 Uhr [*morgens*] stattfand, hat sich herausgestellt, dass seit dem Abschluss des Eventual-Vertrags [...] sehr langwierige Verhandlungen einerseits zwischen Vandenhoeck & Ruprecht [...] und der Gesellschaft der Wissenschaften [...], zwischen dieser und Herrn Professor D. Rahlfs und zwischen diesem und V.&R. stattgefunden haben. Dabei hat sich klar erwiesen, dass V.&R. großen Wert darauf legen, dass sie die große LXX-Ausgabe weiterführen und womöglich auch zu Ende führen. Eine Verpflichtung dazu aber übernehmen sie grundsätzlich nicht. Dagegen haben sie sich verpflichtet, die Makkabäerbücher und den Jesaja noch heraus zu bringen, selbst wenn sie dazu nur wenige Druckzuschüsse erhielten; allerdings dies auch nur unter der Bedingung, dass Rahlfs ihnen für ihren evtl. Schaden durch die Stuttgarter Handausgabe Ersatz leistet, und wenn Stuttgart seine Handausgabe erst im Verlauf des Jahres 1935 herausbringt."
827 Die Edition des ersten Makkabäerbuches erschien 1936, die des Jesajabuches 1939.
828 Zum Vergleich: Die Stuttgarter Handausgabe kostete im Januar 2015 knapp 50,- Euro, wohingegen der Preis für alle bis dahin erschienenen Bände der „Göttinger Septuaginta" (= ca. zwei Drittel des Ganzen) bei über 3.300,- Euro lag.

persönlichen Gesprächen nach Göttingen gereist war. Ergebnisse und Eindrücke dieser Verhandlungen hielt dieser in einem ausführlichen Protokoll fest:

Ziel seiner Reise nach Göttingen war dreierlei gewesen: zum einen wollte er eine schriftliche Absicherung gegen etwaige Schadensersatzansprüche Vandenhoeck & Ruprechts gegenüber der Bibelanstalt (als der Verlegerin der vertragswidrig erweiterten Handausgabe) erwirken, zum andern ging es ihm darum, mit der Gesellschaft der Wissenschaften eine abschließende Vereinbarung zu erzielen, und schließlich war ihm daran gelegen, Rahlfs in der für diesen „so schweren Zeit"[829] von Verlagsseite aus zu unterstützen, bei der Gesellschaft ein gutes Wort für ihn einzulegen, ihn aber zugleich auch zum Abschluss des Manuskriptes der Handausgabe zu bewegen.[830]

Sein erstes Teilziel erreichte Diehl noch am ersten Verhandlungstag, dem 6. April 1934, durch Vermittlung von Bauer und Pohlenz, die von V&R bereits zuvor eine Bestätigung erhalten hatten, dass der Verlag „keinerlei Entschädigungsansprüche an die G[esellschaft] d[er] W[issenschaften] oder an das Kartell der deutschen Akademien" stellen wolle,[831] und die nun eine entsprechende schriftliche Verzichtserklärung hinsichtlich etwaiger Ansprüche gegenüber der Bibelanstalt organisierten, was Diehl mit den Worten protokollierte: „Mit dieser Erklärung ist eine große Schlacht gewonnen".[832] In einer gemeinsamen Vereinbarung zwischen Gesellschaft und Bibelanstalt wurde abschließend unter anderem festgestellt, dass die Gesellschaft – da Stuttgart ja auf eine Veröffentlichung der Rahlfs'schen Edition in Einzellieferungen zugunsten einer Gesamtausgabe verzichten würde – „ihren Einspruch vom 23. Februar 1934 gegen die Veröffentlichung der Stuttgarter Handausgabe in der bestehenden Gestalt" zurückziehen, und für die Bibelanstalt – sollte es tatsächlich einmal zum Inkrafttreten des Eventualvertrages kommen – „in jeder Form moralisch" eintreten werde.[833]

---

829 So Rahlfs in einem Schreiben an Prälat Groß vom 8. April 1934 (Landeskirchliches Archiv Stuttgart, Bestand „Historische Verträge").

830 Vgl. den Bericht von Diehl, in dem es heißt: „was [ich] persönlich befürworten möchte, das sei das, dass [...] auch keinerlei persönlichen Verstimmungen zurückbleiben; [...] nicht zuletzt auch im Hinblick auf Prof. Rahlfs. [...] Ich legte großen Wert darauf, unter allen Umständen das restliche Manuskript zu erhalten. Haben wir dieses in Händen, dann besteht für unser Werk keine Gefahr mehr; denn die G[esellschaft] d[er] W[issenschaften] tritt ja für das Korrekturenlesen ein, wenn Rahlfs versagen sollte. Ich denke aber, er wird das Werk zu Ende führen, und zwar gut [...]" (Landeskirchliches Archiv Stuttgart, Bestand „Historische Verträge" = Deutsche Bibelgesellschaft Stuttgart, Briefkonvolut Septuaginta [Korrespondenz 1909–1938], Bl. 23).

831 Aus Punkt 4 des Protokolls über die Besprechung im Verlagshaus von V&R am 29. März 1934 zwischen Thiersch, Pohlenz, Kappler und Gustav Ruprecht (Landeskirchliches Archiv Stuttgart, Bestand „Historische Verträge" = Deutsche Bibelgesellschaft Stuttgart, Briefkonvolut Septuaginta [Korrespondenz 1909–1938], Bl. 23 = Staatsbibliothek zu Berlin – Preußischer Kulturbesitz, Nachlass 494 [Archiv Vandenhoeck & Ruprecht], G 1934, Nr. 182, Bl. 934).

832 Landeskirchliches Archiv Stuttgart, Bestand „Historische Verträge" = Deutsche Bibelgesellschaft Stuttgart, Briefkonvolut Septuaginta (Korrespondenz 1909–1938), Bl. 23 (Aktennotiz von Diehl vom 7. April 1934).

833 Beide Zitate: Landeskirchliches Archiv Stuttgart, Bestand „Historische Verträge" = Deutsche Bibelgesellschaft Stuttgart, Briefkonvolut Septuaginta (Korrespondenz 1909–1938), Bl. 23

Sein bei allen geschäftlichen Interessen, die es zu verfolgen galt, durchaus von einer gewissen persönlichen Anteilnahme geprägtes Zusammentreffen mit Rahlfs, hielt Diehl folgendermaßen fest: „Nach 1 Uhr befanden wir uns, d.h. Geheimrat Dr. Thiersch und ich, bei Professor Rahlfs. Es ist mir schwer, Rahlfs zu charakterisieren: Entweder ist er tatsächlich naiv wie ein Kind, oder aber er ist, gelinde gesprochen, sehr überlegend, und versucht dies unter dem Deckmantel der Naivität zu verstecken. Das letztere ist die durchgehende Meinung der Herren der G[esellschaft] d[er] W[issenschaften]. Sei dem, wie ihm wolle, ich konnte nicht anders, als nicht nur freundlich, sondern auch herzlich gegen diesen alten Herrn zu sein, in dessen Haus ich im letzten Jahrzehnt so oft einkehrte, und der schließlich doch nur unsre LXX besser gemacht hat, als vorgesehen war. Aus welchen Motiven er das tat bleibt dahingestellt. Und dass er uns in manche Schwierigkeit brachte und evtl. noch bringen wird (evtl. Herausgabe der großen wissenschaftlichen Ausgabe), das ließ ich auch nicht weiter durchblicken, zumal auch Rahlfs vor dem E[ventual-]V[ertrag] nichts weiss und auch nichts wissen darf. Meine Bitte an Rahlfs, unterstützt von Thiersch: Helfen Sie uns, nun die Septuaginta zu Ende zu führen; sie muss am 1.4.1935 erscheinen, und wir können nicht darauf eingehen, mit dem besten Willen nicht, das Erscheinen noch einmal auf unbestimmte Zeit zu schieben: Rahlfs sieht das ein und verspricht, meine Bitte zu erfüllen. Meine Zusage an Rahlfs [...]: Kommen Sie später einmal in Not, wenn es sich um die Zahlung einer Abfindungsrate an V.&R. handelt, dann wenden Sie sich vertrauensvoll an uns; wir werden Ihnen dann ein zinsloses Darlehen als Vorschuss auf das s[eine] Z[ei]t an Sie abzuführende Honorar gewähren. Rahlfs ist sichtlich erfreut und gerührt von diesem Anerbieten."[834] Diese Zusage übergab Diehl am nächsten Tag Rahlfs auch in schriftlicher Form und betonte nochmals, wie außerordentlich leid es der Bibelanstalt tue, dass Rahlfs sich gegenüber V&R „zu einem ev[en]t[uellen] Schadensersatz verpflichten musste".[835] Und auch Rahlfs übergab Diehl

---

(Aktennotiz von Diehl vom 7. April 1934). Ebd. führt Diehl die Gründe für die gegenüber der Göttinger Gesellschaft der Wissenschaften geäußerte Bitte um moralische Unterstützung an: Diesen Punkt „habe ich deshalb herein genommen, weil es nicht ausgeschlossen wäre, dass wenn wir je einmal die große Ausgabe herausbringen müssen, uns vielleicht von der Steuerbehörde Schwierigkeiten gemacht werden können, weil dieses Werk nicht unsre Aufgabe ist. Es könnte auch sein, dass selbst eine Fakultät, sagen wir in 10 Jahren, uns den Vorwurf macht, Dinge zu tätigen, die uns doch gar nichts angehen. Auch von Verlegerseite könnten uns die und jene Schwierigkeiten gemacht werden. Wenn einmal ein solcher Fall eintreten sollte, dann müsste die G[esellschaft] d[er] W[issenschaften] restlos für uns eintreten und für uns einstehen, und dazu hat sie sich nun auch verpflichtet."

834 Landeskirchliches Archiv Stuttgart, Bestand „Historische Verträge" = Deutsche Bibelgesellschaft Stuttgart, Briefkonvolut Septuaginta (Korrespondenz 1909–1938), Bl. 23 (Aktennotiz von Diehl vom 7. April 1934). Rahlfs' Freude wird angesichts seiner oben, S. 105–108, beschriebenen finanziellen Situation mit Sicherheit aufrichtig gewesen sein.

835 Landeskirchliches Archiv Stuttgart, Bestand „Historische Verträge" = Deutsche Bibelgesellschaft Stuttgart, Briefkonvolut Septuaginta (Korrespondenz 1909–1938), Bl. 23 (Aktennotiz von Diehl vom 7. April 1934). Der entsprechende Passus im Schreiben von Diehl an Rahlfs vom 7. April 1934 lautet ebd.: „Um Ihnen und Ihrer w[erten] Familie entgegen zu kommen, machen wir Ihnen folgenden Vorschlag: Es könnte vielleicht einmal im Verlauf der Jahre der Fall eintreten, dass Sie sich gerade zu dem Zeitpunkt, wo Sie eine Abfindungsrate an V.&R. zu bezahlen haben, aus irgendwelchen besonderen Gründen in einer finanziellen Notlage befinden. In einem solchen außerordentlichen Fall dürfen Sie sich dann ganz ruhig an uns mit der Bitte wenden, dass

ein Schreiben, in welchem er seinerseits die Einhaltung des Publikationstermins bestätigte und Vorschläge für das weitere Satzverfahren machte.[836]

Als Fazit der Verhandlungen jener Tage protokollierte Diehl: „Damit hat eine Angelegenheit ihr Ende gefunden, die – das kann man wohl ruhig sagen – im Verlagswesen überhaupt und in der Geschichte der Württ. Bibelanstalt einzig dasteht."[837]

Wer waren die Gewinner, wer die Verlierer der ‚Causa Rahlfs‘?

Von allen Beteiligten am begünstigsten ist wohl zweifelsohne die Göttinger Gesellschaft der Wissenschaften gewesen, war sie es doch, die das Problem aufgedeckt hatte und aufgrund dieses Wissensvorsprungs am strategischsten zu taktieren vermochte. Geschickt arrangierte sie zunächst den mit der Bibelanstalt geschlossenen ‚Eventualvertrag‘, um ihre große Septuaginta-Ausgabe somit in jedem Fall verlegt zu wissen, selbst wenn V&R von ihrem Vertrag zurückgetreten wären. Erst dann informierte sie den Göttinger Verlag, sicherte sich damit zugleich dessen Dankesschuld und erhielt schließlich, nachdem Rahlfs den Vertragsbruch sofort zugegeben und V&R eine Sicherungssumme garantiert hatte, für sich und die kartellierten Akademien (denen gegenüber die Gesellschaft im Zweifelsfall hätte Rechenschaft ablegen müssen) die schriftliche Bestätigung, in keiner Weise finanziell von V&R belangt zu werden. Sogar die Drucktypen wurden ihr von Rahlfs resp. seiner Witwe (juristisch sicherlich zu Recht) in Form einer Strafzahlung erstattet, allerdings ohne dass hiervon etwa jemals neue gekauft worden wären.

Durch den Sicherungsvertrag mit Rahlfs waren auch Vandenhoeck & Ruprecht ihrer verlegerischen Risiken weitestgehend enthoben. Und eine wirkliche Konkurrenz durch die Stuttgarter Handausgabe ist aufgrund der unterschiedlichen Zielgruppen und Preisgestaltungen bis heute nicht entstanden und war selbst von den damals Beteiligten wohl kaum ernsthaft befürchtet worden.

---

wir Ihnen für die fragliche Abfindungsrate ein Darlehen gewähren. Wenn uns der Verkauf der 1. Auflage unserer Handausgabe zu der berechtigten Hoffnung Anlass gibt, dass es voraussichtlich zu einer Neuauflage des Werkes kommt, dann werden wir gerne Ihrer Bitte entsprechen, und wir werden den Ihnen gewährten Darlehensbetrag als Vorschuss verbuchen auf das Ihnen von der 2. Auflage an zu bezahlende fortlaufende Honorar. Von einer Anrechnung von Zinsen werden wir Abstand nehmen."

836 Landeskirchliches Archiv Stuttgart, Bestand „Historische Verträge" = Deutsche Bibelgesellschaft Stuttgart, Briefkonvolut Septuaginta (Korrespondenz 1909–1938), Bl. 23 (Aktennotiz von Diehl vom 7. April 1934).

837 Landeskirchliches Archiv Stuttgart, Bestand „Historische Verträge" = Deutsche Bibelgesellschaft Stuttgart, Briefkonvolut Septuaginta (Korrespondenz 1909–1938), Bl. 23 (Aktennotiz von Diehl vom 7. April 1934).

Die Bibelanstalt sah sich m.E. Rahlfs und der Gesellschaft der Wissenschaften gegenüber in der Pflicht und fühlte sich, besonders hinsichtlich der Rahlfs durch die Weitergabe der Drucktypen nach Stuttgart entstandenen Strafzahlungen, wenn nicht geschäftlich, so doch zumindest moralisch verantwortlich. Durch den ‚Eventualvertrag' war sie der Gesellschaft deutlich entgegengekommen und hatte auf diese Weise das mögliche Aus für die Handausgabe in der von Rahlfs edierten Form sowie die mit einem Umarbeiten erwartbaren finanziellen Verluste abgewendet. Mit Verschiebung der Veröffentlichung um fast ein ganzes Jahr hatte sie zudem dafür gesorgt, dass V&R an ihrem Vertrag mit der Gesellschaft festhielten. Und schließlich bewies sie noch einmal ein gewisses moralisches Verantwortungsbewusstsein, indem sie Rahlfs ein zinsloses Darlehen anbot, sollte dieser im Rahmen seiner etwaigen Zahlungen an V&R in Bedrängnis geraten.

Für Rahlfs stellte der Ausgang der ganzen Angelegenheit ohne Zweifel eine persönliche Katastrophe dar, auch wenn nicht sicher zu entscheiden ist, wie er überhaupt in sie hinein geraten konnte. Was die Gründe anlangt, die ihn dazu bewogen, in der HANDAUSGABE einen gegenüber den vertraglichen Regelungen deutlich erweiterten Apparat zu entwerfen, muss man sich an seine eigene Auskunft halten, wonach er den Vertrag mit Stuttgart nie in dem Sinne verstanden habe, tatsächlich nur die Handschriften BSA verwenden zu dürfen – und m.E. besteht keinerlei Anlass, an der Aufrichtigkeit dieser Aussagen zu zweifeln.[838] Dass seiner Sicht der Dinge die rechtliche Grundlage gefehlt hatte, wird ihm bewusst gewesen sein, weshalb er – immer darum bemüht, von etwaigen pekuniären Strafen doch noch befreit zu werden, – auch ein Schuldeingeständnis auf sich nahm, V&R die Sicherungssumme garantierte und der Gesellschaft den Schuldschein für die Drucktypen ausstellte. Diehls erste Einschätzung, Rahlfs sei bei der ganzen Angelegenheit „naiv wie ein Kind" gewesen, scheint mir insgesamt eher zuzutreffen als die Vermutung, er habe mit kühler Überlegenheit agiert. Doch mit letzter Sicherheit lässt sich das nicht beurteilen. Dies gilt auch für die Frage, ob Rahlfs aufgrund dieser unerfreulichen Konflikte oder tatsächlich wegen seines Augenleidens zu Ostern 1934 als erster Leiter des Septuaginta-Unternehmens zurückgetreten war:[839] Mehr als die Tatsache, *dass* es offenbar zunehmende Kritik an Rahlfs' Person und Amtsführung gab und dass er infolge

---

838 Rahlfs sah sich bei allen seinen Editionen moralisch dazu verpflichtet, diese so gründlich wie irgend möglich zu erarbeiten, und das ausschließlich der Sache wegen und nicht im Sinne eigener Profilierung oder gar finanzieller Bereicherung (vgl. dazu den ersten Petitabschnitt zu Beginn dieses Exkurses, S. 286), was u.a. der Konflikt um die Kollationen der Hs. 911 oder Rahlfs' Argumentation Mitte der 1920er Jahre für eine große Ausgabe der Septuaginta unter Aufgabe der kleinen zeigen (vgl. dazu oben, ab S. 213 und ab S. 274).
839 Vgl. dazu auch oben, S. 113.

der recht freizügigen Interpretation seines Verlagsvertrags im Ergebnis als Verlierer hervorging, lässt sich aus den Archivalien nicht ersehen. Schließlich muss mangels schriftlicher oder mündlicher Testimonien auch ein letzter, nicht unwesentlicher Aspekt im Bereich der Vermutung, wohl aber einer plausiblen Vermutung, bleiben: Versteht man Rahlfs im Kontext seiner Zeit, d.h. vor dem Hintergrund eines im 19. Jahrhundert kaum hoch genug anzusetzenden Ehrgefühls, dessen Vermittlung sicherlich auch einen Bestandteil seiner Erziehung bildete, so war die gesamte Angelegenheit für ihn in höchstem Maße ehrverletzend, was ihn zweifellos persönlich schwer getroffen und zermürbt haben dürfte.[840]

Bedenkt man all diese wohl verborgen gebliebenen Umstände, so stellt das Vorwort der Bibelanstalt zur HANDAUSGABE eine Beschönigung dar, die sich von Verlogenheit kaum mehr unterscheiden lässt:

> „Es ist uns eine herzliche Freude, daß wir dank dem freundlichen Entgegenkommen der Gesellschaft der Wissenschaften in Göttingen und der Bereitwilligkeit des Herrn Professor D. Rahlfs, eine Handausgabe der Septuaginta für uns zu bearbeiten, nunmehr in der Lage sind, dieses wichtige Hilfsmittel zum Studium für Studenten und Pfarrer erscheinen zu lassen."[841]

3.2 Die Auswahl und Behandlung des Quellenmaterials

Im Vorwort zur HANDAUSGABE informierte Rahlfs – wohl aufgrund der im vorangehenden Abschnitt erläuterten Umstände – nur sehr knapp über das seiner Edition zugrundeliegende Material: „Hauptsächlich"[842] beschränke sich dieses „auf die drei wichtigsten Handschriften BSA",[843] was automatisch zur Folge habe, dass der Apparat *e silentio*-Schlüsse nur auf den Text dieser drei Handschriften zulasse;[844] „nur gelegentlich, wo es wünschenswert erscheint, [*sei zudem*] auch

---

840 Vgl. nicht nur den für Rahlfs ungewöhnlich offensichtlichen Konflikt mit Kappler (deutlich in diesem Exkurs oben im Zitat aus Rahlfs' Brief an Gustav Ruprecht vom 31. März 1934 [vgl. S. 292]), sondern vor allen Dingen den äußerst ehrenrührigen Vorwurf seiner Kollegen Schwartz und Lietzmann, Rahlfs habe sich persönlich an den Beständen des Septuaginta-Unternehmens bereichert (z.B. in dem oben zitierten Brief von Hans Lietzmann an Gustav Groß vom 8. März 1934 [vgl. S. 289]).

841 HANDAUSGABE 1 (1935), V.

842 HANDAUSGABE 1 (1935), XV.

843 HANDAUSGABE 1 (1935), IV.

844 Vgl. (auch zum Folgenden) die (in ihrem Petitteil etwas verkürzte) Darstellung bei HANHART, Rechenschaftsbericht (2005), 452–453. Auf dem Einlegeblatt zur HANDAUSGABE (1935) heißt es hinsichtlich der Hss. B S A: „His tribus codicibus initiur textus editionis [...]." Allerdings sind *e*

noch anderes Material" berücksichtigt worden.[845] In seinem für die kartellierten Akademien verfassten Bericht vom 1. Juli 1931 gab Rahlfs etwas genauere Auskunft:

> „Meine Anmerkungen notieren vollständig nur die drei großen alten Handschriften BSA, und zwar auf Grund der Ausgaben von Swete und Tischendorf-Nestle, wozu im Notfall die im Druck erschienenen photographischen Ausgaben jener Handschriften herangezogen werden. Doch suche ich mir auch einen Überblick über die sonstige Überlieferung zu verschaffen und nenne manchmal auch andere Handschriften, ja nehme ihre Lesarten unter Umständen in meinen Text auf, ohne irgendwelche Vollständigkeit zu erstreben. Im einzelnen ist über mein Verfahren folgendes zu berichten:
>
> 1) Bei der schon gedruckten Genesis bin ich im allgemeinen meiner Ausgabe von 1926 gefolgt, habe aber das Berliner Papyrusfragment nach der inzwischen erschienenen Ausgabe von Sanders und Schmidt neu verglichen und einige Stellen nach ihm geändert.
> 2) Beim Psalter, dessen Manuskript druckreif vorliegt, habe ich mich naturgemäß, was ja auch ein anderer Herausgeber getan hätte, an den Text meiner großen Ausgabe angeschlossen, aber vom kritischen Apparat nur einen kurzen Auszug gegeben.
> 3) Bei den elf Büchern Exodus bis Regnorum IV beruhen meine Angaben über andere Handschriften auf der großen Septuaginta-Ausgabe von Brooke und McLean, die für diese Bücher bereits erschienen ist.
> 4) Bei den übrigen Büchern werden in erster Linie die Handschriften BSA in der oben dargelegten Weise zugrunde gelegt. Soweit ich andere Handschriften heranziehe, betrachte ich es als selbstverständliche Pflicht des Herausgebers, die Angaben der alten großen Septuaginta-Ausgabe von Holmes und Parsons (Oxford 1798–1827) an dem Material des Septuaginta-Unternehmers zu kontrollieren, wie ich auch anderen Gelehrten daraus Mitteilungen gemacht habe und jederzeit machen würde."[846]

Das Einlegeblatt zur HANDAUSGABE sowie die Vorbemerkungen zu den jeweiligen Büchern und schließlich die textkritischen Apparate selbst ergänzen diese Aussage nun um die im Apparat zitierten Handschriften, Tochterübersetzungen

---

silentio Schlüsse nur bei wichtigen Varianten erlaubt, wie der Vergleich des Apparats in PSALMI CUM ODIS (1931) mit dem des Psalters in der HANDAUSGABE (1935) zeigt (z.B. verzichtete Rahlfs in der HANDAUSGABE [1935] bei Ps. 21[22]₁₉¹ [„$\delta\iota\varepsilon\mu\varepsilon\rho\acute{\iota}\sigma\alpha\nu\tau o$ $\tau\grave{\alpha}$ $\acute{\iota}\mu\acute{\alpha}\tau\iota\acute{\alpha}$ $\mu o\upsilon$ $\acute{\varepsilon}\alpha\upsilon\tauo\tilde{\iota}\varsigma$"] auf die Notation der Variante „$\delta\iota\varepsilon\mu\varepsilon\rho\iota\sigma\alpha\nu\tauo$] $\tau o > S$: ante $\tau\alpha$"). In bestimmten Fällen notierte Rahlfs zudem auch die Zeugenlage für die Lemmalesart vollständig, z.B. in Ps. 100(101)₈¹: „$\alpha\pi\varepsilon\kappa\tau\varepsilon\nu\nu o\nu$ BSᶜ] -$\kappa\tau\varepsilon\nu o\nu$ A, -$\kappa\tau\iota\nu o\nu$ S*" oder in Ps. 104(105)₃₇²: „$\beta\alpha\sigma\iota\lambda\varepsilon\omega\nu$ SAᶜ] -$\lambda\varepsilon\iota\omega\nu$ BA*". Bei konsequenter Anwendung des ‚e silentio Prinzips' hätte auf die Notierung von „BSᶜ" resp. „SAᶜ" verzichtet werden können. Ähnliche Beispiele finden sich auch in Genesis, u.a. in Gen. 24₄₇, wo Rahlfs in der HANDAUSGABE (1935) auf die Notierung des aus Gen. 24₂₃ stammenden und damit eindeutig sekundären Zusatzes $\grave{\alpha}\nu\acute{\alpha}\gamma\gamma\varepsilon\iota\lambda\acute{o}\nu$ $\mu o\iota$ in Hs. A verzichtet.

845 HANDAUSGABE 1 (1935), IV.

846 Archiv der Berlin-Brandenburgischen Akademie der Wissenschaften, PAW (1812–1945), II-VIII-228, 103.

und Editionen, so dass in der Summe nicht weniger als 19 Unzialen, 46 Minuskeln, sieben Tochterübersetzungen, gelegentlich die Zeugnisse einzelner Kirchenschriftsteller und jüdischer Autoren (vor allem des Josephus) sowie die Texte resp. Informationen von diversen Septuaginta-Studien und Teileditionen[847] faktischen Eingang in den Apparat gefunden haben. Im Falle der Psalmen Salomos übernahm Rahlfs den kritischen Text O. von Gebhardts.[848] Aufgrund der ihm in den

---

847 Folgende Editionen und Studien hat Rahlfs für die Erarbeitung von Text und Apparat der HANDAUSGABE (1935) ausgewertet und teilweise auch im Apparat zitiert (nachstehend alphabetisch aufgelistet): Editio Aldina, Venedig 1518 (s. zum Volltitel SWETE, Introduction [²1914], 173, und Eb. NESTLE, Art. „Bibelübersetzungen, griechische" [1897], 5 [= 65]); BEWER, Text des Buches Ezra (1922); CIASCA, Fragmenta Copto-Sahidica (1885–1904); Complutensis (= Complutensische Polyglotte des Kardinal Ximenes), Alcalá 1520 (bereits 1514–1517 gedruckt, s. zum Volltitel SWETE, Introduction [²1914], 171–172, und Eb. NESTLE, Art. „Bibelübersetzungen, griechische" [1897], 4 [= 64]); CORNILL, Ezechiel (1886); DEISSMANN, Das vierte Makkabäerbuch (1900), 149–177; FIELD, Hexapla 1 und 2 (1875); FRITZSCHE, Libri Apocryphi (1871) (zu Rahlfs' Verwendung der Fritzsche'schen Lesarten in der Sap. vgl. ZIEGLER, Sap. [1962], 44, im Sirach-Buch vgl. DERS., Sir. [1965], 49); GEBHARDT, Ψαλμοὶ Σολομῶντος (1895); GRABE, Septuaginta (1707–1720); C. L. W. GRIMM, Handbuch Mac. II–IV (1857); HELBING, Kasussyntax (1928); JOHANNESSOHN, Präpositionen (1925); KAPPLER, De memoria (1929); LAGARDE, Lukian (1883); NIESE, Josephus (1885–1895); Editio Sixtina, Romae 1587 (s. zum Volltitel SWETE, Introduction [²1914], 174–180); SMEND d.Ä., Sirach (1906); SWETE, Septuagint 1–3 (1887/1891/1894); THACKERAY, Grammar I (1909); TISCHENDORF, Septuaginta (1887). Neben seinen eigenen Konjekturen resp. Emendationen führt Rahlfs im Apparat außerdem Konjekturen/Emendationen folgender Forscher auf, die weder innerhalb der Einleitung zur HANDAUSGABE (1935), noch in den jeweiligen Vorbemerkungen der Bücher eigens erwähnt wurden: Bauermeister zu Sap. 18₂₂; Deißmann zu Mac. III 3₂₈; Große-Brauckmann zu Gen. 19₉; Jäger zu Prov. 14₃₃; Klostermann zu Eccl. 5₃; Lagarde (*Genesis graece*) zu Gen. 22₂₂; Schulze zu Mac. III 3₂₇; Smend, teste Wackernagel zu Par. I 12₃₄.

848 Vgl. dazu das Vorwort zu diesem Buch in der HANDAUSGABE (1935): Die Psalmen Salomos fehlen in den alten Handschriften des Alten Testaments und sind erst von einigen Handschriften ab dem 10./11. Jh. bezeugt, die die Weisheitsbücher überliefern (am Anfang des Codex Alexandrinus findet sich ein Überblick über die Bücher des Alten und Neuen Testaments, in dem die 18 Psalmen Salomos zwar registriert sind, ihr Text aber nicht überliefert ist). Deshalb konnte Rahlfs keine der alten Handschriften zur Rekonstruktion des Textes der HANDAUSGABE (1935) heranziehen und adaptierte daher den kritischen Text der ‚hervorragenden Ausgabe' O. von Gebhardts, den er mit Swetes Ausgabe, die auf Hs. 253 basiert, verglich („Ps. Sal. ab antiquis Ueteris Testamenti codicibus absunt, in quibusdam tantum librorum sapientialium codicibus inde ab x./xi. saec. scriptis adsunt [in catalogo librorum Ueteris et Noui Testamenti codici A praefixo ψαλμοι σολομωντος ιη̅ totis bibliis finitis appendicis instar adduntur, textus ipse non adest]. quam ob rem non codicibus usus sum, sed textum ex optima editione Oscari de Gebhardt [...] recepi conferens editionem Swetii codice 253 nixam [...]. quae uncinis < > inclusi, a Gebh. ex coniectura suppleta sunt, partim aliis antecedentibus" [HANDAUSGABE 2 (1935), 471]).

Editionen von Holmes-Parsons,[849] Brooke-McLean,[850] Swete[851] und Tischendorf[852] vorliegenden, recht ergiebigen Materialquellen war es Rahlfs möglich gewesen, im Apparat auch allgemein gehaltene Aussagen über die Zeugenverteilung bei einzelnen Lesarten zu treffen.[853] Fast alle der angeführten Minuskeln und Tochterübersetzungen finden sich als Überlieferungsträger entweder der Rezension des Origenes (*O*), der lukianischen resp. antiochenischen Rezension (*L*) oder der sog. Catenen-Rezension (*C*) im Apparat der HANDAUSGABE.[854] Angesichts des allein z.B. für die 1922 erschienene Probeausgabe des Buches Ruth herangezogenen Materials im Umfang von rund 49 Handschriften und der Tatsache, dass mit der HANDAUSGABE eine Edition der gesamten Septuaginta vorliegt, relativiert sich die hier ausgewertete Zeugenmenge zwar, erweist aber dennoch deutlich die ‚Flexibilität‘, mit der Rahlfs den Ausdruck „nur gelegentlich, wo es wünschenswert erscheint" verwendet hatte.

Im Detail nimmt sich die (eindeutig nachweisbare) Zeugenlage in der HANDAUSGABE wie folgt aus:

In den Büchern des Pentateuchs liegen die Hss. B und A mehr oder weniger vollständig vor,[855] Hs. S hingegen nur äußerst fragmentarisch.[856] In jedem der fünf Bücher führte Rahlfs im Apparat außerdem Lesarten der hexaplarischen Rezension resp. dort überlieferte Asterisken und Obelen an, ohne jedoch deren konkrete Zeugen zu benennen.[857] Im Apparat zu Gen. sind zudem das Papyrusfragment 911 und Hs. M sehr oft sowie die Hss. D L[858] gelegentlich zitiert. Hs. M und Hs. F sind auch in den jeweiligen Apparaten der übrigen vier Bücher des Pentateuchs belegt. In Num. und Deut. zitierte Rahlfs noch Hs. V, in Deut. ein Mal Hs. G und – einigermaßen vollständig sowohl für Lemmalesarten als auch bei wichtigen Varianten – Hs. W.

---

849 Vgl. dazu oben, S. 299, Punkt 4 von Rahlfs' Bericht für die kartellierten Akademien.
850 Rahlfs standen zur Verfügung: BROOKE-MCLEAN, Octateuch (1906–1917), und DIES., The Later Historical Books (1927–1932).
851 SWETE, Septuagint 1–3 (1887/1891/1894).
852 TISCHENDORF, Septuaginta (1887).
853 Vgl. dazu HANDAUSGABE 1 (1935), XVII: Oft gibt Rahlfs an, dass eine Lesart von ‚anderen‘ (al.) als den angegebenen Handschriften, resp. ‚wenigen‘ (pau. = bis zu etwa ¼), ‚mehreren‘ (compl. = etwa ¼ bis ½), ‚vielen‘ (mu. = etwa ½ bis ¾), ‚sehr vielen‘ (pl. = mehr als ¾), den ‚übrigen‘ (rel.) oder ‚allen‘ (omn.) der bekannten Minuskelhandschriften bezeugt ist.
854 Dazu heißt es auf dem Einlegeblatt zur HANDAUSGABE (1935): „Quos codices hae recensiones in singulis libris complectantur, initio singulorum librorum dicitur." Vgl. zu den in der HANDAUSGABE (1935) zitierten Rezensionen unten, ab S. 306.
855 Hs. A ist vollständig, Hs. B bietet Text erst ab Gen. 46$_{28}$ πόλιν.
856 Hs. S liegt vor in Gen. 23$_{19}$ – 24$_{46}$ und Num. 5$_{26}$ – 7$_{20}$ (beide Male allerdings auch nur sehr fragmentarisch).
857 Vgl. dazu unten, S. 307–309.
858 Vgl. zur Entschlüsselung unten, S. 510–512.

Ios. ist in Hs. S nicht überliefert, so dass hier nur die Hss. B A durchgängig notiert worden sind. Daneben finden sich im Apparat relativ häufig Lesarten der Unzialen G M V W, letztere oft bei den Eigennamen in Ergänzung zu den Hss. B A. Die gelegentlich zitierte O-Gruppe ist, wie schon im Pentateuch, von Rahlfs nirgends aufgeschlüsselt worden.[859] Die lukianische Rezension setzt sich aus den Hss. 44 54 75 106 134 zusammen und von den Tochterübersetzungen ist (lediglich in Ios. 18₆) die Sahidische erwähnt.

In Iud. ließ Rahlfs aufgrund der komplizierten textkritischen Verhältnisse den A- und den B-Text parallel untereinander drucken und führte im Apparat zum A-Text häufig Lesarten der hexaplarischen und lukianischen Rezensionen sowie der Codices M und V an, zum B-Text indes allein die des Codex Vaticanus. Die hexaplarische Rezension wird von den Minuskelhss. 19 108 376 426 und der Syrohexapla bezeugt, teilweise auch von den Hss. 15 58 sowie – vor allem in Iud. 9–10 und Iud. 15–21 – von der lückenhaften Hs. G. Die lukianische Rezension überliefern die Hss. 54 59 75 314, teilweise auch die Hss. 44 58 82 106 134 344, in Iud. 10, 11 und 18 auch der fragmentarische Codex K, in Iud. 16–21 die ebenfalls nur fragmentarische Hs. Zⁱ.[860]

Den Apparat zum Buch Ruth beschränkte Rahlfs auf das Zeugnis der beiden Haupthss. B und A, der Hs. M, der O- und der L-Rezension. Die zu diesen beiden Gruppen gehörenden Handschriften lassen sich, ähnlich wie in Gen., lediglich aufgrund der Angaben in der Ruth-Ausgabe von 1922 eruieren und sind in der HANDAUSGABE nicht aufgeführt.[861]

Für die Bücher Reg. I–IV konnte Rahlfs bereits auf umfangreiche Vorarbeiten zurückgreifen,[862] hatte er doch geplant, nach Abschluss der HANDAUSGABE „mit der [großen; CS] Ausgabe der K[öni]ge-Bücher [zu] beginnen“.[863] Dieser Umstand führte dazu, dass der Apparat dieser vier Bücher verhältnismäßig umfangreich geriet: Durchgängig sind die Lesarten von Hs. B verzeichnet. Hs. A[864] bietet in Reg. I–IV, neben der Syrohexapla (in Reg. III und IV)[865] und Hs. 376 (von Reg. I 1₁ bis Reg. II 20₁₈)[866] – in weiten Teilen der Bücher Reg. III und IV unterstützt von Hs. 247, in Reg. IV zudem an vielen Stellen von Hs. 121 –,[867] einen ‚vorzüglichen‘ hexaplarischen Text, weshalb Rahlfs Codex Alexandrinus im Apparat überall dort unter der Sigel „O“ subsummierte, wo die übrigen hexaplarisch beeinflussten Handschriften mit diesem zusammengingen bzw. sich nur geringfügig von ihm unterschieden.[868] Die ebenfalls zitierte lukianische Rezension

---

859 Vgl. dazu unten, S. 307–309.

860 Vgl. HANDAUSGABE 1 (1935), 405.

861 Vgl. oben, ab S. 183, außerdem unten, S. 509.

862 Vgl. insb. SEPT.-STUD. 3 (1911) (s. zum dort verwendeten Material oben, S. 148).

863 Archiv des Septuaginta-Unternehmens der Akademie der Wissenschaften zu Göttingen, Protokollbuch der engeren Septuaginta-Kommission (Eintrag vom 21. Februar 1934), 147.

864 Reg. I 12₁₈ – 14₉ ἑαυτοῖς fehlt in Hs. A.

865 Für den in Syh fehlenden Abschnitt Reg. III 7₁₅ 𝔐 – 8₆₁ und gelegentlich auch in Reg. IV griff Rahlfs auf das Armenische zurück (vgl. HANDAUSGABE 1 [1935], 502.623.693).

866 Vgl. HANDAUSGABE 1 (1935), 502.

867 Hs. 247 bietet von Reg. III 15₈ an bis zum Ende dieses Buches nur noch ganz selten hexaplarische Lesarten (vgl. HANDAUSGABE 1 [1935], 623) und gehört, wie auch Hs. 121, zumindest an vielen Stellen erst wieder in Reg. IV der Gruppe an (vgl. HANDAUSGABE 1 [1935], 693).

868 So HANDAUSGABE 1 (1935), 502: „In quatuor libris Regnorum, cum codices A 247 nec non 376 [...] et Sy [...] textum praecipue hexaplarem praebeant, ego O (editionem Origenis) pro A affero, ubi reliqui codices hexaplares cum A concordant uel paulo tantum differunt.“

setzt sich in Reg. I–IV im Wesentlichen aus den Hss. 19 82 93 108 127 zusammen,[869] in Reg. III zudem aus Hs. Z[II], in Reg. IV aus Hs. 700. Daneben zitierte Rahlfs im Apparat der Bücher Reg. I–IV Lesarten der Hs. V sowie Varianten aus den *Antiquitates Iudaicae* des Josephus[870] überlieferte Varianten, in Reg. I–III solche der Hs. M, in Reg. I und IV der Editio Sixtina, in Reg. I auch Lesarten der Vetus Latina, in Reg. III der äthiopischen Tochterübersetzung sowie gelegentlich (manchmal mit Verweis auf SEPT.-STUD. 1 [1904]) Zitate bei Origenes.

Für die Bücher Par. I–II lag Rahlfs der Text der Hss. B A vollständig vor, der des Codex Sinaiticus nur in Par. I 9₂₇ fin. – 19₁₇. Darüber hinaus sind in den Apparat beider Bücher Lesarten der lukianischen Rezension (bestehend aus den Hss. 19 93 108 und teilweise auch Hs. 121),[871] der Hs. V sowie der Sixtina aufgenommen, in den zu Par. I auch einige der Complutensis und in den zu Par. II, wie schon bei Reg. I–IV, Lesarten aus den *Antiquitates* des Josephus.

In Esdr. I–II sind die Lesarten der Hss. B A, ab Esdr. II 9₉ auch die von Hs. S im Apparat notiert. Als mögliche Vertreterin der hexaplarischen Rezension vermutete Rahlfs in Esdr. II eine aus dem 7. Jh. stammende Überarbeitung des Sinaiticus (Sigel: „S^c“, wobei Rahlfs hierzu bemerkte: „S^c [...] textum ad *O* (et ad *L*?) adaptauit“[872]). Die lukianische Rezension ist in Esdr. I von den Hss. 19 108 bezeugt, in Esdr. II außerdem noch von Hs. 93 und manchmal auch von Hs. 121, wobei im Apparat von Esdr. II nicht nur die Gruppensigel *L* ziemlich oft auftaucht, sondern teilweise auch die Varianten einzelner Vertreter dieser Gruppe dokumentiert sind. Daneben finden sich in beiden Büchern Lesarten der Hs. V, in Esdr. I zudem auch eine aus der Syrohexapla, in Esdr. II einige in der Sixtina überlieferte und zwei von Origenes zitierte Stellen.

Für den Text von Est. konnte Rahlfs auf die Hss. B S A zurückgreifen, zitierte im Apparat außerdem Hs. V und sehr oft und detailliert Lesarten der hexaplarischen Rezension und ihrer einzelnen Vertreter, nämlich der Hss. S^c (vgl. dazu oben) und 58 (resp., wo Hs. 58 in Est. 9₂₂₋₂₇ χρήσονται fehlt, Hs. 583) sowie die jüngere der beiden in Hs. 93 überlieferten Fassungen von Est.[873] Varianten des sog. „*L*-Textes“ in Est.,[874] laut entsprechender Vorbemerkung der HAND-

---

869 Vgl. HANDAUSGABE 1 (1935), 302.

870 Rahlfs zitiert nach NIESE, Josephus (1885–1895).

871 Vgl. HANDAUSGABE 1 (1935), 752.811.

872 HANDAUSGABE 1 (1935), 903.

873 Vgl. zum Text der Hs. 93 die Ausführungen bei HANHART, Est. (1966), 9.15.

874 Vgl. zum *L*-Text insgesamt HANHART, Est. (1966), 87–99. Hinsichtlich seiner Bezeichnung und Charakterisierung heißt es a.a.O., 87 mit Anm. 1 in runden Klammern: „Der ‚*L*-Text‘ ist nicht eine Rezension des *o'*-Textes, sondern eine Neugestaltung der griech. Est-Überlieferung, die in starkem Maß auf dem *o'*-Text beruht (Ich behalte die Bezeichnung ‚*L*‘ bei, weil sie sich in den Kommentaren eingebürgert hat [...] und auch in der Ausgabe von Rahlfs [...] angewendet wird.).“ „Das in der bisherigen Untersuchung gewonnene Bild des *L*-Textes zwingt nun aber zum Schluß, daß der ‚*L*-Text‘ des Est-Buches nichts zu tun haben kann mit der Textform der Bücher der LXX, die als die ‚lukianische Rezension‘ bekannt ist“ (a.a.O., 92). „Soviel ich sehe, beruht die Bezeichnung dieses Textes als ‚lukianischer Text‘ auch eher auf einem Mißverständnis, das daher kommt, daß drei der vier Zeugen des *L*-Textes, die Hss. 19, 93 und 108, zu den Zeugen gehören, die Lagarde für die geschichtlichen Bücher des AT als lukianisch bezeichnet hat. Es ist aber zu beachten, daß weder die Vorgänger Lagardes, Ceriani und Field, die bereits den lukianischen Charakter dieser Handschriften erkannt hatten, noch Lagarde selbst [...] diese Behauptung auf das Est-Buch ausgedehnt hatten, was ja schon darum einer besonderen Erklärung bedurft hätte, weil zwei von diesen Zeugen, 93 und 108, beide Texte überliefern. Die naheliegende, aber irre-

AUSGABE[875] überliefert in den Hss. 19 93 (in der älteren der beiden Fassungen) 108 (ebenfalls in der älteren der beiden in Hs. 108 überlieferten Est.-Versionen), wurden von Rahlfs im Apparat der HANDAUSGABE gar nicht zitiert, lagen diese doch eigenständig ediert in Lagardes Lukian-Ausgabe vor.[876]

Der Apparat zu Idt. dokumentiert die Varianten der Hss. B S A, wobei in Hs. S der Abschnitt Idt. 11₁₃ καθῆκεν – 13₉ αὐτοῦ fast vollständig fehlt. Als Ersatz hierfür – aber auch ansonsten allenthalben – sind fast immer Lesarten der Hs. 58 (resp. Hs. 583; vgl. dazu oben bei Est.) sowie der lukianischen Rezension, vertreten durch die Hss. 19 108, aufgenommen, gelegentlich auch welche aus Hs. V.

Aufgrund der deutlichen Unterschiede zwischen Vulgärtext und S-Text ließ Rahlfs diese beiden Texttypen in Tob. parallel untereinander drucken: Dabei konnte er für den Vulgärtext die Hss. B A V heranziehen, und im Apparat zum S-Text eine vollständige Dokumentation des Codex Sinaiticus bieten (insbesondere in solchen Fällen nämlich, in denen der kritische Text gegenüber Hs. S von eindeutigen Fehlern befreit worden war).[877]

Für die Bücher Mac. I–IV ist in Hs. B kein Text überliefert. Quellen von Mac. I und Mac. IV waren daher primär die Hss. S A, von Mac. II–III ausschließlich Codex Alexandrinus. Außerdem sind relativ häufig notiert Hs. V (in Mac. II sogar überdurchschnittlich oft) sowie (mit Ausnahme von Mac. IV) Lesarten der lukianischen Rezension, vertreten von den Hss. 64 236 381 534 728 in Mac. II und den Hss. 64 236 in Mac. I (dort teilweise auch von den Hss. 19 93) und Mac. III.[878] Im Apparat zu Mac. I und II notierte Rahlfs darüber hinaus oft Vetus Latina-Lesarten,[879] in dem zu Mac. I auch solche der Syrohexapla, der Sixtina und gelegentlich aus den *Antiquitates* des Josephus.

Der Apparat zu Ps. und Od. hebt sich – das hatte Rahlfs in seinem Bericht für die kartellierten Akademien ja bereits angekündigt – hinsichtlich der Materiallage deutlich von den übrigen Büchern ab. Neben den Hss. B S A[880] sind – unter Verweis auf die entsprechenden Teile der PSALMI CUM ODIS-Einleitung – öfter Lesarten der hexaplarischen und lukianischen Rezension aufgeführt,[881] recht häufig auch der Hss. R U 2018 (dieses Fragment trägt heute die Sigel 2015).[882] An einigen Stellen wird Hs. 2013 notiert, außerdem Hs. 1098, selten ein bei Cyprian überliefertes Zitat, ebenso selten eines bei Ambrosius. Von den Tochterübersetzungen sind im Apparat neben

---

führende Verallgemeinerung wurde erst später gemacht, wahrscheinlich zuerst 1890 von Jacob [= B. JACOB, *Das Buch Esther bei den LXX*, Gießen 1890, in: *ZAW 10 (1890)*, 241–298; CS], von dem sie durch die späteren Kommentatoren unbesehen übernommen wurde" (a.a.O., 95).

875 Vgl. HANDAUSGABE 1 (1935), 951.

876 Vgl. LAGARDE, Lukian (1883), 504–540 („Εσθηρ α"). Rahlfs bot in der HANDAUSGABE somit lediglich den *o'*-Text und verzichtete auf Paralleldruck (vgl. dazu HANDAUSGABE 1 [1935], 951, sowie HANHART, Est. [1966], 41 mit Anm. 1).

877 Vgl. HANDAUSGABE 1 (1935), 1002.

878 Vgl. HANDAUSGABE 1 (1935), 1039.1099.1139.

879 So HANDAUSGABE 1 (1935), 1039: „eas lectiones adferre soleo, quae antiquissimae uidentur, uariantibus lectionibus neglectis." Rahlfs zitiert nach DE BRUYNE, Traductions (1932).

880 Es fehlen allerdings in Hs. B Ps. 105(106)₂₇ – 137(138)₆¹ und in Hs. A Ps. 49(50)₂₀ – 79(80)₁₁² αὐτῆς.

881 Vgl. zur Zusammensetzung der beiden Rezensionen PSALMI CUM ODIS (1931), 6, resp. unten, S. 510. Vgl. zum Material von PSALMI CUM ODIS (1931) an sich oben, S. 299.

882 Vgl. RAHLFS, Hss.-Vz. (2004), 211.

insgesamt nur sehr wenigen Lesarten der Vetus Latina-Tradition, recht häufig das *Psalterium Gallicanum* sowie Varianten der für den unter- bzw. oberägyptischen Texttyp wichtigen koptischen Übersetzungen ins Boharische und Sahidische zitiert. Für die Oden wertete Rahlfs die Hss. A R T 55 aus,[883] nannte außerdem an zwei Stellen eine in der Vetus Latina überlieferte Variante.

Wie bei Ps. wurden die Lesarten der drei Hss. B S A auch in den Apparaten der Bücher Prov., Eccl., Cant., Iob, Sap. und Sir. vollständig verzeichnet.[884] Daneben finden sich dort häufig Lesarten der Hss. C und V (in Cant. nur Hs. V) sowie der Syrohexapla als einziger Vertreterin der hexaplarischen Rezension (allerdings nicht in Sap. und Sir.). In Prov. sind zudem Zitate von Augustin und Clemens von Alexandrien aufgeführt, in Eccl. relativ oft Lesarten der Vetus Latina, außerdem solche aus Complutensis und Aldina. Diese beiden Editionen und mehrfach auch die Sixtina finden sich, nebst einer bei Origenes überlieferten Variante, auch im Apparat zu Iob. In Sir. 29$_{23}$ zitierte Rahlfs schließlich (aus SMEND d.Ä., Sirach [1906]) eine Lesart der Vetus Latina.

Den Ps. Sal. legte Rahlfs die von Gebhardt'sche Ausgabe zugrunde, deren Text er mit Swetes, auf Hs. 253 beruhender Handausgabe abglich.[885]

Das für die einzelnen Bücher des Dodekapropheton ausgewertete Material umfasste die Hss. B A, ab Ioel auch Hs. S sowie die Hss. Q V W (W erst ab Am.).[886] Daneben nannte Rahlfs Lesarten der lukianischen Rezension, vertreten durch die Hss. 22 48 51, denen sich oft die Hss. 36 62 147 anschlossen, und der Catenen-Rezension, die in den Hss. 87 91, meist auch den Hss. 97 490 und manchmal vom Korrektor der Hs. Q überliefert ist.[887] Darüber hinaus finden sich im Apparat zu Os., Am., Mich. und Zach. hexaplarische, insbesondere in der Syrohexapla belegte Varianten. Die Syrohexapla ist dezidiert auch im Apparat zu Ion., Nah., Hab. (dort in bei dem auch als Od. 4 überlieferten Text Hab. 3$_{2-19}$ mit Hinweisen auf Aquila, Symmachus, Theodotion und Quinta), Soph., Agg. und Zach. zitiert bei letzterem sind zudem Lesarten aus Hs. 393 genannt. Einziger Hinweis auf die Verwendung von Tochterübersetzungen neben der Syrohexapla findet sich im Apparat zu Mich. 7$_3$, in dem Rahlfs angibt, dass sich ein in Hs. W überlieferter Zusatz so auch in den „versiones aegyptiacae" finde.

Die Materiallage für die drei großen Propheten und das Danielbuch gestaltete sich ähnlich wie beim Dodekapropheton:

Für Is. zog Rahlfs neben den Hss. B S A Q V, der lukianischen Rezension (vertreten durch die Hss. 22 48 51 und teilweise auch die Hss. 36 62 93 147) sowie der Catenen-Rezension (bezeugt durch die drei Catenen-Hss. 87 91 97) die nicht näher aufgeschlüsselte hexaplarische Rezension heran und zitierte außerdem Lesarten der Hss. 393 918 sowie der Sixtina.

Im Apparat zu Ier. nannte Rahlfs neben den Hss. B S A Q V dezidiert die – wie im Dodekapropheton und bei Is. zusammengesetzte – hexaplarische, lukianische und Catenen-Rezension, außerdem die Hss. 86 393, die Syrohexapla sowie Complutensis und Sixtina. Für Bar. und Ep. Ier. fehlt Hs. S, nicht aber das Zeugnis der Hss. B A.[888] Darüber hinaus sind in den Apparaten der beiden Bücher Hs. Q (in Bar. auch Hs. 393) und die lukianische Rezension (in Ep. Ier. auch

883 Vgl. HANDAUSGABE 2 (1935), 164.

884 Vgl. HANDAUSGABE 2 (1935), 183.238.260.271.345.377.

885 Vgl. HANDAUSGABE 2 (1935), 471 (zitiert zu Beginn dieses Abschnitts, S. 300 mit Anm. 848).

886 Vgl. HANDAUSGABE 2 (1935), 490.502.512.519.524.526.530.533.538.542.545.561. Hs. V hatte Rahlfs selbst nicht in seiner Übersicht zu den jeweiligen Büchern aufgeführt, allerdings im Apparat zitiert.

887 Vgl. HANDAUSGABE 2 (1935), 490.

888 Vgl. HANDAUSGABE 2 (1935), 748.765.

die Catenen-Rezension) zitiert.[889] In Thr. liegen Kap. 1₁ – 2₂₀ auch im Sinaiticus vor, der neben den Hss. B A Q, der hexaplarischen, der lukianischen und der Catenen-Rezension als Zeuge im Apparat angeführt ist.

Ab Ez. fällt Hs. S als Zeuge vollends aus, so dass nur noch die Hss. B A vollständig aufgenommen worden sind. Im Apparat zu Ez. finden sich zudem Lesarten der Hss. Q V 393, der hexaplarischen, lukianischen und Catenen-Rezension,[890] der Syrohexapla und ein bei Origenes überliefertes Zitat.

Den ϑ'- und den o'-Text von Sus., Dan., Bel et Dr. hatte Rahlfs schließlich wieder parallel untereinander drucken lassen. Für den o'-Text verwertete er Hs. 88 und die eng mit ihr verwandte Syrohexapla,[891] für den – in der Mehrheit aller Handschriften bewahrten[892] – Theodotion-Text zog er die Hss. B A sowie die lukianische Rezension heran, die ihm in den Hss. 22 48 51 vorlag. Im Apparat zu Sus. und Dan. zitierte Rahlfs außerdem Hs. Q, in dem zu Dan. und Bel et Dr. Hs. V und ausschließlich zu Dan. noch Hs. 393, ein Mal hexaplarische und gelegentlich die Catenen-Rezension sowie Lesarten der Complutensis.

3.3 Die Identifizierung rezensioneller Überarbeitungen

Auch bei der Herstellung der HANDAUSGABE, deren Konzeption von den drei Teileditionen *einzelner* Septuaginta-Bücher abwich, bildete die modifizierte Lagarde'sche ‚Urtexthypothese' für Rahlfs den methodischen Ausgangspunkt. Aus diesem Grund schickte er (wie schon bei den Editionen der Bücher Ruth und Genesis), gleichsam als unabdingbare Prolegomena, auch dem in der HANDAUS-GABE rekonstruierten Text einen Abriss der Transmissionsgeschichte der Septuaginta voraus, der abgesehen von einer inhaltlichen Abweichung hinsichtlich der hesychianischen Rezension meist wortwörtlich[893] der Einleitung zum Buch Ruth und vor allem der zur Genesis entsprach und so – auf jüdischer Seite – insbesondere die Überarbeitungen resp. Neuübersetzungen durch Aquila, Symmachus und Theodotion, auf christlicher Seite die von Hieronymus bezeugte *trifaria varietas* hervorhob. Angesichts des für eine Handausgabe limitierten Umfangs, beschränkte sich Rahlfs auf die Zuordnung des ihm zur Verfügung stehenden

---

889 Vgl. zur Zusammenstellung dieser Gruppen unten, ab S. 307.

890 Vgl. zu deren Konstitution unten, S. 318–320.

891 Vgl. zur Charakteristik dieser beiden Zeugen ZIEGLER, Sus./Dan./Bel et Dr. (²1999), 22–50 (= von O. Munnich auf Grundlage der 1. Auflage von 1954 verfasster Abschnitt).

892 Vgl. HANDAUSGABE 2 (1935), 864 („Theodotionis uersio libri Danielis paulum immutata in ecclesia mox ita uiguit, ut antiqua uersio paene interiret").

893 Anstelle der in RUTH (1922), 13–14, und GENESIS (1926), 15, nachgewiesenen speziellen Textfamilien und Rezensionen wird am Ende der transmissionsgeschichtlichen Einleitung zur HANDAUSGABE die im Prophetenkorpus nachweisbare Catenen-Rezension genannt (vgl. HAND-AUSGABE 1 [1935], XIV).

Materials zu einer dieser vier größeren Texttypen: und zwar so weit wie möglich *buchweise* und bei zu detaillierter Überlieferungssituation reduziert auf die jeweiligen Hauptgruppen.[894]

(a) Die hexaplarische Rezension (*O*)

Den *O*-Text innerhalb der Handschriftenüberlieferung ermittelte Rahlfs aufgrund der allgemein bekannten und im Zuge der Vorarbeiten zu seinen bis dahin erschienenen Editionen verifizierten Rezensionsmethoden des Origenes (die „drei Säulen hexaplarischer Tätigkeit"[895]), der bekanntlich den Septuaginta-Text, markiert durch Asterisken und Obelen, dem hebräischen Text durch (1) Zusätze und (2) Auslassungen sowie auch durch (3) Umstellungen angeglichen hatte.[896]

Aus welchen Handschriften sich die Sigel *O* in den einzelnen Büchern jeweils konstituiert, ist aus den Angaben in der HANDAUSGABE selbst nicht immer ersichtlich. Fest steht, dass Rahlfs die Syrohexapla für alle in ihr enthaltenen Bücher (außer Ps.)[897] als Hauptzeugin der hexaplarischen Rezension annahm.[898] Für den Pentateuch scheint er sich an seinen Ergebnissen in der Genesis-Ausgabe von 1926 orientiert zu haben,[899] die er mithilfe der Ausgaben von Brooke-McLean in den Büchern Exod. bis Deut. und wohl auch für Ios. bestätigt sah. Der Vergleich der Ausgaben mit dem Handschriften-Verzeichnis legt nahe, dass sich die *O*-Gruppe jener sechs Bücher in der HANDAUSGABE wenigstens aus den Hss. G 15 58 72 82 376 sowie der Syrohexapla zusammensetzt.

Laut Peter Walters (Katz) sei *O* im Pentateuch meistens dort zitiert, wo die Angabe eines diakritischen Zeichens zur Charakterisierung einer aus den Hss. B S A stammenden Variante

---

894 Vgl. z.B. HANDAUSGABE 1 (1935), 1099. Dort weist Rahlfs darauf hin, dass er die von W. Kappler identifizierte lukianische Untergruppe „*l*" nie mit aufgenommen hatte, obgleich sie ihm bekannt war. Auch die ihm durch seine eigenen Editionen der Bücher Ruth und Gen. bekannte Transmissionsgeschichte dieser Bücher fand keine detaillierte Aufnahme in den Apparat der HANDAUSGABE (letztlich gilt dies auch für den Psalter, dessen Textgeschichte jedoch verhältnismäßig ausführlich aufgenommen ist), sondern blieb auf die großen Texttypen resp. die Angaben von Lesarten einzelner Handschriften beschränkt.

895 ZIEGLER, Sus./Dan./Bel et Dr. (²1999), 29 (= von O. Munnich auf Grundlage der 1. Auflage von 1954 verfasster Abschnitt).

896 Als Quellen des hexaplarischen Materials dienten Rahlfs die Edition von Field (FIELD, Hexapla 1 und 2 [1875]) sowie die Syrohexapla (CERIANI, Codex Syro-hexaplaris [1874]). Vgl. HANDAUSGABE 2 (1935), 864. Vgl. zum grundsätzlichen Verfahren der Verifizierung der hexaplarischen Rezension oben, S. 188–193 und S. 242–245.

897 Vgl. dazu oben, S. 242–245.

898 So auch HANHART, Rechenschaftsbericht (2005), 452.

899 Vgl. dazu unten, S. 509–510.

hilfreich war.[900] In der Tat finden sich für diese Beobachtung zahlreiche Beispiele,[901] daneben gibt es aber in den Büchern Num., Deut. und Ios. gelegentlich auch solche Fälle (oft bei Eigennamen), in denen O als (einziger) Zeuge des Lemmas auftritt.[902] In den übrigen Büchern der HANDAUSGABE, in denen Rahlfs eine hexaplarische Rezension ausmachen konnte, erscheint – so Walters den diffizilen Befund simplifizierend – O „frequently in the apparatus, but only where [it] contribute[s] to the constitution of the text".[903]

Die Zusammensetzung der O-Gruppe in Iud. entspricht mit den Hss. G 15 19 58 108 376 426 sowie der Syrohexapla im Wesentlichen der des übrigen Oktateuch (im Buch Ruth setzt sich O – das zeigt der Vergleich mit Rahlfs' ‚Probeausgabe' – aus den Hss. 19 108 [beide bis Ruth 4₁₀] 376 426 und Syh zusammen).[904] Die hexaplarische Rezension der Bücher Reg. I–IV identifizierte Rahlfs, nachdem er schon in den SEPT.-STUD. 1 *Origenes' Zitate aus den Königsbüchern* analysiert hatte, insbesondere im Text der Hss. A 247 376 und der Syrohexapla. In Reg. IV tritt zu diesen darüber hinaus Hs. 121 hinzu, in Reg. III–IV auch das Armenische. Die Aufstellung zeigt bisher, dass die ‚Kronzeugen' für die hexaplarische Rezension der Bücher Gen. bis Reg. IV mit Hs. 376 und der Syrohexapla vorliegen.

In Par. I–II, den apokryphen Büchern Esdr. I, Idt., Tob. und Mac. I–IV, außerdem in Od., einigen Weisheitsschriften[905] und in acht der Kleinen Propheten[906] sowie schließlich noch in Bar. und Ep. Ier. war es Rahlfs nicht möglich gewesen, Lesarten einer hexaplarische Rezension nachzuweisen, die er im Apparat hätte anführen können.[907]

Für Esdr. II vermutete er hexaplarisches Gut lediglich in den Änderungen eines Überarbeiters des Codex Sinaiticus (S^c), wobei er als Textvorlage dieses Korrektors jedoch auch die lukianische Rezension nicht ausschließen konnte, wohingegen er sich für Est. sicher war, in S^c und den Hss. 58 93 den O-Text vorliegen zu haben.[908] Für die hexaplarische Rezension des Psalters konnte er auf seine Edition von 1931 zurückgreifen.[909] In den Büchern Prov., Eccl. und Cant. setzte er die Syrohexapla mit der Formel „O = Sy"[910] dem O-Text gleich. Zur hexaplarischen Rezension des Buches Iob heißt es in Rahlfs' Vorbemerkung: „O in hoc libro multos stichos olim a 𝕲 atque etiam nunc a Sa absentes ex alio interprete (plerumque ϑ′) suppleuit, quos, cum omnes fere iam in antiquissimis codicibus graecis adsint, in textu retinui, sed exemplaria hexaplaria (Sy, La[...], paucos codices graecos, cf. Field) secutus asteriscis adpinctis signaui [...]"[911] Bei den neben Syrohexapla und Vetus Latina genannten ‚wenigen griechischen Handschriften' handelte es sich um diejenigen Codices, aus deren Lesarten Field seine Ausgabe der hexaplarischen Fragmente von Iob bestückt hatte: vornehmlich Catenen-Handschriften, die Ziegler später dann – sofern er

---

900 Vgl. WALTERS (Katz), Text of the Septuagint (1973), 11.

901 Vgl. u.a. Gen. 2₄ 27₃₁; Exod. 5₁₂ 10₉ 25₃; Leu. 1₃ 42₁; passim auch in Num., Deut. und Ios.

902 Vgl. z.B. Num. 26₂₇.₃₁.

903 WALTERS (Katz), Text of the Septuagint (1973), 11.

904 Vgl. unten, S. 509.

905 Es sind dies die Bücher Sap., Sir. und Ps. Sal.

906 Es sind dies Ioel, Abd., Ion., Nah., Hab., Soph., Agg. und Mal.

907 In welchen dieser Bücher Rahlfs im Apparat die Syrohexapla zitiert, ohne diese mit der hexaplarischen Rezension gleichzusetzen, zeigen die Ausführungen oben, S. 298–306.

908 Vgl. HANDAUSGABE 1 (1935), 951, und zum Text der Hs. 93 oben, S. 303–304.

909 O = 2005 1098 GaHi(Uulg.); vgl. unten, S. 510.

910 HANDAUSGABE 2 (1935), 183.238.260.

911 HANDAUSGABE 2 (1935), 271.

sie überhaupt berücksichtigte[912] – in seiner Edition des Buches Iob meist der Catenen-Gruppe zuordnen konnte.[913]

Nicht dezidiert, aber dennoch eindeutig ist die Syrohexapla auch Grundlage der hexaplarischen Notationen (meist in Form von Angaben diakritischer Zeichen) im Apparat der prophetischen Bücher Os., Am., Mich., Zach., Is., Ier. und Thr. Im Text von Ez. hatte Origenes viele Ergänzungen *sub asterisco* vorgenommen, von denen zahlreiche in den übrigen der Rahlfs zur Verfügung stehenden Handschriften ebenfalls überliefert waren. Und auch Hs. B, die solche Zusätze nicht bot, wies durchaus mehrfach an verschiedener Stelle eine Abhängigkeit vom hexaplarischen Texttyp auf.[914] Wegen dieser besonderen Überlieferungslage sind die in O überlieferten Lesarten und diakritischen Zeichen im Apparat zu Ez. sehr oft zitiert.[915] Im Falle des parallel gedruckten Danielbuches verwies Rahlfs im ϑ'-Teil[916] ein Mal – in Dan. 4₃ – auf eine Entsprechung der hexaplarischen Rezension mit einer Auslassung von Hs. B. Quelle war ihm dabei das im o'-Teil ausgewertete Material, d.h. die Randlesarten von Hs. 88 und der Syrohexapla: Diese beiden „Schwesterhandschriften'[917] überlieferten beide nicht den reinen alten Septuaginta-Text, sondern eine von Origenes erweiterte und mit Asterisken und Obelen versehene Textform, weshalb Rahlfs keinen diplomatischen Abdruck dieser hexaplarischen Rezension bieten wollte,[918] sondern hier auf Grundlage beider Zeugen einen kritischen Text rekonstruierte, den er als den ältesten erreichbaren Septuaginta-Text vermutete.[919]

---

912 So Ziegler, Iob (1982), 129: „Von den zahlreichen Catenen-Hss. des Iob konnte nur ein Teil für den Bibeltext kollationiert werden."

913 Vgl. Field, Hexapla 2 (1875). 1–3, und Ziegler, Iob (1982), 151–152.194. Bei den von Field aufgeführten Handschriften handelte es sich um die folgenden (Gruppenangabe aus Zieglers Ausgabe, sofern die entsprechende Handschrift in dessen Edition aufgenommen worden war, stehen in Klammern): 137 (C) 138 (C) 139 (C) 161 248 (b) 249 (II) 250 (C) 252 (b) 255 (C) 256 (C) 258 (C) 259 (c) 555 559 560.

914 So Handausgabe 2 (1935), 770: „in hoc libro Origenes permulta sub ✳ (plerumque ex ϑ') suppleuit, quae omnia in B desunt, multa in reliquis codicibus addita sunt, unde elucet reliquos codices textum ex O suppletum praebere; sed etiam B passim pendet ex O."

915 In seiner Edition von Ez. ermittelte Ziegler als Zeugen der hexaplarischen Hauptgruppe die Hss. Q 88 sowie die Syrohexapla. Alle diese Handschriften waren auch Rahlfs bekannt gewesen, Hs. Q von ihm im Apparat zu Ez. ebenfalls sehr oft notiert. Vgl. Ziegler, Ez. (³2006), 32–44.

916 Vgl. dazu oben, S. 306, Anm. 892.

917 Ziegler, Sus./Dan./Bel et Dr. (²1999), 23.

918 Dazu dann später Ziegler, Sus./Dan./Bel et Dr. (²1999), 50: „Insgesamt bestätigt der Überblick 88-Syh als zuverlässige Zeugen der hexaplarischen Rezension. Die über die genuin rezensionellen Eingriffe hinaus zu registrierenden Angleichungen stimmen mit dem Bild der hexaplarischen Zeugen in anderen Büchern überein" (= von O. Munnich auf Grundlage der 1. Auflage von 1954 verfasster Abschnitt).

919 In Handausgabe 2 (1935), 864, heißt es vollständig: „ambo testes [sc. *88 und Syh*] mire concordantes (Dan. 11₄₂ ambo γαις γαιαις: Γ 1° pro T) antiquam uersionem praebent non meram, sed ab Origene auctam et asteriscis obelisque instructam, cf. subscr. libri canonici iuxta 88 (sim. Sy) δανιηλ κατα τους ο' · εγραφη εξ αντιγραφου εχοντος την υποσημειωσιν ταυτην Εγραφη εκ των τετραπλων εξ ων και παρετεθη (i. e. notis instructus est); quam ob rem in marg. amborum codicum multae ‚notae hexaplares' inueniuntur. ego non textum tetraplarem ipsum edidi, sed in marginem relegans ea, quae Origenes sub ✳ addidit (plerumque ex ϑ'; nomen auctoris tacere

(b) Die lukianische Rezension (*L*)

Nicht zuletzt dank seiner wissenschaftlichen Prägung durch Lagarde gehörte zu Rahlfs' eigener Auseinandersetzung mit den Textformen der Septuaginta geradezu unausweichlich die Frage nach der Charakteristik der lukianischen Rezension. Aufgrund der durch Hieronymus ermöglichten historischen und lokalen Verortung[920] bildete den Ausgangspunkt für die Identifizierung der lukianischen Rezensionstätigkeit innerhalb der Handschriftenüberlieferung der Vergleich mit den vor allem von Theodoret, aber auch von Johannes Chrysostomus zitierten Bibelstücken.[921] Dass Lukians Rezension von vornherein (im Gegensatz zum wissenschaftlichen Anliegen des Origenes) für den praktischen Gebrauch bestimmt gewesen ist, erklärt ihre vor allem im Psalter nachweisbare starke Verbreitung als kirchlicher Lesetext, der beinahe alle übrigen Textformen verdrängt hatte.[922] Ein konsequent angewandtes Rezensionskriterium, wie es für Origenes festgestellt werden konnte, ließ sich für Lukians Tätigkeit allerdings nicht ermitteln, und Rahlfs konstatierte bereits 1911 im Hinblick auf die Königsbücher, dass „der Hauptcharakterzug dieser Rezension [...] das Fehlen eines klaren Prinzips" sei.[923]

---

soleo), uersionem principalem, quoad fieri potuit, restituere conatus sum. – in hac uersione ab Origene recensita antecedit liber canonicus, cui inscriptum est δανιηλ κατα τους ο′, sequuntur capita apocrypha Sus. et Bel-et-Dr." Vgl. auch ZIEGLER, Sus./Dan./Bel et Dr. (²1999), 22–23.

920 Vgl. dazu das Zitat von Hier. praef. Vulg. Paralip. oben, S. 130.

921 So heißt es schon im 1909 erschienenen Jahresbericht über das Septuaginta-Unternehmen: „Den Lukiantext hat man, vor allem mit Hilfe der alttestamentlichen Zitate bei den aus der Schule des Lukian stammenden antiochenischen Kirchenvätern, für manche Bücher in bestimmten Handschriften, die eine eigentümliche Textform enthalten, schon mit Sicherheit nachweisen können [...]" (KOMMISSION, Bericht [1909], 131).
Und in der RUTH-STUDIE (1922) heißt es: „Über die Varianten innerhalb 𝔏's ist, sofern es sich nicht um bloße Schreibfehler handelt, nur schwer ein Urteil zu gewinnen, da die Rezension Lukians zwar gewisse, in § 8 dargelegte Tendenzen erkennen läßt, aber doch ziemlich willkürlich und nicht, wie die hexaplarische, von einem klaren, überall einheitlich durchgeführten Prinzip bestimmt ist, vgl. Sept.-Stud. 3, § 574. Unter diesen Umständen sind uns die Zitate Theodorets, die allerdings nur einen kleinen Teil unsers Büchleins umfassen (§ 73), besonders wertvoll, da sie – vorausgesetzt, daß sie uns in ihrer ursprünglichen Fassung überliefert sind, was wir bis zum Beweis des Gegenteils annehmen dürfen – die Stelle einer Hs. aus der Mitte des V. Jahrh. vertreten" (a.a.O., 95).

922 Vgl. dazu oben, S. 245–250.

923 SEPT.-STUD. 3 (1911), 293. Vgl. dazu schon die oben, S. 150, zitierte Schlussthese von Rahlfs, dass es sich beim lukianischen Texttyp um „keine einheitliche Größe im strengen Sinne" handele, sondern „vielmehr Lucian bei den verschiedenen Büchern nach verschiedenen Grundsätzen gearbeitet oder Mitarbeiter gehabt hat, die sich seine Grundsätze wohl im großen und ganzen aneigneten, aber in manchen Einzelheiten von ihm abwichen" (beide Zitate: SEPT.-STUD. 3 [1911],

Diesen Eindruck fand er auch im Buch Ruth bestätigt und hielt fest, dass Konsequenz hier „nicht seine [sc. *Lukians*] starke Seite" gewesen sei.[924]

Im Vorwort zur HANDAUSGABE konnte Rahlfs aufgrund seiner Editionserfahrungen summarisch festhalten: „Dabei [sc. *bei seiner Überarbeitung der Septuaginta*] folgte er [sc. *Lukian*] manchmal wie Origenes dem Urtexte und den jüngeren Übersetzungen, aber sehr oft bearbeitete er die LXX auch ganz frei unter allerlei grammatischen und stilistischen Gesichtspunkten, z. B. ersetzte er unter dem Einflusse der attizistischen Zeitströmung hellenistische Formen der LXX wie ἐλάβοσαν, εἶπαν, τὸ ἔλεος durch die attischen ἔλαβον, εἶπον, ὁ ἔλεος."[925]

Von der in den SEPT.-STUD. 3 (1911) hinsichtlich der Königsbücher in den Blick genommenen und auch im Rahmen der Psalter-Edition erneut gestellten, indes nicht beantworteten Frage nach genauer Identifizierung des protolukianischen Textes hatte Rahlfs im Rahmen der HANDAUSGABE gänzlich Abstand genommen:[926] Die zur Klärung dieses ihm durchaus bewussten Problems ebenfalls schon in den SEPT.-STUD. 3 geforderte systematische Untersuchung der lukianischen Rezension im gesamten griechischen Alten Testament konnte angesichts von Anspruch und Aufgabe der HANDAUSGABE zwangsläufig kein Bestandteil von deren Vorarbeiten sein, vielmehr mussten sich die Gruppierungen auf Rahlfs' eigene Arbeiten und auf die (dann von ihm verifizierten) Erkenntnisse Dritter stützen.[927]

---

295). Vgl. zu den Eigenheiten der lukianischen Rezension und ihrem Nutzen bei der Herstellung des ältesten erreichbaren Septuaginta-Textes auch Eb. NESTLE, Zur Rekonstruktion (1899), bes. 123–126.

924 RUTH-STUDIE (1922), 87.

925 HANDAUSGABE 1 (1935), XIII. Vgl. schon RUTH-STUDIE (1922), 85, Anm. 2 (zitiert oben, S. 197) und auch die entsprechenden Ausführungen zur lukianischen Rezension des Psalters (oben, ab S. 245): Korrekturen nach dem hebräischen Text sowie attizistische Angleichungen, stilistische Verfeinerungen und inhaltliche Simplifizierungen seien – bei aller bereits erwähnten Inkonsequenz ihrer Anwendung – die wesentlichen Merkmale der Rezensionstätigkeit Lukians resp. seiner Schüler. Auf diese Ergebnisse der Rahlfs'schen Analyse verwies in der Einleitung zu seiner Edition des ersten Makkabäerbuches auch Werner Kappler („Über die Art und Weise der Lukiankorrekturen vgl. die beiden Arbeiten von A. Rahlfs, Lucians Rezension der Königsbücher [...] und Studie über den griech. Text des Buches Ruth [...]" [KAPPLER, Mac. I (1936), 26, Anm. 3 = DERS., De memoria (1929), 34]). Noch FERNÁNDEZ MARCOS, Septuagint in Context (2000), 197, hält an Rahlfs' Ergebnissen in einer knappen Zusammenfassung der Charakteristika lukianischer Rezensionstätigkeit fest (*L* habe viele Zusätze aus *O* übernommen und ansonsten vor allem stilistische Korrekturen durchgeführt).

926 Vgl. dazu oben, ab S. 123 und S. 266.

927 Vgl. zu diesem Themenkomplex (inkl. der Frage nach dem protolukianischen Text) insgesamt oben, S. 150–151.

Innerhalb der einzelnen Bücher der Septuaginta lassen sich in der HANDAUSGABE fünf Sektionen ermitteln, in denen sich die lukianische Rezensionen aus einem jeweils – mehr oder weniger – einheitlichen Handschriftenbestand konstituiert. Es sind dies (1) die Bücher Ios., Iud. und Ruth, (2) die Bücher Reg. I–IV, Par. I–II, Esdr. I–II und Idt., (3) die Bücher Mac. I–III, (4) der Psalter sowie (5) das Prophetenkorpus. Keinen *L*-Text konnte Rahlfs seinerzeit indes im Pentateuch sowie in den Büchern Est., Tob., Mac. IV, Od. und den *libri sapientiales* identifizieren.

Den Kern der lukianischen Rezension in den drei Büchern der ersten Sektion bilden die Hss. 54 75, denen hier ein Text zugrunde liegt, der besonders eng mit Theodoret verwandt ist. In Ios. wird *L* zudem von den Hss. 44 106 134 bezeugt, zitiert allerdings lediglich im B-A-Parallel-abschnitt Ios. 15$_{21-62}$ sowie in Ios. 22$_{12.19}$.[928] In Iud., wo *L* im Apparat des A-Textes genannt wird, und im Buch Ruth treten zu den beiden Hauptvertretern die Hss. 59 314, in Iud. teilweise auch die Hss. K Z^{l} 44 58 82 106 134 344, in Ruth die Hss. 19 (ab Ruth 4$_{11}$) 82 93 108 (ebenfalls erst ab Ruth 4$_{11}$).[929] Anders als in Ios. ist *L* nun – auch in den übrigen vier Sektionen – im Apparat häufig angeführt, meist dort, „where [*it*] contribute[*s*] to the constitution of the text",[930] gelegentlich auch (in allen Sektionen) mit Sonderlesarten, sogar einzelner ‚Gruppenmitglieder‘, deren Kenntnis dem Benutzer der HANDAUSGABE einen besseren Eindruck vom Charakter der lukianischen Rezension vermitteln soll.[931] Grundlage dieser Gruppierungen bildeten neben RUTH-STUDIE (1922) und RUTH (1922) die 1909 von E. Hautsch verfasste Abhandlung über den ‚Lukiantext des Oktateuch‘.[932] Hautschs Ergebnisse konnte Rahlfs anhand der Kollationen bei Holmes-Parsons, vor allem aber bei Brooke-McLean verifizieren und die Unzialen anhand der gedruckten Editionen vergleichen.[933]

Hauptzeugen der lukianischen Rezension in den Büchern der zweiten Sektion[934] sind – das hatte Rahlfs anhand der Lagarde'schen Lukian-Ausgabe und vor allem der eigenen Analysen in

---

928 Vgl. hierzu WALTERS (Katz), Text of the Septuagint (1973), 11.

929 Vgl. zur lukianischen Rezension des Buches Ruth oben, S. 194–199.

930 WALTERS (Katz), Text of the Septuagint (1973), 11.

931 Vgl. z.B. Ruth 2$_{19}$ 3$_3$ Esdr. II 21$_{13fin}$ Mac. II 14$_3$ Ps. 77(78)$_{57}$ Is. 11$_{11fin}$ Ez. 23$_{48}$ Dan. 5$_{10}$. Einzig in Reg. I–IV ließ Rahlfs viele *L*-Sonderlesarten unter Verweis auf seine SEPT.-STUD. 3 (1911) unerwähnt (vgl. HANDAUSGABE 1 [1935], 502). Unverständlich ist in diesem Zusammenhang die Aussage von FERNÁNDEZ MARCOS, Antiochene Edition (2013), 58, dass die HANDAUSGABE (1935) „takes no account of the readings of the Lucianic group of manuscripts", stellte Rahlfs in seinen Vorbemerkungen zu Reg. I–IV doch lediglich fest, dass er unzählige *Sonderlesarten* der lukianischen Rezension unerwähnt gelassen habe („huius editionis innumeras lectiones singulares [...] praetereo" [HANDAUSGABE 1 (1935), 502]), während er die Lesarten der *L*-Gruppe indes ständig anführte. Erstaunlicherweise beruft sich auch Fernández Marcos auf eben diese Vorbemerkung, scheint sie allerdings missverstanden zu haben.

932 Die Ios.-Gruppierung steht bei HAUTSCH, Lukiantext (1909), 534–535 (= 19–20), die Iud.-Gruppierung a.a.O., 541 (= 26). Vgl. zur lukianischen Rezension in Iud. auch Rahlfs' Ausführungen in RAHLFS, Rez. Sperber (1930), bes. 105. Zur *L*-Gruppe im Buch Ruth vgl. unten, S. 509.

933 Hs. K war kollationiert worden bei Brooke-McLean und herausgegeben von TISCHENDORF, Monumenta (1855), 139–176, Hs. Z^{l} von TISSERANT, Codex Zuqninensis rescriptus (1911), 1–38 (vgl. RAHLFS, Hss.-Vz. [1914], 275).

934 Es sind dies Reg. I–IV, Par. I–II, Esdr. I–II und Idt. Vgl. dazu HANDAUSGABE 1 (1935), 502.565.623. 693.752.811.873.903.973.

den Sept.-Stud. 1 und 3,[935] verglichen mit den Kollationen bei Brooke-McLean feststellen können – die Hss. 19 und 108, denen sich - außer in Esdr. I und Idt. - noch Hs. 93 anschließt. In Reg. I–IV gehören zu *L* außerdem die Hss. 82 und 127,[936] in Reg. III tritt in den Kapiteln 2–8 und 21 die fragmentarische Hs. Z[II], in Reg. IV Hs. 700 hinzu. In Par. I–II und Esdr. II ist der lukianische Text schließlich außer von den Hss. 19 93 108 teilweise auch von Hs. 121 bezeugt.

Die Zusammenstellung der Zeugen für den lukianischen Text in Mac. I–III übernahm (und adaptierte) Rahlfs aus Werner Kapplers 1929 erschienener Dissertation *De memoria alterius libri Maccabaeorum*.[937] Dort waren die Hss. 64 236 381 534 728 als Hauptgruppe *L* zusammengefasst, wobei Rahlfs in seiner Vorbemerkung die Hss. 381 534 728 lediglich unter „al[ii]." subsummierte.[938] Aus den Untersuchungsergebnissen Kapplers konnte er Rückschlüsse auf die Konstitution der Rezension in den Büchern Mac. I und III ziehen und dort – in Aufnahme der schon von C. L. W. Grimm erkannten Zusammengehörigkeit der Hss. 19 64 93[939] – ebenfalls die beiden Hss. 64 236 als Hauptzeugen des *L*-Textes bestimmen, in Mac. I zudem teilweise auch die Hss. 19 93.[940] Für Hs. 64, deren Text bei Mac. III 6₁₃ abbricht,[941] lagen die Kollationen von Holmes-Parsons vor,[942] Hs. 236 hingegen war dort nicht aufgenommen worden,[943] so dass Rahlfs Kenntnis von deren Text allem Anschein nach durch die im Septuaginta-Unternehmen vorhandenen Fotografien erhalten hatte. Dass er dann in Mac. IV auf die weitere Notation (und Kollation) von Hs. 236 – die mit recht hoher Wahrscheinlichkeit auch dort lukianischen Text überliefert[944] – verzichtet hatte, wird seinen Grund im Fehlen dieses Buches bei Holmes-Parsons einerseits, in der Anlage

---

935 Vgl. dazu oben, ab S. 126 und ab S. 143.

936 In Reg. III und IV gehören diese beiden Handschriften nicht immer, aber meistens zu *L* (Hs. 127 ist manchmal von *O* abhängig; vgl. Handausgabe 1 [1935], 623.693).

937 Vgl. Handausgabe 1 (1935), 1099. Vgl. zu Kappler unten, S. 284, Anm. 789.

938 Handausgabe 1 (1935), 1099.

939 Vgl. C. L. W. Grimm, Handbuch Mac. I (1853), XXXIII. Laut Emil Kautzsch sei die Identifizierung der „fast immer zusammengehenden Minuskeln 19. 64. 93" als „die Recension Lucians" schon „längst durch de Lagarde und Field festgestellt" (Kautzsch, Mac. I [1900], 32). Grimm, dessen Publikation ja bereits 1853 erschienen war, wird in diesem Zusammenhang von Kautzsch nicht erwähnt. Auch Otto Fritzsche, dessen 1871 erschienene Ausgabe der apokryphen Schriften von Rahlfs bei der Erstellung der Handausgabe (1935) ebenfalls verwendet worden war, hatte die Zusammengehörigkeit dieser drei Hss. in den Makkabäerbüchern erwähnt (vgl. Fritzsche, Libri Apocryphi [1871], XIX).

940 Vgl. Handausgabe 1 (1935), 1039.1099.1139.

941 Vgl. Rahlfs, Hss.-Vz. (1914), 191.

942 Vgl. Rahlfs, Hss.-Vz. (1914), 191–192.

943 Vgl. Rahlfs, Hss.-Vz. (1914), 248.

944 Als Hauptzeugen der lukianischen Rezension in Mac. IV hatte der (Mit-) Herausgeber der „Göttinger Septuaginta" des zweiten und dritten Makkabäerbuches, Robert Hanhart, in den 1980er Jahren die Hss. 236 534 728 benannt (zitiert bei Klauck, Mac. IV [1989], 679; vgl. dazu insgesamt a.a.O., 678–680 mit Anm. 163). Diese Gruppierung greifen auch Hiebert/Dykstra, Computer (2013), bes. 109, wieder auf, erweitern sie a.a.O., 112 (dort für Kap. 5), noch um Hs. 491 (Hiebert, der Herausgeber der „Göttinger Septuaginta" von Mac. IV, sieht diese Zusammensetzung der *L*-Gruppe schließlich für das gesamte vierte Makkabäerbuch bestätigt; schriftliche Mitteilung vom 26.02.2014).

der HANDAUSGABE und den für eine kritische Ausgabe des vierten Makkabäerbuches von Adolf Deißmann schon im Jahre 1900 skizzierten Vorarbeiten anderseits haben.[945]

Für den Psalter, d.h. die vierte Sektion, konnte Rahlfs auf seine Ausführungen zum lukianischen Text resp. zum Vulgärtext in den SEPT.-STUD. 2 und vor allem in PSALMI CUM ODIS zurückgreifen. Hinter der im Apparat der HANDAUSGABE öfters zitierten Sigel L verbergen sich daher „mehr als 75 Hss. des gewöhnlichen Textes nach den Angaben von H.-P.",[946] außerdem – je nach durch Vergleich mit der Edition von 1931 ermittelbarer Überlieferungssituation – die dort als lukianisch identifizierten Zeugen B^c S^c R^c Z T 1046 2040.[947]

Den Ausgangspunkt für die Ermittlung der lukianischen Rezension im Prophetenkorpus (Sektion 5) bildete das Vorwort Frederick Fields zu seiner Ausgabe der Hexapla, wo es heißt:

> „Transeamus ad Prophetas, in quibus Luciani recensio, nisi nos omnia fallunt, ea est quae in undecim libris Holmesio-Parsonsianis 22, 36, 48, 51, 62, 90, 93, 144, 147, 233, 308, necnon apud Chrysostomum et Theodoretum, et in lectionibus anonymis in margine Codicis Ambrosiani Syro-hexaplaris charactere medio pictis, consona voce continetur."[948]

Für die grundsätzliche Verortung dieser elf Handschriften war nun zunächst Rahlfs' Beobachtung wichtig, dass die Reihenfolge der ersten sechs Kleinen Propheten im griechischen Text von der des hebräischen Textes, dessen Anordnung der Bücher allerdings auch in den Catenen-Handschriften und der lukianischen Rezension bezeugt werde, abwich.[949] Hieraus ergab sich im Hinblick auf die lukianische Rezension bereits die Aussonderung der Hss. 90 (Catene und daher von Rahlfs für L nicht in Betracht gezogen) und 233 (griech. Reihenfolge und daher schon von der Anordnung her nicht zu L gehörig), zu denen aufgrund ihres nur geringen Textumfangs, der eine textgeschichtliche Verortung zu aufwändig, wenn nicht gar unmöglich machte, die Hss. 144 308 traten.[950] Aus den übrigen sieben Handschriften konstituiert sich innerhalb des

---

945 Vgl. DEISSMANN, Das vierte Makkabäerbuch (1900), 149–150. Rahlfs selbst verweist auf dieses Buch in HANDAUSGABE 1 (1935), 1157.

946 PSALMI CUM ODIS (1931), 6.

947 Vgl. z.B. Ps. 106(107)32 in der HANDAUSGABE ($καθεδρα$ L] -$δραις$ SA) und der Psalmen-Edition von 1931 ($καθεδρα$ Bo La Ga L″ 1219˙ 2029 = 𝔐] -$δραις$ S Sa R A). Hinter der Sigel L″ verbergen sich neben den unter L subsummierten Minuskeln auch die in PSALMI CUM ODIS (1931), 6, genau aufgeführten Zeugen (u.a. eben B^c S^c R^c Z T 1046 2040). Vgl. zur Konstitution von L im Psalter oben, S. 245–250, sowie unten, S. 510.

948 FIELD, Hexapla 1 (1875), lxxxviii. Fields Gruppierung bildet auch den Ausgangspunkt für teilweise Kritik bei PROCKSCH, Studien (1910), 77, wo Procksch u.a. die Zugehörigkeit der Hss. 62 147 zu L bestreitet (nicht aber begründet). Vgl. auch RAHLFS, Rez. Procksch (1910), 704. Fields (und damit auch Rahlfs') Gruppierung wird indes auch von ZIEGLER, Duodecim prophetae (1943), 70, bestätigt – die Hss. 62 147 bilden dort die erste lukianische Untergruppe (II).

949 „Duodecim prophetarum minorum ordo graecus differt ab hebraico: sex priores in 𝔊 sunt Os. Am. Mich. Ioel Abd. Ion., in 𝔐 (et LC) Os. Ioel Am. Abd. Ion. Mich.; sex posteriores in ambis eundem tenent ordinem Nah. Hab. Soph. Agg. Zach. Mal." (HANDAUSGABE 2 [1935], 490). So schon RAHLFS, Rez. Oesterley (1909), 630.

950 Zu Hs. 144 bemerkt Rahlfs: „Coll. von Pent., Dan. (einschließlich der apokryphen Stücke), XII proph. bei HoP unter der Sigel ,130' (in der Praef. ad Pent. wird die Hs. irrtümlich als ,131' angeführt, aber im Apparat zum Pent. wird sie, wie in Dan. und XII proph., als ,130' bezeichnet).

gesamten Prophetenkorpus die lukianische Hauptgruppe mit den Hss. 22 48 51. Hierzu treten im Dodekapropheton und in Is. teilweise Hs. 36, oft auch die beiden Hss. 62 147; in Is. schließt sich den sechs genannten noch Hs. 93 an, die von den Prophetenbüchern zwar nur eben dieses eine überliefert, wegen ihrer Bedeutung gerade in der zweiten Sektion (Reg. I–IV etc.) jedoch auch hier aufgenommen worden war. Für die lukianische Rezension von Ier. verwies Rahlfs auf die Dodekapropheton- und Is.-Gruppierung, ohne die jeweiligen Handschriften jedoch noch einmal dezidiert zu nennen.[951] Und auch im Apparat zu Ez. wird *L* ziemlich oft zitiert, obwohl aus den Vorbemerkungen keine Angaben über die Konstitution der Gruppe hervorgehen. Da – laut den entsprechenden Vorbemerkungen – die lukianische Rezension in Sus., Dan., Bel et Dr. wiederum in den Hss. 22 48 51 überliefert ist,[952] liegt es nahe davon auszugehen, dass sich diese drei Handschriften, deren Kollationen Rahlfs durch Holmes-Parsons und Lagardes Nachlass zugänglich waren,[953] auch bei Ier. (inkl. Bar., Thr. und Ep. Ier.) und Ez. hinter der Sigel *L* verbergen. Der Vergleich mit der von Joseph Ziegler im Rahmen der „Göttinger Septuaginta" vorgenommenen Handschriftengruppierung bestätigt diese Vermutung.[954] Darüber hinaus von einer Zugehörigkeit der bei Is. angegebenen Hss. 36 62 93 147 zu *L* in Ier. und Ez. auszugehen, scheint indes fraglich: Hs. 93 ist wegen ihres Textumfangs sofort auszuscheiden, Hs. 36 gehört bereits im Dodekapropheton lediglich teilweise zu *L*,[955] springt auch in Is. schon oft vom lukianischen Text ab, „bietet den alten Sept.-Text"[956] und geht – laut Ziegler – schließlich auch in Ier. und Ez. öfters eigene Wege, indem sie entweder auch dort den alten Septuaginta-Text überliefert oder sich der Catenen-Gruppe anschließt.[957] Anders als die Handschriften der Kerngruppe war Hs. 36 somit für Rahlfs kein zuverlässiger Zeuge, so dass er auf deren Berücksichtigung gerade im Rahmen der HANDAUSGABE gut verzichten konnte. Und ebenso verfuhr er wohl auch mit den eng verwandten,[958] doch schon im Dodekaproheton und bei Is. nur oft, aber nicht immer lukianischen Hss. 62 147, da zudem in Hs. 147 Ier. und auch das Ende von Dan. sowie die apokry-

---

Coll. von Ios.–Par. II, Is., Ier. (+ Bar.) bei HoP unter der Sigel ‚144' [...]" (RAHLFS, Hss.-Vz. [1914], 318–319). Die Angabe in Fields Ausgabe bezog sich hinsichtlich Hs. 144 also nur auf Is. und Ier., so dass eine Übernahme der Kollationen aus Holmes-Parsons, die auch Hs. 130 hätte berücksichtigen müssen, gemessen an ihrem Kontrollaufwand im Rahmen einer Handausgabe nicht mehr zu rechtfertigen gewesen wäre. Hs. 308 enthält lediglich Is. 17–66, außerdem Theodorets Kommentar zum Dodekapropheton und den Kommentar des Basilius zu Is. 1–16 (vgl. a.a.O., 263).

951 Vgl. HANDAUSGABE 2 (1935), 656.

952 Vgl. HANDAUSGABE 2 (1935), 864.870.936.

953 Die Hss. 48 51 sind vollständig bei Holmes-Parsons kollationiert (vgl. RAHLFS, Hss.-Vz. [1914], 67.266), Hs. 22 jedoch „außer der Ep. Ier. und den apokr. Stücken des Dan.", vollständig abgeschrieben allerdings von Lagarde: „Göttingen, Codd. Lagard. 24¹, 25 und 26" (beide Zitate: RAHLFS, Hss.-Vz. [1914], 113). Dass Rahlfs die (gegenüber Holmes-Parsons mehr Vertrauen erweckenden) Abschriften Lagardes benutzt hatte, geht aus der Tatsache hervor, dass er Hs. 22 dezidiert auch als *L*-Zeugin für Sus. und Bel et Dr. angibt (vgl. HANDAUSGABE 2 [1935], 864.936).

954 Vgl. ZIEGLER, Ier. (³2006), 79–92, bes. 79, und DERS., Ez. (³2006), 44–57, bes. 44.

955 Vgl. dazu ZIEGLER, Duodecim prophetae (1943), 73.

956 ZIEGLER, Is. (³1983), 76. Hs. 36 gehört dort zur dritten lukianischen Untergruppe (*LIII*).

957 Dies ist die Erkenntnis bei ZIEGLER, Ier. (³2006), 81, und DERS., Ez. (³2006), 46.

958 So ZIEGLER, Is. (³1983), 75: „Gemeinsame fehlerhafte Sonderlesarten zeigen, daß die beiden Hss. 62-147 einen ‚codex archetypus' voraussetzen [...]." Vgl. auch DERS., Duodecim prophetae (1943), 74, und DERS. Ez. (³2006), 35.

phen Danielstücke fehlten,[959] Hs. 62 orthographisch „schlecht geschrieben"[960] sei, außerdem in Ier. bereits passagenweise unrezensierten Text biete[961] und beide Handschriften schließlich in Ez. derart viele hexaplarische Sonderlesarten überlieferten,[962] dass schon Cornill sie wegen ihres hexaplarischen Charakters nicht mehr unter die lukianischen Zeugen gerechnet hatte,[963] weshalb Rahlfs dessen Entscheidung (nach Vergleich mit Fields Hexapla-Ausgabe) folgen und sie auch für Dan. – von Ziegler später bestätigt[964] – übernehmen konnte.

(c) Die hesychianische Rezension

In seinen 1907 erschienenen SEPT.-STUD. 2 hatte Rahlfs – gestützt auf seine Ergebnisse von 1899 bezüglich des Alters und der Heimat von Codex Vaticanus und dessen vermuteter Nähe zur hesychianischen Rezension[965] – noch fest angenommen, im unterägyptischen Texttyp des Psalters eine (wenn auch nur geringfügige) Rezensionstätigkeit Hesychs ausmachen zu können, die anhand der übrigen Septuaginta allerdings noch genauer verifiziert werden müsse.[966] Und er erwähnte diese Rezension Hesychs auch in seinem transmissionsgeschichtlichen

---

959 Vgl. RAHLFS, Hss.-Vz. (1914), 173.

960 ZIEGLER, Ier. (³2006), 83. Vgl. auch DERS., Is. (³1983), 75.

961 Dazu ZIEGLER, Ier. (³2006), 82: „Auffallend ist, daß 62 in Kap. 44–49 nicht lukianisch, sondern nur manchmal lukianisiert ist, also gewöhnlich den alten unrezensierten Text überliefert."

962 So ZIEGLER, Ez. (³2006), 35, der Hs. 62 der hexaplarischen Untergruppe (o) zuordnet und feststellt, dass diese Handschrift „das letzte Stadium der hexaplarischen Bearbeitung aufzeigt, durch die auf der Grundlage der Übersetzung des Aquila ihr Text bis auf die letzten Partikeln der hebr. Vorlage angeglichen wurde. Im ganzen überliefert 62 (teils allein, teils in Verbindung mit ihrer Schwesterhs. 147) rund 800 Sonderlesarten, die deshalb besonders wichtig sind, weil sie […] auf Aquila zurückgehen. Die Varianten von 62 sind ohne weiteres als Aquila-Lesarten zu erkennen, wenn sie durch anderweitige Überlieferung mit Namen uns aufbewahrt sind; aber auch wenn keine namentliche Bezeugung vorliegt, ist gewöhnlich leicht zu ersehen, daß hinter der Lesart von 62 (und 147) Aquila steht" (ebd.).

963 Vgl. CORNILL, Ezechiel (1886), 65 (die bei Field genannten Hss. 62 90 147 233 seien nicht lukianisch, sondern teilten lediglich „mit Lucian eine Anzahl von hexaplarischen Zusätzen" [ebd.]). Vgl. auch den entsprechenden Hinweis bei PROCKSCH, Studien (1910), 77.

964 Vgl. ZIEGLER, Sus./Dan./Bel et Dr. (²1999), 142–145.

965 Dort vermutete Rahlfs aufgrund ihrer auf den alexandrinischen Patriarchen Athanasius zurückgehenden Anordnung der einzelnen biblischen Bücher, dass Hs. B den offiziellen Text der alexandrinischen/ägyptischen Kirchenprovinz überliefere, den Hieronymus mit Hesych in Zusammenhang gebracht hatte. Vgl. oben, ab S. 123.

966 Vgl. dazu KOMMISSION, Bericht (1909), 131 („Ueber dem Hesychtext liegt noch tiefes Dunkel").

Überblick zu RUTH (1922) und GENESIS (1926), obwohl er sie unter deren Zeugen freilich nicht ausfindig machen konnte:[967]

> „Auch von einer dritten Rezension berichtet Hieronymus noch. Sie ging auf einen uns nicht näher bekannten Hesychius zurück und herrschte um 400 in Ägypten. Vermutlich hatte sie damals auch schon ein Alter von etwa einem Jahrhundert."[968]

In der Einleitung zu PSALMI CUM ODIS (1931) war dann von diesen Vermutungen der SEPT.-STUD. 2 (1907) keine Rede mehr, und Hesych wurde kein einziges Mal erwähnt.[969] In der HANDAUSGABE schließlich ergänzte Rahlfs die Ausführungen aus RUTH und GENESIS um einen Satz, der als letzte Äußerung zu dieser Frage und als Begründung dafür verstanden werden sollte, dass Hesych, wie schon in der Psalter-Edition, auch in der gesamten HANDAUSGABE keine Rolle mehr spielte:

> „Es ist bisher noch nicht sicher gelungen, diese dritte Rezension nachzuweisen."[970]

Definitiv ist diese Aussage jedoch nicht gemeint: „bisher" bedeutete lediglich, dass Rahlfs sein Urteil nur bezüglich derjenigen Bücher fällte, deren Zeugen einmal gründlich untersucht worden waren. Es konnte (und kann) also durchaus im Bereich des Möglichen liegen, dass in anderen Büchern der Septuaginta noch Spuren der hesychianischen Rezension zutage treten. So hielt Rahlfs' Erwartung, etwaige Indizien für diese Rezension in den Handschriften zu entdecken, in folgerichtiger Übereinstimmung mit seinem ‚historischen' Editionsansatz an.[971] Die Hoffnung, diese Rezension tatsächlich finden zu können, war allerdings mit jeder Edition, d.h. mit Rahlfs' wachsender Kenntnis des Septuaginta-Textes geschwun-

---

967 Vgl. dazu oben, S. 200 und S. 209–213.
968 RUTH (1922), 13 = GENESIS (1926), 15.
969 Vgl. dazu genauer oben, S. 231–234. Diese Tatsache wird völlig ignoriert von DÖRRIE, Geschichte der Septuaginta (1940), 105–106, dagegen korrekt dargestellt von JELLICOE, Hesychian Recension (1963), 409–410.
970 HANDAUSGABE 1 (1935), XIV. So auch BAUER, Alfred Rahlfs (1934/35), 64: „Hesych verschwindet im Grunde ganz. R. nimmt in der Handausgabe (1935, S. XIV) von ihm mit der Erklärung Abschied, es sei bisher nicht sicher gelungen, ihn nachzuweisen."
971 So auch das Schlusswort von JELLICOE, Hesychian Recension (1963), 418: „Not all, be it observed, has been negative. Dr. Orlinsky has recently entered a *caveat* against a skepticism arising from lack of sufficient evidence for the life of Hesychius. Very little more, he reminds us, is known, for example, of Theodotion and Symmachus; 'yet Hesychius' existence,' he urges, 'is surely not more shadowy than theirs.'"

den, und verebbte daher bei ihm in ein *Non liquet*.[972] Der in der Einleitung zur HANDAUSGABE festgestellte *Status quo* ist – zumindest in den Bänden der „Göttinger Septuaginta" und der von ihr abhängigen Forschung[973] – bislang unverändert geblieben.[974]

(d) Die Catenen-Rezension (*C*)

Mit der Sigel *C* bezeichnete Rahlfs in der HANDAUSGABE schließlich „[...] eine andere, etwas jüngere Rezension [*als* O *und* L; *CS*] die sich in der großen Catena in XVI prophetas findet"[975] und nur im Apparat der Prophetenbücher (mit Ausnahme der Bücher Bar., Sus. und Bel et Dr.) zitiert ist. Zu ihr gehören im Dodekapropheton die bei Holmes-Parsons lediglich für Hab. kollationierte und daher für die übrigen Prophetenbücher nicht auswertbare Hs. 490, vor allem aber die (ebenfalls bei Holmes-Parsons kollationierten) Catenhss. 87 91 97, die bereits Faulhaber als „die wichtigsten römischen Catenenhandschriften zu sämtlichen 16 Propheten" beurteilt und beschrieben hatte.[976] Aus den drei zuletzt genannten Handschriften konstituierte sich auch der Text der Catenen-Rezension in Is. und

---

972 Zu Unrecht behauptet deshalb FERNÁNDEZ MARCOS, Septuagint in Context (2000), 242, dass Rahlfs „denied the existence of this recension".

973 Statt von einer hesychianischen Rezension sprach Joseph Ziegler in der Einleitung zur 1939 erschienenen Is.-Ausgabe vom „Text der alexandrinischen Gruppe", den „man bis jetzt gewöhnlich mit der von Hieronymus genannten Rezension des Hesychius in Verbindung bringen [*wollte*]. Jedoch ist diese Rezension nur an einer einzigen Stelle, nämlich in der Praefatio des Hieronymus zu den Paralipomena, geschichtlich bezeugt; dann ist sie zu blaß und kaum greifbar, und schließlich ist sie zeitlich nicht einreihbar" (beide Zitate: ZIEGLER, Is. [³1983], 23; a.a.O., 22, nennt er Hieronymus als Urheber der Bezeichnung „alexandrinischer Text" in dessen Kommentar zu Is. 58₁₁ [ebd. zitiert]). Auch in Ez. und im Dodekapropheton konnte Ziegler diesen Typus ausmachen (vgl. ZIEGLER, Duodecim prophetae [1943], 39–52, sowie DERS., Ez. [³2006], 29–32). Der Bezeichnung „alexandrinischer Text" entspricht in gewissem Sinne, dass Rahlfs in seiner Psalter-Ausgabe statt einem hesychianischen einen unter- und einen oberägyptischen Texttyp postuliert (vgl. dazu oben, S. 231–237). Vgl. zu den ‚Charakteristika' des alexandrinischen Textes die Darstellung bei FERNÁNDEZ MARCOS, Septuagint in Context (2000), 246.

974 FERNÁNDEZ MARCOS, Septuagint in Context (2000), 244, konstatiert: „[...] we can state that research on the Hesychian recension is in deadlock from which it is difficult to emerge without the help of new data from tradition or new methodological approaches." Vgl. auch a.a.O., 197.

975 HANDAUSGABE 1 (1935), XIV. Von den verschiedenen Catenen zu den Prophetenbüchern hatte Rahlfs, das zeigt seine Rezension zu Procksch (z.B. RAHLFS, Rez. Procksch [1910], 703–704), Kenntnis u.a. durch FAULHABER, Propheten-Catenen (1899), und KARO/LIETZMANN, Catalogus (1902), 1–66.299–350.559–620.

976 FAULHABER, Propheten-Catenen (1899), XI. Vgl. a.a.O., 1–17.

Ier. und wohl auch in Ez. und Dan., obgleich Rahlfs in den Vorbemerkungen zu diesen Büchern über *C* keine ausdrücklichen Angaben macht.[977]

Joseph Ziegler, der in den für die „Göttinger Septuaginta" edierten Prophetenbüchern – wie Rahlfs im Wesentlichen auch – als Zeugen der Catenen-Hauptgruppe die Hss. 87 91 490 identifizieren konnte,[978] charakterisiert die Gruppe in den einzelnen Bänden wie folgt (nachstehend in der Reihenfolge ihres Erscheinens aufgeführt):

In Is. zeigten „gemeinsame, sinnlose Fehler", dass die Zeugen der Catenen-Hauptgruppe „auf einen ‚codex archetypus' zurückgehen; dieser scheint eine Unziale gewesen zu sein".[979] Diese Archetypus-These behielt Ziegler auch für die übrigen Prophetenbücher bei.[980] Für Is. überliefere *C* (grundsätzlich, doch keineswegs überwiegend von *O* beeinflusst) an manchen Stellen Sonderlesarten des hexaplarischen Textes, ebenso wie bestimmte Umstellungen nach dem Hebräischen und verschiedene Lesarten der drei jüngeren Übersetzer.[981]

Im Dodekapropheton[982] weise *C* zahlreiche Auslassungen von im *O*-Text obelisierten Stellen auf, woran deutlich die spät-hexaplarische Entwicklungsstufe der Catenen-Rezension erkennbar werde.[983] Daneben finde man in *C* aber „noch eine Menge anderer Auslassungen, die nicht durch 𝔐 bedingt", vielmehr „wohl nur zufälliger Art" seien.[984] Auch eine Reihe von Wortlautänderungen „grammatisch-stilistischer Natur"[985] seien für *C* typisch, wenn auch manches Mal nur zufällig entstanden. „Eine besonders nahe Beziehung zeigt *C* zu *O* (= Q^mg oder Q^c + Syh)."[986] Diese Beobachtung bestätige die vor Rahlfs im Dodekapropheton manchmal („interdum"[987]) vorgenommene Zuordnung von Q^c zu *C*. Daneben konnte Ziegler eine partielle Abhängigkeit der Catenen-Rezension von der lukianischen Rezension ausmachen und beschließt seine Ausführungen mit dem Fazit, „daß die Catenen-Gruppe starken hexaplarischen Einfluß zeigt, daß sie aber ebenso eine durchgreifende Revision erfahren hat, die eine Reihe von Stellen aus innergriech[ischen] Gesichtspunkten und teils nach Lukian korrigiert hat".[988]

Anders als im Dodekapropheton seien im *C*-Text in Ez. „die Auslassungen nach 𝔐 selten",[989] häufiger hingegen solche gegen den masoretischen Text, obgleich „gewöhnlich nur kleine Teile (Präpositionen, Pronomina usw.)" betreffend.[990] Einigermaßen auffällig seien insgesamt die

977 Vgl. HANDAUSGABE 2 (1935), 490.566.656.
978 Lediglich in Is. tritt Hs. 309 und in Ier. Hs. 567 hinzu. Hs. 97 hatte Ziegler nicht aufgenommen (vgl. z.B. ZIEGLER, Ez. [³2006], 11, oder DERS., Ier. [³2006], 11).
979 ZIEGLER, Is. (³1983), 93.
980 Vgl. ZIEGLER, Duodecim prophetae (1943), 90; DERS., Ez. (³2006), 58; DERS., Ier. (³2006), 93; nur bedingt DERS., Sus./Dan./Bel et Dr. (²1999), 150.
981 Vgl. ZIEGLER, Is. (³1983), 93.95.
982 Vgl. zum Folgenden ZIEGLER, Duodecim prophetae (1943), 96–102.
983 Vgl. ZIEGLER, Duodecim prophetae (1943), 98.
984 ZIEGLER, Duodecim prophetae (1943), 98.
985 ZIEGLER, Duodecim prophetae (1943), 99.
986 ZIEGLER, Duodecim prophetae (1943), 100.
987 HANDAUSGABE 2 (1935), 490.
988 ZIEGLER, Duodecim prophetae (1943), 102.
989 ZIEGLER, Ez. (³2006), 59. Vgl. zum Folgenden a.a.O., 59–61.
990 ZIEGLER, Ez. (³2006), 59.

Wortlautänderungen, häufig wieder grammatisch-stilistischer Art, manchmal durch innergriechische Verderbnis, selten im Anschluss ans Hebräische.[991] Im Gegensatz zum Dodekapropheton zeige „die Catenen-Gruppe in Ezechiel nur wenige Berührungen mit dem hexaplarischen Text. *C* allein überliefert niemals hexaplarische (asterisierte) Zusätze, sondern nur mit anderen Rezensionen und Gruppen, namentlich mit der lukianischen Rezension".[992] Daher sei der Catenen-Texttyp in Ez. zwar deutlich von *L* und noch stärker von der alexandrinischen Textform (vertreten u.a. von Hs. A) abhängig, bleibe aber an etlichen Stellen autonom und habe seine Vorlage des Öfteren abgewandelt.[993]

In Dan. bestätigte sich das gewonnene Bild, und so hielt Ziegler fest: „Die von der *C*-Gruppe vertretenen Lesarten sind wenig charakteristisch; meistens sind es Wortlautänderungen grammatisch-stilistischer Art [...]. Nach 𝔐 korrigierte Lesarten überliefert *C* nicht allein, sondern nur im Gefolge von *O* und *L*. Ursprüngliche Lesarten werden von *C* selten bezeugt [...]."[994]

Und schließlich entspricht der bisher beschriebenen Charakteristik der Catenen-Hauptgruppe – im Großen und Ganzen – auch die von Ier.:[995] Dort habe die hebräische Textvorlage kaum Einfluss auf den *C*-Text genommen, dessen ohnehin seltenen Angleichungen ans Hebräische der hexaplarischen und lukianischen Rezension entstammten. *C*-Eigenheiten seien hingegen wiederum zumeist grammatisch-stilistisch motiviert, an einigen Punkten in Abhängigkeit von *L*. Und wie schon in Ez. gehe *C* auch in Ier. am häufigsten mit Hs. A zusammen.

3.4 Ertrag: Der Mythos von der ‚Handausgabe von 1935'

In einer im Juli 2006 gehaltenen Rede stilisiert Robert Hanhart die HANDAUSGABE, deren *editio altera* er besorgt hatte, als die das Rahlfs'sche „Lebenswerk beschließende Edition", in der dieses zusammengefasst sei.[996] Dass die HANDAUSGABE freilich keineswegs den *geplanten* Abschluss des Rahlfs'schen Œuvres, sondern eher eine (leidige) Nebenarbeit darstellte, ist bereits oben, S. 274–283, gezeigt worden.[997] In welchem Sinn sie jedoch tatsächlich als ‚Zusammenfassung seines Lebenswerkes' gelten kann, lässt sich mit dem oben (S. 298–320) geführten Nachweis begründen, in welchem Ausmaß sie in den einzelnen Büchern auf den Ergebnissen von Rahlfs' Abhandlungen und Editionserfahrungen fußte (vor allem der SEPT.-STUD. 1–3, der RUTH-STUDIE sowie den Ausgaben RUTH, GENESIS und PSALMI CUM ODIS).

---

991 So ZIEGLER, Ez. (³2006), 59–60.
992 ZIEGLER, Ez. (³2006), 60.
993 Vgl. ZIEGLER, Ez. (³2006), 60–61.
994 ZIEGLER, Sus./Dan./Bel et Dr. (²1999), 150.
995 Vgl. zum Folgenden ZIEGLER, Ier. (³2006), 94–98.
996 HANHART, Die Editio altera (2008), 3 (vgl. auch a.a.O., 4).
997 Vgl. dort auf S. 277, Anm. 758.

Der HANDAUSGABE war und ist – wie es Lietzmann und Schwartz schon im Jahre 1931 erwartet resp. befürchtet hatten[998] – ein enormer buchhändlerischer Erfolg beschieden: „Grob geschätzt werden es wohl um die 300.000 Exemplare sein, die seit 1935 hergestellt und verbreitet wurden."[999] Allein schon diese Zahl veranschaulicht, dass die HANDAUSGABE – trotz der großen ‚Göttinger' Edition – zu einem Standardwerk geworden ist, das seit bald achtzig Jahren nicht allein „Studenten und Pfarrern" als „Hilfsmittel fürs Studium nicht nur des Alten, sondern auch des Neuen Testaments" dient,[1000] sondern (auch heute noch) eine wesentliche Textgrundlage der Septuaginta-*Forschung* bildet.

Doch gerade das Faktum ihrer enormen Wirkungsgeschichte, in der sie mitunter geradezu mythologisiert wurde, widerspricht der – von Anfang an nicht anders beabsichtigten – Anlage der HANDAUSGABE als einer der „Göttinger Septuaginta" lediglich vorangehenden, nicht aber deren Abschluss bildenden *editio critica minor* (‚Interims-Ausgabe'[1001]). Bereits 1959 hatte Joseph Ziegler konstatiert:

> „Es ist auffallend, dass manche Textkritiker immer noch zu den kleinen Handausgaben (Swete, Rahlfs) greifen, wenn sie eine LXX-Lesart zitieren. Gewiss mögen in manchen Fällen die Handausgaben genügen, aber für textkritische Untersuchungen sind sie unzureichend [...]. Wenn man die Göttinger LXX-Ausgabe ignoriert, kann es passieren, dass man völlig ungenügende und nichtssagende Angaben macht [...]."[1002]

Wie aber erklärt sich dieser ungebrochene wissenschaftliche Gebrauch des Rahlfs'schen Textes (und Apparates) gerade auch bei solchen Büchern der Septuaginta, die längst als Teil der ‚Göttinger' *editio critica maior* erschienen sind?

Die früheste und ausführlichste Rezension der HANDAUSGABE, im Jahre 1936 verfasst von Peter Katz,[1003] nimmt – neben einer Würdigung der außerordentlichen Editionsleistung Rahlfs' – vor allem die Funktion der HANDAUSGABE im Hinblick auf die noch ausstehende *editio critica maior* in den Blick: „Sie [*die ‚Handausgabe von 1935'; CS*] bildet nicht einen Abschluß, wie Swete, sondern einen Neuanfang. Mit den Fragen, die sie ausspricht oder für den Kundigen birgt, ist sie ein unüberhörbarer Aufruf zur Mit- und Weiterarbeit."[1004] Seine detaillierte

---

998 Vgl. dazu oben, S. 280–283.

999 Schreiben von Dr. Rolf Schäfer, Deutsche Bibelgesellschaft Stuttgart, vom 10. Januar 2014.

1000 Beide Zitate: HANDAUSGABE 1 (1935), IV.

1001 Vgl. PLACHTA, Editionswissenschaft (³2013), 17.

1002 ZIEGLER, Vorlage Is.-LXX (1959/1971), 38, Anm. 3.

1003 KATZ, Rez. Handausgabe (1936).

1004 Beide Zitate: KATZ, Rez. Handausgabe (1936), 267. Vgl. auch Katz' Äußerungen zwanzig Jahre später: „Rahlfs left a complete edition. Its basic foundations are thoroughly sound, others

Besprechung einzelner textkritischer und editionstechnischer Sachverhalte ergänzt Katz daher folgerichtig um „etwa 1200 Besserungsvorschläge" für die große Ausgabe.[1005]

War die Materialbeschränkung als Teil der Gesamtkonzeption „der Punkt, der an seiner [sc. *Rahlfs'*] Edition von Anfang an auch am meisten angefochten worden ist",[1006] so bildete die von Katz erhobene Forderung zur *Weiter*arbeit am kritischen Text auch die Grundlage für eine konstruktive Auseinandersetzung mit der HANDAUSGABE im Rahmen des Göttinger Septuaginta-Unternehmens. Bedeutung hat(te) Rahlfs' Text hierbei „als rein numerische Grundlage für die editio maior der Göttinger Septuaginta [...], von der her erst die Textrekonstruktion von Rahlfs, die auch heute der Ausgangspunkt bleibt, auf Grund der auf ihre Zeugen und ihren Zeugenwert umgeschriebenen Zeugenzahlen neu überprüft, bestätigt oder in Frage gestellt werden muss".[1007]

---

can build on it" (KATZ, Septuagintal studies [1956], 191).

1005 Beide Zitate: KATZ, Rez. Handausgabe (1936), 274. HANHART, Die Editio altera (2008), 4, hält diesen Ansatz von Katz, der s.E. zwar zu einer Verbesserung der HANDAUSGABE (1935), nicht aber zu einer *editio critica maior* resp. deren endgültiger *editio critica minor* führen sollte, im Blick auf Rahlfs' Konzeption für unangemessen.

1006 HANHART, Die Editio altera (2008), 5. Gemeint sei damit „die konsequente Konzentration auf die ältesten Unzialen [...] – an erster Stelle auf den Vaticanus – und, soweit sie damals bekannt und gesichert waren, auf die Zeugen der beiden christlichen Rezensionen, der hexaplarischen des Origenes und der antiochenischen des Lukian, darüber hinaus aber nur noch die summarisch zählende, nicht mehr wertende Registrierung weiterer Zeugen" (a.a.O., 5–6). Vgl. auch DERS., Rechenschaftsbericht (2005), 458: „Es wird zugegeben werden müssen, dass das quantifizierende Verfahren einer lediglich numerischen Angabe von Zeugen, die den allein konsequent mit Namen genannten drei wichtigsten Unzialen zugeordnet wird, der anfechtbarste – auch heute noch am meisten angefochtene – Punkt in der Editionsmethode von Alfred Rahlfs ist [...]." DERS., Die Editio altera (2008), 6, weiter: „Diese Ausblendung eines großen Teils der Überlieferung konnte an einigen Stellen zur Folge haben, dass wertvolle Textformen, die auch für die Rekonstruktion des ursprünglichen Textes in Frage kommen, unberücksichtigt blieben." Auch hält Hanhart manche der summarischen Angaben im Apparat der HANDAUSGABE (1935) für zu weitgehend und ändert sie daher in seiner Überarbeitung (Editio altera, Stuttgart 2006) ab: „Es sind Verbesserungen wie z.B., in 1 Esdr. i 3 der Nachtrag zu υιος *L*[†] zu der von Rahlfs notierten Variante ο του B[†] ο υιος του rel., durch den ein zu summarischer Gebrauch der als ‚reliqui' zusammengefassten übrigen Überlieferung präzisiert wird [...]" (HANHART, Rechenschaftsbericht [2005], 457).

1007 HANHART, Rechenschaftsbericht (2005), 459. Allerdings ist Hanharts apodiktische Behauptung, der Text der HANDAUSGABE (1935) bleibe ‚Ausgangspunkt' der Textrekonstruktion für die ‚Göttinger' *editio critica maior*, zu relativieren.

Die Rezeption der HANDAUSGABE fiel in den einzelnen Editionen der „Göttinger Septuaginta"
und den Mitteilungen des Septuaginta-Unternehmens (MSU) je nach Herausgeber unterschiedlich aus.

Ziegler äußerte sich zuerst 1944 in den „Studien zur Verwertung der Septuaginta im Zwölfprophetenbuch" aufgrund einer Analyse des Dodekapropheton folgendermaßen über den Wert
der Rahlfs'schen Edition: „Die vorhergehenden Ausführungen [*zu den Werken von Holmes-
Parsons, Oesterley, Lietzmann und Swete; CS*] zeigen, daß die Handausgabe von A. Rahlfs der
Septuaginta, die in Stuttgart 1935 erschien, notwendig war. Die Kritik hat sie sehr günstig aufgenommen. Über den Text, den Rahlfs zum erstenmal in der LXX-Forschung auf Grund der besten
Hss. neu gestaltet, soll hier nicht gesprochen werden; an vielen Stellen wird die fortschreitende
Forschung ihn verbessern können; jeder Text, der nicht eine alte Hss. einfach abdruckt, sondern
vom Herausgeber gestaltet wird, ist notwendig subjektiv gefärbt und wird niemals in jeder Hinsicht vollkommen sein (wie ja auch alle Texte, die von den alten Rezensoren hergestellt wurden
und uns jetzt in manchen Bibelhss. vorliegen, ihre nicht geringen Mängel haben!). Es soll in
diesem Aufsatz nur die Zuverlässigkeit der Kollationen von Rahlfs und die Sauberkeit des Textes
und des Apparates geprüft werden. Und da können wir sofort sagen, daß die Ausgabe von Rahlfs
in dieser Hinsicht Lob verdient. Gewiß finden sich auch verschiedene Mängel und Versehen;
aber im Vergleich zu den oben besprochenen Werken sind sie verschwindend gering. Es ist hier
nicht einmal möglich, nur das Buch Amos nachzuprüfen, weil sich kein Ergebnis zeigt; so sei die
Untersuchung auf das ganze Dodekapropheton ausgedehnt. Zunächst sollen einige allgemeine
Bemerkungen folgen. Rahlfs notiert sehr anerkennenswert die Lesarten der Origenes- (*O*) und
Lukian-Rezension (*L*) und der Catenengruppe (*C*); jedoch sind diese Notierungen sehr unvollständig (sicherlich absichtlich). Hier vermißt man an verschiedenen Stellen eine Variante [...],
während an anderen Stellen die Notierung fehlen könnte. Auch hat Rahlfs nur die Hauptgruppen,
nicht die Untergruppen notiert. Sehr unregelmäßig ist die Notierung der hexaplarischen Zeichen
des Asteriskus und des Obelus; es ist nicht einzusehen, daß sie an manchen Stellen vermerkt
werden, an andern aber nicht. Mit Recht nimmt Rahlfs nicht alle Quisquilien auf, die die Hss.
überliefern; auch verschiedene Eigentümlichkeiten der Grammatik und des Dialektes sind nicht
vermerkt [...]. Alle diese Unterlassungen sind absichtlich erfolgt, um die Handausgabe nicht zu
sehr zu belasten. Aber andere fehlende Notierungen sind für die Ausgabe ein Mangel: Rahlfs hat
nicht alle Varianten des wichtigen Papyrus W aus dem III. Jh. und des Marchalianus Q gebucht;
es ist ein großer Nachteil, daß er nicht die Text- und Randkorrekturen des letzteren notiert, die
(neben der Syrohexapla) die wichtigsten Zeugen des Origenestextes sind. Noch bedeutender sind
die Lesarten des Pap. W, besonders dann, wenn er mit Lukian zusammengeht [...]. Fehler finden
sich im Apparat des Dodekapropheton nur wenige [...]."[1008] Diesen Eindruck fand Ziegler dann
auch in Bezug auf den Text von Sir. bestätigt: „Zum erstenmal hat Rahlfs in seiner Handausgabe
einen kritischen Text der gesamten LXX vorgelegt. Für Sirach (wie auch für die übrigen Libri
apokryphi) waren bereits vorher kritische Ausgaben erschienen [...]. Für unsere Ausgabe bildet
der von Rahlfs hergestellte Text die Grundlage. Fast immer konnte Ra. übernommen werden;

1008 ZIEGLER, Studien XIIProph (1944/1971), 128–129 (= 264–265). In der Ausgabe selbst konstatierte er zusammenfassend: „Es ist verständlich, daß bei Herstellung des Textes die Ausgabe
von Rahlfs in der Stuttgarter Septuaginta genau eingesehen wurde; vielfach konnte sie zugrunde
gelegt werden. [...] An einer Reihe von Stellen mußte aber der von Rahlfs gebotene Text geändert
werden [...] oft genügt ein Blick in den App., um die Vorzüglichkeit der Lesart zu zeigen" (DERS.,
Duodecim prophetae [1943], 133–134).

nur dann wurde er geändert, wenn bessere Einsicht in die Textgeschichte und weitere Übersicht über das reichere Variantenmaterial dies erforderten.“[1009] Der Vorläufigkeit der HANDAUSGABE, gerade im Blick auf Material und analytische Vorarbeiten, war sich Ziegler demnach bewusst, was auch deutlich aus seinen kritischen Anmerkungen hervorgeht,[1010] so dass bei ihm insgesamt ein sehr differenzierter Umgang mit der Rahlfs'schen Ausgabe zu beobachten ist.

Ähnlich differenziert berücksichtigte John William Wevers in seiner Edition des Pentateuch die HANDAUSGABE,[1011] wohingegen Robert Hanhart ihr trotz durchaus kritischer Bemerkungen[1012] einen *auctoritativen* Status verlieh: „Lassen wir darum als LXX-Forscher im Blick auf die von Alfred Rahlfs geschaffene bleibende Grundlage der ersten textkritischen Edition der LXX das Wort zu uns sagen, das Origenes seinem Freund Julius Africanus [...] geschrieben hat: ‚Du sollst die ewigen Grenzen nicht verrücken, die deine Väter gesetzt haben' [...].“[1013] Um dieses Prinzip zu wahren (und um eine tiefgreifende Um- und Neubearbeitung der HANDAUSGABE abzuwehren) fühlte sich Hanhart offenkundig stets zu einer umfassenden Auseinandersetzung mit Rahlfs' Textrekonstruktion verpflichtet, die in sämtlichen seiner Textgeschichten und Editionen begegnet und – besonders in den späteren Bänden – geradezu selbstapologetische Züge annehmen kann, wenn es um die Rechtfertigung des eigenen, rekonstruierten Septuaginta-Textes geht.[1014]

1009 ZIEGLER, Sir. (1965), 47. Vgl. auch DERS., Sus./Dan./Bel et Dr. (1954), 10 (bestimmte Abschnitte des Rahlfs'schen Textes seien durch den ihm noch nicht zugänglichen Papyrus 967 verifiziert worden). In seinen Editionen der Prophetenbücher bestätigte Ziegler außerdem die von Rahlfs vorgenommene Gruppierung der Handschriften mit Catenen-Rezension (Hss. 87 91 490) und machte schließlich auch in Iob den Text der HANDAUSGABE (1935) zur – meist bestätigten – Grundlage seiner eigenen Rekonstruktion (vgl. ZIEGLER, Iob [1982], 60).

1010 Vgl. ZIEGLER, Beiträge Ier. (1958). Darin findet sich auch deutliche Kritik an Rahlfs' Text, z.B. hinsichtlich dessen Umgang mit Dubletten (Rahlfs habe diesen „keine volle Aufmerksamkeit geschenkt“ [a.a.O., 88]). Anders als Rahlfs konnte Ziegler in Iob, Sap. und Sir. außerdem einen *L*-Text konstatieren, weshalb Rahlfs, da er „die vier anderen Zeugen [...] der Hauptgruppe *L* nicht kannte“, Varianten von Hs. A (die er konsequent verzeichnete) fälschlicherweise als *Sonderlesarten* von Hs. A markiert hatte (vgl. ZIEGLER, Iob [1982], 88).

1011 Vgl. z.B. WEVERS, THGL (1986), 60 („Since it is irrelevant to our enquiry whether a particular reading had been adopted by Rahlfs in his edition, this equation is not noted; in fact, this equation is only noted in chapter 4 'The Critical Text' where it is of some significance“).

1012 Vgl. dazu HANHART, Die Editio altera (2008), 6. Kritisch meint hier auch besonders im Hinblick auf die gelegentlich zu starke Gewichtung von Hs. B; vgl. HANHART, Esdr. I (1974), 30–31 (DERS., Esdr. II [1993], 29, verweist hierauf). DERS., Est. (1966), 45, heißt es: „Als kritische Ausgaben des Est-Textes können nur die Ausgaben von Lagarde und Rahlfs gelten. Rahlfs hat in seinem App. auch bereits die wichtigsten Textformen der hexaplarischen Rezension herausgestellt. Doch war die handschriftliche Grundlage für diese beiden Ausgaben noch zu schwach, als daß die sekundäre Überarbeitung überall deutlich vom ursprünglichen Text geschieden werden und so ein anschauliches Bild von Text und Textgeschichte entstehen konnte.“

1013 HANHART, Die Editio altera (2008), 7.

1014 Z.B. finden sich in HANHART, TGE I (1974), passim Hinweise auf „mit Rahlfs“ und „gegen Rahlfs“ bei der Begründung textkritischer Entscheidungen, ebenso wie in den anderen Textgeschichten auch (vgl. DERS., TGI [1979] und TGT [1984]). In DERS., TGE II (2003), führt Hanhart im Abschnitt „Der ursprüngliche Text“ (S. 322–412) eine intensive Auseinandersetzung mit der

Dennoch hält natürlich auch Hanhart an der Vorläufigkeit der HANDAUSGABE fest, die ja nicht identisch ist mit einer das Göttinger Editionswerk einmal krönenden *editio minor*.[1015]

Die bei den einzelnen Editoren der ‚Göttinger' Bände unterschiedlich ausgeprägte Auseinandersetzung mit der HANDAUSGABE (1935) und die häufige Bestätigung der Rahlfs'schen Textrekonstruktion haben sicherlich einen wesentlichen Anteil an deren anhaltend starker Rezeption im wissenschaftlichen Bereich. Eine zweite Ursache ihrer immer noch festzustellenden Bevorzugung liegt auf der Hand: Gegenüber der HANDAUSGABE wirkt das Notationsverfahren der „Göttinger Septuaginta" ungleich komplizierter, auch wenn es in den jeweiligen Einleitungen immer wieder erläutert und für den geduldigen Benutzer dadurch trotz mancher Intransparenz nachvollziehbar wird.[1016] Denn für die Bücher der Septuaginta, deren ‚Göttinger' Bände bereits vorliegen, ist – hier bleibt das über fünfzig Jahre alte Ziegler'sche Postulat[1017] bis heute aktuell – die HANDAUSGABE aus wissenschaftlicher Sicht zu ignorieren. Zum Mythos wird sie also dann, wenn man ihren von Rahlfs selbst explizit festgestellten Zweck, Hilfsmittel für Studenten und Pfarrer zu sein,[1018] außer Acht und ihr stattdessen eine *wissenschaftliche* Autorität zukommen lässt, statt sie von ihrer zeitbedingten, historischen Entstehung und dem daraus resultierenden konzeptionellen Anspruch her zu beurteilen und zu gebrauchen.

Muss also der heutige editionsphilologische Wert der HANDAUSGABE aufgrund des editorischen Fortschritts der letzten 80 Jahre nüchtern beurteilt und einer heilsamen Entmythologisierung unterworfen werden, so ist ihre Bedeutung innerhalb der Editions*geschichte* des Septuaginta-Textes kaum zu überschätzen: Mit ihr lag und liegt die erste kritische Ausgabe der gesamten Septuaginta überhaupt vor. Auf diese Weise hat Rahlfs nicht nur „der Göttinger philologischen Tradition", sondern auch sich selbst ein bleibendes „Ehrenmal" gesetzt.[1019]

,Autorität Rahlfs' und räumt der HANDAUSGABE (1935) dabei gegen ihren von Rahlfs selbst intendierten Zweck den Rang einer der *editio critica maior* ebenbürtigen Ausgabe ein.
1015 Vgl. HANHART, Die Editio altera (2008), 6.
1016 Vgl. dazu auch SCHÄFER, Benutzerhandbuch I und II (2012 und 2013).
1017 Vgl. oben, S. 321.
1018 Vgl. oben, S. 267.
1019 Beide Zitate: HEMPEL, Rahlfs (1935), 193.

Teil C: **Der Beitrag von Alfred Rahlfs zur Textkritik und Editionstechnik der Septuaginta – eine problemorientierte Untersuchung**

I. Rahlfs als ‚Textkritiker' der Septuaginta

1. Vorbemerkung

Nachdem im vorangegangenen werkchronologischen Teil Rahlfs' textkritische und editionstechnische Fragestellungen und Lösungen unter der Perspektive ihres Entstehungs- und Entwicklungsprozesses in den Blick genommen worden sind, beabsichtigt der nun folgende Teil C eine nach den wichtigsten Sachproblemen geordnete synthetische Darstellung seiner editionsphilologischen Methodik. Dabei gilt es, vorab Folgendes zu bedenken: Im Unterschied zu Lagardes stets mit programmatisch-theoretischen Postulaten verbundenen Plänen und Ankündigungen war Rahlfs' Arbeit an der Septuaginta von Anfang an konsequent an einer *editionspraktischen* Zielsetzung orientiert. Nirgendwo, außer in den zu Beginn des Septuaginta-Unternehmens veröffentlichten, teilweise sehr vorläufigen Denkschriften,[1] hat Rahlfs seine editionsphilologischen Prinzipien und Leitlinien für eine kritische Ausgabe der Septuaginta im Zusammenhang dargelegt oder gar in die Form eines eigenen systematischen Entwurfs gebracht.[2] Vielmehr setzt er ganz selbstverständlich die ihm durch Lagarde vermittelte textkritische Methodik des 19. Jh.s mit ihrer grundsätzlichen Zweiteilung in *recensio* und *emendatio* voraus.[3] Die im letzten Teil unserer Abhandlung zu leistende Aufgabe muss

---

1 Vgl. dazu oben, ab S. 75 und ab S. 136.

2 Eine ähnliche Ausgangssituation konstatiert Bein, Textkritik (²2011), 77, übrigens für Lachmann.

3 So schon Katz, Rez. Handausgabe (1936), 265: „Als vor Jahresfrist die Stuttgarter Septuaginta erschien, hat sie kein Wissender ohne tiefe Bewegung aufgeschlagen. Was er in den Händen hielt, war, trotz Grabe, die erste [vollständige; CS] editio der LXX; denn sie baute sich auf einer das gesamte Material überschauenden recensio auf und sah auch die Aufgabe der emendatio. Damit hat sie, wie vor einem Jahrhundert K. Lachmann für das NT, nunmehr auch für LXX eine der Mauern niedergelegt, die den durchgebildeten Methoden der klassischen Philologie den Zutritt zum geheiligten Bezirk biblischen Textbetriebs verwehrten." Vgl. schon Lietzmanns Schreiben an Schwartz vom 11. Juli 1931, abgedruckt oben, S. 281, außerdem Hanhart, Rechenschaftsbericht (2005), 450–451, und Rebenich, Mommsen (2007), 122–123.
Der Begriff *recensio* schließt im Folgenden diejenigen Arbeitsschritte ein, die später von Paul Maas in *recensio* und *examinatio* unterteilt worden sind (vgl. Maas, Textkritik [⁴1960], 5). Der Begriff *emendatio* bezeichnet die Methode der Konjekturalkritik. Vgl. insgesamt West, Textual Criticism (1973). Es existiert bisher kein fächerübergreifender, allgemeiner Konsens hinsichtlich editionsphilologischer Terminologie. Von dieser grundsätzlichen Problematik handeln die Beiträge in Martens, Editorische Begrifflichkeit (2013). Eine ausführliche Bibliographie zum

also darin bestehen, Rahlfs' Methodik gewissermaßen zu ‚rekonstruieren' und in eine zusammenhängende problemorientierte Darstellung zu überführen, die, wo es sich anbietet, zugleich den Anschluss an aktuelle Problemstellungen heutiger Erforschung des Septuaginta-Textes erlaubt.

Diesem Rekonstruktionsverfahren sind folgende Quellen zugrunde zu legen: (a) sporadische methodische Äußerungen von Rahlfs, die in seinem gesamten Œuvre verstreut zu finden sind; (b) seine Teileditionen der Bücher Ruth und Genesis sowie des Psalters; (c) die ‚Handausgabe von 1935' als Gesamtentwurf einer historisch-kritischen Edition der Septuaginta. Dabei wird letztere jedoch in weitaus geringerem Maße Berücksichtigung finden können als die übrigen Ausgaben.

Dies liegt zum einen daran, dass eine vollständige Erschließung der textkritischen Prinzipien der HANDAUSGABE buchweise vorgenommen werden müsste, da die Textherstellung in den einzelnen Septuaginta-Büchern auf unterschiedlichen Voraussetzungen beruht. Im Zuge einer solchen Einzeluntersuchung wäre konsequent der Frage nachzugehen, warum Rahlfs welche Lesarten, Varianten, Emendationen oder Konjekturen aufgrund welcher (handschriftlichen) Bezeugung in seinen kritischen Text resp. in den textkritischen Apparat aufgenommen hat. Eine solche Analyse stellt von ihrem Umfang her jedoch eine in sich abgeschlossene Aufgabe dar. Zum andern liegt der Gesamtanlage der HANDAUSGABE, wie ihre werkgeschichtliche Untersuchung bereits gezeigt hat,[4] keine umfassende *recensio* der handschriftlichen Überlieferung zugrunde. Vielmehr basiert die Entscheidung für diese oder jene Lesart oft auf rein pragmatischen Kriterien, die vor allem darauf abzielen, den Vergleich zwischen HANDAUSGABE und *Biblia Hebraica* zu vereinfachen. Unter diesen Umständen erweist es sich als schwierig, eine Methodik der HANDAUSGABE sicher zu rekonstruieren, weshalb in den nachstehenden Abschnitten nur in punktuellen Einzelbeispielen auf sie Bezug genommen wird.[5]

2. Rahlfs' Editionsziel: Die Rekonstruktion des ältesten erreichbaren Textes

Die Rückgewinnung des ältesten erreichbaren Septuaginta-Textes bildet das Editionsziel, das Rahlfs mittels der im Folgenden zur Darstellung zu bringenden methodischen Einzelschritte zu erreichen suchte. Vor Augen stand ihm dabei zunächst Lagardes Hypothese von einem – später verlorengegangenen – *Auto-*

Thema „Traditionelle philologische und allgemeine Editionstheorie" bietet SAHLE, Digitale Editionsformen Teil 3 (2013), 431–461.

4 Vgl. dazu oben, S. 267–325.

5 Zahlreiche Beispiele für Rahlfs' textkritische Arbeit finden sich vor allem bei KATZ, Rez. Handausgabe (1936), 270–272.

graphon resp. ‚Urtext' der Septuaginta,[6] von dem ihre mehrere Jahrhunderte andauernde jüdische und christliche Revisions- und Rezensionsgeschichte ihren Anfang nahm und dessen Relikte in sämtlichen erhaltenen Bibelhandschriften, Zitaten bei den Kirchenschriftstellern und Tochterübersetzungen nachzuverfolgen sind.[7] Für Lagarde stellte dabei die Konjekturalkritik diejenige philologische Technik dar, mit deren Hilfe die Brücke vom handschriftlich überlieferten ältesten Septuaginta-Text zu dem von ihm als Editionsziel postulierten ‚Urtext' selbst geschlagen werden konnte.

Rahlfs' Ansatz problematisierte dieses Postulat: Den ‚Urtext' sicher zu rekonstruieren hielt er für wissenschaftlich nicht begründbar.[8] Denn, so der sinngemäße Ertrag seiner Überlegungen: auf methodisch gesichertem Wege gelangt man aufgrund der historischen Verortung von identifizierten Handschriftenfamilien nicht wesentlich weiter als bis zur ältesten rezensionell beeinflussten Lesart. Von dieser ausgehend könnte man noch versuchen, unter Zugrundelegung der für die Zeit der Übersetzung resp. Entstehung des jeweiligen Septuaginta-Buches anzunehmenden grammatikalischen Regeln sich jeweils für diejenige Lesart zu entscheiden, die diesen Regeln entspricht. Es erweist sich allerdings als sehr unwahrscheinlich, dem ursprünglichen Septuaginta-Text auf diese Weise wesentlich näher zu kommen, wenn man bedenkt, dass es bei den meisten Büchern nahezu unmöglich ist, eine einheitliche Grammatik für die Zeit ihrer Übersetzung resp. Entstehung vorauszusetzen.

Das Ergebnis einer solchen Arbeit kann somit immer nur ein auf transmissionsgeschichtlicher Beobachtung und bestimmten grammatikalischen und orthographischen Grundsatzentscheidungen beruhender, *idealisierter* Text sein. Einfache Schreibfehler oder sogar echte Fehler als originär zu erweisen, d.h. bereits dem einen ‚Urtext' zuzuweisen resp. sie auszuschließen, ist letztlich unmöglich.[9] Das Original selbst kann auf diese Weise also nicht erreicht werden.

---

6 Vgl. dazu oben, ab S. 128.

7 Vgl. SCHWARTZ, Kirchengeschichte (1909), CXXVII.CXLVI.

8 Vgl. schon Rahlfs' skeptische Äußerung in den SEPT.-STUD. 3 (1911), 26: „Ein zweiter Fehler der Lagardeschen 𝔏-Ausgabe ist, daß sie öfters von aller handschriftlichen Überlieferung abweicht. [*Es folgen vier Beispiele und dann:*] In dem letzten Falle handelt es sich wohl nur um ein Versehen Lagardes, in den drei anderen dagegen hat er gewiß absichtlich geändert in der Meinung, so den ursprünglichen Text wiederherzustellen, aber für berechtigt vermag ich diese Änderungen nicht zu halten, denn wie will man beweisen, daß Lucian die überlieferten Formen, selbst wenn sie objektiv falsch sein sollten, nicht wirklich geschrieben haben kann?" Vgl. zum Folgenden oben, S. 147.

9 Vgl. auch SEEL, Rez. Pasquali (1936), 19.

Statt dem ursprünglichen Text definierte Rahlfs als das Editionsziel seiner Septuaginta-Arbeit somit die (methodisch begründbare) Rekonstruktion des ursprünglichsten Textes, d.h. des ältesten erreichbaren Textes resp. *Archetypus* der Septuaginta, i.s. des dem ‚Urtext' „möglichst nahekommenden [*ihm aber nicht entsprechenden; CS*] Textes".[10] Dieses Editionsziel bildet bis heute die theoretische Grundlage der ‚Göttinger' Septuaginta-Editionen und hat sich an und in ihnen bewährt.

3. Rahlfs' textkritische Methodik

3.1 Die Untersuchung der ‚Übersetzungstechnik'[11]

Die Septuaginta ist Übersetzungsliteratur und zumindest in den meisten ihrer Bücher in Abhängigkeit von einer hebräischen Textvorlage entstanden. Im Hinblick auf das Editionsziel ist es daher eminent wichtig, den griechischen Übersetzungscharakter jedes einzelnen Buches zu ermitteln.[12] Denn erst „dann, wenn

---

10 So die spätere Definition bei MAAS, Textkritik (⁴1960), 5. Dabei entspricht der älteste erreichbare Text *nicht* dem Text einer bestimmten Handschrift, ist also nicht mit dem ältesten Text (d.h. dem Text der ältesten bekannten Handschrift) zu verwechseln, sondern setzt eine kritische Beurteilung aller Lesarten voraus.

11 Über den Begriff der ‚Übersetzungstechnik' äußert sich grundlegend AEJMELAEUS, Übersetzungstechnik (2001), 225: „‚Übersetzungstechnik' ist der Terminus, der heute verwendet wird, wenn die Beziehung der Übersetzung zum Original gemeint ist. Dieser Terminus ist nicht sehr glücklich, aber er hat sich einfach weltweit eingebürgert, so dass es am leichtesten ist, sich an ihn zu gewöhnen. Was man aber tun kann und soll, ist, den Begriff mit Inhalt zu füllen, ihn so zu definieren, dass er uns dienlich ist. Vor allem ist es problematisch, wenn der Begriff ‚Übersetzungstechnik' in vielen verschiedenen Bedeutungen, mit unterschiedlichen Konnotationen verwendet wird. Deswegen habe ich mich unter den Septuaginta-Forschern um eine gemeinsame Definition des Begriffes bemüht. Mein Vorschlag ist, ‚Übersetzungstechnik' als einen neutralen Terminus zu verstehen und zu gebrauchen, als eine Bezeichnung für die Aktivität des Übersetzers schlechthin, für den Prozess des Übersetzens, der von der Vorlage zur Übersetzung überleitet. Der Terminus ‚Übersetzungstechnik' soll nicht mit solchen Konnotationen wie ‚bewusst angeeignetes System' oder ‚mechanische Übersetzungsmethode' verbunden werden, sondern soll offen bleiben für verschiedene Charakterisierungen je nach Übersetzungseinheit." Rahlfs selbst hat diesen Terminus, erst recht nicht in seiner heute meist üblich gewordenen Wiedergabe ‚translation technique', natürlich noch nicht verwendet. Dass er in der folgenden Darstellung dennoch gebraucht wird, bedarf wohl keiner Begründung.

12 Dass jedes Buch gesondert zu behandeln sei, hatte Rahlfs schon früh festgestellt: „Man darf bei Untersuchungen über den Sprachgebrauch der Septuaginta nicht so verfahren, wie dies z. B. Hatch in seinen Essays in Biblical Greek gethan hat, dass man das ganze A.T. als Einheit behan-

dem Übersetzer eine bestimmte Technik und Konsequenz nachgewiesen werden kann, ist es bei Spaltung der hsl. Zeugen möglich, eine Lesart als ursprünglich zu erweisen."[13]

Schon Lagarde hatte die textkritische Bedeutung einer ‚übersetzungstechnischen' Untersuchung der Septuaginta-Bücher erkannt[14] und als grundsätzliches ‚Axiom' postuliert, dass von zwei miteinander konkurrierenden Lesarten die gegenüber der hebräischen Übersetzungsvorlage freie den Vorzug gegenüber der wörtlichen verdiene.[15] Auch Rahlfs erkannte in der Analyse der ‚Übersetzungstechnik' die entscheidende Voraussetzung für die gesamte Septuaginta-Textkritik. Lagardes textkritisches Kriterium modifizierte er allerdings dahingehend, dass er nicht pauschal mit dessen Gültigkeit rechnete, sondern buchweise prüfte, inwieweit die Übersetzung von Wörtlichkeit oder Übertragungsfreiheit geprägt war.[16] Dabei ging es ihm – im Unterschied zur Septuaginta-Forschung der letzten Jahrzehnte[17] – nicht darum, eine auch das kleinste berücksichtigende Erhebung ‚übersetzungstechnischer' Einzelmerkmale anzustreben. Vielmehr suchte er, ohne sich im Detail zu verlieren, in erster Linie aufgrund des Vergleichs mit dem masoretischen Text ein einigermaßen deutliches Gesamtbild von der sprachli-

---

delt und daraus, dass bald so, bald anders übersetzt wird, schliesst, dass alle diese Übersetzungen gleichbedeutend sind. Denn da 𝕲 nicht aus Einer, sondern aus vielen Händen stammt, so hat man die verschiedenen Übersetzer zu trennen und den Sprachgebrauch und die Sprachkenntnis jedes einzelnen gesondert zu untersuchen." (RAHLFS, עַ֫יִן und עָ֫יִן [1892], 60).

13 ZIEGLER, Is. (²1967), 95.

14 Vgl. dazu oben, ab S. 128.

15 Vgl. LAGARDE, Anmerkungen (1863), 3 („wenn ein vers oder verstheil in einer freien und in einer sklavisch treuen übertragung vorliegt, gilt die erstere als die echte"; vgl. schon oben auf S. 138).

16 „[...] jene oft mißbrauchte Regel [*dass die „mit* 𝔐 *übereinstimmenden Lesarten in* 𝕲 *sekundär sind"; CS aus AR*] ist eine falsche Verallgemeinerung einer in gewissem Umfange richtigen Beobachtung. Bloße Übereinstimmung mit 𝔐 beweist bei 𝕲 ebensowenig, wie bei 𝔖, Korrektur nach 𝔐; es muß hinzukommen, daß die Form der Übersetzung jüngeres Gepräge trägt [...]" (SEPT.-STUD. 2 [1907], 137). Und: „Im allgemeinen hat die von 𝔐 abweichende oder 𝔐 freier wiedergebende Lesart die größere Wahrscheinlichkeit für sich. Aber doch nicht immer" (GENESIS [1926], 34). Ein Beispiel für die Ausnahme von der Regel findet sich in Ps. 4₅: „Hier hat der gewöhnliche Text α λεγετε, aber bei Cyp. und auch in La^G fehlt α, und sie übersetzen λεγετε nicht durch den Indikativ, sondern durch den Imperativ *dicite* genau entsprechend dem hebr. אִמְרוּ. Im Griech. liegt der Unterschied nur in einem einzigen Buchstaben, dagegen sind ‚was ihr sagt' und ‚saget!' sowohl im Hebr. als im Lat. ganz verschieden. Folglich konnte die Variante im Griech. viel leichter entstehen als im Hebr. und Lat., und die mit 𝔐 übereinstimmende Lesart λεγετε ist die ursprüngliche" (PSALMI CUM ODIS [1931], 45–46).

17 Vgl. die Übersicht bei JOBES/SILVA, Invitation (2005), 114–117, resp. DIES., Invitation (²2015), 123–126.

chen Eigenart der griechischen Übersetzung zu gewinnen, das ihm eine grundsätzliche Richtung für seine textkritischen Entscheidungen anzeigen und – in Fällen fehlender innerer Entscheidungskriterien – Argumente für oder gegen eine Variante ermöglichen sollte.

Die ‚übersetzungstechnischen' Unterschiede innerhalb der Septuaginta und die Möglichkeiten ihrer Identifizierung hatte Rahlfs in seinen Prolegomena über die „Geschichte des Septuaginta-Textes" zu Anfang der RUTH, GENESIS und HANDAUSGABE allgemein hervorgehoben:

> „Dem Pentateuch schlossen sich die übrigen Bücher an. Ihre Übersetzungen rühren von einer großen Zahl verschiedener Hände her. Das folgt aus der verschiedenen Art der Wiedergabe, die alle Stufen von der größten Wörtlichkeit bis zur größten Freiheit durchläuft, und aus der Verschiedenheit der griechischen Diktion, nach der H. St. J. Thackeray, A grammar of the O.T. in Greek I (1909), S. 12–16 die Bücher und Buchteile der LXX in verschiedene Klassen eingeteilt hat."[18]

Für die Edition des Buches Genesis hielt Rahlfs zudem etwas differenzierter fest, dass „der Übersetzer der Genesis [...] eine große Vorliebe für Abwechselung"[19] gehabt haben musste, da er bei der Wahl der übersetzten Worte nicht lexikalisch einheitlich vorging (so z.B. in Gen. 14₁₇, wo עמק erst mit κοιλάς, anschließend mit πεδίον übersetzt ist, oder in Gen. 19₂₈, wo קיטר erst mit φλόξ, dann mit ἀτμίς übertragen wurde). Die so entstandenen Unregelmäßigkeiten seien von späteren Abschreibern und Rezensoren dann manchmal beseitigt worden,[20] wie z.B. in Gen. 11₆:

---

18 RUTH (1922), 6 = GENESIS (1926), 7 = HANDAUSGABE 1 (1935), VI. Bei THACKERAY, Grammar I (1909), 12–13, heißt es hinsichtlich der Klassifizierung: „The following table is an attempt to classify the LXX books—translations, paraphrases and original Greek compositions—into groups from the point of view of style. *The classification is, of course, a rough one.* Isaiah, considered as a translation, would certainly not be placed in the first class. Class II is a large one, containing books of various styles. Class III includes one production of Aquila and at least one book (2 Esdras) which may be the work of Theodotion. The question whether Tobit had a Hebrew original is an open one" (Kursivsetzung CS). Thackeray unterscheidet insgesamt sechs Klassen (vgl. a.a.O., 13): Die Klassen I bis III fallen unter den Oberbegriff der „Translations" und untergliedern sich in „Good κοινή Greek" (I; z.B. Pentateuch), „Indifferent Greek" (II; z.B. das Dodekapropheton) und „Literal or unintelligent versions (style akin to that of Θ in many books)" (III; z.B. Ruth); Klasse IV (z.B. Iob) ist als „Literary" gekennzeichnet und unter den Oberbegriff „Paraphrases and free renderings" gestellt; die Klassen V und VI, grundsätzlich charakterisiert als „Free Greek", teilen sich in die Gruppen „Literary and Atticistic" (V; z.B. Sap.) und „Vernacular" (VI; evtl. Tob.) auf.
19 GENESIS (1926), 35 (zahlreiche Beispiele finden sich ebd.).
20 Vgl. GENESIS (1926), 35 (auch zum folgenden Beispiel und der sich aus diesem ergebenden Regel).

LXX (1926): καὶ εἶπεν κύριος· „ἰδοὺ γένος ἓν καὶ χεῖλος ἓν πάντων, καὶ τοῦτο ἤρξαντο ποιῆσαι, καὶ νῦν οὐκ ἐκλείψει ἐξ αὐτῶν πάντα, ὅσα ἂν ἐπιθῶνται ποιεῖν.“

MT: וַיֹּאמֶר יְהוָה הֵן עַם אֶחָד וְשָׂפָה אַחַת לְכֻלָּם וְזֶה הַחִלָּם לַעֲשׂוֹת וְעַתָּה לֹא־יִבָּצֵר מֵהֶם כֹּל אֲשֶׁר יָזְמוּ לַעֲשׂוֹת׃

LXX.App (1926): ποιειν] ποιησαι A′ 82

Die Hss. A 122 und 82 lesen statt ποιεῖν am Ende des Verses ποιῆσαι und passen den Text auf diese Weise dem Hebräischen an, das beide Male לעשות bietet. Rahlfs hingegen entschied sich aufgrund der festgestellten ‚Übersetzungstechnik' des Buches Genesis gegen die Angleichung,[21] da die sich hier ergebende Regel – anders als das Lagarde'sche Axiom – für die *Genesis* verlangte, von zwei einander gegenüberstehenden, „ungefähr gleich gut"[22] bezeugten Lesarten derjenigen den Vorrang zu geben, die im jeweiligen Kontext den abwechslungsreicheren Text belegte, wobei möglicherweise erst spät entstandene Textverderbnisse oder Überarbeitungen – als die Regel bestätigende Ausnahmen – immer auszuschließen waren.

Die von Rahlfs vorgenommene Untersuchung der ‚Übersetzungstechnik' eines Buches setzte also bei einem ersten Vergleich des masoretischen Textes mit (irgend-) einer Ausgabe des Septuaginta-Textes (z.B. der Swete'schen) ein, um zunächst einmal grob zu ermitteln, welchen lexikalischen, morphologischen und syntaktischen Regeln der oder die (zeitlich und örtlich kaum lokalisierbare/n)[23] Übersetzer gefolgt war/en und ob die Übersetzung bestimmte theologische Tendenzen aufwies, mithin ob der Text der einzelnen Bücher der Septuaginta – sehr vereinfacht formuliert – eher wörtlich oder eher frei übersetzt worden war.

---

21 Auch in der HANDAUSGABE (1935) finden sich Fälle, in denen die ‚Übersetzungstechnik' für die Konstitution des Textes von wesentlicher Bedeutung war. Besonders gilt dies für Eccl.: Die Übersetzungsweise dieses Buches ist der des Aquila sehr ähnlich. Allerdings setzte Rahlfs den Übersetzer von Eccl. aufgrund bestimmter charakteristischer Unterschiede nicht mit Aquila selbst gleich, sondern sah in ihm einen nicht näher bekannten Nachfolger Aquilas („interpretatio huius libri est Aquilae simillima [116 τω λεγειν = לאמר; 217 συν την ζωην = תא החיים et sic ubique, cf. 114 212 311, quin etiam 915 ουκ ευνησθη συν του ανδρος = לא זכר את האיש]; sed est quod differat inter α′ et 𝕲, ex. gr. הבל 12.14 21.11 715 99 128 α′ ατμος[uel -μις], 𝕲 ματαιοτης, unde efficio interpretem huius libri non Aquilam ipsum fuisse, sed aliquem Aquilae sectatorem" [HANDAUSGABE 2 (1935), 238]). Diese Einschätzung führte schließlich z.B. dazu, dass Rahlfs u.a. in Eccl. 311 den kritischen Text der festgestellten Übersetzungsweise durch *emendatio* anpassen konnte: LXX.App (1935): συν τα παντα Ra. = את הכל (cf. 715 1319 115 et 114 212)] τα συμπαντα BS*, συμπαντα ASᶜ.

22 GENESIS (1926), 35.

23 Lediglich für den Septuaginta-Pentateuch liegen durch den Pseudo-Aristeasbrief und verschiedene spätere Traditionen gewisse Anhaltspunkte für die räumliche und zeitliche Verortung seiner Übersetzung vor. Bei allen anderen Büchern sind Datierungen nur relativ möglich, z.B. anhand bestimmter Übersetzungsweisen, die Rückschlüsse auf die Umwelt des/r Übersetzer/s erlauben. Eine solche Untersuchung ist für das Jesaja-Buch mustergültig vorgelegt worden von SEELIGMANN, Isaiah (1948/2004); vgl. für den Psalter die Dissertation von AUSTERMANN, Tora zum Nomos (2003).

In einem weiteren, teilweise schon parallel auszuführenden Arbeitsschritt mussten die so gewonnenen Erkenntnisse unter Berücksichtigung der Pluralität der hebräischen Textgestalt[24] zur Zeit der Übersetzung der Septuaginta bis zu ihrer Fixierung als protomasoretischer Text im 1. Jh. n. Chr.[25] und unter Einbeziehung möglicher bereits von den griechischen Übersetzern verursachter grammatikalischer oder orthographischer Fehler verifiziert werden.[26] Dieses Verfahren hat bis heute seine Gültigkeit behalten, wurde jedoch, vor allem von der sog. Helsinki-Schule, stark systematisiert.[27] Dabei geriet die Frage nach der hebräischen Übersetzungsvorlage der Septuaginta erst mit Erschließung der Textfunde von Qumran seit den 1950er Jahren immer stärker auch in den Fokus der Septuaginta-Forschung.[28]

3.2 Die Identifizierung rezensioneller Überarbeitungen und ihre überlieferungs- geschichtliche Verortung als Bedingung der Septuaginta-Textkritik

Die größte und zugleich alles entscheidende Anforderung bei der Rekonstruktion des ältesten erreichbaren Septuaginta-Textes bestand und besteht darin, das vorhandene handschriftliche Material in einem allein auf ihm basierenden transmis-

---

24 Vgl. dazu u.a. FERNÁNDEZ MARCOS, Septuagint in Context (2000), ab S. 70.

25 Schon Lagarde hatte im Jahre 1863 auf den Umstand hingewiesen, dass der masoretische Text zur Übersetzungszeit der Septuaginta alles andere als eine feststehende Größe war, und darum als Regel aufgestellt: „wenn sich zwei lesarten nebeneinander finden, von denen die eine den masoretischen text ausdrückt, die andre nur aus einer von ihm abweichenden urschrift erklärt werden kann, so ist die letztere für ursprünglich zu halten" (LAGARDE, Anmerkungen [1863], 3). Rahlfs kannte dieses Kriterium und wandte es auch in seinen Editionen an, indem er die Notwendigkeit einer textkritischen Beurteilung des teilweise verderbten hebräischen Textes sah und innere Argumente zur Korrektur korrupter Stellen beibrachte. Vgl. z.B. RAHLFS, Rez. Biblia hebraica (1905), außerdem auch WUTZ, Transkriptionen (1933), 177.

26 Obwohl Rahlfs den masoretischen Text als Vergleichspunkt seiner Analyse der ‚Übersetzungstechnik' wählte, wusste er natürlich auch um die Möglichkeit verschiedener innerhebräischer Textentwicklungen. Dies wird am Beispiel des Psalters deutlich, wenn er z.B. von Zusätzen der Septuaginta gegenüber dem masoretischen Text handelt, „die zweifellos jüdischer Herkunft sind [*und aus der Zeit vor Übernahme der LXX durch die Christen stammen; CS nach AR*], da sie angeben, an welchen Tagen die betreffenden Psalmen im jüdischen Gottesdienst verwendet wurden" (PSALMI CUM ODIS [1931], 72).

27 Vgl. u.a. AEJMELAEUS, On the Trail (2007).

28 Vgl. zur Bedeutung der Qumranfragmente für die Erforschung des Bibeltextes die grundlegenden Ausführungen bei TOV, Handbuch (1997), 97–98.129–132, sowie die Beispiele a.a.O., 108.110.144–145.210, resp. in DERS., Textual Criticism (2012), 155–161. Vgl. außerdem FERNÁNDEZ MARCOS, Septuagint in Context (2000), 70–76.

sionsgeschichtlichen Raster zu verorten. Nur auf diese Weise lassen sich textkritische Kriterien gewinnen, die zur Freilegung des vorrezensionellen Textes führen können.[29] Dabei tritt das Problem auf, dass sich die einzelnen Handschriften der Septuaginta nicht so ohne weiteres – wie bei der Edition klassischer Texte – als Einzelzeugen stemmatisieren lassen.[30] Dies hat seinen Grund einerseits in

---

29 Vgl. dazu oben, S. 206–208.

30 In seinen 1929 erschienenen „Septuaginta-Problemen I" hatte Alexander Sperber versucht, die einzelnen Textzeugen der Septuaginta zu klassifizieren, indem er die Abhängigkeit einer *Handschrift* von einer anderen – wie im Bereich der Edition klassischer Texte üblich – durch die Formel ‚beide Handschriften haben alle Fehler gemeinsam, die abhängige jedoch einen Fehler mehr' definierte. Das Problem eines solchen Verfahrens lag für Rahlfs insbesondere darin, dass die von Sperber auf diese Weise identifizierten Abhängigkeiten zum einen bei Handschriften wie dem Vaticanus keine neuen Erkenntnisse über deren unbestrittenen textgeschichtlichen Wert lieferten, zum anderen dabei aber derart kompliziert waren, „daß sie kein klares Bild ergeben" (RAHLFS, Rez. Sperber [1930], 104): „Fürwahr, ich möchte auf Grund des von Sp[erber] beigebrachten Materials nicht versuchen, einen Stammbaum der Hss. aufzustellen, und auch Sp[erber] hat es nicht versucht [...]" (ebd.).
Indem er Sperbers System – dem die sog. ‚Targumhypothese' Paul Kahles zugrunde lag (vgl. dazu oben, S. 257–261) – kritisierte, stellte Rahlfs sein eigenes heraus: „Der Hauptmangel von Sp[erbers] neuer Klassifikations-Methode ist die Beschränkung auf Schreibfehler in einzelnen Worten. [...] Auch in Handschriften, welche nichts miteinander zu tun haben, kommen öfters dieselben Schreibfehler vor. Nur wenn zwei Hss. auch sonst in ihrem Texte verwandt sind, kann man aus gemeinsamen Schreibfehlern auf Abhängigkeit schließen. Man muss also die ganzen Texte studieren; nur dann wird man zu gesicherten Resultaten gelangen und dann auch Hss.-Familien feststellen können, deren Mitglieder ja ebensowenig wie die Glieder einer menschlichen Familie in allem völlig gleich sind und doch so viele gemeinsame Züge tragen, daß ihre Zusammengehörigkeit unverkennbar ist" (a.a.O., 104–105). Anhand eines Beispiels aus Iud. 8[33] führte Rahlfs Sperbers Verfahren im Kontrast zu seinem eigenen Modell schließlich *ad absurdum* (vgl. a.a.O., 105) und schloss seine Beweisführung mit den Worten: „Es kommt also schließlich ein vollständiges Durcheinander heraus, und ich sehe nicht ein, welchen Zweck ein Stammbaum, den man aus solchen Ergebnissen herstellte, noch haben könnte, wenn nicht etwa den, die nachher zu besprechende Anschauung vorzubereiten, daß jede griech. Hs. eigentlich eine besondere, für sich alleinstehende Größe ist" (ebd.). Dies könne für die Herstellung des ältesten erreichbaren Textes der Septuaginta jedoch nicht hilfreich sein.
Sperber hatte den Schwerpunkt seiner Untersuchungen auf die Bedeutung der Septuaginta für die Textkritik des *hebräischen* Textes gelegt, denn er übersetzte die griechischen Wörter ins Hebräische und sah jede griechische Variante als Beweis für die Verschiedenheit der hebräischen Vorlagen der Septuaginta an. Rahlfs konnte schließlich nur noch resümieren (a.a.O., 106): „Jede griechische Hs. steht [*nach Sperbers Theorie; CS*] also für sich, ja jede ist eigentlich eine besondere Übersetzung aus einem besonderen hebr. Texte, und weil die zugrunde liegenden hebr. Hss. voneinander abwichen, weichen auch die von ihnen anhängigen griech. Hss. voneinander ab. Hier wird Sperbers Theorie m. E. völlig utopisch. Wie will er die trotz aller Abweichungen im Einzelnen unverkennbare Übereinstimmung im Ganzen erklären, wenn jede griech. Hs. eine

ihrer großen Masse, anderseits in der Tatsache, dass sie (mit Ausnahme direkter Abschriften [*Apographa*]) aufgrund der bewegten Überlieferungsgeschichte der Septuaginta sämtlich kontaminiert sind, d.h. einen aus mehreren Vorlagen ineinander gearbeiteten Text bieten.[31]

Eben dies hatte bereits Lagarde erkannt und die grundsätzliche These aufgestellt, dass sich die Septuaginta-Handschriften – unter Zuhilfenahme der Kirchenschriftstellerzitate und Tochterübersetzungen – aufgrund charakteristischer Übereinstimmungen, genauer: aufgrund der Identifizierung rezensioneller Überarbeitungen, in Gruppen zusammenfassen ließen.[32] Statt der Einzelhandschriften sollten dann die Lesarten der Gruppen zur Grundlage der textkritischen Entscheidung werden. Lagardes Konzeption war dabei bewusst auf die Rezensionen des Origenes, Lukian und Hesych beschränkt geblieben.

Rahlfs behielt hiervon lediglich das Grundprinzip bei. Denn „auf die Gruppen, speziell auf diejenigen, welche die ältesten Rezensionen repräsentieren, kommt es an, nicht auf die einzelnen Hss., welche durch einen Zeitraum vieler Jahrhunderte von jenen Rezensionen getrennt sind und trotz einer im ganzen recht sorgfältigen Überlieferung durchaus nicht fehlerfrei sind".[33] Seine Suche nach rezensionellen Elementen beschränkte sich jedoch nicht auf die drei von Lagarde in den Blick genommenen Rezensionen, sondern orientierte sich wesentlich offener an den Befunden des Handschriftenmaterials. Dies hatte zur Folge, dass Rahlfs je nach Buch neben der hexaplarischen oder lukianischen Rezension auch jüngere Überarbeitungen, wie die Catenen-Rezension, aber auch nicht-rezensionelle Handschriftengruppen identifizieren konnte.[34]

Eine Definition des Begriffs ‚Gruppe' nahm Rahlfs selbst nicht vor. Wohl aber unterschied er in seinen Ausgaben generell zwischen zwei Gruppen-Typen:

Als *Gruppe* (wie z.B. die *b*- oder *q*-Gruppe in der GENESIS) sind grundsätzlich diejenigen Handschriften zusammengefasst, die Eigenheiten wie Wortvarianten, Zusätze oder Auslassungen miteinander teilen, ohne dabei eindeutig auf eine geschlossene Rezensionstätigkeit zurückführbar zu sein.

Monade mit besonderem Verhältnis zum hebr. Texte ist?" Dieses Fazit zeigt deutlich, dass sich die Theorien Sperbers/Kahles und Rahlfs' diametral entgegenstanden (und stehen) und unterschiedlicher kaum sein konnten. Vgl. zur weiteren Rezeption der Sperber'schen These die Zusammenstellung von ZIEGLER, Untersuchungen Is. (1934), 6 mit Anm. 4.

31 Vgl. MAAS, Textkritik (⁴1960), § 6.
32 Vgl. dazu oben, ab S. 128.
33 RUTH-STUDIE (1922), 160. Vgl. auch GENESIS (1926), 43.
34 Vgl. z.B. oben, S. 187–208.

Davon untersch.eden sind sog. *Rezensionen* (wie z.B. die hexaplarische), unter denen man eine durchgängig erkennbare, bewusst angelegte, in sich konsistente und auf bestimmte Prinzipien rückführbare Bearbeitung eines Textes versteht.[35]

Als hundertprozentig einheitlich resp. rein erweist sich keine Textfamilie. Entscheidend ist vielmehr, dass die jeweiligen Handschriften *mehrheitlich* Besonderheiten teilen.[36] Für die Textkritik ist es daher erforderlich, vor allem innerhalb der Rezensionen diejenigen Handschriften zu identifizieren, in denen die rezensionellen Elemente markant und deutlich überliefert sind. Neben diese *Kern- resp. Hauptgruppe der Rezension* treten Handschriften, die ebenfalls zuverlässige Überlieferungsträger der entsprechenden Rezension sind, aber aufgrund ihrer Abhängigkeit voneinander als *Untergruppe* bezeichnet werden müssen und möglicherweise auf einen gemeinsamen Hyparchetypus zurückgehen. Schließlich lassen sich möglicherweise auch noch *Nebengruppen* identifizieren, die zwar von einer Rezension abhängig, aber von dieser nicht ausschließlich abhängig sind (wie z.B. die *o*-Nebengruppe im Buch Ruth, die wesentliche Lesarten von *O* bietet, teilweise aber auch mit *R* zusammengeht).[37]

Die identifizierten Haupt-, Unter- und Nebengruppen verortete Rahlfs schließlich innerhalb der Textgeschichte der Septuaginta und gewann dadurch textkritische Kriterien, die jeweils *buchweise* zu ermitteln waren, und die entweder zur Eliminierung rezensioneller Textteile und Schreibfehler führten oder die am wenigsten rezensionell beeinflussten Zeugen ans Licht brachten.[38]

Welche textkritischen Konsequenzen Rahlfs aus der Identifizierung der rezensionellen Überarbeitungen zog, soll am Beispiel der hexaplarischen Lesarten in der GENESIS (1926) gezeigt werden:

Da Origenes den Septuaginta-Text der 5. Kolumne seiner Hexapla vor allem bei Zusätzen oder Auslassungen gegenüber dem zu seiner Zeit aktuellen hebräischen Text unter Verwendung der diakritischen Zeichen korrigiert hatte, galt Rahlfs als textkritisches Kriterium, dass die Lesarten des hexaplarischen Texttyps (d.h. der *O*-Gruppe), die mit dem masoretischen Text übereinstimmen, nicht in den kritischen Text aufgenommen werden durften.

Ausnahmen von dieser Regel ließ er nur dann zu, „wenn es wahrscheinlich ist, daß Origenes mit seiner Korrektur die ursprüngliche Ⴏ-Lesart wiederhergestellt hat".[39] Dies vermutete Rahlfs z.B. in Gen. 29₁₀ ($\dot{\varepsilon}\gamma\dot{\varepsilon}\nu\varepsilon\tau o$ δὲ ὡς εἶδεν Ιακωβ τὴν Ραχηλ θυγατέρα Λαβαν ἀδελφοῦ τῆς μητρὸς αὐτοῦ καὶ τὰ πρόβατα Λαβαν ἀδελφοῦ τῆς μητρὸς αὐτοῦ [...]) wo neben den Hss. M 911 auch die Mehrheit der *O*-Gruppe sowie die *q*-Gruppe (= Hss. 120 407) und drei weitere Minuskeln den dem masoretischen Text entsprechenden und in der armenischen Übersetzung asterisierten (also als Minus der Septuaginta gegenüber dem hebräischen Text gekennzeichneten) Abschnitt καὶ τὰ πρόβατα Λαβαν ἀδελφοῦ τῆς μητρὸς αὐτοῦ überliefern, wohingegen alle übrigen Handschriften hier eine Auslassung haben. Statt nun eine von Origenes vorgenommene Ergänzung des griechischen Textes aufgrund des Hebräischen anzunehmen, gewichtete Rahlfs das Argument stärker, dass

---

35 Vgl. auch HANHART Est. (1966), 92.
36 Vgl. RUTH-STUDIE (1922), 149, und PSALMI CUM ODIS (1931), 30.
37 Vgl. die Beispiele oben, ab S. 157.
38 Vgl. dazu ausführlich oben, ab S. 143 und S. 206–208.
39 GENESIS (1926), 34.

es sich bei dieser Auslassung um einen Schreibfehler in Form eines Homoioteleutons handelte ($\alpha\dot{\upsilon}\tau o\tilde{\upsilon}$ 1° ∩ 2°).

Wichen die Zeugen der O-Gruppe hingegen vom hebräischen Text ab, so ging Rahlfs davon aus, dass Origenes jene Abweichungen nicht bewusst geschaffen hatte und folglich ihr „Vorkommen in O ein Beweis für hohes Alter" der entsprechenden Lesart sei.[40]

Das von Rahlfs solchermaßen perfektionierte Verfahren einer methodisch begründeten Identifizierung rezensioneller Überarbeitungen ist von den Herausgebern der „Göttinger Septuaginta" übernommen worden[41] und gilt nach wie vor als ausschlaggebend für die Rekonstruktion des ältesten erreichbaren Septuaginta-Textes.

3.3 Die Eliminierung der Schreibfehler

Sämtliche Textzeugen der Septuaginta sind das Produkt unterschiedlich gut ausgebildeter und unterschiedlich stark konzentrierter Kopisten. Daher überliefert ausnahmslos jede Handschrift in Bezug auf einen zu rekonstruierenden ältesten Text auch immer solche ‚Varianten', die durch menschliche Unachtsamkeit verursacht worden sind. Hierzu gehören unter anderem Buchstabenvertauschungen oder Homoioteleuta,[42] aber auch kontextuell bedingte Abweichungen, „which arise from the tendency of the mind—a tendency often amounting to little more than an unintelligent instinct—to read some meaning into its own mistakes or the mistakes in the exemplar from which the copy is made".[43]

Rahlfs identifizierte diese Fehler mithilfe logischer und psychologischer Gesichtspunkte und eliminierte sie anschließend im kritischen Text seiner Aus-

---

40 Genesis (1926), 34. Vgl. z.B. Gen. 21₁₇.

41 Die Differenzierung einer Textfamilie in Haupt-, Unter- und Nebengruppe(n), die bereits eine textkritische Gewichtung anzeigt, ist allerdings im Laufe der Zeit ohne ersichtlichen Grund aus den ‚Göttinger' Ausgaben verschwunden. Am deutlichsten wird dies an der von J. W. Wevers in seiner Genesis-Edition vorgenommenen Unterteilung der Catenen-Gruppe in eine Haupt- und zwei Untergruppen (der Terminus ‚Untergruppe' entspricht dabei dem Rahlfs'schen Terminus ‚Nebengruppe'), die er nicht als Ausdruck einer Hierarchisierung versteht: „D.h. C ist nicht notwendig repräsentativer für den Text der Catenengruppe als cI oder cII" (Wevers, Gen. [1974], 56). Diese Fehlentwicklung ist m.E. in den noch ausstehenden Bänden zu korrigieren.

42 Vgl. die Beispiele für Schreibfehler in Ruth (1922), 20. Eine übersichtliche Aufstellung möglicher Schreibfehler bieten Fischer, Text (2009), 205–209, sowie die ‚Grammatica'-Abschnitte in den Einleitungen resp. Anhängen der „Göttinger Septuaginta".

43 Hall, Companion (1913), 154.

gaben, wie das Beispiel der Korrekturen im „S-Text" von Tob.[44] in der HANDAUS-
GABE zeigt.[45] Über das Korrigieren *eindeutiger* Schreibfehler konnte er dabei sogar
noch hinausgehen und – wie in Ruth 1₂ – den von ihm rekonstruierten Text um
möglicherweise schon früh entstandene, abschreibbedingte Auslassungen, die
erst in den Rezensionen überliefert sind, ergänzen:

> „Nachdem wir in [*Ruth*] 1₁ von dem Manne aus Bethlehem gehört haben, der mit seiner Frau
> und seinen Söhnen nach Moab auswanderte, werden uns in 1₂ die Namen dieser Personen
> genannt. Hier gibt aber B nur die Namen des Mannes und der Söhne an: καὶ ὄνομα τῷ ἀνδρὶ
> Ἀβειμέλεχ, καὶ ὄνομα τοῖς δυσὶν υἱοῖς αὐτοῦ Μααλὼν καὶ Κελαιών (lies Χελαιών). Der Name
> der Frau fehlt. Dieser Defekt ist zweifellos alt, denn Syr hat die Angabe über den Namen der
> Frau sub ast., ein Beweis, daß sie auch in dem von Origenes vorgefundenen Texte fehlte.
> *Trotzdem tut man m. E. am besten, diese außerordentlich störende Lücke, in der eine für den*
> *Zusammenhang ganz unentbehrliche Angabe fehlt, auszufüllen. Das erfordert nicht nur das*
> *praktische Interesse des Lesers der LXX, sondern es läßt sich auch wissenschaftlich rechtferti-*
> *gen,* da καὶ ὄνομα τῇ γυναικὶ αὐτοῦ Νωεμείν im Griechischen leicht dadurch ausgefallen sein
> kann, daß ein den Jahrhunderten vor Origenes angehöriger Abschreiber von dem zweiten
> auf das dritte καὶ ὄνομα übersprang. Doch würde ich die fraglichen Worte nicht ohne wei-
> teres in den Text einsetzen, sondern sie *zum Zeichen dafür, daß hier eine Lücke des ältesten*
> *uns erreichbaren Textes ausgefüllt ist*, in Winkelklammern < > einschließen."[46]

Bei dieser textkritischen Entscheidung, die betreffenden Worte, die „vermutlich
im ursprünglichen LXX-Texte gestanden haben, aber schon in dem ältesten uns
erreichbaren Texte fehlen" (Rahlfs meinte damit den Text der ältesten erhaltenen
Handschrift),[47] in den kritischen Text aufzunehmen, überwog das Argument eines
frühen Schreibfehlers und logischer Notwendigkeit gegenüber der Annahme
eines ursprünglich kürzeren Textes. Eine bewusste Auslassung des Abschnitts

---

44 Vgl. den Apparat zum S-Text in HANDAUSGABE 1 (1935), 1002–1039, passim. Weitere Beispiele
finden sich u.a. in Par. II: Par. II 6₂₈ (Text [1935]): λιμὸς ἐὰν γένηται ἐπὶ τῆς γῆς, θάνατος ἐὰν
γένηται, ἀνεμοφθορία καὶ ἴκτερος, ἀκρὶς καὶ βροῦχος ἐὰν γένηται [...]. Par. II 6₂₈ (LXX.App [1935]):
γενηται 2°] + επι της γης B†; ex praec. repet. – Par. II 16₉ (Text [1935]): ὅτι οἱ ὀφθαλμοὶ κυρίου
ἐπιβλέπουσιν ἐν πάσῃ τῇ γῇ κατισχῦσαι ἐν πάσῃ καρδίᾳ πλήρει πρὸς αὐτόν. ἠγνόηκας ἐπὶ τούτῳ
[...]. Par. II 16₉ (LXX.App [1935]): προς αυτον] pr. επι του B†: ex επι τουτω seq. anticipatum.
45 Allgemein formulierte Rahlfs sein Vorgehen in der Einleitung zur HANDAUSGABE (1935)
mit Blick auf die Hss. B S A, was sich gleichsam auf die übrigen Zeugen übertragen lässt: „Die
Lesarten dieser drei Hss. sind vollständig notiert, doch sind gleichgültige Schreibfehler unberücksichtigt geblieben" (HANDAUSGABE 1 [1935], XV). Weitere Beispiele für die Eliminierung von
Schreibfehlern im kritischen Text der HANDAUSGABE (1935) finden sich für jedes Buch passim.
Vgl. stellvertretend Prov. 21₁₉ (γη compl.] τη BSA) und Sap. 12₂₄ (αισχρων pau.] εσχρων unus cod.,
εχθρων BSA).
46 RUTH-STUDIE (1922), 150 (Kursivsetzung CS).
47 RUTH (1922), 5.

ließ sich also (auch angesichts der Charakterisierung des Buches Ruth als recht genaue Wiedergabe seiner Vorlage) schwerer erklären als ein durch Homoioteleu-ton entstandener Fehler. Bemerkenswert sind die praktischen Gesichtspunkte, die Rahlfs zu seinem Vorgehen ebenfalls motivierten. In der HANDAUSGABE ver-zichtete er dann ganz auf die spitzen Klammern und führte die Auslassung in Hs. B sowie ihre Bezeugung *sub asterisco* durch O lediglich im Apparat an.[48]

Rahlfs' Arbeitsweise im Hinblick auf die Berücksichtigung von Eigenheiten eines Schreibers lässt sich auch anhand seiner Auswertung des alten Papyrus-fragments 911 im Rahmen der Genesis-Ausgabe klar demonstrieren:[49]

In der Einleitung zur Edition stellte Rahlfs „gewisse Eigentümlichkeiten"[50] der Handschrift zusammen:[51]
(1) Die Schreibung des *nomen sacrum* $\overline{\varkappa\varsigma}$ sowohl für den Gottesnamen als auch in Bezug auf Men-schen und – jedenfalls bis Kap. 18 – den Gebrauch des Genitivs $\overline{\varkappa\upsilon}$ für den Nominativ („vielleicht unter dem Einfluß der profanen Suspension $\varkappa^{\upsilon}$")[52];
(2) Die Verwendung des kleinen waagerechten Striches für ν sowohl am Schluss einer Zeile als auch in deren Mitte bzw. sogar in der Mitte eines Wortes, sowie die unübliche Verwendung dieses Striches als Abkürzung für andere Buchstaben wie $\sigma, \alpha, \omega, \iota, \varrho$ oder υ;[53]
(3) Die unregelmäßige Wortbrechung am Zeilenende;
(4) Häufige Buchstabenvertauschungen (τ-δ, δ-τ, $\varkappa$-γ, ζ-σ, λ-ϱ, ϱ-λ, ι-ε, η-$\varepsilon\iota$, ε-υ, o-ω);

---

48 Ein ähnliches Beispiel findet sich in Ruth 4₁₃ (in RUTH [1922] und der HANDAUSGABE [1935]). Vgl. dazu RUTH-STUDIE (1922), 58, sowie die Diskussion der Stelle bei QUAST, Ruth (2006), 65–66.136.
49 Vgl. dazu auch oben, ab S. 213.
50 GENESIS (1926), 21.
51 Vgl. GENESIS (1926), 21–23.
52 GENESIS (1926), 21. Diese von Rahlfs geäußerte Vermutung ist völlig plausibel. Zu den Abbre-viaturen/Suspensionen s. u.a. WILCKEN, Papyruskunde 1 (1912), XL: „Abbreviaturen […] nennen wir die Kürzung der Worte durch Fortlassung des Endes. In diesen Fällen kann die grammatika-lische Form des Wortes nur durch den Zusammenhang gegeben werden, ja sogar die Wahl des Wortes […] wird nur durch ihn bestimmt." Vgl. auch GARDTHAUSEN, Paläographie Zweiter Band (²1913), der Suspension als „Beseitigung des Wortschlusses" definiert (S. 325). Rahlfs war also – was durchaus nicht unwahrscheinlich ist – davon ausgegangen, dass die Majuskelvorlage der Hs. 911 hier eine Suspension bot, und der Schreiber diese anfangs nicht als solche, sondern als Kontraktion verstanden hatte: „Es scheint also so, als ob dem Schreiber nunmehr [*mit Gen. 18₁₃; CS*] zum Bewußtsein gekommen ist, daß $\overline{\varkappa\upsilon}$ nur für den Genitiv gesetzt werden soll, und er sich fortan bemüht hat, diese Regel zu befolgen" (GENESIS [1926], 21). Diese Argumentation wandte Rahlfs an paralleler Stelle auch im Apparat der HANDAUSGABE (1935) zu Thr. 4₂₀ an.
53 Vgl. dazu neben Gardthausen und Wilcken auch die entsprechenden Angaben bei LEHMANN, Tachygraphische Abkürzungen (1880/1965).

(5) Grobe Lesefehler/Unzialverschreibungen (Λ-A, Θ-E, ΛI-N, AI-N, EI-N, H-M, A-Λ etc.) und solche Fehler, die vermuten lassen, dass „es dem Schreiber auf den Sinn nicht sehr ankommt"[54]; (6) Häufige Auslassungen und Doppelschreibungen.

Diese Lesefehler und Besonderheiten, die Rahlfs in der Handschriftenbeschreibung von Hs. 911 summarisch nannte und deswegen nur in wichtigen Ausnahmen eigens in den Apparat aufnahm, waren aus seiner Sicht keine echten Varianten, sondern reine Schreibfehler, und trugen somit textkritisch auch nichts zur Geschichte und Rekonstruktion des Archetypus bei. Gleiches galt für Auslassungen und Doppelschreibungen, die ihre Ursache in einer Parablepsis haben konnten, wie das Beispiel des zweimal geschriebenen Textabschnitts Gen. 15₄ $\varkappa\lambda\eta]\varrho o\nu o\mu\acute\eta\sigma\varepsilon\iota$ 1° – 16₂ $\Sigma\acute\alpha\varrho\alpha$ veranschaulicht: Rahlfs erwähnte es (inkl. der Abweichungen von Hs. 911 im zweiten Teil) wiederum nur in seiner Beschreibung der Hs. 911.[55] Insgesamt habe der Schreiber von Hs. 911 „recht flüchtig gearbeitet" und „auf den Sinn nicht sehr" geachtet, weshalb „ein gut Teil der Auslassungen, Doppelschreibungen und sonstigen Fehler auf seine eigene Rechnung zu setzen" sei.[56]

Inwieweit Rahlfs Verschreibungen der Hs. 911 in seiner Edition der Genesis verwertete resp. interpretierte, lässt sich anhand der Stellen illustrieren, für welche die tatsächlichen (fehlerhaften) Lesarten in der Einleitung aufgelistet sind, Hs. 911 zudem aber auch im textkritischen Apparat als Zeugin angeführt wurde:[57] In Gen. 34₁₃ las Rahlfs in Hs. 911 $\varepsilon\mu\bar\varepsilon\alpha\nu\alpha\nu$ (als $\varepsilon\mu\varepsilon\iota\alpha\nu\alpha\nu$),[58] nannte die Hs. in seinem Apparat aber als positive Zeugin für $\dot\varepsilon\mu\iota\alpha\nu\alpha\nu$. Ein anderes Beispiel aus dem gleichen Vers: Hs. 911 hat $\tau\varepsilon\iota\nu\alpha\nu$, Rahlfs nennt die Handschrift aber als Zeugin für $\Delta\varepsilon\iota\nu\alpha\nu$. In

---

54 GENESIS (1926), 22. Vgl. WEST, Textual Criticism (1973), 25–26. Als solche, den Sinn nicht so sehr beachtende „sonderbare Fehler" (GENESIS [1926], 23) sind genannt: Gen. 16₄ ($\varepsilon\iota\sigma\eta\lambda\vartheta o\nu$ 911 statt $\varepsilon\iota\sigma\eta\lambda\vartheta\varepsilon\nu$ Lemma) 30₅ (der Zusatz $\sigma\varphi o\delta\varrho\alpha$ hinter $\sigma\upsilon\nu\varepsilon\lambda\alpha\beta\varepsilon\nu$ [V.5: $\varkappa\alpha\grave\iota\ \sigma\upsilon\nu\acute\varepsilon\lambda\alpha\beta\varepsilon\nu\ B\alpha\lambda\lambda\alpha\ \acute\eta$ $\pi\alpha\iota\delta\acute\iota\sigma\varkappa\eta\ P\alpha\chi\eta\lambda\ \varkappa\alpha\grave\iota\ \acute\varepsilon\tau\varepsilon\varkappa\varepsilon\nu\ \tau\tilde\omega\ I\alpha\varkappa\omega\vartheta\ \upsilon\acute\iota\acuteo\nu$.]). Als „arge Lesefehler" sind in GENESIS (1926), 22, aufgeführt: Gen. 10₄ ($\varrho o\alpha\iota o\iota$ 911 statt $\varrho\acuteo\delta\iota o\iota$ Lemma) 11₉ ($\sigma\upsilon\nu\varepsilon\chi\vartheta\varepsilon$ [-$EX\Theta E$] 911 statt $\sigma\upsilon\nu\varepsilon\chi\varepsilon\varepsilon$ [-$EXEE$] Lemma) 11₃₀ ($\varepsilon\tau\varkappa\alpha\iota o\pi o\iota\varepsilon\iota$ [$ET KAI\Im.$] 911 statt $\varepsilon\tau\varepsilon\varkappa\nu o\pi o\iota\varepsilon\iota$ [$ETEKN\Im.$] Lemma) 17₂₃ ($\iota\sigma\mu\alpha\mu\alpha$ [$I\Sigma MAMA$] 911 statt $\iota\sigma\mu\alpha\eta\lambda$ [$I\Sigma MAH\Lambda$] Lemma) 18₁₇ ($\lambda\varepsilon\gamma\omega$ [$\Lambda E\Gamma\Omega$] 911 statt $\alpha\ \varepsilon\gamma\omega$ [$AE\Gamma\Omega$] Lemma) 30₃₅ ($\tau o\upsilon\sigma\tau\varrho\alpha\tau\eta\gamma o\upsilon(\varsigma)$ 911 statt $\tau o\upsilon\varsigma\ \tau\varrho\alpha\gamma o\upsilon\varsigma$ Lemma) 31₈ ($\varepsilon\delta\varepsilon\iota$ [$E\Delta EI$] 911 statt $\varepsilon\alpha\nu$ [EAN] Lemma) 32₃₂ ($\eta\nu o\varsigma$ [$HNO\Sigma$] 911 statt $\eta\lambda\iota o\varsigma$ [$H\Lambda IO\Sigma$] Lemma) 33₁₀ ($\vartheta\upsilon\varrho\eta\varkappa\alpha$ [$\Theta YPHKA$] 911 statt $\varepsilon\upsilon\varrho\eta\varkappa\alpha$ [$EYPHKA$] Lemma).
55 Vgl. GENESIS (1926), 23. Dass Hs. 911 bei Homoioteleuta und anderen Fehlern im Apparat dann gelegentlich dennoch als Zeugin aufgeführt ist, liegt an ihrem fragmentarischen Erhaltungszustand: „Da man, wenn ich 911 bei einer Variante nicht nenne, bei der Lückenhaftigkeit des Fragments nie wissen könnte, ob 911 mit meinem Texte übereinstimmt oder gar nicht vorhanden ist, so habe ich überall, wo einer der häufiger mit 911 zusammengehenden Zeugen A D L M S O b l o von meinem Texte abweicht, 911 aber mit ihm übereinstimmt, dies ausdrücklich angegeben, indem ich zum Lemma die Notiz ,911 . .', d.h. unter anderen ex silentio zu erschließenden Zeugen auch 911, hinzugefügt habe. Dasselbe Zeichen ,. .' habe ich auch bei anderen Hss., besonders A und B, verwendet in Fällen, wo es sich um Kleinigkeiten orthographischer Natur handelt und es mir überflüssig schien, alle Zeugen namentlich anzuführen, weil die Orthographie der jüngeren Hss. wegen des später herrschenden Itazismus doch nur wenig oder nichts beweist" (GENESIS [1926], 47). Vgl. zur Notationsweise die ausführliche Darstellung unten, ab S. 374.
56 GENESIS (1926), 22–23. Vgl. auch oben, S. 342, Anm. 52.
57 Vgl. GENESIS (1926), 21–23.
58 Vgl. GENESIS (1926), 22.

Gen. 5₃₁ notierte Rahlfs als Ergänzung der Hs. 911 hinter $\Lambda\alpha\mu\epsilon\chi$] + ὃς ἔζησεν, statt, wie eigentlich in der Handschrift steht, αζ εσησεν. In Gen. 9₄ wird Hs. 911 im Apparat positiv für κρέας aufgeführt, obgleich Rahlfs wusste, dass in der Handschrift eigentlich κλεας stand. In Gen. 23₁₁ zeugt Hs. 911 im Apparat positiv für ἀγρόν, hat als tatsächliche Lesart aber ακρον. Und in Gen. 34₇ wird Hs. 911 im Apparat positiv als Zeugin für Ισραηλ angeführt, obgleich Rahlfs in der Handschrift selbst ισλαηλ gelesen hatte.

Alle Auffälligkeiten einer Handschrift waren für Rahlfs deshalb von Interesse, um ihre/n Schreiber – hier von Hs. 911 – besser charakterisieren und analysieren zu können. Dies zeigt, dass die Schreiber von ihm nicht abstrakt verstanden, sondern als Bestandteil seines textkritischen Instrumentariums unter ‚psychologischen' Gesichtspunkten bewertet wurden.[59]

Identifizierte Schreibfehler waren zwangsläufig als sekundär und mithin für die Herstellung des Textes als irrelevant einzustufen. Auch in den Apparat seiner Ausgaben nahm Rahlfs sie deshalb nicht auf und führte sie nur dann an, wenn sich ihre Eliminierung nicht von selbst erschloss.

3.4 Die Anwendung von Majoritätsprinzip und Alterskriterium

Nach Aussonderung der rezensionellen Lesarten, Eliminierung der Schreibfehler und Erwägung ‚übersetzungstechnisch' bedingter Kriterien gibt es in der Septuaginta-Textkritik immer wieder ‚Zweifelsfälle', in denen nicht zu entscheiden ist, welche von zwei Varianten als die ursprünglichere zu gelten hat.

In den Teileditionen der Bücher Ruth, Genesis und des Psalters kam es daher gelegentlich (in der HANDAUSGABE gemäß ihrer Konzeption sogar sehr häufig)[60] dazu, dass Rahlfs in Zweifelsfällen der Lesart der meisten oder aber der ältesten

---

59 Vgl. dazu auch folgendes Beispiel aus GENESIS (1926), 45, Anm. 1: „Arge Schreibfehler finden sich besonders in A, z. B. [*Gen.*] 3₁₀ περι παντος statt περιπατουντος, 47₁₈ εχες st. ετος. In jenem Falle hat sich der Schreiber seine Vorlage nicht genau genug angesehen, in diesem stand er, als er ετος schreiben wollte, psychologisch schon unter dem Einfluß des folgenden εχεινο und schrieb daher εχε statt ετο." Auch der *Psalmi cum Odis*-Edition lag dieses Prinzip zugrunde (vgl. z.B. die ausführliche Beschreibung von Hs. R in PSALMI CUM ODIS [1931], 33–36, oder von La^G a.a.O., 42–44). Vgl. auch die folgenden Beispiele aus der HANDAUSGABE (1935): In Eccl. 12₉ bieten sämtliche berücksichtigten Handschriften, außer Hs. V, die Lesart ἄνθρωπον statt λαόν. Die Ursprünglichkeit von λαόν begründete Rahlfs mit der Verschreibung des unzial geschriebenen *nomen sacrum* $\overline{\alpha v o v}$ (*ANON*) mit unzial geschriebenem ΛAON (ähnlich in Prov. 30₃ Sir. 42₃ 24₁₄ u.ö.).

60 Vgl. dazu das Folgende.

Handschriften den Vorzug gewährte.[61] Dabei verkannte er zwar keineswegs, dass der Mehrheitslesart nicht *per se*, sondern nur in bestimmten Fällen der Vorzug zu geben war[62] und dass das Alter einer Handschrift nicht von vornherein über ihren Wert für die Rekonstruktion des ältesten erreichbaren Textes entschied.[63] Doch war er offensichtlich durchaus bereit, allzu skrupulöse Bedenken nüchtern-pragmatischen Erwägungen unterzuordnen: „Hergebrachtermaßen unterscheidet man Unzial- und Minuskelhss. und sieht in jenen die älteren und wichtigeren, in diesen die jüngeren und weniger bedeutenden Textzeugen. Gegen diese Unterscheidung läßt sich zwar manches einwenden doch scheint es mir geraten, sie *vorläufig* beizubehalten, da sie immerhin ein gewisses Recht besitzt, und da wir über die Zeit der Minuskelhss. des Psalters erst sehr unvollkommen unterrichtet sind."[64]

Dem *Alterskriterium* gab Rahlfs insgesamt ein deutlich größeres Gewicht als dem Majoritätsprinzip: Stand er (was selten der Fall war) vor dem textkritischen Problem, sich zwischen zwei oder mehreren gleichberechtigten Varianten entscheiden zu müssen, so folgte er in der Regel der Lesart der ältesten und vom Umfang her vollständigsten Handschrift.

---

61 Vgl. GENESIS (1926), 36: „Es bleiben genug Fälle, wo wir mit unsern bisherigen Hilfsmitteln keine sichere Entscheidung zwischen den zur Wahl stehenden Lesarten treffen können, und wo nichts anderes übrig blieb als die von den meisten oder den ältesten Hss. gebotene Lesart in den Text aufzunehmen." Und DERS., Rez. Biblia sacra (1927), 150: „Es gibt in der Textkritik immer sehr viele Fälle, wo niemand entscheiden kann, welche der einander gegenüberstehenden Lesarten den größeren ‚inneren Wert' hat, und daneben auch viele Fälle, wo der eine Kritiker diese, der andere jene Lesart für wertvoller hält, ja auch, wo derselbe Kritiker je nach seiner augenblicklichen Disposition bald dieser, bald jener Lesart den Vorzug gibt. Für alle diese Zweifelsfälle ist ein objektives, wenn auch etwas massives Kriterium unentbehrlich, wenn die Kritik nicht zu reiner Subjektivität ausarten soll, und dieses Kriterium kann nur die Stärke der Bezeugung sein. Daß auch dieses Majoritätsprinzip wie alle Prinzipien nicht mißbraucht werden darf, versteht sich von selbst [...]."
62 Vgl. die voranstehende Anmerkung sowie RAHLFS, Lehrer und Schüler (1891), 245 („eine Handschrift [*kann*] allen anderen gegenüber Recht haben"). Spätere Ausführungen dieses Prinzips finden sich z.B. bei WEST, Textual Criticism (1973), 49, und FISCHER, Text (2009), 225–226.
63 Vgl. RAHLFS, Lehrer und Schüler (1891), 246. Dort hielt Rahlfs fest, „daß man in dem hohen Alter einer Handschrift keine Garantie für die Richtigkeit der von ihr gebotenen Lesarten sehen und bei der Reconstruction eines Textes sein Urteil nicht durch das Alter oder die Jugend der Handschriften bestimmen lassen darf". So deutlich später auch bei MAAS, Textkritik (⁴1960), 31–32 („Recentiores, non deteriores"), der ausgehend von Pasqualis entsprechenden Ausführungen behauptete, dass es nicht gute oder schlechte, sondern allein abhängige oder unabhängige Zeugen geben kann, wobei die älteren Handschriften dabei lediglich aufgrund ihres höheren Alters nicht von den jüngeren abhängig sein können.
64 SEPT.-STUD. 2 (1907), 4 (Kursivsetzung CS).

Die älteste bekannte Vollbibel der Septuaginta ist der auf das 4. Jh. n. Chr. zurückgehende Codex Vaticanus (B). Bei Anwendung des Alterskriteriums erhielten dessen Lesarten besonders häufig den Vorzug im kritisch rekonstruierten Text der Rahlfs'schen Editionen. Allerdings: Eine *prinzipielle* Bevorzugung des Vaticanus aufgrund seines Alters lässt sich bei Rahlfs nicht feststellen, denn wie alle Textzeugen der Septuaginta war auch dieser gewichtige Zeuge der Grundregel unterworfen, dass die buchweise vorzunehmende Überprüfung seiner rezensionellen Beeinflussung den Ausschlag für die Bestimmung seines textkritischen Wertes zu geben hatte. Dies führt zu einer entsprechend differenzierten Beurteilung von Hs. B innerhalb der Rahlfs'schen Editionen:

Die Untersuchung der Textgeschichte des Buches Ruth und die damit einhergehende Verortung der Handschriften innerhalb dieser Geschichte hatte ergeben, dass Hs. B keine rezensionellen Einflüsse aufwies und somit den ältesten erreichbaren Text, abgesehen von wenigen Sonderlesarten und gewöhnlichen Schreibfehlern, „am reinsten erhalten hat".[65] *Daher*, und nicht weil Hs. B zufällig auch der älteste erhaltene handschriftliche Zeuge war, gab Rahlfs B-Lesarten den Vorzug vor anderen. Dies tat er „auch da, wo verschiedene gleichbedeutende Formen nebeneinander vorkommen wie [*Ruth*] 1₈ πορεύεσθε und πορεύθητε. Eine sichere Entscheidung läßt sich in solchen Fällen allerdings nicht geben, aber es liegt auch kein genügender Grund vor, hier von der Überlieferung unserer besten Hs. abzuweichen."[66] Dabei übernahm Rahlfs die Lesarten der „besten" Handschrift keineswegs unkritisch.[67] Vielmehr tilgte er nicht nur offensichtliche Schreibfehler und Itazismen,[68] sondern ersetzte auch die eindeutig jüngeren Sonderlesarten des Codex durch die zur Übersetzungszeit gebräuchlichen Lesarten,[69] so dass am Ende „nur noch solche Sonderlesarten B's im Texte stehn bleiben, die dem ältesten LXX-Texte anzugehören scheinen".[70] Als textkritisches (Alters-) Kriterium galt Rahlfs im Buch Ruth schließlich, dass „wenn [*Codex Alexandrinus (A); CS*] mit B zusammengeht, [...] das immer ein gewichtiges Zeugnis für das Alter einer Lesart"[71] sei, zumal die textgeschichtliche Untersuchung von Hs. A nach Abzug ihrer erheblichen hexaplarischen Beeinflussung zu einer Bewertung ihres Textes als grundsätzlich vorrezensionell geführt hatte.[72]

Anders stellte sich der Sachverhalt im Buch Genesis dar: „[...] B nimmt in Gen. 46₂₈₋₅₀ (vorher fehlt B) keine so überragende Stellung ein wie im Buche Ruth; daher bin ich auch von B hier öfter als dort abgewichen."[73] Prinzipiell folgte Rahlfs hier deshalb in allen zweifelhaften Fällen der Hs. A (ab Gen. 46₂₈ dann auch verstärkt Hs. B), sofern diese der übrigen Überlieferung nicht allein gegenüberstand.[74]

Auch in der Edition des Psalters hielt er an dem Prinzip fest, im Zweifel bei gleichwertiger Bezeugung die Lesart der ältesten großen Handschrift zu bevorzugen: Da die textgeschichtliche

---

65 RUTH-STUDIE (1922), 149; vgl. a.a.O., 120, RUTH (1922), 18, sowie oben, S. 206–208.

66 RUTH (1922), 19.

67 Vgl. RUTH-STUDIE (1922), 150, sowie RAHLFS, Alter und Heimat (1899), 79, und SEPT.-STUD. 1 (1904), 87.

68 Vgl. dazu oben, S. 340–344.

69 Vgl. dazu unten, S. 349–354.

70 RUTH-STUDIE (1922), 150. Vgl. auch a.a.O., 120, sowie RUTH (1922), 18–19.

71 RUTH-STUDIE (1922), 122–123.

72 Vgl. RUTH-STUDIE (1922), 121, sowie oben, S. 205–206.

73 GENESIS (1926), 34.

74 Vgl. dazu auch die Beispiele unten, S. 349–354.

Untersuchung ergeben hatte, dass die drei ältesten Texttypen des Psalters in der Regel den ältesten erreichbaren Text bewahrt hatten und die Hss. B S neben der bohairischen Tochterübersetzung die Hauptzeugen des unterägyptischen Texttyps waren, entschied sich Rahlfs dafür, auch hier der B-Lesart (sofern diese mit Hs. S zusammenging) den Vorzug zu geben,[75] wenn eine textkritische Entscheidung nicht eindeutig möglich war und die Hss. B S keine Sonderlesart boten.

Der Vergleich des kritischen Textes der Ruth-, Genesis- und Psalter-Edition mit der HANDAUSGABE fördert vor allem für die Genesis Unterschiede zutage, aus denen eine deutliche Bevorzugung des ältesten Textzeugen hervorgeht,[76] *allerdings* (!) zumeist unter der Bedingung

---

75 Dabei war seine Einschätzung auch hier durchaus differenziert. So galten ihm z.B. die verschiedenen nachweisbaren Korrekturen von Hs. B nicht mehr als Teil der Handschrift aus dem 4. Jh., sondern repräsentierten spätere Bearbeitungsstufen (vgl. SEPT.-STUD. 2 [1907], 57–59 [„Korrekturen und Textmischungen in den griechischen Handschriften"], sowie WALTERS [Katz], Text of the Septuagint [1973], 7).

76 Zur Veranschaulichung soll das folgende Beispiel (es ist eines von zahlreichen Belegstellen) aus Gen. 50₁₁ dienen, in dem Rahlfs seine in der Genesis-Ausgabe von 1926 getroffene Entscheidung revidierte, Hs. A im Apparat notierte und die mit hexaplarischer Rezension und masoretischem Text korrespondierende Lesart von Hs. B als kritischen Text der HANDAUSGABE aufnahm:

LXX (1926): καὶ εἶδον οἱ κάτοικοι τῆς γῆς Χανααν τὸ πένθος ἐν ἅλωνι Αταδ καὶ εἶπαν: „πένθος μέγα ἐστὶν τοῦτο τοῖς Αἰγυπτίοις"· διὰ τοῦτο ἐκάλεσαν τὸ ὄνομα τοῦ τόπου Πένθος Αἰγύπτου, ὅ ἐστιν πέραν τοῦ Ιορδάνου.

LXX (1935): καὶ εἶδον οἱ κάτοικοι τῆς γῆς Χανααν τὸ πένθος ἐν ἅλωνι Αταδ καὶ εἶπαν Πένθος μέγα τοῦτό ἐστιν τοῖς Αἰγυπτίοις· διὰ τοῦτο ἐκάλεσεν τὸ ὄνομα αὐτοῦ Πένθος Αἰγύπτου, ὅ ἐστιν πέραν τοῦ Ιορδάνου.

LXX.App (1926): του τοπου] αι του Β O^b, του αυτου τοπου 58, + εκεινου A' F 72 b r' 2

LXX.App (1935): αυτου] του τοπου εκεινου A

Rahlfs veränderte in der HANDAUSGABE (1935) an dieser Stelle gegenüber der GENESIS (1926) die Näherbestimmung dessen, was in der Erzählung den Namen Πένθος Αἰγύπτου erhielt. Die von Hs. B und der Minderheit der hexaplarischen Handschriften bezeugte Lesart αὐτοῦ hat gegenüber dem von Hs. A und anderen (= „121 F 72 b r' 2") bezeugten τοῦ τόπου resp. τοῦ τόπου ἐκείνου den Vorrang erhalten. Hs. B gibt den masoretischen Text (מקם) genau wieder, wohingegen Hs. A und die übrigen im Apparat genannten Handschriften die freiere Fassung überliefern, die jedoch, da Hs. 58 bereits eine Mischlesart vertritt und daher das Vorhandensein beider Varianten bestätigt, auch an ähnliche Stellen der Genesis angeglichen worden sein konnte (vgl. Gen. 22₁₄ 28₁₉ 32₃.₃₁ 33₁₇).

Diese Tendenz ist dort, wo Hs. B keinen Genesis-Text überliefert hat, auch für Hs. A und das alte Papyrusfragment 911 nachweisbar. An folgenden, nur summarisch genannten Stellen finden sich Beispiele für die hier nicht näher differenzierte Bevorzugung von Lesarten der Hs. A im kritischen Text der HANDAUSGABE (1935) gegenüber dem der GENESIS (1926): Gen. 1₃₀ 2₁₉ 7₈ 9₂ 14₁₃ 17₂₀ 19₁₅ 21₁₈ 22₂ 23₆ 24₇ 25₂₇ 26₆.₁₀ 27₂.₄₃ 31₁₀.₃₂.₃₃.₃₅.₄₈.₅₀ 34₁₄ 36₂₃ 39₆ 41₂₇.₄₆ 42₅.₃₈ 43₉.₁₇.₁₈ 44₇.₁₅.₂₂.₂₉.₃₀–₃₃ 45₇.₂₃ 47₁ 50₁.₁₁.₂₆.

An folgenden, ebenfalls nur summarisch genannten Stellen finden sich Beispiele für die hier nicht näher differenzierte Bevorzugung von Lesarten der Hs. 911 im kritischen Text der HANDAUSGABE (1935) gegenüber dem der GENESIS (1926): Gen. 11₂₉ 13₁₆ 14₁₃ 15₁₉ 17₁₇.₁₉.₂₀ 18₂₈ 21₁₇ 24₇ 25₂.₉ 26₆.₁₀.₁₈.₂₄ 27₇.₂₅.₂₉.₃₈ 28₁₃ 29₁₆.₁₇.₂₁.₃₁–₃₄ 30₄.₂₀.₄₁ 31₂.₁₀.₁₁.₃₂.₃₅.₃₇.₄₀.₅₀ 32₂₂.₂₉ 33₁.₁₂ 34₈.₉.₁₀.₂₃.₂₅ 35₂.

der Übereinstimmung seiner Lesart mit dem masoretischen Text resp. dem der hexaplarischen Rezension.[77] Inwieweit Rahlfs in der HANDAUSGABE grundsätzlich der ältesten Handschrift oder der dem Hebräischen am nächsten kommenden Variante Vorrang gewähren wollte,[78] lässt sich jedoch nicht feststellen, da sich seine Entscheidung hier auf keine umfassende *recensio* stützte, sondern häufig eher einer pragmatischen ‚Notlösung' glich. Dies bestätigen auch die Urteile, die vonseiten der Herausgeber der späteren „Göttinger Septuaginta" bezüglich der HANDAUSGABE gefällt wurden:

Für Deut. konstatierte John William Wevers eine starke Anwendung des Alterskriteriums: „When Rahlfs prepared his edition Codex B was the oldest available witness to him and he relied heavily on its authority."[79] Joseph Ziegler hielt für Ier. fest: „Auch Rahlfs hat keine Vorliebe für unbezeugte Lesarten. Zu häufig nimmt er die von B bezeugte Lesart auf, obwohl sie in den Apparat gehört, wie eine genaue Untersuchung lehrt."[80] Damit kritisierte Ziegler die prinzipielle Anwendung des Kriteriums, in allen Zweifelsfällen die älteste Lesart zu bevorzugen, und plädierte auf diese Weise indirekt für die Anwendung der Konjekturalkritik. Was die Iob-Version der HANDAUSGABE betraf, fiel Zieglers Beurteilung jedoch anders aus, da Rahlfs hier mit seinem Text bereits den Ergebnissen der Ziegler'schen Analyse der Überlieferungsgeschichte dieses Buches (zufällig) entsprochen hatte: „Mit Recht hat Rahlfs in der Regel die Lesarten von B S in seinen Text aufgenommen."[81] Hinsichtlich der Apokryphen kam schließlich Robert Hanhart zu divergierenden Ergebnissen: In Est. bescheinigte er Rahlfs einen differenzierten Umgang mit Hs. B,[82] wohingegen er für Esdr. I und II sowie Idt. eine Überbewertung dieser Handschrift feststellen musste.[83]

---

77 Gemäß ihrer Konzeption lassen sich dutzende Beispiele in der HANDAUSGABE (1935) finden, in denen der griechische Text dem masoretischen angeglichen und die vom Hebräischen abweichende Lesart in den Apparat gesetzt wurde, oder in denen Rahlfs dem Leser im Apparat wenigstens Vergleichsinformationen bietet. Exemplarisch seien hier Leu. 11₂₆ und Est. 1₁ angeführt: Im Apparat zu Leu. 11₂₆ heißt es „init. M] pr. καὶ B A". Die M-Lesart entspricht dem Hebräischen (לכל), wohingegen die Hss. B A den Zusatz bieten (ולכל). Im Apparat zu Est. 1₁ heißt es: „1₁ᵃ⁻ʳ desunt in 𝔐".

78 Beispiele, die auf eine tendenzielle Angleichung des kritischen Textes der Buches Genesis in der HANDAUSGABE (1935) (gegenüber dem in der GENESIS [1926]) an den masoretischen Text hindeuten, finden sich u.a. in Gen. 11₂₉ 14₁₃ 15₁₈ 16₇ 24₃₂ 25₂ 26₂₄ 27.₃₈ 28₁₃ 30₃₂.₄₁ 31₂.₁₁. Rahlfs nahm hier die mit dem Hebräischen übereinstimmende Lesart, z.B. von Hs. 911 oder von Hs. M, in den kritischen Text auf und notierte Hs. A im Apparat.

79 WEVERS, THGD (1978), 8.

80 ZIEGLER, Beiträge Ier. (1958), 7.

81 ZIEGLER, Iob (1982), 60. Auch für den Text der Bücher Isaias und Ezechiel hatte Rahlfs Hs. B „als Vertreter der Rezensionen verifiziert" und zwar „in je verschiedener, [...] richtig erkannter Weise" (beide Zitate: HANHART, Rechenschaftsbericht [2005], 453). Vgl. auch die Zusammenstellung der in der HANDAUSGABE (1935) identifizierten Rezensionen und der sie überliefernden Handschriften oben, ab S. 306.

82 Vgl. HANHART, Est. (1966), 45.

83 Vgl. HANHART, Esdr. I (1974), 30–31; DERS., TGI (1979), 76; DERS., TGE II (2003), 15.303.

Die voranstehende Analyse von Rahlfs' Gebrauch des Alterskriteriums in den
Ausgaben der Bücher Ruth, Genesis sowie des Psalters hat erbracht, dass eine
grundsätzliche Anwendung dieses Kriteriums nicht zu konstatieren ist. Und da
die HANDAUSGABE gerade nicht auf einer solchen umfassenden Untersuchung
der Textzeugen und daher auch nicht auf einer systematisch vorgenommenen
recensio beruhte und damit keine Einheitlichkeit textkritischer Regularien feststellbar ist, haben die in ihr gemachten Beobachtungen für die Rekonstruktion
von Rahlfs' Anwendung des Alterskriteriums nur äußerst eingeschränkten Wert.
Vielmehr gilt grundsätzlich, dass die auf der Auswertung der *gesamten* Überlieferung beruhenden transmissionsgeschichtlichen Ergebnisse dafür ausschlaggebend sind, ob einer alten Handschrift textkritischer Vorrang gewährt wird.
In textkritischen Zweifelsfällen tendierte Rahlfs allerdings dazu, die Lesart der
ältesten vollständigen Handschrift zu bevorzugen.[84]

3.5 Der Umgang mit orthographisch und grammatikalisch uneinheitlichen Lesarten

Ein Problem bei der Rekonstruktion des ältesten erreichbaren Septuaginta-Textes
besteht im Umgang mit orthographisch und grammatikalisch uneinheitlichen
Lesarten innerhalb der Septuaginta-Überlieferung. Dabei lässt sich nicht mit
Sicherheit entscheiden, welche Lesart als die ursprüngliche anzusehen ist. Denn
innerhalb der Textüberlieferung war es nachweislich immer wieder dazu gekommen, dass Schreiber ihre Vorlage ‚modernisierten', sie also grammatikalisch und
orthographisch den in ihrer Umwelt und Zeit jeweils neu entwickelten Regeln
anpassten: Die einst „von den Übersetzern selbst gebrauchten Formen [*wurden*]
also sehr oft in die später üblichen geändert".[85] Ob also eine bestimmte Wortform,
die z.B. in den Quellen des 3./2. Jh.s v. Chr. vereinzelt belegt, aber erst seit dem
1. Jh. v. Chr. verbreitet ist, vielleicht doch bereits von den im 3./2. Jh. v. Chr. wirkenden Übersetzern des Septuaginta-Pentateuch gebraucht wurde oder ob diese
eher einer konventionellen Sprachgewohnheit folgten, entzieht sich eindeutiger
Gewissheit. Lediglich dann, wenn alle Textzeugen konstant eine bestimmte Form

---

84 Vgl. PSALMI CUM ODIS (1931), 73: „Hinsichtlich der Formenlehre und Orthographie halte ich
mich möglichst an die Praxis des III. und II. Jahrh. v. Chr., wie wir sie aus den grammatischen
Werken Maysers und Thackerays kennen lernen, bevorzuge aber die klassischen Formen, falls
sie in jener Zeit noch neben den jüngeren vorkommen, und folge in zweifelhaften Fällen der
ältesten großen Handschrift."
85 RUTH-STUDIE (1922), 151. Dort begründet Rahlfs dieses Fazit anhand von vier Beispielen.

überliefern, kann man mit deutlich geringerer Unsicherheit diese Form auch konsequent in den kritischen Text aufnehmen.

Da hier also kein textkritisches Kriterium in Anwendung zu bringen ist, traf Rahlfs die grundsätzliche Entscheidung, solche uneinheitlich überlieferten Lesarten den üblichen antiken Schreibgewohnheiten anzupassen, wobei er in Zweifelsfällen meist der Lesart der ältesten vollständigen Handschrift den Vorrang einräumte.[86] Auf diese Weise konnte er sich einerseits noch stärker der jeweils angenommenen Übersetzungszeit annähern und bot zudem einen homogenen, ‚lesefreundlichen' Text.[87]

Für die Anwendung dieses Grundsatzes standen ihm als Hilfsmittel u.a. Maysers *Grammatik der griechischen Papyri aus der Ptolemäerzeit mit Einschluss der gleichzeitigen Ostraka und der in Ägypten verfassten Inschriften*,[88] Thackerays *Grammar of the Old Testament in Greek According to the Septuagint*[89] sowie zahlreiche Einzeluntersuchungen zu ‚übersetzungstechnischen' Fragen, wie z.B. die von Helbing über *Die Kasussyntax der Verba bei den Septuaginta* (Göttingen 1928)[90] oder Johannessohns über den *Gebrauch der Kasus und der Präpositionen in der Septuaginta* (Berlin 1910)[91] resp. über den *Gebrauch der Präpositionen in der Septuaginta* (Göttingen 1925)[92], und weitere Grammatiken zur Verfügung, die er in den Einleitungen der Einzeleditionen und der HANDAUSGABE jeweils nannte.[93]

---

86 So auch WALTERS (Katz), Text of the Septuagint (1973), 25, in Bezug auf die HANDAUSGABE (1935): „Yet Rahlfs, in principle at least, intended to give the correct spellings which had resulted from the fresh insights of the last generation. It is true that he is still some distance from achieving this ambitious aim, but on the whole the progress marked by his edition is enormous." Vgl. auch oben, S. 344–349.

87 Grundsätze zur Förderung der Homogenität und ‚Lesefreundlichkeit' waren für Rahlfs im Übrigen auch bei der Interpunktion seiner Genesis-Ausgabe entscheidend (vgl. GENESIS [1926], 41–43). Dabei gab die „verständige Vergleichung" (GENESIS [1926], 42) des Septuaginta-Textes mit dem masoretischen Text die entscheidenden Hinweise: Stimmten beide Texte vom Sinn her miteinander überein, lag kein Grund vor, der Septuaginta durch eine vom masoretischen Text abweichende Interpunktion einen neuen Sinn zu geben. Wo die Septuaginta hingegen vom Hebräischen offensichtlich abwich, durfte sie dessen Verständnis aber auch nicht einfach angeglichen werden. Der Septuaginta-Text wurde somit weder von dem masoretischen Text grundsätzlich abgehoben noch diesem grundsätzlich angepasst.

88 So in GENESIS (1926), 6; PSALMI CUM ODIS (1931), 9.

89 So in RUTH-STUDIE (1922), 48; GENESIS (1926), 6; PSALMI CUM ODIS (1931), 9; HANDAUSGABE 1 (1935), XVIII.

90 So in PSALMI CUM ODIS (1931), 9; HANDAUSGABE 1 (1935), XVII.

91 So in GENESIS (1926), 6; PSALMI CUM ODIS (1931), 9.

92 So in PSALMI CUM ODIS (1931), 9; HANDAUSGABE 1 (1935), XVII.

93 Vgl. RUTH-STUDIE (1922), 48; GENESIS (1926), 6; PSALMI CUM ODIS (1931), 8–9; HANDAUSGABE 1 (1935), XVII–XVIII.

Im Folgenden sollen einige Beispiele aus den Editionen RUTH (1922), GENESIS (1926) und der HANDAUSGABE (1935) Rahlfs' Entscheidungen hinsichtlich orthographischer und grammatikalischer Einheitlichkeit illustrieren:[94]

(1) Bereits 1922 hatte Rahlfs festgestellt, dass „wir naturgemäß keine Garantie dafür haben, daß der Übersetzer des Buches Ruth überall orthographisch korrekt geschrieben hat".[95] Deswegen strebte er auf dem Gebiet der Orthographie – außer bei den Eigennamen[96] – die Herstellung eines idealisierten Textes an, indem er orthographisch bedingte Lesarten wie Itazismen oder z.B. die Schreibung von τεσσάρακοντα („statt des in den Papyri erst von der Mitte des ersten Jahrhunderts v. Chr. begegnenden τεσσεράκοντα")[97] stillschweigend im kritischen Text vereinheitlichte, ohne die einzelnen abweichenden Lesarten, wenn es sich nicht um inhaltlich bedeutsame Varianten handelte, im Apparat zu notieren.[98]

Eine Ausnahme von diesem Kriterium bildete Rahlfs' Umgang mit Zahlwörtern in der GENESIS (1926): Die Schreibung der Verbindung eines Substantivs mit Zahlwörtern ist in der gesamten handschriftlichen Überlieferung der Genesis-Septuaginta uneinheitlich,[99] so z.B. bei den Jahresangaben in den Genealogien der Kap. 5 und 11. Der älteste Teil der Überlieferung (die Hss. A′ 911 75) liest in Gen. 11₂₁ διακόσια ἑπτὰ ἔτη, ein anderer Teil (die Gruppen b ΄ oᵃ r) überliefert ἔτη vor διακόσια ἑπτά und schließlich stellt ein dritter Teil der Zeugen (die Gruppen und Hss. M O C c 82 q sowie vier Minuskeln) ἔτη zwar nach, verbindet die beiden Zahlwörter aber zusätzlich mit καί. In Gen. 11₂₄ hingegen bietet die älteste Überlieferung (die Gruppen und Hss. A′ 75 b Ɩ oᵈ r) ἔτη ἑβδομήκοντα ἐννέα, Hs. 911 verbindet die Zahlen mit καί (wie auch ein weiterer großer Teil der Überlieferung), stellt dabei jedoch ἔτη ans Ende. In Gen. 11₂₅.₂₆ ist die Anordnung erneut völlig unterschiedlich bezeugt.

Da in diesen Fällen eine sichere Rekonstruktion der ältesten erreichbaren Textform auf Grundlage des Materials nicht mehr „mit irgendwelcher Sicherheit"[100] vorgenommen werden konnte, entschied sich Rahlfs dafür, hier der Lesart des Codex Alexandrinus als der ältesten vollständigen Handschrift den Vorrang zu geben.[101] Eine Anpassung sämtlicher Stellen an die „normale Ordnung bei zusammengesetzten Zahlen in ptolemäischer Zeit: Substantiv, Hunderter, Zehner, Einer, und zwar ohne Verbindung der Zahlen durch καί"[102] vorzunehmen, konnte er bei Lage des Materials nicht vertreten, vielmehr ließ er die Untersuchung der Jahresangaben resp. der Zahlwörter als Beleg für den Abwechslungsreichtum der Genesisübersetzung gelten

---

94 Vgl. zu PSALMI CUM ODIS (1931) unten, S. 371–373.
95 RUTH (1922), 19.
96 Vgl. dazu unten, S. 354–361.
97 KAPPLER, Mac. I (1936), 40.
98 Vgl. RUTH-STUDIE (1922), 152, und explizit RUTH (1922), 19.
99 Vgl. zum Folgenden GENESIS (1926), 36–37.
100 GENESIS (1926), 37.
101 Vgl. dazu die Ausführungen oben, S. 344–349.
102 GENESIS (1926), 36.

und betrachtete es als entscheidend, die Überlieferung hier keinem festen Prinzip anzugleichen (schon das alte Fragment 911 wies keine Einheitlichkeit auf). Und auch der Vergleich mit dem masoretischen Text war in diesem Fall wenig aufschlussreich, weil die Übersetzung der Septuaginta bei allen Zeugen ja völlig korrekt war, es sich hier also um innergriechische Varianten handelte.

Wevers hingegen stellte in seiner Genesis-Ausgabe von 1974 ἔτη prinzipiell an den Anfang der Phrasen und ging davon aus, dass die Genesisübersetzer die Jahresangaben einheitlich geschrieben hatten. Sein kritischer Text hält sich somit an die Orthographie und Grammatik des 3. Jh.s v. Chr., wie sie schon Rahlfs – aus der Darstellung bei Mayser – bekannt gewesen war.[103] Obgleich Wevers nun feststellen konnte, dass „there is complete lack of consistency in the textual tradition in the positioning of the word for 'years' over against the cardinal number",[104] folgte er keiner speziellen Handschrift, sondern dem genannten Prinzip und begründete diesen Schritt mit der Feststellung, dass Hs. A hinsichtlich seiner Schreibung „is by no means consistent",[105] Hs. 911 in Kap. 5 hingegen ἔτη konsequent vor die Zahl stelle. Auf die Zeugenlage in Gen. 11 und damit auf die Inkonsistenz von Hs. 911 in diesem Kapitel (vgl. Gen. 11₁₃, wo ἔτη einmal vor und einmal hinter die Zahl gestellt wurde, außerdem Gen. 11₂₄, wo die Zahlwörter in Hs. 911 zudem mit καί verbunden wurden) ging Wevers indes nicht gesondert ein, sondern notierte hier als positive Lemmabezeugung stets diejenigen Zeugen (meist die Hss. 833 961), die ἔτη vor dem Zahlwort überlieferten.

(2) Der Genesis-Edition stellte Rahlfs folgende grundsätzliche Regeln hinsichtlich der Orthographie und Grammatik voran, durch die er den textkritischen Apparat um zahlreiche Einträge erleichterte:[106]

Prinzipiell hielt er – wie später auch in der Psalter-Ausgabe – daran fest, der ältesten, vollständig erhaltenen Handschrift in solchen Fällen zu folgen, in denen die hellenistischen Formen innerhalb der Überlieferung gleichrangig miteinander wechseln.[107] Dies galt z.B. auch für die Setzung des Ny-ephelkystikon,[108]

---

103 Vgl. oben die Zusammenfassung von Rahlfs aus Maysers Grammatik (1. Auflage). In MAYSER, I,2 (²1938/1970), heißt es auf S. 76 (§ 70, 10): „Überhaupt steht bei allen aus Zehnern und Einern, Hundertern und Tausendern zusammengesetzten Zahlen regelmäßig die größere Zahl voran; dann folgt, meist ohne καί, die kleinere, und fast immer geht (in Urkunden) das Substantiv voraus."

104 WEVERS, THGG (1974), 188.

105 Vgl. WEVERS, THGG (1974), 188.

106 Vgl. zum Folgenden GENESIS (1926), 37–39.

107 Vgl. dazu oben, S. 344–349.

108 Unter einem beweglichen ν versteht man ein nach ε und ι gesetztes ν, das bereits seit Ende des 4. Jh.s n. Chr. zunehmend zur Vermeidung eines Hiats verwendet wurde. Als Hiat wird der Zusammenstoß von Vokalen im Aus- und Anlaut zwei aufeinanderfolgender Wörter bezeichnet. Allerdings lassen die griechischen Handschriften keine Regel bei der Verwendung des ν ἐφελκυστικόν erkennen, sondern verwenden dieses sowohl vor nachfolgendem Konsonanten als auch vor nachfolgendem Vokal. Vgl. BLASS/DEBRUNNER, Grammatik (¹⁷1990), §§ 20 und 486. Spätestens seit 1937 wurde das ν ἐφελκυστικόν in der „Göttinger Septuaginta" dann nach der Schul-

die nicht einheitlich belegt ist. In den restlichen Fällen folgte er relativ frei den Regeln der klassischen Orthographie und der für das 3./2. Jh. v. Chr. anzunehmenden, hellenistischen Grammatik.

Bei der Schreibung von ι oder ει „in Wörtern, die keine Eigennamen sind",[109] vereinheitlichte Rahlfs die Orthographie des kritischen Textes (schrieb z.B. εἶδεν statt ἴδεν), da besonders zwischen ι und ει bereits in vorchristlicher Zeit phonetisch kein Unterschied mehr bestanden habe und die frühen Codices von daher auch nicht differenzierten.[110] Dies habe jedoch zur Folge, in bestimmten Fällen nicht sicher entscheiden zu können, welche grammatikalische Form ursprünglich überliefert worden war, so z.B. beim Verb λείπω, wo unklar bleibe, ob mit dem in den Unzialcodices überlieferten, gleichlautenden ΕΛΕΙΠΟΝ resp. ΕΛΙΠΟΝ die Imperfektform ἔλειπον oder der Aorist ἔλιπον gemeint sei: „In solchen Fällen muß man also einfach ohne Rücksicht auf die Überlieferung das in den Zusammenhang Passende herstellen, und es ist auch nicht nötig, die Varianten der Hss., die ja doch nichts beweisen, anzuführen."[111] Ebenso verfuhr Rahlfs bei anderen Vokalvertauschungen wie αι und ε, die auf keiner sicheren Tradition innerhalb der Handschriften fußten, erwähnte jedoch bei „selteneren Vokalvertauschungen die handschriftlich überlieferte Form, falls sie an sich möglich ist",[112] im textkritischen Apparat. Auch bei Komposita, Iota-subscriptum und den Formen von τεσσάρα(κοντα) stellte er (wie schon im Buch Ruth) „die klassische Schreibung her, die im III. Jahrh. auch noch weit überwog (Mayser S. 234)".[113] Am Beispiel des Wortes γεν(ν)ηθῆναι verdeutlichte er, „wie wenig auf die Orthographie besonders der jüngeren Hss. zu geben ist",[114] da diese hier – auch an eindeutigen Stellen – keinerlei Stringenz aufwiesen und entweder (selten) die mit einfachem ν geschriebene hellenistische Nebenform zu γενέσθαι oder (meist) die mit doppeltem ν geschriebene Form von γεννάω boten.

(3) In der HANDAUSGABE – das zeigen schon die Literaturangaben in ihrer Einleitung – glich Rahlfs, ganz im Sinne seines Gesamtkonzepts und im Blick auf seine Zielgruppe die Orthographie und wo nötig auch die Grammatik ebenfalls den Gepflogenheiten des 3./2. Jh.s v. Chr. an.[115] Dass er dabei teilweise konse-

---

regel gesetzt (vgl. Archiv des Septuaginta-Unternehmens der Akademie der Wissenschaften zu Göttingen, Randbemerkung von Werner Kappler vom 2. Februar 1937 an die von Rahlfs im Jahr 1914 aufgestellten „Grundsätze für die Herstellung des textkritischen Apparats", abgedruckt bei NEUSCHÄFER/SCHÄFER, Dokumentation [2013], 394–400).

109 GENESIS (1926), 37.

110 Vgl. GENESIS (1926), 37–38.

111 GENESIS (1926), 38. Vgl. zum Voranstehenden ebd.

112 GENESIS (1926), 38, Beispiele nennt Rahlfs ebd.

113 GENESIS (1926), 38.

114 GENESIS (1926), 39. Vgl. auch die Beispiele a.a.O., Anm. 1 und 2.

115 KATZ, Rez. Handausgabe (1936), 281, hätte sich hier die Berücksichtigung neuerer Literatur gewünscht: „durch die Beschränkung auf die wichtigen Spezialschriften von Thackeray, Helbing und Johannessohn konnte Vieles nicht erfaßt und gesammelt werden, was die Erforschung des hellenistischen Idioms oder auch nur die, Lxx reichlich berücksichtigenden, neutest. Gramm. v.

quenter vorging als in den Teileditionen, macht das folgende Beispiel aus Ruth 2₁₇ evident:

LXX (1922): καὶ συνέλεξεν ἐν τῷ ἀγρῷ ἕως ἑσπέρας· καὶ ἐράβδισεν ἃ συνέλεξεν, καὶ ἐγενήθη ὡς οἰφὶ κριθῶν.

LXX (1935): καὶ συνέλεξεν ἐν τῷ ἀγρῷ ἕως ἑσπέρας· καὶ ἐρράβδισεν ἃ συνέλεξεν, καὶ ἐγενήθη ὡς οιφι κριθῶν.

LXX.App (1922): kein Eintrag zu ἐράβδισεν
LXX.App (1935): kein Eintrag zu ἐρράβδισεν

„Die altgriech. Regel, daß das aus σϱ oder ϝϱ entstandene ‚aspirierte' ϱ, wenn es aus dem Anlaut in den Inlaut kommt (in der Flexion oder in der Zusammensetzung), seinen Ursprung durch Verdoppelung kundgibt, wird schon im Att. in der Schrift nicht ausnahmslos beobachtet. Später herrscht offenbar das Bestreben, die besondere Behandlung des anlautenden ϱ in der Schrift zu beseitigen. Im NT wird größtenteils die ältere Regel beachtet."[116] Die Verdoppelung des ϱ nach dem Augment, wie es in dem vorliegenden Beispiel des Wortes ἐϱ(ϱ)άβδισεν der Fall ist, gilt für die Entstehungszeit der Septuaginta als der grammatikalische Regelfall,[117] an welchen Rahlfs (wie auch QUAST, Ruth [2006]) die Schreibweise des Wortes in der HANDAUSGABE angepasst hatte, wohingegen er in der Ruth-Ausgabe von 1922 noch dem Zeugnis des Codex Vaticanus sowie der Mehrheit der übrigen Überlieferung gefolgt war.[118]

3.6 Die Schreibweise der Eigennamen als besonderes Problem der Septuaginta-Textkritik

Allgemeingültige Regeln für die Rekonstruktion der ursprünglichen Akzentuation, der Spiritus sowie vor allem der Schreibweise von Eigennamen sind bis heute ein Desiderat der Septuaginta-Textkritik und werden es wohl auch immer

---

Winer-Schmiedel und Bl.-Debrunner bereits an allgemein anerkannten Ergebnissen gewonnen haben."
116 BLASS/DEBRUNNER, Grammatik (¹⁷1990), 11 (= § 11, 1).
117 So MAYSER, I,1 (²1970), 187 (§ 48, 1bβ): „Wie auf attischen Inschriften [...] unterbleibt auch in der ägyptischen Koine vielfach die Verdoppelung des ϱ in der Kompositionsfuge, aber nur selten nach dem Augment." Mayser und auch Blass/Debrunner verweisen jeweils auf MEISTERHANS, Grammatik (³1900), 95.169, wo es heißt: „In der klassischen Zeit findet [...] Wechsel zwischen Geminata und einfachen Konsonanten nur statt [...] in der Augmentation der mit Rho beginnenden Verba, doch überwiegt hier ϱϱ [...]" (a.a.O., 94–95); und auf S. 169 zum Thema „Augment und Reduplikation" noch einmal: „Die mit Rho beginnenden Verba verdoppeln gewöhnlich diesen Konsonanten hinter ε."
118 Laut dem im Septuaginta-Unternehmen aufbewahrten Kollationsheft zum Buch Ruth bieten von allen Zeugen lediglich die Hss. 64 76 125 128 134 328ᶜ 343 381 761 sowie die Complutensis und Sixtina die Verdoppelung des ϱ, alle übrigen hingegen die einfache Schreibung desselben.

bleiben:[119] Da nämlich die frühen Papyri und Unzialen sämtlich ohne Akzente geschrieben wurden, fehlt hierfür eine alte Tradition, und auch die Akzentsetzung der Minuskeln bietet kein einheitliches System, das man ersatzweise auf den kritischen Text anwenden könnte.

Im Falle der *Schreibweise* der Eigennamen resp. ihrer Transkription ist es aufgrund einer uneinheitlichen und teilweise bereits verderbten Überlieferungslage einerseits sowie einer fehlenden verschriftlichten Vokalisierung der hebräischen Vorlage der Septuaginta anderseits schwierig, zu entscheiden, ob die aus dem Hebräischen transkribierte, d.h. unflektierte (bzw. manchmal auch flektierte) oder die hellenisierte Form Ursprünglichkeit beanspruchen darf,[120] ob die grundsätzlich dem hebräischen Text näherstehende oder die freiere Schreibweise zu bevorzugen ist und welche hieraus feststellbaren Transkriptionsregeln als sekundär eingestuft werden müssen. Dabei verdeutlicht gerade der Umgang mit den Transkriptionen von Eigennamen, dass es unmöglich ist, das Original der Septuaginta in allen Äußerlichkeiten wiederherzustellen.

Lagarde, Swete, Brooke-McLean, Rahlfs und die Herausgeber der „Göttinger Septuaginta" schlugen verschiedene Wege ein, um die in der Septuaginta überlieferten Eigennamen adäquat zu edieren.

In seiner Genesis-Ausgabe[121] von 1868 akzentuierte Lagarde sämtliche Eigennamen, sowohl flektierte als auch unflektierte, und versah sie wenn nötig mit den Spiritus. Diese Praxis gab er 1882 in der *Ankündigung einer neuen ausgabe der griechischen übersetzung des alten testaments*[122] auf und hielt ebenso in der 1883 erschienenen Lukian-Ausgabe[123] daran fest, unflektierte Eigennamen ohne Akzente und Spiritus zu schreiben, flektierte hingegen nach griechischen Regeln zu akzentuieren.

Henry Barclay Swete wählte 1887 für seine Handausgabe der Septuaginta, bei Kenntnis aller mit der Akzentuation verbundenen Schwierigkeiten, ein gegenüber Lagarde neues System: Statt auf Akzente und Spiritus bei transkribierten unflektierten Eigennamen zu verzichten, entschied er sich „to fall back upon the accentuation of the Masoretic Text, which, whatever its age, may at least be taken to represent a real and to a great extent trustworthy tradition".[124] Vollends befriedigend sei auch diese Methode nicht, so Swete weiter, doch bringe sie denen Vorteile, „who use the Septuagint in connexion with the Hebrew Bible" und richte das Augenmerk „to important

---

119 Vgl. dazu grundlegend WUTZ, Transkriptionen (1933), bes. §§ 2–5.

120 Vgl. zur Schreibweise der Eigennamen THACKERAY, Grammar I (1909), § 11, bes. Abs. 1, sowie § 6, und zum Umgang der Abschreiber mit den ihnen vorliegenden fremdklingenden Namen sowie den zu klärenden textkritischen Fragen ZIEGLER, Ier. (³2006), 131–132.

121 LAGARDE, Genesis graece (1868).

122 LAGARDE, Ankündigung (1832).

123 LAGARDE, Lukian (1883).

124 SWETE, Septuagint 1 (1887). xiii.

distinctions which occasionally lurk under the use of an identical Greek form".[125] Die Setzung der Spiritus richtete sich nach dem in Westcotts und Horts Ausgabe des Neuen Testaments[126] etablierten System, für א und ע Spiritus lenis zu setzen, ה und ח durch Spiritus asper wiederzugeben, und ein mit י beginnendes Wort, ἱ zu schreiben.[127]

In der RUTH (1922) hielt Rahlfs an „der durch Swetes Handausgabe eingebürgerten Praxis",[128] die auch von Brooke-McLean für die „Cambridger Septuaginta" übernommen worden war, fest.[129] Er *akzentuierte* hier also sowohl alle transkribierten Eigennamen ohne griechische Flexionsendung entsprechend dem hebräischen Text (also immer die Silbe, die auch im Hebräischen den Akzent trägt)[130] als auch alle Eigennamen mit griechischer Flexionsendung entsprechend den Regeln der griechischen Grammatik, und setzte konsequent (wo nötig) die entsprechenden Spiritus.[131] Bei der *Transkription* der Eigennamen im Buch Ruth folgte er vorwiegend aus Gründen der Stringenz der „führenden" Handschrift: d.h. also dem Codex Vaticanus, der z.B. hebräisches langes *i* statt mit ι bevorzugt mit εῐ transkribierte.[132] Rahlfs tat dies, obwohl die Befunde der Papyri zeigten, dass es schon im 3. Jh. v. Chr. keine eindeutige Regel für diese Art der Transkription gegeben hatte,[133] und auch andere alte Handschriften neben dem Vaticanus ι statt εῐ boten. Rezensionelle, durch Angleichung an den hebräischen Text beeinflusste Namensschreibungen (wie z.B. Νωεμεί [für hebr. נׇעֳמׅי] statt Νωεμείν oder Βόοζ [für hebr. בֹּעַז] statt Βόος)[134] nannte Rahlfs konsequent im Apparat.

In der GENESIS (1926) wich er hingegen von der im Buch Ruth angewandten Praxis radikal ab: Statt wie dort sowohl die unflektierten als auch die flektierten Eigennamen konsequent zu akzentuieren und mit den Spiritus zu versehen, verzichtete er hier auf beides vollständig.[135] Einzige Ausnahme bildeten diejenigen Eigennamen, die „unzweifelhaft griechische Suffixe tragen, wie -αῖος und -(ε)ίτης, auch -ιος in Ἀράδιος Gen. 10₁₈ [...], oder wenn sie auch bei griechischen

---

125 Beide Zitate: SWETE, Septuagint 1 (1887), xiii. Vgl. zu diesem Verfahren die Anmerkung von Eb. NESTLE, Septuagintastudien V (1907), 7.

126 WESTCOTT/HORT, NT Introduction (1882).

127 Vgl. SWETE, Septuagint 1 (1887), xiv, und RUTH (1922), 19.

128 RUTH (1922), 19. Vgl. auch RUTH-STUDIE (1922), 153 (§ 34, 5).

129 Vgl. BROOKE-McLEAN, Genesis (1906).

130 Vgl. RUTH (1922), 19.

131 Vgl. RUTH (1922), 19, sowie GENESIS (1926), 40–41.

132 Vgl. – auch zum Folgenden – RUTH-STUDIE (1922), 152–153.

133 Vgl. dazu die Erläuterungen bei MAYSER, I,1 (²1970), 60 (§ 8, 3).66 (§ 9, 2).69 (§9, 3). Rahlfs verweist in der RUTH-STUDIE (1922) auf die 1. Auflage.

134 Vgl. RUTH-STUDIE (1922), 72–73.

135 Vgl. GENESIS (1926), 40–41.

Schriftstellern vorkommen, die in keiner Beziehung zur biblischen Literatur stehen, z. B. *Γάζα, Σιδῶν* [...]".[136] Eigennamen, die keine griechischen Flexionsendungen aufwiesen, hatte schon Lagarde seit 1882 nicht mehr akzentuiert, so dass sich Rahlfs diesem hierin nun wieder anschließen konnte. Dass er allerdings in der Genesis-Ausgabe auch Eigennamen *mit* griechischen Flexionsendungen nicht akzentuierte, ist weder von Lagarde, noch von Swete oder Brooke-McLean und auch nicht in späteren ,Göttinger' Editionsbänden praktiziert worden. Rahlfs begründete seinen Entschluss für die Genesis mit den zu großen Unregelmäßigkeiten und daraus resultierenden Unsicherheiten innerhalb der Überlieferung der Eigennamen.[137] Konsequenterweise fiel damit auch die Setzung der Spiritus weg, die aufgrund der sprachlichen Entwicklungen großer Willkür ausgesetzt gewesen waren, so dass ihre – wenn auch oft in alten lateinischen und koptischen Transkriptionen belegte – Überlieferung Rahlfs als zu unsicher resp. schwankend galt.[138] Die Veränderung seiner Kriterien bezüglich der Namensakzentuation verdeutlicht sein Bemühen um größtmögliche Präzision bei der Präsentation des ältesten erreichbaren Textes der Genesis, für die er die übliche Praxis infrage stellte und Spekulatives konsequent auszuschließen suchte.[139] Hinsichtlich der *Schreibweise resp. Transkription* der Eigennamen selbst, folgte er, wie schon im Buch Ruth, den ältesten Handschriften.[140]

In Psalmi cum Odis (1931) und dann auch in der Handausgabe (1935) griff Rahlfs, was die *Akzentuation* der Eigennamen betraf, den späten Modus seines Lehrers wieder auf: Hebräische Eigennamen mit griechischen Flexionsendungen akzentuierte er nach griechischen Regeln (z.B. in Ps. 104[105]26a: *ἐξαπέστειλεν Μωυσῆν τὸν δοῦλον αὐτοῦ*), unflektierte Eigennamen blieben ohne Akzente (z.B. in Ps. 104[105]26b: *Ααρων, ὃν ἐξελέξατο αὐτόν*). Da eine sichere Unterscheidung zwischen Spiritus lenis und Spiritus asper sich als kaum möglich erwies, war auch die Setzung der Spiritus unregelmäßig. Bei der *Transkription* der Eigenna-

---

136 Genesis (1926), 41.

137 Vgl. Genesis (1926), 40.

138 Vgl. Genesis (1926), 41.

139 Vgl. Genesis (1926), 3.

140 Das bedeutete z.B. für die Schreibung der bereits im 3. und 2. Jh. v. Chr. nicht mehr einheitlichen Transkription des langen ι, dass Rahlfs überall *ει* statt *ι* in den kritischen Text aufnahm: u.a. in Gen. 49₂₇ (*Βενιαμειν*) oder Gen. 10₁₄ (*Πατροσωνιειμ, Χασλωνιειμ, Φυλιστιειμ, Καφθοριειμ*). Bei der Schreibung des Namens *βαιθλεεμ* emendierte Rahlfs sogar gegen die gesamte Überlieferung in der Genesis aufgrund der im Buch Ruth von den Codices Vaticanus und Alexandrinus eindeutig bezeugten Transkription (Apparat zu Gen. 48₇ [1926]): *βαιθλεεμ* Rahlfs] *βεθ-* B, *βηθ-* rel.: cf. Ruth 1₁.₂, ubi B solus *βεθ-*, et Ruth 1₁₉.₂₂ 2₄ 4₁₁, ubi B A *βαιθ-* (A in 2₄ *βεθ-*), nec non Gen. 35₁₉, ubi B deest.

men änderte Rahlfs sein bis dahin gültiges Prinzip, sich nach den wichtigsten Handschriftenzeugen zu richten, und wählte im kritischen Text der Psalter-Edition (auch gegen die Überlieferung der alten Handschriften) z.B. bei Transkription des hebräischen langen *i* konsequent die Schreibweise *ι*: „Schon seit etwa 100 v. Chr. (Thack. § 6, 24) war der frühere Diphthong *ει* nur noch ein einfaches, meist langes *i* und wechselt daher, besonders in den älteren, weniger in den jüngeren Hss., oft mit *ι*. [...] Für jene Zeit war das ganz unverfänglich, da niemand *ει* anders als *i* sprach. Heutzutage aber, wo man nicht beachtet oder nicht weiß, daß *ει* für die Schreiber jener Zeit nichts weiter als ein *i* war, wird dieses *ει* gewöhnlich als Diphthong gesprochen. Um dies zu verhüten und die von den Alten beabsichtigte Aussprache zur Geltung zu bringen, schreibe ich in Eigennamen wie *Δαυιδ*, *Νεφθαλι(μ)*, *χερουβιμ* usw. stets *ι*, auch wenn die alten Hss. *ει* bieten.“[141] Allerdings blieb er in der HANDAUSGABE[142] (konzeptionell bedingt) gelegentlich noch „zu stark von der gesamten Lautform des codex, der ihm zum Ausgangspunkt dient, weil die Verderbnis dort am wenigsten fortgeschritten ist, abhängig“,[143] wie Katz in seiner Rezension feststellte, was Joseph Ziegler mit der Beobachtung ergänzte: „Die größte Gefahr bei der Wiederherstellung der ursprünglichen Form [*der Eigennamen*] besteht darin, daß man zu leicht an 𝔐 angleicht. Dies ist häufig bei Rahlfs zu beobachten, und auch Katz, der in seiner Besprechung der Handausgabe [...] viele E[*igen*]N[*amen*], namentlich in Ios., verbessert, ist dieser Versuchung manchmal unterlegen.“[144] Der Konzeption der HANDAUSGABE entsprechend vereinheitlichte Rahlfs in dieser also die *Namensschreibung/-transkription* zugunsten der masoretischen Textform, um dem Nutzer einen möglichst homogenen Text und eine praktische Vergleichsmöglichkeit mit dem Hebräischen der BHK zu bieten.[145]

---

141 PSALMI CUM ODIS (1931), 73.

142 Der Vergleich der Schreibung von Eigennamen im kritischen Text der GENESIS (1926) und dem der HANDAUSGABE (1935) ergibt folgende Unterschiede: an 86 Stellen steht in der HANDAUSGABE *ι* statt *ει*; sechs Mal bietet sie *χ* statt *κ*; ein Mal *ς* statt *ζ*; in Gen. 25₃₄ 26₃₄ 36₂₃.₄₃ gleicht die HANDAUSGABE die Eigennamen dem hebräischen Text an, übernimmt also die hexaplarische Schreibweise als kritischen Text.

An folgenden Stellen weicht das Lemma der Ruth-Ausgabe von 1922 (Ra^Ruth) vom Lemma der HANDAUSGABE (links der eckigen Klammer) ab: Ruth 1₂.₃ 21.₃ 43.₉ (*Αβιμελεχ*] *Ἀβειμέλεχ* Ra^Ruth); Ruth 1₂.₃.₈.₁₁.₁₅.₁₈₋₂₂ 21.₂.₆.₂₀(₂x).₂₂ 31 43.₅.₉.₁₄.₁₆.₁₇ (*Νωεμιν*] *Νωεμείν* Ra^Ruth); Ruth 1₄ (*Μωαβίτιδας*] *Μωαβείτιδας* Ra^Ruth); Ruth 1₂₂ 22.₆ (*Μωαβῖτις*] *Μωαβεῖτις* Ra^Ruth); Ruth 4₅ (*Μωαβίτιδος*] *Μωαβείτιδος* Ra^Ruth); Ruth 4₁₀ (*Μωαβῖτιν*] *Μωαβεῖτιν* Ra^Ruth); Ruth 4₁₇.₂₂ (*Δαυιδ*] *Δαυείδ* Ra^Ruth); Ruth 4₁₉.₂₀ (*Αμιναδαβ*] *Ἀμειναδάβ* Ra^Ruth).

143 KATZ, Rez. Handausgabe (1936), 271. Vgl. bes. a.a.O., 285–286.

144 ZIEGLER, Beiträge Ier. (1958), 59. Vgl. auch DERS., Ier. (²2006), 131.

145 Vgl. zur Konzeption der HANDAUSGABE oben, S. 267–271.

Zur Regel für die folgenden Bände der „Göttinger Septuaginta" wurde die in der
HANDAUSGABE und der Psalmen-Edition angewandte Akzentuierungs-Praxis[146] –
1923 bereits von Jacob Wackernagel in einem Schreiben an Rahlfs als die zu favo-
risierende hervorgehoben.[147] Erst im Jahre 1974, mit Wevers' Genesis-Ausgabe,
änderte man die Regel für alle von da an erscheinenden Bände (wieder) dahingehend, dass *sämtliche* „Eigennamen mit Akzenten und, wenn nötig, mit spiritus
asper oder spiritus lenis zu versehen"[148] sind, und brachte somit erneut das von
Swete eingeführte System zur Anwendung, das auch Rahlfs bereits der RUTH konsequent zugrunde gelegt hatte.

Hinsichtlich der *Schreibweise/Transkription* der Eigennamen entschieden
sich die Herausgeber der „Göttinger Septuaginta" je nach individueller Überlieferungssituation der einzelnen Bücher ganz unterschiedlich[149] und bestätigen
dabei immer wieder die bleibende Unsicherheit und große Schwierigkeit beim
Aufstellen allgemeingültiger Editionsregeln für Eigennamen.

So stellte Ziegler hinsichtlich eines Großteils seiner Propheteneditionen fest, dass er „manchmal
vorschnell die mit 𝔐 übereinstimmende Form in den Text aufgenommen" habe,[150] und konstatierte für Ier.:

> „Deshalb habe ich alle in Ier. vorkommenden E[*igen*]N[*amen*] einer genauen Prüfung
> unterzogen, um die ursprüngliche Form herauszufinden. Rahlfs hat dies bereits für seine
> Handausgabe getan; aber jeder einzelne Fall mußte neu untersucht werden, um zu einem
> möglichst sicheren Ergebnis zu kommen. Oftmals konnte ich mit Rahlfs zusammengehen,
> oftmals mußte ich aber abweichen; manchmal war trotz genauester Untersuchung keine
> Sicherheit zu gewinnen, weil die Lage verzweifelt war. Dann habe ich resigniert die Form
> des EN in den Text gesetzt, die in den ältesten und besten Zeugen überliefert ist. Gerade
> bei den EN ist schon oft beobachtet worden, daß sie in verzerrter, verstümmelter, ja völlig
> unkenntlicher Gestalt auftreten. Manchmal steht die verderbte Form in allen Zeugen,

---

146 So KAPPLER, Mac. I (1936), 40, Anm. 1: „Entsprechend der für die Göttinger Septuaginta-
Ausgabe eingeführten Regel habe ich die Transkriptionen hebräischer Eigennamen, wenn sie
keine griechische Flexionsendung haben, nicht akzentuiert; im andern Falle habe ich ihnen Akzente nach den Regeln der griechischen Sprache gegeben. Dabei mag man im einzelnen über
die Richtigkeit eines von mir gesetzten Akzentes streiten; aber wie soll man in diesen Dingen,
über die es keinerlei Überlieferung des Altertums gibt, zu sicheren Ergebnissen kommen? Spiritus habe ich nur ganz selten gesetzt, da hier die Entscheidung zwischen asper und lenis noch
schwieriger ist." Vgl. auch ZIEGLER, Is. (1939), 101.
147 „Bei den Eigennamen zöge ich Lagardes' Weise vor; Swetes Praxis scheint mir unwissenschaftlich, & was wird dadurch gewonnen?" (Jacob Wackernagel an Rahlfs, 4. Januar 1923 [Ar-
chiv des Septuaginta-Unternehmens der Akademie der Wissenschaften zu Göttingen]).
148 WEVERS, Gen. (1974), 62.
149 Vgl. z.B. KAPPLER, Mac. I (1936), 40–41.
150 ZIEGLER, Beiträge Ier. (1958), 59.

manchmal nur in B (und verwandten Zeugen). Deutlich ist zu sehen, daß B den verwilder-
ten Text einer sehr guten Vorlage bietet, während A (und verwandte Zeugen) Formen von EN
überliefert, die an die hebr. Vorlage angeglichen sind. Noch näher an die hebr. Vorlage, die
unserem 𝔐-Text ganz nahesteht, kommen die Formen der EN heran, die in der hexaplarischen Überlieferung (O) stehen. Bereits Wutz hat auf die verschiedenen Transkriptionsstu-
fen hingewiesen: die älteste finden wir in B (sicher vorhexaplarisch), die zweite in A (auch
teilweise vorhexaplarisch), die dritte in O. Auf der ältesten Stufe herrscht noch eine gewisse
Sorglosigkeit in der Transkription vor. Zwischen den verschiedenen Zahn-, Zungen- und
Gaumenlauten hat man nicht genau unterschieden."[151]

Robert Hanhart bevorzugte für Mac. II–III aufgrund der unübersichtlichen Überlieferungslage
und den fast gänzlich fehlenden Kriterien tendenziell die Lesart der ältesten resp. vorrezensionellen Zeugen.[152] Aufgrund seines vorrezensionellen Charakters durfte in Idt. der B-Text „zuerst
Anspruch auf Ursprünglichkeit" bei der Namensform erheben,[153] wohingegen dies in Tob. nur
für die Textform 𝕾[I] galt, 𝕾[II] hingegen kein einheitliches Transkriptionsprinzip erkennen ließ.[154]
Für Esdr. I hielt Hanhart schließlich als Richtlinie für textkritische Entscheidungen ein Majoritätsprinzip am gangbarsten:

> „Die Rekonstruktion der ursprünglichen Transkription von Eigennamen bleibt aus dem
> Grund das am wenigsten befriedigend gelöste Problem der Textherstellung, weil einerseits
> in diesen Bereich der Überlieferung, schon im Grund-, vor allem aber im Übersetzungstext,
> die meisten Verschreibungen und Textveränderungen eindringen, andererseits aber bei der
> ursprünglichen Übersetzung kein konsequent durchgeführtes System der Transkription
> vorausgesetzt werden darf, nach dem sich spätere Textverderbnis eindeutig korrigieren
> ließe. Dazu kommt, daß hier das masoretische System der Vokalisierung und Gemination in
> geringerem Maß als Vorlage für die ursprüngliche Transkription vorausgesetzt werden muß
> als bei den Appellativa. Die Zwiespältigkeit der Überlieferung erlaubt es nicht einmal, ohne
> willkürliche Konsequenz gegen die Zeugengruppierung bei mehrfachem Vorkommen des
> gleichen Namens überall die gleiche Transkription in den Text aufzunehmen. [...] Nicht als
> Regel, auch nicht lediglich mit Ausnahmen, die die Regel bestätigen, sondern nur als Richt-
> linie, die in die Nähe des altüberlieferten Textes weist, dürfte bei der Textherstellung dem
> Grundsatz zu folgen sein, daß die von den meisten Zeugen überlieferte Form, sofern sie sich

---

151 ZIEGLER, Beiträge Ier. (1958), 59–60.

152 „Ein Problem für sich bilden die Eigennamen. Die Entscheidungen fallen hier besonders
schwer, weil hier viel mehr noch als beim Wortschatz der Appellativa mit der Bruchstückhaf-
tigkeit der Überlieferung gerechnet werden muß und weil hier auch die Anwendung der Wort-
bildungsgesetze weitgehend versagt. Eine Namensform darf nicht darum, weil sie nur einmal
überliefert ist, als Textzerstörung abgetan werden. Nicht jede Namensform, die sich nicht in ihre
Elemente zerlegen und so erklären läßt, ist deshalb falsch. Im allgemeinen empfiehlt es sich, die
von den besten Zeugen gebotene Form, auch wenn sie einmalig und schwer erklärbar ist, als die
ursprüngliche aufzunehmen, weil die Absicht späterer Bearbeitung dahin geht, den unbekannten Namen durch den bekannten und den undurchsichtigen durch den erklärbaren zu ersetzen"
(HANHART, Text Mac. II–III [1961], 47).

153 So HANHART, TGI (1979), 78.

154 Vgl. HANHART, TGT (1984), 73.

nicht als Unzialverschreibung erklären läßt, zuerst Anspruch auf Ursprünglichkeit erheben darf, und daß innerhalb der Textgruppen der B-Text, sofern er der Namensform von 𝔐 𝔊 ferner steht als die übrige Überlieferung, zweifelhaft ist, sofern er aber nicht in gleicher Weise wie *L* hebraisiert und damit als Träger der lukianischen Rezension in Frage kommt [...], sondern in anderer Weise als *L* der Namensform von 𝔐 𝔊 nähersteht als die übrige Überlieferung, am ehesten als die ursprüngliche Transkription in den Text aufgenommen werden darf, während die lukianische Rezension als Vertreter eines eigenen Transkriptionssystems in diesem Bereich der Überlieferung durchgehend als sekundär zu werten ist."[155]

Grundsätzliche Aussagen zur Schreibweise der Eigennamen, wie sie Ziegler und Hanhart boten, lieferte Wevers nicht, erörterte allerdings den Befund der verschiedenen Texttypen in seinen ‚Textgeschichten'.[156] Quast nahm in seiner Ruth-Ausgabe in der Regel die Namenslesart des ältesten Zeugen als kritischen Text auf und führte, wie schon Brooke-McLean[157] und sämtliche Herausgeber der Göttinger *editio critica maior*, rigoros alle Varianten, auch die rein orthographischen und auch diejenigen der Tochterübersetzungen vollständig im Apparat an, um so auf die ungelöste Problematik der Rekonstruktion der ursprünglichen Schreibweise von Eigennamen hinzuweisen und dadurch der Forschung tatsächlich das gesamte, für weitere Untersuchungen notwendige Material zur Verfügung zu stellen.

Das Problem der Schreibweise/Transkription und Akzentuation von Eigennamen im kritischen Text der Septuaginta spiegelt sich deutlich in der äußerst schwankenden Handhabung wider, die sowohl in Rahlfs' Editionen als auch in den späteren Bänden der „Göttinger Septuaginta" begegnet. Als *Status quo* bleibt somit festzuhalten, dass dieses Problem aufgrund des überlieferten Handschriftenmaterials textkritisch weder befriedigend noch eindeutig zu lösen ist.

3.7 Die Konjekturalkritik (Konjektur und Emendation)

Ist der von der gesamten Überlieferung bezeugte Text derart verderbt, dass sich keine der überlieferten Lesarten als die älteste erreichbare begründen lässt, so muss die ‚Konjekturalkritik' zur Anwendung kommen. Diese führt entweder zur Konstatierung einer *crux*, d.h. der Feststellung, dass die Textverderbnis nicht eliminiert werden kann, oder zur Verbesserung des Textes durch *Emendation*,[158]

---

155 HANHART, TGE I (1974), 55. Der Befund blieb in Esdr. II grundsätzlich ähnlich, vgl. HANHART, TGE II (2003), 322.
156 Vgl. z.B. WEVERS, THGG (1974), 213.
157 Vgl. BROOKE-McLEAN, Genesis (1906), 2.
158 Unter einer *Emendation* versteht man eine leichte, paläographisch nachvollziehbare Verbesserung des überlieferten Textes, z.B. bei nachvollziehbaren Unzialverschreibungen oder bei durch Abbreviaturen verursachten Überlieferungsfehlern. Vgl. dazu unten, S. 363–365 (Beispiele für Emendationen).

oder zur Heilung des Textes durch *Konjektur*.[159] Die allgemeinen Voraussetzungen sowohl für eine Emendation als auch für eine Konjektur sind (1) ihre nahtlose Verankerung im Kontext, (2) ihre Übereinstimmung mit den sprachlichen, stilistischen, ‚übersetzungstechnischen' und sonstigen Eigenheiten des übrigen Textes sowie (3) ihre Kompatibilität mit der Handschriftenüberlieferung, die sich ihrerseits aus der vorgenommenen Textverbesserung vollständig erklären lassen muss.[160]

Da Rahlfs als Editionsziel nicht mehr den ‚Urtext', sondern den ältesten erreichbaren Text der Septuaginta proklamiert hatte, fiel die Anwendung der Konjekturalkritik bei ihm (vor allem gegenüber ihrer von Lagarde verlangten Bedeutung als dem ‚Schlussakt' der Septuaginta-Textkritik) bescheiden aus,[161] oder, um mit Peter Katz zu sprechen: Rahlfs „sah auch die *Aufgabe* der emendatio".[162] Insgesamt führte er in seinen Editionen daher nur verhältnismäßig wenige eigene *Konjekturen* neu ein und übernahm von den bereits vorliegenden Textverbesserungen anderer nur gut begründete in seinen kritischen Text oder in seinen textkritischen Apparat auf. *Emendationen* hingegen, gerade im Bereich der Eigennamen und der Orthographie, lassen sich in seinen Editio-

---

159 Unter einer *Konjektur* versteht man einen aufgrund einer (plausiblen) Vermutung vollzogenen starken und gewichtigen textkritischen Eingriff, für den es innerhalb der handschriftlichen Überlieferung, d.h. aus paläographischer Sicht keine zwingenden Argumente gibt. Vgl. dazu unten, S. 366–370 (Beispiele für Konjekturen).

160 Diese allgemein in Gebrauch stehenden Regeln sind verschriftlicht u.a. bei HALL, Companion (1913); MAAS, Textkritik (⁴1960); PASQUALI, Storia (²1952/2012); und schließlich bei WEST, Textual Criticism (1973), 48.

161 So schon HEDLEY, Göttingen Investigation (1933), 71, in Bezug auf PSALMI CUM ODIS (1931): „[...] in emendation [*Rahlfs*] is almost a total abstainer." Vgl. auch die Aufstellung der von Rahlfs im Text oder Apparat der Psalter-Ausgabe notierten Emendationen und Konjekturen bei BRUCKER, Textgeschichtliche Probleme (2012), 96–97 (= DERS., in: BONS et al., Psalmoi [2011], 1485).

162 KATZ, Rez. Handausgabe (1936), 265 (Kursivsetzung CS). Vgl. auch HANHART, Rechenschaftsbericht (2005), 451, sowie ZIEGLER, Beiträge Ier. (1958), 7. Bereits in seiner 1905 erschienenen Rezension von Kittels *Biblia Hebraica* hatte Rahlfs festgestellt: „In der Aufnahme von Konjekturen sind die Herausgeber mit Recht ziemlich zurückhaltend gewesen. Die Willkür, mit der man neuerdings den alttestamentlichen Text irgend welchen Theorien oder Einfällen zu Liebe zurechtgestutzt hat, übersteigt wirklich alle Grenzen, und es wäre völlig verkehrt, eine kritische Handausgabe des Alten Testaments mit all diesem Ballast zu belasten. Die Konjekturalkritik, wie sie heute von gewissen Seiten geübt wird, ist eine von Zeit zu Zeit wiederkehrende Kinderkrankheit, die sich erst austoben will" (RAHLFS, Rez. Biblia Hebraica [1905], 861). Einen Überblick über die Diskussion der Notwendigkeit von Konjekturen bietet STÄHLIN, Editionstechnik (²1914), 38–42.

nen häufiger nachweisen. Dennoch stellte für Rahlfs, anders als z.b. für Katz,[163] die Konjekturalkritik nicht die Vollendung der Textkritik dar: Denn diese könne kaum wissenschaftlich befriedigend die Lücke zwischen ältestem erreichbaren Text und ‚Urtext' überbrücken, wolle man das Zeugnis der Handschriften nicht gänzlich außer Acht lassen.[164]

Rahlfs' konkrete Bedingungen für die Aufnahme von Emendationen und Konjekturen sind in der Einleitung zur GENESIS (1926) genannt: Erstes und wichtigstes Kriterium war für ihn die „verständige [*d.h. nicht rein mechanische; CS*] Vergleichung"[165] des Textes mit dem Hebräischen als Referenztext. Weitere Kriterien stellten die Orientierung an den Regeln des für die Zeit der Übersetzung anzunehmenden, d.h. hellenistischen Griechisch dar, sowie die aus Rahlfs' Perspektive logischen und psychologischen Gesichtspunkte, die möglichen Fehlern der Schreiber, wie etwa einer Parablepsis, Rechnung trugen. Schließlich bediente er sich allgemeingültiger textkritischer Faustregeln (z.B. *lectio brevior potior* etc.).[166]

Die nachstehenden Beispiele aus GENESIS, PSALMI CUM ODIS und HANDAUS-GABE[167] belegen exemplarisch die Rahlfs'schen Kriterien für (a) Emendationen, die den Text im Wesentlichen anhand der vorfindlichen Textverhältnisse evident verbesserten, und (b) Konjekturen, die die vorfindlichen, allerdings verdorbenen Textverhältnisse aufgrund von plausiblen Vermutungen gegen die gesamte erhaltene Überlieferung zu heilen suchten:

(a) Beispiele für Emendationen

Gen. 19₉ₐ (GENESIS und HANDAUSGABE):

LXX:[168] εἶπαν δέ· „ἀπόστα ἐκεῖ. εἰς ἦλθες παροικεῖν· μὴ καὶ κρίσιν κρίνειν; νῦν οὖν σὲ κακώσομεν μᾶλλον ἢ ἐκείνους".

MT: וַיֹּאמְרוּ גֶּשׁ־הָלְאָה וַיֹּאמְרוּ הָאֶחָד בָּא־לָגוּר וַיִּשְׁפֹּט שָׁפוֹט עַתָּה נָרַע לְךָ מֵהֶם

LXX.App (1926): εις ηλθες Große-Brauckmann = 𝔐] εισηλθες editiones, εισ > M 59

LXX.App (1935): εις ηλθες Große-Brauckmann] εἰσῆλθες editiones

---

163 Vgl. dazu auch oben, S. 322, Anm. 1005. Dezidiert sagt dies WALTERS (Katz), Text of the Septuagint (1973), 14, und DERS., Rez. Handausgabe (1936), 273.

164 Vgl. z.B. GENESIS (1926), 35–36.

165 GENESIS (1926), 35.

166 Vgl. GENESIS (1926), 36.

167 In RUTH (1922) lassen sich keine Konjekturen nachweisen.

168 In der HANDAUSGABE (1935) ist der Wortlaut identisch, auf Doppelpunkt und Anführungszeichen verzichtete Rahlfs hier allerdings: εἶπαν δέ Ἀπόστα ἐκεῖ. εἰς ἦλθες παροικεῖν· μὴ καὶ κρίσιν κρίνειν; νῦν οὖν σὲ κακώσομεν μᾶλλον ἢ ἐκείνους.

Rahlfs übernahm hier eine Emendation Emil Große-Brauckmanns, der nicht, wie die meisten Handschriften, *εἰσῆλθες* las, sondern den kritischen Text dem masoretischen Text anglich. Da die ältesten Handschriften in Majuskelschrift und zumeist ohne Leerzeichen zwischen den einzelnen Worten geschrieben sind, ist es sehr gut vorstellbar, dass bereits in frühester Überlieferung die Wortunterteilung nicht korrekt vollzogen worden war, und erst die später hinzugekommenen Akzente die Buchstaben als 2. Sg. Ind. Aor. Akt. von *εἰσέρχομαι* statt als Zahlwort *εἰς* plus 2. Sg. Ind. Aor. Akt. von *ἔρχομαι* definierten.

Emendationen dieser Art finden sich in der HANDAUSGABE z.B. auch in Num. 5₂₀.₂₉ (*ὑπ' ἀνδρὸς* Ra.] *ὕπανδρος* editiones) u.ö., phonetisch begründbare Emendationen ähnlicher Art z.B. in Reg. I 14₂₉ (*δη οτι* Ra.] *διοτι* mss.) u.ö.

Gen. 22₂₂ (GENESIS und HANDAUSGABE):

LXX: *καὶ τὸν Χα(ζ/σ)αδ καὶ τὸν Αζαυ καὶ τὸν Φαλδας καὶ τὸν Ιεδλαφ καὶ τὸν Βαθουηλ·*
MT: ‏וְאֶת־כָּשֶׂר וְאֶת־חֲזוֹ וְאֶת־פִּלְדָּשׁ וְאֶת־יִדְלָף וְאֵת בְּתוּאֵל‎
LXX.App (1926): *ιεδλαφ* Lag.] *ιελδαφ* A' M O^d 75 2, *ελδαφ* 72 q 1, (*ι*)*ελαφ* C, *ιεδ*(*δ*)*αφ* O^b; *ιελδαβ* c 2, *ιελδαμ* 56, *ιελαμ* l; *ιελδαθ* b
LXX.App (1935): *ιεδλαφ* Lag.] *ιελδαφ* A

Rahlfs glich – in Aufnahme einer Korrektur Lagardes – den kritischen Text auch hier der Schreibweise des masoretischen Textes an (‏יִדְלָף‎). Dass die meisten Handschriften hingegen *ιελδαφ* belegen, liegt vermutlich in der Vertauschung von *Δ* und *Λ* begründet und ist Indiz für die Richtigkeit von Lagardes Emendation.

Ähnliche Beispiele für Namensemendationen finden sich in der HANDAUSGABE dutzendfach, besonders häufig in Ios., Iud., Par. I–II sowie Esdr. I–II.

Mac. I 6₃₇ (HANDAUSGABE):

LXX: *καὶ πύργοι ξύλινοι ἐπ' αὐτοὺς ὀχυροὶ σκεπαζόμενοι ἐφ' ἑκάστου θηρίου ἐζωσμένοι ἐπ' αὐτοῦ μηχαναῖς, καὶ ἐφ' ἑκάστου ἄνδρες δυνάμεως τέσσαρες οἱ πολεμοῦντες ἐπ' αὐτοῖς καὶ ὁ Ἰνδὸς αὐτοῦ.*
LXX.App (1935): *τεσσαρες* Ra. (Ztschr. f. d. alttest. Wissensch. 1934, S. 78/79)] *τριακοντα* mss. (etiam La): *Λ'* pro *Δ'*

Die inhaltliche und paläographische Begründung für diese Emendation lieferte Rahlfs in dem genannten ZAW-Artikel. Dort erörterte er zunächst die sachliche Unmöglichkeit, auf einem einzigen Kriegselefanten 30 stehende Bogenschützen unterzubringen, und zog aus diesem Argument bereits den Schluss, dass die in den Handschriften überlieferte Angabe falsch sein müsse. Als paläographisch naheliegende Beseitigung dieses Fehlers schlug er vor, das Zahlwort *τριάκοντα* in die deutlich wahrscheinlichere Zahl *τέσσαρες* zu verbessern: Schon in den alten Unzialen, in denen häufig Zahlbuchstaben statt der Zahlwörter Verwendung gefunden hätten, sei das ursprüngliche *Δ'* (für *τέσσαρες*) durch *Λ'* (für *τριάκοντα*) ersetzt worden, da der untere Querstrich des *Δ* oft nur sehr dünn geschrieben worden sei. Diese paläographisch plausible Begründung stützte er abschließend wieder mit folgendem Sachargument ab: Vier Schützen auf einem Elefanten, nämlich in jeder Ecke des Wehrturms einer, seien die korrekte und realistische Anzahl, die darüber hinaus auch in anderen Quellen über die Praxis der Kriegselefanten belegt sei.[169]

Ps. 58(59)5a (PSALMI CUM ODIS und HANDAUSGABE):

LXX: ἄνευ ἀνομίας ἔδραμον καὶ κατεύθυναν·

MT: בְּלִי־עָוֹן יְרוּצוּן וְיִכּוֹנָנוּ

LXX.App (1931): κατεύθυναν Grabe = $\mathfrak{M}$] -να mss.: ἔδραμον 3. pers. plur. esse testatur $\mathfrak{M}$, sed antiqui putantes 1. pers. sing. esse etiam pro κατεύθυναν eandem personam substituerunt

LXX.App (1935): κατευθυναν Gra.] -να mss.

ἔδραμον, das als 1. Sg. Ind. Aor. Akt. und als 3. Pl. Ind. Aor. Akt. von τρέχω verstanden werden kann, wurde innerhalb der griechischen Handschriftenüberlieferung singularisch interpretiert und daher auch κατεύθυνα – anders als im hebräischen Text, wo beide Formen in der 3. Pl. stehen, – als 1. Sg. Ind. Aor. Akt. von κατευθύνω tradiert. Grabes Korrektur stellt nun in erster Linie eine Angleichung an den masoretischen Text dar, ist in zweiter Linie aber auch paläographisch evident und somit als Emendation zu werten, da der kleine, in der Regel über die Zeile gesetzte, horizontale Strich, durch den schon seit mindestens dem 2. Jh. n. Chr. das ν abgekürzt wird,[170] bereits in der Vorlage aller bekannten Handschriften leicht verlorengegangen sein konnte.

Ein weiteres Beispiel für Rahlfs' Praxis paläographisch begründeter Emendation findet sich schließlich zu Is. 76 (ונקיצנה – καὶ συλλαλήσαντες αὐτοῖς): Hs. 710 überliefert hier die sinnlose Symmachus-Lesart καὶ κελευσωμεν αὐτήν:

„Nach Ps. 4510, wo קצץ in der LXX und Quinta durch Formen von συγκλᾶν, von Σ´ durch eine Form von ἐπικλᾶν übersetzt ist [...], emendierten A. Rahlfs und A. Bertholet unabhängig voneinander κελευσωμεν in κλάσωμεν, wobei sie voraussetzten, daß Σ´ wie Θ´ [...] ונקיצנה von der Wurzel קצץ abgeleitet [...] hat. [...] ‚Wir wollen sie brechen' paßt sehr gut zum folgenden ‚und wollen sie öffnen'. Der Schreibfehler wird sich daraus erklären, daß in der Minuskelschrift ein unzial geschriebenes α, wenn es nahe an den folgenden Buchstaben herangerückt wird, der Ligatur von ευ ziemlich ähnlich sieht."[171]

---

169 Vgl. RAHLFS, Kriegselefanten (1934), 78. Ein ähnlicher Fall liegt in der HANDAUSGABE (1935) in Ez. 4015 vor, wo Rahlfs die Entstehung einer Variante auf die gleiche Weise begründet: πεντήκοντα] οκτω A pau.: Η´ pro Ν´. Allerdings handelt es sich hier nicht um eine Emendation oder Konjektur, da die Lemmalesart u.a. von Hs. B bezeugt ist (vgl. den entsprechenden Apparateintrag in der *editio critica maior* [ZIEGLER, Ez. (³2006)]).

170 Vgl. dazu LEHMANN, Tachygraphische Abkürzungen (1880/1965), 2.

171 LÜTKEMANN/RAHLFS, Hexaplarische Randnoten (1915), 290, Anm. 261.

(b) Beispiele für Konjekturen

Gen. 3₁₁ (GENESIS und HANDAUSGABE):

LXX:[172] καὶ εἶπεν αὐτῷ· „τίς ἀνήγγειλέν σοι ὅτι γυμνὸς εἶ; μὴ ἀπὸ τοῦ ξύλου, οὗ ἐνετειλάμην σοι τούτου μόνου μὴ φαγεῖν ἀπ' αὐτοῦ, ἔφαγες;"

MT: ‏:וַיֹּאמֶר מִי הִגִּיד לְךָ כִּי עֵירֹם אָתָּה הֲמִן־הָעֵץ אֲשֶׁר צִוִּיתִיךָ לְבִלְתִּי אֲכָל־מִמֶּנּוּ אָכָלְתָּ

LXX.App (1926): εἶ; μη Rahlfs = 𝔐 (de μη cf. Blaß-Debr. § 427, adnot. ad 2)] εἶ, εἰ μη mss.

LXX.App (1935): εἶ; μὴ Ra.] εἶ, εἰ μὴ A

Gegen die gesamte Überlieferung tilgte Rahlfs hier εἰ und glich den kritischen Text auf diese Weise dem masoretischen Text an. Er begründete diese Konjektur mit dem Hinweis darauf, dass μή im hellenistischen Griechisch bei solchen Fragen verwendet würde, die eine verneinende Antwort erwarten ließen, was in diesem Fall durchaus im Bereich des Möglichen läge: Dass Adam in Gen. 3₁₂ – allerdings erst nach Ausreden und Schuldzuweisungen – zugibt, von der Frucht des Baumes gegessen zu haben, ändere grammatikalisch nichts an der Sache, denn „μή mit Ind. und ohne jede Abhängigkeit kann also nicht anders als fragend stehen. – Es kommt natürlich nicht auf die tatsächliche Antwort an [...]".[173] Das doppelte εἰ in der handschriftlichen Überlieferung wäre somit Dittographie und Rahlfs' Text die *lectio brevior*. Wevers hingegen entschied sich in der 1974 erschienenen *editio critica maior* der Genesis für εἶ, εἰ μή als kritischen Text und berief sich dabei vor allem auf die eindeutige handschriftliche Überlieferung,[174] bevor er fortfährt: „It is of course perfectly true that μή alone can introduce a question but so can εἰ μή if an affirmative answer is expected, i.e. in the sense of 'you didn't, did you?' Gen [*d.h. der von Wevers hergestellte kritische Text; CS*] is an excellent equivalent to 𝔐."[175] Hierzu ist kritisch anzumerken, dass – zumindest laut BLASS/DEBRUNNER, § 428, 1 – „der ‚reale' Indikativ mit εἰ [*meist*] οὐ [*hat, hingegen*] selten das in der klass. Sprache normale μή".[176] Wevers' Hinweis auf BLASS/DEBRUNNER, § 440, 3, Anm. 5,[177] den er in seinen *Notes on the Greek Text of Genesis* gibt,[178] ist falsch, weil sich diese Angabe auf εἰ bzw. μή als Fragepartikel bezieht, nicht jedoch auf εἰ μή. Stattdessen leitet εἰ μή einen Konditionalsatz ein, dies jedoch „meist ohne nachfolgendes Verbum" und nur seltener mit finitem Verb.[179] So muss auch die von Wevers proklamierte Übereinstimmung

---

172 In der HANDAUSGABE (1935) ist der Wortlaut identisch, auf Doppelpunkt und Anführungszeichen verzichtete Rahlfs hier allerdings: καὶ εἶπεν αὐτῷ Τίς ἀνήγγειλέν σοι ὅτι γυμνὸς εἶ; μὴ ἀπὸ τοῦ ξύλου, οὗ ἐνετειλάμην σοι τούτου μόνου μὴ φαγεῖν ἀπ' αὐτοῦ, ἔφαγες;

173 BLASS/DEBRUNNER, Grammatik (¹⁷1990), 356 (= § 427, 2 mit Anm. 2).

174 „All witnesses support Gen" (WEVERS, THGG [1974], 202).

175 BLASS/DEBRUNNER, Grammatik (¹⁷1990), 356.

176 BLASS/DEBRUNNER, Grammatik (¹⁷1990), 356.

177 „Der Gebrauch (von εἰ als Einleitung in der direkten Frage) ist unklassisch, findet sich dagegen auch in LXX (Gen 17,17 u[nd] s[onst]), ist also wohl Hebraismus als Übersetzung (neben μή) von hebr. ‏ה, das in der indirekten Frage εἰ entspricht [...]" (BLASS/DEBRUNNER, Grammatik [¹⁷1990], 366 [= § 441, 3, Anm. 5]).

178 WEVERS, Notes on Gen. (1993), 41 mit Anm. 22.

179 BLASS/DEBRUNNER, Grammatik (¹⁷1990), 306 (= § 376, 1, Anm. 1).

der Septuaginta-Überlieferung mit dem masoretischen Text stark bezweifelt werden.[180] Es ist Wevers' Argument der einheitlichen handschriftlichen Überlieferung, das am schwersten gegen die Rahlfs'sche Konjektur wiegt – ein Argument allerdings, dass sich im Grunde gegen jedwede Art des Konjizierens wendet und überdies textkritisch alles andere als eindeutig ist.[181]

Gen. 14₁₃ (GENESIS):

LXX: *Παραγενόμενος δὲ τῶν ἀνασωθέντων τις ἀπήγγειλεν Αβραμ τῷ περάτῃ· αὐτὸς δὲ κατῴκει πρὸς τῇ δρυὶ τῇ Μαμβρη τοῦ ἀδελφοῦ Εσχωλ καὶ τοῦ ἀδελφοῦ Αυναν, οἳ ἦσαν συνωμόται τοῦ Αβραμ.*

MT: ‏וַיָּבֹא הַפָּלִיט וַיַּגֵּד לְאַבְרָם הָעִבְרִי וְהוּא שֹׁכֵן בְּאֵלֹנֵי מַמְרֵא הָאֱמֹרִי אֲחִי אֶשְׁכֹּל וַאֲחִי עָנֵר וְהֵם בַּעֲלֵי בְרִית־אַבְרָם:‏

LXX.App (1926): μαμβρη] + ο αμορις omnes codices(911 ο α....., b ο αμμορ vel -μωρ, 135 l' oᵈ 1 ομορος, 72 ο γαμβρος, 53 του αμορραιου): = האמרי: hoc delevi, quia et nominativus cum μαμβρη του αδελφου coniungi non potest et nomen gentile αμορις (pro αμορραιος) nullo nisi hoc loco invenitur

Hinter μαμβρη ergänzen sämtliche Handschriften (teilweise mit leichten Abweichungen) ο αμορις und entsprechen damit dem masoretischen Text (הָאֱמֹרִי). Rahlfs konjiziert hier und nennt ο αμορις im Apparat, da es grammatikalisch nicht möglich sei, den Nominativ ο αμορις mit μαμβρη του αδελφου zu verbinden und der Geschlechtsname, außer an dieser Stelle, nirgends sonst so erscheint, mithin anomal sei (normalerweise fände man den Namen – wie bei semitischen Stammesnamen häufig der Fall[182] – mit Suffixendung, deshalb „pro αμορραιος"). Rahlfs entschied sich hier also aufgrund der grammatikalischen Argumente gegen das Äquivalent des Hebräischen.

In der HANDAUSGABE nahm er ὁ Αμορις dann jedoch in den kritischen Text auf: Einerseits aufgrund seiner konzeptionellen Intention, einen praktischen Vergleichstext zur BHK zu bieten,[183] anderseits aufgrund des Umstandes, dass die HANDAUSGABE ‚offiziell' im Wesentlichen auf den großen Unzialcodices basierte, die hier ὁ Αμορις belegen, und zu guter Letzt war unter diesen Restriktionen die Argumentation der GENESIS (1926) nicht mit Sicherheit zu halten gewesen: Denn dass es sich bei ὁ αμορις um einen Einzelfall handelte, machte die Konkordanzarbeit zwar evident, ob dieser jedoch i.S. einer Anomalie auf Verderbnis beruhte oder vom Übersetzer bewusst gewählt worden war, ist nicht eindeutig bestimmbar.[184] Damit ist aber die Vorausset-

---

180 So auch HARL, Genèse (1986), 109, zu Gen. 3₁₁: „Exceptionnellement nous traduisons le texte adopté par Wevers qui est celui des manuscrits et des citateurs anciens, et non celui de Rahlfs qui a corrigé en rendant le texte plus conforme au TM : la succession des trois mots *eî, ei mé* (le premier *eî*, signifie « tu étais », le groupe *ei mé* signifie « sinon que ») a été ramenée par Rahlfs à *eî* (fin de la proposition, « tu étais » nu), suivi d'un *mé* interrogatif : « n'as-tu pas mangé... » (= TM). L'originalité du grec est de mettre un lien de cause à effet entre la faute et la découverte de la nudité." Vgl. auch BRAYFORD, Genesis (2007), 240.

181 Vgl. WEST, Textual Criticism (1973), 49–50.

182 Vgl. BLASS/DEBRUNNER, Grammatik (¹⁷1990), 90 (= § 111, 2, Anm. 3).

183 Vgl. dazu oben, S. 267–271.

184 Auch Wevers nahm ὁ Αμορις aufgrund der eindeutigen Überlieferung in seinen kritischen Text auf. Die Problematik des Nominativs sah er mit der etwas lapidaren Feststellung gelöst, dass

zung einer typischen Konjektur nicht mehr erfüllt, besteht diese doch darin, „daß eine Anomalie als vom Schriftsteller unmöglich beabsichtigt oder zugelassen erscheint".[185]

Ps. 137(138)₂d (PSALMI CUM ODIS und HANDAUSGABE):

LXX: ὅτι ἐμεγάλυνας ἐπὶ πᾶν ὄνομα τὸ λόγιόν σου.

MT: כִּי־הִגְדַּלְתָּ עַל־כָּל־שִׁמְךָ אִמְרָתֶךָ׃

LXX.App (1931): το λογιον σου Grabe = 𝔐 (cf. Field et 1184₁)] το αγιον σου mss. (σου το αγ. La^G L^{pau} A^c, σου το αγ. σου A*)

LXX.App (1935): λογιον Gra.] αγιον mss.

Die Aufnahme der Grabe'schen Konjektur als kritischen Text war für Rahlfs vor allem durch ihre Übereinstimmung mit dem Hebräischen (אִמְרָה) begründet, außerdem durch ihre Parallele in Ps. 118(119)₄₁, wo hebr. אִמְרָה ebenfalls mit λόγιον übersetzt wird, sowie durch die wahrscheinliche innergriechische Angleichung an Ps. 137(138)₂a (προσκυνήσω πρὸς ναὸν ἅγιόν σου), ist doch an keiner anderen Stelle im Psalter eine andere hebräische Wurzel außer קדשׁ als Übersetzungsvorlage für ἅγιος belegt.[186] Auf eine abweichende hebräische Vorlage gibt es keine Hinweise, so dass Rahlfs den kritischen Text der üblichen Übersetzungsweise von אִמְרָה mit λόγιον anpasste.[187] Dass die Konjektur allerdings mit Aquila von einem Übersetzer bestätigt wird, der eine sehr wörtliche Wiedergabe des Hebräischen anstrebte,[188] und auch die „sehr wörtlichen"[189] altlateinischen Übersetzungen hier ἅγιος bieten, lässt zumindest eine letzte Unsicherheit bestehen, doch kann ἅγιος innergriechisch leichter[190] als Variante begründet werden: nicht nur kontextuell (vgl. Ps. 137[138]₂a), sondern auch durch paläographische und phonetische Nähe zu λόγιον.

Deutlich enger an die handschriftliche Überlieferung hielten sich zulasten der Konjekturalkritik schließlich – in nochmaliger Steigerung von Rahlfs' eher konservativer Grundhaltung – die späteren Herausgeber der „Göttinger Septuaginta".[191] Joseph Ziegler hielt bereits in der 1939 erschienenen Isaias-Ausgabe (auch für alle

---

der Eigenname „is anomalously here in the nominative as a frozen phrase (Aq[uila] corrects to a genitive τοῦ Ἀμωρί, and Sym[machus] has the better known τοῦ Ἀμορραίου)" (WEVERS, Notes on Gen. [1993], 194 mit Anm. 28).

185 MAAS, Textkritik (1927), § 15.

186 Ausnahmen bilden die aufgrund ihres ganz anderen Kontextes nicht zum Vergleich geeigneten Fälle in Ps. 82(83)₄ 55(56)₁.

187 Vgl. PSALMI CUM ODIS (1931), 44–45.

188 Vgl. die Angaben bei FIELD, Hexapla 2 (1875), 291.

189 PSALMI CUM ODIS (1931), 44.

190 Rahlfs' Regel lautete hier, wie oben in diesem Abschnitt (S. 372) bereits zitiert, dass eine Variante, die sich „im Griech. viel leichter erklärt als im Hebr., sogar gegen die gesamte griech. Überlieferung nach 𝔐" korrigiert werden könne (PSALMI CUM ODIS [1931], 71–72).

191 In KREUZER, Konjekturen (2011), versucht Siegfried Kreuzer eine erste Stellensammlung von „Konjekturen", differenziert dabei allerdings nicht zwischen Konjekturen und Emendationen. Die Überprüfung der von ihm zusammengestellten „Konjekturen in Alfred Rahlfs (/Robert

weiteren von ihm herausgegebenen Bände) fest: „Wenn man im Banne der Hss.
steht, ist es schwierig, eine hsl. nicht bezeugte Lesart in den Text aufzunehmen.
So wurden in dieser Ausgabe nur dann Textverbesserungen gegen die hsl. Überlieferung aufgenommen, wenn ihr ursprünglicher Charakter gewährleistet war;
eine volle Sicherheit kann niemals erreicht werden."[192]

Hanhart), Septuaginta, Stuttgart 1935 (/2006)" (S. 134–142) hat nicht weniger als 80 Fehler resp.
nicht genannte „Konjekturen" ergeben, die nachstehend aufgeführt sind:
(1) Fehlerhafte Angaben: Grabe (die Angabe Gen. „42,9" ist nicht fett, dafür aber in Klammern
zu setzen; gleiches gilt für Iob 9₂₄; statt Iob „24,13" lies „23,13"; die Angabe Sir. „4,7" ist zu
streichen) – Swete hieß mit Vornamen schon immer „Henry", allerdings noch nie „Harald" (so
bei Kreuzer, S. 137); die „Konjektur" in Mac. II 7₃₆ stammt nicht von Swete, sondern von Hort
(„teste Sw.") – Rahlfs (statt Iud „21,22A" lies „21,22B"; statt Esdr. II „20,6" lies „20,7" und
„23,9" statt „23,5"; statt Idt. „4,6" lies „4,7"; statt Ez. „42,8" lies „42,10") – Fritzsche (statt
Tob. „(10,6S)" lies „(9,6S)"; die Angaben Mac. I „3,41", Mac. II „1,18", Mac. III „5,29" und Mac.
IV „8,4" sind nicht fett, dafür aber in Klammern zu setzen; statt Mac. IV „6,22" lies „6,32"; die
fälschlicherweise unter Sap. eingeordneten Angaben „50,3" und „51,19" gehören eigentlich zu
Sir.).
(2) Nicht genannte „Konjekturen" (ohne Differenzierung, ob diese kritischen Text oder Variante
belegen): Complutensis (Eccl. 3₁₅ Dan. ϑ′ 11₁₆) – Grabe (Prov. 7₃ 15₂₅ Eccl. 3₁₆ Iob 4₆ 28₂₆ 29₈
38₃₈ 40₁₈ Sir. 17₃ 49₈) – Swete (Mac. II 3₂₈) – Rahlfs (Par. I 2₃₇[2x] 4₃₂ 11₃₀ 25₂₄ 26₂.₉ [s. 26₁] Par.
II 28₇ Esdr. II 2₄₆.₅₉ 87 10₂₅.₃₇ 13₁₄.₂₁.₂₃ 17₄₇ 22₃₄[2x].₃₅ 23₁₃ Est. 2₁₃ Tob. BA 10₁₄ Tob. S 14₁₀ Mac.
I 3₂₅ 46₁ Eccl. 10₂₀ Ps. Sal. 17₂₃ Is. 40₉ Ier. 23₆ Ez. 17₁₆ 47₉) – Bewer (Esdr. I 2₁₂[insg. 4x].₁₉) – Fritzsche (Esdr. I 5₆₉ 81 Tob. BA 26 Tob. S 3₁₇ Mac. III 3₂₁ 77 Mac. IV 1₃₀ Sir. 10₂₁) – Nieses Ausgabe
der Josephus-Werke wird laut Kreuzer nur ein Mal zitiert, ist in Wirklichkeit aber dutzende Male
im Apparat der Handausgabe (1935) angegeben – Smend (Sir. 16₁₃) – überhaupt nicht erwähnt
sind die Konjekturen folgender Forscher (alphabetische Reihenfolge): Bauermeister (Sap. 18₂₂);
Deißmann (Mac. III 3₂₈); von Gebhardt (Ps. Sal. passim); Große-Brauckmann (Gen. 19₉); Jäger
(Prov. 14₃₃); Kappler (Mac. II 7₃₀); Klostermann (Eccl. 5₃); Lagarde, Genesis graece (Gen. 22₂₂);
Schulze (Mac. III 3₂₇); Smend, teste Wackernagel (Par. I 12₃₄).
192 Ziegler, Is. (²1967), 99. So auch Ders., Beiträge Ier. (1958), 7–8. Vgl. zu Zieglers weiterer
kritischer Auseinandersetzung mit Konjekturen im Zusammenhang der von ihm edierten Bände
Ders., Beiträge XIIProph (1943/1971), 380–391 (= 106–117). Seine Definition von ‚Konjektur'
liefert er 1958: „[...] unter Konjekturen verstehe ich solche Lesarten, die in der uns bekannten
Überlieferung (bis jetzt) nicht bezeugt sind und auf Grund der hebr. Vorlage, des Kontextes,
der Übersetzungsweise und der graphischen (und phonetischen) Nähe koniziert, vermutet,
erschlossen werden. Man kann wohl dabei nur an die griechische Überlieferung denken und
solche Lesarten, die in einer der Tochterübersetzungen der LXX stehen und als ursprünglich
erkannt werden, noch als Konjekturen bezeichnen, weil sie erst ins Griechische zurückübersetzt
werden müssen und jede Rückübersetzung ein gewisses Wagnis ist. Von ‚reinen' Konjekturen
kann man nicht sprechen, wenn man darunter eigentliche Konjekturen versteht; denn es gibt
keine uneigentliche oder gar ‚unreine' Konjektur. Wenn also eine richtige, ursprüngliche Lesart
von einer einzigen Minuskelhs. bezeugt ist, so ist dies keine Konjektur, sondern eine Textlesart.
Es kann natürlich der Fall sein, daß solch eine Lesart für den Textkritiker eine Konjektur ist, weil

Noch zurückhaltender fiel Robert Hanharts Anwendung der Konjekturalkritik aus, was allein schon das seiner Textgeschichte des Buches Iudith programmatisch vorangestellte Franz Overbeck-Zitat belegt: „Die Tradition einer uralten Entstehungsgeschichte hätte vor allem Anspruch, mit subjektiver Konjektural- und Hypothesenkritik verschont zu werden."[193] John William Wevers, Detlef Fraenkel und Udo Quast bescheinigten Hanhart nachdrücklich, er habe sein Prinzip der Ablehnung konjektureller Texteingriffe nicht abstrakt, „sondern aus den Erfahrungen der Textarbeit heraus formuliert" und sei dabei zu der Überzeugung gelangt, „daß der griechische Bibeltext, obwohl jeder seiner Zeugen Fehler und sekundäre Eingriffe, seien sie punktueller, seien sie rezensioneller Natur, enthält, in der Zusammenschau aller Überlieferungsträger so zuverlässig tradiert ist, daß bis auf seltene Ausnahmen der ursprüngliche Text aus der Überlieferung selbst erschlossen werden kann".[194]

In seiner Rigorosität überboten wurde das Hanhart'sche Konzept schließlich von Wevers, der es in seiner Edition des Pentateuch zu einem nachgerade starren Prinzip werden lässt, indem er seine Einstellung dem Text gegenüber als „absichtlich konservativ" bezeichnet und festhält: „Im allgemeinen wurden Konjekturen vermieden, wenn auch zu erwarten ist, daß künftige Erkenntnisse heute vorgenommene Konjekturen möglicherweise bestätigen."[195]

---

er die betreffende Hs. nicht kennt und ohne ihr Zeugnis auf diese Lesart gestoßen ist. Ebenso können Konjekturen gemacht werden, die dann durch eine später entdeckte Hs. bestätigt werden" (DERS., Beiträge Ier. [1958], 17).

193 HANHART, TGI (1979), 6. Vgl. in diesem Zusammenhang insbes. a.a.O., 29–30, Anm. 4, in der Hanhart mit äußerst scharfer Kritik an einem Rezensenten seiner Ausgabe von Mac. II zur Vorsicht gegenüber vorschnellen Konjekturen mahnt.

194 Beide Zitate: FRAENKEL et al., Geleitwort (1990), 14 (vgl. a.a.O., 13–14). Entsprechend kritisch fällt Hanharts Auseinandersetzung mit Konjekturen in seiner Textgeschichte zu Mac. II–III aus (= HANHART, Text Mac. II–III [1961]) und führt meist zu einer Ablehnung der Aufnahme in den kritischen Text. Ähnlich ist der Befund in der Textgeschichte zu Esdr. I–II (= HANHART, TGE I [1974] und II [2003]).

195 Beide Zitate: WEVERS, Genesis (1974), 62–63. Vgl. DERS., Apologia (1999), 80.

4. Fallbeispiel: Rahlfs' Kriterien für die Rekonstruktion des ältesten erreichbaren Septuaginta-Textes des Psalters

Zum Abschluss sei die im Vorhergehenden an den zentralen Problemfeldern dargestellte textkritische Methodik von Rahlfs für die Erreichung seines Editionsziels, die Rekonstruktion des ältesten erreichbaren Textes, noch einmal am Beispiel seiner Psalter-Edition veranschaulicht:

> „In der Herstellung des Textes bin ich nicht einer einzelnen Hs. gefolgt, sondern habe jedesmal diejenige Lesart aufgenommen, welche mir nach dem Gesamtstande der Überlieferung als die ursprünglichste erschien."[196]

Um herauszufinden, welche Lesart gegenüber allen anderen als die ursprünglichste zu gelten habe, stellte Rahlfs textkritische Kriterien für die Rekonstruktion des Septuaginta-Psalters auf, die ihm ermöglichten, *mehr oder weniger mechanisch* seine Entscheidungen zu treffen.[197] Unabdingbare Voraussetzung für die Entwicklung dieser Regeln war zum einen die genaue Identifizierung der rezensionellen Überarbeitungen innerhalb der Handschriftenüberlieferung, zum anderen die Analyse der ,Übersetzungstechnik', die den Septuaginta-Psalter als eine sehr wörtliche Wiedergabe seiner hebräische Vorlage erwies.[198]

Folgende Kriterien lagen Rahlfs' Rekonstruktion des ältesten erreichbaren Psalter-Textes zugrunde:[199]

(1) Gingen alle drei alten Textformen – also die unterägyptische, die oberägyptische und die abendländische – zusammen, so nahm Rahlfs deren Lesart, sofern es sich dabei nicht um einen eindeutig christlichen Zusatz handelte,[200] als kritischen Text auf.[201] Gegen ihre Lesart entschied sich er nur dann, wenn alle drei

---

196 PSALMI CUM ODIS (1931), 71.

197 Rahlfs verstand diese Kriterien nicht als starr fixierte Prinzipien, sondern sah durchaus die Notwendigkeit, sie in Einzelfällen der jeweiligen Überlieferungssituation anzupassen. Für den Psalter konstatierte Pietersma: „Many [...] examples could be cited from *Psalmi cum Odis*, all demonstrating that Rahlfs was quite prepared to suspend the guidelines he had formulated and, instead, to tackle the particulars of the problem at hand. It is in such examples, rather than in his rules, that we see Rahlfs at his best, and it is this aspect of Rahlfs' work on which we can continue to build, especially when new finds of ancient texts assist us in lifting the veil of tradition" (PIETERSMA, Ra 2110 [1990], 265). Vgl. auch GENESIS (1926), 35, oder RUTH (1922), 20.

198 Vgl. oben, ab S. 228.

199 Vgl. zu den im Folgenden aufgeführten Kriterien PSALMI CUM ODIS (1931), 71–74.

200 Vgl. PSALMI CUM ODIS (1931), 72.

201 Vgl. SEPT.-STUD. 2 (1907), 229, sowie EISSFELDT, Rez. PSALMI CUM ODIS (1932), 154.

eindeutig einen innergriechischen Fehler überlieferten, z.B. in Ps. 62(63)ı, wo alle drei ιδουμαιας (gräzisierte Form von אֱדֹום) statt ιουδαιας (יְהוּדָה), die korrekte Wiedergabe des Hebräischen, lasen.

(2) Aus der Tatsache, dass im Psalter selbst die drei alten und textkritisch gewichtigsten Texttypen gelegentlich gemeinsame Fehler tradieren, leitete Rahlfs die Regel ab, in solchen Fällen, „wo sich eine Variante im Griech. viel leichter erklärt als im Hebr., sogar gegen die gesamte griech. Überlieferung nach 𝔐 zu korrigieren, vielfach im Anschluß an Joh. Ernst Grabe, dessen LXX-Ausgabe" er gerade hierin für „vorbildlich" hielt.[202] Ein Beispiel hierfür findet sich oben, S. 368, ein weiteres in Ps. 48, wo die dem Hebräischen entsprechende altlateinische Lesart gegen die übrige, als Unzialverschreibung erklärbare Überlieferung in den kritischen Text aufgenommen ist.[203]

(3) Für gewöhnlich boten also der unter- und oberägyptische sowie der abendländische Texttyp *in Übereinstimmung mit dem Hebräischen* gegen die jüngere Überlieferung den ältesten erreichbaren Text. Wenn die drei alten Zeugen voneinander abwichen, wurde (unter ihnen) deshalb diejenige Lesart bevorzugt, die dem Hebräischen entsprach.

(4) Wichen hingegen alle drei alten Textformen vom Hebräischen ab und stimmten die jüngeren Formen, d.h. vor allem die hexaplarische und die lukianische Rezension mit dem Hebräischen überein, so lag für Rahlfs der Verdacht nahe, dass diese jüngeren nach dem Hebräischen korrigiert worden waren. Dann entschied er sich zugunsten der Lesart der drei alten Texttypen gegen die Übereinstimmung mit dem hebräischen Text und ging von einer freien Übersetzung des Septuaginta-Psalters aus.

(5) In textkritisch nicht eindeutig entscheidbaren Fällen nahm er schließlich diejenige Lesart auf, die auch von den Hss. B S bezeugt wurde, da sie die ältesten umfangreichen und in der Regel auch vorrezensionellen Zeugen waren. Standen

---

202 PSALMI CUM ODIS (1931), 71–72. Schon in der Einleitung zur Genesis-Ausgabe hatte Rahlfs die Konjekturen Grabes als mustergültig hervorgehoben (vgl. GENESIS [1926], 35–36).
203 Vgl. oben, S. 240 mit Anm. 589. Ps. 48 (Text [1931]): ἔδωκας εὐφροσύνην εἰς τὴν καρδίαν μου· ἀπὸ καιροῦ σίτου καὶ οἴνου καὶ ἐλαίου αὐτῶν ἐπληθύνθησαν. LXX.App (1931): καιρου La = 𝔐] καρπου rel. Der masoretische Text liest מֵעֵת, das Altlateinische liest *a tempore* (= *KAIPOY* → Unzialverschreibung = *KAPΠOY*).

diese beiden Codices allerdings ganz alleine gegen die übrige Überlieferung, erhielt zumeist letztere den Vorzug.

Hinzu traten schließlich noch die folgenden Grundsatzentscheidungen:[204]

(1) Alle eindeutig christlichen, aber auch jüdische Zusätze, die sich innerhalb der Handschriftenüberlieferung als erst *nach* Übersetzung des Psalters im 2. Jh. v. Chr. entstandene Ergänzungen identifizieren ließen, wurden rigoros in den Apparat verbannt.[205]

(2) In grammatikalischen Zweifelsfällen nahm Rahlfs in den kritischen Text für gewöhnlich die Lesart auf, welche den für die Zeit der Übersetzung anzunehmenden Regeln (sofern überhaupt mit einiger Sicherheit ermittelbar) am besten entsprach, „bevorzug[t]e aber die klassischen Formen, falls sie in jener Zeit noch neben den jüngeren vorkommen, und folg[t]e in zweifelhaften Fällen der ältesten großen Handschrift".[206]

---

204 Vgl. zu den Grundsätzen hinsichtlich Schreibung und Akzentuation der Eigennamen bereits oben, S. 354–361.

205 Beispiele aus Ps. 13(14)$_3$ und Ps. 95(96)$_{10}$ sind aufgeführt oben, S. 236–237. Jüdische Zusätze betreffen z.B. Hinweise auf den Gebrauch bestimmter Psalmen im Gottesdienst (vgl. PSALMI CUM ODIS [1931], 72).

206 PSALMI CUM ODIS (1931), 73.

II. Rahlfs als ‚Editionstechniker' der Septuaginta

1. Vorbemerkung

Kernanforderung an die wissenschaftliche Edition eines kritisch rekonstruierten Textes ist nicht nur die allgemeine Offenlegung der Grundsätze, die bei der Textherstellung zur Anwendung gebracht wurden, sondern auch die so vollständig wie nötige und korrekte Darbietung sämtlicher Varianten. Es ist also Aufgabe einer Edition, als „zuverlässige Diener[in]", so Otto Stählin in seinem wichtigen Werk zur ‚Editionstechnik',[207] den Forschern, die sie als Grundlage ihrer Arbeit gebrauchen, philologisch gesicherten Zugang zum edierten Text zu verschaffen. Soll heißen: Die textkritischen Entscheidungen müssen auch im Einzelfall nachvollziehbar und absolut transparent sein.[208]

Hierfür ist neben einer zusammenfassenden Einleitung/Praefatio vor allem der textkritische Apparat zuständig. Diesen je nach Konzeption einer Edition angemessen zu gestalten, ist Aufgabe der Editionstechnik.

Teil C.II beschäftigt sich daher mit der Frage, welche Grundsätze für Rahlfs' Arbeit als ‚Editionstechniker' charakteristisch sind und inwieweit diese auch heute noch für die „Göttinger Septuaginta" von Nutzen sein können. Dabei muss zwischen den einzelnen Teileditionen unterschieden werden, da sie für ganz unterschiedliche Zielgruppen konzipiert worden und deshalb auch in ihrer Apparatgestaltung unterschiedlich ausgefallen waren. Rahlfs' editionstechnische Grundsätze nicht nur für eine *editio critica maior*, sondern auch für eine historisch-kritische ‚Handausgabe' der Septuaginta[209] sind in diesem Zusammenhang ausführlich zu behandeln,[210] und zwar aus zwei Gründen: Zum einen verspricht der Vergleich zwischen den ‚Handausgaben' und den bisherigen ‚Göttinger' *editio maior*-Ausgaben weiterführende Erkenntnisse für die Gestaltung der noch ausstehenden Bände der großen Edition. Zum andern wäre es von größtem Gewinn, wenn der sinnvolle Plan realisiert würde, im Anschluss, d.h. nach Abschluss, der

---

207 STÄHLIN, Editionstechnik (1909), 7. Vgl. auch WEST, Textual Criticism (1973), 9.
208 Vgl. SEPT.-STUD. 3 (1911), 28–29, in denen Rahlfs das Fehlen eines Apparates in Lagardes Lukian-Ausgabe massiv kritisiert hatte (dazu oben, ab S. 143). Hieraus erklären sich womöglich auch die frühen umfangreichen Pläne von Rahlfs hinsichtlich der Notation von Lesarten der Tochterübersetzungen und von Kirchenschriftstellerzitaten im Apparat einer *editio critica maior* (vgl. dazu unten, S. 386–390).
209 Vgl. unten, ab S. 375.
210 Vgl. unten, ab S. 403.

großen „Göttinger Septuaginta" eine ‚Handausgabe' zu erstellen, deren Apparatgestaltung sich an der Ruth-Ausgabe von 1922 zu orientieren hätte.

2. Rahlfs' editionstechnische Grundsätze einer historisch-kritischen ‚Handausgabe' der Septuaginta am Beispiel der Ruth-Ausgabe von 1922 und der Genesis-Ausgabe von 1926

2.1 Die Grundregeln der Apparatgestaltung

Von Anfang an setzte sich das Prinzip der Apparatanlage in den Rahlfs'schen (und dann auch den ‚Göttinger') Septuaginta-Ausgaben aus zwei Komponenten zusammen: Einerseits sollten diejenigen Lesarten dokumentiert werden, „die für die Rekonstruktion des Textes von Bedeutung sind", andererseits aber „auch solche, an denen die Entartung des Textes aufgezeigt werden kann", mit andern Worten also diejenigen, die über die transmissionsgeschichtlichen Entwicklungen eines Buches Auskunft geben.[211]

Zur Verwirklichung dieses Prinzips entwickelte Rahlfs, abgesehen von solchen editionstechnischen Grundsätzen, die sich an den konzeptionellen Bedürfnissen der jeweiligen Teilausgaben orientieren mussten, für die Gestaltung seiner Apparate folgende beiden Grundregeln:

---

[211] Beide Zitate: Archiv des Septuaginta-Unternehmens der Akademie der Wissenschaften zu Göttingen, Protokollbuch der engeren Septuaginta-Kommission (Eintrag vom 31. Mai 1913), 100. Vgl. auch RUTH-STUDIE (1922), 160. Auf welche Weise der edierte Text, vor allem aber der textkritische Apparat einer Ausgabe der Septuaginta angelegt sein und welchen Ansprüchen er – gerade im Hinblick auf die Darstellung der Überlieferungsgeschichte – genügen sollte, hatte Rahlfs seit Beginn des Septuaginta-Unternehmens im Jahre 1908 immer wieder in den Blick genommen und konnte gegen Ende Juli 1914 je eine Probeseite mit dem Text der *editio critica maior* eines prosaischen (Mac. I 1₁₋₁₁) und eines poetischen (Sap. 1₁₋₉) Buches „einigen kompetenten Gelehrten [*es waren dies Caspar René Gregory, Karl Holl, Adolf Jülicher, Eduard Schwartz und Paul Wendland; CS*] zur Begutachtung" vorlegen (RUTH-STUDIE [1922], 50, Anm. 2; vgl. auch KOMMISSION, Bericht [1914], 19; die Probeseiten sind abgedruckt bei NEUSCHÄFER/SCHÄFER, Dokumentation [2013], 396–397). Dem Probedruck fügte er außerdem „Grundsätze für die Herstellung des textkritischen Apparats" hinzu, die einerseits den Umfang des auszuwertenden Materials betrafen, andererseits die editionstechnische Gestaltung des Apparats (vollständig abgedruckt bei NEUSCHÄFER/SCHÄFER, Dokumentation [2013], 394–400, die Reaktionen der ‚Gelehrten' a.a O., 400–404).

(1) Für gewöhnlich notierte er im textkritischen Apparat seiner Editionen *negativ*, d.h. er führte nur die vom rekonstruierten Text abweichenden Lesarten an und stellte ihnen diesen jeweils als Lemma voran.[212] Die positive Bezeugung ließ sich in der Regel also lediglich *e silentio* erschließen und das nur unter genauester Beachtung der im Handschriftenverzeichnis bzw. in der Einleitung zur Ausgabe angegebenen Lücken innerhalb bestimmter Handschriften. Dezidiert positiv notierte Rahlfs im Apparat seiner Ausgaben die Textzeugen in der Regel nur in folgenden Fällen: (a) wenn sein kritischer Text eine Lesart enthielt, die von recht wenigen Handschriften bezeugt war,[213] (b) wenn es sich um eine textkritisch bedeutende Stelle handelte und (c) wenn „es eine größere Zahl verschiedener Lesarten gab und es infolgedessen schwierig war zu übersehen, wie viele Zeugen nach Abzug der bei den Varianten genannten noch für die Textlesart übrigbleiben".[214]

Nachdem Rahlfs im Jahre 1914 diese editionstechnische Verfahrensweise auch Karl Holl zur Begutachtung vorgelegt hatte,[215] schlug dieser völlig zu Recht eine positive Zeugenleiste auf jeder Seite der Ausgabe vor:

---

212 Vgl. Genesis (1926), 46. Den Varianten der Textzeugen wurde, wenn es sich nicht um eindeutig zuzuordnende Fälle handelte, gewöhnlich der Abschnitt des rekonstruierten Textes, auf den sie sich bezogen, als Lemma vorangestellt, meist abgetrennt durch eine geschlossene eckige Klammer „]" und ohne Akzente und Spiritus (vgl. Schäfer, Benutzerhandbuch I [2012], 32). „Mehrere zu demselben Lemma gehörige Varianten w[u]rden durch Kommata oder Semikola voneinander getrennt" (Genesis [1926], 5, Anm. 1). Identische, aber mehrfach in einem Vers begegnende Wörter sollten, so der Vorschlag von 1914, durch die dem jeweiligen Wort beigegebenen Exponenten „¹", „²" etc. nach ihrer Reihenfolge im Satz unterschieden werden. In seinen Ausgaben selbst gebrauchte Rahlfs hierfür jedoch die Bezeichnung „1°", „2°" etc. als Abkürzung für *primo*, *secundo* etc. Diese Bezeichnung wurde auch in den Bänden der „Göttinger Septuaginta" beibehalten. Für die Notation der abweichenden Lesarten schlug Rahlfs vor, diese immer „ohne große Anfangsbuchstaben und ohne Spiritus, Accente und ι subscriptum" zu schreiben und sich außerdem eines festen Repertoires an Zeichen zu bedienen (z.B. „+" für Zusätze, „>" bei Auslassungen oder „*" zur Kennzeichnung der ursprünglichen Lesart). Die Zeichen sind vollständig aufgeführt bei Neuschäfer/Schäfer, Dokumentation (2013), 398. Akzente setzte Rahlfs in seinen Editionen im Apparat späterer Ausgaben nur der Eindeutigkeit halber, wie z.B. in Gen. 49₂₈ (εὐλογησεν ult.] pr. ἦν c). Den im Apparat wiederholten kritischen Text übernahm er – anders als es in den Ausgaben der „Göttinger Septuaginta" üblich wurde – *ohne* Akzente und Spiritus.

213 Vgl. dazu das folgende Zitat von Holl sowie unten am Ende von Punkt 2 die Bemerkungen zur „rel(l).“-Notation (S. 379).

214 Genesis (1926), 47.

215 Vgl. dazu oben, S. 375, Anm. 211.

„Aber für ganz unerläßlich halte ich es, daß zwischen Text und Apparat auf jeder Seite eine Linie eingefügt wird, auf der sämtliche Zeugen genannt sind. Wer kann sich sonst vorstellen, was rel. im Apparat bedeutet? Sie werden einwenden, daß ich es eben in meinem Epiphanius mit meinen 2 – 4 Sigeln natürlich einfacher gehabt hätte als Sie mit Ihrer Wolke von Zeugen. Das ist richtig. Aber ich muß doch bei meiner Forderung bleiben. Beim alten System, wo man die Hdschr mit A, B, C u. s. w. bezeichnete, brauchte man eine derartige Hilfe nicht. Denn da sah jedermann sofort, wann im Apparat A C E erschien: aha, hier fehlt B u. D! Jetzt wo man (mit Recht) die Sigeln so wählt, daß die Herkunft des Textes dadurch angedeutet wird, ist ein derartiger Schluß nicht mehr möglich. Sie selbst haben natürlich immer die ganze Reihe der Zeugen vor Augen. Aber kein Benutzer, der gelegentlich Ihren Text nachschlägt, wird sich die Mühe machen, sich immer dieses Gesamtbild zu vergegenwärtigen. Zumal da die Zeugen doch nicht überall dieselben sind. Ich glaube, daß an diesem Punkt wirklich der Wert Ihrer Ausgabe für den Leser zum guten Teil hängt. Wenn Sie es dem Leser leicht machen, wird er selbst genau über den Text nachdenken. Andernfalls ergibt er sich mißmutig drein, daß er von der Sache nichts verstünde. Und so lang wird doch auch Ihre Zeugenreihe – ich denke natürlich nur an die Gruppen! – nicht sein, daß das nicht zu machen wäre.“[216]

Eine solche Zeugenleiste setzt also den Benutzer der Edition nicht nur in den Stand, die „rel(l).“-Angaben zu entschlüsseln, sondern erlaubt es ihm auch, „durch Vergleich mit der in den Apparaten genannten Zeugen auf die jeweilige positive Zeugenlage, also die den kritischen Text bestätigenden Zeugen, zurückzuschließen“.[217] Der Nutzen der später so genannten ‚Kopfleiste‘ liegt damit klar auf der Hand. Unbegreiflicherweise nahm Rahlfs Holls Vorschlag nicht auf. Und so sollte es noch ungefähr weitere fünfzig Jahre dauern, bis die ‚Kopfleiste‘ endlich in der 1962 erschienenen Ausgabe der Sap. von Joseph Ziegler für die „Göttinger Septuaginta“ eingeführt wurde.[218]

---

216 Archiv des Septuaginta-Unternehmens der Akademie der Wissenschaften zu Göttingen (Holl an Rahlfs, 28. Juli 1914). Vollständig abgedruckt bei NEUSCHÄFER/SCHÄFER, Dokumentation (2013), 400–402.

217 SCHÄFER, Benutzerhandbuch I (2012), 28.

218 Vgl. ZIEGLER, Sap. (1962), 5. Lediglich in der Genesis-Ausgabe von 1926 erleichterte Rahlfs dem Benutzer die Auswertung des Apparates und verhalf ihm zu einem schnellen Überblick über die Variantenstruktur, indem er manche Einzelhandschriften dann kursiv setzte, wenn sie einzige Vertreter ihrer Gruppe waren: „Es ist also zu unterscheiden zwischen *344* und 344 und zwischen *120* und 120: kursiv gedruckt bedeutet *344* und *120*, daß diese Hs. als einzig vorhandener Vertreter der Gruppe *c* oder *q* die betreffende Lesart bietet, die also bis auf weiteres als Lesart der Gruppe anzusehen ist; in aufrecht stehender Schrift aber bedeutet 344 und 120, daß nur diese eine Hs. die betreffende Lesart bietet, während 130 oder 407 [*die jeweiligen Partner von Hs. 344 und Hs. 120; CS*] anders liest“ (GENESIS [1926], 44).

(2) Als Sigel für die Einzelzeugen wählte Rahlfs die im Handschriftenverzeichnis von 1914 (MSU 2) eingeführten Nummern und entwickelte zudem *Gruppensigeln*, die mehr als drei in den Apparat aufzunehmende Handschriften einer Familie zusammenfassen sollten:[219]

Dabei hatte er im Jahre 1914 noch die griechischen Buchstaben Ω, H und Λ für die Bezeichnung der hexaplarischen, hesychianischen und lukianischen Rezension sowie kleine deutsche (Fraktur-) Buchstaben für die Bezeichnung weiterer Gruppen vorgesehen.[220]

Aufgrund seiner Erkenntnisse hinsichtlich der komplexen Transmissionsge-schichte der Septuaginta verfeinerte er jedoch im Apparat der Ruth- (1922) und Genesis-Ausgabe (1926) sowie dann vor allem im Blick auf die große *editio critica* das Gruppensigel-System und führte es in der veränderten Form konsequent in seine Apparate ein. Neben den Sigeln *O*, *L*, *R*, *C* usw. verwendete er auch deren Kurzform[221] (bei Zusammengehen von Neben- und Kerngruppe), *O'*, *L''* etc., und rechtfertigte sein Vorgehen aufgrund des folgenden Beispiels einer Notation zum Lemma $\varkappa a i\ o i\ v i o i\ a v \tau o \tilde{v}$ in Ruth 1₁:

Brooke-MᶜLean notierten hier:

$v\iota o\iota$] pr $\delta v o$ AMNᵃ⁷a–fhijmprsuvᵃ⁷xyb₂𝔄ℭᶜℒℭ (sub ※) : pr $\delta v o$ $o\iota$ N*tv*(uid)

---

219 Für die Einführung von Gruppensigeln hatte 1902 mit Blick auf die „Cambridger Septuagin-ta" schon Eberhard Nestle plädiert (vgl. Eb. Nᴇꜱᴛʟᴇ, Cambridger Septuaginta [1903], 4). Die Tochter-übersetzungen der Septuaginta notierte Rahlfs im Apparat im Anschluss an die griechischen Zeugen, ordnete sie aber einer der Gruppensigeln unter, sobald ihr Texttyp dem dieser Familie entsprach (die Syrohexapla im Buch Genesis z.B. der *O*-Gruppe). Entsprechend verfuhr er mit den auf die Angaben der Tochterübersetzungen folgenden Notationen von Zitaten der griechi-schen Kirchenschriftsteller, ordnete die lateinischen hingegen der altlateinischen Tochterüber-setzung zu und verbuchte sie hinter der Sigel „Lat" (bei einem Zitat, das bei Augustin überliefert ist, z.B. als „Latᴬᵘᵍ").
220 Vgl. dazu oben, S. 375, Anm. 211.
221 Zur Förderung der Übersichtlichkeit des Apparates hatte Rahlfs als verkürzte Schreibweise von eng zusammengehörenden Handschriften resp. Handschriftengruppen den Sigeln entweder einen geraden (′) und/oder einen krummen Beistrich (′ / ″) beigegeben (vgl. die Übersicht in Rᴜᴛʜ [1922], 4, und Gᴇɴᴇꜱɪꜱ [1926], 4, sowie die Erläuterung der Verwendung für die lukianische Nebengruppe in Gᴇɴᴇꜱɪꜱ [1926], 29).

Dem entsprach folgende Notation nach dem Rahlfs'schen Gruppensigel-System:[222]

υιοι] pr δυο *O'* (Syr sub ※) *R*-58 *C l* A Arm Lat

Diese Darstellung konnte nochmals vereinfacht werden, indem man nicht die vom Lemma abweichenden Zeugen, sondern die das Lemma bestätigenden Zeugen im Apparat einzeln notierte:[223]

υιοι B-120-Aeth *L* 58] pr. ※ δυο rel.

Auf diese Weise hatte Rahlfs neben den Gruppensigeln zugleich zwei weitere Techniken eingeführt, die, wie von ihm intendiert,[224] seitdem in den ‚Göttinger' Ausgaben erhalten geblieben sind: Die Notierung der positiven Zeugen bei Angabe von „rel(l)." (für reliqui, *die Übrigen*) hinter einer Variante und das Verwenden des Bindestrichs (wie bei „B-120-Aeth") als Ausdruck enger Verwandtschaft zwischen Textzeugen.[225]

2.2 Die Notation der griechischen Handschriften

Der Apparat einer ‚Handausgabe'[226] müsse, so Rahlfs, gegenüber dem einer *editio critica maior*, der möglichst alle relevanten Varianten dokumentieren sollte, deutlich übersichtlicher ausfallen und sei deshalb auf notwendige Informationen

---

222 Vgl. RUTH-STUDIE (1922), 153–154. Ebd. erläutert Rahlfs: „Hier sind abcx𝕾 = *O'*, MNhimruyb₂ = *R*-58, defjs = *C*, ptv = *l*. Damit sind alle bei B.-M. aufgezählten Zeugen erschöpft bis auf A und die Übersetzungen 𝕬𝕷, d.h. ArmLat, und 𝕰c, d.h. die jüngere Aeth-Rezension, die für die Textkritik nicht in Betracht kommt." Und a.a.O., 154: „Dazu kann man dann noch, wenn man es für nötig hält, anmerkungsweise die nur als Schreibfehler zu wertende Variante δυο οι V* 134-344* (uid) hinzufügen."
223 Vgl. zur Auslassung von „δυο οι V* 134-344* (uid)" die voranstehende Anmerkung.
224 So RUTH-STUDIE (1922), 154: „Auf solche Weise wird eine künftige große Ausgabe ihren Apparat einfacher und übersichtlicher gestalten können und müssen."
225 Da er im Apparat der RUTH (1922) vornehmlich die Sigeln der Handschriftengruppen gebraucht hatte, griff Rahlfs den in der RUTH-STUDIE (1922) geäußerten Vorschlag des ‚Bindestrichs' als Kennzeichen der Zusammengehörigkeit von Handschriften erst in der GENESIS (1926) auf (so GENESIS [1926], 43). Vgl. auch PSALMI CUM ODIS (1931), 22.
226 Vgl. zum Begriff ‚Handausgabe' oben, ab S. 177 und ab S. 271.

zu beschränken.[227] Dennoch habe aber auch ein solcher Apparat seinem doppelten Anspruch gerecht zu werden, nicht nur den Text zu begründen, sondern auch dessen (zumindest frühe) Überlieferungsgeschichte deutlich zu machen. Die editionstechnischen Fragen, die Rahlfs einer Beantwortung zuführen musste, lauteten daher: Auf welche Weise kann man diesem doppelten Anspruch am besten Genüge tun und wie skizzenhaft darf das Bild der Textgeschichte sein, damit es noch aussagekräftig bleibt? Als Ergebnis entwickelte er folgende Kriterien für die Apparatgestaltung in einer kritischen ‚Handausgabe':[228]

(1) Grundsätzlich verzichtete er wegen ihres geringen textkritischen Wertes auf die Notation eindeutiger Schreibfehler sowie rein orthographischer Lesarten.

(2) Unter Berücksichtigung von (1) konnte er den Text und die Varianten der wichtigsten Handschriften vollständig notieren, im Buch Ruth also z.B. den Text von Hs. B, als der wichtigsten Zeugin, wobei Sonderlesarten im Apparat mit „B†" bezeichnet wurden. Im Umkehrschluss bedeute die Notation ohne „†", dass hier noch weitere nicht genannte, Rahlfs aber dennoch bekannte Handschriften zusammen mit Hs. B den Text resp. eine Variante lasen, was „für die Beurteilung wichtig sein kann".[229]

In diesen beiden Punkten war Rahlfs der „Praxis der Handausgaben von Tischendorf-Nestle und Sw[ete]" gefolgt,[230] wich von jenen aber ab, indem er Hs. A, obgleich diese ebenfalls ein sehr alter und aufs Ganze gesehen keineswegs unwichtiger Textzeuge war, *nicht* vollständig anführte. Dieses Vorgehen hatte seinen Grund in der für das Buch Ruth erwiesenen textkritischen Irrelevanz und gelegentlichen Fehlerhaftigkeit von Hs. A im Verhältnis zu Hs. B und der daher mit einer vollständigen Notation verbundenen Irreführung des Lesers hinsichtlich einer möglichen Bedeutung von Sonderlesarten der Hs. A.[231] Rahlfs führte den Codex daher nur dort auf, wo „er

---

227 Vgl. RUTH-STUDIE (1922), 154, sowie a.a.O., 159: „Eine Handausgabe [...] kann bloß eine Auswahl aus dem überreichen Material bieten, und es fragt sich: Wie soll diese Auswahl getroffen werden? Hierüber kann man verschiedener Ansicht sein, und ich gestehe gern, daß ich selbst darüber zu verschiedenen Zeiten verschieden geurteilt habe."
228 Vgl. zum Folgenden insgesamt RUTH-STUDIE (1922), 159–163; RUTH (1922), 19–20; sowie GENESIS (1926), 43–48; zur Ersetzung der Frakturbuchstaben im Apparat der Ruth-Ausgabe durch kursive Großbuchstaben oben, S. 187, Anm. 332.
229 RUTH-STUDIE (1922), 162. Vgl. RUTH (1922), 19–20.
230 RUTH-STUDIE (1922), 159.
231 Dazu Rahlfs: „Meines Erachtens hat eine kritische Handausgabe Wichtigeres zu tun, als den Benutzer mit solchen völlig bedeutungslosen Schreibfehlern eines, wenn auch alten, so doch – nach Lagardes kräftigem Ausdruck – ‚mit der ausgesuchtesten Lüderlichkeit' geschriebenen Codex bekannt zu machen" (RUTH-STUDIE [1922], 160).

mit anderen in meinem textkritischen Apparat anzuführenden Zeugen zusammengeht",[232] d.h. in der Regel eben nicht als Einzelzeugen. Parallel ging er bei den übrigen Handschriften resp. Handschriftenfamilien vor.

(3) Alle „Zufälligkeiten der einzelnen Hss." blieben zugunsten der Notation von *Gruppenlesarten* unerwähnt.[233] „Auf diese Weise kann man auch in einer Handausgabe das wirklich wichtige Material bringen und nicht nur den hergestellten Text begründen, sondern auch seine geschichtliche Entwickelung in älterer Zeit, soweit sie uns überhaupt noch erkennbar ist, darstellen."[234] Ausnahmen bestätigten diese Regel und waren „dem Takte des Herausgebers"[235] zu überlassen, d.h. dessen subjektiver Einschätzung der Sachlage. Im Apparat der Genesis-Ausgabe notierte Rahlfs daher gewöhnlich die von den Gruppen abweichenden Einzelhandschriften nur summarisch,[236] um so „dem Benutzer eine Vorstellung davon zu geben, ob eine Lesart bloß bei den namentlich aufgeführten Zeugen vorkommt oder auch sonst noch mehr oder weniger weit verbreitet ist".[237] Lediglich in Fällen, in denen die Überlieferung deutlich auseinanderging, nannte er „zur Vervollständigung des Bildes"[238] Sonderlesarten bzw. Untervarianten, die sonst unberücksichtigt geblieben wären.[239] Ein Beispiel für eine solche ausführlichere Notation findet sich in Gen. 19$_2$:

LXX.App (1926): ειπαν δε 911. .] ειπον δε 72 Γ΄ r΄, και ειπαν D^{sil} M C(57 -πον) q 4, δε > 130

Hier liest Hs. 911 unter anderen, e silentio zu erschließenden Handschriften (dafür stehen die beiden Punkte) das Lemma. Hs. 72, die zur O-Gruppe gehört, die l-Gruppe mit Hs. 134 sowie die r-Gruppe mit Hs. 56 lesen statt dem Lemma ειπον δέ. Die Variante και ειπαν lesen Hs. D („^{sil}" steht für Lesarten, die man nur daraus erschließen kann, dass Grabe, der die Handschrift vor ihrer starken Beschädigung durch ein Feuer im Jahre 1731 mit der Editio Sixtina kollationiert hatte, und dessen Kollationen 1778 von Henry Owen herausgegeben worden waren,[240] keine Abweichung der Hs. D von der Sixtina vermerkt hatte), Hs. M, die Catenen-Rezension, wobei Hs. 57 ειπον statt ειπαν bietet, die q-Gruppe sowie vier weitere, namentlich nicht näher bezeichnete, nur summarisch angeführte jüngere Handschriften. Hs. 130 schließlich lässt δέ aus und liest lediglich ειπαν. Derart detailliert nimmt sich der Apparat der Genesis-Ausgabe sonst nicht aus, erst recht nicht derjenige der Ruth-Ausgabe.

---

232 RUTH-STUDIE (1922), 160.
233 RUTH-STUDIE (1922), 160. Vgl. auch GENESIS (1926), 43.
234 RUTH-STUDIE (1922), 160.
235 RUTH (1922), 20.
236 Vgl. GENESIS (1926), 44.
237 GENESIS (1926), 46.
238 GENESIS (1926), 45.
239 Zur Anordnung der Zeugen vgl. GENESIS (1926), 45–46.
240 Vgl. OWEN, Collatio (1778).

(4) Von den Gruppenlesarten im Buch Ruth galten Rahlfs diejenigen der hexaplarischen und lukianischen Rezension (*O* und *L*) als am wichtigsten und wurden daher vollständig von ihm notiert. Aber auch die Varianten der übrigen Rezensionen *R* und *C* nahm er wegen ihrer großen Relevanz für die Herstellung des Textes sowie ihrer überlieferungsgeschichtlichen Bedeutung ebenfalls in den Apparat der ‚Handausgabe' auf: Die *R*-Rezension deshalb, weil „sie historisch sehr einflußreich und häufig geradezu zu einer Art Vulgärtext geworden ist",[241] die *C*-Rezension, „nicht weil die Notierung dieses von *R* abhängigen Textes hier unbedingt notwendig wäre, sondern weil die Katenentexte in anderen Büchern eine bedeutendere Rolle spielen, und es daher richtig schien, sie überall zu notieren".[242] Allerdings gab Rahlfs *ausschließlich* die Lesarten der Hauptgruppen an: Die Nebengruppen (wie *l* oder *o*) blieben aufgrund ihres sekundären Textcharakters ebenso wie die nicht rubrizierbaren Hss. 120 509 auf ihre Erwähnung in der RUTH-STUDIE beschränkt,[243] „da ihre Notierung [*in einer ‚Handausgabe'*; *CS*] unverhältnismäßig viel Raum in Anspruch nehmen würde".[244] In der Genesis-Ausgabe von 1926, die konzeptionell ja eine ‚Mittelstellung' einnahm und daher insgesamt mehr Material in ihrem Apparat verbuchen durfte,[245] verzeichnete er die Lesarten der einzelnen von ihm aufgestellten Gruppen vollständig: „Der Benutzer wird also dadurch in den Stand gesetzt, die Eigentümlichkeit jeder einzelnen Gruppe – nicht auch jeder einzelnen Hs. einer Gruppe – so genau kennen zu lernen, daß er mit Hilfe meiner Ausgabe sicher feststellen kann, ob ein anderer Text, etwa einer bisher nicht kollationierten Hs. oder eines Kirchenvaters, einer dieser Gruppen angehört."[246]

(5) Da auch die Angabe von Spaltungen innerhalb einer Gruppe in einer ‚Handausgabe' „zu viel Raum in Anspruch" genommen hätte,[247] gab Rahlfs diese im Apparat der Ruth- und Genesis-Ausgabe lediglich grob in Form verschiedener, der Gruppensigel beigefügter Exponenten an, allerdings immer nur dann, wenn wirklich Zweifel an der Einheitlichkeit der Gruppenlesart bestand, nicht hingegen, wenn es zu banalen Abweichungen einer einzelnen Handschrift von der Gruppenmehrheit kam. So bezeichnete er mit dem Exponenten „ª" die Mehrheit,

---

241 RUTH-STUDIE (1922), 160.
242 RUTH-STUDIE (1922), 160–161.
243 Vgl. dazu das Schaubild oben, S. 208, aus der die Evidenz dieser Entscheidung eindeutig hervorgeht.
244 RUTH (1922), 18.
245 Vgl. dazu oben, S. 182.
246 GENESIS (1926), 43.
247 RUTH-STUDIE (1922), 161. Vgl. RUTH (1922), 15–16.

mit „ᵇ" die resp. eine Minderheit und mit „ᵈ" (für *dimidia pars*) schließlich die Hälfte der Handschriften einer Gruppe.[248] Bei großen Gruppen – im Buch Ruth betraf das lediglich die R-Rezension – wurde dieses Schema noch um die Exponenten „ᵃ" und „ᵝ" für eine sehr große Mehr- bzw. Minderheit erweitert[249] (z.B. im Apparat von Ruth 1₁₀: *Μετὰ*] *Οὐχί*, (+ *ὅτι* Rᵝ) *μετὰ* R' [R' = R + C]), wobei Rahlfs „[b]esonders alte oder wichtige Zeugen [...] bei der Berechnung [d.h. der Gewichtung innerhalb der Gruppe; CS] stärker berücksichtigt[e]".[250]

(6) Um kenntlich zu machen, dass eine Lesart im Unterschied zu einer oder mehreren anderen dem Charakter ihrer Gruppe „so gut entspricht, daß man sie mit Sicherheit für die ursprüngliche [*Lesart ihrer Gruppe; CS*] halten darf",[251] fügte Rahlfs in der Ruth-Ausgabe der Gruppensigel ein Sternchen („*") hinzu. Meist betraf dies die Sigel der hexaplarischen Rezension (O), seltener hingegen die der lukianischen (L), „weil diese Rezension nicht wie O durch ein einheitliches Prinzip bestimmt ist und man daher beim Auseinandergehen der Hss. die ursprüngliche Lesart nur selten mit voller Sicherheit feststellen kann".[252] Bei den Gruppenangaben R und C machte Rahlfs von diesem Zeichen gar keinen Gebrauch. In seinen späteren Ausgaben verzichtete er, wohl wegen der besagten Unsicherheit in der Charakterisierung der Rezensionen, auf die Verwendung des Sternchens („*") bei Gruppensigeln und beschränkte derlei Angaben auf die Handschriften selbst.[253] Die Ruth-Ausgabe ist insofern also noch ein ‚Relikt' aus dem Lagarde'schen System, als die Archetypi der identifizierten Rezensionen im Sinne von Hyparchetypi des Archetypus der Septuaginta selbst verstanden werden.

Den Gebrauch des Sternchens illustriert der folgende Eintrag zu Ruth 2₁ₐ:

LXX: *Καὶ τῇ Νωεμεὶν ἀνὴρ γνώριμος τῷ ἀνδρὶ αὐτῆς·*
MT: וּלְנָעֳמִי מידָע לְאִישָׁהּ אִישׁ גִּבּוֹר חַיִל
LXX.App (1922): *ανηρ / γνωριμος τω ανδρι αυτης*] tr. O*
LXX.App (2006): *ἀνὴρ* 1°] post *αὐτῆς* tr 426-oI' ᴸᵃᵗcod 109: cf 𝔐

Dieser Eintrag zeigt zunächst einmal an, dass die Überlieferung innerhalb der Handschriften der hexaplarischen Rezension schwankt. Mit dem Sternchen markierte Rahlfs die Umstellung von

---

248 Vgl. Rᴜᴛʜ-Sᴛᴜᴅɪᴇ (1922), 161, und Gᴇɴᴇsɪs (1926), 25–26.
249 Vgl. Rᴜᴛʜ-Sᴛᴜᴅɪᴇ (1922), 161–162.
250 Rᴜᴛʜ (1922), 4, Anm. 3. Vgl. a a.O., 15–16, sowie Gᴇɴᴇsɪs (1926), 26.
251 Rᴜᴛʜ-Sᴛᴜᴅɪᴇ (1922), 162.
252 Rᴜᴛʜ-Sᴛᴜᴅɪᴇ (1922), 162. Vgl. zu den einzelnen Gruppen im Buch Ruth oben, ab S. 187.
253 Vgl. Gᴇɴᴇsɪs (1926), 43, wo es heißt: „Eines Urteils darüber, welche Lesart als die ursprüngliche Lesart der Gruppe anzusehen sei, habe ich mich enthalten."

$\dot{\alpha}\nu\acute{\eta}\varrho$ hinter $\alpha\dot{\upsilon}\tau\tilde{\eta}\varsigma$ als ursprüngliche hexaplarische Lesart und stufte damit alle übrigen Lesarten der O-Gruppe (ohne sie eigens zu nennen) an dieser Stelle als sekundär ein. Dem Anspruch an den Apparat einer 'Handausgabe' wurde Rahlfs auf diese Weise gerecht. Der Apparateintrag der großen Ausgabe von Quast (2006) liefert hingegen sämtliche Details: Die – auch Rahlfs bekannte[254] – Bezeugung der Umstellung beläuft sich positiv also auf die zur hexaplarischen Hauptgruppe gehörende Hs. 426, die beiden hexaplarischen Untergruppen *oI* (Hss. 15 64 381) und *oII* (Hss. 18 128 488 669) sowie die hexaplarisch beeinflusste altlateinische Überlieferung. Das Lemma bezeugen innerhalb der hexaplarischen Überlieferung die drei zur Hauptgruppe gehörenden Hss. 19 108 376. Wegen ihrer eindeutigen Angleichung an den hebräischen Text fand Rahlfs in der Umstellung den Charakter der hexaplarischen Rezension so gut bestätigt, dass er die gegenteilige Bezeugung durch drei wichtige Vertreter der O-Hauptgruppe gegenüber dem ursprünglichen Text der hexaplarischen Rezension als sekundär einstufte. Der detaillierten Aussagekraft des Apparates in der Ruth-Ausgabe von 1922 tut das Sternchen also tatsächlich keinen Abbruch, da deutlich bleibt, dass die O-Gruppe in sich uneinheitlich ist, ein Teil der Gruppe die Umstellung also bietet, der andere hingegen nicht. Dem Benutzer wird so ein schnellerer Überblick über die Textgeschichte resp. Überlieferungssituation geboten als durch Udo Quasts stärker dokumentierenden Apparateintrag, aus dem zwar hervorgeht, dass der masoretische Text hier ähnlich liest, aber nicht, dass dies ein genuines Charakteristikum der O-Gruppe ist.

(7) Schließlich wollte Rahlfs, anders als es ihm für eine große Ausgabe sinnvoll erschien,[255] den Apparat seiner 'Handausgaben' aus Platzgründen[256] auf die Notation der ursprünglichen Lesarten der Handschriften beschränken („die ursprüngliche Lesart einer Hs. gilt als ihre eigentliche Lesart")[257] und nicht auf deren „mehr oder weniger zufällige und willkürliche Umgestaltungen",[258] wobei Korrekturen erster Hand – anders als noch in den Vorschlägen von 1914[259] – notiert werden sollten (als hochgestellte Eins [„¹"]), da sie ja vom Schreiber selbst stammten.[260] In der Ruth-Ausgabe kam „ein solcher Fall aber nur einmal vor: 1₁₅ B¹ $\varepsilon\pi\iota\sigma\tau\varrho\alpha$-$\varphi\eta\vartheta\iota$ statt des $\varepsilon\pi\iota\sigma\tau\varrho\alpha\varphi\eta\tau\iota$, welches der Schreiber anfangs geschrieben hatte".[261] Auch in der Genesis-Ausgabe behielt Rahlfs die Regel grundsätzlich bei, dehnte

---

254 Vgl. die von Rahlfs festgestellte Zusammensetzung der hexaplarischen Haupt- und Nebengruppe in RUTH-STUDIE (1922), 71.

255 Vgl. dazu unten, S. 404.

256 Vgl. RUTH-STUDIE (1922), 162–163.

257 RUTH (1922), 20.

258 RUTH-STUDIE (1922), 163.

259 Dort hieß es: „ᶜ = durch Korrektur entstandene Lesart (Selbstkorrekturen des Schreibers werden nicht gebucht)" (NEUSCHÄFER/SCHÄFER, Dokumentation [2013], 398). Vgl. oben, S. 375, Anm. 211.

260 Vgl. RUTH (1922), 20.

261 RUTH (1922), 20.

sie allerdings auf sämtliche älteste Handschriften, d.h. die Hss. 911 B A S, aus.[262] „Sonst bleiben sie [*die Korrekturen; CS*] fast immer unberücksichtigt, und es wird einfach das, was ursprünglich in der Hs. stand, als die Lesart derselben angeführt. Auch die vielen Korrekturen in 56, durch welche die schon von Haus aus oft mit der Gruppe *r* zusammengehende Hs. [...] fast völlig in den *r*-Typus übergeführt worden ist, deute ich in meinem Apparat nicht an; dies war auch nicht unbedingt nötig, da der *r*-Typus ohnehin durch 53 129 hinreichend vertreten ist."[263] Die Verwendung des hochgestellten Sternchens als Zeichen für „ursprünglich" blieb im Apparat zum Buch Ruth also noch auf die Gruppensigeln beschränkt und findet sich in der Genesis-Ausgabe nur gelegentlich bei einzelnen Handschriften. Auch auf die Notation von Randlesarten (in der HANDAUSGABE und PSALMI CUM ODIS dann mit „mg") verzichtete Rahlfs in den ‚Handausgaben' der Bücher Ruth und Genesis nahezu vollständig, weil er sie „mit Ausnahme weniger Fälle"[264] (in Gen. 1₁₁ 3₈ 5₂₆ 16.2₀ 9₅ 30₃₉ 32₃₃ 39₃) für irrelevant hielt.[265]

(8) Die Anordnung der Zeugen für die einzelnen Lesarten erfolgte – im Gegensatz zu dem 1914 formulierten Vorschlag[266] – sowohl im Buch Ruth als auch in der Genesis-Ausgabe (und später auch in der Psalter-Edition) nicht „streng alphabetisch oder arithmetisch",[267] sondern nach ‚hierarchischen' Kriterien:[268] An erster Stelle stand im Buch Ruth aufgrund ihres großen Gewichts Hs. B, an die sich sodann die Gruppen *OLRC* und zuletzt Hs. A anschlossen (vgl. z.B. Ruth 1₈: πορευεσθε B*R*ᵇC] πορευϑητε *OLR*ᵇA).[269] Im Apparat der Genesis-Ausgabe modifizierte Rahlfs dieses Verfahren leicht, indem er zuerst die Unzialen „in alphabetischer Reihenfolge, jedoch unter Voranstellung B's als der wichtigsten großen Bibelhs."[270] anführte, dann die numerisch sortierten Fragmente, gefolgt von den nach Relevanz gelisteten Hauptgruppen und schließlich den Nebengruppen und kleineren Gruppen, diese wiederum alphabetisch angeordnet.

---

262 In RUTH (1922) hatte er aus den oben genannten Gründen darauf verzichtet, Korrekturen aus Hs. A zu verbuchen, vgl. dazu oben, S. 380.
263 GENESIS (1926), 47–48.
264 GENESIS (1926), 48.
265 Vgl. RUTH-STUDIE (1922), 163, und GENESIS (1926), 48.
266 Vgl. dazu oben, S. 375, Anm. 211.
267 NEUSCHÄFER/SCHÄFER, Dokumentation (2013), 400.
268 Vgl. GENESIS (1926), 45.
269 Vgl. RUTH-STUDIE (1922), 162 (Punkt 9).
270 GENESIS (1926), 45. Vgl. zum Folgenden ebd.

2.3 Die Notation der Tochterübersetzungen

„Von den Übersetzungen ein wirklich zuverlässiges und vollständiges Bild zu geben, ist gar keine einfache Sache, die sich bei der Ausarbeitung des textkritischen Apparats nebenher mit erledigen ließe."[271]

Wann ist es sinnvoll, eine Tochterübersetzung als Zeugin im textkritischen Apparat einer historisch-kritischen Ausgabe der Septuaginta zu notieren, und auf welche Weise kann eine solche Notation überhaupt adäquat geschehen? Diese Frage war für Rahlfs unlöslich mit der Beurteilung des textkritischen Wertes der Tochterübersetzungen verknüpft.[272] Diese Beurteilung ist jedoch immer nur eingeschränkt möglich. Denn die griechische Vorlage der jeweiligen Tochterübersetzung lässt sich nie mit letzter Sicherheit ermitteln, da eine Übersetzung „ihre Vorlage nie ganz genau wiedergeben kann"[273] und aller Wahrscheinlichkeit nach auch gar nicht immer eine wortwörtliche Wiedergabe zum Ziel gehabt hat.[274]

Rahlfs fixierte drei Bedingungen, die für eine Berücksichtigung der Tochterübersetzungen bei der Rekonstruktion des kritischen Septuaginta-Textes sowie für ihre Aufnahme in den textkritischen Apparat erfüllt sein müssten:

(1) Ohne den Charakter einer Übersetzung zu kennen, lasse sie sich textkritisch nicht verwerten, „da nur der, welcher die ganze Art einer Übersetzung kennt, auch die einzelnen Stellen sicher zu beurteilen vermag".[275] Diese Grundvoraussetzung macht deutlich: Bevor man die Tochterübersetzungen für die Textherstellung verwenden und sie gegebenenfalls in einem Apparat verzeichnen kann, ist die intensive und langwierige Beschäftigung mit ihrer ‚Übersetzungstechnik' vonnöten.

(2) Hinsichtlich einer „adäquaten" Notation der Tochterübersetzungen fordert Rahlfs zum einen, dass, „wer wirklich genauen Bericht auch für den der betreffenden Sprache Unkundigen erstatten will, überall den Grad der Zuverlässigkeit der Retroversion anzeigen und in schwierigeren Fällen auch den Grund hinzufü-

---

271 RUTH-STUDIE (1922), 158.
272 Vgl. dazu schon oben, ab S. 126.
273 RUTH-STUDIE (1922), 157.
274 Welche Unterschiede es hinsichtlich des Charakters einer Übersetzung geben kann, ist bereits oben aus der Darstellung der Untersuchung der Tochterübersetzungen des Buches Ruth ersichtlich geworden (vgl. oben, ab S. 183).
275 RUTH-STUDIE (1922), 158. Vgl. auch RAHLFS, Rez. Lewis (1899), 662.

gen [*muss*], weshalb er eine Retroversion für mehr oder weniger unsicher hält".[276] Die Graduierung der textkritischen Verwendbarkeit einer Tochterübersetzung obliege somit zwar dem Herausgeber. Seine Aufgabe bestehe nun aber eben auch darin, dem Benutzer seiner Edition diese Ergebnisse im Apparat verständlich zu machen, ohne ihm Sprachkenntnisse bezüglich aller Tochterübersetzungen abzuverlangen.

(3) Zum andern erfordert eine „adäquate" Notation, nicht nur zu verzeichnen, wo die Tochterübersetzungen Varianten belegen, „sondern, wenigstens an allen wichtigeren Stellen, auch ihre Übereinstimmung mit dem vom Herausgeber zugrunde gelegten oder hergestellten griechischen Texte ausdrücklich anzumerken, weil der Benutzer sonst nicht weiß, ob eine Übersetzung an der betreffenden Stelle sicher mit diesem Texte übereinstimmt".[277]

Die Gültigkeit dieser drei Bedingungen hatte Rahlfs für alle Arten von Ausgaben der Septuaginta postuliert. Dabei deutet besonders die in (3) geforderte positive Notierung der Tochterübersetzungen an, dass der Notationsumfang im Apparat beträchtlich werden würde, da Rahlfs das spätere Prinzip der ‚Kopfleiste'[278] noch nicht verwendete. Deshalb sah er von einer *grundsätzlichen* Notierung der Tochterübersetzungen im Apparat der ‚Handausgaben' ab, um diesen auf die wesentlichen Angaben zu beschränken, wobei er allerdings den Verzicht auf eine eigentlich gebotene Transparenz in Kauf nahm.[279]

Im Apparat der Ruth-Ausgabe verzichtete Rahlfs somit vollständig auf die Notation der Lesarten von Tochterübersetzungen, während er sie in der Genesis-Ausgabe wegen deren ‚Mittelstellung' als Zeugen aufführt, wengleich in eingeschränktem und unterschiedlichem Maße: Die Syrohexapla, die arabische und armenische Übersetzung boten in der Regel den hexaplarischen Texttyp und wurden von Rahlfs daher der *O*-Gruppe als feste Bestandteile zugeordnet, wobei die Syrohexapla dank ihrer Wörtlichkeit die wertvollsten Lesarten bot, das Arabische nur „bei stärkeren Varianten"[280] Verwendung fand und die armenische Übersetzung zwar als „recht sorgfältig"[281] eingestuft worden war, im Apparat aber bei weitem nicht so häufig verzeichnet

---

276 RUTH-STUDIE (1922), 158.
277 RUTH-STUDIE (1922), 158.
278 Vgl. dazu oben, S. 376–377. In der ‚Kopfleiste' findet sich die Angabe, in welchem Umfang der Text einer Tochterübersetzung überliefert ist (vgl. die Erläuterung des Prinzips bei HANHART, Par. II [2014], 44, Anm. 1): so z.B. in der Angabe „La¹¹⁸(ab 1 Ἱερουσ. ad 2 Σαλωμών 2°)" a.a.O., 185.
279 Bei der Rekonstruktion des kritischen Textes nahmen die Tochterübersetzungen allerdings Einfluss auf die textkritischen Entscheidungen (vgl. dazu oben, ab S. 183).
280 GENESIS (1926), 24.
281 GENESIS (1926), 24.

wurde wie die beiden anderen Versionen. Die Übersetzungen ins Sahidische, Bohairische und Äthiopische nannte Rahlfs lediglich zur Unterstützung gewichtiger Abweichungen einzelner griechischer Handschriften (insbesondere Hs. 911)[282] vom kritischen Text, um anzuzeigen, dass deren Lesart auch in anderen Traditionen bekannt war.[283]

2.4 Die Notation der indirekten Überlieferung

Die meisten Notationsprobleme warfen die Septuaginta-Zitate bei den griechischen Kirchenschriftstellern auf, denen für die Ermittlung der rezensionellen Elemente eine herausragende Bedeutung zukam, weswegen sie im textkritischen Apparat auch unbedingt angeführt werden sollten.[284] Abgesehen von der oben bereits genannten Schwierigkeit,[285] dass selbst bis heute noch nicht von allen Kirchenschriftstellern zuverlässige kritische Ausgaben vorliegen, und abgesehen auch von dem Erfordernis, zwischen wörtlichen Zitaten, Allusionen, Paraphrasen und aus dem Gedächtnis zitierten und/oder an den jeweiligen Kontext angepassten Bibelstellen unterscheiden zu müssen, lautet die wichtigste Frage für die Notation: Wie ist es möglich, in einem textkritischen Apparat ein verständliches Bild vom Text der Kirchenschriftsteller zu zeichnen?

Hierfür müsse, so Rahlfs, grundsätzlich folgende Bedingung erfüllt sein: Ein Zitat sollte aufgrund der Quellenangaben im Apparat für den Benutzer in der entsprechenden Ausgabe nachprüfbar sein und zwar auch an Stellen, an denen ein Kirchenschriftsteller ein und dieselbe Bibelstelle mehrmals, möglicherweise sogar unterschiedlich zitiert. Dabei lasse jedoch die ausschließliche Notation der *Abweichungen* noch kein klares Bild der Sachlage erkennen, da die Kirchenschriftsteller „in der Regel nur einzelne Verse oder Versteile zitieren",[286] Schlüsse *e silentio* somit unzulässig sind.

Um einen vollständigen Eindruck vom Text der Kirchenschriftsteller vermitteln zu können, müssten im Apparat also auch die *Übereinstimmungen* der Zitate mit dem kritischen Text verzeichnet werden. „Wollte man aber diese Angaben in den Varianten-Apparat selbst aufnehmen, so würde er sehr anschwellen, und seine Übersichtlichkeit würde besonders an häufig zitierten Stellen schweren

---

282 Vgl. Genesis (1926), 24.

283 So z.B. in Gen. 2₁₂ (das Bohairische [Bo] mit Hs. 911) 6₅ (das Äthiopische mit Hs. 426) 8₆ (das Sahidische [Sa] mit Hs. 911) 14₈ (Bo mit Hs. 911) 25₆ (Bo mit Hs. 911 und einer nicht näher bezeichneten Minuskel) 32₃₀ (Sa mit Hs. G).

284 Vgl. zum Folgenden Ruth-Studie (1922), 154–157.

285 Vgl. dazu oben, S. 169–170.

286 Ruth-Studie (1922), 155.

Schaden leiden."[287] Bereits 1914[288] und erneut 1922 hatte Rahlfs daher vorgeschlagen, eine Art ‚Kopfleiste' zwischen Text und Apparat zu setzen, in der die positive Bezeugung der Kirchenschriftsteller verbucht sein sollte, aus der man dann in Verbindung mit den negativen Apparateinträgen ein „vollständiges Bild des Tatbestandes" gewinnen könne.[289] Doch selbst dann sei es, nicht zuletzt wegen der möglichen Menge der Einträge, schwer, den Charakter des von einem Kirchenschriftsteller zitierten Textes auf übersichtliche Weise darzustellen,[290] zumal „gerade die kürzesten und die ungenauesten Zitate am meisten Raum in Anspruch nehmen, also die Weitläufigkeit der Notizen in der Regel im umgekehrten Verhältnis zu ihrer Wichtigkeit steht".[291] Und diese Weitläufigkeit würde sich, wollte man das Bild der Überlieferung vervollständigen, noch vergrößern, zöge man auch die freien Zitate und Anspielungen der Kirchenschriftsteller hinzu, die gelegentlich von textgeschichtlichem Wert sein können:[292] „Denn auch da, wo längere Zitate der Kirchenväter, wie das oft vorgekommen ist, nach den in späterer Zeit üblichen Bibeltexten korrigiert sind, pflegen freie Zitate und Anspielungen der Feder des Korrektors entgangen zu sein und sind daher, wenn sie deutlich auf eine bestimmte Lesart hinweisen, der beste Beweis dafür, daß der Kirchenvater in der Tat diese Lesart vorgefunden hat."[293] Daraus zog Rahlfs die Schlussfolgerung:

> „Unter diesen Umständen scheint es mir das einzig Richtige, in einer Handausgabe auf Notierung der Kirchenväter ganz zu verzichten. Daß der Bearbeiter der Handausgabe bei der Vorarbeit für sie auch die zur Ermittelung bestimmter Rezensionen wichtigsten Kirchenväter heranziehen muß, versteht sich von selbst. Auch wird es sich empfehlen, in der Vorrede

---

287 RUTH-STUDIE (1922), 157. Vgl. dazu das Beispiel aus Gen. 1,26 in Wevers' Genesis-Edition unten, S. 400.
288 Vgl. dazu oben, S. 375, Anm. 211.
289 RUTH-STUDIE (1922), 157. Der (nie angewandte) Vorschlag von 1914 lautete: „Die Zitate der Kirchenväter werden in einer besonderen Abteilung zwischen Text und Apparat aufgeführt, jedoch nur unter Angabe der Stelle, ohne Anführung des Wortlauts. Die in den Zitaten vorkommenden abweichenden Lesarten werden im Apparat notiert. Bei freien Zitaten (durch vorgesetztes ‚cf.' zu kennzeichnen) bleiben Lesarten, die sich in der direkten Überlieferung nicht finden, unberücksichtigt. Stellen, an welchen die Kirchenväter auf eine Bibelstelle nur anspielen, oder nur Worte aus ihr benutzen, werden überhaupt nicht erwähnt, falls sich nicht zufällig einmal aus der Art der Benutzung sicher auf die Lesart des Kirchenvaters schließen läßt" (NEUSCHÄFER/SCHÄFER, Dokumentation [2013], 395.398).
290 Vgl. RUTH-STUDIE (1922), 155–156, wo Rahlfs die Problematik exemplarisch anhand der Notation der Iud.-Zitate Cyrills bei Holmes-Parsons und Brooke-McLean illustriert.
291 RUTH-STUDIE (1922), 157.
292 Vgl. RUTH-STUDIE (1922), 156–157.
293 RUTH-STUDIE (1922), 156.

kurz über die Hauptergebnisse solcher Voruntersuchungen zu berichten. Aber Notierung der Kirchenväter im textkritischen Apparat würde diesen in einer für eine Handausgabe unverantwortlichen Weise belasten.“²⁹⁴

Sowohl in der Ruth- als auch in der Genesis-Ausgabe hielt sich Rahlfs an diesen Vorschlag und sah von der Notierung der Kirchenschriftstellerzitate im textkritischen Apparat völlig ab,²⁹⁵ obwohl er ihrer Dokumentierung grundsätzlich einen hohen Wert beigemessen hatte.²⁹⁶

2.5 Die „Göttinger Septuaginta" der Bücher Ruth und Genesis im Vergleich mit den Rahlfs'schen ‚Handausgaben' von 1922 und 1926 – Zwei Ausblicke

Die von Rahlfs aufgestellten editionstechnischen Grundsätze, die er vor allem in der RUTH-STUDIE entfaltet hatte, waren bereits im Hinblick auf eine große *editio critica* formuliert, aber im Interesse ihrer praktikablen Anwendung in den ‚Handausgaben' reduziert worden. Im folgenden Abschnitt werden Rahlfs' Handausgaben der Bücher Ruth und Genesis mit ihren jeweiligen großen ‚Geschwistern' der „Göttinger Septuaginta" verglichen. Dies bietet sich deswegen an, weil die Apparate der ‚Göttinger' Ausgaben gleichsam für ein editionstechnisches Maximum stehen, von dem die Apparatanlagen der Handausgaben bewusst unterschieden sind. Die durch einen solchen Vergleich zwischen zwei extremen Alternativgestaltungen entstehende Spannung trägt nicht nur dazu bei, das Profil der einen wie der andern Konzeption zu verdeutlichen, sondern ermöglicht auch bedenkenswerte Impulse für eine benutzerfreundliche Apparatgestaltung in den zukünftigen Bände der *editio critica maior*.

2.5.1 Die *editio critica maior* des Buches Ruth von Udo Quast (2006), ihr Verhältnis zur Ruth-Ausgabe von 1922 und ein Ausblick

Der kritische Text, den Udo Quast aufgrund der Auswertung eines Pergamentfragments, vierer Unzialen, 83 Minuskeln, sämtlicher Tochterübersetzungen und

---

294 RUTH-STUDIE (1922), 157.
295 Vgl. GENESIS (1926), 24, sowie oben, ab S. 209. Ausnahme bildet eine Bemerkung in Gen. 49₁₀: τα αποκειμενα αυτω] ω (vel ο) αποκειται 135(ο α. αυτω)-426-Arab 75 C c l′ 2, το αποκειμενον αυτου ο αποκειται 72: haec lectio a multis patribus affertur, sed saepe iidem patres aliis locis altera lectione utuntur.
296 Vgl. dazu auch die spätere Entwicklung im Rahmen der Psalter-Edition (unten, ab S. 403).

aller ihm bekannten Zitate bei den Kirchenschriftstellern in seiner Edition des Buches Ruth präsentieren konnte, stellte für ihn die maximale „Annäherung an den ursprünglichen LXX-Text"[297] dar. Maximal insofern, als einer noch engeren Annäherung seines Erachtens offene „Fragen zur Übersetzungstechnik und zu Spracheigentümlichkeiten des Übersetzers"[298] entgegenstanden. Durch Verarbeitung des handschriftlichen Materials konnte Quast eine hexaplarische (*O*), eine lukianische resp. antiochenische (*L*) sowie eine *R*-Rezension ermitteln, ferner eine Catenen-Gruppe (*C*) und diverse Klein- und Untergruppen (*oI oII rI rII cI cII d s t*). Zu diesen kamen die nicht rubrizierten Unzialen B und A, aufgrund seines hohen Alters auch das Fragment 932 sowie die *codices mixti* hinzu.

Der textkritische Apparat, den Quast in seiner *editio critica maior* ausbreitete, verfolgt das maximalistische Ziel, nicht nur das Material der gesamten vom kritischen Text abweichenden Überlieferung bereitzustellen, sondern auch durch seine „Notierungsweise einen Rückschluß auf den Text jeder einzelnen Hs."[299] zu ermöglichen, oder wie Detlef Fraenkel formulierte:

> „Der dokumentarische Anspruch bedeutet, dass im Prinzip der Text jeder eingearbeiteten Handschrift rekonstruierbar sein muss, was hinsichtlich der Transparenz und Lesbarkeit des Apparats etliche Probleme aufwirft. [...] doch hat die Pflicht zur Dokumentation Vorrang, weil sie die Dauerhaftigkeit der Ausgabe auch dann garantiert, wenn aufgrund neuer Textfunde oder gar neuer Erkenntnisse der kritische Text zur Disposition steht [...]. Das ist der Standard."[300]

Dieser Anspruch resp. „Standard" lässt den Apparat in der Tat zu einer Sammlung zahlloser Informationen anschwellen, die mit Ausnahme reiner Orthographica alle Abweichungen vom kritischen Text umfassen, die im Griechischen auch nur in irgendeiner Weise Sinn ergeben, selbst wenn sie vom Kontext her eher als Schreibfehler aufzufassen sind.[301]

Vergleicht man nun die 1922 erschienene ‚Handausgabe' der Septuaginta des Buches Ruth mit der 84 Jahre später besorgten großen Edition des Textes, so muss man feststellen, dass Quast die meisten Beobachtungen und Entscheidungen von Rahlfs übernommen resp. bestätigt hat:[302] So wandte er z.B. Rahlfs' textkritisches

---

297 Quast, Ruth (2006), 150.

298 Quast, Ruth (2006), 150.

299 Quast, Ruth (2006), 150.

300 Fraenkel, Der textkritische Apparat (2013), 58.

301 Vgl. z.B. den Apparat zu Gen. 4₁₅ in Wevers, Gen. (1974).

302 Hierbei war Rahlfs' Ruth-Studie für Quast nicht nur, wie er selbst sagt, „eine wertvolle Hilfe" (Quast, Ruth [2006], 18, Anm. 8), sondern vielmehr Ausgangspunkt und Grundlage sei-

Prinzip an, das Zusammengehen von Hs. B und Hs. A grundsätzlich als starkes Argument für das hohe Alter einer Lesart zu werten,[303] und erkannte ebenfalls die in Zweifels- resp. nicht entscheidbaren Fällen Hs. B zukommende Priorität an, wobei er sich freilich nicht ausschließlich auf Hs. B festlegte und deshalb vom Zeugnis der älteren Handschriften sprach, dem er bei ausgeglichener Überlieferungslage ein Vorrecht einräumte.[304]

Ein großes Defizit in der *Textgeschichte* resp. der *Einleitung* der großen Ausgabe besteht darin, dass Quast regelmäßig seine Entscheidungen und Einschätzungen von Zeugen nicht erklärt, sondern meist nur Beobachtungen zusammenfasst, ohne hieraus wirklich Schlüsse zu ziehen. Es scheint somit, als wolle er sich oft nicht festlegen und stattdessen sicherheitshalber letzte Unsicherheiten lieber offen lassen.[305] Auch die an sich wertvollen Listen von Beispielen werden oft ohne Auswertung oder Kommentierung präsentiert. Auf diese Weise bleiben wesentliche Fragen, z.B. nach den Eigenschaften der lukianischen Rezension resp. des antiochenischen Textes oder wie sich dieser überhaupt konstituiert oder auch danach, wie man die Sonderlesarten der Hs. B eigentlich zu verorten hat, gänzlich unbeantwortet. Auch von einer grundsätzlichen Einschätzung des Übersetzungscharakters der jeweiligen Tochterübersetzung sieht Quast ab: Aussagen in der RUTH-STUDIE, wie etwa die, dass Lat durch „ungleichmäßige Wiedergabe derselben Worte" oder „viele freiere Übersetzungen"[306] auffalle, wären indes wichtig für den Leser, der sich ein Bild von der Überlieferung machen möchte und dafür die Tochterübersetzungen textkritisch einschätzen muss. Zumeist bleibt Quast in seinen Aussagen über den textkritischen Wert der

---

ner sämtlichen Ergebnisse (so auch WEVERS, Quasts Ruth [2006], 147). Explizite Verweise liegen darüber hinaus u.a. bei QUAST, Ruth (2006), 34, vor, wo dieser Rahlfs' Bewertung der asteristierten Zusätze in Syh, die nicht der Arbeitsweise des Origenes entsprechen, übernimmt. Vgl. auch a.a.O., 43 (Begründung einer Namensschreibung allein aufgrund der Aussage bei Rahlfs). Und ebenso folgt Quast Rahlfs in der Zusammenstellung der Zeugen des lukianischen Texttyps (a.a.O., 45) wie auch in der Charakterisierung des *R*-Textes (a.a.O., 88). Die Liste von Übereinstimmungen zwischen Quast und Rahlfs ließe sich mühelos fortsetzen und umfasst zudem Stellen, an denen Quast von einem expliziten Verweis auf Rahlfs absah (z.B. stammt der Hinweis auf ein mögliches Alter des *R*-Textes a.a.O., 100, aus RUTH-STUDIE [1922], 149), was natürlich in der Tatsache begründet liegt, dass beiden wesentlich derselbe Untersuchungsgegenstand zugrunde lag.
NB: Quasts Feststellung in DERS., Ruth (2006), 69, Anm. 54, die Angabe bei Rahlfs, dass Hs. 59 in Ruth 2₁₄(₂°) βοος lese, sei falsch, ist zwar grundsätzlich korrekt (Hs. 59 liest tatsächlich βοοζ), liegt jedoch nicht an Rahlfs' Ungenauigkeit, sondern allein daran, dass Rahlfs' Quelle – nämlich nicht die Handschrift selbst, sondern die Ausgabe von Brooke-McLean – diesen Fehler enthält und Rahlfs ihn von dort übernommen hatte.
303 Vgl. RUTH-STUDIE (1922), 122–123, mit QUAST, Ruth (2006), 128.
304 Vgl. QUAST, Ruth (2006), 130, mit RUTH (1922), 19.
305 Vgl. u.a. QUAST, Ruth (2006), 91 („[...] dies liegt durchaus im Bereich der Möglichkeiten, doch darf auch eine andere Herkunft nicht ausgeschlossen werden [...]") oder S. 105 („Ob daraus geschlossen werden darf [...] ist nicht sicher zu entscheiden [...]").
306 Beide Zitate: RUTH-STUDIE (1922), 126.

Zeugen recht undeutlich, was erneut den dokumentarischen Charakter des Apparates bestätigt, nicht aber den Blick für die tatsächliche Überlieferungssituation schärft.

Im Gegensatz dazu bot Rahlfs in der RUTH-STUDIE eine wesentlich gekonntere Analyse des Textes. Seine Beispiele bildeten also die Grundlage für eine sich anschließende Erörterung des textkritischen Wertes der Zeugen. Insgesamt erklärte er penibel jeden Schritt seiner Untersuchung und machte so seine Ergebnisse nachvollziehbar.

Was die Unterschiede zwischen den kritischen Texten der beiden Ruth-Ausgaben betrifft, so nannte Quast selbst in seiner Einleitung sieben Abweichungen von Rahlfs. Dabei begründete er sein differierendes textkritisches Vorgehen teils mit grammatikalischen Argumenten (z.B. für Ruth 1₁₉ 2₄), teils mit der gegenüber Rahlfs veränderten Quellenlage (z.B. für Ruth 4₁₁), teils mit einer abweichenden Beurteilung des Übersetzungsstils (z.B. für Ruth 2₈ 3₃ 4₁₁.₁₉) oder auch nur schlicht mit einer anderen Bewertung der Zeugen (z.B. für Ruth 4₁₁).³⁰⁷

Schließlich betreffen Unterschiede zwischen den beiden Ruth-Editionen – nicht nur terminologisch – auch die *Bezeichnung zusammengehöriger Handschriften*: Rahlfs sprach von Haupt-, Neben- und Untergruppen sowie – übergeordnet – von Textfamilien;³⁰⁸ Quast benutzt den Begriff Hauptgruppe zwar identisch, doch Rahlfs' ‚Nebengruppe' wird bei ihm zur ‚Untergruppe', und Rahlfs' ‚Untergruppe' bezeichnet er als ‚Handschriftenpaar'. Außerdem verzichtet Quast auf die Verwendung der Termini ‚Nebengruppe' und ‚Textfamilie', identifiziert die Catenen-Überlieferung im Gegensatz zu Rahlfs lediglich als ‚Gruppe' und vermutet somit hinter ihren Charakteristika (mit WEVERS, THGG [1974], 87) keine rezensionelle Tätigkeit.

Der Blick in den textkritischen Apparat zeigt, dass Quast seinem eigenen Anspruch gerecht wird, unter dem kritischen Text der Edition einen ‚diplomatischen' Apparat zu bieten.³⁰⁹ Doch wird die Problematik eines solchen Vorhabens dadurch evident, dass die wichtigere Funktion des Apparates, Rechenschaft über den kritischen Text abzulegen und einen Überblick über die Überlieferungsgeschichte des Textes zu geben, wegen der unübersichtlichen Notationen unterzu-

---

307 Ein Unterschied besteht z.B. hinsichtlich der ursprünglichen Schreibung der Formen von εἰπεῖν. Die Zeugen wechseln im ganzen Buch zwischen den attischen und hellenistischen Formen (z.B. zwischen εἶπον und εἶπαν): Rahlfs folgte nun stets der Lesart von Hs. B – getreu seinem Prinzip, in Zweifelsfällen dem ältesten vollständigen Zeugen Vorrang zu geben –, wohingegen Quast sämtliche Formen in der Regel der hellenistischen Schreibweise anglich, d.h. emendierte, und nur in textkritisch eindeutigen Fällen die attische Form, seines Erachtens Rezensionsmerkmal des antiochenischen Textes, als kritischen Text aufnahm (vgl. Ruth 4₁₁).

308 Vgl. dazu oben, ab S. 187.

309 So MUNNICH, Textüberlieferung (2013), 42: „Ein Apparat sollte den hergestellten kritischen Text rechtfertigen und ggf. möglichen Einwänden zuvorkommen; er ist nicht dazu da, die gesamte Tradition zu dokumentieren. In unseren Apparaten [*d.h. denen der „Göttinger Septuaginta"; CS*] ist jedoch so gut wie gar keine *eliminatio codicum* vorgesehen, d. h. wir bieten eigentlich eine kritische Ausgabe mit einem diplomatischen Apparat, in den alles (oder fast alles) aufgenommen wird." Munnichs nun folgender Kritik an diesem Vorgehen steht die Position D. Fraenkels gegenüber, der an der dokumentarischen Pflicht der ‚Göttinger' Apparate unbedingt festhalten will (vgl. FRAENKEL, Der textkritische Apparat [2013], 58).

gehen droht. Dies dürfte der entscheidende Kritikpunkt an der ansonsten penibel (mitunter vielleicht zu penibel) erarbeiteten großen kritischen Ruth-Ausgabe sein.

Demgegenüber hebt sich der Apparat der ‚Handausgabe' aufgrund seiner völlig anders gearteten Konzeption grundlegend ab: Wie der Vergleich zeigt, ist zwar eine detaillierte textgeschichtliche Untersuchung im Sinne der RUTH-STUDIE notwendige Bedingung sowohl für eine ‚Handausgabe' wie auch für eine große Edition. Doch zeigt sich deutlich, dass editionstechnische Erfordernisse auf beiden Seiten Einbußen mit sich bringen: In Quasts großer Ausgabe wird durch zu detaillierte Dokumentation das Bild der Überlieferungsgeschichte und einzelner textkritischer Begründungen unscharf, in Rahlfs' ‚Handausgabe' bleiben manche Details wegen der oft summarischen Angaben im Apparat[310] undeutlich, wodurch häufig nur der ‚Mainstream' der Überlieferungsgeschichte sichtbar wird. Den Benutzer stellt Quasts Edition somit vor die Aufgabe, selber Argumentationen für und gegen den Text zu finden und die Zeugenlage eigenständig auszuwerten, während er sich im andern Fall in starkem Maße auf Rahlfs und dessen Einschätzung der Sachlage verlassen muss, was die weitaus höhere Verantwortung des Editors auch bei der Apparatgestaltung unterstreicht.

Quast gab mit Ruth 4₁₃ selber ein treffendes Beispiel dafür, wie man den Apparat der großen Edition hätte übersichtlicher gestalten können. In der Textgeschichte notierte er:[311]

(καὶ ἔλαβεν Βόος τὴν Ῥούθ) καὶ ἐγενήθη αὐτῷ εἰς γυναῖκα καὶ εἰσῆλθεν πρὸς αὐτήν] εαυτω (+ εις 82'-127 334) γυναικα κ. ε. π. α. L 334; και εγενετο αυτω (+ ✳ Syh) εις γυναικα (+ ∠ Syh) κ. ε. π. α. **A O** 318 Syh; *et fuit ei mulier* Aethᶜ; > **B** 509 707 Aethᶠ (sed hab Sixt) = Raᴳ; homoiot

Die Überlieferungslage wird auf diese Weise deutlich sichtbar. Im Apparat hingegen findet der Leser zur identischen Stelle die folgende, ungleich kompliziertere Notation:

LXX (2006): καὶ ἔλαβεν Βόος τὴν Ῥούθ, καὶ ἐγενήθη αὐτῷ εἰς γυναῖκα, καὶ εἰσῆλθεν πρὸς αὐτήν, καὶ ἔδωκεν αὐτῇ κύριος κύησιν, καὶ ἔτεκεν υἱόν.
LXX.App (2006): καί 2° – αὐτήν] *et fuit ei mulier* Aethᶜ; > **B** 509 707 Aethᶠ (sed hab Sixt) = Raᴳ: homoiot | καὶ ἐγενήθη αὐτῷ] εαυτω L 334 | ἐγενήθη] εγενετο (-τω 376) A O 318 | εἰς γυναῖκα] sub ✳ Syh; om εἰς L⁻⁸²'¹²⁷

---

310 Vgl. z.B. Gen. 5₈ (δωδεκα A Dˢⁱˡ M alii] δεκα δυο vel ιβ' alii), Gen. 16₁₄ (βαραδ 911. .] -ακ 135 *b* Ι' 1, -αχ 1) oder Ruth 4₃ (νωεμειν B] νωεμει O✳, νοεμμειν L, νοομμειν R'; item 5.9.16.17, cf. 14; A inter varias formas fluctuat).
311 QUAST, Ruth (2006), 136 (Fettdruck CS).

Bei einer solchen Notierungsweise muss die Überlieferungsgeschichte dem Leser auf den ersten Blick verborgen bleiben und fordert ihn zu starker Mitarbeit resp. Vorarbeit heraus, um überhaupt Nutzen aus dem Apparat ziehen zu können. Der entsprechende Eintrag bei Rahlfs lautet:

LXX (1922): Καὶ ἔλαβεν Βόος τὴν Ῥούθ, καὶ ἔδωκεν αὐτῇ Κύριος κύησιν, καὶ ἔτεκεν υἱόν.
LXX.App (1922): ρουθ B] add ※ και εγενετο (R' -νηθη) αυτω εις γυναικα και εισηλθεν προς αυτην OR'A, add. εαυτω (εις) γυναικα και εισηλθεν προς αυτην L

War es die Aufgabe bei der Gestaltung des Apparates einer kritischen ‚Handausgabe‘, ein möglichst aussagekräftiges, zugleich aber notwendig simplifiziertes Bild der Textgeschichte und der Textbegründung zu zeichnen, so ist auch hinsichtlich der Apparatgestaltung einer *editio critica maior* die Frage geboten, wie kleinteilig die Darstellung des Apparats ausfallen darf und kann, damit das zu zeichnende Bild noch erkennbar bleibt und sich nicht durch eine Masse von Strichen in eine reine Farbfläche auflöst.

Zwei Beispiele aus dem Quast'schen Apparat (im Kontrast zu den Notationen bei Rahlfs und Brooke-McLean) belegen die Berechtigung dieser Frage:

(1) Ruth 1ı9 (LXX [2006]):
ἐπορεύθησαν δὲ ἀμφότεραι ἕως τοῦ παραγενέσθαι αὐτὰς εἰς Βαιθλέεμ. καὶ ἤχησεν πᾶσα ἡ πόλις ἐπ᾽ αὐταῖς καὶ εἶπαν Αὕτη ἐστὶν Νωεμίν;

Brooke-McLean (1917):[312]
και 1°] ελθουσης δε αυτης εις βηθλεεμ bcx [[βηθλεεμ] βιθλεεμ **b** : βιθλεεμ και c]] : και εγενετο εν τω ελθειν αυτας εις βηθλεεμ και M.Nadefh–kmprtuvyb₂(236)𝔄ℭ [[και εγενετο] και εγενοντο f : εγενετο δε uℭ | ελθειν] εισελθειν fhi : ελκυσαι y | αυτας post βηθλεεμ 236 | βιθλεεμ kr | om και 2° k𝔄]] : *et factum est cum peruenissent Bethlem* ℭ

---

312 Entschlüsselung der Einträge bei Brooke-McLean: Statt dem ersten καί in Ruth 1ı9 nennen Brooke-McLean als Lesart der Hss. bcx (= Hss. 19 108 376 426): ἐλθοῦσης δὲ αὐτῆς εἰς βηθλεέμ. Untervarianten z.B. betreffs der Namensschreibung stehen in eckigen Doppelklammern. Als weitere Variante lesen die Hss. MNadefh–kmprtuvyb₂(236) (= Hss. M V̄ 15 44 52 53 55 56 57 58 72 106 129 134 407 344 121 29 und 236, wobei die Information zu Hs. 236 der Angabe von Holmes-Parsons entspricht und so vor Brooke-McLean übernommen worden war) sowie die armenische und sahidische Übersetzung: καὶ ἐγένετο ἐν τῷ ἐλθεῖν αὐτὰς εἰς βηθλεέμ καί (Untervarianten stehen auch hier im Anschluss an die Zeugenliste in eckigen Doppelklammern). Darüber hinaus dokumentieren Brooke-McLean als Lesart der altlateinischen Übersetzung: *et factum est cum peruenissent Bethlem*.

Rahlfs (1922):[313]
καὶ 1°] ελθουσης δε αυτης εις βηθλεεμ *O**(ex *Σ*? *O*ᵇ add. καυ), καυ εγενετο εν τω ελθειν αυτας εις βηθλεεμ καυ *R'*

Quast (2006):[314]
καί 1°] καυ (+ ηχησε πασα 528*: cf sq) εγενετο (-νοντο 53; εγ. δε pro καυ εγ. 407 392 Sa) εν τω ελθειν (εισελθειν 55-56' 53 392; ελκυσαι 68'-121 (sed non Ald)) αυτας (> 646-*cII*) εις βηθλεεμ (βιθλ. 30-58-129; βηολεεμ Sa⁴; *bethlem* ᴸᵃᵗcod 109; + αυτας 646-*cII*) καυ (> 58 ᴸᵃᵗcod 109 Arm) *oI*-18' *R'' C''* 106-134' 53 392 ᴸᵃᵗcod 109 Arm Sa = edd 𝔐; ελθουσης δε αυτης εις βηθλεεμ (βιθλ. 108-376; + καυ 376) *O*

(2) Ruth 2₁₉ (LXX [2006]):
[...] εἴη ὁ ἐπιγνούς σε εὐλογημένος. [...]

Brooke-MᶜLean (1917):[315]
ευλογημενος] + οτι εχορτασεν ψυχην κενην καθως εποιησεν μεθ ου εποιησεν ghlnoptvwe₂ Thdt (καινην n : om μεθ ου εποιησεν l) : + οτι εχορτασε ψυχην κενην k

---

313 Entschlüsselung der Einträge bei Rahlfs: Statt dem ersten καί in Ruth 1₁₉ lesen die Hand-schriften der hexaplarischen Rezension (= Hss. 376 426; bis Ruth 4₁₀ auch Hss. 19 108): ἐλθούσης δὲ αὐτῆς εἰς βηθλεέμ. Diese Lesart entspricht aus Rahlfs' Sicht „dem Charakter der origeniani-schen Rezension so gut [...], daß man sie mit Sicherheit für die ursprüngliche *O*-Lesart halten darf" (RUTH [1922], 16). Darüber hinaus vermutet er als Urheber der Variante Symmachus und teilt mit, dass eine Minderheit der hexaplarischen Rezension hinter βηθλεέμ ein καί ergänzt. Der zweite Eintrag besagt, dass die Handschriften der Gruppen *R* (= Hss. M V 29 30 55 56 58 71 72 121 129 407) und *C* (= Hss. 16 44 52 53 57 73 77 130 131 209 236) hier καὶ ἐγένετο ἐν τῷ ἐλθεῖν αὐτὰς εἰς βηθλεέμ καί lesen.
314 Entschlüsselung der Einträge bei Quast: Der erste Eintrag in Quasts Apparat zu Ruth 1₁₉ besagt zunächst, ohne die runden Klammern innerhalb der Variante zu berücksichtigen, dass die erste hexaplarische Untergruppe (*oI* = Hss. 15 64 381), die zur zweiten hexaplarischen Unter-gruppe gehörenden Hss. 18 128, sämtliche Handschriften der *R*-Rezension (= *R* + *rI* + *rII* = Hss. M V 29 30 55 56 58 68 71 72 121 122 129 246 407 527 628 730) und der Catenen-Gruppe (= *C* + *cI* + *cII* = Hss. 16 44 46 52 57 73 77 131 236 313 319 320 328 413 414 417 422 500 528 529 530 550 552 616 646 739 761), die zur *t*-Gruppe gehörenden Hss. 106 134 344, die *codices mixti* 53 392, ebenso wie der altlateinische Codex 109, die armenische und die sahidische Übersetzung statt dem ersten καί in diesem Vers den, auch in der Aldina, Complutensis und Sixtina sowie dem masoretischen Text überlieferten (Zu-) Satz καὶ ἐγένετο ἐν τῷ ἐλθεῖν αὐτὰς εἰς βηθλεέμ καί bezeugen. In runden Klammern nennt Quast die Untervarianten der einzelnen Handschriften. An zweiter Stelle nennt er im Apparat die Lesart der hexaplarischen Rezension (ἐλθούσης δὲ αὐτῆς εἰς βηθλεέμ; Untervar-ianten stehen erneut in runden Klammern).
315 Entschlüsselung der Einträge bei Brooke-MᶜLean: Hinter εὐλογημένος in Ruth 2₁₉ ergänzen die Hss. ghlnoptvwe₂ (= Hss. 54 55 59 75 82 106 134 344 314 93) sowie Theodoret: ὅτι ἐχόρτασεν ψυχὴν κενὴν καθὼς ἐποίησεν μεθ' οὗ ἐποίησεν, wobei Hs. n (= Hs. 75) καινήν statt κενήν liest und Hs. l (= Hs. 59) μεθ' οὗ ἐποίησεν auslässt. Zudem ist vermerkt, dass Hs. k (= Hs. 58) nach dem Lemma die Worte ὅτι ἐχόρτασε ψυχὴν κενήν ergänzt.

Rahlfs (1922):[316]

εὐλογημενος] + *οτι εχορτασεν ψυχην κενην* (e Ps. 106,9) *καθως εποιησεν μεθ ου εποιησεν* L

Quast (2006):[317]

εὐλογημένος] *ηυλ.* 29-72; + *οτι εχορτασε ψυχην κενην* 58 125: ex Ps 106₉; + *οτι εχορτασε(ν) ψυχην κενην* (*καινην* 75) *καθως* (+ *και* Tht^(ap)) *εποιησε(ν)* (*επεθυμησε* 334) *μεθ ου εποιησε(ν)* (-*σας* 334; *και* pro *μεθ ου επ.* Tht^(ap); om *μεθ ου επ.* 59) L 55 *d*⁻¹²⁵ *t* 334 Tht R 314

Die Überlieferung des Textes lässt sich aus Quasts Apparat offensichtlich nicht mehr auf einen Blick erkennen, und seine Notationen ähneln deutlich denen im diplomatischen Apparat der „Cambridger Septuaginta". Wie aber könnte ein Kompromiss aussehen, der – unabhängig von der selbstverständlichen Notationsfreiheit eines Herausgebers – einer übersichtlichen Apparatgestaltung zugutekäme? Vor allem das Streben nach vollständiger Notation müsste zugunsten einer stärkeren Betonung der wesentlichen Überlieferungsstränge modifiziert werden. Es erscheint mir somit unerlässlich, in kommenden Bänden der „Göttinger Septuaginta" dafür Sorge zu tragen, dass bei der Herstellung des textkritischen Apparates stärker auf die übersichtliche Darstellung, d.h. die kritische (nicht aber diplomatische) Dokumentation der Überlieferungsgeschichte des jeweiligen Buches zu achten ist. Die detaillierten und manchmal recht kleinteiligen Informationen sollten daher in Form einer gut strukturierten Textgeschichte, ähnlich der RUTH-STUDIE, präsentiert werden, auf die an relevanten Stellen im Apparat der Ausgabe verwiesen werden könnte.[318]

---

316 Entschlüsselung der Einträge bei Rahlfs: Hinter *εὐλογημένος* in Ruth 2₁₉ ergänzen die Zeugen der lukianischen Rezension (L = Hss. 54 59 75 82 93 314) die Worte *ὅτι ἐχόρτασεν ψυχὴν κενὴν καθὼς ἐποίησεν μεθ' οὗ ἐποίησεν*, wobei der Abschnitt *ὅτι ἐχόρτασεν ψυχὴν κενήν* Ps. 106(107)₉ entnommen ist.

317 Entschlüsselung der Einträge bei Quast: Statt *εὐλογημένος* in Ruth 2₁₉ schreiben die Hss. 29 72 *ηὐλογημένος*. Dahinter ergänzen die Hss. 58 125 den aus Ps. 106(107)₉ stammenden Zusatz *ὅτι ἐχόρτασε ψυχὴν κενήν*. Hingegen ergänzen die Handschriften der L-Rezension (= Hss. 54 59 75 82 93 127 314), Hs. 55 (R), die Handschriften der d-Gruppe (= Hss. 107 610, ohne Hs. 125), die Handschriften der t-Gruppe (= Hss. 74 76 106 134 344 799), der *codex mixtus* 334 sowie Theodoret (Ausgabe: Quaestiones in Ruth, TECC 17, 314): *ὅτι ἐχόρτασε(ν) ψυχὴν κενὴν καθὼς ἐποίησε(ν) μεθ' οὗ ἐποίησε(ν)*. Untervarianten stehen in runden Klammern innerhalb der Angabe.

318 Vgl. dazu den Vorschlag unten, S. 414–416.

2.5.2 Die *editio critica maior* des Buches Genesis von John William Wevers (1974), ihr Verhältnis zur Genesis-Ausgabe von 1926 und ein Ausblick

Im Folgenden sei auch die Rahlfs'sche Genesis-Ausgabe von 1926 einem Vergleich mit Wevers' Edition von 1974 unterzogen, um daraus mögliche Folgerungen für eine künftige Apparatgestaltung der Bände der „Göttinger Septuaginta" zu ziehen.

Insgesamt war für die große Genesis-Ausgabe dreimal mehr Material verarbeitet worden als für die Edition von 1926: Wevers berücksichtigte acht Unzialen, 29 Papyrusfragmente, 95 Minuskeln, sieben Handschriften, denen noch keine Rahlfs-Sigel zugeteilt war, die neutestamentlichen Zitate, außerdem die Zitate bei Josephus, Philo sowie bei den griechischen und lateinischen Kirchenschriftstellern, darüber hinaus die lateinische, äthiopische, arabische, armenische, koptische, palästinisch-syrische sowie syrohexaplarische Tochterübersetzung und schließlich die Druckausgaben vom frühen 16. bis zum 20. Jh. (Aldina, Complutensis, Sixtina, Grabe, Holmes-Parsons, Lagarde, Brooke-McLean und Rahlfs). Neben der hexaplarischen Rezension (*O* mit Untergruppe *oI*) machte Wevers neun weitere Texttypen aus: die Catenen-Gruppe (*C* mit den Untergruppen *cI* und *cII*) sowie die kleinen Gruppen *b*, *d*, *f*, *n*, *s*, *t*, *y* und *z*.[319] Für die Herstellung des kritischen Textes der Genesis, bei der er grundsätzlich vom Rahlfs'schen Text ausgegangen war,[320] nannte Wevers in seiner Textgeschichte zwei Bedingungen:[321]

Die erste entscheidende Bedingung bestehe ganz allgemein darin, die Überlieferung des Textes zu analysieren. Sämtliches handschriftliche Material wurde von ihm also in einem ersten Schritt gründlich untersucht und ausgewertet. Das Ergebnis dieser Untersuchung musste aus seiner Sicht – als zweite wichtige Bedingung – in ein Verhältnis zur Grammatik des 3./2. Jh.s v. Chr. gestellt werden. Wevers betonte mehrfach, dass die drei Papyri 911, 961 und 962 bei textkritischen Entscheidungen aufgrund ihres hohen Alters als vollwertige Unzialhandschriften, d.h. im Vergleich zu den Hss. A B S „as being equally old and important witnesses",[322] zu werten seien: „The importance of the papyri in text-criticism lies in the fact of their antiquity. [...] nor-

---

319 In den späteren Bänden des Pentateuch ordnete Wevers verschiedene Handschriften der *y*-Gruppe einer neuen *x*-Gruppe zu. Auch für die *y*-Gruppe in der Genesis hatte er diese Tendenz später erkannt und ihre entsprechende Neuordnung vorgeschlagen. Vgl. WEVERS, Post-partem (1991), 52.

320 „Ziegler had earlier strongly advised me not to change Rahlfs unless I had good reason; in other words, when in doubt I should not change the text simply to be different. This I found to be excellent advice. [...] I rejected many changes which attracted me, but when I could not make a case which fully convinced me, I invoked Ziegler's 'Rule' to keep the Rahlfs text" (WEVERS, Apologia [1999], 80).

321 Vgl. zum Folgenden WEVERS, THGG (1974), Kap. 12.

322 WEVERS, THGG (1974), 188.

mally an early witness should be held in higher regard than one that is hundreds of years later [...].“[323] Darüber hinaus nannte er verschiedene Beobachtungen, die die Übersetzung des Buches Genesis charakterisieren sollten und aus denen folge, dass „Genesis is a translation in which the demands of the target language as over against the source language are quite well-balanced.“[324] Die Regel, dass die freiere Übersetzung der wörtlicheren als ursprünglich vorzuziehen sei, dürfe nicht verabsolutiert werden. Unterschiede zum hebräischen Text seien genau auf ihre Ursache inhaltlicher oder paläographischer Art hin zu untersuchen. Wevers argumentierte also bei seinen Entscheidungen einerseits sehr stark mit dem Alter der ältesten Handschriften. Anderseits argumentierte er – manchmal dem Altersargument gegenläufig – mit der Menge resp. der Tradition der Handschriften, die eine bestimmte Lesart bezeugten.

Die Aufgabe, die Wevers dem textkritischen Apparat seiner Edition zuwies, bestand darin, sämtliche Abweichungen vom kritischen Text zu dokumentieren, um so „vor allem die Textgeschichte des Buches so genau und so sinnvoll wie möglich darzustellen“.[325] Die Dokumentation macht damit den Hauptzweck von Wevers' Apparat aus. Dies hat zur Folge, dass nicht nur die Gruppenlesarten vollständig notiert sind, sondern auch abweichende Lesarten jeder Einzelhandschrift Eingang gefunden haben. Die positive ‚Kopfleiste‘ sollte präzise Rückschlüsse auf die gesamte Zeugenlage ermöglichen und mühevolles und langwieriges Vergleichen mit den Angaben der Einleitung ersparen. Die Anordnung der Überlieferungsträger erfolgte im Groben nach Gewichtung (Unzialen, Papyri, Minuskeln usw.), im Detail alphabetisch resp. numerisch.[326]

Der editionstechnische Unterschied zwischen den Ausgaben des Buches Genesis von 1926 und 1974 besteht vor allem im Umfang des zur Textherstellung herangezogenen Materials, da Wevers' Ausgabe in Erfüllung des Anspruchs einer *editio critica maior* die Gesamtauswertung sämtlicher Überlieferungsträger voraussetzt und von summarischen Angaben im Apparat (wie Rahlfs mit den Exponenten „ᵃ“, „ᵇ“ und „ᵈ“) absieht. Die Art und Weise der Wevers'schen Text- und Apparatgestaltung steht aber nicht allein deswegen oft im Gegensatz zu Rahlfs': Zwar nannte Wevers Orthographica grundsätzlich nur im Anhang der Edition und dort auch lediglich auszugsweise, da „ein Verzeichnis von zehntausenden von Fällen menschlichen Irrtums [...] keinen sinnvollen Zweck haben [kann], es sei denn den zweifelhaften, Vollständigkeit zu erreichen“[327]; allerdings hatte er z.B. die von Rahlfs als Buchstabenvertauschungen[328] klassifizierten Lesarten der

---

323 Wevers, THGG (1974), 217.

324 Wevers, Post-Partem (1991), 58.

325 So rückblickend formuliert bei Wevers (ad. Quast), Exod. (1991), 446.

326 Vgl. zur Anlage der Textedition insgesamt Schäfer, Benutzerhandbuch I (2012), 25–45.

327 Wevers, Gen. (1974), 476.

328 Vgl. Genesis (1926), 22

Hs. 911 wohl nicht als solche verstanden, sondern sah in ihnen eine Variante, wie folgende Beispiele zeigen:[329]

Gen. 5₃₁:

LXX.App (1926): $\lambda\alpha\mu\epsilon\chi$] + $\alpha\varsigma\ \epsilon\zeta\eta\sigma\epsilon\nu$ 911 426
LXX.App (1974): $\Lambda\dot\alpha\mu\epsilon\chi$] + $\alpha\varsigma\ \epsilon\zeta\eta\sigma\epsilon\nu$ 426 La^{l}; + $\alpha\zeta\ \epsilon\sigma\eta\sigma\epsilon\nu$ 911

Gen. 34₁₃:

LXX.App (1926): $\epsilon\mu\iota\alpha\nu\alpha\nu$ 911. .] -$\nu\epsilon\nu$ O^{b} 75 1
LXX.App (1974): $\dot\epsilon\mu\dot\iota\alpha\nu\alpha\nu$ = Sam] -$\nu\epsilon(\nu)$ 64^{c}-72-82 18 610 75 59′ 630 = 𝔐 Tar; $\epsilon\mu\bar\epsilon\alpha\nu\alpha\nu$ 911; $\epsilon\mu o\lambda\nu\nu o\nu$ Chr VIII 517

Rahlfs notierte die tatsächlichen Lesarten der Hs. 911 nicht deshalb anders als Wevers, weil die Genesis-Ausgabe von 1926 eine ‚Handausgabe' war, sondern weil er sie grundsätzlich anders bewertet hatte. Wevers hingegen definierte Varianten als diejenigen Abweichungen vom kritischen Text, die im Griechischen (unabhängig vom jeweiligen Kontext, in dem sie stehen) einen Sinn ergeben, wobei sich die aufgeführten Beispiele aus Hs. 911 auf diese Weise gerade nicht erklären lassen.

Ein weiteres Beispiel für Wevers' ‚Notationskonservativismus' bietet Gen. 1₂₆:

LXX (1974): $\varkappa\alpha\dot\iota\ \epsilon\dot\iota\pi\epsilon\nu\ \dot o\ \vartheta\epsilon\dot o\varsigma\ \Pi o\iota\dot\eta\sigma\omega\mu\epsilon\nu\ \ddot\alpha\nu\vartheta\varrho\omega\pi o\nu\ \varkappa\alpha\tau'\ \epsilon\dot\iota\varkappa\dot o\nu\alpha\ \dot\eta\mu\epsilon\tau\dot\epsilon\varrho\alpha\nu\ \varkappa\alpha\dot\iota\ \varkappa\alpha\vartheta'\dot o\mu o\dot\iota\omega\sigma\iota\nu$ [...].
LXX.App (1974): om $\varkappa\alpha\vartheta'$ Adam 170 Clem II 344 DialAZ 3 7 8 11s (sed hab 5) GregNys V 336 VI 458 Mac 589 624 Nil 152 Or I 136 299 II 41 III 9 IV 79 278 X 72 Sev 448 472 (sed hab 465) La (sed hab Ambr *Off min* I 133 *Ps duod* I 14.2 Aug *Loc in hept* I 2 Chr III 908 GregIl *Tr* 1 MarVic passim) Bo^{K}

Ob diese, mit Ausnahme des Altlateinischen und Bohairischen ausschließlich bei Kirchenschriftstellern belegte Auslassung von $\varkappa\alpha\vartheta'$ für die Rekonstruktion des kritischen Textes oder gar für die Textgeschichte Relevanz hat, ist m.E. stark zu bezweifeln, zumal sie dem Benutzer ohnehin keinen klaren Eindruck von der patristischen Textüberlieferung vermittelt, sondern vielmehr für Chaos sorgt. An diesem Beispiel zeigt sich das Problem der angemessenen Darstellung und textgeschichtlichen Verortung der Kirchenschriftstellerzitate, dessen Lösung Rahlfs in einer ‚Handausgabe' als unmöglich ablehnte und das Wevers hier offenkundig nicht befriedigend gelöst hat, da der Apparateintrag, von dessen Art es in der

---

329 Vgl. auch oben, S. 216–218.

Genesis-Edition zahlreiche gibt, reines Material, aber keine Bewertung desselben bietet. War es Rahlfs in der ‚Handausgabe' des Buches Genesis vor allem um die Herstellung eines zuverlässigen Textes bei vorheriger Verwendung der detaillierten Kollationen zur Bestimmung der Handschriftengruppierung und unter Nennung entscheidender, aussagekräftiger Varianten bzw. positiver Bezeugungen im textkritischen Apparat gegangen, so lag Wevers' Schwerpunkt deutlich auf der weitgehenden (wenn auch nicht vollständigen) Dokumentation der Varianten.[330]

Es hat den Anschein, als bestehe die editorische ‚Freiheit', die sich Rahlfs bei der Gestaltung seines Textes und damit auch seines Apparates im Vergleich zu Wevers nahm, vornehmlich darin, die handschriftliche Überlieferung einer deutlich kritischeren Überprüfung und Selektion zu unterziehen. Wevers hingegen – wie nach ihm auch Udo Quast[331] – näherte sich, wenngleich mit dem Unterschied, als Lemma einen kritischen Text zu bieten, allerdings wieder dem ‚diplomatischen' Verfahren von Brooke-McLean an.[332] Doch:

> „kärrner sind keine baumeister, aber die baumeister brauchen kärrner."[333]

Dieser Ausspruch Lagardes darf und muss für die ausstehenden Editionen der „Göttinger Septuaginta", vor allem die des Psalters, erneut zum programmatischen Grundsatz erhoben werden. Dann nämlich würde wieder Konsens,

> „daß abdrücke einzelner manuscripte und vergleichungen vieler nicht allein allen dankes werth sondern unumgänglich nöthig sind, sodann aber, daß die eigentliche arbeit erst da anfängt, wo die der ἀντ.βάλλοντες aufhört".[334]

---

330 Dabei erlaubt sich Wevers teilweise sehr weitreichende ‚Notations-Freiheiten': In Gen. 6₁ notierte er z.B. als Lesart der Hs. 911 „ἐπὶ τῆς γῆς] εν τη γη 911(vid)", laut der Edition der Handschrift durch Sanders/Schmidt fehlt diese Stelle aber vollständig und wurde lediglich von den beiden Herausgebern, in eckige Klammern gesetzt, vermutet (ähnlich in Gen. 7₈ 27₃₄). Vgl. auch Gen. 17₆ („καὶ αὐξανῶ σε σφόδρα σφόδρα [...]"), wo Wevers für „σφόδρα 2°" als ursprüngliche Lesart der 911 „β" notierte, das vom Schreiber noch getilgt worden war, weshalb es „$^{c\,prm}$" fehlte. „β" steht dabei natürlich für dieses „σφόδρα", ist im Grunde also nicht als Variante zu notieren, wird es der Vollständigkeit halber aber eben doch. Rahlfs notierte nur die Tilgung.
331 Vgl. dazu oben, S. 390–397.
332 Vgl. MUNNICH, Textüberlieferung (2013), 42.
333 LAGARDE, Anmerkungen (1863), 3, Anm. 1.
334 LAGARDE, Anmerkungen (1863), 3, Anm. 1.

Diese eigentliche Arbeit verlangt dringend – das zeigt m.E. der Blick in die „Göttinger Septuaginta" der Bücher Genesis und Ruth –, dass die Herstellung eines kritischen Textes mit ausführlicher Begründung in den Apparaten verwirklicht wird und die Apparate nicht als Sammelbecken *jeglicher* im Laufe der Überlieferungsgeschichte entstandener Lesarten angelegt werden. Nicht nur der Text, auch der Apparat sollte kritisch sein, Dokumentationen hingegen sollten gesonderten Textgeschichten vorbehalten bleiben. Das Sammeln von Lesarten bliebe so Aufgabe des Kollationierens, um auf diese Weise die Handschriften charakterisieren zu können.[335] Diese Charakterisierung könnte dann zusammengefasst z.B. in der Einleitung einer Edition präsentiert werden. Die Verarbeitung der Handschrift als Zeugin des kritischen Textes resp. einer Alternativüberlieferung im Apparat erfordert hingegen einen differenzierten und selektiven Umgang mit den Kollationen.

2.6 Fazit

Rahlfs hatte es sich zur Aufgabe gemacht, in den Apparaten seiner ‚Handausgaben' der Bücher Ruth und Genesis dem Benutzer seine textkritischen Entscheidungen möglichst nachvollziehbar, aber ebenso knapp und dadurch (z.B. hinsichtlich der Tochterübersetzungen und Kirchenschriftstellerzitate) nicht immer vollkommen transparent vorzuführen. Im Apparat der Ruth-Ausgabe von 1922 notierte er z.B. als Variante zu Ruth 1₁:

υιοι] pr. ✳ δυο OR′A

Auf diese Weise teilte er zum einen (per *e silentio*-Schluss) mit, dass das Lemma an dieser Stelle von Hs. B bezeugt wird, und gewährte zum andern einen Einblick in die Textgeschichte selbst, indem er zeigte, dass es sich bei dieser Variante um einen hexaplarischen Zusatz handelt („✳"), der von der hexaplarischen Rezension, der Catenen- und der *R*-Rezension sowie Hs. A überliefert ist. Mehr als diesen hinsichtlich einzelner Details nur groben Eindruck sollte die ‚Handausgabe' des Buches Ruth nicht vermitteln. Für dieselbe Stelle in Ruth 1₁ notierte Udo Quast in der großen Ausgabe:

υἱοί] pr (✳ Syh) δυο (δυου 488✳; + οι V 313 610 343 134-344✳vid) A O′ R′⁻⁵⁸ C′ d⁻¹²⁵ s t 53 318 392 489 ᴸᵃᵗcod 109 ClaudT R 4 Aethᶜ Arm Sa Syh = Sixt 𝔐

---

335 Vgl. dazu schon oben, S. 218–219.

Quast gab so nicht nur sämtliche Überlieferungsdetails bekannt, sondern wählte auch eine andere Anordnung der Zeugen: Hs. A führte er an erster Stelle an, gefolgt von der *O*-, *R*- und *C*-Rezension resp. -Gruppe, an die sich in *alphabetischer* Reihenfolge die Gruppen *d*, *s* und *t*, gefolgt von der numerisch angeordneten *codices mixti* und den Tochterübersetzungen, anschlossen. Dabei wird jedoch deutlich, dass dem Benutzer der Quast'schen Edition ein gegenüber der Handausgabe wesentlich höherer und wohl nicht unbedingt zu rechtfertigender Arbeitsaufwand zugemutet wird, wenn er sich an dieser Stelle einen Eindruck von den textgeschichtlichen Entwicklungen verschaffen will.

Das editionstechnische Verfahren in Rahlfs' Genesis-Edition war, wie in der Ruth-Ausgabe (1922), von praktischen Gesichtspunkten geleitet und spiegelt die weitgehende Umsetzung der editionstechnischen Vorschläge seiner RUTH-STUDIE[336] im wider. Die hohe Benutzerfreundlichkeit der Genesis-Ausgabe wird u.a. dort besonders deutlich, wo es um die Verszählung geht, die sich an der hebräischen Zählung der BHK orientiert, um auf diese Weise die textkritische (Vergleichs-) Arbeit zu erleichtern.[337] Zudem verfolgte Rahlfs hier, wie schon in der Ruth-Ausgabe, bei der Gestaltung des Apparates vornehmlich das Ziel, dem Nutzer anhand wichtiger, selektierter Varianten einen repräsentativen Überblick über die Textüberlieferung zu ermöglichen, durch den sich neue Handschriften oder beispielsweise Kirchenschriftstellerzitate rasch und effizient verorten lassen.

3. Rahlfs' editionstechnische Grundsätze einer *editio critica maior* der Septuaginta am Beispiel der Psalter-Edition von 1931 mit einem Ausblick auf die Bände der „Göttinger Septuaginta"

Ein wesentliches editionstechnisches Merkmal der ‚Handausgaben' stellte ihr vornehmlich auf Benutzerfreundlichkeit abzielender textkritischer Apparat dar, der einen knappen Auszug der Textgeschichte des jeweiligen Buches bot. Demgegenüber erhob Rahlfs an eine große *editio critica* der Septuaginta den Anspruch, den Benutzer über die *gesamte* Überlieferung möglichst umfassend zu informieren, und zwar sowohl im Hinblick auf die Begründung des kritischen Textes als

---

336 Vgl. RUTH-STUDIE (1922), Kap. 8.
337 Vgl. dazu SCHÄFER, Beobachtungen (2017).

auch in Bezug auf die überlieferungsgeschichtliche Entwicklung des jeweiligen Buches:

> „Daß eine große kritische Ausgabe die Varianten der griechischen Hss. ähnlich vollständig mitteilen muß wie H[olmes]-P[arsons] und B[rooke]-M[ᶜLean], wenn auch in anderer Weise […], versteht sich von selbst."[338]

Unter einer solchen, von den diplomatischen Ausgaben differierenden, Notationsweise verstand Rahlfs das von ihm für die Septuaginta eingeführte System der Gruppensigeln:[339] Statt „alle Zeugen einzeln" zu nennen „und sie ohne Rücksicht auf ihre Verwandtschaft einfach nach ihrer arithmetischen oder alphabetischen Reihenfolge" aufzuführen,[340] fasste Rahlfs die Handschriften zu Textfamilien unter jeweils verschiedenen Sigeln zusammen und notierte dann in der Regel nur noch, wenn eine Handschrift von ihrer Gruppe abwich. Auf diese Weise konnte er die Brooke-MᶜLean'schen Notation in Ruth 1₁: „υιοι] pr δυο AMNᵃˀa-fhijmprsuvᵃˀxyb₂𝕬𝕮ᶜ𝕾 (sub ※)" mit dem Eintrag „υιοι B-120-Aeth *L* 58] pr. ※ δυο rel." wiedergeben und verdeutlichte so, dass sein System nicht nur äußerst platzsparend war, sondern dem Benutzer auch den transmissionsgeschichtlichen Überblick erleichterte.[341] Denn dieser erkennt aus dem Eintrag sofort die Zeugen für das Lemma und erfährt auf einen Blick, dass sämtliche weiteren Texttypen, außer dem B-Text und der lukianischen Rezension, hier den hexaplarisch beeinflussten Zusatz δύο bieten.

Im Folgenden gilt es nun im Einzelnen zu prüfen, welche Ansprüche Rahlfs an den Apparat einer großen *editio critica* der Septuaginta stellte, die ja die Auswertung des gesamten (bekannten) Materials zur Voraussetzung haben soll, aber keineswegs alle Lesarten diplomatisch getreu dokumentieren muss. Wie die werkgeschichtliche Untersuchung der Psalter-Ausgabe bereits gezeigt hat, erfüllte diese in Teilen noch nicht die Anforderungen an eine große Ausgabe.[342] Zu klären ist daher nicht nur, inwieweit sie quantitativ über die ‚Handausgaben' hinausgeht, sondern auch, inwieweit der in der RUTH-STUDIE bereits formulierte theoretische Anspruch[343] von Rahlfs in den späteren Bänden der „Göttinger Septuaginta" verwirklicht worden ist. Hieraus ergeben sich Folgerungen für die Apparatgestaltung der noch ausstehenden Editionen.

---

338 RUTH-STUDIE (1922), 159.
339 Vgl. dazu oben, S. 378–379.
340 RUTH-STUDIE (1922), 153.
341 Vgl. RUTH-STUDIE (1922), 153–154, sowie oben, S. 378–379.
342 Vgl. dazu oben, S. 222–223 und S. 264–266.
343 Vgl. auf dieser Seite oben.

3.1 Die Notation der griechischen Handschriften, der Tochterübersetzungen und der indirekten Überlieferung

Rahlfs hatte mit seinen grundsätzlichen Ausführungen über die Anlage des Apparates einer kritischen Ausgabe und ihrer Erprobung in seinen vier Editionen auch für die späteren Bände der „Göttinger Septuaginta" den editionstechnischen Grundstein gelegt. Auf welche Weise in diesen dann das in der *Psalmi cum Odis*-Ausgabe quantitativ immer noch eingeschränkte Verfahren zur Anwendung kam, wird nachstehend jeweils nur in einem knappen Ausblick angedeutet.

(1) Wie schon in den ‚Handausgaben', so verzichtete Rahlfs auch in der Psalter-Edition auf die Notation orthographischer Auffälligkeiten, explizit z.B. bei Hs. T: „Als Besonderheit T's ist die häufige Verwechselung von Vokalen in Verbalendungen zu erwähnen. Sehr oft schreibt er [sc. *der Schreiber von Hs. T*] -ση statt -σει, -σης st. -σεις, [...] u. dgl. Man kann also auf solche Schreibungen bei T nichts geben, und ich habe sie überhaupt nicht notiert."[344] Nicht nur John William Wevers und Udo Quast notierten für die „Göttinger Septuaginta" deutlich detaillierter, sondern auch Robert Hanhart und Joseph Ziegler, wenngleich letzterer weitaus weniger ausufernd als die drei anderen.[345] Auf die Schwierigkeit, eine adäquate Auswahl an zu registrierenden Varianten zu treffen, ging im Jahre 1909 bereits Eduard Schwartz in der Einleitung zu seiner Ausgabe der *Kirchengeschichte* des Euseb ein:

> „Ein exacter kritischer Apparat wird immer an dem Übelstande leiden, daß er eine Menge von Varianten mitschleppen muß, die für die Textrecension direct nichts bedeuten, aber doch nicht entbehrt werden können, da auf ihnen die Schätzung der einzelnen Hss. und Handschriftengruppen beruht. Dagegen ist es unzulässig am verkehrten Orte in Kleinigkeiten treu zu sein und die kritischen Noten mit puren Verschreibungen und orthographischen Varianten vollzustopfen: damit wird die Aufmerksamkeit des gewissenhaften Lesers abgestumpft, so daß er verdrießlich darauf verzichtet den Text mit dem Apparat zu vergleichen, und ferner eine Arbeit versäumt und auf andere abgewälzt, die der Herausgeber selbst zu leisten hat, nämlich lediglich palaeographisch oder orthographisch interessanten Varianten, die vereinzelt nichts sagen, zusammenzustellen und zu ordnen, so daß sie bequem benutzbar sind. Allerdings mangelt es nicht an Fällen in denen sich principiell nicht entscheiden läßt, ob eine Lesart in den Apparat oder die Prolegomena gehört; ohne einen gewissen Tact, der Regeln sich nicht zu Reglements versteinern läßt und das Wesentliche fest im Auge behält, ist es unmöglich eine verwickelte Überlieferung vorzulegen,

---

344 Psalmi cum Odis (1931), 63.
345 Vgl. zu Wevers und Quast oben, ab S. 390. Bei Ziegler und dem editionstechnisch von ihm abhängigen Hanhart genügt der Blick in die Apparate der jeweiligen Ausgaben.

und im Zweifelsfalle steht es ja frei, wird auch öfter nötig eine Variante an beiden Orten aufzuführen."[346]

In den ‚Göttinger' Bänden sollte es dann ab Zieglers Jesaja-Ausgabe von 1939 üblich werden, grammatikalische und orthographische Besonderheiten des jeweiligen Buches in einem eigenen Kapitel der Einleitung resp. in einem Anhang zusammenzustellen – sowohl Rahlfs als auch Werner Kappler hatten hierauf noch verzichtet.

(2) Statt lediglich die Lesarten der Handschriftengruppen und nur die Varianten der wichtigsten Handschriften anzuführen, hielt es Rahlfs für unerlässlich, im Apparat einer großen Ausgabe die Überlieferung sämtlicher Textzeugen und somit nicht nur Sonderlesarten der Textfamilien, sondern auch der einzelnen Handschriften zu bieten: „Wo die Hss. einer Rezension auseinander gehen, muß eine große kritische Ausgabe die einzelnen Zeugen genau notieren."[347] Summarische Angaben („ᵃ", „ᵇ", „ᵈ", „ᵖᵃᵘ")[348] machte er im Psalter angesichts der ungeheuren Masse an jüngeren Minuskeln mit ihren wenigen Varianten lediglich im Zusammenhang der lukianischen Rezension[349] und nahm von den übrigen Zeugen, sofern er es für sinnvoll erachtete,[350] nun auch Korrekturen („ᶜ") und Randlesarten („ᵐᵍ" bzw. „ᵗˣᵗ") auf, doch strebte er auch dabei „nicht nach absoluter Vollständigkeit".[351] Die späteren ‚Göttinger' Herausgeber notierten deutlich mehr Details und verfolgten somit, wenngleich in abgestufter Weise, das Ziel einer vollständigen Dokumentation.[352]

(3) Was die Reihenfolge der Zeugen einer Variante betraf, so behielt Rahlfs das System bei, nicht alphabetisch oder numerisch, sondern nach Textgruppen zu sortieren. Diesem Vorgehen schlossen sich auch die Herausgeber der „Göttinger Septuaginta" an.[353]

---

346 SCHWARTZ, Kirchengeschichte (1909), CLXXXVII–CLXXXVIII.

347 RUTH-STUDIE (1922), 161.

348 Vgl. die Aufschlüsselung in PSALMI CUM ODIS (1931), 62.

349 Vgl. PSALMI CUM ODIS (1931), 7, sowie oben, S. 245–250.

350 Vgl. PSALMI CUM ODIS (1931), 74: Die Korrekturen der Hss. B S R ließ Rahlfs im Apparat fort, da diese lediglich eine sekundäre Angleichung der drei Codices an den lukianischen Text belegten.

351 PSALMI CUM ODIS (1931), 77.

352 Vgl. dazu unten, S. 414–416.

353 Vgl. z.B. ZIEGLER, Is. (³1983), 111–112; HANHART, Par. II (2014), 44–46; zu Wevers und Quast: SCHÄFER, Benutzerhandbuch I (2012), 34–36, und DERS., Benutzerhandbuch II (2013), 23.

(4) Die drei Bedingungen, unter denen die Tochterübersetzungen der Septuaginta im Apparat verzeichnet werden konnten, sind bereits oben, S. 386–388, genannt worden. Dabei war Rahlfs vor allem daran gelegen, dem Benutzer in der Einleitung zur Ausgabe eine textkritische Einschätzung und eine Charakterisierung der jeweiligen Version an die Hand zu geben, von der auch Art und Umfang der Notation im textkritischen Apparat abhängig sein sollten. Die reine Dokumentation der Versionen, vielleicht sogar im Originalschrifttyp hatte (und hat) in doppelter Hinsicht keinen Sinn: (a) Erhält der Benutzer keine Einschätzung, so muss er weitreichende Sprachkenntnisse mitbringen und sich durch die vielen kleinen Einträge mühsam den Charakter jeder Übersetzung selbst erschließen; (b) Liegt indes eine Einschätzung der Übersetzung vonseiten des Herausgebers vor, so macht diese das wörtliche Zitat der Version im Apparat überflüssig, da Hinweise in Form von Sigeln wie ‚Arm‘, ‚Aeth‘ etc. hinter den griechischen Varianten dann genügen, wenn die entsprechende Tochterübersetzung nicht ohnehin bereits als Vertreterin eines Texttyps in die jeweilige Gruppensigel eingeschlossen ist. Falls Rahlfs dennoch die Lesart der Tochterübersetzungen direkt zitierte, bot er (schon in der RUTH-STUDIE)[354] diese in lateinischer Sprache und hielt an diesem Vorgehen (mit Ausnahmen)[355] auch 1931 fest – vermutlich der Einfachheit halber, weil es beim Zusammengehen mehrerer Versionen umständlich gewesen wäre, ein und dieselbe Notation z.B. in äthiopischer, koptischer und syrischer Schrift zu notieren.

Im Apparat des 1. Makkabäerbuches transkribierte Kappler – anders als Rahlfs in der Psalter-Edition – die Lesarten der Syrohexapla in hebräischen Buchstaben bzw. bot ihre hebräische Retroversion. Das Lateinische übersetzte er an solchen Stellen ins Griechische, an denen die griechischen Zeugen ebenfalls Varianten überlieferten, und erleichterte auf diese Weise dem Benutzer den Vergleich, wobei er den lateinischen Wortlaut zusätzlich in Klammern notierte:

Mac. I 4₃₀:
LXX.App (1936): τοῦ δυνατοῦ̈ τ. δυναστου q; των δυνατων La^L(*potentium*)

Ziegler schloss sich diesem Vorgehen an, bot griechische Rückübersetzungen der „Lesarten der koptischen und syrischen Übersetzung"[356] und transkribierte das Syrische gelegentlich (meist bei Eigennamen) auch in hebräischen Lettern. Für die Ausgabe des Zwölfprophetenbuches von 1943 führte er folgende Neuerung ein: „Die Varianten der Übersetzungen wurden in lateinischer Rückübersetzung gegeben; nur die Lesarten von Syh, die sich gewöhnlich wegen der Treue der

---

354 Vgl. RUTH-STUDIE (1922), 144–145.
355 Als Ausnahmen der Regel sind z.B. im Apparat zu Ps. 108(109)₂₉.₃₀ die Lesarten der bohairischen und sahidischen Version in griechischer Rückübersetzung angeführt, ebenso wie zu Ps. 108(109)₂₁ diejenigen der lateinischen und syrischen Tochterübersetzungen.
356 ZIEGLER, Is. (³1983), 112. Vgl. z.B. Is. 24₂(App II).16.

Übersetzung sicher ins Griechische übersetzen lassen, wurden in griech. Rückübersetzung notiert. Wenn in der koptischen Übersetzung griech. Wörter verwendet werden, so sind diese übernommen."[357]

Dieses Verfahren, an dem Ziegler auch in seinen später edierten Bänden festhielt, wurde bereits parallel von Hanhart übernommen, der jedoch in der Regel von den Lesarten aller Tochterübersetzungen lateinische Rückübersetzungen anfertigte, wobei er gelegentlich und vor allem bei Eigennamen die Varianten z.B. in koptischer Schrift oder im Falle der Syrohexapla in hebräischer Transkription anführte (vgl. z.B. Mac. II 8₂₆, Esdr. I 6₂₆, Par. II 6₄₀) oder auch – in Zweifelsfällen – die Original-Lesart der Tochterübersetzung in Klammern hinter ihre lateinische Retroversion setzte.

Auch Wevers und der editionstechnisch von ihm abhängige Quast behielten das mittlerweile etablierte Notationsverfahren im Prinzip bei, gaben allerdings zur besseren Vergleichbarkeit die Eigennamen oft auch in lateinischen[358] oder griechischen[359] Buchstaben wieder, statt sie im Original oder auf Griechisch zu bieten, und verzichteten gelegentlich auch auf die hebräische Transkription der syrischen Lesarten.[360]

Für eine ‚Handausgabe' wäre die aus den Tochterübersetzungen zu verzeichnende Materialmasse viel zu umfangreich gewesen, so dass Rahlfs auf ihre Notation sowohl in RUTH als auch in GENESIS und der HANDAUSGABE grundsätzlich verzichtet hatte. Für die Rekonstruktion des ältesten erreichbaren Textes des Septuaginta-Psalters hingegen waren die Tochterübersetzungen von erheblicher Relevanz gewesen, da der von ihnen überlieferte Text als Indikator der ältesten drei Texttypen galt.[361] Zwangsläufig wurden sie daher, unter Berücksichtigung ihrer jeweiligen eigensprachlichen Besonderheiten und der sich daraus ergebenden Grenzen,[362] konsequent in den Apparat aufgenommen – am genauesten die altlateinische Version aufgrund ihrer herausragenden Bedeutung für den abendländischen Text.[363]

Die Herausgeber der „Göttinger Septuaginta" hielten sich im Wesentlichen an die drei von Rahlfs aufgestellten Bedingungen für die Notation von Tochterübersetzungen im Apparat.[364] In den Einleitungen ihrer Bände beschrieben sie das ausgewertete Material und gaben (entweder dort oder in den jeweiligen ‚Textgeschichten') Auskunft über charakteristische Besonderheiten der Übersetzungen und den hieraus sich ergebenden Konsequenzen für ihre Aufnahme in den Apparat.

---

357 ZIEGLER, Duodecim prophetae (1943), 139.
358 Vgl. Deut. 11₂₉ (App I): *Γαριζίν*] *garizi* ᴸᵃᵗcod 100; *garezin* Armᵃᵖ; *karizin* Sa¹.
359 Vgl. Ruth 2₂ (App I): αὐτῇ] + (※) נעמי Syh: contra 𝔐; + *NOEMEIN* Sa¹.
360 Vgl. Ruth 4₁ (App I): Βόος 1°] βοες Sa | πόλην] + ※ *civitatis* Syh.
361 Vgl. dazu die ausführliche Darstellung oben, S. 231–242.
362 Vgl. PSALMI CUM ODIS (1931), 22–26.
363 Vgl. PSALMI CUM ODIS (1931), 74.
364 Vgl. dazu oben, S. 386–388. So vermerkte Kappler z.B. im Apparat zu Mac. I, wenn das Syrische mit dem kritischen Text zusammenging, und erfüllte damit die dritte Bedingung.

Ziegler notierte die Varianten aller von ihm ausgewerteten Zeugen im Apparat, so dass z.B. in der Is.-Edition sogar auf die Lesarten der Syrohexapla und der koptischen Übersetzung bei Spaltung des Textes *e silentio* geschlossen werden konnte.[365] Auf die Notation übersetzungsbedingter Abweichungen der Tochterübersetzungen von ihrer griechischen Vorlage, d.h. „die zahlreichen Abweichungen der Übersetzungen, die keinen anderen griech. Text voraussetzen",[366] verzichtete er hingegen und informierte den Benutzer über den konkreten Befund im jeweiligen Abschnitt der Einleitung. Mit Einführung der ‚Kopfleiste' in der Sap.-Edition (1962) war dann endlich ein übersichtliches Werkzeug eingeführt, mit dem auch die Zeugenlage der Tochterübersetzungen konsequent positiv notiert werden konnte.[367]

Hanhart erörterte 1974 in Esdr. I grundlegend sein eigenes Vorgehen und verwies hierauf in späteren Bänden immer wieder zurück: „Die Textformen der Sekundärübersetzungen werden grundsätzlich im App. nur dann vermerkt, wenn sie mit griechischer Überlieferung zusammengehen, wenn sie sich wenigstens einer griechisch überlieferten Textform nähern oder wenn sich aus ihrem Charakter nach bestimmten Kriterien auf eine nicht mehr erhaltene griechische Vorlage schließen lässt."[368]

Auch Wevers[369] und Quast schlossen sich Ziegler und Hanhart an und nahmen die Lesarten der Tochterübersetzungen nur dann in den Apparat auf, „wenn ihr Zeugnis durch weitere, vorzugsweise griechische, Zeugen gestützt wird",[370] wobei Wevers die altlateinische Version (in Gen. auch den bohairischen Papyrus Bodmer III) wegen ihres hohen Alters häufiger notierte und Sonderlesarten der Übersetzungen „vornehmlich bei Namensvarianten und in Fällen, wo sie eine nirgends sonst überlieferte griechische Vorlage überliefern könnten',[371] im Apparat anführte. Rückschlüsse *e silentio* auf eine bestimmte Lesart einer Übersetzung waren hingegen unzulässig.

(5) Nicht nur die *Varianten* der griechischen Kirchenschriftsteller wollte Rahlfs schließlich in seinen 1914 aufgestellten Vorschlägen im Apparat einer großen Edition verbuchen, sondern, durch Hinzufügung eines weiteren, positiven Apparats, den Benutzer auch darüber informieren, an welchen Stellen welche Kirchenschriftsteller den kritischen Text mitbezeugen. Nur so erhalte man ein einigermaßen deutliches Bild der Überlieferung, müsse dazu aber eben, wolle man die Kirchenschriftstellerzitate konsequent notieren, Abstriche bei der Übersichtlichkeit des Apparates in Kauf nehmen.

---

365 Vgl. ZIEGLER, Is. (³1983), 112.
366 ZIEGLER, Duodecim prophetae (1943), 138.
367 Vgl. oben, S. 387–388, die dritte der von Rahlfs genannten Bedingungen.
368 HANHART, Esdr. I (1974), 20 Auch in den Büchern Est., Idt., Tob. sowie Esdr. II und Par. II gibt Hanhart dem Leser eine entsprechende Charakterisierung der Übersetzungen an die Hand.
369 Grundlegend für alle seine Ausgaben erläutert er dies in der Einleitung zur Genesis-Edition: WEVERS, Gen. (1974), 33–34. Vgl. zum Folgenden ebd. sowie SCHÄFER, Benutzerhandbuch I (2012), 168–169.
370 WEVERS, Gen. (1974), 34.
371 SCHÄFER, Benutzerhandbuch I (2012), 169. Auch der folgende Satz steht fast wörtlich ebd.

Nachdem er aus konzeptionellen Gründen von der Notation der Zitate in den ‚Handausgaben' Abstand genommen hatte,[372] lieferte er jedoch auch im Apparat der Psalter-Edition keine vollständige Dokumentation[373] und verzichtete dort ebenfalls auf die Einführung eines eigenen Apparats resp. einer ‚Kopfleiste' für die Kirchenschriftsteller.[374] Deren Zeugnis notierte er, wie das der Tochterübersetzungen, im Kontext des ihnen jeweils zugrunde liegenden Texttyps[375] und punktuell, wenn sie für die Rekonstruktion des ältesten erreichbaren Textes und die Transmissionsgeschichte des Psalters von Bedeutung waren. Daher führte er „regelmäßig", im Zweifel aber sicherheitshalber auch manches Mal öfter als vielleicht notwendig,[376] Theodoret „[a]ls besonders wichtigen Zeugen" an,[377] oder fügte Augustin, da dieser „keinen einheitlichen Text" bot, „jedesmal zu denjenigen abendländ. Hss. [hinzu], mit denen er zusammengeht", statt ihm einen „festen Platz im textkrit. Apparat an[zu]weisen",[378] und stellte „Tertullian und Cyprian [...] ebenso wie die übrigen nur gelegentlich angeführten Kirchenväter [...] an den Schluss" der Textzeugen.[379]

An dieser Stelle strebten die Herausgeber der „Göttinger Septuaginta" nach deutlich größerer Vollständigkeit, vermerkten öfters auch die positive Evidenz der Zitate und gaben zu deren besserer Überprüfbarkeit die jeweilige Referenzstelle in der zugrundeliegenden Ausgabe hinter dem Kürzel des Kirchenschriftstellers im Apparat an.[380]

> „Wenn auch Väter-Zitate als Textzeugen der ‚indirekten Überlieferung' gewöhnlich an letzter Stelle aufgeführt werden, so sind sie doch nicht geringschätzig zu behandeln, sondern mit größter Sorgfalt zu untersuchen",[381]

postulierte 1958 Joseph Ziegler. Dieser Sorgfaltspflicht kamen er, Kappler, Hanhart, Wevers und Quast nach, indem sie die bereits von Rahlfs benannten Schwierigkeiten hinsichtlich der Identifizierung und Verifizierung tatsächlicher Zitate beachteten, was zu einem nicht geringen

---

372 Vgl. dazu oben, S. 388–390.

373 Vgl. PSALMI CUM ODIS (1931), 19.

374 Diese Idee wurde dann auch in den späteren Bänden der „Göttinger Septuaginta" nicht wieder aufgegriffen.

375 Vgl. dazu schon die entsprechenden Kapitelüberschriften in den SEPT.-STUD. 2 (1907), wie z.B. „Der Vulgärtext als Rezension Lukians erwiesen durch die Kirchenväter" oder „Cyrill von Alexandria und die Rezension Hesychs".

376 Vgl. PSALMI CUM ODIS (1931), 65.

377 Beide Zitate: PSALMI CUM ODIS (1931), 63.

378 Alle drei Zitate: PSALMI CUM ODIS (1931), 49.

379 PSALMI CUM ODIS (1931), 74. Vgl. a.a.O., 45–46.

380 Vgl. SCHÄFER, Benutzerhandbuch I (2012), 36.

381 ZIEGLER, Jeremias-Zitate (1958/1971), 347.

Arbeitsaufwand führte.[382] Den Umfang des dabei herangezogenen Materials der indirekten Überlieferung beschrieb Kappler im Jahre 1936: „Entsprechend den von der Septuaginta-Kommission
für die Herausgabe der Septuaginta aufgestellten Richtlinien wurden die Zitate Philons, des
Flavius Josephus, des Neuen Testaments und der griechischen Kirchenväter der drei ersten
Jahrhunderte möglichst vollständig herangezogen, spätere Kirchenväter nur dann, wenn sie für
die Überlieferung irgendwie von Interesse waren."[383] Wo sich eine Differenzierung „zwischen
wörtlichen Zitaten, Allusionen, Paraphrasen und aus dem Gedächtnis zitierten und/oder an
den jeweiligen Kontext angepassten Bibelstellen"[384] vornehmen ließ, führte Wevers, ebenso wie
später Quast, „diejenigen Schriftsteller an, die eine Zitierung beabsichtigten. [...] Hinsichtlich
der Frage nach dem Umfang der zu zitierenden patristischen Zeugnisse [ging] Wevers so vor,
dass er sich ‚mehr oder weniger willkürlich fast ganz auf die Schriftsteller der ersten fünf Jahrhunderte beschränkt[e] [...]. Das geschah im vollen Wissen darum, daß einige wertvolle Zitate
bei späteren Schriftstellern deshalb [...] nicht auftauchen' [WEVERS, *Gen. (1974), 30*]. Neu [war]
in der Exodus-Ausgabe Wevers' Umgang mit Väterzitaten, deren Text auch im Neuen Testament
belegt ist. Da er nun den Einfluss des NT auf die Kirchenschriftsteller höher als zuvor bewertet[e],
[wurde] in diesen Fällen meist nur noch die neutestamentliche Stelle genannt, die Varianten
der Kirchenschriftsteller hingegen nur dann gesondert aufgeführt, wenn neutestamentlicher
Einfluss auszuschließen" war.[385] Anders als Ziegler und Hanhart fügten Wevers und Quast die
Kirchenschriftstellerangaben nicht mehr am Ende der Textzeugen an, sondern noch vor den
Tochterübersetzungen, um auf diese Weise die griechische Überlieferung ohne Unterbrechung
präsentieren zu können.[386] Wesentlich sinnvoller ist jedoch die von Rahlfs vorgenommene und
von Ziegler und Hanhart befolgte Reihenfolge, weil in ihr die gegenüber den Tochterübersetzungen nachgeordnete textkritische Bedeutung der indirekten Überlieferung zum Ausdruck kommt
sowie den verbleibenden Unsicherheiten bei der Identifizierung eines echten Zitats Rechnung
getragen wird.

3.2 Die Notation der Druckausgaben und der jüngeren griechischen Übersetzer

Sowohl die Notation der Druckausgaben, als auch der Lesarten der jüngeren griechischen Übersetzer Aquila, Symmachus und Theodotion fielen in Rahlfs' Editionen tendenziell sparsam aus. Nur an aus seiner Sicht wichtigen Stellen, nicht
aber systematisch, wies er auf Lesarten ‚der Drei' hin oder zitierte eine der frühen
Septuaginta-Editionen, wie z.B. die Editio Sixtina. Innerhalb der „Göttinger Septuaginta" hatte sich im Laufe der Zeit jedoch eine immer genauere Notation der
Druckausgaben (1) und des hexaplarischen Materials (2) entwickelt:

---

382 Vgl. grundlegend die Darstellung bei ZIEGLER, Jeremias-Zitate (1958/1971).

383 KAPPLER, Mac. I (1936), 21. Vgl. dazu auch oben, ab S. 123.

384 SCHÄFER, Benutzerhandbuch I (2012), 197.

385 SCHÄFER, Benutzerhandbuch I (2012), 197–198. Vgl. WEVERS (ad. QUAST), Exod. (1991), 16.

386 Vgl. WEVERS, Gen. (1974), 54.

(1) „Eine ideale Ausgabe muß so beschaffen sein, daß sie ihre Vorgängerinnen entbehrlich macht",[387] hatte Otto Stählin 1909 postuliert und ergänzte 1914: „Wo eine solche Untersuchung der früheren Ausgaben möglich ist, sollte sie geschehen; denn nur dann hat man das angenehme Gefühl, daß man die neue Ausgabe auf sicherem Grunde aufbaut, daß sie in keinem Punkte einen Rückschritt gegenüber einer ihrer Vorgängerinnen bedeutet und auch nichts als neu bietet, was schon längst in früheren Ausgaben zu lesen war."[388] Eine derart systematische Auseinandersetzung mit der Frage nach einer Berücksichtigung und möglichen Verwendung aller bekannten Druckausgaben der Septuaginta[389] nahm Rahlfs in seinen Editionen nicht mehr vor, hatte er sich doch an verschiedener Stelle über die meisten dieser Druckausgaben ausführlich geäußert: So erörterte er z.B. „Die Abhängigkeit der sixtinischen Septuaginta-Ausgabe von der aldinischen" in einer 1913 erschienenen Abhandlung[390] und handelte über den Wert der anderen Ausgaben von Holmes-Parsons über Swete bis zu Brooke-McLean grundlegend in den Vorbemerkungen zur RUTH-STUDIE.[391] Dies war der wesentliche Grund, warum sie als Druckausgaben selbst nur ausnahmsweise in Rahlfs' Apparate Eingang gefunden haben,[392] abgesehen von nennenswerten Emendationen (meist Johannes Ernst Grabes).[393] Außerdem ist zu berücksichtigen, dass direkte „Vorgängerinnen" in Form von kritischen Texteditionen vor Rahlfs ohnedies nicht vorhanden waren und die diplomatischen Ausgaben als Materialsammlungen keinen eigenständigen Wert mehr besaßen, nachdem ihre Quellen ausgewertet und zum Teil neu kollationiert worden waren: so musste z.B. die Ausgabe von Brooke-McLean, da sie die ihr zugrunde liegenden Handschriften detailliert nachweist, im Apparat nicht angeführt werden, wohingegen die alten Editionen Aldina, Complutensis und Sixtina dann zitiert werden konnten, wenn ihr Text von den ihnen zugrunde liegenden Haupthandschriften abweicht und so Hinweise auf Lesarten verschollener Handschriften geben kann."

---

387 STÄHLIN, Editionstechnik (1909), 10.

388 STÄHLIN, Editionstechnik (²1914), 17.

389 Gemeint sind im Wesentlichen die Editionen Aldina, Complutensis und Sixtina sowie die Ausgaben von Grabe, Holmes-Parsons, Tischendorf, Lagarde, Swete und Brooke-McLean, außerdem einzelner, nur für bestimmte Bücher vorliegender Ausgaben, wie die von Gebhardt'sche der *Psalmen Salomos*.

390 Erschienen in: ZAW 33 (1913), 30–46. Vgl. dazu oben, S. 229, Anm. 527.

391 Vgl. RUTH-STUDIE (1922), 49–50.

392 So z.B. Sixtina und Complutensis in Par. I 3₁ (Sixt) 4₁₀ (Sixt) 9₇.₁₅ (Compl) 25₂₇ (Sixt) 27₂₀.₂₉ (Sixt) 27₃₀ (Compl), Aldina in Eccl. 3₁₆ oder alle drei Druckausgaben an verschiedenen Stellen im Apparat zu Iob.

393 Vgl. dazu oben, S. 361–363.

Auch in den frühen Bänden der „Göttinger Septuaginta" sind die Druckausgaben nicht eigens in den jeweiligen Einleitungen behandelt, obgleich die Herausgeber das Material der „Vorgängerinnen" vollständig überprüft und, wo nötig, auch im Apparat zitiert hatten, was die Nennung unter den „Zeichen und Abkürzungen" belegt.[394] Erst seit 1960, mit Erscheinen des Bandes Mac. III, wurde den Druckausgaben ein eigenes Kapitel in den Einleitungen der ‚Göttinger' Editionen gewidmet, im Laufe der Zeit dann immer detaillierter untergliedert, zuerst im Jahre 1965 in Zieglers Ausgabe des Sir., später dann auch z.B. in Hanharts Edition von Esdr. I, aufgeteilt in Erläuterungen zu den Ausgaben des 16. Jh.s, den diplomatischen und schließlich den kritischen Vorgängereditionen.[395] Hanhart orientierte sich laut eigener Aussage bei diesem Vorgehen, d.h. der Ausführlichkeit der Besprechung wesentlich an Ziegler. Neben den Erläuterungen zum Text der jeweiligen Ausgaben geben die Einleitungen nun genau Auskunft darüber, welche Druckausgabe auf welche Weise in den Apparat aufgenommen wurde, weshalb der Benutzer nicht mehr auf die Rahlfs'schen Editionen zurückzugreifen braucht, da deren Abweichungen genau notiert sind. Hinsichtlich der Quantität der Notationen ist eine Steigerung von Hanhart gegenüber Ziegler und von Wevers/Quast gegenüber Hanhart/Ziegler zu konstatieren, wodurch der Apparat schließlich eine – gerade im Hinblick auf Aldina, Complutensis und Sixtina – beinahe vollständige Dokumentation aufweist.

(2) Belege für die Notation des hexaplarischen Materials, d.h. der Lesarten der jüngeren griechischen Übersetzungen und Revisionen der Septuaginta durch Aquila, Symmachus und Theodotion sowie weiterer, unter verschiedenen Sigeln (z.B. ὁ ἑβρ΄ für ὁ Ἑβραῖος oder ὁ συρ für ὁ Σύρος)[396] zumeist am Rande von Handschriften oder in Kirchenschriftstellerkommentaren überlieferten späteren Materials, finden sich in den Apparaten sämtlicher von Rahlfs edierter Bücher (mit

---

394 Vgl. schon PSALMI CUM ODIS (1931), 8–9, keine Angabe hingegen bei KAPPLER, Mac. I (1936). Bei ZIEGLER, Is. (1939), 118–119; DERS., Duodecim prophetae (1943), 143–145, und a.a.O., 142, auch *erstmals* unter den „Zeichen und Abkürzungen" gesondert als die „Alten Druckausgaben der Septuaginta" aufgenommen, womit Ald, Compl und Sixt gemeint waren. Vgl. außerdem DERS., Ez. (1952), 84 (Alte Druckausgaben), und a.a.O., 85–86 (Schriften und Sammlungen, d.h. z.B. Grabe oder Holmes-Parsons); DERS., Sus./Dan./Bel et Dr. (1954), 76, mit Verweis auf die Ezechiel-Ausgabe, 84–86; DERS., Ier (²2006), 141 (Alte Druckausgaben), und a.a.O., 143–146 (Schriften und Sammlungen). Auch Hanhart führt in Mac. II (1959), 43–44, die „Ausgaben von Mac. II" noch unter den Zeichen und Abkürzungen an.
395 Vgl. HANHART, Esdr. I (1974), 24–31; außerdem DERS., Mac. III (1960), 11–14; ZIEGLER, Sap. (1962), 38–45; erstmals untergliedert in detailliertere Abschnitte in DERS., Sir. (1965), 40–53 (Gesamtausgaben der LXX, Teilausgaben, Einzelausgaben [des Sirach]); ähnlich auch bei HANHART, Est. (1966), 40–45; WEVERS, Gen. (1974), 53–55; DERS. (ad. QUAST), Deut. (1977), 36–37; HANHART, Idt. (1979), 21–23; ZIEGLER, Iob (1982), 54–60 (hier nur über die alten Druckausgaben), und a.a.O., 195 (die Liste aller benutzten Editionen); WEVERS (ad. QUAST), Num. (1982), 29–31; HANHART, Tob. (1983), 29–31; WEVERS (ad. QUAST), Leu. (1986), 24–26; DIES., Exod. (1991), 38–40; HANHART, Esdr. II (1993), 24–29; QUAST, Ruth (2006), 15–18; sowie HANHART, Par. II (2014), 30–35.
396 Vgl. den knappen Überblick bei DINES, Septuagint (2004), 90–92.

Ausnahme der Ruth-Ausgabe von 1922) lediglich an ausgewählten Stellen.[397] Dabei konnte Rahlfs zwar auch auf Kollationen der Handschriften selbst zurückgreifen, nutzte aber vor allem die umfangreiche Materialsammlung von Field. Eine eigene systematische Auswertung und Dokumentation der für die Textkritik und Transmissionsgeschichte der Septuaginta relevanten hexaplarischen Lesarten nahm er jedoch nicht vor, was ausschließlich an der Konzeption seiner Editionen, keineswegs aber an einer etwaigen Unterschätzung der Wichtigkeit des Materials lag.[398]

Erst in den ‚Göttinger' Bänden wurden sämtliche, in den Handschriften gefundene hexaplarische Lesarten vollständig gesammelt und in einem zweiten, sog. Hexapla-Apparat genau dokumentiert.[399] Für dieses Verfahren nannte Ziegler zwei Gründe: „1. Die Kenntnis dieser Stücke ist zum Verständnis des Sept.-Textes notwendig; 2. eine zuverlässige und vollständige Ausgabe der Hex.-Fragmente fehlt."[400] Die enge Verbindung zwischen Lesarten der beiden Apparate wurde jeweils durch Pfeile nach unten bzw. oben („↓", „↑") angezeigt,[401] in den Bänden seit 1974 aber auch die Selbstständigkeit der jüngeren griechischen Übersetzungen durch Akzentuierung ihres Textes betont.[402]

3.3 Fazit

Es ist deutlich geworden, dass der zweifellos berechtigte quantitative Anspruch an eine große Ausgabe der Septuaginta erhebliche Auswirkungen auf die Gestaltung ihres textkritischen Apparats hat. Hielt sich das Streben nach vollständiger Notation in der Rahlfs'schen Psalter-Edition bewusst noch in Grenzen, so erfüllte Joseph Ziegler im Wesentlichen die in der RUTH-STUDIE skizzierten, sehr differenzierten Gestaltungsvorschläge für eine *editio critica maior*.[403] Robert Hanhart

---

397 So z.B. in GENESIS (1926) im Apparat zu Gen. 11₁₇, in PSALMI CUM ODIS (1931) im Apparat zu Ps. 17(18)₃₂.₄₃ und in der HANDAUSGABE (1935) u.a. im Apparat zu Ios. 22₁ Reg. I 22₂ Reg. II 21₆ Esdr. II 13₁₅ Eccl. 2₁₂ Iob 7₁₁ Os. 11₁ Hab. 3₃ Is. 38₆ und Ez. 8₁₀.

398 Vgl. dazu oben, S. 152, den ursprünglichen Plan des Septuaginta-Unternehmens, einen neuen ‚Field' zu schaffen, der nur wegen seines großen Umfangs und den fehlenden finanziellen Mitteln schließlich aufgegeben worden war. Vgl. außerdem die Auseinandersetzung mit Kahle, oben, S. 257–261.

399 Vgl. dazu auch die Ausführungen bei SALVESEN, Role (2012), bes. 96–99 („Modern collections and editions").

400 ZIEGLER, Is. (³1983), 106–107. Vgl. zu den Vorbehalten gegenüber den Angaben bei Field die Ausführungen a.a.O., 107–108.

401 Vgl. die Beispiele bei ZIEGLER, Is. (³1983), 107.

402 Vgl. WEVERS, Gen. (1974), 60.

403 Vgl. u.a. ZIEGLER, Is. (³1983), 112, und DERS., Duodecim prophetae (1943), 138.

verzeichnete zum Zweck umfassender Dokumentation – deutlich zu erkennen anhand der notierten Sonderlesarten einzelner Minuskeln und der konsequenten Aufnahme der Druckausgaben – weitaus mehr Lesarten als Ziegler, dessen System er allerdings seinen Ausgaben zugrunde gelegt hatte,[404] und John William Wevers sowie Udo Quast entwarfen schließlich einen mehr oder weniger vollständigen, diplomatischen Apparat, in dem der klare Blick auf die Überlieferungsgeschichte aufgrund der vielen verbuchten Sonderlesarten und des komplizierten Notationssystems häufig versperrt ist.[405] Damit geriet Rahlfs' zentrales Anliegen,[406] dem Benutzer möglichst übersichtlich die überlieferungsgeschichtlichen Entwicklungen eines Buches vor Augen zu führen, immer stärker aus dem Blickfeld.

Das Problem, das sich den Herausgebern der noch ausstehenden ‚Göttinger' Bände stellt, besteht somit darin, auf ein Gleichgewicht zwischen den beiden Aufgaben des Apparates so zu achten, dass die Darstellung der Überlieferungsgeschichte klarer als bisher akzentuiert und die Notation irrelevanter Sonderlesarten reduziert wird. Ein mögliches System hierfür wäre z.B. die Einführung der bereits bei Brooke-McLean verwendeten eckigen Doppelklammern für die Umrahmung von Untervarianten: „When an addition or alternative reading of some length is supported by several authorities, the commonest form of the reading is given first, followed by the symbols of all the authorities which yield it general support: then the detailed variations of each authority from that type are added in double brackets ⟦ ⟧. This method, besides saving a great deal of space, seems to shew clearly at a glance what authorities really support many of the more important variants."[407]

Auf diese Weise ließe sich z.B. Quasts Apparateintrag zu Ruth 1₁₉:[408]

καί 1°] και (+ ηχησε πασα 528*: cf sq) εγενετο (-νοντο 53; εγ. δε pro και εγ. 407 392 Sa) εν τω ελθειν (εισελθειν 55-56´ 53 392; ελκυσαι 68´-121 (sed non Ald)) αυτας (> 646-cII) εις βηθλεεμ (βιθλ. 30-58-129; βηολεεμ Sa⁴; bethlem ᴸᵃᵗcod 109; + αυτας 646-cII) και (> 58 ᴸᵃᵗcod 109 Arm) oI-18´ Rⁿ Cⁿ 106-134´ 53 392 ᴸᵃᵗcod 109 Arm Sa = edd 𝔐; ελθουσης δε αυτης εις βηθλεεμ (βιθλ. 108-376; + και 376) O*

404 Hanhart erläutert sein Notationsprinzip in den Prolegomena zu: Hᴀɴʜᴀʀᴛ, Par. II (2014), 3–10.

405 Vgl. dazu oben, ab S. 390. Der von Quast hergestellte Apparat, der dem Benutzer „einen Rückschluß auf den Text jeder einzelnen Hs." (Qᴜᴀsᴛ, Ruth [2006], 150) erlaubt, lässt sich kaum mit dem Anspruch übersichtlicher Darstellung der textgeschichtlichen Entwicklung vereinbaren.

406 Vgl. dazu oben, S. 375.

407 Bʀᴏᴏᴋᴇ-McLᴇᴀɴ, Genesis (1906), ii.

408 Vgl. hierzu und zum folgenden Beispiel aus Ruth 2₁₉ oben, S. 395–397.

folgendermaßen notieren:

καί 1°] ελθουσης δε αυτης εις βηθλεεμ **O** ⟦βιθλ. 108-376; και post βηθλ. add 376⟧; και εγενετο εν τω ελθειν αυτας εις βηθλεεμ και o**Γ**⁻⁴⁸⁸' **R**″ **C**″ t⁻⁷⁴'⁷⁹⁹ alii La¹⁰⁹ Arm Sa = edd **𝕸** ⟦ηχησε πασα post και 1° add 528*: cf sq | εγενετο] -νοντο 53; εγ. δε pro και εγ. 407 392 Sa | ελθειν] εισελθειν 55-56' 53 392; ελκυσαι 68'-121 (sed non Ald) | αυτας post βηθλεεμ tr 646-cII | βηθλεεμ] βιθλ. 30-58-129; βηολεεμ Sa⁴; *bethlem* La¹⁰⁹ | om και ult 58 La¹⁰⁹ Arm | alii = 53 392⟧

Und der von Quast zu Ruth 2₁₉ notierte Zusatz:

εὐλογημένος] ηυλ. 29-72; + οτι εχορτασε ψυχην κενην 58 125: ex Ps 106₉; + οτι εχορτασε(ν) ψυχην κενην (καινην 75) καθως (+ και Tht^{ap}) εποιησε(ν) (επεθυμησε 334) μεθ ου εποιησε(ν) (-σας 334; και pro μεθ ου επ. Tht^{ap}; om μεθ ου επ. 59) L 55 d⁻¹²⁵ t 334 Tht R 314

könnte z.B. wie folgt aufgenommen werden:

εὐλογημένος] + οτι εχορτασε ψυχην κενην 58 125: ex Ps. 106₉; + οτι εχορτασε ψυχην κενην καθως εποιησε μεθ ου εποιησε **L** 55 d⁻¹²⁵ t 334 Tht R 314 ⟦καινην 75 | εποιησε 1°] επεθυμησε 334 | εποιησε 2°] -σας 334 | om μεθ ου επ. 59⟧; ηυλ. 29-72

Die Lesarten der durch Fettdruck hervorgehobenen, zuvor in der Einleitung zur Edition charakterisierten und textgeschichtlich verorteten Rezensionen, gefolgt von den normal gedruckten Einzelvertretern einer Rezension und den Handschriftengruppen treten in beiden Fällen nun klar hervor, alle Abweichungen von der Hauptvariante sind in Petitdruck innerhalb der eckigen Doppelklammern detailliert dokumentiert. Um nicht von den Gruppensigeln abzulenken, wurden die *codices mixti* unter der Sigel „alii" notiert, die als letzter Eintrag vor der geschlossenen eckigen Doppelklammer entschlüsselt ist. Sonderlesarten aus dem Apparat der Theodoret-Ausgabe sind nicht mehr verzeichnet. Ein derart durchgestalteter Apparat würde seinem doppelten Anspruch vollkommen gerecht und zugleich eine wesentliche Vorarbeit für die „als Ertrag und Auszug aus dem vollendeten Gesamtwerk der editio maior"[409] zu gewinnende *editio critica minor* darstellen.

---

409 HANHART, Rechenschaftsbericht (2005), 451.

Schluss

„Aber wenn wir vorwärtskommen wollen, müssen wir uns nicht von vorgefaßten Theorien, sondern lediglich von dem gegebenen Material leiten lassen. Und das hoffe ich getan zu haben."[1]

Als Rahlfs im April 1926 mit diesen Worten sein Vorwort zu der in Stuttgart erschienenen kritischen Handausgabe des Buches Genesis beschloss, lagen weit über dreißig Jahre intensiver ‚Vorarbeiten' hinter ihm, die sämtlich auf die Beantwortung einer Frage ausgerichtet waren,[2] die er von seinem Mentor Lagarde gewissermaßen ‚geerbt' hatte. Ohne Übertreibung lässt sich sagen, dass diese Frage das gesamte wissenschaftliche Leben von Alfred Rahlfs bestimmte: Auf welche Weise kann es gelingen die Septuaginta *kritisch* zu edieren?

Ausgehend von der programmatischen Absicht seines Lehrers, nach möglichst vollständiger Sichtung der handschriftlichen Überlieferung den ‚Urtext' (als das Original) der Septuaginta durch Identifizierung und Aussonderung aller rezensionellen Elemente wiederherstellen zu können,[3] entwickelte Rahlfs – im Rahmen des Septuaginta-Unternehmens[4] – eine tragfähige editionsphilologische Gesamtkonzeption und erklärte aufgrund des großen zeitlichen Abstandes zwischen der Entstehungszeit des ‚originalen' Septuaginta-Textes und seinen wichtigsten Überlieferungsträgern nicht mehr den ‚Urtext' selbst, sondern lediglich den „ältesten erreichbaren Text",[5] d.h. die dichteste, wissenschaftlich begründbare Annäherung an das eine Original, zum Editionsziel. Als historisch erwies sich dieser Ansatz dadurch, dass Rahlfs weiterhin von der Annahme des einen ‚Urtextes' ausging, als kritisch dadurch, dass er nicht beim Text der ältesten Überlieferungsträger stehen blieb, sondern den ältesten erreichbaren Text, d.h. den Archetypus, mithilfe einer analytischen Methodik rekonstruieren wollte.

Methodische Erforschung der Septuaginta bedeutete für ihn nun zunächst grundsätzlich, das Material unvoreingenommen zu beurteilen, dann aber, ganz konkret, textkritische und editionsphilologische Kriterien je nach Buch (neu) zu entwickeln und in einer Einleitung transparent zu machen. Entscheidend für die Rekonstruktion des ältesten erreichbaren Septuaginta-Textes war für ihn

---

1 GENESIS (1926), 3.
2 Vgl. dazu oben, ab S. 11.
3 Vgl. dazu oben, ab S. 123.
4 Vgl. dazu oben, ab S. 75 und ab S. 151.
5 RUTH-STUDIE (1922), 49. Vgl. dazu oben, ab S. 177.

dabei insbesondere die (entsprechend ebenfalls buchweise vorzunehmende) Gruppierung und Schematisierung der handschriftlichen Überlieferung (inklusive der Tochterübersetzungen und der Septuaginta-Zitate bei den Kirchenschriftstellern).

Diese Verortung der Textzeugen, deren Voraussetzung die Auseinandersetzung mit der hebräischen Vorlage des in ihnen tradierten griechischen Textes und die Beachtung der hieraus resultierenden ‚Übersetzungstechnik' bildeten, war dabei aufs engste mit der Aufstellung textkritischer Regularien verschränkt.[6] Diese umfassten Kriterien für die Beurteilung der Handschriften selbst, d.h. Auskünfte über Alter und Heimat der einzelnen Zeugen. Ausgehend davon waren, um eine endgültige Gruppierung vornehmen zu können, die bewussten Texteingriffe in Form rezensioneller Überarbeitungen sowie sonstige Fehler zu identifizieren. Indem Rahlfs die Varianten eines Textes auf diese Weise innerhalb der Überlieferungsgeschichte der Septuaginta lokalisieren konnte, stellte er schließlich, nach Eliminierung der offensichtlichen Schreibfehler, entsprechend der Gegebenheiten des jeweiligen Buches verschiedene textkritische Kriterien i.S. von „Wenn-dann-Regeln" auf.[7]

War nun unter Berücksichtigung der überlieferungsgeschichtlich begründeten Editionsregeln ein vorläufiger kritischer Text hergestellt, so waren dessen Lesarten in einem vorletzten Arbeitsschritt anhand der für die Zeit der Übersetzung des jeweiligen Septuaginta-Buches ermittelbaren grammatikalischen und orthographischen Regeln oder sonstigen Grundsatzentscheidungen zu prüfen und diesen gegebenenfalls anzupassen und mussten weitere, der Rekonstruktion des ältesten erreichbaren Textes zugrundeliegende Kriterien Anwendung finden (z.B. hinsichtlich der Schreibweise von Eigennamen). Sämtliche Fälle, die bis dahin nicht befriedigend geklärt werden konnten, wurden am Ende der sog. Konjekturalkritik unterzogen.

Die Ergebnisse dieses Editionsprozesses bereitete Rahlfs in seinen Ausgaben mit Rücksicht auf deren unterschiedliche Konzeption[8] *quantitativ* unterschiedlich auf, hielt dabei aber an dem von ihm aufgestellten Prinzip des textkritischen Apparats grundsätzlich fest: Dieser sollte zum einen diejenigen Lesarten dokumentieren, die den rekonstruierten Text begründen, um so die textkritische Entscheidung nachvollziehbar und transparent zu machen, zum

---

6 Vgl. dazu oben, ab S. 329.
7 Vgl. dazu exemplarisch für den Psalter die Ausführungen oben, S. 371–373.
8 Vgl. dazu oben, S. 177–182, S. 222–223 und S. 271–298.

andern aber auch über die (frühen) überlieferungsgeschichtlichen Entwicklungen des jeweiligen Buches Auskunft erteilen.[9]

Die vorliegende Untersuchung hat gezeigt, dass nicht nur Rahlfs' *große* Werke, sondern auch einige seiner Aufsätze – exemplarisch seien nur die *Beiträge zur Textkritik der Peschita*[10] oder die Abhandlung über *Die alttestamentlichen Lektionen der griechischen Kirche*[11] genannt – eine reiche Wirkungsgeschichte entfaltet haben.

Seine bis heute *anhaltende* Bedeutung als Septuaginta-Forscher, genauer: als Textkritiker der Septuaginta illustriert anhand ihrer Verkaufszahlen[12] besonders eindrucksvoll die Stuttgarter HANDAUSGABE. Doch: Weder diese noch die drei Hefte der *Septuaginta-Studien* noch das voluminöse *Handschriftenverzeichnis*, und auch nicht die *Genesis*- oder die *Psalteredition* sind, wegen ihres präliminierenden Charakters, die Werke, aufgrund deren man Rahlfs unter die bedeutendsten Philologen des 20. Jh.s zu rechnen hat. Hierfür sind vielmehr seine beiden Veröffentlichungen aus dem Jahre 1922 in Betracht zu ziehen:

Zum einen die *Studie über den griechischen Text des Buches Ruth* als Muster einer transmissionsgeschichtlichen Untersuchung der Septuaginta, weil in ihr, ausgehend und zugleich endgültig emanzipiert von Lagardes Editionsansatz,[13] zum ersten Mal in der Geschichte der Septuaginta-Forschung die im Bereich der Klassischen Philologie und des Neuen Testaments etablierten textkritischen Verfahren methodisch exakt, d.h. frei von jeglicher ‚ideologischer' Voreingenommenheit,[14] also unabhängig „von vorgefaßten Theorien", vielmehr

---

9 Vgl. dazu oben, ab S. 374.

10 Vgl. dazu oben, ab S. 29.

11 Vgl. dazu oben, S. 159–162.

12 Vgl. dazu oben, S. 321.

13 Vgl. dazu oben, S. 128–132, sowie EISSFELDT, Rez. PSALMI CUM ODIS (1932), 155, und KATZ, Septuagintal studies (1956), 190, wo dieser abschließend feststellt: „In contrast to his master Lagarde he [sc. *Rahlfs*] had no illusions, was an exact analyst and governed by a sure sense of what was possible. He never lost himself in speculation and knew how to get things done in time."

14 Rahlfs blieb sein Leben lang – das ist besonders im Vergleich mit Lagarde, aber auch mit anderen Intellektuellen seiner Zeit durchaus auffällig – auf seine rein fachwissenschaftliche Arbeit konzentriert, obwohl er als Schüler Lagardes alle Möglichkeiten gehabt hätte, zum Sprachrohr oder zumindest zum offenen Sympathisanten einer völkisch-nationalistischen Ideologie zu werden. Doch nirgendwo äußert er sich öffentlich (auch nicht in den mir bekannten Briefen) zu politisch aufgeladenen Themen (wie z.B. dem Ersten Weltkrieg, den aus den Folgen der Inflation resultierenden Krisenzeiten oder der Machtergreifung Hitlers). Somit darf Rahlfs nicht nur dank seiner ungeheuren Leistung auf dem Gebiet der Septuaginta-Grundlagenforschung, sondern

„lediglich von dem gegebenen Material" geleitet,[15] auf den Text der Septuaginta übertragen wurden.

Zum andern *Das Buch Ruth griechisch, als Probe einer kritischen Handausgabe der Septuaginta herausgegeben*, weil mit ihm Rahlfs ein editionstechnisches Muster für die Reduktion des in der RUTH-STUDIE erworbenen Detailwissens auf ein aussagekräftiges Maß vorlegte: Den Apparat hielt er von überflüssigen Informationen frei und beschränkte ihn auf die textkritische Begründung des rekonstruierten Textes sowie auf die Darstellung der wesentlichen Linien der zugrundeliegenden Transmissionsgeschichte.

Die von Alfred Rahlfs aufgestellten methodischen Grundsätze bilden, das hat der oben vorgenommene Vergleich mit den Ausgaben der „Göttinger Septuaginta" erwiesen, bis heute den – nahezu unveränderten – Ausgangspunkt sowohl für die textkritische als auch für die editionsphilologische Arbeit am griechischen Alten Testament.

---

auch aufgrund seines weltanschaulich neutralen Verhaltens als eine Ausnahmeerscheinung seiner Zeit angesehen werden. Vgl. hierzu schon oben, S. 104–105.

15 Beide Zitate: GENESIS (1926), 3.

Anhang

I. Abkürzungen

Die in der vorliegenden Abhandlung verwendeten Abkürzungen richten sich in der Regel nach S. M. SCHWERTNER, IATG³ – Internationales Abkürzungsverzeichnis für Theologie und Grenzgebiete. Zeitschriften, Serien, Lexika, Quellenwerke mit bibliographischen Angaben, 3., überarbeitete und erweiterte Aufl , Berlin/Boston 2014.

Mit „Göttinger Septuaginta" ist die Göttinger *editio critica maior* der Septuaginta bezeichnet (Septuaginta. Vetus Testamentum Graecum Auctoritate Academiae Scientiarum Gottingensis editum, Göttingen 1931ff.).

Die Bücher des Alten und Neuen Testaments sind bezeichnet mit (vgl. PSALMI CUM ODIS [1931], 9):

Gen.	Mac. II	Soph.	Cor. II
Exod.	Mac. III	Agg.	Gal.
Leu.	Mac. IV	Zach.	Eph.
Num.	Ps.	Mal.	Phil.
Deut.	Od.	Is.	Col.
Ios.	Prov.	Ier.	Thess. I
Iud.	Eccl.	Bar.	Thess. II
Ruth	Cant.	Thr.	Tim. I
Reg. I	Iob	Ep. Ier.	Tim. II
Reg. II	Sap.	Ez.	Tit.
Reg. III	Sir.	Sus.	Philem.
Reg. IV	Ps. Sal.	Dan.	Hebr.
Par. I	Os.	Bel et Dr.	Iac.
Par. II	Am.	Matth.	Petr. I
Esdr. I	Mich.	Marc.	Petr. II
Esdr. II (Esr./Neh.)	Ioel	Luc.	Ioh. I
Est.	Abd.	Ioh.	Ioh. II
Idt.	Ion.	Act.	Ioh. III
Tob.	Nah.	Rom.	Iudas
Mac. I	Hab.	Cor. I	Apoc.

II. Literaturverzeichnis (alphabetisch)

Die in der vorliegenden Abhandlung verwendeten Kurztitel stehen in eckigen Klammern hinter der jeweiligen Literaturangabe. Abgekürzte Vornamen werden dabei nur mitgenannt, wenn es mehrere Verfasser gleichen Nachnamens gibt. Eine Ausnahme bildet die Angabe „LAGARDE" (meint Paul Anton de Lagarde) und „A. de LAGARDE" (meint Anna de Lagarde). Diejenigen Werke von Alfred Rahlfs, die in dieser Abhandlung verwendet werden, sind – obgleich auch vollständig und chronolgisch unten in Abschnitt III gelistet – hier noch einmal angeführt.

Actes de la cinquième session de l'Association internationale des Académies, St.-Pétersbourg, 1913, St.-Pétersbourg 1914 [Actes (1914)].

AEJMELAEUS, A., On the Trail of the Septuagint Translators. Collected Essays, Leuven 2007 [AEJMELAEUS, On the Trail (2007)].

— Übersetzungstechnik und Theologische Interpretation. Zur Methodik der Septuaginta-Forschung (2001), in: DIES., On the Trail (2007), 223–239 [AEJMELAEUS, Übersetzungstechnik (2001)].

AEJMELAEUS, A./U. QUAST (Hg.), Der Septuaginta-Psalter und seine Tochterübersetzungen. Symposium in Göttingen 1997, MSU 24, Göttingen 2000 [AEJMELAEUS/QUAST, Septuaginta-Psalter (2000)].

ALAND, K. (Hg.), Glanz und Niedergang der deutschen Universität. 50 Jahre deutscher Wissenschaftsgeschichte in Briefen an und von Hans Lietzmann (1892–1942). Mit einer einführenden Darstellung herausgegeben, Berlin/New York 1979 [ALAND, Glanz und Niedergang (1979)].

ALAND, K./B. ALAND, Der Text des Neuen Testaments. Einführung in die wissenschaftlichen Ausgaben sowie in Theorie und Praxis der modernen Textkritik, 2., ergänzte und erweiterte Aufl., Stuttgart 1989 [ALAND/ALAND, Der Text des Neuen Testaments (²1989)].

ALBRECHT, F., Art. „Flashar, Martin Johannes Gerhard", in: BBKL 33, Nordhausen 2012, 434–435 [ALBRECHT, Flashar (2012)].

— Die Handschriftenakquisitionen des Septuaginta-Unternehmens am Beispiel der Orientreise Martin Flashars im Jahr 1914, in: KRATZ/NEUSCHÄFER, Göttinger Septuaginta (2013), 329–361 [ALBRECHT, Handschriftenakquisitionen (2013)].

ALLES, G. D., Rudolf Otto (1869–1937), in: A. MICHAELS (Hg.), Klassiker der Religionswissenschaft. Von Friedrich Schleiermacher bis Mircea Eliade, München ³2010, 198–210.385–389 [ALLES, Otto (³2010)].

ALLGEIER, A., Die altlateinischen Psalterien. Prolegomena zu einer Textgeschichte der hieronymianischen Psalmenübersetzungen, Freiburg i.B. 1928 [ALLGEIER, Prolegomena (1928)].

— Die Chester Beatty-Papyri zum Pentateuch. Untersuchungen zur älteren Überlieferungsgeschichte der Septuaginta, SGKA 21/2, Paderborn 1938 [ALLGEIER, Chester Beatty-Papyri (1938)].

— Die Psalmen der Vulgata. Ihre Eigenart, sprachliche Grundlage und geschichtliche Stellung, SGKA 22, Paderborn 1940 [ALLGEIER, Psalmen (1940)].

— Rez. zu: A. Rahlfs (Hg.), Psalmi cum Odis, Septuaginta. Societatis Scientiarum Gottingensis auctoritate X, Göttingen 1931, in: ThR 30 (1931), 241–246 [ALLGEIER, Rez. PsOd, ThR (1931)].

— Rez. zu: A. Rahlfs (Hg.), Psalmi cum Odis, Septuaginta. Societatis Scientiarum Gottingensis auctoritate X, Göttingen 1931, 1. Hälfte (Bogen 1–11), in: DLZ (1931), 1635–1640 [ALLGEIER, Rez. PsOd 1. Hälfte (1931)].

— Rez. zu: A. Rahlfs (Hg.), Psalmi cum Odis, Septuaginta. Societatis Scientiarum Gottingensis auctoritate X, Göttingen 1931, 2. Hälfte (Bogen 12–23), in: DLZ (1932), 341–344 [ALLGEIER, Rez. PsOd 2. Hälfte (1932)].

ALTHEIM, F./R. STIEHL, Quinta oder Theodotion. Bemerkungen zu G. Mercatis Ausgabe der Ambrosianischen Psalterfragmente, in: OrChr 48 (1964), 18–22 [ALTHEIM/STIEHL, Quinta oder Theodotion (1964)].

ALWAST, A./J. ALWAST, Johann Franz Wilhelm Bousset, in: BLSHL 12 (2006), 37–42 [ALWAST/ ALWAST, Bousset (2006)].

ANDRESEN, C., Art. „Lietzmann, Hans", in: NDB 14, Berlin 1985, 544–546 [ANDRESEN, Lietzmann (1985)].

ARNDT, K./G. GOTTSCHALK/R. SMEND (Hg.), Göttinger Gelehrte. Die Akademie der Wissenschaften zu Göttingen in Bildnissen und Würdigungen. 1751–2001, 2 Bd., Göttingen 2001 [ARNDT et al., Göttinger Gelehrte 1 bzw. 2 (2001)].

AUSTERMANN, F., Von der Tora zum Nomos. Untersuchungen zur Übersetzungsweise und Interpretation im Septuaginta-Psalter, MSU 27, Göttingen 2003 [AUSTERMANN, Tora zum Nomos (2003)].

BAETHGEN, F., Der textkritische Werth der alten Uebersetzungen zu den Psalmen, JPTh 8 (1882), 405–459.593–667 [BAETHGEN, Der textkritische Werth (1882)].

BAIER, Th. (Hg.), Der Neue Georges. Ausführliches Lateinisch-Deutsches Handwörterbuch aus den Quellen zusammengetragen und mit besonderer Bezugnahme auf die Synonymik und Antiquitäten unter Berücksichtigung der besten Hilfsmittel ausgearbeitet von Karl-Ernst Georges, 2 Bd., Darmstadt 2013 [BAIER, Der Neue Georges (2013)].

BARNES, W. E., An Apparatus Criticus to Chronicles in the Peshitta Version with a Discussion of the Value of the Codex Ambrosianus, Cambridge 1897 [BARNES, Apparatus Criticus (1897)].

BAUER, W., Alfred Rahlfs, in: NGWG. Jahresbericht über das Geschäftsjahr 1934/35, 60–65 (= RAHLFS, Septuaginta-Studien I–III [²1965], 11–16) [BAUER, Alfred Rahlfs (1934/35)].

— Die Göttinger Septuagintaausgabe. Septuaginta XIV. Isaias edidit Joseph Ziegler, in: GGA (1939), 273–278 [BAUER, Göttinger Septuagintaausgabe (1939)].

— Griechisch-deutsches Wörterbuch zu den Schriften des Neuen Testaments und der frühchristlichen Literatur, 6., völlig neu bearbeitete Aufl., hg. von K. und B. ALAND, Berlin/ New York 1988 [BAUER, Wörterbuch (⁶1988)].

BAUTZ, F. W., Art. „Fonck, Leopold", in: BBKL 2, Herzberg 1990, 68–69 [BAUTZ, Fonck (1990)].

BEER, G., Rez. zu: A. Rahlfs, Septuaginta-Studien 1: Studien zu den Königsbüchern, Göttingen 1904, in: DLZ (1905), 2368 [BEER, Rez. SEPT.-STUD. 1 (1905)].

BEIN, Th., Textkritik. Eine Einführung in Grundlagen germanistisch-mediävistischer Editionswissenschaft. Lehrbuch mit Übungsteil, 2., überarbeitete und erweiterte Aufl., Frankfurt a.M. et al. 2011 [BEIN, Textkritik (²2011)].

BERTHEAU, C., Art. „Bertheau, Ernst", in: ADB 46, Leipzig 1902, 441–443 [BERTHEAU, Bertheau (1902)].

BERTRAM, G., Die Göttinger Septuaginta-Ausgabe, in: OLZ 31 (1928), 449–453 [BERTRAM, Göttinger LXX (1928)].

— Zur Septuaginta-Forschung, in: ThR N.F. 3 (1931), 283–296 [BERTRAM, LXX-Forschung (1931)].

BEWER, J. A., Der Text des Buches Ezra. Beiträge zu seiner Wiederherstellung, FRLANT 31 (= N.F. 14), Göttingen 1922 [BEWER, Text des Buches Ezra (1922)].

Biblia Hebraica, ed. R. KITTEL, Pars 1, Leipzig 1905 und Pars 2, Leipzig 1906 [BHK (1905/1906).

Biblia Hebraica Stuttgartensia, edd. K. ELLIGER et W. RUDOLPH, 5., verbesserte Aufl., Stuttgart 1997 [BHS (^{5}1997)].

BIRKELAND, H., ʿĀnî und ʿĀnāw in den Psalmen, SNVAO.HF 2 (1932), Oslo 1933 [BIRKELAND, ʿĀnî und ʿĀnāw (1932)].

BLASS, F./A. DEBRUNNER, Grammatik des neutestamentlichen Griechisch. Bearbeitet von F. REHKOPF, Göttingen ^{17}1990 [BLASS/DEBRUNNER, Grammatik (^{17}1990)].

BLOCH, J., *Ο ΣΥΡΟΣ* and the Peshitta, in: Jewish Studies in Memory of Israel Abrahams by the Faculty and Visiting Teachers of the Jewish Institute of Religion, New York 1927, 66–73 [BLOCH, *Ο ΣΥΡΟΣ* (1927)].

BÖTTRICH, Chr., Art. „Tischendorf, Constantin von", in: TRE 33, Berlin/New York 2002, 567–570 [BÖTTRICH, Tischendorf (2002)].

BOGAERT, P.-M., Le Psautier latin des origines au XIIe siècle. Essai d'histoire, in: AEJMELAEUS/ QUAST, Septuaginta-Psalter (2000), 51–81 [BOGAERT, Le Psautier latin (2000)].

— Le texte grec de l'Ancien Testament, in: Prolegomena zur Faksimile-Ausgabe des *Vaticanus graecus 1209* (B), Città del Vaticano 1999, 7–26 [BOGAERT, Prolegomena (1999)].

— Le *Vaticanus graecus* 1209 témoin du texte grec de l'Ancien Testament, in: P. ANDRIST (Hg.), Le manuscrit B de la Bible (*Vaticanus graecus* 1209). Introduction au fac-similé; Actes du Colloque de Genève (11 juin 2001); Contributions supplémentaires, HTB 7, Lausanne 2009, 47–76 [BOGAERT, *Vaticanus graecus* 1209 (2009)].

BONS, E., Der Septuaginta-Psalter. Übersetzung, Interpretation, Korrektur, in: M. KARRER/ W. KRAUS (Hg.), Die Septuaginta – Texte, Kontexte, Lebenswelten. Internationale Fachtagung veranstaltet von Septuaginta Deutsch (LXX.D), Wuppertal 20.–23. Juli 2006, WUNT 219, Tübingen 2008, 450–470 [BONS, Septuaginta-Psalter (2008)].

BONS, E. et al., Psalmoi. Das Buch der Psalmen, in: M. KARRER/W. KRAUS (Hg.), Septuaginta Deutsch. Erläuterungen und Kommentare zum griechischen Alten Testament, Band II. Psalmen bis Daniel, Stuttgart 2011, 1479–1885 [BONS et al., Psalmoi (2011)].

BORNMANN, F. et al. (Hg.), G. Pasquali, Scritti Filologici, Bd. 2, Firenze 1986 [BORNMANN et al., Pasquali, Scritti Filologici (1986)].

BOUSSET, W., Rez. zu: C. R. Gregory, Textkritik des Neuen Testamentes. Bd. 1, Leipzig 1900, in: ThLZ 26 (1901), 545–549 [BOUSSET, Rez. C. R. Gregory (1901)].

BOYD, J. O., The Octateuch in Ethiopic. According to the Text of the Paris Codex with the Variants of Five Other Manuscripts, Leiden 1909–1911 (erschienen sind nur Gen., Exod. und Leu.) [BOYD, Octateuch Ethiopic (1909–1911)].

BOYD-TAYLOR, C. et al., The Assessment of Manuscript Affiliation within a Probabilistic Framework: A Study of Alfred Rahlfs's Core Manuscript Groupings for the Greek Psalter, in: HIEBERT et al., Old Greek Psalter (2001), 98–124 [BOYD-TAYLOR et al., Assessment (2001)].

BRAUN, M./W. M. CALDER III/D. EHLERS (Hg.), „Lieber Prinz". Der Briefwechsel zwischen Hermann Diels und Ulrich von Wilamowitz-Moellendorff (1869–1921). Herausgegeben und kommentiert, Hildesheim 1995 [BRAUN et al., „Lieber Prinz" (1995)].

BRAYFORD, S., Genesis, Septuagint Commentary Series (SEPT), Leiden 2007 [BRAYFORD, Genesis (2007)].

BROCKE, B. vom, Hochschul- und Wissenschaftspolitik in Preußen und im Deutschen Kaiserreich 1882-1907: Das „System Althoff", in: P. BAUMGART (Hg.), Bildungspolitik in Preußen zur Zeit des Kaiserreichs, Stuttgart 1980, 9–118 [BROCKE, Hochschulpolitik (1980)].

BROOKE, A. E./N. McLEAN (Hg.), The Old Testament in Greek According to the Text of Codex Vaticanus, Supplemented From Other Uncial Manuscripts, With a Critical Apparatus Containing the Variants of the Chief Ancient Authorities for the Text of the Septuagint, Vol. 1. The Octateuch, Cambridge 1906–1917 [BROOKE-McLEAN, Octateuch (1906–1917)].

— (Hg.), The Old Testament in Greek According to the Text of Codex Vaticanus, Supplemented From Other Uncial Manuscripts, With a Critical Apparatus Containing the Variants of the Chief Ancient Authorities for the Text of the Septuagint, Vol. 1. The Octateuch, Part 1. Genesis, Cambridge 1906 [BROOKE-McLEAN, Genesis (1906)].

BROOKE, A. E./N. McLEAN/H. St. J. THACKERAY (Hg.), The Old Testament in Greek According to the Text of Codex Vaticanus, Supplemented From Other Uncial Manuscripts, With a Critical Apparatus Containing the Variants of the Chief Ancient Authorities for the Text of the Septuagint, Vol. 2. The Later Historical Books, Pt. 1–3, Cambridge 1927–1932 [BROOKE-McLEAN, The Later Historical Books (1927–1932)].

— (Hg.), The Old Testament in Greek According to the Text of Codex Vaticanus, Supplemented From Other Uncial Manuscripts, With a Critical Apparatus Containing the Variants of the Chief Ancient Authorities for the Text of the Septuagint, Vol. 2. The Later Historical Books, Part 1. I and II Samuel, Cambridge 1927 [BROOKE-McLEAN, I/II Samuel (1927)].

BRUCKER, R., Textgeschichtliche Probleme des Septuaginta-Psalters, in: S. KREUZER et al. (Hg.), Die Septuaginta – Entstehung, Sprache, Geschichte. 3. Internationale Fachtagung veranstaltet von Septuaginta Deutsch (LXX.D), Wuppertal 22.–25. Juli 2010, WUNT 286, Tübingen 2012, 79–97 [BRUCKER, Textgeschichtliche Probleme (2012)].

BUDDE, K., Rez. zu: A. Rahlfs, עָנִי und עָנָו in den Psalmen, Göttingen 1892, in: ThLZ 17 (1892), 636–637 [BUDDE, Rez. Rahlfs (1892)].

BUDGE, E. A. W., The Earliest Known Coptic Psalter: the Text, in the Dialect of Upper Egypt / edited from the Unique Papyrus Codex Oriental 5000 in the British Museum, London 1898 [BUDGE, Earliest Known Coptic Psalter (1898)].

CABANES, B./A. DUMÉNIL (Hg.), Der Erste Weltkrieg. Eine europäische Katastrophe, Darmstadt 2013 [CABANES/DUMÉNIL, Der Erste Weltkrieg (2013)].

CALDER III, W. M., Art. „Wilamowitz-Moellendorff, Ulrich von", in: P. KUHLMANN/H. SCHNEIDER (Hg.), Geschichte der Altertumswissenschaften. Biographisches Lexikon (= Der Neue Pauly. Supplemente 6), Stuttgart/Weimar 2012, 1312–1316 [CALDER III, Wilamowitz-Moellendorff (2012)].

CALDER III, W. M./R. KIRSTEIN, «Aus dem Freund ein Sohn». Theodor Mommsen und Ulrich von Wilamowitz-Moellendorff. Briefwechsel 1872–1903. Herausgegeben und kommentiert, Bd. 2, Hildesheim 2003 [CALDER III/KIRSTEIN, «Aus dem Freund ein Sohn» (2003)].

CALDER III, W. M./A. KOŠENINA (Hg.), Berufungspolitik innerhalb der Altertumswissenschaft im wilhelminischen Preußen: die Briefe Ulrich von Wilamowitz-Moellendorffs an Friedrich Althoff (1883–1908), Frankfurt a.M. 1989 [CALDER III/KOŠENINA, Berufungspolitik (1989)].

CAMPBELL BARTOLETTI, S., Jugend im Nationalsozialismus. Zwischen Faszination und Widerstand, Bonn ²2008 [CAMPBELL BARTOLETTI, Jugend im Nationalsozialismus (²2008)].

CARBAJOSA, I., The Division between Western and Eastern Manuscripts in the Peshitta Psalter: An Insurmountable Obstacle for a Critical Edition?, in: AraSt 6.2 (2008), 145–174 [CARBAJOSA, Division (2008)].

CERIANI, A. M., Codex Syro-hexaplaris Ambrosianus Photolithographice editus, MSP 7, Mediolani 1874 [CERIANI, Codex Syro-hexaplaris (1874)].

CEULEMANS, R., A Critical Edition of the Hexaplaric Fragments of the Book of Canticles, with Emphasis on their Reception in Greek Christian Exegesis. Diss. Leuven, Leuven 2009 [CEULEMANS, Critical Edition (2009)].

— Le texte de la Septante, l'édition de Göttingen et *La Bible d'Alexandrie*, in: JSCS 47 (2014), 93–110 [CEULEMANS, Le texte (2014)].

CIASCA, A. (Hg.), Sacrorum bibliorum fragmenta Copto-Sahidica. Musei Borgiani jussu et sumptibus s. congregationis de propaganda fide, 3 Vol., Romae 1885–1904 [CIASCA, Fragmenta Copto-Sahidica (1885–1904)].

CLASSEN, C. J., Friedrich Leo, 1851–1914, in: ARNDT et al., Göttinger Gelehrte 1 (2001), 282–283 [CLASSEN, Leo (2001)].

— Ulrich von Wilamowitz-Moellendorff, 1848–1931, in: ARNDT et al., Göttinger Gelehrte 1 (2001), 266–267 [CLASSEN, Wilamowitz-Moellendorff (2001)].

CLEMENTS, R. E., A Century of Old Testament Study, Guildford/London 1976 [CLEMENTS, Century (1976)].

CONRAD, R., Lexikonpolitik. Die erste Auflage der RGG im Horizont protestantischer Lexikographie, AKG 97, Berlin/New York 2006 [CONRAD, Lexikonpolitik (2006)].

CORDES, A., *Der* Septuaginta-Psalter? Zur Geschichte des griechischen Psalmentextes und seiner Edition, in: ZENGER, LXX-Psalter (2001), 49–60 [CORDES, LXX-Psalter (2001)].

— Die Asafpsalmen in der Septuaginta. Der griechische Psalter als Übersetzung und theologisches Zeugnis, HBS 41, Freiburg i.B. 2004 [CORDES, Asafpsalmen (2004)].

CORNILL, C. H. (Hg.), Das Buch des Propheten Ezechiel, Leipzig 1886 [CORNILL, Ezechiel (1886)].

DAHMS, H.-J., Stationen der Theologenkarriere bei den Mitgliedern der Religionsgeschichtlichen Schule, in: LÜDEMANN/SCHRÖDER, Dokumentation (1987), 137–147 [DAHMS, Stationen (1987)].

DE BRUYNE, D., Le problème du psautier romain, in: RBen 42 (1930), 101–126 [DE BRUYNE, Psautier romain (1930)].

— (Hg.), Les anciennes traductions latines des Machabées, AMar 4, Maredsous 1932 [DE BRUYNE, Traductions (1932)].

DEISSMANN, A., Das vierte Makkabäerbuch, in: APAT 2, Tübingen 1900, 149–177 [DEISSMANN, Das vierte Makkabäerbuch (1900)].

DELEKAT, L., Zum hebräischen Wörterbuch, in: VT 14 (1964), 7–66 [DELEKAT, Wörterbuch (1964)].

DELZ, J., Textkritik und Editionstechnik, in: F. GRAF (Hg.), Einleitung in die Altertumswissenschaft. Einleitung in die lateinische Philologie, Stuttgart/Leipzig 1997, 51–73 [DELZ, Textkritik (1997)].

DIETRICH, A., Art. „Lidzbarski, Mark", in: NDB 14, Berlin 1985, 470 [DIETRICH, Lidzbarski (1985)].

DILLMANN, A., Über die Anfänge des Axumitischen Reiches, in: AAWB Philos.-hist. Kl., Berlin 1878, 177–238 [DILLMANN, Anfänge (1878)].

— Veteris Testamenti Aethiopici Tomus Primus sive Octateuchus Aethiopicus, Lipsiae 1853 [DILLMANN, Veteris Testamenti Aethiopici Tomus Primus (1853)].

— Zur Geschichte des Axumitischen Reichs im vierten bis sechsten Jahrhundert, AAWB Philos.-hist. Kl. Abh. I, Berlin 1880 [DILLMANN, Geschichte (1880)].

DINES, J., The Septuagint, London/New York 2004 [DINES, Septuagint (2004)].

DIRKSEN, P. B., East and West, Old and Young, in the Text Tradition of the Old Testament Peshitta, in: VT 35 (1985), 468–484 [DIRKSEN, East and West (1985)].

DÖPP, S., Eduard Schwartz, 1858–1940, in: ARNDT et al., Göttinger Gelehrte 1 (2001), 302–303 [DÖPP, Schwartz (2001)].

Döpp, S./W. Geerlings (Hg.), Lexikon der antiken christlichen Literatur, 3., vollständig neu bearbeitete und erweite-te Aufl., Freiburg i.B. 2002 [Döpp/Geerlings, Lexikon der antiken christlichen Literatur (^{3}2002)].

Dörrie, H., Zur Geschichte c er Septuaginta im Jahrhundert Konstantins, in: ZNW 39 (1940), 57–110 [Dörrie, Geschichte der Septuaginta (1940)].

Dogniez, C., Bibliography of the Septuagint. Bibliographie de la Septante (1970–1993), VT.S 60, Leiden et al. 1995 [Dogniez, Bibliography (1995)].

— Pour une poiēsis de la compilation: Les Odes du Psautier grec, in: G. Bonney/R. Vicent (Hg.), Sophia - Paideia: Sapienza e educazione (Sir 1,27). Miscellanea di studi offerti in onore del prof. Don Mario Cimosa, Nuova Biblioteca di Scienze Religiose 34, Roma 2012, 165–180 [Dogniez, Les Odes du Psautier grec (2012)].

Dorival, G., Commentaires de l'écriture aux chaînes, in: C. Mondésert (Hg.), Le monde grec ancien et la Bible, Paris 1984, 321–383 [Dorival, Commentaires (1984)].

Drescher, H.-G., Ernst Troeltsch. Leben und Werk, Göttingen 1991 [Drescher, Troeltsch (1991)].

— Ernst Troeltsch und Paul de Lagarde, in: METG 3, Augsburg 1984, 95–115 [Drescher, Troeltsch und Lagarde (1984)].

Ebel, W. (Hg.), Catalogus Professorum Gottingensium 1734–1962, Göttingen 1962 [Ebel, Catalogus (1962)].

Eisler, R., Art. „Baumann, Julius", in: Philosophen-Lexikon, Berlin 1912, 48–49 (URL: http://www.zeno.org/nid/20001816535, vom 15.01.2015) [Eisler, Baumann (1912)].

Eissfeldt, O., Art. „Literarkr tische Schule", in: RGG^3 4, Tübingen 1960, 388–390 [Eissfeldt, Literarkritische Schule (1960)].

— Art. „Religionsgeschichtliche Schule", in: RGG^2 4, Tübingen 1930, 1898–1905 [Eissfeldt, Religionsgeschichtliche Schule (1930)].

— Rez. zu: A. Rahlfs (Hg.), Genesis, Septuaginta. Societatis Scientiarum Gottingensis auctoritate edidit, Bd. I, Stuttgart 1926, in: DLZ.NF 4 (1927), 452–453 [Eissfeldt, Rez. Genesis (1927)].

— Rez. zu: A. Rahlfs (Hg.), Psalmi cum Odis, Septuaginta. Societatis Scientiarum Gottingensis auctoritate X, Göttingen 1931, in: ThLZ 57 (1932), 153–155 [Eissfeldt, Rez. Psalmi cum Odis (1932)].

Elsner, N., Ernst Heinrich Ehlers, 1835–1925, in: Arndt et al., Göttinger Gelehrte 1 (2001), 208–209 [Elsner, Ehlers (2001)].

Emmenegger, G., Der Text des koptischen Psalters aus al-Mudil. Ein Beitrag zur Textgeschichte der Septuaginta und zur Textkritik koptischer Bibelhandschriften, mit der kritischen Neuausgabe des Papyrus 37 der British Library London (U) und des Papyrus 39 der Leipziger Universitätsbibliothek (2013), TU 159, Berlin/New York 2007 [Emmenegger, Koptischer Psalter (2007)].

Engel, H./M. Lattke, Art. „Oden", in: M. Bauks et al. (Hg.), Das wissenschaftliche Bibellexikon im Internet (WiBiLex), Januar 2012 (URL: http://www.bibelwissenschaft.de/stichwort/59306/, vom 15.01.2015) [Engel/Lattke, Oden (2012)].

Faulhaber, M., Die Propheten-Catenen nach römischen Handschriften, BSt(F) 4.2–3, Freiburg i.B. 1899 [Faulhaber, Propheten-Catenen (1899)].

Fauth, W., Richard Reitzenstein, Professor der Klassischen Philologie. 1914–1928, in: C. J. Classen (Hg.), Die klassische Altertumswissenschaft an der Georg-August-Universität Göttingen. Eine Ringvorlesung zu ihrer Geschichte, Göttinger Universitätsschriften Serie A: Schriften. Bd. 14, Göttingen 1989, 178–196 [Fauth, Reitzenstein (1989)].

FERNÁNDEZ MARCOS, N., Some Reflections on the Antiochian Text of the Septuagint, in: D. FRAENKEL/U. QUAST/J. W. WEVERS (Hg.), Studien zur Septuaginta – Robert Hanhart zu Ehren. Aus Anlaß seines 65. Geburtstages, MSU 20, Göttingen 1990, 219–229 [FERNÁNDEZ MARCOS, Some Reflections (1990)].

— The Antiochene Edition in the Text History of the Greek Bible, in: S. KREUZER/ M. SIGISMUND (Hg.), Der Antiochenische Text der Septuaginta in seiner Bezeugung und seiner Bedeutung, De Septuaginta Investigationes (DSI) 4, Göttingen 2013, 57–73 [FERNÁNDEZ MARCOS, Antiochene Edition (2013)].

— The Lucianic Text in the Books of Kingdoms: From Lagarde to the Textual Pluralism, in: A. PIETERSMA/C. COX (Hg.), De Septuaginta. Studies in Honour of John William Wevers on his sixty-fifth birthday, Mississauga/Canada (Benben Publications) 1984, 161–174 [FERNÁNDEZ MARCOS, Lucianic Text (1984)].

— The Septuagint in Context. Introduction to the Greek Versions of the Bible, Leiden 2000 [FERNÁNDEZ MARCOS, Septuagint in Context (2000)].

FERNÁNDEZ MARCOS, N./J. R. BUSTO SAIZ, El texto antioqueno de la Biblia griega. I. 1-2 Samuel, TECC 50, Madrid 1989 [FERNÁNDEZ MARCOS/BUSTO SAIZ, El texto antioqueno (1989)].

— El texto antioqueno de la Biblia griega. II. 1-2 Reyes, TECC 53, Madrid 1992 [FERNÁNDEZ MARCOS/BUSTO SAIZ, El texto antioqueno (1992)].

— El texto antioqueno de la Biblia griega. III. 1-2 Crónicas, TECC 60, Madrid 1996 [FERNÁNDEZ MARCOS/BUSTO SAIZ, El texto antioqueno (1996)].

FERNÁNDEZ MARCOS, N./V. SPOTTORNO DÍAZ-CARO/J. M. CAÑAS REÍLLO, Índice griego-hebreo del texto antioqueno en los libros históricos, 2 Vol., TECC 75, Madrid 2005 [FERNÁNDEZ MARCOS et al., Índice (2005)].

FIELD, F., Origenis Hexaplorum quae supersunt, 2 Bd., Oxonii 1875 [FIELD, Hexapla 1 und 2 (1875)].

— Origenis Hexaplorum quae supersunt sive veterum interpretum graecorum in totum Vetus Testamentum fragmenta, tom. 1, fasc. 2: Prolegomena, Josua – Esther, Auctarium et Indices, Oxford 1874 [FIELD, Hexapla (1874)].

FISCHER, A. A., Der Text des Alten Testaments. Neubearbeitung der Einführung in die Biblia Hebraica von Ernst Würthwein, Stuttgart 2009 [FISCHER, Text (2009)].

FITTSCHEN, K., Hermann Thiersch, in: R. LULLIES/W. SCHIERING (Hg.), Archäologenbildnisse. Porträts und Kurzbiographien von Klassischen Archäologen deutscher Sprache, Mainz 1988, 183–184 [FITTSCHEN, Thiersch (1988)].

FRAENKEL, D., Der textkritische Apparat der Göttinger Septuaginta, in: KRATZ/NEUSCHÄFER, Göttinger Septuaginta (2013), 53–71 [FRAENKEL, Der textkritische Apparat (2013)].

FRAENKEL, D./U. QUAST/J. W. WEVERS, Geleitwort, in: DIES. (Hg.), Studien zur Septuaginta – Robert Hanhart zu Ehren. Aus Anlaß seines 65. Geburtstages, MSU 20, Göttingen 1990, 9–18 [FRAENKEL et al., Geleitwort (1990)].

FRAENKEL, E., Friedrich Leo, in: DERS., Kleine Beiträge zur klassischen Philologie, Bd. 2, SeL 96, Roma 1964, 545–553 (= IMW, Mai 1914, 1–14) [E. FRAENKEL, Leo (1914/1964)].

FRAUENDIENST, W., Art. „Bethmann Hollweg, Theobald Theodor Friedrich Alfred von", in: NDB 2, Berlin 1955, 188–193 [FRAUENDIENST, von Bethmann Hollweg (1955)].

FREYTAG, G. W., Lexicon Arabico-Latinum. 4 Vol., Halle 1830–1837 [FREYTAG, Lexicon (1830–1837)].

FRITZSCHE, O. F. (Hg.), Libri Apocryphi Veteris Testamenti Graece, Lipsiae 1871 [FRITZSCHE, Libri Apocryphi (1871)].

FUCHS, E., Die Scholien des Bar-Hebraeus zum XXIII. und XXIX. Psalm nach Handschriften herausgegeben und erläutert, Halle a.S. 1871 [FUCHS, Scholien (1871)].

FÜHRER, W., Art. „Schaeder, Erich", in: BBKL 8, Herzberg 1995, 1508–1509 [FÜHRER, Schaeder (1995)].

GARDTHAUSEN, V., Griechische Paläographie, Zweiter Band: Die Schrift, Unterschriften und Chronologie im Altertum und im byzantinischen Mittelalter, Leipzig ²1913 [GARDTHAUSEN, Paläographie Zweiter Band (²1913)].

GEBHARDT, O. von, Rez. zu: A. Rahlfs, Alter und Heimat der vaticanischen Bibelhandschrift, in: NGWG.PH (1899), 72–79, in: ThLZ 24 (1899), 556–557 [GEBHARDT, Rez. Rahlfs (1899)].

— (Hg.), Ψαλμοὶ Σολομῶντος. Die Psalmen Salomo's. Zum ersten Male mit Benutzung der Athoshandschriften und des Codex Casanatensis herausgegeben, TU 13,2, Leipzig 1895 [GEBHARDT, Ψαλμοὶ Σολομῶντος (1895)].

GEORG-AUGUST-UNIVERSITÄT GÖTTINGEN (Hg.), Amtliches Namenverzeichnis. Winterhalbjahr 1930/31 [UNI GÖTTINGEN, Namenverzeichnis (1930/31)].

GERHÄUSSER, W./A. RAHLFS, Münchener Septuaginta-Fragmente, in: NGWG.PH (1913), 72–87 (= MSU 1, 101–118) [GERHÄUSSER/RAHLFS, Fragmente (1913)].

GERSTENBERGER, E. S., Art. „עזב II", in: ThWAT 6, Stuttgart et al. 1989, 247–270 [GERSTENBERGER, עזב II (1989)].

GESENIUS, W., Hebräisches und Aramäisches Handwörterbuch über das Alte Testament, unveränderter Neudruck der 1915 erschienenen 17. Aufl., Berlin et al. 1962 [GESENIUS, Handwörterbuch (¹⁷1962)].

— Hebräisches und Aramäisches Handwörterbuch über das Alte Testament, hg. von H. DONNER, 18. Aufl., Berlin/Heidelberg 2013 [GESENIUS, Handwörterbuch (¹⁸2013)].

GIERL, M., Geschichte und Organisation. Institutionalisierung als Kommunikationsprozess am Beispiel der Wissenschaftsakademien um 1900, AAWG.PH 233, Göttingen 2004 [GIERL, Geschichte (2004)].

GLAUE, P., Art. „Rahlfs, Alfred", in: RGG¹ 4, Tübingen 1913, 2019 [GLAUE, Rahlfs (1913)].

— Art. „Rahlfs, Alfred", in: RGG² 4, Tübingen 1930, 1687–1688 [GLAUE, Rahlfs (1930)].

GLAUE, P./A. RAHLFS, Fragmente einer griechischen Übersetzung des samaritanischen Pentateuchs, in: NGWG.PH (1911), 167–200, mit einem Nachtrag: A. RAHLFS, Ein weiteres Fragment der griechischen Übersetzung des samaritanischen Pentateuchs, in: NGWG.PH (1911), 263–266 [GLAUE/RAHLFS, Fragmente (1911)].

GÖTTSBERGER, J., Barhebräus und seine Scholien zur Heiligen Schrift, BSt(F) 5, Freiburg i.B. 1900 [GÖTTSBERGER, Heilige Schrift (1900)].

GOSCHE, R./A. SOCIN, Art. „Erpenius, Thomas", in: RE³ 5, Leipzig 1898, 481–482 [GOSCHE/SOCIN, Erpenius (1898)].

GRABE, J. E. (Hg.), Septuaginta Interpretum, Oxonii 1707–1720 [GRABE, Septuaginta (1707–1720)].

GRAETZ, H., Kritischer Commentar zu den Psalmen nebst Text und Uebersetzung. Erster Band, Breslau 1882 [GRAETZ, Kritischer Commentar Bd. 1 (1882)].

GRAF, F. W., Art. „Ritschl, Albrecht", in: NDB 21, Berlin 2003, 649–650 [GRAF, Ritschl (2003)].

— Der „Systematiker" der „Kleinen Göttinger Fakultät". Ernst Troeltschs Promotionsthesen und ihr Göttinger Kontext, in: RENZ/GRAF, Troeltsch-Studien (1982), 235–290 [GRAF, Der „Systematiker" (1982)].

— Licentiatus theologiae und Habilitation, in: RENZ/GRAF, Troeltsch-Studien (1982), 78–102 [GRAF, Licentiatus (1982)].

GRAU, C., Berühmte Wissenschaftsakademien. Von ihrem Entstehen und ihrem weltweiten Erfolg, Leipzig 1988 [GRAU, Berühmte Wissenschaftsakademien (1988)].

— Die Wissenschaftsakademien in der deutschen Gesellschaft: Das „Kartell" von 1893 bis 1940, in: Acta historica Leopoldina 22 (1995), 31–56 [GRAU, Kartell (1995)].

GRESSMANN, H., Albert Eichhorn und Die Religionsgeschichtliche Schule, Göttingen 1914 [GRESSMANN, Religionsgeschichtliche Schule (1914)].

— Art. „de Lagarde, Paul Anton", in: RGG[1] 3, Tübingen 1912, 1919–1922 [GRESSMANN, Lagarde (1912)].

GRIMM, A., Art. „Sethe, Kurt", in: NDB 24, Berlin 2010, 274–276 [A. GRIMM, Sethe (2010)].

GRIMM, C. L. W., Das erste Buch der Maccabäer, Kurzgefasstes exegetisches Handbuch zu den Apokryphen des Alten Testamentes, Lfg. 3, Leipzig 1853 [C. L. W. GRIMM, Handbuch Mac. I (1853)].

— Das zweite, dritte und vierte Buch der Maccabäer, Kurzgefasstes exegetisches Handbuch zu den Apokryphen des Alten Testamentes, Lfg. 4, Leipzig 1857 [C. L. W. GRIMM, Handbuch Mac. II–IV (1857)].

GRIMM, T., Art. „Hackmann, Heinrich Friedrich", in: NDB 7, Berlin 1966, 413–414 [T. GRIMM, Hackmann (1966)].

GROSSE-BRAUCKMANN, E., Art. „Rahlfs, Alfred", in: RGG[3] 5, Tübingen 1961, 769–770 [GROSSE-BRAUCKMANN, Rahlfs (1961)].

— Der Psaltertext bei Theodoret, in: NGWG.PH (1911), 336–365 (= MSU 1, 69–100) [GROSSE-BRAUCKMANN, Psaltertext (1911)].

GRYSON, R., Altlateinische Handschriften. Manuscrits vieux latins. Répertoire descriptif, 2 Bd., VL 1/2A und 1/2B, Freiburg i.B. 1999 und 2004 [GRYSON, VL 1/2A (1999) bzw. 1/2B (2004)].

GUNKEL, H., Gedächtnisrede auf Wilhelm Bousset, gehalten in der Universität Gießen am 9. Mai 1920, in: EvFr 20, Tübingen 1920, 141–162 [GUNKEL, Gedächtnisrede Bousset (1920)].

HACKMANN, H., Lagardes akademische Lehrmethode. Sein letztes Kolleg, in: SCHEMANN, Lagarde ([2]1920), 401–403 [HACKMANN, Lagardes akademische Lehrmethode ([2]1920)].

HAEBLER, C., Jacob Wackernagel, 1853–1938, in: ARNDT et al., Göttinger Gelehrte 1 (2001), 300–301 [HAEBLER, Wackernagel (2001)].

HAERING, H., Theodor Haering 1848–1928. Christ und systematischer Theologe. Ein Lebens- und Zeitbild, Stuttgart 1963 [HAERING, Lebensbild (1963)].

HAGE, W., Art. „Gregor Barhebräus", in: TRE 14, Berlin/New York 1985, 158–164 [HAGE, Barhebräus (1985)].

HAGEDORN, J., Hermann Wagner, 1840–1929, in: ARNDT et al., Göttinger Gelehrte 1 (2001), 230–231 [HAGEDORN, Wagner (2001)].

HALL, F. W., A Companion to Classical Texts, Oxford 1913 (Nachdruck: Hildesheim 1968) [HALL, Companion (1913)].

HAMMANN, K., Hermann Gunkel. Eine Biographie, Tübingen 2014 [HAMMANN, Gunkel (2014)].

HANHART, R., Begrüßungsworte beim Empfang am 25. Juli 1997, in: AEJMELAEUS/QUAST, Septuaginta-Psalter (2000), 9–11 [HANHART, Begrüßungsworte (2000)].

— Das Göttinger Septuaginta-Unternehmen. Die Geschichte, in: DERS./J. W. WEVERS (Hg.), Das Göttinger Septuaginta-Unternehmen, Göttingen 1977, 5–11 (Nachdruck: 1997) [HANHART, Geschichte (1977/1997)].

— Die Editio altera der Septuaginta von Alfred Rahlfs – Präsentation und Begründung, in: M. KARRER/W. KRAUS (Hg.): Die Septuaginta – Texte, Kontexte, Lebenswelten. Inter- nationale Fachtagung veranstaltet von Septuaginta Deutsch (LXX.D), Wuppertal 20.–23. Juli 2006, WUNT 219, Tübingen 2008, 3–7 [HANHART, Die Editio altera (2008)].

— (Hg.), Esdrae liber I, Septuag nta. Vetus Testamentum Graecum auctoritate Academiae Scientiarum Gottingensis editum, Bd. VIII,1, Göttingen 1974, 2., durchgesehene Aufl. 1991 [HANHART, Esdr. I (1974 bzw. ²1991)].

— (Hg.), Esdrae liber II, Septuaginta. Vetus Testamentum Graecum auctoritate Academiae Scientiarum Gottingensis editum, Bd. VIII,2, Göttingen 1993 [HANHART, Esdr. II (1993)].

— (Hg.), Esther, Septuaginta. Vetus Testamentum Graecum auctoritate Academiae Litterarum Gottingensis editum, Bc. VIII.3, Göttingen 1966, 2., durchgesehene Aufl. 1983 [HANHART, Est. (1966 bzw. ²1983)].

— (Hg.), Iudith, Septuaginta. Vetus Testamentum Graecum auctoritate Academiae Scientiarum Gottingensis editum, Bd. VIII,4, Göttingen 1979 [HANHART, Idt. (1979)].

— Jüdische Tradition und christliche Interpretation. Zur Geschichte der Septuagintaforschung in Göttingen, in: DERS., Studien (1999), 231–247 [HANHART, Jüdische Tradition (1999)].

— (Hg.), Maccabaeorum liber II, Septuaginta. Vetus Testamentum Graecum auctoritate Societatis Litterarum Gottingensis editum, Bd. IX,2, Göttingen 1959, 3., durchgesehene Aufl. 2008 [HANHART, Mac. II ²1959 bzw. ³2008)].

— (Hg.), Maccabaeorum liber III. Septuaginta. Vetus Testamentum Graecum auctoritate Societatis Litterarum Gottingensis editum, Bd. IX,3, Göttingen 1960, 2., durchgesehene Aufl. 1980 [HANHART, Mac. III (1960 bzw. ²1980)].

— (Hg.), Paralipomenon liber II, Septuaginta. Vetus Testamentum Graecum auctoritate Academiae Scientiarum Gottingensis editum, Bd. VII,2, Göttingen 2014 [HANHART, Par. II (2014)].

— Paul Anton de Lagarde und seine Kritik an der Theologie, in: MOELLER, Theologie in Göttingen (1987), 271–305 [HANHART, Lagarde (1987)].

— Rechenschaftsbericht zu᷉ editio altera der Handausgabe der Septuaginta von Alfred Rahlfs, in: VT 55 (2005), 450–460 [HANHART, Rechenschaftsbericht (2005)].

— Studien zur Septuaginta und zum hellenistischen Judentum (hg. v. R. G. KRATZ), FAT 24, Tübingen 1999 [HANHART, Studien (1999)].

— Text und Textgeschichte des 1. Esrabuches, MSU 12, Göttingen 1974 [HANHART, TGE I (1974)].

— Text und Textgeschichte des 2. Esrabuches, MSU 25, Göttingen 2003 [HANHART, TGE II (2003)].

— Text und Textgeschichte des Buches Judith, MSU 14, Göttingen 1979 [HANHART, TGI (1979)].

— Text und Textgeschichte des Buches Tobit, MSU 17, Göttingen 1984 [HANHART, TGT (1984)].

— (Hg.), Tobit, Septuaginta. Vetus Testamentum Graecum auctoritate Academiae Scientiarum Gottingensis editum, Bc. VIII,5, Göttingen 1983 [HANHART, Tob. (1983)].

— Zum Text des 2. und 3. Makkabäerbuches. Probleme der Überlieferung der Auslegung und der Ausgabe, MSU 7, Göttingen 1961 [HANHART, Text Mac. II–III (1961)].

HARL, M., La Bible D'Alexandrie, Vol. 1: La Genèse, Paris 1986 [HARL, Genèse (1986)].

HARNACK, A. (von), Protokollbuch der Kirchenväter-Kommission der Preußischen Akademie der Wissenschaften 1897–1928. Diplomatische Umschrift von Stefan Rebenich, Einleitung und kommentierende Anmerkungen von Christoph Markschies, Berlin/New York 2000 [HARNACK, Protokollbuch (2000)].

HARTENSTEIN, F., Art. „Religionsgeschichtliche Schule (I. Begriff und Geschichte)", in: RGG⁴ 7, Tübingen 2004, 321–322 [HARTENSTEIN, Religionsgeschichtliche Schule. I (2004)].

HATCH, E./H. A. REDPATH, A Concordance to the Septuagint, And the other Greek Versions of the Old Testament (Including the Apocryphical Books), Grand Rapids ²1998 [HATCH/REDPATH, Concordance (²1998)].

HAUTSCH, E., Der Lukiantext des Oktateuch, in: NGWG.PH (1909), 518–543 (= MSU 1, 1–28) [HAUTSCH, Lukiantext (1909)].

HAWKE, J., Art. „Swete, Henry Barclay", in: Oxford Dictionary of National Biography, Oxford 2004 (URL: http://www.oxforddnb.com/view/article/36386, vom 15.01.2015) [HAWKE, Swete (2004)].

HEDLEY, P. L., The Göttingen Investigation and Edition of the Septuagint, in: HThR 26 (1933), 57–72 [HEDLEY, Göttingen Investigation (1933)].

HEGENBARTH, I., Art. „Petraeus, Theodor", in: Encyclopaedia Aethiopica, Bd. 4, Wiesbaden 2010, 137–138 [HEGENBARTH, Petraeus (2010)].

HELBING, R., Die Kasussyntax der Verba bei den Septuaginta. Ein Beitrag zur Hebraismenfrage und zur Syntax der Κοινή, Göttingen 1928 [HELBING, Kasussyntax (1928)].

HEMPEL, J., Alfred Rahlfs, in: FuF 11 (1935), 192 [HEMPEL, Rahlfs (1935)].

HENGEL, M./A. M. SCHWEMER (Hg.), Die Septuaginta zwischen Judentum und Christentum, WUNT 72, Tübingen 1994 [HENGEL/SCHWEMER, Septuaginta (1994)].

HERRLITZ, H.-G., Von Herbart zu Nohl – Göttinger Pädagogik im 19. Jahrhundert, in: D. HOFFMANN (Hg.), Pädagogik an der Georg-August-Universität Göttingen. Eine Vorlesungsreihe, Göttinger Universitätsschriften Serie A: Schriften, Bd. 7, Göttingen 1987, 83–107 [HERRLITZ, Göttinger Pädagogik (1987)].

HERTEL, J., Nekrolog auf Ernst Windisch, in: BVSAW.PH 73,2, Leipzig 1922, 9*–24* [HERTEL, Nekrolog Windisch (1922)].

HIEBERT, R. J. V., Syriac Biblical Textual History and the Greek Psalter, in: DERS. et al., Old Greek Psalter (2001), 178–204 [HIEBERT, Syriac Biblical Textual History (2001)].

— The Place of the Syriac Versions in the Textual History of the Psalter, in: P. W. FLINT/ P. D. MILLER (Hg.), The Book of Psalms. Composition and Reception, VT.S 99, Leiden et al. 2005, 505–536 [HIEBERT, Place of the Syriac Versions (2005)].

— The "Syrohexaplaric" Psalter, SBL.SCS 27, Atlanta 1989 [HIEBERT, "Syrohexaplaric" Psalter (1989)].

— The "Syrohexaplaric" Psalter: Its Text and Textual History, in: AEJMELAEUS/QUAST, Septuaginta-Psalter (2000), 123–146 [HIEBERT, "Syrohexaplaric" Psalter (2000)].

HIEBERT, R. J. V. et al. (Hg.), The Old Greek Psalter. Studies in Honour of Albert Pietersma, JSOT.S 332, Sheffield Academic Press 2001 [HIEBERT et al., Old Greek Psalter (2001)].

HIEBERT, R. J. V./N. N. DYKSTRA, What Does the Computer Have to Do with Textual Criticism? Innovative Technology for the Management and Analysis of Collation Data and the Grouping of Manuscripts, in: KRATZ/NEUSCHÄFER, Göttinger Septuaginta (2013), 107–131 [HIEBERT/DYKSTRA, Computer (2013)].

HOLMES, R./J. PARSONS, Vetus Testamentum Graecum cum variis lectionibus, Oxonii 1798–1827 [HOLMES/PARSONS, Septuaginta (1798–1827)].

HOLZHEY, C., Rez. zu: A. Rahlfs, Septuaginta-Studien 2: Der Text des Septuaginta-Psalters. Nebst einem Anhang: Griechische Psalterfragmente aus Oberägypten nach Abschriften von W. E. Crum, Göttingen 1907, in: ThRv 6 (1907), 579–580 [HOLZHEY, Rez. SEPT.-STUD. 2 (1907)].

— Rez. zu: A. Rahlfs, Zur Setzung der Lesemütter im Alten Testament, NGWG.PH (1916), 315–347, in: DLZ 51 (1916), 2045 [HOLZHEY, Rez. Rahlfs (1916)].

HORN, J., Die koptische (sahidische) Überlieferung des alttestamentlichen Psalmenbuches – Versuch einer Gruppierung der Textzeugen für die Herstellung des Textes, in: AEJMELAEUS/ QUAST, Septuaginta-Psalter (2000), 97–106 [HORN, Koptischer Psalter (2000)].

HORST, L., Rez. zu: A. Rahlfs, Des Gregorius Abulfarag genannt Bar Ebhroyo Anmerkungen
zu den Salomonischen Schriften, Diss. Göttingen, Leipzig 1887, in: ThLZ 13 (1888), 137
[HORST, Rez. Rahlfs (1888)].

HOWALD, E., Art. „Haym, Rudolf", in: NDB 8, Berlin 1969, 152–153 [HOWALD, Haym (1969)].

HÜBNER, E., „Himmlisches Haus" und Ernst-August-Hospital – Die Geschichte der Gebäude
des Theologischen Stifts, in: B. SCHRÖDER/H. WOJTKOWIAK (Hg.), Stiftsgeschichte(n). 250
Jahre Theologisches Stift der Universität Göttingen (1765–2015), Göttingen 2015, 369–380
[HÜBNER, Gebäaude (2015)].

Institut für Neutestamentliche Textforschung (INTF) Münster/Westf. (Hg.), Nestle-Aland. Novum
Testamentum Graece, 28. revidierte Aufl., Stuttgart 2012 [NTG[28]].

JACOB, H., Art. „Goedeke, Karl", in: NDB 6, Berlin 1964, 512 [JACOB, Goedeke (1964)].

JASPERT, B. (Hg.), Karl Barth – Rudolf Bultmann. Briefwechsel. 1922–1966, Karl Barth Gesamtausgabe 5,1, Zürich 1971 [JASPERT, Barth-Bultmann Briefwechsel (1971)].

JELLICOE, S., The Hesychian Recension Reconsidered, in: JBL 82 (1963), 409–418 [JELLICOE,
Hesychian Recension (1963)].

— The Septuagint and Modern Study, Oxford 1968 [JELLICOE, Septuagint (1968)].

JEREMIAS, J., Nachruf auf Emil Große-Brauckmann, in: JAWG (für 1961), Göttingen 1963, 64
[JEREMIAS, Nachruf Große-Brauckmann (1963)].

— Vorwort, in: RAHLFS, Septuaginta-Studien I-III (²1965), 9–10 [JEREMIAS, Vorwort (1965)].

JOBES, K. H./M. SILVA, Invitation to the Septuagint, Grand Rapids 2005 [JOBES/SILVA, Invitation
(2005)].

— Invitation to the Septuagint, Grand Rapids ²2015 [JOBES/SILVA, Invitation (²2015)].

JOHANNESSOHN, M., Der Gebrauch der Präpositionen in der Septuaginta, MSU 3,3, Berlin 1925
[JOHANNESSOHN, Präpositionen (1925)].

JOOSTEN, J., The *Samareitikon* and the Samaritan-Tradition, in: W. KRAUS/S. KREUZER (Hg.),
Die Septuaginta – Text, Wirkung, Rezeption. 4. Internationale Fachtagung veranstaltet
von Septuaginta Deutsch (LXX.D), Wuppertal 19.–22. Juli 2012, Tübingen 2014, 346–359
[JOOSTEN, *Samareitikon* (2014)].

KÄHLER, E., Art. „Kähler, Martin", in: NDB 10, Berlin 1974, 725–726 [KÄHLER, Kähler (1974)].

KAHLE, P. E., Die Kairoer Genisa. Untersuchungen zur Geschichte des hebräischen Bibeltextes
und seiner Übersetzungen, Berlin 1962 [KAHLE, Kairoer Genisa (1962)].

— The Cairo Geniza. The Schweich Lectures of the British Academy 1941, London 1947
[KAHLE, Cairo Geniza (1947)].

— The Cairo Geniza, Second edition, Oxford 1959 [KAHLE, Cairo Geniza (²1959)].

KAPPLER, W., Ankündigung der Ausgabe von A. Rahlfs (Hg.), Psalmi cum Odis, Septuaginta.
Societatis Scientiarum Gottingensis auctoritate X, Göttingen 1931, in: FuF 8 (1932), 15
[KAPPLER, Ankündigung (1932)].

— De memoria alterius libri Maccabaeorum. Diss. Gottingae, Gottingae 1929 [KAPPLER,
De memoria (1929)].

— (Hg.), Maccabaeorum liber I, Septuaginta. Vetus Testamentum Graecum auctoritate
Societatis Litterarum Gottingensis editum, Bd. IX,1, Göttingen 1936, 3. Aufl. 1990
[KAPPLER, Mac. I (1936 bzw. ³1990)].

KARO, G./H. LIETZMANN, Caterarum Graecarum Catalogus, NGWG.PH (1902),
1–66.299–350.559–620 [KARO/LIETZMANN, Catalogus (1902)].

KATZ, P., Rez. zu: A. Rahlfs (Hg.), Septuaginta id est Vetus Testamentum Graece iuxta LXX
interpretes, 2 Vol., Stuttgart 1935, in: ThLZ 61 (1936), 265–287 [KATZ, Rez. Handausgabe
(1936)].

— Septuagintal studies in the mid-century. Their links with the past and their present tendencies, in: W. D. DAVIES/D. DAUBE (Hg.), The Background of the New Testament and its Eschatology. Studies in Honour of C. H. Dood, Cambridge 1956, 176–210 [KATZ, Septuagintal studies (1956)].
→ Vgl. auch unten: WALTERS.

KAUHANEN, T., The Proto-Lucianic Problem in 1 Samuel, De Septuaginta Investigationes (DSI) 3, Göttingen 2012 [KAUHANEN, Proto-Lucianic Problem (2012)].

KAUTZSCH, E., Art. „Riehm, Eduard", in: ADB 30, Leipzig 1890, 72–74 [KAUTZSCH, Riehm (1890)].

— Das erste Buch der Makkabäer, in: APAT 1, Tübingen 1900, 24–81 [KAUTZSCH, Mac. I (1900)].

KAYSER, K., Art. „Göttingen, Universität", in: RGG[1] 2, Tübingen 1910, 1503–1509 [KAYSER, Universität Göttingen (1910)].

KESSLER, K., Mani, Forschungen über die manichäische Religion. 1. Bd. Voruntersuchungen und Quellen, Berlin 1889 [KESSLER, Mani (1889)].

KIENZLER, K., Art. „Ritschl, Albrecht", in: BBKL 8, Herzberg 1995, 396–401 [KIENZLER, Ritschl (1995)].

KITTEL, G., Rez. zu: A. Rahlfs (Hg.), Septuaginta id est Vetus Testamentum Graece iuxta LXX interpretes, 2 Vol., Stuttgart 1935, in: DLZ 1937, 1175–1176 [KITTEL, Rez. Rahlfs (1937)].

KLAMROTH, M. (Hg.), Gregorii Abulfaragii Bar Ebhraya in actus Apostolorum et epistolas catholicas adnotationes. Diss. Gottingae, Gottingae 1878 [KLAMROTH, Barhebräus (1878)].

KLATT, W., Hermann Gunkel. Zu seiner Theologie der Religionsgeschichte und zur Entstehung der formgeschichtlichen Methode, FRLANT 100, Göttingen 1969 [KLATT, Gunkel (1969)].

KLAUCK, H.-J., 4. Makkabäerbuch, in: JSHRZ 3,6, Gütersloh 1989, 645–763 [KLAUCK, Mac. IV (1989)].

KLOSTERMANN, E., Rez. zu: A. Rahlfs, Septuaginta-Studien 1: Studien zu den Königsbüchern, Göttingen 1904, in: ThLZ 28 (1904), 455 [KLOSTERMANN, Rez. Rahlfs (1904)].

KÖHLER, L., Septuaginta, in: NZZ 156 (14. April 1935), Nr. 656 [KÖHLER, Septuaginta (1935)].

KOMMISSION DES SEPTUAGINTA-UNTERNEHMENS, Erster Bericht über das Septuaginta-Unternehmen (Berichtsjahr 1908), in: NGWG. Geschäftliche Mitteilungen aus dem Jahre 1909, Berlin 1909, 17–19 [KOMMISSION, Bericht (1908)].

— Bericht über das Septuaginta-Unternehmen der Kgl. Gesellschaft der Wissenschaften zu Göttingen, in: NGWG. Geschäftliche Mitteilungen aus dem Jahre 1909, Berlin 1909, 129–138 [KOMMISSION, Bericht (1909)].

— Dritter Bericht über das Septuaginta-Unternehmen (Berichtsjahr 1910), in: NGWG. Geschäftliche Mitteilungen aus dem Jahre 1911, Berlin 1911, 21–25 [KOMMISSION, Bericht (1910)].

— Vierter Bericht über das Septuaginta-Unternehmen (Berichtsjahr 1911), in: NGWG. Geschäftliche Mitteilungen aus dem Jahre 1912, Berlin 1912, 18–20 [KOMMISSION, Bericht (1911)].

— Fünfter Bericht über das Septuaginta-Unternehmen (Berichtsjahr 1912), in: NGWG. Geschäftliche Mitteilungen aus dem Jahre 1913, Berlin 1913, 23–24 [KOMMISSION, Bericht (1912)].

— Sechster Bericht über das Septuaginta-Unternehmen (Berichtsjahr 1913), in: NGWG. Geschäftliche Mitteilungen aus dem Jahre 1914, Berlin 1914, 22–24 [KOMMISSION, Bericht (1913[1])].

— Bericht über das Septuaginta-Unternehmen der Königl. Gesellschaft der Wissenschaften zu Göttingen. Der Internationalen Assoziation der Akademien vorgelegt zur Generalversammlung 1913, Göttingen 1913, 8 S. [KOMMISSION, Bericht (1913ᴵᴵ)].

— Siebenter Bericht über das Septuaginta-Unternehmen (Berichtsjahr 1914), in: NGWG. Geschäftliche Mitteilungen aus dem Jahre 1915, Berlin 1915, 19–21 [KOMMISSION, Bericht (1914)].

— Achter Bericht über das Septuaginta-Unternehmen (Berichtsjahr 1915), in: NGWG. Geschäftliche Mitteilungen aus dem Jahre 1916, Berlin 1916, 15–17 [KOMMISSION, Bericht (1915)].

— Neunter Bericht über das Septuaginta-Unternehmen (Berichtsjahr 1916), in: NGWG. Geschäftliche Mitteilungen aus dem Jahre 1917, Berlin 1917, 16–17 [KOMMISSION, Bericht (1916)].

— Zehnter Bericht über das Septuaginta-Unternehmen (Berichtsjahr 1917), in: NGWG. Geschäftliche Mitteilungen aus dem Jahre 1918, Berlin 1918, 35–37 [KOMMISSION, Bericht (1917)].

— Elfter Bericht über das Septuaginta-Unternehmen (Berichtsjahr 1918), in: NGWG. Geschäftliche Mitteilungen aus dem Jahre 1919, Berlin 1919, 36–37 [KOMMISSION, Bericht (1918)].

— Zwölfter Bericht über das Septuaginta-Unternehmen (Berichtsjahr 1919), in: NGWG. Geschäftliche Mitteilungen aus dem Jahre 1920, Berlin 1920, 39 [KOMMISSION, Bericht (1919)].

— Vierzehnter Bericht über das Septuaginta-Unternehmen (Berichtsjahr 1921), in: NGWG. Geschäftliche Mitteilungen aus dem Jahre 1922, Berlin 1922, 52 [KOMMISSION, Bericht (1921)].

— Fünfzehnter Bericht über das Septuaginta-Unternehmen (Berichtsjahr 1922), in: NGWG. Geschäftliche Mitteilungen aus dem Jahre 1922, Berlin 1923, 22 [KOMMISSION, Bericht (1922)].

— Sechzehnter Bericht über das Septuaginta-Unternehmen (Berichtsjahr 1923), in: NGWG. Geschäftliche Mitteilungen aus dem Berichtsjahr 1923/24, Berlin 1924, 21 [KOMMISSION, Bericht (1923)].

— Siebzehnter Bericht über das Septuaginta-Unternehmen (Berichtsjahr 1924), in: NGWG. Geschäftliche Mitteilungen aus dem Berichtsjahr 1924/25, Berlin 1925, 27 [KOMMISSION, Bericht (1924)].

— Achtzehnter Bericht über das Septuaginta-Unternehmen (Berichtsjahr 1925), in: NGWG. Geschäftliche Mitteilungen aus dem Berichtsjahr 1925/26, Berlin 1926, 26–27 [KOMMISSION, Bericht (1925)].

— Neunzehnter Bericht über das Septuaginta-Unternehmen (Berichtsjahr 1926), in: NGWG. Geschäftliche Mitteilungen aus dem Berichtsjahr 1926/27, Berlin 1927, 33 [KOMMISSION, Bericht (1926)].

— Zwanzigster Bericht über das Septuaginta-Unternehmen (Berichtsjahr 1927), in: NGWG. Geschäftliche Mitteilungen aus dem Berichtsjahr 1927/28, Berlin 1928, 34 [KOMMISSION, Bericht (1927)].

— Einundzwanzigster Bericht über das Septuaginta-Unternehmen (Berichtsjahr 1928), in: NGWG. Geschäftliche Mitteilungen aus dem Berichtsjahr 1928/29, Berlin 1929, 30–31 [KOMMISSION, Bericht (1928)].

— Zweiundzwanzigster Bericht über das Septuaginta-Unternehmen (Berichtsjahr 1929), in: NGWG. Geschäftliche Mitteilungen aus dem Berichtsjahr 1929/30, Berlin 1930, 25–26 [KOMMISSION, Bericht (1929)].

— Dreiundzwanzigster Bericht über das Septuaginta-Unternehmen (Berichtsjahr 1930), in: NGWG. Geschäftliche Mitteilungen aus dem Berichtsjahr 1930/31, Berlin 1931, 33–35 [KOMMISSION, Bericht (1930)].

— 24. Bericht über das Septuaginta-Unternehmen (Berichtsjahr 1931), in: NGWG. Geschäftliche Mitteilungen aus dem Berichtsjahr 1931/32, Berlin 1932, 29 [KOMMISSION, Bericht (1931)].

— 25. Bericht über das Septuaginta-Unternehmen (Berichtsjahr 1932), in: NGWG. Geschäftliche Mitteilungen aus dem Berichtsjahr 1932/33, Berlin 1933, 32–33 [KOMMISSION, Bericht (1932)].

— 26. Bericht über das Septuaginta-Unternehmen (Berichtsjahr 1933), in: NGWG. Jahresbericht über das Geschäftsjahr 1933/34, Berlin 1934, 30 [KOMMISSION, Bericht (1933)].

— 27. Bericht über das Septuaginta-Unternehmen (Berichtsjahr 1934), in: NGWG. Jahresbericht über das Geschäftsjahr 1934/35, Berlin 1935, 32 [KOMMISSION, Bericht (1934)].

— 29. Bericht über das Septuaginta-Unternehmen (Berichtsjahr 1936), in: NGWG. Jahresbericht über das Geschäftsjahr 1936/37, Göttingen 1937, 37 [KOMMISSION, Bericht (1936)].

— [*31. Bericht über das*] Septuaginta-Unternehmen [*Berichtsjahr 1938*], in: NGWG. Jahresbericht über das Geschäftsjahr 1938/39, Göttingen 1939, 101–102 [KOMMISSION, Bericht (1938)].

KORSCHAN-KUHLE, B., Art. „Eichhorn, Albert", in: H.-R. JARCK/G. SCHEEL (Hg.), Braunschweigisches Biographisches Lexikon. 19. und 20. Jahrhundert, Hannover 1996, 158 [KORSCHAN-KUHLE, Eichhorn (1996)].

KRAATZ, M., Art. „Otto, Karl Louis Rudolph", in: NDB 19, Berlin 1999, 709–711 [KRAATZ, Otto (1999)].

KRATZ, R. G., Art. „Wellhausen, Julius", in: TRE 35, Berlin/New York 2003, 527–536 [KRATZ, Wellhausen (2003)].

— 100 Jahre Göttinger Septuaginta, in: DERS./NEUSCHÄFER, Göttinger Septuaginta (2013), 1–10 [KRATZ, 100 Jahre (2013)].

— Das Göttinger Septuaginta-Unternehmen, in: JAWG 2004, Göttingen 2005, 118–128 [KRATZ, Septuaginta-Unternehmen (2005)].

— Julius Wellhausen (1844 – 1918) und die Geschichte, in: B. SCHRÖDER/H. WOJTKOWIAK (Hg.), Stiftsgeschichte(n). 250 Jahre Theologisches Stift der Universität Göttingen (1765–2015), Göttingen 2015, 105–116 [KRATZ, Wellhausen (2015)].

KRATZ, R. G./B. NEUSCHÄFER (Hg.), Die Göttinger Septuaginta. Ein editorisches Jahrhundertprojekt, AAWG N. F. 22 (= MSU 30), Berlin/Boston 2013 [KRATZ/NEUSCHÄFER, Göttinger Septuaginta (2013)].

KRAUS, H.-J., Art. „Kähler, Martin", in: TRE 17, Berlin/New York 1988, 511–515 [KRAUS, Kähler (1988)].

— Geschichte der historisch-kritischen Erforschung des Alten Testaments, 3., erweiterte Aufl., Neukirchen-Vluyn 1982 [KRAUS, Geschichte (^{3}1982)].

KRAUS, W./M. KARRER (Hg.), Septuaginta Deutsch. Das griechische Alte Testament in deutscher Übersetzung, Stuttgart ^{2}2010 [KRAUS/KARRER, LXX.D (^{2}2010)].

KREUZER, S., Verzeichnis der Konjekturen in der Göttinger Septuaginta und in der Septuaginta-Ausgabe von Alfred Rahlfs/Robert Hanhart, in: M. KARRER/W. KRAUS, Septuaginta Deutsch.

Erläuterungen und Kommentare zum griechischen Alten Testament, Bd. 1: Genesis bis
Makkabäer, Stuttgart 2011, 103–142 [KREUZER, Konjekturen (2011)].

LAGARDE, A. de, Paul de Lagarde. Erinnerungen aus seinem Leben, Göttingen 1894
[A. de LAGARDE, Erinnerungen (1894)].

LAGARDE, P. A. de, Agathangelus und die Akten Gregors von Armenien, Göttingen 1887
[LAGARDE, Agathangelus (1887)].

— Ankündigung einer neuen Ausgabe der griechischen Übersetzung des Alten Testaments,
Göttingen 1882 [LAGARDE, Ankündigung (1882)].

— Anmerkungen zur griechischen Übersetzung der Proverbien, Leipzig 1863 [LAGARDE,
Anmerkungen (1863)].

— Das hebräische עני, in: NGWG (1881), 404–406 [LAGARDE, עני (1881)].

— Des Hieronymus Übertragung der griechischen Übersetzung des Iob, in: DERS.,
Mittheilungen 2 (1887), 189–237 [LAGARDE, Hieronymus (1887)].

— Genesis graece. E fide editionis Sixtinae, addita scripturae discrepantia e libris manu
scriptis a se ipso conlatis et editionibus Complutensi et Aldina adcuratissime enotata,
Leipzig 1868 [LAGARDE, Genesis graece (1868)].

— Librorum Veteris Testamenti Canonicorum pars prior graece, Gottingae 1883 [LAGARDE,
Lukian (1883)].

— Mittheilungen 1, Göttingen 1884 [LAGARDE, Mittheilungen 1 (1884)].

— Mittheilungen 2, Göttingen 1887 [LAGARDE, Mittheilungen 2 (1887)].

— Noch einmal meine Ausgabe der Septuaginta, in: DERS., Mittheilungen 3, Göttingen 1889,
229–256 [LAGARDE, Noch einmal (1889)].

— Novae psalterii graeci editionis specimen, Göttingen 1887 [LAGARDE, Specimen (1887)].

— Praetermissorum libri duo, Gottingae 1879 [LAGARDE, Praetermissorum libri duo (1879)].

— Probe einer neuen ausgabe der lateinischen übersezungen des alten testaments,
Göttingen 1885 [LAGARDE, Probe lateinische Übersetzungen (1885)].

— Register und Nachträge zu der 1889 erschienenen Uebersicht über die im Aramäischen,
Arabischen und Hebräischen übliche Bildung der Nomina, Göttingen 1891 [LAGARDE,
Register und Nachträge (1891)].

— Rez. zu: W. Brandt, Die mandäische Religion, ihre Entwickelung und geschichtliche
Bedeutung erforscht, dargestellt und beleuchtet, Leipzig 1889, in: GGA (1890), 385–404
[LAGARDE, Rez. Brandt (1890)].

— Selbstanzeige der „Ankündigung einer neuen Ausgabe der griechischen Übersetzung des
Alten Testaments, Göttingen 1882", in: GGA (1882), 449–452 (= Mittheilungen 1 [1884],
122–123); zitiert nach den Mittheilungen [LAGARDE, Selbstanzeige (1882/1884)].

— SeptuagintaStudien. Erster Theil, AGWG.PH 37,1, Göttingen 1891 [LAGARDE, Septuaginta-
Studien I (1891)].

— SeptuagintaStudien. Zweiter Theil, AGWG.PH 38,1, Göttingen 1892 [LAGARDE, Septuaginta-
Studien II (1892)].

— Ueber die gegenwärtige Lage des deutschen Reichs, ein Bericht. Geschrieben zu Borth
vom 31 August bis 12 September 1875. Als eignes Buch erschienen zu Göttingen: Herbst
1875. Zweiter Druck im ersten Bande der deutschen Schriften: Göttingen, Ostern 1878,
in: E. SCHRÖDER/A. RAHLFS (Hg.), Deutsche Schriften von Paul de Lagarde. Gesammtausgabe letzter Hand, Göttingen ⁵1920, 106–182 [LAGARDE, Ueber die gegenwärtige Lage
(1875/⁵1920)].

— Veteris Testamenti ab Origene recensiti fragmenta apud Syros servata quinque, Göttingen
1880 [LAGARDE, Veteris Testamenti … (1880)].

— Vorbemerkungen zu meiner ausgabe der Septuaginta, in: Ders., Symmicta II, Göttingen 1880, 137–148 [Lagarde, Vorbemerkungen (1880)].

— Zum Unterrichtsgesetze. Erster Band der Deutschen Schriften: Ostern 1878, in: E. Schröder/A. Rahlfs (Hg.), Deutsche Schriften von Paul de Lagarde. Gesammtausgabe letzter Hand, Göttingen ⁵1920, 183–235 [Lagarde, Zum Unterrichtsgesetze (1878/⁵1920)].

— Zwei proben moderner kritik, in: Ders., Symmicta II, Göttingen 1880, 89–136 [Lagarde, Zwei Proben (1880)].

Lehmann, O., Die tachygraphischen Abkürzungen der griechischen Handschriften, Leipzig 1880 (Nachdruck: Hildesheim 1965) [Lehmann, Tachygraphische Abkürzungen (1880/1965)].

Leonhard, J., Die Büchse der Pandora. Geschichte des Ersten Weltkriegs, 4., durchges. Aufl., München 2014 [Leonhard, Geschichte (⁴2014)].

Levin, Chr., Das Gebetbuch der Gerechten. Literaturgeschichtliche Beobachtungen am Psalter, in: Ders., Fortschreibungen. Gesammelte Studien zum Alten Testament, BZAW 316, Berlin/New York 2003, 291–313 (zuerst erschienen in: ZThK 90 [1993], 355–381) [Levin, Gebetbuch (1993/2003)].

— The Poor in the Old Testament: Some Observations, in: Ders., Fortschreibungen. Gesammelte Studien zum Alten Testament, BZAW 316, Berlin/New York 2003, 322–338 (zuerst erschienen in: Religion & Theology 8 [Leiden 2001], 253–273) [Levin, The Poor (2001/2003)].

Liebing, H., Art. „Harnack, Karl Gustav Adolf von", in: NDB 7, Berlin 1966, 688–690 [Liebing, Harnack (1966)].

Lietzmann, H., Notiz zu „Das Buch Ruth, griechisch hrsg. von A. Rahlfs, Stuttgart 1922" und zu „A. Rahlfs, Studie über den griechischen Text des Buches Ruth, in: NGWG.PH (1922), 47–164 (= MSU 3, 47–164)", in: ZNW (1922), 314–315 [Lietzmann, Notiz (1922)].

Littmann, E., Art. „de Lagarde, Paul Anton", in: RGG² 3, Tübingen 1929, 1452–1453 [Littmann, Lagarde (1929)].

— Sabaische, griechische und altabessinische Inschriften, Berlin 1913 (= Generalverwaltung der Königlichen Museen zu Berlin [Hg.], Deutsche Aksum-Expedition, Bd. 4) [Littmann, Inschriften (1913)].

Lohfink, N., Von der „Anawim-Partei" zur „Kirche der Armen". Die bibelwissenschaftliche Ahnentafel eines Hauptbegriffs der „Theologie der Befreiung", in: Bib. 67 (1986), 153–176 [Lohfink, „Anawim-Partei" (1986)].

Ludwig, F., Carl Mirbt (1860 – 1929), in: B. Schröder/H. Wojtkowiak (Hg.), Stiftsgeschichte(n). 250 Jahre Theologisches Stift der Universität Göttingen (1765–2015), Göttingen 2015, 155–164 [Ludwig, Mirbt (2015)].

Lüdemann, G., Art. „Rahlfs, Alfred", in: P. Gisel (Hg.), Encyclopédie du protestantisme, Paris/Genf 1995, 1240–1241 [Lüdemann, Rahlfs (1995)].

— Die „Religionsgeschichtliche Schule" und die Neutestamentliche Wissenschaft, in: Ders., „Religionsgeschichtliche Schule" (1996), 9–22 [Lüdemann, RGS und NT (1996)].

— (Hg.), Die „Religionsgeschichtliche Schule", Frankfurt a.M. 1996 [Lüdemann, „Religionsgeschichtliche Schule" (1996)].

— Die Religionsgeschichtliche Schule, in: Moeller, Theologie in Göttingen (1987), 325–361 [Lüdemann, RGS (1987)].

Lüdemann, G./A. Özen, Art. „Religionsgeschichtliche Schule", in: TRE 28, Berlin/New York 1997, 618–624 [Lüdemann/Özen, Religionsgeschichtliche Schule (1997)].

Lüdemann, G./M. Schröder, Die Religionsgeschichtliche Schule in Göttingen. Eine Dokumentation, Göttingen 1987 [Lüdemann/Schröder, Dokumentation (1987)].

LÜTKEMANN, L./A. RAHLFS, Hexaplarische Randnoten zu Isaias 1-16, aus einer Sinai-Handschrift herausgegeben, in: NGWG.PH, Beiheft, Berlin 1915 (= MSU 1, 231–386; im Text nach dieser Zählung zitiert) [LÜTKEMANN/RAHLFS, Hexaplarische Randnoten (1915)].

MAAS, P., Textkritik, EAW 1,2, Leipzig/Berlin 1927 [MAAS, Textkritik (1927)].

— Textkritik, Leipzig ⁴1960 [MAAS, Textkritik (⁴1960)].

MARCHANT, E. C., Art. „Scrivener, Frederick Henry Ambrose" (überarb. von D. C. Parker), in: Oxford Dictionary of National Biography, Oxford 2004 (URL: http://www.oxforddnb.com/view/article/24948, vom 15.01.2015) [MARCHANT, Scrivener (2004)].

MARKSCHIES, Chr., Hieronymus und die „Hebraica Veritas". Ein Beitrag zur Archäologie des protestantischen Schriftverständnisses?, in: HENGEL/SCHWEMER, Septuaginta (1994), 131–181 [MARKSCHIES, Hieronymus (1994)].

MARTENS, G. (Hg.), Editorische Begrifflichkeit. Überlegungen und Materialien zu einem »Wörterbuch der Editionsphilologie«, Beihefte zu Editio 36, Berlin/Boston 2013 [MARTENS, Editorische Begrifflichkeit (2013)].

MARTI, K., Rez. zu: A. Rahlfs, ʻ עַד und עֹז in den Psalmen, Göttingen 1892, in: LZD (1892), 1681–1682 [MARTI, Rez. Rahlfs (1892)].

MAYSER, E., Grammatik der griechischen Papyri aus der Ptolemäerzeit mit Einschluss der gleichzeitigen Ostraka und der in Ägypten verfassten Inschriften, Bd. I (Laut- und Wortlehre), Teil 1 (Einleitung und Lautlehre), 2., von H. Schmoll bearbeitete Aufl., Berlin 1970 [MAYSER, I,1 (²1970)].

— Grammatik der griechischen Papyri aus der Ptolemäerzeit mit Einschluss der gleichzeitigen Ostraka und der in Ägypten verfassten Inschriften, Bd. I (Laut- und Wortlehre), Teil 2 (Flexionslehre), Berlin ²1938 (Nachdruck 1970) [MAYSER, I,2 (²1938/1970)].

MᶜLEAN, N., Rez. zu: A. Rahlfs, Studien zu den Königsbüchern, Septuaginta-Studien 1. Heft, Göttingen 1904, und Ders., Der Text des Septuaginta-Psalters. Nebst einem Anhang: Griechische Psalterfragmente aus Oberägypten nach Abschriften von W. E. Crum, Septuaginta-Studien 2. Heft, Göttingen 1907, in: RTP 3 (1908), 209–212 [MᶜLEAN, Rez. Rahlfs (1908)].

MEINHOLD, D., Art. „Beyschlag, Willibald", in: NDB 2, Berlin 1955, 209–210 [MEINHOLD, Beyschlag (1955)].

MEISTERHANS, K., Grammatik der attischen Inschriften, 3., vermehrte und verbesserte, von E. Schwyzer besorgte Aufl., Berlin 1900 [MEISTERHANS, Grammatik (³1900)].

MERCATI, G. (Hg.), Psalterii Hexapli reliquiae. Pars prima. Codex rescriptus Bybliothecae Ambrosianae O 39 Sup. phottypice expressus et transcriptus, CEIBD 8, Città del Vaticano 1958 [MERCATI, Palimpsest II (1958)].

— Psalterii Hexapli reliquiae. Pars prima: Osservazioni. Commento critico al testo dei frammenti esaplari, CEIBD 8, Città del Vaticano 1965 [MERCATI, Palimpsest I (1965)].

MERK, O., Paul Anton de Lagarde und die Theologie in den ersten Jahrzehnten des 20. Jahrhunderts, in: R. DEINES/V. LEPPIN/K.-W. NIEBUHR (Hg.), Walter Grundmann. Ein Neutestamentler im Dritten Reich, AKThG 21, Leipzig 2007, 17–42 [MERK, Lagarde (2007)].

MEYER, J., Geschichte der Göttinger theologischen Fakultät, in: ZGNKG 42 (1937), 7–107 [J. MEYER, Geschichte (1937)].

MEYER, Ph., Art. „Bertholet, Alfred Robert Felix", in: NDB 2, Berlin 1955, 168 [Ph. MEYER, Bertholet (1955)].

MICHEL, D., Art. „Armut II", in: TRE 4, Berlin/New York 1979, 72–76 [MICHEL, Armut (1979)].

MILLER, J., The Prophetologion. The Old Testament of Byzantine Christianity?, in: P. MAGDALINO/ R. NELSON (Hg.), The Old Testament in Byzantium, Dumbarton Oaks Byzantine Symposia and Colloquia 2, Washington 2010, 55–76 [MILLER, Prophetologion (2010)].

MIRBT, C., Art. „Reuter, Hermann", in: ADB 53, Leipzig 1907, 310–319 [MIRBT, Reuter (1907)].

MOELLER, B. (Hg.), Theologie in Göttingen. Eine Vorlesungsreihe, Göttinger Universitäts-schriften Serie A: Schriften, Bd. 1, Göttingen 1987 [MOELLER, Theologie in Göttingen (1987)].

MONTFAUCON, B. de (Hg.), Hexaplorum Origenis quae supersunt 1, Paris 1713 [MONTFAUCON, Hexapla 1 (1713)].

MOORE, G. F., The Antiochian Recension of the Septuagint, in: AJSL 29 (1912/13), 37–62 [MOORE, Antiochian Recension (1912/13)].

MÜHLENBERG, E., Art. „Katenen", in: TRE 18, Berlin/New York 1989, 14–21 [MÜHLENBERG, Katenen (1989)].

— Göttinger Kirchenhistoriker im 18. und 19. Jahrhundert, in: MOELLER, Theologie in Göttingen (1987), 232–255 [MÜHLENBERG, Göttinger Kirchenhistoriker (1987)].

— Nathanael Bonwetsch, 1848–1925, in: ARNDT et al., Göttinger Gelehrte 1 (2001), 280–281 [MÜHLENBERG, Bonwetsch (2001)].

MUNNICH, O., Die Textüberlieferung der Septuaginta und die Editionsprinzipien der Göttinger Septuaginta-Ausgabe, in: KRATZ/NEUSCHÄFER, Göttinger Septuaginta (2013), 31–52 [MUNNICH, Textüberlieferung (2013)].

MURAOKA, T., A Greek-English Lexicon of the Septuagint, Leuven 2009 [MURAOKA, Lexicon (2009)].

NAGEL, P., Der sahidische Psalter – seine Erschließung und Erforschung neunzig Jahre nach Alfred Rahlfs' Studien zum Text des Septuaginta-Psalters, in: AEJMELAEUS/QUAST, Septuaginta-Psalter (2000), 82–96 [NAGEL, Sahidischer Psalter (2000)].

NESTLE, Eb., Art. „Bibelübersetzungen, griechische", in: RE³ 3, Leipzig 1897, 2–24 (= Urtext und Übersetzungen der Bibel in übersichtlicher Darstellung. Sonderabdruck der Artikel Bibeltext und Bibelübersetzungen aus der dritten Aufl. der RE, Leipzig 1897, 62–84) [Eb. NESTLE, Art. „Bibelübersetzungen, griechische" (1897)].

— Art. „Lagarde, Paul de", in: RE³ 11, Leipzig 1902, 212–218 [Eb. NESTLE, Lagarde RE³ (1902)].

— (Hg.), Das Buch Jeremia. Griechisch und hebräisch. Nach dem Tode des Herausgebers besorgt von Pfarrer Johannes Dahse und Studienrat Dr. Erwin Nestle, Stuttgart 1924 [Eb. NESTLE, Jeremia (1924)].

— Die große Cambridger Septuaginta, Separat-Abdruck aus den Verhandlungen des XIII. Internationalen Orientalisten-Kongresses in Hamburg 1902. Sektion V (Allgemeine Semitologie), Leiden 1903 [Eb. NESTLE, Cambridger Septuaginta (1903)].

— Rez. zu: A. Rahlfs, Septuaginta-Studien 3: Lucians Rezension der Königsbücher, Göttingen 1911, in: ThLBl 33 (1912), 245–246 [Eb. NESTLE, Rez. SEPT.-STUD. 3 (1912)].

— Septuagintastudien V, Wissenschaftliche Beilage zum Programm des Königlich Württem-bergischen Evangelisch-Theologischen Seminars Maulbronn, Stuttgart 1907 [Eb. NESTLE, Septuagintastudien V (1907)].

— Zur Rekonstruktion der Septuaginta, in: Ph. 58 (1899), 121–131 [Eb. NESTLE, Zur Rekonst-ruktion (1899)].

NESTLE, Erw., Art. „Nestle, Christoph Eberhard", in: NDB 19, Berlin 1999, 79 [Erw. NESTLE, Eb. Nestle (1998)].

— Rez. zu: Paul de Lagardes wissenschaftliches Lebenswerk im Rahmen einer Geschichte seines Lebens dargestellt, MSU 4, Berlin 1928, in: ThLZ 53 (1928), 604–605 [Erw. NESTLE, Rez. Lagarde (1928)].

NEUSCHÄFER, B., *Alteri saeculo* – Paul Anton de Lagardes ‚Lebensarbeit' an der Septuaginta, in: KRATZ/NEUSCHÄFER, Göttinger Septuaginta (2013), 235–264 [NEUSCHÄFER, *Alteri saeculo* (2013)].

— Art. „Katene", in: DÖPP/GEERLINGS, Lexikon der antiken christlichen Literatur (³2002), 424–425 [NEUSCHÄFER, Katene (³2002)].

— Das Göttinger Septuaginta-Unternehmen. Tradition, Zielsetzung, Bedeutung und Perspektiven (Veröffentlichung des CORO – Centrum Orbis Orientalis et Occidentalis), Göttingen 2008 [NEUSCHÄFER, Septuaginta-Unternehmen (2008)].

— Die Göttinger Septuaginta-Ausgabe – Standortbestimmung eines editorischen Jahrhundertprojekts, in: Editio. Internationales Jahrbuch für Editionswissenschaft 22 (2008), 241–245 [NEUSCHÄFER, Standortbestimmung (2008)].

— Die kritische Edition des griechischen Alten Testaments – Anspruch und Aufgabe des Göttinger Septuaginta-Unternehmens, in: JAWG 2004, Göttingen 2005, 129–139 [NEUSCHÄFER, Kritische Edition (2004)].

— Rez. zu: U. Sieg, Deutschlands Prophet. Paul de Lagarde und die Ursprünge des modernen Antisemitismus, München 2007, in: GGA 261 (2009), 91–112 [NEUSCHÄFER, Rez. Sieg (2009)].

NEUSCHÄFER, B./Chr. SCHÄFER, Dokumente und Bilder zur Vor- und Frühgeschichte des Septuaginta-Unternehmens, in: KRATZ/NEUSCHÄFER, Göttinger Septuaginta (2013), 363–405 [NEUSCHÄFER/SCHÄFER, Dokumentation (2013)].

NIESE, B. (Hg.), Flavii Iosephi opera, Berolinum 1885–1895 [NIESE, Josephus (1885–1895)].

Νικηφόρος Θεοτόκης, Σειρά ἑνός καὶ πεντήκοντα ὑπομνηματιστῶν εἰς τὴν Ὀκτάτευχον καὶ τὰ τῶν Βασιλειῶν, Λειψία 1772–1773 [ΝΙΚΗΦΟΡΟΣ ΘΕΟΤΟΚΗΣ (1772–1773)].

NÖLDEKE, Th., Rez. zu: A. Rahlfs (Hg.), Des Gregorius Abulfarag genannt Bar Ebhroyo Anmerkungen zu den Salomonischen Schriften, Diss. Göttingen, Leipzig 1887, in: LZD (1887), 850–851 [NÖLDEKE, Rez. Rahlfs (1887)].

NOWAK, K./O. G. OEXLE (Hg.), Adolf von Harnack. Theologe, Historiker, Wissenschaftspolitiker, VMPIG 161, Göttingen 2001 [NOWAK/OEXLE, Harnack (2001)].

ÖZEN, A., Die Göttinger Wurzeln der „Religionsgeschichtlichen Schule", in: LÜDEMANN, „Religionsgeschichtliche Schule" (1996), 23–64 [ÖZEN, Die Göttinger Wurzeln (1996)].

— „Wenn ihr aber schweigt, dann reden die Schwätzer". Die Anfänge der „Religionsgeschichtlichen Schule" in Göttingen, in: Georgia Augusta 75 (November 2001), 43–54 [ÖZEN, „Wenn ihr aber schweigt" (2001)].

Offizielles Verzeichnis der Rahlfs-Sigeln. Herausgegeben vom Septuaginta-Unternehmen der Akademie der Wissenschaften zu Göttingen, Stand: Dezember 2012, online publiziert, URL: http://hdl.handle.net/11858/00-001S-0000-0022-A30C-8, vom 15.01.2015 [Offizielles Verzeichnis der Rahlfs-Sigeln (2012)].

OHST, M., Augustinus-Deutungen des protestantischen Historismus, in: N. FISCHER (Hg.), Augustinus. Spuren und Spiegelungen seines Denkens, Band 2. Von Descartes bis in die Gegenwart, Hamburg 2009, 147–195 [OHST, Augustinus-Deutungen (2009)].

OWEN, H. (Hg.), Collatio codicis Cottoniani Geneseos cum editione Romana, a viro clarissimo J. E. Grabe jam olim facta, nunc demum summa cura edita ab H. Owen, Londini 1778 [OWEN, Collatio (1778)].

PARET, R., Art. „Littmann, Enno", in: NDB 14, Berlin 1985, 710–711 [PARET, Littmann (1985)].

PASQUALI, G., Rez. zu: P. Maas, Textkritik, EAW 1,2, Leipzig/Berlin 1927, in: Gn. 5 (1929), 417–435 und 498–521 (in dieser Abhandlung zitiert nach: F. BORNMANN et al. [Hg.], G. Pasquali, Scritti Filologici, Bd. 2, Firenze 1986, 867–914) [PASQUALI, Rez. Maas (1929/1986)].

— Storia della Tradizione e Critica del Testo, Firenze 2012 (ristampa anastatica della seconda edizione, Firenze 1952) [PASQUALI, Storia (²1952/2012)].

PAUL, I. U., Paul Anton de Lagarde, in: U. PUSCHER et al. (Hg.), Handbuch zur „Völkischen Bewegung" 1871–1918, München et al. 1996, 45–93 [PAUL, Lagarde (1996)].

PAULSEN, H., Traditionsgeschichtliche Methode und religionsgeschichtliche Schule, in: ZThK 75 (1978), 20–55 [PAULSEN, Methode (1978)].

PERLITT, L., Kloster Bursfelde, Göttingen ⁷1999 [PERLITT, Bursfelde (⁷1999)].

— Professoren der Theologischen Fakultät in Göttingen als Äbte von Bursfelde, in: JGNKG 82 (1984), 1–25, und JGNKG 83 (1985), 261–314 [PERLITT, Professoren (1984 resp. 1985)].

PETIT, F. (Hg.), Autour de Théodoret de Cyr. La Collectio Coisliniana sur les derniers livres de l'Octateuque et sur les Règnes. Le Commentaire sur les Règnes de Procope de Gaza, TEG 13, Lovanii 2003 [PETIT, Théodoret (2003)].

— La chaîne sur la Genèse. Edition intégrale. I. Chapitres 1 à 3, TEG 1, Lovanii 1991 [PETIT, La chaîne (1991)].

PETZOLD, M., Art. „Liturgische Bücher. II. Orthodox", in: RGG⁴ 5, Tübingen 2002, 462–464 [PETZOLD, Liturgische Bücher (2002)].

PIETERSMA, A., Proto-Lucian and the Greek Psalter, in: VT 28 (1978), 66–72 [PIETERSMA, Proto-Lucian (1978)].

— Ra 2110 (P. Bodmer XXIV) and the Text of the Greek Psalter, in: D. FRAENKEL/U. QUAST/ J. W. WEVERS (Hg.), Studien zur Septuaginta – Robert Hanhart zu Ehren. Aus Anlaß seines 65. Geburtstages, MSU 20, Göttingen 1990, 262–286 [PIETERSMA, Ra 2110 (1990)].

— Septuagint Research: A Plea for a Return to Basic Issues, in: VT 35 (1985), 296–311 [PIETERSMA, Septuagint Research (1985)].

— The Greek Psalter. A Question of Methodology and Syntax, in: VT 26 (1976), 60–69 [PIETERSMA, Greek Psalter (1976)].

— The Present State of the Critical Text of the Greek Psalter, in: AEJMELAEUS/QUAST, Septuaginta-Psalter (2000), 12–32 [PIETERSMA, Present State (2000)].

— Two Manuscripts of the Greek Psalter in the Chester Beatty Library Dublin, AnBib 77, Rome 1978 [PIETERSMA, Two Manuscripts (1978)].

PIPER, E., Nacht über Europa. Kulturgeschichte des Ersten Weltkriegs, Berlin 2013 [PIPER, Nacht über Europa (2013)].

PLACHTA, B., Editionswissenschaft, 3., ergänzte und aktualisierte Aufl., Stuttgart 2013 [PLACHTA, Editionswissenschaft (³2013)].

POHLENZ, M., Paul Wendland, in: NJKA 19 (1916), 57–75 [POHLENZ, Wendland (1916)].

PREUSCHEN, E., Rez. zu: A. Rahlfs, Verzeichnis der griechischen Handschriften des Alten Testaments. Für das Septuaginta-Unternehmen aufgestellt, MSU 2, Berlin 1914, in: ThLZ 42 (1917), 307–308 [PREUSCHEN, Rez. Rahlfs (1917)].

PROCKSCH, O., Rez. zu: A. Rahlfs, Verzeichnis der griechischen Handschriften des Alten Testaments, Für das Septuaginta-Unternehmen aufgestellt, MSU 2, Berlin 1914, in: ThLBl 36 (1915), 605–607 [PROCKSCH, Rez. Rahlfs (1915)].

— Studien zur Geschichte der Septuaginta. Die Propheten, BWAT 7, Leipzig 1910 [PROCKSCH, Studien (1910)].

Protokolle der Kartellversammlung des Verbandes deutscher wissenschaftlicher Körperschaften in Berlin am 13. Juni 1908, Berlin 1908 [Protokolle der Kartellversammlung (1908)].

Protokolle der Kartellversammlung des Verbandes wissenschaftlicher Körperschaften in Göttingen am 2. und 3. Juni 1911, Göttingen 1911 [Protokolle der Kartellversammlung (1911)].

QUAST, U., Einführung in die Editionsarbeit, in: AEJMELAEUS/QUAST, Septuaginta-Psalter (2000), 387–399 [QUAST, Einführung (2000)].

— (Hg.), Ruth, Septuaginta. Vetus Testamentum Graecum auctoritate Academiae Scientiarum Gottingensis editum, Bd. IV,3, Göttingen 2006, 2. Aufl. 2009 [QUAST, Ruth (2006 bzw. ²2009)].

RABENAU, K. von, Art. „Duhm, Bernhard", in: NDB 4, Berlin 1959, 179–180 [RABENAU, Duhm (1959)].

RABERG, F., Biographisches Handbuch der württembergischen Landtagsabgeordneten 1815–1933. Im Auftrag der Kommission für geschichtliche Landeskunde in Baden-Württemberg, Stuttgart 2001 [RABERG, Biographisches Handbuch (2001)].

RADE, M., Art. „Religionsgeschichte und Religionsgeschichtliche Schule", in: RGG¹ 4, Tübingen 1913, 2183–2200 [RADE, Religionsgeschichte (1913)].

RAHLFS, A., Alter und Heimat der vaticanischen Bibelhandschrift, in: NGWG.PH (1899), 72–79 [RAHLFS, Alter und Heimat (1899)].

— Beiträge zur Textkritik der Peschita, in: ZAW 9 (1889), 161–210 [RAHLFS, Beiträge (1889)].

— Beschreibung der syrischen Handschriften der Göttinger Universitäts-Bibliothek, in: W. MEYER (Hg.), Verzeichnis der Handschriften im preussischen Staate, Abt. 1: Hannover, Bd. 1: Die Handschriften in Göttingen, Teil 3, Berlin 1894, 463–469 [RAHLFS, Beschreibung syrische Handschriften (1894)].

— Bibliothecae syriacae a Paulo de Lagarde collectae quae ad philologiam sacram pertinent, Gottingae 1892 [RAHLFS, Lagarde: Bibliotheca syriaca (1892)].

— Das Buch Ruth griechisch, als Probe einer kritischen Handausgabe der Septuaginta herausgegeben, Stuttgart 1922 [RUTH (1922)].

— (Hg.), Des Gregorius Abulfaraǵ genannt Bar Ebhroyo Anmerkungen zu den Salomonischen Schriften, Diss. Göttingen, Leipzig 1887 [RAHLFS, Barhebräus (1887)].

— Die Abhängigkeit der sixtinischer Septuaginta-Ausgabe von der aldinischen, in: ZAW 33 (1913), 30–46 [RAHLFS, Abhängigkeit (1913)].

— Die äthiopische Bibelübersetzung, in: DERS., Septuaginta-Studien I- II (²1965), 659–681 [RAHLFS, Äthiopische Bibel (1965)].

— Die alttestamentlichen Lektionen der griechischen Kirche, in: NGWG.PH (1915), 28–136 (= MSU 1, 119–230); in dieser Abhandlung zitiert nach NGWG.PH [RAHLFS, Alttestamentliche Lektionen (1915)].

— (Hg.), Die Berliner Handschrift des sahidischen Psalters, AGWG.PH N.F. 4,4, Berlin 1901 [RAHLFS, Berliner Handschrift (1901)].

— Die Kriegselefanten im I. Makkabäerbuche, in: ZAW 52 (1934), 78–79, Mitteilung 3 [RAHLFS, Kriegselefanten (1934)].

— Die Quellen der ‚Catena Nicephori', in: ThLZ 39 (1914), 92, Mitteilung 4 [RAHLFS, Quellen (1914)].

— Gedächtnisrede zu Paul de Lagarde's 100. Geburtstage, Berlin 1928 (= NGWG. Geschäftliche Mitteilungen 1927/28, 74–89) [RAHLFS, Gedächtnisrede (1928)].

– (Hg.), Genesis, Septuaginta. Societatis Scientiarum Gottingensis auctoritate edidit, Bd. I, Stuttgart 1926 [GENESIS (1926)].
– Kleine Mitteilungen aus dem Septuaginta-Unternehmen, in: NGWG.PH (1915), 404–434 (= MSU 1, 387–418) [RAHLFS, Kleine Mitteilungen (1915)].
– Lehrer und Schüler bei Iunilius Africanus, in: NGWG (1891), 242–246 [RAHLFS, Lehrer und Schüler (1891)].
– Nissel und Petraeus, ihre äthiopischen Textausgaben und Typen, in: NGWG.PH (1917), 268–348 [RAHLFS, Nissel und Petraeus (1917)].
– Notiz über Matth. 1₁₆ im Syr. Sinait., in: Ac. 47 (1895), 82 [RAHLFS, Notiz Matth. 1₁₆ (1895)].
– Paul de Lagardes wissenschaftliches Lebenswerk im Rahmen einer Geschichte seines Lebens dargestellt, MSU 4, Berlin 1928 [RAHLFS, Lebenswerk (1928)].
– (Hg.), Psalmi cum Odis, Septuaginta. Societatis Scientiarum Gottingensis auctoritate editum, Bd. X, Göttingen 1931 [PSALMI CUM ODIS (1931)].
– (Hg.), Psalterii graeci quinquagena prima a Paulo de Lagarde in usum scholarum edita, Gottingae 1892 [RAHLFS, Psalterii graeci quinquagena prima a Paulo de Lagarde in usum scholarum edita (1892)].
– Referat: E. Tisserant, Specimina codicum orientalium, Bonn 1914, in: ThLZ 40 (1915), 524 [RAHLFS, Referat Tisserant (1915)].
– Rez. zu: A Coptic Palimpsest containing Joshua, Judges, Ruth, Judith and Esther in the Sahidic Dialect. Edited by H. Thompson, Oxford 1911, in: ThLZ 37 (1912), 68–69 [RAHLFS, Rez. Coptic Palimpsest (1912)].
– Rez. zu: Anecdota Oxoniensia. Semitic Series Vol. I, part 9, Biblical and patristic relics of the Palestinian Syriac Literature edited by G. H. Gwilliam, F. C. Burkitt, and J. F. Stenning, 1896, in: ThLZ 21 (1896), 341–344 [RAHLFS, Rez. Anecdota (1896)].
– Rez. zu: A. S. Lewis und M. D. Gibson, The Palestinian Syriac Lectionary of the Gospels. Re-edited from two Sinai mss. and from P. de Lagarde's edition of the 'Evangeliarum Hierosolymitanum', 1899, in: ThLZ 24 (1899), 657–663 [RAHLFS, Rez. Lewis (1899)].
– Rez. zu: A. Sperber, Septuaginta-Probleme I, Texte und Untersuchungen zur vormasoretischen Grammatik des Hebräischen = BWANT 3. Folge, Heft 13, Stuttgart 1929, in: ThLZ 55 (1930), 104–106 [RAHLFS, Rez. Sperber (1930)].
– Rez. zu: Biblia Hebraica, ed. R. Kittel, Pars 1, Leipzig 1905, in: GGA (1905), 857–861 [RAHLFS, Rez. Biblia hebraica (1905)].
– Rez. zu: Biblia Sacra iuxta latinam vulgatam versionem ... iussu Pii PP XI cura et studio monachorum Sancti Benedicti ... praeside Aidano Gasquet S.R.E. cardinale edita, Vol. 1, Librum Genesis ... recensuit H. Quentin, Rom 1926, in: GGA (1927), 148–152 [RAHLFS, Rez. Biblia sacra (1927)].
– Rez. zu: Codex Zuqninensis rescriptus V. T. Texte grec des mss. Vat. syr. 162 et Mus. Brit. Add. 14.665 édité avec introduction et notes par E. Tisserant, StT 23, Rom 1911, in: ThLZ 36 (1911), 741–743 [RAHLFS, Rez. Codex Zuqninensis rescriptus (1911)].
– Rez. zu: D. De Bruyne, Le problème du psautier romain, RBen 42 (1930), 101–126, in: ThLZ 55 (1930), 409–410 [RAHLFS, Rez. De Bruyne (1930)].
– Rez. zu: E. A. W. Budge, Coptic Apocrypha in the Dialect of Upper Egypt, London 1913, in: ThLZ 39 (1914), 237 [RAHLFS, Rez. Budge (1914)].
– Rez. zu: E. A. W. Budge, Coptic biblical Texts in the Dialect of Upper Egypt, London 1912, in: ThLZ 38 (1913), 3–5 [RAHLFS, Rez. Budge (1913)].
– Rez. zu: Evangelion da Mepharresche ed. Burkitt, in: RTP 1 (1905/1906), 311–322 [RAHLFS, Rez. Evangelion (1905/1906)].

— Rez. zu: F. Giesebrecht, Der Knecht Jahves des Deuterojesaia, Königsberg i.Pr. 1902, in: GGA (1903), 607–622 [RAHLFS, Rez. Giesebrecht (1903)].
— Rez. zu: J. I. Munro, A Research into the Origin of the Third Personal Pronoun הוא epicene in Pentateuch, London 1912, in: ThLZ 37 (1912), 708–709 [RAHLFS, Rez. Munro (1912)].
— Rez. zu: J. P. Smith, A compendious Syriac Dictionary, in: ThLZ 21 (1896), 615–617 [RAHLFS, Rez. Smith (1896)].
— Rez. zu: K. Keßler, Mani, Forschungen über die manichäische Religion. 1. Bd. Voruntersuchungen und Quellen, Berlin 1889, in: GGA (1889), 905–936 [RAHLFS, Rez. Keßler (1889)].
— Rez. zu: K. Marti, Kurzgefasste Grammatik der biblisch-aramäischen Sprache (= PLO 18), in: ThLZ 21 (1896), 585–588 [RAHLFS, Rez. Marti (1896)].
— Rez. zu: K. Wessely, Die griechischen Lehnwörter der sahidischen und boheirischen Psalmenversion, Denkschriften der Kais. Akad. der Wiss. in Wien Phil.-hist. Kl. Bd. 54,3, Wien 1910, in: ThLZ 36 (1911), 644–645 [RAHLFS, Rez. Wessely (1911)].
— Rez. zu: Lexicon Syriacum auctore C. Brockelmann, 1895, in: GGA (1895), 755–763 [RAHLFS, Rez. Brockelmann (1895)].
— Rez. zu: Lexicon Syriacum auctore Hassano Bar Bahlule edidit R. Duval (Collection orientale t. 15, 2. sér. t. I) Fasc. 1, 1888, in: GGA (1893), 969–1010 [RAHLFS, Rez. Duval (1893)].
— Rez. zu: O. Procksch, Studien zur Geschichte der Septuaginta. Die Propheten, BWAT 7, Leipzig 1910, in: GGA (1910), 694–705 [RAHLFS, Rez. Procksch (1910)].
— Rez. zu: P. Kahle, Der masoretische Text des Alten Testaments nach der Ueberlieferung der babylonischen Juden, Leipzig 1902, in: GGA (1903), 353–363 [RAHLFS, Rez. Kahle (1903)].
— Rez. zu: P. M. Baumgarten, Die Vulgata Sixtina von 1590 und ihre Einführungsbulle. Aktenstücke und Untersuchungen, ATA 3, 2. Heft, XX und 170 Seiten, Münster i.W. 1911; F. Amann, Die Vulgata Sixtina von 1590. Eine quellenmäßige Darstellung ihrer Geschichte mit neuem Quellenmaterial aus dem venezianischen Staatsarchiv, FThST 10, Freiburg i.B. 1912; H. Höpfl, Beiträge zur Geschichte der sixto-klementinischen Vulgata nach gedruckten und ungedruckten Quellen. BSt 18, 1.-3. Heft, Freiburg i.B. 1913, in: GGA (1915), 292–305 [RAHLFS, Rez. Baumgarten (1915)].
— Rez. zu: R. B. Girdlestone, Deuterographs. Duplicate passages in the Old Testament, their bearing on the text and compilation of the Hebrew scriptures, in: ThLZ 20 (1895), 586–587 [RAHLFS, Rez. Girdlestone (1895)].
— Rez. zu: Remnants of the later Syriac versions of the Bible in two parts [...] edited, with intr., notes, and reconstructed Greek text by J. Gwynn, London 1909, in: GGA (1912), 765–768 [RAHLFS, Rez. Remnants (1912)].
— Rez. zu: S. Levin, Versuch einer hebräischen Synonymik. I, in: ThLZ 19 (1894), 602–604 [RAHLFS, Rez. Levin (1894)].
— Rez. zu: The Canons of Athanasius of Alexandria. The Arabic and Coptic versions edited and translated with introductions, notes and appendices by W. Riedel and W. E. Crum, London und Oxford 1904, in: GGA (1905), 352–359 [RAHLFS, Rez. Canons (1905)].
— Rez. zu: The Coptic Version of the New Testament in the Southern Dialect otherwise called Sahidic and Thebaic, Vol. I The Gospels of S. Matthew and S. Mark, Vol. II The Gospel of S. Luke, Vol. III The Gospel of S. John, Oxford 1911, in: ThLZ 38 (1913), 426–427 [RAHLFS, Rez. Coptic Version (1913)].
— Rez. zu: The Old Testament in Greek according to the Text of Codex Vaticanus edited by A. E. Brooke, and N. McLean, Vol. I The Octateuch, Part 2 Exodus and Leviticus, Cambridge 1909, in: ThLZ 35 (1910), 777–778 [RAHLFS, Rez. Cambridger LXX (1910)].

– Rez. zu: W. Diehl, Das Pronomen personale suff. 2. und 3. pers. plur. des Hebräischen in der alttestamentlichen Ueberlieferung, in: ThLZ 21 (1896), 588–590 [RAHLFS, Rez. Diehl (1896)].
– Rez. zu: W. E. Barnes, The Peshitta Psalter according to the West Syrian Text. Edited with an apparatus criticus, Cambridge 1904, und: Nachschrift zu: W. E. Barnes, The Peshitta Version of 2 Kings, JThSt 6 (1905), 200–232, in: ThLZ 30 (1905), 195–197 [RAHLFS, Rez. Barnes (1905)].
– Rez. zu: W. E. Crum, Catalogue of the Coptic Manuscripts in the British Museum, London 1905, in: GGA (1906), 579–589 [RAHLFS, Rez. Crum (1906)].
– Rez. zu: W. E. Crum, Catalogue of the Coptic Manuscripts in the Collection of the John Rylands Library, Manchester. Manchester 1909, in: ThLZ 35 (1910), 744–745 [RAHLFS, Rez. Crum (1910)].
– Rez. zu: W. O. E. Oesterley, Codex Taurinensis (Y). Transcribed and collated, 1908, in: ThLZ 34 (1909), 629–630 [RAHLFS, Rez. Oesterley (1909)].
– (Hg.), Septuaginta id est Vetus Testamentum Graece iuxta LXX interpretes, Vol. I: Leges et historiae, Vol. II: Libri poetici et prophetici, Stuttgart 1935 [HANDAUSGABE 1 und 2 (1935)].
– Septuaginta-Studien 1: Studien zu den Königsbüchern, Göttingen 1904 [SEPT.-STUD. 1 (1904)].
– Septuaginta-Studien 2: Der Text des Septuaginta-Psalters. Nebst einem Anhang: Griechische Psalterfragmente aus Oberägypten nach Abschriften von W. E. Crum, Göttingen 1907 [SEPT.-STUD. 2 (1907)].
– Septuaginta-Studien 3: Lucians Rezension der Königsbücher, Göttingen 1911 [SEPT.-STUD. 3 (1911)].
– Septuaginta-Studien I-III. 2. Aufl. Vermehrt um einen unveröffentlichten Aufsatz und eine Bibliographie mit einem Nachruf von Walter Bauer, Göttingen 1965 [RAHLFS, Septuaginta-Studien I-III (^{2}1965)].
– Studie über den griechischen Text des Buches Ruth, MSU 3,2, Berlin 1922 [RUTH-STUDIE (1922)].
– Über das Fehlen der Makkabäerbücher in der äthiopischen Bibelübersetzung, in: ZAW 28 (1908), 63–64 [RAHLFS, Fehlen der Makkabäerbücher (1908)].
– Über die Handschrift Athen, Nat. Bibl., 43 („Die beste Katenen-Ausgabe"), in: ThLZ 38 (1913), 476–477, Mitteilung 25 [RAHLFS, Handschrift Athen (1913)].
– Über eine von Tischendorf aus dem Orient mitgebrachte, in Oxford, Cambridge, London und Petersburg liegende Handschrift der Septuaginta, in: NGWG.PH (1898), 98–112 [RAHLFS, Tischendorf-Handschrift (1898)].
– Über einige alttestamentliche Handschriften des Abessinierklosters S. Stefano zu Rom, in: NGWG.PH (1918), 161–203 (= MSU 3, 1–46) [RAHLFS, Äthiopische Handschriften (1918)].
– Verzeichnis der griechischen Handschriften des Alten Testaments. Für das Septuaginta-Unternehmen aufgestellt, MSU 2, Berlin 1914 [RAHLFS, Hss.-Vz. (1914)].
– Verzeichnis der griechischen Handschriften des Alten Testaments. Die Überlieferung bis zum VIII. Jahrhundert, bearb. von D. Fraenkel, Septuaginta. Vetus Testamentum Graecum Auctoritate Academiae Scientiarum Gottingensis editum, Suppl. I/1, Göttingen 2004 [RAHLFS, Hss.-Vz. (2004)].
– Verzeichnis der Schriften Julius Wellhausens, in: K. MARTI (Hg.), Studien zur semitischen Philologie und Religionsgeschichte. Julius Wellhausen zum siebzigsten Geburtstag am 17. Mai 1914 gewidmet von Freunden und Schülern und in ihrem Auftrag herausgegeben, BZAW 27, Gießen 1914, 351–368 [RAHLFS, Verzeichnis Wellhausen (1914)].

— Zu den altabessinischer Königsinschriften, in: OrChr NS 6 (1916), 282–313 [Rahlfs, Königsinschriften (1916)].

— Zur Setzung der Lesemütter im Alten Testament, in: NGWG.PH (1916), 315–347 [Rahlfs, Lesemütter (1916)].

— עֲנִי und עָנָו in den Psalmen, Göttingen 1892 [Rahlfs, עֲנִי und עָנָו (1892)].

Rahlfs, A./R. Hanhart (Hg.), Septuaginta id est Vetus Testamentum Graece iuxta LXX interpretes, Vol. I: Leges et historiae, Vol. II: Libri poetici et prophetici, Duo volumina in uno, Editio altera, Stuttgart 2006 [Rahlfs/Hanhart, Septuaginta (2006)].

Rebenich, S., Theodor Mommsen. Eine Biographie, Beck'sche Reihe 1730, München 2007 [Rebenich, Mommsen (2007)].

— Theodor Mommsen und Adolf Harnack, Berlin/New York 1997 [Rebenich, Mommsen-Harnack (1997)].

Rebenich, S./G. Franke (Hg.), Theodor Mommsen und Friedrich Althoff. Briefwechsel 1882–1903, DGQNJ 67, München 2012 [Rebenich/Franke, Briefwechsel Mommsen-Althoff (2012)].

Rehm, A., Eduard Schwartz' wissenschaftliches Lebenswerk, SBAW.PH, München 1942 [Rehm, Schwartz (1942)].

Renz, H., Eine unbekannte Preisarbeit über Lotze, in: Ders./Graf, Troeltsch-Studien (1982), 33–47 [Renz, Preisarbeit (1982)].

— Thesen zur Erlangung der theologischen Lizentiatenwürde an der Georg-August-Universität zu Göttingen 1888–1893. Mit einer Einleitung herausgegeben, in: Ders./Graf, Troeltsch-Studien (1982), 291–305 [Renz, Thesen (1982)].

Renz, H./F. W. Graf (Hg.), Troeltsch-Studien. Untersuchungen zur Biographie und Werkge-schichte, Gütersloh 1982 [Renz/Graf, Troeltsch-Studien (1982)].

Ries, J., Les études manichéennes. Des controverses de la réforme aux découvertes du XXᵉ siècle, Collection Cerfaux-Lefort 1, Louvain-la-Neuve 1988 [Ries, Les études manichéennes (1988)].

Ritschl, O., Art. „Ritschl, Albrecht", in: ADB 29, Leipzig 1889, 759–767 [Ritschl, Ritschl (1889)].

Ro, J. U.-S., Die sogenannte „Armenfrömmigkeit" im nachexilischen Israel, BZAW 322, Berlin/New York 2002 [Ro, „Armenfrömmigkeit" (2002)].

Romeny, B. ter Haar, "Quis Sit ὁ Σύρος" Revisited, in: A. Salvesen (Hg.), Origens's Hexapla and Fragments. Papers presented at the Rich Seminar on the Hexapla, Oxford Centre for Hebrew and Jewish Studies, 25th–3rd August 1994, TSAJ 58, Tübingen 1998, 360–398 [Romeny, Revisited (1998)].

Roy, H., Die Volksgemeinde und die Gemeinde der Frommen im Psalter, in: P. Kölbing (Hg.), Jahres-Bericht des theologischen Seminariums der Brüdergemeine in Gnadenfeld vom Studienjahr 1896/97, 7–80 [Roy, Gemeinde der Frommen (1896/97)].

Ruprecht, D., Art. „Schröder, Edward", in: NDB 23, Berlin 2007, 559–560 [Ruprecht, Schröder (2007)].

Sachse, A., Friedrich Althoff und sein Werk, Berlin 1928 [Sachse, Althoff (1928)].

Sahle, P., Digitale Editionsformen. Zum Umgang mit der Überlieferung unter den Bedingungen des Medienwandels. Teil 1: Das typographische Erbe, Schriften des Instituts für Dokumen-tologie und Editorik 7, Norderstedt 2013 [Sahle, Digitale Editionsformen Teil 1 (2013)].

— Digitale Editionsformen. Zum Umgang mit der Überlieferung unter den Bedingungen des Medienwandels. Teil 3: Textbegriffe und Recodierung, Schriften des Instituts für Dokumen-tologie und Editorik 9, Norderstedt 2013 [Sahle, Digitale Editionsformen Teil 3 (2013)].

SALEY, R. J., Proto-Lucian and 4QSamª, in: BIOSCS 41 (2008), 34–45 [SALEY, Proto-Lucian (2008)].

SALVESEN, A., The role of Aquila, Symmachus and Theodotion in modern commentaries on the Hebrew Bible, in: I. PROVAN/M. J. BODA (Hg.), Let us Go up to Zion. Essays in Honour of H. G. M. Williamson on the Occasion of his Sixty-Fifth Birthday, Leiden 2012, 95–109 [SALVESEN, Role (2012)].

SANDERS, H. A./C. SCHMIDT, The Minor Prophets in the Freer Collection and the Berlin Fragment of Genesis, UMS.H 21, New York/London 1927 [SANDERS/SCHMIDT, Minor Prophets and Genesis (1927)].

SCHÄFER, Chr., Alfred Rahlfs (1865 – 1935) und die historisch-kritische Edition der Septuaginta, in: B. SCHRÖDER/H. WOJTKOWIAK (Hg.), Stiftsgeschichte(n). 250 Jahre Theologisches Stift der Universität Göttingen (1765–2015), Göttingen 2015, 165–174 [SCHÄFER, Historisch-kritische Edition (2015)].

— Art. „Große-Brauckmann, Emil", in: BBKL 35, Nordhausen 2014, 557–559 [SCHÄFER, Große-Brauckmann (2014)].

— Art. „Rahlfs, Alfred", in: BBKL 35, Nordhausen 2014, 1135–1139 [SCHÄFER, Rahlfs (2014)].

— Benutzerhandbuch zur Göttinger Septuaginta. Band 1: Die Edition des Pentateuch von John William Wevers, Göttingen 2012 [SCHÄFER, Benutzerhandbuch I (2012)].

— Benutzerhandbuch zur Göttinger Septuaginta. Band 2: Die Edition des Buches Ruth von Udo Quast, Göttingen 2013 [SCHÄFER, Benutzerhandbuch II (2013)].

— Beobachtungen zu Alfred Rahlfs' editionstechnischen Grundsätzen in der ‚Handausgabe von 1935', in: ZAW 129 (2017) [SCHÄFER, Beobachtungen (2017)].

— Der Briefwechsel zwischen Alfred Rahlfs und Paul Anton de Lagarde, in: KRATZ/NEUSCHÄFER, Göttinger Septuaginta (2013), 273–328 [SCHÄFER, Briefwechsel Rahlfs-Lagarde (2013)].

SCHÄFER, R., Art. „Ritschl, Albrecht/Ritschlsche Schule", in: TRE 29, Berlin/New York 1998, 220–238 [R. SCHÄFER, Ritschl (1998)].

SCHAPER, J., Art. „Rahlfs, Alfred", in: RGG⁴ 7, Tübingen 2004, 22 [SCHAPER, Rahlfs (2004)].

— Eschatology in the Greek Psalter, WUNT II/76, Tübingen 1995 [SCHAPER, Eschatology (1995)].

SCHEMANN, L., Paul de Lagarde. Ein Lebens- und Erinnerungsbild, Leipzig/Hartenstein i.E. ²1920 [SCHEMANN, Lagarde (²1920)].

SCHENKER, A., Was heisst es, den hebräischen mit dem griechischen Bibeltext zu vergleichen?, in: KRATZ/NEUSCHÄFER, Göttinger Septuaginta (2013), 155–184 [SCHENKER, Bibeltext (2013)].

SCHICK, A./H. BEHREND, Tischendorf und die älteste Bibel der Welt. Die Entdeckung des Codex Sinaiticus im Katharinenkloster, Muldenhammer ²2015 [SCHICK/BEHREND, Tischendorf (²2015)].

SCHMIDT, C., Rez. zu: A. Rahlfs (Hg.), Die Berliner Handschrift des sahidischen Psalters, AGWG. PH N.F. 4,4, Berlin 1901, in: DLZ (1901), 2958–2961 [SCHMIDT, Rez. Rahlfs (1901)].

SCHNABEL, F., Art. „Althoff, Friedrich Theodor", in: NDB 1, Berlin 1953, 222–224 [SCHNABEL, Althoff (1953)].

SCHNEIDER, H., Die biblischen Oden im christlichen Altertum, in: Bib. 30 (1949), 28–65 [SCHNEIDER, Oden I (1949)].

— Die biblischen Oden im Mittelalter, in: Bib. 30 (1949), 479–500 [SCHNEIDER, Oden IV (1949)].

— Die biblischen Oden in Jerusalem und Konstantinopel, in: Bib. 30 (1949), 433–452 [SCHNEIDER, Oden III (1949)].
— Die biblischen Oden seit dem sechsten Jahrhundert, in: Bib. 30 (1949), 239–272 [SCHNEIDER, Oden II (1949)].
SCHOEPS, H.-J., Theologie und Geschichte des Judenchristentums, Tübingen 1949 [SCHOEPS, Theologie (1949)].
SCHÜRER, E., Rez. zu: A. E. Brooke/N. McLean (Hg.), The Old Testament In Greek According To The Text Of Codex Vaticanus, Supplemented From Other Uncial Manuscripts, With A Critical Apparatus Containing The Variants Of The Chief Ancient Authorities For The Text Of The Septuagint, Vol. 1. The Octateuch, Part 1. Genesis, Cambridge 1906, in: ThLZ 31 (1906), 545–547 [SCHÜRER, Rez. Brooke-McLean Gen. (1906)].
SCHULZE, J. L. (Hg.), Theodoreti Episcopi Cyri Opera Omnia. Tomus I, Halae 1769 [SCHULZE, Theodoret (1769)].
SCHULZ-FLÜGEL, E., Hieronymus, Feind und Überwinder der Septuaginta? Untersuchungen anhand der Arbeiten an den Psalmen, in: AEJMELAEUS/QUAST, Septuaginta-Psalter (2000), 33–50 [SCHULZ-FLÜGEL, Hieronymus (2000)].
SCHWARTZ, E. (Hg.), Eusebius Werke. Zweiter Band: Die Kirchengeschichte. Dritter Teil: Einleitungen, Übersichten und Register, GCS 9,3, Leipzig 1909 [SCHWARTZ, Kirchengeschichte (1909)].
— Julius Wellhausen, in: DERS., Vergangene Gegenwärtigkeiten. Exoterica Inter Arma Et Post Cladem Dis Manibus (= Gesammelte Schriften, Bd. 1), Berlin 1938, 326–361 [SCHWARTZ, Wellhausen (1938)].
— Ulrich von Wilamowitz-Moellendorf, in: DERS., Vergangene Gegenwärtigkeiten. Exoterica Inter Arma Et Post Cladem Dis Manibus (= Gesammelte Schriften, Bd. 1), Berlin 1938, 368–382 [SCHWARTZ, Wilamowitz-Moellendorff (1938)].
SEEL, O., Rez. zu: G. Pasquali, Storia della tradizione e critica del testo, Firenze 1934, in: Gn. 12 (1936), 16–30 [SEEL, Rez. Pasquali (1936)].
SEELIGMANN, I. L., The Septuagint Version of Isaiah. A Discussion of its Problems, MEOL 9 (1948) (= DERS., The Septuagint Version of Isaiah and Cognate Studies [ed. by R. HANHART and H. SPIECKERMANN], FAT 40, Tübingen 2004, 119–294) [SEELIGMANN, Isaiah (1948/2004)].
SIEG, U., Deutschlands Prophet. Paul de Lagarde und die Ursprünge des modernen Antisemitismus, München 2007 [SIEG, Lagarde (2007)].
SMEND d.Ä., R., Die Weisheit des Jesus Sirach, Berlin 1906 [SMEND d.Ä., Sirach (1906)].
— Rez. zu: A. Rahlfs, Septuaginta-Studien 2: Der Text des Septuaginta-Psalters. Nebst einem Anhang: Griechische Psalterfragmente aus Oberägypten nach Abschriften von W. E. Crum, Göttingen 1907, in: ThLZ 33 (1908), 129–132 [SMEND d.Ä., Rez. SEPT.-STUD. 2 (1908)].
SMEND d.J., R., Alfred Rahlfs, 1865–1935, in: ARNDT et al., Göttinger Gelehrte 1 (2001), 360–361 [SMEND d.J., Rahlfs (2001)].
— Alfred Rahlfs. Ein Leben für die Septuaginta, in: KRATZ/NEUSCHÄFER, Göttinger Septuaginta (2013), 265–272 [SMEND d.J., Ein Leben für die Septuaginta (2013)].
— Art. „Literarkritische Schule", in: RGG⁴ 5, Tübingen 2002, 390–391 [SMEND d.J., Literarkritische Schule (2002)].
— Bernhard Duhm, in: DERS., Deutsche Alttestamentler in drei Jahrhunderten, Göttingen 1989, 114–128 [SMEND d.J., Duhm (1989)].
— Der geistige Vater des Septuaginta-Unternehmens, in: AEJMELAEUS/QUAST, Septuaginta-Psalter (2000), 332–344 [SMEND d.J., Der geistige Vater (2000)].

— Ein Fakultätswechsel. Wellhausen und die Theologie, in: DERS., Zwischen Mose und Karl Barth. Akademische Vorträge, Tübingen 2009, 274–300 [SMEND d.J., Ein Fakultätswechsel (2009)].

— Julius Wellhausen. Briefe, in Zusammenarbeit mit Peter Porzig und Reinhard Müller herausgegeben, Tübingen 2013 [SMEND d.J., Wellhausen Briefe (2013)].

— Richtungen. Ein Rückblick auf die alttestamentliche Wissenschaft im 20. Jahrhundert, in: ZThK 97 (2000), 259–275 [SMEND d.J., Richtungen (2000)].

— Theologie in Göttingen, in: DERS., Zwischen Mose und Karl Barth. Akademische Vorträge, Tübingen 2009, 136–158 [SMEND d.J., Theologie (2000)].

SMITH, J., Translated Hallelujahs. A Linguistic and Exegetical Commentary on Select Septuagint Psalms, CBET 56, Leuven et al. 2011 [SMITH, Translated Hallelujahs (2011)].

STACKMANN, K., Edward Schröder, 1858–1942, in: ARNDT et al., Göttinger Gelehrte 1 (2001), 306–307 [STACKMANN, Schröder (2001)].

STÄHLIN, O., Editionstechnik, Leipzig/Berlin 1909 [STÄHLIN, Editionstechnik (1909)].

— Editionstechnik. Ratschläge für die Anlage textkritischer Ausgaben, 2., völlig umgearbeitete Aufl., Leipzig/Berlin 1914 [STÄHLIN, Editionstechnik (^{2}1914)].

STRACHOTTA, F.-G., Religiöses Ahnen, Sehnen und Suchen. Von der Theologie zur Religionsgeschichte. Heinrich Friedrich Hackmann. 1864–1935, Studien und Texte zur religionsgeschichtlichen Schule 2, Frankfurt a.M. 1997 [STRACHOTTA, Religiöses Ahnen (1997)].

SWETE, H. B., An Introduction to the Old Testament in Greek, revised by R. R. Ottley. With an appendix containing the letter of Aristeas ed. by H. St. J. THACKERAY, Cambridge ^{2}1914 (Nachdruck New York 1968) [SWETE, Introduction (^{2}1914)].

— (Hg.), The Old Testament in Greek According to the Septuagint, Vol. 1 (Genesis–IV Kings), Cambridge 1887 [SWETE, Septuagint 1 (1887)].

— (Hg.), The Old Testament in Greek According to the Septuagint, Vol. 2 (I Chronicles–Tobit), Cambridge 1891 [SWETE, Septuagint 2 (1891)].

— (Hg.), The Old Testament in Greek According to the Septuagint, Vol. 3 (Hosea–4 Maccabees), Cambridge 1894 [SWETE, Septuagint 3 (1894)].

TAYLOR, F., Inflation. Der Untergang des Geldes in der Weimarer Republik und die Geburt eines deutschen Traumas, Aus dem Englischen von K.-D. Schmidt (*Originaltitel:* The Downfall of Money. Germany's Hyperinflation and the Destruction of the Middle Class – A Cautionary History), München 2013 [TAYLOR, Inflation (2013)].

THACKERAY, H. St. J., A Grammar of the Old Testament in Greek According to the Septuagint, Vol. 1 (Introduction, Orthography and Accidence), Cambridge 1909 [THACKERAY, Grammar I (1909)].

THOMANN, B., Friedrich Althoff (1839–1908), URL: http://www.rheinische-geschichte.lvr.de/persoenlichkeiten/A/Seiten/FriedrichAlthoff.aspx, vom 15.01.2015 [THOMANN, Althoff (2013)].

TIMPANARO, S., Die Entstehung der Lachmannschen Methode, Hamburg ^{2}1971 [TIMPANARO, Entstehung (^{2}1971)].

TISCHENDORF, K. von (Hg.), Ἡ παλαιὰ διαθήκη κατὰ τοὺς ἑβδομήκοντα. Vetus Testamentum Graece iuxta LXX interpretes. Editio septima. Prolegomena recognovit supplementum auxit Eberhardus Nestle, 2 Tom., Lipsiae 1887 [TISCHENDORF, Septuaginta (1887)].

— Monumenta sacra inedita. Nova collectio. I, Lipsiae 1855 [TISCHENDORF, Monumenta (1855)].

TISSERANT, E. (Hg.), Codex Zuqninensis rescriptus V. T. Texte grec des mss. Vat. syr. 162 et Mus. Brit. Add. 14.665, StT 23, Città del Vaticano 1911 [TISSERANT, Codex Zuqninensis rescriptus (1911)].

TOV, E., Der Text der Hebräischen Bibel. Handbuch der Textkritik, Stuttgart 1997 [TOV, Handbuch (1997)].

— Lucian and Proto-Lucian – Toward a New Solution of the Problem, in: DERS., The Greek and Hebrew Bible. Collected Essays on the Septuagint, VT.S 72, Leiden 1999, 477–488 (= RB 79 [1972], 101–113 = F. M. CROSS/S. TALMON [Hg.], Qumran and the History of the Biblical Text, Cambridge 1975, 293–305) [TOV, Lucian and Proto-Lucian (1972/1999)].

— Pap. Giessen 13, 19, 22, 26: A Revision of the Septuagint?, in: DERS., The Greek and Hebrew Bible. Collected Essays on the Septuagint, VT.S 72, Leicen 1999, 459–475 (= RB 78 [1971], 355–383 und Abb. X–XI) [TOV, Pap. Giessen (1971/1999)].

— Textual Criticism of the Hebrew Bible, 3rd ed., rev. and exp., Minneapolis 2012 [TOV, Textual Criticism (³2012)].

TRILLHAAS, W., Der Einbruch der Dialektischen Theologie in Göttingen und Emanuel Hirsch, in: MOELLER, Theologie in Göttingen (1987), 362–379 [TRILLHAAS, Dialektische Theologie in Göttingen (1987)].

TROELTSCH, E., Die „kleine Göttinger Fakultät" von 1890, in: ChW 34 (1920), 281–283 [TROELTSCH, Die „kleine Götzinger Fakultät" (1920)].

UHLIG, S., Art. „Nissel, Johann Georg", in: Encyclopaedia Aethiopica, Bd. 3, Wiesbaden 2007, 1191–1192 [UHLIG, Nissel (2007)].

ULLRICH, V., Die nervöse Großmacht 1871–1918. Aufstieg und Untergang des deutschen Kaiserreichs, erweiterte Neuausgabe, Frankfurt a.M. 2013 [ULLRICH, Großmacht (2013)].

UNTE, W., Art. „Schwartz, Eduard", in: NDB 23, Berlin 2007, 797–799 [UNTE, Schwartz (2007)].

VENETZ, H.-J., Die Quinta des Psalteriums. Ein Beitrag zur Septuaginta- und Hexaplaforschung, CMas.EC 2, Hildesheim 1974 [VENETZ, Quinta (1974)].

Verhandlungen der kartellierten Akademien und gelehrten Gesellschaften von Berlin, Göttingen, Leipzig, München und Wien in Wien am 28. und 29. Mai 1909, Wien 1909 [Verhandlungen Kartell (1909)].

VERHEULE, A. F., Wilhelm Bousset. Leben und Werk. Ein theologischer Versuch, Amsterdam 1973 [VERHEULE, Bousset (1973)].

Verzeichniß der auf der Königlichen vereinigten Friedrichs=Universität Halle=Wittenberg im Winter=Halbjahr vom 15. October 1884 bis 14. März 1885 zu haltenden Vorlesungen und der daselbst vorhandenen öffentlichen Institute und Sammlungen, Halle 1884 [Verzeichniß Halle-Wittenberg (1884)].

Verzeichniss der Vorlesungen auf der Georg-Augusts-Universität zu Göttingen, Göttingen 1883ff. [Verzeichnis Göttingen (1883ff.)].

VIAN, P., Art. „Mercati, Giovanni", DBI 79 (2009) (URL: http://www.treccani.it/enciclopedia/giovanni-mercati_%28Dizionario-Biografico%29/, vom 15.01.2015) [VIAN, Mercati (2009)].

VISCHER, E., Art. „Schultz, Hermann", in: RE³ 17, Leipzig 1906, 799–804 [VISCHER, Schultz (1906)].

Vulgata → WEBER/GRYSON.

WACKERNAGEL, J., Gutachten der Benekeschen Preisstiftung, in: NGWG. Geschäftliche Mitteilungen aus dem Jahre 1910, Göttingen 1911, 35–40 [WACKERNAGEL, Gutachten (1911)].

WALTERS, P. (formerly Katz), The Text of the Septuagint. Its Corruptions and Their Emendation, Cambridge 1973 [WALTERS (Katz), Text of the Septuagint (1973)].

WEBER, R./R. GRYSON (Hg.), Biblia Sacra Iuxta Vulgatam Versionem, Stuttgart ⁵2007 [WEBER/ GRYSON, Vulgata (⁵2007)].

WEGELER, C., „… wir sagen ab der internationalen Gelehrtenrepublik". Altertumswissenschaft und Nationalsozialismus. Das Göttinger Institut für Altertumskunde 1921–1962, Wien et al. 1996 [WEGELER, Nationalsozialismus (1996)].

WELLHAUSEN, J., Der Text der Bücher Samuelis, Göttingen 1871 [WELLHAUSEN, Bücher Samuelis (1871)].

—   Gedächtnisrede auf Paul de Lagarde, in: NGWG. Geschäftliche Mitteilungen aus dem Jahre 1894, Göttingen 1895, 49–57 [WELLHAUSEN, Gedächtnisrede Lagarde (1895)].

WENDLAND, P. (Hg.), Zu Philos Schrift *de posteritate Caini*. (Nebst Bemerkungen zur Rekonstruktion der Septuaginta), in: Ph. 57 (1898), 248–288 [WENDLAND, Bemerkungen (1898)].

WERBECK, W., Art. „Müller, Karl", in: NDB 18, Berlin 1997, 436–437 [WERBECK, Müller (1997)].

WESSELING, K.-G., Art. „Rahlfs, Alfred", in: BBKL 7, Herzberg 1994, 1267–1269 [WESSELING, Rahlfs (1994)].

—   Art. „Wendt, Hans Hinrich", in: BBKL 13, Herzberg 1998, 752–754 [WESSELING, Wendt (1998)].

WEST, M. L., Textual Criticism and Editorial Technique, Stuttgart 1973 [WEST, Textual Criticism (1973)].

WESTCOTT, B. F./F. J. A. HORT, The New Testament In The Original Greek. Introduction and Appendix, New York 1882 [WESTCOTT/HORT, NT Introduction (1882)].

WESTENDORF, W., Richard Pietschmann, 1851–1923, in: ARNDT et al., Göttinger Gelehrte 1 (2001), 292–293 [WESTENDORF, Pietschmann (2001)].

WEVERS, J. W., A Lucianic Recension in the Genesis?, in: BIOSCS 6 (1973), 22–35 [WEVERS, Lucianic Recension (1973)].

—   Apologia pro Vita Mea: Reflections on a Career in Septuagint Studies, in: BIOSCS 32 (1999), 65–96 [WEVERS, Apologia (1999)].

—   (Hg.), Genesis, Septuaginta. Vetus Testamentum Graecum auctoritate Academiae Scientiarum Gottingensis editum, Bd. I, Göttingen 1974 [WEVERS, Gen. (1974)].

—   Notes on the Greek Text of Genesis, SBL.SCS 35, Atlanta 1993 [WEVERS, Notes on Gen. (1993)].

—   Text History of the Greek Deuteronomy, MSU 13, Göttingen 1978 [WEVERS, THGD (1978)].

—   Text History of the Greek Genesis, MSU 11, Göttingen 1974 [WEVERS, THGG (1974)].

—   Text History of the Greek Leviticus, MSU 19, Göttingen 1986 [WEVERS, THGL (1986)].

—   The Göttingen Pentateuch: Some Post-Partem Reflections, in: C. E. Cox (Hg.), VII Congress of the IOSCS. Leuven 1989, SBL.SCS 31, Atlanta 1991 [WEVERS, Post-partem (1991)].

—   U. Quast, Ruth: An Appreciation, in: BIOSCS 39 (2006), 147–149 [WEVERS, Quasts Ruth (2006)].

WEVERS, J. W. (Hg.)/U. QUAST (adiuvante), Deuteronomium, Septuaginta. Vetus Testamentum Graecum auctoritate Academiae Scientiarum Gottingensis editum, Bd. III,2, Göttingen 1977, 2., durchgesehene Aufl. 2006 [WEVERS (ad. QUAST), Deut. (1977 bzw. ²2006)].

—   Exodus, Septuaginta. Vetus Testamentum Graecum auctoritate Academiae Scientiarum Gottingensis editum, Bd. II,1, Göttingen 1991 [WEVERS (ad. QUAST), Exod. (1991)].

—   Leviticus, Septuaginta. Vetus Testamentum Graecum auctoritate Academiae Scientiarum Gottingensis editum, Bd. II,2, Göttingen 1986 [WEVERS (ad. QUAST), Leu. (1986)].

—   Numeri, Septuaginta. Vetus Testamentum Graecum auctoritate Academiae Scientiarum Gottingensis editum, Bd. III,1, Göttingen 1982 [WEVERS (ad. QUAST), Num. (1982)].

WILAMOWITZ-MOELLENDORFF, U. von, Erinnerungen 1848–1914, Leipzig ²1928 [WILAMOWITZ-
  MOELLENDORFF, Erinnerungen (²1928)].
— Gedächtnisrede auf Hermann Diels, in: DERS., Kleine Schriften. Herausgegeben von den
  Akademien zu Berlin und Göttingen, Bd. VI, Berlin 1972, 71–74 (ursprünglich erschienen
  in den Sitzungsberichter der Preußischen Akademie der Wissenschaften 1922, CIV–CVII)
  [WILAMOWITZ-MOELLENDORFF, Gedächtnisrede Diels (1922/1972)].
— Rede gehalten im Auftrage der Königl. Georg-Augusts-Universität am Sarge des Geheimen
  Regierungsrates Professors D. Dr. Paul de Lagarde am 25. December 1891, Göttingen 1892
  (vgl. dazu DERS., Reden und Vorträge [³1913], 91–97, bes. die Erläuterungen a.a.O., 91,
  Anm. 1) [WILAMOWITZ-MOELLENDORFF, Rede Lagarde (1892)].
— Reden und Vorträge, Berlin ³1913 [WILAMOWITZ-MOELLENDORFF, Reden und Vorträge
  (³1913)].
WILCKEN, U., Grundzüge und Chrestomathie der Papyruskunde (von L. MITTEIS u.
  U. WILCKEN), Erster Band: Historischer Teil, Erste Hälfte: Grundzüge, Berlin 1912
  [WILCKEN, Papyruskunde I (1912)].
WOLF, E., Art. „Bonwetsch, Gottlieb Nathanael", in: NDB 2, Berlin 1955, 451 [WOLF, Bonwetsch
  (1955)].
WOLF-DAHM, B., Art. „Mirbt, Carl ", in: BBKL 5, Herzberg 1993, 1569–1573 [WOLF-DAHM, Mirbt
  (1993)].
WOLFES, M., Art. „Schultz, Hermann", in: BBKL 17, Herzberg 2000, 1254–1258 [WOLFES, Schultz
  (2000)].
WUTZ, F., Die Transkriptionen von der Septuaginta bis zu Hieronymus, TUVMG 2 = BWAT N.F. 9
  = BWAT 34, Stuttgart 1933 [WUTZ, Transkriptionen (1933)].
ZENGER, E. (Hg.), Der Septuaginta-Psalter. Sprachliche und theologische Aspekte, HBS 32,
  Freiburg i.B. et al. 2001 [ZENGER, LXX-Psalter (2001)].
ZIEGLER, J., Altlateinische Psalterien. Neue Ausgaben und Beiträge, BZ NF 5 (1961), 94–115
  (= MSU 10, 565–586) [ZIEGLER, Altlateinische Psalterien (1961/1971)].
— Antike und moderne lateinische Psalmenübersetzungen, SBAW.PH 1960/3, München 1960
  [ZIEGLER, Lateinische Psalmenübersetzungen (1960)].
— Art. „Rahlfs, Alfred", in: LThK² 8, Freiburg i.B. 1986, 973 [ZIEGLER, Rahlfs (1986)].
— Beiträge zum griechischen Dodekapropheton, in: NGWG.PH (1943), 345–412 (= MSU 10,
  71–138) [ZIEGLER, Beiträge XIProph (1943/1971)].
— Beiträge zur Ieremias-Septuaginta, MSU 6, Göttingen 1958 [ZIEGLER, Beiträge Ier. (1958)].
— Die Vorlage der Isaias-LXX und die erste Isaias-Rolle von Qumran 1 QIsᵃ, in: JBL 78 (1959),
  34–59 (= MSU 10, 484–509) [ZIEGLER, Vorlage Is.-LXX (1959/1971)].
— (Hg.), Duodecim prophetae, Septuaginta. Vetus Testamentum Graecum auctoritate
  Societatis Litterarum Gottingensis editum, Bd. XIII, Göttingen 1943 [ZIEGLER, Duodecim
  prophetae (1943)].
— Ein Aquila-Index in Vorbereitung. Prolegomena und Specimina II, in: VT 8 (1958), 273–285
  (= MSU 10, 426–438) [ZIEGLER, Aquila-Index (1958/1971)].
— (Hg.), Ezechiel, Septuaginta. Vetus Testamentum Graecum auctoritate Societatis
  Litterarum Gottingensis editum, Bd. XVI,1, Göttingen 1952, 3. Aufl., mit einem Nachtrag
  von D. Fraenkel 2006 [ZIEGLER, Ez. (1952 bzw. ³2006)].
— (Hg.), Iob, Septuaginta. Vetus Testamentum Graecum auctoritate Academiae Scientiarum
  Gottingensis editum, Bd. XI,4, Göttingen 1982 [ZIEGLER, Iob (1982)].

— (Hg.), Isaias, Septuaginta. Vetus Testamentum Graecum auctoritate Societatis Litterarum Gottingensis editum, Bd. XIV, Göttingen 1939, 3. Aufl. 1983 [ZIEGLER, Is. (1939 bzw. ³1983)].

— (Hg.), Jeremias, Baruch, Threni, Epistula Ieremiae, Septuaginta. Vetus Testamentum Graecum auctoritate Societatis Litterarum Gottingensis editum, Bd. XV, Göttingen 1957, 3. Aufl. 2006 [ZIEGLER, Ier. (1957 bzw. ³2006)].

— Jeremias-Zitate in Väter-Schriften. Zugleich grundsätzliche Betrachtungen über Schrift-Zitate in Väter-Ausgaben, in: HJ 77 (1958), 347–357 (= MSU 10, 439–449) [ZIEGLER, Jeremias-Zitate (1958/1971)].

— (Hg.), Sapientia Iesu Filii Sirach, Septuaginta. Vetus Testamentum Graecum auctoritate Societatis Litterarum Gottingensis editum, Bd. XII,2, Göttingen 1965, 2., durchgesehene Aufl. 1980 [ZIEGLER, Sir. (1965 bzw. ²1980)].

— (Hg.), Sapientia Salomonis, Septuaginta. Vetus Testamentum Graecum auctoritate Societatis Litterarum Gottingensis editum, Bd. XII,1, Göttingen 1962, 2., durchgesehene Aufl. 1980 [ZIEGLER, Sap. (1962 bzw. ²1980)].

— Studien zur Verwertung der Septuaginta im Zwölfprophetenbuch, in: ZAW 60 (1944), 107–131 (= MSU 10, 243–267) [ZIEGLER, Studien XIIProph (1944/1971)].

— (Hg.), Susanna, Daniel, Bel et Draco, Septuaginta. Vetus Testamentum Graecum auctoritate Societatis Litterarum Gottingensis editum, Bd. XVI,2, Göttingen 1954, 2., von O. Munnich erweiterte Aufl. 1999 [ZIEGLER, Sus./Dan./Bel et Dr. (1954 bzw. ²1999)].

— Sylloge. Gesammelte Aufsätze zur Septuaginta, MSU 10, Göttingen 1971 [ZIEGLER, Sylloge (1971)].

— Textkritische Notizen zu den jüngeren griechischen Übersetzungen des Buches Isaias, NGWG.PH (1939), 75–102 (= MSU 10, 43–70) [ZIEGLER, Textkritische Notizen (1939/1971)].

— Untersuchungen zur Septuaginta des Buches Isaias, ATA 12/3, Münster i.W. 1934 [ZIEGLER, Untersuchungen Is. (1934)].

ZIMMERMANN, V., Art. „Müller, Georg Elias", in: NDB 18, Berlin 1997, 393–394 [ZIMMERMANN, Müller (1997)].

ZUNTZ, G., Das byzantinische Septuaginta-Lektionar (»Prophetologion«), in: CM 17 (1956), 183–198 [ZUNTZ, Prophetologion (1956)].

III. Verzeichnis der Werke von Alfred Rahlfs (chronologisch)

Hauptquelle der nachstehenden Bibliographie ist in erster Linie die Zusammenstellung von K. HASENFUSS, Bibliographie, in: RAHLFS, Septuaginta-Studien I-III (²1965), 682–688. Abgeglichen und erweitert wurde diese mit einem von Alfred Rahlfs angelegten „Verzeichnis der Bücher und Aufsätze" aus dem Archiv des Septuaginta-Unternehmens der Akademie der Wissenschaften zu Göttingen, in dem auch viele der Rezensionen zu Rahlfs' Werken vermerkt sind. Nach den Angaben in diesem Notizheft, das allerdings mit dem Jahr 1921 abbricht, richtet sich auch die folgende chronologische Aufstellung der Publikationen. Zudem wurden einige Kommentare von Rahlfs zu einzelnen seiner Schriften aus jenem Heft mitzitiert. Alle Angaben der nachstehenden Bibliographie sind an den Originalen geprüft und – besonders im Bereich der Rezensionen zu Rahlfs' Werken – durch weitere Recherchen in den einschlägigen Zeitschriften sowie in dem von M. ARNIM zusammengestellten „Autorenverzeichnis zu den Veröffentlichungen der Gesellschaft der Wissenschaften zu Göttingen. 1751–1927" (Göttingen 1928, 233–234) und dem „Autorenverzeichnis zu den Veröffentlichungen der Akademie der Wissenschaften in Göttingen. 1928–1943" von H. HOMANN (Göttingen 1965) ergänzt worden.

1887

1. (Hg.), Des Gregorius Abulfarag genannt Bar Ebhroyo Anmerkungen zu den Salomonischen Schriften. Diss. Göttingen. Leipzig 1887 (X und 30 S.).

    Rezensionen: DLZ 10 (1889), 1497 (F. BAETHGEN); REJ 15 (1887), 155–158 (R. DUVAL); ThLZ 13 (1888), 137 (L. HORST); LZD 38 (1887), 850–851 (Th. NÖLDEKE).

1889

2. Beiträge zur Textkritik der Peschita, in: ZAW 9 (1889), 161–210.

3. Rez. zu: K. Keßler, Mani, Forschungen über die manichäische Religion. 1. Bd. Voruntersuchungen und Quellen, Berlin 1889, in: GGA (1889), 905–936.

1891

4. Register und Nachträge zu der 1889 erschienenen Übersicht über die im Aramäischen, Arabischen und Hebräischen übliche Bildung der Nomina. Von Paul de Lagarde. Aus dem 37. Bande der Abhandlungen der königlichen Gesellschaft der Wissenschaften zu Göttingen. Göttingen 1891. 5–60.

    Rezensionen: ZDMG 45 (1892), 340 (F. HOMMEL); LZD 42 (1891) (Eb. NESTLE).

5. Lehrer und Schüler bei Iulius Africanus, in: NGWG (1891), 242–246.

1892

6.1 עֲנִי und עָנָו in den Psalmen, Inaug.-Diss. vorgelegt von A. R., cand. theol., Dr. phil., Leipzig 1891 (= Seite 1–46 der vollständigen Arbeit von 100 Seiten, die 1892 in der „Dieterichschen Verlagsbuchhandlung zu Göttingen" erschienen ist [→ 6.2]).

6.2 עֲנִי und עָנָו in den Psalmen, Göttingen 1892 (100 S.).

Rezensionen: ThLZ 17 (1892), 636–637 (K. Budde); ThLBl (2. Febr. 1894) (E. König); LZD 43 (1892), 1681–1682 (K. Marti); DLZ (1893) (W. Nowack); ThT 26 (1892), 562–563 (H. Oort); Independent (9. Sept. 1892), 601³ (kurze Notiz von A. Duff).

Fertigstellung folgender drei Arbeiten Paul Anton de Lagardes:

I.   P. A. de LAGARDE, SeptuagintaStudien. Zweiter Theil, AGWG.PH 38,1, Göttingen 1892.

    Rezensionen: DLZ (1893) (A. Klostermann); ThLZ 17 (1892), 442–444 (Eb. Nestle).

II.   A. RAHLFS (Hg.), Bibliothecae syriacae a Paulo de Lagarde collectae quae ad philologiam sacram pertinent, Gottingae 1892.

III. A. RAHLFS (Hg.), Psalterii graeci quinquagena prima a Paulo de Lagarde in usum scholarum edita, Gottingae 1892.

1893

7.   Rez. zu: Lexicon Syriacum auctore Hassano Bar Bahlule edidit R. Duval (Collection orientale t. 15, 2. sér. t. I) Fasc. 1, 1888, in: GGA (1893), 969–1010.

    R. Duval antwortete darauf in: JA, 9. sér., t. III (Janv.-Fevr. 1894), 142–156 („Remarques sur l'édition du lexique de Bar Bahloul"). Vgl. J.-B. Chabot, in: RCHL (1895), 41–42. Die Rezension wird erwähnt von Siegfried, ThJber (1893), 20.

1894

8.   Rez. zu: Die Geschichte des Mâr 'Abhdîšô' und seines Jüngers Mâr Qârdagh. Herausgegeben und übersetzt von H. Feige, 1890, in: GGA (1894), 277–279.

9.   Beschreibung der syrischen Handschriften der Göttinger Universitäts-Bibliothek, in: W. Meyer (Hg.), Verzeichnis der Handschriften im preussischen Staate, Abt. 1: Hannover, Bd. 1: Die Handschriften in Göttingen, Teil 3, Berlin 1894, 463–469.

10. Rez. zu: S. Levin, Versuch einer hebräischen Synonymik. I, in: ThLZ 19 (1894), 602–604.

11. Notiz über Matth. 1₁₆ im Syr. Sinait., in: Ac. 46 (1894), 557–558.

1895

12. Rez. zu: Lexicon Syriacum auctore C. Brockelmann, 1895, in: GGA (1895), 755–763.

13. Rez. zu: R. B. Girdlestone, Deuterographs. Duplicate passages in the Old Testament, their bearing on the text and compilation of the Hebrew scriptures, in: ThLZ 20 (1895), 586–587.

14. Rez. zu: I. M. Casanowicz, Paronomasia in the Old Testament, Diss. Boston, Mass. 1894, in: ThLZ 20 (1895), 637–639.

15. Notiz über Matth. 1₁₆ im Syr. Sinait., in: Ac. 47 (1895), 82.

1896

16. Rez. zu: H. L. Strack, Abriss des biblischen Aramäisch, in: ThLZ 21 (1896), 257.

17. Rez. zu: Anecdota Oxoniensia. Semitic Series Vol. I, part 9, Biblical and patristic relics of the Palestinian Syriac Literature edited by G. H. Gwilliam, F. C. Burkitt, and J. F. Stenning, 1896, in: ThLZ 21 (1896), 341–344.

18. Rez. zu: K. Marti, Kurzgefasste Grammatik der biblisch-aramäischen Sprache (= PLO 18), in: ThLZ 21 (1896), 585–588.

19. Rez. zu: W. Diehl, Das Pronomen personale suff. 2. und 3. pers. plur. des Hebräischen in der alttestamentlichen Ueberlieferung, in: ThLZ 21 (1896), 588–590.

20. Rez. zu: J. P. Smith, A compendious Syriac Dictionary, in: ThLZ 21 (1896), 615–617.

1898

21. Über eine von Tischendorf aus dem Orient mitgebrachte, in Oxford, Cambridge, London und Petersburg liegende Handschrift der Septuaginta, in: NGWG.PH (1898), 98–112.

1899

22. „Nachschrift" zu Emil Schürers Anzeige von M. Friedländer, Der vorchristliche jüdische Gnosticismus, in: ThLZ 24 (1899), 169–170.

23. Alter und Heimat der vaticanischen Bibelhandschrift, in: NGWG.PH (1899), 72–79 (wieder abgedruckt in: S. Jellicoe [Hg.], Studies in the Septuagint: Origins, Recensions, and Interpretations, LBS, New York 1974, 451–458).

    Rezensionen: ThR 4 (1901), 374–375 (W. Bousset); ThLZ 24 (1899), 556–557 (O. von Gebhardt); Evangelisch-lutherische Kirchenzeitung 13 (1899), 301–302 (E. König ?); ThR 3 (1900), 459–460 (J. W. Rothstein); ThLZ 26 (1901), 547 (dort erwähnt von Bousset).

24. Rez. zu: Fragments of the Books of Kings according to the Translation of Aquila edited by F. C. Burkitt, 1897, in: GGA (1899), 831–832.

25. Rez. zu: A. S. Lewis and M. D. Gibson, The Palestinian Syriac Lectionary of the Gospels. Re-edited from two Sinai mss. and from P. de Lagarde's edition of the 'Evangeliarum Hierosolymitanum', 1899, in ThLZ 24 (1899), 657–663.

1900

26. ΘΑΛΑϹϹΑ im Koptischen, in ZÄS 38 (1900), 152–153.

1901

27. (Hg.), Die Berliner Handschrift des sahidischen Psalters, AGWG.PH N.F. 4,4, Berlin 1901.

    Rezensionen: ThJber 21 (1901), 104–105 (B. Baentsch); Egypt Explor. Fund, Archaeological Report 1901–1902, 48 (W. E. Crum); LZD 53 (1902), 753 (E. König); RCHL (25. Nov. 1901) (G. Maspero); DLZ (1901), 2958–2961 (C. Schmidt).

1903

28. Rez. zu: P. Kahle, Der masoretische Text des Alten Testaments nach der Ueberlieferung der babylonischen Juden, Leipzig 1902, in: GGA (1903), 353–363.

29. Rez. zu: F. Giesebrecht, Der Knecht Jahves des Deuterojesaia, Königsberg i.Pr. 1902, in: GGA (1903), 607–622.

1904

30. Septuaginta-Studien 1: Studien zu den Königsbüchern, Göttingen 1904 (88 S.).

    Rezensionen: DLZ (1905), 2368 (G. Beer); ZDMG 59, 201–202 (G. Beer); ThT (1904), 463–464 (B. D. Eerdmans); ThRv 3 (1904), 359 (C. Holzhey); ThLZ 28 (1904), 455 (E. Klostermann); Theologische Literaturberichte (1905),

190–191 (E. König); TThT (1904), 390–392 (J. C. Matthes); N. McLean: s. unten bei „Septuaginta-Studien 2" (→ 1907); ThLBl 25 (1904), 499–500 (Eb. Nestle); BPhWS (1905), 120–122 (Eb. Nestle); ZDMG 60, 262 (Prätorius); ThR (1904), 508–514 (J. W. Rothstein); ThJber 24 (1904), 192 (P. Volz).

1905

31. Rez. zu: W. E. Barnes, The Peshitta Psalter according to the West Syrian Text. Edited with an apparatus criticus, Cambridge 1904, und: Nachschrift zu: W. E. Barnes, The Peshitta Version of 2 Kings, JThSt 6 (1905), 200–232, in: ThLZ 30 (1905), 195–197.

32. Rez. zu: The Canons of Athanasius of Alexandria. The Arabic and Coptic versions edited and translated with introductions, notes and appendices by W. Riedel and W. E. Crum, London und Oxford 1904, in: GGA (1905), 352–359.

33. Rez. zu: Evangelion da Mepharresche ed. Burkitt, in: RTP 1 (1905/1906), 311–322.

34. Rez. zu: Biblia Hebraica, ed. R. Kittel, Pars 1, Leipzig 1905, in: GGA (1905), 857–861.

1906

35. Rez. zu: W. E. Crum, Catalogue of the Coptic Manuscripts in the British Museum, London 1905, in: GGA (1906), 579–589.

36. „Nein" im Koptischen, in: ZÄS 43 (1906), 151–152.

37. Rez. zu: F. W. Mozley, The Psalter of the Church. The Septuagint Psalms compared with the Hebrew, with various notes, Cambridge 1905, in: ThLZ 31 (1906), 227–228.

1907

38. Septuaginta-Studien 2: Der Text des Septuaginta-Psalters. Nebst einem Anhang: Griechische Psalterfragmente aus Oberägypten nach Abschriften von W. E. Crum, Göttingen 1907 (256 S.).

    Rezensionen: Jahresberichte der Geschichtswissenschaften für 1906/07, I, 116 (B. Baentsch); ThRv 6 (1907), 579–580 (C. Holzhey); RTP 3 (1908), 209–212 (N. McLean); BPhWS (1908), 65–69 (Eb. Nestle); ThQ 90 (1908), 449 (Riessler); ThR 13 (1910), 313–314 (J. W. Rothstein); ThLZ 33 (1908), 129–132 (R. Smend d.Ä.); ThJber 27 (1907), 60 (P. Volz); AJT (April 1908) (Ch. B. Williams).

39. Rez. zu: Biblia Hebraica, ed. R. Kittel, Pars 2, Leipzig 1906, in: GGA (1907), 167–168.

1908

40. Nachwirkungen der Chronik des Eusebius in Septuaginta-Handschriften, in: ZAW 28 (1908), 60–62.

41. Über das Fehlen der Makkabäerbücher in der äthiopischen Bibelübersetzung, in: ZAW 28 (1908), 63–64.

1909

42. Rez. zu: W. O. E. Oesterley, Codex Taurinensis (Y). Transcribed and collated, 1908, in: ThLZ 34 (1909), 629–630.

1910

43. Rez. zu: W. E. Crum, Catalogue of the Coptic Manuscripts in the Collection of the John Rylands Library (Manchester), Manchester 1909, in: ThLZ 35 (1910), 744–745.

44. Rez. zu: The Old Testament in Greek according to the Text of Codex Vaticanus edited by A. E. Brooke, and N. McLean, Vol. I The Octateuch, Part 2 Exodus and Leviticus, Cambridge 1909, in: ThLZ 35 (1910), 777–778.

45. Rez. zu: O. Procksch, Studien zur Geschichte der Septuaginta. Die Propheten, BWAT 7, Leipzig 1910, in: GGA (1910), 594–705.

1911

46. Septuaginta-Studien 3: Lucians Rezension der Königsbücher, Göttingen 1911 (298 S.).

Rezensionen: ThRv 11 (1912), 142–143 (C. Holzhey); ThLBl 33 (1912), 245–246 (Eb. Nestle); BPhWS (1913), 102–103 (Eb. Nestle); JQR N. S. 3 (1912), 123–134, hier 129–130 (M. L. Margolis); AJSL 29 (1912/13), 37–62, hier 55–62 (G. F. Moore); ThQ 93 (1911), 616–617 (Riessler); ThJber 31 (1911), 150–151 (G. Westphal).

47.1 P. Glaue/A. Rahlfs, Fragmente einer griechischen Übersetzung des samaritanischen Pentateuchs, in: NGWG.PH (1911), 167–200.263–266 (= MSU 1, 29–68).

47.2 Nachtrag zu S. 167–200 (P. Glaue/A. Rahlfs, Fragmente einer griechischen Übersetzung des samaritanischen Pentateuchs): A. Rahlfs, Ein weiteres Fragment der griechischen Übersetzung des samaritanischen Pentateuchs, in: NGWG.PH (1911), 263–266.

Rezensionen: ThRv 10 (1911), 606 (F. Feldmann); ThLZ 37 (1912), 356–358 (P. Kahle); JQR N. S. 3 (1912), 123–133, hier 130–131 (M. L. Margolis); ThLBl 32 (1911), 483–484 (Eb. Nestle); Anzeige in: Ac. 81 (1911), 506–507.

48. Rez. zu: W. Gesenius' Hebräisches und aramäisches Handwörterbuch über das Altes Testament, in Verb. m. Prof. Dr. H. Zimmern, Prof. Dr. W. M. Müller u. Dr. O. Weber bearbeitet v. Prof. Dr. F. Buhl, 15. Aufl. Leipzig 1910, in: ThLZ 36 (1911), 3–4.

49. Rez. zu: K. Wessely, Die griechischen Lehnwörter der sahidischen und boheirischen Psalmenversion, Denkschriften der Kais. Akad. der Wiss. in Wien Phil.-hist. Kl. Bd. 54,3, Wien 1910, in: ThLZ 36 (1911), 644–645.

50. Rez. zu: Codex Zuqninensis rescriptus V. T. Texte grec des mss. Vat. syr. 162 et Mus. Brit. Add. 14.665 édité avec introduction et notes par E. Tisserant, StT 23, Rom 1911, in: ThLZ 36 (1911), 741–743.

1912

51. Griechische Wörter im Koptischen, in: SPAW.PH 45 (1912), 1036–1046.

52. Rez. zu: E. König, Hebräisches u. aramäisches Wörterbuch zum Alten Testament, Leipzig 1910, in: ThLZ 37 (1912), 3–5.

53. Rez. zu: A Coptic Palimpsest containing Joshua, Judges, Ruth, Judith and Esther in the Sahidic Dialect. Edited by H. Thompson, Oxford 1911, in: ThLZ 37 (1912), 68–69.

54. Rez. zu: Remnants of the later Syriac versions of the Bible in two parts [...] edited, with intr., notes, and reconstructed Greek text by J. Gwynn, London 1909, in: GGA (1912), 765–768.

55. Referat: Eb. Nestle, Septuaginta-Studien VI, Stuttgart 1911, in: ThLZ 37 (1912), 124.

56. Referat: A. Baumstark, Die christlichen Literaturen des Orients, Leipzig 1911, in: ThLZ 37 (1912), 155.

57. Rez. zu: J. I. Munro, A Research into the Origin of the Third Personal Pronoun הוא epicene in Pentateuch, London 1912, in: ThLZ 37 (1912), 708–709.

1913

58. Die Abhängigkeit der sixtinischen Septuaginta-Ausgabe von der aldinischen, in: ZAW 33 (1913), 30–46.

59. Zur Frage nach der Herkunft des glagolitischen Alphabets, in: ZvSp N. F. 45 (1913), 285–287.

60. Rez. zu: E. A. W. Budge, Coptic biblical Texts in the Dialect of Upper Egypt, London 1912, in: ThLZ 38 (1913), 3–5.

61. Über die Handschrift Athen, Nat. Bibl., 43 („Die beste Katenen-Ausgabe"), in: ThLZ 38 (1913), 476–477, Mitteilung 25.

62. Referat: K. Marti, Kurzgefaßte Grammatik der biblisch-aramäischen Sprache, 2. Aufl. Berlin 1911, in: ThLZ 38 (1913), 220.

63. Referat: The Old Testament in Greek by Brooke and McLean, Vol. I. The Octateuch, Part III. Numbers and Deuteronomy, Cambridge 1911, in: ThLZ 38 (1913), 283–284.

64. W. GERHÄUSSER/A. RAHLFS, Münchener Septuaginta-Fragmente, in: NGWG.PH (1913), 72–87 (= MSU 1, 101–118).

    Rezensionen: ThRv (F. FELDMANN); BPhWS (1914), 834–835 (L. KÖHLER); ThLBl 34 (1913), 437–439 (G. WOHLENBERG).

65. Rez. zu: The Coptic Version of the New Testament in the Southern Dialect otherwise called Sahidic and Thebaic, Vol. I The Gospels of S. Matthew and S. Mark, Vol. II The Gospel of S. Luke, Vol. III The Gospel of S. John, Oxford 1911, in: ThLZ 38 (1913), 426–427.

66. Referat: K. Holzhey, Kurzgefaßte hebräische Grammatik, Paderborn 1913, in: ThLZ 38 (1913), 697.

67. Die Catenenhandschrift des Meursius, in: ThLZ 38 (1913), 763–764, Mitteilung 37.

1914

68. Verzeichnis der griechischen Handschriften des Alten Testaments. Für das Septuaginta-Unternehmen aufgestellt, MSU 2, Berlin 1914 (XXVI und 444 S.).

    Rezensionen: ThRv 15 (1916), 401–402 (F. FELDMANN); ThLZ 42 (1917), 307–308 (E. PREUSCHEN); ThLBl 36 (1915), 605–607 (O. PROCKSCH).

69. Verzeichnis der Schriften Julius Wellhausens, in: K. MARTI (Hg.), Studien zur semitischen Philologie und Religionsgeschichte. Julius Wellhausen zum siebzigsten Geburtstag am 17. Mai 1914 gewidmet von Freunden und Schülern und in ihrem Auftrag herausgegeben, BZAW 27, Gießen 1914, 351–368.

70. Die Quellen der ‚Catena Nicephori', in: ThLZ 39 (1914), 92, Mitteilung 4.

71. Rez. zu: J. Schäfers, Die äthiopische Übersetzung des Propheten Jeremias, Freiburg i.B. 1912, in: GGA (1914), 126–128.

72. Rez. zu: E. A. W. Budge, Coptic Apocrypha in the Dialect of Upper Egypt, London 1913, in: ThLZ 39 (1914), 237.

1915

73. L. Lütkemann/A. Rahlfs, Hexaplarische Randnoten zu Isaias 1-16, aus einer Sinai-Handschrift herausgegeben, NGWG.PH, Beiheft (156 S.), Berlin 1915 (= MSU 1, 231–386).

Hierzu vermerkt Rahlfs in seinem Notizbuch: „[...] im April 1916 fertig geworden; der jetzige Text stammt ganz von mir".

Rezension: ThRv 17 (1918), 347 (F. Feldmann).

74. Zu A. v. Harnack, Zur Textkritik und Christologie der Schriften des Johannes, SAB 1915, Abschnitt 4, 556–561, in: ThLZ 40 (1915), 525, Mitteilung 9.

75. Die alttestamentlichen Lektionen der griechischen Kirche, in: NGWG.PH (1915), 28–136 (= MSU 1, 119–230).

Rezensionen: ThRv 15 (1916) 127–133 (A. Baumstark); ThLBl 37 (1916), 234–235 (W. Caspari); ThLZ 41 (1916), 221–222 (K. Eger); ByZ 23 (1919/20), 473–474 (A. E.); OLZ 25 (1922), 172 (M. Löhr).

76. Kleine Mitteilungen aus dem Septuaginta-Unternehmen, in: NGWG.PH (1915), 404–434 (= MSU 1, 387–418): I. Palimpsest-Fragmente des Sirach und Iob aus Jerusalem. Nach der Entzifferung von Martin Flashar †; II. Quis sit ὁ Σύρος; III. Berichtigungen und Nachträge zu früheren Mitteilungen des Septuaginta-Unternehmens (der Aufsatz „Quis sit ὁ Σύρος" ist wieder abgedruckt in: S. Jellicoe [Hg.], Studies in the Septuagint: Origins, Recensions, and Interpretations, LBS, New York 1974, 292–300).

Rezension: ThRv 17 (1918), 347–348 (F. Feldmann).

77. Rez. zu: P. M. Baumgarten, Die Vulgata Sixtina von 1590 und ihre Einführungsbulle. Aktenstücke und Untersuchungen, ATA 3, 2. Heft, XX und 170 Seiten, Münster i.W. 1911; F. Amann, Die Vulgata Sixtina von 1590. Eine quellenmäßige Darstellung ihrer Geschichte mit neuem Quellenmaterial aus dem venezianischen Staatsarchiv, FThST 10, Freiburg i.B. 1912; H. Höpfl, Beiträge zur Geschichte der sixto-klementinischen Vulgata nach gedruckten und ungedruckten Quellen. BSt 18, 1.-3. Heft, Freiburg i.B. 1913, in: GGA (1915), 292–305.

78. Referat: E. Tisserant, Specimina codicum orientalium, Bonn 1914, in: ThLZ 40 (1915), 524.

1916

79. Über Beeinflussung der alttestamentlichen Vokalisation durch jüngere Sprachpraxis, in: Festschrift Friedrich Carl Andreas zur Vollendung des siebzigsten Lebensjahres am 14. April 1916, Leipzig 1916, 129–136.

Hierzu vermerkt Rahlfs in seinem Notizbuch: „Ich habe auch die Festschrift redigiert, nachdem der ursprüngliche Redakteur Dr. G. Lommel, im Januar 1916 einberufen war" (Archiv des Septuaginta-Unternehmens der Akademie der Wissenschaften zu Göttingen).

80. Zu den altabessinischen Königsinschriften, in: OrChr NS 6 (1916), 282–313.

81. Zur Setzung der Lesemütter im Alten Testament, in: NGWG.PH (1916), 315–347.

Rezension: DLZ 51 (1916), 2045 (C. Holzhey).

82. Referat: C. H. Vosen u. F. Kaulen, Kurze Anleitung zum Erlernen der hebräischen Sprache, 20. u. 21. Aufl. (bearb. von J. Schumacher) Freiburg i.B. 1914, in: ThLZ 41 (1916), 20.

83. Die äthiopische Bibelübersetzung, in: Rahlfs, Septuaginta-Studien I-III (²1965), 659–681.

Joachim Jeremias, Vorsitzender der Leitungskommission des Septuaginta-Unternehmens von 1956 bis 1970, vermutet im Vorwort der 1965 erschienenen zweiten Aufl. der Septuaginta-Studien I-III, dass diese Rahlfs-Schrift, die „sich handschriftlich im Archiv des Septuaginta-Unternehmens fand" (a.a.O., 9), aufgrund verschiedener Indizien nicht *nach* 1916 verfasst worden sein konnte. M.E. handelt es sich bei dieser posthum veröffentlichten Schrift jedoch ‚lediglich' um Vorarbeiten für RAHLFS, Königsinschriften (1916). Vgl. dazu die Erörterungen oben, S. 172–175 (bes. S. 173, Anm. 273).

1917

84. Nissel und Petraeus, ihre äthiopischen Textausgaben und Typen, in: NGWG.PH (1917), 268–348.

    Rezension: ZVHaG 22 (1918), 249–250 (C. BORCHLING).

1918

85. Über einige alttestamentliche Handschriften des Abessinierklosters S. Stefano zu Rom, in: NGWG.PH (1918), 161–203 (= MSU 3, 1–46).

    Rezensionen: ThLZ 44 (1919), 99 (H. DUENSING); ThRv 21 (1922), 176–177 (F. FELDMANN); OLZ 28 (1925), 874–876 (A. GROHMANN); F. STUMMER, Neues vom Septuaginta-Unternehmen, in: Kölnische Volkszeitung (Morgen-Ausgabe) vom 29. Oktober 1919, 3.

1920

IV. E. SCHRÖDER/A. RAHLFS (Hg.), Deutsche Schriften von Paul de Lagarde. Gesammtausgabe letzter Hand, Göttingen ⁵1920.

    Dazu heißt es im Bericht der Lagarde-Stiftung (von E. Schröder unterzeichnet), in: NGWG. Geschäftliche Mitteilungen aus dem Jahre 1920, Berlin 1920, 40: „Von den lange vergriffenen Deutschen Schriften Lagardes ist eine neue Ausgabe im Druck, für deren Korrektheit und Sauberkeit vor allem Herr Rahlfs Sorge trägt." Und im darauffolgenden Jahr berichtet Schröder: „Von den ‚Deutschen Schriften' Paul de Lagardes erschien eine fünfte Auflage (Göttingen 1920), deren sorgfältige Textrevision Herr Rahlfs besorgte" (NGWG. Geschäftliche Mitteilungen aus dem Jahre 1921, Berlin 1921, 51). Das von Rahlfs und Schröder unterzeichnete Nachwort (S. 455) zur fünften Aufl. gibt Auskunft über den (geringen) Umfang jener Textrevision: „Gegen alle bisherigen Ausgaben ist nur in vereinzelten Fällen, in denen es unbedingt nötig schien, korrigiert worden. Dabei handelt es sich durchweg um Kleinigkeiten [...]."

1921

86. Über Theodotion-Lesarten im Neuen Testament und Aquila-Lesarten bei Justin, in: ZNW 20 (1921), 182–199.

1922

87. Das Buch Ruth griechisch, als Probe einer kritischen Handausgabe der Septuaginta herausgegeben, Stuttgart 1922 (28 S.).

    Rezensionen: AnzKG 44 (1925), 6 (F. STUMMER); PhWS 44 (1924), 1025–1027 (P. THOMSEN); ZNW 21 (1922), 314–315 (dort erwähnt von H. LIETZMANN).

88. Studie über den griechischen Text des Buches Ruth, MSU 3,2, Berlin 1922 (164 S.).

89. Rez. zu: A. Baumstark, Nichtevangelische syrische Perikopenordnungen des ersten Jahrtausends, LF 3, Münster i.W. 1921, in: DLZ 43 (1923), 508–510.

1924

90. Rez. zu: Ch. A. Hawley, A Critical Examination of the Peshitta Version of the Book of Ezra, New York 1922 = Contributions to oriental history and philology Nr. 7, in: ThLZ 49 (1924), 9–10.

1926

91. (Hg.), Genesis, Septuaginta. Societatis Scientiarum Gottingensis auctoritate edidit, Bd. I, Stuttgart 1926 (201 S.).

Rezensionen: OLZ 31 (1928), 449–453 (G. Bertram); DLZ.NF 4 (1927), 452–453 (O. Eissfeldt); ThLZ 52 (1927), 489–491 (J. Herrmann d.Ä.); Gn. 6 (1930), 161–163 (H. Windisch).

1927

92. Rez. zu: Biblia Sacra iuxta latinam vulgatam versionem ... iussu Pii PP XI cura et studio monachorum Sancti Benedicti ... praeside Aidano Gasquet S.R.E. cardinale edita, Vol. 1, Librum Genesis ... recensuit H. Quentin, Rom 1926, in: GGA (1927), 148–152.

1928

93. Gedächtnisrede zu Paul de Lagarde's 100. Geburtstage, Berlin 1928, 16 S. (= NGWG. Geschäftliche Mitteilungen aus dem Berichtsjahr 1927/28, 74–89).

94. Paul de Lagardes wissenschaftliches Lebenswerk im Rahmen einer Geschichte seines Lebens dargestellt, MSU 4, Berlin 1928 (98 S.).

Rezensionen: DLZ.NF 6 (1929), 409–411 (O. Eissfeldt); ZKG 47 (NF 10) (1928), 587–589 (E. Littmann); ThLZ 53 (1928), 604–605 (beide Publikationen von 1928) (Erw. Nestle); LitHw (1928/1929), 517–518 (R. v. Schaukal).

1930

95. Rez. zu: A. Sperber, Septuaginta-Probleme I, Texte und Untersuchungen zur vormasoretischen Grammatik des Hebräischen = BWANT 3. Folge, Heft 13, Stuttgart 1929, in: ThLZ 55 (1930), 104–106.

96. Rez. zu: D. De Bruyne, Le problème du psautier romain, RBen 42 (1930), 101–126, in: ThLZ 55 (1930), 409–410.

1931

97. (Hg.), Psalmi cum Odis, Septuaginta. Societatis Scientiarum Gottingensis auctoritate editum, Bd. X, Göttingen 1931 (365 S.).

Rezensionen: ThR 30 (1931), 241–246 (A. Allgeier); DLZ (1931), 1635–1640 (Rez. der 1. Hälfte [Bogen 1–11]) (A. Allgeier); DLZ (1932), 341–344 (Rez. der 2. Hälfte [Bogen 12–23]) (A. Allgeier); ThLZ 57 (1932), 153–155 (O. Eissfeldt); W. Kappler, Ankündigung der Ausgabe, in: FuF 8 (1932), 15.

1932

98. Curiosa im Codex Sinaiticus, in: ZAW 50 (1932), 309–310, Mitteilung 1.

1934

99. Die Kriegselefanten im I. Makkabäerbuche, in: ZAW 52 (1934), 78–79, Mitteilung 3.

1935

100. (Hg.), Septuaginta id est Vetus Testamentum Graece iuxta LXX interpretes, Vol. I: Leges et historiae (XLVIII und 1184 S.), Vol. II: Libri poetici et prophetici (941 S.), Stuttgart 1935.

Rezensionen: IGF 53 (1935), 240 (A. Debrunner); ThLZ 61 (1936), 265–287 (P. Katz); DLZ (1937), 1175–1176 (G. Kittel); NZZ 156 (14. April 1935), Nr. 656 (L. Köhler); JQR N. S. 28 (1938), 337–340, hier 337–338 (J. Reider); VT 8 (1958), 334–335 (P. Winter).

1965

101. Septuaginta-Studien I-III. 2. Aufl. Vermehrt um einen unveröffentlichten Aufsatz und eine Bibliographie mit einem Nachruf von Walter Bauer, Göttingen 1965.

„Septuaginta-Unternehmen"

102.–127.   1.–26. Bericht über das Septuaginta-Unternehmen (Berichtjahre 1908–1933).[1]

128. Bericht über das Septuaginta-Unternehmen der Königl. Gesellschaft der Wiss. zu Göttingen, der Internationalen Assoziation der Akademien zur Generalversammlung 1913 vorgelegt von der Kommission für das Septuaginta-Unternehmen, Göttingen 1913 (8 S.).

---

1 Zu seiner Verfasserschaft der Berichte äußert sich Rahlfs selbst in dem *Verzeichnis seiner Bücher und Aufsätze* (Archiv des Septuaginta-Unternehmens der Akademie der Wissenschaften zu Göttingen) unter Nr. 52: „Ferner habe ich alle Berichte über das Septuaginta-Unternehmen verfaßt." Diese Aussage bezieht sich auf die Berichte 1 bis 26 (1908–1933). Hinzu kommen sämtliche Berichte und Schriften, die Rahlfs im Auftrag der Gesellschaft der Wissenschaften resp. in seiner Funktion als Leiter des Septuaginta-Unternehmens geschrieben hatte.

IV. Quellen

Bei der Transkription resp. Edition von Quellen fanden folgende Regeln Anwendung:[2]

1. Die Quellen sind diplomatisch ediert: Orthographie und Zeichensetzung sind nicht den heutigen Konventionen angepasst, Inkonsistenzen in der Schreibweise einzelner Wörter nicht beseitigt. Offenkundige kleinere Versehen wurden stillschweigend verbessert. Fehlerhaft geschriebene Eigennamen sind jedoch nicht korrigiert.
2. Ergänzungen resp. Veränderungen durch den Herausgeber werden grundsätzlich in eckigen Klammern: [ ] durch kursive Schrift gekennzeichnet.
3. Streichungen wurden aufgenommen und die entsprechenden Worte durchgestrichen dargestellt.
4. Einfache Unterstreichungen durch die Autoren werden als solche wiedergegeben.
5. Spätere Zusätze oder Veränderungen durch die Autoren werden recte in spitze Klammern < > gesetzt.

1. Verzeichnis der ausgewerteten Quellen (alphabetisch)

Archiv der Akademie der Wissenschaften zu Göttingen[3]

–   Pers 16
–   Scient 304,1
–   Scient 6300

Archiv der Berlin-Brandenburgischen Akademie der Wissenschaften[4]

–   PAW (1812–1945)

>   II-V-163
>   II-V-170
>   II-VIII-228
>   II-XII-2

2 Diese Editionsregeln entsprechen zumeist den von Stefan Rebenich aufgestellten Regeln: Punkte 1 und 2 stammen aus HARNACK, Protokollbuch (2000), 107, Punkte 4 und 5 aus REBENICH, Mommsen-Harnack (1997), 576–577.
3 Für die Möglichkeit, Einsicht in die nachstehenden Dokumente nehmen und daraus zitieren zu dürfen, sage ich der Akademie der Wissenschaften zu Göttingen, namentlich Frau Wegener und dem Publikationsreferenten, meinen herzlichen Dank.
4 Für die Möglichkeit, Einsicht in die nachstehenden Dokumente nehmen und daraus zitieren zu dürfen, sage ich der Berlin-Brandenburgischen Akademie der Wissenschaften, namentlich Herrn Fölske, meinen herzlichen Dank.

Archiv des Septuaginta-Unternehmens der Akademie der Wissenschaften zu Göttingen[5]

- Aktennotiz im Anschluss an den Kartelltag in Berlin (Juni 1908)
- Begleitschreiben zu Rahlfs' Plan von Julius Wellhausen an Friedrich Althoff (19. August 1907; Abschrift)
- Brief von Hans Lietzmann an Gustav Groß (8. März 1934; Abschrift)
- Brief von Jacob Wackernagel an Alfred Rahlfs (4. Januar 1923)
- Brief von Karl Holl an Alfred Rahlfs (28. Juli 1914)
- Brief von Paul Anton de Lagarde an Alfred Rahlfs (22. Oktober 1887)
- Brief von Paul Anton de Lagarde an Alfred Rahlfs (31. Oktober 1887)
- Brief von Paul Anton de Lagarde an Alfred Rahlfs (6. August 1891)
- Entwurf eines Briefes von Werner Kappler an Hans Lietzmann (10. April 1934)
- Grundsätze für die Herstellung des textkritischen Apparats, von Alfred Rahlfs (1914) mit Randbemerkungen von Werner Kappler (1937)
- Kassenbuch des Septuaginta-Unternehmens (geführt von April 1934 bis Dezember 1964)
- Plan einer neuen Ausgabe der Septuaginta, von Alfred Rahlfs (19. August 1907)
- Postkarte von Hans Lietzmann an Alfred Rahlfs (18. Juli 1915)
- Postkarte von Leopold Fonck an Alfred Rahlfs (3. März 1917)
- Protokollbuch der engeren Septuaginta-Kommission (geführt von April 1908 bis Februar 1942)
- Verzeichnis der Bücher und Aufsätze von Alfred Rahlfs (geführt von 1887 bis 1921)

Bayerische Staatsbibliothek München[6]

- Schwartziana II.A.

    Wellhausen, Julius

Das Bundesarchiv[7]

- NSDAP-Zentralkartei
- NSLB
- R4901/13267
- R4901/23265
- R4901/23383
- R9361 V/104478
- REM
- SA 4000003142
- VBS1 1140000334

---

5 Für die Möglichkeit, Einsicht in die nachstehenden Dokumente nehmen und daraus zitieren zu dürfen, sage ich dem Septuaginta-Unternehmen der Akademie der Wissenschaften zu Göttingen meinen herzlichen Dank. Die Archivalien des Septuaginta-Unternehmens sind nicht signiert.

6 Für die Möglichkeit, Einsicht in die nachstehenden Dokumente nehmen und daraus zitieren zu dürfen, sage ich der Bayerischen Staatsbibliothek München meinen herzlichen Dank.

7 Für die Möglichkeit, Einsicht in die nachstehenden Dokumente nehmen und daraus zitieren zu dürfen, sage ich dem Bundesarchiv in Berlin meinen herzlichen Dank.

- VBS 307/8200002303
- VBS 307/8200002198

Deutsche Bibelgesellschaft Stuttgart[8]
- Briefkonvolut Septuaginta (Korrespondenz 1909–1938), Bl. 1–96

Landeskirchliches Archiv Stuttgart[9]
- Bestand „Historische Verträge", 48 Bl.

Niedersächsische Staats- und Universitätsbibliothek (SUB) Göttingen[10]
- 8 Cod. Ms. philos.
    206:118
- Cod. Ms. Bousset
    96
- Cod. Ms. F. C. Andreas
    1:344
- Cod. Ms. Lagarde
    146:35
    149
    150:629
    150:949
    150:1201
    187:1
- Cod. Ms. Schröder
    1237:76
    1237:78
- Cod. Ms. W. Trillhaas
    B 59
- Nachlass E. Ehlers
    1497:2

---

8 Für die Möglichkeit, Einsicht in die nachstehenden Dokumente nehmen und daraus zitieren zu dürfen, sage ich der Deutschen Bibelgesellschaft in Stuttgart, namentlich Herrn Dr. Schäfer (09.10.2013), meinen herzlichen Dank.

9 Für die Möglichkeit, Einsicht in die nachstehenden Dokumente nehmen und daraus zitieren zu dürfen, sage ich dem Landeskirchlichen Archiv Stuttgart meinen herzlichen Dank.

10 Für die Möglichkeit, Einsicht in die nachstehenden Dokumente nehmen und daraus zitieren zu dürfen, sage ich der Niedersächsischen Staats- und Universitätsbibliothek Göttingen, namentlich Herrn Dr. Rohlfing, meinen herzlichen Dank.

Sächsische Landesbibliothek – Staats- und Universitätsbibliothek Dresden[11]

– Mscr. Dresd. App. 1046,3342

Staatsbibliothek zu Berlin – Preußischer Kulturbesitz[12]

– Nachlass 494 (Archiv Vandenhoeck & Ruprecht)

G 1908, Nr. 52, Bl. 582–590
G 1909, Nr. 58, Bl. 880–890
G 1921, Nr. 130, Bl. 522–524
G 1926, Nr. 147, Bl. 608
G 1929, Nr. 161, Bl. 547–563
G 1930, Nr. 165, Bl. 442–462
G 1931, Nr. 170, Bl. 89–105
G 1932, Nr. 175, Bl. 02
G 1933, Nr. 178, Bl. 529–535
G 1934, Nr. 182, Bl. 917–939
G 1935, Nr. 188, Bl. 652

– Nachlass Harnack

Wellhausen, Bl. 39–40

Stadtarchiv Göttingen[13]

– EMK Alfred Rahlfs
– EMK Georg Rahlfs
– EMK Gertrud Rahlfs
– EMK Hans Rahlfs
– EMK Julie Rahlfs
– EMK Paul Rahlfs
– EMK Wilhelm Rahlfs

Stadtarchiv Hannover[14]

– EMK I, K. 161
– PA 551, 1856–1896
– StA 695-136/1913

11 Für die Möglichkeit, Einsicht in die nachstehenden Dokumente nehmen und daraus zitieren zu dürfen, sage ich der Sächsischen Landesbibliothek – Staats- und Universitätsbibliothek Dresden meinen herzlichen Dank.

12 Für die Möglichkeit, Einsicht in die nachstehenden Dokumente nehmen und daraus zitieren zu dürfen, sage ich der Staatsbibliothek zu Berlin – Preußischer Kulturbesitz meinen herzlichen Dank.

13 Für die umfangreichen schriftlichen Auskünfte vom Mai 2010 sage ich dem Stadtarchiv Göttingen, namentlich Frau Lenz, meinen herzlichen Dank.

14 Für die umfangreichen schriftlichen Auskünfte vom Mai 2011 sage ich dem Stadtarchiv Hannover, namentlich Herrn Dr. Heppner, meinen herzlichen Dank.

Universitätsarchiv (UA) der Georg-August-Universität Göttingen[15]
- Abgangszeugnisse
  - 1884, Nr. 384
  - 1886, Nr. 143
  - 1887, Nr. 292
- Kuratorialakte
  - XVI.I.C.4
  - XVI.I.A.a
  - 4 Ve 1 Nr. 151
- Matrikel XV
  - 23.4.1883, Nr. 128
  - 23.4.1885, Nr. P
- Matrikel XVI
  - 3.5.1887, Nr. Bb
- Phil. Fak. Dekanat Wagner 1886/87 II Promotionen Bd. I Nr. 24
- Theol. PA
  - 0027
  - 0109
- Theol. Prom.
  - 0204
  - 0640
- Theol. SA
  - 0056.2
  - 128a.1

Universitätsarchiv (UA) der Martin-Luther-Universität Halle-Wittenberg[16]
- Matrikellisten 1884/1885
- Rep. 39, Nr. 70

Universitätsbibliothek Basel/CH[17]
- NL 286:1,3,2,28

---

15 Für die Möglichkeit, Einsicht in die nachstehenden Dokumente nehmen und daraus zitieren zu dürfen, sage ich dem Universitätsarchiv Göttingen, namentlich Herrn Dr. Hunger, meinen herzlichen Dank.

16 Für die Möglichkeit, Einsicht in die nachstehenden Dokumente nehmen und daraus zitieren zu dürfen, sage ich dem Universitätsarchiv Halle, namentlich Frau Keller, meinen herzlichen Dank.

17 Für die Möglichkeit, Einsicht in die nachstehenden Dokumente nehmen und daraus zitieren zu dürfen, sage ich der Universitätsbibliothek Basel/CH meinen herzlichen Dank.

Universitätsbibliothek Freiburg i.B.[18]

- Schemann NL 12/2597

Universitätsbibliothek Johann Christian Senckenberg Frankfurt a.M.[19]

- Nachl. E. Nestle

  Nr. 1314
  Nr. 1320

Universitätsbibliothek Marburg[20]

- Hs. Jülicher, A.

  695:967
  695:970
- Hs. Otto, R.

  797:923a

Universitätsbibliothek Tübingen[21]

- Md 782 A 200

---

18 Für die Möglichkeit, Einsicht in die nachstehenden Dokumente nehmen und daraus zitieren zu dürfen, sage ich der Universitätsbibliothek Freiburg i.B. meinen herzlichen Dank.

19 Für die Möglichkeit, Einsicht in die nachstehenden Dokumente nehmen und daraus zitieren zu dürfen, sage ich der Universitätsbibliothek Johann Christian Senckenberg Frankfurt a.m. meinen herzlichen Dank.

20 Für die Möglichkeit, Einsicht in die nachstehenden Dokumente nehmen und daraus zitieren zu dürfen, sage ich der Universitätsbibliothek Marburg meinen herzlichen Dank.

21 Für die Möglichkeit, Einsicht in die nachstehenden Dokumente nehmen und daraus zitieren zu dürfen, sage ich der Universitätsbibliothek Tübingen meinen herzlichen Dank.

2. Abbildungsverzeichnis

Abb. 1 Paul Anton de Lagarde im Herbst 1885[22] (Fotografie von Eugen Kegel, Sammlung: Göttinger Universitätsgeschichte – Portraits, SUB Göttingen; Abdruck mit freundlicher Genehmigung der SUB Göttingen [Mitteilung vom 24.06.2016])

Abb. 2 Alfred Rahlfs im Jahre 1902 (Fotografie von Peter Matzen, Sammlung: Göttinger Universitätsgeschichte – Portraits, SUB Göttingen; Abdruck mit freundlicher Genehmigung der SUB Göttingen [Mitteilung vom 24.06.2016])

Abb. 3 Alfred Rahlfs um 1930 (?) (Fotografie von Hanna Kuntsch, Sammlung: Göttinger Universitätsgeschichte – Portraits, SUB Göttingen; Abdruck mit freundlicher Genehmigung der SUB Göttingen [Mitteilung vom 24.06.2016])

Abb. 4 Rahlfs' Grabstätte auf dem Göttinger Stadtfriedhof im Jahre 1975 (Fotografie aus dem Privatbesitz von Robert Hanhart, Göttingen; Nachbearbeitung durch Jonas Rahn; Abdruck mit freundlicher Genehmigung des Besitzers [mündliche Mitteilung vom 27.05.2015])

Abb. 5 Rahlfs' Grabstätte auf dem Göttinger Stadtfriedhof im Jahre 1975, Detailansicht (Fotografie aus dem Privatbesitz von Robert Hanhart, Göttingen; Nachbearbeitung durch Jonas Rahn; Abdruck mit freundlicher Genehmigung des Besitzers [mündliche Mitteilung vom 27.05.2015])

Abb. 6 Die Gedenkstele für Alfred Rahlfs auf dem Göttinger Stadtfriedhof im Jahre 2014 (Fotografie von Christian Schäfer, Göttingen)

Abb. 7 Die hexaplarische Rezension des Buches Ruth (vgl. Ruth-Studie [1922], § 31₁; grafische Umsetzung: Christian Schäfer)

Abb. 8 Die lukianische Rezension des Buches Ruth (vgl. Ruth-Studie [1922], § 31₂; grafische Umsetzung: Christian Schäfer)

Abb. 9 Die R-Rezension des Buches Ruth (vgl. Ruth-Studie [1922], § 32; grafische Umsetzung: Christian Schäfer)

Abb. 10 Die Catenen-Rezension des Buches Ruth (vgl. Ruth-Studie [1922], § 32; grafische Umsetzung: Christian Schäfer)

Abb. 11 Die Septuaginta-Überlieferung des Buches Ruth (vgl. Ruth-Studie [1922], § 31; grafische Umsetzung: Christian Schäfer)

---

22 Vgl. A. de Lagarde, Erinnerungen (1894), Vorwort.

3. Transkriptionen ausgewählter Dokumente

3.1 Bericht über das Theologische Stift zu Göttingen (Studienjahr 1888/89)[23]

Göttingen, den 21. Oktober 1889

Einer hochwürdigen theologischen Fakultät reiche ich hiermit den nach § 5 des Reglements vom 8. Juni 1878 erforderlichen Jahresbericht über das theologische Stift ein, dessen Inspektorat mir seit dem 1. Oktober 1888 anvertraut worden ist.

Das Inventar des theologischen Stiftes hat im Laufe des letzten Jahres mehrere Veränderungen erfahren. Als die wichtigsten erwähne ich, daß vier Sofas repariert und eine größere Anzahl von Rouleaux und Gardinen teils ausgebessert, teils durch neue ersetzt sind. Hierdurch ist jedoch erst das Allernotwendigste gebessert. In der nächsten Zeit werden voraussichtlich mehrere der alten Möbeln, besonders der Sofas, durch neue ersetzt werden müssen.

In dem Gebäude sind während der letzten Herbstferien folgende Reparaturen vorgenommen. Das südliche Treppenhaus ist geweißt worden. In etwa der Hälfte der Zimmer sind die Decken geweißt, in 7 Zimmern (einschließlich der Stube des Hausverwalters) ist der Fußboden gestrichen, 2 Stuben sind neu tapeziert. Die Verschlüsse der Thüren und Fenster sind nachgesehen und, soweit sie mangelhaft waren, repariert worden.

Sehr zu beklagen ist es, daß einige der beantragten baulichen Veränderungen nicht ausgeführt worden sind. In erster Linie kommt hier die Herstellung des Anschlusses an den Straßenkanal und die Neupflasterung des Hofes in Betracht. Beides ist seit mehreren Jahren beantragt und von dem Königl. Universitäts-Bauamte längst als durchaus notwendig anerkannt worden. Trotzdem ist auch in diesem Jahre weder der Anschluß an den Kanal hergestellt, noch der Hof neu gepflastert, was um so mehr zu verwundern ist, da in der ganzen Nachbarschaft der Kanalanschluß bereits hergestellt worden ist. – Ferner war beantragt worden, daß das Hauptgebäude an der Hofseite verputzt und angestrichen werde. Auch diese Reparatur ist durchaus notwendig. An vielen Stellen ist der Putz vom Gebäude abgefallen, sodaß man die bloßen Steine sieht. Trotzdem ist dieser Antrag ebenfalls unberücksichtigt geblieben. – Es ist sehr zu wünschen, daß beide Reparaturen, wo möglich, noch in diesem Jahre vorgenommen werden.

Die Stelle des Hausverwalters des theologischen Stiftes ist seit dem 1. Oktober 1888 neu besetzt worden. An die Stelle des bisherigen Hausverwalters Spörhase ist der frühere Schutzmann Schäfers getreten.

Die 16 Stellen des theologischen Stiftes waren während des verflossenen Jahres regelmäßig besetzt. Zu Ostern 1889 haben 7 Stipendiaten das Stift verlassen, zu Michaelis 1889 sechs. Von den letzteren sechs trat einer eine Stelle als Privatschullehrer an, alle übrigen unterzogen sich dem 1. theologischen Examen. Von den 7 Stipendiaten, welche zu Ostern abgiengen, haben drei das Examen nicht bestanden; die vier anderen bestanden es, darunter einer mit dem Prädikate

---

23 Quelle: UA Göttingen, Theol. SA 128a.1 (eine 1890 angefertigte Abschrift desselben liegt im UA Göttingen, Kuratorialakte XVI.I.C.4). Für die freundliche Publikationsgenehmigung der Archivale sage ich dem Universitätsarchiv Göttingen, namentlich Herrn Dr. Hunger (mündliche Mitteilung vom 08.01.2013), meinen herzlichen Dank.

„gut". Die fünf Stipendiaten, welche sich Michaelis 1889 dem Examen unterzogen, haben dasselbe bestanden, darunter drei mit dem Prädikate „gut".

Die wissenschaftlichen Übungen des Stiftes, welche allwöchentlich am Donnerstag Abend von 8–10 Uhr stattfanden, hatten im Winter 1888/9 zu ihrem Thema „ausgewählte Stücke aus dem Propheten Jeremias". Durchgenommen wurde etwa die Hälfte des Buches, zuerst sämtliche geschichtlichen Stücke in chronologischer Reihenfolge, darauf einige der wichtigsten prophetischen Reden. Es wurde versucht, ein möglichst anschauliches Bild von dem Leben und Wirken des Propheten zu gewinnen. Die geschichtlichen Stücke gaben zugleich Anlaß, die ganze Geschichte des Unterganges des jüdischen Staates, für welche das Buch des Jeremias eine Hauptquelle bildet, im Zusammenhange darzustellen.

Im Sommer 1889 wurden Augustins Confessionen auszugsweise gelesen. Außer dem Anfange des 1. Buches wurden Stücke aus dem 6.–9. Buche durchgenommen, insbesondere diejenigen Kapitel, welche die in Mailand vor sich gehende, innere Umwandlung Augustins darstellen. Neben der Lektüre von Augustins Confessionen giengen kleine Vorträge her, teils speciell über Augustin (z. B. Was lehren uns Augustins Confessionen über Schulen und Universitäten, was über christliche Sitte und Leben in der damaligen Zeit? Was erfahren wir aus den Confessionen über Augustins Stellung zum Manichäismus, zur Philosophie?), teils über andere Themata der altchristlichen Literaturgeschichte (z. B. Clemens von Rom, Lehre der 12 Apostel, Julius Africanus, Cyprian de unitate ecclesiae u.a.).

Über den Fleiß und die Aufmerksamkeit, welche diesen wissenschaftlichen Übungen zugewandt wurden, kann ich mich im ganzen befriedigt aussprechen. Ein Übelstand ist es, daß durchschnittlich mindestens ein Drittel der Stipendiaten unmittelbar vor dem 1. theologischen Examen steht. Denn da, besonders in der zweiten Hälfte des Semesters, sich alle Gedanken und Arbeitskräfte dieser Candidaten dem baldigen Examen zuwenden, so bleibt für die Vorbereitung zu jenen Übungen nur wenig Zeit übrig, und auch das Interesse an denselben sinkt oft merklich. Überhaupt ist die Rücksicht auf das bevorstehende Examen ein Factor, welcher das Arbeiten fast aller Stipendiaten zu sehr bestimmt. Ich bin öfter um Rat gefragt worden und habe den Fragenden regelmäßig geraten, sich in dieses oder jenes Gebiet des theologischen Wissens durch das Studium der Quellen und eingehenderer Werke einzuarbeiten. Aber die Rücksicht auf das Examen hindert fast stets den Erfolg solcher Ratschläge. Es wird fast nur nach Handbüchern gearbeitet. Um diesen Übelstand zu beseitigen, wäre freilich eine durchgreifende Änderung der für die Aufnahme in das theologische Stift maßgebenden Principien erforderlich; die Stipendiaten müßten etwa in ihrem 3. Semester aufgenommen werden und nach beendigtem 5. Semester das Stift verlassen.

Über das Verhalten der Stipendiaten habe ich keine Klagen zu führen.

Die wichtigste Veränderung, welche das theologische Stift im Laufe des verflossenen Jahres erfahren hat, betrifft die Bibliothek. Durch die Munificenz Sr. Excellenz des Herrn Kurators ist die etatsmäßig für dieselbe ausgesetzte Summe um jährlich 640 Mark vermehrt worden. Ein Teil dieser Summe ist zwar in diesem Jahre für das Inventar des Hauses verwandt worden, und ein Gleiches wird bei der großen Reparaturbedürftigkeit des Inventars voraussichtlich noch längere Zeit notwendig sein. Doch bleibt für die Bibliothek so viel übrig, daß die Möglichkeit gegeben ist, mehrere der vielen vorhandenen Lücken auszufüllen und die wichtigsten neu erscheinenden Bücher anzuschaffen.

Gerade hinsichtlich der Bibliothek habe ich aber der hochwürdigen theologischen Fakultät noch einen Antrag zu unterbreiten. Die Bibliothek befindet sich in großer Unordnung. Die Gründe dieser Unordnung sind verschiedene:

1) Es ist blos ein alphabetisch geordneter Katalog über die Bibliothek vorhanden, die Bücher selbst aber sind nach Sachordnung aufgestellt. Über die Reihenfolge, welche bei der Aufstellung nach Sachordnung gewählt ist, liegt keine Aufzeichnung vor, sodaß man bei jeder Einreihung eines neu angeschafften Werkes zweifelhaft ist, wo man es einzureihen hat.

2) Noch schlimmer ist es, daß die alte Reihenfolge offenbar von einem Späteren geändert, jedoch nicht durchgehend neu gestaltet ist, sodaß manche Bücher die alten, manche die neuen Nummern tragen. Eine einheitliche Ordnung herzustellen, ist somit unmöglich.

3) Da bisher jeder Benutzer der Bibliothek selbst Bücher aus den Repositorien herausnehmen durfte, so ist durch vielfache falsche Wiedereinreihung der Bücher die Unordnung noch größer geworden.

4) Die vorhandenen Bücherrepositorien sind (bis auf einige in späterer Zeit angeschaffte) großenteils durchaus unbrauchbar. Manche Fächer sind so klein, daß man nur Bücher in Duodezformat bequem darin aufstellen kann. In anderen sind die Bücherbretter so schmal, daß die Bücher mit ihrer Rückseite aus den Repositorien herausstehn. Außerdem reichen die vorhandenen Repositorien keineswegs aus. Die Bücher stehn vielfach so eng, daß bei der Neuanschaffung eines Werkes, besonders wenn es mehrere Bände umfaßt, sämmtliche Bände des betreffenden Faches umgestellt werden müssen, wodurch meistens auch andere Fächer in Mitleidenschaft gezogen werden.

Die vorhandenen Mißstände sind so groß, daß sie nur durch eine durchgreifende Neuordnung der Bibliothek gehoben werden können.

Ich erlaube mir daher, der hochwürdigen theologischen Fakultät folgenden Antrag zu unterbreiten:

Die hochwürdige theologische Fakultät wolle mir erlauben, eine Neuordnung der Bibliothek des theologischen Stifts vorzunehmen, und zwar in der Weise, daß zunächst ein doppelter Zettelkatalog – ein alphabetisch geordneter und ein sachlich geordneter – und dann ein Realkatalog in Buchform über die ganze Bibliothek angefertigt und hiernach die Bibliothek neu aufgestellt wird.

Sie wolle mir ferner die Befugnis geben, für die voraussichtlich etwa ein Jahr in Anspruch nehmende Neuordnung der Bibliothek aus den Stipendiaten zwei ständige Adjunkten zu wählen und je nach Bedürfnis auch andere der Stipendiaten heranzuziehen.

Sie wolle verfügen, daß künftig nur der Inspektor des theologischen Stiftes, resp. der von ihm Beauftragte, das Recht hat, die Bücher aus den Repositorien zu entnehmen und in dieselben einzustellen.

Die beantragte Neuordnung der Bibliothek, welche meines Erachtens im Interesse der Erhaltung und geordneten Verwaltung der Bibliothek unumgänglich notwendig ist, würde indessen nicht durchzuführen sein, wenn nicht die alten unbrauchbaren Repositorien durch neue ersetzt und außerdem noch mehrere neue Repositorien angeschafft werden, sodaß die Bücher nach Sachordnung aufgestellt und für neu anzuschaffende Bücher freier Platz gelassen werden kann. Es wird also die Anschaffung von mindestens 12 neuen Repositorien erforderlich sein. Es wäre zweckmäßig, wenn dieselben so eingerichtet würden, daß sie (wie die in der Königl. Universitäts=Bibliothek) verstellbar sind, da sonst die Aufstellung nach Sachordnung kaum durchzuführen ist. Auch die vorhandenen brauchbaren Repositorien bedürfen einer Verbesserung, da sie weder gebeizt, noch gestrichen sind. Bringt man außerdem die nötig werdenden Ausgaben für Papier, Schreibmaterialien u.a., sowie unvorhergesehene Ausgaben in Anschlag, so sind die Gesamtkosten der Neuordnung auf etwa 600 Mark (in Buchstaben: sechshundert Mark) zu taxieren. Sollte diese Summe aus dem für die Bibliothek ausgesetzten Posten bestritten werden, so würde während des Laufes eines ganzen Jahres kein Buch neu angeschafft werden können (mit Ausnahme der fortlaufenden Zeitschriften und anderen Werke). Es wäre daher sehr wünschenswert, daß zum Zwecke der Neuordnung der Bibliothek des theologischen Stiftes eine einmalige Summe von 600 M. ausgesetzt würde, und ich möchte mir erlauben, der hochwürdigen theologischen Fakultät die Bitte auszusprechen, des Herrn Kurators Excellenz ein diesbezügliches Gesuch zu unterbreiten.

Dr. A. Rahlfs,
Inspektor des theol. Stiftes.

3.2 Bericht über das Theologische Stift zu Göttingen (Studienjahr 1889/90)[24]

Göttingen, den 21. Oktober 1890

Einer hochwürdigen theologischen Fakultät zu Göttingen reiche ich hiermit den fälligen Bericht über das theologische Stift für das Jahr von Michaelis 1889 bis dahin 1890 ein.

Über das Inventar des theologischen Stiftes habe ich im November v[origen] J[ahres] ein neues Verzeichnis aufgenommen. Das alte Inventarverzeichnis, welches ich vorfand, war vom Febr. 1879 datiert. Es war insofern unvollständig, als die vier Studentenwohnungen, welche nach 1879 vom Kloster Loccum neu eingerichtet waren, überhaupt nicht inventarisiert waren. (Früher gab es 12 Studentenwohnungen im Stifte, jetzt gibt es deren 16.) Ferner habe ich schon vor der definitiven Fertigstellung dieses neuen Inventarverzeichnisses in den einzelnen Wohnungen specielle Inventartafeln aufhängen lassen, sodaß jedes Zimmer bei Zu- und Abgang seiner Bewohner auf die Vollständigkeit seines Inventars kontrolliert werden kann. Auch sind schon früher (im Winter 1888/89) die Holzställe auf dem Hofe mit den Nummern der Zimmer, zu welchen sie gehören, versehen worden; früher waren sie nicht numeriert.

Die Neuordnung der Bibliothek, welche ich im vorigen Jahresberichte vorgeschlagen hatte, habe ich in diesem Sommer in Angriff genommen. Die alten Bücherborte sind bis auf einige, welche sich noch brauchen ließen, entfernt. Statt ihrer sind sieben neue Repositorien, darunter ein doppeltes, in einer Gesamtlänge von ungefähr 25 m und einer Höhe von 2,75 m angeschafft. Diese Neuerung erforderte natürlich eine völlige Ausräumung der Bibliothek. Bei dieser Gelegenheit habe ich zugleich eine gründliche Reinigung des Zimmers und einige baulichen Reparaturen vornehmen lassen. Alle Bücher, ca. 4500 Bände, haben wir (die Stiftler und ich) in Körben auf den Hof getragen, dort gereinigt, was sie sehr nötig hatten – viele hatten seit Jahren, wenn nicht Jahrzehnten, weder Bürste noch Wischtuch gesehen –, dann zunächst sie im Vorzimmer der Bibliothek provisorisch untergebracht und schließlich, als die neuen Repositorien fertig waren, in denselben aufgestellt und geordnet. Ferner haben wir den größten Teil der alten (geschriebenen) Signaturzettel abgelöst. Neue Signaturzettel habe ich drucken lassen; sie werden bei der Neukatalogisierung der Bibliothek benutzt werden. Schließlich sind Listen der nicht gebundenen Bücher (nicht ganz 700 Nummern) angefertigt. Diese Listen erlaube ich mir, dem Berichte beizulegen. Die mir am wichtigsten scheinenden dieser Bücher habe ich ausgesucht und binden

---

24 Quelle: UA Göttingen, Kuratorialakte XVI.I.C.4. Für die freundliche Publikationsgenehmigung der Archivale sage ich dem Universitätsarchiv Göttingen, namentlich Herrn Dr. Hunger (mündliche Mitteilung vom 08.01.2013), meinen herzlichen Dank.

lassen; sie sind in den Listen durchstrichen. Weitere der Aufbewahrung event. würdige Bücher habe ich mit meinem Nachfolger cand. min. Hackmann ausgesucht und angestrichen. Hochwürdige theol. Fakultät möge darüber entscheiden, ob dieselben gebunden werden sollen. Der Rest ist meist wertloser Kram, der es nicht verdient, daß an ihn die Kosten des Einbindens gewendet werden. Ich beantrage daher, daß er an einen Antiquar verkauft werde. Auf keinen Fall können die betreffenden Bücher ungebunden aufbewahrt werden; denn es ist unmöglich, eine größere Bibliothek, in welcher ungebundene Bücher sind, in Ordnung zu halten.

Bei der Arbeit in der Bibliothek haben mich auf meinen Wunsch die Bewohner des Stiftes in dankenswerter Weise unterstützt. Ich habe es so eingerichtet, daß die Stiftler in bestimmter Reihenfolge bei den Bibliotheksarbeiten sich abwechselten; zu diesem Zwecke teilte ich sie in drei Sektionen, von denen jede drei Tage zu helfen hatte; nach je 1 ½ Wochen gieng der Turnus von neuem an. Wir haben jeden Werktag 1 Stunde (nach dem Mittagessen) gearbeitet. Oft dauerte es freilich länger als 1 Stunde, und auch außer dieser Zeit habe ich, namentlich als es sich um die Anschaffung und Aufstellung der neuen Repositorien handelte, manche Stunde für die Bibliothek verwandt.

Übrig bleibt nun die Herstellung des neuen (doppelten) Kataloges; das Material für denselben habe ich angeschafft, sodaß die Arbeit mit Beginn des neuen Semesters sofort anfangen kann. Mit meinem Nachfolger habe ich bereits über die Katalogisierung gesprochen. Auch werde ich selbst, um ihn erst einzuführen, während der ersten Zeit bei derselben persönlich helfen. Ich hoffe, daß im nächsten Jahre die Bibliothek in dem Zustande sein wird, in welchem sie, um ordentlich benutzt werden zu können, sein muß.

Ein Übelstand ist freilich für das laufende Jahr mit dieser Neuordnung der Bibliothek verbunden: es können – außer den Fortsetzungen – keine neuen Bücher angeschafft werden, da die Neuordnung nahe an 600 M. gekostet hat. Indem ich dies voraussah, ersuchte ich im Vorjahre die hochwürdige theol. Fakultät, den Herrn Universitätskurator um einen Zuschuß für die Neuordnung der Bibliothek zu bitten. Da die hochwürdige theol. Fakultät dies Gesuch im Vorjahre nicht berücksichtigt hat, wage ich es im laufenden Jahre nicht zu wiederholen.

In den Räumlichkeiten der Bibliothek des theol. Stiftes steht, nicht mit derselben vereinigt, die Bibliothek des liturgischen Seminars. Da die Stiftsbibliothek zugleich für die Königl. Seminarien bestimmt ist, halte ich es für angezeigt, die Bibliothek des liturgischen Seminars bei der Neukatalogisierung der Stiftsbibliothek mit dieser zu vereinigen. Ich halte dies um so mehr für angezeigt, da ja der Inspektor des theol. Stiftes doch für die Bibliothek des liturgischen Seminars eine gewisse Verantwortung trägt, da dieselbe in den seiner Aufsicht unterstellten Räumlichkeiten aufbewahrt wird.

Ich beantrage daher,

> Hochwürdige theol. Fakultät wolle verfügen, daß bei der Neukatalogisierung der Bibliothek des theologischen Stiftes die Bibliothek des liturgischen Seminars in jene eingeordnet werde.

Durch die Anschaffung der neuen Repositorien sind 10 alte Repositorien überflüssig geworden. Außerdem beherbergt das Stift ca. 20 alte Collegbänke, welche zu nichts gebraucht werden und voraussichtlich auch künftig nicht werden gebraucht werden. Ich beantrage daher,

> Hochwürdige theol. Fakultät wolle verfügen, daß die 10 alten Repositorien und die 20 Collegbänke verkauft werden, und der Erlös aus diesen, wie auch der aus dem Verkaufe der ungebundenen Bücher, zum Besten der Stiftsbibliothek verwendet werde.

An baulichen Veränderungen ist Folgendes zu verzeichnen. Das Gebäude ist an der Nordseite (nach dem Garten zu) und an den drei Seiten nach dem Hofe zu neu verputzt und gestrichen. Der Anschluß an den Straßenkanal ist hergestellt. Der Holzbrunnen auf dem Hofe ist durch einen eisernen Rohrbrunnen ersetzt. Der Hof ist nivelliert und neu gepflastert. Es ist eine Grube für Schutt und Asche gemauert. Dafür, daß diese Reparaturen gemacht sind, sind wir dem Herrn Universitätskurator besonderer Dank schuldig, da er, gleich nachdem im vorigen Jahresberichte Klage über die bisherige Unterlassung derselben geführt worden war, dieselben selbst angeordnet und für möglichst schleunige Ausführung derselben gesorgt hat.

In den letzten Ferien hieß es anfangs, daß die beantragte Herstellung von Dielenfußböden auf den Corridors (an Stelle der bisherigen Estrichfußböden) ausgeführt werden solle. Nachher ist das leider doch unterblieben. Die Herstellung derselben würde zwar etwas kostspielig sein, doch würden dadurch zugleich die bei den Estrichböden jährlich erforderlichen Reparaturen in Wegfall kommen. Daß Dielenfußböden gelegt werden, ist darum besonders zu wünschen, weil die Estrichfußböden sich leicht abtreten und dadurch großen Staub verursachen.

Ausgeführt ist gegen Ende der Herbstferien noch die Reparatur des Daches im südlichen Flügel.

Zu wünschen wäre nun zunächst – außer dem bereits Erwähnten –, daß die Abortkübel auf dem Hofe durch eine gemauerte Grube ersetzt würden, und daß die Calamität des Rauchens der Öfen abgestellt würde. Von dieser Calamität sind zwar mehrere Zimmer frei, z.B. hat es in meiner Stube (No. 1) im vergangenen Winter nie geraucht. Dagegen sind z.B. die Zimmer des Nordflügels bei Nordwind so von Rauch erfüllt, daß die Bewohner derselben kein Feuer im Ofen haben können und so genötigt sind, entweder im Kalten zu sitzen oder auszugehn. Sehr stark raucht es auch bei allen möglichen Winden in der Küche des Hausverwalters. Es ist dringend zu wünschen, daß diesem Übelstande abgeholfen werde; ich glaube, daß es durch Erhöhung der Schornsteine und Schutzvorrichtungen gegen Eindringen des Windes in dieselben müßte bewerkstelligt werden können.

Die 16 Stellen des theologischen Stiftes waren während des verflossenen Jahres regelmäßig besetzt. Zu Ostern 1890 haben 6, zu Michaelis 1890 haben 11 Stipendiaten das Stift verlassen. Von jenen 6 unterzogen sich 5, von diesen 11 unterzogen sich 10 sofort dem Examen. Zwei bestanden das Examen nicht, die übrigen bestanden es, und zwar

1 mit Genügend

3 mit gutem Genügend

8 mit Gut

1 mit Ausgezeichnet.

Einer verließ Ostern das Stift, um sich zu Hause noch ein Semester auf das Examen vorzubereiten; er hat es Michaelis 1890 bestanden. Einer verließ das Stift zu Mich. 1890 aus den der hochwürdigen theol. Fakultät bekannten Gründen.

In den Conversatorien des theologischen Stiftes habe ich im W.S. 1889/90 die Apostelgeschichte durchgenommen, speciell deren zweiten Teil (Leben des Paulus) mit Vergleichung der paulinischen Briefe. Im S.S. 1890 wurde die Chronik mit den Büchern Samuels und der Könige verglichen. In beiden Fällen wurde darauf ausgegangen, ein Urteil über den Wert des geschichtlichen Berichtes, einerseits in der Apostelgeschichte, andrerseits in der Chronik, zu gewinnen.

Über Fleiß und Aufmerksamkeit der Stiftler kann ich mich, wie auch das vorige Mal, befriedigt aussprechen. Dagegen muß ich auf einen anderen Übelstand, den ich schon im vorigen Berichte dargelegt habe, wiederum und zwar in verstärktem Maße hinweisen. Ich hatte das letzte Mal darauf aufmerksam gemacht, daß es wünschenswert sei, daß möglichst wenige der Stipendiaten unmittelbar vor dem Examen stehn, und hatte deshalb gebeten, möglichst Studenten in niederen Semestern zur Aufnahme ins Stift zu bestimmen. Statt diese Bitte zu berücksichtigen, hat hochwürdige theol. Fakultät zu Ostern d[es] J[ahres] gerade fast lauter „Examenskandidaten" in das Stift gesetzt: von den 6 neu Aufgenommenen standen 4 (die Herren Brandes, Harries,

Jung, J. Meyer) unmittelbar vor dem Examen. Auch von den 11 jetzt in das Stift Aufgenommenen wird, wie ich aus oberflächlicher Erkundigung weiß, sich mehr als die Hälfte Ostern zum Examen stellen. Hiermit sind mancherlei Übelstände verknüpft:

1) Die rasche Veränderung (zu Mich. 1890 sind 11 Stellen frei geworden, zu Ostern 1891 werden es voraussichtlich ebenso viele oder noch mehrere werden) hat zur Folge, daß die Bewohner des Stiftes sich nur ganz flüchtig kennen lernen; ein engeres Zusammenschließen läßt sich unter diesen Umständen nicht anbahnen.

2) Dies hat weiter zur Folge, daß das theologische Stift in der Achtung der Studenten sinkt und, da der persönliche Verkehr zwischen den Mitgliedern desselben fast ganz fortfällt, mehr und mehr als eine Kaserne betrachtet wird, in der man ein oder zwei Semester umsonst wohnen kann.

3) Wenn zwei Drittel der Stipendiaten vor dem Examen steht, so kann die Beteiligung an den wissenschaftlichen Übungen naturgemäß nur sehr gering sein.

4) Während der kurzen Zeit eines Semesters kann der Inspektor die Stipendiaten nur eben kennen lernen. Anfangs, wo er sie noch nicht kennt, kann er ihnen wenig förderlich und behilflich sein. Gerade dann, wenn er sie etwas genauer kennen gelernt hat, werden sie seiner Einwirkung schon wieder entzogen.

5) Auch in anderer Hinsicht ergibt sich ein großer Übelstand. Die Stipendiaten, welche sich zum Examen gemeldet haben, pflegen bis zu demselben, also während eines großen Teiles der Ferien, im Stifte zu bleiben. In den Ferien soll aber der Hausverwalter den Statuten gemäß eine gründliche Reinigung des Hauses vornehmen. Diese Reinigung ist eine keineswegs kleine Arbeit; ich erwähne nur, daß zu ihr auch die Wäsche und Ausbesserung von etwa 50 Fach Gardinen gehört. Wenn nun, wie es voraussichtlich Ostern der Fall sein wird, ca. ¾ der Stiftsbewohner während eines großen Teiles der Ferien im Stifte bleibt, so ist es für den Hausverwalter äußerst schwierig, diese Reinigung ordentlich vorzunehmen, zumal wenn noch dazu, wie es in den letzten Ferien der Fall war, die baulichen Reparaturen im Hause erst gegen Ende der Ferien begonnen werden.

Aus diesen Gründen ersuche ich die hochwürdige theol. Fakultät,

sie wolle bei ihrer Besetzung der Stellen des theologischen Stiftes es zum Prinzip machen, auf keinen Fall Studenten aufzunehmen, welche weniger als 2 Semester vom Examen entfernt sind.

Zum Schlusse ersuche ich noch hochwürdige theol. Fakultät,

sie wolle dahin wirken, daß das Königl. Universitäts=Bauamt die im Hause vorzunehmenden baulichen Reparaturen immer möglichst zu Anfang der Ferien vornehmen lasse. Es ist dies darum erwünscht, weil die Reinigung des Hauses durch am Ende der Ferien vorgenommene Reparaturen nutzlos gemacht wird.

Hiermit lege ich mein Amt als Inspektor des theologischen Stiftes nieder und zeichne einer hochwürdigen theol. Fakultät gehorsamster

Alfred Rahlfs,
cand. theol., Dr. phil.

3.3 Überblick über die von Paul Anton de Lagarde und Alfred Rahlfs angekündigten Lehrveranstaltungen in Göttingen (1885–1934)[25]

3.3.1 Sommer 1885 bis Winter 1891/92 (Paul Anton de Lagarde)

Sommer 1885

1. In einer hebräischen Gesellschaft lässt Prof. *de Lagarde* die Makamen des Harizi nach seiner Ausgabe erklären. zweimal, 3 Uhr.
2. Syrisch lehrt Prof. *de Lagarde*, dreimal 10 Uhr.

Winter 1885/86

1. Erklärung der Psalmen: Prof. *de Lagarde* fünfmal um drei.
2. Syrische oder arabische Lektüre zu noch zu bestimmender Zeit: Prof. *de Lagarde*, öffentlich.

Sommer 1886

1. Hebräische Uebungen (die Makamen des Harizi): Prof. *de Lagarde*, Mont. und Donnerst. 4 Uhr, öffentlich.
2. Arabisch, dritter Cursus (Hariris Durra und Mutanabbi): Prof. *de Lagarde*, fünfmal, 3 Uhr.

Winter 1886/87

1. Syrische Grammatik lehrt dreimal Prof. *de Lagarde* um 11 Uhr.
2. Syrische Texte legt zweimal zur Erklärung vor Prof. *de Lagarde*, 11 Uhr.

Sommer 1887

1. Die Psalmen erklärt Prof. *de Lagarde* fünfmal, 10 Uhr.
2. Die syrische Uebersetzung der Geoponica läßt zweimal in noch zu bestimmenden Stunden Prof. *de Lagarde* erklären.

Winter 1887/88

1. Erklärung der Genesis nach einer den ganzen Hexateuch besprechenden Einleitung: Prof. *de Lagarde* viermal um 11 Uhr.
2. Ueber die Kritik des Genesistextes: *Derselbe* Mittwoch 11 Uhr publice.

Sommer 1888

1. Erklärung des Isaias: Prof. *de Lagarde* fünfmal um 10 Uhr.
2. Hariris Makamen legt Prof. *de Lagarde* Mont. und Donnerst. 3 Uhr zur Erklärung vor.

Winter 1888/89

1. Die Anfangsgründe der arabischen Sprache lehrt Prof. *de Lagarde* viermal, 11 Uhr.

---

25 Quelle: Verzeichniss der Vorlesungen auf der Georg-Augusts-Universität, Göttingen 1885–1935.

2. Mit Anfängern liest Prof. *de Lagarde* in noch zu bestimmenden Stunden öffentlich leichte arabische Texte.

Sommer 1889

1. Ausgewählte Stücke des Koran erklärt Prof. *de Lagarde* dreimal 11 Uhr.
2. Den ersten Band der zu Beirut erschienenen arabischen Chrestomathie läßt Prof. *de Lagarde* zweimal um 11 Uhr übersetzen und erklären.

Winter 1889/90

1. Hebräische Grammatik lehrt Prof. *de Lagarde* viermal, 3 Uhr.
2. Harizis hebräische Makamen läßt Prof. *de Lagarde*, Mittw. 3 Uhr öffentlich, erklären.

Sommer 1890

1. Syrisch lehrt dreimal, Mont. bis Mittw., 12 Uhr, Prof. *de Lagarde*.
2. Uebungen im Hebräisch Schreiben leitet zweimal, Donnerstag und Freitag 12 Uhr: Prof. *de Lagarde*.

Winter 1890/91

1. Die arabische Grammatik lehrt 5mal 11 Uhr Prof. *de Lagarde*, der auch den 1. Band der Beiruter Chrestomathie erklären läßt.
2. Eine syrische Gesellschaft leitet zu noch zu bestimmenden Stunden Prof. *de Lagarde*, privatissime, aber unentgeltlich.

Sommer 1891

1. Vergleichende Grammatik der semitischen Sprachen, erster Theil: Prof. *de Lagarde*, dreimal 11 Uhr.
2. In zwei Stunden um 11 Uhr oder öfter läßt Prof. *de Lagarde* Bolligs arabische Chrestomathie erklären, privatissime, aber unentgeltlich.

Winter 1891/92

1. Die hebräische Grammatik von Gesenius erklärt für Anfänger Prof. *de Lagarde*, viermal um 3 Uhr.
2. Persisch lehrt nach Salemann in noch zu bestimmenden Stunden Prof. *de Lagarde*.

3.3.2 Sommer 1892 bis Sommer 1934 (Alfred Rahlfs)

Sommer 1892

1. Einleitung in das Alte Testament: Lic. *Rahlfs*, viermal 11 Uhr.
2. Die Makamen des Ḥarîzî wird Lic. *Rahlfs* privatissime und gratis erklären lassen, Montag und Donnerstag 3 Uhr.

Rudolf Smend d.Ä. übernimmt die übrigen ausgefallenen ‚Lagarde-Veranstaltungen' in der Orientalistik. Ab Winter 1892/93 lehrt dann Julius Wellhausen als Nachfolger Lagardes.

Winter 1892/93

1. Erklärung ausgewählter historischer Stücke des Alten Testaments: Lic. *Rahlfs*, viermal 10 Uhr.

Sommer 1893

1. Cursorische Lectüre leichter prophetischer Stücke (für Anfänger): Lic. *Rahlfs*, viermal 11 Uhr.
2. Einleitung in das Alte Testament: Lic. *Rahlfs*, fünfmal 10 Uhr.

Winter 1893/94

1. Erklärung des Mischna-Traktates Pirqê Aboth: Lic. *Rahlfs*, Dienstag 5 Uhr, privatissime und gratis.
2. Hebräische Archäologie: Lic. *Rahlfs*, Mittwoch und Freitag 11 Uhr.
3. Hebräische Grammatik: Dr. *Rahlfs*, Montag, Dienstag, Donnerstag 11 Uhr.

Sommer 1894

1. Erklärung ausgewählter historischer Stücke des Alten Testaments: Lic. *Rahlfs*, viermal 11 Uhr.
2. Erklärung des Buches Jesaia: Lic. *Rahlfs*, viermal 10 Uhr.

Winter 1894/95

1. Erklärung des Buches Jeremia: Lic. *Rahlfs*, dreimal 10 Uhr.
2. Erklärung des Buches Amos: Lic. *Rahlfs*, Mittwoch 5 Uhr, unentgeltlich.
3. Erklärung der Mischna-Tractate Joma und Aboda zara: Lic. *Rahlfs*, Mittwoch 6 Uhr, unentgeltlich.

Sommer 1895

1. Geschichte des Volkes Israel: Lic. *Rahlfs*, dreimal 11 Uhr.

Winter 1895/96

1. Erklärung der Psalmen: Lic. *Rahlfs*, Montag, Dienstag, Donnerstag, Freitag 10–11 Uhr, privatim.
2. Hebräische Grammatik: Lic. *Rahlfs*, Montag und Donnerstag 3–4 Uhr (Orientalistik) und 4–5 Uhr (Theologie), privatim.

Sommer 1896

1. Hebräische Grammatik: Lic. *Rahlfs*, in vier zu verabredenden Stunden, privatim.
2. Erklärung des Mischna-Tractates Priqê Aboth: Lic. *Rahlfs*, Dienstag 5–6 Uhr, unentgeltlich.

Winter 1896/97

1. Einleitung in das Alte Testament: Prof. *Rahlfs*, Montag bis Freitag 10–11 Uhr, privatim.
2. Unterricht im Hebräischen für Anfänger: Prof. *Rahlfs*, viermal nach Verabredung, privatissime.

Sommer 1897

1. Erklärung der Genesis: Prof. *Rahlfs*, Montag, Dienstag, Donnerstag, Freitag, 10–11 Uhr, privatim.
2. Erklärung der Memoiren Esras und Nehemias: Prof. *Rahlfs*, Mittwoch, 10–11 Uhr, unentgeltlich.
3. Unterricht im Hebräischen für Anfänger: Prof. *Rahlfs*, in vier zu verabredenden Stunden, privatissime.

Winter 1897/98

1. Erklärung des Buches Jesaia: Prof. *Rahlfs*, Montag, Dienstag, Donnerstag, Freitag, 10–11 Uhr, privatim.
2. Unterricht im Hebräischen für Anfänger: Prof. *Rahlfs*, viermal nach Verabredung, privatissime.

Sommer 1898

1. Erklärung der Psalmen: Prof. *Rahlfs*, Montag, Dienstag, Donnerstag, Freitag 10–11 Uhr, privatim.
2. Unterricht im Hebräischen für Anfänger: Prof. *Rahlfs*, Montag bis Freitag 7–8 Uhr früh, privatissime.

Winter 1898/99

1. Einleitung in das Alte Testament: Prof. *Rahlfs*, Montag bis Freitag 10–11 Uhr, privatim.
2. Einleitung in die Apokryphen des Alten Testaments: Prof. *Rahlfs*, Mittwoch 4–5 Uhr, unentgeltlich.
3. Unterricht im Hebräischen für Anfänger: Prof. *Rahlfs*, Montag, Dienstag, Donnerstag, Freitag 11–12 Uhr, privatissime.

Sommer 1899

1. Geschichte Israels: Prof. *Rahlfs*, Montag, Dienstag, Donnerstag 10–11 Uhr, privatim.
2. Unterricht im Hebräischen für Anfänger: Prof. *Rahlfs*, Montag bis Freitag 7–8 Uhr früh, privatissime.

Winter 1899/1900

1. Erklärung der Psalmen: Prof. *Rahlfs*, Montag, Dienstag, Donnerstag, Freitag 10–11 Uhr, privatim.
2. Unterricht im Hebräischen für Anfänger: Prof. *Rahlfs*, Montag bis Freitag 11–12 Uhr, privatissime.

Sommer 1900

1. Unterricht im Hebräischen für Anfänger: Prof. *Rahlfs*, Montag bis Freitag 7–8 Uhr früh, privatissime.

Winter 1900/01

1. Erklärung des Buches Jeremia: Prof. *Rahlfs*, Montag, Dienstag, Donnerstag 10–11 Uhr, privatim.

2. Unterricht im Hebräischen für Anfänger: Prof. *Rahlfs*, Montag bis Freitag 11–12 Uhr, privatissime.

Sommer 1901

1. Erklärung der Genesis: Prof. *Rahlfs*, Montag, Dienstag, Donnerstag, Freitag 10–11 Uhr, privatim.
2. Unterricht im Hebräischen für Anfänger: Prof. *Rahlfs*, Montag bis Freitag 7–8 Uhr früh, privatissime.

Winter 1901/02

1. Erklärung der Psalmen: Prof. *Rahlfs*, Montag, Dienstag, Donnerstag, Freitag 10–11 Uhr, privatim.
2. Unterricht im Hebräischen für Anfänger: Prof. *Rahlfs*, Montag bis Freitag 11–12 Uhr, privatissime.
3. Hebräische Uebungen für Fortgeschrittene: Prof. *Rahlfs*, Montag 2–4 Uhr, privatissime und gratis.

Sommer 1902

1. Erklärung ausgewählter historischer Stücke des Alten Testaments: Prof. *Rahlfs*, Donnerstag und Freitag 10–11 Uhr, privatim.
2. Geschichte Israels: Prof. *Rahlfs*, Montag und Dienstag 10–11 Uhr, privatim.
3. Hebräische Grammatik für Anfänger: Prof. *Rahlfs*, Montag, Dienstag, Donnerstag, Freitag 7–8 Uhr früh, privatim
4. Hebräische Uebungen für Anfänger (im Anschluss an die hebräische Grammatik): Prof. *Rahlfs*, Mittwoch 7–8 Uhr früh, öffentlich.

Winter 1902/03

1. Erklärung des Buches Jesaia: Prof. *Rahlfs*, Montag, Dienstag, Donnerstag, Freitag 10–11 Uhr, privatim.
2. Erklärung des Buches Amos: Prof. *Rahlfs*, Mittwoch 10–11 Uhr, publice.
3. Hebräische Uebungen für Anfänger: Prof. *Rahlfs*, Mittwoch 10–12 Uhr, publice.

Sommer 1903

1. Einleitung in das Alte Testament: Prof. *Rahlfs*, Montag bis Freitag 10–11 Uhr, privatim.
2. Einleitung in die Apokryphen des Alten Testaments: Prof. *Rahlfs*, Sonnabend 7 Uhr früh, publice.
3. Hebräische Grammatik für Anfänger: Prof. *Rahlfs*, Montag bis Freitag 7–8 Uhr früh, privatim.

Winter 1903/04

1. Erklärung der Psalmen: Prof. *Rahlfs*, Montag, Dienstag, Donnerstag, Freitag 10–11 Uhr, privatim.
2. Hebräische Übungen leitet Prof. *Rahlfs* Mittwoch 10–11 Uhr, öffentlich.

Sommer 1904

1. Erklärung des Jesaia: Prof. *Rahlfs*, Montag, Dienstag, Donnerstag, Freitag 10–11 Uhr, privatim.
2. Hebräische Grammatik für Anfänger: Prof. *Rahlfs*, Montag bis Freitag 7–8 Uhr früh, privatim.
3. Textkritische Übungen zur Septuaginta leitet Prof. *Rahlfs* Sonnabend 7–8 Uhr früh, öffentlich.

Winter 1904/05

1. Aramäische Stücke des Buches Daniel: Prof. *Rahlfs*, Dienstag 2–3 Uhr, öffentlich.
2. Einleitung in das Alte Testament: Prof. *Rahlfs*, Montag bis Freitag 10–11 Uhr, privatim.
3. Hebräische Grammatik für Anfänger: Prof. *Rahlfs*, Montag, Dienstag, Donnerstag, Freitag 11–12 Uhr, privatim.

Sommer 1905

1. Erklärung der Genesis: Prof. *Rahlfs*, Montag, Dienstag, Donnerstag, Freitag 10–11 Uhr, privatim.
2. Aramäische Stücke des Alten Testaments, Fortsetzung: Prof. *Rahlfs*, Sonnabend 7–8 Uhr morgens, öffentlich.
3. Hebräische Grammatik für Anfänger: Prof. *Rahlfs*, Montag bis Freitag 7–8 Uhr morgens, privatim.

Winter 1905/06

1. Erklärung des Jesaia: Prof. *Rahlfs*, Montag, Dienstag, Donnerstag und Freitag 10–11 Uhr, privatim.
2. Hebräische Grammatik für Anfänger: Prof. *Rahlfs*, Montag, Dienstag, Donnerstag und Freitag 11–12 Uhr, privatim.
3. Alttestamentliche Handschriften- und Bücherkunde mit praktischen Übungen: Prof. *Rahlfs*, Mittwoch 10–11 Uhr, öffentlich.

Sommer 1906

1. Erklärung der Psalmen: Prof. *Rahlfs*, Montag, Dienstag, Donnerstag, Freitag 10–11 Uhr, privatim.
2. Lektüre poetischer Stücke des Alten Testaments mit babylonischer Punktation nach der Ausgabe von Paul Kahle: Prof. *Rahlfs*, Mittwoch 10–11 Uhr, öffentlich.
3. Hebräische Grammatik für Anfänger: Prof. *Rahlfs*, Montag bis Freitag 7–8 Uhr früh, privatim.

Winter 1906/07

1. Kursorische Lektüre des Buches Jeremia: Prof. *Rahlfs*, Dienstag und Freitag 12–1 Uhr, privatim.
2. Einleitung in das Alte Testament: Prof. *Rahlfs*, Montag, Dienstag, Donnerstag, Freitag 10–11 Uhr, privatim.
3. Einleitung in die Apokryphen des Alten Testaments: Prof. *Rahlfs*, Mittwoch 10–11 Uhr, öffentlich.
4. Hebräische Grammatik für Anfänger: Prof. *Rahlfs*, Montag, Dienstag, Donnerstag, Freitag 11–12 Uhr, privatim.

Sommer 1907

1. Erklärung der Genesis: Prof. *Rahlfs*, Dienstag bis Freitag 10–11 Uhr, privatim.
2. Hebräische Grammatik für Anfänger: Prof. *Rahlfs*, Montag bis Freitag 7–8 Uhr früh, privatim.
3. Hebräische Übungen (Jesus Sirach): Prof. *Rahlfs*, Sonnabend 7–8 Uhr früh, öffentlich.

Winter 1907/08

1. Erklärung des Jesaia: Prof. *Rahlfs*, Montag, Dienstag, Donnerstag, Freitag 10–11 Uhr, privatim.
2. Hebräische Grammatik für Anfänger: Prof. *Rahlfs*, Montag, Dienstag, Donnerstag, Freitag 11–12 Uhr, privatim.
3. Hebräische Übungen: Prof. *Rahlfs*, Sonnabend 8–9 Uhr, öffentlich.

Sommer 1908

1. Erklärung der Psalmen: Prof. *Rahlfs*, Montag, Dienstag, Donnerstag, Freitag 10–11 Uhr, privatim.
2. Hebräische Grammatik für Anfänger: Prof. *Rahlfs*, Montag bis Freitag 7–8 Uhr früh, privatim.
3. Hebräische Übungen: Prof. *Rahlfs*, Sonnabend 7–8 Uhr früh, öffentlich.

Winter 1908/09

1. Hebräisch für Fortgeschrittene: Prof. *Rahlfs*, Donnerstag und Freitag 8–9 Uhr, privatim.
2. Septuaginta-Übungen. Prof. *Rahlfs*, Sonnabend 8–9 Uhr, öffentlich.

Sommer 1909

1. Erklärung ausgewählter historischer Stücke des Alten Testaments: Prof. *Rahlfs*, Dienstag und Donnerstag 8–9 Uhr, privatim.
2. Hebräische Grammatik für Anfänger: Prof. *Rahlfs*, Montag bis Freitag früh 7–8 Uhr, privatim.
3. Hebräische Übungen (Lektüre des Koheleth): Prof. *Rahlfs*, Sonnabend früh 7–8 Uhr, öffentlich.

Winter 1909/10

1. Erklärung des Buches Jeremia: Prof. *Rahlfs*, Mittwoch und Freitag 8–9 Uhr, privatim.
2. Erklärung der Bücher Esra und Nehemia: Prof. *Rahlfs*, Sonnabend 8–9 Uhr, öffentlich.
3. Hebräische Grammatik II. Kursus (Lautlehre und Syntax mit Übungen im Übersetzen ins Hebräische): Prof. *Rahlfs*, Dienstag und Donnerstag 8–9 Uhr, privatim.
4. Übungen im Kollationieren von Septuaginta-Handschriften leitet Prof. *Rahlfs*, nach Verabredung, privatissime und gratis.

Sommer 1910

1. Erklärung der Psalmen: Prof. *Rahlfs*, Montag, Dienstag, Donnerstag, Freitag 10–11 Uhr, privatim.
2. Lektüre des 1. Makkabäerbuches: Prof. *Rahlfs*, Mittwoch 7–8 Uhr früh, öffentlich.
3. Hebräische Grammatik für Anfänger I. Kursus: Prof. *Rahlfs*, Montag, Dienstag, Donnerstag, Freitag 7–8 Uhr früh, privatim.

Winter 1910/11

1. Einleitung in die Schriften des Alten Testaments: Prof. *Rahlfs*, Montag, Dienstag, Donnerstag, Freitag 10–11 Uhr, privatim.
2. Geschichte des alttestamentlichen Kanons und Textes: Prof. *Rahlfs*, Mittwoch 10–11 Uhr, öffentlich.
3. Hebräische Grammatik für Anfänger II. Kursus: Prof. *Rahlfs*, Dienstag, Donnerstag, Freitag 8–9 Uhr, privatim (für die Teilnehmer am I. Kursus unentgeltlich).
4. Arabisch für Anfänger: Prof. *Rahlfs*, zweistündig, privatim.
5. Fortsetzung des Syrischen für Anfänger: Prof. *Rahlfs*, einstündig, privatissime und gratis.

Sommer 1911

1. Erklärung des Jesaia: Prof. *Rahlfs*, Montag, Dienstag, Donnerstag, Freitag 10–11 Uhr, privatim.
2. Erklärung des Amos: Prof. *Rahlfs*, Mittwoch 10–11 Uhr, publice.
3. Hebräische Grammatik für Anfänger: Prof. *Rahlfs*, Montag bis Freitag 7–8 Uhr früh, privatim.
4. Syrisch für Anfänger: Prof. *Rahlfs*, zweistündig, privatim.
5. Fortsetzung des Arabischen für Anfänger: Prof. *Rahlfs*, einstündig, privatissime und gratis.

Winter 1911/12

1. Kursorische Lektüre ausgewählter Stücke des Alten Testaments: Prof. *Rahlfs*, Montag und Donnerstag 8–9 Uhr, privatim.
2. Hebräische Grammatik für Anfänger: Prof. *Rahlfs*, Montag, Dienstag, Donnerstag, Freitag 10–11 Uhr, privatim.
3. Hebräische Grammatik für Fortgeschrittene: Prof. *Rahlfs*, Dienstag und Freitag 8–9 Uhr, privatim.
4. Arabisch für Anfänger: Prof. *Rahlfs*, zweistündig, privatim.
5. Fortsetzung des Syrischen für Anfänger: Prof. *Rahlfs*, einstündig, privatissime und gratis.

Sommer 1912

1. Erklärung der Psalmen: Prof. *Rahlfs*, Montag, Dienstag, Donnerstag, Freitag 10–11 Uhr, privatim.
2. Hebräische Grammatik für Anfänger: Prof. *Rahlfs*, Montag bis Freitag 8–9 Uhr, privatim.
3. Fortsetzung des Arabischen: Prof. *Rahlfs*, Donnerstag 9–10 Uhr, privatissime und gratis.
4. Syrisch für Anfänger: Prof. *Rahlfs*, Dienstag und Freitag 9–10 Uhr, privatim.

Winter 1912/13

1. Hebräische Grammatik für Anfänger: Prof. *Rahlfs*, Montag, Dienstag, Donnerstag, Freitag 5–6 Uhr, privatim.
2. Hebräische Grammatik für Fortgeschrittene: Prof. *Rahlfs*, Mittwoch 5–7 Uhr, privatim.
3. Arabisch für Anfänger: Prof. *Rahlfs*, Montag und Donnerstag 6–7 Uhr, privatim.
4. Fortsetzung des Syrischen: Prof. *Rahlfs*, Dienstag 6–7 Uhr, privatissime und gratis.

Sommer 1913

1. Erklärung der Genesis: Prof. *Rahlfs*, Montag, Dienstag, Donnerstag, Freitag 10–11 Uhr, privatim.
2. Hebräische Grammatik für Anfänger: Prof. *Rahlfs*, Montag bis Freitag früh 7–8 Uhr, privatim.

3. Fortsetzung des Arabischen: Prof. *Rahlfs*, Dienstag 8–9 Uhr, privatissime und gratis.
4. Syrisch für Anfänger: Prof. *Rahlfs*, Montag, Donnerstag, Freitag 8–9 Uhr, privatim.

Winter 1913/14

1. Erklärung des Propheten Jesaia: Prof. *Rahlfs*, Montag, Dienstag, Donnerstag, Freitag 10–11 Uhr, privatim.
2. Hebräische Grammatik für Anfänger: Prof. *Rahlfs*, Montag bis Freitag 8–9 Uhr, privatim.
3. Arabisch für Anfänger: Prof. *Rahlfs*, Montag, Donnerstag und Freitag 9–10 Uhr, privatim.
4. Arabische Lektüre: Prof. *Rahlfs*, Mittwoch 9–10 Uhr, privatissime und gratis.
5. Syrische Lektüre: Prof. *Rahlfs*, Dienstag 9–10 Uhr, privatissime und gratis.

Sommer 1914

1. Erklärung der Psalmen: Prof. *Rahlfs*, Montag, Dienstag, Donnerstag, Freitag 10–11 Uhr, privatim.
2. Einleitung in die Schriften des Alten Testaments: Prof. *Rahlfs*, Montag, Dienstag, Donnerstag, Freitag 3–4 Uhr, privatim.
3. Geschichte des alttestamentlichen Kanons und Textes: Prof. *Rahlfs*, Mittwoch 10–11 Uhr, publice.
4. Hebräische Grammatik für Anfänger: Prof. *Rahlfs*, Montag bis Freitag 7–8 Uhr morgens, privatim.

Winter 1914/15

1. Erklärung der Memoiren Esras und Nehemias: Prof. *Rahlfs*, Mittwoch 10–11 Uhr, publice.
2. Hebräische Grammatik für Anfänger: Prof. *Rahlfs*, Montag, Dienstag, Donnerstag, Freitag 8–9 Uhr, privatim (abtestierpflichtig).
3. Hebräische Grammatik für Fortgeschrittene (Lautlehre und Syntax): Prof. *Rahlfs*, Mittwoch und Sonnabend 8–9 Uhr, privatim.

Sommer 1915

1. Erklärung der Genesis: Prof. *Rahlfs*, Montag, Dienstag, Donnerstag, Freitag 10–11 Uhr, privatim.
2. Übungen über altsemitische Inschriften (Mesainschrift u. a.) nach der Ausgabe Lidzbarskis: Prof. *Rahlfs*, Mittwoch 7–8 Uhr (abtestierpflichtig).

Winter 1915/16

1. Erklärung des Jesaia: Prof. *Rahlfs*, Montag, Dienstag, Donnerstag, Freitag 10–11 Uhr, privatim.
2. Hebräische Grammatik für Anfänger: Prof. *Rahlfs*, vierstündig nach Verabredung, privatim (abtestierpflichtig).
3. Alttestamentliche Übungen (Lesen unpunktierter Texte) leitet Prof. *Rahlfs* Dienstag 6–7 Uhr (abtestierpflichtig)

Sommer 1916

1. Erklärung der Psalmen: Prof. *Rahlfs*; Montag, Dienstag, Donnerstag; Freitag 10–11 Uhr, privatim.

2. Hebräische Grammatik für Anfänger: Prof. *Rahlfs*, fünfstündig nach Verabredung, privatim (abtestierpflichtig).
3. Lektüre historischer Texte des Alten Testaments leitet Prof. *Rahlfs*, einstündig nach Verabredung, öffentlich (abtestierpflichtig).

Winter 1916/17

1. Einleitung ins Alte Testament: Prof. *Rahlfs*, Montag, Dienstag, Donnerstag; Freitag 10–11 Uhr, privatim.
2. Hebräische Grammatik für Anfänger: Prof. *Rahlfs*, vierstündig nach Verabredung, privatim (abtestierpflichtig).
3. Hebräische Übungen leitet Prof. *Rahlfs*, einstündig nach Verabredung, öffentlich (abtestierpflichtig).

Sommer 1917

1. Erklärung der Genesis: Prof. *Rahlfs*, Montag, Dienstag, Donnerstag; Freitag 10–11 Uhr, privatim.
2. Hebräische Grammatik für Anfänger: Prof. *Rahlfs*, Montag bis Freitag 7–8 Uhr früh, privatim (abtestierpflichtig).
3. Hebräische Übungen leitet Prof. *Rahlfs*, einstündig nach Verabredung (abtestierpflichtig).

Winter 1917/18

1. Erklärung des Buches Jesaia: Prof. *Rahlfs*, Montag, Dienstag, Donnerstag, Freitag 10–11 Uhr, privatim.
2. Hebräische Grammatik für Anfänger: Prof. *Rahlfs*, Montag, Dienstag, Donnerstag, Freitag 8–9 Uhr, privatim (abtestierpflichtig).
3. Hebräische Übungen leitet Prof. *Rahlfs*, einstündig nach Verabredung (abtestierpflichtig).

Sommer 1918

1. Erklärung der Psalmen: Prof. *Rahlfs*; Montag, Dienstag, Donnerstag; Freitag 10–11 Uhr, privatim.
2. Hebräische Grammatik für Anfänger: Prof. *Rahlfs*, Montag bis Freitag morgens 7–8 Uhr, privatim (abtestierpflichtig).
3. Hebräische Übungen leitet Prof. *Rahlfs*, einstündig nach Verabredung (abtestierpflichtig).

Winter 1918/19

1. Erklärung des Jesaia: Prof. *Rahlfs*, Montag, Dienstag, Donnerstag, Freitag 10–11 Uhr, privatim.
2. Hebräische Grammatik für Anfänger: Prof. *Rahlfs*, Montag bis Freitag 8–9 Uhr, privatim (abtestierpflichtig).
3. Hebräische Übungen leitet Prof. *Rahlfs*, einstündig nach Verabredung (abtestierpflichtig).

Sommer 1919

1. Erklärung der Genesis: Prof. *Rahlfs*, Montag, Dienstag, Donnerstag; Freitag 10–11 Uhr, privatim.
2. Erklärung des Buches Jeremia: Prof. *Rahlfs*, Dienstag und Freitag 8–9 Uhr, privatim.

3. Hebräische Grammatik für Anfänger, I. Teil: Prof. *Rahlfs*, Montag, Dienstag, Donnerstag, Freitag 7–8 Uhr morgens, privatim (abtestierpflichtig).
4. Hebräische Grammatik für Anfänger, II. Teil: Prof. *Rahlfs*, Mittwoch und Sonnabend 7–8 Uhr morgens, privatim (abtestierpflichtig).
5. Hebräische Grammatik für Fortgeschrittene (Lautlehre und Syntax): Prof. *Rahlfs*, Montag und Donnerstag 8–9 Uhr, privatim (abtestierpflichtig).
6. Hebräische Übungen für Anfänger leitet Prof. *Rahlfs*, Mittwoch 8–9 Uhr, öffentlich (abtestierpflichtig).
7. Hebräische Übungen für Fortgeschrittene leitet Prof. *Rahlfs*, Mittwoch 9–10 Uhr, öffentlich (abtestierpflichtig).

Herbst-Zwischensemester 1919

1. Erklärung des Buches Jesaia: Prof. *Rahlfs*, Montag, Dienstag, Donnerstag; Freitag 10–11 Uhr, privatim.
2. Hebräische Grammatik für Anfänger, I. Teil: Prof. *Rahlfs*, Montag, Dienstag, Donnerstag, Freitag 8–9 Uhr, privatim (abtestierpflichtig).
3. Hebräische Übungen für Anfänger leitet Prof. *Rahlfs*, einstündig nach Verabredung, öffentlich (abtestierpflichtig).

Sommer 1920

1. Erklärung der Genesis. Prof. *Rahlfs*, Montag, Dienstag, Donnerstag; Freitag 10–11 Uhr, privatim.
2. Konversatorium über alttestamentliche Bibelkunde: Prof. *Rahlfs*, Donnerstag und Freitag 8–9 Uhr, privatim (abtestierpflichtig).
3. Die alttestamentlichen Übungen des wissenschaftlich-theologischen Seminars: I (Proseminar: Historische Texte): Prof. *Rahlfs*, Mittwoch 8–10 Uhr (abtestierpflichtig).

Winter 1920/21

1. Erklärung der Psalmen: Prof. *Rahlfs*; Montag, Dienstag, Donnerstag; Freitag 10–11 Uhr, privatim.
2. Hebräische Grammatik für Anfänger, I. Teil: Prof. *Rahlfs*, Montag, Dienstag, Donnerstag, Freitag 8–9 Uhr, privatim (abtestierpflichtig).
3. Hebräische Grammatik für Anfänger, II. Teil: Prof. *Rahlfs*, Mittwoch und Sonnabend 8–9 Uhr morgens, privatim (abtestierpflichtig).
4. Hebräische Übungen leitet Prof. *Rahlfs*, einstündig nach Verabredung, öffentlich (abtestierpflichtig).

Sommer 1921

1. Erklärung des Jesaia, Mo. Di. Do. Fr. 4–5. Prof. Rahlfs (privatim).
2. Hebräische Grammatik für Anfänger, Mo. Di. Do. Fr. 3–4 und Mi. So[nnabend] 7–8 morgens. Prof. Rahlfs (privatim, abtestierpflichtig).
3. Die alttestamentlichen Übungen des wissenschaftlich-theologischen Seminars I (Proseminar: Bundesbuch und andere gesetzliche Stücke des Pentateuchs) leitet Prof. Rahlfs, Mi. 8–10 (abtestierpflichtig).

Winter 1921/22

1. Einleitung in das Alte Testament, Mo. Di. Do. Fr. 3–4. Prof. Rahlfs (privatim, abtestierpflichtig).
2. Hebräische Grammatik für Anfänger, Mo. Di. Do. Fr. 4–5, Mi. 10–11, So[nnabend] 8–9. Prof. Rahlfs (privatim, abtestierpflichtig).
3. Die alttestamentlichen Übungen des wissenschaftlich-theologischen Seminars (Ezechiel 33 ff.) leitet Prof. Rahlfs, Mi. 8–10 (abtestierpflichtig).

Sommer 1922

1. Einleitung in die Apokryphen des Alten Testaments, So[nnabend] 8–9, öffentlich. Prof. Rahlfs.
2. Hebräische Grammatik für Anfänger, Mo. bis So[nnabend] 7–8 morgens. Prof. Rahlfs (abtestierpflichtig, privatim).
3. Alttestamentliches Proseminar (Samuelisbücher), Mi. 8–10, öffentlich. Prof. Rahlfs (abtestierpflichtig).

Winter 1922/23

1. Einleitung in das Alte Testament, Mo. Di. Do. Fr. 10–11. Prof. Rahlfs (privatim).
2. Hebräische Grammatik für Anfänger, 6stündig nach Verabredung. Prof. Rahlfs (abtestierpflichtig).
3. Einführung in das Biblisch-Aramäische, 1stündig nach Verabredung; öffentlich. Prof. Rahlfs.
4. Alttestamentliches Proseminar (Esra und Nehemia), Mi. 8–10, öffentlich. Prof. Rahlfs (abtestierpflichtig).

Sommer 1923

1. Kanon und Text des Alten Testaments, Mo. 12–1, öffentlich. Prof. Rahlfs.
2. Hebräische Grammatik für Anfänger, Mo. – So[nnabend] 7–8 morgens. Prof. Rahlfs (abtestierpflichtig, privatim).
3. Alttestamentliches Proseminar (Deuteronomium), Mi. 8–10, öffentlich. Prof. Rahlfs (abtestierpflichtig).

Winter 1923/24

1. Erklärung der Psalmen, Mo. Di. Do. Fr. 10–11. Prof. Rahlfs (privatim).
2. Hebräische Grammatik für Anfänger, 6mal in noch zu bestimmender Zeit. Prof. Rahlfs (abtestierpflichtig, privatim).
3. Alttestamentliches Proseminar (Königsbücher), Mi. 8–10, öffentlich. Prof. Rahlfs (abtestierpflichtig).

Sommer 1924

1. Erklärung der Genesis, Mo. Di. Do. Fr. 10–11. Prof. Rahlfs (privatim).
2. Hebräische Grammatik für Anfänger, 6mal in noch zu bestimmender Zeit. Prof. Rahlfs (abtestierpflichtig, privatim).
3. Im alttestamentlichen Seminar läßt Prof. Rahlfs das Deuteronomium erklären, Mi. 8–10, öffentlich (abtestierpflichtig).

Winter 1924/25

1. Hebräische Grammatik für Anfänger, Mo. Di. Do. Fr. 8–9 und So[nnabend] 8–10. Prof. Rahlfs (abtestierpflichtig, privatim).
2. Einführung in das Biblisch-Aramäische, 1mal in noch zu bestimmender Zeit. Prof. Rahlfs (abtestierpflichtig, privatim).
3. Im alttestamentlichen Seminar läßt Prof. Rahlfs die Samuelisbücher erklären, Mi. 8–10, öffentlich (abtestierpflichtig).

Sommer 1925

1. Hebräische Grammatik für Anfänger, Mo. – So[nnabend] 7–8 morgens. Prof. Rahlfs (abtestierpflichtig, privatim).
2. Lektüre aramäischer Stücke des Alten Testaments, 1stündig, in noch zu bestimmender Zeit, öffentlich. Prof. Rahlfs (abtestierpflichtig).
3. Erklärung des Buches Jeremia, Mo. Do. 8–9. Prof. Rahlfs (privatim).
4. Alttestamentliches Seminar II (Esra u. Nehemia), Mi. 8–10, öffentlich. Prof. Rahlfs (abtestierpflichtig).

Winter 1925/26

1. Hebräische Grammatik für Anfänger, Mo. bis So[nnabend] 8–9. Prof. Rahlfs (abtestierpflichtig, privatim).
2. Lektüre der griechischen Übersetzung der Sprüche Salomos, zweistündig nach Verabredung, öffentlich. Prof. Rahlfs.
3. Alttestamentliches Proseminar (Richterbuch), Mi. 8–10, öffentlich. Prof. Rahlfs und Assistent Cand. Rohde (abtestierpflichtig).
4. Bibelkundliche Übungen im Alttestamentlichen Seminar (Historische Bücher des A.T.), einstündig nach Verabredung, öffentlich. Prof. Rahlfs und Assistent Cand. Rohde (abtestierpflichtig).

Sommer 1926

1. Hebräische Grammatik für Anfänger, Mo. – So[nnabend] 7–8 morgens. Prof. Rahlfs (abtestierpflichtig, privatim).
2. Einleitung in das Alte Testament, Mo. Di. Do. Fr. 8–9. Prof. Rahlfs (privatim).
3. Alttestamentliches Proseminar (Samuelisbücher), Mi. 8–10, öffentlich. Prof. Rahlfs und Assistent Cand. Rohde (abtestierpflichtig).
4. Übungen zur hebräischen Grammatik im Alttestamentlichen Seminar, einstündig nach Verabredung, öffentlich. Prof. Rahlfs und Assistent Cand. Rohde (abtestierpflichtig).

Winter 1926/27

1. Hebräische Grammatik für Anfänger, Mo. bis So[nnabend] 8–9. Prof. Rahlfs (abtestierpflichtig, privatim).
2. Übungen über die griechische Übersetzung des Psalters, nach Verabredung, privatissime und gratis. Prof. Rahlfs.
3. Alttestamentliches Proseminar (Jeremia), Mi. 8–10, öffentlich. Prof. Rahlfs und Assistent Cand. Rohde (abtestierpflichtig).

Sommer 1927

1. Hebräische Grammatik für Anfänger, Mo. bis So[nnabend] 7–8. Prof. Rahlfs (abtestierpflichtig, privatim).
2. Erklärung der Genesis, Mo. Di. Do. Fr. 8–9, Prof. Rahlfs (privatim).
3. Alttestamentliches Proseminar (Königsbücher), Mi. 8–10, öffentlich. Prof. Rahlfs und Assistent Cand. Rohde (abtestierpflichtig).

Winter 1927/28

1. Hebräische Grammatik für Anfänger, Mo. bis So[nnabend] 8–9. Prof. Rahlfs (abtestierpflichtig, privatim).
2. Erklärung der aramäischen Stücke des Alten Testaments, 1stündig, nach Verabredung, öffentlich. Prof. Rahlfs.
3. Alttestamentliches Proseminar: Exodus, Mi. 8–10, öffentlich. Prof. Rahlfs und Assistent Cand. Rohde (abtestierpflichtig).

Sommer 1928

1. Hebräische Grammatik für Anfänger, Mo. bis So[nnabend] 7–8 morgens. Prof. Rahlfs (abtestierpflichtig, privatim).
2. Einleitung in das Alte Testament, Mo. Di. Do. Fr. 8–9. Prof. Rahlfs (privatim).
3. Alttestamentliches Proseminar: Deuteronomium, Mi. 8–10, öffentlich. Prof. Rahlfs und Assistent Cand. Rohde (abtestierpflichtig).

Winter 1928/29

1. Hebräische Grammatik für Anfänger, Mo. bis So[nnabend] 8–9. Prof. Rahlfs (abtestierpflichtig, privatim).
2. Alttestamentliches Proseminar: 2. Buch Samuelis, Do. 6–8, öffentlich. Prof. Rahlfs und Assistent Cand. Rohde (abtestierpflichtig).

Sommer 1929

1. Hebräische Grammatik für Anfänger, Mo. bis So[nnabend] 7–8 morgens. Prof. Rahlfs (privatim).
2. Erklärung der Psalmen, Mo. Di. Do. Fr. 8–9. Prof. Rahlfs (privatim).
3. Alttestamentliches Proseminar: 2. Buch der Chronik, Do. 6–8, öffentlich. Prof. Rahlfs (abtestierpflichtig).

Winter 1929/30

1. Hebräische Grammatik für Anfänger, Mo. bis So[nnabend] 8–9. Prof. Rahlfs (privatim).
2. Alttestamentliches Proseminar: Buch der Richter, Do. 6–8, öffentlich. Prof. Rahlfs (abtestierpflichtig).

Sommer 1930

1. Hebräische Grammatik für Anfänger, Mo. bis So[nnabend] 7–8 morgens. Prof. Rahlfs (privatim).
2. Erklärung der Genesis, Mo. Di. Do. Fr. 8–9. Prof. Rahlfs (privatim).

3. Alttestamentliches Proseminar [*ohne Themenangabe; CS*], Do. 6–8, öffentlich. Prof. Rahlfs (abtestierpflichtig).

Winter 1930/31

1. Hebräische Grammatik für Anfänger, Mo. bis So[*nnabend*] 8–9. Prof. Rahlfs (privatim).
2. Alttestamentliches Proseminar [*ohne Themenangabe; CS*], Do. 6–8, öffentlich. Prof. Rahlfs (abtestierpflichtig).
3. Übungen zur Einführung in die Probleme der Septuaginta, einstündig nach Vereinbarung. Prof. Rahlfs (privatim).

Sommer 1931

1. Hebräische Grammatik für Anfänger, Mo. bis So[*nnabend*] 7–8. Prof. Rahlfs (privatim).
2. Aramäische Stücke des Alten Testaments, einstündig nach Vereinbarung, privatissime und gratis. Prof. Rahlfs.
3. Alttestamentliches Proseminar [*ohne Themenangabe; CS*], Do. 6–8, öffentlich. Prof. Rahlfs (abtestierpflichtig).

Winter 1931/32

1. Hebräische Grammatik für Anfänger, Mo. bis So[*nnabend*] 8–9. Prof. Rahlfs (privatim).
2. Erklärung des Jesaia, Do. Fr. 4–6. Prof. Rahlfs (privatim).
3. Alttestamentliches Proseminar [*ohne Themenangabe; CS*], Fr. 6–8, privatissime und gratis. Prof. Rahlfs.

Sommer 1932

1. Hebräischer Unterricht für Anfänger, Mo. bis So[*nnabend*] 7–8. Prof. Rahlfs (privatim).

Winter 1932/33

1. Hebräische Grammatik für Anfänger, Mo. bis So[*nnabend*] 8–9. Prof. Rahlfs (privatim).

Sommer 1933

1. Hebräische Grammatik für Anfänger, Mo. bis So[*nnabend*] 7–8. Prof. Rahlfs (privatim).

Emeritierung zum Ende des Sommersemesters.

Winter 1933/34

1. Hebräische Grammatik für Anfänger, Mo. bis So[*nnabend*] 8–9. N.N. [*vermutlich Rahlfs; CS*].

Sommer 1934

1. Hebräische Grammatik für Anfänger, Mo. bis So[*nnabend*] 7–8. N.N. [*vermutlich Rahlfs; CS*].

3.4 Plan einer neuen Ausgabe der Septuaginta. Von A. Rahlfs.
(19. August 1907)[26]

Es ist allgemein anerkannt und bedarf keiner weiteren Ausführung, daß die noch aus vorchristlicher Zeit stammende griechische Übersetzung des Alten Testaments, die s.g. Septuaginta, sowohl für die alttestamentliche Wissenschaft, als für die Geschichte der griechischen Sprache, für das Neue Testament und die Kirchenväter u. dgl. m. von der höchsten Bedeutung ist. Daher hat sie auch schon im 16. Jahrh. die Gelehrten so lebhaft beschäftigt, daß schließlich der Papst Sixtus V. selbst noch vor der ersten offiziellen Ausgabe der Vulgata eine berühmte und bis in die neueste Zeit immer wieder abgedruckte Septuaginta-Ausgabe veranstaltete. In dieser Ausgabe suchten die vom Papste mit der Ausarbeitung betrauten Gelehrten den ursprünglichen Text der Septuaginta herzustellen, doch gelang dies bei den mangelhaften Hülfsmitteln, die ihnen für die Lösung dieser schwierigen Aufgabe zur Verfügung standen, und der Eile, mit der sie arbeiteten, naturgemäß nur sehr unvollkommen. Seitdem ist ein Versuch, die ursprüngliche Septuaginta wiederherzustellen, nur von E. Grabe unternommen (Oxford 1707–1720); sein Text weicht von dem sixtinischen sehr stark ab, hat aber mit Recht nur wenig Anklang gefunden.

Nun ist zwar auf diesem Gebiete in neuerer Zeit sehr viel weiter gearbeitet. *Holmes* und *Parsons* haben in ihrer großen Septuaginta-Ausgabe (Oxford 1798–1827) aus ca. 300 Handschriften eine Menge Material zusammengetragen, *Swete* hat in seiner Handausgabe (*Cambridge* seit 1887) die ältesten Handschriften bequem zugänglich gemacht, und gerade jetzt beginnen *Brooke* und *MᶜLean* eine neue große Ausgabe mit reichhaltigem Apparat, welche das große Werk von *Holmes* und *Parsons* in gewisser Weise zu ersetzen bestimmt ist, unter dem Titel: *The Old Testament in Greek according to the text of codex Vaticanus, supplemented from other uncial manuscripts, with a critical apparatus containing the variants of the chief ancient authorities for the text of the Septuagint* (Vol. I, part I: Genesis, Cambridge 1906). Aber keine dieser an sich außerordentlich wertvollen Ausgaben hat den Versuch gewagt, den ursprünglichen Text der Septuaginta wiederherzustellen, sondern alle haben einfach einen gegebenen Text abgedruckt und sich mit einer bloßen Stoffsammlung begnügt. *Holmes* und *Parsons* haben die sixtinische Ausgabe zu Grunde gelegt und die Abweichungen der Handschriften etc. von ihr angegeben. *Swete* und *Brooke & MᶜLean* drucken, wie der oben angeführte Titel sagt, die älteste nahezu vollständige Handschrift, den berühmten *codex Vaticanus*, wortgetreu ab und korrigieren nur die allerhandgreiflichsten Fehler. Wo im *cod. Vatic.* eine Lücke ist, tritt der sonst älteste Codex an die Stelle, wiederum wortgetreu mit nur verschwindend wenigen Korrekturen abgedruckt. Der reiche und sehr wertvolle Apparat, den *Brooke & MᶜLean* unter dem Texte geben, bleibt ohne jeden Einfluß auf den Text selbst; der Text selbst enthält viele zweifellos ganz falsche Lesarten und ist überdies nichts weniger als einheitlich, da der zur Ergänzung herangezogene *codex Alexandrinus* eine ganz andere Textform aufweist, als der *codex Vaticanus*. Daher sagt Prof. E. Nestle, einer unserer eifrigsten Septuagintaforscher, in seinen soeben erschienenen „Septuagintastudien V" (Maulbronner Programm für 1907), S. 20 am Schluß einer eingehenden Würdigung der Ausgabe von *Brooke & MᶜLean* mit Recht: In dieser Ausgabe „ist nur der Apparat wertvoll, der aber auch im höchsten

26 Quelle: Archiv des Septuaginta-Unternehmens der Akademie der Wissenschaften zu Göttingen. Für die freundliche Publikationsgenehmigung der Archivale (Mitteilung vom 09.06.2015) sage ich dem Vorsitzenden der Leitungskommission des Septuaginta-Unternehmens, Herrn Professor Dr. Kratz, meinen herzlichen Dank.

Maße; nur daß leider der Ariadnefaden, der sicher durch dies Labyrinth hindurchführte, noch immer nicht gefunden ist."

<u>Mein Plan</u> ist es, den ursprünglichen Text der Septuaginta, soweit möglich, wiederherzustellen. Ich schlage dabei einen Weg ein, den Paul de Lagarde vorgezeichnet hat, und auf den ich bei langjähriger Beschäftigung mit der Septuaginta, obwohl ich mich keineswegs sklavisch an Lagarde binde, sondern mich möglichst selbständig gemacht und auch andere Wege einzuschlagen versucht habe, doch immer wieder zurückgekommen bin.

Dieser Plan lässt sich kurz so skizzieren.

Der ursprüngliche Text der Septuaginta ist im Laufe der Zeit entartet und hat dann im 3. Jahrh. n. Chr. drei Überarbeitungen, s.g. „Rezensionen", erfahren. Diese „Rezensionen" sind älter, als unsere ältesten Handschriften und alle unsere Handschriften sind von ihnen abhängig. Daher kommt es zunächst darauf an, diese alten Rezensionen wiederherzustellen; erst aus ihnen kann man dann auf den ursprünglichsten Text rückwärts zu schließen versuchen.

Die wichtigste Rezension, deren Herstellung ich zuerst in Angriff zu nehmen gedenke, ist die hexaplarische des Origenes, die besonders deshalb so wertvoll ist, weil Origenes seine Änderungen meistens gekennzeichnet hat, sodaß man deutlich sieht, was schon aus älterer Zeit überliefert, und was erst von Origenes hergestellt ist. Allerdings wird man diese Rezension infolge der Lückenhaftigkeit der Quellen nur unvollständig rekonstruieren können, aber auch so wird es gewiß lohnen, alles, was von ihr erhalten ist, bequem zugänglich zu machen. (Das bekannte Werk von *Fr. Field: „Origenis Hexaplorum quae supersunt", Oxford 1875*, verfolgt andere Zwecke und kommt nur als Vorarbeit in Betracht.)

Sodann soll die sich charakteristisch heraushebende Rezension Lucians an die Reihe kommen, deren Herausgabe Lagarde schon begonnen, aber nicht zu Ende geführt und, wie er selbst sagt, im einzelnen noch nicht genau genug geliefert hat.

Endlich soll die Rezension Hesychs unter Vergleichung der übrigen ihr verwandten ägyptischen Textformen folgen.

Damit bekommen wir <u>drei getrennte Septuaginta-Ausgaben</u>, welche noch nicht den ursprünglichen Text, sondern erst die alten Rezensionen enthalten.

Aus diesen soll dann auf den Urtext der Septuaginta rückwärts geschlossen und das Resultat in <u>einer für den allgemeinen Gebrauch bestimmten</u> Handausgabe niedergelegt werden, welche den vermutlich ursprünglichsten Text mit den wichtigsten Varianten jener Rezensionen enthält.

Für die Herstellung dieser Ausgaben sind nötig:

1) Griechische Handschriften. Es sollen nicht alle Hss. herangezogen werden, sondern nur diejenigen, welche für die Herstellung der alten Rezensionen und des Urtextes wichtig sind, da man die hierfür nicht wichtigen Hss. zur Genüge aus den großen Ausgaben von *Holmes-Parsons* und *Brooke-McLean* kennen lernen kann. Dafür sollen die wirklich wichtigen Hss. aber auch möglichst genau neu verglichen werden und zwar auf Grund von Photographien, die von den noch nicht photographierten Hss. nach dem neuen, billigen Weiß-auf-Schwarz-Verfahren herzustellen sind (vgl. K. Krumbacher, Die Photographie im Dienste der Geisteswissenschaften, Leipzig 1906). – Zur Sichtung des Materials und zur Erlangung der Photographien, namentlich aus Rußland und dem Orient, werden wissenschaftliche Reisen nötig sein.

2) Alte Übersetzungen der Sept. Von diesen sind außer der altlateinischen, deren Herausgabe die Münchener Akademie in die Hand genommen hat, besonders die koptischen, die äthiopische, syrische und armenische wichtig. Leider sind sie mit Ausnahme der syrischen erst sehr mangelhaft und unvollständig herausgegeben. Ich werde daher versuchen, sprachkundige Gelehrte zu finden, die die hier vorhandenen Lücken ausfüllen können. Hierfür ist erforderlich: a) eine systematische Durchforschung der Bibliotheken einschließlich derjenigen in Armenien selbst,

wo vermutlich noch die besten Hss. liegen, b) Photographie der wichtigsten Hss., c) Herausgabe der noch nicht oder mangelhaft publizierten Stücke.

3) Kirchenväter. Die Angaben über sie bei *Holmes-Parsons* sind unzureichend, bei *Brooke-McLean* zwar vollständiger, aber doch nicht genügend, da sie die Stellen der Kirchenväter nicht angeben und so eine Nachprüfung unmöglich machen. Auch erfordert jeder Kirchenvater eine besondere Untersuchung auf die Art seines Zitierens, die Zuverlässigkeit seines Textes u. dgl. Daher beabsichtige ich, für die besonders wichtigen Kirchenväter vollständige Indices ihrer Zitate in der Weise herzustellen, daß alle Zitate jedes einzelnen Kirchenvaters aus der besten Ausgabe ausgeschnitten, auf Zettel geklebt und nach der Reihenfolge der biblischen Bücher geordnet werden, sodaß man für eine Untersuchung derselben stets das vollständige Material beisammen hat. – Für einige besonders wichtige Kirchenväter des 4./5. Jahrh., von denen noch keine genügenden Ausgaben erschienen sind, werden handschriftliche Studien nötig sein.

Wie die von der Berliner Akademie unternommene Ausgabe der älteren christlichen Schriftsteller in der „Neuen Folge der Texte und Untersuchungen" ein <u>Archiv</u> besitzt, in welchem vorbereitende und ergänzende Studien publiziert werden, so muß auch die geplante Septuaginta-Ausgabe ein solches Archiv neben sich haben. Es wird sich empfehlen, die „Septuaginta-Studien", von denen ich zwei Hefte bei Vandenhoeck u. Ruprecht in Göttingen herausgegeben und ein drittes Heft in Vorbereitung habe, zum Publikationsorgan für derartige vorbereitende und ergänzende Studien zu machen. Die Verleger wären dann, da sie nicht auf ihre Kosten kommen, mit einer Drucksubvention zu unterstützen.

Über den <u>Druck der Textausgaben</u>, die wohl am besten in dem gleichen Verlage erschienen, müssten seinerzeit die nötigen Verhandlungen gepflogen werden. Die Ausgaben der alten Rezensionen und der orientalischen Übersetzungen würden einen erheblichen Zuschuß erfordern, die Handausgabe dagegen würde ohne diesen existieren können, vielleicht sogar einen kleinen Überschuß abwerfen.

Die <u>Dauer</u> des Unternehmens schätze ich auf 30 Jahre. Dabei setze ich voraus dauernde Unterstützung durch zwei wissenschaftlich geschulte Mitarbeiter (Theologen oder Philologen nach bestandenem Examen) und zwei nicht wissenschaftlich geschulte Hülfskräfte, die beim Kollationieren den gedruckten Text vorzulesen, die Kirchenväterzitate auszuschneiden, aufzukleben und zu ordnen und derartige mechanische Arbeiten auszuführen hätten. Ferner nehme ich an, dass ich geeignete Gelehrte finde, welche die Ausgaben der koptischen, äthiopischen und armenischen Übersetzungen selbständig unter meiner Oberaufsicht herstellen, und andere, welche mir bei der Arbeit an den Kirchenvätern helfen.

An <u>Kosten</u> veranschlage ich jährlich M 15000, nämlich:

für Leitung des Unternehmens	M 3000
für 4 ständige Hülfsarbeiter	M 7000
für andere Mitarbeiter, Forschungsreisen,	
Photographien u. Bücher, Druckkosten *etc.*	M 5000
	Sa. M 15000

Doch wird die ganze Summe nicht gleich zu Anfang nötig sein, sondern es wird genügen, wenn für das erste Jahr M 10000 zur Verfügung gestellt und dann im Laufe der nächsten 5 Jahre jährlich M 1000 zugelegt werden.

Zum Schluß bemerke ich noch, daß für die ständigen Mitarbeiter und die Aufbewahrung des Materials zwei Arbeitsräume zur Verfügung gestellt werden müssten.

3.5 Antrag zur Aufnahme von Alfred Rahlfs als ordentliches Mitglied der Gesellschaft der Wissenschaften zu Göttingen (17. Oktober 1917)[27]

Durch Wilhelm Bousset's Berufung nach Gießen ist der der biblischen Wissenschaft eingeräumte Sitz in der Königl[ichen] Gesellschaft der Wissenschaften frei geworden. Es bietet sich damit die Gelegenheit, nunmehr einem Gelehrten, der unserer Gesellschaft seit fast zwei Jahrzehnten durch seine Arbeiten verbunden ist und gegenwärtig eines ihrer großartigsten, ihr sicherlich dermal einst zur hohen Ehre gereichenden Unternehmen leitet, den Eintritt in ihren Kreis zu gewähren.

Professor Dr. Alfred Rahlfs, der als ordentlicher Honorarprofessor in der hiesigen theologischen Fakultät das Fach der alttestamentlichen Wissenschaft vertritt, ist ein Gelehrter von anerkannten Verdiensten, vor dessen ausgebreiteter Gelehrsamkeit, besonnenem und sicherem Urteil, und eindringendem Scharfsinn nicht nur seine Schriften Zeugnis ablegen, sondern auch Mancher unter uns persönlich sich zu überzeugen Gelegenheit gehabt hat.

Rahlfs ist einer der gründlichsten Kenner der hebräischen Sprache unter den Lebenden. In seinen Studien folgt er demselben Lebensziele, das sich sein Lehrer Paul de Lagarde (als dessen einzigen wirklichen Schüler und wissenschaftlichen Erben man ihn bezeichnen kann), gesteckt hatte, das für diesen aber ein schöner Traum bleiben mußte, der Herstellung des alten Textes der griechischen Übersetzung des Alten Testaments, auf der sowohl die lateinische wie die orientalischen Übersetzungen beruhen, und die Aufhellung der Geschichte dieses Textes und seiner handschriftlichen Überlieferung. Zu diesem Zwecke erlernte Rahlfs nicht nur die übrigen semitischen Sprachen, sondern auch das Koptische und das Armenische, letzteres noch in vorgerückten Jahren; und zwar begnügte er sich nicht mit einer oberflächlichen Kenntnis dieser Sprachen, sondern trieb sie so gründlich, daß er auch wertvolle sprachliche und philologische Arbeiten darüber liefern konnte. Außer seiner Dissertation, die ein syrisches Thema behandelte, seien hier nur die Ausgabe des Berliner Koptischen Psalters, die schöne Abhandlung über Griechische Wörter im Koptischen (Sitz. Br. Berl. Akad. 1912), die vor Kurzem erschienenen Bemerkungen zu den abessinischen Königsinschriften (Oriens Christianus, Neue Serie VI) und die Untersuchung über Nissel und Petraeus (in unseren Nachrichten 1916) genannt.

In einer Reihe von ebenso scharfsinnigen wie sauber gearbeiteten und eindringlichen Untersuchungen hat er versucht, jene Lebensaufgabe der Septuaginta-Erforschung selbst, die er von Lagarde übernommen hatte, ihrer Lösung zuzuführen. Sie sind teils in seinen Septuaginta-Studien teils in den Mitteilungen des Septuaginta-Unternehmens der Gesellschaft der Wissenschaften erschienen, an dessen Spitze er seit 1908 steht. Als die Gesellschaft dieses große Unternehmen damals auf die Anregung von Rudolf Smend ins Leben rief, geschah es gerade im Hinblick auf die Thatsache, daß wir hier in Göttingen in Rahlfs die Person besaßen, die allein durch ihre Vorbildung und durch die Richtung ihrer Studien dazu geeignet schien. Nur Jemand, der wie er aufs Innigste mit den in der Sache liegenden Problemen vertraut war, der mit gründlichster Beherrschung des Hebräischen und des hellenistischen Griechisch eine umfassende und solide Kenntnis der andern für die Aufgabe in Betracht kommenden Sprachen des Orients (Arabisch, Syrisch, Aethiopisch, Koptisch, Armenisch) vereinigte, der zugleich mit allen Fragen

---

27 Quelle: Archiv der Akademie der Wissenschaften zu Göttingen, Pers 16, Nr. 252. Für die freundliche Publikationsgenehmigung der Archivale (mündliche Mitteilung vom 18.06.2013) sage ich dem Archiv der Akademie der Wissenschaften zu Göttingen meinen herzlichen Dank.

der Paläographie und Handschriftenkunde vertraut war und über eine streng philologische Arbeitsmethode verfügte, konnte für die Durchführung einer solchen Aufgabe in Frage kommen. In Rahlfs finden sich alle diese Erfordernisse in seltener Weise vereinigt. Dazu tritt, was der ferner Stehende in dem scheinbar so weltfremden Gelehrten kaum vermuten würde, ein eminent praktischer Sinn, der es Rahlfs ermöglicht hat, die Arbeit in glücklichster Weise zu organisieren, und eine unermüdliche Energie, die ihn die überaus ausgedehnten Vorarbeiten in verhältnismäßig kurzer Zeit ihrem Abschluß entgegenführen und zugleich eine Reihe schöner Ergebnisse, die dabei herausgesprungen sind (wie z.b. die Aquilas-Varianten aus einem Codex Sinaiticus), hat veröffentlichen lassen.

Durch die Einstellung seiner ganzen Lebensarbeit auf die Septuaginta-Forschung und durch den Eintritt in die Dienste unserer Gesellschaft hat sich Rahlfs die Möglichkeit, an andere Universitäten berufen zu werden, versperrt, da einerseits die theologischen Fakultäten für den normalen Lehrbetrieb anders geartete und gerichtete Leute brauchen, andererseits Rahlfs hier beim Septuaginta-Unternehmen nicht zu ersetzen wäre. Es erscheint daher doppelt gerecht, wenn ihm die Gesellschaft jetzt die Ehre gewährt, ihn unter ihre ordentlichen Mitglieder aufzunehmen.

Sethe.
17/10.17.

3.6 Schriftverkehr betreffs des Berliner Papyrusfragments der Genesis, Ra 911 (25. Juli bis 3. August 1926)[28]

3.6.1 Carl Schmidt an den Vorsitzenden Sekretär der Göttinger Gesellschaft der Wissenschaften (Scient 304,1, Nr. 197)

Berlin, den 25. Juli 1926

Durch Zufall bekam ich die soeben erschienene Ausgabe der Genesis von Herrn Prof. Rahlfs zu Gesicht und bemerkte bei näherer Einsicht, dass der Herausgeber ein Papyrusbuch, das von mir im Jahre 1906 entdeckt und erworben war und jetzt auf der Staatsbibliothek zu Berlin aufbewahrt wird, nicht nur in der Einleitung S. 20f. ausführlich beschrieben, sondern auch im Apparat unter dem Siglum No. 911 vollständig verwertet hat. Da hier eine ganz unberechtigte Benutzung eines fremden Materials vorliegt, wende ich mich zunächst an die Götting'sche Gesellschaft der Wissenschaften, unter deren Auspizien das von Herrn Prof. Rahlfs geleitete Septuaginta-Unternehmen steht, mit der Darlegung der Sachlage.

Bei der Uebergabe des von mir in Aegypten erworbenen Papyrus an die Bibliothek hatte ich mir das Publikationsrecht reserviert, da ich den wertvollen Schatz für den billigen Einkaufspreis abgegeben hatte; ich wollte mir durch irgendeine Form die Beteiligung an der Ausgabe sichern;

---

28 Archiv der Akademie der Wissenschaften zu Göttingen, Scient 304,1, Nr. 197–198. Für die freundliche Publikationsgenehmigung der Archivalien (mündliche Mitteilung vom 18.06.2013) sage ich dem Archiv der Akademie der Wissenschaften zu Göttingen meinen herzlichen Dank.

an eine selbständige Herausgabe konnte ich von vornherein nicht denken, da ich mit dieser Materie nicht vertraut war, auch mir die Zeit zu tieferen Studien fehlte.

Im Jahre 1908 war der Papyrus nach seiner Konservierung unter Glas von Exzellenz von Harnack Herrn Prof. R. gezeigt worden und ihm auch meine Anrechte daran nicht verschwiegen. Denn Herr Prof. R. wandte sich in einem Brief an mich mit der Bitte, ihm die Publikation zu überlassen. Ich wies in meiner Antwort darauf hin, dass ich die Ausgabe für die „Berliner Klassiker-Texte" in Aussicht gestellt hätte, aber zu einer gemeinsamen Publikation daselbst gern bereit wäre. Diesen Vorschlag lehnte aber Herr Prof. R. ab; „es schien ihm eine gemeinsame Publikation", wie er noch heute schreibt, „aus bestimmten Gründen unzweckmäßig, und er zog es vor, mir die Ausgabe zu überlassen, und dann meine Ausgabe für den Zweck des Septuaginta-Unternehmens zu verwenden." Unter den „bestimmten Gründen" verstand er die alleinige Herausgabe ohne Beteiligung eines anderen, denn die gleiche Haltung wäre zu Tage getreten, wenn ich die gemeinsame Publikation für das Septuaginta-Unternehmen gefordert hätte. Jedenfalls liess Herr Prof. R. sich die günstige Gelegenheit einer schnellen Herausgabe des Papyrus entgehen.

Nun soll ich diese Publikation, die ich früher dem Septuaginta-Unternehmen versagt habe, neuerdings Herrn Prof. Sanders, Michigan-Universität, überlassen haben; damit wird mir von Herrn Prof. R. in seiner Einleitung versteckt der Vorwurf gemacht, diesen wichtigen Text lieber den Amerikanern in die Hände gespielt zu haben, statt das deutsche Unternehmen zu fördern.

In Wahrheit hatte die Universität Michigan während der Kriegszeit in Aegypten einen höchst wichtigen Septuaginta-Text der 12 Kl. Propheten auf Papyrus erworben; Herr Prof. Sanders zeigte mir bei einem Besuche im Jahre 1922 die Photographien, ohne von der Existenz des Berliner Genesis-Textes eine Ahnung zu haben. Da beide Texte aus ungefähr gleicher Zeit stammten, und deshalb eine einheitliche Behandlung erforderten, war eine gemeinsame Publikation der beiden Texte das natürliche. Dazu kam der rapide Verfall unserer Valuta, der eine Publikation des Genesis-Papyrus von deutscher Seite unmöglich machte, während die Universität Michigan sich bereit erklärte, die Mittel sowohl für eine Faksimile- wie für eine Text-Ausgabe aufzubringen. Und nicht zuletzt verpflichtete sie sich, allen deutschen Universitäten wie auch einzelnen von mir bezeichneten Gelehrten die Text-Ausgabe unentgeltlich zuzustellen. Eine Honorierung für meine Arbeit kam natürlich nicht in Frage.

Da Herr Prof. S. eine Kollation des Papyrus an Ort und Stelle nicht vornehmen konnte, liess ich den Papyrus zu Anfang des Jahres 1923 photographieren, und kontrollierten wir beide bei einer späteren Anwesenheit die unabhängig voneinander gemachten Abschriften an Hand des Originals. So kann von einer Ueberlassung der Publikation an Herrn Prof. S., wie Herr Prof. R. in der Einleitung behauptet, keine Rede sein; meine selbständige Mitarbeit ist vollkommen gesichert.

Nun spricht Herr Prof. R. von einem Entgegenkommen von Herrn Prof. S. und stattet ihm dafür seinen Dank ab. Daraus wird jeder unbefangene Leser den Eindruck gewinnen, dass Herr Prof. S. ihm die Benutzung des Papyrus für eine Ausgabe gestattet hätte, als er ihm einen Abzug der Photographien zuschickte; in diesem Falle bliebe der Vorwurf auf mir sitzen, dass erst der Amerikaner dem Deutschen durch sein Entgegenkommen die Benutzung ermöglicht hätte. Zu diesem Entgegenkommen war aber Herr Prof. S. einseitig garnicht berechtigt, er hätte erst meine Erlaubnis einholen müssen. – Deshalb habe ich in zwei Briefen Herrn Prof. R. um Aufklärung gebeten, ob er zur Benutzung eine Ermächtigung erhalten hätte. Ich habe darauf eine ausweichende Antwort erhalten, die aber meine Vermutung bestätigt hat. In dem ersten Briefe bekennt er, dass „er eine sich ihm bietende Gelegenheit benutzte, die Fragmente für seine Ausgabe zu vergleichen; das schien ihm um so unbedenklicher, als das Septuaginta-Unternehmen gar keine Mittel hatte, um sich eigene Photographien anfertigen zu lassen." Dazu möchte ich bemerken, dass Herr Prof. R. sich diese Photographien überhaupt nicht ohne meine Erlaubnis hätte anfertigen lassen können, selbst wenn die Mittel ihm zur Verfügung gestanden hätten. Und doch hatte Herr Prof. S. bei der Uebersendung der Photographien an eine Benutzung <u>vor</u> unserer Publikation von fremder Seite nicht gedacht, denn wie ich nach Durchsicht unserer Korrespondenz ersehe, schreibt er an mich am 5. Juni 1924: I shall send everything to Rahlfs and I think <u>I can rely on his fairness.</u> Hier liegt also ein offensichtlicher Vertrauensbruch gegen Herrn Prof. S. vor, denn Herr Prof. R. ist doch in der Handschriftenverarbeitung ein ergrauter Forscher, als dass ihm nicht bewusst gewesen sein sollte, dass eine Uebersendung von Photographien noch nicht ohne weiteres ihre Benutzung in sich schliesst. Er hat sich auch wohl gehütet, eine diesbezügliche Anfrage an Herrn Prof. S. zu richten, da er sicher annehmen musste, eine negative Antwort zu erhalten von einem Manne, der gerade die Publikation in Angriff genommen. So hat er es vorgezogen, uns vor ein fait accompli zu stellen. Herr Prof. S. wird ohne Zweifel sehr überrascht sein, sobald ihm die Ausgabe der Genesis zugänglich wird, aber ebenso überrascht wird er sein von dem gegen mich erhobenen Vorwurf der Amerikanisierung, da er doch gerade, wie ich weiss, das Septuaginta-Unternehmen in jeder Weise unterstützt hat. Zwar versucht Herr Prof. R. diesen Vorwurf ein klein wenig zu restringieren, wenn er in seinem letzten Briefe schreibt: „Ich wollte Ihnen nicht im allgemeinen den Vorwurf des Amerikanisierens machen, sondern nur zum Ausdruck bringen, zu welchen eigentümlichen Folgen Ihre Weigerung, die Publikation des Papyrus rechtzeitig dem Septuaginta-Unternehmen zu überlassen, schliesslich geführt", aber selbst wenn ich die Publikation von seinem Standpunkt an die Amerikaner verschachert hätte, gibt dies m.E. keine Entschuldigung für seine Handlungsweise, Photographien, die vertrauensvoll zugeschickt sind, restlos zu benutzen, bevor die Ausgabe des Betreffenden erschienen ist.

Auch der Umstand, dass die Publikation so lange hat auf sich warten lassen, lässt die ganze Handlungsweise kaum in einem milderen Lichte erscheinen. Niemals ist Herr Prof. R. oder sonst wer wieder an mich wegen der Publikation herangetreten. – Der Krieg liess an eine Inangriffnahme überhaupt nicht denken, aber seit 1923 wusste Herr Prof. R. aus persönlicher Kunde ganz genau, dass die Herausgabe des Papyrus über kurz oder lang das Licht der Oeffentlichkeit erblicken würde. Freilich hat sie sich länger verzögert, als wir ursprünglich annahmen, da zunächst die Bearbeitung der 12 Kl. Propheten fertiggestellt wurde und ich in Wien die Kollationierung einer wichtigen Koptischen Version vornehmen musste, dazu eine vollständige Vergleichung der beiden anderen koptischen Versionen. – Auch ist das jetzige Zusammenarbeiten sehr zeitraubend, da jede Korrektur ca. 5 – 6 Wochen erfordert. Jedoch befindet sich die Faksimile-Ausgabe bereits in den Händen des Buchbinders; der Text der 12 Kl. Propheten ist vollständig ausgedruckt, der Text der Genesis zum grössten Teile. Angesichts der Ausgabe von Herrn Prof. R., in der unser Papyrus ganz ausgeschöpft ist, wird unsere Ausgabe – das wird wohl jeder Kundige zugeben – an ihrem aktuellen Werte stark einbüssen; wir kommen post festum.

Ich bitte nun die Gesellschaft der Wissenschaften, den von mir vorgeführten Tatbestand zu prüfen, und, wenn sie von der Richtigkeit meiner Darlegung überzeugt ist, Herrn Prof. Rahlfs zu veranlassen, an einer geeigneten Stelle öffentlich sein Bedauern über die unberechtigte Verwertung der von Herrn Prof. Sanders übersandten Photographien zum Ausdruck zu bringen und ebenso den gegen mich erhobenen Vorwurf der Verweigerung der Publikation an das Septuaginta-Unternehmen zurückzunehmen.

Einer Göttingenschen Gesellschaft der
    Wissenschaften
ganz ergebenst
Prof. Carl Schmidt.

3.6.2 Die Anmerkungen zu diesem Schreiben von Thiersch, Bertholet und Rahlfs (Scient 304,1, Nr. 197)

Zunächst weitergegeben an die Herren Bertholet und Rahlfs, mit der Bitte noch vor Beginn der Ferien eine Klärung der Angelegenheit herbeiführen zu wollen, auf Grund deren ich antworten kann.

G. 27. VII. 26.   Thiersch.

Ich bitte erst Herrn Rahlfs sich zu äußern.

G. 27 VII 26   Bertholet

Ich habe Herrn Prof. Sanders gebeten, mir die Photographien zu überlassen, da ich sie für den textkritischen Apparat meiner Ausgabe der Genesis zu benutzen wünsche. Daraufhin hat er sie mir überlassen, ohne an ihre Benutzung irgendwelche Bedingung zu knüpfen. Die einschlägigen Briefe von Prof. Sanders werde ich dem Herrn vorsitzenden Sekretär zur Einsicht vorlegen.

Göttingen, 28.7.26.

Rahlfs

P.S. Umgekehrt hat Prof. Sanders auch unsere Kollationen zu den kleinen Propheten nach Belieben benutzt und volle Freiheit bekommen, das aus unsern Kollationen Entnommene ganz nach Gutdünken für seine Ausgabe des Papyrus der kleinen Propheten zu benutzen.

D[er] O[bige].

Ich habe auf Grund der Briefe des Prof. Sanders an H. Rahlfs, die dieser mir zur Einsicht freundlichst vorgelegt hat, den Eindruck gewonnen, als habe Herr Sanders an die freie Benutzung der Photographien des Berliner Papyrus seitens des Herrn Rahlfs keinerlei Bedingung geknüpft.

G. 28. VII 26   Bertholet.

3.6.3 Der Vorsitzende Sekretär der Göttinger Gesellschaft der Wissenschaften an Carl Schmidt (Scient 304,1, Nr. 198)

Göttingen, den 3. August 1926

Hochgeehrter Herr Kollege.

Ihre ausführliche Darlegung vom 25. Juli habe ich sowohl unserer Septuaginta-Kommission wie dem Plenum unserer Gesellschaft unterbreitet, nachdem vorher an Hand des von Herrn Professor Rahlfs vorgelegten Materials, insbesondere der verschiedenen von Professor Sanders an ihn gerichteten Briefe, der Tatbestand genau geprüft worden war. Ich bin beauftragt, Ihnen daraufhin zu antworten, dass wir Ihrer Bitte nicht entsprechen können. Wir mussten feststellen, dass einen Vorwurf der Verweigerung der Publikation Herr Professor Rahlfs Ihnen gegenüber nirgends erhoben hat und weiter, dass Herr Professor Sanders an die freie Benützung der Photographien des Berliner Papyrus seitens des Herrn Rahlfs keinerlei Bedingungen geknüpft hat. Wir müssen es daher ablehnen, Herrn Professor Rahlfs eine Erklärung zuzumuten, wie Sie sie von ihm wünschen. Dies ist unsere einhellige Ueberzeugung.

Der Vorsitzende Sekretär

Thiersch.

3.7 Bitte der Theologischen Fakultät der Universität Göttingen an den Minister für Wissenschaft, Kunst und Volksbildung um Aufschub der Entpflichtung des Herrn Professor A. Rahlfs (13. Dezember 1929)[29]

Der ordentliche Professor des Alten Testaments an der unterzeichneten Fakultät, Herr Professor A. Rahlfs vollendet im Mai des kommenden Jahres (1930) das 65. Lebensjahr und erreicht damit die für die Entpflichtung gesetzlich geltende Altersgrenze. Die Fakultät hat aber einstimmig beschlossen, mit allem Nachdruck der hohen Staatsregierung die Bitte zu unterbreiten, von ihrem Rechte einer Hinausschiebung der Entpflichtung in diesem Falle Gebrauch machen zu wollen.

Die Gründe dafür liegen einmal in dem Lehrbetrieb der Fakultät. Bei der so erfreulich steigenden Zahl der Studierenden der Theologie (einem Vorgang, der aller Voraussicht nach sein Ende noch nicht erreicht hat), vermag die Fakultät die volle und verantwortliche Tätigkeit des Herrn Rahlfs in ihrem Unterrichtsplan umso weniger zu entbehren, als seine Stelle nach uns gewordenen Mitteilungen „künftig wegfallend" ist. Mit großer Selbstentsagung hat Herr Rahlfs regelmäßig den hebräischen Anfängerunterricht erteilt und sich damit einer Aufgabe unterzogen, deren Bedeutung immer größer wird, je weniger Studierende auf der höheren Schule bereits Gelegenheit haben, diese Sprache zu erlernen. Eine Übernahme dieses Unterrichts durch den anderen Fachordinarius oder durch den nichtbeamteten Extraordinarius ließe sich nur durch Einschränkung der bisher von diesen Herren geleisteten anderweitigen Lehrtätigkeit erreichen, da Herr Hempel durch die nebenamtliche Vertretung der allgemeinen Religionsgeschichte und Herr Duhm durch seinen Lehrauftrag für reformierte Dogmatik und die Abhaltung des Religionsgeschichtlichen Seminars bereits mit 9 bzw. 7 Wochenstunden belastet sind und daher nicht die für den Anfängerunterricht erforderlichen 6 Wochenstunden zu übernehmen in der Lage wären. Noch weniger kann in dem Lehrbetrieb aber die Vorlesungstätigkeit des Herrn Rahlfs auf dem exegetischen Gebiet entbehrt werden, zumal die Fakultät den dringenden Wunsch hat, daß bei ihrer jetzigen stärkeren Frequenz den Studierenden, die sich durch ihre Begabung für einen spezifisch gelehrten Studiengang eignen, auch die Möglichkeit zu ihrer Ausbildung in den wichtigsten Forschungsgebieten gegeben werde. Auf dringende Bitte der Fakultät hat sich Herr Rahlfs in einer besonders dankbar zu begrüßenden Weise bereit erklärt, in Zukunft Vorlesungen und Übungen aus dem Bereich der antiken Bibelübersetzungen zu halten, zu denen er als der beste lebende deutsche Kenner der Septuaginta und als Leiter des Septuaginta-Unternehmens der Göttinger Gesellschaft der Wissenschaften wie kein anderer berufen ist.

Neben diesen rein sachlichen kommen aber auch persönliche Gründe in Frage. Herr Rahlfs käme durch die Entpflichtung insofern in eine besonders missliche Lage, als im Augenblick seiner Entpflichtung eine ihm von der hohen Staatsregierung gewährte persönliche Zulage, die seine Stellenbezüge (Extraordinariat) an die Einkünfte eines Ordinariates angleicht, wegfallen würde, alle seine (5) Kinder aber noch in der Ausbildung begriffen sind. Die Fakultät bittet die hohe Staatsregierung, auf diese besonderen Verhältnisse gütigst Rücksicht nehmen zu wollen.

---

29 Quelle: UA Göttingen, Kuratorialakte XVI.I.A.a, 134 (vgl. die Abschrift UA Göttingen, Theol. PA 0027, 53). Für die freundliche Publikationsgenehmigung der Archivale sage ich dem Universitätsarchiv Göttingen, namentlich Herrn Dr. Hunger (mündliche Mitteilung vom 07.05.2013), meinen herzlichen Dank.

Sollte eine Gewährung dieser Bitte aber unmöglich sein, so erbittet die Fakultät für Herrn Rahlfs für die Zeit nach seiner Entpflichtung einen Lehrauftrag zur Vertretung der antiken Übersetzungen des Alten Testaments in Vorlesungen und Übungen, um auf diese Weise den sachlichen Interessen der Fakultät und den persönlichen Interessen des um die Forschung ausgezeichnet verdienten Gelehrten wenigstens in etwas Rechnung zu tragen. Auch diesen Eventualantrag stellt die Fakultät in voller Einmütigkeit.

Meyer.

3.8 Zusammenfassung der ‚Causa Rahlfs' (Entwurf eines Briefes von Werner Kappler an Hans Lietzmann vom 10. April 1934)[30]

Göttingen den 10.IV.34.

Sehr geehrter Herr Professor!

Da die LXX-Angelegenheit jetzt zufriedenstellend gelöst ist, erlaube ich mir, Ihnen <persönlich und streng vertraulich> in Kürze den Gang der Verhandlungen und das dadurch Erreichte mitzuteilen.

Wie die Sachen lagen, als ich von Ihnen nach Stuttgart fuhr, wissen Sie. Dort erreichte ich durch langwierige und schwierige Verhandlungen, daß die Bibelanstalt sich in einem <Geheim>Vertrage bereit erklärte, den Druck unserer großen Ausgabe zu übernehmen und zu Ende zu führen, wenn die Fa. V[andenhoeck] + R[uprecht] infolge der Konkurrenz durch die kleine Ausgabe den Druck der großen nicht fortführen könnte. Als Gegenleistung gestattete die G[esellschaft] d[er] W[issenschaften] dafür den Stuttgartern, das Erscheinen der Handausgabe in der jetzigen Form und in Lieferungen ab 1.V.34. Die G[esellschaft] d[er] W[issenschaften] hielt es aber für ihre Pflicht, die Fa V[andenhoeck] + R[uprecht] von der Rahlfs'schen Übertretung in Kenntnis zu setzen. Von dem <geheimen> Eventualvertrag mit Stuttgart wurde natürlich nichts gesagt. Nach anfänglichem Sträuben verstand sich die Fa. V[andenhoeck] + R[uprecht] dazu, daß die Stuttgarter Handausgabe in ihrer vertragswidrigen Form erscheinen könnte, wenn <Herr> Prof. Rahlfs eine Entschädigungssumme (maximal 7945 Mk.) für die Fa. V[andenhoeck] + R[uprecht] sicherstellte und die Stuttgarter das Werk erst zum 1.IV.35 als Ganzes herausbrächten. Dazu haben sich dann sowohl Herr Prof. R[ahlfs] als auch die Bibelanstalt schriftlich ~~bereit erklärt~~ verpflichtet. Die Letztere hat sich auch noch dazu expressis verbis bereit erklärt, daß trotz des späteren Erscheinungstermines der Eventualvertrag wegen <ev[entueller]> Übernahme und Druck der großen Ausgabe durch die B[ibel] A[nstalt] in Kraft bleibt.

Die Angelegenheit ist also so geregelt:

1) Die Göttinger G[esellschaft] d[er] W[issenschaften] hat mit Stuttgart einen <geheimen> Eventualvertrag <abgeschlossen>, nach dem die B[ibel] A[nstalt] den Druck der großen Ausgabe übernehmen und <u>durchführen</u> muß, wenn die Fa. V[andenhoeck] + R[uprecht] abspringt.

---

30 Quelle: Archiv des Septuaginta-Unternehmens der Akademie der Wissenschaften zu Göttingen. Für die freundliche Publikationsgenehmigung der Archivale (Mitteilung vom 09.06.2015) sage ich dem Vorsitzenden der Leitungskommission des Septuaginta-Unternehmens, Herrn Professor Dr. Kratz, meinen herzlichen Dank.

2) Solange die Fa. V[andenhoeck] + R[uprecht] den Verlag der großen Ausgabe durchführt, haftet Herr Prof. Rahlfs f̶ü̶r̶ dieser gegenüber für eventuelle Absatzschädigung durch seine Ausgabe bis zur Maximalhöhe von 7945 Mk.

3) Die G[esellschaft] d[er] W[issenschaften] hat rechtsgültige schriftliche Erklärungen der Fa. V[andenhoeck] + R[uprecht] in Händen, daß diese weder an sie noch an das Kartell der Deutschen Akademie noch an die B[ibel] A[nstalt] Entschädigungsansprüche irgendwelcher Art hat.

Ich hoffe, daß Sie diese Lösung befriedigen wird und bitte Sie, das auch vor dem Kartell der D[eutschen] A[kademien] geltend machen zu wollen. I̶h̶r̶e̶ ̶g̶r̶o̶ß̶e̶n̶ ̶B̶e̶m̶ü̶h̶u̶n̶g̶e̶n̶ ̶i̶n̶ ̶d̶i̶e̶s̶e̶r̶ ̶l̶e̶i̶d̶i̶-̶ ̶g̶e̶n̶ ̶A̶n̶g̶e̶l̶e̶g̶e̶n̶h̶e̶i̶t̶ ̶d̶a̶n̶k̶e̶ ̶i̶c̶h̶ ̶I̶h̶n̶e̶n̶ ̶r̶e̶c̶h̶t̶ und danke Ihnen für Ihre Bemühungen aufs verbindlichste. Zum Schluß möchte ich Ihnen noch mitteilen, daß unser LXX-Betrieb jetzt folgendermaßen geregelt ist: Einstweilen habe ich die kommissarische Leitung des Unternehmens von der G[esellschaft] d[er] W[issenschaften] übertragen bekommen und werde jetzt das Erscheinen der nächsten Bände mit Hochdruck betreiben, sodaß die nächsten Bände wie folgt erscheinen werden: Herbst 1934 Macc. I. Sommer 1935 Macc. II–III. Ende 1935 Jesajas. 1936 Macc IV.

Mit ganz ergebenem Gruß,

Ihr

W Kappler

3.9 Exzerpte aus den *Berichten über das Septuaginta-Unternehmen*

3.9.1 Zur Mitarbeitersituation der Jahre 1914 bis 1920

„Das Berichtsjahr 1914 stand auch für das Septuaginta-Unternehmen unter dem Zeichen des Krieges. Alle drei Hülfsarbeiter, welche das Unternehmen am Anfange des Berichtsjahres aufwies, wurden ihm durch den Krieg entzogen. Herr Dr. Große-Brauckmann rückte sofort ins Feld, machte den ganzen bisherigen Feldzug unversehrt mit und wurde mit dem eisernen Kreuze ausgezeichnet. Herr Dr. Focke wurde zunächst als Ersatzreservist ausgebildet, stand dann eine Zeitlang im Felde und ist in der letzten Zeit zum Offizier ausgebildet. Herr Dr. Lütkemann wurde infolge der im Lehrpersonal entstandenen Lücken zunächst am Göttinger Gymnasium voll beschäftigt und dann zu Michaelis 1914 nach Norden (Ostfriesland) versetzt, sodaß auch er seine Kräfte nur noch in sehr beschränktem Maße dem Unternehmen widmen konnte. Ein Versuch, neue Hilfsarbeiter heranzuziehen, wurde als unzweckmäßig und aussichtslos nicht unternommen" (KOMMISSION, Bericht [1914], 19).

„Der durch den Krieg hervorgerufene Mangel an Hilfsarbeitern, über den im vorigen Jahre berichtet war, hielt auch in diesem Jahre an. Bis in den Dezember 1915 hinein war Herr Prof. Rahlfs ganz allein. Dann aber trat am 9. Dez. Herr Gustav Gestrich, der schon als Student in den Jahren 1912 und 1913 beim Septuaginta-Unternehmen beschäftigt gewesen war, nach bestandenem Oberlehrerexamen als außerordentlicher Hilfsarbeiter ein. Und eine Woche später, am 16. Dez., nahm auch der langjährige ordentliche Hilfsarbeiter Herr Dr. Emil Große-Brauckmann, der am 27. Sept. 1915 bei der großen französisch-englischen Offensive verwundet und am 14. Dez. auf seinen Wunsch zu weiterer ärztlicher Behandlung nach Göttingen überwiesen war, seine Arbeit wieder auf. Doch konnte Herr Gestrich seine Kraft nur bis zum 13. März 1916 in den Dienst des Unternehmens stellen, da er am folgenden Tage zum Heeresdienste eingezogen wurde" (KOMMISSION, Bericht [1915], 16).

„Der einzige Hilfsarbeiter, der am Schlusse des vorigen Berichtsjahres noch im Septuaginta-Bureau arbeitete, Herr Dr. Emil Große-Brauckmann, wurde zu Ostern 1916 an das Goethe-Gymnasium in Hannover versetzt, an dem er ein halbes Jahr später auch seine erste feste Anstellung als Oberlehrer erhielt. Damit schied er vorläufig aus dem Septuaginta-Unternehmen aus; doch ist er für die Zeit nach dem Kriege auf eine Reihe von Jahren für das Unternehmen engagiert, und wir hoffen, daß er dann von der Schulbehörde zu diesem Zwecke wird beurlaubt werden können. Für die Zwischenzeit haben wir zweimal einen interimistischen Hilfsarbeiter zu gewinnen gesucht, doch scheiterten diese Versuche, da es sich in beiden Fällen um körperlich nicht ganz intakte Herren handelte, an Schwierigkeiten der Ernährungsfrage. [...] Leider hat das Septuaginta-Unternehmen auch wieder einen schmerzlichen Verlust zu beklagen. Herr Dr. Leonhard Lütkemann, der, wie in den beiden Vorjahren berichtet, noch während des Krieges gemeinsam mit Herrn Prof. Rahlfs die wichtigen hexaplarischen Randnoten einer Sinai-Handschrift zu Isaias 1–16 herausgegeben hatte, ist [...] am 19. August 1916 bei Azannes nördlich von Verdun schwer verwundet und am 4. September 1916 an den Folgen dieser Verwundung gestorben" (Kᴏᴍᴍɪssɪᴏɴ, Bericht [1916], 16–17).

„Ein ständiger Hilfsarbeiter war auch in diesem Jahre [*1918*] nicht vorhanden, doch haben im Sommer 1918 Herr Studienreferendar P. Beer und mehrere Studenten stundenweise für das Unternehmen gearbeitet, und Herr Beer hat diese Arbeit auch im Winter 1918/19, nachdem er Göttingen verlassen und eine Hauslehrerstelle in Thüringen angenommen hatte, noch etwas fortgesetzt" (Kᴏᴍᴍɪssɪᴏɴ, Bericht [1918], 36).

„Ein ständiger Hilfsarbeiter war auch in diesem Jahre [*1919*] nicht vorhanden, doch haben drei frühere Mitarbeiter außerhalb Göttingens etwas für das Unternehmen gearbeitet: Herr Oberlehrer Dr. Große-Brauckmann hat die früher begonnene Kollation der Handschriften des Ezechiel, Herr Oberlehrer Dr. Beyer die der Handschriften des Jeremias, Herr Studienreferendar Beer die Sammlung der Bibelzitate Philos fortgeführt" (Kᴏᴍᴍɪssɪᴏɴ, Bericht [1919], 39; diese Angaben gelten auch für das Berichtsjahr 1920).

3.9.2 Zur finanziellen Situation in den Jahren 1922 bis 1926

„Eine besondere Schwierigkeit für das Unternehmen bildete seine ökonomische Lage. Obwohl das Reich die seinerzeit nicht ausgezahlten Zuschüsse für 1914–1921 in Höhe von 48 000 Mark nachgezahlt hat und ein in den letzten Jahren angesammelter kleiner Reservefonds vorhanden war, reichten die gesamten Geldmittel doch bloß bis Dezember 1922. Nur die Hilfsbereitschaft von Freunden des Unternehmens in Schweden und der Schweiz hat eine uneingeschränkte Fortführung desselben ermöglicht" (Kᴏᴍᴍɪssɪᴏɴ, Bericht [1922], 22).[31]

---

31 Über jene „Freunde in der Schweiz" gibt ein im Archiv des Septuaginta-Unternehmens der Akademie der Wissenschaften zu Göttingen aufbewahrter, am 4. Januar 1923 von Basel aus an Rahlfs geschickter Brief Jacob Wackernagels nähere Auskunft: „Endlich erhalten Sie Antwort auf Ihren Brief vom 1. Dezember vorigen Jahres und den gebührenden Dank für die freundliche Zusendung des Büchleins Ruth. Ich mochte im vergangenen Monat nicht schreiben, weil ich mich nicht mit ganz leeren Händen an Sie zu wenden wagte, aber gerade keine Mittel zur Hand hatte. Nun sende ich Ihnen, und zwar durch Bertholet, <Am Rand vermerkt: damit die Sendung unkontrolliert bleibt,> fr. 100.- in 5 Noten à fr. 20.-; solche von fr. 10.- giebts nicht. Sonst, hoffe ich, sei

Im Berichtsjahr 1923 hatte „das Septuaginta-Unternehmen selbst [...] keine Geldmittel zur Besoldung von Hilfsarbeitern. Somit fiel die Fortführung der Arbeit fast ausschließlich Herrn Prof. Rahlfs zu und ging infolgedessen nur langsam vorwärts" (KOMMISSION, Bericht [1923], 21).

„Da Herr Dr. Große-Brauckmann von Ostern 1924 an voll im Schuldienst beschäftigt war und das Septuaginta-Unternehmen anfangs noch keine Mittel zur Besoldung von Hilfsarbeitern besaß, fehlte es in den ersten Monaten des Berichtsjahres [1924] ganz an Hilfsarbeitern, und die Fortführung der Arbeit fiel Herrn Prof. Rahlfs allein zu. Als dann aber das Reich, Preußen und Bayern dankenswerterweise die Zahlung von Zuschüssen in Goldmark, wenn auch zunächst nur im bescheidensten Umfange, wiederaufnahmen, wurden seit August 1924 Herr Studienassessor Paul Beer, Herr Studienassessor Dr. Ewald Deneke und Herr stud. phil. Werner Kappler mit Hilfsarbeiten für das Unternehmen [...] beschäftigt" (KOMMISSION, Bericht [1924], 27).[32]

„Die im vorigen Jahresberichte erwähnten Hilfsarbeiter [...] schieden zu Beginn des Berichtsjahres aus, da sie im Schuldienst Beschäftigung fanden. Neue Hilfsarbeiter konnten nicht engagiert werden, da die erbetenen Zuschüsse der Länder erst gegen Ende des Geschäftsjahres bewilligt wurden; nur Herr Werner Kappler führte die Arbeiten in etwas fort" (KOMMISSION, Bericht [1925], 26).

„Da dem Unternehmen wieder reichlichere Geldmittel zur Verfügung standen, konnten wieder wie in der Vorkriegszeit mehrere Hilfsarbeiter beschäftigt werden" (KOMMISSION, Bericht [1926], 33).

---

das der Ihnen angenehme Modus. Möchte damit ein kleines Loche gestopft werden können! Für die LXX sonst zu kollektieren wagte ich bisher nicht. Die Gebefähigen, die zugleich gebelustig sind, werden täglich so von allen Seiten bombardiert, dass ich mich schwer zu einem Gesuche entschliesse. Zudem kann unser Unternehmen (– Sie werden mir das ‚unser' hoffentlich nicht übel nehmen –) nicht auf allgemeines Interesse Anspruch machen. Immerhin will ich die Sache im Auge behalten."

32 Über die (nun veränderte) finanzielle Lage und zugleich über die in jener Zeit herrschenden Kontakte mit den Cambridger Herausgebern gibt ein Schreiben von Rahlfs an Jacob Wackernagel vom 19. September 1924 Auskunft: „Seit Anfang August beschäftige ich meine Hilfsarbeiter nicht mehr bloß mit Kollationen für die Engländer [d.h. *für die große ‚Cambridger Septuaginta'; CS*], sondern daneben auch mit Arbeiten für unsere kritische Handausgabe [...]. Die englischen Gelder werfen jetzt bei unserer neuen Währung keinen Überschuß für das LXX-Unt. mehr ab, aber das Reich und Preußen haben kleine Zuschüsse zum Unt. in Rentenmark bewilligt, mit denen ich wenigstens den ersten Anfang einer Wiederaufnahme der Arbeit wagen kann" (Universitätsbibliothek Basel, NL 286:1,3,2,28 [Nachlass Wackernagel]).

V. Anhänge zu den Rahlfs'schen Editionen

1. Übersicht über die Handschriften und Handschriften-Gruppen in RUTH und RUTH-STUDIE[33]

Einzelhandschriften
B A

Handschriften-Gruppen

L	=	19 (ab Ruth 4_{11}) 54 59 (fehlt bis Ruth 1_{15}) 75 82 93 108 (ab Ruth 4_{11}) *127 (nur zu Ruth 1 kollationiert)* 314 (Ruth 3_{16}–4_{12} fehlt)
l	=	*74 76 106 125 (nur zu Ruth 1 kollationiert) 134 344*
O	=	19 (bis Ruth 4_{10}) 108 (bis Ruth 4_{10}) 376 426 Syr
o	=	*15 18 64 128 488*
C	=	16 44 52 53 57 73 *(fehlt ab Ruth 4_{15})* 77 130 131 *209 (verschollen) 236*
R	=	M V 29 *30 (fehlt ab Ruth 4_7)* 55 56 58 71 *72 (fehlt ab Ruth 4_6)* 120 (ab Ruth 2_{16}) *121 (Ruth 1_{20}–3_{15} fehlt)* 129 *407 932 (nur Ruth 2_{19}–3_7 lückenhaft vorhanden)*

Codices mixti
120 (bis Ruth 2_{15}) 509

2. Übersicht über die Handschriften und Handschriften-Gruppen in GENESIS[34]

Einzelhandschriften
B A D F L M S 911

Handschriften-Gruppen

A′	=	A 121
O	=	in Gen. 1–$42.14_{13fln.}$–23: 135 Arab (O′ = 135 Arab Arm; 135′ = 135 Arm; Arab′ = Arab Arm)
		in Gen. 4_3–14_{13}: 135 376 Sy/Arab
		ab Gen. 14_{24}: G 15 53 72 82 135 376 426 Sy/Arab, z.T. 29
75	=	einziger Vertreter der L-Gruppe
C	=	52 54 (ab Gen. 22_{21}) 57 (bis Gen. 22_{21} auch die von Lagarde kollationierten Hss. 25 131)
b	=	19 134 (und 108 118)

---

33 Vgl. RUTH (1922), 4, und RUTH-STUDIE (1922), 52–53 (nur in der RUTH-STUDIE genannte Handschriften sind kursiv gesetzt).
34 Vgl. GENESIS (1926), 4.

c	=	bis Gen. 29: 130 344
		Gen. 48$_3$–50: 85 344
l	=	44 106 (l' = 44 106 134; l^* = 44 106 54; $l^\frown$ = 44 106 134 54)
o	=	15 58 72 82 426
q	=	120 407
r	=	53 129 (r' = 53 129 56; 53′ = 53 56; 129′ = 129 56)

Codices mixti
55 59 509 (oft auch 54 56 121 134, 130 344, 29 u.a.)

3. Übersicht über die Handschriften und Handschriften-Gruppen in PSALMI CUM ODIS[35]

Handschriften-Gruppen

Unterägyptisch:	B$^\frown$ = B S Bo; ferner 2008 2014 2019 2039 2042 2044 2049, auch 2037 2051
Oberägyptisch:	U$^\frown$ = U 2013 Sa; ferner 1221 2009 2015 2017 2018 2033 2034 2035 2038 2046 2050 2052 und die Exzerpte 1093 1119 2032, auch 1220
Abendländisch:	R$^\frown$ = R La^R La^G (Aug.)
Origenes:	2005 1098 GaHi(Uulg.)
Lukian:	L$^\frown$ = L (Z T) Tht Sy (He) u.a. (L = mehr als 75 Hss. des gewöhnlichen Textes nach den Angaben von Holmes-Parsons; zu L gehören auch Su Th Ch sowie 1046 2040 und B^c S^c R^c)

Codices mixti
A$^\frown$ = A 1219 55; ferner 2002 2003 2004 2006 2010 2011 2012 2016 2020 2021 2022 2025 2027 2029 2030 2031 2036 2043 2047 2048 2054

4. Übersicht über die im Apparat der HANDAUSGABE zitierten Handschriften[36]

A	5. Jh., London, British Library, Royal 1 D. V–VIII, „Codex Alexandrinus"
B	4. Jh., Rom, Biblioteca Apostolica Vaticana, Vat. gr. 1209, „Codex Vaticanus"
C	5. Jh., Paris, Bibliothèque Nationale, Gr. 9, „Codex Ephraemi Syri rescriptus"
D	5./6. Jh., London, British Library, Cotton. Otho B. VI, „Codex Cottonianus"
F	5. Jh., Mailand, Biblioteca Ambrosiana, A. 147 inf., „Codex Ambrosianus"
G	4./5. Jh., Leiden, Universitäts-Bibliothek, Voss. gr. in qu. 8 und Paris, Bibliothèque Nationale, Gr. 17 und

---

35 Vgl. PSALMI CUM ODIS (1931), 6.

36 Vgl. zu den genauen Belegen bei den einzelnen Büchern die ausführliche Darstellung oben, S. 298–306. Die Angabe der Bibliotheksstandorte und -signaturen richtet sich nach aktuellem Erkenntnisstand (vgl. Offizielles Verzeichnis der Rahlfs-Sigeln [2012]).

St. Petersburg, Russische Nationalbibliothek, Gr. 3, „Codex Colberto-Sarravianus"
K   7./8. Jh., Leipzig, Universitäts-Bibliothek, Gr. 2 und
St. Petersburg, Russische Nationalbibliothek, Gr. 26
L   5./6. Jh., Wien, Österreichische Nationalbibliothek, Theol. gr. 31, „Codex Purpureus Vindobonensis"
M   7. Jh., Paris, Bibliothèque Nationale, Coisl. 1, „Codex Coislinianus"
Q   6. Jh., Rom, Biblioteca Apostolica Vaticana, Vat. gr. 2125, „Codex Marchalianus"
R   6. Jh., Verona, Biblioteca Capitolare, I, „Codex Veronensis"
S   4./5. Jh., London, British Library, Add. 43725 und
Leipzig, Universitätsbibliothek, Gr. 1 und
St. Petersburg, Russische Nationalbibliothek, Gr. 2, 259, 843,
Fonds d. Ges. f. alte Lit., Oct. 156 und
Sinai, Neue Sammlung, I/1, „Codex Sinaiticus"
T   7. Jh., Zürich, Zentralbibliothek, RP 1, „Codex Turicensis"
U   7. Jh., London, British Library, P. Inv. Nr. 37
V   8. Jh., Rom, Biblioteca Apostolica Vaticana, Vat. gr. 2106 und
Venedig, Biblioteca Nazionale Marciana, Gr. 1, „Codex Venetus"
W   in Deut. und Ios.: 5. Jh., Washington, Smithsonian Institution, Freer Gallery, Inv. Nr. 06.292
W   in XIIProph: 3. Jh., Washington, Smithsonian Institution, Freer Gallery, Ms. V
Z^I 6. Jh., Rom, Biblioteca Apostolica Vaticana, Vat. syr. 162, „Codex Zuqninensis rescriptus"
Z^{II} 6. Jh., Rom, Biblioteca Apostolica Vaticana, Vat. syr. 162, „Codex Zuqninensis rescriptus"

15   10. Jh., Paris, Bibliothèque Nationale, Coisl. 2
19   12. Jh., Rom, Biblioteca Apostolica Vaticana, Chis. R. VI. 38
22   11./12. Jh., London, British Library, Royal 1 B. II
36   11. Jh., Rom, Biblioteca Apostolica Vaticana, Vat. gr. 347
44   15. Jh., Zittau, Stadtbibliothek, A.1
48   10./11. Jh., Rom, Biblioteca Apostolica Vaticana, Vat. gr. 1794
51   11. Jh., Florenz, Biblioteca Medicea Laurenziana, Plut. X 8
54   13./14. Jh., Paris, Bibliothèque Nationale, Gr. 5
55   10. Jh., Rom, Biblioteca Apostolica Vaticana, Regin. gr. 1
58   11. Jh., Rom, Biblioteca Apostolica Vaticana, Regin. gr. 10
59   15. Jh., Glasgow, University Library, BE 7^b. 10
62   11. Jh., Oxford, New College, 44
64   10. Jh., Paris, Bibliothèque Nationale, Gr. 2
75   1125, Oxford, University College, 52
82   12. Jh., Paris, Bibliothèque Nationale, Coisl. 3
86   9./10. Jh., Rom, Biblioteca Apostolica Vaticana, Barber. gr. 549
87   10. Jh., Rom, Biblioteca Apostolica Vaticana, Chis. R. VIII. 54
88   10. Jh., Rom, Biblioteca Apostolica Vaticana, Chis. R. VII. 45
91   11. Jh., Rom, Biblioteca Apostolica Vaticana, Ottob. gr. 452
93   13. Jh., London, British Library, Royal 1 D. II
97   12./13. Jh., Rom, Biblioteca Apostolica Vaticana, Vat. gr. 1153 und 1154
106   14. Jh., Ferrara, Biblioteca Comunale, 187 I–III
108   13. Jh., Rom, Biblioteca Apostolica Vaticana, Vat. gr. 330
121   10. Jh., Venedig, Biblioteca Nazionale Marciana, Gr. 3

127	10. Jh., Moskau, Staatliches Historisches Museum, Syn. gr. 31
134	11. Jh., Florenz, Biblioteca Medicea Laurenziana, Plut. V 1
147	12. Jh., Oxford, Bodleian Library, Laud. gr. 30^A
236	11. Jh., Rom, Biblioteca Apostolica Vaticana, Vat. gr. 331
247	12. Jh., Rom, Biblioteca Apostolica Vaticana, Urbin. gr. 1
253	11. Jh., Rom, Biblioteca Apostolica Vaticana, Vat. gr. 336
314	13. Jh., Athen, National-Bibliothek (EBE), 44
344	10. Jh., Athos, Μονὴ Παντοκράτορος, 24 und
	Jerusalem, Patriarchal-Bibliothek, Ἁγίου Τάφου 510 β
376	15. Jh., Escorial, Real Biblioteca, Υ-II-5
381	11. Jh., Escorial, Real Biblioteca, Ω-1-13
393	8. Jh., Grottaferrata, A. γ. XV und
	Rom, Biblioteca Apostolica Vaticana, Vat. gr. 1658
426	11. Jh., London, British Library, Add. 39585
490	11. Jh., München, Bayerische Staatsbibliothek, Gr. 472
534	11. Jh., Paris, Bibliothèque Nationale, Coisl. 18
583	14. Jh., Paris, Bibliothèque Nationale, Gr. 1087
700	10./11. Jh., Rom, Biblioteca Apostolica Vaticana, Vat. gr. 2115
728	14./15. Jh., Venedig, Biblioteca Nazionale Marciana, Append. I 13
911	3. Jh., Warschau, Universität, Institut für Archäologie, Abteilung Papyrologie,
	P. Berlin G 2a–17b und 46–61
918	6. Jh. (rescr. 10./11. Jh.), Dublin, Trinity College, K. 3. 4
1098	10. Jh., Mailand, Biblioteca Ambrosiana, O. 39 sup., „Mercati Palimpsest"
2013	4. Jh., Leipzig, Universitäts-Bibliothek, P. Inv. Nr. 39 und
	Bonn, Universitäts-Bibliothek, P. Bonn 147v
2018	(heute Ra 2015) 7./8. Jh., evtl. früher, London, British Library, Or. 3579 A (17)

VI. Register

1. Personen

Ach, N. 284
Achelis, H. 68
Aejmelaeus, A. 252, 265, 332, 336
Aland, B. 123, 128
Aland, K. 123, 128, 152, 280
Albert, ? 98
Albrecht, F. 162, 168
Alles, G. D. 46
Allgeier, A. 2, 241–242, 244, 251–255, 259,
    265–266
Althaus, P. 74
Altheim, F. 260
Althoff, F. 23, 47–48, 64–65, 67–68, 76–78,
    81, 100
Alwast, A. 44
Alwast, J. 44
Andreas, F. C. 101, 104, 227
Andresen, C. 280
Austermann, F. 252, 335

Bacon, F. 19
Baehrens, W. 284
Baer, ? 284
Baethgen, F. 229–230, 245, 251, 262–263
Barnes, W. E. 32, 151
Baudissin, W. von 42
Bauer, W. 5, 11, 36, 44, 61, 76, 88, 113, 147,
    187, 220, 280, 284–285, 294, 317
Bauermeister, M. 300, 369
Baumann, J. 9
Baumstark, A. 161
Bautz, F. W. 104
Beer, P. 507–508
Behrend, H. 123
Bein, Th. 128, 329
Bengel, A. 128
Berger, A. 6
Bergsträßer, G. 284
Beringer, R. 178
Berkeley, G. 19

Bertheau, E. 15
Bertholet, A. 88, 101, 275, 284, 365, 503, 507
Bertram, G. 215, 217
Bethmann Hollweg, Th. von 94
Bewer, J. A. 181, 300, 369
Beyer, ? 507
Beyschlag, W. 10
Birkeland, H. 36, 41–42
Blass, F. 352, 354, 366–367
Bloch, J. 169
Bode, W. 23
Boetticher, W. 6
Böttrich, Chr. 123
Bogaert, P.-M. 124, 239, 241, 265
Boll, F. 284
Bons, E. 252, 362
Bonwetsch, N. 43, 87
Bornemann, W. 15
Bousset, W. 28, 44, 46, 49, 51–52, 54–55,
    105–106, 124, 499
Boyd, J. O. 175
Boyd-Taylor, C. 263
Brandes, ? 479
Brandi, K. 284
Brandt, W. 33, 53
Braun, M. 97
Brayford, S. 367
Brenner, P. 71
Brocke, B. vom 67
Brockelmann, C. 110
Brooke, A. E. 71, 124, 157–158, 163, 184, 209,
    223, 355. 398
Brucker, R. 362
Brüel, K. 5
Brüel, O. 5
Brüel, S. 5
Budde, K. 40–41, 43
Budge, E. A. W. 35, 235
Bücheler, F. 80
Bultmann, R. 46, 108

Busto Saiz, J. R. 151

Cabanes, B. 99
Calder III, W. M. 47, 58, 67
Campbell Bartoletti, S. 103
Carbajosa, I. 32
Causse, A. 42
Ceriani, A. M. 130, 132, 194, 303, 307
Ceulemans, R. 169, 271
Ciasca, A. 300
Classen, C. J. 47, 80
Clements, R. E. 41
Cohn, L. 87
Conrad, R. 46–48, 53
Cordes, A. 252, 263
Cornill, C. H. 300, 316
Cox, C. 265

Dahms, H.-J. 20, 35, 44, 52, 63
Debrunner, A. 87, 352, 354, 366–367
De Bruyne, D. 181, 225, 240–241, 244, 253, 304
Deichgräber, K. 141
Deißmann, A. 2, 184, 300, 314, 369
Delekat, L. 41
Delz, J. 128
Deneke, E. 508
Diehl, E. 101, 116, 182, 268, 274–277, 279, 286, 288, 290–297
Diehl, W. 41
Diels, H. 47, 87, 92, 96–97, 142, 170
Dietrich, A. 101
Dieterich, K. 156
Dillmann, A. 172, 175
Dines, J. 165, 413
Dirksen, P. B. 31–32
Döpp, S. 80, 170
Dörrie, H. 317
Dogniez, C. 222, 252
Dorival, G. 83
Drescher, H.-G. 46, 53–55
Duensing, H. 173, 181
Duhm, B. 8–10, 15, 47–48, 51, 53, 116, 504
Duménil, A. 99
Duval, R. 34–35
Dykstra, N. N. 313

Ehlers, E. 72, 80–82, 85–86, 90–92
Eichhorn, A. 45, 49, 51–52
Eisler, R. 9
Eißfeldt, O. 50, 212–213, 258, 371, 419
Elsner, N. 80
Engel, H. 222, 265
Erpenius, Th. 171
Erythropel, J. 71
Evseev, J. 156
Ewald, H. 6, 39, 47, 75

Faulhaber, M. 318
Fauth, W. 51
Fernández Marcos, N. 17, 150–151, 165, 194, 258, 260, 311–312, 318, 336
Field, F. 82, 130, 132, 142, 152, 167–169, 194, 209, 258, 300, 303, 307–309, 313–316, 368, 414, 497
Finck, F. N. 156
Fischer, A. A. 165, 270, 340, 345
Fittschen, K. 288
Focke, ? 506
Fonck, L. 104
Flashar, M. 168
Fraenkel, D. 277, 370, 391, 393
Fraenkel, E. 80
Franke, G. 15, 67
Frauendienst, W. 94
Freytag, G. W. 60
Fritzsche, O. F. 300, 313, 369
Fuchs, E. 17
Führer, W. 68, 170

Gardthausen, V. 342
Gebhardt, O. von 124, 268, 300, 305, 369, 412
Geerlings, W. 170
Geiger, M. 284
Gelin, A. 42
Gerhäußer, W. 121, 166–167, 219
Gerstenberger, E. S. 36–37
Gesenius, W. 36, 41
Gestrich, G. 506
Gierl, M. 6, 84, 86, 99, 104–105
Gildemeister, J. 66, 174
Gjandschezian, A. 156
Glaue, P. 5, 121, 165

Goedeke, K. 8–9
Göttsberger, J. 17, 31
Götze, A. 284
Goldsmith, O. 15
Gosche, R. 171
Gottheil, R. 29–31
Grabe, J. E. 78, 209, 280, 300, 329, 365,
 368–369, 372, 381, 389, 412–413, 496
Graetz, H. 39, 42
Graf, F. W. 9, 46, 48–49, 53, 55, 64
Grafe, E. 52
Grau, C. 84, 86
Gregory, C. R. 2, 375
Greßmann, H. 45–46, 48, 50–51, 53, 55, 284
Grimm, A. 105
Grimm, C. L. W. 300, 313
Grimm, T. 28
Groß, G. 276, 288–289, 294, 298
Große-Brauckmann, E. 5, 112, 170, 224, 227,
 239, 248–249, 300, 363–364, 369,
 506–508
Gryson, R. 130, 155, 240–241, 265
Gunkel, H. 12, 23, 42, 44, 46, 49, 51, 53, 74,
 81, 112

Hackmann, H. 7, 14, 28, 44, 49–52, 56, 478
Haebler, C. 87
Häring, Th. (von) 27, 43–44
Hage, W. 16
Hagedorn, J. 19
Hall, F. W. 340, 362
Hammann, K. 23, 45–46, 48–49, 53, 74
Hanhart, R. 6, 14, 53, 72, 116, 127, 137, 141,
 149, 258, 267–268, 270, 277, 280, 298,
 303–304, 307, 313, 320, 322, 324–325,
 329, 339, 348, 360–362, 369–370, 387,
 405–406, 408–411, 413–416
Harl, M. 367
Harnack, A. (von) 48, 67, 74, 81, 85–86, 96,
 100, 111, 127, 157, 239, 280, 284, 501
Harries, ? 479
Hartenstein, F. 45
Hatch, E. 168, 258, 260, 332
Hautsch, E. 163, 170, 194–195, 312
Hawke, J. 272
Haym, R. 10

Hedley, P. L. 5, 31, 233, 251, 256–257, 262,
 362
Hegenbarth, I. 171
Heitmüller, W. 51
Helbing, R. 300, 350, 353
Hempel, J. 5, 116, 325, 504
Hengel, M. 252
Herrlitz, H.-G. 28
Herrmann, W. 42
Hertel, J. 94
Heymann, E. 282–233
Hiebert, R. J. V. 243, 252, 313
Hirsch, E. 284
Hitler, A. 104, 419
Höeg, C. 161
Höpker, G. 72
Holl, K. 181, 375–377
Holmes, R. 148, 158, 184, 209, 226,
 229–230, 238, 246, 252, 269, 281, 299,
 301, 312–315, 318, 323, 389, 395, 398,
 412–413, 496–498
Holzhey, C. 264
Horn, J. 125
Horst, L. 8, 18
Hort, F. J. A. 21
Howald, E. 10
Hume, D. 19

Jacob, B. 304
Jacob, H. 8
Jaeger, W. 284
Jahn, O. 47
Jaspers, K. 284
Jaspert, B. 103
Jellicoe, S. 5, 31, 138, 157, 163, 177, 258, 272,
 317
Jeremias, J. 112, 173, 464
Jobes, K. H. 5, 333
Johannessohn, M. 300, 350, 353
Joosten, J. 155
Jülicher, A. 2, 77, 100, 141, 181, 375
Jung, ? 480

Kähler, M. 10
Kahle, P. E. 109, 251, 257–261, 278–279,
 337–338, 414
Kahrstedt, U. 284

Kant, I. 18–19
Kappler, W. 88–89, 116, 142, 151, 281,
    283–285, 288–294, 298, 300, 307,
    311, 313, 351, 353, 359, 369, 406–408,
    410–411, 413, 505–506, 508
Karo, G. 203, 318
Katz, P. (s. auch *Walters*) 5, 8, 163, 267,
    272, 279–280, 307–308, 312, 321–322,
    329–330, 347, 350, 353, 358, 362–363,
    419
Kauhanen, T. 150
Kautzsch, E. 10, 66, 313
Kayser, K. 9
Keßler, K. 33–34, 56
Kienzler, K. 9
Kirstein, R. 58
Kittel, R. 1, 42, 61, 116, 180–181, 270,
    278–279, 362
Klamroth, M. 16–17
Klatt, W. 46, 74
Klauck, H.-J. 313
Klostermann, E. 300, 369
Knoke, K. 28, 44
Köhler, L. 116, 268
Kohlmeyer, E. 103
Korschan-Kuhle, B. 45
Košenina, A. 67
Kraatz, M. 46
Kratz, R. G. 48, 76, 177
Kraus, H.-J. 10, 42, 45
Kreuzer, S. 368–369
Krüß, H. 95–96
Kuschke, A. 42

Lachmann, K. 128–129, 329
Lagarde, A. de 6, 24, 57–59
Lagarde, E. de 6
Lagarde, P. A. de 2, 5–7, 11–25, 28–29, 31,
    33–37, 40, 42–43, 47–64, 72, 75–78,
    81, 83, 104–105, 111–112, 122–123,
    126–140, 142–148, 151, 158, 160, 169,
    177, 183–184, 186, 191–192, 194–196,
    201, 209, 211–212, 220–221, 223–224,
    229, 238, 254, 257–261, 266, 271, 300,
    303–304, 306, 310, 312–313, 315, 324,
    329–331, 333, 335–336, 338, 355, 357,

359, 362, 364, 369, 374, 380, 383, 398,
    401, 412, 417, 419, 497, 499
Latte, K. 88, 285
Lattke, M. 222, 265
Lehmann, O. 104, 342, 365
Leo, F. 80, 82, 85, 92, 94–96, 98, 100
Leonhard, J. 99, 103, 153
Levin, Chr. 41
Lidzbarski, M. 101, 111
Liebing, H. 48
Lietzmann, H. 2, 152, 160, 181, 203, 221,
    280–284, 286, 288, 289, 298, 318, 321,
    323, 329, 505
Lindblom, J. 181
Lindemann, ? 87
Littmann, E. 2, 51, 52, 88, 101, 171–174
Loeb, I. 39
Löchner, H. 179, 181–182
Lohfink, N. 37, 39, 41–42
Lotze, H. 15, 47
Ludolf, H. 175
Ludwig, F. 24
Lüdemann, G. 5, 7, 15, 20, 25, 27–28, 45–51,
    63
Lünemann, G. 27
Lütkemann, L. 121, 162, 167–168, 365,
    506–507

Maas, P. 32, 128–129, 188, 284, 329, 332,
    338, 345, 362, 368
Madvig, J. N. 129
Malebranche, N. 19
Marchant, E. C. 272
Margolis, M. L. 181, 259
Markschies, Chr. 244
Martens, G. 329
Marti, K. 2, 41, 110
Mayser, E. 349–350, 352–354, 356
McLean, N. 2, 71, 104, 124, 157–158, 163, 181,
    184, 209, 223, 252, 256, 264, 268–269,
    299, 301, 307, 312–313, 355–357, 361,
    378, 389, 392, 395–396, 398, 401, 404,
    412, 415, 496–498
Meinhold, D. 10
Meisterhans, K. 354
Mercati, G. 2, 104, 181, 224, 243, 258, 260
Merk, O. 54

Meyer, J. 5, 77, 480, 505
Meyer, Ph. 101
Michaelis, J. D. 75
Michel, D. 41
Miller, J. 162
Mirbt, C. 8, 24
Misch, G. 284
Mittendorf, A. 57
Möhle, A. 72, 112
Möller, E. von 67
Moeller, O. 72
Mommsen, Th. 47, 67, 80–81
Montfaucon, B. de 168
Moore, G. F. 145, 150, 181
Mowinckel, S. 42
Mühlenberg, E. 8, 43, 83
Müller, G. E. 15, 18–19
Müller, K. 10
Mumm, ? 181
Munnich, O. 306–307, 309, 393, 401

Nagel, P. 265
Nestle, Eb. 2, 6, 28–29, 56, 58, 60–61, 71,
 123, 127, 145–146, 148, 177, 180, 212,
 229, 281, 287, 299–300, 311, 356, 378,
 380, 496
Nestle, Erw. 56, 105, 278
Neuschäfer, B. 6, 75, 77–83, 85, 87, 90–91,
 93, 97, 127–130, 135, 137–138, 141,
 151–152, 155, 163–164, 212, 221, 223,
 353, 375–377, 384–385, 389
Niese, B. 300, 303, 369
Nissel, J. G. 170–171, 175, 499
Nöldeke, Th. 16, 18, 51, 101
Nohl, H. 284
Norden, E. 47, 284
Nowak, K. 48

Oesterley, W. O. E. 323
Oexle, O. G. 48
Özen, A. 45–50
Ohst, M. 10
Orlinsky, H. M. 317
Otto, R. 7, 46, 51, 73, 103
Overbeck, F. 370
Owen, H. 381

Paret, R. 51
Parsons, J. 148, 158, 184, 209, 226,
 229–230, 238, 246, 252, 269, 281, 299,
 301, 312–315, 318, 323, 389, 395, 398,
 412–413, 496–498
Pasquali, G. 345, 362
Paul, I. U. 6
Paulsen, H. 55
Perlitt, L. 8
Petit, F. 203, 210
Petraeus, Th. 170–171, 175, 499
Petzold, M. 160
Pietersma, A. 136, 251, 258, 262–264, 266,
 371
Pietschmann, R. 62, 124
Piper, E. 103
Plachta, B. 279, 321
Pohlenz, M. 88, 284–285, 291, 294
Procksch, O. 35, 159, 314, 316, 318

Quast, U. 157, 175, 184–185, 203, 252, 265,
 342, 354, 361, 370, 384, 390–397, 399,
 401–403, 405–406, 408–411, 413,
 415–416

Rabenau, K. von 8
Raberg, F. 43
Rade, M. 50, 53
Rahlfs, A. *passim*
Rahlfs, C. (Bruder von A. Rahlfs) 6
Rahlfs, F. (Schwester von A. Rahlfs) 5–6
Rahlfs, G. (Vater von A. Rahlfs) 5–7, 21
Rahlfs, G. (Tochter von A. Rahlfs) 71, 114
Rahlfs, G. (Sohn von A. Rahlfs) 5, 71–72, 103,
 114
Rahlfs, G. (Schwiegertochter von
 A. Rahlfs) 72
Rahlfs, H. (Sohn von A. Rahlfs) 72–73, 103,
 114
Rahlfs, J. (Ehefrau von A. Rahlfs) 71–73, 103,
 116, 287–288, 296
Rahlfs, M. (Schwager von A. Rahlfs) 6
Rahlfs, O. (Mutter von A. Rahlfs) 5–6, 8
Rahlfs, O. (Schwester von A. Rahlfs) 6, 116
Rahlfs, O. (Sohn von A. Rahlfs) 71
Rahlfs, O. (Schwiegertochter von
 A. Rahlfs) 72

Rahlfs, P. (Sohn von A. Rahlfs) 71, 73, 103
Rahlfs, W. (Sohn von A. Rahlfs) 73, 103, 114
Rebenich, S. 15, 67, 329
Redpath, H. A. 168, 258, 260
Rehm, A. 80
Reitzenstein, R. 88, 284
Renan, E. 39
Renz, H. 44, 51–52
Reuter, H. 8–10, 22–23, 47
Riehl, W. H. 64
Riehm, E. 10
Ries, J. 33
Ritschl, A. 9–10, 15, 23–24, 47–48, 52–53
Ritschl, F. 129
Ritschl, O. 9
Ro, J. U.-S. 42
Römer, Chr. 178
Roggenbach, F. von 67
Romeny, B. ter Haar 169
Rosenbach, J. 57
Roy, H. 41
Runge, C. 178
Ruprecht, D. 9
Ruprecht, G. 272, 274, 287, 291–294, 298

Sachse, A. 64
Sahle, P. 128, 330
Sainte-Marie, H. de 241
Saley, R. J. 150
Salkind, J. M. 169
Salvesen, A. 414
Sanders, H. A. 213–217, 219, 299, 401,
    501–503
Sauppe, H. 80, 129
Scaliger, J. 171
Schaeder, E. 68
Schäfer, Chr. 5–7, 14, 18–20, 23, 28–29, 40,
    42–43, 56, 61, 75, 77–82, 85, 87, 90–91,
    93, 97, 112, 141, 151–152, 155, 163–164,
    175, 182, 203, 210, 212, 221, 325, 353,
    375–377, 384–385, 389, 399, 406,
    409–411
Schäfer, R. 9, 321
Schäfers, ? 25, 474
Schaper, J. 5, 252
Schemann, L. 2, 6, 29, 51, 60, 75, 144
Schenker, A. 138

Schick, A. 123
Schmidt, ? (Geheimrat) 79, 85, 90, 92, 96
Schmidt, C. 2, 213–217, 219, 299, 401, 500,
    502–503
Schmidt, T. 103
Schmiedel, P. W. 354
Schnabel, F. 67
Schneider, H. 222
Schoeller, L. 287
Schoeps, H.-J. 41
Schröder, E. 9, 74, 104, 178
Schröder, M. 5, 7, 15, 20, 25, 27–28, 45–51,
    63
Schubart, W. 284
Schürer, E. 48, 184
Schultz, H. 9, 15, 23–24, 40, 43, 47
Schulze, J. L. 133, 248, 266, 300, 369
Schulze, W. 284
Schulz-Flügel, E. 241
Schwartz, E. 2, 25, 47–48, 80–82, 85, 88,
    92, 100, 141, 178, 221, 280–283, 286,
    298, 321, 329, 331, 375, 405–406
Schwarzlose, K. 22
Schwemer, A. M. 252
Scrivener, F. H. 271–272
Seel, O. 331
Seeligmann, I. L. 335
Sethe, K. 76, 105–106, 500
Sieg, U. 6, 75, 104
Silva, M. 5, 333
Smend, J. 66
Smend d.Ä., R. 40, 66, 74–77, 81–82, 85,
    87–88, 90–91, 93, 100–101, 111–112,
    141, 147–148, 221, 224, 264, 300, 305,
    369, 499
Smend d.J., R. 2, 5, 7–8, 14, 24, 40, 44–45,
    48, 50–51, 66, 69, 71, 76–78, 81–82,
    90–93, 100–101, 106, 110, 127, 132, 145,
    221
Smend, R. (Staats- und Kirchenrechtler) 66
Smith, J. 252
Smith, J. P. 35
Socin, A. 21, 171
Sperber, A. 337–338
Spörhase, ? 474
Stackmann, K. 104
Stählin, O. 2, 163, 219, 362, 374, 412

Steding, S. 5
Steininger, P. 42
Steinmetz, ? (Superintendent) 75
Stern, F. 75
Stiehl, R. 260
Strachotta, F.-G. 28
Strecker, K. 284
Swete, H. B. 158, 164, 177, 179. 181, 184, 256,
    272–273, 275, 279, 281, 299–301, 305,
    321, 323, 335, 355–357, 359, 369, 412,
    496

Taylor, F. 153
Thackeray, H. St. J. 300, 334, 349–350, 353,
    355
Thiersch, H. 116, 223, 226, 282–284, 288,
    290–291, 294–295, 503
Tholuck, A. 21
Thomann, B. 67
Thomsen, P. 143–144
Timpanaro, S. 128–129
Tischendorf, K. von 123–124, 177, 223, 281,
    299–301, 312, 380, 412
Tisserant, E. 2, 312
Tov, E. 150, 165–166, 258, 336
Trillhaas, W. 108
Troeltsch, E. 28, 45–46, 48–55

Uhlig, S. 171
Ullrich, V. 94, 99
Unte, W. 80
Usener, H. 47, 80, 87, 92

Venetz, H.-J. 260
Verheule, A. F. 44
Vian, P. 104
Vischer, E. 9

Wachsmuth, C. 80
Wackernagel, J. 2, 87–88, 92, 96–97,
    147–148, 153, 181, 221, 271, 300, 359,
    369, 507–508
Wagner, H. 19
Walters, P. (s. auch *Katz*) 163, 279, 307–308,
    312, 347, 350, 363
Wansleben, J. M. 175
Weber, R. 130

Wegeler, C. 104, 285
Weiß, J. 49, 52
Wellhausen, J. 6–7, 47–48, 50–51, 53, 66,
    69, 77–79, 81–82, 87, 91–92, 100–101,
    109–112, 123, 127–132, 135, 141, 221,
    223, 239
Wellhausen, M. 7
Wendland, P. 2, 69, 87–88, 131, 375
Wendt, H. H. 8
Werbeck, W. 10
Wesseling, K.-G. 5, 8
West, M. L. 219, 329, 343, 345, 362, 367, 374
Westcott, B. F. 21, 246, 356
Westendorf, W. 62
Wevers, J. W. 124, 148, 166, 175, 210, 217,
    324, 340, 348, 352, 359, 361, 366–368,
    370, 389, 391–393, 398–401, 405–406,
    408–411, 413–415
Wiedasch, E. 7
Wiesinger, A. 9, 20, 27, 43
Wilamowitz-Moellendorff, U. von 6, 47, 58,
    67, 75, 80, 86, 92, 96–97, 100, 102, 128,
    141–142, 284
Wilcken, U. 342
Wilhelm II. 48
Willerding, H. 112
Windisch, E. 94, 98
Winer, G. B. 354
Wolf, E. 43
Wolf-Dahm, B. 24
Wolfes, M. 9
Wrede, W. 49, 52, 54
Wutz, F. 336, 355, 360

Zenger, E. 252
Ziegler, J. 5, 168, 229, 242, 258, 261, 265,
    285, 300, 306–310, 314–316, 318–321,
    323–325, 333, 338, 348, 355, 358–362,
    365, 368–369, 377, 398, 405–411,
    413–415
Zimmermann, V. 15
Zuntz, G. 161–162

2. Bibelstellen (in Auswahl)

Gen.

1_{26} 400
2_9 216
2_{12} 216
3_{11} 366–367
5_{31} 216, 344, 400
9_7 270
11_6 334–335
11_{24} 351–352
14_{13} 367
15_4 343
17_6 401
19_2 381
19_{9a} 363
22_{22} 300, 364, 369
29_{10} 339
34_{13} 343, 400
49_{10} 390
50_{11} 347

Exod.

3_{22} 269

Iud.

8_{33} 337
12_6 168–169

Ruth

1_1 197, 341, 357, 378, 402, 404
1_2 341, 358
1_8 346, 385
1_{10} 383
1_{19} 357, 393, 395–396, 415
2_{1a} 383
2_{14} 392
2_{17} 354
2_{19} 312, 396–397, 415–416
4_{13} 342, 394

Reg. I

7_8 269

Par. II

6_{28} 341
16_9 341

Est.

1_1 348

Mac. I

4_{30} 407
6_{24} 269
6_{37} 364

Ps.

4_5 333
4_8 240, 372
$13(14)_{1-3}$ 236
$21(22)_4$ 38
$30(31)_{16}$ 240
$45(46)_{10}$ 365
$52(53)_{2-4}$ 237
$58(59)_{5a}$ 365
$62(63)_1$ 372
$77(78)_{57}$ 312
$95(96)_{10}$ 232, 236–237, 373
$106(107)_{32}$ 314
$118(119)_{41}$ 368
$137(138)_2$ 368
$138(139)_{24}$ 250

Eccl.

12_9 344

Is.

7_6 365

Ez.

32_{27} 269
40_{15} 365

Rom.

3_{10-18} 236